Nikolaus Selnecker

Der gantze Psalter des königlichen Propheten Davids

außgelegt und in drey Bücher getheylt.

Nikolaus Selnecker

Der gantze Psalter des königlichen Propheten Davids
außgelegt und in drey Bücher getheylt.

ISBN/EAN: 9783743624320

Hergestellt in Europa, USA, Kanada, Australien, Japan

Cover: Foto ©Lupo / pixelio.de

Weitere Bücher finden Sie auf **www.hansebooks.com**

A.G.E.V.B.D.W.

Dem Durchleuchtigsten / Hochge-
bornen Fürsten vnd Herrn / Herrn Augusto / des heyligen
Römischen Reichs Ertzmarschalk / Churfürsten / Hertzogen zu Sach-
sen / Landgraffen in Düringen / Marggraffen zu Meyssen / vnd Burggraffen zu
Magdeburg / ʀc. Meinem Gnedigsten Herrn. Vnd der Durchleuchtigsten
Hochgebornen Frawen / Frawen Anna / gebornen Königin zu Den-
nemarck / ʀc. Churfürstin vnd Hertzogin zu Sach-
sen / ʀc. Meiner Gnedigsten
Frawen.

Nad vnd Frid in Christo vnserm
HERrn vnd Heyland sampt meinem schuldigen trewen Gebett allzeit zuuor. Durchleuchtig-
ster / Hochgeborner Churfürst / Genedigster
Herr / vñ Durchleuchtigste Hochgeborne Churfürstin Gnedigste Fraw / ʀc. Es spricht Salomon in seinem Prediger: Vil Bücher machens
ist kein ende / vñ vil predigen macht den leib müde. Man findet jetzt vberal vnzelich vil Bücher
in allen Sprachen / gut vnd böse / vnd sinde der
Scribenten so vil / alte vñ newe / das es ein wunder / vnd des kein mas noch ende ist / vnd wenn
man es alles bey dem liecht besihet / vnd die warheyt will bekennen / so mus man sagen / wie ein

Weiser trefflicher Man sagt / es werden der Bücher zu vil / vnd zu wenig geschrieben.
Denn jrer vil wöllen ja auch Bücher schreiben / vnd thun damit grossen schaden / vnd
plagen die leut an leyb / Seel vnd gewissen / vnd / wie Paulus sagt / sie lehren jmmer /
vnd kosten nimmer zu erkendtnus der Warheyt / sintemal sie nur jhren eygen rhum
vnd namen suchen / das sie auch gelehrt vnd heylig scheinen / vnd darfür von dem el-
lenden pöbel gehalten werden. Diser Bücher sind zu vil / der man wol emperen köndte / sonderlich (denn dauon rede ich jetzt) in außlegung Götlicher schrifft. Vnd ist gewiß war / wie der thewre Man D. Lutherus Gotseliger gesagt vnd prophecyet hat /
daß zubesorgen sey / vnd solchs schon angefangen habe / das man jmer newe vnd andere Bücher machet / das zu letzt durch des Teufels werck / die guten Bücher / so jetzt
durch den Druck herfür bracht sind / widerumb vnterdruckt / vnd die losen heyllosen
Bücher / von vnnützen tollen dingen / Catholicon / Floristen / Modernisten vade me-
cum, vnd dergleichen / wider einreissen / vnd alle winckel erfüllen werden. Es wil ja jederman vast dichten vnd schreyben / vnd disputirn / sonderlich in streytigen hendeln
vnd schulgezenken / nur aus ehrgeitz vnd mutwillen / nicht zur erbawung der Christlichen Gemein / noch zum trost der engstigen gewissen / sondern zu ergernus vnd be-
trübnus viler frommen einfeltigen gewissen / vnd zu zerrüttung alles fridens / Glou-
bens vnd Trostes / wie man bißhero an den Sacramentirern (das ich der andern geschweyge) mit grossem schaden viler Kirchen / Landen vnd Schulen erfaren hat /
vnd noch erferet.

Wenn jetziger zeit ein Meß oder Marckt in Teutschland gehalten wirt / da man
frembde Bücher hinbringet vnd verkaufft / ist es nicht war / man findet allweg mehr
Bücher / die voll disputirens vnd zanckens / voll scheltens vnd lesterns / vnd voll strei-
tiger hendel sind / die doch zu nichts / als zu dem schulgezenck allein dienen / denn das

man

Vorrede.

man feine Lehr vnd Trostbücher finden vnnd kauffen köndte/ die fein schlecht vnd recht das Wort Gottes außlegeten/vnd rechte reine Lehr füreten? Noch sol es alles köstlich groß ding sein/ besser als kein Heyligthumb/ so es doch gemeinlich voll privat affect vnd heimlicher rachgirigkeit/vnd verwirrung der Warheyt steckt. Man thue hinweg menschen gedancken/die bloß one Gottes Wort vnd heyligen Geist stehen/vnd thue daruon vnnötigs gezenck/ vnd disputirn (wie Esaias Cap:8. redet) vnd eigne rachgirigkeyt/ehrgeitz/vnd lestern/ so wirt man gewißlich jetziger zeit wenig guter Bücher finden/die jetzt geschriben werden.

D. Lutherus in seinem Buch wider die Schwermegeister/ die Sacramentirer (daß die Wort Christi/ das ist mein Leyb/ noch vest stehen) spricht vnter andern von leichtfertigen Buchschreibern also: Ach wehe/vnd aber wehe allen vnsern Lehrern vnd Buchschreybern/ die also sicher daher faren/vnd speyen herauß/alles was jnen ins maul fellet/ vnd sehen nicht zuuor einen gedancken zehen mal an/ ob er auch recht sey für Gott/ die da meinen/der Teufel sey die weil zu Babylon/oder schlaffe neben jnen/wie ein Hund auff dem Polster/vnd dencken nie/ daß er vmb sie her ist/ mit eitel gifftigen pfeylen/die er eingibt/ welchs sind die aller schönsten gedancken/ mit der Schrifft geschmückt/ daß sie es nit mercken können.

Wolan/wie das Teutschland auff allen seitten/vnd in allen Stenden abnimbt/ vnd gestrafft wirdt/also geht es auch zu mit den Büchern. Vnser vberdruß der waren Lehr/ vnd vndanckbarkeyt gegen dem Wort Gottes/sicherheyt/vnd der Weltweisen klugheyt/ wil allzeit was newes vnd seltsams/ streytigs vnd abentewerlichs haben/ damit werden wir auch mit der zeit gantz vnd gar vom Wort kommen/ vnd ein newen Lombardum einfüren.

Guter Bücher hette man (Gott lob) vil/wenn man dabey bliebe. Wir haben ja das Wort Gottes an jm selbs in mancher schöner sprach rein vñ lauter. So sind viler trefflicher Lerer schrifften vñ außlegunge fürhanden/ vnd hat vns Gott zu vnser zeit mit den schrifften D. Lutheri/ Philippi/ Brentij/ vnd anderer trewer Mitlehrer zu Wittenberg vnd an vilen andern orten/ hoch gesegnet/ daß wir Gott darfür nit gnugsam loben vnd dancken können. Die zung vñ griffel eines guten schreibers/ dem es fein fertig von der hand geht/ ist fürwar bey vns gewesen/ wiewol (Gott sey danck/ noch etliche alte Lerer im leben sind/die noch mit guten Büchern reine lehr helffen außbreiten. Gott erhalte sie ja lang/man darff jrer zumal wol. Es volgen selten bessere hernach.

Daß aber der Bücher zu wenig geschriben werden/ wie oben gemelt/muß verstanden werden von guten Büchern/die man jetzund schreibt. Denn daß vil Bücher geschriben werden/wäre nicht zu tadeln/so sie nichts böses/ergerlichs vnd falsches trieben/ Daß aber vil böser Bücher herfür kommen/ dadurch arme gewissen/ja auch wol gelehrte vnd weyse leut (wie sie sich düncken lassen/) jrr gemacht/vnd verfürt werden/darüber ist billich zu klagen. Vnd thut die Oberkeyt sch: wol/ vnd Gott einen grossen dienst / die da acht geben lest auff die Bücher/ so gedruckt werden sollen/ Wiewol ein grosser vnfleiß/vngleicheit/vnd vnachtsamkeit/ wie auch in andern dingen/ darinn gespürt wirt. Gute nützliche Bücher/so die sie G. Ottes suchen/vnd bey dem Wort Gottes bleiben/vnd der Kirchen Gottes dienen/ vnd nichts seltzams noch vngereumbts haben/ sondern zur besserung geschriben werden/ (wie Paulus j. Corinth: 14. sagt: Lasset es alles geschehen zur besserung/) soll niemand tadeln/noch straffen/ es geschehe denn (wie es gemeinlich zugeht/) auß neyd vnd stoltz/oder auß vngedult/ die wir/ was andere thun/ vnd wir selbs nicht außrichten/ nicht billichen noch loben können. Iudicis amor aut odium melioribus obstat, & quod scire graue est, carpere cuiq; leue est, spricht Frisius. Man lobet offt etwas/ das nicht vil lobens werdt ist/ nur dieweil man dem/ der es gemacht vnd geschriben hat/ günstig vnd wol gewogen ist. Man schilt auch offt etwas/das nicht zu schelten ist/ allein darumb/dieweil man

dem

Vorrede.

dem Autorn mißgünnig vnd vngewegen ist. Vnd was schwer zu wissen vnd außzurichten ist / das ist einem jeden leicht zuwersprechen / vnd daruon seines gefallens vnd erachtens nach zu vrtheylen / Wie der Herr Philippus Gottseliger pfleget offtmals zusagen: Können wir nicht alle richten / so wöllen wir doch alle richten.

Guter Bücher werden jetzt wenig geschrieben / wie vor gemelt / vnd man mag sich wol fürsehen / was man kauffe vnd lese. Die Scribenten sind keck vnd ehrgeitzig / vnd an schweren streyttigen vnd vnnötigen dingen / wöllen die Lehrejungen jmmer jhr meysterstück beweisen / vnd den vordanck vnd rhumb an erlauffen. Das Volck ist des Worts vnd der reinen einfeltigen Lehr vberdrüssig / vnd will jmmer was newes haben / hören vnd lesen. Daher kompt auch der gantze schwarm aller Secten vnd Rotterey / Sacramentirer / Antinomer / Widerteuffer vnd vil andere.

Wer nun ein Christlich / redlich / ehrnhafftig gemüt vnd hertz hat / der kan nit anders / er muß fro werden / vnd GOtt dafür von hertzen dancken / wenn er etwa vnter vil andern newen Büchern / die gemeinlich gefehrlich sindt / nur ein Buch findet / welches nicht zenckisch / wild / vnd hochgetragen / ergerlich vnd verdechtig ist / sondern einfeltig die rechte erkandte vnd bekandte Warheyt füret / vnd Gottes Ehr vnd der armen Gewissen trost / vnd des nechsten besserung suchet / will geschweygen / daß einer ein solch Buch im probirn / tadeln vnd verwerffen solte / es sey auch geschrieben von wem es wölle / so es war rechte Lehre hat vnd treybet.

Welche Bücher GOttes Ehr vnd Lehr schlecht vnd recht außbreitten / sind gut vnd nützlich / vnd wir können derselben nicht so vil haben / wir bedürffen sie wol / vnd es thut jmmerdar not / daß wir vns zu solchen Büchern halten vnd gewehnen. Wir werden auch solcher Bücher nicht gnug haben / so lang die Welt stehet. Der andern Bücher haben wir zwar nun langst vbertheuffig genug / compendia, dispendia, vnd wie sie alle heyssen. Aber Gottes Worts / vnd dessen außbreittung können vnd sollen wir nimmermehr satt werden / sondern vns des billich von hertzen frewen / GOtt dem HERREN dafür dancken / vnd jhn bitten / er wölle stettigs trewe Lehrer in seinen Weinberg senden / die mit predigen / lehren / vnd schreiben / sein Wort rein vnd lauter one falsch / zanck / vnd Sophisterey / ein jeder nach der maß vnd gab / die er von Gott hat / one auffhören treyben / vnd des Sathans listen / rotten vnd verfelschungen trewlich begegnen vnd wehren / vnd ein freydigen / mutigen Geist haben / Wie Clemens Alexandrinus spricht / vnd setzt dise wort: Das Predigampt ist zum theyl ein Englische Kunst vnd Weißheyt / die da auff beyde weiß dienet vnd nützet / es geschehe mit der hand / oder mit der zungen / vnd so wir thun / das gut vnd recht ist / so sollen wir freydig / nicht vnmuts noch kleinmütig / forchtsam noch trawrig sein / es sagen andere daruon was sie können / vnd gehe vns darüber wie der liebe Gott wil.

Es spricht auch gemelter Clemens / wie es doch recht sein könne / daß man vilen losen Zenckern vnd Weschern / sie sind gelehrt / oder vngelehrt / jr schreyben nachgebe / vnd der andern fleiß / die es von hertzen meinen / vnd nichts denn die rechte einfeltige Warheyt suchen / straffen vnd schelten will. Dem Theopompo vnd Timeo lest man zu / daß sie fabeln vnd lesterschrifft machen: Dem Epicuro, daß er vil Gottloses dinges fürbringt: Hipponacti vnd Archilocho / daß sie vil vnsettige ding schreyben. Dem aber / der die Warheyt prediget / sol man nicht zulassen / daß er den Nachkommen etwas nützliches hinter jm lasse?

Er setzet auch ein regel / die alle die / so Bücher wöllen oder sollen schreiben / wol behalten sollen. Vnd ist gewiß / wer sie behelt / der wirt nit one GOttes anrüffung / vnd Gottesforcht etwas fürnemen / das der Kirchen des HERrn Christi ergerlich vnd schedlich were. Vnd wenn die newen Scribenten acht darauff geben / so hetten wir so vil zanck vnd scheltbücher desto weniger / vnd dörfften nicht so sehr vber die Bücher vnd Druckereyen klagen. Die Regel ist dise: Wer da wil durch Bücher oder schrey

* iij

Vorrede.

den reden/der ist bey Gott an eydes stat verpflicht/daß er nicht umb geit oder gewins willen/noch umb rhums vñ eignen namens/noch auß eigner bewegung/affect/zorn/ und rachgirigkeit etwas schreibe/auch nit sich selbs allein erlustige/und jm allein gefalle/sondern sehe allein auff die besserung/Glauben/trost und seligkeit derer/die es lesen sollen/ und erwarte seines fleyß und trewe belonung bey dem/der da verheyssen hat/er wölle alle wolthat reichlich zu seiner zeit vergelten/ob gleich jetzt in gegenwertigkeyt seine bezalung noch vergeltung geschicht. Hæc ille.

Solchs hab ich regen und sagen wöllen/allein der gemeinen klag halben/von den zanck und lesterbüchern/die in Teutscher sprach für den gemeinen Man mit grossem abbruch der Christlichen erbawung im Glauben/trost/und leben/fürgebracht werden/da leicht einem ein schwarm des Ehrgeitz/oder rachgirigkeyt/oder eygnen dunckels ankommet/und so bald denselben leßt in die federn/und unter das gemeine gesinde kommen/und abhibirt weder GOTtes forcht/und anruffung dazu/ noch (wie auch die Heyden gesagt) rechten verstand/ stylum & mentem.

Es ist jetzt in allen stenden vil gewirrs/zanckens/mühe und arbeit/in der Kirchen/ im Weltregiment/im gemeinen leben/und im Haußhalten/und wirt alles je lenger je erger/ und geschehlicher/ und Gott erhelt gleichwol noch ümmerdar in einem jeden Stand sein ordnung/ob schon vil zerrütung und heillosen wesen/den grösten rñ meisten teil inne hat. Also geht es auch mit den Büchern/Wie die leut sind/ so reden und schreiben sie gemeinlich. Sind sie zenckisch/ so ist auch ir rede voll streits. Sind sie untrew und falsches hertzens/ so kan man es bald mercken an iren reden/geberden/und an einem oder zweyen stücken. Sind sie aber trew/one falsch/ rñ meinens guts/so findet sich solchs auch zu seiner zeit/ und Gott gibt sein gnad und segen dazu/daß/wie Paulus sagt/ir arbeyt nit vergebens sey in dem HERRN/ 1. Cor: 15. Und Gott der HERR erhelt gleichwol noch ißterdar etwas reines rñ tröstlichs in seiner Kirchen/ und in schulen/und dictirt offtmals selbs an die federn oder hand/was man schreiben und forbringen sol/ob gleich sonst alle winckel voll unnützes geweschs/und freuel und hader (wie der 55. Psalm redet) ja voll schaden thun/liegen und triegens stecken.

Daß ich aber auch von disem meinem Psalterbuch sage/sol kan/ rñ wil ich nichts mehr noch bessers rhümen (weil es die Welt doch nicht anders nennet/ denn rhümen) denn allein wie Paulus 2. Cor: 1. spricht: Wir schreiben euch nichts anders/deñ das ir vorhin wisset/wenn irs leset. Was in Gottes Wort/ oder in Prophetischen/ und Apostolischen schrifften/außdrücklich verfasset/und Gottes Wort selbs ist/was in den Sechsischen und Meyßnischen Schulen und Kirchen nach der Augspurgischen Confession geleret wirt/was wir auch von unsern alten Præceptoribus in Theologia zu Witenberg/und von andern trewen Lehrern andersitwo gehöret haben/was die schlechte/rechte/einfeltige Lehr ist/was den Glauben stercket/das Gewissen tröstet/und das leben informirt/und zur besserung hilfft/daran halte ich mich. Ich hoffe auch (spricht Paulus/ob ich schon nicht Paulus bin/doch kan ein jeder trewer Lerer solchs mit Paulo nachsagen) man werde uns biß ans ende also befinden/ gleich wie man uns zum teil befunden hat. Es ist nichts newes/ungereumbts/noch seltsams in disem Buch/das kan ich wol bezeugen. Niemand wirt mirs ubel deuten. Was ich darff predigen/das darff ich auch schreiben/ seuil die meinung und verstand belanget/und umbgehe alles unnötiges gezenck. Ich dancke Gott meinem HERREN/ daß Er mich der rechten Lehr/und seines Göttlichen Worts erklerung auß den Büchern Lutheri des grossen Propheten/und D. Philippi/und anderer trewen Mitteler hat einfeltig fassen und erkennen lassen/ Und bitte in/er wölle mich und alle andere/ so solchs mit mir begeren/bey seinem Wort/bey seinem Gesetz und Zeugnuß in seinem Hause/ da die schöne Morgenröte/und der Auffgang auß der Höhe/seiner Herrligkeit Glantz/und wesentlich Ebenbild/das ewige Chasmal/ (wie Ezechiel den

Son

Vorrede.

Son Gottes nennet) die Sonne der Gerechtigkeit/ lumen de lumine, der helle Morgenstern/ auffgeht vnd leuchtet/ gnedigklich erhalten. Andere mögen disputirn/ vnd sich vnd andere selbs jrr machen/ wie es leyder geschicht. Integritas rectumq; tuũ me, Christe, gubernent. Schlecht vnd recht das behüte mich/ Psalm: 25. Eins bitte ich vom HERRN/ vnum est necessarium, daß ich im Hause des HERREN bleyben möge mein lebenlang/ Psalm: 27.

Ich habe mich aber eben an ein groß/ trefflich/ vnd Geistreich Buch gemacht/ welches fürwar ein Man/ vñ erfarnen/ versuchten vnd durch vil vñ mancherley creutz gezogenen vnd recht gebrochenen Doctor vnd Außleger erfordert/ der ich noch lang nicht werden kan. Deñ was der Psalter Dauids für ein Buch ist/ erfaren alle/ so sich darinnen üben/ vnd studirn. Es ist auch kein heiliger/ noch trefflicher Man/ oder Lerer/ Regent oder Christ jemals in der Christenheit gewesen/ der anders der Kirchen vnd seiner vnd ander leut seligkeyt hat recht vnd mit ernst dienen wöllen/ der nit das Buch hoch gehalten/ vnd als einen vnergründtlichen lebendigen Brunnen/ darinn GOttes Weißheyt/ will vnd Warheyt starck vnd mit macht/ sanfft/ vnd gewaltig fleußt/ angesehen/ vnd sich darob in seinem gantzem leben verwundert hette/ Daher es auch billich ein kleine Bibel genennt ist worden/ da offt in einem wort/ ja in einer sylben ein schöne ler/ vnd ein feiner trost ist/ Vnd allhie gewißlich war ist/ was die gelehrten Medici von jhrem Hippocrate sagen: Nihũ paruum, nihil contemnendum, Nichts ist so klein/ das zu verachten wert/ vnd nit ein nutz mit sich brechte.

Man pflegt zusagen: Wenn ein ding geschehen ist/ sol man das beste dazu reden. Solchs hoffe ich/ werde mir allhie auch bewisen werden. Ich wil gern zum creutz kriechen/ vnd von denen/ so mich der anklag meiner kůnheyt nit erlassen/ absolution vnd veniam bitten. Doch versehe ich mich/ es werde ein jeder rechtsinniger vnd trewhertziger mensch (denn von andern rede ich nit/ vnd frage auch nach jrem tadeln nit sonderlich vil) mich leichtlich entschuldigt haben/ so er dise meine vrsachen einnemen wirt: Erstlich hab ich keins wegs dise mein außlegung vnd Predigten des Psalters darumb fürgenommen/ daß sie jemals solte andern durch schrifften/ vil weniger durch den druck mitgeteilet werden sondern dieweil ich zu Hofe den kleinen Kindercatechismum Lutheri (dabey vns Gott gnedigklich erhalte) predige/ vnd doch der gemeinen Reisen halben bißweylen denselben muste ansteen lassen/ vnd etwas anders für mich nemen vnd tractirn/ habe ich im namen Gottes das erste mal auff dem Marienberg Anno 1561. den 23 Septembris den ersten Psalm angefangen zu predigen. Bald bin ich angeredt vnd gebeten worden/ also in den Psalmen fort zufaren/ darzu ich dann auch nit böse lust gehabt/ vnd hab mich demnach mit anrůffung vnsers HErrn Jesu Christi vnterstanden/ den Psalter für mich zunemen/ vnd den frommen einfeltigen Christen mit hülff vnd gnad Gottes etwas zuerkleren/ vnd wo mit mehr: nur die schlechte summa vnd ordnung anzuzeigen. Dañ so etliche weitleufftigere vñ bessere erklerung/ vnd viler wőrter vnd sentent/ außfůrung vnd grössern fleiß/ sonderlich in den ersten fődern Psalmen/ desiderirn/ vnd erfordern würden/ denen kan ich nichts antworten/ beseste mein vnuermöglighkeit/ Vnd zeige doch diß darneben an/ baß solche Psalmen von mir hin vnd wider auff den Reysen den meisten theil außgelegt worden/ vnd gefasset sind/ da ich/ fůrwar nit allzeit bequemligkeit/ sonderlich der Bücher halben/ gehabt vnd nur kurtz vnd rund die summa vnd fårnemsten stück hab antzeygen müssen/ welchs doch also geschehen sein/ ich mich versehe/ daß froisie leut jnen etwas daran sollen genůgen lassen. Es ist ja gut gemeint. Wers besser wil haben/ der muß anderstwo suchen. So wil ich auch den Andern Psalm/ (welcher fürwar einer andern außlegung bedarff/ dann sie jetzt kurtz vnd eilends gesetzt ist) hilfft mir Gott/ in der außlegung des 110 Psalms widerholen. Ist derwegen dise außlegung von ersten der meinung/ daß es solte durch den druck außkommen/ nicht angefangen/ noch fůrgenommen worden.

* iiij   Als

Vorrede.

Als ich aber fort gefaren bin/vnd etliche Psalm absoluirt/bin ich von vilen/auch hohen standes/leuten (derer etliche die Psalm gehört hatten) offtmals gebeten/vnd angeredet/auch durch schrifften ersucht worden/jhnen einzige Psalmen/sonderlich den 16.vnd 22.mitzutheylen/vnd in druck zuuerfertigen/welches ich doch (sonderlich weil sonst vil gewirrs vnd wesens sich dazumal vber etlichen meinen armen Scartecken erhaben) nach der gebür abgeschlagen/ vnd mich dessen erboten habe / daß/so mir Gott gnad/mut/ vnd leybskrafft (derer ich zumal wol bedarff) verleyhen würde /ich als denn den gantzen Psalter mit kurtzer einfeltiger Summa vnd anleitung erkleren/vnd mich vnd andere darinnen üben/instruirn/vnd vnterweisen/vnd zu seiner zeit/so es ja begert würde/solche arbeit in druck verschaffen wolte/wie auch/Gnedigste Churfürstin/E.C.F.G. sich solcher vnd dergleichen meiner reden gnedigst zu erinnern wissen. Deil ich allwegen lieber das gantz Buch/deil nur ein stück oder theil davon tractir/annimme/vnd behalte. Derwegen da ich das erste Buch des Psalters nach der alten teilung/das ist/41.Psalmen volendet/vñ von etlichen Buchdruckern angelangt warde/jnen solche zu vbergeben/habe ichs nit thun wöllen/vnd mich jmmerdar auff das gantze Opus referirt / biß so lang es dahin kommen/wie die Juristen sagen/importuna petitio sæpe efficit,vt concedatur non concedendum, daß ein stetigs anhalten offtmals souil außrichtet vnd erhelt/ daß man entlich williget vnd zületzt/ das sonst nit geschehe. Habe derwegen zu letzt/auch auff meiner Blutsfreunde bitte,mich vberreden lassen / vnd im Namen Gottes dises erste Buch (nicht der Alten teylung nach/wie es Epiphanius vnd Hieronymus setzen/da ich fünf Bücher auß dem Psalter müste machen) nemlich/den dritten teil des Psalters in druck vbergeben/so gut als es ist. Got gebe sein gnad vnd segen darzu/vnd heisse/daß es dem gemeinen Man zur rechten lehr vnd warem trost nützlich vnd dienstlich sey/vnd niemandt (der Gottes Wort lieb hat) zu schaden noch ergernis gereiche. Jst es jso dancke ichs Got. Verdiene ich aber vndanck mit/so muß ichs/wie auch andere ding/Gott dem HERRN befelhen. Doch begere ich (daß ichs rund herauß sage) bey der Gottlosen Welt/vnd bey den Rottengeistern/Papisten/vnd wissentlichen Sacramentirern/ wie sie jetzt sind/keinen danck/weder in dem/noch in meinem gantzen leben/zuuerdienen.

Zum andern/so habe ich nicht meiner eignen außlegung/oder meinen gedancken allein gefolget/noch etwas frembdes vnd vngereimbtes gesuchet/sondern den rechten verstand/genuinam & Grāmaticam sententiam behalten/das ist/(wie die Papisten reden) ich bin gut Lutherisch. Denn Herr Philippus seliger pflegt offtmals zusagen/ daß er an etlichen orten weste/wenn einer den namen hette/er were ein Grammaticus, so müste er bey den Papisten verdampt sein/ vnd für ein Lutherischen gehalten werden/welchs vns denn sein schmach/sondern grosse eh/vnd ein rechter rhum ist. Wie auch offtmals M. Hieronymus Besoldus seliger/ Prediger zu Nürnberg/sonderlich vor seinem absterben/ zu den vilfeltigen Disputirern gesagt hette: Er wolte vnd köndte nicht von allen hendeln auff jre weiß nach menschlicher vernunfft disputirn/ er were gut Lutherisch/ein Grammaticus,der bey dem Wort Gottes bliebe. Also habe ich auch gethan/den rechten einfeltigen verstand/vnd eigentliche meinung behalten/darzu denn mir die schrifften D. Lutheri/Philippi/Pomerani/Forsteri/vnd D. Welleri offtmals gedienet/ vnd mir den schlechten gedancken weg zum rechten verstand gewiesen haben/darauß ich denn souil es von nöten gewesen/auff das künftigste genossen vnd angezogen habe. Bin also kein *durus*... selbs gewachsener Lehrer/der ich allein auff meinem kopff ruhete/vnd/wie leyder der brauch/newe schwarm/allegorias/vnd frembde deutung suchete/sonder ich bleibe bey dem Wort/ vnd bitte Gott/er wölle mich heiligen in seiner Warheit/sein Wort ist die Warheit. Vnd so ich was feines/tröstlichs vn lustigs lese/oder von andern höre/das das Wort Gottes erkleret/vnd sich dazu fein schicket/so habe ich von hertzen lust darzu/vnd bin ingedenck

Vorrede.

eingedenck der Regel: Omnia probate, quod bonum est tenete. Prüfet alles/vnd was guts da ist/ das behaltet. Daher auch die Heyden ein recht fein præceptum gegeben haben/welchs im Socrate stehet/vnd von Lucretio also gefasset ist:

Floriferis vt apes in saltibus omnia libant,
Sic nos autorum decerpimus aurea dicta,
Aurea, perpetua semper dignissima vita.

Ich habe/Gott lob/erstlich zu Nürnberg vil feiner trewen Lehrer Predigten gehört/vnd zum theil geschrieben/als Doctoris Wenceslai Linckens/M.Viti Theodori/Venatorij/vnd anderer mehr/darzu mir dann Gott der HERR auch seine Præceptores, fromme Gotselige Menner/Culmanum/M. Raushacher/M. Nicolaum Agricolam/selige/vnd andere zugeschickt hatte. Darnach habe ich zu Witenberg vil treffliche Leute gehört/Philippum/Pomeranum/Forsterum/Maiorem/Berum/ vnd den alten frollien M. Fröschel/vnd andere mehr/ biß ich auff seltsame/vnuerseheene vnd wunderbarliche weiß vnd mittel/derer ich mich mein lebenlang nimmermehr hette versehen/ (sintemal ich/ wie Gott weiß/mich die tag meines lebens nach hohen vnd grossen orten nie nit gesehnet/ sonder allzeit dafür ein eckel vnd abschew gehabt/ vnd zwar noch habe/) bin gen Dresen an Hof gefordert/vnd beruffen worden/da ich dann mit vnd neben andern Lehrern/ reine Lehr des heyligen Euangelij/on gezenck vnd sophisterey/ (darüber sonst jetzt vast alle Stedt vnd Hö:ffer klagen) füre/ vnd nach der gnad des Allmechtigen Gottes den armen gewissen fürtrage/vnd einkewe/ wie dann difes Psalterbuch neben meiner Christiana pædagogia dessen ein zeugnuß vnd Exempel vnd probirung sein sol.

Nichts newes/seltsams/oder streitigs (so man on sophisterey vnd calumnien wil vrteyln)sol man in meinen schrifften/ob Got wil/finden. Ich sihe ja was es mir gilt/ vnd hab mein gewissen nit neben mich auff den Polster gesetzt. Wolte Gott (lieber ich kan solchs wol sagen) es were in disem fall jederman gesinnet/wie ich bin / so solt gewißlich vilein vnnötigem gezenck/vntrew/vnd calumnien wol gewehret sein/ vnd was man von einfeltigen Bawren vnd albern leuten sagt / daß sie kein Keßerey machen/das hat bey mir auch stat/dafür ich auch Gott von herßen dancke. Aber solchs hat sein weg. Der Teufel hat sein proceß/vnd ein groß gewaltig Hofgesinde/ welchs mir vnd andern zu starck vnd mächtig ist. Doch thu man souil/als man kan/ wie des Psalm sagt: Befilhe dem HERRN deine weg/er wirts wol machen.

Zum dritten/hab ich von diser meiner arbeit etliche feine gelerte Meister vñ Theologen/auch in meinem Vaterland/zu richtern vnd vrteilern gern mögen leyden/vnd vnterwerff sie noch dem vrteil Gotsfürchtiger Menner/die one sophisterey/on neid vnd vermessenheit richten vnd vrteylen. Vnd ist mir eines frommen Gottsfürchtigen Manns censura vnd vrteyl lieber/dann sonst viler andern. Iudex bonus lenex, candidus,scientiam retinens,non limis oculis causam intuens,exoptandus est,dixerunt veteres.

Zum letzten/weil alle Rottengeister/Sacramentirer/Antinomer/Enthusiasten/ vnd dergleichen gesinde/jetzt kecklich vnd türstiglich schreyben / vnd mit heimlichen listen vnd Practicken/vnd öffentlichen Büchern vilen Kirchen vnd Schulen grossen schaden thun/ Warumb solten dann wir/ die wir bey dem Wort GOTTES schlecht vnd recht bleyben/ vnsern mut fallen lassen / vnd nicht auch mit Herßen/ mund/vnd hand keck werden/vnd vns vnserer gaben (so gering auch dieselben sind) zur Ehr Gottes/mit anruffung vnd forcht Gottes/vnd hülffe vnd beystand des heiligen Geysts/redlich gebrauchen? Wil vns doch Gott nit lassen/noch zugeben/daß wir in schande kommen/so wir nur selbs die warheit suchen/vnd lassen es vns ein ernst sein. Andere schreyben vnd schreiben mit zweiffelhafftigen gewissen/wie zu letst Decolampadius selbs bekennt hat. Wir/Got lob, bleiben bey dem Wort Gottes/vnd lassens Gott walten / warumb wolten wir dann stumm/oder forchtsam sein/ vnd zusehen/

daß

Vorrede.

daß andere/ sie sind so gelehrt/als sie sein können/ mit bösem/ kecken/ vermessenem Gewissen auff allen seitten / bey vnd vmb vns/ heimlich vnd öffentlich/ sich herfür thun/vnd dem Wort Gottes zu grossen vnehren vil reden/ disputirn/ vnd plaudern/ wir aber durch ihre kunst/gunst vnd rencke solten abgeschreckt werden/ vnd alles des vergessen/das wir zuuor empfangen/gelehrt vnd gelernet haben? Der Teufel thue solchs. Ein trewer Gottsfürchtiger Lehrer wirts wol lassen.

So vil hab ich jetzt sagen vnd erzelen wöllen/ von meines dises schreybens vrsachen. Ich weiß Gott lob/ keinen Ehrgeitz/ der hiemit gesucht würde. Ich bitte auch den Son Gottes/ vnsern HErren vnd Heyland Christum Jhesum/ wo dises Psalterbuch seiner Kirchen nicht solte dienen/ vnnd etwas ergerlichs darinnen were/ Er wölle selbs dasselbig dempffen/ vnd vnterdrucken / vnnd machen/ daß kein Mensch kein lieb noch lust darzu habe.

Dieweil es auch der alte/ Kirchen vnd Schulen brauch ist/ solche Bücher Christlichen vnd hohen Oberkeyten/ als die der rechten Lehre Handthaber sein sollen/ zu dediciren / vnd in Ewren C. F. G. Hoflager/ vnd derselben Reysen/ ich solche Predigten gethan/ vnd gewiß weiß/ daß E. C. F. G. Gottes Wort lieb haben/ vnd es für iren Schatz vnd höchstes Gut billich halten sollen/ So gebe vnd vbersende ich mit E. C. Gnaden/ ich vnterthenige disen ersten Theyl der Psalmen/ vnd versehe mich/ er solle/ von wegen F. C. F. G. auch anderen desto angenemer sein. Christus Jesus der ewige Son GOttes/ erhalte/ beschütze/ regier vnd stercke E. C. G. vnd die liebe junge Herrschafft/ vnd gebe seinen Fride vnd Segen/ Amen/ Amen. Begeben vnd geschrieben zu Nürmberg/ die obitus Ottonis Magni, 1565.

Ewren Churfürstlichen
Gnaden

Vnterthenigster Diener
des Worts Gottes

Nicolaus Selnecker.

IN

IN PAEDAGOGIAM ET
PSALTERIVM SELNECCERI
Georgius Fabricius K.

Sic docuit magnus magnum Solomona Nathanes,
  Dum format Regis corda tenella sui:
Hæc dedit & nato Iacob præcepta, parabant
  Cui fratres duri uincula, sceptra DEVS:
Iotadas cecinit non his diuersa sacerdos
  Quo Doctore salus regia tuta fuit:
Qualia nunc libris tradit Selneccerus istis,
  Dum diuina animos instruit arte pios.
Disce puer, primis quæ sunt discenda sub annis,
  Quæq́; omni prosunt tempore, disce senex.
Neue uia in uarias te distrahat inuia sectas,
  Hæc non immemori dogmata mente cole.

Ein

Ein schöne Lobred/vnd kurtzer
Innhalt des gantzen Psalter Dauids.

DEr hochlöblichen Psalmen Gsang
Auff König Dauidis Harpffen klang/
Darinn GOttes Allmechtigkeyt/
Sein Schöpffung/ Gwalt/ ewig Weißheyt/
Sein Barmhertzigkeyt/ Güt/ vnd Mildt/
Den Gleubigen wirt fürgebildt/
Darauß sie haben Trost vnd Lehr
GOtt zu sagen Rhum/ Lob/ vnd Ehr/
Der jn/ durch sein Gunst/ Gnad/ vnd Huld/
Wil alle jre Sünd vnd Schuld/
Durch seinen Son CHRJstum vergeben.
Dergegen anzeygens darneben
Die Straff/ vnd GOttes Grimm vnd Zorn/
Der den Gottlosen ist geschworn/
Die GOtt verachten vnd sein Wort/
Durch falsche Lehr/ durch Brandt vnd Mordt/
Auch verfolgen die Christlich Gmein/
Leben in aller Sünd vnrein/
Wie die endtlich sollen durch Gott
Auff Erden werden außgerott/
Wo sie durch Buß nicht keren vmb/
Sollichs helt inn der Psalmen Summ.

     Johann Sachs.

          Ein

Ein kurtze außlegung des
Ersten Psalm Dauids.

Ieser Psalm ist ein rechter Eingang zu dem gantzen Psalter/denn er hat den rechten Scopum der gantzen Heyligenn Schrifft / das er nemlich prediget von dem Wort GOttes/ vnd vermanet vns / das wir lust vnd liebe darzu haben sollen/ dasselbig gerne hören vnnd lernen / Sintemal das Wort GOttes allein ist der schöne Lustgart vnd Paradeys/ darin wir in diesem leben all vnser frewd/hertzenlust vnd erquickung haben können/ vnd vnsere früchte bringen/ vn leben sollen.

Es machet der Prophet auch alhie ein feine deutliche vnterscheid/ was Frömbkeyt/ vnd was ein Gotloses wesen vnnd leben sey. Das Gottlose wesen wirdt im ersten Vers beschrieben / vnd heisset: Ein rath der Gottlosen/ein Weg der Sünder/ vnd ein Sitz der Spötter. Die Frömbkeyt vnd Gottesforcht heisset erstlich: Falsche leht vnd ergerliches leben meiden: Zum andern/ Lust haben zum Gesetz des HERRN: Zum dritten/ Mit dem mund dasselbig frey vnd on schew bekennen/vnd dauon reden. Wer nun solche Frömbkeyt hat/dem verheisset der heilige Geist allen Segen von Gott/Glück vnd Heil/Sieg wider alle anfechtung der Teufel/des Fleisches/ der Welt/vnd was mehr kan genennet werden. Den andern aber/die Gottes Wort verachten/verlassen/oder verfolgen/drawet er alles vnglück/jren endlichen vntergang vnd verderben/an Leib vnd an Seele.

Wol dem/ der nicht wandelt im Rath der Gottlosen / noch tritt auff den Weg der Sünder/ noch sitzt da die Spötter sitzen.

1. Beatus vir. Das ist ein seliger Man/dem es wol gehet / vnd der bey Gott wol stehet/Nemlich/der GOttes Wort gern höret/vnd helt dasselb für sein höchsten vnd liebsten Schatz/ vnd fliehet vnd hasset alle lose Lehre/ vnd bleibet im Hause des HERRN/einfeltig/recht/ vnd schlecht / vnd lesst disputiern/grübeln vnd meistern wers nicht lassen kan/ Vnd behelt er also das Liecht vnd Warheit/Gottes Wort/die schöne Morgenröte/Esaie 8. vnd sihet in dem Liecht Gottes/das Liecht/Trost vnd Frewd/Psal: 36. vnd spricht/ wie Bruno gesagt hat:

A   Mitto

Kurtze außlegung des

Mitto cœx rañts, era córuis, vanaq; vanis,
Ad logicam pergo, quæ mortis non timet ergo.

Das ist: Ich laß disputirn/vnd wunderliche reden füren/die Frösche/Raben/vnd solches geschmeiß mehr/das sonst zu nichts tüglich ist/ Ich aber kere mich zu der rechten Disputierkunst/da man sich für dem beschlnsß vnd ratiocination des Tods nicht darff fürchten. Wenn gleich der Tod kompt/vnd saget: Du bist ein Sünder/ergo du must daruon/ich wil dich holen/ Das doch der Mensch widerumb sprechen kan: Ja/ich bin ein Sünder/ Aber ich habe eine gute exception auff dein Regel: Ich hab vnd weiß einen/der hat für meine sünde gnug gethan/vnd hat den Tod vberwunden/ Ergo/so kanst du mir nichts anhaben/ob du mich gleich krenckest/vnd darniber wirffest/ Durch den zeitlichen Tod bringe ich zum ewigen Leben.

Die Welt helt das nicht für die rechte wolfart/wenn sie das Wort Gottes rein vnd lauter haben/Sondern weltliche Güter/Gesundtheyt/Macht/ Sterck/Reichtumb/helt sie höher/Vnd ist das ir herts/das ire Deuser weren immerdar/ihre Wonung bleiben für vnd für/vnd haben grosse Ehr hie auff Erden/Psalm.49. Die rede vnd wunsch der Gotlosen stehet immer in dem: Das vnsere Kammer voll seind/die herauß geben können/einen Vorrat nach dem andern: Das vnsere Schafe tragen tausent/vnd hundert tausent auff vnsern Dörffern: Das vnsere Ochsen vil arbeyten/vnd kein schad/noch verlust/noch klage auff vnsern Gassen sey/Psalm.144. Jnn summa/auff zeitliche narung vnd wolfart stehet aller Welt sin. Jst man reich/gesund/mechtig/so heysset es glück vnd heyl. Kompt denn ein Creutz/armut/franckheyt/ verachtung/so helt mans dafür/als zürne Gott mit vns/vnd sey eitel vngnad vnd straff für Gott/vnd für der Welt.

Aber der heylige Geist fellet allhie gar ein ander vrtheyl/vnd nennet diesen Mann/der lust zum Wort Gottes hat/ein glückseligen Man/er sey gleich sonst arm/franck/veracht für der Welt/vnd ein elender aschenbrödel. Daher so vil schöner Sprüch in den Psalmen gefunden werden/daß das Wort Gottes vns alle wolfart vnd Segen gebe/Wie wir/ob Gott wil/offt hören werden. Als Psalm.19. Das Wort Gottes ist on wandel/erquicket die Seele/ macht die weise/erfrewet das herts/erleuchtet die augen/ist köstlicher deñ alles Gold/rc.

2. Volget nun jetzt die theylung/Denn Dauid nennet dreyerley leut/so das Wort Gottes verfelschen/verachten/vnd verlachen. Die ersten sind die Gottlosen/Raschaim, das ist/Nicht allein die Heyden vnd Türcken/so von dem wesen vnd willen Gottes/wie sich GOtt selbst in seinem Wort hat geoffenbaret/nichts wissen wöllen/Sondern es werden allhie vnd anderswo in der Schrifft/inn Büchern der König/in Psalmen durchauß/vnd sonst/die Gottlosen eigentlich genennet/welche im Volck Gottes sind/haben vnd hören Gottes Wort/wissen sein Wesen vnd sein Willen/vnd sind doch Thoren/ Psal.14. Die in jrem hertzen sprechen: Es ist kein Gott/das ist/wie es Paulus Tit.1.außlegt: Sie sagen wol/sie erkennen Got/aber mit den wercken verleugnen sie es/Denn Gott hat an jnen ein grewel/vnd sie sind vntüchtig. Wenn sie gleich sagen/sie gleuben/so ist doch jr glaub vnd wissen falsch/als wie die teuffel auch gleuben/vnd haben fidem historicam, Deñ in jren hertzen steckt es alles vol grewel vnd vnglaubens/ vnd ist kein rechts vertrawen auff das verdienst des Sons Gottes/sondern es ist nur ein schlechter thum vnd wahn/der in einem ergerlichen/vnbusfertigen leben/oder auch in Deucheley vnd Pharisaischen stoltz vnd vermessenheyt/geführet wirt. Summa/Wer nicht gerecht ist/
durch

Ersten Psalm Davids.

durch die Gerechtigkeyt des Glaubens an den Son GOTtes/er sey gleich ein Heyde/Türcke/Jud/oder sey im Volck vnd inn der Kirchen GOttes/der ist vnd heyssset Gottlos. Denn die wörtelein/Rascha, welchs ist Gotlos/vnd Zadik,welches heysset gerecht/wie wir durch den Glauben gerecht werden/sindt oppositi. 2, oder werden jhnen selbst gegen einander vber gesetzet / Vnd also sind alle Heyden/die von GOtt nichts gewisses/wie Er sich selbst hat geoffenbaret/wissen wöllen: Darnach auch alle Heuchler/Pharisseer/vnd Werckheylige/so sich nicht gentzlich verlassen auff das verdienst CHristi/sondern gedencken durch jre werck gerecht/fromb vnd selig zu werden.Item/Alle vnbussfertige Menschen/oder todte glieder der Kirchen CHristi/so in der Gemein Christi sindt/hören/vnd lesen GOttes Wort/vnd leben doch in Sünden wider jr Gewissen/in grosser blindheyt/sicherheyt/vnd verstockung/Solche alle mit einander sind vnd heissen Impij,Gottlos/so lang sie sich nicht zu Gott ernstlich bekeren/vnd müssen eines schrecklichern vrtheyls gewertig sein/denn sonst die Heyden vnd Vnchristen/ Wie Christus bezeuget/da Er spricht: Wehe dir Chorazin/Wehe dir Bethsaida/ꝛc. Item: Der Knecht/der den willen seines Herren weis/vnd thut jhn nicht/sol erger geschlagen werden/denn ein ander. Vnd von diesen redet auch Paulus/da er sagt: Sie essen vnd trincken jnen den Leyb vnd das Blut des HERRN Christi zum Gericht/vnd sind schuldig am Leyb vnd Blut des HERRN/Nemlich/die Gottlosen vnd vnbussfertigen in der Gemein/Kirche vnd Volcke Christi/Denn von Juden/Türcken vnd Heyden/vnd andern Gottlosen/so nicht im Volck Gottes sind/redet Paulus gar nicht. Welche aber allhie der Prophet Dauid eigentlich die Gottlosen nennet/zeyget er an mit dem wörtelin/rath/damit begreifft er alle/weltlichs vnd geistlichs Standes/sie sind gleich sonst Christen/oder Vnchristen/Glaublose/oder Heuchler/Tyrannen vnd Ketzer/wer vnd wo sie sind. Denn solche alle haben miteinander jhren sonderlichen rath/fürnemen/anschleg/zusamenkunfft/Concilia,vnd Deliberationes, Practicken vnd bedencken/wie sie mögen jre sach schmucken/erhalten vnd ausbreiten/vnd alles anders/so ihnen im weg stehet/ausreuten/vnd vertilgen/Wie man bishero hat erfaren mit den Papisten/vnd erferet es noch. Man sihets auch an allen Ketzern/vnd Rottengeistern/welche jre eigene Treume/opiniones,vnd newe fündlin vnd predigten haben/da sie von waschen tag vnd nacht/tichten vnd trachten/wie sies ferner bringen/vnd ausbreiten können. Sie wöllens alles allein sein/vnd rhümen sich allein aller Heiligkeit/kunst/autoritet/Was sie fürgeben/das mus ein sonderlich ansehen haben/vnd mus ein rath/consilium,ein guter weg/ein sein nützlich gut bedencken heissen/so es doch im grund nichts anders ist/denn ein Traum/vnd eigne fündlein/damit arme gewissen werden jrr gemacht/vnd vom Wort Gottes abgefüret/betrübet/vnd verletzt/wie wir leyder etliche Jar hero mit den Sacramentirern erfaren haben/vnd itzt es noch an allen Ehigeitzigen Schwermern/so nicht bey dem Wort Gottes schlecht vnd recht bleiben.

Die andern heissen/Sünder. Das ist der jrre/wilde/sicher vnd freche hauffe/der sich der Lehre vnd des Worts GOttes nichts annimpt/vnd lebet dahin in tag/in sünden wider das gewissen/Hurerey/Ehbruch/Füllerey/wucher/verleumbdungen/neid vnd hass/vnd in andern lastern wider die ersten vnd andere Tafel der zehen Gebot. Diese haben nun jren weg/vnd sind weltkinder.leben vnd wandeln sein sicher dahin/on Gottes forcht/vnd gedencken/es sey gleich ein guter weg/der in der Welt wol tauge. Denn so sie ein andern weg fürnemen wolten/vnd fromb sein/so müsten sie veracht werden/hunger

A ij   vnd

Kurtze außlegung des

vnd kummer leyden / sintemal die Welt keinen andern Weg hat noch weiß/ denn den holtzweg/ viam aviam, der vneben vnd krumb ist/ vnd füret vns endlich in die Wolffsgruben zum Teufel.

Die dritten sind Spötter vnd Epicurer/ Empedas, die alle Religion verlachen/ vnd haltens für nichts / wandeln nach jren eigen lüsten vnd sagen: Wo ist die verheyssung der zukunfft Christi? Es bleybt alles/ wie es allzeit gewesen ist/ 2. Petri 3. Detten wir dieweyl gelts gnug zu zeren/ ehe der Jüngste tag kompt. Ober/ wie ein grosser Stratiot gesprochen het: Er wiste auß dem vilfeltigen streyt der Lehre/ so zwischen den Papisten vnd Euangelischen/ vnd sonst hin vnd wider were/ nichts anders zuschliessen/ noch zu mercken/ denn das er für sein person nichts glauben wolte/ man predigt vnd schribe was man köndte.

Diese Spötter haben ein Sitz/ darauff sie vest verharren/ vnd sind verstockt in jhrem hertzen. Denn der Sitz Stul, vnd cathedra, bedeutet ein gentzliches verharren/vnd verstockung/ das einer gar zum Epicurer wirt/ vnd treybet nur das gespey aus dem Wort Gottes / vnd ist jhme eben/ als wenn jn ein Gans anpfiffe/ man sage jm davon/ was man wölle / Wie Calobius gesagt hette: Er spreche zum Pfaffen/ wenn er beychten solte/ sü / hi / So antwort ni der Pfaff/ pis/ pis/ vnd absoluirte jn von seinen sünden/ Darnach wers gleich so vil als vorhin.

Solche dreyerley vnart der Menschen findet man allzeit in der Welt an allen orten. Der heilige Geist aber vermaledeit sie vñ jre anhenger/ vnd spricht/ das allein die Gott gefellig vnd angenem sind / die sich büten für solchem bösen geschlecht/ als nemlich/ 1. Die nicht wandeln im rath der Gottlosen/ das ist/ den offentlichen Tyrannen vnd Verfolgern des Euangelii/ Item/ den falschen Lehrern vnd Ketzern nicht beyfallen/ heucheln / noch sich von jnen bereden vnd verfären lassen / noch auch zu jrem thun vnd bösem fürnemen stillschweigen/ Sondern dasselbig verhindern/ straffen/ vnd ableinen/ souil als einem jeden nach seinem beruff möglich ist. 2. Die nit tretten auff den Weg der Sünder/ das ist/ nicht zu gleich mit dem gemeinen hauffen lauffen/ one Gottes forcht vñ on früchte eines Christlichen glaubens/ nit leben/ wie die vnbusfertigen Wucherer/ Ehebrecher/ Verleumbder/ Durerr/ oder andere offentliche vbel theter leben/ ob es gleich vngestrafft für vol hinauß gienge/ Vnd in summa/ sich nit richten nach der Welt / vnd die rechte ban nit verlassen/ wie Salomon redet/ Prouerb: 2. sondern auff sein hertz vnd gewissen/ vnd auff sein leben vnd seligkeyt achtung geben/ vnd sich in Gottes forcht vnd anrüffung üben/ oder/ wie Paulus sagt, eine gute ritterschafft streiten/ vnd den glauben vnd gutes gewissen behalten/ dieweil sonst in disem leben die Gotsfürchtigen nichts eigens besitzen/ noch bessers haben können/ denn allein den Glauben/ vnd ein gut Gewissen. Wie der fromme alte Lehrer/ Justinus martyr/ gesagt hat: Nihil in hac vita proprium possidemus, nisi fidem & conscientiam. Darauff muß auch ein jeder sehen/ welcher anders auff den weg der Sünder nit tretten wil/ vnd jm jtzetigs sitten/ wandel/ thun vnd lassen/ nicht gefallen lassen. Denn das heyst (via) der Weg/ nemlich/ alle sitten/ alles fürhaben/ leben/ oder wandel/ thun vnd lassen/ 3. Die nit sitzen/ da die Spötter sitzen/ Das ist/ verharren nit in sünden/ Vnd ob sie gleich auff den weg der Sünder geraten weren/ wie biszweilen auch wol den heyligen leuten widerfaren ist/ das sie doch bey zeit vmbkeren/ jre Sünde vnd thorheyt erkennen/ bekennen/ gnad vnd vergebung vmb Christi Jesu willen bitten/ vnd buß thun/ damit sie nicht gar ein rohloß/ sicher/ verstockt hertz bekommen/ vnd in ein Epicurisch leben fallen. Item/ Die jnen der Spötter

Ersten Psalm Davids. III

vnd Epicurer wesen/ gespött/ lachen/reden/ vnd fürnemen nicht lassen gefallen/Sondern erschrecken darob/meyden sie/wo sie können vnd mögen/lauffen nicht mit jnen/haben nicht gemeinschafft/Psalm 50. Wer nu dieses thut/ der ist vnd heyst einseliger Mann/dem es sol wolgehen/ als der den rechten beständigen Glauben/ vnd ein gutes Gewissen hat vnd behelt/ Vnd beweiset die früchte des Glaubens in dem/ das er sich hütet für falscher Lehre/oder für der Phariseer Sawerteyg/vnd aller Rottengeister Schwermerey/Darnach/das er sich selbs sein eygen fleisch zemet/ vnd nicht lebet in Sünden wider das gewissen.

Clemens Alexandrinus, der vngeferlich im 195. Jar nach Christi Geburt hat gelebt/zeyget vil guter gedancken/ etlicher frommer Christen/ vber diese wort Dauids an/ Sonderlich allegirt er den Apostel Barnabam/ der ein Gesell des Apostels Pauli gewesen/vnd spricht: Dauid nennet den ein glücktseligen Mann/ oder ein rechten Gottsfürchtigen Menschen/der nicht geht oder wandelt im Rath der Gottlosen/ gleich als wie die Fische/die nicht flosfedern vnd Schuppen haben/ welche auch Moses derwegen zu essen verboten hat/ allzeit vnten auff dem boden/ da der schlam am grösten vnd tieffsten ist/ schwimmen/ vnd sich also im vnflat vnd in der finster neben. Denn der rath der Gotlosen ist der vnstetige schlam/ tunckelheyt vnd grewel für Gottes Angesicht. Darnach ist das ein frommer Mann/der nicht tritt auff den weg der Sünder/ Das ist/die da wöllen gesehen sein/ als fürchten sie Gott/ vnd als sind sie fromm/vnd sündigen doch jmmer hin/vnd leben wie die Sew/so sich wol müssen fürchten/vnd bleiben doch stetigs in jrem kot. Wenn sie hungert/ so gruntzen vnd schreyen sie: Wenn sie satt sind/ so erkennen sie den Herrn nicht/der jns gegeben hat. Der vrsach halben hat Moses die Schwein zu essen verboten. Zum dritten/ist der ein Gottseliger Mann/ auch noch bey seinem leben/der nicht sitzt/da die Spötter sitzen/ auff dem gifftigen Stul vnd Pestilentz/ gleich als wie die rauberischen Vögel/Adler/Dabbicht/Geyer/ Raben/Lachteul/Kuckuk/Storch/Reher/vnd dergleichen/welche sitzen/ vnd lauren auff die Beut vnd Raub/ vnd verschlingen die armen wehrlosen Thierlein/Welche vögel auch Moses hat derhalben zu essen verboten. Hæc Barnabas Apostolus.

Neben dieser außlegung oder Gleichnus/setzet Clemens noch eines gelehrten Manns gedancken/nemlich: Das der Rath der Gotlosen bedeute die Heyden: Der Weg der Sünder aber bedeute die Judaischen opinion/Aberglaub/Won/vn deigne tradition: Der Sitz der Spötter bedeute alle Ketzerey vnd falsche lehr. Aber dauon sey gnug/wir lassens bey der ersten schlechten außlegung bleyben/ vnd verwerffen doch darneben nicht gute Christliche gedancken/ die dem Glauben nicht zu wider sindt/ Denn sie sindt die rechten übunge des Glaubens/bey frommen Gottsfürchtigen/vnd verstendigen leuten. Volget nun ferner:

Sondern hat lust zum Gesetz des HERREN/ vnd redet von seinem Gesetz tag vnd nacht.

Oft haben zum Wort Gottes/heyst/ nicht allein dasselbig hören/ lesen/lehren/predigen/welchs auch offtmals die Heuchler/sichere/ja die Gotlosen/Sünder vnd Spötter können/wie man zu vnser zeit an manchem ort sihet/ Sondern es heyst/hertzlich vnd ernstlich Gottes Wort betrachten/ lust vnd freud darzu haben/vnd es für den thewersten Schatz halten/dem wir jmmermehr

A iij

Kurtze außlegung des

vermehr in diesem leben / Vnd allen fleiß fürwenden/ damit leyb vnd leben/ mit einander/ so vil als ymmer müglich/ vberein komme/ vnd all vnser Beruff vnd fürnemen nach dem Wort Gottes/ als nach der rechten Götlichen Richtschnur/ gerichtet werde/ Vnd/ wo es von nöten/ auch leib/ leben/ ehr/ gut vnd blut/ in warer Christlicher bekentnus vnd bestendigkeyt/ dargesetzt vnd gelassen werde.

Von disem lust/ zum Wort vnd Gesetz Gottes/ wissen rohlose menschen nichts/ die allein in tag hinein/ in allen wollüsten/ oder sonst im schlam leben. Was solt ein frecher/ sicherer/ wilder/ roher/ vnuersuchter vnd vngebrochener mensch für lust vnd frewd an Gottes Wort haben? Ja wenns gelt vnd gut/ groß ehr vnd gewalt/ vnd zeitlichs wolleben weren/ da möchte er seine lust vnd frewde daran haben. Aber die betrübten/ geengstigten hertzen verstehen/ was für lust/ frewd vnd erquickung aus dem Wort Gottes kommet/ vnd fülen vnd schmecken/ wie gar freundlich der HERR ist. Denn allein die anfechtung lehret auffs Wort mercken/ Esaie 28. Qui non est tentatus, qualia scit? Vnuersuchte vnd vngebrochene leut sind gemeinlich eytel vnnütze speculisten/ die nichts wissen/ vnd verfüren doch alle Welt. Darumb ists ein grosse gnad/ dahin kommen/ das man durch mancherley widerwertigkeyt lernet/ Gottes Wort lieb vnd werdt haben/ Wie Dauid sagt: HERR es ist mir gut/ das du mich hast gedemütiget/ auff das ich dein Recht lernete.

Vom Gesetz des HERRN reden tag vnd nacht/ heisset: Gottes Wort auff allerley weis handeln/ mit hören/ lesen/ nachdencken/ schreiben/ beten/ leyden/ tichten vnd reden. Denn ye mehr man damit vmbgeht/ ye süsser vnd angenemer es wirt/ vnd hat billich den namen: Je lenger je lieber/ das man darnach fein in ein gewonheit kommet/ vnd schwetzet gern vom Wort Gottes / betrachtet die schönen Sprüche vnd verheissunge/ füllet trost vnd erquickung im hertzen/ vnd geht auch wol zu nachts im schlaff vnd Traum/ damit vmb/ das einem frommen hertzen etwan ein feiner Spruch fürkommet/ dauon er redet/ vnd hat mit den lieben Engeln/ oder sonst mit Gottsfürchtigen leuten zuthun/ vnd hat feine liebliche sanffte Treum vnd Gesichte/ die auch seinem hertzen vnd gewissen wol thun/ vnd frewd bringen/ daruon die sichern/ wüsten leute nichts wissen/ noch wissen sollen.

Tag vnd nacht zeygen nicht allein die stettige zeit an/ das man gern auff mancherley weyse mit dem Wort Gottes vmbgehn solle/ Sondern bedeuten auch nach art der Schrifft/ allerley glück vnd vnglück/ gute vnd böse tage. Denn der Tag begreifft alle wolfart des Leybs/ Gemüts/ vnd des gantzen lebens. Die Nacht aber helt in sich allerley trübsal/ forcht/ schrecken/ angst vnd not/ wie wir offt in den Psalmen hören werden. Darumb wil der Prophet so vil sagen: Es sol dem ewig wol gehen/ der stettigs es gehe im zeitlich wol oder vbel/ lust hat zum Gottes Wort/ bleybet dabey/ vnd lesst sich dauon nicht wenden/ weder durch glück noch vnglück/ wirdt nicht sicher/ wenn er gute tag hat/ wirt auch nicht verzagt/ vngedultig/ wanckelmütig/ wenn er gleich vil Creutz mus aussstehen.

Allhie ist beyde der Heuchler/ vnd der Spötter fürgeben vnd phantasey zu verwerffen. Die Heuchler/ München/ vnd dergleichen/ nemen diese wort Dauids zubestetigung jhrer zeit vnd stunden/ darinn sie lesen/ singen/ aufstehen/ vnd ire Metten begehn. Aber das solchs eitel gauckelwerck sey/ wissen (Gott lob) die Kinder/ so iren Catechismum gelernet haben/ sintemal Dauid vil ein höher ernstlicher begird/ lust vnd lieb zum Wort Gottes rfordert/ denn in dem eusserlichen werck vnd Ceremonien stehet/ das one Gottes forcht/ one
andacht

Ersten Psalm Davids.

andacht vnd anrüffung Gottes/ja offt in sünden vnd schanden getrieben wirt/ wie die Exempel außweisen. Die Spötter aber vnd sichere leut sprechen: Da= rüb befilhet/man sol tag vnd nacht vom Gesetz des HERRN reden/Wenn sol man denn essen/trincken/schlaffen/vnd andere werck thun?̈ Diser spot ist gemein/ vnd ist nicht wirdig/darauff mehr zu antworten/denn souil biß= her ist gesagt worden. Doch sollen das die einfeltigen wissen vnd behalten/ das die Gottsfürchtigen alle jre werck jhres Beruffs/thun vnd leisten in der anrüffung Gottes/Das/ob sie gleich schlaffen/noch dennocht haben sie Gott in jrem hertzen/des Wonung vnd Tempel sie worden sind/ vnd leben also in stetiger forcht/vñ in betrachtung des Worts Gottes/Vnd/wie der 119. Psalm sagt/sie behalten sein Wort in jrem hertzen/auff das sie nicht wider Gott sün= digen. Aber hie gehöret zu/leyden/beten/vnd erfaren/wie wir anderstwo sa= gen wöllen. Denn sichere leut wissen dauon nichts/was geredt sey: Jch wil den HERRN loben allezeit/sein lob sol jmmerdar in meinem munde sein/ic.
Psalm. 34.

Der ist wie ein Baum gepflantzet an den Wasserbechen/ der seine Früchte bringet zu seiner zeit/ Vnd seine Bletter ver= welcken nicht/ Vnd was er machet/das geret wol.

Hie erzelet er die vrsach/warumb ein jeder zum Wort Gottes/welchs er generali appellatione das Gesetz genennet hat/lust haben/ vnd tag vnd nacht damit vmbgehen/vnd alle seine gedancken darauff richten solle. Wir wöllen aber allhie kürtzlich neben der vrsach/die hie gesetzt wirt/auch andere erzelen/ die vns bewegen vnd anffmuntern sollen/trewlich/emsig/vnd andechtiglich mit GOttes Wort vmb zugehen.

Die erste vrsach/die vns alle zu dem Wort Gottes stetigs treyben vnd an= reitzen solle/ist Gottes ernstlicher befehl/als da er sagt/Deut: 30. Des HER= REN Gesetz sol allzeit in deinem munde sein: Item/Du solt nichts dauon/ vnd nichts dazu thun. Item/Deut: 6. Du solt diese wort scherpffen deinen kin= dern. Esaie 8. Tach dem Gesetz vnd zeugnus solt jr reden/wolt jhr anders bei de morgenröte haben/vnd behalten. Ezech: 20. Jnn meinen Geboten solt jr wan= deln. Vnd sind diser Sprüch hin vnd wider im alten Testament sehr vil. Son= derlich aber werden wir im newen Testament von dem HErrn Christo selbst/ vnd von den Aposteln sehr offt vnd trewlich zum Wort Gottes permanet/Als da der HErr spricht/Johannis 5. Suchet in der Schrifft/denn sie zeuget von mir. Psal. 40. Jnn Buch ist von mir geschrieben/sihe ich komme/deinen wil= len thu ich gern. Wer mich liebet/der helt mein Wort. Meine Schefflein hören meine stimm. Item/Das ist mein lieber Son/den solt jr hören. Vnd Paulus spricht: Walt an mit lesen. Die heylige Schrifft kan dich vnterweisen zur selig= keit/durch den Glauben an Christo Jesu Daher die Propheten so offt schrey= en: Höret/Höret. Vnd Christus: Wer ohren hat zu hören/der höre/damit vns zu dem Wort Gottes zu locken. Jnn summa/ Gott wil einen fleiß haben/ andacht/suchen/studirn/nachdencken/fragen/hören/lesen/repetirn/vnd wol betrachten/wie er mit den worten (scherpffen vnd suchen) anzeiget. Denn je mehr man mit dem Wort Gottes vmbgeht/je mehr lehr/trost vnd krafft findt man darinn/wie der alte Vers heyst: Biblia lecta placere, decies repetita placebunt. Ja/offt ein einiger buchstab vnd sylben/helt in sich sonderlichen safft/vnd gibe schöne Christliche gedancken/das gewißlich (wie die Medici von jrm Hippo=

A iij   crate

Kurtze außlegung des

crate reden: Nihil paruum, nihil contemnendum,) nichts ist in der Schrifft so klein vnd vnansehenlich/ das nit sonderlich etwas begriffe vnd anzeiget. GOttes Wort ist ja ein vnaußschöpfliche quell aller kunst vnd lere/ dauon sichere leut/ vnd hohe/stoltze/gelerte geister/die alle ding vberlauffen/ oben hin sehen/vnd bald alles wissen vnd verstehn/ ja wenig gnug wissen können/ ob sie gleich die schrifft jres gefallens meistern/ drüben vnd jenet en wöllen/vnd das hertzleyd haben/ wie zu vnser zeit geschicht/ dauon der Herr Philippus seines alten Wirts rede pflegt offtmals zuerzelen: Vnsere Doctores machen eitel errores.

Epiphanius ein alter Griechischer Lerer/vnd sehr köstlicher Kirchenschribent/der ein Bischof zu Constantz in Cypern gewesen/schreybet: Wenn man wil dem beschl Gottes volgen/vn sein Wort behalten/so müsse ein frommer Lerer oder Zuhörer nit fremde gedancken/ noch heimliche weitleufftige deutung des Worts fassen vn suchen/vnd nit mit allegorijs allein vmbgehn/darinn man die wort anders/den wie sie lauten/verstehet/ vnd sonderlichen geistlichen, vn doch fremden verstand vnd meinung sucht/welchs den sehr offt mit grosser gefahr vnd bißweilen wol mit ergernis der einfeltigen/vn mit vnwillen der verstendige geschicht/ Sondern wer da wil auf Gottes wort achtung geben/ vn dasselbig studirn/der muß dise vier stück zusamen fassen: 1.Lectionem, 2.speculationem, 3.sententium, 4.traditionem. Erstlich sol ein jeder fleissig lesen, vn hören Gottes Wort, das ist die schrifften der Propheten vnd Aposteln. Darnach sol er jm fleissig nachdencken/vnd was er gelesen vnd gehört hat/sein in ein deutliche ordnung bringen/vnd zusamen fassen/das er wisse/wie alle punct vnd Artickel auff einander gehn/was ein jedes sey vnd heisse/was Gnad/Glaub/Lieb/Gebett/Sünde/ Zorn/Hell vnd dergleichen sey/was das new vn alte testament/was Gesetz vnd Euangelium sey/wie mans recht sol vnterscheiden/auff das ein jeder also seine Capita vnd fürnembste stücke Christlicher Lehre verstehe vnd wisse/ wie wir dieselbigen heutiges tags/GOtt lob/verfasset haben/ in den kleinen vnd grossen Catechismo Lutheri in den Schmalkaldischen Articken in locis communibus Philippi, vnd in vilen andern guten Büchern/darfür wir GOtt billich dancken sollen. Zum dritten/ so sol auch ein jeder ein erfarung vnd übung haben der ding/die er gelesen/gelernt vnd gehört/vnd jnen nachgedacht hat/das er nemlich nit allein mit dem mund in predigen/lesen vnd reden könne dargeben/ was sünd/gnad/gerechtigkeit/glaub vnd lieb sey/sondern das ers auch in seinem hertzen bey sich füle vn erfare/ vnd in seinem leben beweise/was er gleubet. Den allezeit gibt der den besten Lehrer/vnd frömbsten Christen/ der anß erfarung vnd übung seines hertzen predigt vnd lebet. Derumb Doctor Lutherus gesagt/das ein Theologus vnd rechter Christ drey flügel haben müsse: 1.Orationem, 2.Meditationem, 3. Tentationem. Das gebett zu Gott/ Fleyß vnd mühe/ vnd Creutz oder anfechtung. Denn das Creutz gibt die rechte erfarung. Theologus absq; tentatione, est aut blateratot, aut hypocrita, aut hæreticus & seductor. Vnd ist eben das die vrsach / das GOtt bißweylen den seinen mancherley Creutz/ innerlich vnd eusserlich/auff schicket/sie im zaum zubehalten/das sie nicht allein speculirn vnd disputatores werden/sondern gehn auff die practic vnd erfarens an sich selbst, vn an andern, was sie lehren oder lernen. Da werden als denn rechte Lerer vnd Zuhörer darauß/die nit vnnütze wescher vnd schreyer/ noch sichere Maulchristen/sondern erfarne Doctores sind/die das rechte Recept vnd Antidotum haben/dabey gewiß gezeichnet steht/Probatum est. Zum vierten/so sol ein jeder auch lesen vnd erkennen/was feine/fromme/reine Lerer für außlegung der Schrifft/vnd tröstliche gedancken auß jrer erfarung in die schrifft/dieselben zubekräfftigen/liecht vnd angenem zumachen/gebracht

haben/

Ersten Psalms Dauids.

haben/ Vnd alles/was dem Glauben ehnlich ist/ vnd dem Wort Gottes zu ehren/zier vnd schmuck gereichet/ Distorien/ feine Gleichnuß/ Parabel/ Exempel/ schöne Sprüche vnd Sententz/mercken vnd behalten/vnd damit auch andern dienen/ alles Gott dem HERRN vnd seinem Wort zu ehren. Denn das ist eigentlich Tradtrio, Nicht wie es die Papisten oder Staphylus/wider den Herrn Philippum/fürgeben/von jren Traditionen/Concillijs/Patribus/ vnd dergleichen/ Sondern eigentlich vnd in warheit von rechten außlegungen der Schrifft/ vnd schönen gedancken/so mit der Schrifft vberein kommen. Vnd souil sey gesagt von der ersten vrsach/die vns zum Wort Gottes treyben/ fürdern/ vnd reitzen solle.

Die ander vrsach ist/das wir alle von Gott darzu erschaffen/vnd zu menschen vnd Ebenbild Gottes gemacht sind / vnd leben darumb/das wir Gott in seinem Wort/ wie er sich selbs hat geoffenbaret/erkennen/ ehren vnd preysen sollen. Daher auch die Heyden gesagt/das alle ding dem Menschen zu gut/ nutz vnd dienst sind erschaffen/ das der mensch/als die beste vnd edleste Creatur vnter denen/so leyb vnd leben haben / das dominium haben solle / vnd ein Herr sein in der Welt/ Er aber ist erschaffen Gott dem HERREN zu ehren/ das er den erkennen/loben vnd preysen solle. Das erkentnus aber mus fürnemlich aus dem Wort Gottes/vnd nit allein auß den Creaturn gefasset werden/ Denn Gottes wesen vnd willen kan niemand wissen one Gottes Wort / darin sich Gott selbst geoffenbaret/vnd zuerkennen gegeben hat.

Dise vrsach sollen ja alle fromme Christen wol behertzigen/das sie sehen/ warumb wir leben/war zu wir erschaffen sind/wie gar weit es vns an allen orten mangel/ wie arme leut wir sind/ da die allerfleissigsten vnd frömbsten leut stettigs vber sich selbs schreyen vnd klagen/ das sie es nirgent können dahin bringen mit jhrem leben vnd Gottsforcht/ dahin es billich gebracht solt werden/ Vnd doch darneben der rohe Gotlose hauff/ Gott dem HERRN zu vnehren lebet/vnd in sünden/wider jr gewissen/fortferet vnd verharret/welchs ja ein elender jamer ist.

Es sollen auch junge leute stettigs darauff gewehnet werden/ das sie betrachten/warumb sie leben/ Nemlich/ 1. Das sie Gott erkennen vnd preysen sollen/ vnd sein wesen vnd willen auß seinem Wort lernen. 2. Das sie/was sie gelernet/ad vsum transferiren, vnd beweysen in jrem leben mit der that/ souil als jmmer mehr/durch das gebett zu Gott/ vnd beystand des heyligen Geists / müglich ist/ in disem leben. 3. Das sie auch zu seiner zeit/in jrem Beruff vnd Ampt/ andern damit dienen/ andere vnterweysen/ gute Exempel geben/ vnd ware Lehre vnd Gottsfürchtigs leben zu den nachkommen bringen können.

Vnd dieweil wir gefallen sind/ vnd in Sünden empfangen vnd geboren werden/ vnd vnser leben mit Sünden zubringen/ aber von dem Son Gottes darumb erlöset sind/vnd von dem heyligen Geist geheyliget werden/ das wir wider zu recht gebracht/hinfort nach dem willen GOttes leben/vnd allhie den anfang machen sollen/ so sollen wir jmmerdar lust vnd lieb zum Wort GOttes haben/ Sintemal/wie gehöret/wir deswegen erschaffen/vnd hernach erlöset sind/ vnd von dem Geist GOttes darzu geheyliget werden/das wir nach dem willen GOttes/den GOtt in seinem Wort hat eröffnet/leben vnd wandeln sollen.

Dieher gehören die schönen Sprüche / Als: Der Mensch lebt nit allein im Brod/sondern in einem jeden Wort/ das auß dem Mund GOttes gehet. Item: Ich wil nicht sterben/ sondern leben/ vnd die Werck des HERRN verkündigen. Aber dauon sey gnug.

Die

Kurtze außlegung des

Die dritte vrsach/die vns ein lust zum Wort Gottes machen sol / ist certitudo doctrinæ, das wir wissen/das diese Lehr ist von GOtt bestettiget/erhalten/vnd probiert/Da sonst alle andere künste / Facultet vnd Professiones/vngewis vnd zweiffelhafftig sind/ Oder wo sie am gewissesten vnd warhafftigsten sind/ so treffen sie das punctum Physicum, wie Aristoteles von den moralibus redet/wenn man nur von der circumferentia nicht weichet/so ist es gnug. Aber das Wort GOttes ist an allen causis gewis/vnd trifft das punctum Mathematicum, das wir das centrum, vnd den zweck nennen/ wie im 45. Psalm stehet: DEXX/ dein Scepter ist ein gerad Scepter.

Philosophia/ so weyt sie sich erstreckt/ist ein gewaltig schöne/ herrliche gabe Gottes. Aber/ wenn man durch vnd durch gegangen ist/vnd alles studiert vnd erkündiget hat/was sie begreiffet/ so mus man sagen/ Es sey was/ aber nichts rechtes. Gleich wie Socrates der weyse Man gesagt hette: Vnum hoc scio, quòd nihil scio. Das allein weis ich/ das ich nichts weis. Item/ da er lang den vrsachen natürlicher ding / so man in den Schulen Physicam nennet / obgelegen / hat er zu letzt gesagt/ das alles das/was er zuvor gewis gewißt habe / sey ime vngewis worden / vnd gleichsam aus den henden vnd augen verschwunden. Daher das Sprichwort kommen: Aut nihil, aut parum scimus. Wir wissen entweder gar nichts/oder gar wenig.

Clemens Alexandrinus / den wir oben auch angezogen haben / disputirt vnd beschleusset/ das die Philosophia sey ein furtum Diaboli, das der Teufel habe, als der erste Dieb vnd Mörder/ Gott dem DEXXN gestolen, wie Prometheus das fewer dem Joui sol genommen haben/ vnd hab es den menschen/ GOtt zu trutz gegeben. Daher denn so vil Philosophi bey den Heyden entstanden sein sollen / die bisweylen auch von dem Teufel beystandt vnd hülffe gefordert/ Wie die oracula bezeugen/ vnd Socrates selbs sagt in Theage: Est mihi signum Dæmonis, quod ab ineunte ætate diuina sorte accidit. da er one zweyffel sein spiritum familiarem,wie mans nennet/verstehet. Aber dieweil Gott der DEXX den trotz nicht leyden kan/ noch sol/ so hat er dem Teufel das spiel gantz vnd gar vmbgekeret/vnd also verendert / das eben sein Diebstal sol nun gereichen zur Ehr Gottes/vnd zu ausbreitung vnd dienst seines Götlichen Worts. Daher die Philosophia ist ein famula oder ministra verbi diuini, die man dem Wort Gottes dienstlich / nützlich / vnd fürderlich ist / vnd die allein dahin sol vermeinet vnd gewendet werden/ das man damit Gott dem DEXXN diene/vnd sein Wort ziere vnd schmücke. Denn es heysset doch also:

Omnis doctrina est demta pietate venenum.

Wo nicht GOttes forcht vnd Warheyt ist/ da ist alle kunst vnd witz ein eytel gifft. Gleich wie wir jetzt von den gelehrten Philosophis/ vnd wol Theologis/ hin vnd wider/ die so hoch vnd gros / jrer erudition vnd Kunst halben/ gerhümet werden/ sagen künnen vnd sollen: Wo sie GOttes Ehr vnd schlechte Warheyt nicht suchen / so sol keiner vmb jhr witz vnd spitzfündigkeyt/ Kunst vnd gunst nicht auffsehen.

Plato sol die Bücher Mosis gelesen haben. Pythagoras sol daraus vil genommen / vnd inn seine Schul gebracht haben. So ist aller Gelehrten vnd Philosophorum Kunst/ vnd was gut in jhren Schufften ist/ nichts anders / denn ein riuulus oder brachium ex vero Pelago, & Icarurigine sapientiæ diuinæ, es fleust alles aus der Götlichen Weisheit, wie wir im Wort Gottes ausdrücklich sehen. Man schreibt auch/ das Aristoteles sey vnterwiesen worden von einem gelerten Juden. So haltens die alten gelerten Jüdischen Rabini dafür/ das er vnter dem grossen Alexandro die Bücher Salomonis zu Jerusalem vberkom-

Ersten Psalms Dauids.   VI

vberkommen/behalten/vnd seine Kunst darauß genommen hab. Item/das Pythagoras sey ein Discipel gewesen eines Propheten in Egypten/mit namen Sonches/oder/wie etlich gemeinet haben/des Propheten Ezechielis/den sie Nazareum Assyrium sollen genefiet haben/vnd sey derwegen beschnitten worden/vnd hab der Propheten predigten gehört/vnd auffgeschrieben/die er Homokoeion, Auditorium, das ist/ein Versamlung/da jr zuhören/vnd zusammen kommen/genefiet sol haben/ Gleich wie wir nennen Ecclesiam, ein Gemein/ oder Zusammenkunfft/ Beruffung vnd Kirchen.

Es sey nun dem wie jhm wölle/ so ist das Wort Gottes/oder die heylige Schrifft/ein Königin vnd Domina aller andern Künste vnd Faculteten, da alle Künste nichts dagegen sind/ Ja heissen vil mehr spelunca & phantasia Diaboli, wo sie nicht ad genua Iouis, wie die Griechen/ vnd alte verstendige Heyden geredt haben/oder/wie wir reden sollen/ad honorem & gloriam Dei, zur Ehr Gottes/geleget vnd gewandt werden.

Alle andere Weißheit vnd Künste/wie oben gesagt/ sind für sich selbs arm/sprödt/ vnd elend/vnd darzu vngewiß. Vnd ob gleichwol etliche normæ certitudinis können erzelet werden/die nicht zu verachten sind/so halten sie doch den stich nicht/wie alle menschen bezeugen müssen/Vnd der groß Aristoteles selber hat bekennen müssen/da er (wie man sagt) an seinem Todtbette sol geschrien haben: Miserere mei ô ens entium. Allein das Wort GOttes ist reich/ mächtig/tröstlich/gewiß/vnd helt in der not vnd im tod/wie ein veste eyserne maure. Darumb spricht der 33.Psalm: Des HERRN Wort ist warhafftig/ vnd was er zusagt/das helt Er gewiß. Item/Wie wir gehört haben/so sehen wirs.Psalm:48.

Die Philosophia hat vnd begrefft in sich (wenn man die warheit wil sagen) nur entweder disputationes/ da man fragt von dem vnd von jhenem/ vnd disputirt/redet vnd antwort in verang; partem,vnd concludirt einer also/der ander anders/vnd behelt ein jegliche part jre opinion vnd meinung/ Einer guter nichtnung der ander aus halsstarrigkeit/den dritt auß ehrgeitz vnd weltlicher weißheit: Oder aber hat dubias dubitationes, wie der Weise Gymnosophista zum grossen Alexandro gesagt het/da kein part gewiß reden oder schliessen kan/ vnd müssen also die Fragen suspendirn/oder jr leben lang davon zancken/vnd doch nichts gewiß haben: Oder/so es ferrn kompt/hats demonstrationes, vel scriptas, vel pictas, Das ist/ Gewisse darthuung in denen dingen/ das die vernunfft begreiffen/wollen/vnd der mensch erfaren/ vnd mit der warheit bezeugen kan/ Welches doch alles stehet allein im wissen vnd verstand/oder aber auch im leben vnd eusserlichem wandel/wie an seinem ort davon weiter gehandelt wirt/ Vnd gibt doch deren ding keines dem Hertzen vnd Gewissen einigen trost oder saffe/stellt es nicht zu frid-kans nicht versönen/noch ruhig machen.Es ist alles arm elend ding/ wenn man damit zum Hertzen vnd Gewissen kompt. Da heysts allein/wie Dauid sagt: Wo dein Gesetz nicht mein trost gewesen were/so were ich vergangen in meinem elende.

Darumb schliessen wir nun/das allein die heilige Schrifft gewiß/warhafftig/liecht/deutlich vnd lebendig sey/dardurch die hertzen vergewisset/getröstet/erleuchtet/vnd erquicket werden/Darinn nichts falsch/auch nichts/was zum glauben vnd trost gehört/tunckel noch zweiffelhafftig sein kan/ wie alle fromme Gewissen bezeugen/vnd mit der that im werck erfarn.Von den Disputatoribus vnd Weltnarren reden wir nicht.

Jnn Schulen redet man gar fein de argumentis certitudinis doctrinæ diuinæ, dauon (wils Gott) zu seiner zeit anderstwo sol nach gelegenheit gehandelt werden/

Kurtze außlegung des

den/Als sonderlich die fürnembste beweisung vnd prob ist/ diuina patefactio & autoritas, das die Göttliche/ewige/allmechtige Maiestet/selbs solch;s Wort vnd Schrifft hat an tag/allen Menschen/gegeben vnd eröffnet/vnd dasselbige anzunemen jmmerdar befolhen/ Wie der fromme Lucianus Martyr/zum Tyrannen gesprochen hat/da er von jm gefragt worden/warumb er der Christlichen Lehre anhange/die wider alle vernunfft sey/ vnd sonst er ein verstendiger/weiser Man gerhümet werde? Dat er geantwort: Ich kan nicht anderst/ denn GOtt hats geredt / Deus doctrinæ de Deo autor est. Vnd das ist auch das rechte αὐτὸς ἔφα, Ipse dixit, Er hats gesagt / das vns gewis machen sol im Hertzen vnd Gewissen. Was Gott gesagt hat/ das ist war / vnd bleybt bestendig vnd vnuerruckt/gewis vnd eygen/darwider gilt kein Klugheyt/Philosophey/ noch kale gezwungene lapperey/sie sey so geschmückt vnnd geferbt/wie sie wölle. Aber dauon sey auch genug gesaget/ damit wirs nicht zu lang machen/ Sintemal wir allein nur das haben wöllen anzeygen/ wie wir lust vnd lieb zum Wort Gottes haben sollen/ Diser vrsach halben/dieweil alles darinn gewis/klar/lebendig vnd tröstlich ist.

Die vierdte vrsach / so vns zum Wort GOttes treyben vnd auffmuntern solle/ist vnser armes/elendes leben / dauon hernach/wils GOtt,/im 30. vnd 49. Psalmen/ vnd anderstwo/sol gehandelt werden. Wo das Wort GOttes nicht ist/da solt jm keiner fluchen zu leben. Es heyst ja/wie der Herr Philippus sagt: Nil sum, Ich bin nichts/vnd weiß gar kein trost/denn das du mich ja hast erlost/O Jesu Christ/ mit deinem Blut/Gelitten/gstorben mir zu gut: Ich bin nun dein/du bist mein / Inn dir sol all mein leben sein. Also singet auch die Kirche: Sine tuo numine, nihil est in homine, nihil est innoxium. On deinen Geist/dadurch du vns lebendig macherst/ist nichts im menschen/Ja/ der mensch ist nichts denn eytel sünde / vanitas vanitatum, ipsa vanitate vanior, wie ein Weiser Mann saget. Fromme hertzen bedencken diese armseligkeyt/ vnnd dancken Gott für sein Wort/vnd wissen/das sie jr leben im Wort haben/ wie der Vers Mathesij fein anzeyget: Viuimus in Verbo, velut embryo clausus in aluo. Wie ein Frucht in Mutter leyb erhalten wirdt / also werden wir erhalten vnd leben im Wort / welchs ist vnser gröster vnd edlester Schatz / dauon sichere/ rohlose leut nichts wissen/dencken nicht an jr elend. Darumb spricht Dauid im 90. Psalm: Lehre vnns bedencken/das wir sterben müssen / auff das wir klug werden.

Die fünffte vrsach/ ist die grosse Gnade/Güte/vnd Barmhertzigkeyt GOttes / welcher darumb vns allen sein Wort lessit verkündigen/das er damit vnsere Hertzen gewinne/vnd vns gerecht vnd selig mache. Daher die Alten ein sehr schönen Spruch gesetzet haben/ der etlichs mal im Clemente stehet: Deus hunc solùm fructum percipit ex nobis, quòd salui sumus, & propter solam salutem hominum exultat. Item: Nullum est aliud Deo gratius opus, quàm hoc solùm, vt homo saluus fiat. GOtt hat von vns keinen nutz noch frucht/Sondern das ist allein sein lust/sein freud/vnd sein werck/das wir selig werden/ Ja er hat vns warhafftig/spricht der fromme Münch Taulerus/so lieb/ als ob sein Wesen vnd Leben an vnser seligkeyt lege. Wie er denn solches bewiesen hat/das er vnns armen verdampten Menschen sein eingebornen allerliebsten Sohn geschencket hat/vnd lesst vns sein Wort verkündigen/ vnd gibt vns allerley wolthaten. Wer wolt denn nun so ein verzweiffelt/verstocktes hertz haben/das er solche vnaussprechliche güte GOttes nicht wolt erkennen/ annemen / loben / sich derselbigen von hertzen frewen/ vnd ein hertzlichen lust vnd liebe zu seinem Wort haben? Offendere bonos est tetrum piaculum, sagt man in Schulen.

Weil

Ersten Psalm Dauids.

Weil wir alle arm/von natur ellend vnd kranck/todt vmb nichts sindt/vnd GOtt wil vns reich/gesundt/lebendig vnnd selig machen/warumb wolten wir nicht zu jhm lauffen vnd rennen/vnd vns seines Worts hertzlich vnd mit rechtem ernst annemen? Warumb wöllen wir jn zu vnehren leben/jn beleydigen/sein nicht achten/sein Wort verlassen/wie der meiste theil thut? Es ist ja jamer vber jamer. Wie würde ein rennen/lauffen vnd tragen sein/wenn ein armer Mensch/der nichtes hat/vnd wol vil darzu schuldig ist/Oder ein Krancker/oder Gefangener hörete/das einer were/der jme Gelts vnd Guts genug geben vnd schencken/jn gesundt machen/vnd erlösen wolte. Aber da sehen wir/was es mit vns ist: Gott ist die Liebe/vnd was Er thut/das thut Er vns zu gut/das auch sein Zorn/wenn er sich bisweilen stellet/als sey er vns/von wegen vnserer Sünden/feindt/vnd wölle vns grewlich straffen/wie er sich jetzt im Teutschland stellet/vns zum besten/so wir vns zu jm bekeren/gereichen sol. Wir aber fragen wenig nach seiner güte vnd langmütigkeit/misbrauchen seines Worts vnd Segens/spotten wol darzu/ira, vt Deus apud nos iam leré factus sit actus. Wolan/es wirdt die zeit kommen/das wir vns werden sehnen nach seinem Wort vnd seiner Güte/vnd werdens doch mangeln müssen. Gott sey vns gnedig.

Die sechste vrsach sol sein die grosse schrickliche sicherheyt der menschen/welche vnns nicht sol bewegen/das wir mit dem gemeinen hauffen lauffen wolten/sondern sol vns zu gemüt füren/die vnflettige blindtheyt vnd verstockung des menschen/vnd den neyd/trotz vnd tyranney des Teuffels/auff das wir also auff vns/vnd auff vnser Seligkeyt/ein jeder für sich in sonderheyt/achtung geben/vnd suchen rath vnd hülffe/trost vnd gedult inn dem Wort Gottes/da wir sonst entweder mit dem gemeinen hauffen/Gottlosen/Sündern vnd Spöttern/in gleichen sünden ligen vnd vergehen müsten/oder aber vngedultig würden/vnd köndten vns nimmermehr zu frieden geben/wie wir im 37. Psalm hören werden.

Die letzte vrsach stehet in den verheyssungen vnd drawungen. Wer mit Gottes Wort rechtschaffen/fleissig einfeltig vnd gern vmbgehet/der sol Got angenem sein/vnd sol in jhenem leben leuchten/wie des Himels glantz/vnd wie die Sterne/Daniel. 12. Wer aber Gottes Wort verachtet/diebet/verfelschet/der sol vnter dem Zorn GOttes sein vnd bleyben/Denn GOtt wil sein Wort vnueracht/vnd vngemeistert haben.

Von diser vrsach redet nu allhie Dauid/vnd spricht/das ein Gottsfürchtiger mensch/der gern mit dem Wort GOttes vmbgeht/sey wie ein Baum/gepflantzt an den frischen Wasserbechen/ja wie ein Palmbaum/Psalm. 92. der stetigs grunet vnd wechset/blüet/fruchtbar vnd frisch ist/Oder wie ein vnuerwelcklicher Amarant/der nimmermehr verdirbet/oder abnimpt/sondern hat jmmerdar sein krafft vnd safft/wie er auch bey den Gelehrten daruon den namen hat/vnd Petrus 1. Petri 1. darauff alludirt/da er sagt: Wir sind wider geboren zu einem vnuergenglichem/vnbeflecktem/vnd vnuerwelcklichem Erbe.

Ein Palmbaum sol stehen vnd wachsen an sandigen vnd wesserigen örtern/vnd doch Sommer vnd Winter vber grunen vnd frisch sein. Also ein Gottsfürchtiger mensch stehet vnd lebet in der Welt vnter bösen Buben/offt mitten vnter den Teufeln/Aber es hat kein not mit jhm/er hat Gottes Wort damit sterckt vnd tröstet er sich/vnd feret fort in seinem beruff/arbeyt/fleyß/vnd grunet Sommer vnd Winter/es gehe jhm wol oder vbel/er harret auff den HERREN/vnd krieget newe krafft an gemüt vnd leyb/das er auffferet

Kurtze außlegung des

mit flügeln/wie ein Adler/lauffs/vnd nicht matt wirt/wandelt/ vnd nicht müde wirt/ Esaie 40. Ob gleich ein hitze kompt/ fürcht er sich doch nicht/ sondern seine bletter bleiben grüne/ Vnd sorget nicht/ wenn ein dürr Jar kompt/ sondern er bringt on aufhören früchte/ Jerem: 17.

Solchs ist zumal tröstlich/ vnd wenn man darauff sihet/ so erferet mans in der warheyt also. Sonderlich aber ist das passiuum sein zubetrachten/ da er sagt: Er ist wie ein Baum gepflantzet/ arbor plantata, der sich nicht selbs gepflantzet hat/ sondern lebet/ vnd ist frisch durch die lauter güte vnd gnad Gottes/ one sein werck vnd verdienst/ allein auß gnaden/ vmb des Sons Gottes willen/ welcher vnser Wirt ist/ vnd füret vns zu frischem Wasser/ Psalm. 23. Ja er gibt das Wasser zutrincken/ dauon Er selbs prediget/ Johannis 4. vnd Psalm.43. auch dauon sol gehandelt werden.

Also ist nun das die erste verheyssung/ das ein jeder/ der lust zum Wort GOttes hat/ sol sein wie ein Baum/ der jmmer frisch ist/ Das ist/ er solle der Gnaden GOttes/ die vns GOtt in seinem Son erzeyget hat/ leben/ vnd sich der trösten/ nicht erschrecken/ noch sich fürchten/ sintemal er nun ist gepflantzet durch die Hand GOttes/ in den Lustgarten Eden/ welches wort sovil heyst/ als deliriæ, lust vnd frewd/ da von ersten das liebe Paradeys (welchs auch bey den Ebreern ein Garte heyst) gestanden ist/ Daher die Alten ein Sprichwort/ vnd feine Allegoriam geführt haben/ das alle Gottsfürchtige wonen im Garten Eden. Die Gotlosen aber müssen bleyben zu Nod/ gegen Eden vber/ wie Genesis 4. stehet: Cain gieng von dem Angesicht des DER. REN/ vnd wonet im Lande Nod/ jenseit Eden Nod aber heyst Fluctus, Wellen/ vnd mancherley gefahr der Seelen vnd des Leybs/ darinn alle sichere vnd vnbußfertige leut leben.

Die ander verheyssung heyst/ das ein Gottsfürchtiger Mensch sol gewis seine Frücht bringen zu seiner zeit/ wenns nütz vnd not ist. Sein Beruff vnd arbeyt sol nicht vmb sonst sein/ Wie geschrieben stehet: Ewer arbeyt im HERRN sol nicht vergebens sein: GOtt wil jm segnen/ vnd gedeyen geben. Ist er ein Lehrer in der Kirchen/ so sol das Wort aus seinem munde mit auff die Erde fallen/ noch in lufft verschwinden/ sondern aufsrichten/ darzu es gesandt ist/ auch wol on sein wissen vnd erkentnus. Ist er ein frommer Regent/ so sol sein Ampt dienen zur erhaltung der Kirchen vnd Schulen/ zum friede vnd gemeinen nutz/ zur zunemung vnd wolfart der Vnterthanen. Ist er ein Haußvater/ so sol er den Segen haben/ dauon der 128. Psalm predigt: Wol dem/ der den HERRN fürchtet/ vnd auff seinen Wegen gehet/ rc.

Ob es aber bißweylen/ ja offt/ vnd vast jmmerdar/ sich bey den Frommen leist ansehen/ als ob jr trew/ fleyß vnd arbeyt/ in der Kirchen/ Regiment vnd Haußhalten/ wenig ausrichte/ vnd nirgent zu tuge/ vnd sie auff allen seitten angegriffen/ geneydet/ verhindert vnd verachtet werden/ ja auch offtmals durch grosse sorge vnd trawrigkeyt/ arbeyt vnd kranckheyt dahin komen/ das andere gedencken/ sie werden jr lebenlang vntüchtige arme Menschen bleiben/ damit man nichts könne aufsrichten/ So sollen doch fromme hertzen jmmer zu dise wort bedencken (Zu seiner zeit.) Man fare nur gestracks fort im Beruff/ vnd werde nicht vngedultig/ wie der 37. Psalm lehret/ so sol alles endtlich wol ergehn/ Gott wirt die Gerechtigkeyt herfür bringen/ u. das liecht/ vnd das Recht/ wie den Mittag. Denn es heyst doch: Nolite sepeliri in puluere verum/ Die Warheyt vnd was recht ist/ kan nicht im staub vergraben ligen. Ob gleich bißweylen ein staub vnd sand darauff gelegt wirt/ vnd scheinet/ als wölls vntergedruckt/ zugescharret/ vnd vergraben werden/ so

kompt

Ersten Psalm Dauids. VIII

kompt doch Gott zu seiner zeit/vnd mit einem athem blesset er allen staub vnd sand hinweg/das man sehen mus/was war vnd recht ist. Er weis wol/wer am besten ist/vnd braucht an vns kein arge list. Wie auch Petrus sagt: Demütiget euch vnter die gewaltige hand Gottes/auff das er euch erhöhe zu seiner zeit.

Mit den Gotlosen hats gar ein andere meinung/Jhr lehre vnd leben hat ein grossen schein/vnd machet ein groß geplerr im anfang/dringet hindurch/die leut fallen jnen zu mit hauffen/es geht jnen wol/sie werden gerhümet/vnd hoch gehalten. Aber endtlich erferet man zu seiner zeit/das es alles tand vnd lügen gewesit ist/Wie man mit Arrio vor zeiten gesehen. Item an Manicheern/vnd heutigs tags an den gelehrten Ketzern erferet/Sacramentirern vnd Antinomiern/rc.

Die dritte verheyssung ist/das eines Gottsfürchtigen menschen Bletter nicht sollen verwelcken/Das ist/er sol wol bleiben in seinem Ampt vnd Beruff/oder bey dem Wort Gottes/Denn die bletter sind das Wort/oder rechte lehre/damit einer frey hindurch geht durch alles vngewitter. Er hat den nachdruck vnd safft in der wurtzel/Vnd ob gleich ein creutz/verfolgung/neyd vnd gefahr kompt/so fragt er nicht darnach/denn er hat den safft/vnd gehet jmer fort/durch alles wüten/toben vnd schreyen/seine Widersacher sollen jn nicht dempffen/noch zuschanden machen.

Es ist aber sehr fein/das Dauid die Früchte setzet vor den blettern/Denn gleich wie ein Weinstock/Feygenbaum vnd Palmbaum ehe die früchte/denn die bletter bringet/Also ein frommer trewer Lerer vnd Christ/thuts zum ersten/vnd beweysets mit den wercken/darnach lehret er/ja er schafft stetigs ehr/nutz vnd frucht mit rechter lehr/denn mans erferet/oder ehe es der vernunfft vnd der Weltweißheyt bekant wirt/vnd ehe man wissen kan/das er ein frommer Gotsfürchtiger Lehrer sey. Sein thun steht nit im eusserlichen ansehen/in worten vnd disputirn/glassenden vnd gespiegelten reden/sondern in der lebendigen that/damit er nit allein die ohren füllet/sondern das hertz vnd gewissen rüret vnd trifft. Das widerspiel tregt sich zu mit falschen Lerern vnd Maulchristen/die haben vil bletter one frucht/haben kein rechte einißliche lehre/noch waren trost/vnd doch grossen schein/ansehen/antoritet/kunst vnd gunst. Aber ehe man der frommen bletter sihet/so haben sie jre früchte schon langst gebracht/vnd werden jre bletter offt allererst nach jrem tod bekant/das man als denn erferet vnd sihet jre mühe/trew/arbeit vnd gaben/vnd wünschet wo es müglich were/sie mit negeln aus der erden zu kratzen/vnd vmb vnd bey jnen zu sein.

Etliche aus den Alten haben dise wort (Seine bletter verwelcken nicht) von der frommen gleubigen leut aufferstehung außgelegt/wie aus Clemente zu sehen ist/das neinlich jre exuuie nit verwesen/noch im Tod bleiben sollen/sintemal der HERR bewaret alle jre gebeine/das der nit eines zubrochen werde. Aber solche lehre gehöret hieher nicht fürnemlich.

Die vierdte verheyssung heyst: Was er machet/das gerett wol. Er ist zu allem geschickt/vnd hindert jhn auch weder Hagel noch Plitz/Regen noch Schne. Er richtet auß was Gott wil/were die Welt vnd der Teuffel noch eins so grimmig vnd wütig/wie die Exempel außweysen/mit Discia/Dauid/mit Luthero/vnd andern mehr hin vnd wider zu allen zeiten. Es muß den Frommen alles wol geraten/Gott gibt darzu seinen segen vnd gnad/ob es gleich für der Welt schwach vnd eilende ist/ja geneydet vnd vntergedruckt wirdt. O HErr Jesu Christe/gibe du auch zu dieser arbeyt deine gnad vnd segen/das es auch wol gerate/zu deinem Lob/Ehr vnd preiß/vnd jr vil durch solche geringe ar

B ij   beyt

Kurtze außlegung des

beyt gebessert/vnterwiesen/vnd bekeret werden/ob gleich sonst der meiste teil solchs nicht achtet/verkleinert vnd verlachet. Du wirsts wol machen/vmb deines Namens willen/Amen.

Das sind nun die vier verheyssunge/denen gegeben/so lust vnd lieb zum Wort Gottes haben: 1. Gratia Dei. 2. Fructus vocationis. 3. Duratio officij. 4. Successus & Benedictio. Auff solchs volgt jetzt das gegenspiel vnd drawunge/das den Gotlosen vnbusfertigen Spöttern vnd verechtern GOttes Worts/sol gantz vnd gar anders ergehen. Sie sind doch nur staub/ob sie gleich vil bletter in disem leben nach dem eusserlichen schein haben. Es ist kein safft/wasser noch gnade bey jnen. Sie sind gegen einem frommen armen Mann/der Gottes Wort lieb hat/wie Spreuw vnd kot/weil sie gleich sonst weiß/klug/gelert vnd mechtig sind/vnd thun für der Welt grosse werck/so ists doch für Gott asche/wenigr als nichts. Es ist kein heyliger Geist bey jnen/sie lehren/reden/schreiben vnd thun was sie wöllen/ Vnd darumb müssen sie verstrewet werden von dem wind vnd athem des HERRN/wie spreuw/vnd sollen nicht bleiben im Gericht noch ampt/ja sie wehen sich selber hinweg/wie der staub/vnd richten Secten an/das sie sich selbs schliessen aus dem rechten Weg vnd Lere/oder ist jnen kein ernst vmb das Wort Gottes/vnd füren ein ergerlichs leben/sind das vnkraut/das vnter den guten Weitzen gemenget ist/vnd zu seiner zeit außgereutet/vnd in offen geworffen wirt. Jhren schulern vnd anhengern sol es auch gleich also gehn/wie den Doctoribus/ Sie sollen nicht bleiben in der gemein der Gerechten. Das ist/so sie sich nicht wöllen recht leren vnd weisen lassen/so müssen sie auch herhalten/vnd mit sampt jren Lerern abgesondert/gestrafft/vnd verstrewet werden/ Wie die schrecklichen Exempel auch zu vnser zeit beweisen/die vns für den augen steben/Wiewol wir mit sehenden augen wenig sehen/noch mercken. Jn summa/jre lere/bücher vnd name sollen von frommen rechten Christen verworffen/vnd als falsch vnd wider Gott außgetilget werden/wie es vnsern Schwermern nacheinander gangen. Was helt man jetzt vom Müntzer/von Carlstad vnd Zwingel vnd andern mehr? Beyde jr leer vnd name ist bey den rechten Christen ein grewel worden.

Woher kompt aber das? Vnter weißheyt vnd arbeit thuts fürwar nicht/sondern das allein: Der HERR kennet den Weg der Gerechten/Aber der Gotlosen weg vergehet. Der Weg aber ist all jr lere/leben/ ampt/thun vnd lassen/wie es oben auch ist gebraucht worden. Vnd wil David sovil sagen: Alles was die Gottsfürchtigen thun/lerēn/leben/das gefellt vnserm HERRN Gott wol/ob es gleich für der Welt sich/als das widerspiel/lest ansehen/da ligt nichts an. Es verdanke vns vnd vnsere lere/wers nit lassen kan/Gott kennet vnd bewaret vns. Darumb sollen wir getrost vnd vnerschrocken ein/vnd vns nichts jrren lassen/was die welt von vnser lere/leben vnd wesen helt vnd vrteylet. Jst Gott für vns/wer kan wider vns sein? Emanuel der Son Gottes ist vnser Bruder/vnser fleysch vnd blut/der vnser nicht vergisset/sonder kennet vns/vnd hat vns in seine Hand gezeichnet/Esaie 49. Trotz sey geboten allen/so vns aus seiner Hand reissen wöllen/ Sie müssens wol lassen/vnd mit all jrer lehre/wercken/gewalt/kunst vnd gunst/ewiglich vergehen/so wir nur der zeit erharren vnd dieweil beim Wort bleiben.

Also ist nu diser Psalm ein feine tröstliche ermanung zum Wort Gottes/vnd ein herrlicher trost/das/so wir vns zum Wort halten/ vnd schlecht vnd recht dabey bleiben/vns Gott geben vnd sich also erzeigen wil/dz wir sehen/vnd lasse vns nit/ob sich gleich die gantze welt/heiden/völcker/könig vñ herrn/gelerts vnd vngelerte/bekante/freund/vnbekante vnd feind/wider vns/die wir das
Wort

Erſten Pſalms Dauids.

Wort haben/ aufflehnen/ vnd vns nicht lenger/ wie ſie reden wöllen zuſehen/ noch vns machen laſſen/ wie wir nach dem Wort Gottes ſchuldig ſind. Gott der HERR im Himel lachet jr/ vnd wirt ſie ſtürtzen zu ſeiner zeit / vnd das Reich ſeines Sons erhalten/ bekräfftigen / vnd inn ewigkeyt erhöhen / wie im nachuolgenden Pſalm angezeygt wirt.

Chriſte Deus tibi ſint grates pro lumine Verbi,
Noſtra tuo ſemper numine corda moue,
En feces mundi ſumus, & poſtrema propago,
Clauda nimis, laſſo manca, putriſq; pede.
Vna ſalus nobis in te ſperare ſalutem,
Te ſine nulla quies, te ſine nulla ſalus.

Ein Gebett auß dem Erſten Pſalm Dauids.

Almechtiger/ ewiger Gott/ Vater vnſers HERrn Jeſu Chriſti/ Ich bitte dich hertzlich/ daß du in mir/ durch deinen heyligen Geyſt/ luſt vnnd lieb zu deinem heyligen Wort/ zum Gebett vnd deiner anruffung allzeit machen vnd erhalten wölleſt: Denn ich bin des gewiß/ daß auſſer deinem Wort kein Troſt/ Glaub/ Leben/ noch Seligkeyt iſt/ ſondern iſt alles eytel Sünderwege/ Spötterſitz/ vnd muß/ wie Sprew/ vom Winde verwehet werden. Laß mich ja/ lieber HERR GOtt/ bey deinem Wort bleyben/ leben/ vnd ſterben. Heylige mich in deiner Warheit/ Dein Wort iſt die Warheit. Laß mich haben vnd behalten den rechten Glauben/ vnd allzeit ein gut ruhig Gewiſſen/ auff daß ich grüne vnd fruchtbar ewiglich bleybe/ wie ein Palmenbaum am Waſſer/ vnd daß meine Bletter weder in dieſem/ noch im ewigen leben verwelcken. HERR Gott erhöre mich/ vnnd laß mich ja dein ſein vnd bleiben.

A M E N.

Kurtze außlegung des
Ein andere vnd kürtzere außlegung
des Ersten Psalms.

Eser Erste Psalm ist ein rechter Eingang zu
allen andern nachfolgen Psalmen/ Denn er setzet den grund
oder das fundament/ darauff alles sol gebawet werden/
nemlich/ das Wort Gottes/ welchs ist eine Leuchten/ oder
Liecht/ vnd Richtschnur vnserer Lehre/ vnd vnsers lebens.

Erstlich beschreibet er die rechte ware Kirch Gottes/ so das
Wort Gottes behelt/ vnd daran gebunden ist/ welche nicht darvon/ lenckt es
vnd drehets nicht jres gefallens/ sondern bleybet bestendig vnd veste darauff/
Vnd wirt also bald die rechte Kirch vnterschieden von allen andern Secten/
welche gerichte falsche lehr haben/ one das Wort Gottes. Zum andern tröstet
diser Psalm die Kirche Gottes/ vnd alle ware glieder solcher Kirchen/ das sie
sollen gesegnet vn behütet werden von Got. Dergegen aber sollen die falschen
leut/ Gotlose Vnchristen/ böse Christen/ vnd falsche Lerer/ von Got verworffen sein/ keinen segen noch glück haben / Jr nam sol nicht stehen im bündlein
der Lebendigen/ sondern jr Seel sol anszgeschleudert werden/ mit der schleu-
der des Zorns Gottes/ I. Reg. 25. Das ist geredt von aller Menschen lehre/ die
kein grund in dem Wort Gottes hat/ Sie vergehet mit allen jren Dirten vnd
Doctoribus/ wie der Wind die Sprewer verwehet.

**Wol dem/ der nicht wandelt im Rath der Gottlosen/ noch
tritt auff den Weg der Sünder/ noch sitzt/ da die Spötter sitzen.**

Gottlosen sind nicht allein die von Gott vnd seinem Wort noch ferrn sein/
als Heyden/ Türcken/ Juden/ vnd auch wol böse vnd vnbußfertige falsche
leut vnter den Christen/ Sondern auch die Rottengeister vnd Ketzer/ so ihre
Treume vnd gedancken hoch halten/ vnd drehen vnd lencken das Wort Gottes jres gefallens.

Sünder sind die/ so Gottes Wort hören/ vnd wöllen gute vnd fromme
Christen sein/ vnd misbrauchen doch die Lehre Gottes zu jrem sündhafftigen
wilden/ vnd frechem leben / Wie zu vnser zeit pflegen die zuthun/ so sich des
Glaubens rhümen/ vnd leben doch/ in aller sünd vnd schand/ Freisserey/ Ehe-
bruch/ vnd dergleichen Lastern/ oder auch in gedichter Heyligkeit vnd Gleisß-
nerey.

Spötter sind/ so Gottes Wort hören/ vnd daran nit allein zweiffeln/ sondern haltens für eitel Narrheit vnd Fabel/ was Gott redet vnd thut. Es ist jnen
alles ein spot vnd verechtlich ding/ Wie zu vnser zeit sind die grossen wüsten
Epicurer/ von welchen auch Petrus in seiner andern Epistel predigt.

Wolan die Gottlosen haben ein Rath/ die Sünder haben ein Weg/ die
Spötter haben jren Stul vnd sitz/ dadurch ist nu die gantze Welt abgemalet.

Heiden/ Türcken/ Juden Ketzer Rottengeister/ vnd andere verfolger der
Warheyt Gottes/ Papisten/ vnd dergleichen/ die haben jren rath/ jre Concilia,
Synodos, vnd deliberationes, heimliche vnd offentliche anschleg/ wie sie mögen
angreiffen/ das Wort Gottes zu verhindern/ vnd auszzurenten.

Die Sünder haben jren weg/ entweder was die lehr/ oder aber was das
leben

Ersten Psalm Dauids.

leben anbelanget/Denn in der Lehr wöllen sie das Wort Gottes behalten/ vnd jrren doch darinnen weit von dem verstand vnd der warheit. Jnn dem leben aber sind jr vil/die gute Christen sein wöllen/vnd beweisen doch jren Glauben nicht mit der geringsten frucht eines Christlichen Glaubens.

Spötter haben jren Sitz/vnd lassen sich von jrer sicherheit vnd verachtung des Worts Gottes/durch kein vermanung/straff/oder warnung Gottes/nicht abwenden/ sondern haltens alles für ein schimpff vnd gelechter/ stellens alles in zweiffel/leben im sauß/oder aber mißtrawen dem Wort Gottes/vnd verachten daßelbig.

Für solchen argen Geschlechten solle man sich mit ernst hüten/Darumb sagt Dauid: Wol dem/der nicht wandelt im Rath der Gottlosen/noch tritt auff den weg der Sünder/noch sitzt da die Spötter sitzen. Denn ob es gleich für der Welt scheinet/als ein köstlicher rath vnd weg/ vnd jederman wil kein sünder mehr sein/noch vnrecht gethan haben/wie man im Spichwort sagt: Einem jeden gefellt sein weiß wol/darumb ist die Welt Narren vol/so ist doch jr leht vnd leben weil es nicht Gottes Wort/sondern eigner schöner dünckel ist/verloren vnd verdampt/mit Meistern vnd Schülern.

Wer nun wil selig sein/vnd begert/das jm nach dem Segen Gottes zeitlich vnd ewig wol ergehen sol/der muß nicht wandeln im rath der Gottlosen/ er sol fleissig mit beten/studirn/vnd allem ernst/nach der rechten waren lehre/ von dem Wesen vnd Willen Gottes trachten / vnd sich nur keine verfolgung oder empörung/Sect oder Ketzerey/wider die ware Lehre Gottes bringen oder dringen lassen. Vnd wenn er die rechte Lehre erkennet vnd gefasset hat/so sol er nicht tretten auff den weg der Sünder/er solle dem Wort Gottes rechte vnd schlecht einfeltig glenben/vnd nicht fleischliche gedancken darzu bringen. Er solle auch die Lehre der Gnaden Gottes nicht mißbrauchen/zubeschönen sein wüstes/wildes vnd rohes leben/Deß so bald er das thut/so wandelt er nit allein in dem ersten grad vnd rath der Gottlosen/sondern steht nu rest/vnd besinnet sich mit sonderlichen newen gedancken/etwas newes fürzunemen/oder sein sicherheit zubekrefftigen. Vnd das heyst auff den weg der Sünder tretten/ vnd darauff stehen. Wenn nu einer ist/der solches auch vermeidet/vnd die Sünder fliehet/so ist noch gefahr/ja die aller höchste/für den Spöttern/wie man sihet an grossen Herrn Höfen/ vnd sonst im gemeinen leben. Da ist nun mühe vnd arbeyt/das man auff jrem Stul nit sitze/Deß sitzen das bedeut ein endtlich beharren in jrem fürnemen/Wer sich einmal darein ergibet/das er Gottes Wort verachtet/vnd für nichts helt/der sellet stettigs je lenger je mehr in grössere sicherheyt/ irrthumb vnd laster/ vnd spottet so lang/biß er in die Gruben faret/one heyligen Geist/one trost/Glauben vnd leben/wie man an D. Eckern/ vnd andern gesehen hat.

Das ist der erste Vers inn diesem Psalm/darinnen wir sollen die wort: Wandeln/Sitzen vnd Stehen fleissig betrachten/der vrsach halb/die bißhero ist angezeygt/ Vnd auch deshalb/dieweil vnser leben dadurch beschrieben ist. Denn wir in vnserm sündhafftigem leben entweder in Sünden wandeln/ oder darinnen stehn/oder aber darinnen sitzen.So lang wir leben/wandelt die Sünde in vns/vnd wir in den Sünden. Alda ist aber die kunst/das wir nicht darein tretten / vnd wir darinnen nicht sitzen. Wer einmal in das tretten vnd stehen kommet/der bleibt lang dabey. Wer aber in das sitzen kommet/der stehet selten widerumb auff/ Denn der Polster/den der Teufel auff den Stul gelegt hat/scheinet vil zu sannfft vnd geniglich sein.

Was sol man aber thun/das man sich recht hüten möge? Von sol nicht

B iij wandeln/

Kurtze außlegung des

wandeln/nicht stehn/noch sitzen in bösem rath/weg vnd stul/sondern man solle lust haben zum Gesetz des HERRN/ vnd von seinem Gesetz reden tag vnd nacht. Das Wort GOttes sol vnser Leben/ Glaub vnd Trost sein/ ein Leuchten vnsern füssen/vnd sterck vnsers gemüts/leybs vnd lebens/Daran sol alle vnser freud/lust vnd lieb ligen. So sol es auch als den vns ergehn/wie weyter stehet/das wir wie Beum gepflantzt werden an den Wasserbechen/ Das ist/Gott hat ein lust an vns/vnd liebet/füret vnd regiert vns: Vnd wir bringen auch frücht zu seiner zeit/wir loben auch GOtt widerumb/ehren/rhümen vnd preysen jhn/vnd beweisen vnserm Nechsten alles guts/inn aller Gottseligkeyt vnd Erbarkeyt. Item/Vnsere Bletter verwelcken nicht/vnser lehr/vnser dienst/leben vnd trost bleibet stettigs: Denn vnser lehr ist GOttes Wort/welchs bleibt in alle ewigkeit: Vnser dienst geht zu Gott: Vnser leben steht in Got: Vnser trost vnd freud weret fort vnd fort. Vnd ist demnach also/ das alles/was wir machen/wol sol gerathen/Gott wils alles segnen mit seiner gnad/vnd wil seinen heyligen Geist geben zu vnserm thun vnd lassen.

Dergegen aber sol es mit denen/so da wandeln im rath der Gottlosen/ oder tretten auff den weg der Sünder/oder aber sitzen/da die Spötter sitzen/ nimmermehr also ergehn/sondern sie sollen/wie Sprew vom Wind/verstrewet werden/GOtt hat kein lieb noch lust zu jnen/sie bringen keine frucht zu keiner zeit/ire bletter verwelcken/vnd jnen sol nichts geraten/ Jhr nam/ehr vnd geschlecht sol vergehn/jr lehr sol nichts sein/ir leben sol heyllos vnd eytel sein/ ja es sol vor der zeit abgerissen vnd verkürtzt werden. Sie sollen nicht bleyben im Gericht/das ist/keinen namen haben in der Christlichen Gemein/ vnd in jrem Ampt keinen segen/ Wie man sihet an Ketzern/vnd andern Gottlosen leuten.

Woher geschicht denn solches? Geschicht es auff menschliche weise/ oder aus menschlichem verstand? Nein/gar nit/Sondern das die Gottlosen müssen vnd sollen vergehn/vnd die Gerechten bleiben/ist das die vrsach/das der HERR kennet den weg der Gerechten/aber der Gottlosen weg vergeht.

Die Gerechten sind alle Gleubige an den Sohn Gottes/ Jhr weg ist jr Ampt/Beruff/vnd leben. Got kennet vnd weiß/regirt vnd füret/beschützt vnd handhabet sie in allem jrem weg/ Wer nur das (kennen) wol verstehen vnd lernen könte. Der Gotlosen weg aber sol vergehen/ ob es gleich lang weret/ wenn wir nur harren/vnd des HERRN erwarten können.

Auß diesem Psalm haben wir nun das zu lernen: Das erstlich wir/die wir rechte Christen sein wöllen/vns mit ernst sollen annemen des Worts oder der Lehr Gottes/das ist/des Gesetz vnd des Euangelij/vnd sollen darzu lust/ vnd teglich mit gedancken/lesen vnd reden vnser übung darinnen haben/vnd darauff vestiglich bawen vnd trotzen/als denn so sol es vns auch wol gehn/ Wie auch im 92. Psalm/vnd im Propheten Jeremia Cap. 17. sehr schön vnd tröstlich geschrieben steht: Gesegnet ist der Man/der sich auff den HERRN verlesset/vnd der HERR seine zuuersicht ist. Der ist wie ein Baum am Wasser gepflantzt/vnd am Bach gewurtzelt. Denn ob gleich eine hitze kompt/ fürcht er sich doch nicht/sondern seine bletter bleiben grüne/ Vnd sorget nit/ wenn ein dürr Jar kompt/sondern er bringt one auffhören frückte. Von diser vnser übung in dem Wort GOttes/redet auch der Err Christus: Wer aus Gott ist/der höret Gottes Wort. Item: Sucht von ersten das Reich Gottes/ vnd seine Gerechtigkeyt. Item: Suchet in der Schrifft. zc.

Darnach so lernen wir auch/das/so wir Gottes Wort hören/lesen/behalten/vnd bey Gott bleiben/wir vns nicht sollen fürchten für einigem Ketzer/

Erſten Pſalm Dauids. XI

etzer/Spötter/Sünder/oder Gotloſen/Denn ſie ſollen vnd können nicht beſte-
ben/ir nam vnd ampt ſol vergehn/als wer es nichts jemals geweſen: Man ſol
weder von irer perſon/noch jrem rath/concilijs/weg/ſitz/oder ſchwarm etwas
mehr zuſagen wiſſen/Wie man jetziger zeit an vilen Ketzern/vnd andern Gotloſen geſehen vnd erfaren hat/vnd noch teglich erfret. GOtt der Vater aller
gnaden helff vns/das wir ſolchs von hertzen betrachten/ vnd bey ſeinem
Wort veſtiglich beharren/vnd von hertzen ſingen vnd beten:
  Erhalt vns HERR bey deinem
  Wort ꝛc. Amen.

Der erſte Pſalm/Im Thon/
Durch Adams Fall iſt gantz verderbt.

WOl dem der nicht wandelt im rath/ der Gotloſen geſchwinde/
Vnd nicht ſein füſſ inn dem weg hat/da Sünder ſich thun fin-
den/ Noch ſitzet da die Spötter ſindt/die alles thun verachten/
Was Gott redet/thut vnd beſindt/das pflegen ſie verlachen.

Sie lehren wol/vnd ſind hoch dran/haben das Ampt vnd ehre. Sie geben groſſen ſchein davon/mit jrer ſtoltzen lehre. Wenn man es aber recht be-
ſicht/ſo iſt es ſchand vnd ſpotte/ Welchs bald vergeht/ als wer es nicht/mit
aller argen rotte.

Laſz Secten ſein/vnd Lügen vil/die jetzund hero lauffen. Halt dich ans
Gſetz des HERRN ſtill/laſz an einander rauffen. Wer nicht wil ruhen/der
mags thon/ſein ebentheewr erjagen/Er wirt bekommen ſeinen lohn/darob er
ja ſol zagen.

Wol dem der luſt hat an dem Wort/welchs GOTT der HERR ſelbſt
bringet. Wer tag vnd nacht das gerne hört/vnd ſtetigs darnach ringet. Der iſt
wie ein gepflantzter Baum/an friſchen Waſſerbechen/ An ſchönem ort/ vnd
weitem raum/den nichts vbels kan ſchwechen.

Er bringt ſein frucht zu rechter zeit/ſein bletter nicht vmbkommen. Alſo
ein grechter/was er gibt/bringt guts vnd lauter frommen. Es tob die Welt
Teufel vnd Tod/ſo muſz er doch auſzrichten/Was Gottes will in jm für hat/
hie gilt kein arges dichten.

Aber ſo ſind die andern nicht/die GOttes Wort verachten. Wie Sprew
vom Wind zerſtrewt/verblicht/all jr anſchleg vnd ſachen: Darumb nicht ſollen bleiben ſie/in Gmein der Chriſten alle/Ir nam vnd lehr vergeht auch hie/
in dieſem leben balde.

Sieh nacheinander Schwermer vil/zu vnſer zeit vnd leben. Was iſt geweſzt jr letztes zil/denn ſchmach/grewl/tod vnd beben? Kein Ampt iſt nicht
geblieben jn/kein Gricht/kein nam auff erden/ Es iſt alls gantz vnd gar da-
hin/wie ſtaub hats müſſen werden.

Wie kompts doch? das ſag ich gar fein/der HERR iſt ſelbſt der Richter. Er kennt den weg der Grechten ſein/er iſt der beyden ſchlichter. Er ſcheydt
die ſein von Buben böſz/die Gotloſen verderben/Mit jrem weg/lehr/wercken
groſz/müſſen ſie ewig ſterben.

Ach GOtt laſz mich ſein in der zal/dern Weg du kenneſt balde. Dieweil
doch ſchwebet vberal/groſz ſünd gar manigfalde. Laſz mich gwiſz ſein/das
ich bin dein/das dir mein thun gefalle/ Ob gleich die Welt vom leben mein/
vrteylt arg vberale/Amen.   Idem

Kurtze außlegung des
Idem hic Psalmus infra Psalmo 80. & Psal: 79. repetitur.

Außlegung des Andern
Psalm Dauids.

Jn dem Ersten vorigen Psalm ist angezeigt wor=
den/wer die rechten Christen sind/nemlich/die sich zu dem Wort
GOttes mit fleiß vnd ernst halten/vnd dauon sich kein Gewalt/
Spot/Gunst/Kunst/Sünd/oder andere gefahr treyben lassen/
sondern beharren/vnd stehen vest wie ein eyserne Mawer/biß an
jren letzten seufftzer.
Auff disen Psalm volget jetzt sein diser Ander Psalm/welcher von ersten
anzeyget/das wo solche Christen sind/von welchen der Erste Psalm geredet
hat/vnd wo das Wort Gottes lauter vnd rein gehet/das alda sich allezeit der
widertheyl findet/vnd des Teufels geschmeys / Ketzer/Juden/Heyden/
Keyser/König/Fürsten/Herren/Gelerte/Gewaltige/Weise/Vernünfftige
leut/welche alle sich nicht allein ergern an dem Wort vnd Grietz des DER=
REN / sondern wöllens noch auffrotten/verfolgen/vnd zu nicht machen.
Wer nun wil ein seliger/fromer/rechter Christ sein/der mus/ja er sol sich des
erwegen/daß jm nicht anderst kan ergehn/es wirdt nichts anderst darauß in
disem leben.
Es nimpt aber der heilige Geist von ersten für sich die gantze Welt/Ju=
den vnd Heyden. Denn es sind in der Welt entweder Heyden/oder Juden.
Vnd werden allhie die Juden genennet/Populi, Völcker/Defi sie sind die rech=
ten leut/vnd das rechte Volck Gottes gewesen. Darnach nimpt er die Heub=
ter der Juden vnd Heyden/vnd nennet sie Könige vnd Herrn/oder Fürsten.
Das also alle Welt/Königreich/Fürstenthumb/alle Lender vnd Winckel der
Erden mit einander begriffen sind/ja alle Vernunfft/Kunst vnd Weltweiß=
heit. Denn ja der HERR Christus hindert jederman mit seiner Lehr/mit seinem
Reich vnd Gewalt/oder vil mehr mit seiner Demut vnnd Armseligkeit. Nie=
mand kan mit jm mit seinem verstand vberein kommen/wie wir auch jetzt se=
hen an den Sacramentirern/Türcken/Juden vnd andern Feinden Christi.

> Die Heyden toben.
> Die Völcker/oder die Leute tichten/vnd reden vnnütz vnd
> vergeblich ding.
> Die Könige lehnen sich auff.
> Die Fürsten vnd Herrn rathschlagen miteinander.

Also kompt aller Teufel zusammen: Tichten/rathschlagen/reden/sich
auflehnen/vnd toben. Die Juden haben das tichten vnd reden/damit sie doch
nichts außrichten/sondern es bleibt bey dem tichten vn waschen/sie sollen we=
nig stoß thun. Die Heiden aber die toben/vn verfolgen rechte Christen/Apo=
stel/Lerer/vnd andere. Vnd brauchen zu solchem toben ratschlege vn gewalt/
Nicht geringer leut/sondern der Könige/Fürsten vnd Herrn/der Mechtig=
sten

Andern Psalm Davids. XII

sten in der Welt/ Herodis/ Domiciani/ Decij/ Juliani/ Bäpste/ Türcken/ Bischoffe/ Cardinel/ vnd anderer Weysen vnd Gelerter leut/ Da werden die Christen verfolgt/verspottet/getadelt/verhönet/verstossen/verjagt/gemartert/getödtet.

Aber was ists/ wenn sie gleich so tichten/reden/rathschlagen/sich aufflehnen/mit grossem Pracht/Gewalt/schrecken/ansehen/vnd mit andern brüsten/ vnd toben stettigs? Sollen sie denn was außrichten/ vnd Christo oder seinen Christen grossen schaden thun? Ja gewiß/ das toben geht so schlecht nicht ab/ vnd sol viel Christen Blut darob vergossen werden. Sie aber mit allem jrem wüten vnd toben/ ja mit allen rathschlegen/tichten vnd trachten/ sollen zu schanden werden in alle ewigkeyt/ Sie sollens nicht bringen zum zerreissen. Sie gedencken/rathschlagen/vnd reden wol: Lasst vns zerreissen jre Bande/vnd von vns werffen jre Seyle: Aber sie bestehen gantz schal/vnd gehen darob zu boden vnd grund.

Dise wort sollen vnsere Herrn heutigs tags betrachten/ Nicht allein die/ so die Lehr nicht haben/vnd öffentliche Verfolger vnd Feind sind des heiligen Euangelii/ Sondern auch die/ so die Lehr rein vnd lauter haben/ vnd jr leben keines wegs darnach anstellen/ jhnen auch nicht wöllen sagen/rathen/ noch sich vermanen lassen/ Ja sprechen: Was gehen vns die Pfaffen an? Was haben sie vns in diß/oder ein anders zu reden? Wir achten jre Bande vnd Seyle nicht viel/ es sind arme leut/ rc.

Bande sind allhie gewißlich alle rechte Artickel des Christlichen Glaubens/ damit alle menschliche vernunfft gebunden vnd gefangen wirt.

Seyle sind trewe vermanung vnd gebot/zu einem rechten Christlichen leben/ vnd zu dempffung des alten menschens/ das ist/der sünden vnd sündhafftigen lebens/Geitz/ Hurerey/ Ehbruch/ Wucher/ Tyranney/ Wollust/ Neid/ Haß/ Stoltz Ehrgeitz/ vnd dergleichen.

Vnd also nennet nun der heylige Geist/beyde Lehr vnd leben der frommen Christen/ Band vnd Seyle/nach art der Vnchristen/vnd rohlosen menschen/ welche alles für Band vnd Seyle halten/ was Christus zu jnen sagt/ oder sagen lesst.

Denn sihe einen Menschen an/der in öffentlichen sünden ligt/ oder einen Ehbrecher/ einen Wucherer/ oder sonst einen andern/vnd sage jm: Das solt du nicht thun/ das ist wider Gott/ wider dein Gewissen/ es thuts nicht in die leng/ beker vnd besser dich/ vnd wie du nu ferner mit jm reden magst/ Da wirstu hören vnd sehen lauter Zorn vnd vnwill/ Es wirt jm alles ein Band vnd Seile sein/ Er wirt jm nicht sagen oder rathen lassen. Vnd ob er gleich glimpffig dir antwort/ so ist doch das hertz vol zorns.

Also ists auch mit allen Tyrannen/ Gewaltigen/ Weltweisen/ Heyden/ Juden/ Künigen/ Fürsten vnd Herrn/ je mehr sie die Warheit hören vnd vernemen/ je töller vnd rasender sie werden/ vnd wöllen vnd können dieselbigen nie leyden. Da gehets denn an ein tichten vnd trachten/ da werden vil vnd mancherley rathschlege gestellet/ heimlich vnd öffentlich/ vnd wirdt alle kunst vnd weißheit herfür gesucht/ wie man den vnd andern begegnen vnd wehren solle/ Da hebet man sich denn auff mit gewalt/mit worten vnd thaten/ vnd wirt endtlich ein wildes wüstes toben darauß/ Vnd geschicht solches alles wider den HERRN/ Iehoua, vnd seinen lieben Son Jesum Christum/ den Gesalbten/ allein/ damit sein Lehr vnd Gebot/ von einem rechten Christlichen leben/ außgetilgt werde. Denn ich nimbe lehr vnd leben allzeit zusammen/wo eines recht ist/da das ander nicht außbleiben.

Es

Kurtze außlegung des

Es haben sich zwar ein kurtze zeit hero vil vnterstanden/die Artickel vnsers Christlichen Glaubens anzufechten: So sindt die grossen Herren darzu nachlessig/ein teyl auch lustig darzu gewesen: So haben auff der andern seyten die Wibersacher mit tichten/reden/rathschlagen/vnd toben auch nicht gefeyret/wie man wol weiß. Doch sind (Gott lob) die Band noch nicht zurissen/Es bleibt das Wort/es bleiben die heyligen Sacrament/Tauffe/vnd das heylige/wirdige Abentmal/vnd bleybt ein rechter Glaub vnd Trost in den hertzen der Christen.

Wo kompt aber das her/das der gantzen Welt Gewalt/Macht/tichten/vnd rathschlagen/toben vnd wüten/nichts sol außrichten? Vnd doch die rechten Christen/so ein armes elendes Heuflein in der Welt sind/gantz vnansehenlich/one macht vnd krafft? Die last vns nun hören/was der heylige Geist weyter sagt:

Der im Himel wonet/lachet jhr/vnd der HERR spottet jr.

DAs die meinung/was wöllen wir vns denn fürchten für den Heyden/Juden/Königen vnd Fürsten? Verlacht vnd verspottet sollen sie werden mit aller ihrer Kunst vnd Gewalt/ Vnd solches sol geschehen von dem HERRN/der im Himel wonet/von Gott dem Vater/Son/vnd heyligem Geist. Wo nun hinauß? Was wöllen nun die Tyrannen/Türcken/Papisten/ Keyser/König/Fürsten/Ketzer/Rottengeister/vnd mit jnen andere Meuchler machen? Sie sollen verlacht vnd verspott sein von dem Allerhöchsten. Vnd sol dabey nicht bleyben/sondern es sol auch der Zorn vnd Grimm des HERRN vber sie kommen/der allererst mit jnen reden vnd disputiren wirt/ weil sie ja reden vnd disputirn wöllen von den hohen sachen Gottes/vnd der sie wirt erschrecken/vnd zu schanden machen/das sie versturmen/vnd zu nichten werden. Also sols allen Tyrannen/Heyden/Türcken/vnd Verfolgern der rechten Lehre ergehen/vnd darneben auch allen vnnutzen Weschern vnd Disputatoribus/Sophisten vnd Meuchlern/sie sind wo vnd wer sie sein können. Es ist beschlossen/anderst sol nicht kan es nicht ergehen.

Wiewol aber zuuor in dem Ersten Psalm angezeygt ist/was die rechte Lehre Gottes sey/nemlich/sein Gesetz vnd Euangelium. Jedoch damit niemand/auß den Juden oder Heyden/sich entschuldigen könne/er habe villeicht nicht können verstehen/was Gottes eigentlicher wille sey/so hebet nun allhie Gott der HERR eine newe klare Predigt an/vnd weissaget von seinem Son/nicht anderst/als wolt Er sagen: Ihr Heyden vnd Juden/jr König vnd Fürsten/tichtet/redet/rathschlaget/lehnet euch auff/wie die Beeren/ Schwein/vnd wilde Rois/vnd tobet nicht vnd meinen Son/an dem ich ein wolgefallen habe. Nun höret/warumb thut jr das? Ihr wolt meine Lehre nicht leyden/Ihr wolt mir nicht volgen in dem/was ich euch befilhe/ wie jhr glauben vnd leben sollet. Ich zweyffel aber nicht/ja ich weiß gewis/ das wo man solt rechenschafft von euch/zur zeit der not/noch in ewrem leben fordern/vnd würde euch ewer trotz vnd boßheyt vnter die augen gestellt/vnd darneben angezeygt/das mein Lehr recht vnd war ist/so wurdet jr euch entschuldigen/als hettet jrs also nicht verstanden/oder gewisst/vnd weret verfüret worden. Das nun solches nicht könne von euch geschehen/weder in disem ewrem leben/noch in dem zukünfftigen ewigem leben/darinn jr mir alle solt vnd werdet rechenschafft geben ewes Glaubens/ewes Beruffs vn Ampts/

Andern Psalms Davids. XIII

ewiges lebens/vnd ewiges tods/ So sage ich jetzo herauß mit außdrucklichen teutschen worten/one mummeln vnd verschweygen/das ich erstlich einen König hab gemacht/erwelet vnd eingesetzt/ dem ir kein har solt krümen: Darnach/ das solcher mein König/ so ir jhm volget vnd gehorchet/ ewer König vnd Priester/ Herr vnd Heyland sein sol. So ir jm aber nicht volgen wolt/ so sol Er euch zerschlaben/zerschmeissen/vertilgen vnd verdammen. Die habt ir meine außdrückliche meinung.

ICH habe meinen König eingesetzt. Das ist/Gott der Vatter schickt seinen Son/vnsern Herrn Christum Jesum/ in das Fleisch/vnd in die Welt/ das er die werck des Teufels zustören solle/ vnd also ein Siegman vnd Vberwinder sein der Hellen/ Sünden/ des Tods/ vnd aller Macht des Teufels/ vnd solle alle seine Gleubige beschützen vnd handhaben/regiren vnd füren. Er solle aber sein Königreich anfahen zu Jerusalem/ Esaie 2. auff dem heyligen Berg Sion/ vnd darnach außbreiten inn die gantze weite Welt/ vnter alle Heyden.

Dieser König ist der ware Son Gottes/ zu welchem Gott der Vatter spricht: DV bist mein Son/heut hab ich dich gezeuget/ Nemlich/das Er/ als wärer Gott/von ewigkeyt ist geborn von Gott dem Vater/als das rechte/ wesentliche Ebenbild Gottes. Vnd darnach/ das er auch darzu erwelet vnd geordnet ist/das er solle Mensch werden/ vnd allen/ so an jn gleuben/macht geben/Gottes Kinder zu werden.

Also wirt nun hie bald angezeygt/was diser König sey: Nemlich/warer Gott vnd Mensch/Priester vnd König. Ein Priester/der da predigen solle von einer newen weise/ Das ist/ die newe Lehre des Euangelij/die kein Creatur gewust hat / Von welcher geschrieben stehet: Der Sohn der im Schos des Vaters ist/hats vns geoffenbaret/Johannis 1. Ein König aber ist er/als dem das Reich vnd aller Gewalt im Himel vnd auff Erden/von seinem Vater ist vbergeben: Item/der alle seine Feind/Teufel/Sünd vnd Tod/ als warer Gott vnd Mensch/ gewaltig vberwunden hat / vnd hat das Gefengknus gefangen genommen: Item/ der seine Gleubige beschützt vnd verteydiget: Item/ der die Heyden zum Erbe hat/vnd der Welt ende zum Eygenthumb/ Das ist/der der Reich hat/nicht allein bey den Juden/ sondern bey den Heyden in aller Welt/nach der verheyssung: Inn deinem Samen sollen gesegnet werden alle Heyden der Welt.

Der eiserne Scepter / ist das Wort des HERren Christi/damit schlegt Christus alles darnider/was jme vnd den seinen zuwider ist Für seinem Wort sol vnd kan nichts bestehen. Das Wort bleybt ewig. Darauff sollen wir auch alle mutig trotzen/in allen Artickeln vnsers Glaubens/vnd sehen/wer vns nur etwas ~~möge gewinnen.~~ Das sehen wir auch jetzo mit allen Ketzern/Papisten/Widertauffern/Sacramentirern/vnd andern.

Was nun weiter hernach volget in diesem Psalm/ ist eine vermanung an alle menschen/sonderlich an grosse Herrn/das sie diesem Könige/dem HErren Christo/hulden vnd dienen/jn küssen/vnd in die arme nemen. Vnd spricht nun der heylige Geist also:

Laßt euch weisen jr Könige/vnd laßt euch züchtigen jr Richter auff Erden.

GRosse Hansen/Keyser/König/ Fürsten/ vnd andere Gewaltige/ lassen jnen nicht gern einreden/zumal wenn sie gestrafft werden. Sie meinen stettigs/

Kurtze außlegung des

tigs/es sey mit jnen ein mechtiger ding/denn mit andern/zumal zu vnser zeit/ Darumb brauch desto grösser gefahr mit jnen ist/vnd sie freidelich in sicherheit/ irrthumb vnd laster fallen. Solchs sihet der heylige Geist/vnd weiß ire onart/stoltz vnd freuel gar wol. Spricht derhalb auff das allerseelichst vnd freundtlichst: Laßt euch doch weisen/laßt euch züchtigen/Denn es thuts ja nicht wie jr gedencket/Jr verderbt euch/ewre Seel/Leyb/ehr/gut/Land vnd Leut: Döret doch/vnd dienet dem HERRN/seyt gehorsam vnd vnterthenig/Doch nicht in sicherheyt vnd wollust des fleisches/wie vil meinen/so die Mutwilligsten sind/Sondern in forcht des HERRN/vnd mit zittern/Das ist/das jr stetigs Gott für augen habt/was jr anfahet vnd thut/das jr gedencket/Gott sihet das/vnd weiß es/Jch wil nichts wider jhn anfahen/er wirdt mich sonst straffen/vnd verdammen.

Wo nun solchs geschicht/da sols wol stehen. Wo es nicht geschehen wil/ so wirdt der Zorn anbrennen/vnd sie/die Verechter/sollen auff dem wege mit jrer weise vnd wesen vmbkomen/mit haut vnd har/leyb vnd seel/samen/nachkomen/Landen vnd Leuten außgerottet werden/Das sol gewißlich geschehen. Zwar es hat noch kein mal gefehlet/wie wir wissen.

Aber wol allen/die auff jn trawen.

DAs ist nu vnser trost vnd leben: Es solle allen wol gehen/die auff Christum hoffen/vnd jn mit Glauben erkennen/annemen/vnd bekennen. In summa: Wer Jesum Christum recht erkennt/
Dat all sein zeit wol angewendt/
All Kunst vnd Witz ist eytel staub/
Höchst Weißheyt ist/an Christum glaub.

Auß diesem Psalm haben wir nun das zu lernen. Erstlich/Das wir vns so gar hart nicht anfechten sollen lassen/ob gleich die Heyden/vnd die gantze Welt tobet wider den HERrn Christum/vnd jhn mit allen den seinen begert außzurotten. Denn sie sollen doch nichts außrichten/sondern vergehen/vnd zu nichte werden/sie sind so klug/gelehrt vnd mechtig als sie jmmer wöllen. Darnach/das wir auff vnsern HErrn Christum sehen/jn erkennen/ vnd wissen/wie er ewiger Gott/vnd warer Mensch ist/vnser König vnd Priester/der ewige Son Gottes/der von Gott dem Vater heute/das ist/von ewigkeit stetigs gezeuget ist/vñ darzu erwelet/das er der rechte Son/vñ das liebe Kind Jesu sein solle/Der euch andere/so an jn glewben/durch seinen Gehorsam/Leyden/Sterben/vnd Aufferstehung/zu Kindern Gottes machen solle/Ebreern am 1. vnd 5. welches Reich sol ohne ende sein/immer vnd ewig. Zum dritten/Das wir auch disem HERrn vnd König dienen mit forcht vnd zittern/vnd vns in jm frewen/Nemlich/das wir an vns selbst verzagen/vnd wissen wir können vns aus dem Zorn Gottes vnd der verdamnus nicht selbst bringen/es sey mit vns/vnd mit vnsern wercken verloren/Sondern der Son GOttes/vns gerecht vnd selig machen/das wir vns also frewen sollen in Gott/vnd habe friede mit Gott/dieweil wir durch den Glauben vmb des HErrn Christi willen/sind gerecht vnd selig worden. Da sollen aber die früchte des Glaubens nicht aussen bleyben/das wir dem HERrn Christo dienen/ mit Leyb/Ehr vnd Gut/mit rechter Bekentnuß vnd besürderung der Lehr/ mit erhaltung der Kirchen vnd Schulen/mit dem Gebett/vnd rechtem ernst zur Frömbkeyt/Zucht vnd Erbarkeyt/Einigkeyt vnd Fride. Denn das heyst
auch

Dritten Psalm Dauids. XIIII

auch den Son küssen/ wenn man jhn mit Glauben annimpt/ vnd die früchte
des Glaubens nicht aussen bleiben. Aber wie wir solches küssen treyben vnd
vollbringen / das ist leyder am tag / in allen Stenden durch vnd durch auß/
das es fürwar heyßt: Er wirt zürnen/ sein Zorn wirdt bald anbrennen/ da ist
kein zweyffel / vnd jr werdet vmbkommen auff dem wege / in ewren
Sünden werdet jr sterben vnd verderben. Wolan/ GOtt
sey vns gnedig/ vnd helffe doch etlichen/ das
sie auff Jn trawen vnd bawen/ vnd er
rettet vnd selig werden/
Amen.

Außlegung des Dritten
Pfalm Dauids.

WEr Gott wil dienen/ seinen Son küssen/ vnd
auff jn trawen/ der muß verfolgung in disem leben leyden/
neyd/ haß/ zwitracht/ vnd alles vnglück.
Wil sich ein grosser Fürst vnd Herr annemen der Lehr
Gottes / so wirdt er von andern veracht/ verfolget/ vnd für
nichts gehalten. Nimpt er sich seines Ampts mit trew vnd fleiß an / so ist er
ein Demme/ ein Pfaff/ Münch/ vnd Weibs geschlecht.
Ist ein trewer Prediger fleissig/ vnd sihet gern/ das in der Lehr vnd leben
wol vnd recht zugienge / so wirdt er auch gehasset/ nicht allein von Feinden/
vnd sichern leuten / sondern auch von Freunden vnd Gesellen/ vnd muß sich
offt lassen darob versagen vnd verdammen.
Ein ander Christ/ wil er fromb sein/ vnd Gottselig leben/ vnd reine Lehre
behalten/ so ist er ein armer Mensch/ vnd muß sich leyden / als ein Lotterbub
vnd vntüchtiger/ offt auch darob sein leyb vnd leben lassen.
Wie sol man jm aber thun? Noch dannocht heyst es/ vnd sol also bley=
ben: Wer Christo dienet/ vnd jn küsset/ auff jn trawet / der ist sein. vnd sol sein
bleiben/ ob gleich die Welt vberal jn verfolget.
Dauid dienet Gott/ küsset den Son/ vnd trawet auff jn. Aber er muß dar=
über die gantze Welt/ ja sein fleisch vnd blut/ jn seim lieben Son Absolon/ zu
feind haben/ der jn verfolget/ verjagt/ vnd jm das hertz zerbricht / vnd alle sei=
ne Vnterthane von jhm wendet/ vnd (wie die Schrifft spricht) jnen das hertz
stalet. Was das für grosses elend gewesen sey/ können Veter vnd Mütter leicht=
lich schliessen.
Dieweil es aber gewiß/ ja also endtlich beschlossen ist/ das/ wer Christo
dem HErrn vnd Son Gottes dienen/ jn küssen vñ auff jn trawen/ an jn glau=
ben/ vnd bey jm bleiben wil/ das derselbige sol dem creutz vnd gantz vilen vnd
mancherley vnglücken vnterworffen sein/ vnd schier kein freund/ weder aus sei=
nem blut/ noch sonst anderstwo/ haben oder behalten kan. So sollen nun sich
die

Kurtze außlegung des

vierdten Psalmen darein er geben/vnd sich für dem ergernuß mit fleyß hüten/
daß sie nicht für solchem wüten des Teuffels/der Welt/vnd des Todts sich ent-
setzen/ sondern an GOtt sich halten/vnd an sein Wort/ vnd darauff leyb vnd
leben/ehr vnd gut in Gottes Namen wagen. Es hat kein not/wenn die sach
recht vnd gewiß ist.

Auff solchs volgt nu diser dritte Psalm/in einer feinen ordnung auff den
andern Psalm. Wir dienen Gott/ Aber was haben wir dauon in dieser Welt/
denn neyd/haß/verachtung vnd vnruhe/ja auch offt kranckheit vnd den tod.
Was ligt aber daran? Ein rechter Christ sagt: Ich wil mich zu GOtt durch
embsigs gebett wenden/vnd will zu jm sagen:

Ach HERR/ wie ist meiner Feind so vil/ vnd setzen sich so vil wider mich.

DAs ist/es thut wol wehe dem Fleisch vnd der Natur/daß man leyden
muß. Darumb klagt der Mensch/wenn er fület innerlich oder eusserlich/creutz
vnd anfechtung. Der Feind sind vil hin vnd wider/im Gewissen der Sünden halben/im Hertzen des Zorn GOttes vnd des Todes halben/im Leyb
allerley Kranckheit vnd beschwernuß halben/im leben von wegen Neydes/
Hasses/Mißgünnigkeyt/vnd anderer verfolgung. Vnd bleybet bey den Feinden nicht schlecht/ sondern sie setzen sich mit hauffen wider die Christen/mit
worten/ afftereden/ verleumbden/schrifften/ thaten vnd wercken/so vil sie
künnen vnd vermögen/ vnd/wie zuuor im Andern Psalm stehet/mit toben
vnd wüten/tichten vnd trachten/rathschlagen vnd blutvergiessen. Vnd bleibet doch dabey auch nicht/ sie wöllen nicht allein den Leib tödten/vnd hinweg
richten/ sondern auch die Seel verdammen/ vnd ewige straff vnd vermaledeyung auff alle bringen/so die rechte Lehr beständiglich/ vnd rechtes leben
handhaben. Darumb sagen sie: Sein Seele hat kein hülff bey Gott. Das ist/
er ist verdampt/ein Ketzer/von Gottes augen verstossen/vnd in ewigkeyt vermaledeyet.

Dieses thut fürwar recht wehe/ wie Gott weiß/ vnd der Gottsfürchtigen
hertzen bezeugen. Wir wissen daß wir Feind haben. Vnd bleibt doch nicht da-
bey/ Sie stehen wider vns auff/ sie schreyben/ sie kriegen/ vergiessen vnschuldiges blut/vnd tödten vns wie sie können. Vnd bleybt doch auch nicht dabey/
sondern sie greiffen noch vnser Seelen an / verdammen vns / vnd werffen vns
in das eusserste finsternuß/ da alles heulen vnd zeenklappen ist. Es sol alles
schedlich/verdämlich/vnd wider GOtt sein/ Wie die heyligen Papisten/vnd
auch die Sacramentirer heutigs tags thun.

Es thut aber so wee/als es wöll/so sol nichts an jrem wüten vnd schnarchen ligen. Denn es heyst also: Laß geben/wie es geht/laß leyb/gut/leben/
vnd alles was zeitlich ist.

DV HERR bist der Schild für mich. Laß man sehen was sie machen/
laß der donnern/ wittern/schreyen/ schiessen/ schreiben/ Die ist der Schild/
Vnd ist der Schild für mich/für meine lehre/für mein leben. Trotz sey geboten
allen Teuffeln/ wil gescheweygen der Welt/ vnd den armen elenden Ketzern/
Der HERR ist mein Schild/ Der HERR ist mein Ehr vnd Kron/der mich
zu ehren setzet. Der HERR erhebt mein haupt/das ist souil gesagt: Ich wil
mich nit fürchten/ sondern auff GOtt den HERRN hoffen vnd trawen/er
wirts wol machen/ vñ er wirt mein Ehr sein/vnd wirt mich auch zu ehren bringen hie vnd dort/ Ja/er wirt mein Heubt erheben/ daß es sol in alle ewigkeyt
leben/ vnd empor stehen. Das

Dritten Psalm Dauids. XV

Das thut GOtt mit allen/die jhn fürchten/vnd in anruffen. Darumb spricht der Prophet: Jch rüffe an mit meiner stimm den HERRN/Vnd sihe/er lest mein Gebett nit lehr oder vergebens sein/ Sondern er erhöret mich/ vnd thut was ich von jm begere/das zu seiner Ehre/vnd zu meiner Seelen seligkeyt dienet/ Vnd thut solchs von seinem heyligen Berg Sela. Das ist/ So war als Er im Dimel/ in seiner Kirchen/ in seinen Sacramenten/ vnd vberal ist/so war weiß er vmb mein gelegenheyt/ vnd erhöret mich/wenn ich zu jhm ruffe. Denn sein heyliger Berge ist der Dimel/seine Kirche/seine Wohnung/ der Gleubigen hertzen/ die heyligen Sacrament/ Tauff vnd Abentmal/all die erhöret vns der liebe trewe Gott/ vnd gibt vns seinen Segen/zeitlich vnd ewig. Darumb volgt von stundan:

> Jch lige vnd schlaffe/vnd erwache/ denn der HERR helt mich.

DJEsen Vers kan man verstehen von zeitlichem vnd ewigem Segen. Ein frommer Mensch/ der sich auff GOtt vnd auff sein Wort mit ernst verlest/ der bleybet wol sicher für allen Ketzern vnd Feinden/ auch mitten in der gefahr. Er liget vnd schlefft in GOttes Namen/vnd befilhet es alles in die Hand Gottes. Stehet auch widerumb auff in Gottes Namen/vnd befilhet sich Gott/vnd leists Jhn walten/wenn nur die sach recht ist/Denn er weyß/ GOtt erhelt jhn/GOtt gibt sterck/krafft/mut vnd leben. Darnach ist dieser Spruch ein schöner herrlicher Trost für vns Christen/ die wir gedencken an die Aufferstehung aller Todten. Wir werden begraben/verwesen in der erden/ ligen vnd schlaffen. Denn es ist doch alles ein schlaff/vnd kein tod. Die Seel ruhet inn Gott/inn Christo/vnd dem heyligen Geist/das ist/inn Abrahams schoß/vnd bleybt one sorg/kümmernuß/kranckheyten/vnd andere beschwernuß. Wenn nun GOttes Son kommen wirt/ zu richten die Lebendigen vnd die Todten/als denn wirdt der Leyb auch widerumb aufferstehen/ oder/wie die steht/erwachen von seinem schlaff.

Woher kompt aber das? Ist es auch menschlich/müglich/oder wie kan es sein? Nein fürwar/es ist menschlicher weiß nicht müglich. Aber hie stehts: Der HERR helt mich. Gott wils/Gott kans/Gott thuts. Da bleybts. So laß nun vernunfft sein/wie sie ist/Gott helt mich/Sein Wort ist da/Sein verheyssung betreugt nicht/ Er ist warhafftig vnd allmechtig/ Er sterckt vnd erhelt vns in rechtem Glauben/ Darumb lasst vns getrost sprechen:

> Jch fürchte mich nicht für vil hunderttausenden/die sich vmb her wider mich legen.

Ja/vnd ob die Welt vol Teufel wer/so fürchten wir vns nicht so sehr/es muß vns doch gelingen. Es sey nur die lehr recht/vñ sey das leben nit strefflich/ wer will vns doch etwas angewinnen/es sey wer oder wie sie wöllen. Laß Tyrañen wüten/laß anschleg/raffschleg/stichen/trachten/sorg vnd mühe haben alle/die es nit laffen können. Was ists? Sihestu doch allweg/wenn grosse Herrn/Keiser/König vnd Fürsten sich miteinander/ der Religion halben/wider die Warheit/oder dieselbige ein wenig zu drücken/vnd jrem menschlichem verstand gemeß zumachen/bemühen/so gehets stettigs in ein la mi auß/wie wir das vil erfaren. So ists auch sonst vnter den Lehrern also/ wenn sie mit GOttes Wort spielen wöllen/ als geschicht jetzo mit dem Sacrament des Leybs vnd Bluts Christi.

C iij So

Kurtze außlegung des

So lasst nun alle Teufel/Welt/Tyrannen/Gelehrten/Schulen vnd Ketzer/Freund vnd Feind/Gesellen vnd Absolon/hertzlichen/mit drowung/mord/neyd/vnwarheyt/lesterung/vnd dergleichen/Was ligt einem Christen daran/der auff GOttes Wort stehet? Ja/wenn sie es weit bringen/vnd jhn wöllen trawrig machen/so bringen sie jn zum Gebett vnd schreyen/das er saget: Auff HERR/vnd hilff mir mein Gott.Das ist/Du bist mein HERR vnd Helffer/Ich frage nicht nach Menschlichem gewalt/ehr/Kunst oder gunst: Du bist mein Erhörer/Erlöser/Schild vnd Schirm: Auff dich trotz ich/Bey dir/vnd von dir hab ich meinen Sieg/mein Ehr/mein Hulff. Du schlegst meine Feinde/das sie nicht allein kein krafft haben/sondern das sie auch nicht mehr reden können/ Vnd wenn sie gleich reden/das sie doch gar vnuerstendtlich alles herauß murmeln/das niemand weiß/was es ist. Das heyst denn redlich auff die backen geschlagen/das man schamrot darob wirt/verstummet/vnd weiß nicht/was man mehr reden sol/ vnd gehet alle krafft hinweg/das kein Zan mehr da ist/ damit man einigen bissen Brodts nagen oder beissen kan/ aller trost feilet hinweg. Das ist als denn recht auff die Tyrannen vnd Ketzer.

Wol aber dem/der auff den HERRN trawet/da ist lauter Hulff, Gerechtigkeyt/Seligkeyt/Trost/Glauben vnd Leben.

Bey GOtt ist Hulff in aller Not/
All Seligkeyt findstu bey GOtt.
Wer auff Jhn hofft vnd bey Jhm steht/
Wem hats gefehlt? es jm wolgeht.
Es sey an Seel/es sey an Gut/
Es sey am Leyb/er allzeit thut/
Er stetigs Schutz vnd Schirm die hat/
Jhn kan besturtzen keine not.
Sein Glaub/sein Ampt vnd Bruff bleybt wol/
Ob gleich die Welt zerbersten sol.
Sein leben ist allzeit in Gott/
Laß wüten Teufel/Welt vnd Todt.
Beim HERRN findt man hülff vnd macht/
Ob gleich die Welt dasselb nicht acht/
GOtt sey gelobt in Ewigkeyt.
Laß faren alles Hertzenleyd/
Der Feind sol ja dir schaden nicht/
Ob er gleich heut vnd morgen ficht.
Rüffe Gott an/laß dirs ernst sein/
Er hilfft dir/er erquickt dich fein.
Laß wüten jn/ers machen kan/
Du solt nicht schaden einig Mann.
Auff Gott traw stets/vnd auff sein Wort/
So bistu selig hie vnd dort/Amen.

Was das wörtlein (Sela) anlangt/ ist dasselbige mancherley von vilen gedeutet worden/ Als das es soviel sol sein/als allewege/oder stetig/oder jmmerdar. Etliche habens verstanden/so vil als das wörtlein Amen/als das gewiß sey/das zuvor gesagt ist. Etliche aber habens gehalten für ein wörtlein/ welchs anzeigt/das man die stim etwas erheben sol/ wenn man die Psalmen

Vierdten Psalm Dauids. XVI

zu singen pflegt. Etliche haltens für ein sonderlich wort/ welches sol anzey-
gen/ das man still halten sol/ auff das man mit fleyß bedencke/ was zuuor geredt sey. Aber dieweil vil Sprüche in den Psalmen hin vnd wider steh'n/ in welchem diese deutūg oder außlegung nicht können stat haben/ so ist das der Gelehrten meinung/ das diß wörtlein (Sela) in Ebreischer Sprach nichts anders sey/ auch nichts anders sein könne/ denn allein ein zuthuunge/ oder zu-
wurff/ das man hindten an einen Vers oder rede hinzu setzt/ damit sie gantz
erfüllet werde/ wie die Grammatici, vnd sonderlich die Poeten mit jren Enclyti-
cis particulis wissen. Vnd wirt solchs wort in dem Psalter 71.mal ain ende der
Vers gebraucht/ vnd viermal mitten im Vers. Vnd wirdt sonst in
der gantzen heyligen Schrifft nirgend gelesen/ denn allein in den Psalmen/ vnd in dem Gebett
Abacuc.

Außlegung des Vierten
Psalm Dauids.

DEr Titel dieses Psalms/ Lamnazeach welcher
auch sonst in fünff vnd fünfftzig Psalmen/ vnd im Propheten
Abgauc am dritten Capitel stehet/ ist von den Scribenten
auff mancherley weyse außgelegt worden. Denn etliche habens verdolmetscht/ ad laurlandum, das es sol ein Lobpsalm
sein. Etliche in hneem, das man es villeicht zu letzt/ vnd zum
beschluß hat singen sollen. Etliche ad victoriam, das es sol ein
Siegpsalm sein/ vnd ein Triumph wider die Feinde. Etliche ad inuitatorium,
das auff ein sonderliche weiß hat sollen gesungen werden/ vnd etwan ein fürnemer priester oder Cantor angefangen/ da hernach der gantze Chor
gefolget/ als wie man jetzund pflegt zu singen/ Deus in adiutorium, &c. Von diesem wollen wir nun nicht vil disputirn/ ein jeder behalt sein meinung.

Es ist aber dieser vierdte Psalm ein vermanung zum Glauben/ wider alle
anfechtung/ vnd böses vnglück. Es sol vnd muß den Heiligen vbel gehn/ nicht
allein mit öffentlichen verfolgungen der frommen/ sondern auch sonst im leben.
Da fehlets an Gut/ an Frewden/ an Gesundheyt/ an Mut/ vnd dergleichen.
Wer nun nicht gleubet/ der sucht rath vnd hülff bey den Menschen/ vnd wil
durch eigene weißheyt des vnglücks los werden. Vnd streitten also, ir vil wider
den Glauben/ vnd fallen auch wol offt inn Abgötterey/ wie man im Bapstthumb gesehen hat. Wenn einer ein böses Bein hette/ so muste er sich zu einem
Heyligen geloben. Wider solches nun ist dieser Psalm gerichtet/ vnd leret dieses: Mangelt dir etwas/ es sey was es wölle/ ruffe nur vnd bitte/ vnd suchs bey
dem/ der dir helffen kan/ Darffst nicht da oder dort hin lauffen/ diß oder das
thun/ laß die vntern liecken/ Gott helffen/ den wiß an/ er wirts wol machen/
Wie er sagt: Ruffe mich an in der not/ so wil ich dich erretten. Volge nicht denen eygen gedancken vnd anschlegen/ sondern trawe auff GOtt/ vnd befilhe
jm alle dein sach/ not/ kümmernuß/ sorg/ beschwerung/ leyden/ vnd was es
mehr sein kan/ Er hat noch niemand verlassen.

C iiij Erhöre

Kurtze außlegung des

Erhöre mich wenn ich rüffe/ Gott meiner Gerechtigkeyt/ der du mich tröstest in angst. Sey mir gnedig/ vnd erhöre mein Gebett.

Also sollen wir auch Gott anrüffen/ vnd mit seinen gebürenden Titel vnd namen geben/ daß er ist Gott vnser Gerechtigkeyt/ der vns in vnsern Sünden gerecht macht/ vnd schenckt vns die Gerechtigkeit seines Sons/ ob wir gleich sonst für der gantzen Welt vngerecht/ elend/ vnd arm sind/ vnd müssen vns plagen vnd martern lassen. Er ist der Gott vnser Gerechtigkeyt/ der vns one die werck des Gesetzs/ allein auß gnaden/ vmb seines Sons Jesu Christi willen gerecht vnd selig macht. Vnd tröstet vns in der angst/ wenn vns alle Welt feind ist/ Vnd sind auch vnsere Freund vnd Brüder wider vns/ wie wider den armen Job/ so ist doch Gott des hertzens trost durch seinen heyligen Geyst/ Welcher derhalben ist vnd heyst vnser Tröster/ Paracletus, der vns beysteht/ vnd erhelt vns in nöten.

Also haben wir im anfang dieses Psalms die drey personen in der Gottheyt/ vnd einer jeglichen person Ampt vnd wirckung in vns: GOtt der Vater erhöret vns/ vnd macht vns gerecht von wegen seines Sons: Der Son Gottes bekleydet vns mit seiner vnschuld: GOtt der heylige Geist tröstet vns inn der angst. Also ist vns GOtt genedig/ vnd erhöret vnser Gebett/ reth vnd hillfft vns. Nun feret er jetzo fort/ vnd hebt eine newe predigt an/ wolt gern daß an der leut auch also theten/ vnd schilt die falschen Lehrer/ die sichern Regenten/ Die Gotlosen Buben/ vnd Verechter des Worts Gottes.

Lieben Herrn/ jr grosse Hansen/ wie lang sol mein Ehre geschendet werden? Wie habt jr das eitel so lieb/ vnd die lügen so gern? Sela. Habt acht darauff/ vnd merckts wol.

DIß gehöret von ersten zu dem Predigampt. Jr solt andere lehren/ vnd auff Gott trawen/ so seyt jr selbst in der lehr vnd leben zu tadeln/ vnd ewer hertz steckt voller mißtrawen vnd zweyffel an GOttes hülff vnd barmhertzigkeyt/ vnd an seinem Wort/ Wie die Papisten/ Sacramentirer/ Widertuffer/ vnd andere heutigs tags beweysen. Ewer leben ist auch eytel/ Jr suchet nicht mein Ehr/ sondern ewren namen vnd zeitliche wolfart.

Jr grossen Regenten/ jr achtet mein nicht/ Gottes Wort geht euch nicht zu hertzen/ es ist euch kein rechter ernst: Jhr habt die lügen lieb/ Heucheley/ schmeicheley vnd welt lust solchs ist ewer hertz: Mein Ehr ist bey euch ein vnehr: Nach dem Wort Gottes sich halten/ ist zu Hof ein Müncherey/ vnd eitel Narrheyt/ in worten vnd wercken: Der Daßenkopff leisst sich mit streiffen den streiffe der teufel/ Vnd wie es geht mit dem Wort Gottes in Religions sachen/ also geht es auch sonst in welelichen dingen/ Auff Gottes Ehr sihet man nit/ Die Armen achtet man nicht/ Das eytel vnd die lügen gehet vor/ Hofart/ adulatio, Stolz vnd Heucheley/ Judas kuß Verleumbden/ ꝛc.

Jnn gemeinem leben geht es auch also/ Wer auff Gott trotzt vnd pocht/ der ist ein Narr für der Welt. Da gehen die gemein reden: Du myst lang harren auff Christum: Es ist noch lang frist biß zum Jüngsten tag: Ja harr/ biß dir ein gebraten Hun ins maul fleugt: Ja Gott wirt sich ewr vil annemen/ ꝛc.

Wolan/ wie sol man jm thun? Es sol nicht lang weren/ laßt vns nur harren/ die Hoffnung macht vns nicht zu schanden/ das ist gewiß/ denn sie steht auff einem vestem grund/ auff Gott dem DEXXII.

Erkennet

Vierdten Psalm Dauids. XVII

Erkenne doch/ daß der HERR seine Heyligen wunderlich füret. Der HERR höret/ wenn ich Jhn anrüffe.

DAs ist der Trost. Gott schickt Creutz/ vnd erlöset doch die seinen. Darumb so demütiget euch vnter die gewaltige Hand Gottes/ das er euch errette zu seiner zeit. Lernet euch nur schicken in die weiß Gottes/ Er machts wunderlich mit den seinen/ Wenn man meinet/ er sey am fernsten von vns/ vnd
wölle vns lassen verderben/ so hilfft er. Ja wenn aller Menschen hülff ein ende hat/ so gehet die hülff Gottes recht an. Aber wir sind der art/ das wir lieber wolten/ Gott hülffe vns von stundan bald/ nicht auff wunderliche/ sondern auff vnsere weiß/ wie es vns gefellet. Das kan aber nicht sein/ Wenn Er
sol helffen/ so muß ein solche hülff sein/ der sich niemand versehen hette. Denn
wenn er einen lieb hat/ so stellet er sich/ als sey er jm feindt/ vnd schickt jm mancherley creutz zu / Wie ein frommer Hausuater/ der gibt seinem Son nichte so
vil zu essen/ als einer Sawe/ vnd helt sein Kind vnter der Zucht vnd Ruten/
Die Saw leist er in jrem schlam vnd kot wülen/ nicht das er die Sawe lieber
habe/ als sein Kind. Das ist Gottes art auch/ darein muß man sich lernen
schicken/ vnd nicht vngedultig werden in dem Creutz. Es heyst: Crede, patere, & ora. Gleub/ leyd/ vnd bete. Darumb spricht er weyter:

Zürnet jr/ so sündiget nicht: Redet mit ewrem Hertzen auff
ewrem Leger/ vnd harret.

JOm/ ist die vngedult in dem Creutz/ Denn es thut wehe/ das man vnrecht leyden sol. Wer kans leyden sprechen wir? Wils kein ende nemen? Wen̄
wil Gott kommen/ vnd die Gottlosen straffen? Wie lang werets doch? Da
heyst es denn: Zürnet jr/ so sündiget nicht/ Murret nicht wider Gott/ werdet
nicht vngedultig/ man kans doch nicht wehren/ man muß das vnglück fülen.
One Gott kan men nichts ausrichten. Schwer art still/ jetzt gedultig/ klagts
Gott/ vnd halt euch an sein Wort/ hoffet vnd harret auff jn. Opffert Gerech-
tigkeyt/ Nicht Ochsen/ oder Kelber/ sondern Gerechtigkeyt. Das ist/ Glewbet
Gott. Denn Gott glewben/ ist vnser Gerechtigkeyt. Trawet auff Gott/ er wirt
euch nicht lassen. Vnd ob die Welt voll Teufel wer/ so fürchten wir vns nicht
so sehr/ es muß vns doch gelingen.

Vil sagen: Wie/ solt vns dieser weisen/ was gut ist? Aber
HERR erhebe vber vns das Liecht deines Antlitz.

DAs ist aber ein hohe/ grosse anfechtung vnd betrübnuß der Frommen/
Wenn sie gleich leben/ predigen/ recht leben/ vnd thun/ was sie auff Gottes gnaden können/ so sagen die sichern: Was wolt jr mit prolstu vns lehren/
registriren/ reformiren? Solt vns der Narr etwas guts sagen? Ja/ wissen
wirs nicht besser denn er? Das sind Nobilisten/ Juristen/ vnd andere Welt-
lent zu Hof vnd sonst anderstwo. In summa wir wöllen vnd können die Warheit nit leyden: Vnd so einer ist/ der die warheit sagt/ so sehen wir nit sein ampt/
sondern die person an: Ist er mechtig vnd gewaltig/ so schweygen wir: Ist er
geringer/ denn wir sind/ so fragen wir nichts weder nach seiner lehr/ oder nach

seinem

Kurtze außlegung des

seinem leben / sondern verachten in / vnd schlagen in wind alles / was er sagt. Der köstlichen art sind die Weltweisen / die gestrengen Junckern / die Magnifici / Mechtigen / die Ehrnuesten / vnd weiß nicht wer sie sind. Aber laß faren / sie sind in der Welt / laß sie spotten / wiewol ir vil sind: Es ligt nichts daran / Sie sind auch nichts für den augen GOttes / als dreck / kot vnd staub. Es ist mit jnen auß / vnd verloren. Den Gotlosen kan man nicht bekeren / denn er wil nicht.
Wolan / wöllen sie denn nicht / so thus doch vns / lieber HERR / spricht hie Dauid / laß deines Antlitz glantz vber vns leuchten / Das ist / sey freundlich vnd gnedig / sey nicht finster / oder sawer / straffe vns nicht in deinem grimm / sondern tröste vns / laß vns ein gnedig wort hörn / vnd erhalt vns bey deiner zusagung / das wir nicht in vngedult fallen. Erhebe / vnd wirff auff das Fendlein oder das Zeichen deiner Barmhertzigkeit / das Panier deiner Gnade. Laß dein Wort vest bey vns stehen / das wir vns darnach richten / wie man sich nach dem Panier im Heer richtet. Denn sunst kein anderer trost / dsñ dein Wort: Bey Gelde / Stedten / Schlössern / Reichthumb vnd Gewalt / ist kein bestenndiger trost / allein das freundlich Wort Gottes erfrewet das Hertz: Die leer des Euangelii gibt rechten trost / vnd ist ein Krafft Gottes / zur seligkeit allen / die daran glauben.

Du erfrewest mein hertz / ob jhene gleich vil Wein vnd Korn haben.

SO laß nun alle Herrn vnd grosse Hansen / Junckherrn vnd Trunckene sawer sehen wider vns / laß sie schnarchen vnd pochen auff die Pfaffen / laß sie alles vollauff haben / behalt du dein Ampt / ein stück Kese / Brod / Wasser / vnd was GOtt beschert: Vnd bey leyb vnd leben / ja bey verlust deiner Seligkeyt / tausch oder beut nicht mit jnen / wo es müglich were / das du es thun kundtest. O weit nicht. Ein gut Gewissen / vnd ein armer Derdt / ist Golds vnd aller Ehrn werdt. Ein böß Gewissen / vnd reicher Derdt / alls vnglücks ist allzeit gewert. Frage derhalben nicht nach grossem wesen / Stand / pracht vnd rhum / Wart deines Beruffs / Rüffe Gott an / vnd thu was in den Versen geschrieben stehet:

Crede Deo, sufferq́; malum pacienter, & ora.
Glaub Gott / leyd in not / vnd bet fleissig.

ITEM:

Factua, quæ tua sunt, & non aliena require,
Committas vnicætera cuncta Deo.

Thu das / was dir befolhen ist /
Frag nicht nach ander stück vnd list /
Befilh das alles dem rechten Gott /
Er wirt wol schlichten alle not.

So laß die Gottlosen in hohen ehren schweben / regiern / alles vollauff haben / Sted / Schlösser / Dörffer viel vnd Gut. Lieber schweig still / laß dichs nit anfechten / bistu anderst ein Christ / haben sie doch die Hertzenfrewd nit / Sie haben doch in jrem gemüt / Sie haben kein frewd die von Gott ist. Sie haben wol frewd / wenn sie vollauff haben / essen / trincken / gunst / kunst / gelt vnd gut / Wo das nicht ist / da ist ir frewd auch zum end kommen. Aber das

ist

Vierdten Pfalm Dauids. XVIII

Ist mit den Christen nicht / welche / ob sie gleich nichts haben von weltlichen vnd zeitlichen dingen / noch dennocht sind sie freydig in Gott / vnd können die gantze Welt trotzen mit gutem Gewissen / schreyen vnd beten zu Gott / vnd in mangelt nichts / ob gleich die Welt wider sie ist. Sie haben jren trost im hertzen / Ihene haben jren trost in Wein vnd Korn. Gott ist der Gleubigen freud / Bauch ist der sichern trost. Was gilts wo nicht Gott sol die seinen wider den Bauch / vnd wider alle Gotlosen erhalten. Nun volget zu letzt:

Ich lige vnd schlaffe gantz mit frieden / Denn du allein HERR hilffest mir / daß ich sicher wone.

We sol man jm aber thun, spricht er / Ich bin arm, sie sind reich vnd gewaltig / vnd ist jr ein grosser hauff / Es sind die Gelehrten / die Mechtigen vnd Weltweisen / welche wolstehn in der Welt / vnd die fürnembsten sind. Aber was ists? Laß sie jmmer sein / wer sie sind / Bleibe du bey deinem GOtt / vnd kümmer dich nicht. Haben sie groß vnd vil Wiltpret zu essen in steynern Heusern / Schlössern / mit grossem wollust / ey lieber / Gott wirt dir ja auch noch ein partecken bescheren. Wünsche dir jre Herrligkeyt ja nicht / du wirst wol zu essen finden: Bleib ein frommer getrewer Handwercksman, bleyb ein Schulmeister / ein frommer Pfarrherr in einem Dorff / in einem kleinen Stedtlein / bleyb ein frommer Dantzknecht / Magd / vnd was der rechten Gottesdienst mehr sind: Sihe nicht nach dem Hof / Tracht nicht nach grossen dingen: Dancke GOtt für das / das er dich zu einem Menschen hat lassen werden / vnd das du ein Christ bist / Vnd warte deines Ampts mit fleyß vnd trewen / in der forcht vnd anruffung GOttes. Als denn so kanstu auch sagen / wie hie der Prophet sagt: Ich lige / vnd schlaffe gantz mit frieden / mit guter ruhe / vnd befelhe die sach vnserm HERR GOtt / mit allem was ich habe / ja mit allem das ich bin / Denn ich hab gnug an dir / HERR GOtt / vnd bleibe wol sicher in dir / vnd ich hab fried in meinem Gewissen / denn ich gleube vnd trawe deiner hülff. Rom. 5. Vnd wenn ich von binnen scheyde / so ergibe vnd befilhe ich mich in deine Hende / vnd ruhe in meinem Schlaffbette / vnd bin wol zu frieden / biß mich der Son Gottes von solchem meinem schlaff aufferweckt. Welchs / das es bald geschehe / helffe vns allen gnediglich Jhesus Christus der Son Gottes / Amen.

So lernen wir nun auß disem Psalm / Erstlich / das wir Gott erkennen sollen / als vnsern Gott / vnserer rechten vnd waren Gerechtigkeit / vnd vnsern trost / sterck / schutz / vnd Heyland. Darnach / das wir jhn getrost darauff anrüffen in vnsern nöten. Vnd zum dritten / das wir gedultig tragen vnser leyden / was vns von den Gottlosen vnd sichern leuten zu handen / hauß vnd hof kommet / vnd trawen auff Gott / er werde vnd wölle vns erretten / Vnd befelhen darnach vnser Leyb vnd Seel / Ehr / Gut / Weyb / Kind / vnd Leben in seinen schutz / vnd lassen vns nichts so sehr anfechten / das wir nit allzeit bey Gott trost könten holen vnd fassen.

Auslegung

Kurtze außlegung des
Außlegung des Fünfften Psalm Dauids.

Er Titel dieses Psalms zeyget an den Innhalt/ vnd was er in sich begreifft / Denn er redet von dem Erb / das ist / von der frucht vnd belohnung / oder sold / beyde der Gott seligen vnd der Gotlosen. Denn das wort (Erb) wirdt in der Schrifft offt also gebraucht / als ein belohnung / nutz / vnd frucht / oder gabe / Als im 127. Psalm: Sihe/Kinder sind ein Erb oder Gab des HERRN. Also ist nun dieser Psalm gericht auff das Erbe der Frommen / vnd der Bösen in dieser Welt vnd hernach inn der andern Welt.

Inn diesem leben gehets den Gotlosen gemeiniglich wol / vnd sie schweben in hohen ehren / sind mechtig vnd reich / haben auch den namen vnd titel / das sie heylige / fromme / ehrliche leute sind. Die Gottseligen aber / vnd zwar die gantze Kirch Gottes / müssen sich leyden in diesem leben / vnd sind dem Creutz auff allen seyten vnterworffen / Müssen noch den namen darzu haben / das sie vnruhig / Auffrhürer vnd Ketzer sind / bey welchen kein Fried noch Ruhe köndt erhalten werden. Dieses thut nun wehe / vnd macht grosse ergernus / vnd betrübt die Hertzen vnd das Gewissen viler frommer Gottsfürchtiger leut / vnd Lehrer / Darwider muß man sich nun rüsten vnd schicken / nicht allein mit dem Wort / oder mit der Leer / mit welcher man den Gotlosen sol begegnen / Sondern auch mit ernstem embsigen Gebett zu Gott / das er sein Erbe / das ist / seine Kirche vnd Gleubige wölle regiren vnd beschützen / wider die falschen Lehrer / Rottengeister / vnd Tyrannen / Von welchen auch der 69. Psalm redet: HERR sie sind Heyden in dein Erb gefallen / die haben deinen heyligen Tempel verunreiniget / das wir vnsern Nachbarn ein schmach sind worden / ein spot vnd hon denen / die vmb vns sind / Denn wir sind vast dünne worden.

Wir lernen aber aus diesem Psalm / wie man den falschen Lehrern vnd Brüdern / Tyrannen vnd allen Feinden Gottes / sol begegnen / nemlich mit dem Gebett / Nicht mit gewalt / mit Schwertern vnd Stangen / oder mit S Peters Degen / Sondern mit rechten Gottesdiensten / die ein rechter Christ sol thun / als da sind Lehren / Beten / Dancken / Klagen / Trösten / Bekennen / Denn das Gebett macht vns sicher vnd getrost in vnserm Beruff vnd im leben.

**HERR höre mein wort / mercke auff meine rede.
Vernimb mein schreyen / mein König vnd mein Gott / denn ich wil für dir beten.**

ALso sollen wir Gott in vnserm Gebett / wenn wir not leyden / auch anreden / auff das wir wissen / wen wir anrüffen / nemlich vnsern GOtt / vnsern HERRN / vnd vnsern König / der vns das leben geben hat / vnd regirt vns / vnd beschützt vns / so wir gefahr leyden / vnd erhört vns / wenn wir zu jm schreien. Ja so bald wir eine sylben oder wort reden / das von hertzen gehet / so höret er vns / vnd merckt darauff / vnd hat ein hertzlich wolgefallen daran / Wie der
alte

Vierdten Psalm Dauids. XIX

alte Spruch lautet: Oratio afflicti cordis, est dulcissima Musica in auribus Dei: Das Gebett eines betrübten Hertzens / ist das lieblichste Gesang vnd klang in den Ohren Gottes.

Solches sol vns auch auffwecken zum Gebett/ die weyl wir wissen/ das wir so einen gnedigen Gott vnd HERRN haben/ der vns gerne wil erhören/ wenn wir nur selbst nicht faul vnd nachlessig sind/ vnd seinem Wort nicht misstrawen/ sondern getrost auff sein Wort auch vnser wort gründen/ vnd auff seine rede vnd verheyssung auch vnser rede bawen/ vnd auff sein schreyen vnd ernstlichen befehl vnd vermanung auch vnser schreyen richten/ vnd auff sein Vetterlichs bitten/ auch vnser gebett gehen lassen. Wie die vnd anderstwo geschrieben stehet/ das Gott von vns wil angeruffen sein/ Vnd wil haben/ das wir jhme vnser not klagen/ vnd vnsern gedancken nicht volgen sollen/ sondern schlechts auff seine Barmhertzigkeyt trawen vnd hoffen.

Es braucht aber allhie der Prophet vnd König Dauid / eine sonderliche schöne ordnung: Ein wort ist geringer/denn ein gantze rede: Ein rede ist auch geringer/denn ein schreyen/welchs geschicht in der eussersten not. Also/Dören ist geringer / denn auffmercken / da man die sinn auffshut/ vnd kopff vnd ohren auffreckt/ etwas zu fassen: Auffmercken ist auch geringer/ denn vernemen/ das man ein ding recht verstehet vnd betrachtet / wo es hin langet/ vnd gibt guten rath darzu vnd hilfft/ so vil es müglich ist. Darauß lernen wir nu/ wie wir gewiß sein sollen/ das Gott vnser Gebett alle zeit erhöret/ vnd, lesst dasselbige nicht vmb sonst für die ohren hinweg gehn/ sondern hilfft/ vnd errettet vns frue/ wie hernach volget:

HERR/ frue wöllestu meine stim̄ hören: Frue wil ich mich zu dir schicken/ vnd darauff mercken.

Die Gottseligen/ wenn sie zu Gott inn iren nöten ruffen/ haben sie gemeinlich nach fleysches art diese zwo anfechtung vnd gegenrede / das sie gedencken/Gott werde sie so bald nit erhören/ Oder aber meinen/ das ir Creutz nicht allein auß verhengnuß Gottes kommen sey/ sondern das Gott woll haben/ das sie von iren Feinden lenger sollen geplagt werden. Es ist Gottes wil/ sprechen sie/ das mir jetz vnd so vbel gehe/ ec. Wider solche anfechtung tröstet allhie der heylige Geist/ vnd wil das man nicht gedencken sol, als wölle Gott nicht erhören / Sondern man sol stracks fortfaren im Gebett/ vnd zu GOtt schreyen/ das er wölle frue erhören/ Das ist / er wölle vns in vnser not nicht stecken lassen/ sondern mit seiner errettung bey zeit zu hilff kommen. Vnd ist alle hie ein feiner vnd lieblicher verstandt/ den etliche Thier geben/ das diese wort sollen geteylet werden, als das/ (HERR frue wöllestu meine stimme hören/) sind wort bis/ der da Gott anruffet/ vnd schreyet vnd hilfft: Die andern wort aber/ die da nachfolgen/ (Frue wil ich mich zu dir schicken/ vnd darauff mercken/) sollen Gottes Wort sein/ der also antwort denen/ die in anruffen/ das er sie wöll erhören/ vnd wölle sich zu inen schicken/ Das ist/ er wölle es alles sein ordnen vnd schicken/ das es keine not haben sol/ Gleich wie man einen risch/ darauff man essen sol/ mit aller notturfft sein ordnet vnd zurichtet/ Denn das gibt das Debreisch wörtlein (Anach,) welchs hie stehet. Auff die ander anfechtung der Gottseligen / antwort Dauid mit diesen worten:

Denn du Bist nicht ein GOtt/ dem Gottlos wesen gefellet/ Wer böse ist/ bleibt nicht für dir.

D Die

Kurtze außlegung des

Die Hochmütigen bestehen nicht für deinen Augen / Du bist feindt allen Vbelthetern.

Du bringst die Lügner vmb / Der HERR hat grewel an den Blutgirigen vnd falschen.

Das ist / Ich weiß / das du meinen Feinden / den Gottlosen / nicht hilffest / denn es gefellet dir das arge vnd böse wesen nicht: Du neydest die Sünde / vnd straffest die Vbeltheter / Dir gefellet nicht / was vnrecht ist. Solchs ist von ersten geredt / wider die tollen vnsinnigen Stoicos, so da meinen / das auch das böse von Gott herkompt. Wider solche Teufels Lügner sollen wir diese wort behalten: Du bist nicht ein Gott / dem Gottloß wesen gefellet. Also hat Gott keinen gefallen an den losen bösen Buben / Ketzern / Tyrannen / vnd sichern leuten / sondern strafft sie endtlich grewlich. Vnd ob er gleich zu weylen den Türcken / vnd andere Gottlose braucht zur Rach vnd straffe wider die Verechter seines Worts / vnd wider vnsern vndanck / so leisset er Ihm doch ihr Gottloß wesen keines wegs gefallen. Vnd wenn Er die Ruten gebraucht hat / so wirfft er sie zu letzt in das Fewer / wie Er mit Assur / vnd andern gethan hat. Darumb spricht man inn den Schulen: Aliud esse malum culpæ, & aliud esse malum poenæ. Das ist / GOtt hasset die Sünde / vnd hilfft der Sünden nicht. Er strafft aber die Sünde durch ein Vnglück / vnd gewöhnliche Ruten / welche Er doch zu letzt auch verbrennet vnd hinweg wirfft. Auff das wir aber wol an der zum Text kommen / tröstet sich allhie der Prophet / vnd spricht: Ob er gleich von den Gottlosen verfolget werde / vnd die Rottengeister grosse gunst / Kunst / vnd Gewalt haben / so wisse er doch / das GOtt ob ihnen einen grewel habe / Vnd zeyget die vrsach ordenlich nach einander an: Erstlich sindt sie Gottloß / das ist / sie haben falsche / verkerte Lehre / bleyben nicht bey der Kehr / vnd bey dem Wort GOttes / sondern fallen darein mit jrer Vernunffi vnd Menschlichem glosiren / wie eine Saw ich weiß nicht wohin / vnd grübeln darinnen / drehen vnd lencken das Wort jres gefallens. Wie die Papisten thun mit dem Glauben vnd guten wercken / vnd die Sacramentirer mit den öffentlichen / deutlichen worten des HERren Christi. Darnach sind sie böse. Das 2. gehet das leben an / Sie haben falsche lebn / vnd arges leben / welches voller ergernuß ist / Seuffer / Fresser / Geytzhels / Wucherer / Durer / vnd dergleichen. Von diesen zweyen redet auch Christus selbst / da er spricht: An jren früchten solt jr sie erkennen Zum dritten / sind sie Rhumretig / voll stoltz / Ehrgeytz / rhümen jre werck / jre arbeyt / mühe vnd fleyß / trotzen auff jhren Gewalt / Kunst / 3 Gunst / Wie man sihet an den Papisten / vnd sonderlich auch an den Sacramentirern. Denn kein besser Exempel kan man geben / das ist ein gewiß Argument / das Gott keinen gefallen an jhnen hat: Wer sich rhümen will der rhüme sich des HERREN. Item: So jr alles gethan habt / so sprecht / jr seit vnnütze Knecht. Aber dieses können onsere Doctor gelehrt nicht versthen / es ist lauter rhum jhrer arbeyt bey jhnen / sie thun allzeit am meysten vnd erlangen das beste. Aber GOtt / der im Himmel sitzt / spottet jhr / vnd kan jhre Narrheyt nicht leyden. Zum vierdten / sind auch Vbeltheter / die nicht auff 4 die HER GOttes sehen / noch vil darnach fragen / Vnd was sie thun / das thun sie nicht / das es die HER GOttes solle befürdern / sondern das sie wöllen dardurch angesehen / vnd fürgezogen werden / Vnd hassen alle andere / so das WORT vnd die EHRE GOTTES suchen vnd außbreiten.

Fünffter Psalm Dauids.

ten. Wolan/lieben Herrn/wie lange sol denn mein EHR von euch geschen/det werden? Faret nur fort/ GOtt wirdt euch mit ewer Kunst vnd Narrheyt wol finden. Zum Fünfften/sindts Lügner/auß dem Teufel geboren/welcher von anfang ist ein Mörder vnd Lügner. Sie schreyben vnd predigen lauter Lügen/auß jrer vernunfft/nicht in GOttes Wort gegründet. Wer nun Lügen redet/der ist auß dem Teufel/spricht Johannes/vnd solche Lügner werden von GOtt vmbgebracht/ Das hat man wol gesehen am Latomo/ Eccio/Carlstad/vnd an andern vnzelichen mehr. Zum Letzten/sind ts auch Blutgirig vnd voll falsches. Geben gute wort/vnd stellen sich/als meinten sie es gut. Aber tödten vnd würgen ist bey jnen/wie hernach weyter geschrieben stehet: Jnn jhrem Munde ist nichts gewisses/Jhre Lehre ist eytel wust/ Vnd wenn man jhnen gleich lang zuhöret/so wirdt das hertz dennoch nimmer sicher/denn jre lehre stehet nicht auff dem Wort GOttes/es hat keinen grund/ Sie können nicht ein einigs hertz recht trösten. Als wie die lehr vom verdienst guter werck/vnd vom zweyffel/vom Fegfewer/vom anruffen der Heyligen/ von Gelübden/rc. Jr inwendigs ist Hertzleyd. Sie machen die Gewissen nur jrr vnd zweyffelhafftig/trostloß vnd vnselig. Als/wenn man nicht auff Gottes gnade bawet/sondern auff der Menschen werck/Vnd so man nicht werck gnug befindet/leist man die Gewissen im zweyffel stecken/Wie das Concilium zu Trient beschlossen hat/man solle zweyffeln an der Gnade Gottes. Das heyst ja die Gnad vnd Ehr Gottes redlich geschendet. Also machen heutigs tags die Sacramentirer die armen Gewissen jrr vnd zweyffelhafftig/ja auch trohloß vnd verechter der einsetzung Christi. Ja/je mehr man lißt in jren Büchern/je vnruhiger/jrriger vnd vngewisser die armen Gewissen werden/ Wie auch Oecolampadius selbst gesagt/vnd in seiner kranckheyt geschrien hette: Ach HErr Jesu Christe/eröffne mir doch die rechte warheyt/vnd zeige mir/ ob ich auch bißhero von deinem Abendmal recht gelehrt vnd geschrieben hab. Das heyst ja auff ein Sand gebawet/wenn man nicht gerad bey dem Wort Gottes bleibt. Weiter ist jr Rachen ein offen Grab/Sie würgen Seel vnd Leib/ vnd können nicht ersettigt werden mit verderbung der armen Gewissen. Sind auch darzu Ehrgeitzig/Mit jren Zungen brauchlen sie/haben gute wort/vnd guten schein/vnd ist grosse heyligkeit bey jnen/sind gelehrt/ehrlich/Lehrer/ Prediger/die Frommen/rc.

Wie sol man sich nun gegen solchen falschen Rottengeistern vnd Tyrannen schicken vnd halten? Es heyst: Preces & lachrimæ sunt arma Ecclesiæ, Das gebett vnd klagen/sind die Waffen der Kirchen. Ein jeder thue jm also.

HERR/ leite mich in deiner Gerechtigkeyt/ vmb meiner Feinde willen/richte deinen weg fur mir her.

Ich wil für meinen Gott tretten/vnd auff keinen andern trotz leben/beid auff Gottes Barmhertzigkeyt/Nicht auff meine werck/oder ander leut heyligkeyt/Nicht auff Menschen kunst/witz/klugheyt/macht/oder wie es namen hat/Sondern/HERR Gott/auff deine Barmhertigkeit vñ Gerechtigkeit/die für dir gilt/vnd die du mir schenckest/vmb deines Sons Jesu Christi meines HErrn vnd Heylands willen. Jnn deinem Tempel bey deinem Wort wil ich bleyben/ Jch wil dir trawen/vnd dich fürchten/auff dich trotzen. HERR erhalte mich allein in rechtem Glauben/denn one dich ist es mit mir auß: Sine tuo numine, nihil est in homine, nihil est innoxium. One deinen heiligen Geist ist nichts im Menschen/Er ist voll sünd vnd schuld. Richte deinen weg

Kurtze außlegung des

fůr mir her. Ich weiß/das ich rechten Glauben/vnd rechte Leh: habe/vnd das ich recht stehe/behalt mich nur darbey/das wir auff vnserm ding nicht vermessen sind/sondern trotzen auff vnsern HERR Gott. Bestetige vnsern weg/das vnsere augen nicht anderstwo hin sehen/denn allein auff GOTtes Wort vnd straffe. Denn die andern wöllen vns jmmer ein andern weg füren/ von dem Wort Gottes. Diß Gebett ist sehr von nöten/zu vnserer Ketzerischen vnd abtrünnigen zeit.

Schuldige sie Gott/daß sie fallen von jrem fürnemen: Stoß sse sie auß vmb jrer vbertrettung willen/denn sie sind dir widerspenstig.

O Jhe doch/Gott an/das sie dich lestern vnd schelten/vnd lester sie wider: Mache das sie es fülen/gib jnen ein böses gewissen/vnd/so sie sich nicht bekeren/ein böses end/andern zum Exempel/Das man sehe/man müsse bey deinem Wort bleyben. Es trifft ja dein Ehr an/Sie sind wider dich mehr/denn wider vns. Wir suchen ja dein Ehr. Du wirsts wol mechen.

Laß vns nun/die wir auff dich trawen/vnd deinen Namen lieben/laß vns frewen/vnd ewiglich in dir rhůmen. Beschirme vns/dieweil sonst aller menschen hülff auß ist/vnd alle Welt dahin mit hauffen fellt/in falsche lehr vnd arges leben. Segne die Gerechten/denn der Segen ist bey dir/der du bist ein GOtt vnserer Gerechtigkeyt/ Vnd was du segnest/das bleybt gesegnet ewiglich. Kröne vns/die wir durch das verdienst deines Sons gerecht sind/ mit gnaden. Laße vns deine Kinder sein/vnd sey du vnser Schild/Schutz vnd Schirm/Amen.

Auß diesem Psalm haben wir nun zu lernen/das wir erstlich vns hüten sollen für dem ergernuß in der Welt/wenn wir sehen/wie es Gottsfürchtigen vbel geht/vnd den Gottlosen/Tyrannen vnd Ketzern wol. Vnd das wir an das ewige Erb gedencken/dauon Paulus redet: Vnser wandel ist im Himel. Item: Wir sind Erben Gottes/vnd Miterben Christi. Darnach/das wir mit dem Gebett anhalten/vnd wissen/GOtt wölle vnd werde vns erhören. Wie Taulerus am Sontag Rogate/ein schönen Spruch hat/da er sagt: Gott ist vil begiriger vns zu geben/denn wir sind zubegeren. Zum dritten/sollen wir GOtt auch bitten/er wölle vns erhalten in rechter erkentnuß vnd bekentnuß seiner Warheyt/Denn der freye wille in vns wirts nicht thun noch außrichten. One Christo können wir nichts/One den heiligen Geist vermögen wir nichts/ Wie Leonhard Keyser/der in Beyern 1527. von wegen der Warheyt des Euangelij/ist verbrandt worden/gesagt hat: O HErr Christe/du mustmit mir leyden/du nust mich tragen/mit mir ists auß: Ich hab wol bey mir beschlossen/Ich wölle bey dir bleyben/aber es ist nicht meines thuns oder vermögens/dein Genad ist mein bestendigkeyt vnd sterck.

Da tu quod præcipis, & fac quod vis. Gib du was du befilhest/ vnd thu was du wilt/ꝛc. Also redet auch Dauid in diesem Psalm wider den blossen freien willen: HERR
richte deinen Weg für mir: Segene vns/vnd
kröne vns/sey vnser schild vñ schutz/sterck
vnd krafft/One dich ists mit
vns verloren.

Sechsten Pfalm Dauids. XXI

Außlegung des Sechsten Pfalm Dauids.

DJsen Pfalm verstehen wenig leut/ außgenommen die betrübten angefochtenen Hertzen/welche jhre sünde/vnd den Zorn Gottes wider die sünde fülen. Denn er prediget von der rechten Hellen angst/ darinn die Heyligen stecken/ wenn sie jre Sünde in jrem Gewissen fülen/vnd beklagen. Vnd ist solches ein recht Geistlich plage/wenig leuten bekandt / vnd wirdt in der Schüfft genennet der Hellen band/Pfalm.18. vnd angst der Hellen/Pfalm.116. sampt etlichen andern namen. Denn es ist ein zeitliche Helle in den hertzen derer/ denen jr sünd leid sind/ vnd Gottes zorn recht vnter die augen schlegt/ Wie in dieser Helle auch Christus selbst gesteckt ist/vnd schrey am Creutz/ An seinem höchsten leyden: Mein Gott/mein Gott/warumb hastu mich verlassen? Denn also dünckt vns offt/ Gott wölle sich vnser nicht annemen/ Er sey vns feind/ er wölle vns nun dem Teufel geben/ Wie der gut Jacob sagt/Genes.37. Jch muß zu meinem Son in die Helle faren. Vnd ist dieses leyden vber alles leyden/ erschrickt sinn/ vernunfft/hertz vnd seel/wie wir in diesem Pfalm/vnd in andern mehr/als im 38. 88.116. vnd dergleichen/sehen.

Es geschicht auch offt/ das jr vil auß dieser zeitlichen Helle faren/ in die ewige Helle/ durch die verzweyfflung/ wie Cain/Saul/Judas/vnd andere mehr/die sich selbst erwürgen/ als Doctor Krauß/ der sich zu Hall in Sachsen/ Anno 28. selbst erstochen hat/ vnd Latomus/ welcher an seinem ende gebrüllet hat/ wie ein Ochs. Jtem Cerinus vnd vor zeiten Arrius/ Nestorius/ vnd andere Ketzer/ so schendtliche tods in verzweyfflung gestorben sind. Auß dieser zeitlichen Hellen aber werden erlöset/ denen es Christus vberwunden hat/ wie Dauid/Job/Petrus/Paulus. Denn die Gottseligen reissen mit Christo hindurch/ vnd lesst sich Christus wider mit frewden sehen/auff das sie nicht endlich verzweyffeln/als die Gottlosen. Diese singen denn recht/ vnd von jnen ists auch gemeint: Aduenisti desiderabilis &c. da leisst sich der glantz Göttlicher gnaden wider ins hertz/vnd erleuchtets mit newer frewd. Dise anfechtung heyssen auch etliche das rechte Fegfewer/ vnd ist auch warlich der rechte Rachen vnd Vorhof der Hellen/darauß die Veter/vnd noch vil fromer leut teglich erlöset werden/ic.

Ein Pfalm Dauids/vor zu singen/ auff acht Seiten.

Ach HERR straffe mich nicht in deinem Zorn/vnd züchtige mich nicht in deinem Grimm.

DEr Titel dieses Pfalmis zeyget an ein schlechten elenden Tenor/ vnd ein gezwungen/ trawrige/ melancholisch Lied/ das man nur auff acht seiten/ das ist/in der octaua/ wie es die Musici nennen/ hat spielen vnd singen müssen. Solchs ist einem Instrumentisten sehr beschwerlich vnd vnleid-

D iij lich/

Kurtze außlegung des

lich/wo er nicht sol ferner greiffen vber die octaua. Zehen seiten/welche sie decachorda nennen/ist frölicher/wie wir in den Psalmen sehen.

Wir sehen aber in diesem Psalm/wie die Gottesfürchtigen müssen durch vnd durch in anfechtung leben. Der dritte Psalm redet von öffentlicher verfolgung der Christen. Der vierdte von inwendigem creutz/anligen vnd mangel in disem leben. Der hinfftte von Rottengeistern vnd falschen Lerern. Dieser sechste Psalm aber redet von heimlicher Geistlicher anfechtung/welche man vor zeiten in Klöstern genennet hat/Spiritum Blasphemie, das einer nicht klagt vber ein Menschen/sondern klagt vber vnsern HERR Gott selbst/vnd zürnet mit jm/das ers nicht recht mache/vnd vns zu vil plage aulege.

Das ist die rechte anfechtung des Glaubens/vnd der Hoffnung/das einer nur verzweiffeln wil vnd gedenckt/(wie Cain sagt) seine Sünd sind grösser/denn das sie jm köndten vergeben werden. Oder/wie zu vnser zeit Franciscus Spira geschriben hat/vnd gesprochen: Er glaube wol/das allen menschen/die an Christum glauben/alle jre Sünde auß gnaden verziehen werden/Das aber jhm seine missethat solten vergeben werden/das könne er nicht glauben. Wider solche grewliche vnd lesterliche anfechtung müssen sich die Christen rechtbewaren/wie denn die Dauid thut./Vnd nach erkantnuß seiner sünden/darob er rew vnd leyd tregt/bekennet er offentlich Gott dem HERRN. Leyd spricht: HERR Ich habe ja die straffe wol verdienet/vnd es muß gestrafft sein/Aber ich bitt/du wöllest die straff lindern/das es nur des Vatters steuppen sey/vnd nicht des Richters oder Stockmeisters.

Also müssen wir vns stetigs anff halten/vnd gedencken an die lieblichen Sprüche/die Gott selbst sagt: So war ich lebe/Ich wil nicht den todt des Sünders, Sondern das er sich bekere/vnd lebe. Jtem: Ich bin barmhertzig/spricht der HERR/vnd will nicht ewiglich zürnen. Allein erkenne deine missethat/das du wider den HERR deinen Gott gefrauelt hast. Vnd Johannes sagt: So wir vnsere sünde bekennen/so ist Gott trew vnd gerecht/das Er vns die sünde vergibt/vnd reiniget vns von aller vntugent. Das ist/Wir sollen vns erkennen als Sünder für Gott/die wir vnter die Sünde beschlossen/vnd von Natur Kinder des Zorns sindt. Wir sollen aber inn dieser erkandtnuß vnserer sünden nit verzweiffeln/sondern zu Gott lauffen/vnd jm die sünde bekennen/wie Dauid thut im 32 Psalm: Ich sprach/ich wil dem HERREN meine vbertrettung bekennen/da vergabestu mir die missethat meiner sünden. Denn das ist die rechte klagbeycht zu Gott/da der mensch in erkantnuß seiner sünden/das ist/in rechter demut/mit geengstem vnd zerschlagnem hertzen/für Gott tritt/vnd seines hertzen beschwerung eröffnet/dem/der alles die hertzen prüffet/klagt demselbigen seine verbrechung/vnd flehet vmb gnedige erlassung aller schuld. Wie Dauid thut/Psalm. 51. Gott sey mir gnedig/nach deiner güte/vnd tilge meine sünde nach deiner grossen Barmhertzigkeit: Ich erkenne meine missethat/an dir hab ich gesündigt/an sündlichem samen bin ich geseuget/vergib mirs/vnd wasche mich/Verwirff mich nit/sondern gib mir einen gewissen/heiligen/vnd freidigen Geist/das ich gewiß weiß/du kalst mir meine sünde vergeben/vnd ich sey jetzund dein tempel vnd wonung/vnd frewe mich/vnd rühe also in dir allein/ic. Das ist ein rechtes bekentnuß/welches Got gefellet/welches gehört zu vnserm Vater vnser/da wir teglich bitten: Vergib vns vnsere schuld. Vnd hebet sich an dieser Beycht an/die rechte ware Christliche Buß/welche Gott angenem ist/Wie der Spruch Chrysostomi daruon sehr schön vnd wol redet: Nihil sic placatum facit Deum, sicut confessio. Das ist/Nichts machet vns Gott so gewogen vnd genedig/als die Bekandtnuß der

Sünden

Sechsten Psalm Davids.

Sünden/das wir reu und leyd tragen für Gott/von wegen unserer unreinigkeyt/und begerten vergebung der sünden durch den Glauben und bitten umb erlassung und linderung der straff/wie in Daniele geschrieben stehet: Tibi Domine justitia, nobis autem confusio... Und Micheas... bis er ein Urteyl/und mir lassen uns schemen. Und Micha. 7. Ich wil des HERRN Zorn tragen/denn ich hab wider jn gesündiget. Und das ist die rechte bekantnuß unserer sünden für Gott/davon der David sagt/Psalm. 38. Es ist nichts gesundes an meinem Leib für deinem dräuen/und ist kein fried in meinen gebeinen für meiner Sünde. Denn wir doch keinerley nicht haben/damit wir Gott zu frieden stellen/der uns Gott denn HERRN Christum/und haben wir den/Die Propheten sagt: Micha. Deus... GOtt flichen/das ist... und...flieh zu Gott/und Christum/in seiner... mit... Demut zudecke.

HERR sey mir gnedig/ denn ich bin schwach. Heyle mich HERR/ denn meine gebeine sind erschrocken.

In diesen worten stehet neben der bekantnuß der Glaubē/ dem zuflihet allein zu der Gnade und Barmhertzigkeyt GOttes. Laß mich nicht vergeben/spricht er/ liebr HERR/ erbarme dich mein/ und sey mir gnedig: Ich bin ja schwach/ nicht allein von wegen meiner armen elenden Natur/ der ich in Sünden empfangen und geboren bin/ und nicht alleyn von wegen meines sterblichen Lebens/ der ich dem Tod unterworffen bin/ und ungewiß bin der leyten stund meines lebens/ und jetzt hie ist/ bald in ein andere stund falle/ auß schwacheyt und vergengligkeyt/ Sondern auch von wegen der vilfeltigen anfechtung/ die ich innen jnwendig und auswendig leyden/ Das mich der Teuffel innwendig plagt mit traurigkeyt und schwerem Gewissen/ als forstu mein HERR Gott/ mir feind/ und hebst mich verstossen: Und auswendig die Gottlosen/ falsche Lehrer/ und Tyrannen mich verfolgen/ und mein/ zu meinem elend/ spotten. Solche angst thut wehe/ und verzeret das leben/ marck und bein/ und alles was im Menschen ist/ beyde des Gemüts und des Leybes krefft/ und ist warhafftig des fleyschlichen Pfal/ darüber Paulus klagt/ 2. Corinth: 12.

Und meine Seele ist sehr erschrocken / Ach du HERR wie lange?

Das ist so vil/ als wir in Teutsch sagen: Es ist nun gar auß mit mir/ ich kan nimmer/ Leyb und Seel ist in mir verschmacht. Denn wir sehen/ wenn des Menschen Gewalt und Hertz traurig und bekümmert ist / das auch die Leybskrefft abnemen/ und der Mensch vor der zeit alt und graw wirdt. Da kompts denn/ das auch die Heyligen etwas ungeduldig darüber worden/ das auch etliche selbst sich verfluchen/ Wie Job thut und spricht: Verflucht sey der tag/ daran ich geboren bin. Etliche aber/ ob sie gleich durch das Gebett zu Gott flihen/ noch deucht sie/ es werde zu lang. Und ist jnen ein viertel stund lenger/ denn sonst ein gantzes Jar. Wie die David sagt: Ach du HERR wie lange? Denn die Heyligen gedencken/ GOtt wölle sie in solcher angst und anfechtung verderben lassen.

D iiij   Wende.

Kurtze außlegung des

Wende dich HERR, vnd errette meine Seele / Hilff mir vmb deiner Güte willen.
Denn im Tod gedenckt man dein nicht / Wer wil dir in der Hellen dancken?

HJe richtet er sich man auff / vnd betet fein einfeltig / Vnd setzet zwo vrsach / warumb Gott jn nicht werde verlassen. [...] Das Gott barmhertzig sey / vnd auff das Gott ansihet / vnd gelobet werde.
Jch bin [...] in grossem elend / [...] sihe nichts, denn lauter zorn / vnd stehet für meinen augen stetigs Sodoma vnd Gomorra. Aber wie dem allen / wil ich dennoch nit verzagen. HERR hilff mir vmb deiner barmhertzigkeyt [...] meiner werck zwilligen frey oder bey [...] gericht / Vnd macht ist allem gerecht / alle die das zuuucht haben zu deiner blossen Gnade vnd Barmhertzigkeyt. Für dir ist kein Mensch gerecht.
Hilff mir auch darumb [...] das ich dir dancke / Vnd dich lobe vmb deiner guten willen / auff das beydes bey einander bleybe / deine Barmhertzigkeyt vnd dein Lob / Denn wer eins hat / der hat das ander auch / Vnd wer eins verleuret / der verleuret auch das ander / vnd muß im Tod vnd in der Hellen stecken bleyben. Das ist / er verzweyffelt an Gottes Güte vnd Barmhertzigkeyt / zürnet mit Gott / murret wider jn / fluchet vnd hasset / vnd wolt / das er einen andern Gott hette. Aber / so spricht er / behüt mich je HERR dafür / das ich nicht in solche Gottslesterung gerate. Was hülffe es dich, das ich wider dich murrete? Es ist besser ich lobe dich / denn du bist jä lobens werdt / vmb deiner Güte willen.

Jch bin so müde von seufftzen / ich schwemme mein Beth die gantze nacht / Vnd netze mit meinen Threnen mein Lager.
Meine gestalt ist verfallen für trawren / vnd ist alt worden / Denn ich allenthalben geengstet werde.

HJe widerholet Dauid fein heimlichs leyden / darinnen er müde ist worden von seufftzen vñ weinen / vnd ist jm der gantze leib verdorben / vnd sein angesicht alt vnd vngestalt worden / dieweil er vol schwerer gedancken vnd anfechtung ist. Denn es gehet also zu / das die hart angefochten leut / von tag zu tag für angst verschmachten / vnd stetigs in todesschwerlligen vnd haben kein rechte ruhe / vnd ist in angst vnd bang / als weren sie mitten an Tod / vnd in der Tieffen / verstossen von Gottes Angesicht / Vnd gedencken sie sinds allein / die von Gott verworffen sind / wie der 31. Psalm sagt: Jch sprach in meinem zagen ich bin von deinen augen verstossen. Vnd Jacob / Genesi. 37. spricht desgleichen: Jch werde mit leid hinunter faren in die Helle / zu meinem Son. Welchs soviel gesagt ist / als Gott hasset mich / vnd wil mich von dem zeitlichen hertzleid / in das ewig zu mir nemen son / in die Hell vnd in die verdamnuß stossen. Denn das wort (Hell) bedeutet in disem / vnd in andern Sprüchen / nit das Grab / darein man die todten menschen leget / wie es etliche außgelegt haben / sondern warhafftig die verdamnis / wie wir solchs anderswo erklert haben. Solche angst werden die verdampten ewig leyden vnd tragen müssen / in Helischer pein on ende. Nun volget der Trost / damit sich Dauid sterckt vnd auffricht vnd deucket Gott / das er sich sein hat angenommen / vnd spricht: Wei

Sechsten Psalm Dauids.

Weichet von mir alle Vbeltheter/ denn der HERR höret mein weinen.

ALs wolt er sagen: Ich traw allein auff Gottes güte vnd barmhertzigkeit/vnd lob vnd preiß die Gnade Gottes. Die andern vertrawen auff jren verdienst vnd gute werck/vnd sind vermessene Heyligen/vnd machen mit jhrer lehr vnruhige vnd verzagte Gewissen. Ich aber wil bleyben vnd leben allein auff die Gnad Gottes/vnd wil mich nichts fürchten: Der Teufel vnd mein eigen fleisch sollen mich nicht verzagt machen/denn du HERR hilffst mir. Das ist nun gar ein schöner Trost/darauß wir lernen sollen/das wir vnser angst vnd not/durch seufftzen/weinen/vnd klagen/Gott dem HERRN sollen fürtragen/Vnd wissen/das er vns gewißlich wöll vnd werd erhören/rath/hülff vnd trost schaffen/Wie geschrieben stehet: Ein geengstes vnd zerschlagenes hertz wirstu Gott nicht verachten. Item: Den Armen wirdt das Euangelium gepredigt. Item: Bittet/so wirt euch gegeben/Suchet/so werdet jhr finden/Klopffet an/so wirt euch auffgethan/&c. Vnd hie stehet: Der HERR höret mein flehen/mein Gebett nimpt der HERR an. Am ende jetzet er den Fluch darzu/vnd spricht:

Es müssen alle meine Feinde zu schanden werden/vnd sehr erschrecken/ Sich zu rücke keren/vnd zu schanden werden plötzlich.

ER wünschet seinen Feinden vnd falschen Freunden/das sie auch angefochten/vnd gedemütiget werden/vnd fülen auch/was Hellen angst sey/auff das sie doch sehen/ wie einem geengstigtem Gewissen zu mut sey/welches sie sonst für lauter spot vnd lauter narrheit halten. Denn was weiß der/so kein anfechtung hat? Wie wir jetzt sehen an vnsern Gelehrten/an irem disputiren vnd klügeln in den hohen Glaubens sachen. Wenn sie geistlich angefochten würden/so weren sie nicht so hoch vermessen/wie geschrieben stehet: Vexatio dat intellectum: Anfechtung gibt verstand/vnd lehret auff GOttes Wort mercken. Item: Es ist mir gut/HERR/das du mich hast gedemütiget/auff das ich lernete deine Gerechtigkeyt. Dieweil man aber ohne anfechtung ist/so ist vnd bleybt man sicher vnd vermessen/vnd spottet der andern/welche sich der Ehre Gottes mit ernst annemen. Derhalben wünschet Dauid seinen Feinden/das sie sehr erschrecken/das ist/angefochten werden/mit allerley leybs vnd der seelen plag/ Wie er sagt im 83 Psalm: Mach jre angesicht voll schande/das sie nach deinem Namen fragen müssen/Vnd das sie erkennen/das du mit deinem Namen heyssest HERR alleine/vnd der Höchst in aller Welt.

Confundantur, Sie müssen zu schanden werden/alle/so in ehr vnd pracht oder macht leben/so ein groß ansehen haben/vnd damit den armen Christen schaden.

Conturbentur, Sie müssen erschrecken/alle/so in frewd sind/keine anfechtung haben/stoltz vnd vermessen sind/disputiren/vnd sind frölich vnd guts muts dabey/drehen vnd lencken dein Wort nach jrer vernunfft.

Conuertantur retro, Sie sollen zu rück fallen/alle/so jetzt nach jrem wunsch alles haben/bey welchen das Glück vest stehet/sind Reich/haben Kunst vnd gunst. Vnd diß alles sol jnen plötzlich vnd vnuersehens widerfaren/Amen. Das ja bald geschehe.

Der

Kurtze außlegung des
Der Sechste Psalm/Ach HERR straff mich nicht/rc. Im
Thon/Erbarm dich mein O HERRE Gott.

HERR Gott/mein Hort/mein Heil/mein Trost/ ich kom zu dir alleine.
Mein sünd druckt mich vnd engst mich groß/ich trawr in mir vnd weine. Ich beteñ/O HERR/dir mein schuld/mein hertz voll vnflats stecket/Ich flieh aber zu deiner huld/dein Gnad alls vnreins decket.

Ach HERR straff mich nicht in deim zorn/ den niemand kan erleyden.
Wer ist jemals so rein geborn/der den het können meyden? Ach züchtig mich
nicht in deim grim/HERR sey gnedig mir armen/Ich bin ja elend/schwach
vnd schlim/thu dich HERR mein erbarmen.

Heil mich/mein Bein erschrocken sind/mein Seel ist zag für schmertzen:
Inn mir ist alles worden blind / kein leben ist im hertzen. Ach wie lang wiltu
zürnen doch? wie lang wiltu mich trencken? Dein Barmhertzigkeyt lebet
noch/thu mich ja nicht versencken:

Wend dich HERR wend dich jetzt zu mir/ errett mein Seel behende.
Zu dir stehn all mein begir/dein güt hat ja kein ende. Umb deiner güt willen
allein/hilff mir durch gnaden grosse/Im Tod gedenckt man zwar nit dein/
es ist alls blind vnd lose.

Im leben thun dich loben all/die dich als Gott erkennen. Vnd preysen
dich mit grossem schall/thun dich ein Vater nennen. Im Tod ist nichts denn
finsternuß/die Hell thut dir nicht dancken/Wend HERR von mir das ergernuß/vnd laß mich doch nicht wancken.

Ach Gott mein HERR von seufftzen groß/bin ich gantz müd/vnd weine. Ich schweiß in ein beth on vnterlaß/die gantze nacht vnreine. Im schweiß
lig ich/mein Leger klein/netz ich mit threnen klagend/Mein Sünd ligt auff
mir wie ein stein/mein hertz vnd bein zernaget.

Mein gstalt die ist verfallen gar/für trawren alt vnd blosse. Denn ich bin
allenthalben zwar/geengst mit burden grosse. Schweig doch/schweig doch
mein Seel vnd sin/sey dultig/harr des HERREN/Das vnglück wirt bald
gehn dahin/die hülff ist nicht nicht ferren.

Ihr Vbelthetter weicht von mir/der HERR hat ghört mein weinen.
Mein flehen ist des HERREN gir/sein lust hat er an kleinen. Ein kleiner
geist Gotts huld erlangt/betrübte leut die besten/Ein grosser geist sich selber
fangt/vnd bleybt als denn am letzten.

Es müssen alle meine Feind/zu schanden werden balde. Erschrecken/wie
sie sich vereint/zertrennet manigfalde. Zu rück müssen si fallen doch/plötzlich
zu schanden werden/Denn mein HERR Gott lebt jetzund noch/im Himel
vnd auff Erden.

Danck Gott/wer du nur regen magst/dein mund/hertz/sinn vnd krefften. Dir ist gholffen von aller last/auß sünd/not/teufels gscheffen. Ich bin in
gnad/trutz wer das schelt/mein sünd ist nun gewaschen/Nun fehlt nichts/
denn das ich zumelt/vorhin werd zu eim aschen.

Was ist es doch? ich bin ein Kind/des grossen HERREN Gottes. Laß
her gehn Teufel/Welt vnd Sünd/wer wil mir bieten trotzes? O Jesu Christ
du bist ja mein/vnd ich bin vnd bleybe/Sünd geh hinweg/du bist vnrein/
laß mir jetzt stehn mein leybe.

Mein seel du nicht anfechten sollst/wenn du noch so groß werest. Wenn du
gleich hin vnd wider trollst/laß sehn was du begerest. Ach Christ du mein Erlöser heist/vnd bist mein retter worden/Du mir hülff sterck vnd beystand leist/
sey mein Trost auserkoren/Amen.   Außle-

Siebender Pſalm Dauids. XXIIII
Auſzlegung des Lieben-
den Pſalm Dauids.

DEr Erſte Pſalm iſt geweſzt wie ein eingang vnd
vermanung von den zukünfftigen trübſaln vnd anfechtun-
gen/ das man ſich mit dem Wort GOttes ſolle veſt vnd ge-
ſchickt machen.

Der Ander Pſalm bringet nun die anfechtung auff die
ban/ vnd redet von offentlicher verfolgung der gantzen Welt/
wider die Chriſten/ oder Gleubigen.

Der Dritte Pſalm redet von newer verfolgung/ die auch von den beſten
Freunden vnd Brüdern erregt wirt wider die Frommen/ das man weder Ve-
tern/ Kindern/ Brüdern/ noch irgent einigem Menſchen wol trawen darff. Die
Tochter iſt wider die Mutter/ der Son wider den Vater/ vnd alſo fort an/ Wie
Chriſtus auch dauon prediget/ vnd ſpricht: Ich bin nicht kommen/ friede zu
ſchicken/ ſondern das ſchwerdt.

Der Vierdte Pſalm predigt von allerley Creutz vnd Vnglück/ darinn die
Gottſeligen ſtecken/ Als in armut/ kranckheyt/ vnfal/ vnd was ſich nicht fin-
det/ im Eheſtand/ im weltlichem Regiment/ vnd in eines jeglichen Beruff/
vnd in dem gantzen leben. Darwider ſolle man ſich mit Glauben vnd gedult
wol rüſten/ vnd wiſſen/ das der HERR ſeine Heyligen wunderlich füret/ vnd
gibt jnen doch das teglich brodt; victum & amictum.

Der Fünffte Pſalm redet von Geiſtlichem Creutz/ welches durch falſche
Lehrer vnd Rottengeiſter erregt wirdt/ ſo vnter dem Namen GOttes groſſen
ſchaden thun/ vnd haben den titel: Biſchoff/ Diener/ Lehrer/ Heylige/ hoch-
gelerte/ ꝛc. Wider die ſolle man ſich ſchicken mit ernſtem Gebett zu GOtt/ mit
rechter beſtendigkeyt in der erkandten vnd bekanten Warheyt/ das wir nicht
wetterwendiſch ſindt/ heut ſo/ morgen anderſt/ vnd vnſer Lehre allein auff
ſchrauben ſteht/ vnd nichts gewiſz iſt.

Der Sechſte Pſalm predigt von einem heimlichen groſſem Geiſtlichem
leyden des Gewiſſens/ das man gedenckt/ wir ſind von Gott verſtoſſen vmb
vnſer ſünden willen. Denn wo ſouil anfechtung zuſammen kommen/ ſo vil je
ſetzo nach einander ſind angezeygt/ ſo kan die vernunfft nicht anderſt ſchlieſ-
ſen/ denn das Gott vnſer nicht achte/ vnd hab vnſer gantz vnd gar vergeſſen/
ja hab vns verworffen/ wie wir am Job ſehen.

Dieſer ſiebende Pſalm bringt aber ein newe anfechtung verfür/ vnd zey-
get an/ Es machs ein frommer Chriſt wie er wölle/ ſo könne er doch nicht one
anfechtung ſein/ Ja/ es müſſen eh lauter lügen vnd leſtermeuler auffſtehen/
welche jhn beſchuldigen vieler ding/ dauon er doch nichts weiſz / Wie dem
HErrn Chriſto geſchahe für Caipha vnd Pilato.

Alſo ſehen wir nu durchaus/ das/ wer in Chriſto will ſeliglich leben/ vnd in
das Himelreich gehn/ der muſz allerley creutz vñ not/ innerlich vnd euſſerlich/
von allen ſeiten hero leiden/ vnd durch emſigs gebett zu Gott in gedult auffſte-
hen. Er muſz ſagen: Ob mir gleich leib vnd ſeel verſchmacht/ noch biſtu doch/
HERR Gott mein Troſt vnd ſchutz. Item/ wie Job ſagt: Ob er
mich gleich tödtet/ noch wil ich auff in hoffen. Darum wiſſen die ſichern vnd
Gotloſen nichts vberal. Wolan/ wir wöllen den Pſalm kürtzlich erkleren.

Die

Kurtze außlegung des
Die vnschuld Davids/ dauon er sang dem HERRN/ von
wegen der wort des Moren/ des Jeminiten.

DER Titel zeygt an den Inhalt difes Psalms/denn das wörtlin (Sigaion) heyst nichts anderst/ denn die vnschuld/ wenn das Gewissen sicher ist/ vnd weiß/ das man jm vnrecht thut/ Wie es auch Abacuc also braucht im vierdten Capitel: Diß ist das Gebett des Propheten Habacuc/für die vnschuldigen. Etliche deutschens/ daß Sigaion sol ein sonderlich Instrument gewesen sein/ darauff man diesen Psalm hat singen vnd spielen sollen. Aber es ist ein Jüdische außlegung/ Denn Sigaion heyst eygentlich/ wie die Gelerten wissen/ innocentia conscientiæ, non agnoscentis obiecta crimina: Vnschuld eines Gewissens/ das da weiß/ das man jm vnrecht thut/ in dem/ das man jm fürwirfft. Als da David 2. Reg. 16. von dem Morem dem son Gera/ des sons Jemini/ das ist von Simei zu Bahurim/ mit steinen geworffen war/ vnd bezüchtiget/ er het mit list vnd gewalt dem Saul das Königreich eingenommen/ vnd wer ein Bluthund/ vnd müste nun derhalben von Absolon seinem Son verjaget werden/ wuste David das er vnschuldig ware/ vnd hette ein gut rechts Gewissen/ der er sich nicht in das Reich gedrungen/ sondern von Gott darzu erwelet/ beruffen vnd bestrettiget were. Machet derwegen disen Psalm/ damit er sein vnschuld bezeuget/ vnd sein Gewissen tröstet vnd stercket.

Also gehet es noch stetigs. Die Euangelischen/ oder Lutterischen/ wie mans nennet/ müssen Ketzer vnd Auffrhürer heyssen. Christus muß den Teuffel vnd Beelzebub haben/ Er muß Gott gelestert haben. Ein trewer Christ Prediger/ vnd wer er ist/ so er sich des Worts Gottes mit ernst annimpt/ muß er ein vnruhiger kopff sein/ ein polypragmon, der sich frembder händel annimpt/ der vngelehrt ist/ vnd toll/ vnsinnig/ vnuernünfftig vnhöflich. Strafft man die sünde/ vnd schilt auff das vnrecht/ so muß man auffrhürisch genennet werden. Da sprechen die Gotlosen: Die Pfaffen wöllens alles meistern/ vnd einen fuß im weltlichen Regiment/ den andern in der Kirchen haben: Sie sind vnruhige köpff. Dise vnd dergleichen rede höret man zu Hof/ vnd anderstwo alle tag.

Tertullianus schreybt/ das man zu seiner zeit/ das ist bald nach der Apostel zeit/ hat die Christen beschuldiget/ das sie die jungen kinder erwürgeten. Item/ das sie menschen fleisch fressen/ vnd kemen zusamen in den ibelincken/ vnd tödten welche sie wolten. Das hat der Teufel auff sie gelogen/ vnd auß jrer lere solche greuliche dingen gespüren. Denn dieweil sie das Sacrament des Leybs vnd Bluts Christi/ nach der einsetzung Christi hielten/ mustenn sie den namen haben/ als fressen sie Menschen fleisch/ vnd tödteten die jungen kinder. Aber dieweil sie gewissen gut vnd recht war/ het es auch kein not mit jnen/ wie Tertullianus schreybt: Da er spricher/ das die Christen alle miteinander so freydig vnd tröstlich zu jrer marter gangen sind/ hat er gewißlich bey sich beschlossen/ das sie vnschuldig gewesen in allem dem/ des sie bezüchtiget waren. Denn es vnmüglich/ das man mit freydigem frölichem gewissen mit lachendem hertzen vnd mund/ zu der letzten marter gehn solt/ wo das Gewissen sich schuldig vnd bericht wist.

Auerrois hat geschrieben/ das die Christen jrem Got die höchste schmach auff legten. Ich sprich er/ bin alle Welt vast durchgereyset/ hab aber nirgend gefunden ein Volck/ das seinen Gott so vnehret/ als die Christen/ denn sie fressen jren Gott/ vnd verzeren sein Fleisch vnd Blut im Abentmal. Das heyst ja ein rechte Gottslesterung vnd calumni/ Glich wie die Sacramentirer vns nennen

Siebenden Pfalm Dauids. XXV

nennen Thyesta,Fleischfresser/Blutseuffer/vnd dergleichen.
Also gehet es zu/ wo man die reine Lehr wil behalten/ vnd die Laster vnd
sünde straffen. Da heysts denn: Man redet wider die Oberkeyt: Man ist auffrhürisch vnd vnruhig.

Ich muß alhie ein Histori erzelen: Es ist ein Behem gewesen/ein fürnemer auß den Pickarden/ oder/ wie man sie zu letzt genennet hat/ ein Gruben-
heymer/mit namen Johann Horn/ Dieser/als er ist gefragt worden von dem
weitberhümbten frommen Medico/ Herr Doctor Johanne Neuio/ ob es
war sey/ das man sie beschuldige/ als ob sie in den Winckeln/ Gruben/ Kel-
lern/vnd andern örtern zusammen lieffen/vnd hetten alda heimliche vnzüchti-
ge vermischunge/ wie man sie auch derhalben nennet Grubenheymer? Dar
der alte Mann geantwort: Sie müssen es Gott befelhen/das man sie also mit
vnwarheyt außtrage/ sie haben in dem fall gegen Gott ein gut Gewissen/ das
sey ir bestes zeugnuß jrer vnschuld. Was aber die vrsach sey jres namens/das
man sie Grubenheymer nennet/ wölle er kürtzlich sagen/nemlich: Da die
Dussiten/auß befelh jrer Herren vnd Oberkeyten/sich mit dem Bapst haben
sollen vergleichen/vnd in derselbigen vergleichung vil vnd grosse Abgötterey/
dem Bapst zugefallen/sind verwilligt worden/ Das /wo man einen rechten
Artickel hat wöllen erhalten/hat man dargegen wol zehen oder mehr vnrech-
te Ceremonien vnd leybunge müssen annemen/ vnd an stat des fleysch essens
am Freytag vnd Sonabent/andere mißbreuch vnd schreckliche Abgötterey
müssen eingehn. Da nun solchs die Oberkeyt/ welche selten der Religion halben etwas waget/hat billichet/vnd der meiste theyl der Vnterthanen nachge-
folget/sind jrer doch etliche gewesen/welche gesehen/was es sey/was es be-
treffe/ vnd wo es hinauß wölle/ vnd haben sich solchen Abgöttereyen widersetzt. Bald ist jhnen Kirch vnd Schul zugeschlossen/vnd verboten worden.
Haben sie sich aber wöllen vntereinander vnterweisen/ lehren/ stercken/ trö-
sten/vnd in der reinen bekantnuß des Euangelij üben/haben sie müssen zusamen kommen anheimlichen örtern/in Kellern/ Kammern/vnd Gruben/ hin
vnd wider. Daher ists kommen/das man sie beschuldiget hat/als trieben sie
vnzucht. Hat auch gemelter Horn ferner gesagt: Vnd jr Lutherischen/wie
man euch nennet/ sehet darauff/ es wirt euch gewißlich mit der zeit auch also
ergehn: Dieweil jr noch hin vnd wider weltliche Herrn habt/die euch beschü-
tzen/ so haben ewre Prediger wol zu lehren/vnd können schreyben vnd schrey-
en: Sonder heut oder morgen solt ein verfolgung einfallen/so werdet jr sehen/
das ewre Herren ewrent halben nicht werden Land vnd Leut inn die schantz
schlagen/sondern werden rath vnd weg suchen vnd finden/das man sich mit
dem Bapst vergleiche. Sonderlich wenn vil zwyspalt vnter euch werden ein-
reissen/so werden sie sagen: Man müsse je ein gewiß Haupt haben/vnd wider
zu dem Bapst kommen/ vnd hilt jm einig sein. Da wirt der Bapst euch vil artickel fürschreyben/ Vnd so jr in ewer Lehr einen rechten Artickel werdet wöllen behalten / müsset jhr dargegen ein gantzen hauffen vnrechter lehr vnd ceremonien dem Bapst einreumen. Da werden denn ewre Gelerten auch geneigt
vnd gschickt darzu sein. Wer aber solchs nicht wirt thun/sondern wider auff
das Wort vnd die Ehr Gottes sehen/vnd Christum allein für sein Haupt halten vnd erkennen/vnd die Abgötterey fliehen/dem wirt verboten werden Schul
vnd Kirchen. So nun etliche sich vnterweysen wöllen/ werden sie müssen zusammen kommen/wo es jhnen müglich vnd füglich sein wirdt/inn Kellern/
Bergen/Gruben / vnd dergleichen örtern / vnd wirdt doch solchs mit gefahr
jres leybs vnd lebens geschehen/rc. Wolan/das ist auch ein Prophet von vn-

E ser

Kurtze außlegung des

ſer zeit/darinn ſichs vaſt heben wil/was er geſagt hat. Gott ſey vns gnedig/
vnd helffe vns. Ich habe aber dieſe Hiſtorien derhalben erzelet/das wir ſe-
hen/wie die Chriſten allweg beſchuldigt werden mit vnwarheyt vnd lügen/
vnd wie ſie ſich mit gedult darein ſollen ergeben, vnd auff die hülff des HER-
REN ſtetigs warten.

Es geht auch im gemeinen leben alſo zu/das offt einer belogen wirt/vnd
mit vnrechts beſchuldigt werden/vnd leyden/das man in verunglimpfft/ſein
arbeyt/red/dienſt/trew vnd rath zum ergſten außlegt/verleumbdet/mit calumnien vnd afterreden kernicht ret/wie es zu Hof ſeh:/breuchlich iſt. Rach
mich an/vnd gib mich hin. Solchs thut ans dermaſſen wehe. Aber wir ſollen
ſie lernen an dem Exempel Dauids vns darein zuſchicken vnd wiſſen/das es
auch dem HErrn Chriſto nicht iſt anderſt ergangen. Man verdienet doch keinen danck bey der Welt. Es iſt allen weyſen Potentaten/ allen trewen Lehrern
alſo gangen/Wie wir heutigs tags ſehen mit Luthero vnd ſeinen Schrifften/
Wo man in vnd ſeine Schrifft jetzt kündte mit namen vnd wurtzel verdechtig
machen/außreiſſen vnd vertilgen/man thets. Es ſolt der Tenfel der Welt dienen. Man ſihets auch an Heydniſchen exempeln/am Socrate/Themiſtocle/
vnd andern mehr. Darumb bcyſs: Wiltu dienen/vnd nutz ſein/ſo gib dich
darein/vnd nimb daſſit allen endanck: Friſſ Kot/vnd thue Golt/ſo hat dich
alle Welt holt. Was ſol man denn thun? Erſtlich: Trawe auff GOtt/vnd
ruffe vnd ſchreye zu im/das er wölle bey dir ſtehen vnd bleyben. Darnach Klage im deine not/wider deine Feind vnd Verfolger/Vnd bitte in/er wölle dich
erretten/das ſie ſehen/du habſt noch den waren GOtt bey dir/der dir hilfft.
Das iſt nun das erſte/das du thun ſolt/wie hie Dauid ſagt:

Auff dich HERR trawe ich/mein GOtt hilff mir/etc. daß ſie mich nicht zureiſſen/weil kein Erretter da iſt.

Das iſt der rechte anfang eines ernſtlichen Gebets. Er hebt nicht an/wie
der Phariſeer: Ich dancke dir Gott/das ich nicht bin wie ander leut/Ich fa-
ſte zwier in der wochen/etc. Sondern hebt an von der Gnad vnd Hülff Gottes: Du biſt mein Gott/ich trawe auff dich/ So beweyß mir nun deine gut-
heyt/Denn du biſt vnd heyſt GOtt/das iſt gut. Ich thue was mir zuſtehet/
Ich trawe auff dich: Thue du/was dir zuſtehet/vnd hilff mir. Alſo wurden
errettet die drey Menner im Babyloniſchen Feweroffen/vnd muſten die Verfolger ſehen/das der ware Gott vber ſolchen Mennern hielte.

Wenn man nun alſo zu GOtt zuflucht hat/ſo ſol das ander ſein/ein gut
frölich Gewiſſen/Dauon auch Johannes redet: Wann vns vnſer hertz nicht
verdamſt/ſo können wir auff Gott trawen. Darumb ſpricht Dauid: HERR
mein GOtt/hab ich ſolchs gethan/vnd iſt vnrecht ꝛc. ſo verfolge mein feind
meine ſeele. Das iſt/Ich bin vnſchuldig vñ hab ein guts gewiſſen. In andern
dingen bin ich ſchuldig für dir/vnd hab vil ſünde/Aber allhie in dem/des ich
bezüchtigt werde/weyſtu DERR/das ich gerecht bin/Denn du haſt mich
zum König erwelet an ſtat Sauls/Ich hab in nichte auffgeſtelet/wie Simei
mir ſchuld gibt/Ich hab mich nicht mit liſt oder gewalt darzu gedrungen/ich
bin nicht ſo ehrgeitzig. Hab ichs aber gethan/ſo bewilligt ich mich zu leyden/
was ich leyden ſol/vnd geſchehe mir mein recht/ich will dem Feind gern vnterthan ſein/er ſol mich fahen/martern/tödten/vnd auftülgen.

Dieinn ſehen wir beydes/wie ein rechts gewiſſen frölich vnd trotzig iſt/
vnd iſt doch dabey ſchwach/vnd darff im ſelber ſelbſt nit trawen. Ein gut Gewiſſen

Siebenden Psalm Dauids.

wissen ist das beste leben in Weltlichem vnd Geistlichem stand/ für Gott vnd für allen Creaturn. Wenn einer weiß/das er recht ist/vnd geschicht jm vnrecht/ obs gleich sehr wehe thut / noch kan er sich trösten/ vnd spricht: Ich hab ein gut Gewissen/ Gott sey mein Zeug. Vnd ist der edleste Schatz in dieser Welt/ ein gut Gewissen/ der fürwar nit gering zu achten ist/ Wie jener Hofman gesagt het: Was? Gewissen/gewissen/dauon werde ich nit reich: Mit dem Geniessen zur Hell: Mit dem Gewissen zum Himel/ Den Genieß wil ich behalten. Wolan/ so far er hin/ vnd es gehe jm/ wie es einem alten Hofrath gangen ist/ welcher an seinem Todbeth geschrien: O wehe/ wer jetzo ein Sewhirt gewesen were. Aber so ferrn sparen die Frommen jr gewissen mit/ sondern behaltens rein im Glauben/vnd in der Lieb/ Wie Johannes in seiner Epistel diese drey/ Glaub/ Lieb/ guts Gewissen/ allzeit an einander bringt. Vnd so jn etwas darüber begegnet/ so leiden sie es mit gedult/ wie Joseph/ da er gefangen lag. Doch neben dem sind die Frommen so sehr trotzig nicht/ das sie nicht auch gedechten/ ob sie etwa in einem zu vil gethan hetten/ wie wir hie an Dauid sehen. Also ein zart schwach ding ist es vmb eines Frommen menschens Gewissen/ das/ wenn er schon recht hat/ noch fürchtet er sich/ vnd besorgt/ er thu jm zu vil/ et sey nicht so gar rein. Dauid ist gewiß/ das er von Gott zum König erkorn v. figesetzt ist/ noch disputirt er allhie/ vnd streyttet mit sich selbst/ vnd feilet das vrtheyl vber sich/ so er vnrecht gethan habe. Doch richtet er sich starck wider auff/ vnd schreyet Gott vmb hülff an/ vnd spricht:

Stehe auff HERR in deinem Zorn / erhebe dich vber den grimm meiner Feinde/ Vnd hilff mir wider in das Ampt/ daß du mir befolhen hast.

HIe erzelt er die bosheyt seiner Feinde: Sie wüten/ toben/ richten/ trachten/ sind toll vnd thöricht/ Aber du HERR setz deinen Zorn wider jren zorn/ Hilff mir wider/ nicht zu sonderlichen ehren in der Welt/ zu hohem ansehen/ sonder zu dem Ampt/ darein du mich gesetzt hast/ das ich dir dienen sol/ deine Kirchen beschützen/ den Vnterthanen wol fürstehen. Hilff mir solchs Reich vnd Ampt handhaben vnd erhalten/ vmb deiner Ehr willen/ vnd vmb deiner Kirchen willen/ auff das dein Wort gepredigt/ vnd fried vnd zucht gefürdert werde/ vnd/ wie er hie sagt/ das sich die leut wider zu dir samlen.

Sihe/ das ist ein rechtes Gebett eines grossen Herrn/ Königs vnd Fürsten/ Im ist angelegen die Ehr vnd das Wort Gottes/ vnd die seligkeyt/ nutz vnd wolfart der Vnterthanen/ nicht sein eygen ehr/ wollust vnd macht. Disem Exempel solten die Herrn billich volgen. Aber es ist vmb sonst/ man sage/ höre/ vnd lese was man wölle. Es ist vast auß mit vns/ Der wenigste theyl/ weder auß den Herrn/ Vnterthanen/ Lehrern vnd Zuhörern/ sihet auff die Ehr Gottes/ vnd nutz des Nechsten. Ein Herr sol Gott vnd seinen Vnterthanen dienen/ Denn ein Herr vnd Fürst ist von Gott darzu geordnet/ von wegen der Vnterthanen: Ein Prediger sol Gottes Ehr vnd der leut nutz/ trost vnd seligkeyt ansehen. Wo das nicht ist/ da geschicht alles predigen vmb sonst. Also ein jeglicher in seinem Beruff/ sol Gottes Ehr sachen/ vnd seinem Nechsten mit gutem Gewissen dienen.

Vmb derselben willen komme wider empor.

NImm dich HERR des Ampts an/ vnd sihe/ wie jetzo so jemerlich dein

Kurtze außlegung des

dein Wort gelestert vnd verachtet wirt. Du must mit deinem Wort herumben bleyben/deine Feind sitzen oben an/fragen nichts nach dir. Diß Gebett sollen wir auch offt brauchen/wider die Gotlosen Bischoff/vnd andere dergleichen/ das wir sprechen: HERR/es ist zeit/es gebt dein Ehr an/komme empor/setze dich von Namen/vnd dein Ehr/sitze du auch ein mal oben/vnd laß deine Feind deiner Füsse schemel sein. Also hat D. Luther seliger gebett zu Gott/das er sein Ehr wolte fürdern vnd erhalten vmb seines Namens willen: Du must es thun/mit mir ists verloren/Die Christ dein: Wiltus nicht thun/ so kan ichs nicht/ꝛc. Du bist ja allein Richter vber alle menschen. Deine Feind sind nicht Richter/Du bist Richter vber sy/du bist König vnd oberster Burgermeister. Du must es thun/one dich kans nicht fort gehn.

Richte mich HERR nach meiner Gerechtigkeyt vnd Frömigkeyt.

Das heyst iusticia bonæ conscientiæ, das einer weiß/ er sey vnschuldig/ ge= recht vnd from in dem/das man im schuld gibt.Denn er redet mit nichten von der Gerechtigkeyt/die für Gott gilt. Ich bin für dir/spricht er/ein armer mensch/ein elender Sünder/doch hab ich jetzo ein gute sach/ein guts Gewis= sen/vnd bin gerecht vnd from/denn meine Feind thun mir ja vnrecht. Du hast mir das Ampt zu regirn befolhen/ich hab mich nicht darzu gedrungen/dar= umben so sey du Richter zwischen vns/vnd steh mir bey/der du weyst was ein mensch gedenckt im hertzen/vnd werzu er geneigt ist/Jerem.18. Du keist mich/ vnd kennst meine freind/ welche jetzt so schön gleissen/ mit macht/ pracht vnd gewalt/vnd wöllen mich gar vertilgen. Nu volgt der trost.

GOtt ist mein Schild/ der hilfft dem rechten.
GOtt ist ein rechter Richter/ er wirt mich wol behüten.

ER ist auch ein gestrenger Richter. Er hilfft gnedig dem vnschuldigen/ vnd die schuldigen strafft er grewlich.

Diß sind ernstliche wort/ die wir auch zu vnser zeit wol zubedencken ha= ben/Wo man sich nicht bekeret/so hat Gott sein schwerdt gewetzt/vnd seinen Bogen gespannet/vnd zilet/vnd wirt nicht mit ein strohalm schliessen/es gilt leyb vnd leben/vnd darzu die seelen/Er wirt toissen mit krieg/pestilentz/thew= rung/vn mit beraubung seines Worts. Aber wer gleubt vnserer predigt?Man fragt nichts darnach/Es hilfft kein drowen/kein vermanung/noch schreyen/ Ja/wenn die beum vnd stein redten/so vergesse mans doch gar bald/vnd we= re so vil als nichts. Die sichern fragen nach solcher Pfafferey nichts/Detten wir die weyl/sprechen sie/gelt gnug zu zelen. Die Feind Christi faren auch fort/ vnd haben böses im sinn/ vnd sind mit vnglück schwanger/Esaie 59.Job.15. wie jetzt die Papisten zu Trient/vnd graben gruben. Aber was sol geschehen? Der im Himel wonet/der spottet jr. Es sol in alles fehlen / wie es bißhero ist durch Gottes gnad geschehen/vnd sie sollen in die gruben fallen. Es ist doch jr werck ein lauter Spinneweb/so nicht taug zu kleydern.Jr werck ist mühe/ freuel/verderben/vnd schaden/spricht Esaias 59. Cap.Darumb müssen sie zu boden gehn. Denn was man wider Christum anhebt/das mus vber den Fein= den Christi außgehn/ sie müssen sich selbs ablauffen. Vnd es mus also gehn/ daß Gott ein gerechter Richter. O wer dise wort recht gleuben köndte/als wer es schon geschehen were/es geschehen sol/Gott wölle vns den sonderlich vnsers

vndancks

Achten Psalm Dauids.

vndancks halben straffen/wie es leyder zubefahren ist/wo wir vns nicht bes=
sern. Jnn des wöllen wir hoffen vnd trawen auff Gott/vnd die öffentlichen
vnd heimlichen Practicken hin vnnd wider/ an grossen Herren Höfen vnd
Concilijs/GOtt dem HERRN befelhen/er wirts wol machen/vnd
wöllen mit dem lieben Dauid singen: Jch dancke dem HER=
REN vmb seiner Gerechtigkeyt willen/Jch will loben den
Namen des HERREN des Allerhöchsten. Er hat
vns bißher genedigklich errettet/vnd wider aller
Menschen hoffnung erhalten/ er wirts
noch thun/ Amen.

Außlegung des Achten
Psalm Dauids.

Ach grosser hitze sol billich ein erquickung vol=
gen/Vnd nach grossem Regen vnd Vngewitter sol auch ein=
mal die liebe Sonne scheinen. Dieweil nun bißhero in den sie=
ben Psalmen nach einander/lauter creutz vnd elend gewesen/
ist/so volgt jetzo diser achte Psalm/als ein erquickung/erret=
tung vnd trost. Denn er redet von dem HERrn Christo/vnd
von seinem Reich/darinnen lauter freüd vnd fried ist/Vnd die Himel werden
geöffnet/vnd wirt alles im Himel vnd Erden dem HERrn Christo vnterwor=
fen. Er predigt aber auch von dem Leyden vnd der Demut des HErrn Chri=
sti/das er ein kleine zeyt sey von Gott verlassen gewest/vnd hab sich geeussert
seiner Gottheyt/ sey ein Wurm vnd Fluch worden für das Menschliche Ge=
schlecht/wie wir hören werden.

Der Titel dises Psalms/Githith, bedeutet villeicht ein sonderlich Jnstru=
ment/das also den namen hat von der Weinpreß/denn Gith oder Gath heyst
ein Faß/darinn man die Weinbeer presset. Etliche haltens/das ein sonderlich
Jnstrument / welchs auß der Philister Stadt/die Gath ist genennet worden/
gewesen sey/ Dieselbe Stadt ist ein Vaterland gewest des grossen Goliaths/
1.Reg.17. Daher die Chaldeer sprechen/das Githith sey ein Harpffen/die auß
Gath gebracht sey. Etlich aber meinen/das Githith ein sondern thon anzeige/
darnach man diesen vnd andern Psalm hat singen sollen / als wie die Musici
jre tonos haben/vnd die teutschen Lieder haben jre besondere weiß vn melodey/
darnach man sie singen muß. Etliche meinen/das Jnstrument hab ein form
vnd gestalt gehabt/wie ein weinpreß/vnd sey derwegen also genennet worden/
wie wir nennen testudines/die Lauten/von der form der schnecken. Dises sind
nu der Juden gedancken vnd außlegung. Wir wöllen aber den Titel verstehn
nach dem argument vnd inhalt des psalmis, nemlich/das diser Psalm Githith
werde geneint/dieweyl man zu zur frölichen weinreichen zeit hat singen sollen.
Denn die zeit des weinlesens ist lustig vnd frölich. Vnd sintemal hie ein frölichs
Euangelium/ein frewdenreiche botschafft von dem HErrn Christo/vn seinen
wolthaten verkündigt wirt/so heist demnach diser Psalm Githith/den man
singen sol zur frölichen zeit/ im weinlesen/wenn man den Wein presset/vnd gu=
ter ding ist/vnd die ernde wol geraten ist. Vnd werden also mit diesem titel ge=
nenet/diser achte Psalm/der 81 vnd der 84.Psalm/das man sie als frewdenrei=

Kurtze außlegung des

the Gesenger hat vnnd das Weinlesen im Herbst singen sollen. Denn das ist im Jüdischen Völck breuchlich gewesen / auff das man zur selbigen Jarszeit sich erinnerte aller wolthaten Gottes / der Geistlichen vnd leyblichen / vnd jm dafür danckte. Solchs ist darnach auch zu den Heyden kommen / denn die Griechen haben solche Fest gehalten im Weinlesen / welche sie genennet haben Lenæa vnd Epilenæum, dieweil man sie zur zeit des weinlesens gehalten hat. Den Λήνος, Lenus, heyst ein Weinpreß. Vnd soll sey von dem Titel dieses Psalms gesagt / welcher gehört zur frewdenpredig des heyligen Euangelii / damit die armen Gewissen gesterckt / erquickt / vnd frölich gemacht werden.

HERR vnser Herrscher / wie herrlich ist dein Nam in allen Landen / da man dir dancket im Himel.

Ist ein Danckfagung / vnd zugleich ein beschreybung des Königs vnd des Reichs / Item / des nutzs oder der wirckung / vnd des orts oder landes / darinn solch Reich sein sol.

1. Die Danckfagung stehet in dem gantzen Vers / vnd ist soul gesagt: HERR GOtt ich dancke dir von hertzen / das du dich mit deinem wesen vnd willen so gnediglich dem menschlichen geschlecht hast offenbart. Denn das ist der Name GOttes / nemlich sein offenbarung durch die Rede des heyligen Euangelii. Vnd also sollen wir Gott sletigs dancken in vnserm gantzen leben für sein gnedige offenbarung / das er sich durch seinen son an tag hat gegeben / vnd angezeigt / was sein wesen vn willsey / nemlich / das sein wesen sey in dreien vnterschiedlichen personen in einer einigen Gottheit / Gott Vater / Gott Son / Gott heiliger Geist. Vnd sein will sey / das wer den Son sihet vnd gleubt an jhn / sol das ewig leben haben. Hie sol nu dancken jederman / wer nur hertz / mund vnd zungen regen kan. Was wer doch sonst des menschen leben / wo wir solche offenbarung nicht hetten? Gott sey lob vnd danck / wie der vorig Psalm sagt: Ich dancke dem HERRN vnd seiner Gerechtigkeyt willen / vnd wil loben den Namen des HERRN des Allerhöchsten.

2. Der HERR aber / der sich so gnediglich vns offenbart / ist vnser König / vnser Herrscher / ja vnser Haußvater. Denn also stehts in seiner Sprach: Vnser Schutz vnd Seule: Herus noster, columna nostra. Der vns das leben gibt / ernehrt vns / lehret vnd leitet / beschützt vns / erhelt vnd hat vns in seinem hauß / ob seinem tisch / in seinem Reich / in seinem schutz vnd schirm / wie ein Vater sein kind. Wer wil sich nu fürchten / so Gott also für vns ist? Es ist ja ein schöner / lieblicher vnd tröstlicher Name / damit wir Gott nicht allein von falschen Abgöttern absondern / sondern jn entgegen halten allen anfechtungen / dem Teufel / Tod / Hell / Sünden / vnd andern Creutz / vnd vns auff jn gentzlich verlassen / als auff vnsern Haußvater vnd Schutzherrn.

3. Das Reich dises HErrn vnd Königs stehet in den beyden worten: Herrlicher Name. Den das Reich des HErrn Christi stehet im namen / dieweil man das Euangelium muß leren vnd predigen. Es steht nit in eusserlichem weltlichem pracht / etc. nach / wie die Juden vnd Widerteuffer jnen traumen / sondern ist jn ein Geistlich Reich / ein Hertzentrost / welches stehet in dem erkantnuß des HErrn Christi / wenn den armen das Euangelium wirt gepredigt / vnd sie dasselbig mit hertzen vnd frewden annemen / glauben an den HErrn Christum / vnd werden durch sein erkantnuß gerecht vn selig / vnd sehen Christum an / als jren vn aller gleubigen Erlöser / Gerechtmacher / Mitler vn Seligmacher. Den das sind die 4. namen des HErrn Christi / darinnen sein Reich vnd seine wolthaten begriffen

Achten Psalm Dauids. XXVIII

begriffen sind. Vnd solch Reich ist herrlich / magnificum & admirabile, gloriosum nomen, ein wunderbarlich / groß mechtig vnd hohes Reich / das vber aller creatur vernunfft ist / wie der 118. Psalm auch singt vn spricht: Das ist vom HERREN geschehen / vn ist ein wunder für vnsern augen. Vnd ob gleich alle werck Gottes wunderlich sind / so ist doch das sonderlich ein grosses wunder / das Gott durch seinen Son jm eine Kirch samlet / vnd vns durch den namen seines sons selig macht / vn vberwindet gewaltiglich den teufel / die sünd vn tod. Denn kein grösser wunder / vn kein herrlicher macht ist jemals weder im Himel noch auff erden geschehen / denn eben das / das Got vn Mensch vnserthalben sol eine person sein / vn das wir durch den gehorsam des sons Gottes sollen gerecht vn selig sein / vnd das vnser leben sein / so wir nur an jn gleuben / wie geschriben steht: Das Euangelium ist eine krafft Gottes allen / so daran gleuben.

4. Die wirckung solchs wunderbarlichen vnd herrlichen Reichs ist / das es erstlich sol sein vnd bleiben / ein Name Gottes / oder der Name des HErrn Christi / das ist / das Euangelium sol den namen vnd das lob Gottes predigen. So muß nu volgen / das es sol straffen vnsere werck / vnser weißheit / gerechtigkeit vnd verdienst / vnd sol von vns hinweg nemen allen namen vnd thum / vnd vns alle vnter die sünd stecken / vnd des tods beschuldigen / auff das alle Welt Gott dem HERRN vnterthenig werde / vnd sich nichts anderst rhümen könne / denn allein der barmhertzigkeit Gottes / Wie Paulus sagt: Gott hat alles vnter die sünd beschlossen / auff das er sich aller erbarme. Item: Wer sich rhümen wil / der rhüme sich des HERRN. So bleibt nu allein der Name Christi / vnser name ist nichts von jm selbst / wir sind kinder des Zorns.

Die ander wirckung ist / das solchs Reich / oder solcher Name Christi solle durch die gantze Welt lauffen / vnd allen Heyden bekant werden. Denn er spricht: Dein Nam ist herrlich in allen landen / nicht allein bey den Juden / wie man zuuor im gesetz gesagt hat: notus in Iudæa Deus, Gott ist im Jüdischen land bekant / sondern vberal / wie denn das Euangelium vor der Aposteln zeit her die gantze weite welt hat durch gewandert / von den Juden zu den andern morgen lendern / da jtzo die türcken sind / darnach gegen mittag vn abentlendern / Asricam / Hispaniam / Italiam / Galliam rc. biß auch nu zu dem vierten vn letzten teil der welt / gegen mitternacht komen ist / vn jetzt ein land / ein stad / nach dem andern durch gedrungē hat / vn nu mehr / biß in die Pflappen hinein gewandert / da nit mehr leüt sind. Darauß lerne wir die grosse güt Gottes erkennen / der sich aller welt offenbart / vn wil / das yderman selig werde. Darneben aber lernen wir auch sein zorn erkennen / der sein wort / wo mans verachtet / wider hinweg nimpt / vn gibts andern völckern. Item / wir lernē auch / dz die Kirch Gottes an kein ort / an kein besonder volck gebunden ist / nit an die Juden / nit an den römischē bapststul / nit an die teutschen / nit an vns Lutherische / wie wir heissen / sondern / wie Petrus sagt / in allerley volck / wer Gott fürchtet vnd recht thut / der ist jm angeneme.

Die dritte wirckung ist / das dieser Name des HErrn Christi wirckt vnd anrichtet lauter lob vnd danck / für die vnaußsprechlichen grossen wolthaten Gottes. Es ist kein ander Gottesdienst in diesem Reich / denn allein gleuben / loben / dancken / oder wie der 4. Psalm sagt / Gerechtigkeyt opffern / vnd auff den HERRN hoffen / vnd der 2. Psalm / den Son küssen. Vnd diß sol geschehen allenthalben vnter dem Himel / nit an einē ort hin allein / wie man im alten Testament allein an einem ort hat müssen opffern / sondern in allen Landen / ja auch im Himel / darinnen nun vnser wandel ist / wie Paulus sagt.

Merck allhie / das man Gott dancket im Himel / den auff erden hat er wenig platz. Die mechtigen vnd reichen dürffen sein nit. Allein die arme Kirch /

C iij welche

Kurtze außlegung des
welche ist der Himel Gottes/muß dancken vnd lobsingen vnd zu Gott beten:
Vater vnser/der du bist im Himel. Darumb volgt nun weyter:

Auß dem munde der jungen Kinder vnd Seuglinge / hastu
eine macht zugerichtet/ꝛc.

DJe stehets/wer die leut sind / die Gott dancken im Himel/ vnd durch welche das Reich Christi bestellet vnd vnd erhalten wirt. Es sind nicht starcke gewaltige Helden/eysenfresser/mawrenbrecher/grosse Hansen/Keyser/Kö-nig/Fürsten/ durch welche die Weltreich erobert/vñ biszweilen beschützt wer-den. Es sind auch nit die hochgelerten/weltweyse spitzige Köpff/ die nach jrer vernunfft alles dreben/meistern vnd ordnen wöllen. Denn Gott braucht zu sei-nem wunderbarlichem Reich nit weltlich macht/ weißheyt/oder practicken/ es geht einfeltig vnd gerad daher/hat sein schwert nit an der seitten/sein bogen nit in der hand/ Er braucht allein das maul/durch die zunge/vnd durch das Wort richt er sein gewalt auß wider aller hellen pforten. Sein Euangelium ist sein krafft / wie derhalben alle fromme Prediger der jungen redlich nach dem Wort Gottes brauchen sollen/vnd die faust innen halten/vñ das schwert dem Keiser lassen/wie Christus spricht: Die weltlichen Herrn herrschen/ jr aber nit also. Im Wort Gottes steht vnser Macht/ Schild vnd Helm.

Die jungen Kinder vnd Seuglinge sind alle Glaubige fromme Christen/ jung vnd alt/die einfeltig/schlecht vnd recht dem Wort GOttes glauben/ ob sies gleich mit jrer vernunfft nit können begreiffen/ fragen nicht vil / wie es sein könne/ vnd warumb es also vnd nit anders sey: Sie gleuben schlecht/was jnen das Wort Gottes sagt/ vnd geben sich mit jrer menschlichen vernunfft/ kunst vnd witz gefangen/ disputirn nicht wie oder warumb: Sie hangen am Wort Gottes / wie ein junges kind hangt von dem hals oder von den Brüsten seiner lieben muter/vnd nehren sich mit der lebendigen reinen milch/ wie Petrus da-von redet/vnd hören die stim jres Hirtens/ des HErrn Christi / wie einfeltige gehorsame stille schefelein. Darumb wiltu ein Christ sein/ so bleib ein schuler/ein Alphabetarius/ein kind/vnd lerne allhie an den bencken geben/ vnd ein wenig lallen/vnd nachreden/was dir das Wort Gottes fürsagt. Du wirst doch nicht ferner in disem leben kommen. Wiltu aber ein Man vñ alt werden vnd mit men-schen weißheit in dem Wort Gottes regirn/ so feilstu schon dahin/ es ist mit dir geschehen. Wie man an den Schwermern sihet: Wañ jnen Christus sagt: U le-met/esset/das ist mein Leyb: Trincket/ das ist mein Blut. Bald faren sie zu vnd disputirn: Wie es sich reime/ wie oder warumb brod vnd wein müsse Chri-stus Leib vnd Blut sein/ sitze doch Christus im Himel droben/ wie köne er deñ im Abentmal sein? Item / wie kan das wasser eine Tauffe der Seelen sein/ ꝛc. Dise können jr lebenlang keinen Artickel hoch lehren/ oder lernen/ deñ der Esel reckt allzeit die ohren/ vnd die vernunfft wil stettigs Meister Klügling sein in der heiligen schrifft. Aber also thun die rechten Gottseligen Christen nit/ sie bleiben bey dem Wort Gottes/ vnd hören was jr HErr Christus sagt: Dancken Gott für jren cleinen Catechismum/ vnd üben sich darinnen/ vnd bleyben darbey/ können sie nicht alles widerlegen vnd fechten/ so lassen sie sich doch von der er-kanten Warheit nit dringen / Vnd lassens den verfechten vnd außtragen/ dem sie gleuben vnd trawen. Vnd wissen/ das er allmechtig vnd warhafftig ist/ ob gleich die gantze Welt anderst helt vnd redet.

Matthei 21. legt der HErr Christus disen Psalm schlecht nach dem buch-staben auß/ von den kindern/ so im tempel schrien/vñ sagten: Hosianna dem son

Dauid/

Achten Psalm Dauids. XXIX

Dauid/Denn in der warheyt gehören die jungen kinder zur Marter vnd bestetigung des Reichs Christi/wie derhalben die vnschuldigen Kinder haben die ersten zeugen vnd merterer sein müssen/von wegen des Herrn Christi/da Herodes alle zweyjerige kindlin vnd drunder/wie man schreybt/bey 100000. zu Bethlehem vnd in allen irenGrentzen tödten hat lassen: So sind auch sonst die kinder von Gott mit einfalt vnd schlechtem geradem Glauben sonderlich/ vnd also begabt/das Christus selbst sagt zu seinen Jüngern/Matth: 18. Es sey denn/das ir werdet wie die Kinder/so werdet ir nit ins Himelreich korsien. Wer sich selbs nidriget/wie ein kind/der ist der grössest im Himelreich. Ja die kinder heutigs tags/sind fürwar mit irem Vater vnser/vnsere allerbesten Heubtleut vnd Krieger/wider die Türcken/Papisten/vnd alleandere Feinde. Sie sind auch vnsere Haußherrn vnd Einkauffer/GOtt segnet vns vmb jrent willen. Wir essen mit inen/sie nicht mit vns/vnd solches alles vmb jrer einfalt vnd schlechten Glaubens willen. Sie disputirn nicht/wie oder warumb: Wie man ihnen sagt/so gehen sie/vnd fragen nicht vil/ob es recht/oder wie es sey. Vnd darob hat Gott sein gefallen/sein lust vnd frewd/vnd gibt den jungen kindern die herrlichsten fürnembsten Engel zu/die bey jhnen stehn/vnd sie beschützen vnd bewaren/Wie Christus sagt/Das jhre Engel sehen allzeyt das Angesicht jhres Vatters im Himel. Vnd sind der Exempel sehr vil/wie die lieben Engel so wunderbarlich/wider alle Menschen hülff vnd verstandt/one mittel/die armen Kinder offtmals auß grossen gefahren erretten/vnd erhalten.

Solchen lieblichen Cherubin GOttes/das ist/den feinen/frommen/ einfeltigen Kindern/welchen die herrlichen Seraphin/die Engel vnd schöne liechte Geyster/von GOtt sindt zugethan/sollen nun volgen alle andere Christen/Apostel/Lehrer vnd Zuhörer. Denn auch one zweyffel die Cherubin vnd Seraphin auff dem heyligen Altar derhalben gegen einander vber gestanden sind/dardurch anzuzeygen/das/wo man ki das innerlich Heyligthumb kommen wölle/so müsse man Kindes gedancken/sinn vnd einfalt haben/als denn so gehe vns das liecht auff/vnd sonst nicht. Wo menschlich witz vnd kunst ist/vnd regieren wil/da kan vnd wil Gott nicht sein/ja die Engel/die lieben brennende vnd liechte Seraphin/wöllen nicht da sein. Wer nun die Seraphin bey sich haben vnd behalten wil/der muß in die zal der Cherubin kommen/vnd muß ein Kind werden/das sein vernunfft vnd witz dem Wort GOttes vnterwirfft/vnd gefangen gibt/Als denn so behalt man das rechte vnd innerliche Heyligthumb. Aber zu vnserer sichern vnd vnforchtsamen zeit gehet es leyder also zu/das keiner kein vnmündiger oder kind/sonder alle Meyster vnd Doctores/Richter vnd Schlichter sein wöllen/vnd wil keiner im Wort GOttes ein Schuler genennet werden. Doch wol dem/der im waren einfeltigen Glauben vnd bey seinem KinderCatechismo rest vnd trewlich bleybet.

Es sollen auch alle Christen diese ding bedencken: Das erstlich vnmüglich ist/die Lehr des heyligen Euangelij/vnd alles das/was darzu gehört/zu der vernunfft zureimen/Wie auch Paulus offt bezeugt/das alles/was hochvernünfftig vnd gelert ist/sich gemeinlich ergert vn stösst an der lehr des Euangelij/welche der Son Gottes auß der schoß seines Vaters vns herfür gebracht vnd geoffenbaret hat. Vnd der Son Gottes selbst dancket GOtt seinem Vater darfür/das er die heylsame Lehr des Euangelij/den Weysen vnd Verstendigen verborgen/vnd den Vnmündigen offenbaret hat/Matthei am Eylfften Capitel. Darnach/das man allein mit einfeltigem Glauben/welchen der heylige Grist in den Hertzen anzündet/nehret/vnd bekrefftiget/die

Lehr

Kurtze außlegung des

Lehr des Euangelij faſſen vnd behalten muß/vnd nicht anderſt. Zum Dritten/ Das wir alle vom grund vnſerer hertzen billich GOtt dem HERREN dancken vnd loben ſollen/für ſolche ſeine vnaußſprechliche Gnade/das er vns die Lehre/von ſeinem Weſen vnd Willen/vnd von vnſerm leben vnd ſeligkeit/ ſo fein ſchlecht vnd einfeltig hat laſſen offenbarn / auff das wir als die Seüglinge vnd Vnmündige mit Glauben ſein Wort annemen/ üben/vnd darbey beſtendig verharren können. Vnd ſollen jn auch ferner bitten/er wölle vns bey rechter vnd ſchlechter einfalt gnedigklich erhalten/ vnd vns von ſeinen Geheimnuſſen in kein ergerlich Diſputation vnd verwirrung geraten laſſen/darauß nichts/ denn des Hertzen vnruhe/böß Gewiſſen/ vnd zweyffel/ ja verachtung des Worts/vnd der heyligen Sacrament entſpringt. Zum letzten/ Das alle/ ſo ſich mit jhrer Vernunfft/Witz vnd Kunſt/an ſolche Lehr/ als Meyſter/gemacht haben/ darob zu boden geſtoſſen/ vnd grewlich geſtrafft worden ſind/wie wir des vil Exempel haben/an dem Arrio/Katomo/Carlſtad/vnd an andern mehr.

Darumb ſey jederman Gelehrt vnd Vngelehrt/vmb Gottes willen/vnd der Ehr vnd Warheyt des HErrn Chriſti/vmb frid vnd einigkeit der Kirchen/ vnd vmb eines jegklichen ſeligkeyt willen/ trewlich/ vnd on allen betrug von hertzen gewarnt vñ gebeten/das ſich keiner mit ſeiner menſchlichen vernunfft an das Wort des HErrn Chriſti mache/vnd ſich darinn nach ſeinem gutdüncken zu hoch verſteyge. Es wils nicht thun/es leydet ſich nicht/es gelingt nit/ vnd hat noch keinem gelungen / vnd ſol keinem gelingen/ er ſey wer er wölle. Chriſtus iſt zu mechtig/vnd erhelt ſein Wort/ wider alle Pforten vnd Gewalt der Hellen/wil geſchweigen wider einen armen elenden madenſack vnd aſchen bröbel/wie wir arme menſchen ſind/erde vnd aſche/kot vnd ſtaub.

Ich gedencke jetzo an ein Geſchicht / die vilen leuten/ ſo noch im leben ſind/bekant iſt. Es hat ein groſſer Doctor vnd Juriſt auff ein zeit wöllen Lutheriſche Lehr vnd Bepſtiſche tradition einig machen/vnd concilim/ vnd iſt vber ſeinen Decreten vnd andern Büchern geſeſſen/ hat geſucht/vnd geleſen mit groſſer mühe vnd arbeyt. Inn deſſen/da er ſo gar fleyſſig vnd emgſig iſt/ kompt ſein kleines Sönigen zu im/ welchs newlich angefangen het zu reden/ vnd ſpricht: Pater/du biſt ein Narr. Solchs bedenckt der hohe Doctor vnd leſſt ab von ſeinem fürnemen/ ſihet/das es ein ſonderliche vermanung iſt/ von ſeinem Kinde zu jm geſchehen/nicht one Gottes willen/ vnd merckt/ des alles concilim vmb ſonſt iſt. Denn es thuts ja nicht mit Menſchen weißheyt in den hohen ſachen Gottes.Wir ſollen kinder vnd vnmündige bleyben/vnd ſchlecht an dem Wort Gottes hangen/wie diſer Pſalm ſehr ſchön vnd lieblich vns leret/vnd ſpricht: Das GOtt ſeine ein Reich/Lob vnd Macht bereite/ zurichte/ vnd ſtercke durch den mund der Seuglinge/die allein an den Zitzen des Wort Gottes ſich nehren/vnd dabey einfeltig bleyben.

Man ſihet es auch an den Predigern/ Wer einfeltig nach dem Wort GOttes prediget/ der bawet vil mehr/denn der alle Kunſt/Witz vnd hochſpitzige Vernunfft braucht. Der Catechiſmus oder die Kinder lehre iſt die aller beſte Lehre / Vnd wo gleich die groſſen hohen Geyſter alle tieffe gedancken herfür bringen/ſo kan ſie doch ein einfeltiger frommer Lehrer alle beſturtzen vnd ſo nicht machen/wie man in Kirchenhiſtorien etliche ſchöne Exempel hat: Audi, Philoſophe, quæ vera ſunt, &c. Wöllen nun widerumb zum Text kommen.

Vmb

Achten Psalm Davids. xxx

Umb deiner Feinde willen / daß du vertilgest den Feindt/
vnd den Rachgirigen.

DAs ist eine verheyssung / vnd zu gleich ein drowung. Er verheysset seinen Gleubigen / er wölle sein Wort handthaben / vnd durch den mund der Seuglinge sieg vnd vberhand behalten. Vnd drowet er wölle seine / vnd seiner Gleubigen Feinde vertilgen / vnd zu schanden machen. So nun jemands fragen wil: Warumb doch Gott seine Kirch bestelle / durch geringe / vnansehenliche arme / schwache leut / Betler / vnd / wie die Welt redet / durch elende Pfaffen / vnd nit durch grosse Keyser / König / Bapst / Cardinäl / Bischof / welche doch auch wöllen die rechte Kirch sein? Antwort allhie der heylige Geist / vnd spricht: Gott thut solchs vmb seiner Feinde willen / das er alles / was böse ist / zu schanden mache / vnd die demütigen erhöhe / Ja / das er den verstand der Weisen in narrheyt verkere. Denn was die Welt kan vnd weiß / wie klug sie ist / so solle sie zur Nerrin werden. Das thörichte Wort Gottes / wie Paulus auch dauon redet / machet die gantze Welt toll vnd thöricht. Es lauffst vnd rennet sich alles ab an dem heyligen Euangelio. Christus ist ein Stein des anstossens. Niemand kan wol leyden / das sie der heylige Geist straffe vmb die Sünde / vmb die Gerechtigkeyt / vnd vmb das Gericht. Keinem ding ist man so feind / als dem HErrn Christo / Dieser richtet allen hader vnd vnfug in der Welt an. Die vrsach ist / die weyl das Euangelium nicht in Beutel greyfft / sondern es greyfft die höchste Gerechtigkeyt vnd Weltweißheyt an / vnd heyst alle Menschen kinder des Zorns / Narrn / Esel / feind schafft gegen Gott / in denen nichts guts ist. Das macht denn böses geblüt / Niemand leist sich gern also schelten. Daher kompt nun aller Krieg / Thumon vnd Blutuergiessen / so an den rechten Christen geübt wirt.

Also haben wir die verheyssung / das Gott bey vns sein wil / so wir bey seinem Wort bleyben. Die Widersacher sollens nicht hinauß füren / sondern sie sollen darüber zu drümsern gehn. Es ist wol war / wir müssen das Creutz drüber tragen / vnd mechtige grosse Feind haben / welche nicht ruhen noch faul sind / sondern faren fort / mit rathen / worten / wercken / Concilien / Bannungen / vnd können keines wegs versönet werden / Vnd meinen doch / sie thun Gott einen dienst daran / wie Christus sagt / haben den namen / das sie sind die grossen Deubter vnd Seulen der Kirchen / vnd das bey jhnen zu suchen sind Claues regni cœlorum. Die Schlüssel zum Himelreych. Aber solchs sol sie alles nicht helffen / sie müssen endtlich zu boden gehn.

Ja / sprechen wir / wenn geschicht denn solchs? Können wir doch nichte erleben. Wir erfaren ja anderst. Die Feinde sind jmmer mechtig. haben gunst / kunst / vnd den rechten nachdruck: Wir aber sind stetigs arme leut / vnd leben in gefahr / wenn man heut oder morgen mit gewalt mit vns feret / vnd etwas das compelle mit vns spielet. Wolan / wie sol man jm denn thun? Noch sol Gottes Wort bleyben warhafftig vnd vnuerruckt. Ob gleich bißweylen das widerspiel vns deuchtet / vnd es so bald nicht gerad gehen will / ligt nichts daran / man sol vnd muß harren. Gott weiß die rechte zeit. Er wil vnd kan vns lassen nicht / wie weyter volget:

Ich werde sehen die Himel / deiner Finger werck / etc.

BIshero hat Dauid die Kirch / oder das Reich Christi beschrieben / was es sey / nemlich / ein firmament oder vestigung der waren rechten Lehr Gottes.

Item /

Kurtze außlegung des

Item/ Was sein Kleyd vnd gestalt sey/ das Creutz vnd anfechtung. Item/ durch was es bestehe/ als durch das Wort Gottes. Was solchs Wort sey/ nemlich/ das den Namen GOttes prediget. Was es auch für Diener vnd Statthalter habe/ Die jungen Kinder/ Vnmündige/ vnd Seuglinge. Jetzo zeygt er weyter an/ wo vnd an welchem ort dieses Reich bestehe/ Nicht zu Jerusalem/ oder zu Rom/ Sondern ist ein Reich/ dauon Paulus sagt: Vnser wandel ist im Himel. Es ist ein Geistlich/ nicht ein eusserlich Weltreych/ ein Hertzenreych/ darinn Glaub/ Trost vnd Frewd in Gott zu finden ist. Darumben spricht er: Die Himel deiner Finger werck/ Das ist Es ist ein Reich das du hast gemacht/ vnd darinnen du regierest/ vnd leisest die Leer deines Euangelij predigen vnd samlest dir also eine Kirch/ vnd wirckest durch solche Lehr in den Hertzen lauter Glauben/ Trost vnd Hoffnung/ Frewd vnd lust/ Vnd sterckest durch den gebrauch deiner Sacrament die armen Gewissen/ vnd gibest jnen deinen heyligen Geist/ der sie regier vnd erhalte/ das sie nicht in Irrthumb oder Laster fallen/ sondern das sie sich zu dir stetigs bekeren/ vnd dein Tempel vnd Wonung bleyben.

Das ist nun das Reich Gottes auff dieser Erden/ ja der Himel Gottes/ vnd der rechte Tempel/ der nicht mit Menschen henden gebawet ist/ sondern von Gott selbst angericht/ gestifft/ gemacht/ vnd bestettiget. So wir nun zur Predigt gehen/ GOttes Wort hören/ lesen/ vnd betrachten/ Item/ so wir der heyligen Sacrament gebrauchen/ bey der Tauffe stehen/ den Leyb vnd das Blut Christi empfahen/ sollen wir allzeit gedencken: Sihe/ da ist der Himel GOttes/ den GOtt selbst mit seinen Fingern gemacht hat/ ein newer Himel im newen Testament/ darumb Christus sagt: Wo zween oder drey in meinem Namen versamlet sind/ da bin ich mitten vnter jnen. Gott redet vnd prediget selbst/ wenn ich sein Wort rein vnd lauter höre. Christus selbst gibt mir in meinen mund seinen Leyb/ vnd sein Blut/ mein Seel vnd Leyb damit zu erquicken/ vnd in der vnsterbligkeyt zu erhalten. Der heylige Geist schwebet ob der Tauff/ vnd wircket Glauben vnd Trost in hertzen.

Warumb gedenckt aber der Prophet vnd König Dauid nicht der Sonnen/ sondern nennet allein den Monden vnnd Sterne? Antwort: Die Sonne ist Christus der Son GOttes selbst/ der gibt liecht/ hitz/ vnd frewd in solchem seinem Himel/ vnd ist die Sonn der Gerechtigkeyt/ der Glantz seines Vatters/ der Auffgang auß der Höhe. Monden aber vnd Sterne sind alle fromme trewe Lehrer in diesem leben/ Diese tragen das Euangelium für den armen Gewissen. Solchs ist für der Welt ein schlecht ding/ das man nicht sihet/ was es im hertzen wircket Es ist alles verborgen/ vnd zugedeckt im Glauben. Man sihets nicht mit augen/ sondern mit dem hertzen. Derwegen scheinet es nicht bei dem tag in der Welt/ sondern wenn man den Mond vnd Sterne sihet/ bey der nacht. Es hat kein groß eusserlich ansehen/ man muß es allein mit gleubigem hertzen fassen/ vnd ist noch nicht erschienen/ was wir werden sollen. Wenn aber die liebe helle Sonne/ welche solchs Reich bereitet hat/ wirt widerumb gentzlich auffgehen/ als denn so wirt es erscheinen/ was wir sind/ Denn werden wir Gott sehen von angesicht/ wie er ist/ vnd werden dem Son Gottes gleich sein. Jetzo ist es lauter stückwerck mit vns/ vnd ist das volkömliche noch nicht komen: Wir sehen durch einen spiegel an einem tunckeln ort/ Aber hernach in der Aufferstehung der Todten werden wir allererst recht einen newen Himel sehen/ vnd vns ewigklich frewen/ vnd frölich sein vber dem/ das Gott schaffen wirt. Esai 65.

Was

Achten Psalm Dauids. XXXI

Was ist der Mensch/ daß du sein gedenckst/ Vnd des menschen kind/ das du dich sein annimmest.

JNn diesen worten beschreybet der Prophet/ wer das Heubt sey in dem Himel/Reich/vnd Kirchen Gottes. Denn das thun alle Propheten/ wenn sie von der Kirchen vnd dem Reich Christi gepredigt haben/ so zeygen sie an/ was für ein Heubt in solchem Reich seye/ welches ist der HErr vnd König Christus. Er redet aber sehr wunderlich vnd seltzam von solchem Heubt/ vnd entsetzt sich darob. Der König/ spricht er/ in diesem Reich/ ist ein Mensch/ ein menschen kind/ vnd ein geplagter/ elender/ armer Mensch/ der von Gott verlassen ist/ wirt gecreutzigt/ stirbet/ wirdt begraben/ vnd widerumb aufferwecket. Was ist das für ein seltzamer König? Es ist ja wider alle vernunfft/ daß ein solcher Mensch/ der an das Creutz genagelt wirdt/ vnd schreyet: Mein Gott wie hast mich verlassen? Item stirbet/ von dem auch alle Welt nicht anderst vrteylen kan/ denn das es mit jm aus sey/ vnd das es der aller verachteste vnd vnwerdest Mensch sey/ voller schmertzen vnd kranckheyt/ vnd also veracht/ das man das angesicht für jm verbarg/ Der keine gestalt noch schöne hat/ Des gestalt heßlicher ist denn anderer leut/ vnd sein ansehen grewlicher/ denn der Menschen kinder/ Esaie am 53. Ja der ein Wurm ist/ vnd kein Mensch/ ein spot der leut/ ein fluch vnd vermaledeyung/ der verwundet vnd zu schlagen wirt/ auff welchem alle straff ligt/ auff welchen der HERR alle vnsere Sünde selbst geworffen hat/ Das sage ich/ ein solcher armer Mensch sol regirn/ vnd ein König sein/ dem aller Gewalt ist gegeben auff Erden vnd im Himel/ vnd sitzt zur rechten Gottes/ waret Gott vnd Mensch/ vnd ist allmechtig mit Gott seinem Vatter/ vnd dem heyligen Geist von ewigkeyt zu ewigkeyt. Er ist das Ebenbild des vnsichtbarn Gottes/ der Erstgeborne vor allen Creaturen/ Durch jn ist alles geschaffen/ das im Himel vnd auff Erden ist/ das sichtbare vnd das vnsichtbare/ beyde die Thronen vnd Herrschafften/ Fürstenthumb vnd Oberkeyten/ Colossi. 3. Es ist alles durch jn vnd zu jm geschaffen/ vnd er ist vor allen/ vnd es bestehet alles in jm. Er ist das Heubt des Leybs/ seiner Kirchen oder Gemeine. Er ist der Anfang vnd der Erstgeborne von den Todten/ auff das Er in allen dingen den vorgang habe. Inn jm wonet alle fülle. Alles wirt durch jn versönet zu jm selbs/ es sey auff Erden oder im Himel.

Wer kan aber solchs glauben/ der die arme gestalt des HERrn Christi/ vnd das vnansehenliche wesen der Kirchen Christi ansihet vnd betrachtet? Diemnß alle Menschliche vernunfft sagen: Was ist der Mensch/ das du sein gedenckst? Er ist ja von Gott verlassen/ Er wirt gecreutzigt/ stirbt/ vnd ist elend vnd arm/ Wie kan er denn Gott sein? Wie kan er das Heubt seiner Kirchen sein?

Dieses ist der höchste/ gröste Artickel vnsers Glaubens/ das wir vns an Christo/ vnd seiner armen gestalt nicht ergern/ daran sich sonst alle Welt ergert. Denn höre was auff sein Leyden vnd Sterben volgen sol:

Mit Ehren vnd Schmuck wirstu jn krönen/ ꝛc.

ER sol nicht verlassen sein/ Er bleybt nicht im Tod/ Denn er leydet den Todt nicht seinet halben/ sondern von dreien wegen/ Vnd durch seinen Todt vberwindet er den Todt. Darumb/ ob er gleich ein kleine zeit/ bis an dritten tag/ begraben ist/ hat gelitten vnd ist gestorben/ so stehet er doch wider auff

von

Kurtze außlegung des

von den Todten/mit grossem herrlichem Triumph/vnd ist ein Siegman wider den Teufel/Todt/Hell/vnd Sünd/vnd wirdt mit Preyß vnd Ehren gekrönet/alles wirt jhm vnterthan zu seinen füssen/ vnd er hat nichts gelassen/ das jm nicht vnterthan sey/Ebre.2. Ob er nun gleich von vnsert wegen in der höchsten schand/schmach vnd not gewesen ist/laß dich solchs nicht ergern/ Er ist jtzo der HERR Gott/dem alles vnterworffen ist.Er sitzt zur Rechten Gottes/warer Gott vnd Mensch/in gleicher Allmacht/mit Gott dem Vater vnd heyligem Geyst. Vnd was wir durch den Fall Ade verloren haben/ Gerechtigkeyt/Vnschuld/Herrligkeyt/das gibet er vns alles wider/ vnd erhelt vns geistlich vnd leyblich/ Denn er ist ein HErr vber alles:Er speyst vns mit seinem Wort/mit seinem Leyb vnd Blut. Er gibt vns auch sonst was wir bedürffen/Lesst vns nicht not leyden/ Des Gerechten Samen lesst er nicht nach brod gehn/ Vnd ob er gleich nach brod gienge/ so bringt er jn doch wider zu ehren/ vnd gibt jhm seine notturfft. Denn die Christen sollen auch essen haben auff erden/ vnd solts gleich wider alle natur geschehen/ Wie wir sehen an den Exempeln/ da die Raben Eliam speysen/ vnd bringen jhm brod vnd fleisch des morgens/ vnd abents. Item/an der Wittwen zu Darpa.3.Reg:17. Vnd zu vnser zeit sind der Exempel vil geschehen/ vnd geschehen noch heutigs tages in grosser Hungers not/ wer nur der verheyssung GOttes gleuben wolte/ Wie wir sehen an den armen leuten/die für hunger vnd kummer nicht wissen/ wo sie einen tag brodt oder holtz für sich/vnd jre arme Kinderlein nemen sollen/ Noch dennoch erhelt sie Gott/vnd bescheret vber nacht/ wiewol sr auch vil darob blut vnd angst schwitzen. Aber sie trawen nur Gott/vnd beten zu jhm/ laß sehen/ ob sie nicht sollen erhalten werden. Die andern aber/so Wein vnd Korn vollauff haben/ vnd nach den armen leuten nichts fragen/ die sollen an Leyb vnd Seel/die zeitlich/vnd dort ewiglich verschmachten/ Das sol gewißlich geschehen/ so war als GOtt lebet vnd regirt/ denn GOtt saget es.

Auff solches volget zu letzt die Dancksagung/ darinn der fromme König widerholet seine verwunderung ob den grossen wolthaten Gottes. Es ist ja/ spricht er/ ein wunderbarlicher HERR/Niemand kan seinen Rath/ weiß vnd güte außsinnen/ Er hilfft ja wider alle natur. Jhm sey lob vnd danck/ vnd sein Name werde groß im Himel vnd auff Erden/ von nun an biß in ewigkeyt/ Amen.

Außle.

Neundten Psalm Dauids. XXXII
Außlegung des Neundten
Psalm Dauids.

Er Titel heyst/ Almuth Laben, welchen die Chaldeer haben außgelegt/ als sol er souil sein/ das dieser Psalm gesungen sey vber dem tod eines Mannes/ welcher auß dem Leger gegangen sey/ nemlich vber dem Goliath dem Phillister. Etlich meinen/ Labben sey ein name eines fürnemen Singers/ der disen Psalmen hat singen müssen: Oder/ eines Fürsten der Phillister/ nach welches tod diser Psalm sey gesungen worden. Aber diese meinung lassen wir faren. Almuth heyst eigentlich die Jugent/ idolescenciam, wie es offt also in den Psalmen bin vnd wider stehet: Psalm: 48. Das ist vnser Gott/ der vns füret wie die Jugent/rc. Vnd Alma im Esaia: 9.heyst die Jungfraw Maria/so Christum geberen solle : Laben aber heyst schön vnd weiß/das die Latini nennen album, vast auff Debreische weiß. So heyst nun Almuth Laben, ein Psalm von der schönen weissen Jugendt/das ist/ von den newen Kindern/ vnd von dem Volck Christi/ welchs ist die heylige Christenheyt/ die jungen Kinder/ Vnmündige vnd Seuglinge/ wie dieselbigen auch/dem Exempel Christi nach/leyden/vnd immerdar jr blut vergiessen müssen/vnd doch nicht verlassen / sondern je mehr sie verfolget/ je mehr sie gestercket vnd gemehret werden/biß die Verfolger etliche bekeret/etliche gantz vnd gar außgerewtet werden Denn es heyst/wie Tertullianus sagt: Cruor sanctorum,est semen Ecclesię. Das Blut der Heyligen ist der Kirchen Samen. Je hefftiger das Wort Gottes wirt verfolgt/je mehr es wechst vnd zunimpt.

Ich dancke dem HERRN von gantzem hertzen/ vnd erzele alle deine Wunder.

Das wir sind vnd leben/ dein Wort haben/hören/lesen/das wir erhalten werden/ vnd noch ein Samen deiner Kirchen bey vns haben/ das ist dein thun/gnad vnd gabe. Dafür sollen dir dancken alle/die dich erkennen. Was gut ist/das kompt von dir/vnd nicht von vns.

Die erste vrsach solcher Dancksagung ist diese : Das Gott die Feinde seiner Kirchen hindersich treybet/ das sie straucheln/fallen/vnd vmbkommen. Wenn sie meinen/ sie jagen vns/ vnd treyben vns zu rück / so jagen wir sie. Wenn wir fallen/so stehen wir allererst. Wenn sie stehen/so fallen sie/vnd sterben dahin/ wie das Vihe. Wir aber sind starck/frisch/ vnd frölich im Gott durch den Glauben : Wir sind die schöne Jugendt/die lieblichen Cherubin auff dem Heyligthumb Gottes. Wenn die Tyrannen meinen/sie stöcken vnd plöcken vns/ so gehen sie zu boden/ Vnd/ wie wir im Lied singen/ werin sies auffs höhest greyffen an / so geht doch GOtt ein ander ban/es steht in seinen henden.

Die ander vrsach der Dancksagung ist / das GOtt sein Wort vnd sach selbst erhelt/vnd vertreydigt. Er ist der Richter der ewiglich bleybet. Die Gottlosen aber vergehn mit jrem gewalt/reich/schwerdt/namen/vnd allem heyl. Christus aber/ seine Lehre / das Euangelium/ die Tauff/ vnd sein heyliges Abentmal vnd alle Christen/sollen bleyben/ ob gleich die gantze Welt wider

Kurtze außlegung des

sie auffstehet. Christus ist mechtig genug wider alle Welt vnd Teufel/ Tyrannen vnd Ketzer. Er hat seinen Stul bereitet zum Gerichte/ vnd er wirt den Erdboden recht richten/ vnd die Leute rechtschaffen regieren/ Das ist das Reich Christi ist ein Reich/ darinn man Gerechtigkeyt vnd billigkeyt suchen vnd finden solle. Alle andere Reich in der Welt sind voll vnrechtens/ vnd voll Gottloses wesens/ darinn man Gott nicht fürchtet/ noch ehret. So ist auch sonst alle gerechtigkeyt/ so auß der vernunfft herkompt/ gar schlecht vnd elend/ wie wir an der Philosophia vnd Juristerey sehen. Es gehört alles allein in die andern Tafel der Zehen Gebott/ vnd ist alles schwach vnd eytel. Aber Christus der sitzt/ lebet vnd regiert/ so weyt die Welt ist/ vnd lehret die leut Gott fürchten/ vnd gleuben/ sich vntereinander lieben/ vnd das Creutz tragen/ vnd GOtt trawen.

Recht richten geschicht im Glauben/ das man dem Wort Gottes schlecht vnd recht beyfall vnd glauben gebe/ vnd auff derselben einfeltigkeyt bleybe/ vnd lasse sich nicht beugen in irgent eine krümme/ ob man gleich grosses creutz mus derhalben gewertig sein/ leyden/ vnd herhalten. Es ligt nicht vil daran/ Das Creutz bleybet doch nicht auß/ wo das Wort rein ist Aber wir sind nicht verlassen/ wenn wir vmb des Worts willen leyden/ Der HERR ist des Armen Schutz in der not.

Dieses ist ein grosser Trost vnd schöne verheissung: Gott ist vnser schutz allweg/ sonderlich aber in der not. Wer wil sich denn fürchten/ so Gott für vns ist? Wenn wir gleich arm vnd elend sind/ ligt nichts daran/ Wir hoffen auff den Namen Gottes/ wir kennen den Namen Gottes/ vnd wissen/ das er alles vns gern vnd vmb sonst gibt/ vnd wil vns nicht verlassen/ wenn wir nur anklopffen/ vnd begerens/ vnd seine güte erkennen/ vnd jm dafür dancken.

Lobet den HERRN/ der zu Sion wonet/ etc.

Weil er so ein frommer GOtt ist/ so lobet vnd dancket/ ehret vnd preyset jn. Er ist ja vnser König/ ein König zu Sion/ wie im Andern Psalm stehet/ Vnd wir sind seine Vnterthanen/ sein Volck vnd Kirch/ vnd haben den namen von vnserm HERrn Christo. Wir sindt Christen/ vnd der Berg Sion. Lasst vns nur seine wolthat erkennen/ vnd außbreitten/ oder andern leuten verkündigen. Denn das heyst das rechte Opffer/ das wir jhm dancken für seine güte/ der vns so gnedig vnd wunderbarlich hilfft mitten im Tod/ in Armut/ Kranckheyt/ angst vnd not/ vnd fraget nach vnserm blut/ ja/ vnser blut schreyet zu jhm/ wenn wir in angst vnd anfechtungen/ oder im Tod stecken/ vnd er höret vnser schreyen/ vnd errettet vns wider vnd vber alle vernunfft. Lieber GOtt/ wer jhm das recht köndte einbilden/ vnd gleuben/ wie ein selig Mensch wer er.

HERR sey mir gnedig/ sihe an mein elend vnter den Feinden.

DAs ist der ander teyl dises Psalms/ darin er bittet/ Gott wölle fort faren/ die seinen also zubeschützen/ wie er bißhero gethan hat. Vnd sindt sehr grosse herrliche wort: Da Feinde sind vil/ spricht er/ vnd sind weiß mechtig/ vnd ich bin mitten vnter jnen/ elend vnd arm. Sie schenden/ schmehen/ vnd martern mich. Ich bin in den thoren des Todtes/ Muß stettigs in gefahr stehen/ wenn man mich verjagt/ vnd tödtet. Ach HERR/ hilff du. Ich hab ja sonst niemand

Neundten Pfalm Davids.

mand der mich rette/denn dich. Dieses Gebett gehet vns alle an/zumal zu dieser zeit/darinn wir teglich warten wenn öffentliche verfolgung einreisset. Vnd ist solches Gebett der waren Kirchen Christi/vnd aller Glieder der Kirchen Christi/schreyen vnd seufftzen zu Gott.

Er begert aber errettet zu werden/nicht von wegen eygner ehr/rhums/oder namens/Sondern darumb/das er Gott loben vnd preysen möge für seine wolthaten/vnd jhm dancken/vnd sein lob weit außbreiten/vnd frölich sey vber der hülffe/die Gott seinen Glenbigen erzeyget. Nun volgt jetzo der sieg/als ob das Gebett gantz vnd gar erhöret sey. Denn wir sollen des gewiß sein/das vns Gott erhören wölle/vnd sollen das Amen fein starck vnd gewaltig sprechen/wie hie Dauid thut/vnd spricht:

Die Heyden sind versuncken in der Gruben/die sie zugericht hatten.

WAs sie vns begeren zuthun/das gehet vber jnen auß. Solches verstehe von Tyrannen/vnd von Rottengeystern/Es wirdt an allen beyden war/Womit sie schaden wöllen/das widerferet jnen/Denn Gott der richtet sie: Er schaffet gern recht: Er lesst vns je ein wenig leyden/aber er hilfft gewaltiglich. Er erhelt sein Wort/vnd durch das Wort schlegt er alle seine Feinde. Wir sollen anhalten mit predigen/schreyben/lesen/so schlegt Gott vnsere Feinde/denn er wil sein Wort nicht vngeschützt lassen. Er schützt sein Wort durch das Wort/nicht mit Schwerdten oder Büchsen/Wenn wir allein können still halten/vnd auff Gott trawen/so sindt wir allen vnsern Feinden zu starck/Esaie am 30.

Allhie haben wir nun ein gar schöne lehre von dem Wort Gottes/was es sey/vnd was sein krafft vnd wirckung sey. Vnd die sollen wir sonderlich betrachten zu vnser zeit/wie wir vns an das Wort Gottes halten/vnd dabey vest bleyben sollen/vnd vns keine zwyspalt/gewalt/kunst noch gunst dauon weyden lassen.

Dieweil wir aber jetzo gelegenheyt haben/wöllen wir den frommen einfeltigen Christen zur trewen vnd warhafftigen vnterweisung anzeygen/worauff man sol vnd muß sehen/wenn man bey der rechtschaffen Warheit in den Artickeln vnsers Christlichen Glaubens bleyben wil/Denn dieses stösst jetzt nicht allein den gemeinen Man sondern auch wol gelehrte leut für den kopff/das sie dem gemeinen vrteyl vnd ansehen nach/nicht wissen was sie glauben/warzu sie sich halten/vnd was sie endtlich machen vnd behalten sollen/dieweil vberal grosse zwytracht vnd vneinigkeyt inn der Kirchen erreget vnd gemehret werden/vnd einer spricht/er sey Paulisch/der ander Apollisch/der dritte Kephisch/der vierdt Christisch/vnd ist der spaltungen kein maß noch ende: Sind auch wol vil gelerte Menner/darauff sich sonst die Kirch Christi zu verlassen getrawet hett/plötzlich dahin gefallen/vnd in schwere Irrthumb geraten/vnd hat einer den andern verfüret/vnd vom rechten weg gebracht/Gleich wie im ersten Buch der König am 13. Capitel stehet/das ein Prophet den andern verfüret hat/vnd bewegen der verfürte Prophet/der seinem gesellen gefolget/vnd nicht gestrack auff das außdrückliche Wort Gottes achtung geben hett/von einem Löwen zerrissen ist. Denn es gilt hie nicht: Der sagt vnd helt also/Jhener sagt also: Hæc est mea sententia: Sic mihi videtur: Das ist mein meinung: Also sihets mich für recht vnd gut an. So muß man auch auß den Worten Gottes nicht personalia machen/Das ist/man muß sie nicht auff

Kurtze außlegung des

die eygenen außlegung vnd glosiern gewisser personen / Peter / vnd anderer Lehrer / sie heyssen wie sie wöllen / gründen vnd fundiren / Sondern / wenn man wil die HER GOttes suchen / vnd bey seinem Wort bleyben / so heyst: Allein dein Wort ist ein Leuchten meiner Füssen. Item / DER heylige sie in deiner Warheyt / Dein Wort ist die Warheyt. Item / Meine Schaff hö= ren meine stimme / vnd ich kenne sie / vnd sie volgen mir / vnd ich gebe ihnen das ewige Leben / Vnd sie werden nimmermehr vmbkommen / vnd niemand wirdt sie auß meinen Henden reissen. Darumben sol man achtung geben auff das Wort GOttes / vnd in der Schrifft suchen / wil man anderst gerecht vnd selig sein. Denn wer von GOtt ist / der hört GOttes Wort: Vnd was ge= schrieben ist / das ist vns zur lehre geschrieben. So lassen wir nun faren / wer nicht bleiben wil / alle Schwermer / verkerte Gelehrte / vernünfftige Philoso= phos vnd Weltweise / vnd bleyben einfeltig bey dem Wort vnd Befehl des HERREN / vnd bieten mit freydigem Hertzen / Mut vnd Gewissen / trotz aller Welt / so ohne das Wort daher flabert / vnd stürmet / Sie sollen gewiß redlich anlauffen / vnd ein grewlichen blossen legen. GOtt bekere sie / sind sie anders zubekeren.

Ja / möcht einer spruchen / solle man denn der alten Veter vnd Lehrer schrifften nicht behalten / vnd zu rath vnd hülff nemen? Es ist bald darauff geantwort / also: Das Wort ist das fundament vnd der grund des gantzen Gebewes / oder der Kirchen in der gantzen weiten Welt / Was nun mit dem Wort GOttes vberein stimmet / dasselbig erkleret vnd außlegt / das ist recht / vnd sol angenommen / vnd behalten werden. Was aber ausserhalb dem Wort geredt wirt / oder demselbigen entgegen ist / vnd mit dem außdrücklichen Wort nicht vberein stimmet / das bleybt an seinem ort / vnd hat keinen grund / ist vnd gilt nichts in Religions sachen / es habs gleich dieser / oder ein ander Vater ge= schrieben. Denn wie kennen wir darzu / das wir an den Schrifften der alten Lehrer hangen solten / vnd dieweil des Worts vergessen / so doch doch die Le= rer vnter ihnen selbst mit reden vnd meinungen vngleich / vnd offtmals wider sich selbst sindt? Fein ists / vnd gar nützlich / die Schrifften vnd Bücher der Alten / inn Griechischer vnd Latinischer Sprach lesen / vnd das beste darauß nemen / wie die Bienlein den besten Safft auß den Blümlein sauget / Aber sol= che Schrifften dem Wort GOttes gleich zu machen / das ist vnrecht / ja Gott los vnd Vnchristlich / wie anderstwo davon gehandelt wirdt / Denn jetzt die zeit vnd gelegenheyt nicht ist / weitleufftig vnd nach notturfft davon ferner zu reden.

Wir fragen auch die nicht nach der sichern leut einred / vnd geistern / die da sagen / Das Wort sey bißweylen tunckel / vnd bedürffe erklerung / welche man auß den Scribenten nemen vnnd bringen müsse. Dieser Teuflische griff ist auch von den alten Kätzern offtmals widerfochten / vnd verdampt worden. GOttes Wort ist an jm selbst klar / hell vnd liecht / vnd ein vestes Prophetisch Wort / ja ein solches Liecht / das da scheinet in einem tunckeln ort / da sonst al= ler menschen vernunfft / witz vnd kunst lauter finsternuß vnd grewel ist für den Augen GOttes. Vnd ob gleich bißweylen etwas durch Gleichnuß / vnd Figu= ren inn der Heyligen Schrifft geredt wirdt / so erkleret sich doch die Schrifft selbst / also / das nichts vngereimbts / vntäglichs darinnen zu finden ist. Der= halben setzt Syrach in seinem Buch vil sehr schöner vnd mercklicher Sprü= che: GOttes Wort spricht er / ist dem Gottlosen ein Grewel / denn es ist ein Schatz der Weißheit / der jm verborgen ist. Wer Gottes Wort ehret / der thut den rechten Gottesdienst: Vnd wer es lieb hat / den hat der HERR auch lieb.

Wer

Neundten Psalm Davids. XXXIIII

Wer nach Gottes Wort fraget/der wirts reichlich vberkommen. Wers aber nicht mit ernst meinet/der wirdt nur erger daruon. Ein Weiser lefft jm Gottes Wort nicht verleyden / Aber ein Heuchler schwebet wie ein Schiff auff dem vngestümen Meer. Ein verstendiger Mensch helt vest an Gottes Wort/ vnd Gottes Wort ist jm gewiß/wie ein klare rede. Man darff keiner lügen darzu/das man Gottes Gebot halte/Vnd man hat genug am Wort Gottes/ wenn man recht lehren wil. Diese wort Jesu Syrach sollen wir behertzigen/ auff das wir doch ein mal klug werden/vnd bey dem Wort Gottes zu verharren gedencken/ vnd nicht ins Teufels namen an vnserm disputirn/gezenck vnd eygner theichten klugheyt hangen/vnd vns selbst/vnd andere mit vns/ jrr machen/verfüren/ vnd in endtliche verzweyffelung vnd ewiges verderben bringen.

Man sol auch alle Christen fleyssig vnd stettigs vermanen zu dem Wort Gottes/vnd sie dauon nicht abfüren. Deñ wer das außdrückliche Wort Gottes hat/wer kan dem selbigen etwas anhaben? Himel vnd Erden vergehen/ aber meine Wort werden nicht vergehen/spricht Christus Gottes Son. Wer aber das Wort faren lesst/ wie elend vnd bloß ist derselbig in all seiner kunst. Vnd wenn es ein mal zum treffen kompt/ so ist es denn vnmüglich/das er ein gut Gewissen zu Gott bringen/vnd jn recht anrüffen könne / denn er hat das Wort auß dem hertzen gelassen/on welchs eitel tod/angst vnd verzweyflung/ jamer vnd not verhanden ist / wie der 118. Psalm zeugt/vnd spricht: Wo dein Wort/HERR/mich nicht tröstet/so vergieng ich in meinem elend.

Wolan/das Wort haben wir/daran wir bleyben sollen. Als jetzo zu vnser zeit haben wir in dem hohen Artickel von dem Abendtmal des HERren Christi Jesu ein lautere klare einsetzung/das es ja nicht heller vnd liechter sein köndte/ weder an worten/noch an der meinung. An das Wort sollen sich nun halten mit vestem Glauben alle die/so ben HERren Christum mit hertzen annemen/erkennen vnd bekennen/vnd sich auff sein Wort/als auff die Warheyt gentzlich verlassen. Welche das thun/die sind gewißlich die rechten Schuler vnd Jünger Christi/vnd können recht mit Dauid sagen: Ich habe lust zu deinen Gezeugnussen/die sind meine Rathsleute. Vnd von jnen sagt der Son Gottes selbst: Selig sind/die Gottes Wort hören vnd bewaren. Welche aber nicht gestrack das Wort ansehen/annemen vnd behalten / die zweyffeln an dem HERren Christo/das sie sein Wort nicht lassen war haben / vnd berauben jn in seiner Allmacht/ Ja/auff das wirs teutscher sagen/machen jn zum Lügener/vnd zu einem schlechten Menschen. Anderst können sie gewiß in jren hertzen nicht befinden/wo sie die warheyt selbs bekennen wöllen. So kan man auch von jnen anders nicht vrteylen/oder reden.

Dieweil wir aber/wie zuuor gesagt/ allein auff das außdrückliche Wort Gottes achtung geben sollen / so bitten wir dich/HERR Jesu Christe/ der du das ewige Wort vnd Ebenbild deines Vaters/vnd der Weg/die Warheit vnd das Leben bist/du wöllest vns bey deinem Wort gnediglich erhalten/vñ dir eine kirch samlen/die dich durch dein Wort recht erkeñe/ehre vñ preise/ vñ wöllest vns heiligen/durch deinen heiligen Geist in deiner Warheit. Laß dich ja erbarmen vnsers elends/vñ sihe darein/vñ laß vns von deinem Wort nit kommen/ Welchs / so wirs nit hetten / wolten wir vns nit fluchen/das wir je menschen geboren weren. Du selbst beware vnd erhalte dein Wort vnd deiner Ehr willen/ vnd laß vns nit zuschanden werden / wie wir deñ auch nit zuschanden können werden/wo wir an deinem Wort vestiglich hangen. Laß vns dir befolhen sein/ vnd weere dem Gotlosen hauffen/vñ losen leuten/die dein Wort lügenstraffen/

F iiij   vnd

Kurtze außlegung des

vnd leren eitel falsche list/was eigen witz erfindet/jr hertz nit eines sinnes ist/in Gottes Wort gegründet/Der welet diß/der ander das/sie trennen vns on alle maß/vnd gleissen schön von aussen. Bestettige in vns/das du in vns angefangen hast/nemlich ein rechten Glauben in deinem Wort/ vnd laß vns nit in jrrthumb fallen/vnd thu solchs vmb deines Namens/ vnd vmb deiner Ehr willen/vnd laß den spitzfündigen leuten nit sovil gewalt/das sie jrs gefallens dein Wort meistern/lencken vnd drehen/vnd damit dem Teufel/welches reich vnd werck du zustöret hast/hofiren. Sonderlich aber regier vnd füre durch deinen heiligen Geist vnsere hertzen/mut vnd sin/ also/das wir in dem gebrauch vnd niessung deines hochwirdigen Abentmals/bey deinem Wort vnd einsetzung bleyben/vnd getrost vnd frisch vns darauff gründen vnd verlassen/vnd nicht ansehen einigs disputirn vnd Schulgezenck/ dadurch wir von deinem Wort abgefürt werden/vnd in grosse schröckliche Irrthumb gerathen. Erhalt vns bey deinem Wort allezeit/Amen.

Dieses sey gesagt von dem wörtlein/ das allhie stehet/ das man allein auff Gottes Wort sol sehen/ vnd dadurch den Gottlosen fahen/vnd zu nichten machen. Denn die Frommen können vnd sollen nichts anders thun/denn das sie sich üben in dem Wort GOttes/ dasselbige betrachten/damit stettigs vmbgehen/ so sollen als denn jre Feinde zu schanden werden/ es sind gleich Hochgeborne/hochgelerte/ beylige/ geistliche/ vnd was des gesinds wider GOtt mehr sein kan. Die Gerechten warten jhres Ampts/ essen/ trincken/ schlaffen/vnd vberwinden also mit guter ruhe jre Feinde. Vnd also sollen wir auch stettigs thun/ vnd lernen/ was Esaias sagt: Durch stille sein vnd hoffen/werdet jr starck: Wenn jr stille bleybet/ so wirt euch geholffen/ spricht der HERR/der Heylige in Jsrael. Volget ferner:

Ach daß die Gottlosen müsten zur Hell gekert werden.

DJe hebet er an zu drowen/ vnd wünschet doch zu gleich/ das/ wo es müglich were/ die Gottlosen bekeret würden. Jch walt/spricht er/ja nicht gern/das sie gantz vnd gar an Leyb vnd Seel ewig solten vergehn/ Jch günne jnen jre Seelen seligkeyt von hertzen. Es mangelt jnen aber eins/das sie sich nicht bekeren/ Nemlich/das sie nicht zur Hellen gefüret werden/ Das ist/sie leben in sicherheyt/ wollust/ vnd fried/ vnd ist jhnen vnmüglich/ das sie das Wort GOttes verstehen können/ denn es ist ein Wort des Creutzes. Es muß einer in einer not stecken/ sonst meinet er/ der Glaub sey nur ein getichter won/ der auff der Zungen stehet. Darumb spricht er: Jch wolte das sie in die schulen kemen/ denn ich jnne gewesen bin/zu den Thoren des Todes/ so würden sie sich villeicht anderst besinnen.

Oben im sechsten Psalm hat er auch vast auff die meinung geredt/ vnd thuts sonst auch hin vnd wider jm den Psalmen/ das er seinen Feinden wünschet/das sie angefochten/vnd zur schulen gefürt werden/ Psalm: 83.

Er wirt des Armen nicht gar vergessen/ vnd die Hoffnung der Elenden wirt nicht ewig verloren sein.

EJn herrlicher Trost ist das. GOtt stellet sich wol als sehe er vns nicht/ Aber es wirt also nicht hinauß gehen/ Lang ist nicht ewig. Der elend leydet wol/aber nicht ewig/ So sol auch sein hoffen nicht vmb sonst sein. Auff solchen Trost betet er zum Beschluß/ vnd spricht: HERR stehe auff/ sey du HERR/ regiere vns/ laß vns nicht von Menschen regieret werden: Sey vnd

Zehenden Psalm Dauids. XXXV

vnd bleyb du vnser Heubt / wir bedürffen keines andern Heubts / weder den Bapst / noch jrgend jemandts anders / sie wöllen sonst alle vber dich / vnd dein Wort vnd Volck regirn.

Laß alle Heyden für dir gerichtet werden.

Laß sie geurtheylt werden für deinen augen. Denn für der Welt werden sie nicht geurtheylt noch gerichtet / Sondern sie selbst vrtheylen vnd richten / sind Rethe / Herrn / grosse Hansen / Meyster / vnd das fac torum: Kemen sie aber einmal für dich / vnd hörten dein vrtheyl vber sie / da weiß ich / sie solten anderst gesinnet sein. Darumben / HERR stehe auff / vnd gib jnen einen Meister / der sie zur Schul füre / schick jnen Creutz / elend vnd anfechtung zu / das sie sehen / das sie Menschen sind / vnd haben nichts von sich: Laß das Gesetz vnd hartes Gewissen in jnen auffwachen / das sie sich doch zu dir bekeren / vnd ob sich selbst verzagen.

Außlegung des Zehenden Psalm Dauids.

Diesen Psalm haben vast alle alte Lerer von dem Entzchrist des Reichs Christi verstanden / nemlich von dem Antichrist / der die Jugendt / dauon der vorige Psalm geprediget hat / das ist / die Christenheit / beyde mit gewalt oder Tyranney / vnd mit list / vmb seines Bauchs / Geitzs vnd prachts willen / verstören wirt / vnd wirt das weltlich schwerdt vber den leyb / vnd falsche Lehre vber die Seelen brauchen.

Also wöllen wir nun auch diesen Psalm verstehen von dem Antichrist / das ist / von dem Bapstumb. Vnd hat derhalben dieser Psalm keinen Titel / auff das er desto tunckler vnd vnuerstendiger seye / vnd allererst zur letzten zeit der Welt / darinn der Antichrist hat sollen eröffnet werden / köndte verstanden werden. Denn er redet von vnser zeit / welche Paulus nennet / schwere zeit / dauon auch Christus saget: Meinstu das zur selben zeit des Menschen Son werde Glauben auff Erden finden? Vnd hie redet der Prophet auch also: Deine Christliche Kirch wirt als denn gar zu boden ligen / vnd wirt scheinen als seyestu gar frembd / vnd weit von den Gleubigen gewichen / Der meiste teil wirt nichts nach dir fragen.

Der Prophet Daniel am 11. Capitel redet vast auff die weiß / vnd spricht / Das der Tyrann inn der Christlichen Kirchen werde thun / was er wil / vnd werde sich erheben vnd auffwerffen wider alles was Gott ist / vnd werde wider den waren Gott grewlich reden / vnd es werde jm gelingen / biß der Zorn auß sey. Er werde auch der Frawenlieb nicht achten / Vnd an stat des waren Gottes / werde er seinen Gott Maosim ehren / mit Gold / Silber / Edelstein / vnd Kleynoten.

Jnn

Kurtze außlegung des

Inn diesen worten Danielis ist auch klerlich das Bapstumb abgemalet. Denn ja der Bapst gethan hat was er wil/ vnd hat in seinen Decretis geschrieben/ das alle Kirchen vnd Thronen von im gerichtet/ er aber von niemand könne gerichtet werden. Item/ wie die Sonne vber den Mond/ so ist der Bapst vber dem Keyser. Item/ wenn der Bapst vnzeliche Seelen zur Hellen verfürte/ noch sol er niemand rechenschafft dauon geben. Daher hat man in genent/ Scrinium pectoris, als das alle Recht in der laden seines hertzen ligen. Vnd hat sich solche tyraney vn vermessenheyt in der that also befunden/ Denn die Keyser haben nit allein den Bepsten als knechte müssen vnterthan sein/ sondern men auch die füsse küssen. Alexander der Bapst/ ist zu Venedig/ wie man geschrieben hat von Christi Geburt 1160. mit füssen auff dem Keiser Friderich/ dem man Barbarossam genennet hat/ vmbgangen/ vnd hat in getretten/ vnd darzu hochmütig gesagt: Auff Löwen vnd Ottern wirstu gehen/ vnd tretten auff die jungen Löwen vnd Drachen. Vnd sind der Exempel vil mehr/ das ja ein wunder ist/ das man in keinem Königreich ein solchen Tyrannen leyden kan/ vnd doch im Reich Christi der oberste sein solle/ eben der/ der keinem Recht noch Lehre vnterworffen wil sein/ sondern er wil selbst das Recht sein/ Vnd was er wil/ das sol recht heyssen/ Wie Petrus auch dauon verkündigt/ Das zu den letzten zeiten kommen werden/ die nach jhren eygen lüsten vnd willen leben werden.

Ja sie schreyben noch das/ das der Bapst sey vber die heylige Schrifft/ vnd dieselbige müsse von seinem Stul bekrefftiget werden. Item/ sie schreyen/ die Kirche des Bapsts ist weyt vber die Schrifft. Daher alle/ so auß der Schrifft wider den Bapst reden/ sind ketzer/ vnd werden verdampt/ verbannet/ verbrennet/ vnd getödtet. Das heyst denn/ wie Daniel sagt: Er wirt sich erheben vnd auffwerffen wider alles/ was GOtt ist. Vnd sol jm doch lange zeit gelingen/ durch GOttes Zorn vber die vndanckbarn Welt/ Wie Sanct Paulus 2. Thessalon. 2. sagt: Gott wirt men krefftige Irrthumb senden/ das sie gleuben den Lügen. Daher sindt auch entstanden so grawaltige Titel vnd namen des Bapsis/ das er genennet ist worden: Ein jrdischer Gott/ Herr aller Herren/ König aller Könige/ Vicarius oder Stathalter Christi. Ja/ das noch grewlicher ist/ Clemens der 6. hat eine Bullen lassen außgehn/ darinn er als ein Gott den Engeln im Himel gebeut/ sie sollen die Seelen/ so nach dem Ablaß gen Rom lauffen/ vnd vnter wegen verscheyden/ von mund auff gerad ins Paradis zu den ewigen frewden bringen. Der Hellen vnd den Teufeln gebeut er/ vnd spricht: Wir wöllen schlechts nicht haben/ das die Hellische pein den Seelen solle angelegt werden.

Also redet auch Paulus auff des Propheten Danielis weiß/ 2. Thessal. 2. Es wirdt/ spricht er/ offenbaret werden der Mensch der Sünden/ vnd Kind des Verderbens/ der sich setzet vber vnd wider alles/ das Gott ist/ vnd sitzt im Tempel GOttes/ vnd zeyget sich als ein Gott. Er richtet vil newer falscher Gottesdienst auff/ vnd verstöret die rechten Gottesdienst/ Dat vnzeliche gesetze/ alles one GOttes Wort/ allein nach seinem willen. Er verwüstet das welttlich Recht/ gehorsam/ vnd Oberkeyt/ hats alles vnter sich: Darnach verwüstet er die Kirchen/ vn wirfft die schrifft/ vnd die heyligen Sacramenten vnter sich/ vnd macht beyde Gottes Wort vnd Gottesdienst zu nicht. Vnd lessis doch bey diesen zweyen stücken nicht bleyben/ sondern/ wie Daniel spricht/ er zerreisset vnd verbietet auch den Ehestand/ als ein vngötlich wesen/ darin man GOtt nicht dienen könne/ vnangesehen/ das GOtt den Ehestand gesegnet/ seinen Bund vnd wolgefallen heyst. Vnd thut solchs der Bapst darumb/ nur

das

Zehenden Psalm Dauids. XXXVI

das er mit seinem hauffen alle vnzucht treyben möge/wider Gott vnd aller Menschen vrtheyl/wie sie denn Ebebruch/Hurerey/Vnzucht/vnd vnmenschliche vermischung für keine sünde halten/das auch einer auß den Bepstischen/Pygius genant/geschrieben hat/es sey keine sünde/wenn ein Priester seine Vettel vnd Weyber habe ausserhalb der Ehe/Aber wenn er ein Cheweyb hab/das sey sünde. So sind die vnzucht der Bepst in allen Historien gnugsam bekandt. Vnd von dem Bapst Alexandro hat man Vers zu Rom gemachet/das er seine Tochter Lucretiam zur Tochter/zur Braut/vnd zur Schnur oder Sonsweyb gehabt hab:

    Hoc tumulo dormit Lucretia nomine, sed re
      Thais: Alexandri filia, sponsa, nurus.

Vber das alles/spricht Daniel/wirt er jn einen eignen Gott außlesen/mit namen Mausim, den wirt er ehren mit Gold/Silber/Geld vnd Gut. Wolan/Maos heyst stercke vnd veste/wie man die Schlösser starck vnd vest bawet/vnd wie die Klöster vnd Kirchen im Bapstumb/wie die Schlösser/köstlich/vest vnd herrlich gebawet sind/die grossen Stifft vnd Thümb/darinn man ehret den Gott Mausim, Messe/vnd welcher willen solche Klöster vnd Stifft gebawet sind/vnd ist alles vmb der Messe willen darzu gegeben worden/gros Geld vnd Gut. Das ist Deus præsidiorum in papatu, der Gott der Vestungen im Bapstumb/dardurch er geytzet/reich vnd gros wirt/vnd dem Bauch allein dienet/Vnd/wie dieser Psalm sagt/segnet sich/vnd lestert den HERREN.

Dieses sey zum Eingang des Zehenden Psalmis gesagt/auff das wir sehen/wie Gott gegen vns so trew ist/der vns lang zuuor die zukünfftigen Grewel anzeygen lesst/vnd warnet vns/das wir nicht verfüret werden/sonderlich zu dieser letzten zeit/darinn wir jetzo leben. Jtem/das wir auch desto fleyssiger vns fürsehen für aller Abgötterey/vnd den Jrrthumben vnd Lastern feinde vnd gram werden. Vnd thut fürwar not/das wir solche Psalm vnd Prophecey wol vnd mit ernst betrachten/denn der Teufel feyrt nicht/er wolt vns ja gern zu den vorigen Greweln widerumb füren/auff das vns das ware Spüchwort widerfüre: Der Hund frisset widder/was er gespeyet hat/Vnd/die Saw waltzet sich nach der schwemme wider im Kot/Da wirdt das letzte erger sein/denn das erste. Man sehe sich ja wol für/die gefahr ist fürhanden/Man wil doch ein ander Heubt haben/vnd man mus vnd sol sich vergleichen mit dem/den wir bißhero aus der Schrifft als den Antichrist/vnd grossen barn Menschen der sünden/vnd das Kind des verderbens/erkleret vnd beweist/ausgeruffet vnd dargethan haben. Solche vnser Predig wirt nu nichts mehr sein/vnd werden müssen ein andern Antichrist suchen vnd tichten. Da behüt vns Gott für. Nun zum Psalm:

HERR warumb trittestu so ferne/verbirgest dich zur zeit der not?

Das ist ein hertzliche bittere klag: Lieber HERR Gott/wie lessestu deine Kirche so jemerlich zustillen. Vnd also redet auch Asaph im 83. Psalm: Gott/schweyge doch nit also/vnd sey doch nicht so still/Gott halte doch nit so lang. Denn es thut ja wehe/vnd das hertz weinet/vnd verschmachtet/wenn die Gottlosen jhn allen ehren schwebren/vnd fragen nichts nach Gott/vnd verwüsten allen Glauben/Lieb/Gottesdienst/Zucht/Erbarkeyt/vnd Gott strafft doch nicht/sondern stellet sich frembd gegen der Christlichen Kirchen/
vnd

Kurtze außlegung des

vnd lesst die seinen verbrennen/verjagen/vnd verfolgen. Da schreyet das hertz zu Gott: Ach HERR/was sol das? Warumb thustu solches? Entzühe dich nicht so gar/laß dich finden/Sihe doch/wie der Gotloß vbermut treybet/mit falscher lehre/vnd Abgötterey/mit ergerlichem leben vnnd wandel/vnd mit allen bösen stücken/wider dich vnd wider deine Gleubige.

Weil der Gottloß vbermut treybet/muß der Elende leyden.

DEr Gottloß heysst allhie/der heyllig/weiß vnd gerecht wil sein/gibt gute wercke vnd wort für/vnd ist dennoch kein Glaub vnd Lieb in jm.
Das Hebreisch wörtlein Gaah, das geteutschet ist/ vbermut treyben/heyst stoltz vnd mechtig sein/vberhand haben/vnd oben an sitzen. Das/spricht er/lessestu DEXX Gott geschehen/das der Gottloß also herrschet. Vnd zwar man köndte der worten auch leyden/ das sie Weltliche Herren weren/vnd regierten als Fürsten vnnd Herren/wenn sie die reinen lehre des Euangelij dulden wolten. Aber das geschicht nicht/ Der Elende leydet/Die armen Christen müssen herhalten. Denn der Gotloß wil nicht allein herrschen/sondern er wil auch/das man kurtzumb mit jme sol verloren sein/oder sol sterben. Vnd stehet hie ein sonderlich wort: Pauper incenditur, Der Elende muß angezündet werden. Das geht eigentlich auff den Bapst/welcher die armen Christen verbrennen lesst/ wie es hin vnd wider mit macht in vilen trefflichen Landen geschicht.

I. Sie hengen sich aneinander/vnd erdencken böse stücke.

DJe volgen nacheinander die Hoffart des Antichrists/vnd seines Gesindes. Vnd das die erste: Sie haben das Wort Gottes nicht rein/sie fragen nichts darnach/vnd lehren es nicht/ sondern volgen jren gedancken/jrem eignen tichten/vnd speculirn/was sie gut deuchtet/vnd was jnen einfellet/das greiffen sie an/vnd halten darob. Vnd ist also jhr gantze lehre lauter eygen gedicht/on GOttes Wort/ja wider das außdrückliche Wort/Wie die lehre ist vom Fegfewer/von anruffung der Heyligen/von dem Opffer in der Messe/von Seelmessen/Vigilien/Gelübden/Ehe verbot/vnd was dergleichen gauckelspiel mehr ist. Inn summa/jr lehre steht auff eygner witz/vnd kopff/vnd ist nicht gegründet in GOttes Wort/ Sie wandeln in jren eygnen lüsten vnd begirden/2. Petri 2.
Etliche halten diese wort für einen wunsch: Comprehendantur in consilijs vel verlutijs, quas cogitant: Gott gebe/das sie in jrem tichten vnd trachten gefangen werden/vnd darob zu boden gehen. Nun volgt die ander Hoffart:

II. Der Gottloß rhümet sich seines mutwillens.

ES ist nicht allein genug/ das sie mit einander rathschlagen/tichten/vnd vil eygne phantasey vnnd gedancken haben/ Sondern es muß auff die Cantzel/ vnd man muß predigen/was sie gesetzt vnd beschlossen haben. Es heyssen lauter Glaubens Artickel/wenns sie es gemacht haben/Wer darwider etwas mucket/der muß verdampt sein. Die dritte Hoffart volgt auff diese/ fein ordenlich/vnd heyst Geytz:

III. Der

Zehenden Psalm Davids. XXXVII
III. Der Geitzige segnet sich/ Vnd
IIII. lestert den HERREN.

Ihr Gott heyst Bauch/Mammon/Dagon/Dahin ist aller Gottsdienst/ Opffer/Ablaß/vnd dergleichen Abgötterey gerichtet/wie man im Bapstthumb gesehen hat/vnd noch sihet. Detzel hat offentlich geschrieben vnd geprediget/das/dieweil der Groschen/denn man für die Seelen in Kasten würffe/ noch klinge/so füre die Seel hinauff gen Himel. Daher in dem Meißnerland ein einfeltiger Mann auff ein zeit nach seiner Predigt zu jm kommen/vnd gesagt: Wie es doch komme/das/dieweil der Bapst so ein reicher Herr sey/vnd köndte vil tausent mal tausent Seelen auß dem Fegfewer/durch eine oder zwo Thonnen Geldes erlösen/ er doch so gar vnbarmhertzig were/vnd jhet solches nicht? Vnd er müste glauben/das kein vnbarmhertzigerer Mensch auff Erden lebte/als eben der Bapst. Solches hat der einfeltige fromme Mann mit grossem ernst vnd eyner geredt/vnd von dem Detzel kein antwort bekommen.

Da man gezelt hat 1364. hat Keyser Carolus zu Meintz einen Reichstag gehalten/dahin het der Bapst auch seine Legaten geschickt/das sie alda solten Geldt zusammen bringen/seine Kammer damit zu stercken: Da der Keyser zu dem Legaten/inn beyseyn aller Chur vnd anderer Fürsten/gesagt: Domine Legate, &c. Der Bapst hat euch ins Teutschland geschickt/darinn jr ein groß Geldt zusammen raffet/vnd schaffet doch damit nichts guts/Ewren Clerum oder Pfaffen reformirt jr nicht. Da nun one gefeh nicht weit von dem Keyser gestanden war/ein Canonicus zu Meintz/mit namen Cuno von Falckenstein / mit einem schönen köstlichem Piret / mit güldenen vnd seydenen Schnüren durchzogen / hat der Keyser desselben Piret genommen/vnd auff seinen eygenen kopff gesetzt/ vnd gesprochen: Wie nun? Bin ich in diesem Piret einem Cantzmecht/oder einem Pfaffen gleich? Darauff hat er zu dem Ertzbischoff zu Meintz/Gerlaco/gesagt: Wir befelhen euch vnter den glauben vnd trew/damit jhr vns verpflicht seyt/das jr auff ewre Pfaffen achtung gebet/vnd schaffet ab jre misbreuch vnd vnordnung. Wo sie nicht volgen/so zeigets vns an/so wöllen wir jre Beneficia vnd Einkommen wol an bessere nütz vnd ort wenden/damit man der Kirchen GOttes dienen könne / vnd sie nicht so vnnützlich die Kirchengüter zu jrem pracht vnd wollüsten verplassen.

Dieses ist ein ernste rede gewest/ von einer hohen Oberkeyt/ Vnd ist des Bapsts Legation bald davon gerayset. Es schreybet auch Abbas Vrspergensis vnter andern vil dergleichen auch diese wort/vnd spricht: Vix remansit aliquis Epilcopatus, siue dignitas Ecclesiastica, vel etiam Parochialis Ecclesia, quæ non fieret litigiosa, & Romam deduceretur ipsa causa, sed non manu vacua. Gaude mater nostra Roma, quoniam aperiuntur cataractæ Thesaurorum in terra, vt ad se confluant riui & aggeres nummorum in magna copia: Lætare super iniquitate filiorum hominum, quoniam in recompensationem tantorum malorum datur tibi precium,&c. Das ist/Es ist kein Bischumb/oder Kirch schier vberblieben/ darob man sich nicht gezancket hette/ Vnd ist der handel gen Rom bracht worden/doch mit Geld vnd Gut. Frewe dich Rom/denn es werden auff Erden grosse Schetz auffgethan/auff das zu dir gantze Bech voll Geldes mit hauffen fliessen: Frewe dich/wenn alles vnrecht geschicht/ denn daßselbig wider zuerstatten / gibet man dir Gold vnd Gold: Sey lustig/wenn man vneinig ist/denn die vneinigkeyt stehet dir bey/ vnd büsst dir/vnd kompt herauß auß dem Brunnen der Hellischen tieffe/ auff das sie dir grosse Summa Geldes vberheuffig gebe. Du hast nun/darnach

Kurtze außlegung des

dich allzeit gedürstet: Sing nun/vnd sey frölich/denn durch die boßheyt der Menschen/nicht durch dein Religion vnd frömbkeit/hastu die Welt bezwungen: Nicht die Andacht/oder guts Gewissen/sondern alles Laster vnd Zwytracht/das man mit Geld muß ableinen/hat die leüt zu dir gebracht. Hac Abbas. Souil hat ein Geistlicher Abt vor vnser zeit geschrieben.

Es spricht aber der König Dauid/das solcher Geyst nicht allein geytzig seye/ Vnd sintemal er vom rechten Glauben ist abgefallen/vnd GOtt nicht trawen kan/müsse er also scharren vnd kratzen/das er reich vnd mechtig werde/Sondern auch/er segnet sich mit seinem Geytz/vnd gefelt jm wol/das er souil durch seine böse stück vnd tück könne zuwegen bringen: Ey/sprechen sie/das ist ja ein feiner Gottesdienst/ GOtt sey gelobt/haben wir so einen feinen stand/die ist vnd lebt Gott/der segnet vns/das wir Wein vnd Korn vollauff haben/ Wie im Propheten Osea geschrieben stehet: Ephraim spricht/ Ich bin reich/ich hab gnug/man wirt mir kein missethat finden in aller meiner arbeyt/das sünde sey. Aber dieweyl sie sich also lobn/lestern sie den HERRN/heyssens alles Ketzerey/was Christus redet. Wie GOtt auch im Osea sagt: Wenn ich jn gleich vil von meinem Gesetz schreybe/so wirdts geacht/wie ein frembde lehre/ Sie scheltens arg/vnd haltens für nichts. Wie der gelehrte Cardinal Bembus/zu dem auch gelehrten Cardinal Sadoleto gesagt hett: Was er mit den Episteln Pauli vil vmbgieng/er solts nicht thun/ Non decere grauem virum, talibus nugis indulgere: Es gebüre keinem dapffern Mann/das er mit solchem Affenspiel vmbgienge. So halten die Bepst selbst wenig/weder von GOtt/noch Christo/noch von der Aufferstehung der Todten/vnd von dem ewigen Leben/wie jr Buch bezeuget/das sie librum Lazari nennen/ Darinnen nichts geschrieben ist/als/ Das es nichts sey/was man sage von dem ewigen Leben. Es haben auch zwen Gelehrte Menner für dem Bapst disputirt/von der Aufferstehung der Todten/vnd der eine gewölt/sie sey/der ander aber hats widerfochten. Da der Bapst endtlich zu dem/der die Aufferstehung gehalten/vnd bewiesen hat/gesagt: Tu quidem probabilia dicis, sed illi alteri magis assentior: Du sagst wol etwas/das gleublich ist/ Aber doch gib ich disem andern mehr beyfall. Das heyst ja redlich den HERREN GOtt gelestert/Jhn mit seinem Wort zum Lügner vnd ergsten Tyrannen gemacht. Vnd also gehet es auch mit andern Artickeln/ja mit aller Zucht vnd Erbarkeyt. Vnd sind das nun auch zwo Hoffart gewesen des Antichrists. Volgt die fünffte:

V. Der Gottlose ist so stoltz vnd zornig / daß er nach niemand fraget.

DAs ist der Gottlosen eygenschafft/das keine forcht Gottes in jnen ist/sind sicher vnd vnerschrocken/sie haben hertzen wie Amboß/wie Hiob sagt/vnd weyte grosse Gewissen. Es muß nach jhrem sinne gehen/oder sie wöllen nicht leben. Daben einen treflichen hohen stoltzen zorn/vnd dencken/jederman müsse sie fürchten. Vnd ob man wol darwider predigt/vnd Gott auch zu zeiten vnter sie schmeyst/fragen sie nichts darnach/sie werden dauon nur desto stöltzer.

Auff solche Hoffart setzt der Prophet weyter vil andere zeychen des Antichrists/als das er in allen seinen tücken Gott nicht achte. Er treibet sein ding fort vnd fort/macht was er wil. Was gehet jn vnser HERR Gott an? Er sparet kein fleyß noch mühe/auff das seins thun bestehe/vnd fort gehe.

Deine

Zehenden Psalm Dauids.   XXXVIII
Deine Gerichte sind ferne von jm.

DJemit zeigt er an/daß gleichwol etliche sein werden/die jms sagen/vñ vnter die nasen stossen dürffen. Deine Gerichte spricht er/gehn wol fort/vnd des Euangelium wirt gepredigt/Aber er mit den seinen fragt nichts darnach. Hetten wir dieweil gelds gnug zu zelen/sprechen sie. Fragen nit/was zehen Gebot/Glaub/Vater vnser/oder Sacrament sey/Gehen dieweil mit jren Decreten vmb/vnd sind gute Epicurer. Jst jhnen ein seltzam dieng/wenn sie mit Gottes Wort sollen vmbgehn/Wie ein fürnemer Bischoff gesagt hette: Lieber Gott/wie vil newes dings hebt sich teglich/man predigt jetzt die zehen Gebot öffentlich auff der Cantzel bey den Lutherischen.

Er handelt trotzig mit allen seinen Feinden.

DJe stehet ein Ebreisch wörtlein/ Puah, das ist/ kecklich vnd turstig reden/frech/vnuerschembt sein/frey herauß one bedencken. Schelten/verdammen/verfolgen/ Ketzer vnd abtrünnige nennen/alle/die jnen nit bald gehorchen/Es muß alles verbannet vnd verdampt sein/was jnen nit gefellet. Vnd ein solche weiß ist nun vast/ Gott erbarms/bey vns auch worden. Vnd sindt dise wort ein beschreibung einer grossen sicherheyt vnd frechheyt/ wie dergleichen im Müntzer vnd Carlstad gewesst ist. Jtem/ es heyst auch auffgeblasen sein/das er für zorn vnd stoltz wil zubersten wider seine Feind/ schnaubet vnd tobet/bannet/vnd wils alles mit wurtzeln außreissen.

Er spricht inn seinem hertzen: Ich werde nimmermehr darnider ligen.

DAs ist jr grosse sicherheyt/ Es hat nicht not/Ey es steht so vbel nicht/ als mans macht/Es wirt wol fried vnd einigkeyt bleyben/Wenn gleich das Schifflein Petri ein gefahr leydet/es wirt doch nicht vntergedruckt. Also hat Syluester gerhümet/ das jr vil sich dem Bapstthumb widersetzt haben/aber das Bapstumb bleib noch stetigs. Auf dise weiß rhümet sich auch der Türck/ der mit dem Bapst vast gleich alt ist. Vnd wir sindt inn vnser sicherheyt schier auch der meinung/ wir gehn auff Rosen/ das Wort werde vnd muß bey vns bleiben/wir leben vnd machens wie wir wöllen/Aber es wirt fehlen.

Sein mund ist voll fluchens/falsches vnd trugs.

DAs gehört zu dem Bann fürnemlich/vnd zu falscher lehre. Sie fluchen vnd verbannen/ Sie betriegen mit jrer lehre/ vnd bringen die leut vmb Seel/ Leyb/ vnd vnbs gelt/durch jhren Gott Mausim: Jhr predigen ist Amal vnd Auen, mühe vnd arbeyt/ vnglück vnnd hertzenleyd/ dauon das arme Volck nichts kriegt/denn blöde Gewissen.

Er sitzt vnd lawret in den Höfen/das ist/ Er hat ein böse sach/ darumb lesst ers nicht gern zu verhör kommen/ Vrsach/wenns an die schrifft keme/so müste er vnrecht haben. Was er thut/das thut er mit gewalt vnd schreyen/ Ecclesia, Ecclesia, die Kirch/die Kirch/crucifige, crucifige, Creutzige/ Creutzige Sol man/sprechen sie/ einem jeglichen rechenschafft geben? Nein/nit also. Sic volo, sic iubeo, sit pro ratione voluntas: Das wil ich/das gebiete ich/ Es ist gnug/ das ichs also haben wil. Daher kompts in den Concilijs/ das sie Kleger vnd
                          B ij   Richter

Kurtze außlegung des

Richter mit einander sind/ lassen niemand zu verhör kersticht/ richten vnd richten jres gefallens/vnd erwürgen die vnschuldigen/vergiessen vil vnschuldiges
blut. Tolle,tolle,Thu hinweg/vnd creutzige jn.

Seine augen halten auff die Armen.Er fürcht sich für keinem so sehr/als
für den geringen armen Predigern/vnd leuten/Er achtet der König vnd Fürsten nicht so groß/denn er weiß/das jm die armen/denen das Euangelium gepredigt wirt/den grösten stoß thun. Vnd das fület der Teufel auch.

Er lawret im verborgen/wie ein Löw in der Hüle. Man kan sie nicht versönen/noch zu recht bringen. Bittet man/ so werden sie hoffertig: Drowet
man/so verachten sies: Vermanet man sie/ so stossen sie es vnder die banck.
Es hilfft nichts bey jnen / Sie lassen jhre Netze nicht dahinden/damit sie den
Elenden erhaschen. Vnd wenn sie nur ein stück können vberkomen/damit sie
die rechten Christen beschuldigen mögen/ so hilfft nichts dafür/ es muß herauß/ vnd groß gemacht werden/ wenn sie gleich sonst vnzeliche andere gute
stück bey vns fünden/wie man jetzo am Staphylo sihet.Da gehets den/das
man verfolget/zuschlegt/vnd nider druckt/vnd mit gewalt den Armen zu boden stösset. Vnd gedencken die vermaledeyten verfolger/ Gott sehe es nicht/
vnd frage nichts darnach/ er habs alles vergessen/ vnd sey in seiner Maiestet
allein/achte der armen elenden nicht.

So ferrn hat der Prophet Dauid von dem Antichrist/ seinen Lügen vnd
Listen gepredigt. Jetzo aber rüffet er zu Gott/ vnd bittet vmb hülff vnd beystand / das sich Gott des jamers vnd elends wölle erbarmen/ vnd wölle sich
der Armen vnd Weisen gnediglich annemen / dieweil er ein Vatter vnd Helfer der Armen ist/ Vnd wölle das thun von wegen seines Namens/vnd seiner
Ehr/damit der Gotlose Gott den DEXXL Nit also lestere. Am ende ist ein
außdrückliche/tröstliche verheyssung darzu gethan/das Gott endtlich werde
erhören/rathen vn helffen/vnd werde den Antichrist mit allem seinem hauffen/
gewalt vnd reich vertilgen/das er nicht mehr trotzen wirt/sondern gerichtet/
verworffen/vnd verdampt sey. Solches wirdt geschehen am ende der Welt.
Vnd das bald geschehe/ lasst vns ja alle vmb GOttes willen sprechen von
hertzen/Amen/Amen.

So man wil diesen Psalm auch von den Tyrannen in der Welt/vnd von
Gottlosen/ rohen leuten/ welche nach den armen leuten nichts fragen/ außlegen/ kan mans auch sehr füglich thun/ vnd schicken sich die wort alle auffs
bequemeste darzu. Die grossen/reichen Hansen treyben vbermut mit gewalt/
saugen auß die Armen/vnd verzeren jhr Blut vnd Schweyß/ hengen sich an
einander/ vnd erdencken stetigs newe Practicken/ damit sie in gunst vnd ehr
bleyben/vnd die andern beschweret vnd gedrückt werden/ Vnd rhümen sich
noch jres mutwillens/ es ist alles köstlich ding/ man darff jhnen nichts sagen/sind stoltz/schnarchen/bochen/zürnen/ fragen nach niemand/ja auch
nach GOtt nichts/faren fort in jren tücken/ meinen/es müsse jnen allzeit also
hinauß gehen/es werde kein not haben/ Sie sitzen vnd lawren in Höfen/vnd
erwürgen die vnschuldigen heimlich / das mans nicht wissen/mercken/oder
sagen darff/ vnd sindt doch allzeit die getrewen/vnd weisen Herren / die alle
ding wol bestellen/vnd ordnen/biß so lang die Armen an Leyb vnd Gut gantz
vnd gar aufgesogen vnd zuschlagen werden. Vnd gedencken darzu die heillosen leute/ GOtt frage nichts darnach/er sehe es nicht/ er werde nicht straffen/
sie mögens machen jhres gefallens/wie sie wöllen. Aber hie stehet/das sich
Gott der Armen/ Witwen/ Weysen/ vnd Hungrigen werde gewißlich annemen/vnd werde recht schaffen/vnd den sichern/stoltzen/trotzigen/hochmütigen

Eylfften Pfalm Dauids.   XXXIX
gen Schnarchern/vnd/wie hie stehet/Laurern sie sind so hoch gebrüstet/als
sie jmmer sein mögen/verbieten/das sie nicht mehr trotzen sollen. Das sol gewißlich geschehen/wer nur harren köndte. GOtt helffe
vns darzu/Amen.

Außlegung des Eylfften
Pfalm Dauids.

ST ein herrlicher schöner Pfalm/vnd gehöret zu
vnser zeit/denn er redet von dem Trost der frommen Lehrer/vnd
aller Christen/den sie haben sollen wider alle Tyrannen/Verfol-
ger/Ketzer/vnd andere Feind/vnd gehet dieser Pfalm sein auff
den vorigen. Denn dieweyl er zuuor von dem Antichrist prophe-
ceyet hat/wie er die Christenheyt beyde mit gewalt vnd list versto-
ren/vnd alle Welt vmb Gut/Ehr/Leyb vnd Seel betriegen werde/ So setzt
er allhie in diesem Pfalm einen rechten Trost/damit man sich wider solchen
Antichrist/vnd wider alle seine anhenger/vnd auch wider andere Rottengei-
ster/auffhalten könne/Nemlich also/Das man allein trawe auff den HER-
REN/vnd bey seinem Wort stracks/gerad/schlecht vnd recht bleibe/vnd sich
dauon kein gewalt/ehr/kunst/gunst/fried/oder etwas anders treyben lasse/
Auch nicht erschrecke darfür/wenn gleich alle Welt/alle Schulen vnd Kir-
chen/Gewaltige/gelehrte vnd weise leut sich an demselbigen Wort GOttes
stossen/vnd ergern.

Ich trawe auff den HERRN/wie sagt jr denn zu meiner
Seele/sie sol fliegen wie ein Vogel/auff ewre Berge.

DEr Prophet fehet diesen Pfalm mit kurtzen vnd tröstlichen worten an/
welche er seinen gedancken entgegen setzet/vnd alles ergernuß hinweg saget.
Es gehe/wie es wölle/spricht er/laß die Tyrannen wüten/laß die Gelehrten
spitzfündig sein/vnd die Ketzer gauckeln/vnd newe fündlein erdencken/Ich
trawe auff den HERRN/Das ist/Ich glaube seinem Wort/vnd bleibe da-
bey/lasse mich dauon nit bereden noch abschrecken/Denn ich weiß/das Gottes Wort recht vnd war ist/vnd das Gott solches wirt erhalten/da sonst aller
menschen gedancken/tichten/trachten/klügeln/vñ kunst muß zu boden gehn.

Aber wie gehts/wenn fromme Christen sich stracks zu dem Wort Gottes
halten/vnd auff Gott trawen? Nemlich also: Von ersten kommen die Rot-
tengeister/ja/die Vernunfft vnd menschliche Klugheyt/die sprechen: Ey lie-
ber/du bist ein guter einfeltiger Mensch/du must nicht also stracks bey dem
Wort bleyben/Must nit innen sitzen/vnd gedencken/das solches Wort solte
dein Wonung vnd Nest sein/Sonder du must herauß fliegen auß deinem Ne-
ste/wie ein Vogel vnd feine gedancken haben/speculirn/vnd alles fein allegorice verstehen/als deñ so bistu auff rechtem weg. Gleich wie der Teufel Adam
vnd Euam von dem Wort Gottes/auff sonderliche gedancken füret/vñ zum
fall/vnd in alles vnglück brachte.

Kurtze außlegung des

Mit diesen worten wirdt beschrieben die spitzfündigkeyt der Ketzer/ vnd jre gute wort/ damit sie arme leut verwirren vnd verfüren. Darnach wirt angezeyget/ wie es den armen verfürten leuten gehet/ das sie herumb fliegen/ wie ein armes Vögelein/ vnd haben kein gewiß Nest/ da sie bleyben köndten.

Die Rottengeyster kommen daher gezogen in Schafskleydern/ vnd haben einen grossen schein einer grossen Heyligkeyt/ als/ das sie es gut vnd wol meinen/ darumb reden sie mit der Seele. Sie geben für/ es seye jnen gelegen an der leut Glauben/ Trost/ vnd Seelen seligkeyt/ Vnd ist jre lehre fein geschmücket mit worten/ vnd ist der vernunfft gemeß/ vnd füret die leut hinein auff sonderliche eygene gedancken. Aber es helt den stich nicht. Wo das Wort auß den augen ist/ vnd man solle den gedancken volgen/ so fladern vnd spacirt man hin vnd wider/ vnd hat nichts gewiß/ vnd muß endtlich verzweyffeln/ wo man nicht wider zu dem Wort keret. Da gehet es denn/ wie Gott zu Cain sagt/ Genesis am 4. Capitel: Vnstet vnd flüchtig soltu sein auff Erden. Vnd Paulus spricht in der andern Epistel an Timotheon am 3. Capitel: Sie lehren jmmerdar/ vnd können nimmer zur erkentnuß der Warheyt kommen. So hat mans denn wol außgericht.

Die Exempel erkleren dise wort gar fein. Im Bapsthumb hat man gelehret/ auff eygne Werck vnd Verdienst zu bawen/ vnd zu trawen/ das man dadurch gerecht vnd selig werden könne. Nun GOttes Wort das ist lauter vnd hell/ das wir ohne die werck des Gesetzes/ allein durch den Glauben an den HErrn CHristum Jhesum, von wegen seines verdiensts/ gerecht vnd selig werden/ vnd das wer an den Son Gottes gleubet/ ein Kind Gottes sey/ vnd habe das ewige leben. Wer dieses Wort jetzo auß den augen vnd hertzen leist/ vnd sihet auff das verdienst der menschlichen werck/ mit dem ist es schon geschehen. Da hebt sich denn ein fliehen auff die Berge/ vnd in die Kincker/ vnd erdenckt einer dises/ ein ander jhenes werck/ vnd fladern also hin vnd wider/ vnd haben doch kein eigen vnd gewises Nest/ darinn man ruhen vnd bleiben köndte. Daher sind entstanden/ Wallfarten/ Heiligen anrüffung/ Mönch/ Nonnen Wesen/ vnd was der spiels vnd fliegens mehr ist.

Vnd ist sonderlich das Concilium zu Trient dazu kommen/ vnd hat dem faß gar den boden außgestossen/ das/ wenn ein mensch gedenckt/ er hab nicht genug guter werck/ damit er für Gott bestehen könne/ so solle er zweyffeln/ vnd solle keiner sagen/ das er vergebung seiner Sünden habe/ vnnd keiner solle trawen/ das jm Gott gnedig seye. Das heyst ja redlich nicht allein vngewiß sein/ sondern GOttes Wort gar lügen straffen/ zu boden stossen/ vnd vmbkeren/ vnd den Teufel an GOttes stat setzen/ welcher will/ das man ja nichts gleuben solle.

Mit andern Ketzereyen gehet es auch also/ als in dem Abendtmal des HERRN: Wenn wir die klaren Wort des HERRn Christi Nemet/ esset/ das ist mein Leib/ auß den augen lassen/ so geraten wir ins fliegen/ vnd fladern mit den gedancken/ vnd glosiren hin vnd her/ wissen nicht/ wo wir darinnen sind. Da kommen denn die Sophisten/ einer wil/ es sol also heyssen: Der Leyb ist mein. Ein ander also: Das ist meines Leybs zeychen. Ein ander: Das bedeutet mein Leyb. Bald widerumb: Das ist mein geistlicher Leyb. Item: Es ist mein Leyb/ den jr geistlich essen solt. Item: Das ist meins Leibs gedechtnuß/ der für euch gegeben ist. Item: Nemet/ esset/ was für euch gegeben ist/ das ist mein Leib. Vnd ist des fliegens vnd fladerns kein maß noch end. Es geschicht aber den fürwitzigen geistern gar recht/ warumb trawen sie nicht auff Gott/ vnd bleyben bey dem Wort. Das Wort ist vnser Schild/ vnd vergewisset vns.

Eylfften Psalm Davids.

One das Wort ists lauter tandt vnd lügen/was man in Göttlichen dingen fürnimpt.
Die Weisen/so zu dem newgebornen Kindlin Jesu kamen/lernetten wol/was da war/auff das Wort sehen. Sie vermeinten Christum zu finden zu Jerusalem/da der Tempel vnd Gottesdienst war / Aber da weyset sie das Wort in das arme Bethlehem/in einen Kůstall/daran musten sie sich nicht ergern. Also Abraham must an dem Wort hangen/Vnd müssen für vnd für alle Gottseligen bey dem Wort bleyben/wil man anderst was gewiß haben/vnd selig werden. Denn so bald sich die vernunfft erhebt/vnd wil fliegen/so ists schon auß/vnd geht/wie die Poeten von dem Icaro schreyben/das/da er zu hoch fliegen wolt/zerschmeltzten jm seine wächsene flügel / vnd er fiel in das Meer/vnd ersauffe.

Denn sihe/die Gottlosen spannen den Bogen/vnd legen jre Pfeyle auff die Sennen/damit heimlich zu schiessen die Frommen.

DAs ist nun das ander stůck/damit die Tyrannen vnd Rottengeyster vmbgehn. Zuuor haben sie gute wort schein/vrsach vnd vberreden gebraucht/Aber jetzo/dieweil die argumentationes, persuasiones, gute wort/freundtlich vñ heuchlich fürgebrn nit helffen wil/so keren sie sich zum gewalt. Der Bapst mit den seinen gibt guten schein für/vnd spricht/er meine es trewlich/wie ein vater gegen seinen kindern/darumb ists alles/dilecti filij, die lieben kinder. Aber wenn man bey dem Wort Gottes bleybt/vnd billichet nit sein alefantzen vnd triegerey/Da geht es denn/mit excommunicirn/in Bann thun/Creutzigt/kreutzige in/zum fewr zu/er ist des tods schuldig/jnnert hinweg/vnd den kopff für den hindern gelegt/er ist ein Ketzer/vnd hat Gott gelestert.

Darein sol man sich nun recht schicken lernen. Wiltu ein rechter Christ sein/vnd bey dem Wort Gottes schlecht verharren/so gibe dich darein/das du von ersten falsche wort von vilen leuten hören must/damit sie dich von dem Wort Gottes füren vnd treyben wöllen. Darnach/so du jnen nicht gehorchen wilst/das sie mit gewalt/vntrew/verleumbdungen/außschreyen/liegen vnd triegen/mit dir handeln vnd vmbgehn werden / Wie das Exempel anzeygt/da im Jar 1546. Diazius ein Spanier von seinem leiblichen Bruder Alfonso zu Nuburg in der Pfaltz ist schendlich ermordet worden. Vnd noch heutiges tags/wer nicht alles wil eingehn/was falsche Lehrer mit gewalt erhalten/der muß auch verachtet/hindan gesetzt/außgerufft/vnd zu letzt verjagt/oder gar getödtet werden.

Aber es gehe wie es wölle/so müssen wir Gottes Wort behalten/vnd alle menschen kunst vnd gunst außschlagen/wöllen wir anderst für Gott bestehen/Denn es kan vnd wil nicht bey einander sein. Gottes hůld/vnd menschen gunst sind so weit/ja vil weiter von einander/als Himel vnd Erden. Darumb steht im 116. Psalm geschrieben: Ich gläube/darumb rede ich/Ich werde aber sehr geplagt. Ich sprach in meinem sagen/alle Menschen sind lügner. Das ist/Wer Christum bekennen wil/der muß sich drein ergeben/das er keine gunst wolle haben noch behalten/so er anderst stracks vnd gerad in allen Glaubens sachen bey seinem Wort trewlich bleiben wil. Predigt er das Gesetz/so wils niemand leiden/weñ er ein wenig die warheit sagt. Vnd sind Burger vñ Bawren der art/das sie lieber ein Sewhirten hőrn die Sew zusamen locken/deñ das sie

G iij

Kurtze außlegung des

in der Kirchen Gottes Wort allein mit den ohren/wil geschweigen/wenn es mit hertzen geschehen solt/vernemen solten. Vnd ist schier kein Dorff/oder elen des Stedtlein/das sich von seinem Pfarrherr wil mehr vermanen vnd weisen lassen. Predigt man denn das Euangelion/ vnd wirfft die schönen Perlein für die Sew/ so ist es ja nicht recht/vnd thut frommen Lehrern im hertzen wehe/ das sie so schöne Göttliche Lehre sollen in den lufft reden/ vnd den steinern hertzen predigen. Aber doch/es sey jm wie es wölle/so muß geredt vnd gepredigt sein/ vnd solt auch die Welt darob zu bersten/ vnd zu brechen. Denn wer der Welt wil dienen/ kan Gott nicht dienen. Wir sind wol in der Welt/ vnd gehen mit leuten in der Welt vmb/ vnd müssen gedencken/ das wir inn der Welt die Ehr Gottes fürdern wöllen/ Aber wir sollen auch wissen/das vnser wandel im Himel ist/vnd das der Teufel ein Fürst der Welt ist/ vnd wir mitten vnter den Teufeln lernen/lehren/schreiben/leben vnd predigen/ vnd von allen seitten her teglich des Teufels vnd der Welt vntrew/ Bogen vnd Pfeyle gewertig sindt. Denn der Teufel feyret nicht/ sondern geht herumb/wie ein brüllender Löw/ vnd sucht/wen er verschlinge.

Das heyssen bogen vnd pfeyle/ von welchen allhie der Prophet redet/ das die Tyrannen vnd Ketzer/ vnuerhörter sach/ mit gewalt hindurch faren. Sic volo, sic iubeo, Das wöllen wir/das gebieten wir/kurtz vnd kein anders: Wilt du nicht/wir wöllen dich wol meistern. Reume das Land: Such dir ein andern Herrn: Schweig/oder leid maulschellen: Habs maul/oder du müst in ein Ecker: Zum fewr zu: Den kopff abge. Das sind die pfeil der Tyranen vnd Rottengeister/ damit sie die Frommen heimlich/das ist/vnuerhörter sach/schiessen vnd würgen/ Wie die Cardinel mit Johanne Huß sind vmbgangen/ Vnd noch heutigs tags inn allen Concilijs/ so die Bepstliche heuligkeyt helt/ die Euangelischen/ oder Lutherischen/ wie sie es nennen/ nit allein auffgeschlossen/ sondern so bald verdammt werden. Vnd ist kein ander vrsach noch geschrey/ denn allein: Es sind Ketzer/den Ketzern sol man nit glauben halten/weg mit jnen. Vnd sie müssen sich befahren/ wie es denn gewiß in der warheyt also ist/ wenn man zur rechten vnterredung/ disputation vnd erörterung kommen solte/ das sie/die heuligen Bepst/Cardinel/Bischoff/ & reliquus furum manipulus, gar kalt vnd arg bestehn würden/beyde was die lehr vnd das leben anlanget. Denn was die lehr angeht/ ist für Gott das Bapstumb ein grundsuppen aller Ketzereyen/wie das nach der leng kan bewiesen vnd angezeygt werden/also/das kein Zauberey/ Irrthumb/ Ketzerey/ noch Abgötterey ist/ die nit in Bepstlicher lehr begriffen vnd gefunden würde. Was aber das leben angehet/ HERR Gott/ was ist alda für Simoney/ vnzucht/ vnnatürliche vermischung/ mord/ en/vnd andere vnsegliche laster/ also/das ein alt Spichwort ist/welchs den Welschen gar wol bekant ist/ nemlich: Ist eine Helle/ so steht Rom darauff. Vnd man weiß den Bapst Johasie/ der zu Costnitz auff dem Concilio in Teutschlanden geweset ist/ das er ist frey öffentlich vber die 40. Artickel/ so alle des todes wirdig gewesen/bezüchtigt worden. Vnd als man jhm die Artickel bey dem Pfaltzgrauen fürgehalten/hat er auff einen jeglichen also geantwort: Ach/ich hab vil ein ergers gethan. Da man sich aber solcher antwort verwundert/sintemal vnter andern Artickeln stunden/ Er hette seinen vatter erwürgt/ Zauberey/ Simoney/ vnd vil schendlicher laster getrieben/hat er geantwortet: Das ergste wer/ das er gethan hette/ das er in Teutschland kommen were/ darinn er also müste examinirt werden/ so er/wenn er zu Rom geblieben were/ wol frey/ vnd der allerheyligste vatter Bapst blieben were. Daher kompts nun/ das kein auffrichtig/ öffentlich Concilium mehr gehalten wirdt/ denn

sie

Eylfften Psalm Dauids.

sie wissen sich an lehre/ vnd am leben schuldig vnd strefflich/ vnd schiessen die frommen heimlich mit gewalt/ vnd spielen mit jnen/ wie die Juden mit dem HErren Christo/ Dinweg mit diesem/ Creutzige jn/ ec.

Das wörtlin (Pfeyle) so es von den falschen Lehrern verstanden wirdt/ zeygt alle jre kunststuck/ practick/ vnd ergernuß an. Denn erstlich sinds pfeyl/ von wegen/ das sie leichtlich hindurch dringen/ vnd jr schwermerey bald wirt angenommen. Was new vnd seltzam ist/ das hat das Volck gern/ vnd platzt mit hauffen zu.

Darnach sinds Pfeyl/ von wegen/ das sie offt mehr außrichten/ vnd bessern fortgang haben/ denn rechte Lehrer/ Denn sie bringen feine geschmierte wort/ vnd machens der vernunfft alles ehnlich vnd gemeß.

Zum dritten/ so sinds Pfeyl/ dieweil sie die armen Gewissen damit verletzen/ verführen/ vnd tödtlich verwunden.

Zum letzten auch darumb/ das sie gemeinlich sich begeben an grosser Herrn Höfe/ vnd suchen da gunst vnd ehre/ vnd treyben die grossen Herren zu neyd/ haß/ vnd mord/ wider die rechten Christen/ das sie verfolgt vnd außgetilgt werden/ Wie Staphylus thut/ der sich einen Rath des Keysers vnd anderer Fürsten rhümet.

Sie reissen den Grundt vmb/ was solt der Gerechte aufrichten?

DAs ist die eygenschafft der Ketzer vnnd falschen Lehrer/ das sie den Grund vmbreissen/ Der Grund aber ist die rechte reine Lehre/ so durch die Propheten vnd Apostel vns ist fürgeschrieben/ Dauon auch geschrieben steht 1. Corin: 3. Niemand kan einen andern Grund legen/ denn der gelegt ist/ welcher ist Christus Jesus. Item Ephe: 4. Der Leib ist erbawet auff den Grund der Propheten vnd Apostel/ vnd ist JHEsus Christus der Eckstein/ darauff das gantze Gebew steht. Der Grund heist nun das Wort Gottes/ welches die glosieret vnd falsche Lehrer nicht leyden/ sondern lenckens/ dirhens/ deutens vnd machens nach jrem gefallen/ wie die Exempel zeygen vnd beweysen.

Gott spricht: Wer an meinen Son gleubet/ der sol das ewig Leben haben. Die andern aber reissen diesen Grund vmb/ vnd sprechen: Wer gute werck hat/ der sol selig werden. Item/ Man muß zweyffeln an der Gnad vnd Barmhertzigkeyt Gottes. Wer weiß wer in gnaden bey Gott ist?

Gott spricht: Höret meinen Son/ vnd gleubet an jn. Andere sprechen: Höret die Concilia/ Patres/ vnd andere Menschen/ Die Schrifft ist tunckel vnd finster.

Gott spricht: Mein Son sol ewer Erlöser/ ewer Heubt vnd Seligmacher sein. Andere sprechen: Jr müst die Heyligen anruffen/ jr müst den Bapst für ewer Heubt erkennen/ oder müst ein ander gewiß Heubt in der Kirchen auff erden haben. Zur seligkeit gehören auch gute werck.

Christus spricht: Nemet/ esset/ das ist mein Leib. Andere sagen: Neines ist nicht der Leyb. Der Leyb Christi sitzt droben im Himel/ vnd ist nicht gegenwertig im Abentmal. Vnd zwar also gehet es durch vnd durch/ mit allen Schwermern/ das sie in jrem phantasm von ersten den Grund vmbstossen/ vnd wöllen darnach gantz vn gar recht haben in allem/ was sie gedencken/ schreiben vnd reden. Vnd so jemand ist/ der sie straffen kan/ vnd jnen jre Jrrthumb anzeyget/ so faren sie auß der haut/ schelten/ murren/ klagen/ vnd sprechen: Was wil vns dieser weisen/ oder lehren? Kennen wir jhn doch wol/ er ist ein armer

Mensch

Kurtze außlegung des

Menſch / ſolt er ſouil verſtands haben/das er vns meiſtern köndte? Solt vns der Narr wehren/was wir fürhaben? Hinweg mit dem Lecker/ was ſolt er außrichten? Gleich wie die Juden von Chꝛiſto ſagten: Kennen wir doch ſein Vater vnd Muter/er iſt eines Zimmermans Son/ Was ſolt der gerecht auß⸗ richten? ꝛc. Aber an ſolcher red muß man ſich nicht keren/ſondern auff Gottes Ehꝛ ſehen/ vnd warten/ wenn die falſchen Lehꝛer zu boden gehen. Darumb ſpꝛicht er weyter:

Der HERR iſt in ſeinem heiligen Tempel/Des HERRN Stul iſt im Himel/ꝛc.

DAs iſt/ſagt jr wolt/tobet/wütet/vnd ſcheltet ewers gefallens/ ich trawe auff den HERRN/ zu Gott halt ich mich/an Gott gleub ich/auff jn verlaß ich mich/auff jhn trotze ich/ wider alles was böſe ſein wil. Wolt jrs nit gleuben/ſo laſſet es/ich halt mich ſeines Worts.

1. Der HERR iſt in ſeinem Tempel/ das iſt/ an allen orten/vberal/wo ſein Lehꝛe des heyligen Euangelij/ vnd rechter gebrauch der hochwirdigen Sacrament iſt.

2. Sein Stul iſt im Himel/weit/weit vber euch. Er iſt mechtig/vnd groß. Ewer trotz/ darauff jr pochet/iſt auff erden/bey armen/ elenden/ſterblichen menſchen/ die kein augenblick jres lebens ſicher ſind/ die ſich von maden vnd würmen müſſen freſſen laſſen / wie der König Herodes von den würmen ge⸗ freſſen warde. Aber mein Gott/ darauff ich trawe/hoffe/vnd poche/iſt der rechte ware Gott/im Himel/ allmechtig/ warhafftig/ewig/barmhertzig/ Trotz ſey euch allen geboten.

3. Seine augen ſehen darauff. Es hat kein not/Gott ſiht wol/was die Got⸗ loſen dichten/vnd anfahen. Er leſſt ſie es wol anfahen/ aber nicht hinauß fü⸗ ren. Sie können ſich für jm nicht verbergen. Er ſihet auch wol die elenden/vnd vergiſſt jr nicht/ ja jhr herlein auff ihrem heubt hat er alle gezelet / vnd in ſeine Hand hat er jhre namen geſchꝛieben/ Wie er auch im 102. Pſalm ſaget: Der HERR ſchawet von ſeiner heyligen Höhe/vnd ſihet vom Himel auff Erden/ das er das ſeufftzen der Gefangenen höre/ vnd loß mache die Kinder des To⸗ des.

4. Seine augenliede prüfen die menſchen kinder. Er ſtellet ſich wol/gleich als wiſte er nicht/ was die Gotloſen im ſinn heben / vnd womit ſie vmbgehen/ thut/als wiſſe er jre practicken/anſchleg vnd fürnemen nicht. Er leſſt auch die ſeinen wol gemartert werden / vnd tag vnd nacht zu jhm ruffen vnd ſchꝛeyen/ wie er thet/da jhn der Thurn zu Babylon bewetten. Item/ Da Pharao tobet wider das Volck: da Chꝛiſtus der Son Gottes muſte in Egypten fliehen: da die Apoſtel vnd andere Lehꝛer verfolgt/verjagt/vnd getödt wurden: da noch heutigs tags die Chꝛiſten leyden müſſen/vnd der Türck/ Bapſt/vnd andere Tyrannen wüten. Aber es hat nicht not/Er weiß vnd ſihets alles/vnd machet das ende alſo/das alle menſchen ſagen müſſen: HERR Gott/ dir ſey lob vnd danck/du biſt gerecht/ vnd was du machſt/das iſt recht.

5. Er prüfet den Gerechten. Er probirt die ſeinen im creutz vnd elend/vnd prüfet jren glauben vnd beſtendigkeyt/ vnd bilfft jnen zu letzt gewaltigklich/ trewlich/vnd Veterlich.

6. Seine ſeele haſſet den Gottloſen vnd Freueler. Er ſihet jnen wol ein weil zu/ aber es nimpt ein böſes end mit jnen/ wie man an allen Tyrannen vnd fal⸗ ſchen Lehꝛern ſihet. Vnd ſo er ſie nit ſtraffet in diſem leben/ſo müſſen ſie in ewi⸗

Zwölfften Psalm Dauids. XLII

der Hellischer glut vergehn. Denn Gott hasset sie von hertzen/vnd wil sie straf=
fen mit plitz/fewer vnd schwefel/eusserlich oder innerlich/zeitlich oder ewig.
Eusserliche straff ist/ wenn jnen Land vnd Leut/Gut/ehr/gesundheyt/
vnd andere gaben genommen werden. Innerliche straff/plitz vnd donner ist/
wenn sie in verzweyflung fallen/ein böses Gewissen haben/wie Cain/Saul/
Achitophel/Judas/Julianus/Herodes/vnd andere vil mehr. Zeitliche
straff ist/ wenn sie in disem leben/es sey eusserlicher oder innerlicher weise/ge=
demütigt vnd gestrafft werden/vnd doch zur bekerung komnen/wie Manas=
ses. Ewige straff ist die ergste/vnd hat kein maß/end/noch auffhören/vnd kan
von vns/von wegen dase kein ende hat/ nicht beschrieben werden. Dafür be=
hüte vns Gott gnediglich / vnd laß solch plitz/fewer/vnd schwefel nicht auff
vns kommen / sondern lindere die straff vmb seines Namens willen/ Denn
wir habens sonst wol verdient. Der HERR hat ein Becher in der hand/vnd
mit starckem Wein vol eingeschenckt/vnd schenckt auß demselbigen/ Aber die
Gottlosen müssen alle trincken/vnd die Deffen aussauffen/Psalm:75. Nun
volgt der Beschluß :

 Der HERR ist gerecht/ vnd hat Gerechtigkeyt lieb/ Dar=
umb/ daß der Frommen angesicht schawen auff das
da recht ist.

IST zugleich ein drewung vnd ein trost/ für die Gottlosen/vnd für die
Frommen. Die Tyrannen vnd falschen Lehrer sollen vergehn/ Denn Gott ist
gerecht/er leydet fren frevel nicht. Aber die frommen trewen Lehrer/vnd alle
andere Christen / so auff Gott trawen/vnd bey dem Wort Gottes schlecht
vnd recht bleyben/ die sollen wol bleyben in alle ewigkeyt. Da
helff vns Gott Vatter/Son/ vnd heyliger
Geist gnediglich zu/ Amen/
AMEN.

Außlegung des Zwölfften
Psalm Dauids.

EST ein klag ober die Rottengeister vnd Ketzer/
so die Lehre verfelschen. Vnd betet zu Gott/das er solche Buben/
Betrieger vnd Heuchler stürtzen wölle / vnd die rechten Lehrer
vnd Christen beschütze vnd erhalte. Es ist auch zu gleich ein
tröstliche verheyssung / das GOtt gewißlich sein Wort vnd reine
Lehre werde vertheydigen/vnd alle Schwermer vnd Verfelscher
aufrotten/ wie er mit Cerintho/Ebione/Arrio/vnd vilen andern gehandelet
hat. Es sol vnd muß doch die Warheyt bleyben/vnd herfür kommen/ ob sie
gleich bisweylen angefochten/vnd ein zeitlang zugedeckt/vnd nidergedruckt
wirt.

Wir sollen aber diesen Psalm offt wol ansehen/ beten/vnd betrachten/
zumal/ wenn wir wöllen/ das GOtt sein Wort wider alle Menschenlehre/
vnd

Kurtze außlegung des

vnd newe fündlin erhalten solle / Wie es denn zu vnser zeit sehr nötig ist / das wir diesen Psalm ja offt beten / sintemal gantze grosse thonnen vol Menschen lehre auff allen seitten hergefürt werden / vnd ist kein masse / kein auffhören / noch ende / Jeder wil Meyster sein / vnd etwas besser machen / denn es zuuor durch Gottes gnad gemacht vnd bestettigt ist. Da kommen denn souil newe fündlein / so seltzame reden / allegoriæ, wunderliche gedancken / vnd deutunge des hellen liechtem Worts GOttes / vnd werden die armen Gewissen vber die massen sehr verwirrt / jrr gemacht / beschweret / vnd verfüret. Da gehöret nun her / das wir diesen Psalm beten / vnd vns damit trösten / das Gott sein Heyl / nemlich sein Wort wil erwecken / welchs gar getrost vnter solche strowerck menschlicher lehre stürmet / vnd die gefangene Gewissen frey machet. Wiewol es on creutz / gefahr vnd marter nicht zugeht / sondern / wie Sylber im Fewer geleutert wirt / also muß man auch darob leyden / vnd dadurch je leuterer werden / vnd die Warheyt desto klerlicher erkennen.

Wie nun die zween vorigen Psalmen reden von öffentlichen gewaltigen Abgöttereyen / vnd falscher lehre / die one scherw getrieben wirt / also redet diser Psalm von heimlichen einschleichenden fündlin / vnd Ketzereyen / so bey denen / welche das Wort Gottes lauter vnd rein haben / beyleuffig sich ereugen / biß sie zu letzt / wenn sie vberhand nemen / alles zu boden stossen / Wie es leyder vns / die wir Lutherisch heyssen / zubefahren ist.

Hilff HERR / die Heyligen haben abgenommen / Vnd der Gleubigen sindt wenig worden vnter den Menschen kindern.

DJses ist ja ein hertzliche trawrige Klag / Darumb ist auch diser Psalm auff acht Seyten gespielet worden / welchs trawrigkeyt vnd schwere melancoley anzeygt / wie oben inn dem Sechsten Psalm auch geschehen ist. Lieber HERR Gott / spricht er hie / es sind der Schwermer vnd seltzamen wüsten Köpff so vil / das man schier keinen frommen Prediger mehr findet. HERR Gott / sihe doch darein / vnd laß dich das erbarmen. Sie vertuncklen vnd verdrehen dein Wort / Es sol jn gefallens angenommen vnd verstanden werden / nicht wie es an jm selbst ist / sondern wie sies nach jrem kopff lencken vnd drehen. Dein Wort man leist nicht haben war / der Glaub ist auch verloschen gar / bey allen Menschen kinden.

Wenn man jetzo ein frommen trewen Lehrer / Pfarrherr / vnd Prediger findet / der bey der einfeltigen erkandten vnd bekandten Warheyt vnd Lehre des Euangelij schlecht vnd gerecht bleybet / vnd den kleinen Catechismum seinen Zuhörern fleyssig darthut / vnd sonst mit gutem Exempel seines lebens seinem Pfarrvölcklin vorgehet / der ist ja jetzo in grossen ehren / als ein sonderlicher thewrer seltzamer Schatz zuhalten. Denn wir sehen doch / wie es jetzo mit den Lehrern zugeht / Wenig sind jr / die das Wort Gottes nicht meystern wöllen / Vnd wil stettigs einer vber dem andern sein / einer wils besser machen / als der ander. Daher kommen seltzame gedancken / vnd allegorien / heimliche vngereimte deutunge / vnd wunderliche außlegung der Schrifft / damit man den leuten das maul auffsperret / vnd gibt jhnen Pferdakot vnter die Jungen. So ist das leben so gar ferrn von der Lehre / das man schier nit mehr weiß / wo man ein feinen Mann / Lehrer / oder Pfarrherr finden solle / der nicht grosse laster auff sich hette. Ich rede jetzo nit von natürlicher menschlicher schwachheyt / so in allen Menschen ist / sondern von den Sünden / so wider das Gewissen

Zwölfften Psalm Dauids.

sen sind/wider Gott/wider sein Wort/wider alle Zucht vnd Frömbkeyt/als da sind/Ehebruch/Hurerey/Geytz/Seufferey/Stoltz/Vbermut/ vnd dergleichen Laster. Wie vil sind hin vnd wider grosse Lehrer/ die in Ehbruch vnd Hurerey gefallen sindt? Wie vil leben in Geytz vnd Wucher? Wie groß hat Füllerey/Fressen vnd Sauffen bey jnen vberhand genommen? Sie kommen zusammen auff guten mut/ Da richten sie denn die leut auß/ vnd reden von jrer gesellen predigten/vnd tadeln alles/was mit jrer lapperey nicht vberein kommet. Keiner sihet/was Gottes Wort vnd Christ ist/ vnd was die Warheyt mit sich bringt. Ja/sprechen sie/was ist Warheyt? gleich wie Pilatus Christum fragt. Da gehet es denn mit fressen vnd sauffen/so lang/biß sie nit allein alle rot/ vnd farbloß werden/sondern auch die Sprach verliren/vnd lallen daher/was jnen einfellt/entschuldigen/klagen/weinen/schelten/disputirn/vnd sind narren/wo sie am klügsten sind. Vnd solche sollen als denn trewe Gottes Diener sein/ Vnter jnen sollen vil Seelen vnterwiesen werden/ Sie sollen die Schulen vnd Kirchen regirn/ vnd mit jhrem Exempel andern fürleuchten/ vnd mit jrer Lehr vnd leben sollen sie beweysen/ was/vnd wie groß die wirckung des heyligen Geysts sey.

Ich hab selbst/als der geringste/offt mein jamer gesehen/vnd erfaren/wie die/ so im Kirchenampt sind/so gar vnd auß der weiß/nicht allein wider Gottes Wort/das sie füren/sondern auch wider alle Policey/zucht/vnd menschlich vernufft vnd Gesetz leben/sauffen/fressen/fluchen/geytzen/schwelgern/ stoltzieren/prassen/vnd nichts auff Gottes Wort sehen. Vnd ob jnen eben/als ob sie nicht ein mal müsten grausame rechenschafft geben für ir Ampt/wie sie demselbigen sind fürgestanden. Ich hab gehört/das ein Pfarherr saget: Was sagt man vil/als solten die Prediger nicht sauffen/Was kan ein Prediger vom sauffen predigen/wenn er nicht selber seufft? Wolan/ es heyst ja: Wie wenig sind der Heyligen dein/verlassen sind wir armen.

Gott der HERR drowet seinen Priestern im Propheten/ vnd spricht: Ir seyt von dem rechten weg abgetretten/ vnd habt groß ergernuß geben vilen/so die rechte Lehr haben: Ir habt den Bund Leui verderbt/ spricht der HERR Zebaoth/ vnd ich wil euch auch bringen zur verachtung/ das jr allem Volck ein Grewel vnd abschew sein solt.

Das heyst ein redliche ernstliche drowung/so zu vnsern zeiten erfüllet wirt. Was ist schier armseliger/verachter/ vnd trawriger/ denn eben ein trewer Prediger? Denn von den andern sichern Lehrern helt man sonst nicht vil. Wo kompts aber her? Da stehet hie: Der meyst gröste theyl tretten von dem rechten Weg ab. Sie rhümen sich der rechten Lehre/vnd wöllen alle nicht allein gute Christen/ sondern die besten Lehrer sein / vnd beweysens doch nicht in dem geringsten/Sie leben schendlich/vneinig/stoltz/geytzig/fressig/Vnd/ wenn es darzu kompt/das man ein wenig solle rechenschafft der Lehre geben/ so ist bey jhnen niemand daheim/ sie sind forchtsam/vnbestendig/Heuchler/ Gleyßner/ vnd wissen selber nicht/ was sie halten/lehren/oder gleuben. Das heyssen ja fromme Seelsorger/das kein wunder wer/der Erdboden thete sich auff/vnd verschlünge sie mit seel vnd leyb. Wolan/darzu ists kommen/ Wie lang es weren wil/ das weiß Gott.

Darnach ergern sie vil/spricht der Prophet. Sie leben nicht/wie sie leren/ Vnd was sie mit dem munde sagen / das schelten sie alles lügen mit jrem leben. Man spricht:

     Regula virtutum pulcerrima, vita docentis.

Das leben eines frommen Pfarrherrs oder Lehrers/ ist die beste vnd schönste

D   Regel

Kurtze außlegung des

Regel aller Tugenden vnd Frömbkeyt/ darnach sich frommer Zuhörer halten können. Wenn nun der Pfarrherr mit seinen Pfarkindern im luder ligt/ spielt/ seufft/ frisst mit jnen/ wie fein ists denn mit der Kirchen geschehen. Der heyllige Ambrosius spricht also: Mendacium est, Christianum se dicere, & opera Christi non facere. Es ist ein lügen/ wenn einer sagt/ er sey ein Christ/ vnd thut doch die werck Christi nicht/ Das ist/ helt sich nicht als ein Christ/ mit lehre vnd leben. Wie vil mehr sol ein Lehrer achtung darauff geben/ das er rechten Glauben vnd guts Gewissen in seinem Ampt vnd Beruff behalte/ vnd das er/ so er für sein person vnstrefflich one sünd wider das Gewissen rechtschaffen lebet/ auch andern ein gut Exempel gebe/ vnd die Laster straffen könne/ vnd nit verschweige/ Zumal dieweil Gott der HERR durch den Propheten Ezechiel ernstlich erfordert/ das man die Laster vnd schew straffen solle/ vnd spricht: Du Menschenkind/ Ich hab dich zum Wechter gesetzt vber das Hauß Israel/ Du solt auß meinem Munde das Wort hören/ vnd sie von meinet wegen warnen. Wenn ich dem Gottlosen sage: Du must des Todes sterben/ vnd du warnest jn nicht/ vnd sagst es jm nicht/ damit sich der Gottlose für seinem Gottlosen wesen hüte/ auff das er lebendig bleybe/ so wirdt der Gottlose vmb seiner Sünden willen sterben/ Aber sein Blut wil ich von deiner hand fordern. Wo du aber den Gottlosen warnest/ vnd er sich nicht bekeret von seinem Gottlosen wesen vnnd wege/ so wirdt er vmb seiner Sünde willen sterben/ Aber du hast deine Seele errettet. Diß sindt ja außdrückliche Wort/ darinn sich ein jeder Lehrer wol zu spiegeln hat/ das er nicht abtrette von dem Wege/ vnd die leut nicht ergere/ vnd den Bund nicht breche/ Das ist/ das er die Lehre rein vnd lauter füre/ vnd sein leben der Lehre gemeß anstelle/ vnd die Laster straffe/ vnuerzagt vnd öffentlich/ ohn schew. Vnd gehören also diese drey Stücke zu einem rechten Prediger: Recht lehren/ Vnstrefflich leben/ Die Laster straffen. Rechte Lehre muß von ersten da sein/ Darnach soll das leben volgen. Denn man sihets auch in Weltlichen geringen dingen/ Wenn ein Pedagogus oder Schulmeyster/ ein Professor auff einer Hohen Schul/ in Sauffen vnd Fressen lebet/ ob er gleich sonst wol lehret/ so nimpt doch sein arges leben der lehr gar vil hinweg. Darumb spricht man: Is optime docet, qui regula & exemplo docet: Wer mit Regel Lehre vnd leben lehret/ der ist der beste Lehrer. Wie vil mehr geschicht das mit den Predigern: So sein leben mit der Lehre nicht gleich stimmet/ so ist er nicht ein Verfürer/ denn ein Fürer. Denn auß dem leben vrtheylen die einfeltigen von der Lehre/ Vnd so das leben nicht recht ist/ so verachten sie die Lehre/ vnd fallen one forcht in mancherley Sünd vnd Laster/ Sprechen: Thuts doch vnser Pfarrherr auch/ rc. Nach dem leben sollen sie auch die Laster straffen/ wie wir auß Ezechiele gehöret haben Denn das heyst den Bund Leui halten/ vnd nicht verbrechen/ wenn man anzeyget/ was wider Gott ist/ vnd verschweyget nicht das vnrecht/ schonet niemands. Wer das nicht thut/ der verbricht den Bund Leui/ vnd ist kein trewer Dirt/ ja/ auch kein rechter Dietling. Etliche meinen/ es sey gar gnug wenn sie recht lehren/ vnd die Laster allein in gemein/ vnd/ wie mans nennet/ in genere, straffen. Aber das ist ein verkerter wahn/ Vnd hetten die Propheten vnd Apostel souil Marter nicht leyden dürffen/ so sie der meinung gewest weren. Es ist nicht gnug/ das man saget: Debemus docere docendo, Wir sollen lehren/ das zu lehren ist/ vnnd die Laster vnangefochten lassen/ man kans doch nicht leyden. Nein/ weit nicht. Man solle nach dem Beselch GOttes/ ernstlich die Laster anzeygen/ vnd straffen/ wie wir auß dem Ezechiele hören. Man solle einem jeglichen/ so es müglich ist/ doch souil/ als immer=
nicht

Zwölfften Psalm Dauids. XLIIII

mehr sein kan/seine Sünde fürhalten/vnd sein leben fürstellen/vnd sagen/was es sey. Einem Trunckenpoltz solle man seine Füllerey anzeygen / vnd/das er kein theyl im Himelreich habe/er bekere sich denn/klärlich darthun. Also solle man stettigs vmbgehn mit Tyrannen/Geitzigen/Ehbrechern/Hurern/ wie gethan haben die alten frommen Lehrer/ Propheten vnd Apostel/ Nathan/ Esaias/Jeremias/Johannes der Tauffer mit Herode, Paulus/Ambrosius mit Theodosio dem Keyser/vnd andere vil mehr.

Aber höre/was man sagt/ Es sprechen vnsere Zärtlinge: Ja wenn ich also solte lehren vnd straffen/wo wolt ich mit den meinen bleiben? Ich müste täglich gewertig sein/ das ich vertrieben/geurlaubt/ vnd wol auch in Kercker geworffen/vnd getödtet würde. Was het ich denn außgericht? Wem wer das mit gedienet? Es leydet ja keiner/das ich jm seine Laster fürhalte/ zumal/so er in einem trefflichem Ampt ist/vnd hat ein ansehen vnd gewalt für andern.

Diese rede ist jetzt gemein. Vnd ist war/wenn das Predigampt eines einigen Menschen thun oder lassen were/ so köndte man sich also ein wenig entschuldigen. Dieweil aber ein Prediger solle an Gottes stat sein/vnd auff Gottes Ehr/Befelh, Wort/ vnd Kirchen sehen/ so leydet sich dise entschuldigung keines wegs/ Sondern wir müssen die wort auß dem Propheten Ezechiel betrachten/ vnd wissen/ das Gott sihet deine gedancken/ vnd höret deine wort/ vnd/ so du ein Lehrer bist/ bald du auff den Predigstul gehest/weiß er/wie dein hertz gegen jme/vnd gegen den Zuhörern gerichtet ist/ wie du jn fürchtest/ehrest vnd liebest/mit was trewen vnd fleiß du sein Wort begerst zu lehren/ ob es dir ein ernst sey/oder nicht. Wol nun dem/der es mit trewen meinet. Weh aber den faulen, sichern vnd forchtsamen Geistern/ Wie Jeremias sagt: Verflucht sey/der des HERRN werck betrieglich handelt.

Maledictus, qui facit opus Domini fraudulenter. Dise wort lesst Gott reden zu den Juden/ da sie/ wie er jnen befolhen hett/die Moabiter nicht hetten außgerottet. Wie vil mehr redet GOtt also zu allen Lehrern/ so faul vnd zart sind/ vnd wöllen die Geistlichen Moabiter / das ist/ die rohlosen/ vnbußfertigen Hansen, Epicurer, Ehbrecher/ vnd dergleichen leut/ nicht redlich straffen/ sondern schweygen still/ sind stumme Hunde/vnd vnterdrucken die Laster, das mans nicht wissen solle/ zumal so sie eines grossen Hansen Laster sind / sehen durch die finger / vnd beschönen es offt selbst / vnd entschuldigen die grossen Vbeltheter. Von solchen Zärtlingen vnd Suppenpredigern redet GOtt im Propheten Ezechiel/ am 34. Cap: vnd spricht: <u>Webe den Hirten Israel/ die sich selbst weyden: Das verwundte verbindet jr nicht/ Das verirrete holet jhr nicht/vnd das verlorne suchet jr nicht. Das fette fresset jr wol vnd kleidet euch mit der Wolle / vnd schlachtet das Gemeste/ aber die Schafe wöllet jr nicht weyden. Meine Hirten/ spricht der HERR/ fragen nach meiner Herde nicht/ sondern sind solche Hirten/die sich selbst weyden.</u> Sihe/ ich wil meine Herde von jren henden fordern/vnd wils mit jnen ein ende machen. Das heyst ja recht den falschen Lehrern gedrowet / welche nach der Ehr GOttes wenig fragen/ sondern predigen in lufft hinein/ wenn sie nur die zeit vertreyben mögen / Vnd sehen auff jren nutz vnd wanst/ das sie gunst vnd das ansehen behalten / Vnd fürchten sich stetigs/ sie möchten zu vil reden/vnd die Laster vnd den Teufel zu sehr straffen/vnd in vngunst kommen.

GOtt sey es geklagt/ es geht also zu/ vnd steht zumal vbel vnd arg in der Kirchen CHRJsti. Gott hat vns vil feiner trefflicher/ gelehrter Menner in wenig Jaren hinweg genommen/ vnd nimpt noch die alten trewen Lehrer teglich zu sich/ an welcher stat gemeinlich faule, sichere, zänckische, vneinige,

D ij argwö-

Kurtze außlegung des

argwönige Poldern hin vnd wider kommen. Vnd sind die Lehrer so neydisch/ vneinig vnd zwytrechtig vnter sich selbst/ das jetzo selten ein arme Pfarr ist/ da der Pfarrherr vnd Caplan einig weren. Vnd ist sonst mühe vnd arbeyt/das ja ein jeder sihet vnd fület/das in die leng nicht besteben kan/ GOtt muß auff sein/ vnd mit Fewer/ Plitz vnd Schwefel darein schmeissen/ Wir werdens wol erfaren.

Solchs sage ich allein darumb/ das wir doch die augen auffthun/vnd sehen vmb vns/ wie wir so wenig trewer Lehrer haben. Vnd gehet diese Klag schier durchauß/in Stedten/ Dörffern/ Schlössern/ vnd vast vberal. Derhalben wir solches erkennen sollen/als ein sonderliche grosse straff/vnd heimsuchung/ Vnd sollen Gott von hertzen bitten/ er wölle trewe Arbeyter in seine Erndte/vnd in seinen Weinberg schicken. So wir auch einen frommen Pfarrherr vnd Prediger haben/der die Lehr rein vnd lauter füret/ vnd mit seinem leben gute Exempel gibt/den sollen wir billich in ehren halten/vnd als ein köstliches Kleynot zu dieser zeit verwaren/vnd auffheben. Denn ein einiger frommer Lehrer/ der es gut vnd hertzlich mit den Seelen meinet/ richtet mit seinem Gebett gegen Gott mehr auß/denn sonst andere vnzeliche. Vnd wo jetzo ein Lond einen Mann hat/der die Lehr weiß vnd verstehet/ trewlich lehret/ vnd betet fleyssig/ der ist vnd thut mehr/ denn sonst alle Waffen/ Hauptleut/Kriegsmenner/ vnd was vns mehr zu gut kommen kan. Aber es sindt derselbigen gar wenig/ vnd gewiß vndter vil Dunderten kaum einer/ oder zween. Darumb spricht auch allhie der Prophet: Die Heyligen haben abgenommen./

Im Weltlichen Regiment steht es auch grewlich. Wo findet man doch einen frommen Constantinum/ oder Theodosium mehr? Wo spüret man/ das also zugienge/wie man in den Versen sagt:

Principis est virtus maxima nosse Deum,
Principis est virtus proxima nosse suos.

Die grösste Tugent eines Herrn vnd Fürsten ist/das er GOtt erkenne/ Vnd darnach/ das er seine Vnterthane erkenne/ beschütze/hördere/ vnd jnen als ein Vatter helffe. Man sihet/wie schier keiner wil gedencken/was sein Ampt vnd Beruff sey/was gesagt sey/das Gott spricht: Jr seyt Götter. Item/wie er ein mal muß harte rechenschafft geben für sein Ampt/ vnd für sein leben. Nach solchem fragt man jetzo nichts. Sie sehen am meissten auff jre eygene lust/pracht/macht/vnd gewalt/ vnd lassen dieweil einschleichen mancherley Jrrthumb vnd Laster/Zanck vnd Rotten/biß es zu letzt wirt zu lang geharret sein/das man dem Vnglück nicht mehr wirdt wehren können. Vnd es gehet vast also im Kirchen vnd im Weltregiment. Vnd zu solchem vnfriß vñ nachlessigkeyt haben die Herrn jre Deuchler vnd Delffer/ die alles billichen was die Herrn wöllen/ Vnd ob gleich bißweylen die Herrn ein gute andacht vnd hertz bekommen/ so sind doch die andern hinder jnen her/reden jnen auß/streichen den Fuchs mit worten vnd wercken/ vnd meinet doch keiner weder des Herrn/noch der Vnterthanen/noch der Kirchen/ noch Schulen nutz vnd erhaltung/sondern sehen allein auff sich/vnd auff jre Beutel/auff jre Schlösser/ Dörffer/ Gelt/Gut/ vnd was sie mehr zuwegen bringen mögen. GOttes Ehr vnd gemeiner Nutz ist weit von jren hertzen. Eigner nutz hat jr hertz besessen/ Rips/raps/in meinen sack/ es bleyb Herr vnd Knecht wo sie wöllen/ Oder/wie jhener Hofman gesagt het: Nimb zu dir/weil du kanst/die Herrn reitten vber stock vnd stein/bald brechen sie halß vnd bein/rc./

Jm

Zwölfften Psalm Dauids.

Im gemeinem leben haben ja die Heyligen abgenommen/ wie man vberal sihet vnd erferet. Wo ist Zucht mehr/ wo ist Trew vnd Glaub/ Barmhertzigkeyt vnd Wolthat/ wo ist gut Exempel/ wo ist Adligkeyt/ auffrichtig Gemüt/ wo sind andere Tugent vnd Frömbkeyt? Ja/ wo ist vnser Christlicher Glaub/ den wir so hoch rhümen? Wo sind die Früchte des Glaubens? Leben wir nicht inn aller sicherheyt? Wo ist ein Dauß/ darinnen nicht Fluchen/ Schweren/ Schwelgern/ Lügen/ Fressen/ Sauffen/ Vntrew/ Zanck vnd Dader were? Wo wöllen wir doch zu letzt jmmermehr hinauß? Wo ist eine Stadt/ darinn nicht Ehbruch/ Durerey/ Mord/ Wucher/ Geitz/ vnd andere vnzeliche Laster mit hauffen im vollen lauff giengen? Exemplis tragicis non domus vlla caret. Alle Geschlecht/ Deuser/ vnd Stedte/ sind voll grewlicher/ schröcklicher Exempel. Ja/ die jungen Kinder/ so bald sie lallen können/ gewehnen sich zu Fluchen/ junge Knaben zu Sauffen/ junge Gesellen zu Durerey/ die Menner zu Geitz/ Ehbruch/ Gottslesterung/ vnd zu andern Lastern/ die Alten zu bösen Exempeln/ leichtfertigen vnd ergerlichen reden/ vnd ist des wesens kein maß noch ende. Vnnd wir sollen doch/ ja wir wöllen alle gute Christen sein/ vnd rhümen vns des Christlichen Glaubens/ die wir die Lehre recht vnd rein haben. Aber wie wirts vns mit der zeit gehn? Innerliche/ eusserliche/ zeitliche vnd ewige straff werden vns noch auff den hals kommen. Darumb spricht CHRistus der Son GOttes selbst: Wehe dir Chorazin/ wehe dir Bethsaida/ Ich sage euch/ es wirt Tyro vnd Sidon treglicher ergehen am Jüngsten Gericht/ denn euch. Der Türck/ Bapst/ vnd andere vnsere Feind/ werdens mit vns nicht außmachen/ wiewol sie ein grossen jämerlichen stoß thun werden/ Sondern GOtt selbst wirdt noch mit Fewer/ Donner vnd vnd Hagel one mittel darein schlagen/ vnd der Zorn GOttes wirdt vns auff fressen. Denn das Wort GOttes ist so grausam durch das gantze Teutschland gelestert/ geschendet/ vnd veracht/ daß vnmüglich ist/ des nicht etwas schröcklichers solte volgen/ es sey was/ vnd wenn es wölle. Vnd solchs kan nicht fehlen/ es were denn/ das GOttes Wort im grund falsch vnd vnrecht were.

Das ist nun die Klag des Propheten Dauids/ das die Heyligen haben abgenomnen/ vnd der frommen Prediger/ vnd rechtschaffenen leut gar wenig sindt. An allen orten sindt Schwermer. Wo man hin kompt/ da ist klag vber die vntrew des Nechsten/ das ein Christ wol kan sagen: Je lenger je erger/ ich bin allein/ Denn Trew vnd Wärheyt ist worden klein. Die Welt ist voller grosser vnd kleiner Dieb/ Deuchler/ Mörder/ Geitzhels/ Wucherer/ Strassenrauber. Wenig fragen nach GOtt/ oder allein nach Zucht vnd Erbarkeyt. Wo man hin kompt/ da findet man zänckische/ neydige/ tolle Köpff in der Kirchen/ Deuchler/ Meuchler/ vnbestendige/ wetterwendische deutler/ da keiner kein glauben helt/ sondern halten sich/ wie jetzo volgt:

Einer redet mit dem andern vnnütze ding/ vnd heuchlen/ vnd lehren auß vneinigen hertzen.

Sie lehren eytel falsche list/ was eigen witz erfindet/ Ir hertz nicht eines sinnes ist/ in Gottes Wort gegründet/ Der weblet diß/ der ander das/ sie trennen vns on alle maß/ vnd gleissen schön von aussen.

1. Vnnütz ding lehren/ ist nichts anderst/ denn groß auff blasen/ rhümen/ vnd eindringen das/ welchs doch lauter Geweesch vnd Fabel ist/ Als/ das man eygene Opiniones/ Treume/ vnd Gedancken hat/ vnd spielet mit dem

D iij Wort

Kurtze außlegung des

Wort Gottes/ nach der menschlichen vernunfft/ mit allegorien/vnd sündlin. Dises alles nennet er vnnütz ding/wie der Ablaß/Segstewer/Meß/ vnd andere ertichte Heyligkeyt/dauon Gott spricht: Sie ehren mich vergeblich mit menschen gebotten. Denn es ist alles Schemez schama, Beschwertz vnd schand/ wie Moses sagt.

2. Sie heuchlen/ das ist/sie gleyssen schön von aussen. Es hat mit jhrem Gepreng vnd Ceremonien ein groß ansehen/ darzu die Augen vnd das Hertz lust hat/Wie jetzo etliche leut sagen: Ey/es war dennoch vor zeiten im Bapstthumb ein feine disciplin/vnd giengen die leut gern zu Kirchen/beteten/gaben Almosen/hielten sich eingezogen/züchtig vnd Erbar: Solchs ist jetzo nicht mehr/ Man sihet vnzucht vnd vntrew bey jungen vnd alten: Man fürchtet sich nichts mehr/man fragt weder nach vermanung/noch andern straffen/ꝛc. Vnd ist wol war/das dise klag billich geschicht. Aber was der Teufel mit suchet/ das wissen die armen leut nicht/ Denn er suchet damit sein thun vnd werck/vnd heuchelt mit gutem schein/macht den leuten ein plerr vnd garn für den augen/das sie von einem Irrthumb inn den andern fallen / vnd behalten keine rechte Lehre/ hangen an dem eusserlichem schein/ im hertzen haben sie nichts/vnd wissen nicht/was Gott/Glaub/Trost/oder Leben ist.

3. Sie lehren auß vneinigem hertzen. Jhr hertz ist falsch/ Sie gebens gut für mit worten/vnd habens anderst im Hertzen/vnd sindt eytel Lügner. Sie wöllen einer meinung sein/vnd gehen doch nicht auff einem weg/ wie man heutigs tags mit den Sacramentirern sihet/ da schier keiner mit dem andern vberein stimmet/vnd wöllen doch alle in der lehre gleichförmig sein/ vnd jnen sol jederman gleuben/vnd annemen was sie wehlen.

Bißhero hat der Prophet vnd König Dauid geklagt vber die Menschen lehrer/Nun hebt er auch an zu beten/vnd spricht:

> Der HERR wolte außrotten alle Heucheley/ vnd die Zunge/die da stoltz redet.

> Die da sagen: Vnsere zunge sol vberhand nemen/ vns gebüret zu reden / Wer ist vnser Herr?

Das ist ein ernstes Gebett: HERR GOtt stehe auff/ vnd vertilge alle lehre/die mit falschem schein geschmückt wirt/ Rotte auß die Rottengeyster/ vnd argen Deutler deines Worts. Sie füren doch nur süsse prächtige wort/ vnd helffen irer sach mit gewalt. Man kan jnen auch nit wehren/denn sie sitzen oben an/vñ üben gewalt. Wir sind die Bischoue/Doctores/Lerer/vnd vns ist die sach befolhen. Wir machens/vnd wöllens also haben. Trotz wer wils vns wehren? Wir haben recht/ vnd macht allein/ was wir sitzen/das gilt gemein/ Wer ist der vns sol meystern? Wir sollen reden/ jhr andere arme Diener sole schweygen/oder ja nicht weyter reden denn wir wöllen. Auff solches Gebett Dauids volgt die verheyssung:

> Weil deñ die Elenden verstört werden/vnd die Armen seufftzen/ wil Jch auff/ spricht der HERR/ Jch wil eine hülffe schaffen/ daß man getrost lehren solle.

Zwölfften Psalm Davids. XLVI

Auß diser verheyssung lernen wir/Erstlich/ das Gott sihet vnd erkennet die vngerechtigkeyt/ falscheyt/ betrug vnd vntrew der Gottlosen/ Heuchler/ Ketzer/ Rottengeyster/ auff das wir desto gedultiger sind/ vnd Gott die sach heim geben. Darnach lernen wir/ wie Gott gewißlich das Gebett vnd seuffzen erhöret/ vnd wil hülff schaffen wider die falschen vntrewe Buben/ wenn wir jm nur trawen können. Darumb spricht er auch allhie: Es jamert mich/ das die armen so verwirrt vnd geplagt werden. Was noch frommeleute seind/ die können für den falschen/ vntrewen/ vnruhigen/ stoltzen/ ehrgeitzigen buben nit bleyben. Derwegen muß ich auff sein/ Vnd weil sie den grund wöllen vmbreissen/ so wil ich einen Grund legen/ daran sie sich stossen/ vnd zu boden gehn sollen. Mein Wort das sol bleyben/ vnd sol sie getrost vnd frisch angreiffen. Meine Christen/ welche sich arwen auff das da recht ist/ sollen sie frisch vnd frölich straffen/ Nicht im winckel/ wie die Winckelprediger thun/ sondern öffentlich/ flugs vnter die augen/ vnd die lehre mit hertzen vnd mund/ leib vnd leben/ bekennen vnd vertretten. Jch wil sie stercken/ vnd jnen krafft am leyb vnd gemüt geben/ das sie getrost reden/ was recht ist/ vnd das sie sich für den stoltzen hochgelehrten geistern nit mehr entsetzen oder fürchten dürffen.

Die rede des HERRN ist lauter/ wie durchleutert Silber im erdenen Tigel/ beweret siebenmal.

Das sind die rechten predigten/ das reine liebe Wort Gottes. Wo dasselb einfeltig gelehret wirt/ da stehet wol/ da ist vnd lebet Gott/ vnd müssen alsda alle Teufel/ Ketzer vnd Tyrannen zu boden gehn/ Wie sonst geschrieben stehet: Omne eloquium Dei repurgatum/ clypeus est confidentibus in eo: Alle rede Gottes/ so sie rein vnd lauter wirt gelehrt/ so ists ein Schwerdt allen denen/ die darauff trawen.

Erstlich muß es des HERRN rede/ Wort/ vnd lehre sein/ nicht menschen rede/ oder opiniones/ wie jetzo die Schwermer schreyben: Das sihet mich für gut an/ Also vnd also deuchtet michs recht sein/ ꝛc. Es muß ein starckes Wort sein/ darauff das Hertz vnd Gewissen/ ja Seel vnd Leyb/ fusen/ vnd sich verlassen kan. Mit Menschen lehre ist es auß/ vnd hat keinen grundt noch bestand. Es verschwindet bald mit schmach vnd schand.

Zum andern/ muß die rede des HERRN lauter sein/ nicht mit eygnen menschlichen Glosen vnd Deutungen verfelscht/ sondern schlecht/ wie es an jm selbst ist/ vnd wie es sich selbst außlegt vnd erkläret. Denn Gottes Wort ist hell vnd klar. Vnd ist ein grobe Teuflische Lügen/ vnd ein verspottung Gottes vnd seines Worts/ das etliche Papisten/ vnnd andere Neutrales schreyben/ Göttliche heylige Schrifft sey finster vnd tunckel/ vnd sey traditio oblignata, ein versigelte/ zugeschlossene/ vnuerstendige rede/ Die Concilia aber/ Patres/ vnd anderer Lerer schrifften/ die sind hell/ vnd traditio resignata, das man onesie nit könne verstehn/ was das Wort Gottes sey. Darumben wölle man einen rechten verstand der Schrifft haben/ so müsse man die Patres beschen/ vnd jren Glossen anhangen. Diese sind/ wie die der Psalm sagt/ die rechten losen leut/ vnd weltweise Larren. Petrus der Apostel redet vil anderst darvon/ vnd spricht mit David: Wir haben ein vestes Prophetisch Wort/ vnd jr thut wol/ das jr darauff achtet/ als auff ein Liecht/ das da scheinet in einem tunckeln ort/ bis der tag anbreche/ vnd der Morgenstern auffgehe in ewern hertzen. Vnd Esaias sagt: Nach dem Gsetz vnd Zeugnuß. Werden sie nicht reden nach meinem Wort/ so sollen sie die Morgenröte nicht haben. Vnd Christus

Kurtze außlegung des

stus spricht: Suchet in der Schrifft. Item Paulus Roman: 12. Hat jemand Weissagung / so sey sie dem Glauben ehnlich / Das ist / Concilia / Patres / vnd alle andere Lehrer / vnd lehre / so sie mit dem Wort GOttes nicht vberein stimmen / so sollen sie nichts sein.

Zum Dritten / sollen wir allhie lernen / wie GOtt sein Wort in vns übet / vnd bey vns erhelt. Wir sind die erdenen Tigel / in welchen dieser grosse schatz besser / denn alles Gold vnd Silber / bewaret wirdt. Je mehr es angefochten wirt / je lauterer vnd reiner es wirdt. Es muß durchs Creutz beweret sein / da wirt sein krafft erkant / vnd schein / vnd leucht starck in die lande. Wie man vil jar her gesehen vn erfarn hat / Je mehr der Bapst mit den seinen wider die Lere getobet hat / je grösser vnd weyter hat sie durch hülff GOttes zugenotten / vnd ist je lenger je lauterer vnd klerer worden / also / das ein junges Kind man chen grossen Doctor im Bapsthumb vbertrifft. Vnd dieweil jetzo die Sa cramentirer auch nicht ruhen / sondern schreyen vnd schreyben / so sollen sie durch GOttes Gnad nicht mehr außrichten / denn das sie mit jren opinionen vnd falschen fündlein zu boden sollen gehen / Das Wort aber solle je lenger je vester / klärer vnd heller werden. Also solle es auch sonst stettigs gehen / Durchs Creutz sol das Wort zunemen / wachsen / erhalten / aufgebreyttet / vnd bewa ret werden. Vnd das sollen wir auß diesem Psalm vns zu einem Trost be halten / vnd ins hertz schreyben / Laß zancken / wüten / toben / schreyen vnd murren / wer nicht ruhen wil / Bleyb du bey dem Wort GOttes / vnd laß dich davon nicht abtreyben. Was gilts / es sol dir gelingen / Dein Gewissen wirt sein ruhig vnd still sein / Denn das Wort GOttes ist lauter vnd rein / vnd macht die Hertzen auch sein lauter vnd rein / das sie gewiß vnnd ruhig sein können.

Gott gebe vns sein Gnad vnd Segen / das wir vns auch inn leh: vnd leben an das Wort hal ten / vnd dabey bleyben /

A M E N.

Zwölfften Psalm Dauids. XLVII

Ein Gebett auß dem Zwölfften Psalm.

Allmechtiger ewiger Gott/ du sihest/ wie deiner Heyligen so wenig sind/ vnd jr gar wenig vnd selten deine Ehr suchen/oder fürdern. Vnd ist nun / wie du leyder sihest / in der Kirchen/Weltlichen Regimenten/ vnd sonst im gemeinen leben / ein grosse sicherheyt / stoltz / vneinigkeyt / vnd zwytracht. Darumb lieber HERR/ bitten wir dich/ du wöllest die wol verdiente straffe gnediglich abwenden/ oder ja / wie ein Vatter/ lindern/ vnd vns ein waren Samen lassen/daß wir nicht werden/ wie Sodom vnd Gomorra. Sende trewe Arbeyter in deinen Weinberg/ die nicht vnnütz ding / vnd getichte Fabeln reden / auch nicht Heuchler/stoltz/hochmütig/ vnd nachlessig vnd sicher sind. Mache/ daß sie auf einigem Hertzen lehren / vnd in dir einig sindt / vnd gibe jnen ein demütigs Hertz. O HERR Gott/ es thut not. Schaffe du hülffe/ daß man getrost / vnd recht lehre/ vnd inn Christlichem wandel vnd leben bleybe/ kein ergernuß gebe/ noch in Sünden wider Gewissen fortfare. Behüte vns für den losen leuten/ die dein Wort nicht achten / vnd erhalte vns bey deinem Wort/ welches lauter/ rein/ vnd klar ist. Gib vns gedult im leyden vnd Creutz/ vnd regiere vns mit deinem heyligen Geist/ daß wir nicht in Jrrthumb noch Laster fallen / sondern daß wir dein Wohnung vnd Tempel sein vnd bleyben/ Amen.

Außle.

Kurtze außlegung des
Außlegung des Dreyzehen-
den Psalm Dauids.

ES ein Betpsalm/ wider die Trawrigkeyt vnd schwermut des Geists/welche zuweilen kompt vom Teufel selbs/ zuweilen auch von bösen Menschen/ so mit bösen tücken vnd practicken wider vns handeln/das wir müssen trawrig werden/wenn wir solche grosse boßheyt wider Gott/recht/billigkeit/vnd wider vns sehen. Vnd diser Psalm ist vast gleich dem sechsten Psalm/des er redet von innerlicher vnd schwerer trawrigkeyt des hertzens/ oder des gantzen menschens/ welche Trawrigkeyt in der Schrifft genennet wirt/ Wellen angst vnd pforten des Todes/ als wenn einer meinet/ er werde von Gott angriffen/vnd sey von ime verstossen. Denn dieweil sonst auch grosse anfechtung sind/ so vns trawrig machen/ als/ armut/kranckheyt/verfolgung/vnd der gleichen/so ist doch solchs alles gering gegen diser grossen anfechtung/wenn ein Mensch bey sich gedenckt/ er sey von GOtt verworffen/ vnd werde seiner sünden halben geplagt auß gerechtem Zorn Gottes. Darumb der Gottselige Mann Doctor Lutherus gesagt hat/ er wolte lieber ein gantzes Jar im tieffen Thurm gefangen ligen/ vnd für hunger vnd durst abnemen/denn einen tag mit solcher anfechtung betrübt werden.

Das Gebett aber ist stercker/denn alles vnglück/ wie dieser Psalm hie ein Exempel gibt/ Damit wir ja sollen getrost sein/vnd lernen in allerley vnfall nit sich bekümern/noch sich betrüben/oder damit sich im hertzen nagen/beyssen/ vnd fressen/sondern zum Gebett vns halten/vnd der Gott solchs alles klagen/gewiß/das wir erhört/vnd endtlich erlöset werden. Wie S. Jacobus auch saget: Ist iemand betrübt/der bete. Vnd Psalm: 62. Hoffet auff den HERRN allezeit lieben leut/ schütet ewer Hertz für im auß/GOtt ist vnser zuuersicht. Item Ruffe mich an in der not/so wil ich dich herauß reissen/ vñ du solst mich preysen. Vnd Salomon sagt: Der Name des HERREN ist ein starcker Thurn/ darzu der Gerechte laufft/ vnd wirt erhalten. Also auch Paulus zun Ephe: am 6. Nemet das Schwerdt des Geistes/welchs ist das Wort Gottes/vnd betet stets in allen anligen/mit bitten vnd flehen im Geist.

Trawrigkeyt ist ein grosse pein/vnd dienet zu nichts/ ja sie verzeret marck vnd bein/vnd tödtet vil leut / vnd macht sie vor der zeit alt/graw/vnd vntüchtig/vnd/wie Sprach spricht/sie ist erger denn der Tod/ Vnd ist besser sterben/ denn lang kranck auff dem Siechbeth ligen / oder für stettiger Trawrigkeyt abnemen/vnd verschmachten. Es wil aber GOtt nicht/ das der Mensch sol vergehn/vnd für trawrigkeyt verschmachten/ Sondern er wil/ das er sich bekere/vnd lebe/vnd frewe sich in GOtt / Wie geschrieben steht/Psalm: 30. Vita in voluntate eius, Sein Zorn weret ein augenblick/ vnd er hat lust zum leben. Vnd Christus der Son Gottes spricht: Kompt her zu mir alle/ die ihr mühselig vnd beladen seyt/ich wil euch erquicken. Darumb sol man der Trawrigkeyt nicht nach hangen/sondern sich durch das Gebett zu Gott wenden/vnd mit dem lieben Dauid sprechen: Ich wil HERR zu dir ruffen/dem HERRN wil ich flehen. Was ist nutz an meinem Blut/ wenn ich todt bin? Wirt dir auch der Staub dancken/ vnd deine Trewe verkündigen? HERR höre/vnd sey mir gnedig/HERR sey mein Helffer/ic.

L ij

Dreyzehenden Psalm Davids. XLVIII

Es sol aber der einfeltige leser mercken/das in der heiligen Schrifft zweyerley trawrigkeyt ist/Eine/davon Paulus redet/2. Corinth: 7. vnd nennet sie ein Trawrigkeyt/die von Gott kompt/vnd spricht: Die Göttliche Trawrigkeyt wircket zur Seligkeyt eine Rew vnd Buß. Vnd ist solche trawrigkeyt in denen/so sich zu Gott bekeren/vnd irer Sünden halben rew vnd leyd tragen/das sie Gott erzürnet haben/wie Dauid/da er ein Todschlag vnd Ehebruch begangen het. Manasses/nach dem er Gott höchlich erzürnet hatte/mit Abgötterey vnd andern grausamen Lastern. Item/der verlorne Son/Luce 15. Der offenbare Sünder/der sein augen nicht dorffte auffheben/Luce am 18. Die Ehbrecherin/Johannis am 8. Die arme Sünderin/Luce am 7. Petrus/der Christum verleugnet/Luce am 22. Paulus/der Christum verfolgete auß einer Stadt in die ander/Actorum am 9. Solche trawrigkeyt ist der erste anfang rechter bekerung zu Gott / Vnd wo sie nicht ist/da kan auch kein rechte bekerung sein/Vnd GOtt will solche trawrigkeyt vnd erkantnuß der Sünden haben/wie er spricht im Propheten Jeremia am 3. Cap: Ich wil mein Antlitz nicht gegen euch verstellen/denn ich bin barmhertzig spricht der HERR/vnd wil nicht ewiglich zürnen/Allein erkenne deine Missethat/das du wider den HERRN deinen Gott gesündigt hast./

Die ander Trawrigkeyt kompt zuweylen vom Teufel/zuweylen von vns selbst. Denn der Teufel quelet bißweylen die Hertzen vnd Gemüter/mit tödtlichen gedancken vnd schrecken/das sie des Glaubens an den HERrn Christum vergessen/vnd hangen allein an dem Gesetz/vnd gedencken/sie sind von GOtt verstossen/GOtt achte ir nicht/sie müssen verloren vnd verdampt sein. Oder aber fallen in schröckliche anfechtung von der Predestination vnd erwelung GOttes/ob sie auch sind in der zal der Außerwölten GOttes/vnd zweyffeln an den verheyssungen der gantzen ewigen Tryfeltigkeyt/schreyen/vnd sprechen: Wer weiß/ob ich in gnaden GOttes bin? ob ich außerwelet bin? ob ich auch in dem Bündlin der Lebendigen bin? villeicht bin ich verworffen?

Dieses sindt rechte Teufels griffe / vnd die grewlichsten anfechtung/ die ein Menschen hertz haben kan/Vnd sind zumal gemein zu vnser elenden zeit/das schier kein trost mehr helffen wil/Vnd wirdt den leuten angst vnd bang/nach der Prophecey des HERren Christi. Ja/sie erschrecken auch für dem Tod/welchen der Teufel inen stetigs fürhelt/vnd weiset inen den grewlichen anblick des Todes / das sie stettigs inn Trawrigkeyt leben / vnd abnemen. Solche list vnd Tyranney des Teufels sol man wol bedencken/ vnd darwider gerüstet sein mit dem Schilde des Glaubens/ wie Paulus davon redet/ auff das wir nicht von dem Teufel vberwunden werden/ vnd vergehen müssen.

Es kompt auch Trawrigkeyt von den Menschen/zuweylen von andern/ zuweylen auch von vns selbst/ Als/ wenn falsche Lehrer vnd Rottengeyster hin vnd wider das reine Wort Gottes drehen/deuten/verfelschen/vnd verfinstern ires gefallens/vnd die Gottlosen oben an sitzen/gebieten/regieren/vnd machens alles wider Gott/vnd sein Wort. Solches thut den frommen wehe/vnd sie werden betrübet vnd trawrig/auß rechtem Christlichem eyver/das von im 69. Psalm geschrieben steht: Ich eyvere mich schier zu tod vmb dein Hauß/vnd die schmach dere/die dich schmehen/fallen auff mich.Vnd ist solche Trawrigkeyt zu vnser zeit bey den frommen Christen auch sehr gemein/ wenn sie sehen/wie grosse vneinigkeyt vnd falsch inn der Kirchen hin vnd her vnter den Lehrern ist. Item/ wie grosse vngerechtigkeyt/vnd vnordnung in
Weltli-

Kurtze außlegung des

Weltlichen Regiment ist. Item/wie das leben vberal so sicher in Vnzucht/
Geitz/Vntrew vnd Füllerey/schier von allen Menschen/Herrn/Knechten/
Lehrern vnd Zuhörern/getrieben wirt. Solche Trawrigkeit ist wol recht/vnd
Gott gefellig/doch muß man auch zu Gott mit dem Gebett lauffen/vnd jme
die sach heim geben/ Vnd jhn bitten/er wölle sein Kirch wider alle Pforten
der Hellen gnediglich selbst erhalten.

Also werden auch die Frommen trawrig/wenn jnen vnrecht geschicht/
das sie verkleinert/verleumbdet/belogen/ausgetragen werden/verfolgt/ge-
hasset/verjagt. Dieser Trawrigkeyt muß auch ein maß sein/ vnd muß GOtt
dem HERRN geklagt sein/welchers alles wirt wol machen zu seiner zeit/
wenn wir nur harren köndten.

Von vns selbst aber kompt Trawrigkeyt/ von wegen vnser verderbten
natur. Als wenn wir sehen/das vns vnser Nechster wirt fürgezogen/vnd mehr
in ehren gehalten/als wir/vnd das es jm wol gehet. Dise Trawrigkeyt heyst
zu Teutsch/l leyd vnd Haß/vnd ist des Teufels Trabant vnd Diener. Oder/
wenn ein Geitziger vnd Wucherer trawret/wenn er sein Gelt vnd Gut verliert.
Oder ein Stoltzer/wenn er in abgunst kommet/wie Herodes/Achitophel/
vnd andere mehr sich von wegen solcher Trawrigkeyt getödtet haben. Von
dieser Trawrigkeyt redet der Apostel Paulus auch/ 2. Corinth: 7. vnd spricht:
Die Trawrigkeyt der Welt wircket den todt. Die Frommen aber widerstehen
solcher anfechtung/ vnd hangen jr nicht nach / ja erschrecken dafür/wenn sie
es fülen.

HERR / wie lang wiltu mein so gar vergessen? Wie lang
verbirgstu dein Antlitz für mir? &c.

DIeser Psalm hat vier stück: Ein Klag/Gebett/Hoffnung/vnd Dancksagung. Von ersten klagt er vber sein heimlichs innerlichs leyden/als wölle
Gott jn nicht mehr hören/vnd als müste es ewig also weren.

Das Antlitz verbergen ist so vil / als keinen rath/trost/ noch hülff von
Gott mehr haben. Denn das Angesicht Gottes heyst Gottes gegenwertig-
keyt/wenn Er vns mit seinem Wort vnd heyligem Geist tröstet/vnd erhelt.
Das Angesicht abwenden/ist wenn man das Wort der verheyssung auß dem
hertzen leist/vnd das es scheinet/Gott wölle einen sitzen vnd vergehn lassen/
vnd zu dem Teufel/ Tod vnd Helle vberantworten.

Wie lang sol ich sorgen in meiner Seelen / vnd mich engsten
in meinem hertzen teglich?

Ich suche hin vnd wider/spricht er/wie ich mich trösten wölle/finde aber
nichts. Denn so bald das Wort der Gnaden vnd verheyssung auß dem hertzen
ist/so bald heist der mensch an zu speculirn/vnd sorget/wo er möge ein trost be-
kommen/ vnnd fellt von einem gedancken in den andern/ sucht jetzo bey sich
selbst/bald bey andern leuten rath vnd hülff. Das heyst denn eygentlich Me-
lancholia/ das einer also mit den gedancken jrr gehet/ vnd wolt sich gern trö-
sten/vnd kan doch nicht/ Sondern je lenger er gedenckt/ je tieffer er in Jrrthumb vnd in vnruhe fellet/ Wie im 42. Psalm stehet: Meine Seele ist betrü-
bet/deine Flüt rauschen daher/das hie ein Tieffe/vnd da ein Tieffe prausen.

Wie lang solle sich mein Feindt vber mich erheben?

DEr

Dreyzehenden Psalm Dauids.

DEr Feind/den er hie meinet/ist der Teufel selbst/der solche geferhrliche gedancken dem menschen einbleſſt/entweder ohne mittel durch seine list vnd heimlichs eingeben/oder aber durch böse arge leut/vnd betrübet die armen Gewiſſen/das sie schier alles Glaubens vnd Trosts vergeſſen/ Wie im 77. Psalm geschriben steht: Ich bin so onmächtig/das ich nit reden kan. Vnd da hat der Teufel lust vnd frewd darob. Vnd bösen leuten gefellt der Fromen vn glück vber die maſſen wol. Aber man muß solchem Teufelsgriff wehren/vnd mit dem Gebett beykomen/wie hie Dauid thut/vnd spricht:

**Schawe doch/vnd erhöre mich/ HERR mein Gott/ Er-
leuchte meine augen.**

AVff die Klag volget das Gebett/das jn Gott wölle von seiner Seelen angst vnd schmertzen erlösen/vnd sein Antlitz/das er verborgen hat/widerumb zu im wenden/vnd das Hertz mit Glauben/Trost vnd Leben erquicken. Er wölle auch das angesicht frölich machen/vnd die augen erleuchten/munter vnd wacker machen. Denn die anfechtung macht ein trawrig melancholisch angesicht/vnd machet den Menschen schläfferig vnd faul/wie die Jünger Christi im Garten waren/das keine schöne gedancken/keine fröligkeyt/noch liebligkeyt kan gespürt werden. Daher man sagt: Caput melancholicum est Diaboli balneum. Ein trawriger melancholischer kopff ist des Teufels bad/Das ist/der Teufel setzt im zu mit geschwinden schweren gedancken/vnd führet es in grewliche mißtrawen gegen Gott/wo er vberhand behelt/vnd mit dem Gebett nit verjagt wirt. Darumben auch allzeit fromme freine leut/wie wir auch bey den Heyden/vnd sonst in heyliger Schrifft/als im Syrach/sehen/befolhen haben/das man eim jungen menschen sol wehren/souil als müglich ist/das er nit in melancholey gerate/es verderbt marck vnd bein/leyb vnd seel/vnd machet/das wir im tode entschlaffen/Das ist/wir sterben zusehends/noch bey lebendigem leyb/vnd tügen nit zu den leuten/sein halb tod/vnd haben keinen lebendigen safft in vns/Das heyst eygentlich im tod entschlaffen.

**Das nicht mein Feind rhülme/er sey mein mächtig worden/
Vnd meine Widersacher sich nicht frewen/ daß ich ni-
derlige.**

DEr Feind/wie jetzo gesagt/ist der Teufel/Die Widersacher sindt alle böse/neydische/Gottlose/falsche leut. Der Teufel rhümet sich/vnd trotzet Gott im Himel/wenn er eines engstigen Gewiſſens ist mächtig worden/das ist/wenn ers in verzweyflung gebracht hat. Denn alle/so verzweyffeln/die murren wider Gott/vnd lestern sein Barmhertzigkeit/vnd neyden vnd fliehen jn/als einen Tyrannen/wie Cain/Saul/Judas. Die Widersacher aber frewen sich/wenn sie den Frommen vbel geht/vnd spotten jr zu jrem schaden/wie die Juden thetten dem HErrn Christo/Bistu Gottes Son/so steyg vom Creutz: Er hat andern gehollffen/er helffe jm nun selbst. Also geht es noch heutigs tages zu/Ey ey/sprechen die sichern/den hab ich auch hingericht: Es ist recht also: Es geschicht jm recht: Er ligt nun/er sol nicht wider auffstehn: GOtt hat jhn gestrafft. Von solches rhums vnd frewens willen der Gottlosen betet die Dauid/vnd spricht: HERR Gott/weil es mir vbel geht/vnd ich in dem/das dein Ehr antrifft/vnterlige/so wirstu geschmehet/es ist dein schand vnd spot. Vnd wenn deine Feind/so mir zusetzen/vberhand behalten/so wirt dein

J Nam

Kurtze außlegung des
Nam vnd Wort geschehndet. Darumb hilff mir/vnd laß mich nicht fallen/ laß mich nit vor der zeit von meinem Ampt abgerissen werden/laß mich deinen Feinden nicht in die hend kommen.

Ich hoffe darauff/daß du so gnedig bist. Mein hertz frewet sich/daß du so gnedig hilffst.

AUffs Gebett volget Hoffnung. Vnd wer das köndte/das er sich in der schwermut also herumb werffen möchte/das er allen zorn/sünd vnd widerwertigkeyt auß den augen thet/ vnd sehe allein auff die blosse Barmhertzigkeyt GOttes/ der het schon gantz vnd gar gewonnen. Denn es ist kein ander mittel/noch weg/solche Trawrigkeyt zu vberwinden/ denn allein so man auff die verheyssung vnd Gnade Gottes sihet. Menschen verdienst vnd werck halten nicht den stich / allein der Glaub vnd das vertrawen auff die Barmhertzigkeyt GOttes/die er vns in seinem Son vnserm HERrn Jesu Christo bewiesen hat/richtets alles auß. O du schendlichs Trientisch Concilium/was wiltu doch Christo dem Son Gottes imermehr antworten/das du darffst sagen/vnd öffentlich schreiben/man solle zweyffeln an der Gnad Gottes/ vnd keiner solle sagen/das er vergebung der Sünden habe? Dauid/vnd die gantze heylige Schrifft lehret vns vil anders/ vnd wil/das wir vns vestiglich vnd gentzlich auff Gottes Wort vnd verheyssung / mit gantzem hertzen verlassen sollen/vnd seiner güte trawen/bey verlust vnser seligkeyt.

Wo nun ein Christen mensch von dem Teufel/seiner sünden halben/oder sonst/angefochten vnd betrübt wirt/sol er zu Gott lauffen/vnd schreyen/vnd sich an seine verheyssung halten / vnd sich mit dem Wort GOttes frösten vnd erquicken/Vnd wissen/das er gewißlich Gottes Kind sey/ob gleich der Teufel vil anderst einbleist. Auff solchen Glauben/Trost vnd Hoffnung solle auch volgen hertzliche Dancksagung/ wie hie Dauid mit seinem Exempel beweyset/ vnd sagt:

Ich will dem HERREN singen/ daß er so wol an mir thut.

DAs ist der Glaubigen Triumph vnd Sieg. Sie singen frölich von der gnedigen erlösung/loben vnd preysen Gott/vnd dancken im/das er die seinen errettet/erhelt/vnd beschützet. Also sollen wir auch thun in vnsern nöten. GOtt sollen wir vnser not vnd anligen klagen. Darnach sollen wir jhn bitten vmb hülff vnd rettung/ vnd solches alles vmb seiner Ehre/ vnd Namens willen. Zum dritten/sollen wir vestiglich glauben/vnd hoffen / er werde vns nicht lassen/sondern erhören/vnd erretten. Zum letzten/sollen wir jm dancken für seinen gnedigen rath/hülff vnd beystand. Darzu helffe vns Gott Vatter/Son/ vnd heyliger Geist/Amen.

Vierzehenden Psalm Dauids.

Außlegung des Vierzehenden Psalm Dauids.

DAs ist auch der rechten Psalmen einer/ welcher die gantze Welt/ mit aller jrer lehr/ weißheyt vnd heyligkeyt/verwirfft vnd strafft/Vnd lehret/wie aller menschen leben vnd leben on Glauben/ sey für GOtt eytel Grewel/ vnd jr bester Gottesdienst sey ein lauter Bauchdienst/den sie damit mesten/ vnd der leut Güter fressen. Aber keiner weiß/ oder versteht den rechten Gottesdienst/ wiewol sie das Gesetz Gottes lehren vnd rhůmen/ Ja sie schenden vnd lestern das Wort Gottes/ wenn man sie strafft/ wöllen von der zuuersicht oder Glauben auff GOTT nichts hören.
   Es hat aber diser Psalm fürnemlich drey stück. Das Erst ist/darinnen er lehret/ das alle menschen Thoren vnd Narren sind / vnd haben kein rechte erkantnuß GOttes/ sondern stecken in finsternuß/ vnd ist jr verstand vnd vernunfft voll vnwissenheyt/ vnd jr hertz vnd wille voll vngehorsams/böser lust vnd begirde/vnd vnoderwlicher flasten/ wider Gott vnd den Nechsten/also/ das auch keiner lebet/der da gutes thue/auch nicht einer. Das ander stück ist ein ernstliche straffe vnd drowung wider die Gottlosen Lehrer/welche Gottes Ehr nicht suchen/ sondern sehen allein auff jhren zeitlichen nutz/ das sie jhren Bauch vnd Wanst füllen vnd mesten können/ vnd leben in wollüsten/reichthumben/vnd weklicher ehr/on GOttes forcht. Das dritte stück ist ein Gebett vnd hertzlicher wunsch/ das doch Gott/ seine Weissagung vnd Verheyssung von dem HERren Christo/ wölle ins werck kommen lassen/ damit das Euangelium gepredigt werde. Denn diser Psalm strafft sonderlich die Juden vor Christus geburt/so mit dem gesetz die leut martern. Vnd verheyst oder weissagt von Christus zukunfft/da er der hülff auß Zion. Denn auß Zion ist das Euangelium vnd der Geist Korssen. Vnd in disem stück sehen wir sonderlich/ wie es den Propheten nit allein sey zuthun gewesen vmb das zeitliche Reich Israel/ vnd diß vergengklich leben vnd wesen auff erden/ Sondern sie haben fürnemlich jre Weissagungen gerichtet auff das vnuergengliche Reich Christi/ vnd das ewige Leben. Wie Petrus bezeugt/1. Petri 1. vnd spricht: Die Propheten haben nach der seligkeit gesucht vnd geforscht/die von der zukünfftigen Gnad auff euch geweissagt haben/ vnd haben geforscht/auff welche vnd welcherley zeit deutet der Geist Christi/der in jnen war/vnd zuuor bezeugt hat die leyden in Christo sind/ vnd die Herrligkeit darnach/ welchen es offenbaret ist/Den sie habens nicht jnen selbs/sonder vns dargethan/Welchs euch nun verkündiget ist/durch die/ so euch das Euangelium verkündiget haben/ durch den heiligen Geist vom Himel gesandt/ welchs auch die Engel gelustet zu schawen. Darumb hat vor vierzehundert Jarn ein frommer Bischoff/ Ignatius genandt/ad Magnesianos gesagt: Die Propheten sind Diener Christi worden/vnd haben jhn künfftig im Geist gesehen/ vnd sein/als jres Meisters/gewartet/vnd auff in gehofft/als jren HERrn vnd Heyland/vnd gesprochen: Er selbs wirt korssen/vnd vns helffen vnd erretten. Vnd Tertullianus hat vor 1300. Jarn gesagt: Christus ist ein Sigil aller Propheten/der alles volnbracht hat/ so die Propheten von jm geweissagt haben.

         J ij   Wir

Kurtze außlegung des

Wir wöllen nun das erste stück für uns nemen/ und kürtzlich uberlauffen/ Daruon der Prophet vnd König Dauid zu reden also anfihet:

Die Thoren sprechen in jrem hertzen: Es ist kein Gott/ Sie tügen nichts/ vnd sind ein grewel mit jrem wesen/ da ist keiner der guts thue.

DJe Thoren sind alle Menschen/ ohne Glauben an den HERrn Christum/ Denn das gantze Menschliche Geschlecht spricht in seinem hertzen/ es sey kein Gott. Das ist/Ob sie gleich vil sagen/ vnd rhümen/ von der erkantnuß Gottes/ vnd sind weiß/ gelehrt/ vnd heylig/ Dennoch/ dieweil sie das reine/ lautere Wort GOttes nicht annemen/ so verleugnen sie mit der that den rechten waren GOtt. Denn es wol war ist/ das Menschlich verstand sagen muß/ das ein GOtt sey/ der alle ding erschaffen hat/ vnd noch erhelt/ vnd von dem alles guts kompt/ wie auch die Heyden/ Plato/ Aristoteles/ ja auch die Türcken von Gott reden/ Aber doch muß man dises wissen: Dieweil die Menschen Gott nicht erkennen auß seinem Wort / wie er sich selbs hat geoffenbaret/ vnd seine offenbarung in die heyligen Schrifft/ der Propheten vnd Aposteln/ verfasset hat/ so lang haben sie keinen GOtt. Denn sie haben nicht den Gott/ der da ist/ vnd heyst/ der ewige Vater/ der ewige Son/ vnd der ewige heylige Geist. Vnd dieweil sie den Son nicht erkennen/ vnd nicht ehren/ so sind sie vom warhafftigen GOtt hinweg/ vnd dichten Abgötterey/ vnd newe falsche Götter/ welche nicht Gott sind/ vnd wöllen nicht/ das diser der warhafftige GOtt sey/ der sich durch den Heyland CHRistum geoffenbaret hat. Darumb wenn gleich die Heyden/ Türcken/ Juden/ vnd andere jrrige Secten rhümen sie rüffen GOtt an/ der Himel vnd Erden erschaffen hat/ wie sie vil dauon reden vnd schreyben/ so sind doch dise jre gedancken eytel lügen vnd Abgötterey/ Denn sie sprechen nicht den warhafftigen Gott an/ sondern tichten etwas/ das nicht Gott ist/ Denn sie wöllen disen Gott nicht haben/ der sich also mit gewissen zeugnussen in seiner Lehre/ vnd in seiner Kirchen geoffenbaret hat/ das ein Göttlichs wesen sey/ der ewige Vater/ vnd der ewige Son/ des Vatters Ebenbild vnd Wort/ vnd der heylige Geist/ Vnd das der ewige Vater/ sampt dem Son vnd heyligem Geist/ alle Creaturen erschaffen hab/ Vnd das der Son/ der des ewigen Vaters Wort ist/ gesandt sey/ vnd habe Menschliche natur an sich genommen/ic. Wer nun den Son Jhesum Christum lestert/ der lestert auch den ewigen Vatter / wie der Spruch sagt im Johanne: Wer den Son nicht ehret/ der ehret auch den Vater nicht. Item: Niemand komme zum Vatter/ denn durch den Son. Darnach so wissen auch die Heyden nichts von dem Mitler/ vnd können nicht erkennen/ was der will Gottes sey/ ob Gott die elenden Menschen erhören wil/ vnd warumb er sie erhöret/ so sie doch Sünder sind/ schreyen in die lufft mit zweyffel vnd vngedult Wider Gott/ Dises alles ist grosse lesterung. Wir aber sollen den Mitler Jhesum Christum/ den Son Gottes/ anschawen/ vnd vestiglich gleuben/ das vns GOtt vmb dises Mitlers willen gewißlich gnedig sein wil/ vnd wil vns vmb desselbigen willen erhören/ vnd helffen/ Vnd das er vns durch disen seinen Son Jesum Christum/ auß der Hellen reisset / gibt vns Leben/ heyligen Geist/ Gerechtigkeyt/ vnd ewige Seligkeyt. Wie der Son spricht: Niemand wirt meine Schafe auß meinen henden reissen.

Das wörtlein (Nabal) so hie stehet/ vnd verdolmetscht ist/ die Thoren/ heyst eygentlich Vnweise leut/ das ist/ alle menschen/ welche das Wort/ oder

die

Vierzehenden Psalm Dauids.

die Weißheyt CDX Jsti nicht haben/ als Türcken/Heyden/Bapst/vnd alle Weltweise auff der Erden/so dem Wort Gottes von hertzen nicht gleuben/ Wenn sie gleich den Glauben auff der zungen vnd im mund füren/ vnd sprechen/sie meinen den rechten Gott/ so ist doch ir hertz voll vnglaubens/zweyffels/vnd mißtrawens/vnd verneinen den waren Gott mit der that/ vnd sind in aller irer klugheyt vnd heyligkeit Nabal, Narrn vnd Thorn/welche das Wort Gottes verachten/verfolgen/meystern/vnd lencken jrs gefallens/ vnd heyssen vnsers Gottes Lehr vnd Wort/ Ketzerey vnd Narrenspiel, vnd sprechen: Kurtzumb/es ist nicht Gott/sondern Teufel / Nicht Gottes Wort/sondern Teufels wort. Denn wer das Wort verleugnet/ der verleugnet alles mit einander/auch Gott den HERRN selbs/ welcher solchs Wort geredt/vnd sich dardurch geoffenbaret hat/ damit anzuzeygen/ was sein wesen vnd sein will sey. Dieweyl sie nun Gott verleugnen/ vnd jnen ein newen falschen Gott tichten/ so gehets jnen auch/wie jetzo weyter volget.

1. Sie tügen nichts / Das ist/sie sind von natur verderbt/vnd kinder des Zorns/ vnd ein feindtschafft gegen Gott. Jr vernunfft weiß nicht was Gottes wesen oder wille ist. Jhr hertz ist verkert/ vnd voll elendes/ wie Jeremias sagt/Das ist/es ist von Gott abgewandt/ voll vnordenlicher lieb/sicherheyt/ vnd stoltz/schrecken/angst/vngedult/murren/ vnd zorn wider Gott. Sie sind dem willen/vnd dem Gesetz Gottes widerwertig, vnd sindt darumb in vngenad/vnd schuldig ewiger straff/ vnd tügen zu nichts/ denn sie sind im Tod/ vnd vnter dem Zorn Gottes.

2. Sie sind ein grewel mit jrem wesen. Jr leben vnd wesen/es sey wie heillich/ heylig/ vnd köstlich es wölle/ so ist es doch für Gott eines drecks werdt. Vnd da sie am besten wöllen vmbgehn/ da verderben sie sich/vnd stincken für Gott. Sie arbeyten wol/vnd sind fleyssig/ vnd martern sich vnd andere / haben strengen Orden / mit Fasten/ Beten / Wachen / Studiren / vnd andern wercken mehr/ Vnd/ wie der Phariseer Luce am 18. sagt/ er faste zwier in der wochen/rc. Aber wenn mans am liecht ansihet/ so ist es für Gott ein grewel/ davon geschrieben steht: Sie ehren mich vergeblich mit Menschensatzungen. Vnd Esaie am 59. Sie bruten Basilisken eyer/vnd wircken Spinneweb. Jsset man von jren eyern/ so muß man sterben: Zutritt mans aber / so feret ein Otter herauß: Jhr Spinneweb taug nicht zu kleydern/ vnd jr gewirckte taug nit zur Decke/denn jr werck ist mühe/ vnd in jren henden ist freuel. Jre füsse lauffen zum bösen/vnd sind schnell vnschuldig blut zu vergiessen. Jhre gedancken sind mühe / jhr weg ist eytel verderben vnd schaden. Sie kennen den weg des Frides nicht/ vnd ist kein recht in jren gengen. Sie sind verkert auff jren strassen/Wer darauff gehet/der hat nimmer keinen friede.

3. Keiner thut was guts. Jre werck / dieweil sie nicht auß dem Glauben kommen/ sindt vntüchtig / sie scheinen so schön als sie jmmermehr können. Denn dieweil die person nicht gerecht noch angenem ist / so können auch die werck nicht angenem sein. Vnd ist jr grösste Heyligkeit/ als wer sie nichts. Vnd das ist eben die lehr/ daran sich alle vernunfft ergert vnd stösset/ wie wir bald hören werden. Volgt jetzo der anders Vers.

> Der HERR schawet vom himel auff der Menschen Kinder/ daß Er sehe/ ob jemand klug sey/vnd nach Gott frage.

Kurtze außlegung des

DAs ist ein starcke probatio/das es war sey/das er zuuor gesagt hat/ das nemlich kein Mensch für Gott gerecht sey. Vnser HERR GOtt/spricht er/hat selbs darnach gesehen/vnd hat befunden/das sie von natur alle kinder des Zorns/vnd verloren sindt/vnd vmb der Sünden willen geworffen sindt vnter den grewlichen gewalt des Teufels.

Es ist aber wol zu mercken/das er spricht/Gott hab auff der Menschen kinder gesehen/Denn hiemit vnterscheydet er die Kinder Gottes/von den kindern der Menschen. Die Kinder der Menschen nennet die Schrifft nit allein die Heyden/sonder alle menschen/sie sind Juden/Heyden/Türcken/Christen/ so keinewar erkandtnuß des Wesens vnd Willens GOTTES haben/vnd nit new geboren sind/vnd haben keinen rechten Glauben an den HErrn Christum/leben in sicherheyt/one forcht vnd lieb Gottes. Solche alle sind Thorn vnd Vnweiß/fragen nichts nach Gott/vnd haben kein achtung auff jrer seelen seligkeit. Die kinder Gottes aber nennet die Schrifft/alle Gleubigen/wie geschrieben steht/Johan: am 1. Wie vil den Son GOttes auffnamen/denen gab er macht/Gottes kinder zu werden/die an seinen Namen gleuben. Welche nicht von dem geblüt/noch von dem willen des fleysches/noch von dem willen eines Mannes/sondern von Gott geboren sind.

Aber sie sind alle abgewichen/vnd alle sampt vntüchtig/Da ist keiner der gutes thue/auch nicht einer.

DAs ist je ein gewaltiger Sententz/welcher rund herauß alle Menschenkunst/weißheyt/heyligkeyt/werck vnd verdienst verwirfft/vnd spricht/ das die Menschen nicht allein GOtt nicht kennen/sondern das auch jr thun vnd lassen von GOtt verworffen sey/so lang sie an den HErrn CHRIstum den Son GOTtes nicht gleuben/Wie Paulus auch bezeuget zun Römern am 14. Was nicht auß dem Glauben geht/das ist Sünd. Item/Wer nicht gleubet/der ist schon gerichtet. Item/Wer nicht an den Sohn gleubet/auff demselben bleybt der Zorn GOttes. Darumben gilt one den Glauben kein werck für Gott/es sey so schön vnd herrlich/als es jmmer wölle. Wir gehen alle in der jrre/wie Schafe/spricht Esaias/vnd ein jegklicher sihet auff seinen weg/vnd ist doch keiner/der gutes thut/vnd keiner gefellt GOtt. Wie auch Paulus sagt zun Titum am 1. Sie sagen wol/sie erkennen GOtt/aber mit den wercken verleugnen sie es/sintemal sie sind/an welchen Gott grewel hat/ vnd gehorchen nicht/vnd sind zu allem gutem werck vntüchtig. Vnd zun Römern am Dritten legt er dise wort auß/vnd spricht/das kein Mensch auff Erden auß seiner natur durch seine werck angenem/oder gerecht sey/Vnd beweyset/das sie allzumal Sünder sind/vnd mangeln des rhums/den sie an GOtt haben sollen/ Vnd spricht: Es steht geschrieben/Keiner ist gerecht/ auch nicht einer/Keiner ist verstendig/Keiner fragt nach GOtt: Sie sindt alle abgewichen/vnd alle sampt vntüchtig worden/Da ist keiner der gutes thue/auch nicht einer: Jr schlund ist ein offen Grab/mit jren zungen handeln sie trüglich/Ottergifft ist vnter jren Lippen: Jhr mund ist voll fluchens/vnd bitterkeyt: Jhre füsse sind eylend blut zuvergiessen/Jnn jhrem wegen ist eytel vnfal vnd hertzenleyd/vnd den Weg des Fridens wissen sie nicht. Es ist keine forcht Gottes für jren augen.

Hiemit werden nun verworffen alle Jrrthumb der Phariseer/Pelagianer/der München vnd Widerteuffer/welche eins theyls fürgeben/der mensch bring keine sünd mit sich von der geburt an/sondern allein die bösen werck/

die

Vierzehenden Psalm Dauids. LII

die ein Mensch hernach thut/heyssen sünde. Eins theyls aber sagen/der an͛
geborne zweyffel vnd böse neygung sey nicht sünde/sondern mittel ding/wie
essen vnd trincken. Item/sie sagen weyter/ein Mensch könne mit natürlichen
krefften GOttes Gesetz gantz erfüllen/vnd das man vergebung der Sünden
verdiene durch gute werck/vnd das der Mensch also für GOtt gerecht/vnd
Gott gefellig sey/von wegen der eusserlichen guten werck.
    Wider solche Irrthumb vnd Lügen sol man disen Psalm behalten/vnd
wissen/das erstlich alle menschen sind abgewichen/das ist/sie haben GOtt
verlassen/vnd nicht auff sein Wort vnd Willen gesehen/vnd sind auff eygne
wege/Abgötterey vnd Irrthumb geraten/wie man bey den Heyden/vnd im
Bapsthumb bey den München vnd Pfaffen gesehen hat. Darnach sind sie
alle sampt vntüchtig/vnd wenn sie gleich vil arbeyten/sorgen/vnd mühe ha͛
ben/bringen sie doch keine frücht/vnd dienen Gott nicht. Jr keiner thut doch
kein gut/wiewol sie meinen/sie sind die aller besten/vnd ist jr werck vnd hey͛
ligkeyt für Gott ein vnstetig stinckend Kleyd/wie Esaias sagt am 64. Capitel:
Wir alle sampt sind wie die vnreinen/vnd alle vnser Gerechtigkeyt ist wie ein
vnstetig Kleyd. Wir sind alle verwelckt/wie die Bletter/vnd vnser sünde füren
vns dahin/wie ein Wind.

**Will denn der Ybelthetter keiner das mercken? die mein
Volck fressen/daß sie sich nehren/Aber den HERRN
rüffen sie nicht an.**

    Das ist das ander Stück dises Psalms/Denn bißher hat er in gemein
von allen Menschen geprediget/das von natur Gotlos vnd Abgötter sind.
Jetzo aber greyfft er die Lehr vnd die Lehrer an/vnd nennet sie böse schedliche
Verfürer/vnd Vbelthetter. Sie machen (spricht er) böse arbeyt/vnd lehren
falsch/vnd verfüren vil Seelen mit jren Lügen/vnd bringen die armen Leut
vmb Leyb vnd Seel/vnd vmb alles/was sie haben/Vnd wenn man jhns ein
wenig sagt/so wöllen sies nicht leyden/murren/klagen/schreyen/vnd tödten
wol darzu die trewen Lehrer/sind voll Ehrgeytz/stoltz wollust vnzucht/vnd
dergleichen Laster. Vnd/wie im Drey vnd fünfftzigsten Psalm stehet/lassen
jnen nicht sagen/sondern sprechen wol zu den Frommen : Non est locutus per te
Dominus, Der HERR redet durch dich nicht/wie die Juden zu dem Pro͛
pheten Jeremia sagten. Vnd vber das/daß sie falsche lehr treyben/fressen
vnd verzeren sie der armen leut Schweyß vnd Blut/vnd saugen sie auß geist͛
lich vnd leyblich/wöllen alles vollauff haben/vnd lassen jhren Gott/der da
heyst Dagon/vnd Mammon/das ist/Reichthumb vnd Wollust/Bauchfüll
vnd Schlemmerey/in jren Kirchen vnd Schulen/allzeit oben an sitzen/wie
man im Bapsthumb mit dem Ablaß/Opffern/Messen/vnd dergleichen
Mammor dinsten gesehen hat. Darumb spricht hie der Psalm: Sie rüffen
den HERRN nicht an/jr trawen steht nicht auff GOtt/sie gleuben nicht
der gnedigen verheyssung GOttes/vnd keiner hat kein gute zuuersicht zu vn͛
serm HERRN Gott. Wo nun kein rechter Glaub ist/da kan auch kein recht
Gebett sein/wenn man gleich tag vnd nacht alle Pater noster außzelet/vnd
mit dem mund nach einander plappert/schreyet vnd singet/so ist es doch alles
ein Heucheley/vnd kompt auß einem bösen hertzen/welchs voll vnglaubens/
zweyffels/vnd mißtrawen ist.

                                     J iiij

Kurtze außlegung des

Daselbs fürchten sie sich / Aber GOtt ist bey dem Geschlecht der Gerechten.

DAs ist ir hertz ist nimmer still/ dieweil sie keinen gewissen Glauben haben/ vnd fürchten sich stetigs / es möchte der Himel einfallen / wenn sie die Warheyt rund herauß bekennen sollen. Ja ein rauschend blat kan sie vertreyben/ das sie nicht wissen/ wo sie für angst bleyben sollen / Wie man sihet an den Maulchristen/ Wenn fried ist/ so können sie lehren/ schreyben/ vnd vil vom Glauben vnd der bestendigkeyt rhümen: Wenn sie aber sehen/ das ein wenig ein gefahr fürhanden ist / vnd das sie etwan möchten in vngnad vnd vngunst kommen/ oder aber an jhrer ehr/ gut/ narung/ vnd bauch etwas verlieren/ so können sie wol still schweygen/ vnd sindt stumme Hunde/ vnd fürchten sich mehr für den Menschen/ denn für Gott/ Ja sie lencken vnd dieben das Wort Gottes/ vnd die Glaubens Artickel nach jrem gefallen/ allein das sie ehr vnd gunst behalten mögen/ wie zu vnser zeit der Exempel sehr vil bin vnd wider sind erfaren worden/ Vnd wer achtung darauff gibt/ kan derselbigen noch vil vast täglich/ heimlich vnd öffentlich/ mercken vnd erfaren.

Es redet aber der Prophet auch von den falschen Gottesdiensten/ inn welchen jnen die Heuchler ein gewissen machen/ da sie es nicht thun solten/ vnd fürchten sich/ wo nicht zu fürchten ist. Solt ein Münch on ein Schepler gangen sein/ oder geschlaffen haben/ oder am Freytag fleisch gessen/ das were sünd vber sünd gewest/ so doch vnserm HERRN Got nit dran gelegen ist. Solches widerferet den Gottlosen/ welche das Wort GOTtes auß den augen lassen/ vnnd hangen an Menschen lehre. Aber die Gottsfürchtigen dürffen solchs nicht/ Denn dieweil sie das Wort GOTtes lauter vnd rein behalten/ so haben sie GOtt stetigs bey sich/ vnd wenn ein Plag kommen wil so fürchten sie sich nicht/ Jhr Hertz hoffet vnuerzagt auff den HERREN/ Psalm: 112.

Jhr schendet des Armen rath / Aber Gott ist seine Zuuersicht.

HJe redet der heylige Geyst mit den Gottlosen/ vnd straffet sie/ das sie die reine/ gesunde Lehr GOTtes verachten/ vnd verspotten alle die/ so bey dem Wort GOTtes bleyben wöllen. Es müssen Ketzer vnnd arme elende leute sein/ Auffrhürer/ vnruhige köpff/ die nicht lust zum Friede haben. Jhr rath wirt für nichts gehalten/ es ist alles Schwermerey mit ihnen. Sie sitzen auch als zum hon vnd spot der gantzen Welt/ jederman wil jhnen zu/ vnd sie vnter die füß tretten/ Wie auch Paulus 1. Corinth: 4. klaget/ vnd spricht: Jch halte GOtt hab vns für die aller geringsten dargestellet / als dem Tod vbergeben/ denn wir sind ein Schawspiel worden der Welt/ vnd den Menschen. Wir sindt Narren vmb Christus willen/ Wir sind stettigs als ein Fluch der Welt/ vnd ein Fegopffer aller leut. Vnd also stehet auch im Propheten Hezechiel am 33. Capitel: Höre du Menschen Kind/ spricht der HERRE/ dein Volck redet wider dich/ an den Wenden/ vnd vnder den Hausthüren/ vnd spricht je einer zu dem andern: Lieber/ kompt vnd lasst vns hören/ was der HERRE sage/ Vnd sie werden zu dir kommen/ in die versamlung/ vnd für dir sitzen/ als mein Volck/ vnd werden deine wort hören/ Aber nichts darnach thun/ sondern werden dich anpfeyffen/ vnd gleichwol fort leben/ nach jrem geitz. Vnd sihe/ du must jhr Liedlin sein/ das sie gerne singen vnd spielen werden/

Vierzehenden Psalm Dauids. LIII

werden/ Also werden sie deine wort hören/ vnd nichts darnach thun. Wenn es aber kompt/ was komnien sol/ sihe/ so werden sie erfaren/das ein Prophet vnter jnen gewest sey.

Was ist aber die vrsach/das man den trewen Lehrern/vnd den frommen armen Christen so feind vnd hessig ist? Solchs zeyget hie der Prophet an/vnd spricht: Gott ist des Armen zuuersicht. Darüber erhebt sich nun aller kampff/ Dieweil der Arme bey dem Wort Gottes schlecht vnd recht bleybet/ vnd auff die Gnad Gottes trawet/ so muß er sich leyden. Als/wenn wir predigen den Artickel von vnser Gerechtfertigung/ vnd pochen auff die Gnad GOttes/die er vns in seinem Son bewiesen hat/ darüber müssen wir condemnirt/ vnd in Bann gethan werden. Item/ wenn man die Laster strafft/ das wil niemand leyden/die Welt wirt toll vnd thöricht drüber. Nun kan man aber Christum nicht recht predigen/loben vnd preysen/man schelte denn darneben den Teu-fel/vnd straffe seine Braut die Welt.

Ach/ daß die hülffe auß Zion vber Israel keme/ vnnd der HERR sein gefangen Volck erlösete/ So würde Ja-cob frölich sein/ vnd Israel sich frewen.

DAs ist das dritte stück dieses Psalms/ darinnen er wünschet/das doch Christus der verheyssene Weybs Samen in das Fleisch kommen möcht/ vnd sein Volck/das vnter dem Teufel/Sünd/Gesetz/vnd Tod gefangen ligt/erlö-set. Ach wie predigen wir so lang/spricht er/das doch ein mal der rechte Hey-land keme/ der das Euangelium/ die frölich Botschafft/ brechte/ vnd were vnser rechter Emanuel/ GOtt mit vns/ dieweil doch sonst nirgend kein Trost/ Glaub/ oder trew in der gantzen Welt ist. Die rechte lebendige frewde stehet allein in dem HERrn Christo/sonst ists alles eytel/vnd nichts. Vnd wir sol-len auch diesen schönen Vers/ vnd hertzlichen wunsch zu vnser zeit offt beten/ das Gott mit seinem Jüngsten Tag bald komnien wolt/vnd vns/die wir hie in diser Welt gefangen ligen/gnediglich erlösen/auff das wir in alle ewigkeit frölich sein/ vnd GOtt den HERREN loben vnd dancken für alle seine wol-thaten/ Amen.

Jacob ist so vil/als/der die Fersen ergreifft/vnd helt. Denn da Jacob ist geboren worden/ hat er mit der handt seines Bruders Esau Fersen gehalten/ wie im Ersten Buch Mosi am 25. geschrieben stehet. Israel aber heyst ein Fürst oder Vberwinder Gottes/als der durch den Glauben mit GOtt gerun-gen/vnd den Sieg behalten hat. Wiewol nun hie in dem Psalm durch Ja-cob vnd Israel/ die gantze Kirch GOttes/vnd alle Gleubige im Menschli-chen geschlecht bedeutet vnd verstanden werden/ jedoch ist es fein/das man auch wörter an jnen selbst erklere. Alle Christen in disem leben müssen vnd sollen Jacob sein/ Das ist/ sie müssen sich halten an die Fersen/welche die alte schlang/der teufel/sticht/nemlich/an des Weibsamen/den HErrn Christum. Denn in diesem leben ist noch nichts vollkommens/ sondern wir müssen vn-ten anheben/vnd vns an die fersen halten/ Denn das ist vnser Glaub/Fides, quod non vides. Wir sind hie Vnmündige vnd Seuglinge/ Vnd dieweil wir in diser argen welt sind/so scheinet es/ als sey es ein fersen des Esaus/eines Weltman-nes/vnd sichern Menschens/ der nicht vil nach GOTT fraget. Wie nun die Fersen den HERrn Christum anzeyget/ also bedeutet Esau die Welt. Denn in diser argen schnöden Welt muß man sich an solche Fersen halten/ vnd den Glauben vestigklich behalten. Wer nun solches thut/ der wirdt Israel/

vnd

Kurtze außlegung des

vnd vberwindet den Zorn Gottes/ ist vnd bleybt frölich in diesem leben/ vnd hernach in alle ewigkeyt. Denn er hat sich gehalten an des Weybes Samen/ vnd hat jme die Düffte verrencken lassen/ Das ist/ all sein trawen vnd zuversicht ist auff des Weybssamen gestanden/ vnd hat die Welt/ den grossen gewaltigen Esau/ nicht vil geachtet/ sondern wiewol er in der Welt bey des Esaus Kindern/ als bey seinen Brüdern/ Fleisch vnd Blut/ hat leben müssen/ jedoch hat er genug gehabt an der Fersen/ vnd sich nicht weyter erhaben/ vnd ist also in dem Glauben in den Herren Christum blieben/ biß er ein rechter Israel worden ist. Darzu helffe vns Gott auch allen gnediglich/
Amen.

Außlegung des Fünffzehenden Psalm Dauids.

ST ein Lehrpsalm/ vnd lehret das Gesetz recht verstehen/ vnd ein recht gut leben/ vnd rechte gute werck/ als die früchte des Geistes vnd Glaubens/ Nemlich/ für Gott on wandel sein/ durch rechten Glauben/ vnd recht thun gegen dem Nechsten/ vnd meyden der Gottlosen böses wesen/ vnd jr Deucheley/ da sie mit Gauckelwercken GOTT dienen/ vnnd die rechten Werck lassen.

Vnd hieher gehöret von ersten die lehre von guten Wercken/ Denn dieser Psalm redet nicht von vergebung der Sünden/ vnd wie der Mensch für Gott gerecht werde/ Sondern redet von einem newen Gehorsam/ vnd von gutem Gewissen/ daruon auch Paulus/ in der 1. Epistel an Timotheon am 1. Capitel redet/ vnd spricht: Halt ein gute Ritterschafft/ behalt Glauben/ vnd ein gut Gewissen. Item: Weil die heylsame Gnade GOttes allen Menschen erschienen/ züchtiget sie vns/ das wir sollen verleugnen das Vngöttliche wesen/ vnd die Weltlichen lüste/ vnd züchtig/ gerecht/ vnd Gottselig leben inn dieser Welt/ vnd warten auff die selige Hoffnung vnd erscheinung der Herrligkeyt des Grossen GOttes/ vnd vnsers Heylands Jhesu Christi/ der sich selbst für vns gegeben hat/ auff das er vns erlösete von aller Vngerechtigkeyt/ vnd reiniget jm selbst ein Volck zum Eygenthumb/ das sie fleissig were zu guten wercken.

Wie aber die gantze Lehre von guten Wercken zu handeln sey/ wirdt anderstwo an seinem ort angezeyget/ Nemlich/ das man erstlich sehen sol/ welche Werck man thun sol/ als/ die Gott selbst befolhen hat/ wie Ezechielis am 20. Capitel geschrieben stehet: Nach meinen Gebotten solt jhr leben/ damit denn

Fünffzehenden Psalm Dauids. LIIII

denn alle menschensatzungen verworffen werden/ Wie der Spruch bezeuget: Sie ehren mich vergeblich durch Menschen gebot. Jtem / Numeri am 15. Capitel: Jhr solt thun die Gebot des HERREN / vnd nicht ewres hertzen duncken volgen/ noch ewren augen nach huren / sondern gedencken an meine Gebott/ vnd dieselbigen thun/ vnd heylig sein ewrem Gott. Darnach sol man achtung darauff haben / wie gute werck geschehen mögen / Nemlich / so sie geschehen auß dem Glauben an den Son GOTtes / Wie Ambrosius schön sagt: Non hi sunt iusti, qui legem audiunt, sed qui credunt in Christum, quem lex promisit, hi faciunt legem. Das ist / Die sindt nicht gerecht/ welche das Gesetz hören / sondern die gleuben an CHRJstum / welchen das Gesetz verheyssen hat/die thun das Gesetz. Jum dritten / sol man sehen / wie die guten werck GOtt gefallen / nicht von wegen jrer eygen wirdigkeyt / sondern von wegen der gleubigen Person / welche gute werck thut. Denn wo die Person Gott gefellig ist/ welches allein geschicht durch den Glauben an CHRJstum/ so ist auch das werck derselbigen Person Gott angenem. Jst aber die Person mit Gott nicht versönet/ wie die Vngleubigen sind / so gefellt auch jr werck / es sey so gut / als es kan sein / GOtt nicht / Nicht auß schuld des wercks an jhm selbst / sondern auß schuld der Person / welche mit Gott noch nicht versönet ist. Denn ist das grösser / nemlich die Person / Gott nicht gefellig / vil weniger ist das geringer / als das werck / welchs die Person thut / Gott angeneme. Dergegen / Jst das grösser / als die person / durch den Glauben / von wegen des HERrn Christi / GOtt gefellig / so ist auch das werck / welchs von der gleubigen Person herkompt / eben vmb diser vrsach willen / Gott angenem. Wie Petrus sagt / 1. Petri 2. Opffert Geistliche Opffer / das ist / früchte des Glaubens / welche Gott angenem sindt / durch Jhesum Christum. Vnd Clemens Alexandrinus setzt wider die Heyden ein feinen Spruch/ vnd sagt: Vita vniuersa hominum bona est, qui Christum cognouerunt. Das leben der Menschen / welche Christum erkennet haben / vnd an jn gleuben / ist durchauß gut / vnd Gott gefellig. Zum vierdten / sol man sehen / warumb man gute werck thun sol / vnd was dieselbigen nütz sind / dieweil wir dadurch kein vergebung der sünden / kein Gerechtigkeyt / heiligen Geist / noch ewiges leben erlangen. Vnd ist die erste vrsach / der Befehlich Gottes / dem wir gehorsam zu leysten verpflicht vnd schuldig sein. Die ander vrsach ist / das Zeugnuß vnsers Glaubens. Denn die guten werck sind früchte des Glaubens / vnd bezeugen den Glauben / wie Petrus sagt: Wo erkantnuß des HErrn Christi / vnd ein rechter Glaub ist / da sind gewißlich auch tugenden / welche den gleubigen Menschen nicht faul noch vnfruchtbar sein lassen. Daher auch etliche Lehrer gar fein von der ordnung vnser Gerechtigkeyt reden / vnd sagen:

> GOTT gibets.
> Christus erwirbets.
> Der heylige Geist bekrefftigets.
> Der Glaub empfehets.
> Gute werck bezeugens.

Wo nun nicht gute werck sindt / vnd der Mensch in Sünden wider das Gewissen verharret / da ist gewißlich kein Glaub / noch heyliger Geist / Wie Johannes saget: Wer Sünde thut / der ist auß dem Teufel. Warzu aber gute werck nütz sindt / zeyget dieser Psalm an / vnd kompt mit der lehr des Apostels Pauli gantz vnd gar vberein / da er sagt in der Ersten Epistel an Timotheon am 4. Capitel: Die Gottseligkeyt ist zu allen dingen nütze / vnd hat die verheyssung dieses vnd des zukünfftigen Lebens. Das ist je gewißlich

war/

Kurtze außlegung des

wort/ vnd ein thewer werdes Wort. Nicht das das ewige leben von wegen der werck gegeben werde/ sondern das in dem ewigen leben/ welchs vns auß genaden geschenckt wirt/ ein belohnung guter werck geschehen sol. Denn auch dieses zeitliche/ vergengliche leben/ darinnen wir jetzund sind/ vnd wir allerley guts von Gott empfangen/ vns nicht von vnser guten werck wegen gegeben wirt/ dieweyl wir dasselbige one vnser wissen vnd verdienst/ auß wunderbarlicher GOttes ordnung empfahen/ Doch sind in diesem leben vil belohnung guter werck/ gleich wie auch straffen sind der bösen werck. Vnd gehören hieher auch andere Zeugnuß der Schrifft/ Als Matthei am 5. spricht Christus: Es wirt euch im Himel wol belohnet werden. Item/ Matthei am 10. Wer diesen geringsten einen nur mit einem Becher kalts Wassers trenckt/ von wegen der Lehre/ Warlich ich sage euch/ es wirt jm nicht vnbelonet bleyben. Matthei am 25. Ich bin hungerig gewesen/ vnd jr habt mich nicht gespeyset: Ich bin durstig gewesen/ vnd jr habt mich nicht getrenckt/ Vnd sie werden in die ewige pein gehen/ Aber die Gerechten in das ewige leben. Luce am 6. Gebet/ so wirt euch gegeben. Exodi am 20. Du solt deinen Vater vnd deine Mutter ehren/ auff das du lang lebest im Lande. Esaie am 33. Sein brodt wirt jm gegeben/ sein wasser hat er gewiß/ Seine augen werden den König sehen in seiner Schönheyt/ Das ist/ GOtt wil von wegen des Gehorsams vnd guter werck/ auch bessere Narung vnd Regiment geben. Esaie am 58 Brich dem Hungerigen dein Brodt/ vnd die/ so im elend sind/ füre ins Hauß: So du einen nacket sihest/ so kleyde jhn/ vnd entzeuch dich nicht von deinem Fleysch. Als denn wirt dein liecht herfür brechen/ wie die Morgenröte/ vnd deine besserung wirt schnell wachsen/ etc. Dieses bezeuget auch das Exempel der Witwen zu Sarepta/ 3. Reg: 17. So spricht auch der 112. Psalm: Reichthumb vnd die fülle wirt in jrem Hause sein.

So vil sey zum Eingang/ von den guten wercken genug gesagt/ denn davon wirt sonst an seinem ort nach der lenge gehandelt. Wöllen nun den Psalm für vns nemen/ vnd kürtzlich erklären.

HERR/ wer wirdt wonen in deiner Hütten? Wer wirdt bleiben auff deinem heyligen Berge?

ER hebet Gott an zu fragen/ vnd mit jm zu disputirn/ Vnd thut solches darumb/ das er dem ergernuß wehre/ mit welchem vil fromme einfeltige Hertzen angefochten werden/ wenn sie sehen/ das vil Deuchler/ Gleyßner/ vnd Maulchristen in der Christlichen Kirchen sindt/ das man sie schwerlich von den rechten Christen vnterscheyden kan. Wider solches ergernuß lehret der Prophet allhie/ vnd zeyget an/ wie man die rechten Christen erkennen sol/ vnd was die rechten guten werck sind. Denn er sihet/ das jederman wil der frömbste sein/ vnd hat ein jeder sein sonder weiß vnd leben/ Einer machets also/ der ander anderst/ vnd keiner wil vnrecht haben. Darumb spricht er: HERR sage du vns selbst/ was recht ist? Lassets den HERRN sagen/ was jhm am besten gefellt/ vnd wer vnter seim Volck inn das Reich GOttes/ oder in die Christliche Kirche gehöret.

Er nennet aber die Kirchen Gottes mit zweyen namen: Erstlich nennet es ein Hütten/ von wegen dieyer vrsachen: Die erste ist/ das die Kirche/ vnd das Reich Christi in diesem leben muß anfahen/ vnd inn dieser Welt gesamlet werden. Denn gleich wie der Berg von dem ewigen Leben vnd Himlischer Ehre der Gleubigen/ verstanden wirt/ Also bedeutet die Hütten dieses gegenwertige

Fünffzehenden Psalm Dauids. LV

wertige vergengliche leben/ welchs zu gewisser zeit muß abgelegt vnd auffgehaben werden. Die anderv rsach ist/ Das die Glenbigen in stetigem kampff vnd streyt wider jre Feind/ den Teufel vnd die Welt/ligen/ wie in einer Hütten vnd Gezelt/ wie solchs Paulus in der Epistel an die Epheser am 6. weitleufftig erkleret/ vnd spricht: Wir haben nicht mit Fleisch vnd Blut zu kempffen/ sondern mit Fürsten vnd Gewaltigen/ nemlich/ mit den Herrn der Welt, die in der Finsternuß diser Welt herrschen/ mit den bösen Geistern vnter dem Himel. Vmb des willen so ergreiffet den Harnisch Gottes/ auff das jr widerstehen könnet an dem bösen tage/ vnd in allem ewrem thun bestehen möget/ ꝛc. Die dritte vrsach ist/ Das die frommen Christen in der Welt keinen gewissen ort oder stat haben/ sonder ist jhr gantzes leben ein Wallfart/ so lang biß sie jre Hütten ablegen/ wie Petrus davon redet/ vnd zu dem ewigen leben kommen. Vber dise drey vrsachen/ warumb die Kirche Christi ein Hütte genennet wirt/ ist dise vrsach auch sehr fein: Das Gott der HERR jm seine Kirche außerwelet/ vnd erlesen hat/ das er darinnen/ als in seiner Hütten/ wonen vnd bleyben wölle/ vnd nirgend anderstwo kan gefunden werden/ denn allein/da sein Wort lauter vnd rein/ vnd der gebrauch der Sacrament vnuerfelscht ist. Denn wir reden von der sichtbarlichen Kirchen Gottes.

Darnach nennet der Prophet die Kirchen einen heyligen Berg/ von wegen des schutzs vnd schirms/ den sie von Gott dem HERRN hat/ wider die Teufel vnd die Welt/ Wie Christus der Son Gottes selbst sagt: Die Pforten der Hellen sollen sie nicht vbergeweltigen. Denn CHRistus/ der starcke veste Eckstein/ mit seinem Wort/ ist der Grund vnd das Fundament der Christlichen Kirchen/ vnd der Fels vnd Berg/ darauff das gantze Gebew vest stehet/ vnd vnüberwunden bleybt.

Das wörtlin (wonen/ vnd bleyben) bedeutet ein rechte bestendigkeyt in der erkandten vnd bekandten Warheyt/ vnd scheydet die rechten Christen von den falschen Hypocriten/ vnd Gleysnern/ welche nicht bleyben jm Gericht/ noch in der Gemein der Gerechten/ sondern gehen von vns auß/ vnd sind doch von vns nie gewesen/ Denn wo sie von vns gewesen weren/ so weren sie ja bey vns geblieben. Sie richten newe fündlein/ vnd suchen stettigs etwas seltzams/ vnd behelffen sich mit losen Fabeln vnd Lügen/ wie sie immer können/ vnd ist jnen doch kein ernst Gottes Ehre zu suchen/ vnd bey der rechten Lehre bestendig zu verharren. Darumben sollen sie auch vergehen/ vnd nicht bleyben auff dem heyligen Berg / Sondern/ wo nicht in diesem leben/ doch endtlich am Jüngsten tage/ als Gottslesterer öffentlich erkleret/ vnd in ewige verdammuß geworffen werden.

Auß disem bericht ist nun klar/ was die Christliche Kirche sey. Nemlich/ eine gewisse versamlung der Menschen/ so das Euangelium bekennen/ vnd darinnen/ als in jrer Hütten wonen/ vnd darbey bestendiglich verharren/ Wie Paulus sagt/ 1 Timoth: 3. Die Kirch des lebendigen GOTtes ist ein Schul vnd Stul der Warheyt. Was aber die Zeychen sind/ dabey man die rechte warhafftige Kirch vnd Gottes Volck erkennen sol/ zeygt der Prophet Dauid weyter an/ vnd spricht:

> Wer on wandel einher gehet/ vnd recht thut/ vnd redet die Warheyt von hertzen.

AUff solche weiß redet auch Paulus zun Römern am 14. vnd spricht: Das Reich GOTtes ist nicht essen vnd trincken/ sondern Gerechtigkeyt vnd fride/

Kurtze außlegung des

Fride/vnd frewde in dem heyligen Geist. Wer darinnen Christo dienet/ der ist Gott gefellig/vnd den Menschen werdt.

Es nennet aber der Prophet Dauid/ on wandel einher gehen/nichts anderst/denn den Glauben/ welcher allein vns heylig vnd gerecht macht/ Wie auch Paulus redet zun Ephesern am 5. vnd spricht: Christus hat geliebet die Gemeine/vnd hat sich selbs für sie gegeben/auff das er sie heyliget/ Vnd hat sie gereinigt durch das Wasserbad im Wort/auff das er sie im selbs zurichtet/ eine Gemeine/die herrlich sey/die nit habe einen flecken oder runtzel/ oder der etwas/sondern das sie heylig sey vnd vnstreflich. Item/Actor: 15. Der Glaub reinigt das hertz. Item/1. Johan: am 1. Das Blut Jesu Christi reiniget vns von allen Sünden: So wir vnsere sünde bekennen/so ist er trew vnd gerecht/ das er vns die Sünde vergibt/vnd reinigt vns von aller vntugent. Darumben heyst/one wandel herein gehn/nichts anderst/ denn rechte ware Buß thun/ sich zu Gott bekeren/ vnd an den Son Gottes glewben/ Als denn so sind wir rein/ vnd sind GOTT angenem/ Wie der 32. Psalm bezenget/ da er spricht: Wol dem/ dem die vbertrettung vergeben sindt/ dem die Sünde bedeckt ist: Wol dem Menschen/ dem der HERR die Missethat nicht zurechnet/ in des Geist kein falsch ist. Vnd hie müssen wir den Spruch behalten/welchen Paulus zun Römern am Dritten setzt/ da er saget: Die Gerechtigkeyt für GOtt kompt durch den Glauben an Jhesum Christ/ zu allen/ vnd auff alle/ die da glewben. Denn es ist hie kein vnterscheydt/ sie sindt alle zumal Sünder/ vnd mangeln des Ruhms/ den sie an GOtt haben solten/ vnd werden ohn verdienst gerecht/ auß seiner Gnad/ durch die erlösung/ so durch Christo Jhesu geschehen ist/welchen GOtt hat fürgestellet zu einem Gnadenstul/durch den Glauben in seinem Blut/damit er die Gerechtigkeyt/die für jn gilt/darbiete/ in dem/ das er vergibt die Sünde/ die zuuor sind geschehen/vnter Göttlicher gedult/die er truge/das er zu disen zeiten/darbüte die Gerechtigkeyt/die für jn gilt/ auff das er allein gerecht sey/vnd gerecht mache den/der da ist des Glawbens an Jesu.

Das ander zeychen der rechten glewbigen Christen/heyst recht thun/das ist/die frücht des Glaubens beweisen/ vnd im newen Gehorsam leben/ das man nicht in Sünden wider das Gewissen fortfare/ sondern sich bekere/ vnd gute werck leyste. Denn es ist beschlossen/das die Hurer vnd Ehbrecher das Himelreich nicht erben sollen.

Das dritte zeychen heyst/ die Warheyt von hertzen reden. Solchs geht von ersten auff die rechte reine Lehre/das man das Wort Gottes rein vnd lauter behalt/vnd sich dauon nicht laß abtreyben. Vnd ist fein/das man in der Kirchen die Warheyt theylet/in die Warheyt des Gesetzs/ des Euangelij/ vnd des Lebens. Veritas Legis, Die Warheyt des Gesetzs/ ist die Gesetz lehre/ das man lehre/vnd wisse/was wir für Sünden in vnser natur haben/vnd wie wir mit vnsern Sünden den Zorn GOttes vnd ewige Verdamnuß verschuldet haben. Vnd gehöret hieher/ das die Lehrer die Laster ernstlich straffen/ ob sie gleich vmb der Warheyt willen vngunst vnd feindschafft bekommen/Wie Paulus sagt/2. Timotheon am 4. Predige das Wort/halt an/ es sey zur rechten zeit/oder zur vnzeit/straffe/ browe/ermane/vnd lehre. Veritas Euangelij, Die Warheyt der Lehre des Euangelis ist/ rechte reine Lehre von den Wolthaten des Sohns GOttes. Vnd werden hie außgeschlossen alle Gottslesterer/ die falsch lehren wider GOtt/vnd sein heyligts Wort/ Als die ihenigen/ die da sagen: Der Glaube an JHEsum CHRIstum mache vns nicht allein selig/ Sondern so man diß oder das gute werck thue/ vnd halte/

was

Fünffzehenden Psalm Dauids. LVI

was Menschen gesetzt vnd befolhen haben. Item / Die da Jhesu Christi / vnsers Erlösers vnd Seligmachers Testament endern / vnd sagen / das er nur einerley gestalt im Sacrament eingesetzt habe. Item / Die da sagen / es sey nicht der ware Leyb vnd Blut Jhesu CHRIsti im Sacrament / ꝛc. Veritas viæ. die Warheyt des Lebens ist / Das man nicht in Sünden wider das Gewissen lebe / sondern auffwarte des Beruffs / vnnd behalte reinen Glauben / vnd gutes Gewissen / Wie Paulus in der 2.Epistel an Timotheon am 3. Cap: spricht: Es sol ein Bischoff vnstrefflich sein / nüchtern / messig / sittig. Vnd Ambrosius redet auch also / vnd spricht: Non solùm in falsis verbis, sed & in simularis operibus mendacium est: mendacium namq; est, se Christianum dicere, & opera Christi non facere: mendacium est, Episcopum, Sacerdotum, vel Clericum se profiteri, & contraria huic Ordini operari. Das ist / Nicht allein in falschen worten / sondern auch inn gerichten wercken spüret man die Lügen: Denn es ist ein Lügen / wenn einer sagt / er sey ein Christ / vnd helt sich nicht darnach: Oder sagt / er sey ein Bischoff vnd Lehrer / vnd stimmet doch sein leben mit seiner lehr nicht vberein.

Darnach gehöt die Warheyt fürnemlich auch zu der Oberkeyt / wenn die Oberkeyt auff das Achte Gebot sihet / vnd straffet die Lügen ernstlich / vnd handelt auffrichtig in Gerichten / damit niemand ein vnrecht vrtheyl gesprochen werde / sondern dem Armen so wol als dem Reichen recht widerfare. Vnd gehört hieher / das sich die Oberkeyt fleyssig hüte für den Heuchlern / Verleumbnern / vnd Fuchsschwentzern / welche alle Warheyt verkeren / verhindern / vnterdrücken / vnd sehen allein auff jren nutz / fragen nit nach Gott / noch nach der Gerechtigkeyt / sehen auch nicht auff den nutz / weder des Herren / noch der Vnterthanen. Daher kommen auch solche grosse klagen / vnd werden die straffen teglich gehäuffet / wie der Prophet sagt: Es geht gewalt vber recht. Darumb gehts gar anders / denn recht / vnd kan kein rechte sach gewinnen / denn der Gotlose verfoꝛteilt den Gerechten / darumb gehn auch verkerte vrteil. Aber wie disem weitleufftiger / vnd wie es die notturfft zu vnser zeit erfordert zu reden / wöllen wir / wils Gott / sparen biß zu dem 82. Psalm.

Zum dritten / gehöt die Warheyt auch zu dem gemeinen leben / zum Haußhalten / vnd sonst zu einem jeglichen Ampt vnd Beruff / das wir / nemlich vnserm Nechsten / sein ehr / gut gerücht / vnd namen helffen mehren / vnd bewaren. Vnd darneben fürnemlich auff die rechte Lehr / vnd Wort GOttes sehen / das man dasselbige rein vnd lauter habe vnd behalte. Nun volget weyter auß dem Psalm:

Wer mit seiner Zungen nicht verleumbdet / vnnd seinem Nechsten kein arges thut / vnd seinen Nechsten nicht schmehet.

1. Mit der Zungen nicht verleumbden / begreyfft zwey ding: Erstlich / die Lehr nicht verfelschen / sondern bey dem Wort Gottes gerad bleyben. Darnach den Nechsten nicht verleumbden / noch jm schaden an seiner ehr / Denn darinn gibt man falsch gezeugnuß / vnd leugt darzu. Von solchem Laster hat der Teufel seinen namen / denn er heyst Diabolus, das ist / ein Lesterer / ein Verleumbder / der GOttes Wort vnd Thaten zum ergsten deutet / vnd verkeret / Wie man sihet / das er gethan habe mit Eua im Paradis.

2. Seinem Nechsten kein arges thun / heyst alles guts dem Nechsten erzeygen / vnd jm helffen mit worten vnd wercken / so vil als jmmer müglich ist.

K. ij 3. Seinen

Kurtze außlegung des

3. Seinen Nechsten nicht schmehen / heyst / Alles zum besten außlegen / vnd nicht calumnirn vnd vbel deuten / was man redet oder thut / wie die neydischen fürwitzigen köpff thun / denen nichts gefellt / man mache es wie man wölle. Aber Gott hat an solchem Lesterern ein grossen mißfallen / wie die Exempel beweisen im 4. Buch Mose / am 16. Chore / Dathan / Abiram / lesterten Mosen vnd Aaron / vnd sagten: Ir bringet das Volck vmb / darumb musten sie von der Erden verschlungen werden. Im 1. Buch Samuelis am 22 Doeg verleumbdet vnd verrett Dauid. 1. Samuelis am 29. Die Fürsten des Königs Achis verleumbden Dauid also / das er abgesetzet warde von seinem Ampt / vnd nicht mit durffte in Streyt ziehen. 2. Samuelis 10. Solche verleumbder sindt die Fürsten des Königs Hanon gewesen / die Dauids wort zum ergsten deuten / da er den König Hanon trösten ließ / seines Vaters Nahas halben / vnd jm ansagen seine gnade. Da sagten die Verleumbder / Dauid hette hin gesandt / jre Stadt außzuforschen / vnd machten das ein Krieg hernach volgte. 2. Samuelis am 15. Absolon verleumbdet seinen eygen Vater / das er König würde. 2. Samuelis am 16. Siba verleumbdet seinen Herrn Mephiboseth bey Dauid. Danielis am 6. Die Fürsten Darij verleumbden den Danielem / vnd machen / das er in die Löwengruben geworffen wirdt. Danielis am 13. Die zweene Richter wolten die Susannam zu vnehren setzen / darüber werden sie gesteinigt.

Wer die Gottlosen nichts achtet / sondern ehret die GOttesfürchtigen. Wer seinem Nechsten schweret / vnnd helts.

Das ist der schöneste Vers / welcher anzeyget / das die Gottsfürchtigen nicht sehen auff die person / wie die Gotlosen thun. Wenn einer gleich ein böser Bube ist / ist er Mächtig vnd Reich / so hofiret man jm / vnd ehret jn / wenn man gleich weiß / das er nach Gott nichts fraget / ist ein Epicurer / Wucherer / Ehebrecher / Rauber / vnd voller anderer Sünd vnd Laster. Aber der Gottsfürchtige sihet nicht an / wie Reich / Mächtig / vnd Gelehrt einer ist / sondern sagt schlecht also: Wer das Wort Gottes lieb hat / vnd schadet seinem Nechsten nicht / der ist Ehren werdt / ob er gleich ein Betler were. Wer nach dem Wort GOttes nicht fragt / vnd seinen Nechsten nicht achtet / sondern sihet allein auff seinen eygnen nutz / vnd betreugt seinen Nechsten wider GOTT vnd Recht / der ist ein Gotloser Mensch / vnd ist keiner ehren werdt / ob er gleich Mächtig / Reich / Gelehrt / vnd hoch daran ist. Das ist die Eygenschafft eines Gottsfürchtigen Menschen / das sie alle Weltliche vmbstende / spiegel vnd larven auß den augen hinweg thun / vnd sehen nicht / was diser / oder jhener ist / sondern sehen allein auff GOttes WORT / wie der Prophet Daniel thet / vnd fraget nichts nach dem König Balthasar. Item / Der Heylige Basilius fraget nichts nach dem Keyser Valente / Vnd andere heylige Märterer fragen nicht nach der Welt / vnd entsetzen sich nicht für dem grossen Pracht vnd Macht / wie die Welt füret / sondern bleyben stracks bey dem Wort Gottes / vnd sehen keinen Menschen an / ja / sie trotzen noch darzu die Welt / vnd zeygen jn jre Laster vnd Sünde an / vnd verachten alle jre drowung vnd Gewalt / als were es nichts. Aber dise Kunst gehört allein zu den rechten Christen / vnd ist ein gab des heyligen Geists / dauon die Dauidisten nichts wissen.

Vnter andern Zeychen der Frommen / setzt der König Dauid auch dieses

Fünffzehenden Psalm Dauids.

ses Zeychen/das sie redlich vnd trewlich mit den Leuten handeln/vnd halten was sie zusagen. Denn das ist auch ein seltzame Tugendt vnter den Leuten/darüber jhn wenig Leut ein Gewissen machen. Daher sindt kommen die Sprichwörter: Die Welt ist vntrew voll. Item: Vil verheyssen ist Edelmennisch/halten ist Bewrisch. Item: Geschmierte wort/wenig darhinder. Item:

> Judas Kuß ist worden new/
> Gute wort/vnd falsche Trew.
> Lach mich an/vnd gib mich hin/
> Das ist jetzund der Welte sin.

Vnd sind dergleichen Sprüch vast in allen Sprachen sehr vil. Aber ein Gottsfürchtiger stellet sich vil anders/Vnd ob er gleich sich in der Welt nehren muß/vnd steckt in den Hendeln/so sihet er doch auff Gottes Befelhlich/vnd verletzt sein Gewissen nicht/ist vnd bleybet trew/vnd helt glauben/ob es gleich one seinen schaden nit abgeht/vnd man jm nicht allweg wider glauben helt. Denn er weiß/das vnser HERR Gott wol sihet/vnd vergelten wil/Dem befilhet er die sach/ob sichs gleich lang verzeucht.

Allhie sehen wir auch/das Weltliche contract einem Christen von Gott nit verboten sind. Vnd dieweil hie des Schwerens gedacht wirt/wöllen wir ein kurtzen Bericht vom schweren allhie thun. Es heyst aber schweren/oder einen Eyd thun/nichts anderst/denn GOtt anrüffen in grossen wichtigen sachen/das Er der Warheyt beystehe/vnd straffe denen/der vnrecht benchtet. Darumben wo man in geringen dingen leichtlich vnd vergeblich/oder sonst vnrecht schweret/vnd GOttes Namen darbey füret/da wirdt sein Name mißbraucht/Denn vnser wort sol sein/ja ja/nein nein/Wer es nicht glauben wil/der mag es lassen. Wo man aber fälschlich schweret/da machet man GOtt den man im schweren anrüfft/zum falschen Zeugen/der bey der Lüge stehe. Vnd Christus verbeut auch leychtfertige schweren/Mattheiam 5. da er spricht: Jhr habt gehört/das zu den Alten gesagt ist/Du solt kein falschen Eydt thun/nichts dein Eydt halten: Ich aber sage euch/das jhr aller ding nicht schweren solt/weder bey dem Himel/denn er ist GOttes Stul/noch bey der Erden/denn sie ist seiner Füsse Schemel/noch bey Jerusalem/denn sie ist eines grossen Königs Stad: Auch soltu nicht bey deinem Haupte schweren/denn du vermagst nit ein einigs Har/weiß oder schwartz zu machen. Ewer rede aber sey ja/ja/nein/nein/Was drüber ist/das ist vom vbel.

Es ist aber nit alles schweren vnd Eyd thun verboten/Denn man mag wol schweren/wo es die Ehr Gottes/grosse not/vnd die lieb des Nechsten erfordert. Wie denn Gott der HERR selber schweret/seine verheyssung von der Gnade GOttes/gegen den armen Sündern/zubestetigen. Ezechielis am 33. So war als ich lebe/spricht der HERR/ich hab keinen gefallen am tode des Gotlosen/sondern das sich der Gotlose bekere von seinem wesen/vnd lebe. Also schweret der HErr Christus offt/vnd sonderlich vns zum Gebett zuerwecken/Johannis am 16. Warlich/warlich ich sage euch: So jr den Vater etwas bitten werdet in meinem Namen/so wirdt ers euch geben. Also haben auch die heyligen Väter/Propheten vnd Apostel geschworen/Jacob dem Laban/Dauid dem Jonatha/Paulus den Römern/am 1. Capitel: Gott ist mein Zeuge/das ich on vnterlaß ewer gedencke.

Man sol aber fürnemlich darauff achtung geben/wie man sich im schweren halten/vnd wofür man sich hüten sol. Erstlich/das man alleine bey Gott schwere.

Kurtze außlegung des

schwerts. Im 5. Buch Mose am 9. Du solt bey Gottes Namen schweren/vnd nicht bey den Heyligen/bey frembden Göttern/oder jrgent einer Creatur/deñ das verbeut auch Josua am 23. Schweret nicht bey dem namen der Heyden Götter. Derhalben thun die jenigen alle vnrecht vnd sünde/die im Bapstumb schweren bey Gott vnd allen Heyligen/Denn GOtt sol man allein anrüffen. Schweren ist nichts anders/denn Gott anrüffen/derhalben man auch allein bey Gott schweren solle. Zum andern/sol man nit einen falschen Eyd thun/wider sein Gewissen/wie Gott der HERR verbeut/im 3.Buch Mose am 19. Ir solt nit falsch schweren bey meinem Namen. Das auch die Heyden gelehret haben/vnd gesagt: Neq; peieres, neq; leuiter, neq; sponte. Peieratorem odit Deus. Das ist/ Du solt weder wissentlich / noch vnwissentlich einen falschen Eyd thun/Deñ wer das thut/den hasset der ewige Gott. Zum dritten/sol man nit leychtlich vnd in geringen sachen schweren/wie Syrach lehret am 23.Gewehne deinen mund nicht zu schweren/vnd GOttes Namen zu füren / Denn gleich wie ein Knecht/der offt gestraupt wirt/nicht on strimen ist/also kan der auch nicht rein von sünden sein/der offt schweret/ vnd GOttes Namen füret. Item/Wer offt schweret/der sündigt offt/vnd die Plage wirt von seinem Hause nit bleyben. Schweret er/vnd verstehts nicht/so sündigt er gleichwol: Versteht ers/vnd verachts/ so sündiget er zweyfeltig. Schweret er aber vergeblich/ so ist er dennoch nicht on sünde/ sein Hauß wirt hart gestrafft werden. Zum vierdten/ sol man den Eyd halten/vnd nicht brechen/ wo er nit wider Gott/ vñ müglich zuthun ist/Als Josua thet gegen der Rahab/welche er zu Jericho errettet/vnd sicher sein ließ/ vmb des Eydes willen/den jhr die Kundtschaffer gethan hatten/Josue am 6. Desgleichen helt Josua den Gebeonitern den Eyd/ob er gleich von jnen betrogen ward/Josue am 9. Wo aber der Eyd wider Gott vnd sein Wort were/da mag man den auch wol brechen. Darumb Saul vnrecht gethan hette/wo er seinen Son Jonathan hette lassen tödten/ seines Eydes halben/Denn Jonathas von seinem Gebot vnd Eyde nit wuste / vnd darumb von dem Honigseim aß/1.Samuelis am 14. Vnd Jephtha sündiget / da er seine Tochter schlachtet/ vnd opfferte/ von wegen seines Eydes/ Judicum am 11. Desgleichen hette Herodes seinen Eyd auch nicht dürffen halten/ da er Johannem den Teuffer tödten ließ/ wie jhn denn solches leyd war/vnd doch vmb des Eydes willen geschehen ließ/ Aber alles nur ein bestellt ding gewesen ist/ vnd auß einer Heucheley/ zum schein grosser vrsache/ der Eyd fürgewandt worden ist. Dauon sagt sein Hugo: Qui malum se facturum iurat, peccat, & melius est tunc iuramentum frangere, quam implere. Wo man solche vnd dergleichen stücke bedenckt / so wirt man sich im schweren Christlich wissen zu halten.

Auß diesem ist nun zusehen / das nit alles schweren verboten sey/wie die Widerteuffer fürgeben/Denn der Eyd muß offt sein/vnd kan nicht vmbgangen werden / wie die Epistel zu den Ebreern am 6. bezeuget: Die Menschen schweren wol bey einem grössern/denn sie sind/ Vnd der Eyd machet ein ende alles Haderns/ Allein das man darauff sehe/ das man nit leychtlich Eyde thun/noch beger in geringen dingen. Vnd soul sey gesagt von dem Schweren. Wöllen nun den letzten Vers für vns nemen.

Wer sein Gelt nicht auff Wucher gibet / vnd nimpt nicht Geschencke vber den Vnschuldigen. Wer das thut/der wirt wol bleyben.

D ij

Fünffzehenden Psalm Dauids.

Die stehen auch zwey Zeychen/ dabey man die rechten Christen erkennen solle. Das erste/ Nicht Wuchern: Das ander/ Sich mit Geschencken nit lassen zum vnrechten bewegen. Wuchern aber ist/ wenn einer von gelihenem geld/ oder anderm ding/ etwas/ es sey vil oder wenig/ als ein Schuld nimpt/ wenn es kein kauff oder contract ist. Solchen Wucher hat Gott im alten vnd newen Testament verboten/ Vnd ist der Wucher keinem Christen weder von Gott/ noch von der Natur/ noch von alten Keyserlichen Rechten zugelassen. Denn Gott/ Leuitici am 25. spricht außtrücklich: Du solt nicht Wucher von deinem Bruder nemen/ sondern solt dich für deinem GOtt fürchten/ Du solt dein Geldt nicht auff Wucher thun/ Denn ich bin der HERR ewer GOtt. Vnd Luce am 6. spricht Christus: Thut wol/ vnd leyhet/ vnd hoffet nichts dafür. Die Natur aber verbeut den Wucher/ Denn weil du wöllst/ das man dir one auffsatz leyhen solte/ so thue einem andern wider also. Daher auch die Heyden den Wucher verboten haben/ Als Cato der Heyd gesagt hat: Man solt einen Wucherer vierfechtig straffen. Vnd Aristoteles nennet die Wucherer schendtliche Handtirer. Cicero spricht: Wuchern ist nichts anders/ denn die Leut mörden. Denn es ist ja gewiß/ das Wucher/ Wechsel/ Vmbschlag/ vnd Zinßkauff wider GOtt ist/ vnd kan auß dem Wort Gottes nicht beschönet werden. Vnd den Wucher zu vermeyden/ sollen wir dise vrsach betrachten: Erstlich/ ist das gewiß auß Gottes Wort/ das alle Wucherer verdampt sind/ so lange sie darinnen verharren/ vnd nicht ablassen/ Wie Paulus außdrücklich sagt/ 1. Corinth: 6. Die Dieb/ Geitzigen/ Reuber/ werden das Reich Gottes nit erben. Solche Landtdieb vnd Reuber sind die Wucherer/ ja sie sind vil erger. Darumb sie Doctor Lutherus Beerwölffe nennet/ denn sie vergönnen nit den Armen einen bissen/ wie ein Geitziger/ sondern sie reissens jn auch auß dem munde. Darnach wirdt GOtt verursacht zu grossem Zorn/ das Er der mal eins des Wuchers halben/ Herrn vnd Vnterthanen/ grewlich heimsuchen vnd straffen wirdt/ Wie GOtt selbs Ezechielis am 22. drowet: Sie wuchern vnd vbersetzen einander/ vnd treyben jhren Geytz wider jren Nechsten/ vnd thun einander gewalt/ vnd vergessen mein. Also spricht der HERR/ HErr: Sihe/ ich schlage meine Hende zusammen vber dem Geytz/ den du treybest/ vnd vber das Blut/ so in dir vergossen ist. Meinstu aber/ dein Hertz möge es erleyden/ oder deine Hende ertragen/ zu der zeit/ wenn Ichs mit dir machen werde? Ich der HERR habs geredt/ vnd wils auch thun/ vnd wil dich zerstrewen vnter die Heyden/ vnd dich verstossen in die Lender/ vnd wil deines vnflats ein ende machen/ das du bey den Heyden must verflucht geacht werden/ vnd erfaren/ das ich der HERR sey. Vber das werden von den Wucherern offt Land vnd Leut geschatzt/ vnd außgesogen/ vnd kommen darüber in jammer vnd not/ vnd werden mit Zinß beschweret vnd außgewuchert/ wie man hin vnd wider bey den Fürsten vnd Stedten sihet. Zum letzten/ solt man billich achtung geben auff den Segen GOttes/ Denn wo nit Wucher ist/ da wil GOtt Glück vnd Heyl geben/ wie allhie in disem Psalm stehet. Vnd Ezechiel: am 18. spricht Gott: Das ist ein frommer Man/ der das leben haben sol/ der nicht wuchert/ vnd niemand vbersetzt. Vnd Luce am 6. spricht Christus: Thut wol/ vnd leyhet/ das jr nichts dafür hoffet/ so wirt ewer lohn groß sein/ vnd werdet Kinder des Höchsten heyssen. Vnd so vil sey auch vom Wucher gesagt.

Das ander zeychen heyst/ Nit geschenck nemen vber den Vnschuldigen. Dises ist nicht ein schlechte Tugendt/ vnd ist auch nicht gemein/ wie die erfarung gibet. Vnd sihet der Prophet sonderlich auff die grossen Hansen/ Ampt-

Kurtze außlegung des

leut / Juristen / vnd Richter / welche / so sie vbel geraten / nicht allein die Herren vnd Knecht außsaugen mit Wucher vnd Schinden / Sondern lassen sich noch darzu gebrauchen / zu vertheydigen alle Laster / vnd lassen sich mit Geschenck bestechen / das sie starr blind werden / vnd sehen nicht auff das Ampt / das inen GOtt befolhen / vnd geben hat / können auch dasselbige nicht volführen vnd treyben / Denn sie sindt Mammons knecht / vnd dencken / wie sie reich werden / vnd jren genieß dauon haben / vnd gunst bey den Gewaltigen behalten mögen / GOtt gebe es bleybe Gerechtigkeyt / vnd der Arme / wo sie wöllen. Solchs ist für GOtt ein Grewel / vnd darumb offt in GOttes Gebott verbotten / Als Exodi am 23. Du solt nicht Geschencke nemen / denn Geschenck machen die Sehenden blind / vnd verkeren die sachen der Gerechten. Prouerbiorum am 17. Der Gottlose nimpt Geschencke auß dem Schoß / zu beugen das Recht. Syrach am 8. Vil lassen sich mit Gelde stechen / vnd bewegt auch wol der Könige Hertz. Esaie am 1. Deine Fürsten sind abtrünnige / vnd Diebs gesellen / Sie nemen alle gern Geschenck / vnd trachten nach Gaben: Den Weysen schaffen sie nicht recht / vnd der Wittwen sache kompt nicht für sie. Wie auch von Samuelis Söhnen gesagt wirdt / 1. Samuelis am 8. das sie sich zum Geytz geneygt haben / Geschenck genommen / vnd das Recht gebeuget. An solchen geytzigen Richtern haben auch / die Heyden einen grossen mißfallen getragen / vnd die offt gestrafft / die vmb Geschenck willen vnrecht geurtheylt haben / Als man sonderlich liset von dem Cambise / der doch ein wüster Gotloser König gewesen ist / Noch dennoch / wie er in erfarung kommen ist / das sein Richter Sisamnes Geschencke genommen / vnd darumb vnrecht Vrtheyl gesprochen habe / hat er jn lassen tödten / vnd darnach seine Haut befolhen / vber den Richtstul zu zihen / vnd seinen Son Ottanem darauff zu setzen / an seines Vaters stat / Zu erinnerung / würde er auch vmb Geschencke willen vnrecht vrtheylen / das es jm gehen solte / wie seinem Vater.

So ferrn hat Dauid von guten Wercken gepredigt / welche auß dem Glauben herfliessen / vnd machen das der gleubige Mensch wol bleybet / für allen seinen Feinden. Wöllens nun auch darbey bleyben lassen / vnd diesen Psalm mit hertzlicher anruffung des Sons GOttes beschliessen / das er
vns mit seinem heyligen Geist erleuchten / vnd regieren wölle /
das wir in rechtem Glauben bestendig bleyben /
vnd in jhm eines sindt / zu GOT,
DES Ehre / vnd vns zur
ewigen Seligkeyt /
Amen.

Außle.

Sechzehenden Psalm Dauids. LIX
Außlegung des Sechzehen=
den Psalm Dauids.

AS ist der dritte Psalm/welcher predigt von der person des HERren Christi/von seinem Leyden/vnd Aufferstehung. Denn oben in dem Andern Psalm ist geprediget worden/von dem Ampt Christi/wie GOtt der Vater jnen/als seinen ewigen Son/in Zion/das ist/in der gantzen Christenheit/zu einem König gesetzt habe. Deñ Zion ist vor zeiten gewesen der Berg zu Jerusalem/darauff Dauids Palast gestanden ist. Vnd ist ein Figur der gantzen Christenheyt/in der gantzen Welt. Vnd meldet der Son GOttes selbst sein Predigampt/das er der Welt predigen wil/das er Gottes Son sey/vnd das jm der Vater allen Gewalt geben habe/die nicht allein ein HErr vnd König der Juden/sonder auch der Heyden/das ist/aller Christen auff erden/sey/die sollen sein Eygenthumb sein/in denen er ewiglich regiere/souil solcher Predigt gleuben.

Darnach im Achten Psalm haben wir eine klare Prophecey von dem Messia/wie er sol ein kleine zeit genidriget/vnd von GOtt verlassen werden/Nemlich die drey tage/da er in der Juden vnd Heyden hende kam/gefangen/gegeysselt/gekrönet/gecreutzigt/getödtet/vnd begraben ward. Denn die zeit des Leydens biß an den dritten tag/da Er wider ist aufferstanden/ließ es sich ansehen/als were Gott nicht bey jm/dieweil er jn tödten vnd begraben liesse/Ja (wie der Griechische Text vnd Chaldeische Bibel hat/) als were er auch von den Engeln verlassen/vnd on alle hülff/Das auch die Juden meineten/es were nun auß mit jm/vnd köndte jnen nimmer schaden thun/denn sie verstunden den gnadenreichen Rath GOttes nicht/das er den Son darumb gesandt hatte/das Er vns durchs Creutz wider zu gnaden bringen solte/Vnd das Christus vngezwungen/gern vnd willig dem Vater gehorsam ward/biß in den tod/ja in den tod des Creutzes.

Auff dise zwen Psalmen volgt nu der Sechzehende/welcher auch ist der schönsten vnd herrlichsten einer/den die Apostel so gewaltig geführet haben/Wie Petrus Actor.2. vnd Paulus Actor.13. disen Psalm außgelegt haben von Jesu Christo/das er sterben vnd begraben solte werden/aber nit verwesen/wie vnser sündlich fleisch/vnd solte die gebenedeyte Seel Christi nit in der Hellen bleyben/sondern mit dem leyb wider vereinigt werden/vnd Christus vom tod wider aufferstehn/vnd das rechte ewige leben auch vns geben. Vnd scheinet/das Dauid disen Psalm sehr werdt vnd lieb gehalten hab/wie er jn derhalben nennet/ein Gülden Kleynot/das ist ein theweren/lieblichen/güldenen Psalm/welchen wir als ein herrliches Kleynot keuffen/vnd vns an der Brust/von vnserm Hals herab/bey vnd in dem Hertzen hangen lassen/vnd mit vns stetigs tragen sollen. Nach der Regel des HErrn Christi: Samlet euch schetze/so nit vergehn/nemlich in dem Himel.

Ehe wir aber die wort des Psalmens für vns nemm/wöllen wir zuuor allen frommen Christen zu gut/ein kurtze erinnerung thun/wie man das Leyden/Sterben/vnd den gantzen Gehorsam des HERren CHRJsti/das ist/die rechte Leh: von der erlösung des menschlichen geschlechtes/recht vnd nutzlich betrachten solle. Erstlich solle man ansehen den Ernst der Gerechtigkeyt
Gottes/

Kurtze außlegung des

Gottes/ welcher so hoch vnd groß gewesst ist/ das die straffe/ so auff die vbertrettung gehört/ mit nichten hat können erlassen werden / es were denn dafür gnug gethan / Denn auch diß die vernunfft vnd menschlicher verstandt bekennen muß/ das alles Gesetz alle die jhenigen/ welchen es gegeben wirt/ bindet vnd verpflicht/ entweder zum gehorsam/ oder zur straff/ so es anders ein recht vnd ernstes Gesetz sein sol.

Dieweil nun der Gehorsam/ von Gott erfordert nach den Zehen Gebotten/ welche das meyste theyl in das Wissen der Menschen Natur gepflantzt sind/ nicht hat können geleystet werden/ von wegen der sündlichen vnd verderbeten natur des Menschlichen Geschlechts/ so volgt/ das one mittel die straffe sol erlitten werden / denn diß erfordert der Ernst der vnwandelbarn Gerechtigkeyt GOttes. Wie aber solchs geschehe/ nemlich/ allein durch den Son GOttes/ das wissen wir/ welcher mit seinem Gehorsam/ den er eygner person Gott seinem Vater leystet/ das gantze Gesetz erfüllet/ vnd nimpt vnd legt auff sich die straff/ so auff die Sünde gehört/ Wie Johannes sagt: Sihe da das Lamb Gottes/ welchs der Welt Sünde tregt.

2 Zum andern/ ist der grosse Zorn Gottes zubedencken/ welchen er als ein verzerend Fewer auff die Sünd des Menschlichen Geschlechts geworffen/ Vnd ist diß fürnemlich zubetrachten/ das kein Engel/ vnd kein Mensch/ noch andere Creatur/ sie sey vnd heyß wie sie wölle / ja auch weder alle Engel noch Menschen/ so ir kunst/ werck vnd verdienst/ alle versucht vnd zusamen gethan hetten / nit haben können stillen den grossen hefftigen vnd vnaußsprechlichen Zorn Gottes/ sondern der Son Gottes allein sol/ muß/ vnd kan versönen vnd stillen den Zorn Gottes seines Vaters/ Vnd thut solchs nit allein mit schlechten blossen worten/ bitten vnd flehen / sondern er muß noch das schmebeliche werck vnd die schrecklichen thaten darzu thun/ das er sich seiner Gottheyt muß eussern/ vnd wirt nit allein ein Mensch/ doch on sünde/ sondern ein knecht des gantzen menschlichen geschlechts/ leydet vnd stirbt für dasselbig/ innerlich vñ eusserlich/ allein das der grosse Zorn GOttes gestillt würde/ den sonst weder Himel oder Erde/ weder Engel noch mensch/ auch nit in dem geringsten ertragen können/ Wie denn er selbst Gottes Son/ da er anhebt zu ringen em Creutz mit dem Zorn Gottes seines Vaters/ anzeygt mit disen worten: Mein Gott/ mein Gott/ warumb/ oder/ wie hastu mich verlassen.

3 Zum dritten/ kan man jetzund die menige vnd grösse vnserer sünden auß solchem gerechten Zorn Gottes verstehn/ das nemlich/ alles das/ was an den Menschen fleischlich ist/ alle vernunfft/ verstand/ gedanck/ hertz/ mut vnd sin/ vnd in summa/ Leyb vnd Seel/ vnd alle krefft vnd wirckung Leybs vnd Seelen/ ist ein feindschafft Gottes. Vnd ist hie nicht einzuführen noch zu leyden einige einrede von dem Freyen willen/ vnd von allem gutem sinn/ neigunge vnd geschickligkeyt/ so noch in den Menschen/ auch nach dem Fall/ vbrig ist blieben / Denn ob gleichwol dasselbig ein geringes stuck ist von dem Ebenbilde GOttes / so ist doch dasselbig alles in den Menschen nichts anders/ denn ein blosses vnd schlechtes scheinen liecht/ welchs in den Menschen/ als ein Latern oder Lampen bey der nacht/ glentzt vnd leuchtet / bey dem tag aber/ wenn die helle liebe Soñe auffgeht/ vertunckelt wirt/ Das ist/ so bald Gott der HERR mit dem liecht seines Gerichts vnd seiner Gerechtigkeyt/ oder mit dem vrtheyl seines Gesetzs/ vnd mit der leh der gnadenreichen Euangelij kompt/ als deñ muß alles was menschlichen verstand vnd vernunfft belangt/ verfinstert/ tod/ vnd gantz zu nichts werden. Es sol sich auch ein jegklicher Mensch in seinem hertzen nach den Zehen Geboten GOttes selbst wol prüfen vnd anschawen/

Vnd

Sechzehenden Psalm Dauids. LX

Vnd so er dieselbigen ordenlich nacheinander nimpt/wie es denn ein jeglicher Christ sol stetigs thun/sich darinnen zu spiegeln/sol er darauß erkündigen/ob er jemals nur ein einig Gebot/wie dasselbig Gott der HERR innerlicher vnd eusserlicher weise von jm erfordert vnd haben wil/geleystet vnd gehalten hab. Vnd so er befindet/das nicht das geringste sey gehalten worden/sol er gewißlich schliessen/das eben darumb der Zorn Gottes sey auff alle Menschen/vnd auff einen jeglichen in sonderheyt/geworffen/Dauon das Gesetz sagt: Vermaledeyt sey jederman/der nicht alles helt vnd thut/was im Buch des Gesetzs geschrieben stehet.

Zum vierdten sol vns zu hertzen gehn/die vberschwencklliche Gnad Gottes/welcher also die Welt hat geliebt/das er/wie Paulus sagt/seines einigen Sons nicht hat verschont/sondern hat jn für vns alle dahin gegeben/auff das alle/auch nicht jrgend ein Menschen außgeschlossen/so an jhn gleuben/trost vnd zuflucht zu jm/als zu jrem rechten Erlöser vnd Mitler haben/nicht verloren würden/sondern sich bekeren/vnd das ewige leben ererben.

Zum fünfften/sol man allzeit bedencken/die grosse lieb in dem Son Gottes gegen dem Menschlichen geschlecht/der sich nicht schewet noch schemiet/ seiner Gotheyt vnd ewigen Maiestet zu eussern/vnd wirt nit allein ein mensch/ sondern auch des gantzen Menschlichen geschlechts Knecht/vnd vnterwirfft sich dem Zorn GOttes seines Vaters/leydet/vnd stehet auß die grimmigen Tyranney des Teufels vnd des Todes/nicht anderst/als were er der Selbstschuldener/nicht allein eines/oder viler Menschen/sondern des gantzen Menschlichen Geschlechts Sünde/in seiner eygnen person/begangen hette. Vnd solches thut er allein auß lieb gegen dem Menschlichen Geschlecht/auff das Er dasselbige erlösete von der Sünde/von dem Zorn GOttes/von der vermaledeyung des Gesetzes/von dem Teufel/von dem Tod/vnd ewiger verdamnuß/vnd gebe widerumb allen denen/die seinen verdienst durch den Glauben jnen selbst zueygnen/ewige Gerechtigkeyt/die Gnad vnd Barmhertzigkeyt Gottes/den Segen Gottes/den heyligen Geist/das ewige leben vnd seligkeyt.

Zum sechsten sol man stettigs betrachten/wie wir vns den gantzen gehorsam/das verdienst vnd alle wolthaten GOttes Sons können vnd sollen eygen/nutz/vnd fruchtbar machen/Vnd ist die frucht des köstlichen Todes/ vnd der sieghafftigen Aufferstehung Christi/die erlösung des Menschlichen Geschlechts/von allem vbel. Item/der sieg vber Tod/Teufel vnd ewige verdamnuß/Also/das wir durch das vnendtliche verdienst Christi durch seine/ vnd nicht vnsere werck/haben vergebung der Sünden/versönung mit Gott/ die waren Frömbkeyt/den heyligen Geyst mit seinen Gaben/die hochwirdigen Kindschafft/das wir GOttes Kinder werden/er vnser Vater/vnd haben nach disem vergenglichem leben/die Aufferstehung des Fleysches zuge warten/das wir mit Leyb vnd Seel empfahen werden das vnuergengkliche/ vnbefleckte vnd vnuerwelckliche Erbe/das ewige Leben/vnd ewige Reich Christi/das vns im Gesetz vnd den Propheten verheyssen war/aber allein in Jesu Christo/Abrahams vnd Dauids Samen/nach dem Fleisch/der vns solches verdienet vnd zubereittet hat/Vnd wirdt vns alle tage im Euangelio verkündigt/darzu jederman beruffen.

Souil sey zum eingang gnug gesagt. Wöllen nun zum Psalm kommen/ welcher von dem Leyden/Aufferstehung/vnd Verdienst Christi redet/wie die Apostel disen Psalm selbst außlegen/als da Petrus am heyligen Pfingstag/ Actorum am 2. also spricht: Jr Menner lieben Brüder/lasset mich frey reden

Kurtze außlegung des

zu euch/von dem Ertzuater Dauid: Er ist gestorben/vnd begraben/vnd sein Grab ist bey vns/biß auff disen tag. Als er nun ein Prophet war/vnd wuste/ das jm Gott verheyssen hatte/mit einem Eyde/das die Frucht seiner Lenden/ solte auff seinem Stul sitzen/Dat er zuuor gesehen vnd geredt/von der Aufferstehung CHRJsti/das seine Seele nicht in der Hellen gelassen ist/vnd sein Fleisch die verwesung nicht gesehen hat/Disen Jesum hat Gott aufferweckt/ des sind wir alle Zeugen/Nun er durch die rechten GOTtes erhöhet ist/vnd empfangen hat/die verheyssung des heyligen Geysts vom Vater/hat er auß gegossen/diß/das jr sehet vnd höret/Denn Dauid ist nicht gen Himel gefaren/Er spricht aber: Der HERR hat gesagt zu meinem HErrn/Setze dich zu meiner Rechten/biß ich deine Feinde lege zum Schemel deiner Füsse. So wisse nun das gantze Hauß Jsrael gewiß/das GOtt disen Jesum/den jr gecreutzigt habt/zu einem HErrn vnd Christ gemacht hat.

Jtem/Paulus Actor: am 13. allegirt disen Psalm/da er zu Antiochia in Pisithia in der Schulen nach der Lection des Gesetzes vnd der Propheten gepredigt hat/vnd bezeuget durch vil Schrifft/das der gecreutzigte Jhesus der ware Christus sey/vnd das alles vollendet sey/was von jhm geschrieben ist. Denn also spricht er: Dauid/da er zu seiner zeit gedienet hatte dem willen Gottes/ist er entschlaffen/vnd zu seinen Vetern gethan/vnd hat die verwesung gesehen/Den aber Gott aufferweckt hat/der hat die verwesung nicht gesehen. So sey es nun euch kundt/lieben Brüder/das euch verkündiget wirdt vergebung der Sünde/durch disen/vnd von dem allen/durch welchs jr nicht kundet im Gesetz Mose gerecht werden/Wer aber an diesen gleubet/der ist gerecht.

Darumb lassen wir der Juden phantasey faren/vnd bleyben bey dem gewissen vnd rechtem verstand/Vnd wissen/das nicht allein diser Psalm/sondern auch das gantze alte Testament/von dem HErren Christo redet/vnd ein zuberettung/Weissagung/vnd vorlauff ist zum newen Testament. Wie Christus selbst anzeyget/da er spricht/Luce 24. Alles was im Gesetz Mose/Propheten/vnd Psalmen von mir geschriben ist/muste erfüllet werden.

Es hat diser Psalm fürnemlich vier stück: Erstlich ist es ein Gebett/
1 als eines Menschens/der jetzt von diser Welt scheyden wil/vnd gedenckt/das kein Menschen hülff mehr fürhanden sey/ja/das er auch von GOtt verlassen
2 werde. Zum andern ist es ein lehr/darinnen angezeygt wirt/warumb/vnd von welchs wegen Christus leyde/Nemlich/für die Heyligen/so auff Erden sind/Das ist/für alle Gleubige/welche sich allein halten an die Gnade vnd Barmhertzigkeyt Gottes/die er vns in seinem Son bewiesen hat. Vnd in disem stück werden verworffen alle Abgötter vnd Werckheyligen/so sich auff jhre Opffer/Verdienst vnd Werck verlassen/vnd wöllen nicht durch den Glauben allein/von wegen des Verdiensts CHRJsti Jesu gerecht vnd selig
3 werden. Zum dritten/ist es eine Dancksagung/darinn Christus GOtt sei
4 nem Vater danckt/das er jn so gnediglich errettet hat/der er doch gedacht hette/er were von GOtt vnd Menschen verlassen. Zum vierdten/ist es ein schöner Trost/damit Christus sich selbs vnd alle Gleubigen auffrichtet/vnd stercket/das Gott der Vater jm gnediglich helffen werde/vnd zu ewiger Ehr vnd frewd bringen.

Es gehöret aber dieser Psalm fürnemlich zur bekräfftigung der Articteln vnsers Christlichen Glaubens/darinnen wir bekennen/das Christus der Son GOttes hab gelitten vnter Pontio Pilato/sey gecreutzigt/gestorben/begraben/nider gefaren zur Hellen/am dritten tag wider aufferstanden von den todten/

Sechzehenden Psalm Dauids.   LXI

ten/auffgefaren gen Himel/vnd sitzt zur rechten GOttes des Allmechtigen Vaters/rc.
 Was nun das erste belanget/sol man von ersten mercken die fürnembsten stücke/welche man in der Historien des Leydens Christi betrachten solle/Als da sind: Was das Leyden des Sons GOttes für ein werck vnd verdienst sey: Darnach/wenn er gelitten hab/vnd was er gelitten hab: Item/wie er gestorben sey/vnd wie er sich in seinem Leyden vnd Tode getröstet vnd gehalten hab. Es ist aber des Leyden des Sons GOttes nichts anders/denn ein recht volkommen Sünopffer/da der Son GOttes sich selbst/als waren Menschen/auffopffert Gott seinem Vater/für die Sünde der gantzen Welt/vnd versönet vnd stillet den Zorn Gottes seines Vaters/vnd macht gerecht/heylig/rein vnd selig alle/die an jn glewben. Vnd hieher gehört das gantze Priesterthumb des Herrn Christi/welchs durch das Priesterthumb Aaronis im alten Testament ist vorbedeutet worden/welchs nützlich zubetrachten ist.
 Aaron hat ein zeitlich Priesterhumb gefüret/Christus aber hat ein ewig Priesterthumb. Aaron ist der Hohepriester im Gesetz gewesst/Christus ist der Hohepriester in ewigkeyt. Aaron hat das Gesetz geleret/welchs durch Mosen gegeben/zorn anrichtet/vnd verklaget vnd verdammet vns. Christus aber leret das Euangelium/entschuldigt vnd vertrittet die Christen/vnd bringet ewig Gnad vnd Warheyt. Aaron het ein ler/welche nur der blosse buchstab war/geschrieben in steinern tafeln/durch den finger Gottes. Christus aber hat ein Lehr/welche ist Geist vnd Leben/der Christliche Glaub/in die fleischlichen tafeln der hertzen geschrieben/durch den heyligen Geist. Aaron opfferte Thier mit frembdem blut/für des Volcks sünde/vnd betet zu GOtt für das Volck: Christus aber opffert sich selbs für der Welt Sünde/mit seinem eygen Blut/vnd ist Gottes Lamb/das der gantzen Welt Sünde tregt vnd bezalet/vnd ist vnser Mitler vñ Fürsprecher/vnd vertritt vns für dem Himlischen Vater. Aaron opffert im Gesetz/von ersten Brandopffer/zum andern Speisopffer/hernach Fridopffer/Item/Sündopffer vnd Schuldopffer: Also Christus ist vnser rechtes Brandopffer/vnd brennet im Fewer der Lieb/vnd gibet sich gantz für vns/auff das er den gantzen Menschen erlöse. So ist er auch vnser rechtes Speisopffer/nemlich/das Brod des Lebens/vnd das lebendige Wasser/damit er vnser Seel vnd Leib speyset vnd erhelt. Er ist vnser Fridopffer/den durch seinen Tod sind wir Gott wider versönet/vnd er hat frid gemacht durch das Blut an seinem Creutz/durch sich selbs. Item/Er ist vnser rechtes Sünd vnd Schuldopffer/vnd wie Esaias sagt/hat er sein leben zum Schuldopffer geben. Vber das alles/wie Aaron das blut der Thier im Gesetz zur reynigung vergossen hat/vnd seine Opffer alle gantz rein vnd volkommen/on alle tadel vnd gebrechen sein musten/vnd doch damit niemand im hertzen rein oder frosi machet/Also hat Christus Jesus sein eygen Blut am Creutz vergossen/vnd reiniget vns damit von allen sünden/Vnd ist vnter der Menschen kindern allen one mackel/one sünd vnd schuld/Vnd ist also vnser rechter/warer vnd ewiger Hoherpriester der zukünfftigen güter/vnd ist einmal eingegangen/nit in das Heylige durch heyde gemacht/sondern in den Himel selbst für Gottes Angesicht/durch sein eygen Blut/dardurch er vns versönet/gereynigt/vnd ein ewige erlösung erworben hat.
 Auß disem ist nun klar/das das Leyden Christi ist ein volkommen Opffer/für die Sünd der gantzen Welt/dadurch alle Gleubige gerecht/frosi vnd selig werden. Weil aber der Herr Christus gelitten habe/zeigt vns der Christ-

k   liche

Kurtze außlegung des

lichē Glaubē an / darinnen wir sprechen / er habe gelitten vnter Pontio Pilato / welcher ein Pfleger vnd Amptsnerwalter gewest ist in Judea / von dem Römischen Keyser Tiberio dahin gesetzt. Solchs sollen wir darumb behalten / auff das wir vns erinnern der vilfeltigē Propheceiungen von dem HErren Christo / Als da der Patriarch Jacob spricht: Es solle das Scepter von Juda nit genossen werden / biß da kome der Siloh / der verheyssene Weybssame. Vnd Daniel zeiget an / das Christus in der vierdten vnd letzten Monarchi der Welt solte geboren vnd getödtet werden / vnd nach zwey vnd sechszig wochen sterben / welchs denn sich also gantz genaw vnd eygentlich hat zu getragen. Denn Christus eben / wie die zwey vnd sechzig wochen / das ist 434. Jar vollendet sind gewesen / vnter dem Landpfleger Pontio Pilato getödtet ist worden / wie man von anfang der Welt gezelet hat 3996. Jar / im 34. Jar seines alters / wie solchs die Gelehrten wissen / vnd in der Chronologia klar wirt angezeygt. Daher wir nun vnsern Glauben stercken sollen / wider die Juden / welche leugnen / das Christus sey in das Fleisch kommen / vnd waren noch auff jren Messiam. Sonderlich aber ist es fein / das man betracht / wie Christus eben am Ostertag gelitten hab / welcher tag den Juden geboten war Järlich zu feyren / zum gedechtnuß / das Gott alle Erste geburt in Egypten erschlagen het / vnd sie die Juden gewaltiglich auß dem schweren Diensthauß / verfolgungen vnd finsternuß (wie denn das wörtlin Aegyptus so vil heyst / als verfolgung vnd finsternuß) gefüret het. Denn das wort Pascha, welchs Ostern heyst / hat den namen vom gang / sprung / oder vberhupffung / dieweyl GOtt durch Egyptenland gegangen ist / vnd hat alle Erste geburt geschlagen / vnd ist doch fürüber gangen / für die Heuser / welche mit dem Lemblins blut bezeychnet gewesst. Diser wolthaten Gottes dancken nun die Juden / vnd tödten dem Vater seinen lieben Son / gliich auffs Osterfest / in der Heuptstad des Jüdischen Landes / zu Jerusalem / da das gantze Judenthumb / beyde Geistliche vnd weltliche Regenten / bey einander waren.

Es ist aber das Leyden Christi dreyerley. Erstlich / ein geystlich vnd innerlich leyden / als da er am Oelberg mit der Sünden vnd dem Zorn GOttes seines Vaters / vnd der gantzen heiligen Dreyfeltigkeyt / vnd mit sich selbs / als der der Sünden feindt vnd gram ist / streytten muß / Da er denn hefftig betet / das auch sein Schweys war / wie Blutstropffen / die auff die Erden fallen. Item / da er für Anna vnd Caipha mit der vermaledeyung des Gesetzes / hat kempffen müssen / vnd für Pilato vnd Herode / mit dem gantzen Reich des Teufels / vnd mit der Welt / vnd zu letzt auch am Creutz mit dem Tod streyten hat müssen / da er denn dise jemmerliche stimm von sich hat geben: Mein GOtt / mein GOtt / wie hastu mich verlassen / wie wir hernach im Zwey vnd zweintzigsten Psalm ferner hören werden. Zum andern / ist das Leyden Christi ein leyblich leyden / da er wirt geschlagen / angespeyet / verspottet / gegeysselt / gekrönet / gecreutziget / vnd getödtet. Zum dritten / ist es ein vermengt leyden / Geistlich vnd Leyblich / am Creutz / da sein Leyb gedehnet ward / wie ein Seite auff dem Seitenspiel / vnd sein Hende vnd Füsse durchgraben / vnd mit stumpffen Negeln angehefft / Vnd gleichwol in seinem höchsten leyden vnd schmertzen die Hohenpriester / Pharisser / vnd Schrifftgelehrten fürüber giengen / vnd sachten jhn an / mit dreyerley Bilden / des Todes / der Sünden / vnd der Hellen / da sie schrien: Andern hat er geholffen / vnd kan jhm selbs nicht helffen: Ist Er der König Israel / so steyge Er vom Creutz / so wöllen wir jm gleuben: Er hat GOtt vertrawet / der erlöse jhn nun / lustets jhn / Denn Er hat gesagt: Ich bin G.Ottes Son. Ferner ist CHRistus am Creutz gestorben

Sechzehenden Psalm Davids.

storben des aller schmehlichsten todes / Denn bey den Juden vnd Heyden ist kein hessilcher vnd schendtlicher Todt gewesen / denn so man einem gecreutzig vnd auffgehencket hat. Wie derhalben auch niemandt kondte darzu gebracht oder gefunden werden / der dem HERrn Christo das Creutz bet helffen tragen / biß so lang man einen geringen / schlechten / armen Mann darzu nötiget. Vnd hat der Son GOttes diesen schmehlichen todt von wegen dieser vrsachen leyden müssen: **Erstlich**/ das GOtt hat wöllen damit anzeygen / das die Sünde des Menschlichen Geschlechts/von welcher wegen der Son GOttes gecreutziget wurde / gantz hesslich vnd schmehlich sey / vnd das sein Zorn/ auff die Sünd geworffen / so hefftig vnd groß sey/das er durch kein ander mittel vnd gnugthuung het können versönet werden / denn allein durch den herbsten vnd schmehlichsten Tod seines lieben eingebornen Sons. **Zum andern** / hat der Son GOttes mit disem schmehlichen Tod wöllen bezeugen / das er die vermaledeyung vnd straff/ so auff vnser sünde gehört / auff sich genommen hab / vnd wölle der Selbsschuldner sein / der die Schuld gemacht hat/vnd dieselbigen bezalen wolt/ Wie geschrieben steht Deut: am 21. Verflucht ist jederman der am Holtz hengt. Vnd Paulus sagt/Galat: am 3. Christus hat vns erlöset von dem Fluch des Gesetzes / da er ward ein Fluch für vns. Vnd Colloss: am 2. Er hat außgetilgt die Handschrifft/ so wider vns war. Item 2. Corinth: 5. GOtt hat den/der von keiner Sünde wust/für vns zur Sünde gemacht. Vnd Petrus redet auch also/vnd spricht : Christus hat einmal für vnser Sünde gelitten/ der Gerechte/für die Vngerechten/auff das er vns Gott opfferte. **Zum dritten**/hat der Son GOttes am Creutz darumb leyden vnd sterben wöllen / das die Figuren vnd Bedeutung des alten Testaments erfüllet / vnd in das werck gebracht würde. Vnd sindt fürnemlich die Figuren diß gewesen : Da Jsaac/ der eingeborne Son Abrahe / von seinem Vater Abraham hat sollen auffgeopffert werden / vnd ist auff das Holtz gelegt worden. Darnach sind alle Opffer von ersten auff das Holtz gelegt worden/ vnd sind also in die höhe auffgehaben worden/ehe man sie verbrennet hat. Solchs alles hat bedeutet das Creutz vnd die erhöhung des Sons GOttes. Sonderlich aber ist diß die schönste/herrlichste Figur gewesen/ das Moses in der Wüsten hat müssen ein Eherne Schlange/an das Holtz auffgehangen/er höhen. Denn da die Juden wider GOtt murreten / seine Wolthat verachteten / vnd des Reysens müde vnd vberdrüssig waren / vnd derhalb GOtt vnd Mosen lesterten/ straffet GOtt solche Sünd also/das in der Wüsten gifftige Schlangen allenthalben sich funden / vnd das Volck bissen / von welchem biß der leyb sich entzündet / vnd gewiß sterben muste. Dieses Bild reimet der Son Gottes selbs/ Johannis am 3. auff das gantze Menschliche geschlecht/ Denn die Schlang / der Teufel/ hat durch die Sünde vns gebissen / das wir tödtlich vergifftet sind/ vnd des Todes vns nicht erwehren können. Sol nun vns geholffen werden / so muß es geschehen allein durch den Son GOttes/ vnd allein durch diß mittel/das er am Holtz sol erhöhet werden/vnd wir jhn ansehen/wie die Juden die Eherne Schlangen/ welche auß GOttes befelh/ von Mose ans Holtz auffgehangen war. Die bedenck Gottes wunderlichen Rath/ der durch solch es mittel vns Menschen hat helffen wöllen. Denn gleich wie Moses muste eine Schlange machen lassen / welche Abconterfect einer Schlangen durchauß gleich sahe / aber doch nur ein todtes Bild vnd Ertz war/ Es hat kein gifft/ war aber darumb am Holtz erhöhet/das sie das gifft den Leuten nemen / vnd vom tod retten solt. Also hat es der gnedige Gott im Himel geordnet/ das vns elenden Menschen / so durch die Sünde tödtlich

K ij   vergiffs

Kurtze außlegung des

vergifftet waren/solt geholffen werden/durch seinen eingebornen Son/welcher vns gleich/vnd Mensch würde/in der gestalt durchauß/gleich wie wir Menschen/on das er war wie die Schlang/on gifft/ob er wol einer Schlangen gleich sahe. Das ist/Der Son GOttes ist vom Himel hernider komen in vnser armes Fleisch/vnd wir Sanct Paulus sagt/vns gleich worden/aller ding/on das er für sich selbs one sünde gewesen/Aber vnsere Sünde auff sich genommen/vnd sich/wie einen Sünder/hat richten vnd straffen lassen/auff das wir von dem Gericht vnd Straff/welche wir durch die Sünde verdienet/ledig weren.

Wie sich aber der Son GOttes in seiner angst/leyden/vnd sterben gehalten hab/wirt in dem ersten Theyl dises Psalms angezeygt/Das Er nemlich zu seinem Himlischen Vater geschrien/er wölle jn erhalten vnd bewaren. Vnd wie er im Iohanne/Cap: 12. sich selbs außlegt/vnd spricht: Vater/hilff mir auß diser stunde. Vnd Psalm: 40. Laß dirs HERR gefallen/das du mich errettest: Eyle HERR mir zu helffen. Item/am Delberg schreyet er: Abba/mein Vater/Denn es sindt wort eines Menschen/der jetzt vergehen vnd sterben will/vnd kein hülff oder errettung mehr hat/denn allein bey Gott dem HERREN. Daher die Epistel zu den Hebreern am 5. sagt: Christus hat am tage seines Fleysches gebeten/vnd flehen mit starckem geschrey vnd thränen geopffert/zu dem/der jn von dem Tode kundte außhelffen: Vnd ist auch erhöret/darumb/das er GOtt in ehren hatte. Vnd wiewol er GOttes Son war/hat er doch an dem/das er leyde/gehorsam gelernet. Vñ da er ist vollenbet/ist er worden allen/die jm gehorsam sind/eine vrsach zur ewigen seligkeit/genandt von GOtt ein Hoherpriester/nach der ordnung Melchisedech. Wir wöllen nun sehen/was wir auß dem ersten Theyl dises Psalms zu lernen haben.

Bewar mich GOtt/ denn ich traw auff dich.

AUß disen worten sollen wir erstlich betrachten den Todkampff/Trawren/Zittern vnd Zagen des HERren Christi/welchs Er selbs außredet/da er spricht: Mein Seel ist betrübt biß in den todt. Item/da er auff sein angesicht gefallen/vnd zu seinem Himlischen Vater drey mal geschrien: Abba/lieber Vater/ist es müglich/so nimb disen Kelch von mir. Alda im auch ein Engel vom Himel erschienen/vnd jhn gestercket het. Vnd er endtlich/da er mit dem Tod gerungen/hefftiger gebetet hat/also/das jm in seiner angst sein Schweiß ist worden wie Blutstropffen/vnd ist auff die Erden geflossen. Vnd wer vnmüglich gewest/das auch der HErr selber/nach seiner Menschlichen Natur/solchen Todkampff het ertragen mögen/wo nicht GOtt der Himlische Vater jn bewart vnd gestercket hette/vnd er durch sein Göttliche Natur erhalten wer worden. Hierauß sollen wir erstlich lernen/wie gar ein grewlich ding sey die Sünde für GOttes augen/vnd wie erschröcklich vnd vntreglich der Zorn Gottes sey wider die Sünde/ das den keine Creatur/ weder im Himel noch auff Erden/hat versönen können/ sondern der Son GOttes selbst hat sich dafür in das aller tieffest elend vnd leyden stecken müssen. Derhalben wir auch für der Sünde ernstlich erschrecken sollen/vnd nicht sicher noch rochloß sein/sondern vns zu GOtt von hertzen bekeren/vnd gnad bitten durch seinen lieben Son/welcher vmb vnser Sünde willen dahin gegeben ist/vnd ist geplagt/vnd von Gott geschlagen vnd gemartert worden/allein das wir fride hetten/vnd das Leben behielten.

Sechzehenden Psalm Dauids. LXIII

Zum andern/ sollen wir auß disen worten lernen/ wie wir vns im Gebett/ 2. es sey in Todesangst/ oder sonst in Kranckheyten/ anfechtungen vnd schwermut/ gegen Gott halten sollen. Denn erstlich rüffet der Son GOttes seinen Himlischen Vater an/ da Er spricht: Bewar mich GOtt. Darauß wir denn lernen sollen / das wir keinen andern GOtt anrüffen/ denn allein den Vater vnsers HERren Jhesu Christi/ vnd also vnser Gebett vnd anrüffen/ von den Türcken/ Juden vnd Heyden absondern. Darnach so bittet Er auch in warem Glauben vnd vertrawen/ das er erhört werde/ vnd spricht: Ich traw auff dich. Derwegen dise zwey wort (bewaren/ vnd trawen) durch den gantzen Psalm geführet werden / vnd alles darauff gerichtet ist/ Wie auch Christus selbs am Oelberg solches außlegt/ vnd spricht: Abba, mein Vater. Dn durch das wörtlin (Vater) zeygt er an/ das er gewiß ist / er werde bewart werden. Vnd durch das wörtlin (traw) zeyget er sein vertrawen. Darauß wir nun zu lernen haben/ das wir vnser Gebet zu GOtt im vestem Glauben bringen sollen/ Vnd mit nichten zweyffeln/ wie die Papisten/ vnd das Concilium zu Trient sagen/ Man solle zweyffeln / So doch auch in der Epistel des Heyligen Jacobi außdrücklich geschrieben steht: Wer von GOtt etwas bittet/ der bette im Glauben/ vnd zweyffel nicht. Denn wer da zweyffelt/ der ist gleich wie die Meeres woge/ die vom Winde getrieben vnd gewebt wirt. Solcher Mensch dencke nicht/ das er etwas von dem HERREN empfahen werde. Ein Zweyffeler/ was er ansihet/ so ist er doch nit zu friden. So aber jemand im Glauben betet/ so ist es vnmüglich/ das ein solch gleubig Gebett/ auß einem betrübten/ geengsten Geist herfliessend/ vergeblich/ trostloß/ vnd vnerhört sein solte. Denn also sagt Gott/ Psalm: 145. Der HERR ist naht allen/ die in mit ernst anruffen/ Er thut was die Gottsfürchtigen begeren/ vnd hört ir schreyen/ vnd hilfft jnen.

Zum dritten/ zeyget der Son Gottes auch seine not an/ sein höchste angst 3. vnd bitters leyden. Also sollen wir auch alle vnsere Geystliche vnd leybliche not Gott dem HERRN fürbringen/ Wie im 42. Psalm steht: Ich schrey zum HERRN mit meiner stimme/ vnd flehe jhm/ vnd schütte mein rede für im auß/ vnd zeyge im an meine not/ Wenn mein Geist in engsten ist/ so nimbst du dich meiner anne.

Zum vierdten/ ob wol Christus gewißlich vertrawet/ das in der Himlische Vater bewaren/ erhalten / vnd erretten werde/ Noch dennoch/ was das 4. leiblich vnd zeitlich leyden angeht/ stellt er seinem Himlischen Vater kein maß, zeit oder zil/ sondern gibt sich frey in den willen Gott seines Vaters. Was aber vergebung vnser sünden/ errettung vom ewigen Tod/ vnd vnser Seligkeyt belanget/ solchs sollen wir on condition vnd vnterscheyd bitten / vnd gewißlich erwarten/ denn Er wils thun. will facere.

Zum fünfften vnd letzten/ sollen wir sonderlich auß diesen worten des 5. HERren Christi lernen/ wie wir vns in Todesangst wol vnd recht halten sollen. Denn dieweil nichtes heßlichers noch schröcklichers ist/ denn der Todt/ vnd in der angst des Todes die Augen nit mehr sehen/ noch die Ohren hören/ oder der Mund reden/ noch der Mensch sein not klagen/ vil weniger in seiner not eusserlichen trost haben kan/ vnd im Seelzagen das Hertz noch lebet/ vnd in grosser qual zappelt vnd bebet/ so sol man demnach sich durch das exempel des HErrn Christi allzeit zu solchem Kampffstündlein rüsten/ vnd bey sich mit dem rechten lebendigen trost gefasst machen. Erstlich / dieweyl wir sehen/ das der Son GOttes diß Todes nit vberhaben ist gewest/ darumb wir desto gedultiger vns darein ergeben sollen. Darnach/ ob wir gleich vnser elende/ schwache

K iij

Kurtze außlegung des

schwache Natur vnd kranckes Fleisch fülen/ vnd sind voll schreckens/ zittern vnd zagens/das wir doch nicht verzagen/sintemal der Son Gottes selbst die schwachheyt seines Fleysches gefület vnd geklaget hat/ das Er auch darüber blut schwitzet/ vnd spricht: Mein Seel ist betrübet biß in den todt/ Vnd ist doch er heylig/vnbeflect/vnd vnschuldig gewest. Zum dritten/sollen wir ge= 3 wißlich gleuben/das der Son Gottes vmb vnsert willen gelitten hab/vnd ge= storben sey/ vnd hab alle vnsere gebrechen vnd schmertzen/ doch on Sünde/ auff sich geladen/ vnd gebüsset/das vns die nicht mehr schaden sollen/ Vnd hat auch in sonderheyt solch trawren/ zittern/ zagen/ vnd den harten Todt= kampff auff sich genommen/auff das vns solche angeborne Gebrechligkeit/ zagen vnd zittern gegen dem Tod/vnd engstlich fülen/vnser Sünde vnd Got= tes Zorn/nicht mehr zugerechnet noch schaden/ oder verdamlich sein solte/ sondern auch durch sein Todangst vnser letztes stündlein gesegnet vnd gehei= ligt/ Vnd nun nicht mehr ein Weg zum Tode/sondern ein ende aller trübsal/ vnd eingang zum ewigen leben sein sol. Wie Er selbs sagt/ Johannis am 5. Warlich sage ich euch/wer mein Wort höret/ vnd gleubet dem/der mich ge= sandt hat/der hat das ewige Leben/vnd kompt nicht in das Gericht/sondern er ist vom Tod zum Leben hindurch gedrungen. Zum vierdten/ Wie wir se= 4. hen/ das Gott der Vater seinen Son nicht verleist/ sondern jm auch einen Engel vom Himel herab sendet/ der jhn stercket/ Also wil er nicht alleine seine liebe Engel vns senden/ sondern wil auch selbs bey vns sein/vnd auß des To= desangst errretten/ gleich wie Er seinen Son errettet hat/ Wie derhalben der Son Gottes/Johannis am 17.da er gleich zu disem Todkampff geht/ zu sei= nem Vater spricht: Ich bitte nicht allein für sie/sondern auch für die/so durch jhr wort an mich gleuben werden. Vnd soviel sey von dem ersten Vers dises Psalms gesagt/ welcher sein vberein stimmet mit den letzten worten Christi/ da er auß dem Ein vnd dreyssigsten Psalm mit lauter stimm gerüffen: Vater/ in deine Hende befelhe ich meinen Geist. Welche wort auch der heylige Ste= phanus in rechtem Glauben vor seinem ende gefüret hat. Volget nun wey= ter:

Ich hab gesagt zu dem HERRN: Du bist ja der HER= RR/ Ich muß vmb deinen willen leyden.

IN disem Vers zeyget der Herr Christus zwey ding an/Erstlich/das 1 Er nicht leyde auß eygnem fürnemen/ Sondern er sey gewiß/das solches der wille Gottes seines Vaters sey/ Darumb spricht er: Du bist ja der HERR/ vmb des willen Ich leyde. Ich bleybe aber darauff/ vnd verlaß mich auff dich/ Es ist dein befehlich/das weiß ich/obs wol wehe thut/ doch tröste ich mich deines willens. Vnd allhie sehen wir/ das kein Mensch GOTT dem HERREN die Ehr so volkommen gegeben hat/noch geben kan/ als Chri= stus der Son Gottes/ welcher von ewigkeyt weiß vnd verstehet/was Gott sey/ was sein wesen vnd will ist. Von Christo nemens alle andere Heyligen/ vnd volgen jm nach. Das ander /ist die vrsach/ krafft/ frucht vnd nutz seines 2 Leydens/ Denn als er sagt: Ich muß vmb deinen willen leyden/ zeygt er die vrsach an/ warumb er sich in solches leyden geben/ das des Vaters gnediger Will vnd Beschluß ist/ das solches Leyden vnd Tod Christi solte die Beza= lung vnd Versönung sein für vnser Sünde/ Welchem Willen der Göttlichen Maiestet/ der Son GOttes biß zum tod des Creutzes ist gehorsam worden/ vnd hat sein leben gegeben zu einer erlösung. Wie er sagt Math:20 Des Men=

schen

Sechzehenden Psalm Dauids. LXIIII

schen Son ist nicht kommen/das er jm dienen laß/Sondern das er diene/vnd gebe sein leben zu einer Erlösung.

Was aber die translation oder dolmetschung diser wort anlanget/ist es gewiß/das mans nicht besser geben kan/denn wie hie steht: JCH muß vmb deinen willen leyden. Vnd allhie vnnonnöten/das man dem Meyster Klügling antworte/welcher fürgibt/als solten die wort in Debreischer Sprach anderst lauten/denn es Doctor Lutherus/seliger vnd heyliger gedechtnuß/ verdeutscht habe/Sintemal alle gelehrte vnd fromme Christen wissen/das die gantze Welt nicht bezalen kan/die verdeutschung des Psalters/welche Doctor Lutherus/durch sonderlichen GOTtes Geyst/gegeben vnd herfür gebracht hat/wil geschweygen der gantzen Bibel/vnd anderer grossen/ niechtigen arbeyt vnd Gaben. Auff das wir aber etwas von dieser Translation sagen/vnnd dem Meyster Klügling das maul stopffen/wöllen wir des thewren Fürsten vnnd Herren/Fürst Georgen zu Anhalt/ꝛc. wort an ziehen/wellicher inn der Außlegunge dieses Psalmens vnder andern also spricht:

Jnn dem andern Vers/da Doctor Martinus also verdeutscht: Jch muß *Bonorum meorum* vmb deinen willen leyden/da wirt in vnser Lateinischen translation gelesen: *non eges.* Bonorum meorum non eges, Du bedarffst nicht meiner Güter/Vnd wirt also von etlichen außgelegt/Das GOtt vnser guten werck nicht bedarff/sondern/das wir derselben benötigt. Vnd wiewol diese meinung im rechten verstande an seinem ort nicht zu verwerffen/Denn ja wir nichts GOtt zu gute thun können/das er bedürffe/Sondern das gute/das wir im rechten Glauben thun/ sind wir zuthun schuldig/vnd ist vns von nöten zu gehorsam gegen GOtt zu erweysung vnsers Glaubens/vnd dem Nechsten zu dienst vnd gut/vnd Gott wil solche gnediglich belohnen/So hats doch hie keine stat/weil diser Psalm in der Person Christi gesprochen/wie Petrus vnd Paulus in Actis beweysen. Etliche aber deuten es auff Christum/als spreche er zum Vater: Mein gutes/ oder mein gütigkeyt/so ich thue/bedarffstu Vater nicht/sondern ich thue es zugute den Menschen/ Sanctis scilicet, qui sunt in terra, &c. Vnd also schreybet auch Dieronymus in Commentario in hunc Versum: Vniuersa igitur bona, quæ Dominus secundum formam serui in carne monstrauit, non Patri profunt, sed generi humano, Quoniam bonorum meorum non eges, vox CHRIsti. Quæ sunt bona CHRIsti? Hoc est incarnatio, passio, resurrectio, & redemptio nostra. Dergleichen auch Augustinus vber diesen Vers auff CDXJstum zeyget: Bonorum meorum non eges, quoniam bonis meis non expectas ru fieri beatus. Vnd Lyra leget es auch also auß. Vnd wiewol dieses auch ein guter verstandt ist/von der frucht vnd nutzbarkeyt des Leydes CDXJsti/so bringet es doch nicht eygentlich der Debreische Text/welchen Dieronymus auß der Debreischen Sprach also transferirt hat: Bene mihi non est sine te. Et potest ad verbum sic reddi: Bonitas mea non est propter te, id est, Bene mihi non est propter te, Quod alij interpretantur: Bene mihi non est super te. Vel etiam sic posset reddi: Non bene habui propter te, Jch habe nicht gut gehabt vber dir/oder vmb deinet willen. Es ist mir nicht wol vber dir/oder vmb deinet willen. Das hat Doctor Martinus klärlich gegeben/ vnd nach dem sinn frey herauß gesagt: JCH muß vmb deinet willen leyden. Wie er denn selbs in der Vorrede vber die Translation des Psalters anzeygt/das er inn der verdeutschung mehr dem sinn vnd meinung gefolget/ vnd auff das klerlichste vnnd deutlichste als er vermocht zu geben/sich beflissen. Vnd wie er/auß sonderlicher Göttlicher erleuchtung/in der Schrifft Christum gesucht/vnd klerlich angezeygt/als auch der HErr/Johannis 5.

K iij   vermanet/

Kurtze außlegung des

vermanet/da er spricht: Suchet in der Schrifft/denn die ists die von mir zeuget. Also hat er auch in disem wort die Weissagung vom Leyden Christi sein
deutlich vnd klärlich dargegeben/Welche meinung auch der Buchstab vnd
Gramatica im grunde mit sich bringen/Vnd auch Petrus vnd Paulus (wie
offt gemeldet) disen Psalm vom Leyden vñ Aufferstehung Christi verstanden
vñ bezeugt haben. So aber ein zenckischer Jud oder Klügel erstreytten wolt/
es stünde das wort (leyden) nit da/Dem ist zu antworten/das da klar stehet:
Ich habs nicht gut/oder/Mir ist nicht wol vber dir/Was ist nu das anders/
so in vnser Sprach sol deutlich gesagt werden/denn: Ich muß leyden vmb
deinen willen/ꝛc. Item/so bringt es klar mit sich das wort: Bewar mich
HERR/denn es ist ein Gebet in fahr vnd leyden. So bringens auch hernach
die andern Vers vnwidersprechlich/das er im Grabe nicht verwesen/noch seine Seele in der Helle bleyben solle/Damit er ja klar anzeygt/das er zuuor ley-
den/sterben/begraben werden/vnd in die Helle faren solle/Wie köndte denn
das Leyden des HERrn klerlicher beschrieben werden? So erkleret ers also/
im 22.Psalm/da er auch das Leiden des HERrn in specie,vnd in sonderheit gar
hell anzeygt. Vnd im 38.Psalm braucht er auch das wort (leyden) klerlich/
vnd spricht: Denn ich bin zu leyden gemacht/vnd mein schmertzen ist immer
für mir. Vnd Psalm: 40. Denn es hat mich vmbgeben leyden one zal. Vnd
Psalm: 69. Vnnd deinen willen trage ich Schmach. Vnd ist eben das gesa-
get/wie es auch Doctor Martinus inn disem Psalm dolmetscht: Ich muß
vmb deinen willen leyden. So nun solche dolmetschung oder verdeutschung
nit wider den Buchstaben/sondern im grund/des meinung vnd sin ist/Auch
diser Psalm solchen verstand an im selber mit sich bringet/darzu mit den reden
anderer Psalmen auch Christi wort vnd wercken vberein kompt/vnd so gleich
stimmet/Ja Er selbs/die ewige Weißheyt vnd Warheyt/sampt seinen lieben
Aposteln hieher weyset/vnd vnser heyliges Symbolum vnd Bekantnuß vnsers
heiligen Christlichen Glaubens auch also lautet/so wöllen wir bey diser translation vnd verdeutschung/vnangesehen der verblendten Juden/oder neydi-
schen/ehrgeitzigen Klüglen geschwetz/bleyben/vnd mit danckbarkeyt behalten. Also auch/da in vnser translation stehet: Sanctis qui sunt in terra, &c. Den
Heyligen zu gut/dennes ist dativi casus. macht auch Doctor Martinus hie kle-
rer/Für die Heyligen/Das er den Heyligen zu gut/das ist für die Heyligen/
gelitten hat. Vnd ist also die Weissagung vom Leyden Christi/auch nutz vnd
trost desselbigen gar deutlich gegeben.

Für die Heyligen/so auff Erden sind / vnd für die Herrli-
chen/an denen hab ich alle mein gefallen.

DAs ist das ander Theyl dieses Psalms/darinnen der HErr Christus
selbst anzeyget die vrsach/krafft/frucht vnd nutz seines Leydens/das er nit allein vmb Gottes vnd der Warheyt willen leyde/wie auch die Propheten haben leyden müssen/Sondern auch/das des Himlischen Vaters gnediger will
gewesen/das Christus mit seinem Leyden solte die Bezalung vnd Versönung
sein für vnsere sünde/dadurch wir von Gottes Zorn vnd ewigem verdamnuß
erlöset/Erben des ewigen Lebens werden/Wie denn solche krafft/frucht vnd
nutz seines Leydens der heylige Prophet Esaias anzeygt/da er spricht am 53.
Cap: Er ist vmb vnser Missethat willen verwundet/vnd vmb vnser Sünde
willen zerschlagen/Die straff ligt auff ihm/ꝛc. Vnd im 69.Psalm spricht der
Son Gottes selbs: Ich muß bezalen/das ich nit geraubet habe/Vmb deinet

Sechzehenden Psalm Davids.

net wöllen trage ich schmach/vnd die schmach derer/die dich schmehen/fallen
auff mich. Item/Matthei 20.spricht der HErr gar tröstlich: Des Menschen
Son ist nit kommen/das er jhm dienen lasse/sondern das er diene/vnd gebe sein
leben zu einer erlösung für vile. Wie er denn auch bey dem hochwirdigen Sa=
crament zeuget/das sein Leyb für vns gegeben/vnd sein Blut zur vergebung
der sünde vergossen/rc. Vnd Johannis 3. setzt Christus den thewren werden
Spruch: Also hat GOtt die Welt geliebet/rc. Wie aber solches Leyden des
HErrn Christi/vnd bey welchem es wircke/wirt in disem worten verfasset:
Für die Heyligen/so auff Erden sind/rc. Denn den Heyligen sol solch Leyden
zu nutz vnd gut komen/vnd damit geholffen werden.
    Wer aber die Heyligen sind/solle man recht verstehen lernen/Denn er re=
det nicht von solchen Heyligen/die für GOtt durch jr eygen werck fromm vnd
gerecht sein/vnd keine Sünd haben/sintemal kein Mensch für GOtt gerecht
ist/sonst hette Christus für das Menschliche Geschlecht nicht leyden dürffen/
Sondern er redet von den rechten Sündern vnd Kindern des Todes/welche
der HErr Christus auß GOttes Zorn vnd ewiger verdamnuß durch sein
Leyden vnd Sterben errettet/vnd sie alle/so vil an Jhn glauben/zu Kindern
GOttes/gerecht vnd selig machet. Derhalben nennet er sie Heyligen/Nicht
das sie von natur heilig vnd fromm sind/so wenig als der Schecher am Creutz/
sondern darumb/das er sie/als arme/elende/grosse Sünder vnd Feind GOt=
tes/mit seinem Himmlischen Vater/durch sein Opffer/am Creutz gethan/
versönet/vnd durch sein Leyden/Sterben/vnd Aufferstehung von Sünden/
GOttes Zorn/vnd ewiger Verdamnuß erlöset/gerecht/heylig vnd selig ge=
macht/Wie denn der HErr selber/Johannis am 17. den Vater für sie bittet:
Heylige sie in deiner Warheyt/Dein Wort ist die Warheyt. Vnd bald her=
nacher: Ich heylige mich selbst für sie/das sie auch geheyligt sein in der War=
heyt. Item Paulus 1. Corinth: 1. spricht: Christus ist vns von Gott gemacht
zur Weißheyt/vnd zur Gerechtigkeyt/vnd zur Heyligung/vnd zur Erlösung/
auff das/wie geschrieben stehet: Wer sich rhümet/der rhüme sich des HErr=
RENN.
    Hierauß verstehet man nun/was die heylige Christliche Kirch sey/nem=
lich eine Gemein oder Versamlung/die vom heyligen Geist durchs Euange=
lium Christi versamlet ist/Jnn welcher versamlung/ob gleich die Heyligen
oder die Gleubigen noch auff erden sind/wie hie der Psalm redet/das ist/noch
vil schwachheyt vnd sünde in jnen haben/vnd vil creutz vnd elend müssen dul=
den/so haben sie doch vergebung der sünden/Gerechtigkeyt/heyligen Geist/
vnd ewigs Leben/von wegen des Mitlers Christi Jesu/vnd sind heylig vnd
lebendige Glider/ imputatione & inchoatione, Das jr sünd regirt in jnen nicht
mehr/vnd verdammen sie nicht/Wie im 32. Psalm geschrieben stehet: Wol dem/
dem die vbertrettung vergeben sind/dem die sünde bedeckt ist. Wol dem men=
schen/dem der HERR die Missethat nicht zurechnet/in des Geist kein falsch
ist. Vnd hernacher: Ich sprach/ich wil dem HERRN meine Missethat be=
kennen/da vergabstu mir die Missethat meiner sünde. Dafür werden dich al=
le Heyligen bitten/zur rechten zeit. Vnd im 118. Psalm stehet von diser heyligen
Kirchen geschrieben/das sie sey das Thor des HERRN/da die Gerechten
hinein gehn/Das ist/es kan niemand ein rechtes lebendige glid der Christen=
heyt sein/er sey denn gerecht vnd heylig. Wer aber nicht heylig/gerecht/oder
gleubig ist/der kan nicht in dem Thor des HERRN eingehen/vnd ge=
hört nicht in die Christliche Kirche/sondern ist ein todtes Glied/der GOtt
nit kennet/oder jn recht dienet/ob er gleich mit leyblichem wandel vnter den
                                                                Christen

Kurtze außlegung des

Christen lebt/oder auch gleich ein Ampt vnter jnen hat/als Bischoff/Pfarr=
herr/Prediger/oder auch der Sacrament eusserlich mit geneusst. Vnd ist eben
das die Leer/von welcher wegen Johannes Huß in dem Concilio zu Cost=
nitz Anno 1414. als ein Ketzer hat müssen verflucht vnd verbrennt werden/
da er bekant vnd gelebt hat: Wo der Bapst nit fromm vnd heylig were/so kön=
ne er nit ein Glied/vil weniger das Haupt der Christlichen Kirchen sein/ober
gleich darinnen das Ampt het/Wie Johannes sagt: Wer Sünde thut/der ist
auß dem Teufel.

Die felt nun die frag ein: Ob denn die Heyligen nit sündigen/vnd ob die
Christliche Kirch nit irren könne? Darauff zu antworten: Das alle Heyli=
gen für ir person/als Adams Kinder/wol verdampte Sünder sind/vnd ha=
ben kein eygen Gerechtigkeyt noch Heyligkeyt/Aber dieweil sie getaufft sind/
vnd an Christum gleuben/so sind sie in Christo/vnd mit Christo heylig vnd
gerecht. Wie auch Paulus Actorum am 15 davon redet/da er die grossen La=
ster erzelet/vnd spricht: Solche sind ewer etliche gewesen/aber jhr seyt abge=
waschen/jhr seyt geheyliget/jhr seyt gerecht worden/durch den Namen des
HERren JHesu/vnd durch den Geist GOttes. Item/Esaie am 53. Mein
Knecht/der Gerechte/wirt durch sein erkandtnuß vil gerecht machen/denn
Er tregt jhre Sünde. Item/Ephesern am 5. Er hat sie gereiniget durch das
Bad im Wort des Lebens. Vnd also ist die gantze Christliche Kirch heylig/
nicht in jr selbst/sonder in Christo/vnd durch Christi Heyligkeyt. Es stecken
aber noch vbrige Sünden in den Heyligen/in disem leben/aber mit Sünde wi=
der das Gewissen/als nemlich/das neben angefangener Gottes forcht noch
thörichte sicherheyt ist/vnd das hertz eygne sünde nit so tieff erkennet vnd be=
klagt/wie wir billich solten. Item/das der Glaube/vnd das vertrawen auff
GOtt noch schwach ist/vnd bleybt vil zweyffels in vns. Item/das das hertz
nit brinnet in GOttes liebe. Item/das vil vnordenlich er flammen vnd begir=
den in vns sind.

Das aber die Christliche Kirche nit irren könne/ist es war/was die Leer
anbelangt/so sie bleybt bey der Leer des Glaubens/vnd sich vom Wort des
HERrn Christi nit lest abweisen. Es ist aber noch vil menschlicher schwach=
heyt in den Heiligen/doch nit wider das Gewissen. Wann die Kirche bleybt
recht vnd schlecht bey den Worten Christi/kan sie nicht fehlen noch irren/ob
gleich die Gleubigen noch vil vbriger sünde in jnen haben.

Dierauß sollen wir nun lernen/wer die rechten Heyligen sind/vnd wie
man gerecht vnd heylig werde/auff das wir rechte Leer vnd waren Trost be=
halten/vnd nicht in der Donatisten vnd Widerteuffer Irrthumb geraten/
welche alles leben vnd sitten noch in disem leben wöllen volkömlich/vnstreff=
lich/vnd one allen mackel haben/vnd verwerffen das Ampt/alle Leer/vnd
Sacrament/so die person einen tadel hat. So sollen wir auch disen Trost be=
halten/das wir vns/ob wir gleich noch Sünde in vns fülen/vnd sind arme
elende Menschen/fallen leychtlich in vngedult/zweyffel/vnd andere vnord=
nung/dennoch rhümen können/wir sind gerecht vnd heylig/Nicht für vnser
person/sondern in Christo/welcher vns durch seinen Tod versönet/vns die
Sünde vergeben/vnd sein Gerechtigkeyt geschenckt/zu gnaden angenommen/
vnd geheyligt hat. Vnd diß ist der höchste rhum vnd trost/den ein Christ ha=
ben kan/das er also heylig vnd gerecht sey vnd bleybe/vnd seines Glaubens
leben könne.

Solche Heyligen nennet der HERr Christus in disem Psalm die Herrli=
chen/die für GOTT groß/lieb/vnd werdt sind/vnd des HERrn Christi

willen/

Sechzehenden Psalm Dauids. LXVI

wissen/welchen sie mit Glauben annemen/ vnd wie im Andern Psalm stehet/
küssen jn/vnd hulden jm/als dem waren Son GOttes. Darumb auch der
Prophet Jeremias sagt: HERR deine Augen sehen auff den Glauben. So
sind nun das die Herrlichen/welche zu dem HErrn Christo im waren Glau=
ben kommen/vnd erquickung vnd trost bey jm suchen. Darnach/welche in
dem Glauben beharren/vnd behalten den Sieg wider die Sünd/Tod/Hell/
vnd Teufel. Item/welche von GOtt mit dem heyligen Geyst begabet wer=
den/der jhnen das hertz freydig macht/vnd erhelt sie in aller gefahr. Vnd zu
letzt/welche der herrlichen Aufferstehung der Todten/vnd ewigen Ehre/
Frewd vnd Wonne theylhafftig werden sollen. Denn das sind die Heyligen
vnd Herrlichen/an denen der HErr Christus all sein gefallen hat. Wie er im
147. Psalm auch meldet: Der HERR hat gefallen an denen/ die jn fürchten/
vnd die auff seine Güte hoffen. Vnd Christus der HErr tröstet sie/als er Lu=
ce am 12. spricht: Fürchte dich nicht/du kleine Herde/denn es ist ewers Va=
ters wolgefallen/euch das Reich zu geben. Was aber die ursach sey/das sol=
che grosse Gnad an vilen Menschen verloren/vnd jnen nit zu kompt/so doch
Christus für das gantze Menschliche Geschlecht gelitten hat/ volgt jetzund
in dem nechsten Vers:

Aber jhene/die einem andern nacheylen/ werden gros hertz=
leid haben. Ich wil jres Tranckopffers mit dem blut nit
opffern/ noch jren namen in meinem mund füren.

BJsher hat der HErr Christus von den rechten Gliedern seiner Kir=
chen gepredigt. Nun machet er ein Antithetin vnd Gegenspiel/vnd setzet seinen
Heyligen vnd Gleubigen entgegen die Vngleubigen/Gottlosen/Deuchler/
vnd böse Christen/die Christum mit seinem Leyden vnd Gnaden nicht anne=
men/sondern einem andern nachteylen/das ist/andere Weg/Gerechtigkeyt/
vnd Seligkeyt suchen vnd erwelen/ denn Christi Leyden/ Sterben vnd Auff=
erstehung. Solchen Werckheyligen solle es nicht wol gehn/vnd sol all jr mü=
he vnd arbeyt vmb sonst sein/ vnd sie sollen dauon nur grosses Hertzleyd ha=
ben/ dieweyl sie ausserhalb dem Glauben an den rechten Heyland Jhesum
Christum/sonderliche Gottesdienst vnd eygene werck erdichten/vnd dadurch
vergebung der Sünden/Leben vnd Seligkeyt erlangen wöllen. Denn es ist
beschlossen/vnd sol vnd kan nicht anders sein/ das man allein in Christo vnd
durch Christum gerecht vnd selig werden sol/ oder aber ausser Christo ewig
verloren sein sol/ kein mittel kan gegeben werden. Daher auch der Münch
Tanlerus ein feinen Spruch gesetzt hat/da er also schreybet: Ich spriche war=
lich/alle dieweil das du deine werck vmbs Himelreich wirckest/ oder vmb
Gott/oder vmb deine ewige seligkeyt von aussen zu/(das ist/wenn sie nit aus
dem grund des Glaubens herkommen) so ist dir warlich vnrecht. Vnd vor
zeiten hat man in etlichen Klöstern ein fein Gemelh gehabt/ von der heyligen
Dreyfaltigkeyt/ vnd sind auff der person GOttes Vaters dise wort geschrie=
ben gewesen: Dilexi te, dilce diligere. Ich hab dich geliebet/ lerne du auch lie=
ben. Auff der person aber GOttes Sons sindt gestanden dise wort: Exme
tua dignitas. Aus mir kompt dein Ehr vnd Wirde. Ober dem heyligen Geyst
sind dise wort gewesen: Iam mundata es caro, noli amplius peccare. Du Mensch
bist nun gereyniget/sündige hinfort nicht mehr. Es habens nun die Münche
verstanden oder nicht/ wie es leyder der meyste teyl in jrer grobheyt vnd finster=
nuß nicht gewust haben/ so zeygen doch dise wort feine gedancken/ derer/die
sie

Kurtze außlegung des

sie also geordnet haben/ vnd reimen sich mit diser Lehr/ wie vns Gott geliebet habe/ vnd seinen Son gesandt/ welcher durch sein verdienst/ leyden vnd sterben vns Gerechtigkeyt vnd ewigs leben erworben hat.

Solchs ist nu die Lehr/ daran sich alle Welt mit jrer vernunfft stösst/ das nemlich allein das Blut Jesu Christi vns reynigt von allen Sünden/ vnd wir allein durch den Glauben gerecht vnd selig werden/ also/ das vns vnsere sünde nicht mehr schade/ vnd wir der sünden halben nicht mehr vnter der verma= ledeyung des Gesetzs vnd dem Zorn GOttes/ in dem Tod vnd ewiger verdamnuß stecken bleyben. Kein Weltweyser/ kein Münch/ Nonne/ Papisten/ Werckheyligen/ können jnen einbilden/ das es war sey/ das wir allein durch den Glauben/ von wegen des verdienst Christi Jesu/ one die werck des Gesetzs/ für Gott gerecht vnd selig werden. Sie weysen vns alle auff vnsere gute werck/ So ist auch vnser vernunfft dahin gerichtet/ das sie nicht anders vrtheylen kan/ denn das der Mensch gerecht sey/ wenn er volkommen fromm ist/ vnd gnug guter werck vnd tugent hat. Widerumb sagt GOttes Wort/ das alle Menschen vnter die Sünd beschlossen seind/ vnd das keiner für GOtt ge= recht sey/ auch keiner durch sein oder einiger Treaturen verdienst gerecht wer= den könne/ sondern das es alles sey eine feindschafft Gottes/ darob Gott eim nen grewel hat.

Das aber die guten Werck vns nicht gerecht noch selig machen/ sollen wir die vrsach fleyssig betrachten/ vnd erstlich dise vnterscheyd mercken : Das etliche gute werck geschehen ohne Glauben/ beyde von Christen vnd Vnchri= sten/ Heyden/ Türcken vnd Juden/ wie denn die Heydnischen Philosophi vil schöner Bücher/ von Tugenden/ guten Sitten/ vnd Erbarn leben geschrieben haben/ welcher summa vnd innhalt steht in disem Vers Vergilij : Discite iusti= ciam moniti, & non temnere Diuos, Lernet was recht ist/ vnd verachtet Gott nicht. Daher auch die Juristen sagen/ das alle Gerechtigkeyt/ Zucht vnd Erbarkeit stehe in disen dreyen stücken : Niemand beleydigen/ Einem jeden das sein las= sen vnd geben/ Vnd Erbarlich leben. Etliche Werck aber entspringen auß dem Glauben/ vnd gefallen GOtt/ von wegen des Mitlers/ vnd sind früchte des Glaubens/ vnd geschehen allein von den Gleubigen. Aber solche werck können auch nicht gerecht vnd selig machen/ dieweil sie one tadel vnd Sünd nicht sein mögen. Wiewol aber die werck auch one den Glauben im mensch= lichen leben von nöten sind/ von wegen Göttlichs Gebots/ dem alle Engel vnd Menschen gehorsam zu sein schuldig sindt/ vnd von wegen die straff zu vermeyden in disem vnd künfftigem leben. Jtem/ damit andere leut neben vns frid haben mögen/ vnd sonderlich/ dieweil das Gesetz disciplin vnd eusser= liche zucht ist ein Kinderzucht zu CHRisto/ wie solchs an seinem ort klärlich außgelegt wirt/ Jedoch kan der Mensch durch solche Zucht bey GOtt nit zu gnaden kommen/ vnd hat dadurch keine vergebung der sünden/ vnd gehört dise eusserliche zucht vn disciplin allein zu dem zeitlichen leben/ vnd wie mans nen= net/ ad bonum creationis & ordinis reliqui in natura, Das ist zu der ordnug so noch gut vnd vbrig ist in der Natur. Vnd ob sie gleich GOtt dem HERRN nach seiner maß gefellt/ welcher auch selbs Zucht vnd Erbarkeyt im Menschlichen Geschlecht erhelt/ so gefellt jhm doch nicht/ das er darvon wegen Geystliche Gaben vnd ewige Güter geben wolte. Den so lang die person oder der mensch durch den HErrn Christum mit Gott nicht versönet ist/ so lang können auch die werck desselbigen Menschens/ der für sein person noch kein gnedigen Gott hat/ Gott nicht gefallen/ Wie geschrieben steht : Wer den Son GOttes hat/ der hat das Leben: Wer den Son GOttes nit hat/ der hat das Leben nit. Vnd

Augusti=

Sechzehenden Psalm Davids. LXVII

Augustinus hat zween schöner Sprüch / Der ein ist: Væ hominum viræ, quantumvis laudabili remota misericordia Dei. Welche dem leben des Menschen / es sey so löblich als es immermehr sein kan / so die Barmhertzigkeyt GOttes nicht fürhanden ist. Der ander Spruch ist: Totius fiduciæ certitudo est in precioso languine Christi. Die gewißheyt vnsers Glaubens vnd gantzer zuuersicht / stehet vnd ist gegründet auff dem Blut Jhesu CHRJsti. Dher pflegt man auch zu sagen:

Si Christum bene scis, satis est, si cætera nescis.
Si Christum nescis, nihil est, si cætera discis.

Auß disem sehen wir nun / das die werck ohne den Glauben GOtt dem HERRN auch nicht recht gefallen können / wil gschweygen / das der Mensch dadurch solt vergebung der sünden / vnd ewigs Leben zuwegen bringen. So ist auch das war / das / so du ein Mensch bist / vnd vernunfft hast / gewiß weyst vnd fülest / was du für grossen vnwillen vnd zwytracht in deiner natur / vnter den natürlichen krefften deines wissens / vrtheils / vnd vnterscheyd des guten vnd bösens / vnd deines willens vnd begird / welches sich solchem natürlichen vnd vernünfftigen wissen sehr offt widersetzt / vnd dein hertz vnd andere glider wider dein eygen Gewissen vnd rechtes vrtheyl zu vilen Sünden bewegt / vnd treybet / alle zeit in deinem bösen / so lang du lebest / on alles auffhören mit dir tregt / Wie auch die Heyden darüber geschrien / vnd geklagt haben: Video meliora, proboq́ ue, deteriora sequor. Das ist / Jch sihe wol was besser ist / vnd ich billiche vnd lobe es auch / gleichwol volge ich dem nach / das erger ist. Dieweil wir nun solchen streyt stettigs in vns haben / welchen wir auch on das Wort Gottes / wenn wir nur in vnsern fleischlichen bösem griffen / alle zeit fülen / so muß volgen / ob gleich derselbige streyt nit ins werck kompt / sonder vnser Gewissen vnd vrtheyl vberhandt behelt / das dennoch wir nit können volkomen gerecht sein. Denn das muß ein jeglicher vernünfftiger mensch bey sich schliessen / das / wenn er volkommenlich gerecht were / er disen streyt in sich nit haben würde / sonder würde alles einig vnd gleichförmig sein. Denn wo vngleichheyt ist / da ist keine volkommene Gerechtigkeyt. Vnd bleybt derhalben dises vnwidersprüchlich / das der mensch nach seinem selbst vrteyl / seine eigne person / vnd seine krefften muß als vngerecht vnd vngleich anklagen / vnd kan bey sich kein Gerechtigkeyt finden / so lang als diser streyt in jm weret / das ist / so lang als er lebt. Vnd dieweil die person nach seim selbst vrtheil vngerecht ist / vil mehr sind die werck der person vntüchtig zu der Gerechtigkeyt. So nun der mensch weder an seiner person / noch an seinen wercken einige gerechtigkeit spüret vnd findet / vnd er bekennen muß / das er / wenn er sich selbs betrachtet / für jm / vnd für seinem natürlichem verstendigem vrteyl / vngerecht vnd vnvolkomen sey / vil mehr muß er bekennen / das er für der hohen Maiestet Gottes vngerecht vnd vnvolkomen billich geurteylt werde. Bleybt derhalben auch nach dem natürlichen vrteil dises war / das kein mensch an seiner person / oder an seinen wercken volkomen gerecht sey. Es sage jetzt vnser vernunfft mitsampt den Papisten vnd Werckheiligen / de integris naturalibus, was sie wölle / vnd beschreibe einen gerechten Menschen / wie sie könne / so ist es doch vnmüglich / etwas volkömlichs / oder allein rechtgeschaffen tüchtigs zu weisen.

Vnd souil sey gesagt von den wercken / welche one den Glauben geschehen. Das aber die andern werck / so auff dem Glauben volgen / den menschen auch nit gerecht noch selig machen / ist auß dem gewiß / das der mensch zuuor ehe er die werck thut / muß für sein person gerecht sein. Denn wo die person nit gerecht ist / so können auch die werck nicht angenem vnd gefellig sein. Es ist
M aber

Kurtze außlegung des

aber gewiß/das alle Menschen Sünder sind/vnd mangeln des rhumis/den sie an Gott haben solten/vnd werden gerecht on verdienst/auß GOttes Gnade/durch die Erlösung so durch Christum Jesum geschehen ist. welchen Gott hat fürgestellt zu einem Gnadenstul/durch den Glauben/in seinem Blut/damit er die Gerechtigkeyt/die für jm gilt/darbiete/in dem/das er sünde vergibt/ auff das er allein gerecht sey/vnd gerecht mache den/der da ist des Glaubens an JEsu. So halten wir es nun/das der Mensch gerecht werde/ohn des Gesetzes werck/allein durch den Glauben/Rom: 3. wie solchs die gantze leer des Euangelij bezeugt. Derhalben auch wir stetigs also reden/das wir allein durch den Glauben/von wegen des Gehorsams vnd verdienst Christi/oder von wegen des Bluts vnd Leydens Christi/für GOtt gerecht werden Vnd behalten dises wort (Allein/durch den Glauben) in disem einigen vnd richtigen verstand/das der Glaub das einige mittel vnd Instrument ist/damit wir vns das Verdienst Christi zueignen/Vnd wissen/das wir allein durch sein Blut haben vergebung der sünden/vnd erlösung/vnd sind in Gottes huld vnd Gnaden/Wie Paulus sagt/Ephes: 1. Dilecti in dilecto, Wir sind geliebet in dem Geliebten/das ist/vmb des geliebten Sons willen. Item : Wir sind gerecht gemacht durch das Blut Christi. Vnd Roman: 5. Durch eines Menschen/ Christi/gehorsam/werden vil gerecht. Vnd Esaie 53. Die erkandtnuß meines gerechten Knechts/wirt vil gerecht machen.

Das aber wir/die wir Christen sein wöllen/vnsern wercken kein verdienst der Gerechtigkeyt oder Seligkeyt zuschreyben können/haben wir vil grosse vnd gewisse vrsachen/Vnd neben andern sollen wir dise vier vrsachen betrachten:

1 Erstlich/ Causam efficientem & rationem gloriæ Dei, & humilis nostræ confessionis. Das ist/wir sollen auff die Ehr GOttes sehen/vnd rechtes bekandtnuß thun von seiner Gnad vnd Barmhertzigkeyt. Denn dieweil alles guts allein von Gott dem HERREN herkompt/vnd wir vns nichts rhümen können/ oder dürffen/denn allein der Gnaden vnd der Gaben GOttes/Wie geschrieben steht: Wer sich rhümet/der rhüme sich des HERREN/ so ist gewiß/ das wir vnsere werck/so ferrn sie gut sind/allein Gott zuschreyben sollen/als/ der vns mit seinem heyligen Geist also regirt vnd füret/das wir gute werck leysten können/die wir sonst one die Gnade GOttes kein gut werck vollbringen möchten/noch Gott zu gefallen oder dienst leben köndten/Wie derwegen die Christliche Kirch singet: Sine tuo numine, nihil est in homine, nihil est innoxium. One deinem heyligen Geist ist nichts im menschen/das gut/ vnd one sünd vnd schuld were. Darumb alles was gut in vns ist/vnd was wir guts thun, sollen wir Gott dem HERREN mit hertzlicher dancksagung zuschreyben/vnd jn bitten/er wölle vns hinfort auch in rechtem Glauben/vnd früchten des Glaubens/durch seinen heyligen Geist erhalten. Daher sagt der Son Gottes selbs: Niemand ist gut/denn allein GOtt/Das ist/Er ist der vrsprung vnd anfang alles guten/vnd erhelt im Menschlichem Geschlecht alles was gut ist/ vnd wehret der Tyranney des Teufels/das er das gute/es sey leyblich oder Geistlich/nicht gantz vnd gar vertilge. Vnd hiemit fellt hinweg aller Philosophische gedanck/von dem Freyen willen in vnser natur/vnd bleybt dise Regel vest/ das alles/was gut ist/von GOtt dem HERREN entspringt/vnd gegeben wirt/ Wie Paulus auch davon redet/da er spricht: Hastu etwas/das du nit empfangen habst? Vnd zwar/es ist kein gleubiger Christen mensch/der dises nicht leichtlich vnd von hertzen zugebe/vnd bekennete/nach dem Spruch: Wer sich rhümet/der rhüme sich des HERRN. Item/wie wir singen in dem

Teutschen

Sechzehenden Psalm Davids. LXVIII

Teutschen Christlichem Lied: Für dir sich niemandt rhümen kan/ des muß dich fürchten jederman/vnd deiner Gnaden leben.

Zum andern/ sollen wir auch ansehen rationem ordinis, das nemlich der mensch kein gut werck/ das Gott gefiel/ thun kan/ er sey denn zuuor durch den Glauben an den Son Gottes gerecht worden. Vnd muß also die person zuuor angenem sein/ ehe die werck geschehen/ Vnd so sie gerecht vnd angenem ist/ als denn sind auch die werck derselbigen person angenem/ vnd gefellig/ Wie Petrus sagt: Opffert GOtt Geistliche Opffer/ welche GOtt angenem sinde vmb Jhesu Christi willen. Vnd also redet Christus auch selbs/ da Er spricht: Ein guter Baum könne nicht böse früchte bringen. Denn wie der Baum/ der gute Frucht bringen sol/ muß zuuor von natur gut sein/ also muß auch der Mensch/ der gute werck Gott zu gefallen thun sol/ gerecht/ gut vnd fromm sein/ Welchs denn geschicht/ so er mit dem Blut des Sons Gottes von seinen sünden abgewaschen/ vnd gereinigt wirt/ Wie Johannes sagt: Das Blut Jesu Christi macht vns rein von allen Sünden.

Die dritte vrsach/ darumb man den Wercken kein verdienst der Gerechtigkeyt sol zuschreyben/ ist ratio conditionis operum, Das ist/ Dieweil wir kein werck in vnserm leben zuthun vermögen/ darbey nicht Sünde weren/ sondern geschehe one Sünde/ one arge Gedancken/ one bösen lust vnd begird/ vnwillen/ vngedult/ Ehrgeytz/ Stoltz/ vnd one andere vnordnung/ wie alle Heyligen sülen/ erkennen/ vnd bekennen müssen/ so ist gewiß/ das wir durch vnsere Werck/ derer keines in disem leben volkommen ist/ sondern alles Stückwerck/ vnd voll vnordenung ist/ nicht gerecht noch selig werden können/ Sondern müssen vns halten zu dem Spruch des HERren Christi: So jr alles gethan habt/ so spricht/ jr seyt vnnütze Knecht. Item: HERR gehe nit in das Gericht mit deinem Knecht. Item/ wie Daniel sagt: Tibi Domine iusticia, nobis autem confusio faciei, HERR/ du bist gerecht/ wir aber müssen vns schemen.

Die vierdte vrsach/ ist ratio durationis, Das ist/ Dieweyl Gerechtigkeyt vnd Seligkeyt/ oder ewiges Leben sol in alle ewigkeyt/ ohne alles aufhören vnd ende/ den Menschen gegeben werden/ so muß eigentlich volgen/ das kein Mensch/ seiner Natur halben/ mit seinen Wercken ewiges Leben verdienen vnd erlangen könne. Denn was ewig sein sol/ das muß GOtt geben/ welcher ewig ist/ vnd kan dasselbig nicht durch ein zeytlich/ vergengklich ding erworben werden. Vnd wiewol gute Werck (in alle ewigkeyt geschehen sollen) so muß man doch die vnterscheyd behalten/ das wir hie inn diesem leben kein volkommen/ rechtschaffens Werck thun können/ vnd allhie gerecht vnd fromm sindt imputatione & inchoatione, Das ist/ Inn diesem leben wirdt vns die Gerechtigkeyt des Sohns GOttes auß Genaden geschenckt/ vnd als vnser eygen zugerechnet/ vnd durch den heyligen Geyst newer Gehorsam inn vns angefangen. Dort aber werden wir volkömlich fromm vnd selig sein vnd bleyben.

Dieses sind hohe/ grosse vrsachen/ welche von vnsern Wercken allen verdienst der Gerechtigkeyt entzihen/ vnd füren vns allein zu dem HERrn Jesu Christo/ vnd erkleren vnsere lehr/ da wir sagen/ das wir allein durch den Glauben/ ohne werck des Gesetzes/ gerecht vnd selig werden. Vnd ist nun das die Summa vnserer Lehr/ von vnser Gerechtigkeyt/ das der Son GOttes mit seinem Verdienst/ Leyden vnd Sterben vns erlöset hat/ von allen Sünden/ vnd von ewigen Straffen der Sünden/ vnd hab vns seine Gerechtigkeyt geschenckt/ vnd damit/ als mit einem schönen Rock vnd Mantel vnsere Sünde zugedeckt/

Kurtze außlegung des

zugedeckt/vnd sey vnser Fürsprecher bey Gott seinem Vater/vnd mach vns se=
lig/vnd Erben aller seiner Himlischen vnd ewigen Güter. Auß disen vrsachen
sagen wir nun/das wir allein durch den Glauben/ Sola fide, oder gratis, gerecht
vnd selig werden. Vnd sindt allhie die fünff vrsachen zubetrachten/ warumb
man die Exclusiuam, Sola, Das ist/ Allein durch den Glauben/ in der Christli=
chen Kirchen vestiglich behalten muß. Vnd ist die erste vrsach dise/ das dem
HERren Christo seine besondere Ehr gegeben werde/ das sein Gehorsam al=
lein der verdienst sey für vns/ darumb GOtt vns vnsere Sünde vergeben will/
vns genedigklich annimmet/ vnd Erben machet ewiger Seligkeyt/ vnd das
vnser elende Werck/leyden vnd arbeyt/nicht der verdienst sindt/dieser hohen/
grossen Gnaden. Die ander vrsach ist/ GOtt will auß grosser Barmhertzig=
keyt/das die Gnade/die Er in seiner gnedigen Verheyssung angeboten hat/
vns armen/elenden Menschen/gewiß/vest/vnd vnuerruckt stehe vnd bleybe/
wie die Verheyssung ein ewig Testament genennet ist / Damit vns nun diser
Trost gewiß sey/ ist er allein auff den Sohn GOttes gegründet/ vnd nicht
auff vnsere verdienst / Darumb spricht man : Allein durch den Glauben/
das dein Hertz gewißlich schliesse/ das dir GOtt gnedig sey vmb des HER=
ren Christi willen/ Denn so dises auff vnserm verdienst stünde/ würde es nicht
allein vngewiß / sondern die Verheyssung were vergeblich/ Denn wir haben
für vnd für in diesem elenden leben vil Sünde/ vnwissenheyt/vnd sündige ge=
brechen. Dargegen spricht Sanct Paulus : Darumb auß Glauben/ one ver=
dienst/das die Verheyssung vest bliebe. Die dritte vrsach ist / denn es ist kein
ander mittel/damit wir den HERren CHristum vnd seine Gnade erkennen
vnd annemen/denn allein der Glaube. Nun ist dises der vnwandelbare Rath
GOttes/ das klare vnterscheyd sey zwischen GOttes Kindern/vnd andern
Menschen/vnd dise klare vnterschied ist/das der Son GOttes recht erkandt
werde/von den Kindern Gottes. Diese erkandtnuß ist der Glaube/ Dehn der
Glaub höret die Predigt des Euangelij/ darinne vns der HErr Christus vnd
seine Gnade fürgetragen wirdt/ vnd nimpt sie an/ Vnd so wir also GOttes
Barmhertzigkeyt erkennen/ wirt das Hertz erquickt/ vnd auß der Helle gezo=
gen/&c. vnd ist also (grob zu reden) Fides appræhensiua & quietatiua. Die vierdte vr=
sach ist/ Das vnterschied des Gesetzes vnd des Euangelij klar sey/ Denn das
Gesetz sagt also : Wenn du bist/wie das Gesetz gebeut/ so bistu gerecht. Nun
ist kein mensch/on allein der HErr vnd Heyland Christus also/wie das Gesetz
lehret. Aber das Euangelium gibt disen aller gnedigsten trost : Weñ du glau=
best an den Son Gottes/ so hastu vergebung der sünden/vnd bist Gott gefel=
lig/vmb des HErrn Christi willen/Gratis, on dein verdienst/ob wol deine sün=
dige natur dem Gesetz sehr vngleich ist. Die fünffte vrsach ist/ das wir GOtt
anrüffen können/ Denn one disen Mitler/den Son Gottes/können wir nicht
für GOtt tretten/ Vnd solte die anrüffung stehen auff vnserm verdienst/so we=
ren die Hertzen flüchtig für Gott/Darumb spricht der HErr/wir sollen in sei=
nem Namen anrüffen/das ist/in disem Glauben/das Er der Mitler vnd Ho=
hepriester sey/der vnser Gebett für GOtt trage/ vnd das wir vmb seines ver=
diensts willen erhört werden/ &c.

Vber das sol man auch fleyssig betrachten/ das/ob gleich der Glaub an
jm selbst ein werck ist/das er doch allein vnter allen wercken das Mittel vnd
Instrument ist/damit der mensch die Gnad vnd Barmhertzigkeit Gottes em=
pfecht vnd annimfft. Vnd dieweil Got selbs vns gerecht macht so ist der Glaub
das mittel/damit wir solche wolthaten Gottes vns zueigen. Alle ander werck
die leisten GOtt seinen gebürenden gehorsam/ den er von vns haben wil. Der

Glaub

Sechzehenden Psalm Dauids. LXIX

Glaub aber leystet vnd gibt Gott nichts/sondern empfeht vnd nimpt von Got/ was er auß gnaden vnnd seines Sons willen schencket. Vnd ist der Glaub/so er im Menschen rechtschaffen ist/vnd nicht ein blosses wissen/oder fides historica, sondern ein vestes vertrawen vnd zuuersicht zu der Barmhertzigkeyt Gottes ist/nicht des Menschen/sondern des heyligen Geistes werck.

So ferrn vnd so vil sey in kürtz gesagt/von vnser Gerechtigkeyt vnd Heyligkeyt/die für GOtt gilt/von welcher auch diser Psalm redet/ Darauß wir nun jetzo leichtlich können versteen/wer die falschen Heyligen sind/die einem andern nacheylen/ Nemlich alle Werckheyligen/welche sich mit Glauben nicht verlassen allein auff das Leyden/ Sterben/ vnd Aufferstehen des HERren CHristi/sondern suchen eygene verdienst/vnd eygene werck/vnd schliessen sich selbs auß/vnd trennen sich von dem verdienst Christi. Denn ob wol Christus für alle Menschen gelitten hat/ vnd GOttes will ist/ das alle Menschen sollen selig werden/so werdens doch nicht alle theylhafftig/Nicht das es GOttes/sondern der Menschen schuld ist/ die solche Gnad mit rechtem warem Glauben nicht annemen/Wie der Prophet Osee am 13.Capitel spricht: O Jsrael/ Jch mache dich selig/ Das du aber verdirbest/ ist deine schuld. Vnd im Andern Psalm stehet ein herrliche vermanung: Küsset den Son/das er nicht zürne/vnd jr vmbkommet auff dem wege/Denn sein Zorn wirdt bald anbrennen. Aber wol allen/ die auff jhn trawen. Vnd in diesem Psalm sagt Christus selbst/ das er sich der Feinde seines Creutzes nicht annemen wölle/dieweyl sie zu jm nicht kommen wöllen/vnd rath/trost/vnd hülff bey jm suchen vnd finden.

Also haben wir nun gantz klar/wer die Heyligen sindt/ für welche der HErr Christus gelitten hat. Darnach/was die vrsach sey/ das der verdienst des HErrn Christi an vilen verloren/vnd jnen nicht zu gut kompt/ Nemlich/ die Christum mit seinen Gnaden vnd Wolthaten in warem Glauben nit annemen/sondern einem andern nacheylen/andere Weg vnd mittel zur seligkeyt ausserhalb Christo suchen/auch nit an disem Haupt/noch seinen ordnungen hangen/sondern dauon weichen/vnd entweder selbs das Haupt sein wöllen/ oder aber sein Wort vnd Ordnung endern vnd verkeren/ vnd solchs alles mit grossem schein sonderlicher Frömbkeyt/Heyligkeyt/vnd Demut/ so es doch alles im grund Heucheley vnd Hertzleyd ist.

Dieweil aber zu vnser zeit vil auß den jrrigen Geystern die vrsach des verderbens vnd verdamnuß der Menschen auff GOtt werffen/ vnd reden von GOttes fürsehung/wie Er alle Menschen/entweder zum Leben/oder aber zum Tod/erwelet vnd verordnet habe/Vnd vertuncketn also mit geschlichteren reden die Leh: vnd verheyssung des heyligen Euangelij/vnd machen die leut jrrig vnd zweyffelhafftig/ so ist von nöten/das wir rechte einfeltige Leh: behalten/vnd Gott dem HERRN nicht/als ein vrsach vnserer sünden/vnd vnsers verderbens/leystern/ Sondern wissen/ das/wer sündiget/vnd verdampt wirt/der sündiget/vom Teufel/ vnd mit nichten auß Gottes will/ vnd wirt verdampt auß gerechtem Zorn Gottes/ der auff die Gottlosen vnd vnbußfertigen in ewigkeyt gehöret.

Solchs ist allhie ein nötige Leh:/dieweil der Psalm sagt/das der Gehorsam/ vnd das Verdienst des Sons Gottes nicht allen Menschen zu gut komme/ sondern werden jr vil auß dem Reich des HERren Christi außgestossen/ vnd außgeschlossen. Die vrsach nun solcher außschliessung vnd verstossung/ ist die boßheyt/der vnglaub/vnd der mutwill der Menschen/welche Gott auß gerechtem Zorn straffet/von wegen der Sünden/ Vnd muß die vrsach des

M iij verder=

Kurtze außlegung des

verderbens der menschen nicht in der heimlichen Prædestination vnd Fürsehung Gottes/ sondern in dem offenbaren Wort Gottes gesucht werden. Vnd allhie sol ein jeder Christ die rechten Christlichen Regel behalten/ welche zu diesem handel gehören.

Die erste Regel: Wir sollen nicht ausser GOttes Wort eygene gedancken tichten/ von GOttes Wesen vnd Willen/ sondern sollen bey dem Wort GOttes bleyben/ vnd vns durch eygene menschliche vernunfft nicht abfüren lassen/ noch irrigen Stoischen gedancken nachhengen/ als müsse alles necessitate stoica geschehen/ vnd das/ wer recht thut/ gleubig vnd selig wirt/ der müsse recht thun/ Vnd wer in Sünden lebet/ vnd darinnen vergeht/ als Nero/ Cain/ Judas/ der muß also leben/ Vnd es muß alles gehen/ wie es gehet/ vnd könne nit anders gehen. Vber solchen gedancken vnd lügen sol sich ein Christ fleyssig hüten/ vnd auß dem Wort Gottes sich selbst vnterrichten/ wie hernach weyter gesagt sol werden.

Die ander Regel: Die verheyssung der Gnad ist vniuersalis, vnd gehört zu allen/ vnd wirt allen menschen angeboten/ wie die Spruche außdrücklich hin vnd wider anzeygen/ Als/ Matthei am 11. Kompt zu mir alle/ die jr mühesellig vnd beladen seyt/ Jch wil euch erquicken. Jtem: Also hat Gott die Welt geliebet/ das er seinen eingebornen Son geben hat/ das alle/ so an jn gleuben/ nicht verloren wurden/ sondern das ewige leben haben. Jtem: Dis ist des Vaters will/ das alle/ so an den Son gleuben/ ewiges leben haben. Jtem: Die Gerechtigkeyt GOttes ist durch den Glauben an Jesum Christum/ zu allen/ vnd auff alle/ welche gleuben. Jtem: Er ist ein HERR aller/ reich gegen allen/ die jn anrüffen. Er hat alle vnter die Sünd beschlossen/ das er sich aller erbarme. Er wil das alle Menschen selig werden. Vnd Esaias redet auch also gar tröstlich/ vnd spricht: Wir giengen alle inn der irre/ wie die Schafe/ Aber der HERR warff auff jn aller vnser Sünde. Diese Regel sol man hoch halten/ wider die gemeine anfechtung viler menschen/ welche gedencken/ die verheyssung der Gnaden gehöre allein auff etliche/ die in Gottes Register angeschrieben sind/ als auff Dauid/ Petrum/ Paulum vnd Johannem/ ic. vnd gehöret villeicht nit auff mich. Wider solche anfechtung solle man den waren Trost behalten/ das GOtt seine Verheyssung in gemein allen Menschen angeboten hab/ die sich zu jhm bekeren/ vnd trost am HERren Christo suchen. Vnd wir sollen vns mit einschliessen/ in das wörtlin/ Alle/ Vnd sollen wissen/ das die höchste vnd grösste Sünde ist/ nicht wöllen dem HERren Christo gleuben. Vnd/ wie sich das Cananeisch Weyb einmengt in die zal der Jiraeliten/ also sollen wir auch als arme Hündlein zu Christo zuflucht haben.

Die dritte Regel: Bey Gott ist kein ansehen der person/ wie geschrieben steht Actor: 10. Roman: 2. Ephes: 6. Galat: 2. vnd im 5. Buch Mosi am 10. Capitel: Der HERR ewer Gott ist ein HERR vber alle Herren/ ein grosser GOtt/ mechtig vnd schrecklich/ der keine person achtet/ vnd kein geschenck nimmet/ vnd schaffet Recht den Weysen vnd Witwen/ vnd hat die Frembdlingen lieb/ das er jnen speise vnd kleyder gebe. Fürnemlich aber preiset der spruch Esaie am 42. den HERrn Christum/ das in jm nit sein werde annemung der person/ Das ist/ in jm ist nit vngleichheyt. Denn GOtt zürnet warhafftiglich wider die Sünde in allen/ in Dauid gleich so ernstlich/ als in Saul Dargegen helt er gleichheyt mit allen/ die zuflucht zur Barmhertzigkeyt haben/ vmb des Mitlers willen/ gegen Manasse gleich so wol als gegen Dauid. Vnd sind also beyde Predigten/ Straffpredigt vnd Gnadenpredigt/ bey Gott gleich/ vnd ist Gott kein vnbillicher Richter oder Tyrann/ wie es sonst im gemeinen leben/

vnd

Sechzehenden Psalm Dauids.

vnd in der Welt zu gehet/sondern er helt gleichheyt/vnd wil/das alle Men-schen selig werden/so vil seinen willen belangt.

Die vierdte Regel: Jnn GOtt sind nicht widerwertige willen/Contradi-ctoriæ voluntates. Darumb/dieweil der HErr Christus spricht: Kommet zu mir alle/die jr in engsten seyt/ec. solle man nicht einen andern willen GOttes tich-ten/sondern gewiß wissen/das allen/die für Gottes Zorn erschrecken/vnd su-chen trost am HErrn Christo/denselben allen vnd jeden/sey Gnad vnd Selig-keyt angeboten vnd zugesagt. Wie geschriben steht: Alle die den Namen des HERRN anruffen/werden selig. Vnd hiher gehört die klegliche Predigt des HErrn Christi/Matthei 23. Jerusalem/Jerusalem/wie offt hab ich deine kin-der versamlen wöllen/vnd jr habt nicht gewöllt.

Die fünffte Regel: Die Gnad ist vberschwencklich grösser denn die Sün-de/spricht Paulus. Darumb ist das gewißlich war/das allein Gottes Barm-hertzigkeyt/vmb des HERren CHristi willen/vrsach ist der erwelung zur ewigen Seligkeyt/Vnd das der Son GOttes derhalben gesandt ist/das Er solche Gnad offenbare/allen denen/so selig werden wöllen/Vnd das gewiß-lich alle die zur ewigen Seligkeyt erwelet sind/die durch den Glauben an den HERren Christum/in der bekerung/in diesem leben trost empfahen/vnd da-uon vor jrem sterben nicht abfallen/Wie geschriben steht: Selig sind die ver-storben/die im HERREN sterben. Darauß sollen wir nun lernen/das wir von wegen vnserer Sünden nicht verzweyffeln / sondern fliehen zu dem Hey-land/welcher voller Gnaden vnd Warheyt ist. Denn die Seligkeyt wirt vns gegeben vmb des HERren CHristi willen/one vnser verdienst/Vnd ist die Gnad weyt stercker/trefftiger/vnd mechtiger/denn die Sünde/Vnd ist der Son GOttes vil höher zu achten/denn alle Gewalt vnd Macht/der Teufel/ vnd aller Sünden.

Die sechste Regel: Wie in Adam das gantze Menschliche Geschlecht gefallen ist/ also gehört die Verheyssung von des Weybes Samen/welche Adam ist gegeben worden/zu allen Nachkommen Adams/ Wie Sanct Paulus sagt: Wie sie in Adam alle sterben / also werden sie in Christo alle le-bendig gemacht/ein jeglicher in seiner ordnung. Denn die Christum angehören/das ist/die Gleubigen/werden in ewigkeyt leben/frewd vnd won-ne haben. Die andern aber/Gottlose/Vngleubige/Vnbußfertige/werden leben inn ewiger Straffe vnd Verdamnuß. Denn auch die Aufferstehung der Todten/der Gleubigen vnd Vngleubigen/durch den HErrn Christum erworben ist. Die Gleubigen aber empfahen die Gnade / Die Vngleubigen vnd Vnbußfertigen empfahen den Zorn/von wegen jhres Vnglaubens/non gratiam, sed debitum. Darumb/wie in Adam alle Menschen gefallen sind/die seiner stimm gehorcht haben / also werden in Christo alle lebendig gemacht/ die der stimm des HErrn Christi volgen/Wie er sagt: Meine Schäflin hören meine stimm.

Die siebende Regel: GOtt der HERR hat kein Creatur zur Sünde ge-schaffen/vnd er wil nicht die Sünde/wirckt auch nichts darzu/ sondern ist der sünden feind/Vnd ist das sein will: Das man entweder sich bekere/wie Er sa-get: So war ich lebe/ich wil nit das der Sünder sterb/sondern das er sich be-kere/vnd lebe: Oder aber/das man die straff/so auff die Sünde gehört/leyde. Darumb sollen alle Gottsfürchtige menschen wissen/vnd vestiglich diß be-halten/das die sünd nicht von Gott geschaffen ist/Gott leist sie jm auch nicht gefallen/vnd wil sie nit/thüt auch nichts wircklichs darzu/zwingt vnd treybt niemandt zu sündigen/sondern er ist ein ernster Feindt vnd Straffer der Sün-

M iij   den/

Kurtze außlegung des

den/so man sich nit bekeret. Wenn nun die Menschen verderben/vnd in jren sünden vergehn/vnd sterben/vnd derwegen ewig verdampt sind/so ist es nicht Gottes/sondern der menschen schuld. Denn die sünde sind vrsach der verwerffung/vnd wer nicht zum HERrn Christo bekert wirt/ist gewißlich verworffen/Wie geschrieben steht: Wer in nit hören wil/den wil ich außrotten. Item: Die verderbung ist durch dich allein/durch mich ist dein heyl. Vnd was den willen Gottes belangt/wil er/das alle menschen selig werden/Vnd er hat keinen menschen zum verderben geschaffen/gleich wie er auch nicht den Tod erschaffen hat/denn so ferrn er zur straff der Gotlosen gehört. Vnd wie ein frommer Vater sein Kind nit zeucht/das es dem Henger sol zu theyl werden/vnd doch bißweylen ein vngehorsams Kind dem Henger in die hend kompt. Daher man spricht: Sein Vater/oder seine Eltern haben ein Galgenstrick erzogen. Also hat Gott keinen menschen erschaffen zum verderben/sonder die menschen verderben durch jre Sünde/Vnd dieweil Gott gerecht ist/straffet er sie endtlich mit zeitlichen vnd ewigen straffen. Dise Regel sol man fleissig betrachten/vnd sich in weyter vnnötig gezenck nicht einlassen/sondern Gott bitten/er wölle vns heyligen in seiner Warheyt/nemlich in seinem Wort/Vnd sollen vns hüten/das wir nit gefehrlichen reden niemand ergern/oder vngewiß vnd zweyffelhafftig machen. Denn es sind ja ergerliche/gefehrliche/ja Teuflische reden/so man sagt: Gott hab auß seinem willen/one der menschen schuld/etliche erwelet vnd geordnet zur verdamnuß/Vnd das vil Menschen verstockt vnd verhertet sind/vnd ewig verderben/das sey der ewige will GOTtes/Wie auch die Sacramentirer heutigs tags reden/So doch der will Gottes zu keinem bösen/ad nullius culpæ malum, sondern zu allem gutem gericht/vnd wil/das alle menschen sich bekeren/vnd selig werden/vnd wil nicht die sünde noch das verderben der menschen/wie der fünffte Psalm sagt: Du bist Gott/der jm die sünde nit gefallen lesst. Item: Wer Sünde thut/der ist auß dem Teufel. Vnd ist ein vnfletige lügen/das man sagt: Es muß alles also geschehen/wie es geschicht/vnd Dauid habe müssen seinem getrewen heyligen Diener das Weib nemen/vnd den Ehebruch vnd Mord begehen. Item/Pharao/Saul/Cain/Judas/Nero haben jren trotz vnd mutwillen müssen üben/So doch der text klar spricht: Der Sathan ist in Judas hertz korfien. Darumb ist jr wüten von jrem Freyen willen/vnd treybet sie der Teufel mit/Aber sie sind vngezwungen/vnd ist Gottes treyben vnd wirckung nicht darbey.

Das aber allhie vil Einred gefürt werden/sol man sich nicht jrren lassen/sondern bey den oben angezogen Regeln/so auß Gottes Wort genoffen sind/vestiglich bleiben/ob wir gleich nit alles außgründen/vnd nicht alle lügen zu ruck treyben können. Es sind aber die fürnembsten Einred dise/Als/wider vnser erste Regel bringt die vernunfft solche red: Gott weiß alles zuuor wie es geschehen wirt/vnd hat bey sich beschlossen/was er thun/vnd was er verhengen will/vnd es geschicht also/wie ers weiß. Dieweil nun GOtt nicht betrogen wirt/so muß alles also geschehen/wie ers weiß. Darauff ist dise warhafftige antwort/Das Gottes wissen den menschlichen willen nicht zwingt sünde zu thun/ auch will GOtt nicht mit wircken. Vnd ob er gleich weiß vnd sihet die bösen werck der menschen/dieweil seinem augen nichts verborgen ist/so ist doch sein will vnd wirckung nicht mit/sondern er verhengt sie/so lang Er bedacht hat/vnd setzt jnen ein zil/vnd straff darauff geordnet/wo man sich nicht bekeret/Wie er selbs spricht von Senaherib/er wölle jm einen zaum ins maul legen/vnd in widerumb zu ruck füren. Vnd also hat Gott dem Pharao/Saul/vnd andern mehr verhenget/vnd die Straff auß vorgehenden vrsachen/von

wegen

Sechzehenden Psalm Davids. LXXI

wegen der vnbußfertigkeyt beschlossen/ welche doch nit gefolget weren/so sie von sünden hetten abgelassen/wie das Exempel mit Niniue klerlich bezeuget. Darumb das wissen Gottes kein vrsach ist der bösen werck/ oder des verderbens des menschen/ Wie man ein grob exempel geben kan,das einsterngucker weiß/vnd sihet lang zuvor die zukünfftige Finsternuß der Sonnen/ oder des Mondens/ vnd geschicht doch die Finsternuß nit von wegen des vorwissens. Vnd haben auch die Heyden vil schöner Sprüch/ damit sie die vrsach der Sünden auff den Menschen/vnd nicht auff GOtt werffen/ Wie der weyse Heyd Plato ernstlich besihet/das man an keinem ort/weder von jungen noch von alten/leyden solle/das sie sagen wolten/GOTT wer ein vrsach der sünden. Vnd Homerus spricht: Die bösen menschen klagen Gott an/ als komme das böse von jm/ so doch die menschen selbs durch jre sünd vnd narrheyt wider den willen Gottes in alles vnglück kommen.

Wider die andern Regeln werden dise Einrede eingebracht: Niemandt kan gleuben an den Son GOttes/GOtt gebe jm denn seinen heyligen Geyst. Darumb/ ob gleich der Mensch thue was er wölle/ so helffe es nicht/wo nit die versönung GOttes jhn außerwelet hat/vnd jhm den heyligen Geist gibt. Darauff ist nun diese antwort: Es ist wol war/ das niemandt gleuben kan one den heyligen Geist: Darbey ist aber auch diß war/ das GOtt eben darumb sein Wort gibt/ das Er vns den heyligen Geist geben wil/ vnd hat vns eben darumb beruffen/das wir sein Wort vnd heyligen Geist annemen sollen. Wer nu das Euangelium höret/der sol nit mutwilliglich in sünden wider das Gewissen fortfaren/oder im zweiffel stecken bleyben/vnd tichten/er wölle harren/biß er füle/das jn Gott mit sondern mirackeln entzucken werde/ Vnd so er von Gott zum Leben fürsehen sey/so hab es nit not/ er thue was er wölle. Dieses sind der Enthusiasten/ vnd Widerteuffer teuflische reden/ Denn das hertz sol sich auß dem Wort trösten/ vnd gewißlich wissen/ das der Son GOttes selbst wircket in dem hertzen/ vnd sterckt dasselbig durch seinen heyligen Geist/ vnd zündet darinnen an waren Glauben vnd Trost. Vnd alsbald der mensch fület ein füncklein des Glaubens/ vnd einen guten willen zum Glauben vnd Gehorsam/sol er gewiß schliessen/das der heylige Geist in seinem hertzen sey/ vnd wircke/ vnd solle Gott anrüffen vnd bitten/ das er weyter helffen wölle/ wie Mar.9.geschriben steht: Jch gleube HErr/ komme zu hülff meiner schwacheyt. Vnd hiezu gehören die schönen Sprüch: Mein Vater wirt seinen heyligen Geist geben denen/ die darumb bitten. Item: Das Euangelium ist eine krafft GOttes zur seligkeyt/allen/ so daran gleuben. Item: GOtt schafft in vns das wöllen vnd das vollbringen. Vnd Johan.6. Niemand kommet zu mir/ der Vater zihe jn denn/ Vnd alle/die es vom Vater hören vnd lernen/die kommen zu mir. GOtt zichet vns auß dem schlam vnd kot vnserer Sünden/ vnd auß der Hellen vnd ewigem Tod/ so wir jn hören schreyen: Das ist mein Son/den solt jr hören. Vnd auff die meinung wirt der spruch Chrysostomi gelobet: Trahit Deus, sed volentem. Gott zihet den/ der auch wil/das ist/der die Lehr nit veracht/sondern höret dieselbige/vnd suchet trost darinnen/vnd schreyet zu Gott/wie Jeremias: Bekere mich DEXX/so werde ich bekeret. Vnd Dauid spricht: DEXX/ nach deiner grossen Barmhertzigkeyt schaffe mit deinem knecht/vnd lere mich deine Gerechtigkeyt. Darumben ist vnwidersprechlich war/so du das Euangelium annimmst/dich zu Gott bekerest/vß dich durch den Glauben an den Heyland Jesum Christum tröstest/ so bist du gewißlich Gott gefellig vnd fehlet nichts nicht/denn das du GOtt bittest vmb sterckung vnd erhaltung diß zum ende. Vnd so du ja im zweyffel steckest/ vnd gern gewiß sein

Kurtze außlegung des

sein woltest/ ob du von Gott zum leben vnd seligkeyt versehen seyest/ soltu nicht mit eignen gedancken dich selbs jrrig machen/ sondern auff dise vier vrsachen deiner vergewissung/ vnd deiner zuuersicht allzeit achtung geben.

Erstlich solstu sehen auff die zal der Beruffenen/ das ist/ welche Gottes Wort haben/ hören/ vnd lernen/ Denn die Außerwelten sind nirgendt anderst wo/ denn allein in der zal der Beruffenen/ Wie Paulus sagt: Die Er erwelet hat/ die hat Er auch beruffen. Derwegen solt du nicht gedencken/ das du sonst die Außerwelten suchen oder finden mögest/ ausserhalb der zal der Beruffenen. Vnd so du beruffen bist/ solstu den Beruff nicht verachten/ sondern Gott hertzlich dancken/ das er dich in disen Dauffen setzet/ da du das Euangelium hörest/ vnd den HERren Jhesum Christum erkennen kanst. Vnd sol dir der Beruff allzeyt ein gewisses zeugnuß sein/ der Erwelung vnd Fürsehung.

Das aber geschrieben steht: Vil sind beruffen/ wenig außerwelet/ solchs zeyget an die grosse Barmhertzigkeyt GOttes gegen den Menschen/ vnd die vnfletige Vndanckbarkeyt der mensch gegen Gott/ vnd verachtung GOttes Worts. GOtt will/ das alle Menschen selig werden/ darumb lesst Er sie alle beruffen/ durch die Lehr des Euangelij/ wie Er dnn durch die gantze Welt mit seinem Euangelio/ vom Morgen biß zum Abendt/ vom Mittag biß zu Mitternacht gezogen ist. Das aber nicht alle selig/ oder außerwelt sind/ ist die schuld der vngleubigen/ vnbußfertigen menschen/ welche den Son GOttes nicht hören/ noch jm volgen.

Es ist auch nicht not zu fragen/ warumb die Heyden so lang in blindheyt gelassen sind. Item: Warumb jetzo nit bey allen Völckern das Liecht des Euangelij scheinet/ ꝛc. Dise alle sind selbst vrsach jrer blindheyt/ Denn Gott hat anfenglich seine verheyssung geoffenbart/ vnd offt widerholet/ vnd für vnd für die Kirchen auffgericht/ vnd bekant gemacht vnter den Heyden/ als in Egypten/ zu Babylon/ vnd hernach durch der Apostel Predigt/ Vnd hat Gott seine Kirchen in Israel also gezieret/ mit Elia vnd andern Propheten/ das sie allen Königreichen bekant gewesen ist. Das aber vil in verachtung Gottes blieben sind/ vnd hernach die lehr des Euangelij gantz verlorn haben/ ist die schuld vnd vrsach jrer eygnen Boßheyt vnd Vndanckbarkeyt/ wie bey den Juden/ Vnd sollen wir für solchen Zornexempeln erschrecken/ vñ ernstlicher die Warheyt lernen/ vnd in Gottes forcht vnd anruffung leben.

Man sol auch/ wenn man von dem Beruff redet/ die vmbstende vnd circumstantias betrachten/ Nemlich/ das man sehe/ wer die menschen beruffe/ vnd welche beruffe werden/ Wenn vnd warumb sie beruffe werden/ vnd was Gott von Beruffenen erfordert/ vnd was der Beruff außrichten vnd wircken solle. Es berufft aber Gott der HERR die menschen/ vnd (wie die schrifft redet) rewet jn nit des beruffs/ vnd berufft alle menschen mit der lehr des Euangelij/ zu jeder zeit/ vom anfang biß zu ende der Welt/ durch die Patriarchen/ Propheten/ durch seinen Son/ durch die Apostel/ Lerer vñ Prediger/ Vnd thut solchs keiner andern vrsach halben/ deñ allein auß Vetterlicher lieb/ gnad/ vnd barmhertzigkeit gegen dem menschlichen geschlecht. Wie derwegen Paulus Ro: 9. spricht: Nit auß verdienst der werck/ sondern auß gnad des Beruffers. Es ligt nit an jemands wöllen oder lauffen/ sonder an Gottes erbarmen. Solche seine lieb hat Gott der Vater vns in seinem Son geoffenbaret/ vnd durch jn vns beruffen/ zu der erkandtnuß seines Wesens vnd Willens/ Wie Paulus auch redet/ Ephes: 1. GOtt hat vns wissen lassen das Geheimnuß nach seinem wolgefallen/ vnd hat vns erwelet durch Christum seinen Son/ ehe der

Welt

Sechzehenden Psalm Dauids.

Welt grund gelegt war/das ist/auß lauter Gnad/on vnser verdienst/vnd hat vns verordnet zur Kindschafft/gegen Jhm selbst/durch Jesum Christ/nach dem wolgefallen seines Willens/zu lob seiner herrlichen Gnade/durch welche Er vns hat angenem gemacht/in dem Geliebten/ic. Es wirt auch dise rede/das vns Gott/ehe der Welt grund gelegt war/erwelet hab/etlich mal in der Schrifft gefüret/ Vnd Christus selbs spricht/Matthei 25. das das ewige Himelreich den Gesegneten bereytet sey/von anbegin der Welt. Solche rede zeygt nichts anders an/ denn das GOtt alle ding zuuor wisse vnd sehe/ehe sie geschehen/vnd das er allein auß Gnad/vnd nicht auß verdienst der menschen werck/alle Gleubige gerecht vnd selig mache/vmb seines Sons Christi Jesu willen. Es wil aber Gott von den beruffenen haben/das sie bey reiner/gesunder Lehr des heyligen Euangelij bleyben/vnd derselbigen einfeltig/schlecht vnd recht beyfallen vnd gleuben/vnd jr leben darnach anstellen. Vnd solchs Beruffs wirckung vnd ampt sol dises sein/das GOttes Ehr vnd Gnad dardurch gerhümet/geprediget vnd außgebreitet werde. Dise vmbstend des Beruffs sol ein Christ fleyssig betrachten.

Zum andern/so vergewisset vns vnserer erwelung der heylige Geist/welcher innwendig im hertzen wircket einfeltigen waren Glauben/das wir dem Wort/dadurch wir beruffen werden/schlecht vnd gerad gleuben. So du nun die Lehr des Euangelij hörest/vnd derselbigen gleubest/solstu gewiß schliessen/du seyest in der zal der Außerwelten/Wie geschrieben steht/zun Ephesern am 1. Capitel: Der heylige Geist versigelt vns in dem Wort der Warheyt/vnd ist das Pfandt vnsers Erbs/zu vnserer Erlösung. Vnd ob gleich der Glaub schwach ist/vnd noch vil vbrigs zweyffels in allen Heyligen stecket/so vberwindet doch der heylige Geist/vnd stercket den Menschen/das/so ein fünckelein des Glaubens im Hertzen verbanden ist/der Mensch gewißlich wissen sol/es sey des heyligen Geystes wirckung. Vnd sol diese anfechtung nicht stat finden/das etliche betrübte Gewissen schreyen/vnd klagen/sie wolten gerne gleuben/vnd können nicht. Solchs ist ein anzeygung eines schwachen Glaubens/den GOtt nicht verwerffen wil. Denn auch der gute will zu rechtem starckem Glauben/ist des heyligen Geystes werck/Wie geschrieben steht: GOTT wirckt in euch das wöllen/vnd das vollbringen. Vnd müssen alle Gleubige stettigs sagen: HERR/ich gleube/komme zu hülff meiner schwachheyt. Es sey nun der Glaub schwach oder starck/so er nur ein Glaube ist/hat es kein not. Denn der Glaub sihet Jesum CHRIstum an/vnd ergreyffet seine Wolthat/es geschehe gleich mit gantzer Handt/oder mit dem Finger.

Zum dritten/gehöret zur vergewissung der erwelung/auch ein heyliges vnd newes leben/wie Paulus etlichs mal anzeygt/als da er spricht: Gott hat vns erwelet durch Christum/das wir sollen heylig vnd vnstrefflich für jhm sein. Item/Gott hat euch erwelet von anfang zur Seligkeyt/in der heyligung des Geistes/vnd im Glauben der Warheyt/darein euch GOtt beruffen hat/durch das Euangelium/zum herrlichen Eygenthumb vnsers HERren Jesu Christi. Vnd der Apostel Petrus spricht: Lieben Brüder/thut fleyß/ewren Beruff vnd erwelung vest zumachen/das jr in ewrem Glauben darrichtet/tugent vñ andere gute werck. So nu ein Christ die frücht des Glaubens beweiset vnd begert in der forcht Gottes zu leben/der sol gewißlich wissen/das er in der zal der Außerwelten sey/vnd solle Gott bitten/er wölle jn ferner erhalten. Wer aber in sünden des Gewissens lebet/vnd ist doch in der zal der Beruffenen/mit demselbigen steht es arg vnd gefehrlich/ vnd were jm besser/er were nicht ein

Christ

Kurtze außlegung des

Christ worden/ wo er sich nicht bekeret / Denn er schlegt die gnedige Barmhertzigkeyt Gottes von sich / vnd vergisset der reinigung seiner vorigen Sünden / vnd ist erger als ein ander vngleubiger/Gotloser Vnchrist/Türck/oder Heyd/Wie Christus anzeygt/da er spricht: Wehe dir Chorazin/Bethsaida/ Capernaum / Es wirt Tyro vnd Sidon treglicher ergehn am Jüngsten Gericht/denn euch.

Zum vierdten/haben wir die heyligen Sacrament/ welche dem Wort/ dadurch wir beruffen/zugerban sind/ vnd sind Sigel der Gerechtigkeyt/des Glaubens/oder der Gnaden GOTtes/ dadurch er vns erwelet/berufft/vnd macht zu seinen Kindern vnd Erben. Wer nun getaufft ist/vnd wirt theilhafftig des Leybs vnd Bluts Christi / der sol auch gewiß sein/ das er in Gnaden GOttes sey/ vnd sol seinen Beruff vnd Glauben/ mit den Sünden wider das Gewissen/ nit widerumb beflecken.

Bey diser Lehr sollen alle menschen billich bleiben/vnd sich selbst mit andern gedancken vnd lügen nicht jrr machen/sonder einfeltig bey der lehr Pauli bleyben / das GOtt/welche er zuvor fürsehen hat/die hat er auch verordnet/ vnd welche er verordnet hat/ die hat er auch beruffen / vnd macht sie gerecht/ herrlich vnd selig. Darumb sol man auff den Beruff sehen/welcher als das rechte mittel stehet zwischen dem fürsehen vnd verordnung GOttes/ vnd zwischen der Gerechtigkeyt vnd Herrligkeyt. Denn Gott sihet vnd weiß zuvor alle zukünfftige ding/guts vnd böses / vnd verordnet derhalben bey sich/ was er thun wil / vnd beruffe die Menschen zu seiner erkantnuß/ durch die Lehr des Euangelij/welche er zuvor fürsehen vnd verordnet hat / Vnd strafft die vngehorsamen vnd vnbußfertigen/ die er auch zuvor fürsehen hat/ das sie werden Gotloß sein/vnd bleyben/Vnd setzt jn derwegen ein zil/vnd gewisse straff auß gerechtem Zorn/den er auff die Sünde wirfft/Wie geschrieben steht: Jacob habe ich geliebet/aber Esau hab ich gehasset/scilicet, propter euentum, quem præuidit Deus. Die Gleubigen aber macht er gerecht in seinem Son/vnd gibt jnen das ewige leben. Auß diser Lehr sollen wir alle rechten trost fassen/ vnd gewiß sein/ das weder Todt noch Leben/ weder Engel noch Gewalt/ vns scheyden mag von der Lieb Gottes/ die in Christo Jesu vnserm HERrn ist. Ist GOtt für vns/wer mag wider vns sein? Welcher auch seines eygen Sons nicht hat verschonet/sondern hat jn für vns alle dahin geben/Wie solt er vns mit jm nit alles schencken? Wer will die Außerwelten Gottes beschuldigen? Gott ist hie/der da gerecht machet. Wer wil verdammen? Christus ist hie/der da gestorben ist/ Ja vil mehr/der vns aufferweckt ist/welcher ist zur Rechten Gottes/vnd vertritt vns.

Sovil sey gesagt von der gemeinen Einrede/ das vil Menschen sagen/sie können nicht gleuben/es wircke denn der heilige Geist in jnen. Was aber weitere Einrede belangt/können dieselben auß disem vnterricht/so wir bißhero geben haben/ leichtlich vnd warhafftig entschieden werden. Vnd sind die fürnembsten Einrede verlegt im Buch Corpus doctrinæ genannt/ als in den Hauptartickeln Christlicher lehr/ da von vrsach der Sünden gehandelt wirt/Vnd ist vnter andern dise Einred sehr gemein/ das von Pharao geschrieben steht: Jch wil das hertz Pharaonis verstocken vnd verherten/ Da es laut/ als sey die verstockung ein werck vnd wille Gottes. Es ist aber ein grosser vnterschied / zwischen selbs wircken/vnd andere lassen wircken/vnd nit verhindern.Was Gott selbs wirckt vnd schaffet/das ist gut: Darneben wenn die Teufel oder Menschen wider Gott thun/ das wirckt Gott nit/ ob gleich Gott solchs geschehen lesst/ vnd verhindert es nit thetlich/ biß zu seiner zeit. Vnd redet die Hebreische
Sprach

Sechzehenden Psalm Davids.

Sprach offt also: Ich wil jn verherten/das ist/Ich wils ein zeitlang geschehen lassen/das er je herter/stöltzer / wütender vnd rasender werde. Vnd ist dise weise zu reden sehr gemein in der Hebreischen Spraach / wie sie auch in disem worten gebraucht ist/im teglichen Gebett: Füre vns nicht in versuchung/das ist/Lasse vns nicht in versuchung fallen/ vnd versincken/rc. Vnd ist gewißlich war / das verherten oder verstocken in der heyligen Schrifft so vil bedeut/als wenn ein Vater von seinem vngehorsamen son die hand abzeucht / vnd lesst jn faren/ vnd gehen seines gefallens / dieweil er ja nit volgen wil / gleich wie der Vater den verlornen son/der nit volgen wil/in frembde Land gehen lesst. Vnd ist nun das verstocken der Menschen jr eygene schuld / vnd kompt her von der Sünde/auff welche der Zorn GOttes geworffen wirt/wenn Gott seine gnedige/Vetterliche Hand abzeucht/vnd vbergibt die bösen menschen dem Teufel/Wie geschrieben steht/2. Regum 24. Der Zorn des HERRN ergrimmet wider Jsrael/vnd reitzt David/das er sprach: Gehe hin/ zele Jsrael vnd Juda. Solchs ergrimmen vnd reytzen ist nichts anders/ denn das Gott ein mal seine Hand hab abgezogen/wie solchs auffgelegt wirt/1.Chron:21. Der Satan stund wider Jsrael/vnd gab David ein/das er Jsrael zelen ließ. Solchs alles ist von der verhengnuß GOttes geredt/das ist/von Gottes Zorn wider die Sünde/Wie auch der 79. Psalm anzeygt: Du zerstörest den Bund deines Knechts/vnd machest vnrein deine Kron/Das ist / Gott verhengt/das die Sünde gestrafft werde/wie er dem Mahometh/Türcken vnd Bapst verhenget/die rechten Christen vnd zu möiden/ gleich als durch ein gemietet Schermesser/ wie Esaias davon redet/Cap: 7. Denn auch GOttes Feinde sind die Rute des Zorns Gottes/vnd jre hand ist ein Stecke des Grimmens GOttes/wie von Assur geschrieben steht. Das auch etliche den schönen Spruch/Matthei 10. fürwerffen: Alle Har auff ewrem Heubt sind gezelet/rc. ist gewißlich war/das auß disem vnd vil dergleichen Trostsprüchen vnd Verheyssungen allein dises volget/ das Gott für die Gleubigen sorget/ sie bewaren/vnd jnen helffen wölle wider die Feind/Teufel vnd Tyrannen/ wie im Psalm geschrieben ist: Die Augen des HERRN sehen auff die Gerechten/ Aber darauß volget nicht / das Teufel vnd Tyrannen jre Gotteslesterung/vnd zucht vnd mordt fürnemen vnd anfahen müssen/oder das alles müsse gehen/ wie es geht/vnd könne nit anders gehn.

 Dieses sey so ferrn gesagt von der Fürsehung GOttes. Wöllen andere mehr Einrede jetzo faren lassen / davon sonst an seinem ort gehandelt wirdt/ Vnd jetzo dises lernen / das wir erstlich vnsern Wercken nichts zuschreiben/ dieweil wir von GOtt zuvor fürsehen sindt / vnd vnsere Werck nicht für die Fürsehung GOttes können gesetzt werden. Darnach / das wir das Predigampt hoch halten/ durch welchs wir zur Gnad vnd Seligkeyt beruffen werden. Zum dritten/das wir GOtt dancken von hertzen/mit Mund vnd Wercken/das Er vns beruffen vnd erwelet hat. Zum vierdten/das wir getrost sind in allem Creutz/Vnd wissen/das vns GOtt kennet/vnd nicht verlesst/ Wie geschrieben ist: Der HERR kennet die seinen. Vnd Christus: Meine Scheflein hören meine stimme / vnd ich kenne sie/ vnd sie volgen mir / vnd ich gebe jn das ewige Leben/ vnd sie werden nimmermehr vmbkommen/vnd niemand wirdt sie mir auß meinen Henden reissen. Nun wöllen wir ferner im Psalm fort faren.

 CHRistus zeygt die vrsach an/warumb sein Leyden/Sterben/Gehorsam vnd Verdienst nit allen Menschen zu gut kompt / Nicht derhalben/das es des Vaters wille sey/ das die Menschen sollen verloren werden/ sondern es

Kurtze außlegung des

ist die schuld der Vngleubigen vnnd Vnbußfertigen/ welche Christum verfolgen/ oder verachten/ vnd eylen einem andern nach/ das ist/ sie sparen kein můhe noch arbeyt/ damit sie mögen eygene werck ertichten/ vnd sich darauff verlassen/ als das man dadurch vergebung/ Gottes huld/ vnd ewige Seligkeyt/ neben zeitlicher wolfart verdienen könne. Daher sind entstanden alle Abgöttereyen/ anrüffung der Heyligen/ Opffer den Heyligen gethan/ Wallfart/ Ablaß/ Vigilien/ Seelmessen/ Müncherey/ erwelte fasten/ Weyhwasser/ Cartheuser Orden/ Geysler/ oder Flagelliferi. Vnd sonderlich sol man des Teufels spiel vnd tück wol betrachten/ welcher zu solcher werckheyligkeyt/ die die menschen von Christo abfüret/ gerne hillfft/ wie die Selen/ so etlichs mal den München vnd andern erschienen sein sollen/ klerlich bezeugen/ zumal mit den Cartheusern/ von welchen man schreybt/ das zu Paris ein sehr gelehrter/ vnd für der Welt fromm vnd ehrlicher Man/ nach seinem tod in dem Sarck auffgestanden sey/ vnd mit lauter stim dreymal kleglich geschrien/ er sey auß dem rechten Zorn Gottes ewig verdampt. Daher etliche/ vnter welchen Bruno der fürnembste gewesen/ den strengen Orden der Cartheuser sollen haben angefangen/ dadurch Himel vnd ewigs leben zuerlangen.

Also ist es auch mit den Geyslern/ welche im Jar 1349. durch das Teutschland mit grossem hauffen trawrig gezogen/ vnd sich selbs mit Peytschen hart verwundet haben/ mit disen worten: Det nobis Deus remisionem nostrorum peccatorum. Vnd wenn sie mit andacht/ wie mans nennet/ auff die erden gefallen sind/ hat einer vnter jnen die Absolution gesprochen/ vnd gesagt: Surgamus, Deus dedit nobis remisionem peccatorum. Laßt vns auffstehn/ Gott hat vns gegeben vergebung der sünden. Vnd man sagt/ das noch heutigs tags in Welschland vnd Hispanien/ vnd anderstwo/ solcher Geysler vil sind./ Vnd ein theyl/ damit sie gelt verdienen/ sich von andern dar zu mieten lassen/ vnd gedencken/ es sol durch solch blutvergiessen ire sünd abgewaschen werden. Solchs ist ein grausame Gottslesterung/ vnd verkleynert das verdienst des Herrn Christi. Darumb auch Christus selbst in diesem Psalm solche Werckheyligkeyt vnd Gottslesterung verwürfft/ vnd spricht rund herauß/ er wölle ires Tranckopffers mit dem blut nicht opffern/ Das ist/ Mein Blut sole allein thun/ vnd das rechte einige Sünopffer sein/ ausser welchem sonst kein gnugthuung für die sünd geschehen kan. Ich allein bin der Weg/ die Warheyt/ vnd das Leben. Ich allein bin das Lamb Gottes/ welchs der Welt Sünde tregt. Mit andern ists verloren/ vnd sol verloren sein in alle ewigkeyt.

Das aber der Psalm sagt: Die Werckheyligen haben groß Hertzleyd/ beweiset die erfarung/ das kein rubig Gewissen bey jnen ist. Denn alsbald einer vom rechten Glauben fellet/ so jagt jn der Teufel von einem Irrthumb in den andern/ das er selbs nicht weiß/ noch wissen kan/ wo er daheim ist/ vnd wie er mit daran sey. Daher pflegt man zu sagen: Des Teufels Mærterer haben mehr plag/ denn die Mærterer des Herrn Christi. Vnd wirt den frommen Christen der Himel nicht so sawer/ als den bösen die Hell. Vnd halten die frommen nicht so streng ob jrem thun/ als die Gottlosen ob jrer Abgötterey. Vnd der Teufel thut jm auch also/ Wenn man jn ein ding wil nemen/ so weret er sich am hefftigsten/ vnd hat mühe vnd arbeyt/ das seine zubehalten/ wie man in der Welt sihet/ das Gott allein mit seinem Wort vnd den heyligen Sacramenten bey den Christen wonet/ vnd treybet keinen pracht/ eusserlicher noch sichtbarlicher weise. Der teufel aber/ zumal zu diser letzten zeit/ tobt vnd wütet/ vnd thut sich zu den Menschen sichtbarlich vnd vnsichtbarlich/ vnd hat kein ruhe/ greyffets an auff alle weg/ vnd auff allen seiten/ vnd ist

doch

Sechzehenden Psalm Dauids. LXXIIII

doch dabey ein erschrockener/verzagter/vnd verdampter geist/mit all den sei﹣
nen/ vnd hat groß Hertzleyd/ vnd muß sich fürchten für dem Gericht des
HERren Christi Jhesu/ Ja/er muß sich fürchten für einem jeglichen rechten
Christen/ Wie Jreneus sagt/ das sich der böse Feind für einem Christen/der
mit dem Leyb vnd Blut Christi gespeyset wirt/fürchtet/als für einem Löwen/
der fewer außspeyet.

Ferner was die Translation belangt/wöllen wir disen Bericht thun/das
in Debreischer Sprach die wort also lauten: Sie werden manifeltigen oder
vil machen jhre Trübsalen vnd Widerwertigkeyt/mühe vnd arbeyt. Das ist
auff Teutsch gesagt: Sie werden groß hertzleyd haben. Wie denn auff diese
wort der HERr Christus/Matthei II. one zweyffel gesehen hat/da er spricht:
Kompt zu mir/alle/die jr mühesselig vnd beladen seyt/Jch wil euch erquicken.
Das aber Hieronymus verdolmetscht hat: Multiplicabuntur idola eorum, kompt
daher/das das Hebreische wort/ A Z A B V T H, so vil heyst/als Trawrigkeyt
vnd Abgötterey/dieweil die Götzendienst grosse mühe vnd arbeyt hat/wie die
Baalithen sich mit Pfriemen zerstochen 3. Reg: 18. vnd doch solche Abgötte﹣
rey nichts anders bringt/denn betrübnuß vnd hertzleyd. Vnd ist nun die mei﹣
nung diser wort/ das alle die/so einem andern nacheylen/denn disem einigen
Heyland Christo/ die werden jnen selbs vil mühesseligkeyt/arbeyt vnd betrüb﹣
nuß machen/Vnd wirt jnen jr mühesamer Götzendienst nichts/denn eytel be﹣
trübnuß/ angst vnd hertzleyd/vnd keinen trost des geengsten Gewissens brin﹣
gen. Auff solche meinung hat auch Münsterus dise wort also gegeben: Multi
plicabuntur anxietates illorum, qui festinant ad alienum. Das ist/ Die müheseligkeyt
wirt bey allen genneht werden/ welche einem andern nacheylen. Vnd so vil
sey auch von der Translation geredt. Wöllen jetzt die nachfolgenden wort
von dem Opffer ansehen vnd betrachten.

Christus macht allhie einen vnterscheyd zwischen den Opffern des alten
Testaments,vnd zwischen dem rechten waren Opffer. Denn wie auch die Epi﹣
stel zun Hebreern anzeygt/sind die Opffer des alten Testaments nur ein schat﹣
ten vnd figur gewesen/des einigen waren Sünopffers/ welchs ist Christus/
vnd sind alle derwegen geschehen/das sie erinnerung vnd vergewissung weren
des zukünfftigen Lembleins vnd Opffers/ vnd sind von wegen des wercks
hoch gehalten worden/ vnd hat niemand dadurch vergebung der Sünden er﹣
langen können/ sondern wenn die Veter einen Opfferstul gebawet/ haben sie
dabey von dem Namen des HERRN/das ist/von dem rechten zukünfftigen
vnd warhafftigen Opffer geprediget/vnd also sich erinnert des waren einigen
Opffers vnd Lamb Gottes/ welchs der Welt Sünde tregt/vnd wegnimpt.
Daher die Epistel zun Hebreern sagt/ das Abel durch den Glauben ein gröf﹣
ser Opffer gethan/denn Cain/ vnd hab das zeugnuß bekomen/das er gerecht
sey. Vnd Christus spricht/ Abraham hab begert seinen tag zu sehen/vnd sey
erfrewet. Die Opffer/die nun in solchem Glauben gethan/sind Gott ein süsser
geruch/gefellig vnd angenem gewesen/ Nicht von wegen des verbrachten
wercks an jm selber/sondern von wegen solches Glaubens/durch welchen sie
des Todes vnd Wolthaten Christi/so wol als wir/theylhafftig/ vnd dadurch
selig werden/vnd warhafftige Christen gewesen.

Im alten Testament hat man gehabt sechs Opffer. Drey haben geheys﹣
sen Sünopffer/vnd drey Danckopffer. Das erst vnter den Sünopffern ist ge﹣
wesen ein Brandopffer/welchs man gantz vnd gar verbrandt hat/dardurch
anzuzeygen/das die gantze Menschliche natur muß gantz vnd gar verbrandt/
vnd durch das Leyden des HERren Christi gereinigt werden. Das ander

K ij Opffer

Kurtze außlegung des

Opffer ist gewesst ein Sündopffer/vnd ist geschehen für alle Erbsünd/die auß natur/oder jrrthumb/oder vnwissenheyt vnd vergesligkeyt geschehen. Das dritte ist gewesst ein Schuldopffer/für alle wissentliche/vnd thetliche/vnd tödtliche Sünde/von welchem geschrieben stehet: Er wirdt sein leben zum Schuldopffer geben. Item: Der von keiner Sünden wust/den hat Gott zur Sünden gemacht. Item: Das Blut Jhesu Christi reyniget vns von allen Sünden.

Darnach vnter dem Danckopffer ist das erst gewesen/ein Speyßopffer/dadurch man Gott hat gedanckt für das leben/vnd alle andere wolthat/die zu erhaltung des lebens gehöret/als Essen/Trincken, Kleyder/Hauß/Hof/ec. Das ander Danckopffer ist geschehen für sonderliche empfangene wolthaten/die ein jeder Mensch für sein person in seinem leben empfehet. Das dritte ist gewesst ein Lobopffer/vnd ein Bekantnuß vnd Dancksagung für dise wolthat/das GOtt sich in seinem Wort/mit seinem Wesen vnd Willen hat geoffenbart/vnd seine Lehr deutlich gegeben/wie man jn erkennen/anrüffen/vnd preysen sol.

Solche Opffer sind allein Figuren gewesst/des waren Opffers Christi Jesu. Vnd ist solcher Opffer rechter gebrauch gewesst, das sie den waren Dohenpriester des newen Testaments/vnd sein recht wares Opffer zuuor bedeuteten vnd verkündigten/so lang biß das rechte ware Sünopffer selbst gegenwertig sein würde/da denn die Schatten/die solchs bedeutet/auffhören/vnd vergehen solten/ Wie denn solches klerlich erfüllet ist/vnd das gantze Priesterthumb vnd Opffer/als es auch Daniel am 9. verkündiget/gefallen. Vnd so jemand noch solch Opffer thun wolt/weren sie der höchste Grewel/vnd hette Christum mit seinem verdienst verloren/Wie auch Paulus zun Galatern von der Beschneydung redet. Vnd Epiphanius spricht recht: Typi in lege, veritas in Euangelio, Figuren vnd bedeutung findet man im Gesetz/die warheit aber vnd erfüllung der Figuren findet man im Euangelio. Darumb auch der Herr Christus selbst in disem Psalm sagt: Jch wil jres Tranckopffers mit dem Blut nicht opffern/Das ist/Wenn ich/der ware Hohepriester/in das allerheyligste ein mal eingehen/vnd mein eygens vnd einiges Sünopffer verbringen werde/so wil ich nicht jhre Tranckopffer/noch Bocks oder Kelber blut/sondern mein eygen Blut/vnd mich selber auffopffern/denn solchs allein vermag die Sünde außzutilgen/Wie das die Epistel zun Ebreern gewaltig außfüret. Vnd daher der 40 Psalm zeugt/vñ mit disem Vers sehr fein stirstt/ja desselbigen rechte außlegung ist/da auch der HErr durch den mund des Königlichen Propheten spricht: Opffer vñ Speyßopffer gefallen dir nit/aber die Ohren hastu mir auffgethan/du wilt weder Brandopffer noch Sünopffer. Da sprach ich: Sihe/ich komme/im Buch ist von mir geschrieben/(nemlich/das ich das rechte Opffer sein sol/vnd das Gesetz erfüllen/) denn dein Gesetz hab ich in meinem hertzen. Wie aber der Son Gottes das Gesetz erfülle/haben wir oben gesagt. Darauß wir nun lernen/das/wer mit warem Glauben dise Bezalung vnd Gerechtigkeit annimbt/der gehöret vnter die zal der Heyligen/vnd lieben Kirchen/für welche solchs gethan. Die aber ander Opffer/Bezalung/Gerechtigkeyt vnd Werck suchen/die gehören in die zal/die andern nacheylen/groß hertzleyd haben/vñ derer name nicht mehr gedacht solle werden.

Es ist auch allhie nötig zubetrachten/das der Son Gottes sagt von seinem Blut/wie das selbige auffopffere/allen damit zu helffen/so zu jm eylen/vnd rath vnd hülff bey jm suchen. Vnd so offt man das wort des Bluts Christi

Sechzehenden Psalm Dauids. LXXV

sti gedenckt/sol man allzeit sich erinnern/Erstlich/des wunderbarlichen Rathes Gottes/der auff dise weiß/das der Son Gottes Fleisch vnd Blut/Leyb vnd Seel an sich neme/vnd Mensch würde/das Menschlich Geschlecht erlösen hat wöllen. Darnach sol man stetigs die grosse Gnad GOttes betrachten/das er solchem seinem heimlichen Rath/von der Erlösung des Menschlichen Geschlechts/nicht allein in seinem Wort vnd Verheyssungen hat lassen predigen/sondern auch allezeit eusserliche Zeychen vnd Figurn darzu gethan/ welche das zukünfftige rechte Opffer bedeutet/vnd darauff gewiesen haben/ Wie in Egypten das Osterlamb von ersten ist eingesetzt worden/dadurch anzuzeygen das rechte Lamb Gottes/welchs der Welt sünde tregt/vnd mit seinem Blut vns besprenget/damit wir das leben behalten. So sindt auch alle Opffer/wie zuuor gemeldet/Figuren gewesen/des rechten Opffers/welchs am stam des Creutzs sein Blut für vns vergossen hat. Zum dritten/sollen wir sonderlich diß hohes/grosses werck mit demütigem hertzen ansehen/vnd betrachten/das der Son GOttes ist worden vnser Emanuel/das ist GOtt mit vns/vnd hat vnser fleisch vnd blut/one sünde/an sich genommen/vnd seinen reinen/gerechten Leyb für vns gegeben/vnd sein Blut für vns vergossen/auff das wir von vnsern sünden abgewaschen würden. Wie geschrieben steht: Das Blut Jesu Christi des Sons Gottes machet vns rein von allen sünden. Vnd Petrus sagt: Wisset/das jr nicht mit vergenglichem Silber oder Gold erlöset seyt/von ewrem eiteln wandel/nach Veterlicher weise/sondern mit dem thewren Blut Christi/als eines vnschuldigen vnd vnbeflecktenen Lambs. Zum letzten/sol man auch der hochwirdigen Sacrament des newen Testaments war nemen/welche der Son GOttes darzu hat eingesetzt/vnd verordnet/das sie sollen gewisse Zeugnuß sein seines Opffers. Denn die heylige Tauff zeygt vns an/wie wir mit GOttes Sons müssen vnd sollen gewaschen werden/wöllen wir anders der Sünden loß sein. Das Sacrament des Altars aber ist ein gewisses Pfandt vnserer Gerechtigkeyt/vnd vnsers ewigen Lebens. Denn der Son Gottes/was er von vns genommen hat/vnd womit er vns ewige Himlische Güter erworben hat/dasselbig gibt er vns im Abentmal/nemlich seinen Leyb vnd sein Blut/das Er von vnser Natur an sich genommen/vnd dardurch/als durch rechte volkömliche Opffer/für vnsere Sünde gnug gethan/ vnd bezalt. Dafür sollen wir jm nun von hertzen dancken/wie derhalben das Sacrament des Altars bey den Alten ist genennet worden Sacrificium Eucharisticum, Lob vnd Danckopffer/nach dem Spruch Psalm: 50. Sacrificium laudis honorificabit me. Wer Danck opffert/der preyset mich/das ich jn zeyge das Heyl Gottes.

Auß diesem allem lernen wir nun/das CHRisti einiges Opffer/sey das rechte ware Sünopffer/vnd straffe hiemit alle mißbreuch der Opffer/die auff den Tod Christi nicht gerichtet werden/sondern geschehen/das sie ein werck vnd verdienst sein sollen/als noch geschicht im Bapstumb mit den Meßopffern/darinnen vil grewlicher lesterung gebraucht werden/vnd wirdt das erdichte Opfferwerck an stat Christi/vnd des verdiensts seines thewren Bluts gesetzt/so doch der Son GOttes durch sein eygen Blut vns den Himlischen Vater versönet/vnd sich ein mal zu einem süssen Geruch/vnd angenemen genugsamen Schuld vnd Sünopffer auffgeopffert/vnd eine ewige versönung erfunden/Ephes: 5. Ebre: 7. 9. 10. Welchs wir vns in der gleubigen niessung des Leyb des HErrn/so für vns auffgeopffert/vnd seines Bluts/so für vnser Sünde vergossen/erinnern/vnd vnsern Glauben damit stercken/vnd vns teilhafftig machen sollen.

           N iij   Ferner

Kurtze außlegung des

Ferner/da Christus allhie sagt/er wölle jren namen in seinem Munde mit füren/zeygt er an/das er der Gottlosen vnd Werckheyligen bey Gott seinem Vater nicht gedencken wölle. Darneben aber tröstet er mit disen worten alle Gleubige/vnd verheyßt jn/er wölle jr Hoherpriester sein/vnd jre Opffer gerne an vnd auffnemen/fürtragen/vnd bey Gott seinem Vater rhůmen. Die Opffer aber der Gleubigen sind diese: Rechte reine Lehr des heyligen Euangelij/ Ware anrůffung Gottes/Dancksagung/vnd das heylige liebe Creutz. Dise Opffer nimpt der HErr Christus/als der rechte Hoherpriester/von seinen Gleubigen an/vnd bringet sie zu Gott seinem Vater/vnd gedenckt eines jeglichen in sonderheyt mit namen bey GOtt seinem Vater/Ja/er selbs betet mit vns/vnd füret vns/vnd vertritt vns alle augenblick/vnd füret vnsern namen in seinem Munde/vnd machet/das vns GOtt der Vater gern erhöret/Wie Petrus sagt/das vnsere Opffer Gott dem HERRN angenem sind/vmb Jesu Christi willen. Vnd GOtt der Vater erbarmet sich vnser/vnd zeychnet vnsere namen auff/nicht auff vergenglich papyr/sondern in seine gnedige Veterliche Hende/vnd hilfft vns am tag des Heyls/Wie geschrieben steht/Esaie 49. Der HERR hat meines namens gedacht/da ich noch in Mutterleybe war/vnd hat gesprochen: Kan auch ein Weyb jres Kindleins vergessen/das sie sich nit erbarme vber den son jres leybs? Vnd ob sie desselbigen vergessen/so wil Jch doch dein nit vergessen/rc. Volget nun weyter im Psalm:

Der HERR aber ist mein Gut vnd mein Theyl/Du erheltest mein Erbtheyl.

Allhie lesst der HErr Christus die Werckheyligen vnd Abgötter faren/ vnd redet von seinem außerwelten Heufflin/ vnd spricht: Ob schon vil von mir weichen/vnd einem andern nacheylen/vnd mir so vbel geht/das es scheynet/ als sey ich von GOTT vnd Menschen verlassen/so laß ich mir doch das Eli, mein Gott/nicht nemen/Denn Er ist doch/vnd bleybt mein Gott vnd Vater/ der mich nit verlassen wirt.

Allhie bricht nun wider herfůr ein rechter Trost/in dem höchsten zagen des HERrn Christi/welcher Trost daher genommen ist/das im Gesetz dem Priesterlichen geschlecht kein theyl am Lande gegeben/sondern der HERR spricht: Jch bin dein Theyl vnd dein Erbgut. Dieweyl nun der HErr Christus der ware Hoherpriester ist/so ist auch der HERR GOtt sein Himlischer Vater/selbst sein Gut vnd sein Theyl/Nicht allein für sein person/sondern das durch den HERrn Christum/vnd vmb seinet willen/das arme Menschliche Geschlecht auch einen gnedigen Gott haben sol/der vnser Vater/ja vnser Gut vnd Theyl ewig sein wil/Wie Er zu Abraham spricht: Jch der HERR wil dein grosser Lohn sein. Solches ist allen Frommen ein grosser Trost/das sie wissen/es gehe jnen wie es wölle/so sind sie doch Kinder vnd Erben Gottes/ Brůder vnd Miterben des HErrn Christi/vnd sitzen mit dem HErrn Christo in gleichem vnd gemeinem Leben vnd Erbschafft. Darumb nennt der HErr Christus seine Gleubige offtmals seine Brůder/als Psalm: 22. Jch wil deinen Namen predigen meinen Brůdern/ Jch wil dich rhůmen in der grossen Gemein. Item: Jch fare auff zu ewrem Vater/ vnd zu meinem Vater/ zu meinem GOtt vnd zu ewrem GOtt. Vnd hie frewet er sich nicht allein seines Erbtheyls/das ist seiner lieben Kirchen/so aus Juden vnd Heyden versamlet ist/sondern rhůmet sich noch gar herrlich/vnd spricht:

Das

Sechtzehenden Psalm Davids.

Das Los ist mir gefallen auff liebliche/ Mir ist ein schön Erbtheyl worden.

DAs ist/ Mein Erbtheyl ist nicht allein im Jüdischen Lande/ sondern erstrecket sich vber die gantze weyte Welt/vnd sol ewig werren. Solchs ist nu die heylige Christliche Kirche/ ein heylige Gemein/ ein versamlung der Christen/in einem Glauben/Wort/vnd Sacrament/vnter einem Haupt Christo/ durch den heyligen Geyst zusammen beruffen/ Nicht an einem sondern ort/ person/ oder andere eusserlich ding gebunden/sondern/ so weyt die Welt ist/ wo nur Christen sind/ Wie Christus sagt/ Mattthei am 8. Ich sage euch/ vil werden komen vom Morgen vnd vom Abent/ vnd mit Abraham/ vnd Isaac/vnd Jacob im Himelreich sitzen. Vnd Augustinus sagt: Wo Gott geliebet vnd gefürchtet wirt/da ist die Christliche Kirche. Vnd von solchem Erbtheyl vnd Reich des HErrn Christi/wirt in der heyligen schrifft offt geprediget/ als Psalm: 2. Ich wil dir die Heyden zum Erb geben/ vnd der Welt ende zum Eygenthumb. Vnd Esaie am 53. Ich wil jm grosse menge zur Beut geben/ vnd er sol die Starcken zum Raub haben/darumb/das er sein leben zum tode gegeben hat. Wiewol nun nicht alle Heyden glenbig sind/ so ist doch das Euangelium Christi in die gantze Welt erschallet/ vnd sind vnter aller Völcker Zungen vnd Stende Christen/ die disem Könige hulden/ vnd jhn annemen. Die aber diesem HErrn nit hulden/ vber die herrschet er gleichwol vnd wil sie mit einem eysern Scepter zerschlagen/ vnd alle seine Feinde vnter die Füsse tretten. Die andern aber/so jhn annemen/wil er ewig selig machen/ vnd sie sollen ein schön vnd herrlich Erbteyl sein/ Nicht jrent halben/ sondern vmb Christi willen/ welcher sie mit seinem Blut reyniget/wescht vnd zieret/ vnd gibt jnen das ewige Leben. Vnd ist auß dermassen tröstlich/das er sein liebe Kirche/sein liebes Heüstlein/ so gnediglich nennet sein Erbtheyl/ Denn wie einer sein Veterlich Erbe so hoch beliebet/ das er auch leyb vnd leben darüber lesset/also beliebet er auch sein liebes Erbtheyl vnd Scheflein/das er sich selbs für sie zum Opffer in tod ergibt/vnd mit seinem Hirtenstabe tröstet/schützet/ vnd wider alle gewalt der Wölffe/ Ketzer/Tyrannen/Teufel/ vnd der Helle pforten vertedigen wil/ Psalm: 23. Matthei am 16. Capitel. Vnd wie er ein ewiger König ist/so sol auch solch sein Erbkönigreich/das ist/seine liebe Außerwelten ewig bleyben/mit jm im ewigen Leben vnendtlichen Frid vnd frewde haben.

Jnn Schulen/ wenn man von dem Reich Christi handelt/ pfleget man zu sagen/das Reich Christi sey dreyerley: Regnum potentiæ, gratiæ, & gloriæ, das Reich der Allmacht Christi/ der Gnaden/ vnd der Ehr. Vnd solches ist sein geredt/vnd zeyget an/das Christus von ersten warer Gott sey/ mit Gott dem Vater/ vnd dem heyligen Geyst/ vnd herrsche von ewigkeyt zu ewigkeyt/ in ewiger Allmacht vnd Gewalt, das Er alles/was Er wil/thun kan/ vnd Jm nichts vnmüglich ist/ Wie auch der Engel zu Maria sagt: Bey GOTT ist kein ding vnmüglich. Vnd sollen die Christen billich/vnd von hertzen der Sacramentirer lesterung verdamnen/vnd fliehen/ welche sagen darff/ GOtt sey nicht Allmechtig/ vnd er könne nicht alles thun/ was Er wil/ sondern Er sey multipotens, vnd magnipotens, das ist/ Er könne vil vnd grosse ding thun/ aber Er sey nicht gantz vnd gar omnipotens, Allmechtig/ vnd Er könne nicht verschaffen/was gescheen ist/nit geschehen sein solt/vnd das ein Menschlicher Leyb zu einer zeyt an vilen orten sein könt/ꝛc. Solche vnd dergleichen lesterung vnd Teufels red/ dafür sich auch die Heyden geschewet haben/lassen

wir

Kurtze außlegung des

wir faren/ vnd wissen/ vnd gleuben vestigklich/ das Göttliche Maiestet Allmechtig ist/ vnd kan/ vnd will alles thun/ was sie sagt. Verflucht sey wer anderst redet. Vnd das ist auch das Allmechtige Reich des HErrn Christi/ vnd der Gewalt/ den der Son Gottes von ewigkeyt zu ewigkeyt hat. Nach disem aber ist das Reich der Gnaden/ von welchem Christus der HErr selbst Luce am 17. predigt/ vnd spricht: Das Reich GOttes ist inwendig im Menschen/ vnd kompt nicht mit eusserlichen geberden/ Das ist/ wie Paulus solchs außlegt/ Das Reich CHRIsti ist Gerechtigkeyt/ Fried/ vnd Frewde im heyligen Geist. Jnn diesem Gnadenreich Christi sol man erstlich betrachten/ von wem vnd wie dieses Reich eingesetzt/ auffgerichtet/ vnd bestetiget sey/ nemlich/ von der Göttlichen Maiestet/ wie im Andern Psalm geschrieben steht: Jch hab meinen König eingesetzt/ auff meinen heyligen Berg Zion. Jch wil von einer solchen weise predigen/ das der HERR zu mir gesagt hat: Du bist mein Sohn/ heut hab ich dich gezeuget: Deysche von mir/ so will ich dir die Heyden zum Erbe geben/ vnd der Welt ende zum Eygenthumb. Darauß haben wir alle zu lernen/ das/ dieweil GOtt selbst der Stiffter ist solches Reichs/ so sol dieses Reich allezeyt bleyben/ wider aller Hellen Pforten/ vnd sol doch allein im Wort/ vnd durchs Wort des HErrn Christi bestehen/ vnd nimmermehr außgetilgt werden.

Nach solcher Einsetzung des HErrn Christi sol man auch sehen/ wie es außgebreyttet werde/ nemlich/ allein durch das Wort vnd Lehr des Euangelij/ vnd durch fromme trewe Lehrer/ Wie geschrieben stehet: Gehet hin in alle Welt/ vnd prediget das Euangelium allen Creaturen. Zum dritten/ sol man betrachten/ was man in diesem Reich des HERren Christi suchen vnd finden sol/ nemlich/ dise drey stück: Gerechtigkeyt/ Frid/ vnd Frewd im heyligen Geist. Denn die drey theyl gehören zu dem Reich Christi/ Vnd zeygen vns an/ wie wir allein durch den HERren Christum gerecht vnd selig werden/ Vnd so wir durch den Glauben gerecht sind/ das wir als denn frid haben mit Gott in vnsern Gewissen/ vnd frewen vns in dem HERRN. Zum vierdten sol man auch die Herrschafft des Königs in disem Reich wol betrachten/ nemlich/ das allein der HErr Christus HErr vnd König ist/ von dem man nicht appellirn noch weychen kan/ Vnd Er hat keinen Vicarium noch Statthalter/ wie der Bapst vermeint/ sondern Er ist allein das Haupt seiner Kirchen/ vnd gibt sein Wort/ darbey ein jeder bleyben sol/ vnd sendet Diener/ vnd Arbeyter/ die solchs Wort sollen außbreytten/ vnd regirt sie durch das Wort. Daher der Apostel Paulus zun Coloss: 1. spricht: Christus ist das Haupt seines Leybs/ nemlich/ der Christlichen Gemein. Denn alle Christgleubigen sind der Leyb Christi/ vnd ein jeglicher ist ein Glid solches Leybs/ nach seinem theyl/ vnd wir sind alle in einem Geyst zu einem Leybe getaufft/ vnd Glieder eines Haupts/ Jesu Christi. Vnd wer ein Christ ist/ der ist Christus/ vnd aller Außerwelten Gottes/ aller Patriarchen/ Propheten/ Aposteln ꝛc. Bruder/ vnd ist ein Mitburger in GOttes Reich/ in der Christenheyt/ da hat er/ so offt ers begert/ vergebung der Sünden/ vnd die zusage des ewigen Lebens. Jnn letzten/ sol ein jeglicher sich befleyssen/ das er disem König recht diene/ wie Zacharias Luce am 1. sagt/ in heyligkeyt vnd gerechtigkeyt vnser lebenlang. Vnd im Andern Psalm steht geschrieben: Dienet dem HERRN mit forcht/ vnd frewet euch mit zittern/ Das ist/ Seyt jm gehorsam vnd vnterthan/ vnd beweyset gute frücht ewers Glaubens.

Was weyter anbrlangt das Reich der Herrligkeit Christi/ muß man dasselbig an seinem ort handeln/ vnd dise zwey stück allezeyt betrachten: Erstlich/

Sechzehenden Psalm Dauids.

lich/das Christus für sein person/warer Gott vnd Mensch/sitze zur Rechten Gottes seines Vaters/in gleicher Allmacht vnd Herrligkeyt: Darnach/das er auch seinen geistlichen Leib/das ist/sein Christliche Gemein/werde in ewigkeyt herrlich machen/in ewigem leben / wenn er zu seinen Außerwelten sagen wirt: Kompt her ir Gesegneten meines Vaters / ererbet das Reich / das euch bereytet ist von anbegin der Welt/das Reich des ewigen Friedes/der ewigen Klarheyt vnd Seligkeyt/vnd das Reich des ewigen Lebens. Nun volgt das dritte theyl dises Psalmens:

Ich lobe den HERRN der mir gerathen hat/ Auch züchtigen mich meine Nieren des nachts.

Biß hieher hat der Herr Christus gelehret/was die frucht seines Leydens sey/ Jetzund dancket er Gott seinem Vater/für solch sein liebes-köstliches Erbtheyl/vnd preyset den wunderbarlichem Rath Gottes/das er jm also ein Kirche samle vnd erhalte. Denn dise Dancksagung geht fürnemlich auff zwey ding / Erstlich auff die Erlösung / das Gott der Vater seinen Son so gnediglich erhalten/vnd errettet hab. Darnach/das er jhm so ein schön Erbtheyl gegeben hab/ Wie er auch Matthei am 11. spricht: Ich preyse dich Vater/vnd HERR Himels vnd der Erden/das du solchs den Klugen vnd Weisen verborgen hast/vnd hasts den Vnmündigen offenbaret/ꝛc.

Allhie sollen wir nun von ersten das Exempel des Herren Christi wol betrachten/das er Gott seinem Himlischen Vater solche grosse Ehr gibt/vnd jm alles zuschreybt/in der lehr/im leben/in Gewalt/vnd in allen dingen/wie er sagt: Mein lehr ist nicht mein/sondern meines Vaters/der mich gesandt hat/ vnd wie er befolhen/so thue ich. Item/ Sie wissen/das alles/was du mir gegeben hast/von dir ist. Darauß wir nun zu lernen haben/wie wir vns gegen Gott in vnserer lehr/leben vnd Gebett schicken sollen. Denn so Gottes Son/ der doch warer Gott ist/von ewigkeit zu ewigkeit/gleicher Allmacht vnd Gewalts mit Gott seinem Vater vnd heyligem Geyst/solche grosse ehr seinem Vater zueignet/was sollen denn wir arme/elende leut thun/die wir gegen dem Herren Christo weniger als nichts sind. Sonderlich aber wenn wir beten wöllen/sollen wir an das Exempel des Herrn Christi gedencken/vnd wissen das wir mit der Hohen/Grossen/ewigen Maiestet reden sollen / welcher kein Creatur gnugsame Ehr erzeygen kan/vnd der Son Gottes selbs in seinem leiben vnd sterben/vnd sonst/auch in seinem leben/lehr/vnd gehorsam/mit worten vnd wercken/beten/anrüffen/dancken/loben/vnd preysen/ alle ehr beweisen vnd zugeschrieben hat. Des halben wir alle vns zum beten recht schicken sollen / vnd nicht gedencken/ wir reden villeicht mit vnserm Nechsten/ oder sonst mit einer schlechten Creatur / sondern allzeit dise gedancken fassen: Dat der Son Gottes in seinem Gebett zu Gott seinem Vater sich so tieff gedemütiget/vnd Gott seinem Vater alle Ehr zugeschrieben/ warumb sol ich armer Madensack mein Hertz vnd Gemüt nicht auch auffmuntern / vnd erheben / zu rechter Andacht vnd Demut / sintemal ich mit der ewigen, hohen/ Göttlichen Maiestet reden sol.

Vnd also fellt hinweg alle Heucheley vnd vermessenheyt/mit sampt aller Faulheyt der Menschlichen Natur im Gebett. Item / Es fellet hinweg der Trotz vnd Rhum von guten wercken / vom Freyen willen / vnd von krefften der menschlichen Natur in Göttlichen dingen. Denn so Gottes Son jhm selbst nichts zugeschrieben / sondern alles guts seinem Vater zueygnet / vnd
jm

Kurtze außlegung des

im darumb gedanckt hat/wie vil mehr sollen die Menschen alles was sie gůtes haben/vnd thůn/allein GOtt dem HERRN zůschreyben/vnd jm dafür dancken. Des haben wir ein gar schönen Spruch Tauleri/der also schreybt: Die wirdigkeyt kompt nimmer von menschlichen wercken noch verdienen/sonder von lauter Gnad vnd verdienen vnsers HErrn Jesu Christi/vnd fleüßt zůmal von Gott an vns.

Das aber der HErr Christus spricht/der HERR hab jm gerathen/zelget er zwey ding an/Nemlich/die Gedult oder vberwindung seines Leydens/vnd darnach den Trost vnd errettung auß dem leyden. Denn Er gedultig vnd fürsichtig/willig vnd gern GOtt seinem Vater gehorsam geleystet/vnd sein Creutz getragen/vnd nicht gemurret wider Gott/Wie in der 1.Petri am 2.geschriben stehet: Welcher nicht wider schalt/da er gescholten ward/Nicht drowet/da er leyd/Er stellet es aber dem heim/der da recht richtet/Vnd hat sich also zů seinem Himlischen Vater gehalten/jm vertrawt vnd jn angeruffen/Ist auch nit kleinmütig noch verzagt im leyden gewest/wie die Heuchler vnd Gleysiner pflegen zůthůn/Wenn gůte zeit ist/so können sie vil schreyen von gedult vnd bestendigkeyt: Wenns aber vbel zůgeht/so wissen sie nit wo sie daheim sind. Darumb leret vns der HErr Christus mit seinem Exempel/das wir alles Creutz gedultig tragen sollen/vnd nicht wider Gott murren/sondern in betrachtung vnser sünden gedultig sein/vnd den Veterlichen willen Gottes erkennen/Vnd wissen/das GOtt der Vater vns werde rath vnd hülff schaffen/vnd vns nicht verlassen/es sey das Vnglück so groß als es jmmer sein kan.

Das auch der HErr Christus diese wort füret/das jhn des nachts seine Nieren züchtigen/zeyget Er damit nichts anders an/denn das Er aller ding seinen Brüdern oder dem Menschlichen Geschlecht hat müssen gleich werden/vnd hat allenthalben müssen versůcht werden/gleich wie wir/doch one Sünde/vnd hat also in seinem Fleysch vnser schwachheyt vnd gebrechligkeit fülen/erfaren/tragen vnd leyden müssen/das Er nicht allein wiste/wie ein schwach Gefeß wir sind/sondern auch selbst in seinem hertzen innerlich/vnd an seinem Leyb eusserlich solchs erfaren möchte/vnd sich so vil hertzlicher vnser erbarmen/mit vnser schwacheyt mitleyden haben/vnd vnser gebrechen dulden vnd tragen köndte.

Das wörtlin (nacht) in der heiligen Schrifft zeygt gemeinlich an grosse anfechtung/schreckung/vnd schwere gedancken/Wie Jacob zů nacht mit dem Engel biß auff den tag gerungen/vnd andere Heiligen bey nacht vil mehr deß sonst mit dem bösen feind/vnd mit andern schweren anfechtungen zůthůn haben/Vnd der HErr Christus selbs bey nacht sehr hefftig gebetet hat.

Das wörtlin (Nieren) bedeutet in der heyligen Schrifft alle affect vnd begird/da einer lust zů hat. Also hat der HErr Christus in seinem Fleysch lust gehabt nicht zů leyden/Wie er sagt/Matthei am 26. Der Geist ist willig/aber das fleisch ist schwach.Vnd das sind die Nieren gewest/vber welche er hie klaget/Denn das fleisch wolt lieber lust haben/denn leyden/vnd lieber freud haben/deß schmertzen.Vnd ob gleich die natur on sünde ist/noch dennoch hat sie angst vnd schrecken/wenn jr vbel vnd vnrecht geschicht. Aber mit solchen affecten vnd Nieren hat der Son Gottes versůcht vnsere schwacheyt/Darumb spricht die Epistel zů den Ebreern: Wir haben nicht einen Hohenpriester/der nicht mit vnser schwacheyt kan mitleyden haben/sondern er ist versůcht in allen vns gleich/doch one die Sünde. Darumb sollen wir für disen Thron der Gnaden mit gůtem vertrawen kommen/das wir barmhertzigkeyt/gnad vnd hülffe

Sechzehenden Psalm Dauids. LXXVIII

hülffe erlangen. Diser Text erinnert vns/das wir nicht fürwitzige Fragen suchen / sondern das grosse wunderbarliche Leyden also anschawen / das wir erstlich darinne GOttes Zorn wider vnsere Sünde mercken/ vnd auch selbs erschrecken: Darnach / das wir die grosse Gnade betrachten / nemlich / das GOtt also versönet ist / vnd wil dir gewißlich deine Sünde vergeben / nimmet dich an / vnd diser Son wil in dir sein / vnd wircken / dir Seligkeyt geben / Also sollen im schrecken Trost empfahen.

Ich habe den HERREN allezeit für augen / denn er ist mir zur rechten / darumb werde ich wol bleyben.

DJEmit zeygt der Herr Christus an / den einigen Trost / den er in seinem höchsten Leyden hat / vnd behelt / nemlich die gewisse zuuersicht zu Gott seinem Vater / das er jm nicht zur lincken / als ein Verdammter vnd Hencker / sondern als ein Delffer vnd Erretter zur rechten stehe / vnd jn nicht versincken lassen / sondern auß dem Tod vnd Helle reissen / vnd ewig erhalten werde. Sihet also in das Leben auß dem Tod / vnd weissagt von seiner herrlichen Aufferstehung. Vnd das ist die rechtschaffene natur vnd eygenschafft eines Glaubens / der sich allein an Gott den HERREN helt / vnd trawet auff sein Gnad / Barmhertzigkeit / vnd verheissung / vnd lesst sich dauon nichts abweysen. Wie auch Diob sagt: Wenn mich Gott gleich tödtet / noch hoffe ich auff jn. Vnd im 73. Psalm stehet geschrieben: Wenn ich nur dich habe / so frage ich nichts nach Himel vnd Erden: Vnd / Wenn mir gleich leib vnd seel verschmacht / so distu doch Gott allezeit meines hertzen Trost / vnd mein Theil. Auff dise weise redet auch der HErr CHRistus allhie / vnd spricht: Wiewol ich im höchsten leyden stecke / vnd scheinet / als sey es mit mir gar auß / vnd sey keine hülffe fürhanden / so lasse ich doch den HERREN / den ich anruffe / auff den ich trawe / auß meinen augen nit / Ich sehe on vnterlaß auff seine hülff / ich weiß / er wirt mich nit vnerhört vnd hülfloß lassen / denn er ist mir zur rechten / der HErr stehet mir bey / der HERR ist mit mir / mir zu helffen. Psal: 118. Ich werde wol bleiben / Tod / Teufel vnd Hell / ob sie sich auffs gewaltigst wider mich legen / sollen sie doch mich nit vberwaltigen / sondern wol bleyben lassen / denn die Göttliche Natur steht der Menschlichen natur bey / vnd erhelt die / Vnd der ich da leyde / bin ich nit allein Mensch / sondern auch warer Gott / vnd kan allein den Zorn Gottes / Tod / Teufel vnd Helle vberwinden.

Den HERREN allezeit für augen haben / ist nichts anderst / denn gewiß wissen vnd trawen / das vns GOtt gnedig sey / vnd hab an vns ein gefallen / vnd wende sich auffs freundtlichste zu vns / in seinem Wort vnd in den heyligen Sacramenten / vnd durch keine anfechtung von GOtt abgewendet werden. Vnd wirt mit disen eygentlich beschrieben die Natur eines rechten Glaubens / Denn also lauten die wort: Posui Dominum in conspectu meo semper. Ich hab den HERREN gesetzt allezeit für meine augen. Das wörtlein (setzen) zeiget an ein gewisen bestendigen Glauben / der nit auff Sand / sondern auff einen starcken Felsen vnd bestendigs Fundament gegründet vnd gebawet ist / vnd kan von keinem wind oder vngestümigkeit bewegt noch vffgestürtzt werden. Solcher Grund ist der HErr Christus selbs mit seinem Wort / wie geschriben steht: Kein ander Grund kan gelegt werden / denn allein der HErr Christus Jhesus / welcher ist der ware Eckstein vnd Fels / darauff der Glaub gebawet muß werden. Vnd wer darauff bawet / der wirt nicht zu schanden. Ein Heuchler aber wirt vom Wind hin vnd her geworffen / vnd hat nichts gewisses /

Kurtze außlegung des

wissens/weder zu gleuben noch zu reden / wie man heutigs tages an den Sacramentirern erferet. Darnach volget das wörtlin (HERR/) welches anzeygt/warauff der Glaub/vnd wohin er gerichtet sey/nemlich/allein zu der gnadenreichen Barmhertzigkeyt GOttes/die vns in Christo verheyssen vnd geschencket wirdt. Vnd hiemit fallen hinweg alle Weltheyligen/ vnd Menschen verdienst/Denn es ligt alles allein an Gottes Gnad vnd Barmhertzigkeyt. Zum dritten zeygt das wörtlein (allezeit) an/das der Glaub nicht müssig sey/auch nicht vnbestendig/vnd sich nimmermehr von GOtt laß abwenden/sondern bleyb stettigs bey GOtt/ wie im 123. Psalm geschrieben ist: Ich hebe meine augen auff zu dir/der du im Himel sitzest: Sihe/wie die augen der Knechte/auff die hende jrer Herren sehen/Wie die augen der Magde/auff die hende jrer Frawen/Also sehen vnsere augen auff den HERRN vnsern Gott/biß Er vns gnedig werde.

Das er auch sagt: Der HERR sey jm zur rechten/das er nicht vergehe/ zeygt er damit an/das es zur lincken vbel gehe/vnd jmmer klopffe vnd stosse/ damit er Gott auß den augen faren ließ/vnd keine von aller Gnad vnd Seligkeyt. Vnd ist eben das das zettergeschrey des HErrn Christi/da er am Creutz schreyet/als sey er von Gott seinem Vater verlassen/Vnd nennet doch gleichwol jn seinen GOtt/der jm auff der besten seyten/zur rechten stehet/ vnd errette jn mit seiner gegenwertigkeyt/Allmacht/Rath vnd Hülff. Vnd hie sollen wir solchs Exempel des HErren Christi wol betrachten/auff das wir GOtt für augen haben / Vnd ob gleich der Teufel vnd die Welt vns stetigs zur lincken stehen/murren vnd toben wider vns/das wir doch gewißlich schliessen/Gott der HERR sey vns zur rechten/vnd helff vns/das wir wol bleyben können/ es sey die anfechtung so groß als sie jmmermehr sein kan.

Darumb frewet sich mein Hertz/ vnd meine Ehre ist frölich/ auch mein Fleisch wirt sicher ligen.

DJe höret nun alles leyden vnd betrübnuß auff/vnd ist lauter hertzliche wonne vnd frewd fürhanden/im hertzen vnd im munde. Denn was das hertz voll ist/des geht der mund vber. Vnd das wörtlein (Ehre) ist so vil/als Zunge oder Mund/damit man GOtt sol ehren/loben/preysen. Wie Dauid im 30. Psalm spricht: Meine Ehre sol dir lobsingen / das ist/ mein Zunge vnd Seytenspiel/da ich dich mit ehre. Item/Psalm: 57. Wach auff mein Ehre/Wache auff Psalter vnd Harpffen/HERR ich wil dir lobsingen vnter den Völckern. Denn die Zung des Menschen ist fürnemlich den Menschen darumb geschaffen/das man damit GOtt loben vnd preysen sol. Vnd werden an jhenem Tage alle Gottslesterer/Schwermer vnd Ketzer grewlichs Gericht hören vnd erfaren müssen/ welche jetzund jre Zunge wider GOttes Ehre vnd Wort brauchen/vnd nicht volgen dem Exempel Dauids/des HErrn Christi selbst/vnd aller anderer Heyligen / vnter welcher zal Gordius/ein Hauptman des Keysers Maximiniani/gesetzt wirt/ welcher/ da er von wegen rechter Lehr zum Fewer gefüret wurde/ist er von den seinen angeredt/er solte gleuben was er wolte/vnd solt allein jetzund/zu errettung seines leybs vnd lebens/ ehr vnd standes/ mit dem munde den Christlichen Glauben verleugnen. Hat er geantwortet/das im GOtt seine Zung darumb gegeben hette/das er jn damit solt ehrn/vnd die Warheit bekennen/vnd er könne mit seiner Zungen Gott den HERRN nit verleugnen. Ist derhalben freydig zum Fewer gangen/vnd ein heyliger Merterer worden/ nach dem Spruch : Ich gleube/ darumb rede ich/ich werde aber sehr geplagt. Die

Sechzehenden Psalm Dauids. LXXIX

Die nachfolgenden wort dieses Psalms / begreyffen in sich den Artickel vom Sterben vnd Begrebnuß/niderfaren zur Hellen/vnd freydigen/seligmachenden Aufferstehung des HERrn Christi/ Item/vnsern schönen Artickel von dem ewigen leben. Darumb wöllen wir dise Artickel für vns nemen/vnd kürtzlich dauon handeln. Vnd vom Sterben vnd Begrebnuß des HERren Christi reden/dise wort: Mein Fleisch wirt sicher ligen.

Vom Tod vnd Sterben des HErrn Christi.

CHRIstus GOttes Son ist gestorben am Creutz/ von wegen der vrsachen/die wir oben gesetzt haben/nemlich/damit anzuzeigen/die schmach vnd schand der Sünden / denn die Creutzigung ist bey den Juden der schmehelichste todt allezeyt gewesen. Darnach/das man sehe/das der Son GOttes warhafftig sey ein Fluch für vns worden / Wie geschrieben stehet: Vermaledeyet sey/wer am Holtz hanget. Zum dritten / das auch die Figurn erfüllet würden / als/mit Isaac/ mit den Opffern / mit der Schlangen/von Mose in der Wüsten erhöbet/rc. Nun müssen wir auch betrachten/warumb der HErr Christus gestorben sey/nemlich/vmb vnser sünde willen. Denn Er hat vnser Sünde getragen/der nie Sünde gethan hat/vnd hat mit seinem vnschuldigen Blut gnug gethan/für aller Welt Sünde. Daher sagen auch etliche/das der HErr Christus / da er das Creutz auff seinem hals zu Jerusalem zum Thor hinauß getragen / sey er von etlichen einfeltigen vnd fromen Juden gefragt worden: Rabbi/was tregest? Hab er geantwort: Ich trag ewer sünde. Vnd sagen etliche / das solchs im Euangelio Aegyptiorum geschrieben sey gewesen. Vnd gehört hieher der Spruch Johannis des Teuffers: Sihe das Lamb Gottes/welchs der Welt sünde tregt. Item Esaie 53. Der HERR hat all vnser Sünd auff jn gelegt: Er trug vnser franckheyt/vnd lud auff sich vnsern schmertzen: Vmb vnser missethat willen ist er verwundet/ vnd vmb vnser Sünde willen ist er geschlagen: Die straffe ligt auff jm/auff das wir frid hetten/ vnd durch seine Wunden sind wir geheylet. Vnd S. Peter sagt: Christus hat vnser sünde selbs geopffert an seinem Leybe/auff dem Holtz/auff das wir der sünde loß seyen/rc. 1. Petri 2. So sind auch die Figuren im alten Testament gewisse anzeygung gewest/ das Christus der Son Gottes hat sterben sollen. Denn wie die Opffer haben müssen geschehen auß den geschlachtetem Thiern/ Kelbern vnd Ochsen / also hat das rechte ware Opffer geschehen sollen/ auß dem geschlachten Lamb Gottes.

Die sol man widerumb mit hertzlicher andacht die oberzelten sechs stück betrachten / vnd allen Christen wol fürbilden / Nemlich : Zum ersten / den Ernst der Gerechtigkeyt GOttes / welcher die Sünde nicht vergibt / es sey denn seinem Willen vnd Gebot genug geschehen / oder aber die straff/ so auff den vngehorsam gehöret/erlitten. Zum andern/den Ernst des vntreglichen Zorn GOttes/ der auff die Sünde also geworffen ist/ das jhn kein Creatur/ weder Engel noch Mensch/versöhnen vnd stillen hat können/sondern der Son Gottes selbst hat sich seiner Gottheyt geeussert / vnd ist vnser Fürbitter/Erlöser/vnd Schuldentrager worden/ vnd hat vnser Sünd vnd Straff auff sich geladen. Zum dritten/die grösse vnd menge vnserer Sünden. Zum vierdten/ die Liebe Gottes gegen vns/ das er seinen eingebornen Son für vns in tod geben hat. Zum fünfften/ die Lieb des Sons GOttes gegen dem Menschlichen geschlecht. Zum sechsten/den nutz vñ frucht solchs leydens/das wir von

vnsern

Kurtze außlegung des

vnsern sünden erlöset/vñ von der straf auch errettet/vñ nu gerecht vñ selig sind. Mañ sol auch in disen hohen sachen nit vnterlassen die schröcklichen ze wunderzeychen/ welche sich in dem Leyden vnd tod Christi zugetragen/wol zubetrachten/ als das so ein grewliche finsternuß der Sonnen geschehen / welche wider alle natürliche ordnung im Volmonden sehr schröcklich gewesen/ das auch die Stern bey tag am Himel gesehen wurden/ vnd an vilen orten durch grosses Erdbeben Sted vnd Heuser sind eingerissen worden/ vnd die Gelerten gesagt haben/das entweder Gott selbs leyde/oder aber die gantze Welt werde vntergehn. So ist auch im Tempel der Fürhang zurissen/vñ die Felsen hin vnd wider sind auch zurissen/vnd haben sich die Greber auffgethan/vnd sind heraus gegangen die heiligen Peter/ Adam/ Abraham/ Isaac/ Jacob vnd andere mehr. Daher Hieronymus spricht: Omnis creatura compatitur Christo morienti, Sol obscuratur, terra mouetur, petræ scinduntur, velum Templi diuiditur, sepulchra aperiuntur, solus miser homo non compatitur, pro quo solo Christus patitur. Das ist / Alle Creaturn trawret vnd leydet mit dem sterbenden HERrn Christum/die Sonne wirt verfinstert/die Erd beweget/die Felsen zurissen/ der Fürhang im Tempel zurtheylet/ die Greber auffgethan / Allein der elende Mensch trawret vnd leydet nicht/vmb welchs willen Christus leydet.

Solch Wunderzeychen sol man fleyssig ansehen / vnd hertzlich betrachten/ vnd sonderlich ire bedeutung zu gemüt füren. Denn die Finsternuß der Sonnen gewißlich anzeyget hat / die grosse Last der Bürde des Sohns GOttes / die sonst weder im Himel noch auff Erden hett können getragen/ oder außgestanden werden. Der zurissene Fürhang im Tempel hat bedeutet/das nun alle heimligkeyt eröffnet sindt / vnd das alle Figuren vnd Ceremonien abgethan vnd auffgehaben sind/ vnd das die Warheyt vnd erfüllung selbst fürhanden sey. Die zurissenen Felsen haben bedeutet Erstlich/ das grosse Wunder vnd Mirackel/das der Son GOttes leyden vnd sterben sol: Darnach haben sie auch darneben angezeygt/ das kein Gewalt noch Macht auff Erden sich wider den HERrn Christum auffhalten könne/ vnd das alle die/ so sich auff das Leyden vnd Sterben des HERren CHristi verlassen/ wol sicher bleyben sollen/ vnd dürfften sich für keiner Gewalt fürchten. Die auffgethane Greber haben bedeutet / das der HErr Christus mit seinem Tode vnsern Todt hat hinweg gethan/ vnd vns das Leben geschenckt. Sonderlich aber ist das vnter allen Wunderzeychen das höchste vnd gröste gewesst, das/ nach dem Christus verschieden/vnd in im ein Kriegsknecht seine Seyten mit einem Sper geöffnet /Blut vnd Wasser herauß geflossen. Nun ist es ein vnnatürlich ding/ das auß einem verstorbenen Leychnam Blut sol fliessen / vnd vil vnnatürlicher ist es/ das Wasser sol herauß fliessen. Solchs Wunderzeychen hat bedeutet/ das das Blut vnsers lieben HERren CHJsti nach seinem Tod bleyben/ vnd die Christenheyt reynigen vnd abwaschen sol von jren Sünden / Wie es Chrysostomus sehr fein reimet/ vnd spricht: Es habe sein sondere bedeutung / darumb/ das die Christliche Kirche durch diese zwey gezeuget/ vnd erhalten wirdt. Denn durch das Wasser der seligen Tauffe werden wir wider geboren / wie Christus/ Johannis am 3. sagt/ vnd werden hernach erneüret durch den Leyb vnd das Blut Christi nicht allein Geistlich im Wort vnd Glauben / sondern auch leyblich / wenn wir es mit dem mund im Nachtmal des HErren empfahen/vnd niessen. Darumb spricht Chrysostomus: Wenn du zum heyligen Sacrament gehest / soltu anders nit dencken, denn du trinckest vnserm lieben HERrn Christo auß der geöffneten Seytten/ auff das also vnsere hertzen diß Trostes vergewisset werden, vnd vest gleuben/

vnsere

Sechzehenden Psalm Dauids. LXXX

vnsere Sünd sind durch die selige Sündflut der Tauff/ vnd das thewer Blut vnsers lieben HERRn Christi abgewaschen.

Vom Begrebnuß des HERren Christi.

CHRistus der Son GOttes hat müssen nach seinem abscheyd begraben werden/von wegen dieser vrsach: Erstlich/ das bezeuget würde/das der Son GOTtes/als warer Mensch/gewißlich gestorben sey/ vnd hab ein rechten waren menschlichen leyb/ auff das die Manicheer/vnd andere Ketzer vberzeugt werden mögen/ welche gerichtet haben/der HERr Christus sey nie ein rechter warer mensch gewesen/sonder hab sich allein erzeigt als ein mensch/ in menschlicher gestalt vnd form. Zum andern hat die Figur mit der Warheyt müssen vberein kommen. Deñ gleich wie Jonas der Prophet im Walfisch drey tag vnd nacht geweßt/ also hat Christus im Grab drey tag ligen müssen/ vnd doch nit darinnen verfaulen oder verwesen. Zum dritten/das vnsere Sünd zu gleich in das Grab von dem HERrn Christo genossen vnd verscharret/ vnd in die tieffe des Meers versenckt worden/ das sie der Himlische Vater fortin nit mehr sehen/noch vns dieselben zurechnen wil. Zum vierden/das der HErr Christus vns den weg bereitet/ von vnsern Grebern zu dem Leben vnd Selig keit/ Denn er hat mit seinem Begrebnuß vnsere Greber gehryliget/das vnser fleisch darinnen sicher ligen sol/in sanffter ruhe/ von allem trübsal erledigt/auff hoffnung der frölichen Aufferstehung. Zum fünfften/das wir den sünden ab gestorben/vnd begraben sein solten/Denn wie Christus vmb vnser sünde wil len gestorben/vnd die mit sich ins Grab genossen/vnd verscharret/ also sollen wir auch der sünden absterben/ dieselben mit ihm begrabeñ vnd verscharren/ vnd nicht wider auffscharren/ sondern sie meyden vnd dempffen/biß der sün dige leyb endtlich gantz der sünden absterbe vnd loß werde/das deñ geschicht/ wenn wir ins Grab verscharret werden.

Nach diesen vrsachen/ warumb der HErr Christus sey begraben wor den/sol man betrachten/wo/vnd wenn er begraben sey/ nemlich/im Garten in einem newen Grab. Denn wie der Teufel Adam vnd Eua im Garten des Paradeys gefangen/ vnd am Holtz des Baums vberwunden/ Also hat Christus den Teufel wider am Holtz des Creutzes zu nicht gemacht/ vnd jhn gefangen/ da er sich ließ in Garten begraben. Stehet auch im Garten wider umb auff/ vnd bezalet also den Teufel mit gleicher Müntz. Das newe Grab aber hat bedeutet/die Herrligkeyt des Begrebnuß Christi/ Denn wie Esaias sagt/hat seine Ruhe vnd Begrebnuß ehrlich sein sollen / nicht allein darumb/ das Er von Reychen vnnd Ehrlichen Leuten/auß Geystlichem vnd Weltli chem Stande/bestattet/ vnd mit köstlicher Specerey gesalbet/ vnd inn eines reychen Mannes Grab gelegt/sondern auch/das darbey angezeygt würde/ das sein Begrebnuß für den augen Göttlicher Maiestet/ vnd seinen außerwel ten Engeln/ vnd aller Glewbigen sehr herrlich/ werdt/ vnd thewer geacht/ auch vns den aller grösten nutz/frucht/vnd trost bringet/vnd wir nun wissen/ das alte Grab außgetilgt vnd verscharret sey/ vnd nun ein newes/sanfft tes Ruhebettlein vnd Schlaffkemmerlein/ ja/ newer Sieg vnd Ehre vns ge schenckt sey.

Es ist aber Christus begraben worden/ am abent des grossen Sabbath tags/ welchen man nennet Sabbathum redemptionis, den Sabbath der Erlö sung des menschlichen Geschlechts. Denn am siebenden tag hat er im Grab geruhet/

Kurtze außlegung des

geruhet / vnd vns das Fest des rechten ewigen Sabbathstag widerumb erworben. Vnd in der heyligen Schrifft findet man viererley Sabbath: Den Sabbath der Schöpffung/da Gott/nach dem Er in sechs tagen alle ding erschaffen hette/geruhet/ vnd den siebenden Tag geheyliget: Darnach den Sabbath der Kirchen GOTTES/ welchen man nennet Sabbathum ceremoniale, das man den siebenden tag von aller arbeyt hat müssen feyren / vnd bey den Juden allein GOttes Gesetz hören vnd lehren: Zum dritten ist der Sabbath der Erlösung/von welchem hie gesagt wirdt/da der Son GOttes am abendt des grossen Sabbaths/das ist/vngefehrlich vmb die vierdte stund des Charfreytags ist begraben worden/ vnd hat den gantzen Sabbath hernach geruhet / biß er am dritten tag widerumb ist aufferstanden: Zum letzten ist der Sabbath des ewigen Lebens/wenn nun die sechstausent Jar der Welt von welchen Elias der Prophet geweyssaget hat/werden aufftören / vnd ein newes ewiges Leben volgen.

Dierauß sollen wir den Trost fassen / das / dieweil Christus in die Erden begraben/vnd sein Grab herrlich worden ist/ wir auch also vnsere Greber sollen ansehen/als eytel herrlich Heiligthumb/allen denen/die in Christum glewben. Denn Christus hat durch seinen heyligen Leyb vnser Begrebnuß also geheyliget/ das nun die nicht stinckende Gruben/ sondern die kostbarlichsten Monstrantzen vnd güldene Schrein / ja schöne/lustige Wurtzgarten sein sollen/darinn eytel wolriechende Rosen vnd Lilgen eingepflantzt werden/die auff den lieben Sommer/zum Jüngsten tag sollen daher grünen vnd blüen/ das alle Welt sol ire lust vnd frewde daran sehen/ sonderlich die Kinder GOttes. Darumb sol man auch die Begrebnuß der Christen ehrlich halten/dieweil sie durch Christum den einigen waren Heyland selbst geheyliget/ vnd zu lieblichen Schlaffkammern vnd Ruhebetten gemacht vnd geziert sind. Vnd sol ein jeglicher Christ/so offt er der Christen Greber ansihet/oder bey der begrebnuß der Todten stehet / allezeit diese stück betrachten: Erstlich / die vrsach des Tods vnd alles vbel im menschlichen Geschlecht/nemlich/vnser grosse sünd/ vnd den Zorn GOttes vber die sünde/Wie im 90. Psalm geschrieben ist: Das macht den grossen Griff/ das wir so plötzlich darvon müssen. Zum andern/ die gnedige erlösung/ die vns verheyssen ist / von wegen des Sons GOttes/ Wie geschrieben ist: Selig sind die Todten / die in dem HERRN entschlaffen. Item: Der tod seiner Heyligen ist werdt gehalten für dem HERRN/ nemlich/von wegen des Tods vnd Begrebnuß Christi des Sons GOttes. Zum dritten/das zukünfftige Gericht. Zum vierdten/die Aufferstehung vnd ewigs Leben. Zum fünfften/das ein jeglicher Gott anrüffe vnd bitte/vmb vergebung der Sünden/vnd linderung der öffentlichen straff. Zum sechsten/das auch ein jeglicher sich selbs/sein leben vnd seinen weg Gott dem HERRN befelhe/ vnd ergebe sich in den gnedigen willen GOttes. Von disen stücken wirt an seinem ort nach notturfft gehandelt.

Denn du wirst meine Seel nit in der Helle lassen / vnd nicht zugeben/das dein Heyliger verwese.

IN diesen worten ist gegründet der Artickel / von dem absteygen des HERrn Christi zur Hellen/Welchen Artickel ir vil haben angefochten/vnd gesagt/das die Alten diß stücklein (Abgestigen zur Helle) nicht in jrem Symbolo, oder im Glauben gehabt. Solcher Irrthumb sol mit Gottes Wort fleyssig verlegt werden/ Denn wir gleuben vnd bekennen warhafftig/ das Er ist zur
Hellen

Sechzehenden Psalm Davids.

Hellen gestigen/vnd hat allen Christen zu gut den Teufel gefangen/vnd all seine gewalt genommen/das er vns nicht mehr schaden kan: Er ist für vns da nidden geweßt/das wir nicht dürffen hinein kommen/vnd ewig da bleyben. So sind die wort dises Psalms klar: Du wirst meine Seel nicht in der Delle lassen/Denn darauß volget vnwiderspreehlich/des der HERR in die Dell nider gefaren/Wie er auch im 30. Psalm sagt: HERR/du hast meine Seel auß der Dellen geführet. Vnd Psalm: 86. Deine Güte ist groß vber mich/vnd hast meine Seel errettet auß der tieffen Hellen. So spricht auch Sanct Paulus zun Ephesern am 4. Das Christus ist auffgefaren/was ists/denn das er zuuor ist hinunter gefaren in die vntersten örter der Erden? Darumb ists ein schedlicher Irrthumb/das die Papisten fürgeben/der Artickel des Glaubens (Abgestigen zur Delle) hab keinen grund in der Schrifft/sondern es sey allein ein tradition der Kirchen. Vnd mit diesen stimmen vberein/welche sagen: Das wort Scheol, Dell/heyß in der Schrifft nichts anders/denn das Grab. Auß disem klügeln wirt man zu letzt keine Artickel des Glaubens machen/vnd behalten/ja/eben keinen. Denn wie werden wir müssen verstehen die schönen Sprüche/als Oseæ am Dreyzehenden; Ich wil sie auß der Delle erlösen/vnd von dem Tode erretten: Todt Ich wil dir ein gifft sein/Delle Ich wil dir ein Pestilentz sein? Item/Was würde man von der ewigen Verdamnuß sagen können? Vnd würden vil andere grewliche Irrthumb darauß erfolgen/so das wort/Scheol, alle mal ein Grab heyssen solt/Wo wolt denn die Delle bleyben/welche darumb/das sie vnersettigt ist/Scheol genennet wirdt. Darumben ist dieser Irrthumb von vilen Gottsfürchtigen Mennern auß der heyligen Schrifft fleyssig vmbgestürtzet worden/als von Doctor Luthero/von Fürst Georgen zu Anhalt/c. Wir wöllen aber allhie kürtzlich die Zeugnuß anzeygen/das Christus in die Delle hab müssen faren/vnd was er darinnen habe außgerichtet. Das erste Zeugnuß ist dieser Sechzehende Psalm/Denn hie betet CHRIstus für sich selbst also: Du Vater/wirst meine Seele nicht in der Dellen lassen. Dieser Spruch ist von CHRIsto geredt/der auß gutem vertrawen zu GOtt also gebetet hat/Vnd ist nicht von Dauid geredt/vil weniger von eines andern person/wie Sanct Petrus beweyset/Actorum am 2. Denn Christus sagt: Mein Fleysch/das ist/mein Leyb wirdt sicher ligen/auch vom Feinden im Grab bewaret/Denn du wirst meine Seele nicht in der Dellen lassen/weyl sie die ewige verdamnuß nicht verdienet hat/Vnd nicht zugeben/das dein Heyliger verwese/auch nicht anhebe/die verwesung zu empfinden/wie andere Leyb am dritten tag anheben/feindtselig vnd vnlustig zu werden. Du thust mir kundt den Weg zum Leben/Da stehet Christus auff von den Todten/durch die Herrligkeyt des Vaters. Für dir ist Frewde die fülle/Da feret er auff gen Himel. Vnd lieblich wesen zu deiner Rechten ewiglich/Also sitzet Er zu der Rechten Handt GOttes/des Allmechtigen Vaters. So kurtz kan Christus seine sachen dem Vater vertrawen vnd befelhen.

Das aber etliche Schwermer fürgeben/diser Spruch (Du wirst meine Seel nicht in der Hellen lassen/) sey eben so vil/als die vorigen wort (Mein Fleisch wirtsicher ligen/) Oder aber die nachfolgenden wort (Du wirst nicht zugeben/das dein Heyliger verwese/das ist/Du wirst mich nit lassen im grab ligen/noch darinnen verwesen/Vnd muß also nach jrer meinung die Seel dem Leyb Christi/vnd Helle das Grab heyssen/Solchs ist ein lauterer mutwill. Denn was not zwinget doch/den Spruch nit zuuerstehen/wie die wort lauten/Seel für die Seele Christi/Helle/für die ewige verdamnuß? Ists doch nit

Kurtze außlegung des

wider den Glauben/so zwingens auch nicht andere vmbstende/Seele für den Leyb/vnd Helle für das Grab zu versteen. Derhalb so bleybet vest/das Christi Seel gen Helle gefaren sey/ist eins/ vnd sein Leyb hat die verwesung nicht gesehen/ists ander. Das beweret Sanct Petrus Actorum am 2. vnd redet mit Dauid von zweyen vnterschiedlichen handlungen/an Christo geschehen: Erstlich/Das sein Seele nicht sey in der Hellen gelassen/an dem ort der verdampten/da andere müssen bleyben : Darnach/wie die Seel errettet ist worden/ also auch der Leyb hat die verwesung nit gesehen/auff das der gantze Mensch in Christo durch GOtt errettet würde/von Tod/Sünd/Helle/vnd Teufel. Vnd auff solche weiß redet von disen worten auch Paulus/Actorum am 13. vnd zun Ephesern am 4.

Das ander Zeugnuß ist auß dem 30. Psalm/ welcher allein von Christo geredt/vnd Christi wort sind/darinn er seinem Vater dancket vmb sein frölliche aufferstehung/erlösung auß der Hellen/vnd das sich seine Feind nicht vber jn freẅen köndten. Darumb heyst er alle Heyligen/alle Christen mit jm lobsingen/ das frölich Christ ist erstanden / vnd das sie an solchem Fest GOtt dancken/wie den thut der 118. Psalm/vnd sagt Christus also zum Vater: HERR du hast mein Seel auß der Hellen geführet/du hast mich lebendig behalten/da die in die Gruben faren. Vnd kan diser Spruch von niemand anders verstanden werden/denn von Christo.

Das dritte zeugnuß ist auß dem 86. Psalm/welcher auch allein von Christo geredt / vnd Christi wort sindt /spricht/dancket vnd betet also zum Vater : Dein güte ist groß vber mich/vnd hast mein seel errettet auß der tieffen Hellen. Diser Vers hat eben die meinung/wie die wort lauten. Vnd auff disen Vers/ vom Dauid auß dem Gesetz/Deut: 32. genomen/da Mose auch redt von der ewigen verdamnuß vñ heisset die vntersten Helle/lendet sich Paulus/Ephe: am 4. Philip: 2. heysset auch die vntersten örter der erden/ Wie es auch Dauid anderswo nennet/Psalm: 63. Sie werden vnter die Erden hinunter faren. Vnd die Teufel heissen es selbs den Abgrund/Luce 8. Wie es Petrus nennet/ Tartarum. welchs bey den Griechen die aller tieffesten Hellen beyßt. Es geht also hie auff die Historien der Aufferstehung/welche die erde verschlang/vnd denen lebendig mit leyb vnd seel zum Teufel furen/Num:16. wie Enoch vnd Helias lebendig mit leyb vnd seel in Himel gefaren sein. Darumb dancket Christus billich dem Vater/von wegen der angenomen Menschlichen natur. Vnd wir dancken jm auch /das er vns erlöset hat durch Christum (welcher alles/was grewlich war/vnsertbalb hat müssen vberwinden) auß dem abgrund ewiger verdamnuß/vnd der grewlichen tieffen Hellen glut/wie Er vns das zugesagt hat/Osee 13. Jch wil sie erlösen auß der Hellen/vñ vom Tod erretten: Tod/ich wil dir ein gifft sein/Helle ich wil dir ein plage sein. Wie auch S. Paulus disen Spruch füret/1. Cor: 15. vnd ist vber die maß tröstlich in allen worten.

Ferner/was Christus in der Hell gemacht habe/dauon sehen wir also: Weil die Schrifft nichts anders anzeygt / denn das Christus habe den seinen die Hell vnd Teufel vberwunden/wöllen wir gerne nit wissen/ was Christus in der Hell mehr gethan habe/auff das wir nicht mehr wolten wissen/deñ vns gebüret zu wissen. Wiewol S. Petrus/1. Petri 3. ein stück erzelet/das Christus gehandelt hab in der Hellen/Nemlich/er sey hingangen im Geist/das ist/sein Seel/vnd hab gepredigt den Geystern im Gefengnuß/die vor zeiten Vngleubig waren /Das ist/Christus hab den verdampten/sampt jrem Haupt/dem Teufel frey abgesagt/ist jhm für/vnd durchs Hauß gezogen/sein gegenwertigkeyt gepredigt vnd verkündiget/ des/den er allweg hat begert in die Fersen

Sechzehenden Psalm Dauids. LXXXII

zu beyssen/Genesis 3 hat jn den kopff zertretten/den gewalt genommen/vnd den Feind gar vnd gantz erlegt. Das war dem Teufel kein gute predigt/vnd redet hie Petrus von hohen Geystlichen sachen/auff menschen weiß/da einer seinem Feind frey absagt/vberziehet/vnd vberwindet jhn. Wie es aber nach geystlicher weiß sey zugangen/wöllen wir Gott befelhen/wir werdens wol sehen am Jüngsten tag/vnd wenn wir sterben.

Du thust mir kundt den Weg zum Leben/ Für dir ist Frewde die fülle/ vnd lieblich wesen zu deiner Rechten ewigklich.

In disen worten ist der Artickel von der Aufferstehung des HERren Christi/vnd von dem ewigen Leben begriffen. Vnd ist allhie das vierdte stück difes Psalms/nemlich/der trost vnd safft des Lebens/Herrligkeit vnd seligkeit. Denn die Aufferstehung des HERren Christi bringet allen Christgleubigen newes leben/frewd vnd frid mit Gott/vnschuld/gnad/vnd Gerechtigkeit/vnd ist der rechte sieg vnd Triumph wider dem teufel/tod vnd helle/darumb spricht er: Du thust mir kund den Weg zum Leben/da kein Tod mehr sein kan/noch sol/vnd ich nünfermehr sterben/ sonder bey dem lieben Vater ewig leben werde. Denn ob wol durch die heyligen Propheten/ja durch Christum selbst/nachmals durch die Aposteln vnd lieben Heiligen/vil Todten/zur bestetigung der Göttlichen Lere/aufferweckt sind/so sind sie doch wider gestorben/vnd erwarten der gemeinen Aufferstehung am Jüngsten tage. Wie Epiphanius von Lazaro schreybt/das er dreyssig jar/ehe er gestorben/gelebet hab/ vnd nach seiner wider aufferweckung noch andere dreyssig jar erreicht hab/ vnd sey hernach widerumb gestorben. Aber diser heilige Christus/den auch der heilige Paulus den Erstlingen/ oder den Erstgebornen vnter den Todten nennet/ Roman:8. 1.Corinth:15.Colos:1. Ebreern 1. ist nit also aufferstanden/das er wider sterben möchte/ sondern Er ist zum ewigen Leben erstanden. Wie auch Paulus sagt/Rom:6. Wir wissen das Christus von den todten erweckt/hinfort nicht stirbet/ der Tod wirt hinfort vber jn nicht herrschen. Darumb spricht er: Für dir ist frewde die fülle/Nicht allein des trosts vnd hülff/das er im Tod nit verlassen ist/sondern auch/das er nimmermehr sterbe/vnd beim Vater in höchster Herrligkeit vnd vnendlicher frewde leben sol/Wie auch im 21. Psalm von solcher Ehr vnd Herrligkeyt geschrieben/

Es ist aber eine sonderliche Emphasis vnd bedeutung in dem wörtlein (Du) dadurch er anzeygt/ das Gott ein vrsprung vnd anfang sey des lebens/ welcher mitten durch den Tod einen weg vnd steig machet zum vnsterblichen leben/Wie der 67. Psalm sagt/vnd zeugt: Wir haben einen Gott der da hilfft/ vnd den HERRN/HERrn/der vom Tod errettet/vnd er reisset die Gleubigen mit sich hindurch.

Also tröstet sich der HErr Christus in disem letzten Vers selber/ Erstlich durch die hoffnung seiner herrlichen Aufferstehung: Darnach durch die hoffnung des ewigen lebens/ welchs ein vnaußsprechliche frewde vnd wonne sein wirt. Derhalben gebraucht er auch solcher schöner wort/vnd spricht: Für dir ist frewde die fülle/ vnd lieblich wesen zu deiner Rechten ewiglich.

Diese wort reden eygentlich von der vnaußsprechlichen frewd/ welche die Gotseligen im ewigen leben geniessen vnd empfahen werden. Er nennet aber dise frewde eine völlige vberschwenckliche frewde/ welche der HErr Christus anderswo eine volkomene frewde nennet/ welcher nichts zugethan mag werden/

O iij   gar

Kurtze außlegung des

gar eine andere frewde/ denn wie sich die Welt frewet/ welche mit vilen anfechtungen/bekümmernussen vnd trawrigkeyten vermischt ist/ die auch nicht bestendig/ sondern vergenglich vnd kurtz ist.

Was aber das für ein frewde sein wirt/ welche die Gotseligen im zukünfftigen Leben haben werden/ kan keine Creatur sagen noch gedencken/ Wie Esaias sagt/ vnd in der 1.zun Corinthern am 3.geschrieben steht: Es hats kein aug gesehen/ kein ohr gehört/ vnd ist in keines menschen hertz gestiegen/ welche Gott allein denen/die jn lieben/ bereitet hat. Vnd 1.Corinth:am 13 mit kurtzen worten spricht Paulus: Wir sehen jetzt durch einen spiegel in einem tunckeln Wort/ denn aber von angesicht zu angesicht: Jetzt erkenne ichs stückweise/ denn aber werde ichs erkennen/ gleich wie ich erkennet bin. Item/1.Johan:3. Als denn werden wir jn sehen/wie er ist.

Auß disen worten ist klar zu verstehen/ was für ein ewig Leben/vnd was für zukünfftige Frewde sein wirt/ welcher die Gottseligen dort ewig geniessen werden/ Nemlich/das wir GOtt den HERREN mit vnsern augen/vnd in vnserm Fleysch/ welchs wirdt verkleret sein/anschawen/ vnd ewige gemeinschafft mit GOtt dem Vater/ Son/ vnd heyligem Geyste/ vnd allen Engeln vnd Außerwelten Gottes geniessen werden. Item/das wir GOtt sehen werden/wie Er ist/ das ist/das wir seine innerliche Natur/Maiestet vnd Herrligkeyt gegenwertig sehen vnd erkennen werden. Als denn werden wir volkömlich erkennen/ wie GOtt alle ding durch seinen Son erschaffen hat. Item/ wir werden auch sehen/wie die zwo naturn in einer person Christo dem HERren vereinigt sind/vnd werden keiner zweiffelhafftigen disputation/weder von der vbiquitet noch localitet bedürffen. So werden wir auch alle ding volkömlich erkennen vnd wissen. Item/es wirt ein holdselige vnd liebliche erkentnus/ gemeinschafft/ frewd vnd kundschafft aller frommen vnd Außerwelten Gottes sein. Item/ein liebliche vnd freundlichs gespräch von Gott dem Allmechtigen/ von vnsrer erschaffung/errettung vnd verklerung vnsers Leybs. Was meinestu/ was für eine frewde vnd wonne sein wirt/das wir alle mit vnserm ersten Eltern/Adam vnd Eua mit den heyligen Patriarchen/Propheten/Aposteln/Merterern/vnd allen Außerwelten GOttes/ auch mit vnsern lieben Eltern/Brüdern/ Freunden/ Weyb vnd Kindern reden / vnd ewiger gemeinschafft haben vnd geniessen werden? Dises stück vbertrifft aller menschen vernunfft/witz vnd sin/ denn es lesst sich nit/ weder mit worten noch mit gedancken erreichen/was das für eine frewde sein wirt. Diese liebliche vnd holdselige gemeinschafft Gottes/der Engeln vnd aller Gottsfürchtigen/ nennet Christus allhie Frewde zu deiner Rechten.

Derhalben sollen sich Gottsfürchtige Christen vnd Menschen dieser zukünfftigen frewd vnd hoffnung trösten/ wenn sie in diesem leben mit vil mancherley gefahr vnd creutz angefochten vnd bekümmert werden/das sie allewege jre gedancken zu dem zukünfftigen leben keren vnd wenden/da jnen volkomene frewde bereitet ist. Denn gewiß ists/das solche gedancken/von dem ewigen Leben vnd zukünfftiger Frewde/bekümmerte Gewissen trösten/ ruhig vnd still machen/nemlich/das nicht lang mehr sein wirt/das wir die Herrligkeyt Christi Jhesu sichtbarlich sehen werden/1. Johan:17. Vnd der Apostel hat recht gesagt/das solchs leyden diser zeit/ nit werdt sey der zukünfftigen Herrligkeyt vnd frewde/die an vns sol offenbart werden/ Rom: 8.

Wir solten vns schemen/ das wir so zertlich sind/ so wir mit etlichen anfechtungen beladen werden/das wir also vngedultig in vnserm creutz vnd anfechtung sind/welche doch leicht vnd vergenglich sind. Denn was sind die anfechtung

Siebenzehenden Psalm Dauids. LXXXIII

fechtung aller Gottseligen/so sie mit der Herrligkeyt vnd Ehre der Zukunfftigen verglichen werden s̈.
Solchen Gedancken sol man der Jugendt einbilden/ vorauß aber den engstigen Gewissen/als denn wirt die anfechtung leycht sein/vnd das verlangen des ewigen Lebens vnd Herrligkeyt bey jnen zunemen vnd wachsen. Darzu helffe vns auch Gott der Vater/Son/
vnd heyliger Geyst/
Amen.

Außlegung des Siebenzehenden Psalm Dauids.

St ein schöner/herrlicher Betpsalm/ vnd sehr nötig zu vnser zeit/ Denn er klagt wider die falschen Lehrer/vnd zeyget den frommen trewen Lehrern den weg/weiß vnd maß/wie sie sich halten sollen in jrem Ampt/nemlich/das sie nit zagthafft werden/sondern beständig fortfaren/Gott anruffen/vnd in der anfechtung den rechten trost vnd schutz behalten/welcher schutz ist Gott selbst/vnd sein Wort. Denn es gehe wie es wölle/so bleybet doch der spruch war: Turris fortissima nomen Domini, Der Name des HERRN ist der sterckste Thurn. Darumb sol diser Psalm allen trewen Lehrern/vnd auch Zuhörern/ angenem/vnd wol bekant sein/wenn sie sehen/wie es in der Kirchen so vbel zu gehet/vnd hin vnd wider zanck/neyd/haß/Ketzerey/vnd verfelschung der rechten waren Lehr ist/vnd einschleicht/das sie als denn nicht verzagen/sondern zu Gott schreyen/vnd singen mit hertzen vnd mund: Erhalt vns HERR bey deinem Wort: DE R R/es sindt Heyden in dein Erb gefallen: Allein zu dir HErr Jesu Christ/kein hoffnung ist auff Erden/rc.

Solchs können vnd sollen trewe Lehrer von hertzen thun, bey tag vnd nacht/so jnen anderst die Lehr vnd Ehr Gottes ein ernst ist. Denn welche auff jren Wanst/Geytz/Wollust/Ehr Rhum/namen vnd titel sehen/die richten nichts auß/vnd sind stumme Hunde/mehr schedlich/denn nützlich. Derwegen sollen fromme Lehrer jr Ampt/welchs fürwar schwer vnd groß ist/allzeit wol betrachten/ welches stehet in dem/das ein Lehrer trew erfunden werde/ Wie Paulus sagt/1.Corinth: 4.Man suchet nicht mehr an den Haußhaltern/denn das sie trew erfunden werden. Die trew aber der Lehrer wirt also außgewecket vnd gemehret/so sie gedencken/wem sie dienen/was sie für ein Ampt haben/vnd wohin jr Ampt sol gerichtet sein. Wer dise drey ding bedenckt/der kan wol trew erfunden werden.

Wem wir aber dienen/das zeygt Petrus an/1.Corinth:4.Wir sind Christus Diener/vnd Haußhalter vber Gottes Geheimnuß. Wir dienen Gott dem Vater/Son/vnd heyligem Geist. Daher die Apostel sich nennen/Diener Jesu Christi. Vnd das ist frommen Lehrern ein grosser trost.

Das Ampt ist nicht eines Menschen/sondern Gottes Ampt/vnd hat die Geheimnuß GOttes/dem menschlichen verstand vnd vernunfft verborgen/
vnd

Kurtze außlegung des

vnd steht in vergebung der Sünden/ Gnad GOttes/vnd lehre vom ewigen Leben. Vnd solches Ampt sol gerichtet sein allein zur Ehre GOttes/vnd zur seligkeyt der Zuhörer.

Auß diesen stücken erkennt vnd sihet man/ das das Predigampt ein sehr schwer vnd hohes Ampt ist. Wie sich aber ein trewer Lehrer in solchem seinem Ampt halten sol/das zeigen dise punct an: 1. Notitia veræ doctrinæ de Deo. 2. Oratio, cum in tentatione, tum aliis in vita. 3. Constantia. 4. Diligentia. Das ist/das erstlich ein Lehrer recht wisse/was die ware Lehr GOttes sey/vnd habe ein rechte erkantnuß der heyligen Schrifft/vnd sey nicht vngelehrt. Denn es heyst also: Quodq́ parum nouit, nemo docere potest. Was einer selbst nicht kan oder gelernet hat/ das mag er auch andere nicht lehren. Darnach sol ein Lehrer mit ernst vnd fleyssig beten für sein Ampt/ vnd Kirchen/ sonderlich in anfechtungen/ wenn das liebe Creutz kompt/ Nicht allein im Dauß/ mit armut/ hunger/ franckheyten/sondern auch in der Kirchen/mit einreissung falscher lehr/Rotten vnd Secten/wie dieser Siebenzehende Psalm anzeyget/ vnd wil/das man sich in solchen fellen zu dem Gebett halten solle/ vnd an GOttes hülff nicht verzagen. Zum dritten/ sol ein Lehrer beständig sein in der Lehr/ vnd in einem Christlichen wandel vnd leben/ vnd ein gut Gewissen haben vnd behalten/ keusch/nüchtern/auffrichtig/wie Paulus 1. Tim:4. vnd zum Tito 2. erfordert/ Vnd Christus spricht/Matth:5. Ir seyt das Saltz der erden/Das ist/ir lehret das Gesetz/vnd seyt auch das liecht der welt/das ist/ir leret das Euangelium/ So lasst nun ewer liecht scheinen für den menschen/das sie ewre gute werck sehen/ vnd ewer Himlischer Vater dadurch gepreyset werde. Zum vierdten/ sol ein Lehrer fleissig sein/vnd fortfaren in seinem Beruff/mit predigen/beten/vnterrichten/trösten/ vnd allen andern stücken/so zum Predigampt gehören. Attende lectioni, spricht Paulus/Sey fleyssig mit lesen. Vnd Christus spricht: Suchet in der Schrifft. Vnd Sprach 39. sagt: Ein Prediger sol erstlich fleissig sein im lesen/sol studiren/vnd vnter allerley bücher sich üben/so gibt jm Gott auch verstandt/den er den Bauchpfaffen nicht gibt. Darnach sol er die Distorien vnd Geschicht der berhümbten Leut vnd Vorfaren mercken/ vnd denselben nachdencken/was sie bedeuten vnd lehren/vnd sol die fürnembsten Sprachen wissen. Zum dritten/ sol er den sachen selbst fleyssig nachdencken/vnd nit faul vnd vnachtsam sein. Zum vierdten/ sol er fleissig beten/für die Kirche Gottes. Zum fünfften/ sol er mit trewem lehren vnd vnterrichten das Volck/ vnd Gott dem HERREN den segen vnd frucht heimgeben. Sonderlich aber solle sein Gebett gerichtet sein auff dise stück: 1. Das in Gott wölle ein nützes gefäß vnd werckzeug in seiner Kirchen vnd Weinberg sein lassen. 2. Das er jn mit seinem heyligen Geist allzeyt also leyten wölle/das er nit in Irthumb/ Ketzerey noch Laster falle/ sondern sey vnd bleybe ein Tempel vnd Wonung GOttes/vnd gebe den leuten mit gutem Exempel seines wandels für/ vnd erger niemand. 3. Das er allen mitgenossen Christliches Glaubens nütze vnd dienstlich sein möge/ vnd niemandt schade/weder mit worten/noch wercken/so vil als jmmer möglich ist. Wer nun solche ding betrachtet/vnd mit ernst von Gott bittet/ der erlanget auch Weißheyt von GOtt/ das er nütze sein kan/vnd mit seinem Gebett vnd letze vil vnruhe in der Kirchen vnd sonst verhüten/ Wie hie Dauid thut/ vnd betet in disem Psalm nicht allein für sich/ sondern für die gantze Christenheit/das Gott der HERR in beystehn/vnd sein Ampt glücklich regiren vnd handhaben wölle/ wider das wüten vnd toben aller Tyrannen/ Ketzer/Gotlosen/vnd falsche Lehrer/welche die einfeltigen frommen Christen von der rechten erkanten vnd bekanten Lehre/ durch ire falsche list/praktiken/

Siebenzehenden Psalm Davids. LXXXIIII

eten/ schein vnd gleyßnerey abwenden/vnd verfüren wöllen/ vnd trachten allein/ das sie in ehr/wollust/vnd guter ruhe köstlich vnd herrlich leben mögen/ vnd doch ein grossen schein sonderlicher heyligkeyt füren/ Wie Bernhardus von solchen Heuchlern vnd falschen Lehrern schreybet: Volunt esse humiles sine despectu, pauperes sine defectu, diuites sine labore. Sie wöllen demütig sein/ doch one verachtung/ Arm one mangel/ vnd Reich one arbeyt. Die Summa dieses Psalms ist in den ersten zweyen Versen angezeygt.

HERR erhöre die Gerechtigkeyt/ merck auff mein geschrey/ vernim mein Gebet/ das nit auß falschem munde geht.

Das wort (Gerechtigkeyt) heyst hie nicht die eygne vnd persönliche gerechtigkeit/wie man für Gott sol gerecht sein/sonder die gerechtigkeit des Predigampts. Als wolt er sagen: Du HERR weyst/das meine sache für dir gerecht ist/ dieweil ich nit meine sache/ sondern die dich betrifft/ füre vnd verteydige. Dagegen aber weystu auch/das meiner feinde sach vngerecht vnd falsch ist/derhalben so bitt ich dich HERR/das du dise meine sach/ja vil mehr deine sach/ verteydigen/ handthaben/ vnd beschützen wöllest. Die vrsach aber/ warumb der Prophet also betet/ist dise: Die lehr der falschen Propheten ist allenthalben eins grossen ansehens für der Welt/ vnd sie haben auch des gemeinen Manns/Königen/Fürsten vnd Herren gunst/vnd schweben in aller wolfart vnd glück: Dargegen aber die Frommen sind für der Welt veracht vnd gering/ vnd werden von jederman als Ketzer vnd Auffrührer gescholten. Darumb spricht er: Merck auff mein geschrey/ Deñ er betet/das Gott auß gnaden jn wölle erhören. Deñ also muß vnd sol/der da recht beten wil/gedencken/das jn Gott wil erhörn/vnd sein gebett warhafftig Gott gefalle/vnd das er jm mit allen gnaden vnd fleiß zuhöre. Vnd sagt weyter/daß nicht auß falschem munde geht/Das ist/Ich ruffe zu dir von grund meines hertzens/in rechter demut vnd warem Glauben/ Denn es ist mein rechter ernst/ das weystu mein Gott. Vnd also zeygt er an durch ein Antithesin/ was sein Gebett gegen der Heuchler vnd falschen Lehrer gebett sey/welchs von falschen zungen vnd hertzen gehet/das ist/das auff sein selbs gerechtigkeyt vnd dignitet gegründet ist. Dagegen aber/ wie alle Frommen sich allein an das Wort halten/ welchs von rechtem grund des hertzens/warer demut vnd Glauben herkompt.

Das gebett aber der Gottlosen vnd falschen Christen/ mit welchem sie GOtt anruffen wöllen/ kan in zwey stück gefasset werden: Die ersten sind die Heuchler vnd Werckheyligen/ die auff jr eygne werck vnd gerechtigkeyt stoltziren vnd bawen/vnd damit GOtt anruffen vnd dienen wöllen/Wie denn in dem Phariseer/ Luce am 18. zu sehen ist. Die andern sind die/ so Götzen vnd Bilder anbeten/welcher beyder hauff gebett für GOtt ein Grewel ist/ Denn was nicht auß dem Glauben ist/das ist Sünde/ spricht Paulus zun Römern am vierzehenden.

Sprich du in meiner sachen/ Das ist/Du wirst das vrtheyl fellen in dieser meiner sachen/ vnd ich schrey zu dir HERR/ das du dich solcher meiner sachen wöllest annemen/sie beschützen vnd verteydigen/ denn mit Menschen hülff vnd rath ists auß/vnd verloren. Vnd spricht: Schawe du auffs rechte. Denn der menschen augen sehen allein auff böse vnd verkerte ding/ die für der vernunfft in grossem ansehen vnd gewalt sein/gleich wie das hertz vnd vrtheil des menschen vergeblich vnd böse ist/ Aber du sihest allein auffs recht/ vnd erkennest was recht oder vnrecht ist.

Darinnen

Kurtze außlegung des

Darinnen ist nun die Summa diſes Pſalms begriffen/das der thewre/ heylige Bönig vnd Prophet zu GOtt ſchreyet/das Er wölle den handel vnd ſach ſeiner waren Lehre ſelbſt erhalen/dieweyl es durch Menſchen rath vnd hülffe nicht geſchehen könne. Darauß lernen wir nun/Erſtlich/das ein jeder frommer Lehrer vnd Chriſt wol kan vnd ſol trotzen vnd bawen auff ſeine gerechte ſach vnd Lehre/ja/auff ſein Gewiſſen/Nicht das er dadurch gerecht für GOtt ſey/ſondern das jhm keine Creatur nichts kan noch mag anhaben. Denn es heyſt: Qui gloriatur, in Domino glorietur, Wer ſich rhümet/der rhüme ſich des HERRN. Wer ſich nun rhümet der waren Lehre GOttes/der trotzet nicht auff ſein Werck oder wort/ſondern auff GOTtes Wort/welches ewig bleyben ſolle. Zum andern/lernen wir/das wir vns nicht ergern ſollen/ob gleich bißweylen fromme/trewe Lehrer verachtet werden/vnd andere ſtoltze/hoffertige/neydiſche/verkerte Klügling/vnd Verfelſcher oben an ſitzen/ Sondern wir ſollen zu Gott ſchreyen/vnd in ernſtlich bitten/er wölle ſein Lehr erhalten/vnd in vnſer ſachen ſelbſt ſprechen/vnd Richter ſein. Vnd ſolchs ſollen wir ſtetigs betrachten/wenn wir mit vnſern Feinden/Türcken/halsſtarrigen Papiſten/Widerteuffern/vnd Sacramentirern zuthun haben. Jhr fürgeben hat ein groſſen ſchein vnd geplerr/wie man jetzo ſihet mit dem Concilio zu Trient/Sie ſtellen ſich wie die frömbſten Gottſeligſten leut/vnd begeren Frid vnd Einigkeyt/geben ſaluum conductum ad infernum, geleyt zur Hellen/vnd iſt all jhr fürnemen ſehr anſehnlich/Aber was gilts/in fine videbitur cuius toni, man wirts wol ſehen/wie ſie es meinen? Vnd GOtt ſelbſt wirdt ein einſehen haben/vnd auff das Recht ſchawen. Laſſt vns nur beten zu Gott/das er vns erhalte bey ſeinem Wort.

Mit den Sacramentirern hat es heutigs tages ein groſſen ſchein/vnd iſt ſchier kein menſch/der nicht gleubet/das nach jrem fürgeben/alle heyligkeyt in jnen were. Vnd zwar/was ſie ſagen/iſt leichtlich gegleubet/vnd man darff darzu wenig kunſt. Denn alle vernunfft ſihet vnd fület/das Brodt vnd Wein im Abentmal verhanden iſt/vnd genommen wirt. Aber/das nach der Einſetzung des HErrn Chriſti/der ware weſentliche Leyb des HErrn Chriſti/vnd ſein wares Blut im Abendtmal gegenwertig verhanden ſey/vnd werde empfangen/geſſen/vnd getruncken/von allen/ſo in der Chriſtlichen Gemein zu ſolchem Abentmal kommen/ſolchs kan die Vernunfft nit ſehen. Das Wort Jeſu Chriſti ſagt vns ſolchs/dabey bleyben wir ja billich/vnd hören die ſtiff vnſers Hirtens/als arme gefölgige Schefflein/vnd ſchreyen zu Gott/das Er (wie allhie ſtehet) die Gerechtigkeyt erhören wölle/Das iſt ſeine rechte ſache ſelbſt handhaben/ſchützen/vnd auffs Recht ſehen/was ſein Wort vnd Warheyt iſt. Denn gewißlich halten wir die öffentliche/wiſſentliche/vnd turſtige Sacramentirer/gleich wie andere Ketzer vnd Rottengeyſter/(doch reden wir von dem verfürten/armen Völcklein/ſo noch in diſem Jrrthumb ſteckt/vnd kan beſſer vnterwieſen werden/leſſe ſich auch gern weiſen vñ vnterrichten/gar nicht/) für falſche Lehrer/welche mit Menſchenlehren/vnd eygnen phantaſeyen/Gloſen/vnd ſic mihi videtur, ſie vnd andere vom Wort Gottes abfüren/ vnd/wie allhie der Pſalm ſagt/ſetzen ſich wider die rechte Hand Gottes/das iſt/berauben den HERren Chriſtum ſeiner Allmacht/vnd ſeiner Warheyt. Denn die rechte Hand GOttes iſt nichts anders/wie wir offtmals hören werden/denn Gottes Macht vnd Krafft/Leben vnd Gewalt. Darumb ſollen wir Gott hertzlich bitten vnd anrüffen/das er vns in ſeiner Warheyt erleuchten/leyten/erhalten/vnd heyligen wölle/auff das wir nicht durch vnſern fürwitz/mutwillen/vnd vnnötiges Gezenck/oder auch durch vnſer ſicherheyt/ ſtillſchwey-

Siebenzehenden Psalm Dauids.

stillschweygen/vermenteln/vnd entschuldigung/auff mancherley Irrwege/ vnd in verwirrte Labirinth geraten/wie es bereit angeht. Auff solche weiß betet auch Dauid in disem Psalm/vnd spricht gantz sehnlich vnd ernstlich:

Du prüfest mein Hertz/ vnd Besuchst es des nachts / vnd leuterst mich / vnd findest nichts. Ich habe mir fürgesetzt/ daß mein mund nicht sol vbertretten.

DJe hebet der Prophet an/ beyder theyl / seiner vnd seiner Widersacher leh: vnd gebrechen zuerzelen / vnd redt erstlichen von seiner Leh:/vnd gerechten sachen / die er verteydigt vnd vertritt / vnd spricht: Du besuchest vnd leuterst mich/vnd findest nichts. Als wolt er sagen/Ob wir gleich arme/elende Sünder sind/so haben wir doch für dir HERR eine gerechte vnd gewisse sache / Vnd ob wir gleich allhie in disem leben mit vns herumb tragen allerley creutz vnd verfolgung/so schaden sie vns doch nicht/sintemal es gewisse Zeychen sind frommer Christen vnd Lehrern. Denn der Teufel / vnser Widersacher/ alle fromme Lehrer vnd Prediger hasset/ verfolgt / innerlich vnd eusserlich plagt/vnd von einem ort zum andern jagt: Inwendig engstigt vnd ficht er sie an/mit schröcklichen zittern/ zagen / vnd bösen gedancken: Eusserlich greyfft er ir leben/leh: vnd gut an/damit er sie in verzweyflung vnd anfechtung bringen möge. Die Merckzeichen aber falscher vnd Gotloser Lehrer vnd Leh: sind/sicherheyt/fride/ruhe/gute tag/vnd zeitlichs lebens wollust/vnd daher gehen vnd prallen/als giengen sie auff eytel Rosen. Das wörtlein aber (des nachts) bedeutet allerley creutz vnd anfechtung/welche bey der nacht mechtiger vnd hefftiger sind/denn beim tag/vnd in der nacht hat der teufel grössere gelegenheyt vnd vrsach/Gottsfürchtige hertzen zu vexiren vnd zu plagen/ so sonst bey tag bißweylen geschefftte fürfallen/daß der Teufel sein mütlein / vnd böse arge list an vns nit kan gnugsam üben vnd vollbringen. Derhalben sollen wir allezeyt gerüst sein / damit wir dem Teufel/ vnserm Widersacher/ widerstand thun mögen. Weyter spricht er: Du leuterst mich. Dise rede ist genommen von der Goldschmiden/Dess wie der Goldschmid das Gold durch vnd mit dem fewer probirt/purgirt/vnd versucht/also reinigt/examinirt/vnd prüfet GOtt der HERR alle fromme Christen/mit mancherley creutz/ widerwertigkeit vnd trübsal/vnd lesst sie wol durchs fewer gehn/Wie der 66 Psalm singet: Wir sind ins fewer vnd wasser kommen. Als solt er sagen: Du Gott/ hast mich versucht/geleutert/vnd probirt/ vnd findest nichts / nemlich/daß meine leh: vnd gerechte sach falsch oder verkert sey / noch daß deinem Wort entgegen vnd zuwider sein möcht/dieweil keine Heucheley noch verfürung in solcher meiner leh:erfunden ist/sondern du hast mich erkennt/vnd gefunden/ daß ich recht vnd Gottselig lehre. Also sollen dise wort von der leh:/vnd nicht von der person verstanden werden/Das ist diß seine meinung: Das tröste vnd frewe ich mich / dieweil ich weiß das ich eine gute vnd gerechte sachen habe. Vnd ist die rechte Lehr des heyligen Euangelij/denn wir nicht von wegen öffentlicher Laster/ oder schendtlichen sachen halben/verfolgung leyden / sondern darumb/ das wir die Lehr des heyligen Euangelij lehren vnd predigen. Darumb werden wir von vnsern Widersachern gehasset vnd verfolgt. Denn wenn wir es wolten mit jnen halten/vnd heuchlen/ so wolten wir wol zu friden bleyben. Von diser vrsach wegen hassen sie vns / vnd wolten vns gerne gar vertilgen/Solches weystu HERR/Vnd ob die person gleich für dir voller vnreynigkeyt ist/ so ist doch dise sache / die wir deinet halben füren/ recht/ vnd

Kurtze außlegung des

vnd ein gewisses zeugnuß vnsers Gewissens. Ich hab mir fürgesetzt/das mein mund nicht sol vbertretten. Mit disen worten gibt der Prophet zuuerstehen/ das er mit grossen zwo anfechtungen versucht worden sey: Die erst ist gewesen/das seine Feinde jm als einen Gotlosen vnd Lesterer gescholten: Die ander/das jm mißgefallen hat/das die Gottlosen also glückhafftig vnd herrlich sind/diß sind zwo starcke anfechtung gewesen. Vnd ist diß seine meinung: Ich habe eigentlich vnd gewiß beschlossen/das ich sonst nichts/denn allein Gottes Wort reden vnd lehren wil/es gehe mir wie es wölle. Darumb spricht er ferner: Ich beware mich in dem Wort deiner lippen. Hie gibt er vns ein schönen herrlichen trost/vnd guten rath/wie wir vns in anfechtungen vnd gefahr mit Gottes Wort schützen vnd auffhalten sollen/Denn er spricht klar/in dem Wort deiner Lippen. Damit wil er anzeygen/das man sich an Gottes Wort sol halten/welchs GOtt durch die Diner seines Worts lesst lehren vnd predigen/vnd er auch durch solches Wort krefftig vnd thetig sein wil. Denn GOtt wil durch menschen/vnd in den menschen mit vns reden/auff das wir nit sonderliche oder eigene offenbarungen/visiones,vnd enthusiasmos erwarten/wie die Widerteuffer lehren vnd schwermen/das Gott den menschen ausserhalb dem Wort offenbarung vnd gesichte sehen lasse.

Für Menschen werck. Inn disen worten nennet er die falsche lehr vnd Menschensatzunge/Menschen werck/welche die menschen auß eygnem fürsatz vnd gutdüncken erdencken/one befelh vnd Wort Gottes/vnd setzen jr vertrawen darauff/dadurch sie gedencken gerecht/fromm/vnd selig zu werden. Auff dem wege des Mörders. Die werden alle Gottlose falsche Lehrer den Mördern verglichen/Denn wie ein Mörder nur nach vnschuldigem Blut vnd vnrechtem gut trachtet/also stellen nach vnserer seelen Heil/leben vnd seligkeit alle Gotlose Lerer/vnd trachten/wie sie vnser leib vnd seel in abgrund der Hellen stürtzen vnd füren mögen. Vnd die Schrifft nennet sie auch sonst Dieb vnd mörder/vnd reissende Wölffe/vñ jre gemein eine Mördergrube/Wie Christus spricht Math:21. Mein Hauß ist ein Bethauß/jr aber habts zur Mördergruben gemacht. Man gebraucht auch das wörtlein (Mörder) in der heyligen schrifft/von dem Teufel/Als wenn wir beten/das vns GOtt wolt behüten vnd erhalten/das vns der Teufel durch seine list vnd betrug nit in anfechtung/schand vnd laster füre/oder in verzweyflung bringe.

Erhalte meinen gang auff deinen Fußsteygen/das meine tritt nicht gleitten. Bißhero hat der Prophet Dauid Gott dem DEXXII seine sache befolhen/Jetzund feret er fort/Gott zu bitten/das er jn in reiner/heilsamer Lehr seines Worts erhalten/vnd seine steyge vest machen wölle/auff das er nit gleitte/noch gerate zu den falschen Lehrern/vnd mit jnen heuchle/sondern das er jn mit seinem heyligen Geist regiere vnd stercke/damit er die falschen Gotlosen Lehrer erkennen/meyden/hassen/vnd verachten möge.

Vnd ist nicht vergeblich/das der Prophet so mit ernstem Gebet Gott den DEXXII anrüffet/dieweil er sihet/das die falschen Propheten bey Könige/Fürsten vnd Herren/vnd gemeinem Volck/mit jhrer klugheyt/weißheyt vnd gunst angenem sind/vnd geht jn allhie nach jrem willen vñ wolgefallen. Was aber für vnfal vnd vnrats darauß entstehet/kan man in den Exempeln der ersten Kirchen sehen/wie der Teufel wunderlicher weise die ware rechte Kirche vnd Lehre Gottes verfinstert vnd befleckt habe. Derhalben darff kein mensch/er hab ein gute oder gerechte sach / weder auff klugheyt noch geschickligkeyt/bawen oder sich verlassen / sondern bitte Gott von gantzem hertzen/in warer demut vnd Glauben/das er jn in seinem Wege wölle leyten/das er nicht/ent-
weder

Siebenzehenden Psalm Dauids. LXXXVI

weder vom Teufel noch von der Welt/möge von dem Wort Gottes abgefüret werden. Vnd sollen alle fromme Lehrer vnd Prediger disen Vers stets in jren hertzen haben/vnd betrachten/fürnemlich aber inn diser letzten gefehrlichen zeit/dieweil der teufel mit Sophisterey vnd verfelschung reiner Lehre/die ware vnd rechtschaffene Lehre vntersiehet außzutilgen. Jch ruffe zu dir/das du Gott wöllest mich erhören: Neyge deine Ohren zu mir/höre meine rede. Jnn disen worten klaget er Gott seine not/damit er von den Gottlosen teglich wirt angefochten/Denn er bittet/das Gott sein Gebett gnediglich wölle erhören/ Denn es ist eine grosse/wichtige sach/vnd eben dise sach/mit welcher wir vns zu Feinde vnd abgünstig machen/Könige/Fürsten/vnd Potentaten/vnd laden des Teufels Zorn vnd Grimm auff vns/darduch wir vnser leyb vnd leben/selber inn die gröste gefahr werffen vnd stürtzen/Denn wir müssen Leyb vnd Leben/ Gut vnd Ehr/ vnd alles was wir haben/daran setzen/vnd in die schantze schlagen. Beweyse deine wunderliche Güte/du Heyland dere/die dir vertrawen/wider die/so sich wider deine Rechte Hand setzen. Dise wort sind voller/voller heylsamer lehre vnd trost/vnd were billich/das sie mit güldenen Buchstaben in das Hertz geschrieben würden/Denn mit diesen worten nimpt der Prophet GOtt dem HERREN das Hertz/vnd vberwindet Jhn/Denn er nicht allein die menge vnd grösse Menschlicher schwachheyt vnd anfechtung erzelet/sondern feret auch fort/vnd erinnert GOtt seiner Güte/Gnade/Barmhertzigkeyt/vnd gnedigklichen Verheyssung/die Er vns in seinem Son zugesagt vnd versprochen hat. Vnd wil so vil sagen: Wir stehen vnd stecken in sehr grosser gefahr vnd widerwertigkeyt Leybs vnd Lebens/ vnd ist aller Menschen hülff vnd rath verloren/Vnd ist die sach dahin kommen/vnd in solche gefahr geraten/das wir vns durch vnser macht vnd stercke/selbst nicht können noch mögen helffen/wo du HERR nicht durch deine wunderliche Macht vnd Stercke zu hülff kommest. Vnd lehret vns diser Vers/warumb GOtt der HERR seine fromme Christen in Creutz vnd Elend steckt/darauß sie durch Menschliche hülffe nicht kommen können/ das jederman zweyffelt/vnd meinet/sie müssen darinnen sterben vnd verderben/auff das Er seine Herrliche/Göttliche Macht vnd Gewalt an jhnen beweyse vnd offenbare/das alle Menschen sagen vnd bekennen müssen/GOtt habe jm allein geholffen/denn GOtt lesst seine Heyligen nicht im Creutz stecken. Also wirdt vns in disen worten ein Exempel vnser schwachheyt/darnach der Göttlichen Güte vnd Allmechtigkeyt fürgebildet/Vnd ist diß die meynung : Du bist allein Allmechtig vnd Barmhertzig/vnd wilst allen angefochtenen vnd betrübten Menschen helffen/die auff dich hoffen/Beweyß deine Göttliche Macht/wider die Gewalt vnd grimmige list des Teufels/ das wir nicht vom rechten Glauben abfallen/oder verzweyffeln/sondern das wir mit vestem Glauben vberwinden/vnd den Sieg behalten mögen. Vnd ist eine gewisse Emphasis in disen worten/wider die/so sich wider deine Rechte Handt setzen. Diß Gebett ist reich/vnd voll des Glaubens/denn er nennet seine Feynde/GOTTES Feinde. Vnd zwar solche Feinde/die dem HERRN widersteben/vnd nach seiner Ehr nicht fragen/vnd die Christlichen Kirchen des Göttlichen Worts gantz vnd gar berauben wöllen/das sind die starcken Giganten/die mit jhrem Gewalt CHRJstum auß dem Himel jagen vnd vertreyben wöllen/Wie heutiges tags die Ketzer hin vnd wider thun.

Behüte mich wie einen Augapffel im Auge.) Allhie bittet er/das jhn GOtt gnediglich behüten wölle/nicht allein leyblicher weyß/sondern er ma-

P ij cheis

Kurtze außlegung des

chets deutlicher/ vnd spricht: Wie einen Augapffel. Vnd lehret vns/ das GOtt seine Christliche Kirche beschütze vnd versorge/ wie seinen Augapffel/ welchs fromme Christen für einen sonderlichen vnd grossen Trost halten sollen/ nemlich/ das Gott seine Kirche hefftiger/ denn eine Mutter jr Kind/ welches sie vnter jrem Hertzen getragen/ liebe. Darnach zeygt er an/ wie Gottsfürchtige/ fromme Christen bald können verletzt werden/ welche der Prophet einem Augapffel vergleicht/ Vnd wil sagen: Du weyst HERR/ wie der Gottsfürchtigen Hertzen vnd Gewissen ein zartes/ reines ding ist/ vnd können bald verfüret werden/ vnd jhn mißfallen: Vnd dargegen weyst du/ wie vnser Widersacher der Teufel/ ein gewaltiger vnd starcker Feyndt ist/ vnd wir hin wider schwache vnd arme Würmlein sind/ So wültet vnd tobet die Welt auch wider vns/ das wir leychtlich außgetilget würden/ so du/ HERR vnser Gott/ nicht für vns strittest/ Denn die Kirch Gottes ist gleich wie ein Schiff/ das da auff einem grossen Meer schwebet/ da von allen ortern der Welt sturmwinde herstossen/ das sie das Schiff erseuffen.

Beschirme mich vnter dem Schatten deiner Flügel.) Der heylige Geist hat Christum vnd die Christliche Kirche wunderlich an den Creaturen abgerissen/ vnd abgemalet/ vnter welchen Figuren diß die lieblichste vnd holdseligste ist/ das der heylige Geyst Christum einer Hennen vergleycht/ Denn wie eine Henne jre junge hütet vnd bewaret für dem Geyer/ also beschützt/ erwehret/ vnd verteydigt CHristus Jesus GOttes Son seine Christliche Kirche/ für der grausamen gewalt des Teufels/ Vnd wie die jungen Küchlein/ wenn der Geyer vmbher fleugt/ sich zu jrer Mutter samlen/ vnd schutz suchen/ vnd sich vnter die flügel verkriechen/ also fliehen vnd suchen schutz bey CHristo jrem HERrn/ alle fromme Christen/ so offt sie angefochten/ vnd vom Teufel vnd der Welt geplagt werden/ vnd kriechen vnter die flügel/ vnd ruhen in seinen verheyssungen.

Für den Gotlosen/ die mich verstören.) Nun feret er fort/ vnd straffet alle Gottlose/ falsche Lehrer/ welche er droben den Mördern verglichen hat/ Denn diß sind/ die die Gemein GOttes verwüsten vnd verheren/ denn sie die reine Lehre des Euangelij vnd die Sacrament mit jrem falschen lehren/ schreyben vnd predigen vertuncklen/ vnd zu gleich Leyb vnd Seel ermörden/ vnd in abgrund der Hellen stossen/ Wie denn solches die Exempel der Ketzer vnd Schwermer/ als des Arrij/ welcher durch seinen gifft vnd verkerte lehr/ vast die gantze Gemeine im Morgenlande verwüstet vnd verfüret hat/ beweysen. Für meinen Feinden/ die vmb vnnd nach meiner Seelen stehen/ Das ist/ die nach meinem Leyb vnd Seelen trachten/ vnd mich gantz vnd gar außtilgen wöllen/ Denn sie lassen jn nicht genügen/ das sie die Seele verderben/ sondern hetzen auch der Könige vnd Fürsten vngnade auff die Gottsfürchtigen/ das sie jnen Gut vnd Ehr entziehen vnd entwenden/ oder sonst schendtlich zum tode bringen mögen/ Vnd hengen an sich den Pöfel/ oder schlagen sich zu den grossen Herrn/ welche sie verbittern auff die rechten Lehrer vnd fromme Christen. Vnd auff solche weyß geben sie zu erkennen den Teufel jhren Meyster/ welchen Christus mit einem sonderlichen namen verehret/ vnd nennet jhn einen Mörder vnd Vater der Lügen. Jre Fetten halten zusammen. Bißher hat der Prophet GOtt gebeten/ das jn GOtt wider die innerlichen Feynde/ als nemlich die Lehrer/ die Leyb vnd Seel verderben/ beschützen wölle. Jnn diesen dreyen Versen betet er/ das GOtt der Allmechtige seine Christliche Kirche für den eusserlichen Feynden/ als Tyrannen/ die nach Leyb vnnd Leben trachten/ vnd die Gottsfürchtigen zum tode verdammen/ beschützen vnnd

verteydi=

Siebenzehenden Psalm Dauids.

vertheydigen wölle/ Dann die Christliche Kirche von anfang der Welt allzeyt zweyerley anfechtung gehabt hat/welche etliche die Seele/die andern den leib zu tödten sich beflissen haben. Vnd zu letzt verbinden sie sich zusammen/ die Lehre des Euangelij gar zu vertilgen. Er nennet aber ihre Fetten/die durch Reychthumb/ Ehr/Gewalt vnd ansehen andern fürgehn/vnd die Mechtigsten leut sind/ Dise haben einen Bund vnter einander gemacht/ vnd sich also verschworen/ das sie die Lehr des Euangelij/ sampt allen Gottsfürchtigen/ die solche Lehr bekennen vnnd lieb haben/ außrotten vnd vertilgen wöllen. Dann diß meinet der Prophet in disen worten/ vnd sagt: Ihre Fetten halten zusammen / Das ist / sie haben sich zusammen verbunden wider den Gesalbten des HERREN/ vnd seine Gemeine. Nach dem sie nun jren rath wider die Lehr des HERREN beschlossen haben/ faren sie fort/ vnd bringen Ketzerey vnd scheltwort wider die Gottsfürchtigen/vnd plagen sie auff allen orten/ vermeinen sie also von der rechten Lehr abzufüren. Darumb spricht er: Sie reden mit jrem munde stoltz. Dann so sie sehen/ das die Lehr des Euangelij zunimpt/vnd sich außbreittet/je mehr fleyß sie ankeren/solche Lehr zuvertilgen/ vnd erdencken mancherley anschleg vnd practicken/das sie das Euangelium sampt den Lehrern vnterdrucken. Darumb spricht er: Wo wir hingehn/so ringgeben sie vns/ Das ist/sie stellen vns wie Ketzern nach/vnd trachten nach dem Blut der Gerechten/ Vnd so sie sehen/ das alle jre anschlege vnd fürnemen vergebens ist/ werden sie rasend/toll vnd thöricht/ wüten vnd toben wider die Christliche Kirch. Dise grausame vnd wütende thorheyt hat der Prophet in disen worten anzeygen wöllen: Ihre augen richten sie dahin/ das sie vnns zur Erden stürtzen. Man saget von dem Löwen/ wie er ein grausam schröcklich Thier sey/ wenn er zornig ist/ vnd so jhn der hunger ankompt/heftig nach dem Raub eyle/Vnd daher pflegt die heilige Schrifft ein Gleichnuß zunemen/ bißweylen zu gutem/ wie der Salomon sagt/Prouerb: am 28. Der Gerechte verlesst sich wie ein Löw auff Gott/one zittern: Bißweylen auch zum argen/wie hie stehet/da er der Feinde macht/gifft/vnd gewalt/ wider die Lehr des Euangelij /den Löwen vergleicht vnd abmalet / Vnd ist diß die meinung: Vnsere Widersacher können in jren hertzen nicht ruhen/ biß sie vns gantz vnd gar vertilget haben/ wie der Löw/ den der Raub beyssig gemacht hat/letst nicht ab/biß er jn finde vnd erlange. Solchs ist nun das erste theyl dises Psalms/ welchs die anklag vnd entschuldigung seiner sachen wider seine Feinde lehret. Volget das ander theyl/ das GOtt die Feinde seines Worts straffen wölle.

HERR mache dich auff/ vberweltige jn/ Errette meine seele von dem Gotlosen/ mit deinem schwerdt.

DJe fellt ein gemeine frag ein/Ob man auch wider die Feind vnd Verfolger des heiligen Euangelij beten möge? Es ist aber ein richtige antwort/ das zweyerley sind der Christlichen Kirchen Feind: Etliche thuns vnwissend/ vnd meinen/ sie haben einen rechten eiuer/wie Paulus vor seiner bekerung/Für solche solle man beten/das sie GOtt erleuchten/bekeren/oder ja jnen wehren wölle. Etliche verfolgen die Lehr wissentlich/ als vor zeiten die Phariseer/Hohenpriester/vnd Schrifftgelerten/vnd heutigs tags der Römische Papistische hauff. Wider solche solle man beten/das sie Gott wölle stürtzen/vnd zu schanden machen/sie gantz jrrig vnd wüst lassen werden/ Dann sie sind vns sonst weyt vberlegen/mit macht/kunst/gunst/reichthumb/vnd gewalt.

Kurtze außlegung des

Von den Leuten deiner Hand.) A viris, qui sunt manus tuæ, Domine, Von den leuten/welche deine Hand sind/das ist/welche du als einer Ruten gebraucheſt/ damit die vngehorſamen zu ſtraffen/ wie Nebucadnezar/ Aſſur/ vnd andere ein Flegel vnd Ruten geweſen ſind das Jüdiſche Volck damit zu ſtraffen. Vnd der Türck iſt eine Rute/ vnd die Hand Gottes. Vel sic: A viris, qui cadunt in manus tuas, Die dir in deine Hende fallen/ vnd von dir verſtoſſen vnd verworffen ſind. Debreem am 10. Es iſt ſchwer/ dem lebendigen GOTT inn die Hende fallen. Vnd Pſalm: 21. Deine Hand wirt finden alle deine Feinde. Es iſt aber die Hand GOttes zweyerley in der heyligen Schrifft: Ein gnedige Hand/ damit GOtt Vetterlicher weyſe vnd art die ſeinen züchtiget/ Wie geſchrieben ſtehet im andern Buch Regum am Letzten/ da Dauid ſagt: Es iſt beſſer in die Hende GOttes fallen/ denn inn die hende der Menſchen/ denn ſeine Barmhertzigkeyt iſt groß. Darnach iſt ein ſchröckliche Hand/ vnnd Gericht GOttes/ darvon hie ſtehet/ damit GOtt ſeine Feinde ſtraffet/ vnd verwirfft.

Von den leuten diſer Welt) Welche ir datum ſetzen auff diß leben/ vnd ſind für deinen augen ein loß Pöfel/ denn ſolchs heyſt das wort (Methim) welches hie ſtehet. Sie haben ir theyl in diſem leben/ Ehr Reychthumb/ Gewalt/ Wolluſt/ Wolfart/ ſind one Creutz vnd Sorg/ haben kein ſonderliche anfechtung/ wiſſen vnd verſtehen auch nicht/ was warer Glaub vnd Andacht iſt/ Troſt vnd Gedult: Vnd GOtt gibt jnen auch vil zeytlichs Glücks/ auff das er durch ſeine Güte vnd Wolthat ſie zur Buß vnd bekerung reytze/ vnd/ ſo ſie ſich ja nicht wöllen bekeren/ das er jhnen jr Paradeys vnd Himel in diſem leben gebe/ ſintemal ſie doch auß der ewigen Erbſchafft der Himliſchen Güter wöllen außgeſchloſſen ſein. Sie haben des Bauchs fülle/ vnnd den rechten Schatz inn dieſem leben/ wie hie ſthet: Reples eis ventrem occulto tuo bono, Du füllest jnen den Bauch mit deinen heimlichen vnd verborgenen Gütern/ Das iſt/ Auff wunderbarliche weyſe fülleſt vnd meſteſtu ſie wol/ gibeſt ihnen Getreyd auß Sand/ Wein auß Stein vnd Holtz/ Gelt auß der Erden/ ꝛc. Das ſind die verborgenen Gaben vnd Schetze GOttes/ damit auch die Böſen begabet werden/ wie Chriſtus Matthei 5. auch anzeyget/ Denn GOtt iſt die Liebe.

Sie haben Kinder die fülle.) Kinder haben iſt ein ſonderliche gabe Gottes/ darumb ſtraffet daſſelbig der Prophet nicht. Das man aber auff die Kinder trotze vnd prange/ vnd ſein lüſtlein an jnen ſuche/ das ſie für der Welt groß/ herrlich/ vnd zertlich gezogen vnd gehalten werden/ von im ſauß leben/ das iſt groſſe ſünde/ Wiewol es ſehr gemein iſt/ denn die Reichen ire Kinder gemeinlich nur zur luſt vnd wolleben erziehen/ Mein Sohn/ ſprechen ſie/ darff kein Pfaff werden. Da geht es denn/ das ſie Fluchen lernen/ Spielen/ Sauffen/ Tantzen/ vnd geſellt ſolchs jren Eltern wol/ Fragen nichts nach der Kirchen/ Gott gebe/ was der Pfaff ſage/ ſehen nur/ wie die Kinder vollauff haben/ vnd ererben können. Solchs thun fromme/ Gottsfürchtige Eltern nicht/ ſondern halten jre Kinder zu dem Wort GOttes/ zur Schul vnd Kirchen/ inn der Zucht vnd Erbarkeyt/ zum Gebett/ vnd iſt jr gröſte ſorge/ damit die Kinder GOtt jren DEXXX ehren/ lieben/ loben/ vnd preyſen/ wie Joſeph vnd Maria das Kindlein Jeſus biß in die zwenzig meyl wegs von Nazareth gen Jeruſalem füren.

Es iſt wol war/ Vater vnd Muter ſind ſchuldig/ auff die Kinder zuſehen/ das ſie nicht/ auß jrer leichtfertigkeyt vnd liderlichen weiſe/ vrſach darzu geben/ das die Kinder not vnd mangel leyden. Denn neben dem/ das armut halb offt

gute

Siebenzehenden Psalm Davids. LXXXVIII

gute Zucht verhindert wirt/erfaren wir auch/das die Armut offt zu Sünden verursacht/Wie Salomon eben solcher vrsach halben bitt/vnd spricht: Zwey ding HERR bitte ich/die wöllestu mir geben: Beküte mich für Reychthumb/vnd für Armut/vnd gibe mir mein teglichs Brot. Darumb ists recht/ vnd GOttes ordnung/das die Eltern jre Kinder bedencken/ sparsam vnd genawe sind. Aber in dem ists ein ergerlicher wahn/ das die Eltern den grösten fleyß auff das zeitliche legen/ vnd darneben das ander/ba meh: angelegen/ gantz vnd gar nicht achten/ nemlich/ das sie selbs mit eygnen exempeln/vnd mit fleyssiger zucht/die Kinder in der jugent zu GOttes Wort/vnd der Kirchen sollen halten/vnd dahin gewehnen/das sie ein lieb zu GOttes Wort gewinnen/vnd Gottsfürchtig würden/ so doch solchs dienet zum ewigen leben/ auff das die Kinder selig werden/ Das ander aber dienet nur zur leybs erhaltung/das der Bauch versorgt werde.

Wöllen nun die Eltern jres von Gott befolhenen Ampts außwarten/ so sollen sie auff dise fünff puncten achtung geben:

Erstlich erzeucht ein frommer Vater seine Kinder auff in der forcht Gottes/wie Paulus zun Ephesern am 6. vermanet: Jhr Veter zihet ewre Kinder auff/in der Zucht vnd vermanung zum HERRN.

Zum andern sollen die Eltern jre Kinder in der zucht vnd im zwang halten/ vnd die nicht nach jrem mutwillen lassen auffwachsen/ wie Jesus Syrach lehret am 7. Hastu Kinder/ so zeuch sie/ vnd beuge jren hals von jugent auff. Item am 30. Cap: Wer sein Kind lieb hat/ der helt es stets vnter der ruten/das er hernach frewd an jm erlebe. Wer aber seinem kinde zu weich ist/der klagt seine striemen/ vnd erschrickt/ so offt es weinet. Zertle mit deinem Kinde/so mustu hernach für jm dich fürchten. Laß jhm seinen mutwillen nicht in der jugent/vnd entschuldige seine thorheyt nicht. Beuge jm den hals/weyl er noch jung ist: Blewe jm den rucken/weyl er noch klein ist/ auff das er nicht halsstarrig/vnd dir vngehorsam werde. Zeuch dein Kind/vnd laß es nit müssig gehen/ das du nit vber jn zu schanden werdest.

Zum dritten/sollen die Eltern jre Kinder nit zu zorn reitzen/wie S. Paulus zun Ephesern am 6. jnen gebeut/ vnd sollen nicht Löwen in jren Heusern sein/ das ist zu Tyrannisch.

Zum vierdten/sollen die Eltern den Kindern gebürliche enthaltung geben/ sie schützen/vnd zum Ehestande helffen.

Zum fünfften/sollen die Eltern jren Kindern gute Exempel geben/das es nit gehe/wie man pflegt zusagen: Wie die alten jungen/so theten die jungen etc.

Ich aber wil schawen dein Antlitz in Gerechtigkeyt: Ich wil satt werden/ wenn ich erwache nach deinem Bilde.

DAs ist/ Ich wil den Gottlosen gern aller Welt lust vnd frewde/ ehr/ glück vnd Reychthumb lassen/ vnd wil darumb nicht zürnen noch murren/ Sie mögen zusehen/ wie sie es zuwegen bringen/vnd gebrauchen/ vnd was sie einmal für rechenschafft gebrn werden Gott dem HERRN. Sie mögen jetzo in disem leben die fülle haben/ vnd zusehen/ das sie nit im ewigen leben mit dem Reichen Mann/ ewigen hunger vnd durst leyden müssen. Ich aber wil mich auff Gott verlassen/vnd wil warten/ Erstlich/ seiner gnedigen/Veterlichen hülff/ das er mir in allen meinen nöten vnd anfechtungen rathen vnd helffen/vnd mich von den Gottlosen erretten wirt: Darnach/ wil ich auch warten der frölichen Aufferstehung/ da ich GOtt von Angesicht zu Angesicht se-

P iij

Kurtze außlegung des

ben werde/vnd Gott alles in allen sein wirt. Vnd wenn ich gleich in disem leben nicht allezeit vollauff vnd satt habe/wie die Gotlosen/ so wil ich doch im ewigen Leben satt werden / wenn ich zu dem Bilde des HErrn Christi werde reformirt vnd venewert werden/ vnd Gottes Antlitz in Gerechtigkeyt schawen werde / Welche Gerechtigkeyt nichts anders ist/ dann der trost vnd veste zuuersicht der Gleubigen/ zu dem verdienst Jhesu Christi/ der vns allein mit seinem Gehorsam gerecht/ fromb/ vnd in ewigkeyt selig machet.

Das ist gar ein schöner/ lieblicher Vers/ vnd helt in sich vil schöner lehre/ Als/ von dem Ebenbilde Gottes/ darzu der Mensch von Gott geschaffen gewesen: Item/ von vnser Gerechtigkeyt/ wie der Son Gottes vns gerecht vnd selig machet: Item/ von aufferstehung der Todten / vnd von dem ewigen Leben/ vnd vollkömmlicher restitution vnd widerbringung des rechten waren Ebenbildes. Vnd were wol not von allen disen Artickeln allhie zu handeln/ aber es wirt doch zu lang/ vnd kan hernach/ dieweyl stettigs dise Artickel zu handeln fürfallen/ besser geschehen. Doch wöllen wir/ zu kurtzem vnterricht von aufferstehung der Todten/ dise lehr setzen:

Wir gleuben ein gentzliche Aufferstehung des Fleysches/ wie wir in vnserm Symbolo teglich bekennen. Solchs zuuerstehen/ sol man wissen/ das der Mensch auß zweyen stücken gemacht sey/ Auß dem fleisch/ oder leyb/ vnd auß dem geyst/ oder seele. Das fleisch ist von der Erde/ der geyst ist vom Himel/ vnd man sihet vnd höret jhn/ nicht wie man das fleisch/ welchs haut/ har/ bein/ bende vnd füsse hat/ sehen vnd greyffen kan.

Adam war zum ersten nichts/ dann Erde/ vnd Gott nam von der Erde/ vnd macht ein fleischlichen leib darauß Das war das erste teil des ersten menschen/ der noch nichts anders ist/ denn ein todes bild/ vnd formirter leyb/ der noch nichts vmb sich selbs weiß/ noch verstehet/ noch empfindet. Darnach blies Got ein lebendigen athem in sein angesicht/ da ward das fleisch vnd das menschliche bild recht lebendig. Das war der ander teyl des ersten menschen/ der fieng nun an zu sehen/ hören/ wissen/ vnd sich auff Gott verstehen. Den leib aber/ oder das fleysch nam GOtt auß der Erden/ Den Geist nam er vom Himel/ oder von sich selbs / Also ward auß zweyen stücken ein herrlichs/ lebendigs Menschenbilde. Ehe aber GOtt den Menschen schuff/ sprach er/ das er den menschen schaffen wolt nach seinem bildnuß. Nun ist aber GOtt kein erde/ kein riebe/ kein same/ sondern ist ein Geistreichs leben/ vnd ein ewiger lebendiger Geist/ Darumb ist auch der mensch nach dem fleisch nit das rechte bilde GOttes/ sondern nach dem edlesten vnd fürnembsten theyl/ oder nit allein vom Himel/ vnd von GOtt/ sondern auch nach GOtt geschaffen ist. Vnd zwar/ es were gar ein edel nütz vnd notwendig ding/ das der mensch allezeit gedechte/ von wem/ vnd nach wem er gebildet sey/ damit er allzeit mit leib vnd seel/ fleisch vnd geist/ Gott dem Schöpffer für augen hette. Es weren aber dise zwey stück des menschen allzeit bey einander geblieben/ so der mensch Gott gehorsam gewesen were. Aber weder leyb noch die Seel sind in jrer ordnung blieben/ Der Geist gelüstet wider GOtt/ der Leyb thete wider GOtt / Darumb ward auß dem leyb ein sündlicher/ bresthaffter madensack/ der nit mehr recht gehorsam/ gesund/ noch frisch sein kan/ Vñ der edle Himlische geist/ oder die seel des menschen ward auch verloren/ schuldig/ vnd sündlich. Vnd darumb mögen auch die zwey stück einander nit mehr der gestalt dulden/ wie on die sünde geschehen wer/ Vnd dieweil sie Gott mit seinem Geist zusamen bracht hat wunderlich/ vnd sie haben beyde einander geholffen vnrecht thun/ vnd waren so wol eins miteinander wider GOtt/ so müssen sie auch all jr lebenlang nit mit einander

durchauß

Siebenzehenden Psalm Dauids. LXXXIX

durchauß vberein kommen/vnd müssen so vneins mit einander werden/biß sie beyde mit ach vnd weh von einander scheyden/Vnd wenn sie gleich gern wollten bleyben/so muß es doch nicht sein/Der Geyst bliebe gern/so kan jhn das fleysch nicht mehr herbergen/es ist zu schwach/kranck/oder alt worden/Das fleisch möchte den Geist auch wol haben/aber die sünde hats verschuldt/vnd ist das vrteil des tobs schon gefellt/darumb musse es gescheyden sein.

Wenn es aber also gescheyden ist/so kompt der leyb in seiner rechten mutter leyb/das ist/in die Erde/Auß Erden wirt fleisch/auß fleisch wirt wider Erden/Der geist aber oder die seel kompt/dahin sie in disem leben gestellet hat: Ist der geist des Menschen hie gewesen one GOtt/so feret er auch hin one GOtt/ Der geist des reichen manns feret in abgrund der Hellen: der geist des vnbarmhertzigē knechts fert in die eusser finsternyß:der geist des gleißners/der on hochzeitlich kleid zu tisch saß/wirt auch dahin geworssen:der geist der vndanckbarn zu Capernaum wirt biß in die hell hinunter gestossen:der geist der vngleubigen Pharisier vnd schrifftgelehrten stirbet in seinen sünden: der geist der ergerlichen menschen geht in das ewige fewer/ das nimmer nicht erlischt/vnd da der nagende wurm ist/der nimmer mehr stirbt: der geist des verzweiffelten geitzigen Judas fürdert sich selbs auch dahin. Desgleichen hinwider/die seel oder der geist/der im leben des menschen Gott gesucht hat/der wirt jn finden/der Gott getrawt hat/der wirt nit zuschanden.Die seel des armen willigen Lazari kom̄t in die schoß Abrahe:die seel des schechers/dem/die sünde leid waren/vnd Christum anrufft/kompt in das Paradeys:die seel/die mit Christo verharret biß in das end/wirt mit Christo zu tisch sitzē im reich Gottes,vn̄ mit jm wol leben:die seel des/der Got gefürcht vn̄ jn geliebt hat/wirt ewige frewd haben vn̄ seligkeit.

Was aber die aufferstehung des fleischs belangt/ sol man wissen/GOtt der HERR/der alle ding hat angefangen/der wirt auch alle ding enden nach seinem willen. Ja dem selben end hat er ein zeit bestimpt/vnd ein jüngsten tag/ den er allein weiß. So nun derselbe nach der ordnung Gottes gewißlich kommen wirt/so wirt Gott der HERR allem menschlichem fleisch zusamen ruffen/für sein letztes vrteil/vn̄ das mit einm grossen feldgeschrey/ mit der stim̄ des Ertzengels/vnd mit der posaunen Gottes,so wirt alles fleisch aufferstehn von der erden,vn̄ ein jde seel wirt jrn leib widerumb finden/sich mit dem selbē vereinigen/vn̄ für Got erscheinē.Also wirt der mensch/der zu aller erst auferdē mensch ward/vn̄ auß dem menschen wider erd/zum aller letzten widerumb auß geist vnd fleisch zu menschen werden/da wirt es den bleiben on alle enderung ewiglich.

Nu ists aber ein seltzam vñ wunderlichs ding/das leib vn̄ seel des menschen so weit von einander gescheide werden/vn̄ der leib fault/das fleisch wirt von wormen gefressen/ die bein werden zustrewt/ vn̄ sollen dannoch also wider zusamen kom̄en. Wundert dich aber/ob es möglich sey/das leib vn̄ seel wider zusamen kom̄en/so gedenck/d3 der/der sie zu aller ersten also hat kōnen zusamen bringen/ d3 er es auch zu letzt wirt kōnen/vnd so offt er wil.Deñ was ist die welt zu ersten gewesen? Nichts. Was ist aber auß dem nichts worden? Souil seltzams vnd wunderbarlichs dings.Der nu auß nichts souil vñ alle ding gemacht/der kan auch auß allen dingen widerumb nichts machen/vnd so er wolt/eben auß dem selben nichts/widerumb vnd eben die vorigen alle ding widerumb machen/ der eins kan/der kan das ander/der es zu einer zeit kan/der kans zu aller zeit/der kan anfaben/der kans auch enden/Er kan abbrechen/vnd wider auff bawen/ tödten/vn̄ wider lebendig machen.Vnd lieber/was bistu zum ersten gewesen? Adam war ein erden knol, Eua war ein rip/du bist ein fleischlicher same gewesen/der auß nichts anders denn deines Vaters speyß gewachsen ist : auß dem

samen

Kurtze außlegung des

samen ist ein fleisch worden/auß dem fleisch ein leib/vnd Got hat dem leib ein
Seele oder einen Geyst geben/also ist auß Seel vnd Leyb ein lebendiges Kind
worden/da hat es gelebt/da es billich solt ersticket sein/da hat es sich erneh-
ret/da es billich solt ertruncken sein: Nach dem hat es die Natur außgeworff-
sen/ vnd an die Welt bracht/ vnd ist ein Mensch darauß worden/der bist du/
Bald ehe du dich vmbsihest/so muß Leyb vnd Seel wider von einander schei-
den. Das ist das herkomen vnd hinfaren aller menschen: Nichts sein/etwas
werden/vnd bald wider nichts werden. Wer thut nu solchs alles? Thuts nit
Gott? Wie ers nu einmal kan/also kan ers ewiglich/kan ers heute/so kan ers
morgen/ Kan er im Paradeys von der Erde Menschen machen/so kan er am
Jüngsten tag von der Erden die Menschen wider aufferwecken.

    Das man auch fragt: Warumb leist Gott den leyb nit gleich also ligen/
vnd erde bleiben/müssen sie denn bey einander sein? Antwort: GOtt hat sie
beyd erschaffen/ vnd zueinander verordnet/vnd hat an beyden stücken wöllen
lob vnd ehr erleben/ Das sie aber ein zeitlang von einander sein müssen/ist der
sünden schuld/noch gehören sie zusamen. Darzu/dieweil der mensch mit leyb
vnd seel wider GOtt gehandelt hat/so müssen auch leyb vnd seel mit einander
gestrafft sein/Wil den Gott durch sein gnad die sünde verzeihen/so wil er auch
beiden verzeihen/den er kans vnd wils thun. Vnd wen Gott zwey wort redt/
vnd das eine geschicht für deinen augen/woltestu nit gleuben/das ander müste
oder würde auch geschehen? Es sagt aber Got das Himel vnd Erdrich/Son
vnd Mon/vnd dergleichen/vil anders werden solt/ vnd es ward allesamen.
Item/es sagt Got zu den ersten menschen/wen sie würden von dem verbotnen
holtz essen/so müsten sie sterben/das hat Gott nicht den vor sechsthalbtausent
iar gesagt/ vn du sihest auff den heutigen tag/das die menschen also sterben/
gleich wie es Gott gesagt hat. Dieweil er den vom jüngsten tag vnd aufferstehung der toden auch vil gesagt hat/so wirt es auch gewiß geschehn. Glaubstu
den nit auch/wen Christus 100 wort redt/ vnd sie geschehen alle biß on eins/
das daßselbig einig wort auch geschehen würde? Er sagt der Stad Jerusalem
wie es ir so vbel gehn/vnd das kein stein auff dem andern bleyben würde/ vnd
daßselbig ist geschehen. Er sagt zu allen Francken/sie solten gesund sein/vnd es
geschahe. Er sagt von jhm selber/ er würde in die hende geben der Heyden/da
würde er verspeyt/gegeisselt/vn gecreutzigt/vnd ist geschehen. Er sagt/am dritten tag würde er widerumb aufferstehn von todten/ gab den Propheten Jo-
nam zu einem zeichen/der 3. tag im Walfisch gelegen/ vnd wider außgeworff-
sen ward: Gab auch bey dem tempel ein zeichen/den er zerbrechen/vnd in drei-
en tagen wider wolt auf bawen/vnd also ist er auch am dritten tag wider aufferstanden. Hat sich nu das vnd anders funden/wie ers vor gesagt/so wirt sich
das ander alles auch finden So hat er nu gesagt/es werde die stund komen/in
der alle/die in den grebern sind/werden hören die stim Gottes/ vnd also herfür
gehn/die stunde wirt nit aussen bleyben. Er sagt/das er selbst zur letzten stund
komen werde in den Wolcken/zu richten die lebendigen vnd die toden. So gewiß er nun einmal komen ist ins fleisch/wie es Gott hat vor gesagt/also gewiß
wirt er zum andern mal auch komen/wie ers hat vor gesagt.

    Das aber die Welt toll vnd vngleubig ist/ kan man nit für / man gleubt
doch nicht das man für augen sihet/wie wolt man denn gleuben das man nit
sihet. Zur zeit Christi was eine Regel der Saduceer/die gleubten nit das En-
gel/noch Geist/noch Aufferstehung were/darumb fragten sie Christum/wen
7.Menner ein Frawen hetten nacheinander/vnd sie würden alle aufferstehen/
wie sie das weib mit einander teilen würden/ derer fleischlichen/spitzfündigen
fragen

Siebenzehenden Psalm Dauids. XC

fragen ist die Welt noch vol. Desgleichen da Christus ein mal ein todes töch∣terlin wider lebend machen/vnd sagt/es schlieff/da verlachten jn jr vil/ also wirdt das Werck der Aufferstehung von den todten noch heut dises tags von vilen treflichen verspottet. Da der fromm Apostel S. Paulus zu Athen auff eine zeit lehret/GOtt gebôte allen Menschen/vnd an allen enden buß zuthun/ deñ er hette einen tag gesetzt/auff welchen er richten wolt den gantzen vmbkreiß des Erdbodens/durch einen Man (der ist Christus) in welchem er solchs be∣schlossen vnd jn darumb auch von den todten aufferweckt hette/Da richten jr vil ein gespött an/von dem ernstlichen Werck der Aufferstehung der Todten/ vnd des Jüngsten tags. Vil sagen/wie im Buch der Weißheyt: Ey/wenn der mensch stirbet/so ist kein ergetzung mehr/noch frewde/ Man kennt auch kein/ der vom tode wider kommen sey/Wir sind auß nichts gemacht/ vnd werden auch wider/als weren wir nichts gewesen/ vnd nach vnserm ende ist kein wi∣derkomen/Vnd es ist versigelt/vnd nun gewiß/das niemand widerkommen wirt/ꝛc. Ist aber die rede nit auch vast gemein bey vilen zu vnser zeit/vnd alle∣zeyt? Etliche sagen: Wenn es also were/wie wurde es zu letzt zugehn/die see∣len würden vneins mit einander werden/ vnd würde kein bein/ vnd kein leyb oder seel wissen/welche zum andern gehörte/ gleich als ob Gott/der alle ding von newem vnd auß nichts etwas machen kan/nicht auch kündte etwas altes ernewren/vnd etwas zerstrewtes widerumb samlen/vñ alle ding auch mit eim gedancken ordnen. Aber die erschrôckliche Aufferstehung der todten/vnd des Heergschreys des jüngsten Gerichts/wirt vilen menschen jren schimpff wol legen. Wiewol aber vil sprechen/es sey jnen nit ernst/weñ sie gleich so schimpff∣lich biß weylen reden/Ist nichts. Man muß ja reden/man muß aber darumb nit von Articklen des Glaubens vnd Gottes Wercken solche fabelwerck vnd vnnütze geschwetz treyben: Gleuben wir an Christum/warumb gleuben wir denn nicht seinen Worten/da Er spricht: Ich sage euch/das die Menschen müssen rechenschafft geben/am Jüngsten Gericht/von einem jeden vnnützen wort/das sie geredt haben: Auß deinen worten wirstu gerechtfertiget/ vnd auß deinen worten wirst du verdampt werden. Ja es sindt/die vil böse stück thun dürffen/auff den Jüngsten Tag vnd Aufferstehung. Es sind/die so ein üppiges/ergerliches leben füren/als ob gar kein Gott oder Jüngster Tag sey/ Vnd jrenthalben wer es jn auch gleich so vil/jes were deren keines/vnd das sie nun abgestorben weren wie das Vihe/dieweil sie auch gleich ein leben geführet haben/wie das vihe/Aber sie müssen dennoch auch aufferstehn/wenn es jnen schon nit wol erschiessen wirt. Denn des leybs halben wirt einer aufferstehen wie der ander/der verfluchte wie der selige: Aber der Seelen halb/dieweyl sie ist das fürnembste an den Menschen/so wirt jr der Leyb müssen nachvolgen: Der Leyb wirt nit allein sein/die Seele auch nit/sondern auß den zweyen wirt widerumb ein Mensch werden. Wie nun derselbe Mensch vorhin/ehe er starb/ gegleubet vnd gelebt hat/wie er/im Glauben oder one Glauben /auff GOtt oder on Gott abgestorben ist/also wirt er auch widerumb aufferstehn. Daniel sagt/es werde die zeit der trübsal kommen/desgleichen nie gewesen sey/sind die Menschen worden sein / Denn werden vil/die in der Erden schlaffen/wider∣umb erwachen/etliche zum ewigen Leben/etliche zur ewigen Schmach vnd vnlust. Christus sagt: Am Jüngsten tag werden herfür gehn/die guts gethan haben zur Aufferstehung des Lebens/ vnd die vbels gethan haben/zur Auff∣erstehung des Gerichts. Also ist ein Aufferstehung des Fleysches zur Selig∣keyt/vnd ein aufferstehung des Fleysches zur Verdamnuß/Vnd wie solten wir alle stund vnd augenblick so ernstlich an den Artickel gedencken/das wir jmer

in

Kurtze außlegung des

in sorgen stůnden/wie wir doch würden aufferstehn/zum tode oder zum leben/ in Gottes zorn/oder in Gottes liebe/zur frewde oder zur schmach. Denn es ja wirt ein ernsthaffter stand sein bey denen/die hie weder mit leyb noch seel Gott gesucht/oder jm gedienet haben/Mit jren augen haben sie nit auff die zeit gesehen/mit jhren Ohren haben sie nit gehört/mit jrem Munde haben sie einen schimpff darauß gemacht/mit jren hertzen haben sie nit gegleubet/mit jrem leben haben sie das werck Gottes treffenlich geschendet vnd gelestert/darumb wirt die Aufferstehung jres teyls nichts sein/den angst vnd not/vnd verdruß. Vnd sind dieselbigen vngleubigen menschen von jrem tod an nit mehr den an der seel verdampt worden/so werden sie hinfür mit leyb vnd seel verdampt/ da wirt es sich denn finden/was schimpffen ist/verachten/vnd nit gleuben.

Auß disem kurtzen bericht gleuben wir nun/das Himel vnd Erden zergehen werden/vnd aber alles/das der Allmechtige Gott von der Aufferstehung der Todten gesagt hat/geschehen vnd erfüllet werden muß. Item/wir gleuben/wie Jesus Christus der Son Gottes die Todten widerumb zum leben aufferweckt hat/das auch also alle menschen/gute vnd böse/auff den letzten tag widerumb von todten werden aufferwecket. Item/wie Jesus Christus zum Lazaro (der vier tag im Grab gelegen war) mit lauter stimm schrey: Lazare kom herfür/Also gleuben wir/das Got zu der letzten zeit auch mit der Posaunen vnd Beerhorn laut schreyen werde/das wir auch alle herfür kommen/vnd das es gewiß also geschehen werde mit allen menschen/als gewiß Lazarus auß dem Grab herfür kommen vnd aufferstanden ist. Item/wie zu der zeit/da Christus gestorben ist/die Todten auß den Grebern aufferstanden/ vnd erschienen sind/das wir auch also zu der zeit/so Christus die gantze Welt richten wirt/aufferstehn/vnd für seinen augen erscheinen werden. Item/wie Gott sagt durch den Ezechiel/Er werde die Greber auffsperren/vnd vns alle herauß zihen/seinen Geist in vns geben/dauon wir lebendig werden/vnd vns in vnser recht heymet setzen/das wir innen werden/das er der HERR sey/der es geredt/vnd mit der that erstattet habe. Item/wie Job sagt: Ich weiß das mein Erlöser lebet/vnd er wirt mich hernach auß der erden aufferwecken/vnd werde darnach mit diser meiner haut vmbgeben werden/vnd werde inn meinem fleisch GOtt sehen/vnd ich werde jn sehen/vnd kein anderer. Item/wie S. Paulus sagt: Ist die Aufferstehung der Todten nichts/so ist Christus nit aufferstanden: Ist Christus nicht aufferstanden/so ist all vnser Glaub vergeblich/vnd sind wir noch in vnsern sünden/vnd alle abgestorbnen in Christo sind verloren/ja/wir sind die aller elendesten vnter allen menschen. Item/das der tag der Aufferstehung von den Todten ein beschluß vnd Summa Summarien werde sein alles des/das GOtt geredt/vnd vmb der Welt willen gehandelt hat. Das aber solcher seliger vnd schrecklicher Tag bald komme/vnd der Son GOttes vns seine Gleubige/als ein Breutigam sein liebe Braut/ heinfüre/vnd Er/mit sampt seinem Vater vnd heyligem Geist/alles in allem sey/das gebe er gnediglich selbst/ vnd beschere vns ein seliges letztes stündlein vnsers abscheyds/ein selige/sanffte ruhe/ein fröliche Aufferstehung/ vnd ewiges Leben/Amen/Amen.

Achtzehenden Psalm Dauids.

Außlegung des Achtzehen=
den Psalm Dauids.

ES scheinet/ daß diser vast der letzte Psalm wirt gewesen sein/den Dauid gemacht hat/bald vor seinem ende/ wie auß dem andern Buch Samuelis/Ca:22.da diser Psalm vast von wort zu wort auch stehet/zu sehen ist. Dann der liebe fromme Dauid hat nie keinen fried gehabt/biß in den tod hin ein / Darumb dancket er allhie GOtt/ für alle gnedige errettung/ auß vil vnd mancherley gefahr/vnd singet das schöne Grates nunc omnes, Danckfagen wir alle. Vnd wie Jacob thut/vnd spricht: Wer bin ich HERR? Minor sum cunctis tuis miserationibus, Jch bin vil zu gering gegen deinen erbarmungen/woltbaten/vnd grossen güte. Also dancket hie Dauid/ als ein verlebter/grawer/erfarner Man/vnd lobet Gott/ehe er ist gestorben.

Solchem Exempel Dauids sollen wir alle mit ernst nachfolgen/das wir Gott hertzlich dancken für seine vnzeliche woltbaten/ leibliche/geistliche/ zeitliche vnd ewige. Danckfagen aber ist nichts anders / dann erkennen vnd bekennen/mit dem hertzen vnd munde/das wir allerley guts in Geistlichen vnd weltlichen sachen allein von Gott empfahen/ vnd in darumb loben vnd preysen. Solche danckfagung hat Gott einem jeglichen Christen in sonderheyt geboten/denn er grossen wolgefallen daran hat/Wie geschriben steht 1.Thess:5. Betet on vnterlaß/ sept danckbar in allen dingen/denn es ist der wille Gottes in Christo Jesu an euch. Coloss:3. Alles was ir thut mit worten vnd wercken/ das thut alles in dem Namen des HERrn Jesu/vnd dancket Gott/vnd dem Vater durch jn. Psalm:118.Dancket dem HERRN/denn er ist freundlich/ vnd seine güte weret ewiglich. Psal:116. Wie sol ich dem HERRN vergelten alle seine woltbat/die er mir thut? Jch wil den heylsamen Kelch nemen/ vnd des HERREN Namen predigen. 2.Buch Mose 15.Mose dancket mit den Kindern Jsrael/das er sie auß Egypten erlöset/vnd doch das rote Meer gefüret hat. Daniel:4.Nebucadnezar dancket Gott/das er wider zur vernunfft vnd Königlichem Stul kommen ist. 1.Buch Mose 14. Melchisedech König von Salem/dancket GOtt dem Höchsten/ das er Abrahams Feinde in seine hende beschlossen hatte. 2 Chron:20. Josaphat dancket Gott für den sieg/den er jm verliehen hatte wider die kinder Moab vnd Ammon.

Also dancket der König Dauid in seinen Psalmen/für die schöpffung aller Creatur / für den schutz vnd schirm der Christlichen Kirchen/ für die woltbat/ dem Volck Jsrael erzeyget/ für das Reich Christi. Derhalben sol man bißweylen einen solchen Psalmen lesen vnd bedencken/ das das Hertz auch munder vnd lustig gemacht werde / durch anregung des heyligen Geystes/ zur Christlichen Danckfagung. Darzu sol alle Christen treyben vnd verursachen dise stücklein:

Erstlich/das GOtt im andern Gebot/vnd an vilen örtern/die Danckfagung geboten hat.

Zum Andern / das GOtt einen grossen wolgefallen daran hat / wie der 116. Psalm zeuget.

Zum Dritten/ nemen wir GOtt also damit ein / wo die Danckfagung fleusst auß einem rechtschaffenem Glauben/ das wir bey solchen Gaben bleyben/

Kurtze außlegung des

ben/vnd darinnen zůnemen/ vnd reicher werden / Denn wer da hat/ das ist/
wer es erkennet/ das ers von GOtt hat / dem sol gegeben werden/das ist/der
sol dabey bleyben/vnd weyter gesegnet werden.

Zum vierdten/ so man nicht dancket/ so wirt auch weggenommen das
man hat/ Wie an den Gotlosen Königen zů sehen ist/ die Gott nicht gedancket/
sondern alles jrer klugheyt zůgeschrieben haben / Als an Jeroboam/ Saul/
vnd andern zůsehen ist.

Zum fünfften/ erhelt die Dancksagung einen jeglichen in rechter demut/
Denn wer Gott dancket/der zeyget an/ das Gott alles gethan habe/ vnd das
mit seinem thůn alles nichts sey. Das aber Nobuchodonosor vnnd andere/
stoltz vnd vermessen werden/ das macht/ sie danckten Gott nicht/ vnd erkanten nicht/ das sie solchs alles hetten vom HERRN empfangen.

Zum sechsten/ dienet die Dancksagung darzu/das ein jeglicher sich ge-
wehne/ das er jm lasse genügen an dem/ was jm Gott verlihen hat. Denn das
ist eine grosse vndanckbarkeyt gegen GOtt/wenn man sich nit lesst genügen/
vnd verursacht jn/das er dasselbige einige pfund wegneme/vnd dem gebe/ der
mehr pfund hat. Wer aber rechtschaffen dancket/der spricht: Lieber Gott vnd
HERR/ich habe einen guten gefallen an deinen Gaben/ darumb dancke ich
dir/ vnd lasse mir genügen.

Dieweyl aber Dauid ein Bild vnnd Figur ist des Leydens vnd Siegs
Christi Jesu/ vnd hat selbst zuuor im Geist des HERrn Leyden gesehen/ wie er
spricht/ 2. Samuel: 23. in seinen letzten worten: Der Geist des HERRN hat
durch mich geredt/ vnd seine rede ist durch meine Zunge geschehen/ tc. Derhalben vil frommer Lehrer disen Psalm durchauß von Christo verstanden/ wie auch
Paulus selbs zůn Römern am 15. da er die Barmhertzigkeyt Gottes preyset/
die auch den Heyden offenbart vnd angezeygt wirt/ den Vers auß disen Psalm
anzihet/ vnd spricht: Die Heyden loben Gott vmb der Barmhertzigkeyt wil-
len/ wie geschrieben steht: Ich wil dich loben vnter den Heyden/ vnd deinem
Namen singen. Darumb so man wil/ kan man geystlich disen Psalm wol allein von Christo deuten/ wie er hie seinem Vater dancket/ das er jhn auß aller
angst/leyden/sterben/Todt/Hell/ vnd anderer gefahr/mit gewaltiger Hand/
Triumph vnd Sieg errettet habe. Aber wir wöllen den Text nach dem Titel
besehen/ vnd den Psalm in sechs stück theylen. Vorne her in den ersten 6.Ver-
sen erzelt Dauid/ wie jm sey so grausam wehe geweset in seinen nöten/ darauß jm
Gott geholffen hab/ vnd spricht:

Hertzlich lieb hab ich dich/ HERR mein stercke/ HERR
mein Fels/mein Burg/mein Erretter/mein Gott/mein
Hort/auff den ich trawe/ mein Schild/ vnd Horn meines Heyls/ vnd mein Schutz.

Hertzlich lieb haben/ist/ wie ein Vater sein Kind/ vnd das Kind den Vater liebet. Deñ das wörtlin (Raham) so hie steht/bedeutet dieselbig eingepflantz-
te/ natürliche/ vnd hertzliche liebe. Vnd zeyget also Dauid hiemit an / das er
lauter lust/ frewd vnd wonne an vnserm HERRN Gott gehabt hab/ von wegen
seiner vnzelichen wolthaten. Vnd er weiß nicht/ wie er GOtt gnugsam ehren
vnd loben könne/ Darumb braucht er so mancherley schöne/außbündige Ti-
tel/ welche ein sicher hertz/ das Got nit hertzlich lieb hat/ vnd seine wolthaten
nicht erkennet/ nicht geben kan.

Mein

Achtzehenden Psalm Dauids. XCII

Mein sterck.) Mit mir/spricht er/ists verloren/mein rath vnd that/macht vnd gewalt thut nichts. Aber du HERR gibst mir nit allein sterck/ sondern bist auch selbst mein sterck. Wer dich hat/der kan alle Welt trotzen/pochen/ vnd vberwinden, wie Dauid den Goliath vberwand/vnd zu jm sprach/ 1 Samuel:17. Du kompst zu mir mit schwerdt/spieß vnd schild/Jch aber kome zu dir im Namen des HERRN Zebaoth/des Gottes des Zeugs Jsrael.

Diser Titel lehret vns nun/das wir Gott vber alle ding vertrawen sollen/ in seligkeyt/in nöten/ vnd verfolgungen/ das wir vns allein auff sein Gnad vnd Hülffe verlassen/vnd nicht verzagen/wenn es vbel zugehet/sondern von GOtt hülffe erwarten/ Wie offtmals geschrieben stehet: Psalm: 46. GOtt ist vnser Zuuersicht vnd Stercke/ein Hülffe in den grossen nöten/die vns troffen haben/Darumb fürchten wir vns nicht/wenn gleich die Welt vergienge/ vnd die Berge mitten inns Meer süncken. Psalm: 95. Der HERR ist mein schutz/mein Gott ist der Hort meiner zuuersicht. Psal:43. Jn deinem Namen wöllen wir vnser feinde zerstossen/Jn deinem Namen wöllen wir vntertretten die sich wider vns setzen. Denn ich verlasse mich nit auff meinen Bogen/vnd mein schwerdt kan mir nit helffen/sondern du hülffest vns von vnsern feinden/ vnd machst zu schanden die vns hassen. Also sol jederman Got vertrawen/vnd hie ein Exempel nemen von dem Könige Dauid/vnd sich ja nit verlassen auff gewalt/gelt/verbündnuß/vestung/weißheyt/rc. Wie denn Gott vns alle/vnd in sonderheit die Oberkeyt dazu in seinem Wort vermanet:Psal:146 Verlasset euch nit auff Fürsten/sie sind menschen/die können ja nit helffen. Psalm:127. Wo der HERR nit die Stad behütet/so wacht der Wechter vmb sonst.Psal: 117. Es ist gut auff den HERRN vertrawen/ vnd sich nit verlassen auff Fürsten. Darnach hat sich Josaphat gehalten/ wie 2 Chron.20 geschriben steht/ nach dem ein grosse menge jenseit dem Meer von Syrien wider jn zog/sprach er zu seinem volck: Sihe/so spricht der HERR/ jr solt euch nit fürchten/noch zagen für disen grossen hauffen/denn jr streitet nit/sondern Got/rc. Tretet nur hin/vnd stehet / vnd sehet das heyl des HERRN/der mit euch ist. Juda vnd Jerusalem fürchtet euch nicht/vnd zaget nit / morgen zihet auß wider sie / der HERR ist mit euch. Item:Gleubt an den HERRN ewren Gott/so werdet jr sicher sein/vnd gleubt seinen Propheten/so werdet jr sicher sein. Darumb bekamen sie den sieg/ vnd schlugen jre feinde. Desgleichen vertrawet der König Assa Gott/ 2. Chron:14. da Serach der Mor mit einer Heereskrafft wider jn 30g/tausent mal tausent/ vnd sprach : HERR/es ist bey dir kein vnterscheyd/ helffen vnter vilen/oder da keine krafft ist: Hilff vns HERR vnser Gott/denn wir verlassen vns auff dich/vnd in deinem Namen sind wir komen wider dise menge : HERR vnser Gott/wider dich vermag kein mensch etwas. Vnd der HERR plaget die Moren für Assa/ vnd für Juda / das sie flohen/das sie fielen/vnd keiner lebendig bleib. Darumb so sagt Asarias der Prophet auß dem Geist Gottes zu Assa/ vnd gantzem Juda vnd BenJamin : Der HERR ist mit euch/weill jr mit jm seyt/Vnd wenn jr jn suchet/wirt er sich von euch finden lassen: Werdet jr jn aber verlassen/so wirt er euch auch verlassen.

Dergleichen lisen von dem König Hiskia/2. Chron:32. das er Gott vertrawet habe/wie er belegert worden ist/ von Sanherib dem Könige zu Assur/vnd das er sein Volck auch also GOtt zu vertrawen vermanet hab : Seyt getrost vnd frisch / fürchtet euch nit/ vnd zaget nit für dem Könige zu Assur/ noch für alle dem Hauffen/der bey jm ist/denn es ist ein grösser mit vns weder mit jm/Mit jm ist ein fleischern arm/mit vns aber ist der HERR vnser Gott/ das er vns helffe/vnd füre vnsern streyt/Darumb entsatzte jhn ein Engel/ der

Q ij   die

Kurtze außlegung des

die feinde schlug/2c. Vnd also hat Gott allzeit denen geholffen/vnd beygestan=
den/die jm vertrawt haben/Wie der Ander Psalm verheyssen: Wol denen/die
auff jn trawen. Welche aber auff etwas anders jr vertrawen setzen/haben kein
gedeyen noch glück/wie Salomon lehrt in seinen Sprüchen am 12. Es hilfft
kein weißheyt/kein verstand/keine kunst wider den HERREN/Roß werden
wol zum streittage bereitet/aber Gott muß den sieg haben. Wie solchs an grof=
sen Königen vnd Herrn zusehen/die alle zuschanden worden sind/weil sie auff
etwas anders/vnd nicht auff Gott allein jr vertrawen gesetzt haben/Als Je=
roboam ist gestrafft worden/1. Reg: 12. denn er gedachte inn seinem hertzen/
das Königreich wirdt nun wider zum Hause Dauid fallen/so diß Volck sol
hinauff gehn/Opffer zuthun in des HERRN Hause zu Jerusalem/vnd wirt
sich das hertz des Volcks wenden/zu jrem Herrn Rehabeam dem König Ju=
da/vnd wirt mich würgen/vnd wider zum König Juda fallen. Darumb hielt
er rath/vnd machte zwey güldene Kelber/vnd sprach zu jnen: Es ist euch zu
vil hinauff gen Jerusalem zu gehen/Sihe, da sind deine Götter Israel/2c. der=
umb wirt er mit allen seinen sönen außgerottet. Auß einem solchen mißtrawen
zu GOtt/trachtet Herodes nach dem Kindlein Jesu/das er sorge hat/das er
nicht gedorfft hette/der newgeborne König würde jn vertreyben/darumb er
auch widerumb grewlichs todes sterben muste.

Desgleichen liset man auch in Heydnischen Chronicken/das gemeinig=
lich die Könige vnd gewaltige Steb zu boden gegangen sind/die sich auff jre
macht vnd gewalt verlassen haben/nach dem Spruch Salomonis/in seinen
Sprüchen am 11. Wer sich auff sein Reichthumb verlesst/wirt vntergehn. So
liset man von Xerxe dem Perser Könige/das er mit zehen mal hundert tausent
Mann in Griechenland gezogen sey/das an sich zubringen/ist aber schend=
lich mit der grossen Macht/darauff er pochte/geschlagen worden. Daran
man sehen mag/wie weyt die Heyden gefelet haben/die gesagt haben: Fortes
fortuna iuuat, das ist/GOtt hilfft dem sterckisten/Denn wie offt hat ein kleiner
Hauffe einen grossen geschlagen?

Desgleichen liset man von Croeso dem gewaltigen König in Asia/das er
sein vertrawen also auff seine Gewalt vnd Macht gesetzt habe/das er nicht
hat können gleuben/das es jm ein mal köndte vbel gehen/Darumb ward er
wol zeitlich vom Solon dem weisen Manne gestrafft/das er darauff sich nit
verlassen solt/es köndte das Glück bald sich wenden: Aber er verachte dieses
Weysen Mannes rath/vnd fieng einen vnnötigen Krieg an/mit dem Cyro/
der Perser König/auß vertrawen seiner grossen macht/Darüber wirdt er ge=
schlagen/vnd auff einen Stock gesetzt/das man jn verbrennen solte/vnd doch
daruon wider genommen war/weil er da in seiner höchsten not bedacht/was
jm Solon gesaget hatte. Item/Man sehean die grossen/mechtigen Stedte/
Carthaginem/Niniuen/Romam/Dierusalem/die vberal
nichts geholffen hat jre Gewalt/darauff sie gepocht haben/Vnd wie son=
derlich von Troia gesaget wirdt: Et campos, vbi Troia fuit, Das ist/Da etwan
die grosse Stadt Troia gestanden hat/ist jetzt ein blosses Feldt. Auß solchen
Exempeln sol man lernen GOtt fürchten/lieben/vnd jhm allein vertrawen/
wie Dauid thut/vnd spricht: Der HERR allein sey sein Stercke/vnd sein
Fels/vnd Burgk. Denn das sind vor zeytten die besten Præsidia oder Ve=
stung gewesen/ein starck Schloß auff einem Argelis, harten Fels. Vnd wil
derhalben der Prophet Dauid so vil sagen: Ich bin allerweg biß hieher sicher
gewesen/vnnd habe dannoch kein ander Mawer/Schloß/noch Vesten
vmb mich gehabt/denn allein meinen GOTT/der ist mein Stercke/vnd
macht

Achtzehenden Psalm Dauids.

macht mich mennlich/vnd wehrhafftig/gibt mir ein freyen/frischen mut/vnd bawet mir ein veste Burg auff einen grossen Felsen. Ja/Er ist selber der Fels vnd Grund/mein Schloß vnd Wehr/Wie wir auch im Teutschen Lied singen: Ein veste Burg ist vnser Gott/ein gute Wehr vnd Waffen/ꝛc.

Diese wort zeygen an einen schönen/treflichen Glauben Dauids/das er sich allein auff Gott verlassen hat/vñ sonst auff nichts getrawet. Es felt aber hie ein frag ein/nemlich: Dieweil man Gott allein vertrawen solle/vnd jn für vnser Sterck/Fels vnd Burg erkennen vnd halten/vnd alle andere vermessenheyt vnd vertrawen auff menschliche/zeitliche ding sol anßschlagen/vnd fliehen/ob derwegen Verbündnuß/vnd Vestungen von Gott verboten sind? Darauff wöllen wir ein wenig antworten.

Was nun die Verbündnuß belanget/ist nicht verboten/Bündnuß zu machen/wie Abraham einen Bund machet mit Abimelech/Genes:21. vnd Josua mit den Gibeonitern/Josue 9. Dauid mit Jonatha/Sauls Son/1. Samuelis 18. Vnd sollen die Bündnuß gemacht werden/Gott vnd seinem Wort zu ehren/vnd zu erhaltung rechter/Christlicher Freundtschafft vnd Friedes. Vnd sol der Bund angefangen werden mit Gott/wie Jehiskias thut /2. Chron: am 29. Jch hab im sinn/spricht er/mit dem HERRN/dem Gott Israel/einen Bund zu machen/das sein Zorn vnd Grimm sich von vns wende. Wo nun das für das aller erste geschehen ist/als denn mag man wol auch Bündnuß/als Mittel/vnd Gaben Gottes/gebrauchen. Zwey stück sind aber verboten von Gott: Das erste/Das man sich nicht mit Gotlosen verbinde. Das ander/Das man das vertrawen nicht darauff setze/oder darauff poche. Denn so man sich mit Gotlosen mit einiger Verbündnuß/Ehestifftung/vnd dergleichen grossen vnd namhafftigen Contracten vermischet/so ist es gewiß/das man das hertz von Gott auff verbotne mittel wendet/vnd endtlich damit in den Zorn Gottes fellet/wie die Exempel hin vnd wider beweysen/Als mit Juda dem Maccabeer/so bald er sich mit den Römern verbindet/wil er erschlagen/vnd hat kein glück mehr. Vnd 2 Chron:20. stehet geschrieben/das Elieser weissaget wider Josaphat/vnd sprach: Dieweil du dich mit Ahasia vereiniget/hat der HERR deine werck zurissen/vnd die Schiff wurden zubrochen/vnd mochten nicht auffs Meer faren. Vnd sind dergleichen Exempel hin vnd wider/auch zu vnser zeit/jetz vil/darinn man sihet/das Gott kein segen gibt/so man mit den Gotlosen Bündnuß machet. Darumb sol man all zeit dise stück betrachten:

1. Man sol nicht leychtlich Bündnuß machen. Denn es ist gefehrlich/sich etwas auff ander leut hülffe vnterstehen/Wie jhener weißlich gesagt/da man jn hat wöllen vmbbringen/vnd jetzt hinauß gefüret ward/das er sich etlicher sachen in dem Regiment sampt andern/darauff er sich verlassen/vnterstanden/spracher: Was einer allein nicht kan erheben/das sol er selbander ligen lassen. Denn auch selten glaub vnd trew gehalten vnd geleistet wirt/Wie jhener junger Legat oder Gesandter gesagt hette/da er abgefertiget gewesen/ein Bündnuß helffen zubeschliessen/zwischen etlichen namhafftigen Stedten/vnd die alten Herren gesprochen/es solte keiner in den Bündnuß Rath sitzen/er were denn Sechzig Jar seines alters. Als nun der junge Legat gefraget worden/wie alt er were? Dat er geantwortet: Hundert Jar. Solches/wie es von ersten verlachet/vnd ers beweysen solt/hat er gesagt: Er wißte/es zwischen den Stedten ein Bund vnd Friede zuvor were angestellet/vnd auff Fünfftzig Jar beschlossen worden/Solche Fünfftzig Jar hette er nun erlebet. Darnach so were auch auff Dreyssig Jar abermal ein newer

Q iij   Bund

Kurtze außlegung des

Bund auffgericht worden/vnd das ende het er auch erlebet. So were er zuuor/ ehe solches alles geschehen/ zwentzig Jar alt gewesen. Darauff ein alt eyßgrawer Mann geantwort: Ey er ist alt gnug/er sitzt billich bey vns.

2 Mit den Gottlosen/ Vnchristen/ Abgöttern/ Heyden/vnd falschen Ketzerischen leuten/ sol man keinen Bund eingehen/machen/ noch beschliessen/denn Gott gibt keinen segen darzu/wie oben ist angezeyget. Vnd ist ein altes/wares Sprichwort: Cum bonis bona est nauigatio, Mit frommen leuten kan man wol glücklich auff dem Meere schiffen/aber sonst ists mühe vnd arbeyt. Vnd man beschöne sich wie man wil/so ists doch war/Gott gibt keinen segen darzu. So reden wir allhie nicht auff Weltliche/ Juristische weiß/ sondern nach dem außdrücklichen Wort Gottes.

3. Auff Bündnuß solle man sich nicht verlassen. Wiewol es aber bey allen Königen vnd Fürsten sehr gemein ist/ das sie jr vertrawen auff menschliche hülff/herrligkeyt/reychthumb/gewalt vnd ehr setzen/ so ist doch das gewiß/weil sich die menschen darauff verlassen/ vergessen sie des vertrawens zu Gott/vnd ruffen in nicht an in der not/warten auch keiner Göttlichen hülffe. Vnd wenn die not fürhanden ist/wenden sie sich zu jren anschlegen/der Nachbar hülffe/ oder auch wol zu frembden Nationen/vnd Vnchristen/ machen bündnuß/tragen jre macht vnd waffen zusamen/ vnd meinen/ sie wöllen also gantz sicher sein.Weil aber diser trost ein schmach vnd verachtung Gottes ist/ sintemal das Geschöpff wirdt dem Schöpffer fürgezogen/darumb ist kein glück darbey / Vnd geschicht offt/ das dise/ die man dafür hielte/ sie solten vil helffen / ein endtlich verderben sind/ Wie Esaias von der Egypter hülffe weissagt/sie werde einem Rorstab gleich sein/wenn man sich darauff lehnet/mag sie die schwere nit tragen/vnd wenn sie zubricht/verletzt sie die hand. Vnd zwar also werden schier alle Reich durch das vertrawen auff menschliche hülff zerstöret/Vnd wir/die wir gute Christen sein wöllen/sehen/erfaren vnd wissen solches/ vnd volgen dennoch vnserm menschlichen fürwitz nach/ vnd glauben nit/ das GOtt starck gnug sey/halten auch nit dafür/ das er sich vnserer sach annemme/sonst würden wir vns auff seine Güte vnd Macht verlassen/vnd nit so sehr nach fleischlichem schutz vmbsehen/dadurch wir doch in verderbnuß vnd endtlichen garauß geraten.

Aber höre/was die weltweisen/vnd sonderlich etliche auß den sichern Juristen fürgeben/vnd sprechen/ solchs geschehe one sünde/vnd solche anschleg gehören der weltlichen Oberkeyt zu/vnd solle von den Predigern/als die in einem andern beruff sind/nit gestrafft werden. Dises wer wol fein geredt/wenn der Oberkeyt nit auch geboten were/ das sie all jr zuflucht allein zu GOtt haben sol. Wo nun die Oberkeyt mit den jren allein ist/das ist/ one Glauben an GOtt/vnd vertrawet auff eygne oder ander macht/ da geht es vbel zu/ vnd muß Land vnd Leut herhalten/vnd ein grosse verenderung des gantzen Regiments/der Herrschafft/vnd wol ein gantzer vntergang vnd verderbnuß der Landen vnd Leute volgen/ wie leyder bey vns zubefaren ist/es werde solches vnglück nit lang außbleyben.

4. Zum vierdten/wo mit Christlichen leuten Bündnuß gemacht ist/so solle man dieselbig mit trewen halten / vnd Eyde vnd Pflicht bedencken/wie Josaphat thut mit den Gibeonitern/ denen er beystund/wie sie von den fünff Königen hart gedrenget waren. Vnd werden die Römer deshalben hoch gerhümet/wie 1.Mach: 8.geschrieben steht : Sie hielten guten glauben vnd fride/mit den freunden vnd Bundgenossen/Wie sie denn auch die Bündnuß brecher gestrafft haben / als Detium Duffetium haben sie an zwey Pferd las-

sen

Achtzehenden Psalm Davids. XCIIII

sen spanken/vnd also von einander reyssen/das er die Albanos darzu reytzet/ das sie ir verbündnuß mit den Römern nit halten solten.
So vil sey nach der kürtz vnd zeit genug von den Bündnussen gesagt. Mit den Vestungen hat es auch fast die meinung/das man darauff keines wegs trotzen/noch vertrawen sol/es sind die Schlösser so vest/die Stedte so wol verwaret als sie jmmer sein können. Wo Gott nicht bawet/schützet/bewaret vnd bewachet die Stad/so ist all mühe vnd arbeyt/pracht vnd macht verloren/wie man mit Jerusalem/Babylon/vnd andern vnüberwindlichen Stedten/ auch zu vnser zeyt/erfaren hat. Darumben solt billich an allen Schlössern vnd Vestungen dieser Reime stehen: Hilff GOtt/vns ist hiemit vngeholffen.
Veste Stedte vnd Schlösser bawen/ist an ihm selber kein sünde/wie vil Christlicher Könige ire Stedt auch vest gemacht haben/2.Chron:14. Assa der König bawete veste Stedte in Juda. Aber da muß man darauff sehen/ das man erstlich rechten guten grundt lege/das ist/GOTT zuvor bitte vmb hertz vnd mut/zur zeyt der not/oder vmb rechten Göttlichen Segen. Denn was GOTT segnet/das bleybet gesegnet für vnd für. Aedificia Deo invito extructa non permanent, spricht Pindarus/Was ohne GOtt gebawet wirdt/ hat keinen bestandt. Darnach solle man bawen zur notturfft/nicht zum vberigen Pracht vnnd Lust. Denn wo man allein zur vberigen lust bawet/ kan kein Segen GOttes darbey sein. Die Leut werden beschweret mit Schatzungen/Frönen/Arbeyten/gezwungen vnd müde gemacht/Ja/jhr Hertz vnd Gebett wirdt abgewandt von jrer Oberkeyt. Wenn es nun ein mal zum treffen kommet/so singt man das Spottliedlein: Wehe dem/der da geytzet zu vnglück seines Hauses/Das ist/Ah wie sawer wirt es außgehn/wie wirt man dein spotten/das du so grewlich hast gegeitzet/veste Schlösser vnd Heuser zu bawen/vnd hast alles wöllen allein haben/ Vnglück sol vber dich mit hauffen kommen. Bawestu vil/so wirt vil zubrochen/Wendestu vil auff grosse Güter/ so verleurstu vil/vnd wirt deine schande vnd schade desto grösser sein/weyl du mit solchen schönen Gebewen/Landen/Bergwercken/Welden vnd Leuten verstöret wirst/vnd must alles vergeblich gethan haben. Auß solchem kurtzen bericht sollen Herrn vnd Knecht GOtt lernen für augen haben/vnd one jn ja nichts anfahen/es ist doch verloren. Wol aber dem/der Gott hat zum schutz vnd Bawherrn/er gibt sterck vnd krafft des leybs vnd gemüts/ Vnd er ist selber der Fels/darauff man ein veste Burg schlagen vnd bawen mag/darinn man wonen/vnd sein sicher bleyben kan. Vnd ob wir gleich belagert/vnd von allen seytten angefochten werden/so ist er doch vnser Erretter/vnd erhelt vns allweg/vnd ist vnser Gott/der vns alle wolfart gibet/Geistliche vnd leybliche Güter/trost vnd hülff. Wer wolte denn nicht auff jn trawen/vnd trotzen? Ja/ er ist vnser Trotz vnd Hort/darauff wir vns verlassen/vnd sonst auff nichts. Vnd er hillfft vns nicht allein für sein person/sondern er gibet vns auch Wehr vnd Waffen/denn er ist vnser Schild vnd Harnisch/damit wir vns im Streyt verteydigen können/ Vnd er gibt vns den sieg/macht/vnd gewalt wider vnsere Feind/denn er ist das Horn vnsers Heyls. Cornu autem regnum & potentiam significat. All vnser Sieg ist vnsers DEXXII GOttes werck/vnd nicht vnser thun. So ist er auch vnser Schutz/der vns darbey erhalten wil/so wir jm volgen/vnd wil vns beschützen für allem vnglück/Auffruhr/Krieg/list/vnd was vbels mehr sein kan.
Solche wort sind vber die massen ordenlich nach einander gesetzt/vñ sind voll trosts. Vnd so heutigs tags rechte Christliche Fürsten vnd Herrn lebeten/

Kurtze außlegung des

vnd sonst auch grosse Kriegsleut weren/kondten sie kein grössern/gewissern schutz haben/deñ eben den trost/der in disem wort stehet. Vnd es wer vnmüglich/daß am glück fehlen köndte. Doch sollen alle fromme Christen dise wort mit ernst behertzigen/vnd sich darinnen erlustigen/es sey gleich das Creutz so groß/als es immermehr sein kan. Wer GOtt hat/der hat es alles/vnd ist/vnd bleybt wol sicher vnd frey.

Ich wil den HERRN loben/vnd anruffen/so werde ich von meinen Feinden erlöset.

DAs ist die Kunst/wenn man sich Gottes rhümet/Vnd ist so vil gesagt: Niemand sol sich selbs rhümen/noch auff sein sterck/weißheyt/oder macht trotzen. Wer da wil errettet werden/der rhüme sich allein des HERRN seines GOttes/vnd trotze auff jn/vnd rüffe jn an in der not/so sol jm geholffen werden. Er sol erlöset werden/erstlich von seinen leyblichen Feinden/vnd vber sie den sieg behalten: Darnach von des Todes banden oder nöten/das ist/ wenn er gleich verstrickt vnd gefangen ist vnter den Feinden/vnd ist also vmbringet/das er gedenckt/er müsse sterben/ gleich wie Dauid bey den Löwen/ Item/wider den Goliath vnd Saul/Item/wie Daniel in der Löwengruben/ vnd die andern im fewrigen Ofen/ Item/wie Christus vnd Johannes vnter dem Herode/vnd Athanasius vnter den Feinden/wie auch vil frommer Christen vnter den Türcken/noch dannoch sol rath vnd hülff nicht aussen bleyben/ Gott wil allzeit helffen/so man jm allein vertrawt. Zum dritten/so sol ein gleubiger mensch auch errettet werden von den Bechen Belial/das ist/von allemy was schedlich ist/sonderlich aber von trawrigkeyt/schwermut/vnd zagen gewissen/da sich fleisch vnd blut reget/vnd wil zweyffeln an Gottes hülff. Denn das sind gewiß die schröcklichen/hitzigen Bech Belial/die von dem Teufel in das Hertz getrieben werden/vnd wie ein vnnütz/vnzeytigs Kind durchbrechen/vnd mit grossem vngestüm hin vnd her fliessen/vnd den Menschen matt vnd kranck machen. Bel Iaal, daruon wil GOtt die seinen gnediglich erretten. Also wil er auch erretten/alle/so jm trawen/von der Hellenband. Wenn sie gedencken/sie müssen hinunter/vnd kompt sie schier ein verzweyflung an/so kompt GOtt mit seinem lebendigen Trost/vnd wil die Seel nicht in der Hellen lassen/sondern hilfft/vnd reysset die seinen herauß/wie oben im 16. Psalm gesagt.

Des Todes strick sind alle list vnd betrug/damit man den Frommen wil beykommen/wie Saul vnd Absolon dem Dauid/gleich wie man den Vögeln vnd dem Wilde Strick vnnd Tücher leget. Solches alles muß verhindert werden/vnnd müssen die Frommen wol bleyben. Darumb spricht er: Der angst ist wol vil/aber ich ruffe den HERRN an. Sonst ist kein trost. Auff menschen hoffen/das thuts nicht: Auff GOtt hoffen/das thuts vnd richtets alles auß. Er erhöret mich/ob gleich mein Hertz spricht lauter nein. Ich achte nicht/was mir mein fleysch vnd blut sagt/sondern was ich in seinem Tempel höre/vnd habe acht auff sein Wort: Daran halt ich mich/vnd bleyb darbey/ vnd erfare/daß mir nit fehlen kan/es sage sonst mein vernunfft/oder die Welt/ Feind/Ketzer/Schwermer/was sie wöllen. An seinem Wort ists alles gelegen/Darauff verlaß ich mich/vnd werde nicht zu schanden. GOtt sey gelobt/ Amen. So ferrn gehet der erste Theyl dises Psalms. Volget nun der ander/ darinn er das Exempel nach der Propheten weiß einfüret/wie GOtt pfleget zu helffen/als er in Egypten gethan hat.

Die

Achtzehenden Psalm Dauids.

Die Erde bebete/vnd ward bewegt/ Vnd die grunbueste der Berge regten sich/vnd bebeten/da er zornig war.

Bjß anher hat der Prophet angezeygt/ in was gefahr vnd not er gestecket/vnd doch erhalten vnd errettet worden sey/ Vnd setzt die vrsach seiner erlösung das Wort Gottes, an welchs er sich mit starckem glauben gehalten hab. Denn solchs pflegen die heyligen leut zuthun/ das sie vnsern HERR Gott inimer an den Tempel/darin man Gottes Wort höret/binden/vnd doch darzu thun/er sey im Himel/vnd Allmechtig. Im Himel aber können sie Gott nit ergreiffen/auch nirgent anderst finden/denn an dem ort/da er sich hin gebunden hat. Man sol vnd muß jhn nur da suchen/dahin Er sich selbs gesetzt hat/ sonst findet man jn nicht/ das ist/in seinem Wort vnd heyligen Sacramenten. Von solchem ist bißhero gehandelt. Dieweil aber in heiliger schrifft von Propheten vnd andern Heiligen diser brauch gehalten wirt/das sie/wenn sie exempel der gnedigen Erlösung Gottes anzihen wöllen/setz weyt vnd hoch her die vergangnen alten Historien repetirn vnd widerholen/ So hebet nu diser Psalm auch an zu erzelen die Historien von der erlösung des Jüdischen Volcks auß Egypten. Deñ solchs Exempel haben sie stets für augen gehabt/wie Got den Tyrañen Pharao mit den seinen so gewaltig gestürtzt/vnd sein Volck so wunderlich errettet hat/ Vnd haben sich damit erinnert/das GOtt noch jmmer zu den seinen/so sich auff jn verlassen/helffen wil/vnd die Gotlosen heimsuchen/ vnd vertilgen. Vnd zihen solchs Exempel an/Esaias/Abacuc/Judith/vnd alle andere Propheten/ Dabey wir deñ lernen sollen/Gott dem HERRN recht vertrawen/das er könne vnd wölle vns helffen/vnd das wir jn auch loben/vnd jm dancken für seine gnedige hülff/die er seiner Kirchen/ vnd vns allen/leystet vnd beweiset/ Vnd das wir nit zaghafft sein/wenn die frinde toben/vnd wider vns alle kunst/witz vnd macht brauchen/Gott kan sie in einem augenblick alle vber einen hauffen stürtzen. Denn er geht mit den Gottlosen grewlich vmb/ wenn er ein mal kompt/ also/das für seinem Zorn die Erde bebet/vnd donner vnd blitz auß dem Himel feret/als wölle es alles vntergehn/wie man mit Pharaone/Senaherib/ Juliano/vnd andern erfaren hat. Denn GOtt schertzt mit den Gotlosen nit/ Er ist wol langmütig/vnd sihet jnen zu/ Wenn er aber hinter sie kompt/so gehts vber vnd vber. Berg vnd thal müssen dauon erschrecken/ zittern vnd beben/wenn er einmal zornig wirt/ Ja/ die grundueste der Berg/ Land vnd Leut/Schlösser/Stedt/Felsen/ Herrn vnd knecht muß zagen/vnd in angst schweiß ligen/weñ Gott ein mal seines Zorns klinckliñ von sich schlietzen vnd außgehen lesst/ Wie man in grossen Wettern sihet/ wenn ein dampff auffgeht von der Nasen Gottes/wie hie steht/oder/wie wir Teutschen sagen/ wenn der Himel fewr außspiewet/ welchs fewr verzeret alles/was es ergreifft/vnd scheinet/als wölle der Himel einfallen/vnd zerbrechen. Denn das er sagt/ er neygete den Himel/ vnd fure herab/ ist nichts anders/denn das er sein einfeltig vnd kindisch vom Wetter redet. Wenns hell am Himel ist/ so ist das Gewolcken hoch/ Wenn aber ein Wetter ist/so duncket einen/es stosse an das Tach/ Als deñ spricht er/ ist vnser HERR Gott nahend/ vnd vnter seinen füssen ist es tunckel/finster vnd schöcklich/ Gleich wie wir/wenn es donnert/vnseñ Kindern sagen: Döre vnser HERR Gott zümet.

Er fur auff dem Cherub/ vnd floch daher. Er schwebet auff den fittichen des Windes.

Cherubin

Kurtze außlegung des

Cherubin in der heiligen Schrifft heyssen schöne/lustige Bilder vnd An=
gesicht/wie schöne/junge/gesunde Knaben. Rabia, Puellus, ein schönes Kneb=
lein. Daher hat mans für die Engel angezogen/welche sich mit schöner ge=
stalt allzeit erzeyget haben. Vnd dieweil die Engel hin vnd wider vnsichtbar=
lich schweben/vnd gleichsam fliegen/daher man sie auch mit flügeln pfleget
zu malen/so wirt allhie das wort (Cherub) gebraucht für die Wind/vnd Ge=
wolcken/Den die wolcken fliegen hinweg/wie die Vögel/vnd lauffen schnell/
vnd sind auch vnsers HERRN Gottes flügel. Vnd wenn GOtt wil/so sind sie
bereit/vnd/wie Syrach spricht/dienen jm zur Rach wider die Gotlosen. Denn
wenn sich GOtt an seinen Feinden rechen wil/so schickt Er ein Vngewitter/
Wind vnd Donner oder das ander/wie wir dises 1562. Jar vngehewre Wind
stettigs gehabt haben/Welchs gewißlich ein sonderlich gewiß anzeygung des
grossen Zorns Gottes ist/vnd verkündigt vns die zukünfftigen straffen/es sey
auch was es wölle. Gott sey vns gnedig/Amen.

Sein Gezelt vmb jn her ist finster.) Das ist/Wenn Gott wil straffen/vnd
schickt vil Vngewitter/so ist Er selbst gegenwertig darbey. Donner/Blitz/
Regen/Wind/Erdbeben/Hagel/Dampff/vnd dergleichen/geschicht nicht
ohn sein gegenwertigkeyt/wenn Er straffen wil. Er sitzt oben/vnd hat ein
wunderliche Burg vnd Dawer. Finstere/dicke/vnd wesserige Wolcken sind
sein Schloß/das man vngestiegen vnd vngeschossen muß lassen/Er aber kan
herauß schiessen wider seine Feinde/das Himel vnd Erde erzittert. Wenn Er
wil/so reyst er die Wolcken entzwey/vnd wirfft einen Blitz herauß/vnd reisst
hindurch/als wer kein Wolcken nicht da/das man gedenckt/der Himel spe=
re sich auff von einander/vnd wölle zureyssen. Ein solcher mechtiger HERR
ist er/der alle seine Feinde mit einem Donner in einem augenblick zu grund vnd
boden stossen kan.

Vnd der HERR donnerte im Himel.

DJe meldet der Prophet auch des Gesetzs/da es auff dem berg Sinai ist
gegeben worden/mit donner/blitz/rauch/vnd schröcklicher stimm/das das
Volck nicht hat können GOtt reden hören. Denn wenn er redet/so blitzt vnd
donnert es/sonderlich wenn er mit seinen Feinden redet/wie geschrieben steht:
Er wirt mit jnen reden in seinem zorn/vnd mit seinem griff wirt er sie schrecken/
Oder/wie hie stehet/mit Hagel vnd Blitz/mit stralen vnd wetter/das jhnen
mut vnd sinn entfallen sol/vnd offt in jren Sünden vergehen vnd sterben/Wie
Pharaoni widerfaren/da Gott ließ blitzen/vnd jagts damit/das sie in das ro=
te Meer hinein lieffen/vnd von oben vnd vnten gewesser zugieng/ja auch das
wasser auß der erden herauß liesse/das sie erseuffet/Wie noch an manchem ort
offt geschicht/das die wasser sehr groß werden/vnd Acker vnd Vihe verder=
ben/vnd doch kein Regen geschicht/sondern alles plötzlich sich ergeußt/vnd
erseufft. Solchs heyssen die stralen GOttes/damit er seine Feinde zuschiesset/
vnd das schelten vnd murren/damit er seinen Zorn anzeyget/Als/wenn er
donnert/so schilt vnd murret er wider vnsere Sünde/vnd schnaubet wie ein
mensch/wenn er zürnet. Darumb vermanet auch Esaias/vnd spricht: Düret
vnd fürchtet euch für dem/der athem hat in seiner Nasen/das ist/welcher zür=
net/wenn er auffwacht/vnd straffet die sünde grewlich.

Dise beschreibung alles Vngewitters sollen wir wol mercken/das wir nit
allein an den armen/vngewissen causis physicis, oder meteoricis hangen/welche
wol etwas sagen/aber doch voll zweiffels vnd vngewißheit sind/sondern wis=
sen/

Achtzehenden Psalm Dauids.   XCVI

sten/das die wetter Gottes werck sind/vnd grosse vngewitter straffen Gottes/ vnd vermanung zur Buß vnd bekerung zu GOtt/vnd erinnerung des grossen zorn Gottes/auch des grossen Gewalt GOttes/welchem Himel vnd Erden weichen vnd volgen müssen/wenn er nur anschet/sich ein wenig zuerzeygen.

Allhie fallen zwo Fragen ein. Die Erste: Ob alles Wetter von Gott ist/ dieweil man doch offtmals erfaren das auch der Teufel vnd Zauberer Wetter erreget vnd gemacht haben/welche damit grossen schaden gethan? Die Ander: Was man solle halten von den Leuten/so vom Donner erschlagen werden/ob sie alle gestrafft vnd verdampt sind?

Was nun anlangt die erste Frag/sol man wissen/das Gott ein Anfenger sey des Wetters/vnd wir schreiben die Vngewitter zu nit den natürlichen wirckungen allein/oder Himelsleufft/sondern Gott dem HERRN/wie Esaias am 30. sagt: Der HERR wirt sein herrliche stimm schallen lassen/das man sehe seinen außgereckten Arm/mit zornigem drowen/vnd mit flammen des verzerenden fewers/mit starckem regen vnd mit hagel. Vnd hie sol man betrachten die vrsachen/vmb welcher willen GOtt die wetter kommen/vnd offtmals grossen schaden thun lesst. Vnd ist die erste vrsach/das wir die Götliche Maiestat vnd Allmechtigkeit erkennen sollen/vnd lernen den Artickel vnsers Glaubens: Jch gleub an Gott den Allmechtigen. Denn diser Allmechtigkeyt können wir nit allein gewiß werden auß der schöpffung aller Creaturen/sondern auch auß dem gewitter/welchs Gott von Himel korsen lest/da er offt fruchtbar wetter bescheret/Acto:14. vnd lesst alles gar lieblich wachsen/da er auch widerumb offt durch hagel vnd vngewitter die früchte erschlegt/erseufft/vnd verschwemmet. Das sind alles zeugnuß der Allmechtigkeyt Gottes.

Wie schrecklich aber die Allmechtigkeyt den Gotlosen ist/so tröstlich ist sie den Frommen/Wie man ein schön Exempel liset/Josue am 10. da GOtt vber die Feind der Gibeoniter ein grossen hagel fallen lest/vnd ein grosse menge erwürget/mehr denn sonst durchs Schwerdt vmbkamen. Vnd in der Kirchen Historia liset man vom M. Aurelio/des Keysers Anthoni Bruder/da sein kriegsvolck durst halben hefftig geengstet ward/haben sich etliche Gottsfürchtige Kriegsleut/die beteten zu Gott/Da ließ Gott ein feinen Regen kommen/dauon sie getrenckt wurden. Jre Feind aber/so jnen nacheyleten, wurden vom Donner vnd Fewer vom Himel beschedigt/ vnd in die flucht geschlagen. Daher der Keyser solch Regiment genennet hat legionem fulmineam, als die mit jrem gebett Gott haben bewegen können/ das er mit donner vnd blitz jnen für jren Feinden fried schaffete.

4. Reg: 1. kondte Elias mit seinem Gebet auch das fewer vom Himel locken/vnd des Achabs rott verbrennen lassen. Vnd also preyset Dauid die Allmechtigkeit Gottes/Psal: 77. Wo ist so ein mechtiger Gott/als der Die wolcken donnerten/vnd stralen füren daher/Er donnerte im Himel/drine Blitz leuchteten auff Erden/das Erdtrich regte vnd bewegte sich dauon.

Auß disem sollen wir nun erstlich mercken/wenn etwan schröcklich wetter korsen/oder schaden thun/das wir nit gedencken/als were Gott gestorben/ vnd were weder hülff noch trost mehr fürhanden/Sondern wir sollen wissen/ das Gott offtmals solch donnern vnd straffen seinen lieben Christen nit zum schaden/sonder zum trost lest geschehen/das sie lernen/sie haben ein solchen HERRN an jm/der mit einem donnerschlag all jre feinde tilgen/vnd vnter die erde schlagen kan. Dargegen sollen die Tyrannen dencken/was der HERR für stralen vnd kugeln hat/damit er in einem schuß/Schlösser/Pasteyen vnd Stedte einreissen kan/wie im Buch der Weißheit am 5. steht: Die geschoß der blitzen werden
gleich

Kurtze außlegung des

gleich zutreffen/vnd auß den Wolcken/als von einem hart gespanten Bogen/ faren zum zil/vnd wirt dicker Hagel fallen auß dem zorn der Donnerschlege.

Zum andern lesst Gott solche Wetter komen/das sie vns allen eine deut=
liche Bußpredigt sein sollen/die vns erinnern vnserer sünde/vnd Gottes grim=
migen zorns. Vnd ein solche Bußpredigt wirt vns inn disem Psalm mit vil
worten beschrieben. Vnd Sprach am 43 spricht: GOtt lesst es wunderlich
durcheinander blitzen/das sich der Himel auffthut. Sein donnern erschrecket
die Erde/vnd Berge zittern für jm. Item/ Aggei 2. Jch plagte euch/spricht
Gott/mit dürre/Hagel vnd mißwachse in aller ewer arbeyt/noch keret jr euch
nicht zu mir. Item/Job 38. Wer hat gesehen wo der Hagel herkompt/die der
HERR hat verhalten biß auff die zeit der Trübsal/ vnd auff den Tag des
Streyts vnd Kriegs? Die nennet Job schröckliche Wetter GOttes Ruten/
die er auß seinen Schetzen herfürsuchet. Also im 2. Buch Mose am 9.befihlet
Gott dem Mosi/das er seinen Arm außrecke/so solte Hagel vom Himel kom=
men ober Menschen/Vihe/vnd vber alles Kraut auff dem Felde/ Vnd es ge=
schahe also. Da stehet klerlich/ das solch schröcklich Wetter sey ein straffe ge=
west des vnglaubens der Egypter. Solcher Bußpredigten hat vns GOtt in
wenig Jaren etliche geben/ da er mit seinem Geschütz an den Kirchen antrof=
fen hat/one zweyffel anzuzeygen/das er vber die vneinigkeyt der Prediger hefft
tig zürne/vnd wölle sie zu grösserm fleiß in jrem Ampt vermanen. An andern
orten hat Gott auch an Rathsheusern/Schlössern vnd Stedten angeklopfft/
Weltliche Oberkeyt/Fürsten/Herrn/Edel/vnd Amptleut jres Ampts
zu erinnern. Er hat auch mit grossen Winden sich sehen lassen/vil grosses holtz
mit gewalt nidergefellet/damit vns vnsers vndancks/vntrew/vnd loser renck
vnd beschwernussen zu vermanen. Solchs alles geschicht vns zur warnung/
vnd wir sollens auch als ein Bußpredigt annemen/vnd erkennen. Denn gleich
wie die achtzehen Menner nicht allein gesündigt hatten/welche der Thurn zu
Siloa erschlug/ sondern der HERR Christus macht ein gemeine Bußpredigt
darauß/ Luce 13. also sollen wir dise vnd dergleichen Exempel auch als Buß=
predigten hören vnd erkennen.

Wenn wir auch in Heydnischen Historien lesen/wie jr vil mit Donner er=
schlagen sind/ Als Aiax sol vmb der vnzucht willen/die er mit der Cassandra
triebe/ vom Donner erschlagen sein: Die Giganten / von wegen jrer vermes=
senheyt: Der Keyser Anastasius/Aurelius Carus/ Esculapius/ Zoroastres/
Item/Julianus Apostata/Lucianus/wie etliche schreiben / so sollen wir all=
zeit solchs als Bußpredigt erkennen/ vnd GOtt bitten vmb erlassung vnser
schuld/ Domine, non secundùm peccata nostra, HERR/handel nicht nach vnsern
Sünden/vnd vergilte vns nicht nach vnser missethat.

Die Maler machen ein solch Wetter zur Bußpredigt des heyligen Pau=
li/Denn sie malen/wie ein Donnerschlag jn zur erden geschlagen hab/wiewol
der Text nur von einem liecht saget/ welchs jhn plötzlich habe vmbleuchtet.
Vnd hat sich ein solch Exempel etwa vor vier Jaren mit dem Apostata Sta=
phylo für Ingolstad zugetragen/das der Donner jhm die Pferde mit sampt
dem Furmann für dem Wagen erschlagen / damit er seiner vntrew an dem
HERren Christo erinnert würde / vnd hat doch solches wenig/ ja nichts ge=
holffen.

Dergleichen Histori hat sich zugetragen zu Abanstad/ vnter dem Bi=
sthumb Merseburg/mit einem gelehrten Manne/mit namen Johannes Lim=
me/ welcher zu Pegaw im Kloster der Münch Præceptor gewesen/ hernach
desselben orts ein lange zeit Schulmeyster gewesen/ vnd letztlich zur zeit des
offen=

Achtzehenden Psalm Davids.

offenbarten Euangelij auch zum Pfarrhern erkorn: Da er aber das Euangelium zu predigen sich nit hat alda vnterstehn wöllen/ ist er vnter das Bisthum Merseburg gezogen/vnd zu Khanstad Pfarher worden/da er denn etwa drey Jar das Pfarrampt versorgt: Vnd als der mal eins am Pfingstmontag wider die Leh2 des heyligen Euangelij grewlich fulminirt/hat jn des nachts ein groß liecht vmbleuchtet/vnd in so blind gemacht/das er keinen Buchstaben biß an sein ende/ da er doch in das sechste Jar hernach gelebet/erkennen mögen/vnd doch sonst alles seben können/ wie klein es auch gewesen/ vnd selbst zu weg vnd steg gangen. Ist aber Christlich vnd wol zu Pegaw endtlich gestorben.

Solche Bußpredigten sollen wir ja nicht verachten/wie die rohen/sichern/ Gotlosen leut thun/vnd offt zu Wetters zeiten schreyen/juchzen/vnd sauffen/ das fürwar kein wunder were/ wenn GOtt offtmals den Wirt/Gesinde vnd Geste mit donner vnd blitz in die erde schlüge/Wie es auch etlichs mal geschehen/vnd die Exempel nicht vnbekant sind.

Jnn summa/wir sollen vnsere Sünde vnd den Zo2n GOttes erkennen/ vnd dafür erschrecken. Wir leben sicher/ vnd mißbrauchen der guten Gaben Gottes.Wir fluchen/donnern/vnd lestern den Namen Gottes.Wir geytzen/ wuchern/ betriegen vntereinander/wie wir können/ vnd ist keiner Sünde ein maß. Darumb spricht GOtt: Jch muß auff sein/vnd euch grewlich heimsuchen. Gott gebe/das wirs erkennen/vnd vns zu jm bekeren.

Zum dritten/ so sind die Wetter ein erinnerung vom Jüngsten tag/ vnd der letzten Posaunen/Wie wir Teutschen pflegen zusagen von einem grossen Wetter: Jch gedachte der Jüngste tag würde kommen. Denn gleich wie der erste Donner vmb Ostern die Erde erschottert/vnd Laub vnd Graß herfür locket · also wirt diser letzte Donner alle Greber eröffnen/ vnd den heyligen Samen im grossen Gottes Acker herfür locken/daran wirt alles/Himel vnd Erden/vnd alle Element zuschmeltzen vnd zufliessen/ wie Esaias am letzten sagt: Der HERR wirt mit fewer kommen/vnd seine Wagen vnd Heerscharen wie ein Wetter.Vnd 2.Cor:2. haben wir ein klar zeugnuß/das der HErr mit fewr erflammen erscheinen wirt/Wie solches auch Petrus bezeugt. Darumb thun wir gar recht/das wir alle stund/sonderlich wenn ein groß Wetter ist/vns der Zukunfft Christi erinnern / vnd mit frewden darauff warten / Nicht wie die Juden auff den Messiam / welches erste Zukunfft sie nun lang verschlaffen haben/ Sondern als Christen auff vnsern Gott/HErrn vnd Bruder/ Jesum Christum/ den Son Gottes.

Auß disem bericht sehen wir nun/das GOtt ein Anfenger der Wetter ist. Vnd das ist auch die ware Lehr nach der heyligen Schrifft. Das aber bißweylen durch den Teufel vnd Zeuberey auch solche Wetter zugerichtet werden/geschicht alles mit sonderlicher verhengnuß Gottes/ Wie denn auch der Teufel des Jobs Hauß durch ein Sturmwind einwarff: Vnd 3.Reg:22. kan der teufel des Achabs Propheten nit ehe verführen/Gott hab es jm denn zuvor erleubet.Vnd Matth:8. hat er nit macht die Sew zubeschedigen/one die zulassung des HERrn Christi. Solche ware/einfeltige antwort solle man wol mercken/vnd darauß verstehen lernen das Gebet: Ne nos inducas in tentationem, Füre vns nicht in versuchung/Sondern erlöse vns vom vbel: HERR behüte mein Eingang vnd Außgang/von nun an biß in ewigkeyt: Gehe nit in das Gericht mit deinem Knecht/ic.

Es sind wol vil wunderlicher/schröcklicher Historien/ da der Teufel mit Wetter grossen schaden gethan/als in der Schlesien/ vnd bey vns offtmals in

Kurtze außlegung des

Weyssen/ vnd anderstwo. So sind auch vil vnd mancherley Zeuberey. Aber doch hat der Teufel kein gewalt one GOttes verhengnuß. So behütet auch Gott die seinen/vnd wil sie behüten/es mache der Teufel so grausam als er jmmer kan/des sollen wir jm vertrawen.

Was die ander Frage anlanget/muß man allezeyt achtung geben/ob der mensch ein Christ gewesen sey/das ist/ob er sich zu dem Wort Gottes gehalten/das hochwirdig Sacrament gebraucht/seines Beruffs gewartet/ nit in öffentlichen sünden gelebet / Wo das ist/ solle man nichts anderst/denn was Christlich ist/vrteylen. Wo aber nicht/sondern er in öffentlichen Sünden gestorben/mag man dafür gewißlich halten/Gott hab jn als ein Vnchristen gestrafft. Dauon sey gnug.

Er schicket auß von der Höhe/ vnd holet mich/ vnd zog mich auß grossen Wassern.

DJe hebet er an die gantze Historien von den Egyptern / vnd von Wettern zu sich zubringen/vnd von sich selbs zu reden. Wie GOtt (spricht er) die Kinder Israel erlöset hat/vnd jhnen Mosen gesandt / also hat er mich auch errettet von allem vnglück/vnd wetter/von aller Zeuberey/Teufelstücken/von donner vnd blitz/von vntrew vnd listen der menschen. Er hat mich beschützt/ vnd mir gesandt seine heilige liebe Engel/vnd mich auß aller not gezogen. Jch bin nun auch ein Moses worden/ der auß dem Wasser ist gezogen worden. Denn zu derselbigen Historien sihet Dauid allhie/wie auch das wort (Moses) so vil heyst/als tractus, ein zug/oder gezogenen/sintemal Moses von der Tochter des Königs Pharaonis auß dem Wasser/darein er geworffen/ist gezogen/ vnd beim leben auß sonderlicher GOttes ordnung erhalten worden. Also/ spricht er/ werden noch alle fromme Christen auß grossen Wassern vnd anfechtungen gezogen/vnd erlöset/in frem gantzem leben/wenn sie nur Gott trawen können. Denn daran fehlets allweg/GOttes hülff ist stetigs fürhanden/aber vnser vertrawen ist schwach/vnd offt gar nichts. Doch muß man den zweyffel vnd mißtrawen vberwinden/wöllen wir anderst Gottes Kinder sein. Das zu helffe vns Gott gnediglich/Amen.

Volget nun das dritte Theyl des Psalms/darinnen Dauid anfehet was er zuuor in gemein von seinen feinden geredt/in specie zuerkleren/vnd von seinem ersten Feinde zu reden/nemlich vom Saul/der jm vil leydes thet/vmb Gottes Worts willen/das er zum König erwelet war/da muste Dauid ein Auffrhürer sein/ja ein Gotloser mensch/der sich selbst/wider Gott vnd Recht/zum König auffwürffe. Darumb spricht er:

Der HERR errettet mich von meinen starcken Feinden/ von meinen Hassern/die mir zu mechtig sind/qui me præueniunt, & mihi præualent.

SJe hassen mich vmb der Warheit/vnd vmb deines Worts willen. Jch muß ein auffrürer/vnrühiger vnd Gotloser mensch sein/als sey ich durch auffrhur vnd andere tücke zu dem Reich komen/ vnd nit durch dein Wort vnd beselbst. Das ist nun das erste / das sie mich neyden / vnd alles vnrecht auflegen. Darnach sind sie mir all zu mechtig vnd gewaltig/ Jch muß sie fürchten vnd fliehen/vnd für jnen erschrecken/Sie kommen mir stetigs zuuor mit kunst,gunst, gewalt vnd glück. Aber dennoch hilfft mir Gott von jnen. Zum dritten/so es

mir

Achtzehenden Psalm Dauids.

mir vbel geht/haben sie kein mitleyden mit mir/sonder spotten mein/vnd mædchens nur erger/drücken vnd verwerffen mich/so vil es müglich.

Dise klag ist sehr hefftig/vnd zu vnser zeyt sehr gemein. Inn der Kirchen müssen vil frommer Lehrer vnd andere Christen vmb des Wort GOttes willen/so sie bey demselbigen schlecht vnd recht bleyben vnd verharren wöllen/gehasset werden/ vnd wirt einer offt als ein Auffrhürer vnd vnrubiger kopff angeklagt/ der nicht gemeinen frieden suche/ noch begere ruhe zu haben/vnd mische sich in vil vnnötige hendel/die jm nit befohlen sind/Wie es heutigs tages zugeht mit den trewen Lehrern/so sich dem Bapsthumb/ Item/den Sacramentirern/vnd andern öffentlichen Verfelschern der reinen waren Lehr/ Epicureern vnd sichern leuten widersetzen. Darnach so sind den frommen Lerern vnd Christen jre Neyder vnd feind weit vberlegen/ Sie sind reich/gelehrt/weltweise/voll gunst vnd glück/ das man sie scheuen/sich für jnen entsetzen/ vnd sie fürchten muß. Ober das/wenn es den trewen Lehrern ein wenig vbel geht/da ist kein mitleyden/sondern eytel spot vnd geschrey: Recht/recht/also hat ers haben wöllen/ jmmer hinweg/auff das wir des Auffrhürers loß werden. Solchs ist fürwar heutigs tages sehr gemein/vnd zeygens die Exempel hin vnd wider. So müssens auch trewe Lehrer gewonen/vnd sich GOtt dem HERREN befelhen. Er wirts wol machen/ allein das wir harren vnd der rechten zeit erwarten/Wie Petrus sagt: Demütiget euch vnter die gewaltige hand Gottes/auff das er euch erhöhe vnd erhebe zu seiner zeit.

Im gemeinen leben geht es auch also/ Ist ein frommer einfeltiger Christ/ der frömbkeyt/zucht/ehr/warheyt vnd redligkeyt lieb hat/ vnd leist jm das vnrecht nit gefallen/der muß verspott werden/als döchte er zu nichts. Vnd gemeinlich die/so jn verspotten/sind miechtig vnd reich/ Wie man jetzund sihet an grosser Herrn Höfe/da die Herrn selbs/vnd die fürnembsten/in geitz/sicherheyt/Ehebruch/Hurerey/Füllerey/Gotteslesterung/ vnd dergleichen vnzellichen sünden ligen. So nun ein frommer etwas darzu sagt/vnd leist jm solchs vnordigs wesen nit gefallen/ der muß nit allein verlachet vnd verhönet als ein Narr/sondern/ wenn es jm ein wenig vbel geht/noch mehr gedruckt vnd verkleynert werden/vnd für einen Feind offt hundert/oder noch mehr haben vnd erfaren. Wolan/das ist jetzund der Welt weiß vnd Hofart/natura aulæ, Dauid hats auch vom Siba vnnd andern erfaren müssen. So gibts die erfarung. Falle einer ein mal zu Hof/vnd verliere sein gunst vnd ansehen/weil er die Warheyt vnnerholen sagt/so kompt er nicht widerumb auff. Vnd ob jr gleich sind/die sein sach köndten vnd solten besser machen/so geschicht es doch nicht/sondern sie machens allzeyt erger. Denn sie sind 1. olores, 2. potentes, 3. *imꝗusi nauch* Hasser/Gewaltig/vnd die sich frewen ob dem vnglück vnd vnfal derer/ denen sie auß vnrecht gram sind.

Aber wie dem allem/so heysts vnd bleybet wol: Der HERR errettet mich. Er ist mein Zuuersicht/auff Jn trawe ich/Trotz sey geboten allen meinen Feinden. Er füret mich auß in ein weyten raum. Wenn meine Feinde meinen/ich müsse stecken bleyben/vnd sey gefangen/so errettet mich mein GOtt/ das ich in meinem Gewissen fein lustig vnd frölich bin/vnd in meiner Feinde hende nit komme. Ja GOtt hat lust zu mir/des kan ich mich rhümen. Aber an meinen Hassern/ die mir zu miechtig sind/hat er einen grewel. O wer mit rechtem Glauben solche wort füren vnd brauchen köndte/ wie sicher/ frey/ vnd freydig köndte er stettigs leben/vnd recht singen das Lied: Ein feste Burg ist vnser GOtt/ꝛc. Volgt ferner:

K ij Der

Kurtze außlegung des

Der HERR thut wol an mir nach meiner Gerechtigkeyt/
Er vergilt mir nach der reinigkeit meiner hende.

DJe tröstet er sich mit dem zeugnuß seines Gewissens/wie Paulus sagt: Unser rhum vnd ehr für vnd bey Gott sey das zeugnuß eines guten rechtschaffen Gewissens.Denn wo das Gewissen fein recht ist/so darff sich der Mensch nit sehr darob entsetzen/ob er gleich gehasset/vnd vbel anklagt wirt. Wiewol es sehr wehe thut/so einem vnrecht geschicht/vnd er deshalben angeben vnd außgeschrien wirdt/da er sich gantz vnd gar vnschuldig vnd rein weiß. Doch ists von Gott ein grosser trost/wenn ein mensch sagen kan: Wolan/man zeyhet mich/ich sey ein Auffrhürer/Ketzer/Lügner/vnd dergleichen/ aber ich weiß/mir geschicht vnrecht: HERR GOtt/sihe du darein/wie mir gewalt geschicht/vnd thue wol an mir nach meiner Vnschuld oder Gerechtigkeyt. Ich bleib bey deinem Wort/vnd in meinem Ampt mit gutem Gewissen. Vnd ob ich gleich sonst ein armer Sünder bin/noch weyß ich/das mir in der sach jetzund vnrecht geschicht/Darumb stehe mir bey/vnd hilff mir.

Solchs Gebett gefellt Gott dem HERRN wol/vnd wirt erhört. Vnd haben sich die Heyligen stettigs darauff verlassen/wie wir oben im siebenden Psalm gehört haben/da Dauid auch sagt: Richte mich HERR nach meiner Gerechtigkeit vnd frömbkeit / Verstehe/non personalem, sed realem iustitiam, quæ nominatur iustitia bonæ conscientiæ: Jch hab nichts auß freuel angefangen/vnd hab nichts wider mein Gewissen gethan/sondern bin bey Gottes Wort vnd in meinem beruff blieben/hab drüber gelitten/was ich leyden sol. Denn er redet nit von der gerechtigkeit der person/von welcher er sonst redet/predigt vnd spricht:HERR gehe nit in das gericht mit deinem knecht/denn für dir ist kein lebendiger gerecht/ Sonder er redet von der gerechtigkeit des gewissens, oder der sachen/dauon er zu Saul auch redet/1.Sam:24.vnd spricht: Sihe doch/ das in meiner hand kein arges ist/ vnd das ich wider dich nichts gethan hab: Gott sey Richter zwischen dir vnd mir/vnd sehe/vnd vrteile vnsere sache/vnd erlöse mich von deiner hand.Darumb spricht er auch im lager:Der HERR hat mir vergolten nach meiner Gerechtigkeit/vnd nach meinem Glauben.Vnd ist hie wol zu mercken/das Dauid zwo vrsachen anzeygt/warumb jn Gott errettet habe/vnd noch alle Gleubige auß aller gefahr erretten wölle: Die erst vrsach ist/Denn(spricht er) er hatte lust zu mir.Das ist nun die iustitia personalis,die zu jnnen her gehet.Er ist mein gnediger GOtt/vnd hat mein person lieb. Denn wo wir nicht wissen/ob wir ein gnedigen Gott haben/dürffen wir vns/ja können vns auch nicht einiger hülff vnd erlösung zu jhm versehen. Wie wir aber vnser person halben GOtt gefallen/vnd wissen/er sey vns gnedig/solchs zeygt vns die lehr von vnser waren Gerechtigkeit an / da nemlich der Glaub Christum Jhesum ansihet vnd ergreyfft/ Wie Paulus sagt: Er hab vns geliebet in dem Geliebten. Jtem Esaie 53. Die erkentnuß meines gerechten Knechts/machet vil gerecht. Die ander vrsach ist ein gutes auffrichtigs Gewissen,iustitia causæ, das er weyß/er hat in seiner sache nichts wider GOttes befelh angefangen/ Vnd ob er gleich ein armer Sünder sey/so hab er doch nichts wider sein Gewissen gehandelt/sondern sey der sünden widerstanden/wie er allhie außdrücklich sagt: Caueo mihi ab iniquitate mea, Jch hüte mich für meinen Sünden/Das ist / Jch bekenne/das ich ein armer elender Mensch vnd Sünder bin/ aber so weyt laß ich mich von meinem fleisch vnd blut / oder von dem bösen Feind nit einnemen/das ich wider Gottes Gebot/vnd mein eign Gewissen etwas solte oder wolte anfahen vnd handeln/ Da behüte mich GOtt für. Sondern ich
halte

Achtzehenden Psalm Dauids. XCIX

halte die Weg des HERRN/das ist/ich sehe schlecht auff Gottes Wort/ bleybe darbey/vnd halte darob/vnd leyde/was zu leyden ist/hebe nichts auß freuel an/ich fleyssige mich in den Geboten Gottes zu wandeln/vnd beware mich/das ich nit mißhandele.

Solche wort solten wir heutigs tags auch lernen mit warheyt sprechen/ das wir/was die Lehr anlanget/schlecht bey dem Wort Gottes blieben/vnd vns dauon kein menschliche kunst/witz/gewalt/disputirn/gefahr/noch Sacramentirisch einrede/abführen liessen/so würde es wol bey vns stehen/vnd were des vnnötigen gezencks weniger: Darnach/das wir auch/was das leben anlangt/in vnserm Ampt vnd Beruff ein gut Gewissen behielten gegen Gott/ vnd gegen dem Nechsten/auff das wir der mal eins GOtt dem HERREN rechenschafft geben könten/welche fürwar nit wirt außbleyben. Gott behüte vns ja gnediglich für bösem Gewissen/das vns vnser hertz nicht verdamme/ vnd wir alsdenn kein zuuersicht zu GOtt haben können/wie Johannes dar‑ von redet/1.Johan:3.

Bey den Heyligen bistu heylig/vnd bey den frommen bistu fromin/ꝛc.

Bißhero hat der Prophet von einem guten Gewissen geprediget/vnd wir sollen solche Predig wol behalten/auff das wir lernen/was vnd worinnen ein gut Gewissen stehe/nemlich/im Glauben/im Beruff/im leben/in bestendigkeyt/vnd in todsnöten.

Was den Glauben oder die Lehr anlanget/muß vnd sol man allezeyt sehen/das wir rechte Lehr haben von Gottes wesen vnd willen/vnd von vnser seligkeit/das wir nit in lesterliche Irrthumb vnd Ketzereyen geraten. Vnd kan das Gewissen nicht rubig noch gut sein/wo falsche lehre ist.

Des Beruffs solle man auch mit fleiß vnd trewen außwarten/sonst taug das Gewissen auch nichts/ob es gleich ein weyl scheinet/als ob es zu frieden vnd rubig sey.

Im leben sol man allzeit sich hüten für ergerlichen vnd öffentlichen lastern/ füllerey/hurerey/geytz/stoltz/wucher/Ehebruch/vnd andern sünden/welche sind wider das Gewissen. Vnd man sol dem Nechsten dienen/souil als immer müglich/nach außweisung der andern Tafel in den zehen Geboten.

Dieweil aber ein gut Gewissen nicht auff eine/zwo/oder drey stund/sondern auff die zeit vnsers gantzen lebens gehöret/so wirdt erfordert ein rechte Christliche constantia oder bestendigkeyt/was die Lehre/den Beruff/vnd das leben anlanget.

Solche bestendigkeit ist hernach am meisten von nöten in todsnöten/das der mensch/ob er sich gleich für Gott nichts rhümen kan/dennoch mit dem lieben Dauid sagen solle: Ich hab ein gut Gewissen/ich bin nit Gottloß wider meinen Gott/seine Gebot werffe ich nit von mir/ꝛc. Wie Lutherus Gotseliger gedechtnuß/an seinem Todbeth gesprochen: HErr Jesu Christe/ich hab dein Ehr gesucht/das weystu/vnd hab wider dich vnd dein Wort nichts angefangen noch verteydigt/des tröste ich mich. Dich hab ich gepredigt vnd gerhümet/du weist es sehr wol: An dir ists mir gelegen gewesen/vnd sonst an nichts. Ein solch Gewissen ist herrlich für Gott/vnd allen Engeln/vnd behelt waren rechten Glauben vnd trost im gemüt/vnd im hertzen/da hergegen ein zweyfselhafftig/böses Gewissen keinen gewissen/bestendigen trost haben kan/Wie man nit allein an öffentlichen Verfolgern warer Lehr/vnd an grossen Ketzern

X iij Exempel

Kurtze außlegung des

Exempel hat/ sondern auch bißweylen wol an trewhertzigen leuten/ so etwan mutwillig gefallen/ spüret/ Wie man auch vom Oecolampadio saget/ da er ein mal kranck gelegen/ hab er zů GOtt vnd dem Son GOttes außdrücklich vnd seufftzend geschrien/ vnd bekennet/ das er bißhero vil von des HERren Abentmal geleret vnd geschrieben/ vnd doch nichts gewiß in seinem hertzen habe/ vnd bitte derwegen/ Gott wölle jm gnediglich seinen Jrrthumb verzeyhen/ vnd in auff rechte ban noch leyten vnd bringen.

Jnn Schulen redet man von dem Gewissen auff dreyerley weiß: ex natura, ex lege Dei, & ex Euangelio, Nach der Natur/ nach dem Gesetz Gottes/ vnd nach der lehr des heyligen Euangelij.

Das natürliche Liecht/ oder natürlicher verstand vnd Vernunfft helt in sich ein vnterscheyd zwischen dem rechten vnd vnrechten/ zucht vnd vnzucht/ wie auch Paulus zun Römern am Ersten vnd Andern Capitel dauon redet. Vnd also disputiren die Heyden von einem guten oder bösen Gewissen: Oedipus vnd sein Mutter Jocasta nach jhrer begangenen Vnzucht/ haben ein böses Gewissen/ vnd fallen in verzweyfflung. Orestes vnd andere mehr/ Aiax/ Apryes/ haben ein Wurm jres Gewissens. Socrates hat ein gut Gewissen/ da er auß neydt wirdt angeklaget. Daher vil schöner Sprüche hin vnd wider von dem Gewissen bey den Heyden gelesen werden. Vnd ist sonderlich schön/ da Pythagoras gesagt: Qui alicuius facinoris sibi conscius est, etiamsi fuerit audacissimus, tamen conscientia facit ipsum timidissimum. So jhm einer was böses bewust ist/ ob er gleich keck vnd Mannlich ist/ noch machet jhn das Gewissen forchtsam. Vnd haben die alten Poeten solches mit Exempeln inn jhren Tragedien weytleufftig erkleret/ vnd mit fleyß diese Regel allen Menschen fürgehalten: Discite iustitiam moniti, & non temnere Diuos. Lernet vnd übet Gerechtigkeyt/ fürchtet/ vnd ehret GOtt/ verachtet jhn nicht/ es gehet euch sonst wie dem Jxioni/ welcher inn der Helle am Rade herumb laufft/ vnd schreyet/ vnd vermanet vns mit seinem Exempel zur Gottsforcht vnd Gerechtigkeyt. So ferrn sind nun die Heyden kommen.

Das Gesetz Gottes aber zeyget vns das/ vnd den willen Gottes also an/ das es außdrücklich saget/ wie wir Gott sollen gehorsam sein. So wir nun gehorsam sind/ so haben wir ein gut Gewissen/ als Joseph im Kercker weiß/ das er vnschuldig ist. So wir aber vngehorsam sind/ so haben wir ein böses Gewissen/ wie Saul/ Cain/ Judas/ Item/ Dauid nach dem Ehebruch vnd Mord.

Das Euangelium machet das blöde/ erschrocken Gewissen frölich/ wie wir mit Dauid/ Manasse/ Petro/ Paulo/ vnd noch an vilen frommen Christen sehen/ Wie jhener Student zu Witemberg an seinem Todbeth/ bald vor seinem ende/ dise wort saget: Qui credit in Filium, habet vitam æternam: Ego Nicolaus credo, Ergo habeo vitam æternam. Wer an den Son GOttes gleubet/ der hat das ewige Leben: Ich N. Nicolaus gleube/ darumb habe ich das ewig Leben. So vil sey gnug jetzund von dem Gewissen gesagt.

Auff solche lehre feret Dauid fort/ vnd spricht: Wie wir sind/ also ist auch vnser HERR Gott gegen vns. Halten vnd bleiben wir bey seinem Wort/ so helt er wider bey vns/ als ein trewer Vater vnd HERR: Volgen wir jm/ so beweyset er vns alles guts: Rüffen wir jn an in nöten/ so hilfft er vns. Sind wir aber trewlos/ meineydig/ vnbestendig/ sicher/ so lesst er vns auch faren/ vnd gehet vns darnach/ das wol besser döchte/ Wie wir zu vnser zeit inn der Kirchen/ vnd sonst im Weltlichem Regiment/ Haußhaltung/ vnnd gemeinem leben leyder erfaren. Wie wir vns gegen GOTT erzeygen/ so gehets

vns

Achtzehenden Psalm Dauids.

vns inn vnserm leben/thun vnd lassen/ja/auch inn vnserem Gewissen. Wol dem/ der solches mit demütigem hertzen betrachtet. Nun feret Dauid weyter fort/preyset/rhümet/vnd lobet GOtt der andern Feinde halben/als des hoffertigen Goliaths/Phillisters/Amalech/vnnd anderer Heyden/vnd spricht:

Du hülffest dem elenden Volck/ vnd die hohen augen nidrigest du.

DAs ist das vierdte Theyl dieses Psalms/vnd redet gleich wie Petrus: GOtt gibt gnad den Demütigen/aber den Hoffertigen widersteht er. Item: GOtt übet gewalt mit seinem Arm/ vnd zerstrewet die hoffertig sind in jres hertzen sin. Wie die Exempel mit Nebucadnezar/Goliath/Sanherib/Aiace/Thule/Apire/vnd noch heutigs tags mit vilen grossen Leuten/Keysern/ Königen vnd Fürsten außweysen/ vnd solches auch am tag ist mit falschen Lehrern/so vil von sich halten/ Vnd sind derwegen die rechten Verkerer/von welchen allhie der Psalm redet. Denn Hoffart/Stoltz vnd Ehrgeytz richten allen zanck an/in der Kirchen vnd im Weltlichen Regiment/Daher der Weise Mann sagt: Initium apostatandi est superbia, Doffart ist ein anfang des abfals von warer Lehr. Vnd Augustinus nennet die Hoffart vnd Ehrgeitz ein Mutter aller Ketzereyen/ Mater omnium hæresium est vana gloria. Darumb en sollen wir ja mit ernst GOtt anrüffen/das er inn vns durch seinen Geist ein recht demütigs hertz machen vnd erhalten wölle. Denn Hochmut thut ja nimmer gut. Vnd was bey sich selbs/ vnd für der Welt groß vnd prechtig ist/ das ist für GOtt ein Grewel.

Es sollen vns aber zu rechter Demut vermanen vnd anreitzen diese vrsachen/ so wir kürtzlich erzelen wöllen: 1. Das wir von natur arme elende leut sind/erden/aschen/Kot/omnium vmbrę. 2. Das alles/was wir guts haben/von GOtt ist/welcher vns geben/vnd widerumb nemen kan seine Gaben. 3. Das auch die aller Heyligsten/ja Christus der Son GOttes selbs/in demut geleb t haben/ Wie Christus derhalben sagt: Lernet von mir/denn ich bin sänfftmütig/ vnd von hertzen demütig. Daher lesen wir inn einem Scribenten ein solches Gebett/ das er teglich vnter andern zu GOtt gethan hat: Reprime & cohibe in me, quicquid superbum, turgidum, ambitiosum & iracundum est, Et ô Fili Dei, Domine noster Iesu Christe, flecte me ad considerationem & imitationem vocis tuæ: Discite à me, quoniam mitis sum, & humilis corde. HERR GOtt/drücke vnd werbe in mir allem dem/was stoltz/hochtragend/ehrgeytzig/vnd zornig ist/ Vnd O HErr Jesu Christe/du Son GOttes/bewege vnd lencke mich zu betrachtung vnd nachfolgung deiner Wort/da du sagest: Lernet von mir/benn ich bin senfftmütig/vnd von hertzen demütig. 4. Gott gibt gnad den demütigen/ den stoltzen widerstehet er. Item: Wer sich erhöhet/wirt ernidriget/Vnd wer sich ernidriget/der wirt erhöhet. 5. Aller stoltz kompt vom Teufel her/ Ware demut aber ist Gottes gab. Dise fünff stücklein solle man stettigs betrachten/ so wir dem stoltz entfliehen/vnd vns in rechtschaffner demut üben wöllen/sonderlich sollen wir vns für Geistlicher Doffart hüten/denn dieselbig richt allen jammer an/ wie die erfarung vnter den verkerten Gelehrten leyder beweyset. Wir sollen nur lernen/das wir vnsers HERRN Gottes hülffe suchen/vnd Gott die Ehr geben/vnd sagen: HERR ob ich wol gleich die gantze schrifft kan/ so ist es doch nichts mit mir/ wo du mit deinem Geist nicht bey mir bleybest.

Kurtze außlegung des

bleybest. Es kan ein geringe anfechtung kommen/das ich keins worts noch Spruchs gedencken kan/damit ich mich trösten solte. Sine tuo numine, nihil est in me, nihil est innoxium. One deinen heyligen Geist ist nichts in mir/vnd ich bin voller Sünde/vnreynigkeyt vnd mackel.

Du erleuchtest meine Leuchte/Der HERR mein Gott/machet meine Finsternuß liecht.

WAs Dauid das elende Volck nenne/zeyget er hie an/nemlich/sich vnd die seinen/ da hergegen Saul/Goliath/vnd dergleichen/sind die hohen stoltzen augen/welche von Gott genidrigt werden. Er nennet aber die Leuchte sein Ampt vnd wirdigkeyt. Denn ehe er zum König von Gott gesetzt worden/ist er vnansehenlich vnd gering gewesen/Wie er auch derwegen allhie sagt: Der HERR machet meine finsternuß liecht. Nun aber so er König worden/ist er wie eine helle Lampen oder Leuchte vnter seinem andern Volck/ Denn Gott hat jn durch sein Wort darzu geordnet/ So regiert auch Gott durch die Könige vnnd Weltliche Oberkeyt im menschlichen leben. Vnd wenn die König/Fürsten/Herrn/vnd andere Oberkeyt jres Ampts warten/ so sind sie ein schöne Leuchte/daran Gott ein grossen gefallen hat/ Vnd wer jnen als denn volget/ der volget Gott. O wenn Herrn vnd Vnterthanen diß betrachteten/wie fein würde es stehn im Weltlichen Regiment/vnd durch aus im gemeinen leben. Aber es wirt alles tunckel vnd finster/wie man jetzund sihet an dem gantzen Römischen Reich/wie es so ein schwache/elende/verloschene/vnd geringe ordnung ist/vnd Gott erhelt sie gleichwol noch auff wunderbarliche weiß.

Wir sollen aber diß wort brauchen/ein jeglicher in seinem Stand: Ein Haußuater ist ein Leuchte in seinem Hause: Ein Schulmeyster in der Schul/ Da sol ein jeder auff sein Ampt sehen/ vnd Gott bitten/er wölle seine Leuchten erleuchten/das ist/jhn segnen/mit seinem Geist bey jhm stehen / vnd ob jm halten/das er Gott dem HERREN zu ehren lebe/diene/vnd dem Nechsten nütze sein möge/sonst ists doch mit vns eytel finsternuß vnd tunckelheyt.

Mit dir kan ich Kriegsuolck zuschmeissen / vnd mit meinem Gott vber die Mawren springen.

DAs heyst ja frölich vnd keck sein in Gott dem HERREN/vnd redlich trotzen wider alle Feinde. Ich stosse alle Mawren vmb/so in Philistea/ Syria/vnd bey den Ammoniten sindt: Land vnd Leut habe ich gewonnen auß Gottes Macht: Mir hat nichts können widerstandt thun: Goliath/ Philister/vnd andere Heyden haben müssen weychen/vnd zu schanden werden. Solchen Sieg hat mir Gott gegeben/ auff den ich getrawet vnd gebawet habe.

Hierauß sollen wir rechten trost für vns lernen. Wenn vnsere Feind gerüstet/starck/ vnd mechtig sind/ vnd der Türck/Bapst/vnd andere Tyrannen vnd Verfolger der waren Lehr des heyligen Euangelij wüten vnd toben/vnd wir kein schutz noch schirm haben/sondern arme leut sind/das wir auff Gott trawen/vnd an jhm vnd seiner gnedigen hülff nicht verzweyffeln/sondern lernen recht betrachten das schöne Christliche Lied: Ein veste Burg ist vnser Gott/ein gute Wehr vnd Waffen/rc.

Gottes

Achtzehenden Psalm Dauids.

Gottes Wege sind one wandel. Die rede des HERREN sindt durchleutert. Er ist ein Schild allen/ so auff Ihn trawen.

DAs ist auch rund vnd klar herauß gesagt/ Wer an den Verheyssungen vnd am Wort GOttes schlecht vnd recht helt/vnd richtet sich darnach/ dem sols nicht fehlen/weder an rath/noch an hülff. Es ligt alles daran/ das man GOttes Wort lauter vnd rein habe / wie wir auch oben im Zwölfften Psalm gehöret/ vnnd vast diese wort gehabt haben. Daher auch Salomon sagt: Omne eloquium Dei, quando repurgatum est, clypeus est confidentibus in eo. Ein jegliche rede GOttes/ so sie lauter vnd rein wirt fürgetragen vnd gegleubet/ ist sie ein Schild denen/ so sich darauff verlassen. Denn wo das Wort verfelscht/ vnd vnrecht gedeutet wirt/vnd nicht schlecht gegleubet/ so kan es nicht helffen/ sondern ist mehr schedlich vnd verdamlich/ wie man an den Ketzern/ Serueto/ Widerteuffern/ Carlstad / vnd Sacramentirern sihet/ vnd teglich erferet.

Man solle aber allzeit die vrsachen betrachten/ welche vns zum fleiß/lust vnd lieb gegen dem Wort GOttes treyben sollen. 1. Der befelh GOttes: Das Gesetz des HERRN sol stets in deinem munde sein/vnd du solst meine Wort deinen Kindern scherpffen/ vnd fleissig fürtragen. Item: Das ist mein lieber Son/den solt jr hören. Vnd Christus spricht: Suchet in der schrifft. Denn man kan so fleyssig nit sein/ es thut not/vnd wir finden stetigs etwas darinnen das wir zuuor nit gefunden/noch gnugsam betrachtet haben / Das man wol kan sagen: Biblia lecta placent, decies repetita placebunt. Man lese die Bibel zehen mal/ vnd aber zehen mal/ja hundertmal auß/so gefallen sie je lenger je mehr/ Ja/offt ein einige sylben gibt ein grossen verstand. 2. Wir sind darzu erschaffen/vnd leben darumb/ das wir Gott auß seiner offenbarung vnd Wort erkennen/loben vnd preysen sollen: Der mensch lebet nit allein im brod/sondern auß einem jeglichem Wort Gottes: Ich wil nicht sterben/sondern leben/vnd die Werck des HERRN verkündigen. 3. Vnser leben one den trost/ den wir auß dem Wort GOttes haben/ist ja nichts. 4. Die straffen derer/so Gottes Wort verachten. 5. Die belonung der Gottsfürchtigen/Daniel: 12. Diese punct vnd vrsachen solle man allhie kürtzlich erzelen / vnd wol zu hertzen nemen / das wir desto mehr ernst vnd fleiß zum Wort GOttes tragen/denn wir sonst leyder pflegen. Es solle ja keiner frü auff stehn/ehe er an sein arbeit geht/ er solle zuuor nach gethanem Gebett zu GOtt/etwas in der heyligen Schrifft lesen/oder ja jm lesen lassen/vnd etwas darauß fassen vnd versthen lernen/vnd sich also teglich vben im rechten verstand Gottes Worts/ Auch so er sich wil zu rhue legen/desgleichen mit betrachtung eines feinen Spruchs zu bethe gehen/ vnd also sich inn Gottes schutz vnd schirm befelhen.

Es ist ja nichts tunckels oder schweres in der heiligen Schrifft, wen man ein wenig wil fleissig darinnen sein/vnd Gott vmb seinen heiligen Geist anrüffen. Vnd es kan sich keiner damit entschuldigen/als ob jme die Schrifft/oder derselbigen verstand zu schwer were. Es ist ja alles ain tag/ vnd geht die Kue im graß biß vber den bauch. Wenn wir nur solchs erkenten/ vnd fleissiger sein wolten/vnd gedechten an Gottes Ehr/vnd an vnser Seelen seligkeyt.

Der ewige Son GOttes hat ja auß des Vatern schoß ein heimliche verborgene Lehr bracht / die zuuor kein ohr gehört/vnd in keines menschen hertz oder gedancken komen ist/von dem ewigen Rath vnd Beschluß Gottes/nemlich/das der Vater alle menschen vmb sonst/auß lauter gnade/wil gerecht/se

lig

Kurtze außlegung des

lig/ vnd zu seinen Kindern vnd Erben machen/die seinen Son erkennen/an#
nemen/vnd an jn gleuben Damit man nun Christum erkenen/vnd mit Glau#
ben fassen köndte/hat Gott disen rath troffen/das er sein Vetterlich hertz/vnd
gnedigen willen/sampt dem Verdienst/Blut vnd Tod seines Sons in das
mündtlich oder gepredigte Wort des heyligen Euangelij hat fassen lassen/
Denn durch das Wort der Propheten vnd Aposteln/ durch welche der Geyst
Gottes redet/vnd neben dem Wort krefftig ist/erkennet man Christum/ oder
man gleubet an Christum/Johan: 17.

Ob nun wol diß Wort für der Welt ein kindisch/alber/onmechtig/vn#
krefftig/ auch ein thöilich vnd nerrisch Wort gehalten wirdt/ dennoch hat es
Gott in seinem rath also gefallen/das er alle welt durch nerrische wort/wie es
die Welt helt/wil gerecht vnd selig machen/die dran gleuben/vnd dasselbig in
gutem Gewissen bewaren/vnd dabey biß ans ende beharren. Denn diß Wort/
das der heilige Geist vom Son Gottes empfecht/vnd füret es selber in der welt/
wie Noa Deublein das Oelzweyglein/das ist/die seligmachende krafft Got#
tes/im Wort der versönung/der gerechtigkeit/des trosts/des ewigen lebens/
der höchste schatz im Himel vnd Erden/der vnuerweckliche Samen/darauß
wir new geborn/vnd Brüder vnd Miterben Jesu Christi werden/ Ja/das ist
das Liecht der Welt/badurch alle Gleubigen zur Himlischen erkantnuß vnd
Kindschafft des Himelreichs erleucht werden. One das Wort Gottes ist kein
Gerechtigkeit noch Seligkeit/ ja kein trost zu suchen noch zu finden. Allein in
dem Wort gibt vns Gott sein wesen vnd willen zuerkennen. Solchs Wort sol
nun ein Leuchten sein vnsern füssen/ vnd wir sollen stetigs schreyen vnd beten:
HERR heylige vns in deiner Warheyt/Dein Wort ist die Warheyt.

Von diesem Wort gebeut der Vater selber vom Himel/das wir seinen
Son hören sollen. Diß Wort füret der Son Gottes auff erden: Diß Wort re#
det der heylige Geist durch den mund seiner Propheten/ Apostel/vnd aller
rechtschaffnen Lerer: Diß Wort hat der heylig Geist selber durch die Prophe#
ten vnd Aposteln außschriben lassen/damit die Christenheit ein gewissen grund
hette/ darauff sie sicher vnd getrost stehen/ sterben vnd leben köndte/ vnd ein
gewiß Maß/Regel/Bleyscheydt vnd Richtschnur/darnach sie alle andere
frembde/ neben vnd beylehrn vrteylen vnd probiren köndte/ die diser Göttli#
chen Lehr zu abbruch/ durch den Ertzlügner den Teufel inn die Welt bracht
worden/ oder das wir alle falsche giffige/vnd vergebene lehr prüfen vnd vrtey#
len können/ die der Teufel in die reine Lehr des Euangelij einschleicht/damit
er sie vermenge vnd verfelsche.

Von disem Göttlichen Wort/oder warer vnd lauterer stirise Jesu Chri#
sti/vnd der reinen Propheten vnd Apostel Lehr redet nun die Dauid in disem
Psalm: Die rede des HERrn Jesu/das ist GOttes Wort/die Predigt des
heyligen Euangelij vnd zeugnuß von Jesu Christo/wie es die Propheten vnd
Aposteln gelehret vnd auffgeschrieben/ die ist lauter vnd rein/ lauter wie ein
Göldlein/rein vnd fein wie durchleutert oder gebrandt Silber/ oder klar vnd
rein/wie ein Rebrechter vnd natürlicher/abgezogner Wein/oder klar vnd lau#
ter wie ein schön außgebeutelt Mehl/da keine Kleyen oder Poll mehr bey ist/
oder wie ein Schawgroschen/oder superfein Silber/ da keine wüdigkeyt/vn#
art/zusatz/Bley vnd Kupffer bey ist.

Allhie vermanet vns mit grossem Göttlichem ernst der heilige Geist/das
wir das Wort GOttes hoch halten sollen/ vnd vnreine / gemengte/gefelschte
lehr fliehen. Denn das ist des leydigen Satans list vnd trug/das er diß Liecht
des Worts GOttes gern gar außleschen/ vnd seine falsche/trieglicbe/oder
mördliche

Achtzehenden Psalm Davids.

mördlich Lügen in die Kirchen bringen/Oder do sm das nit geraten wil/weil GOttes Wort ewiglich bleybet/so vermischt vnd vermengt ers mit Kobalt vnd Wißmut/vnd setzt menschentandt vnd gedancken darunter/wie die falschen Müntzer kupffere oder vergüldte Gülden schlagen/vnd die Kretzmeyer vnd Henseliner die Wein felschen vnd mengen. Vnd solchs zeygen vnd beweisen die Exempel hin vnnd wider / Denn da GOtt von aller ersten Adam vnd Eue seinen befelh gab/vnd verbot jn vom Baum des erkendtnuß zu essen/wie derspricht die Schlange flugs im anfang dem befelh GOttes: Nein/sagt sie/du wirst nicht sterben/vnd bringet seine Lügen vnd falsche deutung mit vnter: Wer vom Apffel isset/der wirt GOtt gleich sein/oder ein GOtt werden/vnd ewig leben: Gott günnet dir der ehren nicht/vnd meinet es nicht trewlich mit dir. Vnd das ist nun der erste Ketzketzer/der Vnwarheyt prediger. Aber höre/was nun nach dem fall weyter geschicht.

Da der ewige Son GOttes/der einige Mitler vnd Versöner/die ersten Menschen verbetet/vnd jhr vbertretten selber an seinem leyb/mit völligem gehorsam vnd vnschuldigem leyden büssen vnd bezalen wil/vnd spricht den rath vnd beschluß Gottes auß/ von der versönung/ dem gefallenen Menschen zum ewigen trost vnd leben (nemlich/das der Jungfraw Samen/die werde Leibs frucht Marie/ dem Teuffel sein Reich zustören/ vnd seine werck/mord vnd lügen auflösen/ vnd die gerechtigkeyt vnd ewiges Leben widerbringen werde/ durch die Predig seiner Füsse oder Gesandten.) Da richtet sich der Lügengeist wider den Geist Gottes/vnd die Göttliche Warheit der gnedigen verheyssung vom Weybsamen/vnd widerficht vnd sticht Christum in seine fersen/ertichtet durch die erste Welt vil Abgötterey vnd lügen/vnd vermengt die reine Lehr mit Vnwarheyt / das der minder theyl der Welt bey reiner vnd lauterer Lehr blibe/wie man in Noa Distorien sihet.

Aber wenn also die Lehr vertunckelt/verfelscht/vermengt/vnd offt gar durch sewret oder auffgehaben war/ließ den der ewige Son Gottes/der rechte Hohepriester/das ewige Liecht wider anzünden/ vnd die Lehre segen vnd reinigen/ vnd erweckte trewe vnd rechtschaffene Lehrer/ die sich wider des Teufels Vnwarheyt vnd Triegerey mit predigen vnd beten einliessen.

Zu Davidis zeiten ist es gleich also ergangen/Es ist vil vnreiner lehr mit vnter geloffen/ vnd sind die Juden sehr Abgöttisch gewesen. Darumb spricht der .../ in GOttes durch den mund Davids: Wolan/ meine rede ist durchleutert/vnuerfelschet/ ich wil sie auch also erhalten. Vnd ist eben zu Davids zeyten die Lehr geschewret/ vnd hat GOtt das schöne Buch/den Psalter/schreyben lassen/ auff das seine ware Lehr erhalten/vnd weyt außgebreitet würde. Also ist es auch mit den andern Propheten zugangen/biß so lange der Zon Gottes selbs kommen/vnd er für sein person/darnach durch seine Jünger vnd Aposteln/die reine Lehr fürgetragen/vnd lauter gemacht/wiewol stetigs vil Vnkrauts mit auffgewachsen/ Wie denn Paulus vnd Johannes am allermeysten mit den falschen Hirten vnd Ketzern zuthun gehabt/wie man in jren Schrifften sihet.

Wöllen nun die alten zeit faren lassen. Was können wir von vns selbs sagen? Das Wort Gottes ist ja durchleutert/rein vnd klar/ vnd köndte nit heller sein/vast in allen spruchen: Die Artickel vnsers Christlichen Glaubens sind weitleufftig vnd kurtz/wie mans haben wil/gefasset/recht vnd schlecht: Aber was geschicht? Etlich fechten den hohen artickel von der Gotheit vñ Menschheit Christi an/trennen die naturn/machen zwo personen/verkleinern seine Allmacht vnd Warheit. Etliche brechen den artickel von der Rechtfertigung. Etliche

Kurtze ausslegung des

che fechten an die heylige Tauff. Andere wöllen die Beycht vnd Absolution nit leyden. Etliche wöllen lauter Brod vnd Wein im Abentmal des HERRn haben. Vnd ist des schwermens der Widerteuffer/Sacramentirer/Antinomer/vnd viler anderer kein maß noch ende. Aber wie dem allem/so bringt die Warheyt hindurch/vnd bleybt durchleutert. Das Wort des HERRN bleibet in alle ewigkeyt. Es ist lauter vnd gewiß/hat keinen zusatz. Es darff sich jederman kecklich darauff verlassen/das es rein vnd warhafftig ist. Es ist da kein mangel noch fehl. Was es sagt/das ist also. Wol dem/der darauff trawet vnd bawet. Wers auch lernet vnd behelt/der lernet auff Gott trawen. Wer auff Gott lernet trawen/der hat gewissen schutz vnd schirm/wider alles vbel/es heysse Teufel/Tod/Sünde/Ketzerey/Verfolgung/Kunst/Tücke/Neyd/Kranckheyt/oder was es sein mag/vnd dasselbig biß in ewigkeyt. Denn Gott ist Allmechtig vnd Ewig/der wil selbs Schutzherr sein durch sein Wort/vnd durch die heyligen Sacrament. Darumb stehet hie geschrieben: GOtt/oder sein Wort/ist ein Schild allen/die darauff vertrawen. Wöllen nun im Psalm fortfaren.

    Wo ist ein GOtt/one der HERR? Oder ein Hort/on vnser GOtt? etc.

Alhie feret er gantz vnd gar herauß/vnd trotzet auff Gott seinen HERRN. Es ist nichts mit gunst/waffen/mawren/schlössern/macht/kunst/land/leut/vnd der gantzen Welt weißheyt/GOtt kan alles in einem augenblick endern/vnd zu nicht machen. Wer aber auff Gott hoffet vnd trawet/dem kan nichts schaden/Er bleybet wol/vnd solt auch die Welt darob zu bersten vnd zubrechen. GOtt ist ein Hort/darauff man trotzen kan: Er gibt sterck/krafft vnd macht des leybs vnd gemüts/segen/glück vnd heyl.

Er machet meine wege on wandel.) Dise wort braucht David sehr offt/das Gott jn beware/das er nicht falle in Irrthumb vnd Laster. Was ich thue/spricht er/das thue ich auß GOttes befelh. Ich habe acht auff mein Ampt vnd Beruff. Prælior prælia Domini. Andere füren Krieg auß eygenem gutdüncken/Ehrgeytz/Rach vnd Zorn: Ich sehe was die notturfft zur Ehr GOttes erfordert. Vnd auff seinen Befelh streyte ich/darumb gebets mir alles fein schleunig vnd glücklig von der hand/das ich die vberhand vnd den sieg behalte/vnd lauffe vber die Stedte/vnd vber die grossen Dansen vnd Gewaltigen/wie ein Hirsch vber Berg vnd Thal lauffet. Denn es ist vnsers HERRN Gottes werck/der gibt mir so schleunigen sieg/das ich in der höhe bin/vñ vnter meinem Volck hoch gehalten vnd gerhümet werde. Er füret das Schwerdt/vnd lehret mich/wie ich Kriegen solle/vnd gibt mir geschickte/erfarne Hauptleut vnd Kriegsrethe/mit welchen ich etwas rechtschaffens außrichten kan etc. Gregorius ita loquitur: Der Hirsch/wenn er auff ein Berg wil/so springt er vber die kleinen Bühel/lauft noch geht nit/biß das er auff das höchste kompt. Also sollen die Freünd Gottes springen vber jre gebrechen vnd hindernuß/biß sie zu GOtt kommen. Hæc ille, Vide Taulerum in 1, conc: 11, feriæ Paschæ.

    Hierauß sol man nun ein gewisse lehr nemen vom Krieg/wer/wie/vnd wenn man Kriegen solle/vnd wie man sich im Krieg/wenn man jn nit vmbgehn kan/halten solle. Vnd auff das wir ein wenig auff das kürtzest vnd einfeltigst davon reden mögen/wöllen wir von ersten auff die Frag antworten/ob alles Kriegen sünde/vnd von GOtt verboten sey. Denn das fünffte Gebot verbeut allen Krieg/des man müssig gehn köndte/dieweyl im Krieg vill menschen

Achtzehenden Psalm Dauids.

schen erwürget / vnd sonst allerley schaden / vnglück / vnzucht vnd jamer geschicht / Wie auch die Heyden auß erfarung gesagt haben: Inter arma silent leges, Wo man Krieget / da wirt niemand Recht gestattet. Vnd ist dises ein gemeiner Vers: Nulla fides, pietasq; viris, qui castra sequuntur, &c. Es ist kein Glaub / trew / noch erbarkeyt bey den meysten Kriegsleuten / vnd wer jnen am meisten Sold vnd Gelt gibt / dem dienen sie. So haben wir im Teutschland auch ja wol erfaren / was Krieg für schaden bringet / Kirchen vnd Schulen werden verwüstet / vil vnzelicher armer leut gemachet / vnzucht / schand vnd laster gehen im schwang / vnd kan kein arges gedacht noch genennet werden / das nit im Krieg vber die massen vollauff gefunden würde. Darumb wir alle mit vnsern Kindlein vnd Gesinde in Kirchen / Schulen vnd Deusern / fleyssig stetigs beten vnd singen sollen: Da pacem Domine, Verleyh vns frieden gnediglich / DERR GOtt zu vnsern zeiten. Wer auch lust zu Krieg hat / der muß nach GOttes Ehr vnd forcht / vnd nach seinem Rechten / oder sonst nach zucht / erbarkeyt / scham / vnd wolfart / nicht vil / oder gar nichts fragen / oder etwa ein vnuerstendiger / vnerfarner Narr vnd tollkün sein / Wie man im Spruchwort saget: Dulce bellum inexpertis, Den vnerfarnen ist das Kriegen süsse / vnd angenem. Wir sollen auch stetigs für augen haben die rede Pauli: Seyt fridsam / so wirt GOtt der Liebe / vnd des Frides mit euch sein: So vil an euch ist / habt mit allen menschen fride. Vnd wir solten ja GOtt hertzlich bitten / das er wolte lenger fride geben / vnd Fürsten vnd Derrn zu einigkeyt mit seinem Geiste lencken / vnd darbey erhalten / sonderlich / dieweil vnser frid jetziger zeit seht schwach ist / vnd an einem Seyden faden hanget / Wiewol der mut vnd das hertz den vnsern auch sehr entfallen ist / vnd sonst auch vnsere Fürsten im Teutscheland vberal auffgesauget sind / vnd sie das vbrige / was noch fürhanden / zu jrem vnnötigem pracht vnd wollust bedürffen.

Solches alles sagen wir darumb / das man sehe vnd erkenne den gemeinen friden / als ein sonderliche gabe vnd segen GOttes / darinn man GOttes Worts / vnd anderer zucht vnd erbarkeyt pflegen solle / Wie die Kriechen derwegen ein feinen namen haben / vnd nennen den Fride κυρότροφον, da man die Kinder ernehren / auffziehen / vnd recht vnterweysen kan. Es wirt aber damit mit nichten auffgehaben / oder verkleinert / so nötige Krieg auß rechten Christlichen vrsachen vnd bedrangnussen / fürgenommen werden / als wenn Christliche Fürsten zu rettung jrer bedrangten leut / wider böse Buben vnd Vnchristen / dafür man sonst kein fried noch ruhe haben mag / Krieg füren / vnd im Namen GOttes die jren handhaben / Wie Abraham mit den Königen Krieget / Item / Moses / Josua / Dauid / Josaphat / mit jren öffentlichen Feinden. Vnd so die sach gut ist / vnd der Krieg nicht kan vmbgangen werden / so sihet man / das Gott auch sein segen dazu gibt / Wie Dauid sagt in disem Psalm / vnd anderstwo: Gelobet sey der HERR mein Gott / der meine hende lehret streyten / vnd meine feuste Kriegen. So sind auch im Newen Testament vil schöner Exempel / als mit dem Hauptman / Matth: 8. mit Cornelio / Actorum am 10. mit der Predigt Johannis zu den Kriegsleuten / Luce 3. Darauß man sihet / das nötige Krieg nicht verboten / sondern / so sie vmb fridens willen fürgenommen werden / vil mehr von GOtt geboten sind / vnd von jhm gesegnet werden.

Man sol aber stetigs dise punct betrachten: 1. Das man nicht auß mutwill / leychtfertigkeyt / bosheyt / haß vnd rachgirigkeyt / zu Kriegen anfahe / sondern wenn es die sehr hohe vnd grosse not erfordert / vnd wenn man gleich dazu gedrungen wirde. Es sollen die vrsachen nicht gering oder schlecht sein t

g   Sind

Kurtze außlegung des

Sind es schlechte vrsachen/ so gehets kein mal wol auß/ wie die exempel außweisen/ auch bey vns. So sind auch die alten Historien bekant/ als mit Amasia/ 2.Reg: 14. mit Croeso/ da er wider Cyrum gezogen/ vnd mit andern vil mehr. Darumben die Heyden gesaget: Omnia prius experiri, quàm armis sapientem decet. Ein Weyser solle zuvor alles wol erwegen vnd erforschen/ ehe er Kriege.

2. Das die vrsach/ darumb man Kriegen wöll/ recht vnd gut sey/ groß vnd wichtig/ Als/das man Land vnd Leut/wider öffentlichen Gewalt vnd Vnrecht beschützen wil/ wie Abraham/Dauid/ Josaphat/ vnd andere/ gekrieget haben. Denn es bleybet doch der Spruch wol: Causa iubet superos meliora sperare secundos. Wo die Sache recht ist/da solle man an GOTTes Segen nicht zweyffeln. Vnd Liuius/ der der Römer Krieg beschrieben hat/ schreybet also: Vbi iusta causa, ibi semper victoria steut. Wo eine gute sache gewesen/ da ist allzeyt der Sieg gefolget.

3. Sol man Kriegen nit vmb Raubens willen/wie es pflegt gemeinlich zu zugehen/wie Salustius spricht: Imperij & diuitiarum causæ bella fiunt, Wan Krieget gemeinlich darumb/das man desto mehr vnd grössere Herrschafft/land vñ leut/gelt vnd gut zuwegen bringe/wiewol man offt daßelbig alles gar dapffer vnd leichtlich darob verlieret/ sondern/so ja der krieg nit mag vnterlaßen werden/das man damit den rechten friden erhalten/vnd darin leben könne/ vt sine iniuria in pace viuamus, spricht der weise Man Cicero/Das wir one vngerechtigkeit im fride leben mögen. Denn wenn man gleich darumb Krieget/das man vil land vnd leut damit zuwegen bringe/so führt man doch/wie Esaias sagt 33. Wehe dir du Verstörer/du must widerumb verstört werden.

4. Man solle ja nicht wider die ordenliche Oberkeyt Krieg füren/ ob man gleich wichtige vrsachen darzu hette/denn es ist doch kein segen darbey/Gott wils auch nicht leyden. Der Oberkeyt ist man gehorsam/ehr/vnd forcht schuldig/Rom:13 Wer stein in die höhe wirfft/dem fallen sie auff den kopff/ spricht Salomon. Vnd wir Teutschen sprechen: Wer vbersich hawet/dem fallen die spen in die augen. Es reimet sich nit/gehorsam zu sein/vnd doch widerstreytten/Vnterthenig zu sein/ vnd den Herrn nit wöllen leyden.

Diese vier stuck solle man allzeyt fleyssig erwegen/ das man nicht vnnötige Krieg anfahe/noch füre / wie jetzt inn der Welt geschicht/ da die Herren Krieg anfahen auß lauter mutwillen/ nicht Land vnd Leut zu schützen/ sondern jhre lust zu büssen/ vnd jhr müttlein zu külen. Da muß der gemein Mann herhalten / vnd die har geben/ vnd laßen/ wenn sich die Herren mit einander rauffen wöllen / Wie man im Vers saget: Quicquid delirant Reges, plectuntur Achiui. Aber GOtt lesst auch von jnen singen: Dißipa gentes, qui bella volunt, DEXX zerstrewe die Völcker/ die lust zu Krieg haben. So es aber ja von nöten ist/ das man Kriegen sol vnd muß/ so solle man achtung mit fleyß darauff geben/wie man sich im Kriege halten solle/Nemlich/nach disen kurtzen Regeln/ so wir nach einander erzelen wöllen: 1. Erstlich/ sol man GOtt fürchten vnd anrüffen/ Predigt hören/beten/GOtt vmb Rath/hülffe/ vnd Sieg anlangen/wie Dauid thut.Vnd der Gelehrte Heyde Pindarus hat ein gesaget: Omitte pugnam, omitte bellum sine Deo, Laß Streyt vnd Krieg stehen/ wo du nicht GOtt hast. Denn wo GOtt nicht für vns ist/so ist es alles vergebens. GOtt lesst sie gen/vnd vertilgen/wen er wil. Den seinen hilfft er mit rath/ vnd mit that. Die Hoffertigen stürtzet er. 2. Zum andern/ sol man sich nicht verlaßen auff eygene macht/Volck/ oder sterck.Es wirt wol nicht verboten/ das man sich nicht wider die Feinde rüsten solle/ sondern GOTT wil das haben/

Achtzehenden Psalm Davids.

haben/wenn die not fürhanden ist/das ein Fürst oder Herr sich wehren müsse/Er habe nun vil oder wenig Volck/das er als denn/so starck er ist/nit vermessen sey/vnd sich auff seine macht verlasse/oder/so er schwach ist/verzweiffele/sondern sein Ampt vnd GOttes Beruff ansehe/von welches wegen er kriegen muß. Derhalben sol er Gott den HERRN vmb sieg vnd Triumph bitten/vnd also sagen: HERR/in deiner Gewalt steht alle krafft vnd Sieg/HERR hilff du mir. Also wenn du stercker/vnd mehr Volck hast/denn deine feinde/so verlasse dich nit darauff/vnd sey des siegs nit zu gewiß/auf das dirs nit vmbschlag/sondern bitt Gott darumb/vnd sprich also: Lieber HERR Got/du weist/wie ich zu disem krieg kommen bin/ich hab jn nit auß freuel/noch eignem gutdüncken für mich genommen/sondern deinem Wort zu schutz/meinen leuten/die du mir geben hast/zu rettung/vnd rechten friden durch deine güte zuerhalten. Nu/HERR Gott/du hast mir leut vñ macht dazu geben/dahir dancke ich dir von hertzen/vnd verlasse HERR mich ferner auff deine güte/die Victori/der Triumph vnd sieg steht in deiner gewalt/so du mir sie geben wirst/will ich dir darumb dancken:wo du aber vnser sünd mit einem solchen schaden vnd iamer straffen willt/HERR so bin ich da/vnd wils gedultig leyden. Weñ ein solche zuuersicht auch ein Hauptman hat/das er sein Ampt vnd beruff erkennen/vnd darzu hülffe von Gott begern kan/so wirt er on zweiffel oben ligen/vñ wider seine feind sigen/Wie auch Jephtah thet/derselbig war im regiment/vnd hette gern mit den seinen/vnd mit iederman fride gehabt/die kinder aber Ammon wolten keinen fride mit jm haben/derhalben klagte Jephtah Got dem HERRN seine not/das er zum krige von seinen feinden gedrungen würde/vñ begerte hülff vom HERRN/Derhalben er auch nachmals seine feind schlug/vnd grossen triumph wider gen hause bracht. Deñ er wuste wol das die victori nit in seiner/sonder in des HERRN hand stünde, vnd allein Gottes gab were. Also hatte Dauid vil grosse siege,ein vber den andern/von seinen feinden erlanget/vnd offtmals mit grossem triumph gen hauß kommen/Wouon hatte ers? Er hatte wol fußuolck/Reissig gezeugs/vnd alle rüstung gnug/Sprach aber doch gleichwol: Die ding dienen nit zu dem sieg/denn der streit ist des HERRN/welcher nit durch schwert oder spieß hilfft. Vnd schrey den HERRN vmb hülff an/das er wolte triumph vnd victori wider seine feinde geben/Darumb volgt einem solchen starcken Glauben auch gewißlich die vberwindung.

3. Zum dritten/solle man nit vnachtsam noch sicher sein / sondern fürsichtig/nit schlemmen/schwelgen/spielen/fluchen/ wie der Kriegsleut vnart ist/sondern wachen vnd beten. Cicius venit periculum, cùm spernitur, haben die Alten gesprochen. Wenn man das vnglück veracht/so kompts am ersten. Vnd sind vil Historien / welche anzeygen / das offt ein groß Heer ist geschlagen worden/von wegen der Hauptleut schwelgern vnd vnfürsichtigkeyt. 4 Zum vierdten/sol man sich an der bestimpten Besoldung benügen lassen/nicht stelen/rauben/oder one not arme leut machen. 5. Man solle sich hüten für Tyranney vor vnd nach dem Triumph / so vil als immer möglich ist. Es ist wol war/man kan nit allzeyt schonen/wie auch Abraham freydig hat zugeschlagen/vnd vil leut erwürget / Doch solle man nichts auß freuel vnd mutwillen one not anheben. Man sol gnad erzeygen allen/so gnad bedürffen/vnd dieselbig begeren / wie GOtt der HERR vns allen alle augenblick gnad erzeygt. Vnd ist ein schön Exempel solcher gnad zusehen am Cyro / wie er sich gegen dem Craeso gehalten. Item/am Philippo/des grossen Alexandri Vater/Deñ nach dem er die von Athen bey Cheronea erlegt / vnd sich gefürcht hatt / er möchtsich seines siegs vnd triumphs vberheben/ vnd Tyrannisirn/ hat er im

S ij einen

Kurtze außlegung des

einen Edlen knaben verordnet/der jn alle morgen solchs dreymal erinnerte mit
solchen worten: Philippe/gedenck das du ein mensch bist/Philippe, te hominem
esse memento. Es hat auch Keyser Carolus der fünffte zu vnser zeyt ein grosses
lob solcher sindigkeyt erlangt. ☞. Zum sechsten/sol man Gott dem HERRN
nach erlangtem sieg billich dancken/ vnd dem Exempel Mosis/ Dauids/ Jo-
saphat/Ezechie/vnd anderer frommen Kriegsleut volgen/denn er gibt den sieg/
rüstet vns mit krafft/lehret die hand streytten/vnd erhelt vns.

Souil sey nun auch gesagt vom Krieg/biß wir an seinem ort mehr dauon
handeln. Gott gebe/das die Fürsten vnd Herrn auff ir Ampt sehen/ vnd sonderlich desselbigen wider den Türcken zugebrauchen erinnert werden/vnd nit
so leichtlich sich selbst vntereinander abmergeln vnd auffressen. Volgt nun
das fünffte theil dises Psalms/darinnen Dauid seinen dritten Feind/seinen son
Absolon rüret/ mit seinem gantzen anhange/vnd spricht:

> Du gibest mir den Schild deines Heyls / vnd deine Rechte
> stercket mich. Vnd wenn du mich bemütigest/ so machest
> du mich groß.

Bißhero hat Dauid vom Saul/ Goliath/ vnd andern seinen Feinden
geredt. Jetzund hebet er von seinen Haußfeinden an/Absolon/vnd andern der
gleichen. Saul bedeut die Gleyßner oder Heuchler. Goliath die Tyrannen.
Absolon die falschen vntrewen Brüder vnd Ketzer. Denn solche Feind haben
noch heutigs tags alle fromme/trewe Lehrer. Vnd die Christliche Kirche hat
stetigs vier Feind: Saul/das ist/die Juden vnd Heuchler/so auff das Gesetz
oder auff die werck allein dringen: Goliath/das ist/die Heyden/Philosophus/
Weltweyse/gelehrte leut/vnd alle Menschliche Vernunfft: Absolon/das ist/
Ketzer vnd falsche Lehrer: Darnach auch die Zenckischen vnd Frewlein/ von
welchen Dauid hernach wirt sagen/das sind der gemeine Pöfel/vnd andere/
welche/ob sie gleich keine Ketzerey anrichten/ dennoch verderben sie vil/ vnd
machen groß wesen one not.

Von den Haußfeinden vnd falschen Brüdern redet Dauid allhie in acht
Versen. Vnd allhie bekennet er/das er sehr sey müde worden/wie wir auch oben
im dritten Psalm gehöret. Denn es thut weh/von denen/da zu man sich nichts
arges versihet/angefochten zu werden/vnd vntrew zuerfaren/ wie es auch jetzund vnter den Lehrern sehr gemein wirt. Aber GOtt/spricht er/hat mir mit
seiner Rechten Hand stettigs wider auffgeholffen. Item: Du hast mich inn
manche gefahr gesteckt/vnd mich sehr geplaget/ Jch bin aber dadurch groß
worden. Denn das muß man mercken/das vnser HERR Gott einen zuuorn
klein macht/ehe er jn hoch vnd groß machet. Vnd so er vns bemütiget/so thut
ers darumb/das er vns wider wölle herauß reissen/Wie Petrus sagt: Demütiget euch vnter die gewaltige Hand GOttes/das er euch erhöhe zu seiner zeyt.
Solchs hat Dauid erfaren/sonderlich der Son Gottes Jesus Christus selbs.
Vom Dauid fielen seine besten Reth ab: Alle wolten Absolon haben/ Juda
vnd Jsrael rissen sich vmb jn. Aber Gott verenderts alles bald/vnd gab Dauid widerumb raum/wie sihe stehet/das ist/erhielte jhn/setzte jhn wider inns
Reich / das er nicht fiele/ noch in endtliche schand/schmach vnd spot geriete/
sondern mechtiger wurde/den er zuuor gewesen war/vnd alle seine feinde vber-
wande: Absolon muste erworgen/ vnd durchstochen werden: Jsrael muste
dem Dauid zu fusse fallen/vnd sagen: Du bist vnser bein/ vnd vnser fleisch/
Sey vns gnedig. Solchen sieg beschreybet nun Dauid mit vilen worten/vnd

zeygt

Achtzehenden Psalm Davids.

zeygt darneben als inn einem fürbilde an/das Reich des HERren Christi/ welchem nichts widerstehen kan. Alle Feinde des HERRE ï Jesu Christi müssen zustossen werden/wie Staub für dem Winde/vnd weggereumet/wie der kot auff der Gassen/vnd/wie im Ersten Psalm stehet/wie Spreu/die der Wind verstrewet. Sie sind doch nur Staub/Spreu vnd Kot: Sie haben bey Gott keinen andern namen/sie sind auch keines andern wirdig/in aller jhrer macht vnd herrligkeyt. Volget nun das sechste vnd letzte stück dises Psalms/ darinne Dauid dancket wider die vngehorsamen vnd Auffrhürer/als Siba/ vnd vast das gantze Jsrael war. Denn er hatte vil neydiger vnd heissiger Vntertahn/das auch die fremboden Heyden (wie er saget) gehorsamer waren/ denn sein eygen Volck.

Du hilffest mir von dem zenckischen Volck/vnd machest mich ein Haupt vnter den Heyden/Ein Volck/das ich nicht kandte/dienet mir.

IM vorigen fünfften stück dieses Psalms solle man nicht fürüber gehen für disem Vers: Sie ruffen/aber da ist kein Helffer/Zum HERRN/aber er antwort jnen nicht/denn darauß kan man vil lehr nemen.

1. Die anrüffung vnd das Gebett zu Gott ist jederman geboten vnd befolhen/Wie geschriben stehet: Du solst Gott deinen HERRN ehren/vnd jm allein dienen. Item: Ruffe mich an in der not. Item: Wer den Namen des HERRN anrüffet/sol selig werden.

2. Die verheyssung der erhörung ist allen gegeben vnd eröffnet: Bittet/ so wirt euch gegeben: Was jr den Vater in meinem Namen bitten werdet/sol euch gegeben werden/es sey Geistlich vnd ewig/oder aber leyblich/si non ad voluntatem vestram,tamen ad salutem vestram.

3. Das aber nit alle erhöret werden/sind dise vrsachen/was zeitliche vnd leybliche ding belangt. Denn von geistlichen ewigen dingen darffs keiner disputation/sintemal alle erhöret werden/welche an den Son Gottes glauben. Erstlich/was die Frommen belangt/wil Gott sie vnter dem zeitlichen Creutz üben vnd probiren/vnd auch jhnen weisen/das sie ein ander Vaterland zugewarten haben. Derwegen erhört er sie nit bald/wenn sie wöllen/sondern lesst sie offt in dem zeitlichen creutz stecken/auff das sie lernen allein auff Got trawen vnd hoffen. Zum andern/erhöret Gott nicht die Heyden vnd Vnchristen/ob sie gleich zu jm/wie sie es gedeucht/schreyen/Denn sie wissen nichts von seinem wesen vnd willen/vnd kennen den Son Gottes nicht. Darumb ob gleich Aristoteles lang geschrien: Miserere mei ô ens entium, Erbarm dich mein du ding vnd wesen aller ding/so ist es doch nichts. Vnd wenn gleich Türcken/Juden/ vnd Heyden vil schreyen/so hilfft es nicht/denn sie ruffen nicht an den rechten waren Gott/der ein Vater ist vnsers HERrn vnd Heylands Jesu Christi. Wer aber den Son Gottes nicht kennet/der kennet auch den Vater nicht/vnd hat keinen Gott. Zum dritten/erhöret Gott nicht die trewlosen vnd meineydigen an seinem Wort/Haereticos & Apostatas, Ketzer vnd andere Abtrünnige/so von der erkandten vnd bekandten Warheyt abfallen/vnd rhümen sich des Worts Gottes/vnd deuten doch dasselbig jres gefallens/als von ersten die Juden thun/so das außerwelte Volck Gottes gewesen sind/vnd jetzund in grewlichen Jrrthumben stecken/vnd haben keinen Gott/Wie denn jre Rabbini in jrem Thalmud selbst sagen: A die, quo Templum fuit destructum, orationis portae clausae sunt, Vom tag an/da der Tempel ist verstöret/sind die Thor des Gebets

S iij zugeschlossen

Kurtze außlegung des

bleybeſt. Es kan ein geringe anfechtung kommen/das ich keins worts noch Spruchs gedencken kan/damit ich mich tröſten ſolte. Sine tuo numine, nihil eſt in me, nihil eſt innoxium, One deinen heyligen Geiſt iſt nichts in mir/vnd ich bin voller Sünde/vnreynigkeyt vnd mackel.

> Du erleuchteſt meine Leuchte/Der HERR mein Gott/machet meine Finſternuß liecht.

WAs Dauid das elende Volck nenne/zeyget er hie an/nemlich/ſich vnd die ſeinen/ da hergegen Saul/Goliath/vnd dergleichen/ſind die hohen/ſtoltzen augen/welche von GOtt genidrigt werden. Er nennet aber die Leuchte ſein Ampt vnd wirdigkeyt. Denn ehe er zum König von GOtt geſetzt worden/iſt er vnanſehenlich vnd gering geweſen/Wie er auch derwegen allhie ſagt: Der HERR machet meine finſternuß liecht. Nun aber ſo er König worden/iſt er wie eine helle Lampen oder Leuchte vnter ſeinem andern Volck/ Denn GOtt hat jn durch ſein Wort darzu geordnet/ So regiert auch GOtt durch die Könige vnnd Weltliche Oberkeyt im menſchlichem leben. Vnd wenn die König/Fürſten/Herrn/vnd andere Oberkeyt jres Ampts warten/ſo ſind ſie ein ſchöne Leuchte/daran GOtt ein groſſen gefallen hat/ Vnd wer jnen als denn volget/ der volget GOtt. O wenn Herrn vnd Vnterthanen diſes betrachteten/wie fein würde es ſtehn im Weltlichen Regiment vnd durchauß im gemeinen leben. Aber es wirt alles tunckel vnd finſter/wie man jetzund ſihet an dem gantzen Römiſchen Reich/wie es ſo ein ſchwache/elende/verloſchene/vnd geringe ordnung iſt/vnd Gott erhelt ſie gleichwol noch auff wunderbarliche weiß.

Wir ſollen aber diſe wort brauchen/ein jegtlicher in ſeinem Stand: Ein Haußvater iſt ein Leuchte in ſeinem Hauſe: Ein Schulmeyſter in der Schul/ Da ſol ein jeder auff ſein Ampt ſehen/ vnd Gott bitten/ er wölle ſeine Leuchten erleuchten/das iſt/jhn ſegnen/mit ſeinem Geiſt bey jhm ſtehen / vnd ob jm halten/das er GOtt dem HERREN zu ehren lebe/diene/vnd dem Nechſten nütze ſein möge/ſonſt iſts doch mit vns eytel finſternuß vnd tunckelheyt.

> Mit dir kan ich Kriegsuolck zuſchmeiſſen/vnd mit meinem GOtt vber die Mawren ſpringen.

DAs heyſt ja frölich vnd keck ſein in GOtt dem HERREN/vnd redlich trotzen wider alle Feinde. Ich ſtoſſe alle Mawren vmb/ſo in Philiſtea/ Syria/vnd bey den Ammoniten ſindt: Land vnd Leut habe ich gewonnen auß GOttes macht: Wir hat nichts können widerſtandt thun: Goliath/ Philiſter/vnd andere Heyden haben müſſen weychen/vnd zu ſchanden werden. Solchen Sieg hat mir GOtt gegeben/ auff den ich getrawet vnd gebawet habe.

Hierauß ſollen wir rechten troſt für vns lernen. Wenn vnſere Feind gerüſtet/ſtarck/vnd mechtig ſind/vnd der Türck/Bapſt/vnd andere Tyrannen vnd Verfolger der waren Lehr des heyligen Euangelij wüten vnd toben/vnd wir kein ſchutz noch ſchirm haben/ſondern arme leut ſind/das wir auff Gott trawen/vnd an jhm vnd ſeiner gnedigen hülff nicht verzweyffeln/ſondern lernen recht betrachten das ſchöne Chriſtliche Lied: Ein veſte Burg iſt vnſer GOtt/ein gute Wehr vnd Waffen/ꝛc.

GOttes

Achtzehenden Psalm Davids. CVI

seines Reychs/vnd darinnen gefüret hat. Nun hebet er an ein ander Widerwertigkeit zuerzelen/nemlich/von seinem Volck/das er von demselbigen auch gemeydet vnd angefochten sey. Denn das ist alle zeyt der brauch in der Welt/das/wer mit gutem Gewissen redlich vnd auffrichtig mit GOtt vnd ehren seines Ampts außwarten wil/der muß vil neyd vnd haß auff sich laden/vnd kan schier niemand zu gefallen thun/wie man an frommen/trewen Fürsten/Lehrern/vnd andern sihet/jederman wil sie reformiren/einer hat disen/ein ander ihenen tadel vnnd mangel Darumb ist das Spruchwort recht: Non possunt non multos offendere, qui multos seruant. Wer vilen dienet/vnd vil erhelt/dem werden auch vil feind vnd heissig. Friß Kot/vnd gib Gold/so wirdt dir alle Welt hold. Denn das ist der danck/den fromme Regenten vnd Lehrer von der Welt empfahen sollen.

Aber da muß man nicht vngedultig werden/sondern dem Exempel Davids volgen/vnd/wie der König Alphonsus gesagt/sich erinnern vnserer vndanckbarkeyt gegen den grossen Wolthaten Gottes. Denn da der König Alphonsus vil vntrew vnd vndancks von seinen Hofleuten/vnd grossen Hansen/denen er am meysten guts gethan het/erfure/vnd darob sich entsatzte vnd erschrack/spricht er zu letzt: Ach/was wil ich vngedultig werden vber der vndanckbarkeyt/so mir von den meinen widerferet/wie vil hab ich Wolthaten von Gott meinem HERRN empfangen/vnd habe jm wenig dafür gedancket? Auff solche weiß gabe sich der weise König in gedult.

Dauid hat gebetet zu GOtt/vnd rhůmet/das er jhme geholffen habe von dem zenckischen Volck/das ist/von seinen Auffrhürern/vnd vntrewen Vntersassen/so jme nicht haben gehorsam leysten wöllen. Denn es ist allweg ein harderhafftig widerspenstig Volck gewesen/wie alle Historien außweysen. Du hast (spricht Dauid) mich nicht allein von der meinen Auffrhürern errettet/sondern mein Reich vnd Fürstenthumb weyter gestreckt/vnd Syrier/Palestiner/Ammoniter/Moabiter/Jdumeer/vnd andere vnter meinen Gewalt gebracht.

Man solle aber allhie sehen/waranff Dauid sonderlich hat im Geist achtung geben/Als/das er fürnemlich mit disen worten/so er hie füret/auff den HERRN Christum vnd auff sein Reich gesehen/vnd darvon prophecyet hat. Denn gewißlich hat der Geist Gottes von Christo geredt/welchem sein eigen Volck widersprach/vnd wolte jn nicht zum Könige haben. Aber sie werden verworffen/vnd Christus wirt ein Haupt vnd König aller Heyden in der gantzen Welt/welches geschehen ist nach seiner Aufferstehung vnd Himelfart/da er durchs Euangelium in aller Welt außgeruffen/bekant/vnd zum König angenommen warde/Wie dergleichen propheceyung sonst hin vnnd wider auch vil stehen/da die Juden/als das zenckische/widerspenstige Volck/solten außgerottet werden/vnd die Heyden zum Reich Christi beruffen/Als/Psal.2. Bitte von mir/so wil ich dir die Heyden zum Erbe geben. Vnd Christus ins Gleichnuß/von dem Son/den die Weingärtner tödteten/fraget die Juden: Was wirt wol der Herr des Weinbergs disen seinen Arbeytern thun? Antworten sie: Die bösen wirt er vmbbringen/vnd verderben. Darauff spricht Christus: Wolan/das Reich GOttes wirt von euch genommen werden/vnd wirt gegeben den Heyden/welche GOtt gehorsam sindt. Habt jr nicht gelesen: Den Stein/den die Bawleute verworffen haben/ist zum Eckstein worden?

Das ist nun die hohe Lehre/von der Labung vnd Beruff der Heyden/zu dem Reich CHRJsti. Die Juden wöllen nicht hören/noch volgen. Die

S iij   Heyden

Kurtze außlegung des

Heyden korsten/vnd werden auffgenommen/ hören vnd volgen der Lehr des Euangelij. Vnd gleich wie die außlendischen Völcker sich vnter das Reich des Königs Dauids willig vnd gern gethan vnd vntergeben haben/ also volgen dem HERrn Christo außlendische Völcker/oder Heyden/welche sein stim hören vnd annemen. Darumb werden sie allhie gelobet mit disen worten: Sie gehorchen mir mit gehorsamen ohren/Das ist/sie hören mein Wort/vnd volgen dem selben. Wie Christus im Mattheo von dem Hauptman auch sagt: Ich sage euch/das ich kein solchen Glauben in Jsrael gefunden hab/Darumb werden jhr vil kommen vom Morgen vnd Abendt/vnd mit Abraham/ Jsaac/vnd Jacob im Himelreich sitzen/Aber die Kinder des Reichs werden hinauß gestossen in die eusserste finsternuß/da wirdt sein heulen vnd zenklappen. Denn sie sind wol Kinder des Reichs gewesen/aber jetzund durch jren freuel vnd vngehorsam sind sie mir frembde Kinder worden/Vnd sie stellen sich gegen mir wie die frembden.

Also gehet es nun zu/Die Juden solten in der Kirchen sein blieben/aber sie fallen herauß. Die Heyden solten herauß sein blieben/aber sie korsten hinein. Heutiges tags gehets also zu mit den grossen Ketzern/Die Sacramentirer sollen das Wort haben/aber sie habens verloren. So sind jr sehr vil vnter den Vnchristen/die das Wort nicht hören predigen/vnd habens doch/als bey Türcken vnd Papisten/vnd anderstwo.

Die frembden Kinder verschmachten/vnd zappeln in jhren banden.

WEin Volck ist verstockt vnd verhartet/vnd gar arg worden. Also werden auch kein ergere leut/denn auß Christen/wenn sie ins fallen kommen. So ists mit dem Teuffel auch gangen/der ist darumb so böse worden/das er zuuor so ein grosse Creatur ist gewesst. Vnd sind die Sacramentirer vnd andere Abtrünnige heutiges tags vil böser vnd gifftiger/denn die öffentlichen Papisten. Es ist aber nicht gnug/das sie verstockt sind/sondern sie hangen sich aneinander/wie die Kröten im Lentzen im Wasser/rotten sich zusammen/gehn nicht recht/noch stracks zu/vnd zappeln doch in jren banden/das ist/machen sich vnd andere selbst jrr vnd vngewiß/vnd zu zeiten fallen sie in sich selbst für schrecken/vnd wissen nicht wo auß noch ein.

Allhie müssen wir lernen/wenn in der heyligen Schrifft vom Beruff der Heyden etwas geprediget wirt/was wir darbey zu lernen haben/nemlich dise drey stücke: 1. Das die verheyssung der Gnaden zu allen Menschen gehöre/niemand außgeschlossen/Wie geschrieben stehet: Jnn deinem Samen sollen gesegnet werden alle Völcker/oder Heyden auff Erden. Denn GOtt sihet nit an die person. 2. Das das Reich Christi kein Weltlich Reich sey/sondern ein Geistlich/vnd sey nicht an die Mosaischen Ceremonien/Recht/stat/ort/oder Tempel gebunden/sondern wo vnd wenn man GOtt in der erkantnuß seines Sons ehret/da sol der rechte Gottesdienst sein. 3. Das die Barmhertzigkeyt GOttes erkandt werde/welcher Jhme ein Kirchen samlet/auß dem armen Menschlichem geschlecht/oder Juden vnd Heyden/one einige ansehung der person/Wie Esaias sagt: Der frembde/der zum HERREN sich gethan hat/sol nicht sagen: Der HERR wirdt mich scheyden von seinem Volck/ Esaie 56. Item: Die ersten werden die letzten/vnd die letzten die ersten sein. Item: Jhr seyt alle Gottes Kinder/die jr den Glauben habt an Jesum Christum. Denn welche in Christo getaufft sind/die haben Christum angezogen/

Vnd

Achtzehenden Psalm Dauids.

Vnd hie ist kein Jud/kein Griech/kein Knecht/kein Freyer/kein Man/kein Weyb/sondern wir sind alle eines in Christo Jesu/Gala: 3. Denn so die leyb≠liche Sonne teglich auffgehet/vnd scheinet beyde vber die Frommen vnd Bö≠sen/Wie vil mehr wirt Christus/die rechte ware Sonne/vnd das rechte ewige Liecht der Glantz seines Vaters/in seiner lieben Kirchen auffgehen vnd schei≠nen/als der Auffgang inn der Höhe/vnd alle Menschen erleuchten/so in die Welt kommen/sonderlich/dieweyl er ist das rechte ware Himlische Manna/ das von allen/grossen vnd kleinen/jungen vnd alten/sol auffgelesen werden. Dise drey stück sol man allzeit betrachten/so offt von dem Beruff der Heyden gesagt wirt.

Es sollen aber auch die Heyden/das ist/wir alle/so wir beruffen sind zum Wort Gottes/vnd dasselbig lauter vnd rein haben/fürnemlich auff das Ex≠empel der Juden sehen/sonderlich/dieweyl GOtt endtlich beschlossen hat/ das er den vndanckbarn sein Wort in die leng nicht lassen wil. Vnd fürnem≠lich wir Teutschen möchten wol darauff grosse achtung geben. Denn es wirt was kommen/es sey was es wölle/dieweyl das Wort GOttes so grewlich vnd schröcklich durch das gantze Teutschland ist gelestert worden. GOtt er≠barme sich vnser genediglich. Vnd so er seines außerwelten Volcks nicht ver≠schonet/vil weniger wirt er der Heyden verschonen/so wir jme so vndanckbar/ sicher vnd heyllos sind.

Der HERR lebet/ vnd gelobet sey GOtt mein Hort/ vnd der Gott meines Heyls müsse erhaben werden.

DAs ist der beschluß des Psalms. Denn bißhero hat Dauid von seinen Feinden geredt/als Saul/Goliath/Absolon/vnd seinem eignem Volck.

Dise Feinde werden stetigs noch erfunden/bey Christo/vnd bey der Kir≠chen. CHristus hat solche vier Feinde gehabt: Den Saul/das ist/das Gesetz/denn Saul hat auff das Gesetz gedrungen. Vnd wie Saul dem Da≠uid das Reich nicht hat lassen wöllen/also hat das Gesetz Christo das Kö≠nigreich nicht wöllen einreumen/sondern jn im Kercker vnd Gefengknuß be≠halten wöllen. Aber Christus hats vberwunden. Darnach ist der ander Feind Christi gewesen Goliath/oder die Heyden/das ist/die Sünde/welche Chri≠stus auch vberwunden vnd außgetilgt hat/mit sampt der gantzen Welt/vnd aller jrer tyranney/list vnd trücke. Der dritte feind ist Absolon/das ist/der Tod/ welches werck Christus zerstöret hat. Der vierte/sind alle heimliche vnd geist≠liche widerwertigkeit vnd anfechtung/ innerlich vnd eusserlich. Dise alle hat Christus der Son Gottes müssen für sich haben/vnd vberwinden.

Saul, id est, vocatus. Saul heyst auff Teutsch ein Beruffner/das ist/das Gesetz/vnd Gesetzslehre. Es ruffet vns zum Gehorsam/oder zur Straff. Vnd wir gedencken/wir mögen vnd können nicht one disen Ruffer gerecht noch se≠lig werden.

Goliath, id est, transmigrans & exul. Goliath heyst auff Teutsch ein Flüchti≠ger vnd vertriebener. Solchs ist die Sünde/die vns für Gott flüchtig macht/ Wie Cain sagt: Ich muß mich für deinem Angesichte verbergen/vnstet vnd flüchtig sein auff erden/wie auch die ersten Eltern waren nach dem Fall.

Absolon, id est, pater pacis, ein Fridvater/per antithesin, das widerspiel zuver≠stehn. Denn der Tod macht vns allen schrecken/kümmernuß vnd leyd.

Die Kirche Christi hat auch von ersten Saul zum Feinde/das ist/die Werckheyligen/Schrifftgelehrten/Juden/vnd andere/sonderlich die Pa≠pisten,

Kurtze außlegung des

pisten. Darnach ist Goliath/das ist/die weltliche vnd menschliche vernunfft/ Philosophiam vnd Weltweißheyt. Zum dritten ist Absolon/ das ist/die Ketzer vnd falsche Rottengeyster. Zum letzten sind die hinckenden frembden kinder/Edelleut/Burger vnd Bawren/falsche Brüder/welche/ob sie gleich kein Ketzerey anrichten/ dennoch thun sie vil schadens/verderbens nur/ vnd fragen wenig nach dem Euangelio/lassens geben.

Also ist dieser Psalm ein Exempel für alle not in Christlicher Kirchen. Was weyter volget/ist alles leycht zuuerstehn/Denn Dauid allein widerholet die wolthaten Gottes/vnd die vier Feinde/von denen er ist errettet worden. GOtt der HERR (spricht er) lebet noch/ sie können jn nicht tödten/ er wirt mich wol erhalten/Darumb wil ich jn loben/vnd wil jm dancken/das auch meine Nachkommen disen Psalm singen sollen/ Denn er gibet grossen Sieg vnd heyl/vnd errettet mich vnd die meinen von den gifftigen leuten. GOtt sey gelobet in ewigkeyt.

Paulus zun Römern am 15. hat dise wort angezogen: Ich wil dir dancken/HERR/vnter den Heyden zc. vnd hat sie von Christo außgeleget/wie wir zuuor gethan haben/ Denn er predigt vom Beruff der Heyden.

Ein Lied auß dem 18. Psalm / Im
Thon/Es ist das Heil vns kommen her. Daß man allein auff Gott trawen/trotzen vnd hoffen solle.

In veste Burg ist vnser Got/darinn wil ich jn loben. Er reth vnd hilfft in aller not / ob gleich die Welt thut toben. Sein Nam wil ich anrüffen recht/so werd ich von mein feinden schlecht/erlößt/vnd wil wol bleyben.

Hertzlich hab ich dich lieb O HERR/mein sterck/mein Fels/vnd Veste. Du bist mein Burg/mein lob vnd ehr/mein schutz auffs aller beste. Mein Gott/auff den ich traw allein/mein schild/mein heyl/mein macht gar fein/mein Hort/wer wil mir schaden?

Ich hab erfaren Gottes macht/sein trew vnd huld in allen. Da mich vmbfiengen tag vnd nacht/des Todes band vnd gallen. Die Bech Belial schreckten mich/voll zagens one trost war ich/die Hell het mich vmbgeben.

Des Todes strick verwirrten mich/es was kein trost auff erden. Alls vnglück zu mir drang vnd schlich/ kondt des los nimmer werden. Es war mir bang vnd angst an mut/an Seel vnd Leib war nichts mehr gut/all hoffnung bleyb dahinden.

Da rüffet ich den HERREN an/vnd schrey zu GOtt dem Höchsten. Er höret mich/vnd zu mir kam/mit hülff auffs aller ehste. An sein Wort thet ich halten vest/im Tempel hört er mich zu letzt/vnd nam mein bitt zu ohren.

Ach trawt auff GOtt jr Christen fein/vnd lasst euch nicht verführen. Sein Wort lasst euch gewisser sein/thut ja das nit verlieren. Wer darauff bawt/der hats sehr gut/kan stetigs haben guten mut/ Ach wenn wirs gleuben wolten.

Wie

Achtzehenden Psalm Davids. CVIII

Wie groß elend ist stettigs hie/bey vns in vnserm leben. Wie manches creutz elend vnd müh/thut jmmer vmb vns schweben. Doch hilfft vns Gott ja wunderlich/das vns nicht schadet vngelück/er thut die sein erretten.

Sag her/wer hat Gott jemals trawt/vnd wer verlassen worden? Wer auff sein Wort gantz frölich bawt/es sey inn Krieg vnd morden: Es sey inn hunger/kummers not/es sey in Kranckheyt/Armut/spot/wem hats jemals geschlet?

Darumb so sag ich frisch vnd frey/vnd wil das wol erhalten. Ich bin vnd leb gantz one schew/laß GOtt den HERREN walten. Sein Wort das thuts vnd gibt den mut/on sein Wort bleybt kein schutz noch hut/Selig wer auff jn trawet.

Gott sey gelobt in ewigkeyt/für seine güt vnd gaben. Er hat vns alles guts bereyt/vnd weil wir das noch haben: So lasse vns solchs gebrauchen recht/das wir dieselben bhalten schlecht/vnd dancken Gott dem HERREN.

Gott Vater/Son/heiligem Geist sey lob vnd ehr von hertzen. Geb vns sein Wort am allermeist/still aller Seelen schmertzen. Er ist doch vnser sterck vnd Gott/vnd vnser Hort in aller not/Wer solches gleubt sprech/Amen.

Ein ander Kinderlied/ Wetters
zeit zu singen/anß dem XVIII. Psalm. Im Thon/
Dich bitten wir deine Kinder.

ACh GOtt in höchsten Throne/O Vater HERR/ HE Gott. HErr Christe Gottes Sone/der du vns hilfft auß not. O Gott heyliger Geyste/du gnad vnd rettung leyste / hör vnser armis Gebett.

Vergib vns vnser Sünde/vnd rechne nicht vnser Schuld. Laß ja HERR nicht dahinden/dein grosse Gnad vnd Huld. Far nicht herab mit Zoren/wir sind sonst bald verloren/erbarm dich vber vns.

Dein Donner groß wir hören/dein Blitz vnd Wetter hart. Dein Wolcken schwartz wir sehen/dein Stral kompt zu der fart. Dein Allmacht wir erkennen/dein Griff wir auch vernemen/Es rewt vns vnser Sünd.

Laß ab von deinem Zoren/Gott Vater/Son/vnd Geist. Du hast vns auß erkoren/zu Kindern allermeist. Straff vns nicht nach den wercken/thu vnsern Glauben stercken/hilff vns O Jesu Christ.

Wir habens ja verdienet/das du vns straffest recht. Wir haben dich verhönet/dein Wort nicht ghalten schlecht. Dein Güter vnd dein Segen/mißbraucht zu allen Wegen/die dir mißfellig sind.

Wir geben vns von hertzen/ja schuldig aller Sünd. Es bringt vns grossen schmertzen/das wir gwesen so blind. Dich haben je erzürnet/vnd hin vnd her geirret/in grosser sicherheyt.

So wend nun ab deinzoren/laß ab vom Wetter groß. Bhüt vns das Feld vnd Koren / das wir mit rechter maß: Das teglich Brodt erwerben/vnd seliglichen sterben/wenn du das stündlein schickst.

Hilff vns für schnellem tode/du Seel vnd Leyb bewar. Hilff vns in aller note/dein Donnern schaffe ab. Laß ja dem bösen Feinde/kein gwalt/da er vermeinte/grossen schaden zuthun.

Ach

Kurtze außlegung des

Ach Gott im Himels Throne/wir vns dir befelhen gantz. Laß vns leuchten die Sonne vnd deiner Gnaden glantz. Auff dein Genad wir wachen/du
wirst es alles schaffen/ Dir sey lob/ehr/vnd danck.
Es werd heylig dein Name/ dein Reich zu komm vns bald. Dein will
im Himels Throne/gscheh vns auff Erden all. Gib brod/vergib die Sünde/
kein args das hertz entzünde/löß vns auß aller not/Amen.

Collecta.

Rüffe mich an in der not.

Responsio.

So wil ich dich erretten/ vnd du solt mich preysen.

HERR Allmechtiger Gott/ wir sehen vnd hören deine Allmacht/ vnd deinen Zorn/ vnd erkennen
vnd bekennen/ daß wir arme/ elende Sünder sind/
Vnd bitten dich/ wöllest vns vnsere missethat vmb
deines Sons Jesu Christi vnsers HERren willen
genedigklich verzeyhen/ vnd ja nicht/weder alte noch newe Schuld
rechnen/ Denn wo du gehst in das Gericht mit deinen Knechten/ so
sind wir nicht allein an Gesundheyt/ Getreyd/ Korn/ Gütern/ vnd
zeitlicher Wolfart/ sondern auch an Seel vnd Leyb gantz vnd gar
verdorben.
    Schone vnser/ O HERRE Gott/ vmb deines Namens wil-
len/ auff daß wir dich noch lang/ auch in disem leben/loben vnd preys-
sen mögen. Gibe vns gut Wetter/ vnd vnser teglich Brodt/
zu erhalung deiner Kirchen in diesen Landen/
vmb deines Sons Jesu Christi vnsers
HERren willen/
Amen.

Auflegung

Neunzehenden Psalm Dauids.

Außlegung des Neunzehen-
den Psalm Dauids.

DJeser Psalm ist ein weissagung von der Lehre des heyligen Euangelij/ das es sol in die gantze Welt außgebreittet werden/ vnd von der Zukunfft/ vnd dem Sieg oder Triumph des HERren Christi/ Item/ von seines Wortes krafft vnd wirckung/ dadurch GOtt sein Wesen vnd Willen offenbaret/ vnd samlet jme ein ewige Kirchen im Menschlichen Geschlecht. Am ende ist ein Gebett vmb vergebung der Sünden/ vnd vmb den heyligen Geist/das wir biß an vnser ende bey dem Wort Gottes bleyben/vnd selig werden.

> Die Himel erzelen die Ehre Gottes/ vnd die Veste verkündigt seiner Hende werck.
> Ein Tag sagets dem andern/ vnd eine Nacht thuts kundt der andern.
> Es ist keine Sprache noch Rede/da man nit jre stimme höre.
> Ire Schnur gehet auß in alle Land/ vnd jhre Rede an der Welt ende.
> Er hat der Sonnen eine Hütten in denselben gemacht.

DAs ist das erste Stück dises Psalms/ darinnen wir vil schöner lehr haben/ sonderlich aber von der rechten erkentnuß Gottes/ Darnach von der außbreittung der Lehr des heyligen Euangelij/ Vnd zum dritten, von dem Ampt aller trewer Aposteln vnd Lehrer des Euangelij. Was nun das erste belanget/ solle man wissen/ das GOtt auff zweyerley weiß erkennet werde/ Denn von ersten ist cognitio vniuersalis, das ist/wie alle Menschen von natur auß den Creaturen oder auß dem Geschöpff Gott erkennen/wie Paulus Roma: 1. klerlich anzeygt/vnd spricht: Denn Gottes Zorn vom Himel wirt offenbaret vber alles Gotloses wesen vnd vntugent der Menschen/die die Warheyt in vntugent auffhalten. Denn das man weiß/ das Gott sey/ist jnen offenbar/denn GOtt hat es jnen offenbaret/damit/ das GOttes vnsichtbares wesen/das ist/seine ewige Krafft vnd Gottheyt/wirt ersehen/so man des warnimpt/an den wercken/nemlich/ an der Schöpffung der Welt/ also/ das sie keine entschuldigung haben/dieweil sie wusten/das ein Gott ist/ıc.

Himel/ Sonn/ Mond/ Sterne/ Lufft/ Wasser/ Erden/ vnd alles was darinnen ist/ so offt mans ansihet vnd betrachtet/ zeyget an/das GOtt Allmechtig/weiß/ gütig/ vnd barmhertzig/ gerecht vnd warhafftig sey. Daher auch die Heyden gesaget haben/ das GOttes Wesen vnd gegenwertigkeyt vberal/auch in den geringsten steinen vnd Kreutlein gespüret werde. Vnd haben Griechische vnd Lateinische Poeten vil schöner Sprüche von solcher gegenwertigkeyt vnd erkentnuß Gottes.

Suidas schreybt von dem Patriarchen Abraham/das/da er mit seinem Vater vnd Geschlecht in Chaldea ein Abgötter gewesst/vnd alda das Fewer

Kurtze außlegung des

vnd Orimalda geehret vnd angebettet/ hab er endtlich auß dem lauff/ liecht vnd wirckung der schönen Himlischen Liechter/ der Sonnen/ Monß/ vnd anderer Sterne/ so vil bey sich gefunden/ das vnmüglich sey/ das dises Fewer/ welches er mit den seinen anbete/ könne ein vrsach sein/ welches dise herrliche/ schöne Liechter erschaffen hette/ vnd in jrem lauff vnd wesen erhalten köndte. Sey derhalben je lenger je mehr auß seiner Abgötterey errettet worden/ vnd zu erkantnuß des rechten waren GOttes kommen. Dises sey nun also oder nicht/ so ists gleichwol war/ das man auß disen herrlichen Cörpern des Himels/ die Allmacht vnd Weißheyt GOttes/ abnemen vnd sehen kan/ Wie der trefliche Poet Lobanus zu dem frommen Mathematico Schönero/ auff ein zeyt ex tempore gesagt:

Esse Deum quicunq; negat, mox sydera spectet,
Sydera qui spectat, iurat is esse Deum.

Wer nicht will glewben/ das ein GOtt sey/ der sehe allein das Gestirn am Himel an/ so wirt er schweren/ das ein Allmechtiger weyser GOtt sey. Vnd hiehero haben etliche die wort dises Psalms gezogen: Die Himel erzelen die Ehr GOttes/ rc.

Man schreybet auch von dem heyligen Antonio/ das er sey gefragt worden/ was er für Bücher hette/ darauß er seine Kunst vnd Heyligkeyt neme? Darauff er sol geantwort haben: Se inspicere opificium mundi, & creationem rerum. Das ist/ Er hab kein andere Bücher/ denn das er die Schöpffung vnd das gantze Gebew der Welt ansehe/ vnd darauß die Allmacht vnd Weißheit Gottes bey sich abneme/ vnd darvon reden lernete.

Es sollen aber alle Menschen wissen/ das dise gemeine erkantnuß Gottes gantz gering vnd schlecht sey/ wo nicht das erkentnuß des Sons Gottes darzu kompt. Denn wiewol solche allgemeine erkentnuß Gottes in disen zweyen puncten stehet/ das nemlich alle Menschen sollen GOttes Allmacht/ Weißheyt vnd Gütigkeyt darauß erkennen/ auff das sie keine entschuldigung haben mögen/ wie Paulus davon redet: Vnd darnach/ das die Gleubigen darauß Gott desto ernstlicher vnd mehr loben/ wie die Epistel zun Ebreern anzeyget: Per Fidem intelligimus perfecta fuisse secula verbo Dei, Durch den Glauben mercken wir/ das die Welt durch GOttes Wort gemacht ist. Vnd darvon redet David/ Psalm: 92. DER R. X/ du lessest mich frölich singen von deinen Wercken/ vnd ich rhüme die Gescheffte deiner Hende. Jedoch können wir auß diser blossen erkentnuß gar nicht wissen/ was/ oder wer GOtt sey/ was sein wille sey. Darumb gehöret hiehero ein hellere vnd klerere erkentnuß/ welche ist peculiaris agnitio Dei, & propria filiorum Dei, darvon allein die Christglewbigen reden/ vnd etwas gewiß haben/ lehren/ vnd halten können.

Dise erkentnuß GOttes stehet allein in der Lehr des heyligen Euangelij/ wie Christus bezeuget/ vnd spricht: Das ist das ewige Leben/ das sie dich den waren GOtt erkennen/ vnd den du gesandt hast/ Jhesum CHRJstum. Solche erkentnuß GOttes stehet im Wort vnd im Zeugnuß. Das Wort ist die Lehr des Euangelij/ welche beyde im alten Testament/ vnd im Newen gefasset ist. Das Zeugnuß sind die heyligen Sacrament/ die Tauffe/ vnd das hochwirdige Abentmal. Auß disen hohen dingen kompt die erkantnuß Gottes/ das ist/ das man weiß GOttes Wesen vnd Willen/ vnd trawet vnd hoffet auff sein Gnade vnd Barmhertzigkeyt/ die er vns in seinem Son anzeygt/ bekrefftiget/ vnd versiegelt hat. Vnd so vil sey auff das kürtzte geredt von der erkantnuß GOttes.

Zum andern/ hat Gott solche seine Lehr vnd erkentnuß in die gantze weyte

Neunzehenden Pfalm Dauids. CX

te Welt außgebreyttet/das alle Himel nun die Ehre GOttes erzelen/vnd in allen Sprachen Gottes Namē verkündigt wirt. So weyt Himel vnd Erden ist/so weyt ist das Euangelium gegangen. Der Son GOttes hats von erſten auß dem heimlichen/verborgenen Rath der gantzen heyligen vnd ewigen Trifeltigkeyt herfür gebracht/vnd offenbaret. Darnach iſt es je lenger je ferner kommen/vnd in keinem winckel gepredigt worden/ſondern bey allen Creaturen/Wie der Son Gottes derhalben befilhet/vnd ſagt:Gehet hin/vnd prediget das Euangelium allen Creaturen/in allen Sprachen/nicht in einer allein/ſondern in Ebreiſcher/Griechiſcher/Lateiniſcher/vnd in allen Heydniſchen Sprachen/ Wie auch der vrſach halben am Creutz Chriſti der Titel in den dreyen fürnembſten Sprachen iſt geſchrieben geweſen: Jeſus Nazarenus ein König der Juden/ Vnd die Apoſtel am Pfingſtag mit allerley Zungen vnd Sprachen geredet haben.

Hierauß lernen wir/ 1. Die groſſe Gnad GOttes/der ſein Weſen vnd Willen allen menſchen offenbaret. 2. Die lieb des Sons GOttes gegen dem Menſchlichen geſchlecht/das Er ſelber das Wort vnd die Verheyſſung von vnſer Erlöſung auß der Schoß ſeines Vaters herfür bringet/vnd leſſet dieſelbige in die gantze Welt außbreytten. 3. Vnſer vndanckbarkeyt vnd ſicherheit. 4. Die art des Euangelij/Es wil in keinem winckel gepredigt ſein/ſondern öffentlich/für vnd in der gantzen Welt. 5. Das wir GOtt dancken/das Er auch vns armen Heyden ſeinen Willen eröffnet hat/ vnd vns gegeben trewe Lehrer/ſchöne Künſte vnd Sprachen. 6. Das wir vnns hüten für groſſen Sünden/damit Gottes Wort auch nicht wider von vns genommen werde/ wie es von den Juden/ Morgen vnd Mittagslendern/von wegen ihrer vndanckbarkeyt/genommen iſt worden/wie es ſich leyder bey vns leſſt anſehen in Schulen vnd Kirchen.

Zum dritten/wirt vns im anfang dieſes Pſalmens bald angezeyget/das Ampt aller Lehrer des heyligen Euangelij. Denn ob wol das wörtlein(Himel,cœli,)ſo vil bedeut/als wenn man ſagt: Wolcken ſind/da höret man das Euangelium predigen/ Jedoch werden auch vnter diſem namen(Himel) alle trewe Apoſtel vnd Lehrer begriffen/von wegen diſer vrſachen: 1. Ihr Ampt iſt Himliſch vnd Göttlich/vnd ihr Lehre iſt Gottes Wort/vnd kommet vom Himel. 2. Sie werden von GOtt darzu erwelet vnd geſandt zu dieſem Ampt/das Euangelium zu predigen. 3. Wie der Himel mit ſeinem Regen vnd lauterkeyt die Erde feuchtet/vnd fruchtbar machet/alſo die trewen Lehrer machen die Kirche GOttes weyt/fruchtbar/vnd bekeren ir vil. 4. Wie der Himel an jm ſelbſt ſchön/hell vnd klar iſt/alſo ſol der Lehrer wandel/leben vnd Lehr fein lauter ſein/zu GOttes Ehr/vnd zum guten Exempel des Nechſten. 5. Wie die Veſte des Himels ſtarck iſt/alſo ſollen die Lehrer beſtendig ſein in der erkanten vnd bekanten Warheyt/nicht wancken/noch ſich fürchten/noch jemand ſchewen/ſo anderſt die ſache gut vnd recht iſt.

Auß diſer Gleichnuß kan jetzund fein abgemalet werden/was das Ampt der waren Lehrer iſt/nemlich/wie der Pſalm ſagt/die Ehre GOttes erzelen/ vnd ſeiner Hende werck verkündigen.

Die Ehr GOttes aber iſt nichts anderſt/ denn das GOtt Allmechtig/ ewig/gerecht/warhafftig/gütig/vnd barmhertzig iſt/der vnd ſeines Sons willen alle Menſchen/ſo da gleuben an ſeinen Son/zu gnaden vnd auffnimpt. Von diſer Ehr redet GOtt/Eſaie am 42. Meine Ehr gibe ich keinem andern/ Jch bin ein eiuriger GOtt. Jch mach die Menſchen durch meinen Son gerecht vnd ſelig. Wer an meinen Son gleubet/der hat das ewig Leben.

T ij Diſe

Kurtze außlegung des

Diese Ehr gehöret mir allein/vnd sonst keiner Creatur. Es ist meiner Hende werck/keines Engels noch Menschens.

Allhie werden bald verworffen alle andere verdienst/oder werck/die zur seligkeyt helffen/oder dieselbige erlangen sollen. Gott thuts allein. Christus er wirbets allein. Es ist mit vnserm thun verloren. Vnsere werck vnd freyer will ist vnd gilt nichts. Der Glaub sihet Jesum Christum an/der hat gnug für vns all gethan/er ist der Mitler worden.

Doctor Lutherus/seliger gedechtnuß/hat jhme den ersten Vers dieses Psalms sonderlich wolgefallen lassen/dieweyl die Leh3 des Euangelii so lustig vnd rund darinnen beschrieben wirt. Denn was ist das Euangelium anderst/denn ein Predigt vnd verkündigung der Ehre Gottes/vnd seiner Hende werck/das nemlich Christus allein ist vnser Erlöser/Gerechtmacher/Mitler/ Heyland/vnd Seligmacher/sintemal doch vnsere werck für Gott stincken/ vnd lauter Sünden in vns sind/Wie derwegen Christus sagt/Johannis am 16. Der heylige Geist wirt die Welt straffen/von wegen der Sünden/das sie in mich nicht glauben. Wo Vnglaub ist/da ist nichts denn Grewel für den augen Gottes.

Ein Tag sagts dem andern/etc.) Das ist/nicht allein im Jüdischen Lande zu Jerusalem solle das Euangelium geprediget werden/sondern stettigs vnd vberal/auff alle zeit vnd tage/abents vnd morgens/tag vnd nacht/Nicht wie man im alten Testament allein auff den Sabbathtag prediget/sondern alle stund/wie der erste Psalm von den Gottsfürchtigen redet/das sie tag vnd nacht von dem Gesetz des HERRN reden. Es ist aber diser Vers sonderlich schön vnd tröstlich/denn also lautet er: Dies diei eructat siue effundit sermonem, & nox nocti pate faciet scientiam siue notitiam. Ein tag der giessets als eine quelle auff den andern. Denn das Euangelium fleusset stettigs/vnd ist ein lebendige quelle/frisch/lauter/vnd höret nit auff zu fliessen/vnd die hertzen zuerfrischen. Alle tage empfinden die Frommen einen trost/wenn sie mit dem Euangelio vmbgehn. Ein Nacht thut der andern kundt ein Lehr vnd Kunst/Das ist/das die Menschen je lenger je mehr lernen Christum erkennen/vnd an jn glauben/vnd behalten lucem & vitam, Liecht vnd Leben/Wie geschrieben stehet: Das Leben war ein Liecht der Menschen. So heyst das Hebreisch wort/welches hie stehet, viuificationem & vitæ propagationem, wie die Geletten wissen/das der mensch in Christo lebendig wirdt/da er zuuor matt/faul vnd tod war/in finsternuß vnd trawrigkeyt.

Es ist kein Sprache noch Rede/etc.) Diesen Vers sol man mercken/von wegen der Historien Actor: 2. da die Aposteln mit mancherley Zungen redeten. Vnd allhie sihet man/was er die Himmel nennet/nemlich/alle Apostel vnd trewe Lehrer/welche nit frer stimm vnd Richtschnur gerad fortgehen/das ist/ das Euangelium mit ernst/fleyß vnd mit bestendigkeyt treyben vnd anbreyten. Denn die Lehr des Euangelij nennet er ein Schnur/Normam vel Regulam, Kaf, vmb diser vrsach willen:

1. Das Wort Gottes ist ein Instrument des Göttlichen Gebews/wie jm Gott eine Kirchen bawet vnd samlet im Menschlichem geschlecht/vnd messet jhme dieselbige fein ab/das er die seinen kennet/vnd sie erhöret/gleich wie man vor zeyten mit einer schnur die Land vnd Ecker abgemessen hat/das es iusticia ad pondus sein solle/wie die Medici in Schulen davon reden.

2. Das Wort GOttes sol gerad/schlecht/vnd recht sein/vnd bleyben/ gewiß vnd warhafftig/Es sols kein Ketzerey zureyssen/oder krumm machen können.

3. Ein

Neunzehenden Psalm Dauids.

3. Ein jeder Apostel vnd Lehrer sol sein maß vnd gab von Gott nemen/ einer allhie/der ander anderstwo lehren/nach der gab vnd maß/die er von GOtt empfangen/Wie Paulus 2. Corinth: 10. sagt: Wir rhůmen vns nicht vber das zil/sondern nur nach dem zil der Regel/damit vns GOtt abgemessen hat das zil, wie weyt ich reysen vñ zihen solle, weyter habe ich meine schnur nicht gezogen/ Ich bin biß zu euch gelanget/ vnd laß einem andern Apostel auch sein zil, wo er predigen solle, vnd wie weyt er kommen solle/ Ich falle keinem in sein Ampt oder Bisthumb/sondern bleybe bey meinem zil/wie mirs GOtt geordnet hat.

Auß disen worten sehen wir auch/das sich kein Mensch, kein Land noch Reich entschuldigen kan/als ob es die Lehr des Euangelij nicht gehöret het/ oder darzu nicht het können kommen/Wie Paulus solches auß disem Psalm zun Römern am 10. erkleret. Wöllen nůn vom andern Theyl dises Psalms handeln.

Er hat der Sonnen eine Hůtten in denselben gemacht. Vnd dieselbe gehet herauß/wie ein Breutigam auß seiner Kammer/ Vnd frewet sich/wie ein Held/zu lauffen den Weg.

Sie gehet auff an einem ende des Himels/vnd laufft vmb biß wider an dasselbe ende/ Vnd bleybet nichts für jrer hitze verborgen.

DAs ist das ander Theyl dieses Psalms/darinn von der Zukunfft des HERrn Christi/vnd von seinen Wolthaten/die er seiner Kirchen erzeygt/gepredigt wirt/ Vnd werden dem HERren Christo allhie drey schöne liebliche Titel vnd namen gegeben/das Er nemlich genennet wirt: Die Sonne/der Breutigam/vnd ein Held.

Die Sonne wirdt er genennet von wegen diser vrsachen: 1. Das gleich wie die Sonn am Himel mit jrem liecht alle andere Sternen/ vnd das gantze Firmament erleuchtet/ also auch Christus/die rechte Sonne der Gerechtigkeyt, wie Malachias Christum nennet, erleuchtet alle Apostel vnd Lehrer mit seinem liecht, vnd ist bey jnen stetigs gegenwertig, regirt, erhelt, vnd sterckt sie, das jr lehr krefftig sey, vnd dadurch auch andere menschen erleuchtet werden. 2. Christus erleuchtet alle menschen, sintemal er ist das Liecht der welt. Vñ wo die lehr des Euangelij gepredigt wirt, da leuchtet die liebe Sonne der Gerechtigkeit, Wie Christus sagt: Wo zwen oder drey versamlet sind in meinem Namen, da bin ich mitten vnter jnen. Denn Christus wonet in seinen Himeln, das ist, Er ist bey seinen Gleubigen, Lehrern/ vnd hat seine wonung vnd Hůtten in jren hertzen, durch den Glauben, wie Paulus zun Ephes: am 3. bezeugt, Vnd Christus selbs sagt: Mein Vater vnd Ich wöllen kommen, vnd wonung bey euch machen. Vnd biehero gehören die schönen Predigten der Propheten, als Esaie am 9. Das Volck/so im finstern wandelt, sihet ein groß Liecht/ vnd vber die da wonen im finstern thal/scheinet es helle. 3. Wie die Stern vnd das gantze Firmament kein liecht hetten, wo die Sonne nicht jnen jr liecht gebe/ vnd můste stetigs nacht vnd finster sein, wo die Sonne nicht scheinete/ Also haben alle Lehrer vnd Christen nichts von sich selbst, sondern jre lehre vnd liecht ist von Christo gegeben/one welchen sie nichts sind, noch vermögen, Vnd můsten alle menschen in wiger finsternuß vergehen, wo nicht

Kurtze außlegung des

dise liebe Sonne/vnd Morgenstern/der Auffgang auß der Höhe/des ewigen Vaters Glantz/vnd Chalmal, Jesus Christus/schiene/vnd sie erleuchtet. Wo auch die Lehrer vnd Zuhörer ein wenig von diser Sonne in der Lehre/Glauben/Beruff vnd wandel abschreitten/vnd nicht gerad bey seinem Wort/vnd bey dem Weg/den er weyset/bleyben/so bald geraten sie wider in finsternuß vnd irrwege/wie man an den Ketzern/Widerteuffern/vnd Sacramentirern heutigs tags sihet. Darumb wie die Sonn ein Regel vnd Richtschnur ist aller andern Planeten/welche alle auff die Sonne/als auff jren König vnd Fürer/achtung geben/Also ist Christus ein Regel aller Propheten/Apostel/vnd Lerer/vnd aller Christen. Auff Jhn muß man allein sehen. Jhm geben zeugnuß alle Propheten/das durch seinen Namen vergebung der Sünden erlangen/ vnd selig werden/alle/so an Jn gleuben. 4. Wie die Sonne stettigs jren lauff behelt/vnd kan jr auffgang vnd lauff nicht verhindert werden/also kan Christus mit seinem Euangelio fort vnd fort/vnd kan von keinem menschen der lauff des Euangelij verhindert werden. Vnd ob gleich bißweylen ein dicke schwartze Wolcken das liecht der Sonnen vertunckelt/vnd auch der Monb zu zeyten ein finsternuß der Sonnen machet/wenn er sich zwischen die Sonne vnd vnsern augen oder gesicht mitten setzet/so kan es doch nimmermehr gar verfinstert werden/vnd kan die tunckelheyt nit lang bleyben/vnd bleybet die Sonne an jrem wesen/liecht/vnd lauff allzeyt wie vor. Also wenn gleich vil Tyranney vnd Ketzerey entstehet/noch bleybet Christus/die Sonne der Gerechtigkeyt/in seinem glantz/liecht/lauff/vnd wirckung/Trotz sey geboten allen Tyrannen vnd Ketzern. Das Wort sie sollen lassen stan/vnd kein danck dazu haben.

Zum andern/wirt Christus genennet der Breutigam/diser vrsachen halben: 1. Ratione amoris, Wie die liebe eines Breutigams gegen seiner Braut groß vnd innbrünstig ist/also ist Christi Hertz vnd Lieb gegen seiner Kirchen groß vnd vnmeßlich. Vnd ob gleich in vns noch vil mackel vnd Sünden stecken/jedoch hat vns CHRJstus also lieb/das er vnsern gebrechen nicht anschawet/vnd ist jm zu mut vnd sinn gegen vns/als einem newen Breutigam/ daruon man saget: Quisquis amat ranam, ranam putat esse Dianam. wie Doctor Förster/seliger/pfleget von CHristo vnd von vns zu sagen. 2. Ratione gaudij. Wenn die Schrifft ein grosse frewde wöll anzeygen/so redet sie von Braut vnd Breutigam/als Esaie am 62. Man sol doch nicht mehr die verlassene/sondern mein lieber Bule heyssen. Denn wie ein lieber Bule seinen Bulen lieb hat/vnd sich der Breutigam frewet vber der Braut/so wirt sich dein GOTT vber dir frewen. Vnd hieher gehören die schönen Vers des Herrn Philippi: Pectus ve in Sponso flammarum incendia lenciτ, Qui verò Sponsæ flagrat amore suæ, Naturam sociam verò sic diligit igne Filius æterno de Genitore ſtrus, &c. Von dieser Lieb vnd frewd singet auch Salomon in seinem Hohen Liede: Du bist aller ding schöne/meine Freundin/vnd ist kein Flecken an dir. 3. Ratione ornatus. Wie Braut vnd Breutigam gezieret/vnd auff jhrer Hochzeyt schön geschmücket werden/also ist Christus auff das schöneſt gezieret/vnd sein Schmuck/wie im 89. Psalm stehet/heyst Allmacht/Gerechtigkeyt/Gnad/Warheyt/Gütigkeyt/Heyligkeyt/Herrligkeyt/Wunder/Gewalt/Herrschafft/Psalm: 145. Er zieret vnd schmücket auch seine Braut vnd Kirche/alle Gleubige/ mit herrlichen/schönen Gaben vnd Tugenden/als da sind/Glaub/Lieb/Gedult/newer Gehorsam/Fried/Frewd/vnd andere Geystliche Gaben. Vnd wiewol die Kirche CHRJsti inn diesem leben dem Creutz vnterworffen ist/ vnd/wie im Hohen Liede stehet/ist schwartz/vnd wirdt offt von der Sonnen

verbrandt/

Neunzehenden Psalm Dauids. CXII

verbrandt/noch ist sie schön vnd lieblich/vnd behelt für den augen Gottes jren Schmuck/ob gleich die Welt denselbigen nicht sihet/wie im 45. Psalm von solchem Schmuck geschrieben stehet: Des Königs Tochter ist gantz herrlich innwendig. Dort aber in jhenem leben wirt es alles volkommen sein/ vnd offenbar werden.

Im Ehstande zwischen Man vnd Weyb sind auch vil schöner/herrlicher picturen vnd bildnuß der lieb vnd trew Christi gegen seiner Kirchen/Wie Paulus derhalben den Ehestand ein mysterium, Geheimnuß oder Sacrament nennet. Vnd man solle stetigs im Ehestande dise fünff stücklin betrachten/welche sind/ 1. Amor mutuus, Rechte lieb vnter den Eheleuten. 2. Fides coniugalis, Trew vnd glaub/das eines dem andern gelobet vnd zugesaget hat/ vnd zu halten für Gott vnd für der Welt pflichtig vnd schuldig ist. 3. Societas omnium bonorum & ærumnarum, Das Man vnd Weyb gleiche vnd vngetheylte Güter/gleiche burden/ in frewd vnd trawrigkeyt / mit einander haben vnd tragen. 4. Generatio, Kinder zeugen vnd ziehen. 5. Defensio, Schutz/eines das ander verteydige vnd beschirme. Denn dise fünff stück zeygen vns das rechte Geheimnuß an/ darvon wir an seinem ort anderstwo/wils GOtt/sagen wöllen. Allein sollen wir hie den Spruch Osee am 2. betrachten/da Gott spricht: Ich wil mich mit dir verloben in ewigkeyt/ Ich wil mich mit dir vertrawen in Gerechtigkeyt vnd Gericht/in Gnad vnd Barmhertzigkeyt/ja/im Glauben wil ich mich mit dir verloben/vnd du wirst den DEXXII erkennen.

Zum dritten/ wirt Christus in diesem Psalm genennet ein Held/der vrsachen halben: 1. Sein höchste lust vnd frewd ist/das er das Menschliche Geschlecht sol erlösen. Darumb laufft er getrost mit dem Wort/wie ein dapfferer/Mannhaffiger Held/der lust hat seinem Feind zubegegnen/vnd die seinen für Tyranney zubeschützen. Vnd solchen lust hat Christus auch in seine Gliedes gegossen/wie man an den Merterern sihet/so man mit lust vnd lieb zur marter gegangen/wie zu einem Tantz/als/Agnes das Frewlein/zu Edessa/mit jrem Sönlin/Policarpus/Laurentius/Babylas/vnd andere vnzeliche mehr. Vnd also lauffen noch alle trew Lehrer keck vnd vnuerzagt mit der Warheyt fort/vnd fürchten sich nichts/bleiben beständig vnd vnwandelbar. 2. Wie ein Held sol mechtig vnd starck sein/von gemüt vnd leyb/ also ist Christus Allmechtiger GOtt vnd Mensch/oberwindet vnd zustöret alle seine Feinde/ vnd erhelt sein armes Heuslein. 3. Wie ein rechter Held nicht müssig ist/sondern brauchet sich wider seine Feinde/also ist Christus nimmermehr müssig/er brauchet sich wider den Satan/mit dem kempffet vnd ringet er/vnd sieget/ vnd durch in siegen alle/so an jn gleuben.

Solchen Namen gibt Christo der heylige Geist auch / Esaie am 9. vnd nennet jn Wunderbar/seiner Person/vnd seines Ampts halben/Rath/Krafft/Held/ewig Vater/Fridefürst.

Also hat nun dise schöne namen der HErr Christus/ vnd lauffet mit seinem Wort durch die gantze Welt. Wie die Sone vom Auffgang zum Nidergang den gantzen Erdboden erleuchtet/vñ erwermet/also gibt Christus liecht hitz vnd werme allen/so an jhn gleuben/ vnd lesst das Euangelium verkündigen in aller Welt. Daher er selber sagt/Matthei am 8. Vil werden vom Auffgang vnd Nidergang kommen/vnd mit Abraham/Jsaac vnd Jacob im Himelreich sitzen. Item Esaie am 49. Sihe/sie werden von ferne kommen/von Mitternacht / vom Meer/vom Mittag/ vnd auß den Büschen vnd wilden Hecken. Sie korsten alle versamlet zu dir/mit einem schmuck angethan/wie eine Braut. Item/Vom Morgen wil ich deinen samen bringen/vnd wil dich vom

T iiij   Abent

Kurtze außlegung des

Abendt samlen/ ꝛc. Esaie am 43. Vnd solcher Sprüche werden wir inn den Psalmen noch vil haben/ wie wir auch bißhero derselben etliche gehabt/ als/ Psalm: 2. Die Heyden wil ich dir zum Erbe geben. Denn Christus/ wie wir gehöret/ hat die Lehr seines Euangelij allen Völckern lassen verkündigen vnd offenbaren. Für seiner hitze ist nichts verborgen/ das ist/ Er ist erstlich vberal an allen orten/ seiner Person vnd seiner Lehr halben/ wie wir auch im 138. Psalm hören/ vnd stehet allezeyt bey den seinen/ vnd verlesst jhr keinen. Darnach so wircket Er stetigs durch sein Wort/ vnd Lehre des heyligen Euangelij/ stercket/ tröstet/ krefftiget mit seinem heyligen Geist die hertzen der Menschen. One das Wort kompt kein trost/ hitz/ oder werm in die Hertzen/ Es muß gehöret/ gepredigt/ vnd gelesen werden/ Wie oben stehet: Die Himel die erzelen deine Ehr.

Diese Lehre ist den Frommen ein grosser Trost. Sie wissen/ wenn sie nur das Wort GOttes recht haben/ das CHRJstus allzeyt bey jnen ist/ vnd sie bey Jhm sind/ vnd trösten sich seiner gegenwertigkeyt/ rüffen jn an/ vnd werden erhöret/ vnd erhalten/ Vnd haben lust zu seinem Wort/ durch welchs der heylige Geyst wircket in jren Hertzen.   Volget nun das dritte Theyl dieses Psalmis.

Das Gesetz des HERREN ist one wandel/ vnd erquicket die Seele. Das Zeugnuß des HERREN ist gewiß/ vnd machet die albern weiß.

ALhie prediget Dauid von der krafft vnd wirckung des heyligen Euangelij/ vnd machet erstlich ein vnterscheyd vnter der lehre des Gesetzes/ vnd des Euangelij. Moses hat auch ein Gesetz/ aber es kan den leuten nicht helffen/ vnd kan die Hertzen vom schweren Gewissen nicht loß machen. Das Hertz bleybt jmmer vngewiß/ das einer nicht weiß/ wie er mit vnserm HERR Gott dran ist/ ja/ es ist weder rast noch ruhe im Gesetz. Da suchet man denn hie ein weg/ bald dort ein andern. Vnd ist bald geschehen/ das einer hie/ einer dort ein stück zubricht/ vnd kan keiner mercken/ wie offt er fehlet. Es ist an allen orten mühe vnd arbeyt/ mangel vnd tadel. Aber das ist jetzt ein ander Gesetz/ die Lehr des heyligen Euangelij/ Gnad vnd Warheyt/ die der Son GOttes auß der Schoß seines Vaters herfür bringet/ vnd dem gantzen Menschlichem geschlecht offenbaret.

1. Es ist one wandel/ est constitutio perfecta, es machet newe Menschen/ die für GOtt one tadel vnd mackel sind. Denn alle/ so an den Son GOttes glenben/ die sind für GOtt rein vnd volkommen/ GOtt wil jre Sünde nicht sehen noch mercken. Ein solche lehr ist das Gesetz weyt nicht.

2. Es erquicket die Seel/ das man des schweren Gewissens vnd gedancken loß wirt. Es verklagt vnd verdammet vns nicht/ wie das Gesetz/ sondern stercket vnd erfrischt des Sünders Hertz/ Wie jhener Doctor am Siechbeth gesagt: Ach/ ich weiß nicht was ich sol anfahen/ es wil mich nichts helffen/ noch erquicken. Wolan/ wils denn nichts thun/ so thu es das allein: Miserere mei Deus, propter Iesum Christum filium tuum, Erbarme dich mein/ O Gott/ vmb deines Sons Jesu Christi willen.

3. Es ist gewiß/ das ist/ es zeyget vnd gibet allen ein rechte/ gewisse Lehre vnd Weg/ das einer weiß/ wo er bleyben sol/ nemlich/ bey Christo. Andere lehr ist vngewiß/ vnd hat vil jrriger/ zweyffelhafftiger Fragen. Aber die Lehre von Christo machet Hertz vnd Gewissen gewiß/ mutig/ vnd keck. Vnd wer die

Lehr

Neunzehenden Psalm Dauids. CXIII

Lehr von Christo recht hat / der hat ein gewisses zeugnuß der Propheten vnd Aposteln/vnd seines eygen Gewissens. Er kan nicht jrren/ er bleybt nur bey dem Wort.

4. Es machet die Albern weiß. Was einfeltig/ schlecht vnd recht an dem Wort Christi hanget/ das ist groß für Gott. Die andern werden zu Narrn daro ob. Darumb spricht Christus: Ich preise dich Vater/ das du solchs den Weisen vnd Verstendigen verborgen hast/vnd den vnmündigen offenbaret. Item/ Auß dem mund der Seuglingen vnd Vnmündigen hastu dir ein lob zubereytet. 1. Cor: 1. Vns/die wir selig werden/ ist das Wort ein Krafft Gottes. Was schwach ist für der Welt/das hat Gott erwelet/rc.

5. Es ist richtig/ ein feine/ hübsche/ rechtschaffene Lehr/ die die leut auch frölich macht/gerecht vnd fridsam. Es ist ein befelh des HERRN/ministerium Euangelij, GOttes stimm vnd Christi Ampt. Vnd hat nicht vil jrriger fragen/ sondern ist schlecht vnd richtig. Was jrrige Fragen sind/gehören nit zum Euangelio / als / wenn die Sacramentirer disputirn von der localiter, oder vbiquitet. Die Lehr des Euangelij leydet solche Fragen nicht / Wie Esaias sagt: Zum Gesetz vnd Zeugniß sollen wir vns halten/vnd nicht gaffen nach denen/ so disputieren / vnd zweyffelhafftige/vnbestendige gedancken herfür bringen. Die stim Christi ist einfeltig/trew/vnd richtig.

6. Es erfrewet das hertz/ Wie Paulus sagt: So wir gerecht sind durch den Glauben/so haben wir fride mit Gott.

7. Es ist lauter/ wie oben gesagt ist/sibenmal durchleutert/ das kein falsch noch heucheley dabey ist / Wie mans auch nennet/das lauter/rein Euangelium/vnd hat sein übunge im Creutz/vnd wirt je leger je lauterer.

8. Es erleuchtet die augen/ das man recht sehen / vnd von allen dingen fein vrtheylen kan/da sonst ein fleyschlicher Mensch nicht verstehen kan/was die Göttliche Geheimnuß sind/ wie man jetzund an den Sacramentirern vnd Schwermern erferet.

9. Es ist rein/ Nicht allein für sich selbs / sondern auch das es feine reine/ schöne Gottesdienst machet/vnd bringt gute früchte des Glaubens/die Gott angenem sind vmb Christi Jesu willen.

10. Es bleybt ewiglich/one auffhören. Das Gesetz Mosi bleybet nur ein zeytlang/ Aber die Lehr des Euangelij vergehet nicht. Es ist ein ewiger Bund/ darinn ewigs Leben vnd Seligkeyt zu suchen/vnd zu finden ist. So bleybet es auch vest wider alle Tyranney vnd Ketzerey/ vnd wider alle Pforten der Hellen. Alle Tyrannen vnd Ketzer mit sampt jhrem Gewalt vnd Schwermerey vergehen/als weren sie nie gewesen / Aber das reine Wort Gottes bleybet stetigs vnuerfelscht/vnd behelt die vberhand.

11. Es ist warhafftig/one falsch vnd heucheley, carens etiam typis. Was es verheysset/das gibts von stunden allen Gleubigen/vnd die ewigen Güter hebets an zu geben auch noch in disem leben. Hat zeychen oder bedeutung eines dinges/das nicht zu gleich fürhanden wer. Wo das Wort ist/ da ist auch das/ was das Wort saget/vnd mit sich bringet.

12. Es ist gerecht/vnd machet gerecht alle/ die daran gleuben. Ja/ es ist kein wort in dem gantzen Euangelio/welchs nicht ein sonderliche lehre in sich hette/ von der Gerechtfertigung des Menschens für GOTT. Vnd wo das Euangelium ist / da ist lauter gute lehre/vnd trost. Vnd hangen alle Artickel des Glaubens aneinander. Ein jeder gehört zu der Lehre/ Trost/ vnd Gerechtigkeyt. Wer einen leugnet / der leugnet die Gerechtigkeyt. Wer den Artickel vom Sacrament des Altars nicht gleubet/ wie die Wort CHX Jsti lauten/

der

Kurtze außlegung des

der kan den Artickel von der Gerechtfertigung des Menschens nicht haben/ noch recht gleuben. Vnd also ists mit den andern Artickeln allen. Sie sind alle sampt gerecht/ vnd gehören alle zur Lehre/ vnd zum Trost/ Wo nicht Lehre oder Trost ist/ da ist kein Artickel des Glaubens/ vnd ist eytel falscheyt vnd lügen/ wie mit der Sacramentirer localiter, typis, vnd finiter.

13. Es ist vber alles Gold vnd Silber. Der beste/ thewerste Schatz/ Psalm: 119. Das Gesetz deines Mundes ist mir lieber/ denn vil tausent stück Gold vnd Silber. Allhie zeyget Dauid zugleich an die vnart der Welt mit dem Mammon vnd Geytz. Wan suchet Gelt vnd Gut/ wenn man gleich alles gnug hat/ Weyb/ Kind/ Hauß/ Hof/ Acker/ vnd anders. Aber es ist nichts/ spricht er/ es ist alles eytel vnd vergenglich. Allein Christus mit seinem lieben Euangelio bleybet/ vnd stercket vns.

14. Es ist süsser denn Honig vnd Honigseim/ in dem Hertzen vnd Gewissen. Kein frewd ist vber die frewd/ die das Euangelium anrichtet in der Gleubigen hertzen. Solches muß man erfaren. Die frommen/ engstigen Gewissen wissen dauon zureden. Sichere leut können dauon nichts sagen.

15. Es erinnert die Kinder Gottes. Welche Gott dienen/ die sind fürsichtig/ vnd haben achtung auff des Teufels list vnd tücke/ vnd leben in der forcht vnd anruffung Gottes/ warten jres Beruffs mit fleyß/ vnd mit gutem Gewissen/ lassen sich vom Wort Gottes nicht abfüren/ vertrawen Gott/ vnd bekennen auff jn alle zeit. Solchs thut die Welt nicht/ denn sie sind nicht knecht vnd diener GOttes/ sondern wöllen alle domini dominorum sein/ vnd werden nicht rasend vnd toll durch die Lehr des Euangelii/ denn das sie sich solten dardurch erinnern vnd bessern lassen.

16. Es gibt grossen lohn. Es dienet zu allen sachen. Wer Gottes Wort recht hat/ der bestehet hie vnd dort/ für Gott vnd der Welt/ vnd hat das ewige Leben.

Das alles ist ja gar schön vnd herrlich geredt von der Lehr des heyligen Euangelij/ welchs er von ersten nennet/ 1. Das Gesetz des HERRN/ Thora Iehoua, ein newes/ nit das alte Gesetz/ oder alte lehre/ sondern ein newe lehr/ die der Son GOttes/ der ware Iehoua/ vnser Gerechtigkeyt/ selbs verkündiget/ von dem Bund zwischen Gott vnd dem menschlichen geschlecht. 2 Ein zeugnuß/ τduth Iehoua, da GOtt der Vater selber zeuget: Das ist mein lieber Son/ Vnd der Son GOttes vnd der heylige Geist zeugen auch selbst durch das Wort vnd Sacrament/ Vnd alle Propheten zeugen von dem HErren Christo/ auch alle Apostel vnd Lehrer/ biß zu ende der Welt. 3. Befelh des HErren/ da der Son GOttes befolhen hat/ das Euangelium zu predigen in aller Welt. 4. Gebot des HERRN/ da jederman/ ders höret/ volgen solle/ vnd Gott lernen erkennen. 5. Die forcht des HERRN/ das ist ein schöner GOttesdienst. Denn forcht ist der rechte Gottesdienst/ wie Jacob schweret/ per timorem, bey der forcht GOttes/ das ist/ bey dem dienst/ den er GOtt zu leysten schuldig ist. 6. Die Rechte des HERRN iudicia siue iura, Gericht vnd Vrteyl. Denn das Euangelium hat nit allein gnedige verheyssunge/ sondern drowet auch allen Vngleubigen/ vnd verkündiget das vrteyl/ das wer nicht an den Son Gottes gleubet/ auff demselbigen der Zorn Gottes bleybe. Nun kompt das vierdte Theyl dises Psalmis.

Wer kan mercken / wie offt er fehlet? Verzeyhe mir die verborgene fehle.

Das

Neunzehenden Psalm Dauids.

Das ist ein harte einrede/auff die vorigen lehr vom heyligen Euangelio. Wenn ich gleich/spricht er/die Lehr recht habe/dadurch ich gerecht vnd selig werden solle/ noch dennoch füle vnd erfare ich/ das ich in disem leben nimmermehr so gleubig/starck/vnd gerecht bin/ das mit auch vber die massen vil sünde/vnreinigkeyt/ vnordnung/ vnd böse flarffen vnd neygung des hertzens/begird zum argen/vnd mancherley vnart in mir bleybe. Es ist alles voll sünde in mir/wissentlich vnd vnwissentliche/erbsünde/vnd wirckliche sünde. Darumb darff sich keiner/er sey so heylig vnd gleubig als er wölle/sicher düncken. Keiner kan sein eigen hertz recht sehen oder kennen. Ja/das hertz ist offt vnser grösstes feind. Vnd hat einer gnugsam zuschaffen für sich/ er sey wer er wölle/das sein hertz zeme vnd stille/ vnd ein wenig vom argen lencken möge/ wie solches alle Heyligen biß in jre Gruben erfaren/vnd beklagen. Vnd zumal wenn wir die schöne lehr hören von vergebung der sünden/ so wirt der meiste teyl gemeinlich sicher vnd stoltz gedencket/ es habe nun kein not mehr/ so doch die Lehr des Euangelij vns am ehesten zur erkantnuß vnserer schwachheyt füren solte/vnd aller sicherheyt vnd vermeissenheyt in vns wehren.

Allhie haben wir nun zu lernen: 1. Vnser vnart/ die wir die Lehr des Euangelij mißbrauchen zu vnser sicherheyt vnd vermessenheyt/ vnd verlieren also den waren Glauben/ vnd heyligen Geyst/ vnd geben kein achtung darauff/ wie wir die vbrigen Sünde in vns auch dempffen können. 2. Das in allen Heyligen noch vil Sünde/ Stoltz/ Ehrgeytz/ Neyd/ Zweyffel/ Vngedult/ vnd andere vnordnung stecken. 3. Das kein Mensch die menge seiner Sünden erforschen kan/ Denn das Menschlich hertz ist arg vnd vnerforschlich/spricht Jeremias. Vnd hie stehet: Wer kan mercken/ wie offt er fehlet? Vnd solches solle man wider die Papistische Ohrenbeycht wol mercken. 4. Das man Gott von hertzen bitten solle vmb vergebunge/auch der verborgenen heimlichen Sünden/die er weiß/ mehr als wir jmmermehr wissen können/ Wie Osiander offtmals/da er noch zu Nürnberg ware/pfleget zusagen: GOTT weiß vil Thonnen vol mehr Sünde/die in vns stecken/ da wir kaum für drey pfenning werdt erkennen. 5. Das man auch Gott fleyssig bitten solle/ das er vns in seinem Wort also erhalte/ das wir im Glauben stettige zunemen vnd wachsen/vnd rechtschaffen werden/sonderlich/ dieweyl wir one sein Genad/Gabe vnd Geyst nichts können noch vermögen/ Wie D. Siberus vber Tisch zu vns saget: Nihil sumus, seruat Dei nos gratia. Wir sind nichts/ GOttes Gnade erhelt vns. Derhalben spricht auch Paulus: Wer stehet/ der sehe/das er nicht falle. 6. Das man gewiß sein solle/ das/ so wir Busse thun/ erkennen vnd bekennen vnsere Sünde/ wie hie Dauid thut/ vnnd gleuben an den Son GOttes/ vns dieselbigen nicht sollen zugerechnet werden/ sie sollen inn vns nicht mehr herrschen/noch vns verdammen. Denn wir sindt nicht mehr vnter dem Fluch des Gesetzes/ sondern vnter der Gnade. Also tröstet sich hie Dauid/ vnd weiß/das jm seine verborgene fehle vergeben werden/ vnd schaden jm an seiner seligkeyt nicht/ wo nur die Sünde wider das Gewissen nicht darzu kommen.

> Beware auch deinen Knecht für den Stoltzen/ daß sie nicht vber mich herrschen.

JM vorigen Vers hat er wider die heimlichen griff des Teufels gebetet. Jetzt betet er auch wider die öffentlichen/ das jn Gott auch wölle behüten für den falschen Lehrern vnd Ketzern/ die jre ehr/ vnd nicht die Ehr Christi su-

Kurtze außlegung des

chen/ vnd lassen fromme Lehrer nicht vnangefochten: Sie faren daher in allem Stoltz/Frechheyt/ vnd sind kün/ vnd voll Ehrgeytz: Schmücken auch jre Ketzerey mit dem Wort Gottes/ wie die Exempel der Widerteuffer/ Sacramentirer vnd Antinomer beweysen. Aber das ist das beste/ das man zu Gott schreye/ wie Dauid/vnd spreche: HERR Gott/wehre du/das sie mich nicht verfüren noch vberreden/ vnd das sie mir nicht vber den kopff wachsen/ vnd nicht gewinnen/ Als denn so hat es kein not. Ich werde wol bleyben one wandel/vnd vnschuldig/ Das ist/ Wenn ich dein Wort recht vnd lauter habe/ one Jrrthumb vnd Ketzerey/ so kan ich wol bestehen für GOtt/ vnd kan rechtschaffen leben/ das ich nit falle in greuliche/schentzliche Laster/ Hoffmut/ Abgötterey/Stoltz/Lügen/Lesterung/vnd andere grosse Sünde. So wo die Lehre nicht rein ist/ da ist des sündigens kein maß noch ende/ vnd man kan sich für Jrrthumb vnd Lastern nicht hüten. Denn das heyst die gröste missethat/ maximum delictum, seu scelus grande, wenn man DEN JEsum vnd sein Wort auß den augen lesst/vnd eygne Weg/lehr/vnd leben fürnimpt/ vnd also in Abgötterey fellet/ vnd die Sünde gering schetzet/ wie die Widerteuffer die Blutschande/vnd andere Laster für nichts halten. Jnn Summa/ Wer Gottes Wort rein vnd lauter hat/der darff sich nicht fürchten/er mag sich kecklich darauff verlassen/ Es hat noch keinem gefehlet. Darumb spricht Dauid: Wenn ich nur dein Wort habe/vnd bleibe darbey schlecht vnd recht/ als denn so kan ich mich für mir selbst/das ist/für meinen bösen neygungen/fleisch vnd blut/fürsehen/das mich mein fleisch nicht vberwinde/ Vnd kan mich für den stoltzen/freuelen leuten/ die sich setzen wider den HERrn Christum/vnd wider sein Wort/ oder die sein Wort verfelschen/gantz wol hüten/ vnd bleibe also bey der waren/ reinen/ einfeltigen Lehr: Zum letzten/ so bin ich gewiß/ das GOtt wol gefellet die rede meines mundes/ vnd meines hertzens gespräch/ was ich lehre vnd predige/ wenn/vnd wie ich bete/ alle meine andacht/ mein wandel/ Glaub/ vnd bekantnuß ist Gott angenem. Denn wo die person durch den Glauben mit Gott versönet ist/ da gefellt GOtt alles wol/ was dieselbige person Gott dem HERRN zu ehren leystet. Gott ist derselbigen person Hort vnd Erlöser/ein starcker Fels/ darauff man sich verlassen/vnd fussen kan/ wie wir oben im 18. Psalm weytleufftiger gehöret haben. Wöllens nun bey diser Außlegung bleyben lassen/ vnd vns disen Psalm lassen lieb vnd werdt sein/ Dnn es ist nichts darinn vergessen/was man vom Euangelio reden vnd lehren kan. GOtt sey lob vnd danck für solche Lehre/ darbey er vns gnediglich wölle erhalten/

AMEN.

Zwentzigsten Psalm Dauids.   CXV

Außlegung des Zwentzig-
sten Psalm Dauids.

St ein Betpsalm für die Oberkeyt / daß GOtt jr wölle gnad vnd segen verleyhen/ friedlich vnd wol zu regiren/ vnd glück vnd sieg zu haben wider jre Feinde/ Gleich wie man jetzo in den Kirchen betet vnd singet: Gib vnsern Fürsten vnd aller Oberkeyt fride vnd gut Regiment / auff das wir vnter jnen ein stilles/ sannftes leben füren mögen/ in aller Gottseligkeyt vnd Erbarkeit.
Wir sehen aber erstlich allhie / das die Oberkeyt ein ordnung vnd einsetzung GOttes ist/ vnd GOtt angenem vnd wolgefellig. GOtt setzt sie in das Ampt/ vnd bestettigt sie. Regirt sie auch vnd segnet sie/ so sie jm volgen. Er erhelt sie bey Landen vnd Leuten / Vnd so sie jres Ampts mit trewen warten/ hilfft er jr in allen nöten/ vnd erhöret sie/ so offt sie GOtt anruffen. Wenn auch Gott dise ordnung selbst nicht wunderbarlich erhielte/ so were es vnmüglich/ das noch disen tag ein einige rechte Oberkeyt bestehen köndte. Gott erhelt die Ordnung/ ob gleich die personen/ so das Ampt haben/ den mehrern theyl vntüchtig sind. Vnd dise lehr solle man mercken wider die Widerteuffer/ vnd andere Schwermer / welche kein Weltliche Oberkeyt billichen/ oder leyden wöllen/ Wie vor zeyten auch Marcion/ Manichei/ vnd jr nicht geschwermet haben / das wer ein Weltlich Ampt habe/ ein König / Fürst / Kriegsman/ Richter sey/ der könne nicht selig werden. Wider solches geschmeiß muß man die rechte Lehr behalten / das Weltliche Oberkeyt gewißlich von GOtt/ vnd ein ordnung Gottes sey/ so von Gott teglich erhalten wirt / Wie die Sprüche bezeugen/ Prouerbiorum 8. Die Könige regiren durch mich/ vnd die Fürsten machen rechte Gesetz durch mich. Daniel: 2. GOtt verendert Königreich/ vnd richtet Königreich auff. Item/ Ich hab gesagt/ jr seyt Götter/ das ist/ jr füret ein Göttlichs Ampt/ vnd seyt meine Stathalter. So sagt Paulus Rom: 13. außdrücklich: Es ist kein Oberkeyt oder Gewalt/ on von GOtt/ Vnd wo Oberkeyt ist/ die ist von Gott verordnet/ Vnd wer sich der Oberkeyt widersetzet/ der widerstrebet Gottes ordnung.
Es gilt auch nicht einige außrede/ das man sagen wolte: Ja/ es ist vil vnordnung in Regimenten/ vnd es geht sehr vbel vnd vnrecht zu / die Herrn sind nachlessig/ vnachtsam / schenden jr Ampt selbs mit mancherley sünden/ darumb kan Weltliche Oberkeyt nicht von Gott sein. Darauff ist dise antwort: Es ist wol nicht leyder war / das vberal/ sonderlich in Regimenten/ mühe vnd arbeyt ist/ vnd offt grosse Tyranney hin vnd wider/ vnd ander mutwill/ getrieben wirt/ vnd die Herrn sehr sicher sind/ vnd meinen/ weyl sie Herrn sind/ jnen sey recht/ zuthun was sie wöllen/ man dürffte jnen nicht einreden/ wie jhene saget: Si libet, licet, an nescis te Imperatorem esse, & dare leges, non accipere? Daher auch bey den Heyden ein Spruchwort ist/ das aller frommen Fürsten Wappen/ Schild vnd Helm können in einem Fingerring gegraben werden. Item/ Ein Herr ist wol so seltzam im Himel/ als ein Hirsch in eines armen Mannes Küchen. Vnd wie jhener Münch zu den Fürsten vnd Fürstinnen in der Predig gesprochen: Er gleubete wol / das vil Fürstinnen selig würden / aber von den Fürsten wiste er nichts/ es were denn/ das sie in der Wiegen stürben. Doch/ es sey jm wie es wölle / so muß man ein rechte vnterschied haben der person/ vnd

P   des

Kurtze außlegung des

des Ampts. Es kan wol sein/ das die person vntüchtig/Gottloß/roh/vnd sicher ist/wie offtmals Herren sind/ die mit ein schlechte/gemeine Haußhaltung verwesen köndten/wil geschweygen/das sie Landen vnd Leuten fürstehen solten. Der Stand aber ist an jm selbst recht/vnd ist Gottes werck vnd geschöpff/ vnd wirt von Gott erhalten/ob gleich vil böser buben im Regiment sind/welche doch endtlich gestrafft werden/wie die Exempel außweysen. Vnd wirt diser Stand von Gott wunderbarlich erhalten/ wie wir zu vnser zeyt inn allen Königreichen vnd Fürstenthumben sehen vnd erfaren/ da es fürwar vnmüglich were/ das noch ein stücklein von rechter Policey vnd Oberkeyt/ oder ein gehorsam der Vnterthanen gegen der Oberkeyt fürhanden were/ wo nicht Gott dise Ordnung erhielte. Vnd solchs betrachten die Gottsfürchtigen/vnd sind gehorsam jhrer Oberkeyt/ Wie Daniel zu Babylon dienete/ob er gleich wider die person/ als wider den König/ ein ernstlichen zorn vnd eiuer hatte. So solle man auch mit zimlichen Regimten gedult haben/ob gleich etliche gebrechen vnd fehl in der Regierung sich zutragen/ wie wir auch vnserer Vetter vnd Vätter gebrechen zutragen schuldig sind.

Nach disem/das die Oberkeyt Gottes Ordnung sey/so zeyget vns zum andern auch diser Psalm an/ das solcher Stand von Gott beschützet werde. Der Teufel ruhet noch feyret nicht. Ein jegliche Oberkeyt hat grosse mechtige Teufel vmb sich. Wo nun Gott nit selbs der Wechter vnd Hüter were/mit seinen lieben Engeln / so were aller Frid/ Zucht/ vnd Regiment/ Weißheyt vnd Ordnung/ langst/langst zu boden gantz vnd gar in allen Landen/vnd in der gantzen Welt gestossen/vnd außgetilget / Wie der 127. Psalm bezeuget: Wo der HERR nicht die Stad behütet/so wachet der Wechter vmb sonst. Es ist nicht Menschen arbeyt/ wol vnd recht regieren/ Fried vnd gehorsam zu erhalten. So sinds auch die grössesten Narren/ die sich vermessen/ Land vnd Leut auff jrem eygen kopffe zu regieren. Sol es wol/still/vnd friedlich zugehn/ so muß Gott mit seinem Segen das beste thun/es ist sonst alles vergebens. Darumb spricht Salomon: Das das Auge sehe/vnd das Ohr höre/ist beydes Gottes werck/ Das ist/Das die Oberkeyt guten rath finde vnd gebe/ vnd die Vnterthanen volgen/ist Gottes werck. Menschen werdens nicht außrichten/wie wir zu vnser zeyt sehen. Was Menschen krafft vnd witz anhebet/ist nichts. Wo aber Gott der Haußhalter vnd Marschalck ist/da gehet es am besten zu.

Zum dritten/lernen wir allhie/ das man für die Oberkeyt mit fleyß beten solle. Man solle nicht fluchen oder schelten auff die Herrn/wenn es nur ein wenig recht zugehet/ wie geschrieben ist: Principi populi tui non maledixeris, sondern man solle für sie ernstlich bitten / wie Jeremias seine leute vermanet /für das Reich zu Babylon zu beten. Vnd Paulus vermanet Timotheum: Bitte für die Könige/vnd für alle Oberkeyt/auff das wir ein geruglich vnd stilles leben füren mögen/in aller Gottseligkeyt vnd Erbarkeyt / Denn solchs ist gut/vnd angenem für vnsern Heyland/1. Timoth: 2.

Es solle aber das Gebett für die Oberkeyt fürnemlich auff dise punct gericht werden: 1. Das Gott in jnen wölle durch seinen heyligen Geist rechten Glauben/Trost/vnd forcht Gottes anzünden/vnd bekrefftigen/ vnd sie zur Warheyt des Evangelii füren/vnd dabey erhalten. 2. Das er jnen wölle erkentnuß geben jres Ampts/damit sie jren Landen vnd Leuten wol fürstehen/ vnd derselben nutz vnd wolfart nicht verlassen/ oder gering achten/ noch jre Vnterthanen außsaugen vnd außschatzen. 3. Das er sie wölle behüten für bösen meulern/vnd Hofheuchlern/ welche Landen vnd Leuten bey den Herrn

alles

Zwentzigsten Psalm Dauids.

alles böses anrichten/vnd offt die Herrn dahin bereden/das sie weder lust noch lieb zu jren Vnterthanen haben/vnd dieselbigen nicht zu sich lassen/noch hören. 4. Das er sie auch sonst wölle für böser gesellschafft bewaren/damit sie nicht in grewliche Jrrthumb vnd Laster fallen/Vnd das er jnen wölle geben trewe/verstendige/Gottsfürchtige Rethe/die nicht auff jrem nutz allein sehen/ sondern auff die Gemeine/vnd haben achtung auff Gott/vnd auff seine Ehre. 5. Das er sie/mit sampt jhrem Samen wölle segnen. 6. Wo ein widerwertigkeyt/Krieg/oder Notwehr fürfellet/wölle er sie beschützen/vnd für allem vngluck behuten/wie vns diser Psalm lehret.

Der HERR erhöre dich in der not/der Name des GOttes Jacob schütze dich.

DEr gefahr vnd anfechtung sind vil/damit der Teufel die Oberkeyt plaget/beyde im Ampt/vnd ausserhalb des Ampts. Im Ampt / so sie desselbigen warten/ gehet es stetigs vnordenlich vnd vnrecht zu / Sie könnens nimmermehr dahin bringen/dahin sie selbst wöllen. So sie aber des Ampts nicht warten/ so plaget sie der Teufel mit andern vnnötigen Geschefften/ die weder zu GOttes Ehre/noch zu der Vnterthanen nutz gehören/sondern geschehen wol offt wider GOtt/ vnd wider alle billigkeyt vnd vernunfft/ Vnd martern sich die Herren mit solchen vnnötigen dingen selbst ab / das sie schier weder schlaffen/essen/noch trincken können für jrer sorge/welche doch zu jrem Ampte nicht gehöret/ec. Derhalben ist betens not/spricht der Psalm. Denn das Ampt wil sich nicht regieren lassen mit Menschlichem rath / Der gefahr ist zu vil/ Die hülffe mus von Got komen. Gott aber mus gesucht vn gefunden werden bey seinem Namen / das ist / inn seiner Gemein vnd Kirchen / da die rechte Lehr/vnd rechter gebrauch der Sacrament ist. Denn dieser Name ist der Kirchen schutz vnd schirm. Sonst kan nichts helffen. Es ist mit vnserm thun verloren. GOtt mus es thun von seinem Heyligthumb/ vnd aus Zion / Das ist/ Nicht mit schwertern/spiessen/Büchsen / sondern allein mit Gottes Macht. Vnser Waffen vertreyben den Türcken nicht. Menschliche krafft ist nichtes werdt. Wer auff GOtt trawet/vnd hat ein gute sach/vnd rüffet Gott an/ vnd wagets darauff/ der bestehet/vnd bleybet wol / vnd sein Regiment ist wol sicher.

Das ist gar ein schöne lehre / für die Oberkeyt vnd für die Vnterthanen/ 1. Sol das Ampt recht geführet werden/ so mus GOtt sein gnad vnd segen geben/vnd man mus jn darumb von hertzen anruffen vnd bitten. 2. Sol man die Feind vertreyben/so mus das Gebett der beste Harnisch sein. 3. Gott hilfft wider vnd vber alle natur/ weisheyt/ vnd vernunfft. Wenn man nicht weiß/wo aus/oder wo ein/so kompt GOtt vnuersehens mit seiner hülffe/Wie Philo saget: Wo Menschen hülffe auffhöret/ da mus Gottes hülffe sein. Vnd Taulerus spricht: Wo die natur sich endet/da fehet Gott an. Also hat Gott offt jr vil mit wenigen geschlagen/wie der Historien in heiliger Schrifft vil sind. Ja/also hat er des Antichrists Reich zu vnsern zeiten angriffen/vnd schaw getragen/ durch Doctorem Lutherum. Vnd zwar er hat dise seine kunst stetigs bewiesen/ vnd beweiset sie noch jmmerdar/ wenn wir jme nur vertrawen wolten/ beyde im Geistlichen vnd Weltlichen Regiment. O wie faul vnd heillos sind wir alle/ Herrn vnd Knecht/in disem stück. Vnser weisheyt vnd fürschlag mus fortgehn. GOttes hülffe mus hinden anstehen. Darumb gehets vns auch /dass wol besser döchte/ Wie langs weren wirt/das weiß Got.

D ij

Kurtze außlegung des

Er gedencke alles deines Speysopffers/ Vnd dein Brand opffer müsse † fett sein/id est, gratum & acceptum.

† *Alij sic: Incineret Holocaustum tuum, id est, mittat ignem de cœlo, qui absumat Holocaustum, & in cinerem redigat, in signum gratiæ.*

Zuvor hat er der hülffe gedacht. Jetzt bittet er/das Gott alle seine werck/ wort vnd anschlege wolte fürdern/vnd jn regiren in seinem beruff/das er Gott zugefallen lebe vnd diene/in rechtem Glauben/erkentnuß seiner sünden/forcht Gottes/vnd newem gehorsam. Denn das sind die waren Christlichen Opffer/dauon Petrus saget: Opffert GOtt Geistliche Opffer/die jme angenem sind von wegen Jesu Christi seines Sons.

Er gebe dir/was dein hertz begert/ vnd erfülle alle deine anschlege.

JM vorigen Vers hat er gebeten/ Gott wölle den HERrn ein rechten Theologum sein lassen/ Jetzt betet er/das er auß jme auch ein frommen Juristen mache/das er in seinem Ampt nichts anfahe one GOtt/ Vnd das/so ers mit GOtt ansehet/GOtt seinen Segen gebe/ damit alles recht fort gehe. Denn was man mit GOtt ansehet/das gehet glücklich/ Als wenn ein Fürst saget: HERR Gott/ich habe disen Krieg oder Notwehr für/ Gefellet dirs/ so hilff: Gefellet dirs nicht/ so verhinders/ vnd regiere mich/dir zugefallen. Aber wo geschicht das? Es muß alles gehen/ es sey wider Gott/oder wider den Nechsten. Gleich wie jetzt auff dem Concilio zu Trient definiren sie/ decernirn/anathematizirn/verdammen/vnd machens wie sie wöllen/vnd thun GOtt nicht so vil ehr auff/ das sie sagten: HERR GOtt/gefellt es dir/so hilff/das wirs recht machen: Gefellt es dir nicht / so verhinders. Vnd also thut auch vast der meyste theyl in der Welt/alles one Gottes rath/forcht/vnd anrüffung. Wol aber dem/der dem lieben Dauid volget/vnd spricht: HERR hilff/es ist dein Ehr. Dein will geschehe. Denn wenn man das thut / so hats nicht not mehr/ so können wir sagen: Der HERR hilfft vns / vnd vnser Waffen/Macht/Krafft/Stercke stehet auff dem Namen des HERREN: Der HERR ist bey vns mitten im spiel/ja vornen an der spitze. O wie ist das für ein grosser Rhum/Triumph/vnd Herrligkeyt/so man sich rhümen kan/ das Gott geholffen habe. Wie wir jetzt rhümen wider die Sacramentierer: GOtt ist bey vns / Christus/ warer GOtt vnd Mensch/verlesst vns nicht: Er hilfft vns: Der Sieg kompt von jhm : Er ist die Warheyt: Alle Menschen sind Lügner.

Nun mercke ich/ daß der HERR seinem* Gesalbten hilffet/ vnd erhöret jhn in seinem heyligen Himel. Seine rechte Hand hilfft gewaltiglich.

**Iesus, Christus, Iehoua. Sic quidam Iudæus hunc locum ex Hebræo textu legebat & interpretabatur, cum hæc tria nomina hoc loco coniuncta sint.*

Das ist ein verheyssung / Wer GOtt vertrawt/ vnd auff jn bawt/ dem wirt

Zwenzigsten Psalm Davids.   CXVII

wirt geholffen/da sonst nichts kan/noch sol helffen. Vnd fürwar es scheinet/ das dise wort dem Dauid alle seine Triumph vnd Sieg haben aussgerichtet/ Sie sind warlich sein Büchsen vnd Harnisch gewesst. Vnd zwar/wenn mans jm nach thet/ so würde man sehen/ der Psalm solt vnter die Türcken/vnd andere Feind/sie sind wer sie wöllen/ auch getrost schlagen. Aber es fehlet vns am Glauben vnd vertrawen.

Die rechte Hand GOttes bedeutet stetigs die Allmacht der Göttlichen Maiestet/vnd die ewige Seligkeyt/ wie wir hernach offt hören werden/vnd auch oben im 17. 18. Psalm/vnd anderstwo gehöret haben. Vnd dieses muß man wider die Sacramentirer behalten/welche schwermen/als sey die rechte Hand GOttes ein sonderlich gewiß ort in dem leyblichen/ raumlichen Dimel. O Thorheyt. Aber davon an seinem ort. Volget nun ein spot vnd straff aller derer/so sich nicht auff Gott/sondern auff Menschliche hülffe verlassen: Sie haben Wagen vnd Rosse/ Spieß vnd Büchsen/ sind mechtig/ vnd jr vil. Ey wie eine schöne Rüstung. Denn was ist das gegen dem/der da heyst/ der HERR vnser GOtt im Himel. Sie sind alle arme/elende Madensseck/ wiewol sie stoltz sind/vnd müssen alle darnider fallen/vnd zu boden gehn. Vnser GOtt aber/ der HERR Zebaoth/ bleybet/lebet/regieret in ewigkeyt/ vnd hilfft vns/ ob wir gleich vnser person halben schwach/ gering/vnd vntüchtig sind. Wir wissen vnd können vns nichts rhümen/denn des HERRN. O HERR hilff vns. Osianna. Du hast vns bißhero geholffen/Hilff vns weyter. Du bist der rechte König/ein HERR aller Herren/Dir sey lob vnd ehr von ewigkeyt zu ewigkeyt/ Amen.

Außlegung des Ein vnd zwenzigsten Psalm Dauids.

DJesen Psalm haben die Juden schlecht außgelegt/ wie den vorigen/von der Oberkeyt/ als/das er sey ein Lobgesang/darinn angezeygt wirt/das gute Regirung/Zucht vnd Fride sey Gottes gab/vnd das man Gott darumb anruffen vnd bitten solle/ das GOtt der Oberkeyt wölle gnad verleyhen/ glücklich vnd fridlich zu regieren/ Welches denn zu vnser zeyt in solcher gefahr vnd not/ darinnen der frommen Herren sehr wenig sind/von Gott zu bitten sehr von nöten ist/ wie wir im vorigen Psalm gehöret haben. Aber dieser Psalm ist vil zu starck darzu/ das men in schlecht von der Oberkeyt verstehen solte/Denn die wort/das er langes leben vnd ewigen Segen/ja ewiges Reich imer vnd ewiglich haben solle/ kan nicht vom Dauid/ noch von einem andern König verstanden werden. Darumben nemen wir jn an/ als eine schöne/ clare Weissagung vom Königreich des HERRN Christi/ das ewiglich sol sein vnd bleyben. Vnd wenn man jn verstehet von dem HER-

D iij   ten

Kurtze außlegung des

ren Christo/der vnser rechter/warer/vnd ewiger König vnd HErr ist/ herrschet vnd regieret inn ewigkeyt/ so ists ein feiner leichter Psalm/ vnd ist nicht
schwer zuuerstehen/ Denn er predigert von der Maiestet vnsers HERren vnd
Heylands Jesu Christi/zu der gerechten GOttes seines Vaters/vnd gehöret
zu den Sprüchen: Mir ist aller Gewalt gegeben im Himel vnd Erden: Jhm
sind alle ding vnter seine Füsse gethan vnd vnterworffen/ꝛc.

Vnd allhie solle man die lehre behalten/ die wir oben gesetzet haben/ von
dreyerley Reich des HErrn Christi: Das erste ist/Regnum potentiæ, das Reich
seiner Allmacht/ wie Er von ewigkeyt zu ewigkeyt warer GOtt/mit sampt
dem Vater vnd dem heyligen Geist/regieret vnd herrschet. Vnd dieses Reich
muß verstanden werden respectu duplici, Ein mal/ wie Christus ewiger/ Allmechtiger GOtt ist/vnd regirt: Darnach/ wie er auch nun glorificirt vnd erhöhet ist/als der Son des Menschens/ oder/als ein warer/rechter Mensch/
vnd sitzet zur Rechten GOttes seines Vaters/in gleicher Allmacht/ als warer Gott von ewigkeyt/vnd warer Mensch/ Wie geschrieben stehet/ Hebr: 1.
Er hat sich gesetzt zur gerechten der Maiestet inn der Höhe/ im Himlischen
Reiche/darinn Er mit aller Göttlichen Maiestet gezieret ist: Denn als warer
GOtt ist Er von ewigkeyt Allmechtig/vnd zur Rechten seines Vaters: Jetzt
aber/nach seinem Leyden vnd Aufferstehung/ sitzet er auch zur Rechten seines
Vaters/als warer Mensch/in gleicher Allmacht vnd Gewalt/ Wie Er selbst
sagt: Mir ist geben aller Gewalt im Himel vnd Erden. Item/ Ephesern am 1.
GOtt hat Christum von den todten aufferwecket/vnd hat jn (den er hat auff-
erwecket/ nemlich/ den Menschen Son) gesetzt zu seiner Rechten im Himel/
vber alle Fürstenthumb/ Gewalt/ Macht/ Herrschafft/ vnd alles was genant
mag werden/ nicht allein in dieser Welt/ sondern auch inn der zukünfftigen/
Vnd hat alle ding vnter seine Füsse gethan/ vnd hat jn gesetzt zum Haupt der
Kirchen vber alles/welche da ist sein leyb/ nemlich die fülle/ des/ der alles in
allen erfüllet.

Dise erinnerung sollen wir wol betrachten vnd mercken/auff das wir gewisse lehr vnd rechten trost behalten/ vnd Christum waren GOtt vnd Menschen erkennen/als vnsern Gott vnd Bruder/der Allmechtig ist/ vnd kan vnd
wil vns erhörn. Item/auff das wir auch der Sacramentirer grewliche Gots-
lesterung nicht leyden können/ welche Christo dem Son GOttes/so ferrn er auch
warer Mensch ist/seine Allmacht entwenden/ vnd nicht anderst von jhm ge-
dencken/reden/vnd schreiben/denn sonst von einem andern schlechten/heiligen
menschen/ Petro/ Paulo/vnd dergleichen/ vnd bringen wider auff die ban die
grewliche/schröckliche/Arrianische Ketzerey/ welche fürgabe/ Christus wer
wol Gott/ aber er were nicht ewiger Gott/ Also geben die newen Sacramentirer für/ Christus sey wol Gott/aber er sey nicht Allmechtig/ Deñ ein mensch
könne nicht Allmechtig sein. Christus aber sey ein Mensch/ Darumb könne
er nicht Allmechtig sein. Ach GOTT vom Himel sihe darein/ vnd laß dich
des erbarmen/ Sihe nicht in die leng zu/Es ist sonst bald mit vns auß. Stewer
vnd wehre solchen Gottslesterern/vnd erhalte vns dein bey deinem Wort. Denn
warlich so gehet der Sacramentirer tichten vnd phantasey/ zu bestettigung
grewlicher/grosser/Mahometischer/oder Türckischer Irrthumben/ Vnd ist
kein weg/ der bequemer were zu einreumung aller Ketzereyen/ vnd zu verlust
vnsers waren Christlichen Glaubens/alles trosts/vnd warer anrüffung Got-
tes/ als eben solches geschwetz vnd disputiren/ darfür vns der heylige Geist
trewlich warnet/Esaie am 8. Hüte sich/wer sich hüten wil/es thut not. GOtt
stehe bey vns.

Das

Ein vnd zwenzigsten Psalm Dauids. CXVIII

Das ander Reich Christi heyst/ das Reich der Genaden/ darinnen wir jetzt leben. Das dritte ist das Reich der ewigen Herrligkeyt/ darzu wir kommen werden. Aber von dem ersten Reich redet fürnemlich dieser Psalm/ vnd spricht:

HERR/ der König frewet sich in deiner Krafft/ Vnd wie sehr frölich ist er vber deiner Hülffe.

CHRIstus ist der König/ wie er auch darumb Christus heyst/ ein Gesalbter König vnd Hoherpriester. Diesen König hat GOtt der Vater vom Tod auffterwecket/ vnd Jhn zum ewigen König gemacht/ durch Göttlichen Gewalt/ wie im Andern Psalm stehet: Ich habe meinen König eingesetzt/ auff meinen heyligen Berg Zion/ Das ist/ Das er solle das Haupt der Kirchen sein/ wie Paulus dauon redet/ dem alles vnterworffen ist im Himel vnd Erden. Vnd das ist vns ein grosser/ vnaußsprechlicher Trost/ das wir nun einen solchen König vnd Bruder haben/ der da regieret in Frewden/ vnd hat den Tod vberwunden/ vnd frewet sich in der Krafft GOttes seines Vaters/ das ist/ Er ist Allmechtiger GOtt vnd Mensch/ Wie Er selber sagt im Mattheo: Von nun an werdet jhr sehen den Sohn des Menschen sitzen zu der Gerechten der Krafft. Vnd im Luca: Von dieser zeyt an/ wirdt der Sohn des Menschen sitzen zu der Gerechten der Krafft GOttes/ das ist/ der Allmechtigkeyt GOttes/ das/ wo GOtt ist mit seiner Krafft vnd Allmacht/ da ist auch der Mensch CHRIstus. O DERR GOtt/ erhalte vns bey diesem Glauben vnd Trost/ vnd wehre dem Teuffel zu dieser letzten zeyt/ auff das wir auch frölich werden vber deiner Hülffe/ vnd den sieg behalten/ Amen.

Du gibst jm seines hertzen wunsch/ vnd wegerst nicht/ was sein mund bittet.

IST alles von Christo geredt. Christus hat am tage seines Fleysches Gebett vnd Flehen mit starckem Geschrey vnd Thränen geopffert/ zu dem/ der jm von dem Tode kondte außhelffen/ Vnd ist auch erhöret/ darumb/ das er Gott in ehren hatte/ Hebreern am 5. Sein Gebett aber vnd Wunsch ist gewesen vmb die glorification vnd Göttliche Ehr/ Wie er saget/ Johannis am 17. Nun verkläre mich/ du Vater/ bey dir selbs/ mit der Klarheyt/ die ich bey dir hatte/ ehe die Welt ware. Diese Klarheyt hat der Son GOttes/ als warer GOtt/ von ewigkeyt gehabt/ vnd kein mal verloren/ Er ist stettigs Allmechtig/ vnd erfüllet/ vnd regiret alles. Allhie aber bittet er auch/ das er nach seinem Leyden/ als warer Mensch/ mit solcher Klarheyt vnd Maiestet gezieret werde/ Nemlich/ das er sey Allmechtig/ alles erfülle/ alles erhalte/ vnd gegenwertig regiere. Vnd solche seine bitte ist erhöret vnd vollführet worden/ das Er sitzet warer Allmechtiger GOTT/ vnd warer Allmechtiger Mensch/ zur Rechten GOttes seines Vaters in gleicher Allmacht/ vnd Gewalt. Trotz allen Sacramentierern/ ja allen Teuffeln/ die solches leugnen/ vnd beweysen. GOtt hat Christum vberschüttet mit gutem Segen/ also/ das nun/ wie Paulus gar tröstlich vnd klerlich redet/ in CHRIsto wohnet die gantze fülle der GOttheyt leybhafftig/ das ist/ gantz vollkömlich/ oder/ wie Cyrillus fein saget/ gleich als inn seinem eygenen Leybe. Denn Er hat vnseren leyb Jhm zu eygen gemachet. Die fülle aber der GOttheyt ist alles/

Kurtze außlegung des

was Göttlich vnd Allmechtig ist/vnd was zur Göttlichen Allmacht gehört. Darumb ist Christus/der Son des Menschen/vnser Allmechtiger Bruder/ Nicht das die Menschheyt in die Gottheyt verwandelt würde/Sondern das die Allmechtige Gottheyt Christi/die Menschliche natur ir also genaw vereiniget/vnd mit sich in die Höhe vnd Krafft oder Allmacht Gottes genommen hat/ Vnd nun der Son des Menschens ist warer Allmechtiger Gott/ herrschet vnd regirt vber alles/ vnd hat die güldene Kron auff seinem Haupte/die jme Gott sein Vater nach seinem Leyden vnnd Sterben/ als dem Son des Menschens/der nun ist erhaben/glorificirt/vnd in Göttliche Maiestet gesetzt/ selbst auff sein Haupt gelegt hat/das er sol sein warer Allmechtiger Gott vnd Mensch/König vnd Regirer vber alles/jmmer vnd ewiglich. Denn die Kron ist nichts anders/denn allein das Reich der Allmacht vnd des Gewalts Christi/darvon geschrieben steht: Der HERR hat gesagt zu meinem HERren/ setze dich zu meiner Rechten.

Du legest Lob vnd Schmuck auff Jhn.

DAs ist die Magnificentz vnd das Kleyd/damit Gott seinen Son/vnsern HErrn vnd Bruder/zieret/nemlich/Schmuck vnd Ehr/Lob vnd Preiß/ Herrligkeyt vnd Allmacht/Wie oben im Achten Psalm auch also steht: Was ist der Mensch/das du sein gedenckest/Vnd des Menschen Kind/das du dich sein annimbst? Du wirst jn lassen ein kleine zeyt von Gott verlassen sein/ Aber mit Ehren vnd Schmuck wirstu jn krönen. Du wirst jn zum HERrn machen vber deiner Hende Werck/ alles hastu vnter seine Füsse gethan. Denn diese wort reden von dem HErrn Christo/wie Paulus 1. Corinth: 15. Ephes:1. vnd die Epistel zun Hebreern am 2. Cap: bezeugen/vnd reden von des Menschen Son/vnd nicht allein von der Maiestet Christi/so er von ewigkeyt her/von seinem Vater/als ein warer Gott/hat/sondern/die er als ein Mensch empfangen hat/Wie die wort klerlich erweisen: Was ist der Mensch/vnd des Menschen Kind/ıc. Darumb ist der Mensch Christus/ der sich ernidriget/ vnd sich gehorsam gehalten/biß in den tod/ ja in den tod des Creutzes / mit solcher Ehr vnd Geschmuck gekrönet/ das Gott alles vnter seine Füsse vnterworffen hat/ Vnd in dem/das er jm alles hat vnterthan/hat er nichts gelassen/das jm nicht vnterthan sey / ja/ er hat nichts anders außgenommen/ denn sich selbs/der jm alles vnterworffen hat/spricht Paulus. Himel vnd Erden/vnd alles was darinnen ist/ Zeyt/Ort/Leyb/Vihe/Menschen/ ist Christo dem erhöbeten Menschen vnterworffen. Er ist Allmechtig/vnd warer Gott/ an keinen ort gebunden. Er ist war Gott vnd Mensch zugleich/vnd vberal mechtig vnd reich/wie wir Gott vnd Mensch on ende/wie wir in vnserm Liebe singen. Vnd wo die Rechte Gottes ist/da ist er auch warhafftig: Die Rechte Gottes Allmechtig ist/also ist er Allmechtig: An keinen ort gebunden ist/ sonst wer die Rechte Gottes nichts/sie wer am gewissen orte/ıc.

Du setzest Jhn zum Segen ewiglich/ Du erfrewest Jhn mit frewden deines Antlitz.

DJese wort sind genomen auß der Verheyssung: Jnn deinem Samen sollen gesegnet werden alle Heyden vnd Völcker auff Erden. Denn Christus/ dieweil er ist ein Fluch für vns worden/hat vns den Segen zuwegen gebracht/ das wir in jm/vnd durch jn für Gott gerecht/gesegnet/vnd ewig selig werden.

Ein vnd zwenzigsten Psalm Dauids. CXIX

Es gehn aber dise wort auch auff die vorigen meinung/ von der Maiestet vnd Allmacht Christi/ vnd können auffs deutlichste erkleret vnd verstanden werden durch den Spruch Pauli/ Philip: 2. Ein jeglicher sey gesinnet/ wie Jesus Christus auch war/ welcher/ ob er wol in Göttlicher gestalt war/ hielt ers nit für ein Raub/ Gott gleich sein/ sondern eussert sich selbs/ vnd nam Knechts gestalt an/ ward gleich wie ein ander Mensch/ vnd an geberden als ein Mensch erfunden Er nidriget sich selbs/ vnd war gehorsam biß zum tode/ ja zum tode am Creutz. Darumb hat auch GOtt jn erhöhet/ vnd ein Namen geben/ der vber alle namen ist/ das in dem Namen Jesu sich biegen sollen alle die knie/ die im Himel/ auff Erden/ vnd vnter der Erden sind/ Vnd alle Zungen bekennen sollen/ das Jesus Christus der HErr sey/ zur Ehre Gottes des Vaters/ etc. Lauter Gewalt/ Allmacht/ Gerechtigkeyt vnd Leben/ Fried vnd Frewd ist bey disem König zu finden/ ob es gleich der Welt/ vnd nerrischen/ Philosophischen vernunfft vngereimt vnd thöricht scheinet/ noch ist es war/ vnd behelt Christus warer Gott vnd Mensch/ seine Allmacht vnd Maiestet in alle ewigkeyt. Wol allen denen/ so darauff bawen/ vnd trawen. Wehe allen andern/ sie sind wer sie wöllen/ welche die Allmacht des Sons GOttes verkleinern/ wie die Sacramentirer thun/ vnd öffentlich auch der gantzen Gottheyt Allmacht verleugnen. Da behüte Gott alle frommne hertzen vnd Gewissen. Christus wirt solche Gottslesterer wol finden/ wie jetzt weyter volget.

SECVNDA PARS PSALMI.

Deine Hand wirdt finden alle deine Feinde/ Deine Rechte wirt finden/ die dich hassen/ etc.

JVden/ Heyden/ Tyrannen/ Ketzer/ alle auff einen hauffen/ sollen durch die Allmacht des Sons Gottes gericht/ gestrafft/ vnd in Hellischen Fewerofen geworffen werden. Wenns gleich lang mit jhnen weret für der Welt/ so müssen sie dennoch zu letzt in die Helle hinunter/ sie gleubens jetzt/ oder nicht. Sie sollen auch zeitlich / noch in disem leben / heimgesucht vnd gestrafft werden. Ihr Same vnd Nachkommen sollen nicht sein auff erden/ sondern außgerottet vnd vertilget werden. GOtt wil den rücken gegen jnen keren/ dieweil sie den rücken gegen vnserm HERR Gott erstlich keren. Was sie abschlagen/ sol jnen nicht fortgehen/ sie machens so heimlich/ klüglich/ vnd langsam/ als sie jmmer können. Wenns sies auffs klügest greiffen an/ so geht doch Gott ein ander ban. Sie können nichts außfüren/ noch zum ende bringen. GOtt stehet jnen mit seinem Zorn entgegen/ vnd schicket alles Vnglück auff jren rücken/. wenn sie es gleich so bald nicht fülen/ vnd je lenger je mehr verstockter werden. Das thut der Einer des HERRN. Christus/ des Macht sie verleugnen/ erhebet sich in seiner Macht vnd Krafft/ vnd stösset sie mit jrem Schwindelgeist zu boden. Wir aber sollen beten/ vnd seine Hülffe annissen/ vnd Christo dem HERren dancken/ singen/ loben/ vnd seine Allmacht vnd Krafft verkündigen. Wo wir das thun/ so wirt Christus auch das beste bey vns thun/ vnd seine Allmacht gegen seinen vnd vnsern Feinden erzeygen/ Es solle vns nicht fehlen/ noch einige not haben.

GOtt helffe vns zur rechten beständigkeyt/ Amen.

Ein Gebett auß dem

Ein Gebett zu GOtt/ vmb erhaltung seines Worts/ vnd rechtem gebrauch der Hochwirdigen Sacrament.

Allmechtiger/ewiger GOtt/ vnd Vater vnsers HErren Jesu Christi/ der du deinen Sohn vns zu gut hast lassen Mensch werden/ vnd jn zu vnserm König/ HERrn/ Erlöser/ Gerechtmacher/ Mitler/ vnd Seligmacher gemacht/ vnd hast Jhn verkleret mit ewiger Klarheyt/ vnd Jhm gegeben allen Gewalt im Himel vnd auff Erden/ Wir bitten deine grundlose Barmhertzigkeyt/ du wöllest vns ja bey solcher erkendtnuß vnd Bekendtnuß von deinem lieben Son/ vnserm HERrn vnd Heyland/allezeyt erhalten/ vnd sein Wort vnd Euangelium bey vnnd vnter vns lassen rechte früchte bringen/ daß wir dasselbig fleyssig hören/ betrachten/ vnd vnser leben darnach anstellen/vnd dabey allzeit biß an vnser ende beständigklich verharren. Wöllest auch dir immerdar vnter vns eine rechte Kirche samlen/mehren/stercken/vnd erhalten/ vnd inn vns waren Glauben vnd Trost bekrefftigen/ auff daß wir auch/als deine Kinder vnd Erben/zu ewiger Ehre vnd Herrligkeyt durch deinen Son gebracht werden.

Wir bitten dich auch/O HErr Jesu Christe/ der du vnser König/ GOtt/ Hirt/ Heyland/ vnd Bruder bist/ du wöllest selbs dein Wort rein vnd lauter vnter vns lassen gepredigt/ vnd gelehret werden/vnd vns heyligen in deiner Warheyt/ Dein Wort ist die Warheyt/ auff daß wir als arme gehorsame Scheflein/deine stimme/ der du vnser trewer/rechter Hirt bist/ hören/annemen/ vnd derselbigen volgen/ vnd dardurch gerecht vnd selig werden. Wöllest auch rechten gebrauch deiner Sacrament/ die du mit deiner stimme selbst hast eingesetzt/vnd geordnet/bey vns in vnsern Kirchen vnd Versamlungen gnedigklich vnd gewaltig erhalten/ vnd die Tauffe vnd das Abentmal

Ein vnd zwentzigsten Psalm Dauids. CXX

bentmal wider alle Rottengeister/steiff vnd vnuerfelschet vnter vns verteydigen. Es ist ja die sache dein. Das Wort vnd Einsetzung ist dein. Wir treyben allein dein Wort. So sind die Rottengeister wider dein außdrücklich Wort. Darumb lieber HErr Christe/ stehe vns bey/ vnd erhalte vns inn rechtem Glauben/ behüte vns vnd die vnsern/vnsere Kirchen vnd Schulen/vnsere Kinderlin vnd Hauß gesinde für aller ergernuß vnd verfürung. Laß keinen gifft noch verfelschung deines Wortes / vnd deines heyligen Abendtmals bey vns auffkommen/noch einreissen. Stewre vnd wehre du allen spitzigen/ vnruhigen köpffen / die nicht dein Ehre vnd Herrligkeyt / nicht dein Allmacht vnd Warheit/sondern allein jren namen/jren anhang/vnd jre eygne ehr suchen / vnd wöllen/was an jnen ligt/durch jre spitzige disputation vnd Sophisterey/dich deiner Ehr vnd Maiestet berauben / vnd sehen dich an/nicht als waren allmechtigen/warhafftigen Gott / sondern nur als sonst einen schlechten Menschen/ vnd schlechten Mitbruder. Ach lieber HErr Christe/rette du deine Ehre/ vnd mache sie jrr/ vnd beweise dich / daß alle Welt sehe vnd erfare/ daß dir ja aller Gewalt im Himel vnd auff Erden gegeben sey/ vnd daß du Allmechtig vnd warhafftig seyest. Laß deine Hand finden deine Feind. Erhebe dich inn deiner Krafft. Bekere/ die zubekeren sind. Verschone der einfeltigen vnd verfürten. Die mutwilligen aber straffe/ vnd wehre jhren anschlegen.
Vns aber/ vnd vnser armes geringes Heufflein erhalte bey deinem Wort inn rechter einfalt/ so wöllen wir singen
vnd loben deine Macht vñ
Herrligkeyt/von nun
an biß in ewig-
keyt.
Erhöre vns O HErr
Jesu Christe/
Amen.

Integritas, rectumq́; tuum me, Christe, gubernent.

Außle-

Kurtze außlegung des
Außlegung des Zwey vnd zwentzigsten Psalm Dauids.

Ein Psalm Dauids vor zu singen/von der Hinden/ die frü gejagt wirt.

Ist ein rechter Prophetischer Psalm/ ein Weissagung von dem Leyden/ Sterben/ vnd von der Aufferstehung vnsers HERren Christi Jhesu/ vnd von der Lehr des heyligen Euangelij/welche durch die gantze Welt sol außgebreittet werden/ allen Heyden/armen vnd reichen.

Vnd ist kein Schrifft/ in der Propheten Büchern/ welche so klar die Marter Christi am Creutz anzeyget/nicht anderst/als geschehe es jetzo in gegenwert/ wie Christo Hende vnd Füsse durchgraben/ vnd seine Glieder gereckt sind/wie die Juden so schmehlich Christo gespottet/ jn gelestert/seine Kleyder vnter sich getheylet/ das loß darumb geworffen haben/als eben diser Psalm.

Darumb sol vns diser Psalm ein fürnembster Hauptpsalm sein/ darinnen wir den HERren Christum reden vnd klagen hören / wider sein jamer/ elend/vnd seine Verechter/ Vnd hören jn ernstlich zu Gott seinem Vater/ das Er ja/ als ein gütiger Vater/ hülff vnd errettung schaffen wölle.

Dat also der heylige Geist durch Dauidem vast 1230. Jar vor Christi Leyden vnd Sterben/ solches Leyden/ Sterben/ vnd Aufferstehung Christi verkündiget/ mit gleichen worten/ wie dieselbigen in dem Leyden Christi von Christo selbst vnd seinen Feinden sind gebraucht worden/ zu sonderlicher lehr vnd beweysung/das Göttliche Weissagung mit dem außgang vnd erfüllung gerad zutreffen müsse.

Mattheus vnd Marcus zeygen an / das in dem hefftigsten Leyden Christi bald der erste Vers dises Psalms sey erfüllet worden / da Jesus mit lauter stimm geschrien hat : Eli, Eli lama sabathani. Mein GOtt/mein GOtt wie hastu mich verlassen. Item/das dise wort (Sie theylen meine Kleyder vnter sich/ vnd werffen das loß vmb mein Gewand) erfüllet sind/ da die Kriegsknechte das loß vmb den Rock Christi geworffen.

Die Epistel an die Hebreer am Andern Capitel zihet an disen Vers : Ich will deinen Namen predigen meinen Brüdern/ Vnd beweyset damit/das sich Christus Gottes Son nicht scheme/seine Glevbige vnd Schefflein seine Brüder zu nennen/ Wie er denn auch nach seiner Aufferstehung selbs sagt/ Johannis am 20. Gehe hin zu meinen Brüdern/ vnd sage jnen: Jch fare hinauff zu meinem Vater/vnd zu ewrem Vater/zu meinem Gott/vnd zu ewrem Gott.

Redet derhalben in disem Psalm durchauß Christus selbs. Vnd wir lassen nun faren die Jüdischen phantaseyen/welche disen Psalm von dem Jüdischen Volck/da Hammon den Mardocheum/vnd alle Juden außtilgen wolte/außlegen. Es hat Dauid vor dem Assuero oder Cambyse/ welcher auch Artarxertes genennet wirt / in die 500. Jar vnd mehr gelebet / Wie hat denn Dauid die Historien von dem Hammon vnd Mardocheo/ nach geschehener that/

Zwey vnd zwentzigsten Psalm Dauids.

that/wie sie fürgeben/beschreyben können/ so er doch dasmal nicht mehr ge‑
lebet/vnd vil hundert Jar zuvor gestorben gewesen. Wir lassen auch faren jre
andere thorheyt/damit sie disen Psalm von der verfolgung vnter dem König
Nabuchodonosor deuten. Item/auch jre dritte/vnd vnbestendige Gloß sol
vnnd kan nichts sein/damit sie diesen Psalm von Dauid/wie er von dem
Saul verfolget/nirgendt hat wol mögen sicher bleyben/außlegen. Denn
die Juden mit solchen mancherley beutungen nichts anderst suchen/denn das
sie allein nicht bekennen dürffen/das Christus Marie Son/der ware verheis‑
sene Messias/von jnen getödtet/vnd ermördet sey/welcher am Creutz/daran
sie jn gehefftet haben/geschrien: Mein Gott/wie hastu mich verlassen.

    Es schreybet Nicolaus de Lyra/das einer/mit namen Theodorus/disen
Psalm von wort zu wort von Dauide hab wöllen außlegen/vnd derwegen
von rechtgeschaffenen Lehrern inn dem Concilio zu Tolet verdampt/vnd ex‑
communicirt sey worden.

    Man lasse nun schwermen/welche wöllen. Wir sagen Gott dem HER‑
REN danck/das wir recht vnd einfeltig lehren/vnd wissen/das diser Psalm
ist des HERren Christi Gesang/Klag/vnd Zetterlied/welches Er gemacht
hat/da Er für vnser Sünde hat sollen leyden/vnd sterben. Vnd also wöllen
wir nun/mit Gottes hülff/disen Psalm für vns nemen.

DER Titel dieses Psalms heysst: Von der Hinden/die frue gejagt
wirt. De Cerua matutina, oder/ De Cerua auroræ. Von der Morgen Hin‑
den/wenn die Sonne auffgehet/oder wenn die Morgenröte herfür
bricht.

    Vber disem Titel haben sich die Scribenten sehr gemartert. Die sieben‑
zig Griechische Dolmetscher haben es gemacht/pro susceptione, von der auff‑
nemung/villeicht darumb/das Christus aller Welt Sünd auff sich genom‑
men hat. Vnd Augustinus hat sich hart vber disem Titel zubrochen/vnd doch
nichts gewiß erhalten.

    Es ist aber kein zweyffel/das der heylige Geist mit diesem vnbekandten
Titel hat die heimligkeyt des zukünfftigen Leydens Christi wöllen verbergen/
auff das die vnwirdigen/sichern Juden vnd Heyden/nicht allein die meinung
nicht verstehen/sondern auch in den worten/vnd im buchstaben straucheln/
vnd vngewiß bleyben solten. Denn der heylige Geist achtet die Gotlosen nicht
so wirdig/das sie die grossen heimligkeyt Gottes begreiffen/vnd finden sollen/
wie es noch heutiges tages mit den trefflichen Artickeln des Glaubens auff
gleiche weiß zugeht/wie der Apostel Paulus 1 Corinth: 1. dauon redet.

    Der heylige Geist nennet Christum den Son Gottes eine Hinde/von
wegen/das Christus leyden/vnd von den Hunden/wie ein arme Hinde/ge‑
jagt werden solte. Als Er hernach selber spricht: Die Hund haben mich vmb‑
geben. Vnd wirt in der heyligen Schrifft offt ein solche Gleichnuß gebraucht
von dem armen Wild/welchs gejaget/gefangen/erstochen/geschossen/vnd
außgeweydet wirt. Durch jagen vnd hetzen wirt fürgebildet die verfolgung/
so die Frommen von den Gottlosen leyden müssen/ Als in Klagliedern Jere‑
mie am 3. Meine Feinde haben mich gehetzt/wie einen Vogel von vrsach. Je‑
ger sind die Verfolger/sichere/Gotlose leut/wie Esau gewesen/Genesis am
25. welche von ersten für sich selbs nichts nach dem Wort GOttes/vnd nach
seiner verheyssung fragen/wie denn darumben Esau seine Erste geburt ver‑
kauffet/als der nach der Verheyssung von dem Erstgebornen Messia nicht vil
fraget/vnd spricht: Ich muß doch sterben/was sol mir denn die Erstgeburt?

X   Darnach

Kurtze außlegung des

Darnach werden die Jeger/das ist/die Gottlosen vnd Verfolger/feindt vnd gram allen frommen/rechtschaffenen Christen/so an der Verheyssung vnd dem Wort Gottes vest vnd bestendig verharren/Wie Esau feindt wirt dem frommen Jacob/seinem Bruder/welcher den Segen von seinem Vater Jsaac empfangen het/vnd seinen Eltern gehorchet. Zum dritten/werden solche Jeger trotzig vnd üppig in allen bösen stücken/wild/robe/lassen sich nicht weisen/hören nicht/gilt jnen alles gleich/recht/vnd vnrecht/zucht/vnd vnzucht/Wie Esau trotzig vnd wild wirt/begert seinen Bruder Jacob zuerwürgen/Gehet hin/vnd nimpt vber die Weyber/so er zuvor hatte/noch mehr Weyber/Genesis am 27. vnd 28. Dardurch werden nun alle Verfolger der waren Christlichen Lehr/vnd alle Gottlosen angezeyget. Also stehet auch/Psalm: 91. Der HERR errettet vom Stricke des Jegers/das ist/des Teufels/welcher den Gleubigen heimlich Stricke leget/vnd sie öffentlich jaget/vnd verfolget. Micha am 7. Sie lawren alle auffs Blut/ein jegklicher jaget den andern/das er jn verderbe. Hieremie am 16. spricht GOtt: Jch wil vil Jeger außsenden/die sollen sie fahen/auff allen Bergen/auff allen Hügeln/vnd in allen Steinritzen/Das ist/Die Chaldeer sollen mein Volck schrecken/vberfallen/fahen/vnd tödten. Vnd sind hin vnd wider inn der Schrifft vil dergleichen Spruche.

Also wirt nun der Son GOttes in die Welt gefüret/als ein arme/elende Hinde/vnter die Jeger vnd Jaghunde/welche sind/der Teufel/Sünde/Tod vnd Welt. Vnd muß von disen der HErr Christus gejagt werden in vilen Netzen vnd Stricken/so jm gestellet sind. Damit ist sein gantzes Leyden vnd Sterben angezeygt/sein jagen vnd onmacht/vnd auch darneben sein vnmessliche gedult vnd sanfftmut in seinem bittern Leyden.

Es wissen die Naturkundiger/das ein Hinde ein jaghafft vnnd blödes Thier ist/vnd ist doch jämiger vnd sanfftmütiger denn ein Hirsch/auch gedultig vnd fruchtbar. Solches gehört alles zu dem Leyden Christi Jesu/welcher von wegen vnser Sünde gejagt wirt/das ist/Er muß leyden vnd sterben/vnd schwitzet vnd jaget in solchem innerlichem vnd eusserlichem leyden/das auch ein Engel jn trösten vnd stercken muß/Vnd er selbs schreyet: Mein Gott/mein Gott/warumb hastu mich verlassen. Darneben aber ist Er in solchem leyden gedultig/sanfftmütig/vnd gehorsam dem willen GOttes seines Vaters/thut seinen mund nit auff/wie Esaias auch davon geweissagt hat. Vnd bestettiget mit solchem seinem leyden/vnd gantzem Gehorsam/ein newes/ewiges Reich/in seinem Blut ist fruchtbar/vnd erhelt seine Kirch/Wie derwegen nach seinem tod/Blut auß seiner Seytten geflossen ist/Damit zubedeuten/das die frucht seines Leydens grunen solle/biß zu ende der Welt/das er seine Kirchen samlen/regiren/erquicken/mehren/stercken/vnd erhalten wölle.

Das ist die ware vrsach/warumb Christus allhie ein Hinde genennet wirt. Vnd gehört hieher/o der Spruch/Proverb: 5. Die Hinde ist lieblich/vnd das Rebe ist holdselig/laß dich jre Brust allzeit settigen/vnd ergötze dich allwegen in jrer liebe. Wiewol aber der Spruch fürnemlich redet von frommen/fridsamen Eheleuten/so haben jn doch vil Scribenten von dem HERren Christo/vnd seiner Braut/der waren Christlichen Kirchen/verstanden. Denn auch der Ehestand ist ein Geheimnuß vnd Sacrament der Liebe Christi/als des rechten Breutigams gegen seiner Kirchen/oder gegen seinen Gleubigen/welche jme auß seiner Seytten am Creutz/da Blut vnd Wasser herauß geflossen/gezeuget/vnd zu einer Braut vermehlet ist/gleich wie Eua auß der seitten Adams von Gott ist genommen worden.

Die

Zwey vnd zwentzigsten Psalm Dauids. CXXII

Die Hinde/ spricht Salomon/ ist lieblich. Das ist nun Christus Jesus/ der hat vns lieb/ vnd ist vnser Liebe. Sein Name ist lieblich/ sein Lieb gegen vns ist vnaußsprechlich/ sein Leyden vnd Sterben ist vnser frölig keyt/ vnd vnser leben. Das Rehe ist holdselig/ das ist/ rechten Christen/ Aposteln vnd Lehrer/ die gantze gleubige Kirch Christi ist voll Trostes/ Frewd/ Fried/ vnd Lebens. Laß dich ire Brüste allzeyt settigen/ Das ist/ hange vnd bleybe an seinem Wort/ welches ist ein Wort des ewigen Lebens/ damit er alle/ so zu jm kommen/ speyset/ neeret/ erquicket/ vnd settiget/ vnd laß dich von solchem Wort/ vnd von solchen Brüsten nicht füren auff den glatten Hurenweg/ zu falscher Synagog vnd Ketzerey/ wie Salomon ferner dauon redet/ vnd dasselbige gantze Capitel von dem HERren Christo auff Geistliche vnd rechte weiß verstanden wirt.

Dieronymus hat noch ein heimliche beutung von diesem Titel/ da der Son Gottes eine Hinde genennet wirt/ vnd bringt herzu die eygenschafft vnd natur eines Hirschen/ daruon die Physici schreyben/ nemlich/ das ein Hirsch/ oder ein Hinde/ auff wunderbarliche natürliche weiß die Schlangen auß jren Löchern herauß zihet/ vnd verzeret: Wenn die Schlang in jrer Hölen liget/ vnd ruhet/ vnd der Hirsch oder die Hinde etwas alt worden ist/ laufft er zu der Schlangen loch/ helt den athem vest an sich/ vnd zihet an sich wunderlich den lufft/ so in der Schlangen Hölen ist: So nun die Schlang wil das leben behalten/ muß sie dem lufft nachfolgen/ Welches/ so sies thut/ wirt sie als bald von der Hinden verschlungen/ vnd verzeret/ vnd die Hinde wirt von jrer kranckheyt ledig vnd frey.

Ein solche Hinde ist auch Christus worden in dem alter seiner Kirchen/ zu der letzten zeit/ Da die verfluchte Schlang/ der alte Drach/ der Teufel/ gelegen/ vnd geruhet/ vnd dafür gehalten/ es habe kein not nicht/ er habe/ vnd behalte den sieg wider Gott/ so kompt dise Hinde/ Christus Jesus/ vnd helt allein den athem an sich/ das ist/ durch seine gedult/ in welcher er sich seiner Gotheyt eussert/ nimpt Er gewaltigklich dem Teufel allen lufft/ gewalt/ macht/ krafft/ sterck/ vnd sieg/ vberwindet jn/ zustöret sein Reich/ vnd reisset jm auß seinem Rachen das Menschliche Geschlecht/ welchem er allen lufft/ alles leben vnd trost/ erquickung vnd sterck genommen hette. Die trollet vnd krechet der Teufel auß seinem wüsten loch vnd spelunck/ auß der Hellen/ mit allem seinem weien vnd Hofgesinde herfür/ den lufft widerumb zu holen/ vnd wendet allerley rencke vnd list für/ damit er widerumb macht wider die Christen finden möge. Aber CHRJstus/ der in die Welt kommen ist/ das Er die Werck des Teufels zustöre/ ist die rechte Hinde/ welche die Schlang verschlinget/ vnd zu nichten machet/ also/ das jetzt alle Glepbigen sich für dem wüten vnnd toben der Teufel nicht mehr fürchten/ sondern sind mütig vnd starck/ haben den Lufft vnd das Leben wider/ Vnd wissen/ das CHRJstus noch heutiges tages/ vnnd biß zum ende der Welt/ inn jhnen/ als inn armen Gefessen vnnd Töpffen/ des Teufels lufft/ macht/ vnd Tyranney verschlinget.

Dises ist ein schöne/ lustige beutung/ zu welcher sich gantz wol schickt die Lehre/ welche stehet geschrieben Esaie am 2. mit disen worten: So lasset nun ab/ von dem Menschen/ der athem in der Nasen hat/ denn jr wisset nicht/ wie hoch Er geachtet ist. Denn diese wort gewißlich von dem HERren Christo sollen verstanden werden/ vnd nicht allein vom vertrawen auff menschen hülffe oder schutz. CHRJstus spricht Esaias/ ist ein Mensch/ aber ein solcher Mensch/ der athem in der Nasen hat/ Das ist/ Der von ersten vns allen/ die

Esaie am 2

X ij   wil

Kurtze außlegung des

wir Menschen sind/den athem des lebens in der Schöpffung eingeblasen hat/ das wir GOttes Ebenbilde vnd Wohnung worden sind: Vnd darnach/da wir durch die Sünde das leben/ vnd den rechten athem verloren haben/ hat er vns solchen athem durch seine Menschwerdung/ Leyden vnd Sterben/ auffs newe widerumb gegeben / vnd hat allen athem vnnd lufft dem Teufel entzogen.

Er hat auch darumb athem in der Nasen/das Er zürnet / vnd durch solchen Zorn alle Vngleubigen mit allen Teufeln verdammet / Wie im Andern Psalm auch stehet: Küsset den Son/ das Er nicht zürne/ vnd jhr nicht vmb kommet auff dem weg/ denn sein Zorn wirt bald anbrinnen / Aber selig sind die auff jn hoffen.

So vil sey von der Hinde gesaget. Es ist aber CHRJstus nicht ein schlechte Hinde / sondern ein Morgen oder Frühehinde. Vnd das ist das an der Stück / welches wir in disem Titel zubedencken haben. Es haben aber die Scribenten mancherley außlegung: Erliche sagen/ CHRJstus/ dieweil Er von seinem Grab vnd Tod widerumb frü/ da der Tag am Sabbath angebrochen war/ aufferstanden sey/ wie die Historia von seiner Aufferstehung außweyset / darumb werde Er allhie eine Morgen oder Frü Hinde genennet. Etliche haltens darfür/ dieweyl Er am Freytag gantz frü gefangen für das Geystlich vnd Weltlich Gericht geführet / vnd alda angeklaget worden/ sey er derhalben ein Morgen Hinde genennet/ Luce 22. Etliche nennen in ein Morgen Hinde/ als das souil geredt sey/Ein erste vnd fürnembste Hinde/ die am ersten geschlachtet wirt / vnd die ein Trost vnd Liecht/ oder das Haupt ist aller andern Hinden/welche auch gefangen vnd getödtet werden. Denn Christus ist mit seinem Leyben fürgangen seiner gantzen Kirchen / vnd ist das Haupt/ Trost/Liecht vnd Leben/ darauff alle Wetterer gefusset/ vnd sich verlassen haben. Er ist die Morgenröte/ vnd die Sonne/ der Erstgeborne von den Todten/ wie Paulus dauon redet/ Coloss: am 1. Er ist das Haupt des Leybes/ nemlich der Gemeine/ vnd ist der Anfang/ vnd der Erstgeborne von den Todten/ auff das Er in allen dingen den vorgang habe. Dises ist ein feine außlegung/ darinnen vil lehr vnd trost ist begriffen ist. Es haben auch etliche beyde wort/Hinde/ vnd Morgen/ gedeutet auff die zwo Naturen in dem HERren Christo/ Göttliche vnd Menschliche. Die Hinde zeyget an sein Leyden vnd Sterben/ wie ein mensch leydet vnd stirbet: Das wörtlein(Morgen)bedeutet die ewigkeyt vnd Gottheyt Christi/ vnd auch seine Allmacht/ damit Er jme nun/als ein warer GOtt vnd Mensch/ ein ewige Kirch samlet/ vnd erhelt / Wie geschrieben stehet/ Psalm: 110. Deine Kinder werden dir geborn/ wie der Taw auß der Morgenröte.

Solche aber/ vnd dergleichen gedancken vnd außlegung lassen wir bleyben an seinem ort/ wenn sie allein nichts schedlichs vnd vngereymbts fürbringen. Vnd mag leycht ein wenig verstandt vnd geschickligkeyt in einem Menschen sein/ so kan er dergleichen feine Gedancken vnd Gloß jm selber machen/ die sich an seinem ort nicht vbel schicken vnd reimen/ so sie zur rechten zeyt/ vnd zu erkleren/ vnd zu schmucken die sach an jhr selbs/nicht aber zur beweysung/ gebraucht werden. Doch sol dessen auch ein maß sein/ damit man nicht vom rechten handel gantz auff frembde gedancken gerate/ wie es leychtlich geschehen kan/ wie die erfarung darthut. Nun sollen wir auch den rechten einfeltigen verstand suchen.

Christus wirt als ein Hinde gejagt von den Hunden/ das ist/er wirt verfolgt vnd getödtet/ vnd das geschicht in der morgen frü / das ist/da die Lehr des

Zwey vnd zwentzigsten Psalm Dauids. CXXIII

des heyligen Euangelij/welches die ware Morgenröte/vnd der Glantz vnd schein der ewigen Sonnen ist/auffgehet/vnd wir nicht mehr im finstern sind/ Wie Paulus zun Römern am 13. saget: Die Nacht ist vergangen/der Tag aber herbey kommen. Lasset vns ablegen die Werck der Finsternuß/vnd anlegen die Waffen des Liechtes. Lasset vns Erbarlich wandeln/als am Tage. Wir von Natur sind alle inn Sünden geboren/vnd dem Tod vnterworffen/ wonen vnd bleyben inn der Finsternuß/wissen kein weg/weiß/oder mittel zu dem Leben/vnd zur Seligkeyt/irren vnd wancken hin vnd wider/sind forchtsam vnd elend/wie es in finsternussen zugehet/da man nichts kan sehen/was schwartz oder weiß ist/vnd hat keinen rechten weg/den man kennen kan/vnd muß immer inn gefahr Leybs vnd Lebens sein. So bald wir aber hören/das Christus Mensch ist worden/vnd hat vmb vnserer Sünden willen gelitten/ das Er vns auß der Finsternuß zu dem lebendigen/rechten Liecht füret/als denn sehen vnsere Hertzen die liebe Sonne/vnd die Morgenröte/das rechte/ ewige Liecht/herfür brechen/das wir vnterscheyden können/was schwartz oder weiß sey/das ist das wir das Wesen vnd den Willen Gottes erkennen/ vnd wissen den Weg/die Warheyt/vnd das Leben/welchs Christus selbst ist/ Vnd sind derwegen frölich/vnd one forcht/vollbringen die werck vnsers Berufs mit gutem fridsamen Gewissen/vnd mit rechtem Glauben an den HErren Christum Jesum.

Das Gesetz bringet vns auch nicht zum Liecht/sondern wirfft vns vnserer sünden halb/auß gerechtem Zorn Gottes/je lenger je tieffer in das finsternuß/in abgrund der Hellen/alda heulen vnd zeenklappern ist. Die Predigt aber des Euangeliums/welche vns den HERren Christum fürhelt/der von vnsert wegen als ein arme/elende Dinde früe gesagt ist worden/ist die heylsame Frewdenlehre/ von dem rechten Gnadenliecht/ darvon Esaie am 9. geschrieben stehet: Das Volck/so im finstern wandelt/sihet ein grosses Liecht/ Vnd vber die da wohnen im finstern Lande/scheinet es helle. Vnd also redet CHristus offt: Jch bin das Liecht der Welt/Wer mir nachfolget/wandelt nicht im finsternuß. Jtem/Johannis am 1. Das Liecht scheinet im finsternuß. Das war das warhafftige Liecht/welches alle Menschen erleuchtet/die inn dise Welt kommen. Vnd in den Propheten wirt Christus genennet/die Sonne der Gerechtigkeyt.

Genesis am 32. stehet geschrieben von dem hefftigen Kampff des Patriarchen Jacobs/mit dem Son Gottes/mit welchem er/als mit einem andern Manne oder Menschen ringet/biß die Morgenröte anbricht. Dise Histori ist von etlichen auch zu dises Titels erklerung angezogen worden. Sie gehöret aber fürnemlich zu dem streyt/ welchen die Gleubigen im Creutz vnd grossen anfechtungen haben vnnd außstehen/ vnd durch den Glauben vberwinden/ welcher so vest an Gottes Wort helt/biß er Gott zu eigen erlanget/vnd im das gnedige Angesicht entdecket/welches/wenn es geschicht/so gehet die liebe Sonne auff/vnd die Morgenröte bricht an in den hertzen.

Von diser schönen Morgenröte redet auch Dauid/2. Regum am 23 da er von dem Reich des HERren Christi predigt/vnd spricht: Es hat der GOtt Jsrael zu mir gesprochen/der Hort Jsrael hat geredt/der gerechte Herrscher vnter den Menschen/der Herrscher in der forcht GOttes: Wie das liecht des Morgens/wenn die Sonne auffgehet/des morgens on wolcken/da vom glantz nach dem regen/das Graß auß der erden wechßt/rc.

Vnd souil sey bißhero gnug von dem Titel dises Psalms gesagt. Wöllen nun die wort für vns nemen/vnd etwas mit hülff GOTtes erkleren. Es sind

X iij aber

Kurtze außlegung des

aber fürnemlich zwey stück / in welche diser gantzer Psalm kan getheylt werden: Das erste/Von dem Leyden vnd Sterben Christi. Das ander/Von seiner errettung/ Aufferstehung / vnd Herrligkeyt / von seinem Reich / oder von
der Kirchen Christi im Menschlichem Geschlecht.

Mein GOtt / mein GOtt / warumb hastu mich verlas-
sen?

MIt disem jemerlichen klagen vnd Zettergeschrey/wirt Christus bald
zu seiner höchsten Marter / vnd wie mans nennet / ad extremam epitasin, zu der
letzten handlung seines Leydens gebracht. Denn bald vor seinem abschiede
am stam des Creutzes/hat er dise wort zu seinem Vater geredt: Mein GOtt/
mein GOtt/wie hastu mich verlassen.
    Die muß man wissen / das zweyerley Leyden Christi gewesen sind / das
innerlich/vnd eusserlich Leyden. Das innerlich leyden ist/das Christus gefül-
let hat den Zorn Gottes seines Vaters / der auff die Sünde des menschlichen
Geschlechts geworffen war/vnd hat an stat der menschen solchen Zorn müssen leyden/vnd außstehen / vnd seinen ewigen Himmlischen Vater / als seinen
Feind vnd zornigen Richter ansehen/vnd ein Fluch vnd Vermaledeyung sein/
dem Tod/dem Teufel vnd der Verdamnuß vnterworffen. Das eusserlich ley-
den/ist die schmach/schand/spot/hon/marter/vnd plag/die er an seinem Leib
vnd von den Juden hat müssen tragen vnd außstehen/Welches eusserlich leyden ein gewisse bedeutung vnd anzeygung des innerlichen Leydens gewesen ist/
nemlich vast auff dise weyse: Da Er ist gefangen worden / auß neyd vnd haß
des Verrheters Jude/vnd der Hohenpriester vnd Eltesten des Volcks/ist da
mit sein Kampff mit der Sünden/vnd dem Zorn GOttes/so auff die Sünde geworffen war/angezeygt. Denn in derselben ersten Handlung die grossen
Sünde des gantzen Menschlichen Geschlechts / für welche CHristus ein
Opffer werden/vnd leyden muste/begriffen sind/ Als vnwissenheyt vnd faulheyt der Jünger/ vntrew vnd vndanckbarkeyt für die wolthaten Gottes/ ver-
rheterey/neyd vnd haß/betrug/falsches hertz/Judaskuß/ öffentliche verfol-
gung/vnordenliche wehr vnd schutz/rachgirigkeyt/mißtraw vnd zweyffel an
der gnedigen hülff vnd errettung Gottes/ verachtung des Wort Gottes/ vnd
eusserste sicherheyt.
    Dises ein wenig weytleufftiger zuerkleren/sollen wir ansehen den gemei-
nen lauff im Menschlichen Geschlecht gegen GOtt/seinem Wort/vnd gegen
vnser Seelen Seligkeyt. Von Natur sind wir alle vngelehrt/ vnnd wissen
nichts von GOttes Wesen vnd Willen/vnd/so der Son GOttes kompt/
vns das Wesen vnd den Willen GOttes zu eröffnen/vnd vns durch seinen
Gehorsam von allem vnserem elend zuerlösen / sind wir alle/auch die Heyli-
gen/vnd die Jünger CHristi/ gantz faul/schlefferig/laß vnd treg gegen seinen wolthaten GOttes/wöllen vns von jhm nicht lassen auffmuntern vnd
erwecken.
    Vber das / ist der meyste theyl der Welt sehr vndanckbar für die Gnade
vnd Wolthatten der gantzen heyligen Tryfeltigkeyt/ achtet nicht der EHR
GOttes/vnd mehret die Sünde der ersten Tafel/mit vnzelichen Sünden der
andern Tafel vber alle masse. Da findet sich vntrew gegen den waren Chri-
sten/vnd frommen Lehrern/ Verrheterey/ Judaskuß/ gute wort vnd falsche
trew/ lach mich an/vnd gib mich hin/ neyd/ mord/verfolgung/vnd dergleichen. So ist herwiderumb auch diser mangel in den Jüngern Christi/das ist

iii

Zwey vnd zwentzigsten Psalm Dauids. CXXIIII

in allen Christen/wenn sie verfolget werden/vnd neydt/haß/vnrecht/vnd alles vbel leyden/das sie von natur Nachgirig sind/suchen vntzmlichen schutz/ vnd Menschliche hülffe/verlassen sich auff zeytlich vnd Weltliche Gewalt/ Ehr/Gunst/Kunst/vnd dergleichen/vnd trawen Gott dem HERRN nicht so gerad vnd eben/wie sie thun sollen/zweyffeln/ob GOtt helffen wölle/vnd mißtrawen seiner verheyssung. Neben dem ist bey dem gemeinen hauffen solche verachtung des Worts Gottes/vnd der rechten Lehrer/vnd solche sicherheyt vnd frechheyt im leben durch alle Stende/groß vnd klein/hoch vnd nider/das jamer vber jamer ist.

Dise menge vnzelicher viler Sünden/hat der Son GOtts empfunden vnd gefület/vnd bald in seiner ersten plag/da er verrhaten vnd gefangen worden/gesehen. Denn solche Sünden jn zu solcher Gefengnuß gebracht haben. Vnd ist das innerliche leyden vnd kampff mit der Sünden vnd dem Zorn Gottes/bald durch solchs eusserlich leyden/da er gefangen ist worden/bedeutet/vnd zugleich angangen.

Darnach/da Christus ist für die Hohenpriester/für Annam vnd Caipham gestellet/alda sich die Schrifftgelehrten vnd Eltesten versamlet hetten/ist der Kampff mit dem Fluch vnd Vermaledeyung des gantzen Gesetzes anzeygt/ das er da muß hören/er habe Gott gelestert/er sey des todes schuldig. Alda ist die angst des Gewissens angangen/welches sich aller Sünden des gantzen menschlichen Geschlechts/die der Son Gottes auff sich genommen/als selbst schuldig erkant/angesehen/vnd gewust hat.

Bald da er der HErr Christus dem Landpfleger Pilato vberantwortet ist worden/wirt erst recht angezeyget der innerliche Kampff mit der Welt/ vnd mit dem gantzen Reich des Teufels/der ein Fürst der Welt ist. Alda ist lauter spot/verachtung/Gotteslesterung/schmach vnd schand/creutz/jamer vnd not.

Zum letzten/am stammen des Creutzes gehet der streyt an mit dem Tode/ der auff die Sünde gehöret. Vnd kommen also durch vnd durch beyde Leyden/innerlich vnd eusserlich/zusammen.

Solche erinnerung von dem Leyden Christi muß man behalten/disen Psalm desto leychter zuuerstehen. Denn er von beyden Leyden redet/jetzt von einem allein/jetzt von beyden mit einander.

Was das erste belanget/hebet GOttes Son mit hohen vnd schröcklichen worten an/zu GOtt seinem Vater zuschreyen/als ob er von jm vbergeben vnd verlassen were/vnd nicht allein sein Veterliches Angesicht/sondern auch hertz/sinn/gemüt/vnd lieb von jm abgewandt/vnd all sein grimm/eyver vnd zorn auff jn allein außgeschüttet hette/vnd er sich nun nicht mehr/als ein lieber Son/gegen seinem ewigen Vater/mit welchem er warer Gott von ewigkeyt zu ewigkeyt ist/alles gutes/aller lieb/vnd aller Veterlichen freundligkeyt versehen dörffte/sondern müste alles Zorns/Vngnade/Fluchs/vnd ewigen Verdamnuß gewertig sein/vnd seinen lieben/ewigen Vater/von welchem er von ewigkeyt/als sein warer Son/Ebenbild/vnd ewiges Wort/gezeuget ist/für seinen höchsten Feind/vnd zornigen/vngnedigen Richter erkennen vnd halten.

Dises sind hohe/grosse wort/die kein Creatur/weder Engel noch Menschen vermögen zufassen/vnd außzusprechen. Menschlich hertz ist weyt/weyt zu eng/vnd zu schwach darzu. Wir können nicht wissen/noch recht erfaren/ was das sey/von GOTT verlassen sein. Es ist auch nie keiner so Heylig vnd fürtrefflich gewesen/der solche anfechtung erfaren hette. Vnd wenn ein kleynes

Kurtze außlegung des

nes/geringes stücklein/fünckelein/oder ein geschmack solcher anfechtung inn die Gedancken/vnd in die Hertzen der Menschen kommet/so ist es mühe vnd arbeyt/vnd auch offt der tod vnd verzweyflung selbs. Die schönsten Liechter der Kirchen/Adam/Noah/Abraham/Dauid/Daniel/vnd andere vil/haben solchs leyden kaum ein wenig gerochen.

Wir wissen/das GOttes Name alles gutes an sich hat/vnd begreyffet/ Wie denn der Name (GOTT) von den Teutschen artiger/denn in andern Sprachen/so vil als (Gut) genennet wirt. Vnd GOtt ist vnd heyst/das ewige Leben/Liecht/Weißheyt/Warheyt/Gerechtigkeyt/Gütigkeyt/Allmacht/ Gewalt/Heyl/Seligkeyt/Frid/Freud/Ehr/Ruhe/Lust/vnd alles anders/ das gut ist. Da gedencke nun/was das sein mag/von disem allem verlassen sein/nemlich sovil/als in den ewigen Tod/finsternuß/thorheyt/lügen/sünd/ zorn/nichtigkeyt/dienstbarkeyt/franckheyt/verdamnuß/vnruhe/trawrigkeyt/ vnehr/betrübnuß/vnlust/vnd in alles böses/in allen jamer vnd elend gesteckt vnd geworffen sein/vnd GOtt den HERRN/Himel vnd Erden/Meer/Engel/Menschen/Thier/vnd alle Creaturn/alles vernünfftiges vnd vnuernünfftiges/alles lebendiges vnd todes/jhme zuwider/vnd zu feind haben/vnd leyden. Diß heyst von Gott verlassen sein.

Wil derhalben Christus GOttes Son/da er in seinem letzten zagen vnd leyden an dem Creutz/also erbermlich vnd elendiglich schreyet/Mein Gott/ mein Gott/wie hastu mich verlassen/so vil sagen: Ach Gott/mein lieber ewiger Vater/sihestu nicht/oder wiltu es villeicht nicht sehen/wie ich jetzt ring/ vnd kempffe mit der Sünden/mit deinem Zorn/mit der vermaledeyung des Gesetzes/mit des Teuffels Tyranney/mit der Welt/vnd mit dem Tode? Vnd du lest mich von dem Teuffel/der dein abgesagter Feind ist/so schmehlich vnd jemmerlich nach seinem wolgefallen/durch seine fewrige pfeyl schiessen/vnd von aller macht vnd krafft/ja von dem leben zum tode/von dem heyl zur verdamnuß bringen/vnd fast zur verzweyfflung treyben/also/das der Teuffel durch mich/in mir/der ich dein Son vnd Ebenbilde bin/dir/Gott/trotz bietet/vnd mich meiner GOttheyt begeret zuberauben/vnd sein mütlein an dir/vnd an mir zu külen/das ich weder Gott noch Mensch mehr sein sol/auch weder von Gott/noch Menschen einigen rath/trost/oder hülff haben möge. Warumb doch/ach mein GOtt/mein Vater/vnd HERR/warumb lest stu mich also jemmerlich stecken? Warumb ziehest du dein gütige/barmhertzige Hand von mir ab? Warumb ist dein gnediges/Veterliches Angesicht von mir gar abgewendet? Bin ich nicht dein lieber/ewiger/eingeborner Son/ den du von ewigkeyt gezeuget hast/an dem du ein wolgefallen hast/der ich in deiner Schoß ruhe/vnd ewiger GOTT mit sampt dir vnd dem heyligen Geyst bin/der ich auch deinem willen gefolget habe/das ich bin Mensch worden? Wie/oder warumb hastu mich denn/mein GOtt/mein GOtt/verlassen?

Dises sind vnbegreyffliche wort des Sons GOttes/vnd können auch von vns armen Menschen weder gefasst/noch erkleret werden. Wir vermanen aber/vnd bitten fleyssig alle Christen/sie wöllen selbst dise grosse not/vnd schröcklichen jamer betrachten/so werden sie in solcher betrachtung erfaren/ das dise wort weder Himel noch Erden begreyffen können.

Wir müssen ein Menschlich/einfeltig Exempel geben: Wie ein arm/elend ding ist es inn der Welt/vmb arme/verlassene Wittwen vnd Weysen/ Wer sich derer nicht erbarmet/vnd hertzlich annimpt/der muß ein verzweyfelter/harter/böser Mensch sein. Wenn ein gute/friedsame Ehe gewesen ist/

vnd

Zwey vnd zwentzigsten Psalm Dauids. CXXV

vnd das Weyb verleußt jhren lieben Haußwirt/ hat vil Kindlein/vnd nichts im Hauß/denn Hunger vnd Kummer/ hat auch nichts mit den jhren zuges warten/ Das Hauß ist öde/ sie vnd jre Kindlein müssen reumen/vnd andern stat geben/ Das Haupt/ jr Eheman vnd Vater/ist dauon/ trawrigkeyt des Hertzens/ weinen vnd klagen/ seufftzen/ vnd schwere gedancken im wachen vnd schlaffen sind fürhanden/es ist alles zu eng/ vnd zu weyt/ wo man hin ges het/ lieber Gott/wie ein schweres leben ist das? Wenn nun etwa darzu kom men böse/vnbarmhertzige leut/zenckisch/neydisch/eygensinnige köpff/die die armen Witwen vnd Weysen meystern/ vnd jres gefallens treyben wöllen/ so wirt der jamer desto grösser/ Gleich wie 4. Reg: 4 von des Propheten Weyb geschrieben steht/ welche zu Elisa schreyet/ vnd spricht: Dein Knecht/ mein Man ist gestorben/So weystu/das er/dein Knecht/ den HERRN fürchtet/ Nun kompt der Schuldherr/ vnd will meine beyde Kinder nemen zu eygen Knechten Deine Magd hat nichts im Hause/ denn einen Oelkrug/ ꝛc. Dise beyssen billich verlassene Wittibin vnd Weysen.

Aber es sey der Jamer so gros/ als er jmmermehr in disem leben sein kan/ so heyst vnd bleybt doch diß war/ das GOtt noch lebet/ vnd das diser/ wenn alle menschenhülffe auß ist/ mit seiner hülff gnediglich erscheinet/vnd zu rechs ter gelegner zeyt kompt/ vnd speyset/ vnd erhelt die verlassnen wunderbarlis cher weyß.

Dises ist ein schlechtes/ kindisch beyspiel. Aber vil ein ander vnd vnauß sprechlicher jamer ist das/ von GOtt verlassen sein. Da hülffe auch keines En gels noch Menschen beystand/ Es ist alles auß vnd vmb sonst. Vnd darüber klagt Christus allhie/ Mein Gott/warumb hastu mich verlassen?

Es ist aber dises auch fein zubetrachten/ das Er inn seinem Leyden/ dens noch Gott den Vater/ seinen Gott nennet: Mein Gott/mein Gott/ auff das Er bezeuget/ das Er/ ob es gleich scheynet/ als hab er jn verlassen/ doch sein GOtt vnd Vater sein/ vnd bleyben wölle. Ich bin verlassen/ spricht er. Von wem? Von dir/ mein GOtt. Bistu aber mein GOtt/ so muß volgen/ das ich nicht gar von dir verlassen bin/ denn du bist mein GOtt/ das ist/mein Leben/ Trost/ Seligkeyt/ Liecht/ Dülff/ Frewd vnd Wonne. Also kompt bie in dem HERren Christo zusammen/ fried vnd vnruhe/ Leben vnd Tod/ frewd vnd trawrigkeyt/ krafft vnd schwachheyt/ trost vnd schrecken. Dises ist in aller an sechtung vns allen ein tröstlich Exempel.

Die muß man ein Kinderlehr thun/ welche doch sehr von nöten ist. Deß vil leut gedencken: Ist denn Christus GOtt selbst gewesen/ wie hat Er nicht können solches Leyden vberwinden? Gott vermag ja alles/vnd ist Allmech tig? Oder/ wie das er zweyffelt an GOtt seinem Vater/ so er doch one Sünde ist? warumb gibt er sich nicht gantz mit einander in den willen seines Vaters/ sondern/ wie es scheinet/ widersetzt sich demselbigen/ vnd wolte gern/ das er jm nicht volgen solte?

Auff dise vnd dergleichen gedancken gehöret diser vnterricht/ von beyden naturen in einer person des HERrn Christi. Inn Christo sind zwo vnterschid liche Naturen/ Eine ewig vnd Göttlich/ Die ander Menschlich/ welche zu gewisser zeyt inn dem Leyb der Junckfrawen Marie der Son GOtts anges nommen hat/ Vnd sind doch nicht zwo/ sondern eine Person allein/ aliud & aliud, non alius & alius, wie die Alten also fein geredt haben/ gleich wie dein Seele vnd leib ein einige person sind/ Oder/ wie Origenes sagt: Die Göttlich natur leuch tet in der Menschlichen natur in Seele vnd Leyb/ wie im glüenden Eysen das Fewer leuchtet/ Das ist/die Göttliche Natur leuchtet in allen krefften. Dise
grobe

Kurtze außlegung des

grobe Exempel/ob sie gleich nicht in allem bequem sind/so dienen sie doch etwas zur einfeltigen vnterweisung.

Das muß man aber wissen/das in annemung Menschlicher Natur/alle natürliche/ordenliche wirckunge/vnd sterbligkeit one sünde angenommen ist. Denn darumb ist er von einer reinen Junckfraw durch den heyligen Geist geborn/auff das er one sünde sey/vnd one sünde alle natürliche ordenliche wirckung hette/Wie Esaias spricht: Inn seinem munde ist kein betrug erfunden worden. Vnd Paulus/2.Corint: 5. Denn/sagt er/der von keiner sünden wuste/hat Gott für vns zur sünde gemacht/auff das wir würden in jme die Gerechtigkeyt/die für Gott gilt. Also hat den Son Gottes/als ein waren Menschen/gehungert/gedürstet/er ist gewachsen/hat geschlaffen/er hat geweinet/hat andere ordenliche bewegung vnd wirckung gehabt/ alles one Sünde. Denn der vns von sünden hat helffen vnd erretten sollen/ wie hett der können Sünde an jme haben? So er Sünde gehabt hette/ were jm eines Helffers von nöten gewest/vnd er hett selbs der Helffer nicht sein mögen.

Das er aber im Leyden schreyet/vnd scheinet/ als were es ein vngedult/ da muß man ansehen die vrsach seines Leydens/woher dasselbige entstanden sey/vnd was jn gedruckt habe. Im Leyden hat er alle vnsere Sünde/als were er der rechte Schuldener/vnd Thetter/ auff sich gehabt / vnd die straffe der Sünden/den Zorn GOttes seines Vaters/vnd Verdamnuß vnd Todt gefület vnd erlitten/ vnd sind Culpa vnd Pœna,beydes/die Schuld/vnd die Straffe/auff jn zusammen gefallen. Solches ist der Menschlichen Natur in Christo seh: schwer/sawer/vnd bitter worden / hette auch müssen vergehen / vnd gantz vnd gar verzeret / vnd außgetilget werden / wo sie nicht durch die Allmacht seiner Gottheyt gesterckt/hülff erlanget/vnd erhalten were. Gleich als wenn ein armer/Krancker Mensch inn Ohnmacht fellet / vnd liget jemmerlich inn gefahr seines lebens / verweiß sich nichtes / vnd hat seinen Geyst an einem Seyden Faden hangen / vnd ist bald mit jhm geschehen/das seines Lebens Liecht gantz vnnd gar außlesche / Vnd solliches müste auch geschehen / wo nicht seiner Seelen Krafft vnd Stercke inn seinem Leybe fürhanden were / vnnd den Leyb bey dem leben erhielte / biß er widerumb auf der Ohnmacht zu sich selbst/vnd zu seinem wissen vnd sinnen kommet. Dieses ist ein Kindische Gleychnuß / vnd machet doch diesen grossen handel hell vnd liecht.

Dieweil nun Schuld/Sünd/vnd Straff/der Zorn Gottes/Vermaledeyung/vnd Verdamnuß/Tod/Hell vnd Teufel/alles auff dem HErrn Christo gelegen/vnd jhn gequelet/vnd zuschlagen hat / dahero klagt er / vnd schreyet vber sein Leyden/Nicht auß vngedult/nicht das er sich dem willen Gottes widersetzte/sondern aus der eygenschafft menschlicher natur/in welcher er gelitten hat. Denn ob wol Menschliche Natur in Christo one Sünde ist/so thut jr doch wehe/vnd bang/das jr zuwider ist. Vnd sintemal solche grosse vnsägliche Last vnd Bürde auff dem HERren Christo gelegen/hat es nicht können anderst zugehn/es hat jn gekrencket/schwach gemacht/ vnd zu solchem jemerlichen geschrey/heulen/vnd klagen getrieben/Gleich als wenn ein Balck vber die massen zu sehr beschweret wirt / so hebet er an zu krachen / vnd sich zu beugen / nicht auß seiner schuld / sondern das jm so grosse Last ist auffgeleget/die jm schwer ist zu tragen.

Auß dieser vrsach klaget CHristus allhie in disem Psalm/ am Creutz/ vnd anderstwo vber sein Leyden / Wie er auch thut im 69. Psalm: Ich muß (spricht er) bezalen/ das ich nicht geraubet habe: Mein Angesicht ist voller
schande:

Zwey vnd zwentzigsten Psalm Dauids.

schande: Die Schmach derer/die dich HERR GOTT schmehen/fallen auff mich: Ich bin elend/ vnd mir ist wehe. Solche Klag kommen allein daher/das Christus hat sollen vnd müssen leyden/das die verdampten vnnd verfluchten Menschen verschuldet/ vnd mit jren Sünden gehauffet hetten/ vnd auch selbst in ewigkeyt leyden hetten müssen/ vnd doch nicht können enden/oder aussstehen. Was nun alle Menschen/die yemals gewesen/die jemals geboren werden/ die da leben/ vnd die biß an der Welt ende geboren sollen werden/mit jren Sünden verschuldet haben/ an desselbigen stat muß die stehen ein einige person/CHRistus Jesus. Item/Was in alle ewigkeyt hette müssen gestrasset werden/ vnnd doch von dem gantzen Menschlichen Geschlecht nimmermehr hett mögen erlitten/ vnd aufgestanden werden/ das muß die einige person Christi/in kurtzer/ kleiner zeyt leyden/ vberwinden/ vnd aussstehen. Was das für ein Last sey gewesen/ können wir nicht genugsam mit vnsern gedancken vnd verstand inn diesem leben begreyffen. Müssen doch gleichwol ein wenig disen hohen sachen nachdencken/ auff das wir vns erinnern vnsers elends vnd jamers/der grossen Liebe Gottes/vnd des Sons Gottes gegen vns armen Creaturen/ vnd das wir also gereytzet werden zu rechter Dancksagung vnd anrüffung GOttes/ vnd zu einem busfertigem/Christlichem/fridlichem leben.

Diehero gehöret die schöne Predigt/ Esaie am 53. Fürwar Er trug vnser Kranckheyt/(das ist/Er leydet den todt/der auff vns ligt/vnd vns schwechet/ vnd zu boden drucket/ vnd von GOtt/ der das Leben ist/ absondert inn ewigkeyt.) vnd lude auff sich vnsere schmertzen/(das ist/des Gewissens angst vnd Last/das man Gottes Zorn fület/ vnd für angst nicht weys/wo aus oder ein/man kan in weder tragen/noch jm entlauffen.) Er ist vmb vnser Missethat willen verwundet/ vnd vmb vnser Sünde willen zuschlagen. Die straffe ligt auff Jhm/auff das wir Fride hetten/ Vnd durch seine Wunden sind wir geheylet. Er hat beydes auff sich/vnser Sünde/ vnd die straffe so auff die Sünde gehöret.

Also redet auch Paulus/ zun Galatern am 3. Capitel: CHRistus hat vns erlöset von dem Fluch des Gesetzes/da Er ward ein Fluch für vns. Denn es stehet geschrieben/Deutero: am 21. Verflucht ist jederman/der am Holtze hanget.

Dise grosse sachen solle man mit hertzlicher demut betrachten/vnd Gott dancken/ das er sich so tieff hat gedemütiget/ vns zu helffen/ Vnd sollen Jhn vmb verstand vnd gnade bitten/ vns hüten für Gottlosen gedancken/vnd vnnötigen Fragen/ Als: GOtt stirbet nicht: Christus ist gestorben/darumb ist er nicht GOtt. Wie hat Christus so engstig sein können/so er doch allzeyt selig gewesen ist. Für disen Fragen sollen wir vns hüten/vnd an die grosse Last/ so der Son GOttes auff sich genommen hat/ gedencken/ so werden wir dise/ vnd dergleichen Fragen wol vnterlassen. Sollen doch auch darneben die rechte/ einfeltige Antwort mercken/ so bißhero ist angezeyget/ Von welcher auch Petrus inn seiner Epistel saget: Christus hat für vns gelitten im Fleysch/vnd ist getödtet nach dem Fleisch/das ist an der Menschlichen Natur. Denn sein Göttliche Natur nicht gelitten hat/ nicht gestorben ist/ Wie der gar alten Lehrer einer/ Jreneus/ erkleret/ vnd sagt/ das CHRistus gecreutziget vnd gestorben sey also/ das die Göttliche Natur/ oder das Wort in jme dieweyl hab still gehalten/vnd geruhet/auff das die Menschliche Natur in Jhm leyden vnd sterben köndte. Vnd also redet auch Paulus/zun Philippern

Kurtze außlegung des

lippern am 2. Capitel: Jesus Christus/ ob er wol in Göttlicher gestalt wat/ hielt ers nicht für einen Raub/Gott gleich sein/ sondern eussert sich selbs/vnd nam Knechtes gestalt an/ ward gleich wie ein ander Mensch/ vnd an geberden als ein Mensch erfunden. Er nidriget sich selbs/ vnd ward gehorsam biß zum Tode/ja zum Tode am Creutz. Item/ zun Hebreern am 5. Christus ist versucht allenthalben/ gleich wie wir doch one Sünde. Vnd haben die alten Lehrer offt disen Artickel erkleret. Jm dritten Buch Mosi am 16. Capitel beschilbet Gott/ zween Böck für jn/den HERREN zustellen/ vnd den einen/auff welchen das loß des HERREN fellet/ zu opffern zum Sündopffer/vnd mit seinem blut gegen den Gnadenstul zusprengen/ vnd also alle vnreinigkeyt des Volckes abzuwaschen. Der ander Bock aber sol lebendig bleyben/ vnd auff jhn sollen bekandt vnd gelegt werden alle Missethat/ vnd Vbertrettung/ vnd Sünde/vnd sol also mit allen Missethatten des Volcks/ welche jme auff sein haupt geleget/in die Wüsten vnd Wildnuß gelassen werden. Dise Figur ist ein anzeygung gewesst beyder Naturen in dem HERren Christo. Sein Menschliche Natur leydet vnd stirbet/vergiesset jr Blut zum Sündopffer/ vnd versönet Gott den HERRN mit vns armen Sündern/ machet vns ein freyen zugang zu dem Gnadenthron Gottes. Sein Gottheyt aber bleybet/ wie sie von ewigkeyt zu ewigkeyt ist im ewigen Leben/ inn ewiger Herrligkeyt vnnd Allmacht. Dise gantze person Christi treget nun/ als warer GOtt vnd Mensch/ vnser Missethat in die Wildnuß/ das jr nimmermehr sol gedacht/ sie sol nicht mehr angesehen/noch vns zugerechnet werden. Denn vnser Haupt/Jhesus Christus/ hat vnser Sünde auff seinem Haupt. Desichtus spricht/das Göttliche Natur in Christo zur zeyt des Leydens/ sey inn die Wildnuß oder Einöde gelassen worden/ in solitudinem, inquit, id est, in cœlum, non locum mutans, sed quodammodo virtutem cohibens, Das ist/ sie sey gen Himel kommen/ nicht als ob sie den ort enderte/ vnd nicht zu gleich vberal/ vnd auch im Leyden gegenwertig were/ sondern das sie jre Krafft vnd Allmacht dieweil gleichsam verborgen/ vnd eingezogen hette/ still gehalten/vnd der erhöfung. Vnd ist also ein vnterscheyd der zeyt gewesen/ nemlich/ der nidrigung/ vnd der erhöfung. Denn ob gleich wol Christus allzeyt selig gewesen/ so ist er doch zum Opffer/ vnd den Zorn zu tragen/geordnet gewesen. Darumb hat das Liecht seiner Göttlichen vnd ewigen Freud nicht allzeyt gleich in jme geleuchtet/ Vnd wie der Leyb hat dieselbige zeyt die Wunden vnd schmertzen fülen können/ also hat auch die Seel schrecken vnd angst außgestanden/ welche den Blutschweys haben außgetrieben/ vnd die tieffe Klag/ Mein Gott/ mein Gott/ wie hastu mich verlassen.

Dise richtige antwort sollen wir behalten/ vnd den grossen jamer bedencken/ darinnen Christus vnser Sünden halben gewesst ist. Denn das weil er auch selbs anzeyget/da er Gott seinen Vater fraget/ warumb er jn verlassen habe/ nemlich darumb/dieweil Er vnsere Sünden tregt/ Als wolt er sagen: Jch bin ja ewiger Gott/ so bin ich auch ein Mensch/on alle Sünde vnd Mackel/ niemand kan mich einer Sünde zeyhen: Warumb leyde Jch denn so grossen jamer? Warumb muß ich sterben/so ich doch keine Sünde habe/ vnd der Tod nur auff die Sünde gehöret? Warumb verlessestu mich/mein Vater/mein Gott? Da sihe du zu/ oder du ein Mensch bist/ vnd lerne erkennen die vrsachen selches Leydens vnd Sterbens Christi Jhesu/ nemlich/ deine eygne Sünde/ von welcher wegen der Son Gottes solche marter/angst/schweyß/ plag/schmertzen/vnd jamer hat erlitten/ das auch darüber alles/ im Himel vnd Erden/trawrig vnd erschrocken worden/ Die Greber sindt geöffnet/ die Todten herauß gegangen/ Erdbeben haben sich erhaben/ die Felsen sind zerrissen/

Zwey vnd zwentzigsten Psalm Dauids. CXXVII

rissen/Sonn/Mond/vnd Stern haben sich entsetzet/vnd beweget/dunckel vnd finster worden/wie die schröcklich/grewlich Finsternuß der Sonnen zur zeyt des Leydens Christi vber das gantze Jüdische Land bezeuget/für welcher auch die Heyden in Egypten/vnd anderswo erschrocken/vnd sagen haben müssen/das etwas schröcklichs vnd vngewöndlichs fürhanden sey. Wie vom Dionysio Areopagita/der zu Athen ein Bischoff/vnnd des Apostels Pauli Zuhörer vnd Discipel gewesen/geschrieben wirt: Da derselbig in Egypten gereyset war/sind zu jm kommen zwen gelehrte Philosophi in der Stad Heliopoli/Apollophanes vnd Polemon/welcher des Aristide Preceptor gewesen: Da nun die Finsternuß sich angehebt/wider allen natürlichen lauff vnd ordnung/(sintemal nicht der Newmon war/sondern der Volmon/inn welchem der Mond der Sonnen gerad entgegen gestanden/vnd die gantze Finsternuß im Auffgang sich angefangen/vnd geendet hat/vnd drey stund der Mond vnter der Sonnen vnbeweglich gestanden/auch der Mond nach geschehener Finsternuß widerumb gegen dem Auffgang an seinen ort vmb die neundte stunde getretten/welches alles sonst vngewöndlich/vnd vnmüglich ist/) hat Apollophanes mit grosser verwunderung vnd entsetzung angefangen zu sagen: O bone Dionysi, ecce rerum vicissitudines. O frommer Dionysi sihe/wie alle ding verwandelt/vnd vmbkeret werden. Darauff Dionysius gesagt: Aut Deus patitur, aut pacienti compatitur. Entweder GOtt leydet selbst/oder aber er trawret/vnd leydet mit einem andern/der vnschuldig geplaget wirt. Der dritte (Polemon) aber hat beyden (wie etliche fein daruon schreyben/wiewol Suidas ein wenig dise Distorien anderst erzelet/) geantwortet/vnd gesprochen: Ignorus patitur Deus, propter quem vniuersitas rerum deficit, & iactatur, Der vnbekandte GOtt leydet/von welches wegen die gantze Natur vnd Welt abnimmet/vnd beweget wirt. Auff dise rede/so bald Dionysius wider gen Athen kommen/hat er einen Altar machen lassen/darauff geschriben gewest: Ignoto Deo, Dem vnbekanten GOtt/Wie darvon in Geschichten der Aposteln am 17. geschrieben stehet. Vnd soull sey bißher gesaget von disem Vers/Mein Gott/mein Gott/wie hastu mich verlassen? Volget nun weyter:

Ich heule/aber meine hülff ist ferne.

DAs ist auch ein grosser buff. Er klaget/das er nicht allein jetzo verlassen sey/vnd den aller grösten/schweresten jamer auff sich ligen habe/sonder das er auch kein maß/zil/oder ende seines Leydens sehen könne. Denn die Sünde/vnd was auff die Sünde gehöret/strecket sich zu weyt vber alle Welt. Die Sünde vber den gantzen Erdboden/vber Meer/vnd alles was darinnen ist. Der Zorn GOttes vom Himel herab auff alles Fleysch. Der Tod auß der Hellen herauff/mit sampt des Teufels/ja aller Teufel wüten vnd toben. Dises ist ein vntreglich/vnd vnendliche Last vnd Bürde. Es ist ja war/es sey das Vnglück so groß/als es sein kan/wenn man weyß/daß eins mals werde/vnd sol auffhören/so kan mans desto gedultiger leyden. Wenn aber kein hoffnung alda ist/das es besser sol werden/da hilfft kein rath/trost/oder stercke/Wie man pfleget zusagen: Est graue, quod finem nescit habere malum, Es ist schwer/ein Vnglück tragen/so kein ende hat. Denn das ist das höchste vnd gröste leyden/das nicht wil noch kan auffhören/Wie wir leydtlich auch ein wenig können abnemen/wenn man von ewiger straff vnd verdamnuß aller Gotlosen vnd vngleubigen predigt/von welcher man vor zeiten diß Gleichnuß

Kurtze außlegung des

muß geben hat: Wenn ein grosser Berg were/ der vber alle Berge der Erden gieng/ vnd ein kleines Vögelein solte denselben Berg abtragen/ vnd alle Jar nur ein Mahenkörnlein groß dauon nemen/ so were doch das ewige verdamnuß/ solcher langen vnzelichen zeyt nicht zuuergleichen/ Jhenes köndt doch ein mal zum ende kommen/ Dises aber nicht. Solchs haben auch die Heyden wöllen anzeygen mit jrem Jxione/ der in der Helle an einem Rad voll schlangen vnd ottern/ herumb gefüret wirdt. Denn wie das Rad kein ende hat/ also auch die straffe vnd verdamnuß kan kein ende haben. Vnd wiewol wir diesen jamer nicht gnugsam vermögen zubedencken/ vnd vnsere hertzen dar zu zu kalt vnd faul/ auch weit/ weit zu sicher sind/ so sehen wir doch/ was jamers/ schreyens/ vnd weheklagens ist/ wenn wir ein kranckes glied am leyb haben/ da der schmertze etliche stund oder tage weret. Was wolten wir thun/ wie solten wir klagen/ wenn nimmermehr kein auffhören were/ vnd der schmertz zehen/ zwentzig/ dreyssig Jar on vnterlaß an einander bliebe? Was ist aber solchs gegen disem Leyden des HERRn Christi Jesu/ da er alles/ was ewiger jamer vnd verdamnuß ist/ auff sich hat/ vnd vberwinden vnd außstehen muß. Wer weiß/ spricht er/ wenn das heil vnd der sieg kommen wirt. Jch sihe kein heyl/ hülff/ oder rettung. Es ist auß mit mir/ ich schreye/ rüffe/ vnd beule vergebens. Mein Gott vnd mein Vater wil mich nicht hören.

Was das für ein engstige anfechtung sey/ können wir nicht begreiffen. Es habens etliche ein wenig mit disem Exempel erkleret: Wenn ein armes Kind/ ein einiges Söhnlein/ in ein schwere Kranckheyt fiel/ vnd sein Vater sehe/ wie sich sein Kind quelet/ engstiget/ vnd martert/ vnd köndte jm selbst nimmermehr helffen/ Er schriet aber vnd sehe offt sehnlich den Vater an/ als der helffen solt/ vnd doch der Vater stellet sich/ als lege jm nichts daran/ ließ das Kind schreyen/ so er doch wol rathen vnd helffen köndt/ vnd stellet sich/ als wolt er das Kind one alle barmhertzigkeyt in seiner schweren Kranckheyt vergehen vnd sterben lassen. Da würde jederman sagen/ man het dergleichen Vater in der Welt nicht gesehen/ noch jemals gehöret/ der so ein steinern hertz gegen seinem Kinde tragen möchte. Nun ist es aber war/ das vast dergleichen allhie geschicht/ da doch GOttes Vaters Hertz nicht vnbarmhertzig oder steinern ist/ sondern möcht jm wol (menschlich vnd thärlich zu reden) das hertz brechen/ das Er seine Frewd/ Ebenbild/ ja sein Hertz/ nemlich seinen Son/ muß in solche angst kommen lassen/ vnd sich stellen/ als sey er nicht mehr Vater. Das ist vnd heyst vnser Sünde/ auff das wir daran gedencken/ was jarwe arbeyt/ was blutigen schweiß es gekostet habe/ das auch Gott dem Vater an das hertz ist gegangen/ GOtt dem Sohn an sein leben/ GOtt dem heyligen Geyst an seine krafft/ der sonst die wesentliche ewige Lieb ist/ zwischen GOtt dem Vater vnd dem Son.

Die siebenzig Dolmetscher haben dise wort also gesetzt: Verba delictorum meorum, Die klag vber meine sünd hat kein hülff. Solchs ist auch ein feine lehr/ das der Son Gottes vnser sünde nesiet nun seine sünde/ gleich wie wir sein Gerechtigkeit nennen vnser Gerechtigkeyt. Vnd wie der Son GOttes leydet von wegen vnser sünde/ die er auff sich genommen hat/ also frewen wir vns/ vnd trösten vns mit seiner Gerechtigkeit/ damit wir sind angezogen vnd bekleydet. Dises ist vns gar ein tröstlicher wechsel mit dem Son Gottes. Tod vmb Leben/ Zorn vmb Gnad/ Sünd vmb Gerechtigkeyt/ Verdamnuß vmb Seligkeyt/ Kranckheit vmb Gesundheit/ Vnruhe vmb Frid/ Trawrigkeit vmb Frewd rc. Dises ist gar ein herrlicher Trost/ des wir vmb Himel vnd Erden nicht entberen solten/ wiewol wirs gering gnug achten. Gott sey vns gnedig.

Das

Zwey vnd zwentzigsten Psalm Dauids. CXXVIII

Das wort (heulen) zeygt an die vnaußsprechliche Klag/Gebett/senfftzen/ vnd schreyen des HErrn Christi/vnd doch vmb sonst.

Mein GOtt/ des tages ruffe ich/ so antwortestu nicht. Vnd des nachts schweyge ich auch nicht.

DAs heyst ja/das Christus allein recht erfaren hat/was GOttes Zorn vnd Grimm auff die Sünde sey. Ich/spricht er/schrey zu dir/mein GOtt/tag vnd nacht/als zu einem Gott/der sein Angesicht gantz vnd gar von mir abgewendet hat/vnd sich nicht wil versönen/vnd seinen gerechten Zorn nicht wil stillen lassen. Wiltu mir denn nicht antworten? Sol ich vmb sonst inn disem meinem jamer vnd elend schreyen? Werde ich nicht mehr wirdig geachtet/ das du mir ein einige antwort vergünnest?

Grosse Herrn vnd Potentaten/ so sie einem vngnedig werden/ halten sie denselbigen nicht mehr wirdig/ mit dem sie reden/ oder jm antworten. Vnd ist auch sonst in vnserm armen leben diser stoltz vnd hochmut allen menschen von natur angeerbet/ das sie die jenigen/so was geringers stands sein/wenig oder gar nichts/ja offt wie die Hund achten/vnd besorgen/ so sie mit jnen gemeinschafft hetten/ es were jrem Stand vnd Rhum verweißlich. Doch wenn one stoltz vnd hochmut gebürliche dapfferkeit vnd ernst wirt fürgewendet/sol solches nicht getadelt/sondern gelobet werden.

Die aber klaget GOttes Son darwider/das jn GOtt sein Vater nicht mehr so wirdig wölle schetzen/ das er von jhm köndte ein wort erlangen/auff sein kleglich vnd bitterlich heulen/schreyen vnd rüffen/ so on vnterlaß in grossem zagen vnd zittern in der höchsten vnd grösten not/tag vnd nacht geschicht. Das er also Gott seinen Vater/der one seines geliebten Sons rath nichts thut/ jetzt von wegen frembder Sünde/muß für seinen Feindt/ vnd vngenedigen Scharpffrichter erkennen.

Ich muß hie ein Historien erzelen/welche D. Luther in seinem schönen Confitemini setzt/ wie das Hertzog Friderich/ ein Fürst zu Sachsen/ein Krieg mit dem Bischoff zu Magdeburg/ der ein Graue von Beuchlingen gewest/ fürgehabt/vnd derwegen ein Kundtschaffter an des Bischoffs Hof geschickt/ zu ersehen/ wie er sich rüstet/vnd zur wehre stellet. Wie nun der widerumb frölich zu seinem Fürsten heim kompt/ anzeygend/ das der Bischoff sich gar nichts rüstet/ vnd werren alle sach schon gewonnen. Fraget der Fürst: Was sagt denn der Bischoff vom Krieg? Antwortet: Man sagt/ er habe also fürgenommen/ Er wölle in dem Namen GOttes seines Ampts warten/arme leut hören/die Kirchen versorgen/vnd Gott lassen für sich streytten/der würde in des den Krieg wol füren. Da solches der Fürst höret/ sprach er: Sagt der Bischoff also/so krieg der teufel wider jn an meiner stat/ Sol ich GOtt zum Frind haben/vnd mit jm kriegen/das were mir zu schwer. Ließ also den Krieg anstehn. Diser Fürst hat sehr löblich gethan/vnd erkennet/das Gott zum feinde haben sey zu schröcklich/ vnd könne nicht ertragen werden. Aber das alles ist kinderspiel/ja nichts vberal zurechnen gegen Gottes Son/wie er den Zorn seines Vaters gefület/erlitten/vnd außgestanden hat.

Wenn ein Christen seiner sünden halben ein böses Gewissen ankompt/das er den Zorn GOttes wider sein vbertrettung ein wenig fület/ lieber Gott/was creutz/not vnd jamer hebet sich an/er weiß weder ein noch auß/besorgt sich stetigs/ Gott werde jetzt forsten/vnd straffen/ Vnd wo es ein wenig vnrecht zu geht/so helt ers dafür/es sey Gottes Gericht vnd Grüff. Mancher schreyet tag

D ij   vnd

Kurtze außlegung des

vnd nacht/martert vnd krencket sich an Seel vnd an Leyb/nimpt ab zusehens/ hat kein frölliche stund/kein guten augenblick/vnd/wie der Sechste Psalm klaget/liget er im schweyß/vnd schwemmet sein Bethe die gantze nacht/vnd netzet mit den Threnen sein Leger/Sein gestalt ist verfallen für trawren/vnd wirt alt/Marck vnd bein verschwindet/seine har werden vor der zeyt graw/ sein haut runtzlet/sein gemüt taug nichts/vnd er ist schier zu nichts mehr tüchtig/biß so lang in vnser HERR Gott mit einem lebendigen trost zu hülff kommet/oder aber in gar von diser Welt nimpt. Aber was ist das alles? Der Son GOttes hat auff sich nicht eines Menschen Sünd allein/sondern aller Welt Sünde. Jst nun GOTtes Zorn groß wider eines einigen Menschen Sünde/ wie solchs alle Frommen/vnd auch die Gottlosen zu seiner zeyt fülen müssen/ so muß er ja vnmeßlich groß sein wider des gantzen menschlichen Geschlechts sünde/welche/dieweil sie der Son Gottes alle auff sich hat/so muß ja der zorn vnd Grimm GOttes vnsäglich groß sein wider in/als der mit solcher last vnd meng der Sünden besudelt vnd beladen ist.

Wenn wir daran als einfeltige Menschen gedencken/so lassen wir die Fragen wol dahinden/so zuuor erreget sind/nemlich/Warumb Gottes Son vber solche schmertzen so hoch vnd erbermlich klaget/sintemal er GOtt vnd Allmechtig ist. Dises aber kompt vns vil mehr zu gemüt/wie er doch solchen grossen jamer hab erdulden vnd außstehn können/Vnd müssen frey bekennen/ wenn das nicht gewesen/das er ewiger/Allmechtiger GOtt von ewigkeyt zu ewigkeyt/mit Gott dem Vater/vnd mit dem heyligen Geyst were/das es vnmüglich het können sein/solche Last vnd Bürde in Menschlicher Natur zuertragen/ob dieselbig gleichwol on allen mackel/vnd gantz vnd gar rein ist/wie auch oben gemeldet.

Das ist nun die vrsach/vnser Sünd/welche den Son Gottes zu schreyen tag vnd nacht beweget hat/Wie Er auch im 69. Psalm klaget/vnd spricht: Jch hab mich müde geschrien/mein hals ist heysch/das Gesicht vergeht mir/ das ich so lang muß harren auff meinen GOtt. Die schmach bricht mir mein hertz/vnd krencket mich: Jch warte/obs jemand jamert/aber da ist niemand/ Vnd auff Tröster/aber ich fande keinen.

Wan schreybet/das der Keyser Caius im 40. Jhar vnsers HERren CHRisti Geburt/sich für ein Gott hab auffgeworffen/vnd vberal befolhen/ im Gottesdienst zu leysten/vnd ihn anzubeten. Solchs da die Juden zu Alexandria nicht haben thun wöllen/sind sie durch die Burger daselbst/welche inen sonst feindt gewesen/angetastet worden/vnd genötiget/des Keysers befelh zu volgen. Jst derhalben ein grosse Auffrhur zwischen den Juden vnnd Alexandrinern entstanden/vnd sind auff beyden theylen teglich vil erwürget worden/vnd ist des kein maß noch auffhörens gewest/biß so lang man sich von beyden parteyen entschlossen/die sach an den Keyser selbs zulangen lassen. Sind also je drey Menner von beyderseyt zu dem Keyser geschickt worden. Hat für dem Keyser ein Alexandriner/mit namen Apius/angefangen/die Juden zuuerklagen/wie sie widerspenstig/dem Keyser zu wider/vngehorsam/ vnd auffrhürig weren/verachteten allen befelh des Keysers. Darauff ein gelehrter/frommer/Gottseliger Jud/mit namen Philo/geantwortet hat/vnd alle klag mit der heyligen Schufft/vnd gnugsamen vrsachen widerleget/aber nichts vermöget bey dem Keyser zuerhalten/Welcher Keyser der art vnd boßheyt gewesen/das er Zucht/Frombkeyt vnd Erbarkeyt nicht geacht/vnd alle füine/Erbare leute gehasset/ja/auch solchs ime für einen rhum zugeschrieben hat/so er fromme leut hindan setzet. Jst also der fromme Philo hinauß gestossen

Zwey vnd zwentzigsten Psalm Dauids. CXXIX

gestossen worden / Welcher so bald zu seinen Geferten gesaget: Lasst vns gutes muts sein/dieweil wir einen vngnedigen Keyser haben/ quia necesse est adesse diuinum, vbi humanum cessat auxilium, Denn es muß Göttliche hülff fürhanden sein/wenn menschen hülff auffhöret. Denn wo die natur außgehet / da gehet Gott ein/spricht Taulerus.

Dises erzele ich darumb / das man sihet / wenn gleich keines Menschen rath oder hülff da ist / das gleichwol GOtt noch lebet/vnd helffen kan/auch helffen wil. CHristus aber hat keine hülff/ weder von Menschen/noch von GOtt / sondern ist allein der/so von allem/das ewig/vnd das zeytlich ist/verlassen wirt. Denn wo Sünde ist/da ist der Zorn GOttes/vnd kein Gnad. Wo der Zorn ist/da ist verdamnuß vnd vnseligkeyt. Da gehet alle frewd/aller trost/ alles leben hinweg/vnd ist nichts da/denn tod/trawrigkeyt/finsternuß,schrecken/heulen vnd zenklappen.

Aber du bist heylig / der du wohnest vnter dem Lob Israel.

DIeser Vers ist zu gleich ein collatio/vnd ein correctio / ein vergleychnuß vnd verbesserung seiner Klag. Denn Christus vergleichet sein elend mit der Herrligkeyt GOttes seines Vaters /derer Er von ewigkeyt zu ewigkeyt gleich theylhafftig ist: Ich bin ein Fluch vnd Vermaledeyung/ ein Wurm/ vnd Spot der leut: Du aber bist Heylig / an dem sich kein Creatur darff vergreyffen. Ich hab nirgent kein ruhe oder fried/vnd bin gantz von gar verlassen: Du aber wonest/vnd lebest in guter ruhe. Ich bin mitten im Tod/vnd in der Helle/vnd kan dich nicht loben / Denn die Helle lobet dich nicht/so rhümet dich der Tod nicht / vnd die in die Gruben faren/ warten nicht auff deine Warheyt/Esaie 38. Du aber must nun von andern/vnd nicht von mir/gelobet werden. Israel dein Volck lobet dich/dem du soviel wolthatten bewiesen hast: Ich aber muß schweygen/als ein verdampter mensch. Im Tod aber gedenckt man nicht GOttes/vnd in der Helle dancket man jm nicht Psalm: 6. Also sihet man / wie Christus die Verdamnuß/ vnd der Hellen angst vnd gewalt gefület/vnd auff sich gehabt hat.

Es ist aber dieser Vers zu gleich auch ein verbesserung/ oder beschönung der hefftigen Klage. Denn wie er sich zuuor trawrig erzeyget/ also beweyst er widerumb sein hoffnung/trost/vnd sterck/vnd spricht : Ich verzweyffel darumb mit nichten an GOtt meinem lieben Vater/ob er mich schon so erbernlich leyden lesst. Denn er ist mein GOtt/ mein HERR, vnd Vater/Heylig/ vnd alles Lobs vnd Preyß werdt. Dich solle niemand anklagen / das du vnbarmhertzig seyest. Denn es ist ja dein schuld nicht/das ich so elend bin/Du thust mir auch nicht vnrecht / wenn du mich gleich leissest sterben vnd vergeben/ich wils auch alles gern one vngedult leyden. Du hast recht gethan/wie einem gerechten/trewen Gott wol anstehet. Darumb bistu werdt/das du solt ewiglich gelobet vnd gepreyset werden in Israel/in deinem Volck/in deiner heyligen Kirch. Ich / der ich jetzt mit dem Tod vnd der Hellenangst ringe/ kan dich jetzt nicht so volkomen loben/wie ich gern wolt/ vnd wie dein Volck thun sol. Denn die Todten loben dich nicht/ noch die hinunter in die Helle faren/ Psalm: 115.

Denn dieweil Christus vnser HErr für vns ist worden ein Fluch/Vermaledeyung/vnd Sünde/ so hat er nicht anderst gedencken noch reden können/ denn als ein verfluchter/verdampter/vnd vermaledeyter mensch. Er hat gefü

Y iij   let

Kurtze außlegung des

let aller Hellen angst/ vnd den ewigen Tod/ welchen die Gottlosen vnd Vngleubigen fülen werden ewiglich. Aber dennoch hat er in solchem elend vnd jamer nicht gemurret/ ist nicht vngedultig gewesen/ hat nicht gezürnet/ sondern ist zu GOtt seinem Vater/ von dem er/ wie Esaias sagt/ also zuschlagen vnd verwundet worden/ geflohen/ seine hülffe vnd trost gesucht/vnd endtlich gefunden.

Diesem Exempel Christi haben alle andere Heyligen volgen müssen inn jren anfechtungen/ wenn sie jre Sünde gefület haben/ vnd den Zorn GOttes wider die Sünde. Es sey jn gangen wie es wöll/ so haben sie doch bekenet/das Gott gerecht/vnd barmhertzig sey/Wie Daniel sagt: Wir haben gesündiget. Du HERR bist gerecht/ wir aber müssen vns schemen. Tibi Domine iusticia, nobis autem confusio faciei. Vnd Esras/ da er lang den jamer des Volcks beweinet/ spricht er: HERR GOtt Jsrael/du bist gerecht/ wir sind für dir in vnser schuld. Vnd auff dise weiß redet auch Dauid in seinem Miserere: An dir allein hab ich gesündiget/vnd vbel für dir gethan/auff das du recht behaltest in deinen Worten/vnd rein bleybest/wen du gerichtet wirst. Also hat sich der fromme Keyser Mauricius getröstet/ da fünff seiner Söne für seinem angesicht jemerlich zermetzelt vnd getödtet wurden/ hat er allein gesprochen: Iustus es Domine, & iustum iudicium tuum. HERR du bist gerecht/ vnd dein vrtheyl ist recht. Vnd müssen alle Christen in jren nöten dahin gewiß kommen/das sie nit murren/ noch vngedultig werden/ sondern flihen von dem Zorn zur Gnade Gottes/ vnd loben jn. Wie Christus selber auch thut im 40 Psalm/ darinn er dergleichen sein Leyden klagt/vnd vmb hülffe rüffet vom Tode/vnd spricht: Ich harre des des HERRN/ vnd er neyget sich zu mir/ vnd höret mein schreyen/ vnd zog mich auß der grausamen Gruben/ vnd auß dem schlam/ vnd stellet meine füsse auff einen fels/ das ich gewiß tretten kan. Vnd hat mir ein new Lied in meinen mund gegeben/ zu loben vnsern Gott. Das werden vil sehen/ vnd den HERRN fürchten/ vnd auff jn hoffen.

Vnser Veter hoffeten auff dich/ vnd da sie hoffeten/ halffestu jnen auß.
Zu dir schrien sie/ vnd wurden errettet.
Sie hoffeten auff dich/ vnd wurden nicht zu schanden.

DAs ist aber ein newe Klag. Ich sihe mich vmb/ (spricht er) ob ich ein Exempel finden möchte/da dergleichen jemals von anfang der Welt vnter allen Menschen gelitten het/ vnd also wer verlassen worden/ Aber ich finde keines/ sondern das gegenspiel sihe ich/ das alle/so allein zu dem HERRN gerüffet haben/ sind genediglich erlöset worden. Abraham/ Jsaac/ Jacob/ vnd alle Patriarchen hat er herrlich gemacht/ da sie wenig vnd gering waren/ vnd Frembdling inn den Lendern/ das sie zogen von Volck zu Volck/ von einem Königreich zum andern Volck. Psal: 105. Er ließ keinen menschen jnen schaden thun/ vnd straffet die Könige vmb jren willen/ denn sie waren seine Gesalbten/ von welchen er sagt: Wer euch anrüret/der rüret meinen Augapffel an. Er füret sein Volck mit gewaltiger Hand auß Egypten/durch das rote Meer/ vnd stellet das Wasser wie eine Mawer. Er leytet sie des tages mit einer Wolcken/ vnd des nachts mit einem hellen Fewer. Er reyß die Felsen in der Wüsten/ vnd trencket sie mit Wasser die fülle. Vnd ließ Beche auß den Felsen fliessen/ das sie hinab flossen/ wie Wasserströme. Er ließ das Manna auff sie regnen/

Zwey vnd zwentzigsten Psalm Dauids. CXXX

nen zu essen/vnd gab jnen Himelbrodt. Vnd so offt sie zu jm rüffeten/erhöret er sie/vnd halff jnen auß. Dauid/Salomon/ vnd andere Könige/begnadet Er mit grosser Barmhertzigkeyt/Ehr/Gewalt/Fried/Sieg vnd Herrligkeyt/ das sie gros vnd mechtig waren/vnd jren namen zu Kindes kind brachten/rc. Psalm: 78.

Das ist nun ein hefftige Klag/da der Teufel gewißlich zugeblassen hat/ vnd sich vnterstanden/ den HERren Christum gar in verzweyfflung zubringen: GOtt hat wol andern geholffen/dir aber wil er nicht helffen. Gleich wie Franciscus Spira in seiner verzweyfflung gesagt: Jch gleube wol/das Gott auß gnaden/ vmb seines Sons Christi Jesu willen/ allen Menschen/ so zu jm kommen/jre Sünde verzeyhen wölle/ Das Er aber mir meine Sünde vergeben wölle/ das kan ich nicht gleuben. Dises ist vber die massen schrecklich/ das vns die har billich gen berg stehen/wenn wirs hören. Doch ists vast ein solcher Kampff vnd Jamer allhie in dem HERren Christo/ vnd doch alles on Sünde / Welches wenn es von vns andern Menschen geschehe/one sünde nimmermehr geschehen könde.

Die lernen wir nun/ wie Christus alle anfechtung auff sich gehabt/vnd allenthalben ist versucht worden/vns zum trost/auff das wir wissen/wir haben einen Hohenpriester/der mitleyden hat mit vnser schwachheyt/sintemal er versucht ist allenthalben/gleich wie wir/doch one Sünde. Darumb lasset vns hinzu tretten/mit freydigkeyt zu dem Gnadenstul/ auff das wir Barmhertzigkeyt empfahen / vnd Gnade finden/ auff die zeyt/ wenn vns hülffe not sein wirt/Ebreerm am 5.

Solches verstehen sichere leut nicht recht/ vnd haben keinen waren trost auß disen worten/Denn es geht jn/wie Syrach sagt: Wer nicht geübet ist/der verstehet wenig. Die vbung/ die anfechtung/ vnd das creutz ist der rechten Christen schul/sonst ists alles ein lauter todter buchstabe/was man höret/liset/ predigt vnd redet. Daher auch Doctor Luther/ da er gefragt worden/ wie er doch thet/ das er in seinen Predigten also tröstet/das ein jeglicher Zuhörer den trost auff sich ziehen köndt/ als were es jm allein gesagt/ geantwortet hat: Er mags wol one rhum reden/das allein sein anfechtung jn haben predigen vnd trösten gelehret/ Denn er wiste kein anfechtung/ die er nit/ souil als ein armer mensch vermag/ gefület hette/außgenommen den Geitz.

Gottsfürchtige leut haben elends vnd jamers in disem leben gnug/ vnd müssen mit sich selbs jrer Sünden halben offt im streyt ligen/müssen auch mit der Welt/ so lang sie leben/ kempffen auff allen seytten/ mit Rotten vnd Secten/ mit Verfolgern vnnd Tyrannen/ vnd mit Freunden vnd Feinden. Aber sie haben einen grossen vortheyl vnnd trost/das sie kein Creutz haben/ welchs zuuor nicht auch andere Heyligen/ vnd Christus selbs/ hett erlitten. Da können sie denn sagen: Gaudium est miseris socios habere pœnarum. Wenn einer ein Gesellen seines leydens hat/ so ists jm doch ein trost. Vnd wie sonst geschrieben stehet: Non sum melior patribus meis. Jch bin nicht besser denn meine Veter. Der Jünger ist nicht vber seinen Meyster. Psalm: 77. Jch dencke der alten zeyt/der vorigen Jare: Jch gedencke an die Thatten des HERRN/ ja ich gedencke an deine vorigen Wunder/ Vnd rede von allen deinen Wercken/ vnd sage von deinem thun. Psal: 119. HERR wenn ich gedencke/wie du von der Welt her gerichtet hast/ so werde ich getröstet. Psal: 143. Jch gedencke an die vorigen zeit / ich rede von allen deinen Thatten/ vnd sage von den wercken deiner Hende. Also kan vnd sol man sich stettigs trösten/ sonderlich aber mit dem Exempel des HERren Christi/ Wie auch Petrus vermanet/ 1.Petri 4.

Y iij   Weil

Kurtze außlegung des

Weil Christus für vns gelitten hat/so wapnet euch auch mit demselbigen sin. Vnd also haben sich getröstet alle heylige Mererer/Laurentius/Agnes/Vincentius/vnd so vil jr jemals gewesen/sind starck vnd freydig biß zum tod gangen. Denn sie haben den rechten Fels vnd Eckstein gehabt/auff welchen sie starck vnd rest haben stehn vnd bleyben können.

Es ist in disem klagen des HERrn Christi auch dises zubetrachten/das es nicht allein ein schmertz vnd klag/sondern auch zugleich ein verborgener Trost ist: Dastu den Vetern so gnediglich geholffen/du wirst fürwar mich/deinen Son/auch nicht lassen stecken. Das ist ein rechter Trost das man allen Jammer vnd Hertzleyd kan keren in ein rechte Hoffnung vnd Freud/vnd also dem Sathan sein kunst vnd wüten zu nicht machet. Eben damit vns der Teufel wil schrecken/vnd verzagt machen/sollen wir vns trösten/wie hie der HErr CHRistus selbst thut. Bist du ein Sünder/vnd fürchtest dich für dem Zorn GOttes/vnd der Teufel bleist stettigs in deine gedancken/das du nicht betten/vnd GOtt anrüffen solst/sintemal die Sünder von GOtt nicht erhöret werden/So halt jm entgegen das Leyden Christi/vnd sprich: Eben darumb/das ich ein armer Sünder bin/sol ich schreyen/vnd weyß/das ich erhöret werde/von wegen des Sons GOttes/der in die Welt kommen ist/die Sünder selig zumachen/vnter welchen ich der gröste bin. Denn die Gesunden bedürffen keines Artzte. So rüffet mir auch Christus selber/vnd spricht: Kompt zu mir alle/die jhr müheselig vnd beladen seyt/Jch wil euch erquicken. Jch aber bin müheselig vnd beladen. Darumb komme ich zu dem HERren Christo/vnd bin gewiß/er werde mein Leyb vnd Seel erquicken. Mit solchem Trost vberwindet man den Teufel mitten im Tod/vnd Hellen angst/ Wie vor wenig Jaren ein Krancker Man/da er allein im Beth gelegen/vnd zu jm sichtiglich den bösen Feind hinein gehen gesehen hat/der sich bald neben das Beth gesetzt/vnd begeret/der Krancke wolte seine Sünde/so jm bewust weren/nach einander erzelen/denn er were da/das er dieselbigen verzeichnet in ein Register/welchs der Teufel gehabt/vnd gewiesen. Hat er/der arme Mann/in solchem schrecken geantwortet: Wolan/ich wil erzelen/so vil ich weyß. Doch schreyb von ersten zum anfang oben an: Des Weybes Samen wirt der Schlangen den kopff zutretten. So bald das der Krancke gesaget/ist der böse Feind auffgestanden/wider daruon gangen/vnd hat einen beßlichen gestanck im gantzen Hauß hinter jm gelassen. Dises ist ein ware vnd tröstliche Historia. Wöllen nun im Psalm fortfaren.

Ich aber bin ein Wurm/vnd kein Mensch. Ein spot der leute/vnd verachtung des Volcks.

Esaias nennet Christum nouissimum virorum, den aller verachtesten vnd vnwerdesten/voller schmertzen vnd kranckheyt/so veracht/das man das angesicht für jm verbirgt/vnd geplagten/von Gott geschlagenen/vnd gemarterten menschen/also/das kein verachter mensch jemals auff erden kommen ist/denn Christus. Das sind abentheurliche seltzame wort. Aber noch seltzamer ist das /das Christus hie sich ein Wurm nennet/für welchem man ein eckel/abschew vnd grawen hat/vnd den man mit füssen zutritt.

Das wort (Wurm/Tholaas) welchs hie stehet/heyst ein Wurm/der in die erden verschlungen/vnd leychtlich zertretten vnd zu nicht gemacht wirt/gar gering vnd vnwerdt/klein vnd vntüchtig/gleich wie es stehet im Job/am 25. Ein mensch/ein Made/vnd des menschen son ein Wurm. Item/Esaie am 1.

Wenn

Zwey vnd zwentzigsten Psalm Dauids. CXXXI

Wenn ewer Sünde gleich wie rosinfarbe/ oder wie ein Wurm were/ sol sie doch wie Wolle werden. So heyst sich Christus ein Wurm/von wegen/das jederman ein graw vnd eckel für seiner Lebr/ Person/ vnd für seinen wercken hat. Denn/wie in dem Buch/welchs die Teutsch Theologia genennet wirt/ recht geschrieben steht/ grawet aller natur für dem leben Christi/ vnd dünckt sie böß vnd vngerecht sein. So leydet auch Christus/als der elendeste mensch/ den die Welt nicht helt eines Menschen werdt/ muß niet füssen zertretten werden/ der/der den kopff der Schlangen zerknirschen solle. Vnd wirt also an das Creutz geheffiet/wie man ein Würmlein an Angel stecket. Darumb sagt er: Jch bin kein Mensch/ das ist/ Jch hab kein macht noch sterck/ wie ein ander Man/ich muß niet mir/ wie mit einem Wurm lassen vmbgehen. Denn das wort/das hie stehet (Mensch) heyst nicht ein schlechten Menschen/wie alle menschen sind (Adam/) sondern ein armen Man/der kein krafft oder stercke hat/Auch/Als wolt er sagen: Kein krafft oder tugent/kein sterck vnd leben ist in mir. Denn also stehets auch Genesis am 4. da Eua sagt: Jch hab den Mann/ den Jehoua / vberkommen. Jch bin kein Mann/ spricht Christus/ der sein Mannheyt vnd sterck könte beweysen/ Die last vnd macht wider mich ist zu groß.

Also gehet es noch stettigs biß zu ende der Welt mit den Christen/ Wenn man einen schendtlich wil nennen/so heysset man jn einen Christen/ein Mann GOttes/ein Pfaffen/vntüchtig/albert/einfeltig/fromm. Es ist alles ein Wurm für der Welt/ was für Gott köstlich vnd herrlich ist. Vnsers HERRN Gottes werck/sein einiger Son/vnd Kind/sein Kirch vnd Tempel/ hat kein ansehen. Es muß alles prechtig/ stoltz vermessen/hochgetragen/ gescheyd/ vnd frisch frumm nicht fromm/nicht auffrichtig/nicht einfeltig sein/was für der Welt gelten solle. Die rechten Christen aber sind solche schedliche/böse leut/ das vmb jren willen wol Land vnd Leut möcht zu grund verderben. Wo sie hin kommen/ da ist kein glück noch heyl/sondern da schlegt der blitz vnd donner ein. Aber es heyst: Selig seyt jr/wenn euch die leut hassen/ vnd in Bann thun/ verfolgen/ vnd alles vnglück anlegen vmb meinet willen/ Matthei am 5.

Von solcher ergernuß redet vnd klagt Christus auch an andern orten. Als im 31. Psalm spricht er: Jch bin ein grosse Schmach worden meinen Nachbarn/vnd eine scheu meinen Verwandten/die mich sehen auff der gassen fliehen für mir. Mein ist vergessen im hertzen/wie eines Todten/ jederman schewt sich für mir. Vnd Psalm: 69. Jch bin frembd worden meinen Brüdern/ vnd vnbekant meiner Mutter kindern. So wirt auch Christus sonst in der schrifft ein Stein des anstossens genennet. Vnd gehen dise wort auch darauff/das er die sagt: Jch bin ein spot der leute/vnd verachtung des Volcks/ Das ist/Alle menschliche vernunfft vnd sinn/weißheyt vnd gewalt ergert sich an mir. Denn das wort (Adam) welches hie stehet/begreyfft alles/was menschlich ist/alle natur vnd krafft/oder verstand der natur. Für disem allem ist Christus ein spot/thorheit/vnd verachtung/mit aller seiner Lehr/vnd mit seinem gantzen Reich/ Wie geschrieben stehet: Aller sin des Fleisches ist ein feindschafft gegen GOtt: One den Geist Gottes begreyfft niemand die Lehr Christi.

So ferm gehet die Klag Christi von seinem innerlichen Leyden/darinnen er darüber klagt/das er von Gott verlassen sey. Darnach/das seines Leydens kein ende sey. Zum dritten/das dergleichen kein leyden je gewesen sey. Vnd zum letzten/das er das gespött noch müsse zum schaden tragen vnd leyden. Nun kompt er auff sein eusserlich Leyden/ vnd erzelet seine schmach/hon/vnd spot/ die jm von seinen Feinden widerfaren ist/vnd spricht:

Alle

Kurtze außlegung des
Alle die mich sehen/ spotten mein/ Sperren das maul auff/
vnd schütteln den kopff.

Das ist:

Jch muß hören/das sie mich ins angesicht schelten/lestern/vnd schmehen/vnd darff die augen vnd ohren von jrem gespött vnd lestern nicht abkeren. Psalm:69. Sie hassen mich on vrsach/vnd sind mir vnbillich feind/ so ich jnen doch nie das geringste böse hab angeleget. Darnach ist ihr ein grosser hauff/mehr denn ich har auff dem Haupt habe. Zum dritten/darff ich nicht klagen mein elend/vnd wenn ich schon weyne bitterlich/ vnd faste/ vnd zihe ein sack an/ so treyben sie das gespött darauß. Zum vierdten/ waschen sie von mir an den Thoren/vnd in den Zechen/da lose leute versamlet sind/singen sie von mir. Zum letzten/ Alle die mich sehen/spotten mein ins angesicht/das ichs selbst sehen vnd hören muß. Dise lesterung bricht mir mein hertz/ vnd krencket mich vil mehr/denn des Leybs Kranckheyt vnd Schmertzen. Ja/sprechen sie/also strafft jn vnser HERR Gott/haben wirs nit zuvor gesagt. Sperren das maul auff/schütteln den kopff/bistu der Man/der alle Welt wil leren/straffen/vnd reformirn/ ich mein du habests nun. Gegrüsset seystu Juden König. Der du den Tempel GOttes zubrichst vnd bawest jn in dreyen tagen/hilff dir selber/ Bistu Gottes Son/so steyg herab vom Creutz. Hast andern geholffen/ kanst dir selber nicht helffen. Ist er der König Israel/so steyge er nun vom Creutz/so wöllen wir jm gleuben. Er hat Gott vertrawt/der erlöse jn nu/lustets jn. Denn er hat gesagt: Jch bin Gottes Son/Matth:27.

Dises sind gar bittere/herbe/hönische wort/ das sie nit bitterer sein könden/vnd sind zuvor in disem Psalm verkündigt worden/wie hie stehet:

Er hat Gott vertrawet/er klags dem HERRN/der helffe jm auß/ vnd errette jn/hat er lust zu jm.

Solches alles ist vns zur lehre geschrieben/ auff das wir durch gedult vnd trost der Schrifft hoffnung haben/Rom:15. Auff das wir gewiß gleuben/ das vnser Haupt Christus allen jamer außgestanden hat vmb vnsern willen/vnd wir auch vns sollen schicken/ alles creutz gedultig zuerleyden vnd vberwinden. Denn wir auch diese Leyden schmecken müssen/ welche der HErr volkömmlich gelitten hat. Da gehöret zu rechter trost/ solches leyden gedultig außzustehen.

Erstlich muß Christus außgezogen/vnd entblösset werden/ das er wissen sol/alle Welt sehe sein schmach vnd schand/vnd er sey beraubet aller Creaturen rath vnd hülff. Also wenn ein mensch seine sünde fület/ so hebt er an entblösset zu werden/ sein Gewissen erwacht/er ist erschrocken/ vnd gedenckt/Gott vnd alle Welt sehe seine sünde/vnd sey nichts verborgen. Da kompt alles für/was je gedacht/ geredt/ gethan/ vnd geschehen ist. Vnd ist der Teufel ein Meyster darauff/der/wie er zuvor hat vnd mantel angezogen hat/also eben derselbigen den rock widerumb kan außziehen/ vnd die Sünde entdecken/ vnd das weyte Gewissen eng/ das blinde hertz sehend machen.

Darnach/ wie Christus verspottet wirt/ als ein vngerechter von den gerechten/ also wenn die sünde auffgewacht ist/so torffen dise geistliche gedancken in das hertz: Also solt ich gelebet haben/so were ich gerecht/vnd het jetzt ein gut Gewissen: Warumb hab ich mich nit recht gehalten? Warumb hab
ich

Zwey vnd zwentzigsten Psalm Dauids.

ich diß vnd jhenes gethan? Nun bin ich vnrecht/vnd verworffen/ vnd werde verspottet/ wie ein thörichte Junckfraw/ die kein Lampen vnd öle hat/ vnd ehe sie hingehet zukauffen/ vbereylet wirt von dem Breutigam/ vnd für der thür herauß gelassen.

Zum dritten/ Wenn das entblössen vnd spotten nicht gnugsam ist/ sondern durch einen bestendigen Glauben vberwunden wirt/ so kompt der Teuffel mit der heyligen Schrifft/ vnd sperret das maul weyt auff vber Christum/ bringt auff den Buchstaben des Todes / vnd lesst den Geyst des Lebens dahinden. Als weñ in grossen anfechtungen diser Spruch für das hertz kompt/ das von einem jeglichen vnnützen wort der Mensch am Jüngsten Gericht sol rechenschafft geben/ da hebt sich jamer vnd not / Vnd ist das Gewissen bald da/ vnd spricht: Ich hab souil vnnütze wort / so offt böse werck gethan/ was sol ich jmmermehr anfangen? Das heyst das maul auff sperren/ das der Teuffel fürwirfft: Sihe da / hie mustu in meinen Rachen / in ewige Verdamnuß. Das ist lauter jamer vnd hertzenleyd.

Zum vierdten/ Wenn sich nun ein geengstigtes Hertz will erquicken/ vnd spricht: Nicht also/ ich hab die verheyssung meines HERren Christi der hat mich erlöset/ es hat kein not. So ist der Teufel vnd vnser Vernunfft alda/ vnd schüttelt den kopff/ das ist/ er macht/ das wir anfahen zu zweyffelen/ obs also sey/ oder nicht / ob vnser Glaub von GOtt sey / ob er recht geschaffen sey / vnd wil vns damit berauben vnsers Haupts/ des HERren Christi Jesu/ vnd seines verdiensts.

Zum fünfften/ Kompt der Teufel auch dahin/ das er die gedancken einbleisst/ als/ ob wol Christus der Frommen vnd Gleubigen Erlöser vnd Seligmacher sey/ so sey er doch nicht mein/ oder dein/ dieweil wir nicht heylig sind/ wie Petrus/ Paulus/ Maria/ vnd andere Heyligen. Er hat GOtt vertrawet/ (spricht er/) Als wolte er sagen: Ey wie fein ist Christus dein / wie fein bistu sein/ der du nicht in seiner Außerwelten zal gehörest/ von wegen deiner sünde/ vnd deines Vnglaubens.

Zu letzt/ Wenn nun ein Christ entgegen helt: GOtt ist Allmechtig/ er kan mich ja erretten/ vn kan mich selig machen/ so sucht der teufel allererst sein meysterstück/ vnd sterckste kunst berfür : Ja/ ob ers gleich kan/ wer weiß ob ers wölle thun. Er errette jn/hat er lust zu jm. Da kommet die grausame sorg/ von der außerwelung oder prædestination, ob der Mensch zu einem Kind vnnd Erben GOttes von GOtt versehen sey. Das ist als denn der ergste buff/ vnd jamer.

Was sol aber ein Mensch thun gegen solchen anfechtungen? Nichts anders ist/ denn das er still schweyg/ hange seinen gedancken nicht nach/ antworte auch nicht darauff/ gleich wie Christus selbs thut/ laß es alles faren/ vnd für vber rauschen/ Wie Esaias am 7. sagt: Hüte dich/ vnd sey still/ fürcht dich nit/ vnd dein Hertz sey vnverzagt. Vnd Esaie am 30. So spricht der HERR/ HERR/ der Heylige in Jsrael: Wenn jr stille bliebet/ so würde euch geholffen/ Durch still sein/ vnd hoffen/ würdet jr starck sein. Darnach auff solches still sein sol der Glaube volgen/ wie Paulus nennet/ den Schild des Glaubens/ mit welchem außgelescht werden alle fewrige pfeyl des Bösewichts. Denn alles was von GOtt geboren ist/ vberwindet die Welt / vnd vnser Glaube ist der sieg/ der die Welt vberwunden hat. Wer ist aber der die Welt vberwindet/ on der da gleubet/ das der Son GOttes vnser Jhesus/ Heyland vnd Seligmacher sey/ vnd das wir durch jn das ewige Leben haben.

Souil sey gesagt von dem ersten Theyl dieses Psalms/ welcher ist ein
Klag

Kurtze außlegung des
Klag Christi vber sein Leyden. Nun volget der ander Theil/damit sich Christus widerumb tröstet/vnd stercket:

> Denn du hast mich auß meiner Mutter Leyb gezogen / Du warest meine Zuuersicht / da ich noch an meiner Mutter Brüsten war.
> Auff dich bin ich geworffen auß Mutter leyb. Du bist mein Gott von meiner Mutter leybe an.

JN in diesen zweyen Versen tröstet sich selbs der HERR CHRJstus/vnd muntert vnd richtet sein hertz widerumb auff. Denn dieweyl er kein Exempel seines Leydens sehen vnd erfinden kan/darauß er sich ein wenig hette trösten mögen/so sihet er sich selbs an/vnd betrachtet/was er für allen menschen vnd Creaturen so grosse wolthat von Gott seinem Vater empfangen habe/das er erstlich auff sonderliche vnnatürliche weyß sey von dem heyligen Geyst empfangen/vnd von der reinen Junckfraw Maria geboren worden/one zuthun einiges Mannes. Darauß schleusset er/das jn der Vater sonderlich für allen menschen lieb hat/ Vnd mit disen gedancken erwecket er sein gemüt zu warer anrüffung Gottes.

Du hast mich (spricht er) herauß gezogen/Das ist/ Jch bin nicht empfangen vnd geboren wie ein ander Mensch. Alle Menschen müssen von sich sagen: Jch bin auß sündlichem Samen gezeuget/vnd mein Mutter hat mich in Sünden empfangen. Jtem/ Job am 10. Du hast mich auß Leymen gemacht/vnd wirst mich widerumb zu erden machen: Du hast mich wie milch gemolcken/vnd wie kese lassen gerinnen. Christo aber gebürt allein/vnd sonst niemands das zu/das er vber vnd wider alle natur empfangen/ vnd auß dem leyb der reinen Junckfraw Maria gezogen sey/ gleich als wie ein Binlein auß einem Kraut oder Blat den besten safft herauß sauget / vnd bleybet doch das Kraut oder Blat vnuerletzt.

Solchs gehört nun zu vnserm Glauben/darinnen geschrieben steht: Jch gleube an Jesum Christum/der empfangen ist vom heyligen Geyst/ geboren auß Maria der Junckfrawen/Das ist/ Jch gleube/ das Jesus Christus der einige Gottes Son/ on allen menschen zu gut empfangen ist vom heyligen Geyst / on alles menschlich vnd fleyschlich werck/ on leyblichen Vater/ vnd Mannessamen/vnd geborn von einer reinen Junckfrawen/Maria/on allen schaden/jhrer leyblichen vnd Geystlichen Junckfrawschafft/ auff das er nach ordnung Vetterlicher Barmhertzigkeyt/meine/ vnd aller Menschen/die an jn gleuben/ sündliche/ fleischliche/ vnreine/ vnd verdämliche empfengnusse vnd geburt/ reinige vnd benedeye.

Kommen also in der empfengnuß vnd Gebůrt des HERren Christi vnsprechliche grosse wunder vber alle natur zusammen / wie der heylige Bernhardus seer schön dauon schreybet/ vnd spricht: Drey grosse ding hat GOtt gethan/ wie er vnser Fleysch an sich hat nemen wöllen/dergleichen nie geschehen sein/auch nimmermehr geschehen werden/das/ nemlich / GOTT vnd Mensch ein person ist/Mutter vnd Junckfraw/ der Glaub vnd das menschlich hertz. Denn von ersten ist das ewig Wort/der Son GOttes/der nimpt vnser fleysch an sich/vnd wirt auß dem Wort/ auß der Seelen/vnd dem fleisch/ ein person/ vnd sind dise drey ein ding/vnd das einige ding ist drey. Darnach ist Mutter vnd Junckfraw/dergleichen nicht geschehen kan nach der natur/

das

Zwey vnd zwentzigsten Psalm Dauids.

das ein Junckfraw sol Schwanger werden/vnd geberen/ vnd sol ein wart Mutter sein/ vnd doch ein Junckfraw bleyben. Zum dritten/ ist der Glaub vnd das Menschlich hertz/ Denn es ja ein groß wunder ist/ das der Mensch solche hohe ding/ die mit keiner Vernunfft ergründet/ vnd erforschet mögen werden/gleuben kan/das Gott mensch sey/das ein Mutter ein junckfraw sey. Solchs muß der heylige Geist wircken/ vnd in vns anrichten/ weil es vber allen verstand ist. Wie derhalben alte Lehrer den Spruch Esaie am 53. Generationem eius quis enarrabit? Wer wil seine Geburt außreden? hieher gewendet haben/ vnd gesagt/das vnmüglich sey/das man die heimligkeyt solcher Geburt wissen könne/ vnd das aller verstand hie abnimmet/ alle Zungen vnd stimm müssen hie schweygen/ Nicht allein der Menschen/ sondern auch der Engel. Denn es bleybet also/ das der HErr Christus von dem heyligen Geyst empfangen ist/ vnd geborn auß der Junckfraw Maria/ das ist/wie er in diesem Psalm selbs spricht: Gott hat jn gezogen auß seiner Mutter leyb.

Vnd ist hie sehr fein/ das man sonderlich inn der Histonen der empfengnuß vnd geburt des HErrn Christi ansehe/ vnd betrachte die vrsachen/ warumb der HErr Christus vom heyligen Geist empfangen sey/ Wie der Engel zu Maria der Junckfraw sagt: Der heylige Geist wirt vber dich kommen/ vnd die Krafft des Höchsten wirt dich vberschatten. Denn/ wie jetzt gesagt/ es werden alle Menschen natürlicher weiß in Sünden empfangen vnd geboren/vnd was auß fleysch geborn wirt/das ist fleysch/lügen/ vnd eytelkeyt. Hie aber sol ein warer/rechter Mensch empfangen vnd geborn werden/ on sünde/ durch welchen Menschen Gnad vnd Warheyt der Welt offenbart/ vnd geschenckt würde/ vnd von welches fülle/ wir Johannes redet/wir alle nemen. Darumb muß er nicht auß Mannessamen empfangen sein/ sondern es muß vber alle natürliche weiß zugehn/ nemlich/das dadurch Himel vnd erden/das Meer vnd Trucken bewegt werden/ wie im Propheten Aggeo stehet: Ja/ spricht der HERR Zebaoth/ich wil alle Heyden bewegen/da sol denn kommen aller Heyden Trost/das ist Christus/der alle Welt trösten sol/ vnd Ich wil das Hauß voll Herrligkeyt machen/das die Herrligkeyt dises letzten Hauses grösser werde/denn die erste gewesen ist/spricht der HERR Zebaoth. Vnd Ich wil fried geben an disem ort/spricht der HERR Zebaoth. Dieweil nun alles in diser empfengnuß sol vnd muß one Sünde zugehn/ vnd bey Gott kein ding vnmüglich ist/wie der Engel auch bezeuget/so muß Christus der HErr von dem heyligen Geyst/ durch des wirckung vnnd Krafft empfangen werden/ auff das Er rein vnd heylig/vns auch rein vnd heylig machet/vnd stellet sich seinem Vater selbs für/ zu einem reinen vnd vnbefleckten Opffer/ für die Sünde des Menschlichen Geschlechts.

Man solle auch das bedencken/ das Christus von dem heyligen Geyst empfangen sey/auff das wir wissen/was der Son redet/das sey der wille des Vaters/sintemal der heylige Geist ist die wesentliche Liebe zwischen dem Vater vnd dem Son. Vnd ist allhie ein grosser Trost in allen Verheyssungen der Lehr des Euangelij/das wir eygentlich wissen/das der Son den wunderbarlichen rath der Erlösung/vns auß dem Schoß seines Vaters herfür gebracht/ vnd geoffenbaret hat/, vnd das der Vater wil seinen Son/an dem Er seines hertzen Frewd vnd Wonne hat/ von vns gehöret haben/ Vnd was er saget/ das ist der gantzen heyligen/ewigen/vnd allmechtigen Trifeltigkeyt meinung/ wille/vnd Predig.

Dieweil auch der heylige Geist ist ein Geist der Reynigkeyt vnd Heyligmachung/ vnd nun die Kirch Christi heylig solle sein vnd bleyben/ so hat der

z   heylige

Kurtze außlegung des

heylige Geist die empfengnuß des HERrn Christi gewircket/auff das die glie-
der/oder die Kirch Christi auß dem reinen Blut des HERren Christi gezeu-
get/vnd geborn/rein vnd one Sünde für Gott sey/wie oben auch dauon ein
wenig gemeldet.

Von einer reinen Junckfraw hat Christus müssen geboren werden/Erst-
lich eben der vrsach halben/von welcher jetzt gesagt ist/nemlich/auff das solche Geburt one sünde zugieng/welchs nicht het geschehen mögen/wenn auß
Manns vnd Weybsamen dise Geburt geschehen were. Denn dieweil Christus darumb in die Welt kommet/das er der Welt Sündenträger sey/so muß
er auff ein newe reine weiß empfangen/vnd geborn werden/nicht auff gemeine natürliche weiß/darinnen alle/die geborn werden/sünde mit sich bringen/
vnd jnen selbs nicht von der geringsten Sünde helffen/vil weniger andere dauon erretten können. So haben auch in diser wunderbarlichen newen Geburt
des HERren Christi/von der Junckfrawen Maria/erfüllet müssen werden
die Propheceyung vnd Weissagung/Als/das geschrieben steht: Des Weybes Samen wirt der Schlangen den kopff zutretten: Das Scepter solle von
Juda nicht genommen werden/biß da komme Silo/das ist/des Weibes son/
oder Same: Item/Sihe/ein Alma, oder Junckfraw ist schwanger/vnd
wirt einen Son geberen/der sol Immanuel heyssen/das ist/GOtt mit vns/
warer GOtt vnd warer Mensch. Item/Jeremie am 31. Der HERR wirt
ein newes im Lande erschaffen/das Weyb wirt den Mann vmbgeben. Daher auch vil alte Lehrer gezogen haben die wort Esaie am 76. Sie gebieret ehe
jr wehe wirt/Sie ist genesen eines Knabens/ehe denn jr Kindsnot kompt.
Wer hat solches je gehört? Wer hat solches je gesehen?rc. Auff das nun solche vnd dergleichen Weissagung GOttes gantz vnd gar ins werck gebracht
würden/hat Christus von der Junckfrawen Maria müssen geboren werden/
damit auch dieses ein heimliches zeugknuß/bedeutung vnd zeychen were der
Geistlichen Christen Widergeburt/welche nicht auß dem willen des fleisches/
noch auß dem willen des Mannes/sondern von GOtt geschicht. Wie Augustinus fein dauon lehret/vnd spricht: Vnser Haupt Christus/hat nach dem
Leyb von einer Junckfraw auff wunderbarliche weiß müssen geborn werden/
auff das er damit anzeyget/das seine Glider von der Kirchen/als von einer
reinen Junckfraw/nach dem Geist solten geboren werden.

Daruon sey bißhero gnug gesagt/vnd geht alles allein dahin/das wir
doch das vnsäglich Wunder Gottes/das GOtt Mensch ist/das ein Junckfraw ein Mutter ist/zu hertzen fassen/vnd dafür GOtt lob vnnd danck sagen
allezeyt/wenn wir frü auff stehen/wenn wir vns zu ruhe legen/das er auß vnaußsprechlicher liebe gegen vns armen Menschen/seinen Son vns geschencket
hat/das er Mensch würde/für vns zu leyden vnd zu sterben/vnd vns alle/die
wir an jhn gleuben/gerecht vnd selig zu machen. Denn es liget ja daran vnser
trost vnd leben/Gerechtigkeyt vnd seligkeyt/Wie geschrieben stehet: Das kein
ander Nam vnder dem Dimel ist/in welchem wir vernnöchten selig zu wer-
den/denn allein der Name Jesus Christus. Diser Trost helt auch den stich in
allen anfechtungen/das man sich erinnern kan warumb Christus GOttes
Son nun Mensch sey worden/warumb er Jesus heysset/nemlich/alles dar-
umb/das er vns gerecht vnd selig mache/von Sünden/Tod/vnd ewigem verdamnuß mit seinem Gehorsam vnd Verdienst erlöse.

Es hat sich Christus in seinem jagen vnd leyden selbs also getröstet/vnd
gestercket/wie wir hie sehen/da Er spricht: Du hast mich auß meiner Mutter
leyb gezogen. Denn dieweyl sonst aller Creaturen trost vnd hülff nichts ist/

Zwey vnd zwentzigsten Psalm Dauids. CXXXIIII

ja vil mehr dem HERren Christo alles zu wider/vnd entgegen ist/ so muß er schlechts in sich selbs schlagen/vnd ergreyfft vnsern HERR Gott bey seinem Befelch vnd Willen/ vnd spricht: Ich habe mich ja nicht selbs gemacht/ weiß ich wol/es ist ja kein muttwill/noch mein eygen gettrieb/oder sach/Es ist deine sach/Dir sol ich gehorsam sein/ Dir volge ich/ One dich hab ich nichts gehandelt/ Es ist nichts in mir/ das nicht dein ist. So bistu auch mein Trotz allzeyt gewesen/auff den ich hoffe vnd trawe/ Der ich dir allwegen bin angenem vnd lieb von anfang an meines lebens/ da ich noch an meiner Mutter Brüsten war/ der du mein GOtt vnd Vater bist. Niemandt hat sich auch mein jemals angenommen/denn eben du. Denn ich bin auff dich geworffen/ das du mein GOtt/ vnd ich dein Son vnd Diener sol sein/ Das ich ein rechter volkommener Lazarenus/vnd abgesonderter sol sein von Mutter leyb an/ der ich nicht empfangen/noch geboren bin/wie andere menschen/auch nicht ein solche Lehr noch leben füre/ wie andere/ sondern bin von dir auß meiner Mutter leyb gezogen/auff dich bin ich geworffen/ dir bin ich mit Leyb/Seel/ vnd Leben vbergeben/ geheyliget/ vnd dargestellet/ das du in mir frewd vnd wonne haben solst.

Solchs ist ein grosser Trost/ben wir mit worten/ja auch mit gedancken/ nimmermehr erreichen könnē. Erstlich sind dise wort ein zeugnuß/ darinnen Christus selbs bezeuget/ das Er warer Mensch sey: Darnach/ das Er one Sünde empfangen vnd geboren sey/ sintemal jhn GOtt allezeyt hab lieb gehabt/ vnd Er widerumb auff GOtt all sein vertrawen vnd zuuersicht/lieb vnd frewde gesetzet hab/ welches andere Menschen/so inn Sünden empfangen/ vnd geboren werden/ nicht thun können. Denn GOtt hat ein grewel vnd abschew für der Sünde/ so lang biß der Mensch durch das Wasser vnd den Geist auff ein newes Geystlich geboren/ vnd mit dem Blut Jhesu Christi von seinen Sünden gereyniget wirdt. So kan auch der Mensch ex puris naturalibus, wie man es genennet hat/ das ist/ auß angebornen natürlichen krefften/ GOtt nicht erkennen in seinem Wesen vnd Willen/ er kan jn nicht lieben/ jm vertrawen/ seinen willen außrichten/jm gleuben vnd volgen. Dieses alles gehöret dem HERren Christo allein zu/ an welchem GOtt der Vater von ewigkeyt zu ewigkeyt frewd vnd lust hat/ dieweyl Er seines Wesens/Hertz/ vnd Wonne ist/ der alles thut vnd außrichtet/was der Wille GOttes Vaters erfordert.

Wir sollen vns auch des Trosts in vnserer Widerwertigkeyt vnd anfechtung kecklich annemen. Ist ein Creutz fürhanden/laß her gehen/ vnd gedencke du an die Wolthatten GOttes/die Er dir sonst erzeyget hat/ das Er dich hat lassen einen Menschen werden/ hat dir das leben geben/ Wie geschrieben stehet: Er hat dich gemacht/ vnd wir haben vns nicht selbs gemacht. Item/ Er hat dich erlöset/ vnnd dich durch seinen Sohn zu einem Erben aller seiner ewigen Güter eingesetzet/ vnd wircket jnn dir durch seinen Heyligen Geyst/ Trost/ Glauben vnd Frewde/ Hoffnung vnd Gehorsam/ gibet dir auch/ was du bedarffest zur erhaltung Leybs vnd Lebens/ nach seinem Veterlichen willen/ vnd settiget/ ja vberheuffet dich mit vnzelichen Wolthatten/ durch dein gantzes leben auß/ das du must sagen: Es sey vnd komme in Widerwertigkeyt so groß/ als jmmermehr sein mag/ das doch alle anfechtung nichts sey zu rechnen gegen den Wolthatten/ die Er dir sonst beweyset vnnd erzeyget. Vnd das haben heylige Leut offt erfaren/betrachtet/vnd bekennet/ Wie derhalben der Patriarch Jacob saget/Genesis am Zwey vnd dreyssigsten Capitel: Ich bin zu gering aller Barmhertzigkeyt/ vnd aller Trewe/ die du mir/

Z ij deinem

Kurtze außlegung des

deinem Knecht gethan hast. Vnd im Hundert vnnd Sechzehenden Psalm stehet also: Wie sol ich dem HERRN vergelten/alle seine Wolthat/die Er mir thut? Ich wil den heylsamen Kelch nemen/vnd des HERREN Namen predigen. So sagt auch der Hauptmann im Euangelio: HErr/ ich bin nicht wirdig/ das du vnter mein Dach eingehest. Vnd des Heyligen Bernhardi wort sind wol zubedencken/ der also sagt: Wenn ich nichts habe gewust/ so hat mich der HERR vnterwiesen: Bin ich inn Irrthumb gewesen/ so hat Er mich widerumb auff rechten Weg geführet: Hab ich gesündiget/ so hat Er mich Vetterlich gezüchtiget: Bin ich gestanden/ hat Er mich gehalten: Bin ich gefallen/ hat Er mich auffgerichtet: Bin ich gegangen/ so hat Er mich geführet: Bin ich zu Jm selbs kommen/ so hat Er mich angenommen. Für solches alles habe ich nichts/das ich dem HERREN könne vergelten/ denn das ich Jhn liebe/rc. Bleybet also das der rechte ware Trost inn allem anligen/ das alles Vnglück/ gegen den vilfeltigen Wolthaten/ Genad vnd Gaben GOttes / nichts zurechnen sey/ wenn wir nur daran gedechten/ vnd nicht so heyllose Menschen weren/ die wir so bald auß der haut faren wöllen/ wenn vns vnser HERRE GOtt/ vns doch zum besten/ ein Creutz zuschicket/ Vnd gedencken nicht an andere Wolthaten/ die weyt alles Creutz also vberwegen/ das mans billich nicht fülen/ vil weniger darob murren/ vnd vngedultig darob werden solte/ Sondern also solte man GOtt anreden vnd anrüffen: Lieber GOtt/ ich stecke inn diesem vnd jhenem ellend/ vnd bin doch gewiß/ das du mir gedult verleyhen wirst/ so lang/ biß du mich darauß errettest. Denn du hast mir zuuor vnzelich Wolthaten erzeyget/ der ich keines weges werdt bin/ noch wirdig sein kan/ vnd beweysest mir noch teglich inn diesem vnd jhenem vnaußsprechlich vil Wolthaten/die ich in ewigkeit nit kan vergelten/ja auch in dieser meiner schwachen Natur nicht genugsam erkennen/ vnd rechnen. Lieber GOtt/ gibe mir deinen Heyligen Geyst/ damit ich nicht mit meinem Vnglauben/ Vndanckbarkeyt/ Vngedult/ vnd anderen Sünden verschulde/ das du mich deiner Wolthatten gantz vnd gar beraubest/ vnd ich widerumb zu nichts werde/ wie ich zuuor/ ehe du mir solche Wolthatten bewiesen hast/ nichts gewesen bin. Ein solches Gebett würde GOtt gefallen. Vnd darzu vermanet vns vnser Vater vnser/ Denn ehe wir anfahen zu bitten/ sagen wir zuuor von den Wolthatten GOttes gegen vns/ vnd nennen jhn vnsern Vater/ der vns das Leben/ Seel vnd Leyb/ ja seinen Son geschenckt hat/ darumben Er vnser Vater heyst.

Wenn auch sonst eine Verfolgung der rechten waren Lehr halben/ oder ein Creutz vnd Widerwertigkeyt in vnserem Beruff vnd Ampt/darinnen wir gut Gewissen behalten/fürgestellet/ das wir vnrecht vnd vnbillich von Tyrannen/von Ketzern/von bösen Leuten/geplagt/ geschmecht/ vnd verkleinert werden/ so sollen wir auch an den Trost gedencken/ das das Ampt/so wir füren/nicht ist eines Menschen/sondern GOttes Ampt/Das Wort ist GOttes Wort/ Der Beruff ist vns von GOtt auffgelegt/ das wir Jhme/ seiner Kirchen/ dem gemeinen Nutz/ vnd/so vil vns möglich/ allen vnd jeden dienen sollen. Vnd wer daher kan kommen/mit demselben stehet es gar wol/das er sagen kan zu GOtt: Die Sach ist dein/ hie stehet dein Befelh/ es ist vmb dein Wort zuthun: Jch suche ja das meine nicht/ sondern ich behalte dein Wort/ vnd gleube/ was du mir sagest. Erhalte nun vns HERR bey deinem Wort/ welches deine vnnd vnsere Feinde begeren außzutilgen. Es ist dein LOB. Du must auch thun/ denn wir vermögens nicht. Mit vns ist's langst

Zwey vnd zwentzigsten Psalm Dauids.

langst verloren. Du hast ja deine Warheyt bißhero erhalten/vnd hast vns dasselbig rein vnd lauter lesen/hören/vnd predigen lassen/ So bestettige nun in vns/vnd bey vns/das Du bey vns hast angefangen vnd getrieben. Denn auff Dich sindt wir inn deinem Sohn JHEsu CHRJsto geworffen. Du bist vnser Zuuersicht/ auff Dich wöllen wir trotzen vnd pochen/vnd sehen/ was vns die Welt/ vnd das gantze vngehewre Reych des Teufels/leydes thun kan.

Wenn wir also köndten von hertzen mit rechtem Glauben zu GOtt reden/ so hette es kein not mit vns. Wir wolten auch vmb alle Tyrannen/ Türcken/Bapst/ auch vmb die Rotten vnd Secten/Zwytracht vnd Sophistereyen/ nicht auffstehen/ Welche/ ob sie wol ein Geyssel/ Straff/ vnd verhengnuß GOttes sind/ doch wenn wir GOttes Ehr allein suchten/ vnd köndten darauff mit ernst vnd mit bekerung vnd besserung vnsers lebens trotzen/welcher Teufel wolt vns ein herlein krümmen können? Wir köndten zu GOtt frölich tretten/vnd zu jm seufftzen vnd schreyen: Hilff HERR, es gehet nicht vns/ sondern deinem Wort vbel/ Wir werden angefochten deines Worts halben/vnd vmb deinet willen verfolgt/Verlaß vns nicht/ja vil mehr verlaß dich vnd dein Warheyt selbs nicht/Denn das Wort ist dein/welches/ so wirs verliessen/wolten wir wol fride vnd ruhe/ auch noch grosse Herrligkeyt vnd vil Güter haben. Aber wie wir alle/ Lehrer vnnd Zuhörer/solches thun/ ists leyder also/das es wol besser döchte. Der wenigste theyl suchet GOttes Ehr. Der meyste theyl hat das Meum im hertzen vnd mund/ sihet auff sein person/wolfart vnd ehr/gunst vnd ruhe/nicht auff das gerade Wort GOttes/wie wir stettige erfaren. Da muß auch zu letzt volgen endtliche verzweyflung/ dieweyl man das Wort Gottes auß den hertzen vnd augen gelassen hat/vnd sich verlassen auff menschen huld/gunst/eygne fündlein vnd außlegung/damit man das klare Wort GOttes meystern wil. Solchs wirt sich noch in vilen also befinden/ welche doch jetzt nichts darnach fragen. GOtt helffe vns allen.

Der beste vnd sterckeste Trost ist/ wenn man auff GOtt/ vnd auff sein Wort trotzen kan. Wer das kan thun/ der bleybt wol mit seiner gerechten sache zu frieden/so lang die Welt bestehet/ Wie in Geschichten der Apostel Gamaliel sagt: Ist der rath oder das werck auß den menschen/ so wirts vntergehen: Ists aber auß GOtt/so könnet jrs nicht dempffen/es muß bleyben. Wie denn auch Doctor Luther seliger zu seinen München im anfang gesagt: Meine Lehr wirt bald vergehn/ wenn sie mein allein ist: Ists aber GOttes Lehr/ so wirt sie wolbleyben sicher vnd vest. Denn es heyst/wie wir singen: Ein veste Burg ist vnser GOtt. Item: Des HERRRN Wort bleybet ewig. Himel vnd Erden werden vergehen/aber mein Wort wirt nicht vergehen. Gott helffe vns darzu/das wir auff sein Wort trotzen/ vnerschrocken vnd keck sein in GOtt/ Er wirts wol machen. Wie Er seinen Son im elend nicht gelassen hat/also/so wir Jhm allein vertrawen/wil Er vns/die wir seines Sones Gelider/ Fleysch vnd Blut sindt/ fürwar auch nicht stecken lassen/ Er wil vnser GOtt/ Vater/ Rath/ Hülffe/ Schutz vnd Schirm sein. Was wöllen wir doch mehr? Wer wil vns thun? Warumb sind wir so zag vnd feyg/vnd bleyben nicht bey dem Wort Gottes? Warumb sind wir so wetterwendisch/wie ein Rhor/das der Wind hin vnd wider wehet? Wolan/ es wirt sich im außkeren alles wol finden. Wir wöllen nun weyter fortfaren.

Z iij Sey

Kurtze außlegung des
Sey nicht ferne von mir / denn angst ist nahe. Denn es ist sonst kein Helffer.

ZU wem man sich alles gutes versihet/ den rüfft man an vmb hülffe in nöten. Also/ dieweil Christus bekennet/ das er nicht allein alle seine sorg auff Gott seinen Vater geworffen hab/ sondern auch er selbs auff jn geworffen sey/ so flihet er/ als ein lieber Son/ dem leyd vnd wehe ist/ zu seinem Vater/ klaget jm alle sein not/ mit rechter bestendiger zuuersicht/ er könne vnd wölle jm helffen/ als ein Vater seinem lieben/eingebornen Son. Hilff lieber Vater mir in diser not/ spricht er/ vnd laß das heil vnd die hülffe nahe zu mir kommen/ laß dich mit gnedigem anblick ansehen/ vnd sey nit ferne. Also hat Christus/ vnser König vnd Hoherpriester/ am tage seines Fleysches Gebett/ vnd Flehen mit starckem geschrey vnd threnen geopffert / zu dem/ der jhm von dem Tode kondte außhelffen/ wie die Epistel zu den Hebreern dauon redet.

Er setzet aber zwo vrsachen/ warumb eylend hülffe von nöten sey. Die erste ist: Denn angst ist nahe. Ich stecke mitten im Tode/ weiß nicht ein noch auß/ Ich muß leyden/ vnd bin voll Schmertzen vnd Kranckheyt/ Ich hab keine gestalt noch schöne/ Ich bin der aller verachtest vnd vnwerdest/ Wie Esaias dauon redet/ Vnd wie der HERR Christus selbs im Vierzigsten Psalm spricht: Es hat mich vmbgeben leyden one zal/ Es haben mich die Sünde ergriffen/ das ich nicht sehen kan/ jr ist mehr denn har auff dem Haupt/ vnd mein Hertz hat mich verlassen. Item/ im Neun vnd sechzigsten Psalm spricht Er also: GOtt hilff mir/ denn das Wasser geht mir biß an die Seele/ Ich versincke im tieffen Schlam/ da kein grundt ist/ Ich bin im tieffen Wasser/ vnd die Flut wil mich erseuffen/ etc. Also redet er hie auch: Angst ist nahe. Das ist/ Alles Hertzleyd vnd Trübsal fellet auch mich/ innerlich vnd eusserlich. Wie nun angst nahe ist/ also sey du HERR Gott auch nahe mit deiner hülffe/ so hat es nicht not mit mir.

Die ander vrsach ist: Denn es ist kein Helffer. Ich warte/ obs jemand jamert/ aber da ist niemand: Vnd auff Tröster/ aber ich finde keine/ Es ist auß mit mir/ was menschen rath/ hülff/ vnd mitleyden anbelanget. Diese ist auch ein grosse jemmerliche Klag. Wenn sonst ein armer mensch leydet/ ob man jm gleich nit helffen kan/ so tröstet man jn doch / vnd hat ein hertzlichs mitleyden mit jm. Aber hie scheinet es mit Christo / als sey weder trost noch hülff/ noch einigs mitleyden fürhanden. Darumb schreyet Er also allein zu GOtt seinem Vater/ des hertz vnd frewd er ist/ vnd gewinnet jm auch sein Veterlich Hertz an mit disen worten.

Auff diese weyß sollen wir auch thun/ vnd inn vnsern Verfolgungen zu GOtt schreyen: Dilff lieber GOtt/ denn du sihest/ wie man mit vns vmbgehet/ wie wir geplaget werden von deinen Feinden/ vnd du weyssest/ das sie Gottlose/ böse Buben sind/ die dein Ehre nicht das geringste achten. Also wirt das Gebett fein starck vnd krefftig/ vnd gehet von hertzen zu den Ohren Gottes.

Grosse Farren haben mich vmbgeben / fette Ochsen haben mich vmbringet.

FARren sindt das freche/ mutwillige/ vnuerstendige Volck/ vnd der gemeine Pöfel/ geyl vnd vnsinnig/ welchs man nicht kan bedeuten vnd stillen/ wenn es anhebet zu rasen/ Ist wild/ kün/ vnd trotzig/ auffrhürisch vnd leychtfertig/

Zwey vnd zwentzigsten Psalm Dauids. CXXXVI

fertig/ vnd kan offt hindurch dringen/ vnd mit gewalt/ one verstandt vnd one recht/ etwas erhalten/ Wie er darumb mit dem wort (Pharim) das ist/ Farren/ vnd junge Ochsen/ genennet wirdt/ von wegen des Gewalts/ Sterck/ Freuel/ Geylheyt vnd Mutwillens. Denn niemandt gleubet/ was für frechheyt inn dem gemeinen Pöfel stecket/ wenns anhebet zu rasen/ Wie man ein wenig an den Auffhürischen Bawren erfaren hat/ GOtt behüte vns weyter darfür. Die Alten haben den Auffhur genennet Seditio, Das ist/ wenn einer da hinauß/ der ander dort hinauß will/ vnd keiner kein geraden Weg hat/ Höret keiner den andern/ jeder lebet seines Kopffs/ ohne scheu/ vnd ohne ordnung. Das sindt die grossen Farren/ wild vnd toll/ die da schreyen: Laß ihn Creutzigen/ laß ihn Creutzigen: Sein Blut komme vber vns/ vnd vber vnsere Kinder.

Ochsen/ sind Keyser/ König/ Fürsten/ Herodes/ Pilatus/ Item/ die Schrifftgelehrten/ Phariseer/ vnd heylige leut für der Welt/ Gewaltig/ Reich/ Mechtig/ Gnedigste Herrn/ die Seulen der Welt/ Gestrenge/ Ehrnuest/ Ehrwirdige in GOtt Veter/ Bapst/ Cardinel/ Bischoff/ fette/ grosse/ starcke/ stossende Ochsen. Diese alle stossen sich an das arme/ geringe Würmlein/ an den HERrn Christum Jesum/ vnd wöllen jn todt haben/ vnd weder sein Leh̄/ noch sein leben leyden/ Wie geschrieben stehet: Die Könige im Lande lehnen sich auff/ vnd die Herren rathschlagen mit einander/ wider den HERRN vnd seinen Gesalbten. Weltlich vnd Geystlich Regiment setzt sich wider den HERrn Christum.

Jren Rachen sperren sie auff wider mich/ wie ein Brüllender vnd reyssender Löwe.

DJe zeyget Christus an/ wie er sich entsetzt hat für dem wüten vnd der Tyranney der grossen Farren/ vnd fetten Ochsen/ nemlich/ wie ein Schaf zittert/ vnd in forcht stecket/ das jetzt solle zerrissen werden. Sie sind/ spricht er/ so girig/ mich nicht allein zu tödten/ sondern gar zuuerschlingen/ vnd all mein gedechtnuß außzutilgen/ vnd zuuerzeren/ wie girig ein grausamer Löw ist/ ein armes Schaf zufressen/ vnd zuuerschlingen/ wenn er hungerig/ oder sonst zornig ist. Darumb schreyen sie auch: Creutzige jn/ creutzige jn.

Jch bin außgeschütt wie Wasser.

DAs ist/ Man achtet mein gar nichts/ so wenig als man nicht achtet/ wenn gleich das wasser wirt vergossen/ vnd samlet dasselbig nicht wider auff. Denn es ist ein schlecht ding vmb das wasser/ welchs man nicht in Fessern auffhebet/ wie Maluasier/ oder sonst Wein vnd Bier. Mein Blut wirt vergossen wie schlecht wasser. Vnd also geht es noch zu vnd muß der Christen blut/ wie wasser/ als ein vergeblich/ nichtig ding/ von den grossen fetten Ochsen/ außgeschütt vnd vergossen werden. Aber doch bleybet vns allen der trost war/ vnd vnbeweglich: Cruor Sanctorum est semen Ecclesiæ, Das Blut der Heyligen ist ein Samen der Kirchen. Denn je mehr man blut vergiesset/ je mehr die Kirche Christi zunimpt/ wechset/ vnd groß wirt.

Alle meine Gebeine haben sich zutrennet.

DAs ist/ alle Krafft in mir/ an Gemüt/ vnd am Leyb/ sind geschwecht/

J iij das

Kurtze außlegung des

das ich weder stehen noch gehen kan. Etliche haben dise wort verstanden von der Creutzigung Christi: Sie haben mich also auß einander gedehnet/das mir die Gebein sind von einander gegangen. Wie Er hernach auch saget: Ich möcht alle meine Beine zelen. Aber Christus redet hie von seiner schwacheyt/ das Er kein krafft/kein stercke mehr an seinen Beinen hat/Wie wir Teutschen sagen: Ich bin so matt/das ich kaum gehen kan: Die Bein wöllen mich nit mehr ertragen. Denn wir wissen/das trawrige/angefochtene/oder sonst krancke leute/sehr abnemen/vnd an gemüt vnd leyb jre krafft verlieren/jre glieder zittern/vnd das marck in beinen schwindet. Denn trawrigkeyt vnd der schreck schwechet den Leyb/dieweil alle krafft des Leybes auß dem hertzen kommet/ welches ein Brunn des lebens genennet wirdt. Darumb saget auch Salomon: Ein frölich Gemüt ist ein stettige Gastung. Das ist/Fröliche leute fülen kein trawren/nemen auch nicht ab/sind frisch/vnd starck/haben kein anfechtung.

Mein Hertz ist in meinem Leybe/wie zerschmoltzen Wachs.

DIse wort können wir auch nicht treffen mit vnser außlegung/Sie sind vns Menschen zu hoch. Fromme/heylige Leute kommen zu zeyten ein wenig darzu/das sie in jren anfechtungen meinen/das Hertz gehe jnen auß dem leybe hinweg/vnd zerschmeltze jhnen/wie das Wachs an der heyßen Sonnen zerschmiltzet. Wie Christus auch sagt im Vierzigsten Psalm: Mein Hertz hat mich verlassen/Es ist kein mut mehr in mir/Mich deucht/es sey alles tod vnd gar auß/was in mir ist.

Mein Krefft sind vertrocknet/wie ein Scherbe.

DAs ist/ Ich hab kein marck/kein lebendige/fröliche krafft mehr/Wie wir auch bißweylen sehen an denen/die ohnmechtig werden/so wirdt jhnen Hende vnd Füsse wie ein Scherb gantz krafftloß. Denn es ist nichts truckners/als ein Scherbe/er hat kein feuchtigkeyt/kein natürlichen safft/es ist alles dürr/vnd vnfruchtbar. Vnd also redet auch Esaias von dem HERrn CDXJsto: Er schusset auff/wie eine Wurtzel auß dürrem Erdtrich. Doch wechset auß diser armen/durren Wurtzel/ein frischer/lebendiger Baum/das Volck vnd die Kirch GOttes/wie wir zuvor von dem blut der Christen auch gemeldet haben.

Meine Zunge klebet an meinem Gaumen.

Wenn der Leib krafftloß ist/so dürstet den Menschen vber die massen sehr/ wie man sihet an den armen Sündern/die man zum Gericht füret/das sie sehr trincken/ Wie von dem Thoma Müntzer gesaget wirdt/da er hat sollen gerichtet werden/hat er eine halbe Stübigen Kanne außgetruncken/Denn des Leibes safft vnd krafft hatt alles abgenommen. Daher auch die/so verdorren stettigs trincken müssen. Von solchem Durst redet der HErr Christus auch im Neun vnd sechzigsten Psalm: Sie geben mir Gallen zu essen/vnd Essig zu trincken inn meinem grossen Durst. Vnd inn der Historien von dem Reichem Mann in der Hellen wirt auch abgemalet des Gewissens angst/vnd Durst/ da er schreyet: Laß Lazarum kommen/vnd meine zunge külen mit seinem finger/den er ins Wasser getaucht hat/rc.

Vnd

Zwey vnd zwenzigsten Psalm Dauids. CXXXVII
Vnd du legest mich in des Todes staub.

DV lesst mich erwürgen/vnd zu nichten werden/sterben/vnd ins Grab kommen. Vmb deinet willen trage ich Schmach. Du hast mich geworffen aller Sünde. Du wilt mich also zuschlagen mit Kranckheyt/auff das dein fürnemen/das ist/dein Wille vnd Werck/das du im sinn hast/nemlich/der Menschen Erlösung/durch meine Hand fort gehe/wie Esaias dauon gewaltiglich redet.

Vnd sind diese wort ein Klag/vnd ein Trost. Ein Klag/von wegen des Leydens/vnd des grossen Jammers vnd Elends/darinn der HErr Christus ist. Ein Trost aber/von wegen/das GOtt Jhn darein geleget vnd geworffen hat/der jn auch wider herauß ziehen kan/vnd will. Vnd disen Trost sollen wir auch behalten inn vnsern nöten/sonderlich aber in Todesnöten/das wir können sagen: Lieber GOtt/ich sol von disem Jammerthal scheyden/vnd Leyb vnd Seel sollen von einander/Mein Leyb sol verwesen/vnd inn des Todtes staub geleget werden/Aber ich weyß/das Du mich darrin legest/vnd das mir der Tod nicht ein herlein dörffte krümmen/wo du nicht selbst mich darein würffest. Du bist aber mein gnediger GOtt vnd Vater/vnd du wilst auch mein GOtt vnd Vater in ewigkeyt sein vnd bleyben. Darumb tröste ich mich des/das niemand anders mich in des Todes stanb leget/denn du/vnd weiß/das du mich zu seiner zeyt wirst widerumb herauß ziehen/vnd aufferwecken. So gehe ich nun auff dein Befelh vnd Willen/in mein Ruhe vnd Schlaff kammer/vnd besilhe dir mein Leyb vnd Seel/du wirst es wol machen/vnd mich durch deinen Son/meinen HERrn Jesum Christum/den du auch in des Todes staub geleget hast/vnd der mein Fleysch vnd Blut/vnd Bein von meinen Beinen ist/widerumb aufferwecken zum ewigen Leben/darinnen du wirst alles in allen sein.

Wenn wir also gedechten/was wolten wir vns doch fürchten für einiger Trübsal/oder für dem Tode? Wir würden vil mehr keck vnd mutig einher prangen/vnd rhümen: Der HERR ist mit mir/darumb fürchte ich mich nichts. Was kan mir der Mensch/Sünd/Hell/Teufel/oder der Tod thun? Vnd wie Paulus treflich vnd tröstlich dauon redet: Wer wil vns beschuldigen/tödten/verdammen? Jst nicht Christus für vns in des Todes staub geleget/gestorben/vnd zu vnser Gerechtigkeyt auch wider aufferwecket/vnd vertritt vns? Was ist trübsal/angst/verfolgung/hunger/schliigkeyt/schwerdt/vnd todt? GOtt ist für vns/wer mag wider vns sein? ꝛc. Disen Trost sollen wir wol mercken/vnd nicht so zag vnd kleinmütig sein/wenn wir an den Tod gedencken. Der HERR thuts/der ist auch für vns/vnd wirt vns wol bewaren. Es hat kein not. Folget nun weyter:

Denn Hunde haben mich vmbgeben/vnd der Bösen rotte hat sich vmb mich gemachet. Sie haben meine Hende vnd Füsse durchgraben.

HJe kompt der HErr Christus gantz vnd gar zu seinem leyblichen leyden/wie er gemartert werde/vnd wie er/der sonst alle ding erhelt vnd bewegt/ans Creutz genagelt sey/Wie er/auß welchem/als auß dem rechten lebendigen Brunnen/alle ding müssen erquicket vnd gelabet werden/grossen durst falet/vnd/der vor allen Creaturen jre stell vnd ort gibt/keinen ort hat/da er seinen Kopff hinlege/Wie er/der die ewige/vnwandelbare Warheyt ist/von falschen

Kurtze außlegung des

falschen Zeugen angeklagt wirt/ Vnd der ein Richter ist der Lebendigen vnd der Todten/muß von einem sterblichen Heydnischen Richter verurtheylt sein/ Vnd der die ware/ewige Gerechtigkeyt ist/ von den Vngerechten verdampt werden/ ja/auch für die Vngerechten leyden vnd sterben. Item/ Der jederman genug vnd die fülle vollauff gibt/ muß nackend vnnd bloß sein: Der schöner vnd heller ist denn die Sonne/ Mond/ vnd Stern/ muß jetzt bleych vnd grewlich sein: Der aller Zucht vnd Erbarkeyt Stiffter vnd Erhalter ist/ muß als ein vngehorsamer gezüchtiget vnd gegeisselt werden: Der allen Keysern/ Königen/vnd Herrn jre Kron vnd Scepter gibt/muß ein Kron von Dörnern tragen: Auff welchem alle ding stehen vnd gegründet sein/der muß am Holtz hangen/ als sey Er nicht selbs der Grund vnd die Veste aller ding/ ja/ als habe Er keinen grundt vnd auffenthalt: Der die Krafft ist/wirt geschwechet: Der alle ding gantz macht/vnd gesunden Leyb vnd Glidmaß gibt/dem werden seine Hende vnd Füsse durchgraben: Der alles tröstet vnd lebendig machet/ oder hat jetzt schier keinen trost: Der die Seligkeyt ist/ ligt hie in verdamnuß: Der ein HERR des Lebens/ja das Leben selbs ist/der stirbet/vnd wirt begraben.

Es ist aber sehr fein/das man die ordnung diser Klag betrachte. Von ersten hat CHristus das aller schrecklichste vnd höchste für sich genommen/ nemlich / das Er von GOtt verlassen sey/ Darüber klagt er jemmerlich/ wie wir gehöret haben. Darnach klaget er/das seines Leydens kein zil/maß/oder ende möge gespüret werden. Vnd das ist schon ein wenig geringer/ vnd leydlicher/ denn die erste Klage / Denn von GOtt verlassen sein / vbertrifft allen jammer inn ewigkeyt. Zum dritten/ das Er kein Exempel dergleichen Leydens wisse/vnd könne sich nicht trösten mit anderer leut trost/ Er müsse allein etwas sonderlichs haben. Das ist auch geringer/denn die vorigen zwo Klagen. Zum vierdten/ Das niemandt ein mitleyden mit jhm habe / sondern sie spotten sein/vnd muß schmach vnd schaden haben/vnd hören/welche jm sein Hertz bricht. Diese Klage / dieweyl sie von dem eusserlichen Leyden redet/ vnd doch das innerlich auch damit begreyffet/ ist auch geringer/ denn die vorigen Klag/ welche den grossen innerlichen Schmertzen vnd Jamer anzeygen. Nun kompt Er jetzund zum letzten allein auff das leybliche/ eusserliche Leyden/ vnnd steyget also von dem höchsten Leyden/ von einem zum dem anderen / biß auff das geringste / so lang / biß Er auch gantz zu seiner Erlösung/ vnd zu rechtem lebendigem Trost kommet/ wie wir hernach hören werden.

Hunde/ spricht Er/ haben mich vmbgeben. Die sihet Er auff den Titel oder Vberschrifft dises Psalms/ da Er sich einer Hinden vergleichet/die von den Hunden gejagt wirdt. Vnd klaget also auff ein newes vber seine Widersacher vnd Feinde/ Damit er anzeyget/das es etwas besser mit jm worden sey/ sintemal nun sein innerlichs Leyden vnd Schmertz hab auffgehöret/ das Er GOtt nicht mehr für seinen Feind ansihet/ vnd von jhme solcher Jammer nicht komme/ sondern von seinen Feinden/ die jn mit jrem bellen vnd beyssen zermartern vnd plagen/ das ist/ mit Spotten/Lügen/Verleumbden/ Item/ mit Fewer/ Schwerdt/ vnd Kercker/ Jhn vnd seine Kirche verfolgen/ wie allezeyt von CHristi Leyden an inn der Christlichen Kirchen mit den Aposteln/ Lehrern/ vnd Merterern geschehen ist/vnd durch den Bapst/vnd andere Verfolger des Euangelii noch geschicht/ vnd biß zu ende der Welt geschehen wirdt/ das fromme Christen verhönet/ gejagt/ gehetzt/ angepfiffen/ belogen/ verrhaten/ verspottet/ gemartert/ verbrandt/ vnnd zerrissen werden

von

Zwey vnd zwentzigsten Psalm Dauids. CXXXVIII

von den Hunden/das ist/von den Verfolgern/falschen Lehrern/Gewaltigen/ die bellen vnd beissen können / vnd das schwerdt im maul/ vnd zugleich in der hand füren / vnd die rechten Christen vmbgeben/ das sie weder auß noch ein können / sondern müssen har lassen/vnd berhalten/ so lang ein tropff bluts in jrem leyb ist. Wolan/es ist vnserm HERren Christo Jesu also ergangen/ wir sollens vns auch nicht besser wünschen.

Der Bösen rott/spricht er weyter/hat sich vmb mich gemacht. Die verstehet er one zweyffel die Gelehrten/die verkerten / Hohenpriester / Schrifftgelerte/Gesetzlehrer/ vnd andere / so disen anhengig sein. Denn dieweyl die mit jrer vernunfft meystern vnd grübeln/können vnd wöllen sie nicht dem schlechten Wort Christi gleuben / sondern machen sich an CHXIstum/ vnd an sein Wort/vnd wöllen an jm ehr vnd rhum erjagen. Christus sol kurtz vnd gut mit auff dem Esel einreitten/ sondern der Esel auff Christo / Das ist / Vernunfft/ vnd menschliche weißheyt vnd kunst sol den fürzug haben / CHXistus sol bey dem verlornen hauffen/vnd bey dem nachtrab bleyben. Solchs heyst die böse Rott/ vnd Synagoga malignantium, der Spötter hauff/ die ein grossen anhang hat von den Hunden/ das ist/ von den Gewaltigen/ Weltweysen/ vnd auch von den gemeinen pöfel. Vnd redet hie der HErr Christus/ wie er oben auch geredt hat: Grosse Farren haben mich vmbgeben / vnd fette Ochsen haben mich vnibringet.

Sie haben meine Hende vnd Füsse durchgraben. Das ist ja deutlich gnug geweyssagt/1230. Jar junor/ ehe es geschehen ist. Vnd ist kein zweyffel/ Christus hat von kind auff solche seine schmertzen gewust/vnd ein schwer/ellend leben gehabt/wie er in dem 88. Psalm jemmerlich klaget. Man sihet aber auch allhie/das ein alter gebrauch gewesst ist/die armen Sünder zu creutzigen/ wie es noch bey den Türcken gewonheyt sein solle/ ob es gleich von ersten bey den Juden nicht gewesst. Vnd ob schon nissermeht die gewonheyt bey jrgend einem Volck erfunden were worden/ so hat doch der heylige Geist/ der alle ding znuor sihet vnd weiß/ die Marter Christi deutlich wöllen anzeygen/ vnd weissagen/ auff das man ja den waren Messiam recht erkennen/ vnd sich an seinem Leyden/ vnd an seiner elenden gestalt nicht ergern solte.

Gleich aber wie der Titel dises Psalms frembd ist / vnd darumb also gesetzt/ das die heimligkeyt diser hohen/grossen dinge / dem blinden verstockten Juden vnd Heyden nicht offenbar / vnd das köstliche/ schöne Berlein für die Schwein nicht geworffen würde/ Also braucht hie Christus auch ein sonderlichs frembdes wort/ daran sich alle Juden noch heutigs tages stossen/ vnd jrr werden/vnd wissen doch nicht/was es ist/oder bedeut. Denn da hie stehet: Sie haben durchgraben/stehet in der Hebreischen Sprach/Caari, da es billich solt heyssen/Caru. Aber/wie gesagt/ist es one zweyffel auß gutem bedacht vnd rath von dem heyligen Geyst also gesetzt/ wie das Lemarbe im Esaia. Vnd wissen die Gelehrten/ das in dem wort/Caari, welchs hie sonst heyst/ als/ Sie haben durchgraben/ die zal der Jar begriffen wirt/ von der Weyssagung an/ biß zu dem Leyden CHXIsti/ nemlich/1230. Jar. Vnd wir lassen nun faren der Juden Tandt vnd Schwermerey/ dieweyl vnns das Euangelium dieses wort erkleret/ welche die verstockten Juden nimmermehr verstehen können/ noch sollen.

Ich möchte alle meine Beine zelen.

Also reden wir auch in Teutscher sprach : Man möchte jm alle seine beine

Kurtze außlegung des

ne zelen/ so dürr vnd mager ist er/es ist nichts denn haut vnd bein an jm. Denn Christus zeygt an/ das jm sein gantzer Leyb verdorrt vnd verschmacht sey für trawrigkeyt vnd schmertzen. Daher es auch ein feiner brauch ist/ das man Christum malet am Creutz gantz dürr vnd mager. Denn die schweren gedancken haben jm gewißlich alle seine kreffte verzeret/ das da kein safft noch krafft mehr gewesen. Vnd das het auch seine Feinde zu barmhertzigkeyt ein wenig bewegen sollen. Aber da ist nichts/ denn toben vnd wüten/ frolocken vnd jubiliren vber solchem jamer des HERren Christi/ wie es auch noch zugehet in der Kirchen Christi. Arme Pfarrherr vnd Prediger haben offt kaum das trückene brodt mit jren Weyb vnd Kindern zu essen/ vnd müssen doch grosse arbeyt thun/ können offt mit not sich settigen. Dargegen sind die KirchenRauber/ grosse Hansen/ vnd Gnad Junckherrn/ die verlachen sie noch darzu/ spotten/ frolocken darüber/ das sie den Kern von den Kirchengütern haben/ es bleyben die Kirchen vnd Schulen wo sie wöllen. Es möchten die armen Lerer wol offt jre beine zelen für hunger vnd kummer/ sorg vnd mühe. Wolan/ es wirt auch (ob Gott wil) ein end nemen/ vnd vber dem kopff solcher Spötter gewißlich außgehn/ das jr tisch für jnen zum stricke werde/ zur vergeltung/ vnd zu einer Falle/ vnd die Vngenade auff sie außgegossen werde/ wie Christus im 69. Psalm sagt.

Sie aber schawen/ vnd sehen jren lust an mir.

DAs ist/ sie külen jr mütlein an mir. Sie stehen/ vnd sehen mich mit fleyß an/ vnd sehen jhre frewd vnd wunsch an mir/ lachens in jr hertz hinein/ das/ s mir so vbel gehet/ weysen mit fingern auff mich/ mit lachendem munde. Das hat dem HErrn Christo sehr wehe gethan/ wie es noch vber die massen wehe thut allen Christen/ wenn sie geplagt vnd gemartert werden/ das man noch jr darzu spottet. Mit andern armen leuten/ die von dem leben zum tod vmb jrer Laster willen verurtheylt vnd gebracht werden/ hat man dennoch ein erbarmung vnd mitleyden/ Aber mit den Christen/ wenn sie jrer bekantnuß halben getödtet werden/ hat man ein frolocken. Vnd solchs zeygt auch an/ das der rasend lebendig Teufel in den Verfolgem vnd Spöttern wonet. Denn sonst wer es vber vnd wider alle Menschliche natur/ die weyl man mit den armen geplagten leuten allzeyt von natur/ auß natürlicher bewegung des hertzens/ ein mitleyden hat/ wenn sie gleich von Rechts wegen/ vnd jrer vbertrettung halben/ getödtet werden.

Sie theylen meine Kleyder vnter sich/ vnd werffen das loß vmb mein Gewandt.

ES ist nicht gnug/ das sie Christum tödten/ sondern nach seiner Creutzigung nemen sie seine Kleyder/ machen vier theyl/ einem jegklichen Kriegsknechte ein theyl. Darzu auch den Rock/ welchen/ dieweil er vngeneet war/ von oben an gewirckt durch vnd durch/ werffen sie das loß darumb/ auff das dise wort erfüllet werden/ wie die Euangelisten alle anzeygen. Da köndten sie es erger nicht machen. Sie geben mir auch (spricht er im 69. Psalm) Gallen zu essen/ vnd Essig zu trincken/ in meinem Durst/ Wie Johannes solchs auch anzeyget im 19. Capitel. Solches ist alles lauter getrieb vnd spot des Teufels gewesst. Denn sie alle Juden vnd Kriegsknecht/ nicht auß geytz die Kleyder Christi getheylet haben/ sondern auß lauter spot vnd hon/ mit lachenden gedancken/ hertzen vnd mund. Solchs

Zwey vnd zwentzigsten Psalm Dauids. CXXXIX

Solchs theylen der Kleyder Christi weret noch jmmerdar/da man nicht zu frieden ist/wenn man gleich die frommen Christen erwürget hat / sondern man grebet noch wol auff jre Rubbette/verbrennet allererst jre Cörper / verbrennet jre Bücher/damit ja nichts bleyb/das jr gewesen ist/wie im Bapstthumb breuchlich. Das ist des Teufels kunst/toben vnd wüten/vnd vergeblicher hochmut vnd spot.

Darnach die Gelehrten theylen auch vnter sich die Kleyder Christi/wenn sie nicht gerad vnd schlecht bey dem Wort GOttes bleyben/sondern werffen das loß darumb/vnd suchen mit jrer vernunfft jetzt den/bald einen andern verstand der Schrifft/martern vnd radbrechen das Wort mit Allegorijs, vnd wie die andern seltzame/vngereimbte außlegung mehr heyssen/Tropologijs, Anagogijs,vnd was dergleichen hudeley mehr ist.

Es theylen auch den Rock Christi vnter sich Weltliche Fürsten/Herren/ die vom Adel vnd grosse Hansen/welche die Kirchengüter zu sich zihen/vnd verschwenden/fragen nit nach Gottes Ehr vnd Wort/sondern sehen auff jren bauch vnd wanst/gewalt vnd reychthumb. Vnd das ist gewißlich auch des Teufels kunst vnd arglistigkeyt/zumal zu diser letzten zeyt. Gott helffe vns allen/vnd erhalte seine Kirch gnediglich/wie er verheyssen hat.

Bißhero haben wir nun von dem Leyden vnsers HERRN Christi Jesu/ wie dasselbig in disem Psalm beschrieben wirt/ geredet. Sollen nun am ende betrachten/Erstlich/die vrsachen/warumb Christus gelitten hat: Darnach/ die krafft vnd wirckung solches Leydens: Vnd zum letzten/ wie man solches Leyden recht Christlich betrachten solle. Denn dises gehört zu einem rechten Christen/sein kurtz vnd einfeltig zubedencken/vnd behalten.

Es ist aber nun vns allen/die wir Christen sein/gewiß vnd tröstlich/das die vrsach/die solches Leyden Christi verwirckt hat/sey die innerliche Seuche vnd schwachheyt des Menschlichen Geschlechts / welchs der Teufel mit seiner Tyranney immerzu geplaget/zu Sünden gebracht/vnd in den Tod vnd ewige verdamnuß zuwerffen sich vnterstanden/vnd also GOtt den HERRN/zu welches ebenbilde das Menschlich Geschlecht geschaffen gewest/ eben durch solchs ebenbild getrotzet hat. Als, das er macht vnd gewalt hab/ mit solchem ebenbilde Gottes vmbzugehn seines gefallens/ Vnd wie GOtt dasselbig in reinigkeyt/weißheyt/keuscheyt/vnd andern seinen wesentlichen genden geschaffen/vnd damit geziret hat/ er also widerumb dasselbe mit seinem gifft/vnwißenheyt/vnreinigkeyt/irrthumben vnd lastern/ verderben vnd außtilgen möge/alles Gott zuwider vnd trotz. Vnd hette der Sathan solche seine Tyranney geendet /wo nicht Gott der Vater sein Creatur vnd Ebenbilde vnaußsprechlicher weiß geliebet/vnd den Sathan dieselbe auß seinem Rachen vnd gewalt auff wunderbarliche heimliche weiß/so dem Teufel vnbekant gewesen/widerumb gerissen hette. Nemlich/wie im Johanne stehet/das GOtt also die Welt geliebet hat / das Er seinen eingebornen Son gegeben/auff das ALL / so an jn gleuben/nicht verloren werden / sondern das ewige Leben haben. Disem willen Gottes Vaters/der Son Gottes/auß lauter vnmeßiger lieb gegen dem Menschlichen Geschlecht / willig/ja mit lust vnd frewd/ genolget: Vnd ob er wol in Göttlicher gestalt ware/hat ers doch nicht für einen Raub gehalten/ GOTT gleich zu sein / sondern sich selbs geewissert/ vnd Knechts gestalt an sich genommen/vnd gleich worden als ein ander mensch/ vnd an geberden als ein mensch erfunden/Hat sich selbs ernidriget/ vnd ist gehorsam gewest biß zum tode/ja zum tod am Creutz/wie Paulus zun Philippern am 2. gar tröstlich redet. Denn der Son Gottes allzeyt in dem werck der

Z a   Erlösung

Kurtze außlegung des

Erlösung des Menschlichen Geschlechts/achtung gehabt auff den willen GOttes seines Vaters/dem Er sich vnterworffen hat: Darnach auff die Schrifft/die er mit seinem Gehorsam erfüllen/vergewissen/vnd bekrefftigen hat sollen: Vnd zum dritten/auff das arme Menschliche Geschlecht/welchs er mit seinem Opffer hat erlösen wöllen: Zum letzten/auch auff den Teufel/ vnd sein Tyranney/die er hat zerstören/vnd vberwinden können. Denn dar umb ist der Son GOttes erschienen/das Er die werck des Teufels zerstöre. Vnd also sehen wir/was den Son GOttes zu solchem Leyden gebracht hat/ vnd warzu solchs Leyden geschehen sey/nemlich/das GOtt der HERR in ewigkeyt/von wegen seiner starcken vnwandelbaren Gerechtigkeyt/vnd der Veterlichen vnaußsprechlichen Barmhertzigkeyt/gelobet vnd gepreyset wer de: Darnach/das das Menschliche Geschlechte/so in Sünden erstickten vnd vergehn het müssen/erlöset/vnd durch den Glauben an den Son GOttes ge recht vnd selig würde. Vnd das auch des Teufels reich/gewalt/toben vnd wütten ein ende neme. Wie solchs alles im Johañe begriffen ist mit disen wor ten: Also hat Gott die Welt geliebet/etc.

Vnd ist auch die krafft vnd wirckung des Leydens Christi/nemlich/wie jetzt gesagt/der Gehorsam an jm selbs/welchen der Son Gottes seinem Va ter in der erlösung des Menschlichen Geschlechts geleystet hat. Darnach/das der Teufel vberwunden ist durch solchen Gehorsam des Sons Gottes. Zum dritten/das der Mensch von wegen solches Gehorsams/den er jme mit Glau ben zueygnet/gerecht/vnd selig ist/Wie Johannes der halben sagt: Sihe/das Lamb GOttes/welchs der Welt Sünde tregt. Vnd Paulus 2. Corinth: 5. Gott hat den/der von keiner sünde wuste/für vns zur sünde gemacht/auff das wir würden in Jhm die Gerechtigkeyt für Gott. Zum vierdten/das der Tod vnd Hell zustöret/vnd vberwunden ist/wie er im Osea sagt: Tod/ich wil dein Tod sein: Hell/ich wil dir ein gifft vnd Pestilentz sein. Zum letzten/Das eine Kirch Christi worden ist auß den Juden vnd Heyden/wie Paulus zun Ephe sern am 2. bezeuget/vnd spricht: Jesus Christus hat auß beyden eines gema chet/vnd hat abgebrochen den Zaun/der da zwischen war/in dem/das er durch sein Fleysch weg nam die feindschafft/nemlich/das Gesetz/so in Ge boten gestellet war/auff das er auß zweyen einen newen Menschen in Jm sel ber schaffte/vnd fride machete/vnd das er beyde versönete mit Gott/in einem Leybe/durch das Creutz. Vnd hat die Feindschafft getödtet durch sich selbs/ Vnd ist kommen/hat verkündiget im Euangelio den Frid/euch/die jr ferne waret/vnd denen/die nahe waren. Denn durch Jn haben wir den zugang alle beyde/in einem Geyst/zum Vater.

Wie wir aber solches Leyden Christlich vnd nützlich betrachten sollen/ zeyget auch Paulus fein an/zun Römern am 5. GOtt preyset seine Lieb gegen vns/das Christus für vns gestorben ist/da wir noch Sünder waren. So wer den wir je vil mehr durch Jn behalten für dem Zorn/nach dem wir durch sein Blut gerecht worden sind. Denn so wir GOtt versönet sind/durch den Tod seines Sons/da wir noch Feinde waren/vil mehr werden wir selig durch sein leben/so wir nun versönet sind. Nicht allein aber das/sondern wir rhümen vns auch GOttes/durch vnsern HERren Jesum Christum/durch welchen wir nun die versönung empfangen haben.

Darauß solle man von ersten abnemen/was grosser/vnmessiger Zorn GOttes wider die Sünde gewesen/vnd noch sey/das denselben kein Creatur/ kein Engel/noch Mensch/noch alle Engel vnd Menschen können in dem ge ringsten stillen vnd versönen/sondern der eingeborne/ewige Sohn GOt

Zwey vnd zwentzigsten Psalm Dauids. CXL

tes hat solchen Zorn nicht allein mit seiner fürbitt/vnd Menschwerdung/son∣dern mit seinem Tod vnd Blutuergiessen/stillen können. Darauß wir denn vnsere Sünde erkennen sollen/dieselbige nicht gering achten/vermentteln/ent∣schuldigen/vnd in wind schlagen/wie sonst vnser vnart vnd gebrauch ist / son∣dern vns schuldig erkennen vnd bekennen für Gott aller sünden / vnd vns von hertzen für jne demütigen/vnd vmb des Sons willen vergebung vnserer sün∣den bitten.

Darnach sollen wir behertzigen die grosse Lieb/Güte/vnd Barmhertzig∣keyt Gottes Vaters gegen vns / der seines eingebornen Sons nicht verscho∣net / sondern hat Jn für vns dahin gegeben in den schmehlichen tod / vns auß dem tod durch den tod seines Sons zuerlösen. So hat auch der Son Gottes solche brünstige lieb gegen vns/ das er gern für das Menschliche Geschlecht/ auß welchem doch der gröste vnd meyste hauff ihm vndanckbar vnd zuwider ist/ leydet/vnd stirbet / tregt die sünde/vnd den Zorn Gottes seines lieben Va∣ters wider die sünde/den sonst weder Himel noch Erden/noch alles was dar∣innen/darob/vnd darunter ist/ertragen vnd außstehn kan.

Zu dieser betrachtung gehöret nun ein feiner einfeltiger Glaub/Gedult/ vnd Christlich leben. Denn der Glaub schliesset inn deinem hertzen/ das der Son Gottes dir zu gut gelitten hab/vnd gestorben sey/das du solt vergebung der Sünden/ Gerechtigkeyt/ vnd das ewige Leben in jm/ vnd durch jn erlan∣gen vnd behalten / vnd das sein Tod vnd Verdienst mehr sey / denn deine / ja der gantzen Welt Sünde/vnd derwegen auch die Gnade grösser sey/denn al∣ler Welt/ wil geschweygen deine Sünde. Die Gedult aber manet vns / das wir in vnserm elend vnd creutz nicht murren wider Gott / sondern vns vnter die gewaltige Hand Gottes demütigen/ Vnd wissen/das/so wir mit Christo sollen glorificirt/ vnd erhöbet werden/ wir auch seinem Exempel nach/als sei∣ne Gliedmassen/mit jm leyden müssen. Ein Christlich leben / vnd newer Ge∣borsam aber/muß solcher betrachtung volgen/ auff das/gleich wie Christus ist aufferwecket von den Todten / durch die Herrligkeyt des Vaters/also sol∣len auch wir in einem newen leben wandeln/vnd den sündlichen leyb zemen/ das wir hinfort der Sünde nicht dienen/sondern Gotte leben/in Jesu Christo vnserm HERrn/ Roman: 6.

Souil sey auch von dem Leyden vnsers HERren Christi auff das kür∣tzest vnd einfeltigste gesagt / Denn von disen weytleufftigen vnd reychen stü∣cken wirt sonst gnugsam vnd nach notturfft gehandelt. Wöllen nun den drit∣ten Theyl dieses Psalms für vns nemen/ darinnen der Son Gottes in sei∣nem Leyden rüffet zu GOTT seinem Vater/ vmb hülff vnd errettung/ vnd spricht:

Aber du HERR sey nicht ferne/ Meine Stercke eyle mit zu helffen.

DAs ist/ferne dich nicht so weyt von mir/als woltestu mich im Tod ste∣cken lassen / sondern errette mich / vnd wecke mich widerumb von dem Tod auff. Du wirst ja meine Seele nicht in der Helle lassen/ Vnd nit zugeben/das dein Heyliger verwese/ Psalm: 16.

Er nennet den HERRN seine Stercke. Das ist allen betrübten/ ange∣fochtenen Hertzen ein grosser trost/wenn sie also sagen können: Lieber GOtt mir ist vbel/vnd ich muß schier vergehn. Ach HERR/ sey du mein sterck. Wo du nicht hilffest/so ist es auß mit mir. Du bist ja mein Leben/mein Trost/mein

A a ij   Krafft

Kurtze außlegung des

Krafft vnd Sterck / eyle mir zu helffen. Mit solchen worten gewinnet man Gott das Vetterlich hertz an.

Errette meine Seele vom Schwerdt.

Das Schwerdt sind die/ so das Schwerdt füren/ vnd damit Tyrannisch handeln wider die Vnschuldigen. Von disen Tyrannen begeret Christus erlöset zu werden/ dieweil Er sonst keinem menschlichen schutz hat / Wie im 142. Psalm auch stehet: Ich kan nicht empfliehen / Niemand nimpt sich meiner seelen an. HERR/ zu dir schreye ich/ vnd sage: Du bist mein Zuuersicht/ mein Theyl im Lande der Lebendigen. Mercke auff mein Klage / denn ich werde sehr geplagt. Errette mich von meinen Verfolgern/ denn sie sind mir zu mechtig/ etc. Vnd also redet Er auch hie: Errette meine einsame von den Hunden/ Das ist/ Hilff mir/ der ich einsam bin/ hab kein beystand noch hülffe/ bin gantz vnd gar verlassen/ vnd werde gemartert/ vnd geplagt/ ja/ wie ein arme/ elende Hinde von den Hunden gejagt vnd vmbgeben. Hilff mir HERR auß dem rachen des Löwen/ vnd errette mich von den Einhörnem/ das ist von den Tyrannen vnd Verfolgern deiner Ehr/ welche wie die Löwen mich zureissen vnd tödten/ ja auch grewlicher mit mir vnd den meinen/ denn die wilden Thier vmbgehn/ vnd haben kein erbarmung vber meinem elend.

Was grausamkeit in einem zornigen Löwen sey/ ist allen wissend/ das ein Löw in seinem wüten nicht kan gestillet werden/ sonder vermüstet vnd zerreist was er kan. Wie derhalben der Teufel wie ein brüllender Löw herumb gehet/ vnd sucht/ wen er möge verschlingen/ wie Petrus sagt. So ist auch ein Einhorn ein sehr grausam Thier gewesen/ vnzemig/ wild/ vnd doch vast lustig/ welches man lebendig nie hat fahen können / sondern hat es müssen tödten/ vnd also zuwegen bringen. Solchen grausamen Thieren vergleichet der HERR Christus seine Feinde / die Jn/ vnd seine Kirch verfolgen/ außtilgen/ zerreissen/ vnd mit gewalt vnd mit listen außzurotten begern. Sind wild vnd vnzemig/ lassen jnen nicht sagen/ lassen sich nicht weisen/ sind verstockt vnd verblendet/ wie Pharao / faren auch offt wider jr eygen Gewissen fort in aller tyranney / wie Julianus thet / vnd sind offtmals grausamer vnd vnbarmhertziger/ denn die wilden thier/ vnd Löwen/ wie vil Historien bezeugen/ als/ da Daniel in die Löwengruben geworffen war/ vnd bleyb darinn vnuersehrt / Vnd sonst vil Merterer den Löwen/ Beeren/ vnd andern wilden Thieren sind fürgeworffen worden/ vnd vnuerletzt blieben/ ja auch wol von jnen gantz sanfftmütig empfangen/ vnd geleckt worden/ Als/ da die Junckfraw Euphemia einem zornigen vnd entrüsten Löwen öffentlich fürgeworffen wirt/ geht der Löw vnuersehens/ wider sein natur/ zu der Junckfraw/ gantz mit linden vnd sanfftmütigen geberden/ wechelt den schwantz hin vnd wider/ wie ein Hund/ der dem menschen freundlich sein wil/ vnd lecket die knie vnd hende der erschrockenen Junckfrawen. Vnd der Exempel sind sonst vil mehr/ Darauß man spüret/ das der Verfolger tyranney hefftiger vnd schröcklicher ist/ denn der wilden Thier/ Löwen/ vnd Einhörner.

Das wort (Remim) so hie stehet/ wirt gemeinlich geteutscht/ Einhorn. Es heyst aber fürnemlich ein stoltz thier / welchs gewaltig ist/ vnd sich auffbleist/ als obs oben herein gienge / ab eleuando, oder villeich / dieweil die Einhörner jr Horn hoch empor heben / Wie solches wort im Job am 39. Capitel auch steht: Meinstu (spricht Gott zum Job) das Einhorn werde dir dienen/ vnd werde bleyben in deiner Krippen? Kanstu jm dein Joch anknüpffen/ die

Furchen

Zwey vnd zwentzigsten Psalm Dauids. CXLI

Furchen zumachen/das es hinder dir Brache in Gründen? Magstu dich auff es verlassen/das es so starck ist? Vnd wirst es dir lassen arbeyten? Magstu jm trawen/das es deinen Samen dir widerbringe/ vnd in deine Scheweren samle? ꝛc. Darauß sihet man/daß ein wild/vnzemig Thier muß sein gewesen/ ein Einhorn/Monoceros. Wie auch Plinius daruon schreybet/ das ein wunderliche gestalt gehabt habe/vnd grausam gewesen sey: Der kopff wie ein Hirsch/ die füsse gleich einem Elephanten/ der schwantz wie ein wild Schwein/ der leyb wie ein Pferdt/ vnd mitten an der stirn ein schwartz Horn/zweyer elen lang/vnd hat ein schröcklich/grausam brüllen gehabt. Vnd also sind auch die Feinde Christi/vnd der Christlichen Kirchen/wild/vngehewer/vnzemig/die nicht auff hören zu toben/ sie sterben denn/ vnd werden von GOtt gestrafft/ vnd getödtet/wie das Einhorn nicht kan lebendig gefangen werden. Julianus höret nicht auff die Christen zuplagen/biß er schreyet: Vicisti Galilæe, Tun du Galileer hast vberwunden. Die Phariseer vnnd Juden hören nicht auff Christum zu verfolgen/ biß sie mit jhrem gantzem Reich/ Gesetz/ Land/ vnd Tempel im kot ob einem hauffen ligen. Vnd also gehet es noch jmmerdar. Der Türck/ der Bapst/ vnd jre Anhenger/ Keyser vnd König/Fürsten vnd Herren/hören nicht auff zu toben/vnd rathschlagen wider den HERREN/ vnd seinen Gesalbten/ biß der HERR eines t selbs mit jnen rede in seinem Zoren/vnd schrecke sie mit seinem Grimm/ zerschlage sie mit einem Eysern Scepter/vnd zerschmeysse sie wie Töpffe. Denn sein Zorn wirt bald anbrennen/ spricht Dauid im Andern Psalm/ Er wirt das elende/verzagte/vnuerstendige haupt/ den Hirschenkopff/ selbst streyffen/ vnd zuschmettern/ Er wirdt jr fundament vnd Menschlich sterck/ die Elephanten füsse/ mit einem Eysern scepter von einander schlagen/vnd zu nichte machen/ Er wirt den schwantz/ das ist/alle jre Anhenger/ wilde/ vngehewre leut/ Epicurer/vnd dergleychen Sew/vertilgen/vnd in ewigen Schlam vnd Gruben werffen. Vnd wirt endtlich jren stoltzen frechen/vnd vbermütigen Pferdsleyb tödten/ das das gantze reych des Sathans vnd der Welt sehe/in wen sie gestochen haben/vnd die Kirch Christi im ewigen fried vnd rhube für solchen Verfolgern lebe. Des sollen wir Gott gewißlich vertrawen.

> Ich wil deinen Namen predigen meinen Brüdern / Ich wil dich in der Gemeine rhümen.

BIß hieher hat der HErr CHRIstus auch von der Hoffnung seiner errettung vnd hülff geprediget/ vnd zu GOtt seinem Vater geschrien. Nun setzt fehet Er an GOtt zu loben/ das seine Hoffnung nicht vmb sonst ist gewesen/ sondern sey von den Todten aufferwecket/ vnd auß allem Vnglück vnd Creutz gerissen/ Vnd redet also herrlich von seiner Aufferstehung/ vnd von der Frucht vnd Nutz solcher seiner Aufferstehung. Weyset vns auch/ das wir/ wenn wir erhöret/ vnd auß einer Gefahr erlediget sind/ nicht sollen vndanckbar sein/ sondern frölich GOtt dancken/ vnd Jhn preysen/ wie Er befilhet: Rüffe mich an in der not / so wil Jch dich herauß reyssen/ vnd du solt mich preysen.

Man solle aber die wort wol betrachten/so hie stehen: Jch wil predigen sagt Er/Das ist/Jch wil nicht sterben/noch im Tod bleyben/sondern leben/ vnd die Werck des HERRN verkündigen. Denn die Todten werden dich/ HERR/nicht loben. Vnd ist bald in diesem wort (Narrabo, Jch wil predigen) die Aufferstehung Christi von den Todten gegründet / Vnd wirdt dar

A a iij   heben

Kurtze außlegung des

siebenden auch mit disem wort angezeyget/was des Reych Christi für ein Reych sein sol/das im predigen/hören/lesen/loben vnd preysen stehet/vnd gehet biß an den Jüngsten tag/biß wir auch selig werden. Inn den worten Christi stehet sein Reych/welche wort sind eine Krafft GOttes/zur seligkeyt allen/die daran glewben.

Was wil aber der HErr Christus predigen? Vnd was sol biß an den Jüngsten tag in seinem Reych geprediget vnd verkündiget werden? Er sagt: Ich wil predigen DEJNEN NAMEN/Das ist Jnn meinem Reych/oder in der Christlichen Kirchen sol man biß zu ende der Welt nichts anders predigen/denn von Gottes Wercken/von Gottes Gnad vnd Barmhertzigkeyt/von vergebung der Sünden/von ewiger Gerechtigkeyt/Leben vnd Seligkeyt/das Gott allein gerecht ist/vnd gerecht macht alle/die an seinen lieben Son Christum glewben/vnd wölle jr freundlicher/gnediger Gott vnd Vater sein/vnd jrer Sünde nimmermehr gedencken. Vnd Ich der Son Gottes wil nun selbst anheben/deinen Namen O HERR GOtt/zu predigen/vnd meinen Brüdern zu verkündigen/Wir sollen meine Apostel vnd Jünger nach volgen/vnd sol dise Predigt bleyben wider aller Hellen Pforten/biß zu ende der Welt. Die Himel sollen erzelen deine Ehre/vnd die Veste verkündigen deiner Hende Werck: Ein Tag sols dem andern sagen/vnd eine Nacht der andern kundt thun/Vnd Dir wirt wol gefallen die rede meines Mundes/vnd das Gespräch meines Mundes für Dir/HERR mein Hort/vnd mein Erlöser/Psalm: 19.

Das heyst nun die Gnadenreyche Predigt des heyligen seligmachenden Euangelij/darinne man allein die Ehre vnd den Namen GOttes prediget/das Er allein gerecht sey/vnd gerecht mache alle Glewbigen an den Son Gottes/vnd ist da kein Menschen ehr/rhum/oder name zu suchen. Denn GOttes Ehr/vnd vnser elende/arme ehr können nicht beysammen in einem Bette ligen/GOttes Name/vnd vnser name können nicht inn einem stall stehen mit einander/sondern bleybet da die gewisse vnterscheyd/dauon Daniel saget: HERR du bist gerecht/wir aber müssen vns schemen. So ist auch das Euangelium eine solche Predigt/die allein GOtt lobet vnd preyset/Die gantze Welt aber straffet sie vmb die Sünde/Gerechtigkeyt/vnd vmb das Gericht/vnd offenbaret den Zorn GOttes vom Himel/vber alles Gottloß wesen/vnd vngerechtigkeyt der Menschen/vnd spricht/das allein gerecht sey/der des Glawbens ist an den HERren CHRIstum Jhesum/Vnd wer disen Glawben hat/das derselbig sey ein Erb GOttes/vnd ein Miterb Christi/Das ist/er sey ein Bruder des Sons Gottes/Wie hie der Son Gottes auch bezewget/vnd anzeyget/wen Er den Namen GOttes predigen wölle/nemlich/seinen Brüdern.

Jnn disen worten stehet ein grosser vnd reycher Trost/das vns CHRIstus/der Son des lebendigen GOttes/nennet seine Brüder/wenn wir allein an Jhn glewben/vnd den Namen GOttes predigen/rhümen/vnd preysen/Oder/wie es bie in Debreischer Sprach stehet/ferr ordenlich nach einander erzelen/von Kindes kindt zu Kindes kindt/die grossen Wunderthaten GOttes/vnd singen Alleluia/Das ist/Lobet vnd rhümet GOtt/Lobet vnd verkündiget seinen Namen/Singet mit frewden von dem Sieg/in den Hütten der Gerechten/Dancket dem HERREN/denn Er ist freundlich/vnd seine Güte weret ewiglich/Psalm: 118. Denn das ist eygentlich vnser Alleluia/nemlich/predigen den Namen GOttes/Nicht vnsern namen/nicht vnser ehr suchen/nicht singen Alleluia/lobet vns vnd vnser werck/sondern/verkündiget

Zwey vnd zwentzigsten Psalm Dauids. CXLII

kündiget den Namen GOttes/das der Son GOttes/vnser Heyland/ den Tod vberwunden hat/ist aufferstanden/hat die Sünde gefangen/vnd vns mit GOtt versönet/hat Tod/Sünd/Leben/vnd Gnad/alles inn seinen Henden/ist selber die Sonne/der durch seiner Gnaden glantz/erleuchtet vnser Hertzen gantz/der Sünden Nacht ist vergangen/Halleluia. Wenn wir nun solches Alleluia singen/vnd den Namen GOttes/vnd seine Barmhertzigkeyt/die Er vns in seinem Son bewiesen hat/verkündigen/so sind wir gewißlich Brüder CHXIsti Jhesu/vnd werden von CHXIsto dem Son GOttes seine Brüder/vnd eygentlich/ja in alle ewigkeyt darfür gehalten/ vnd geehret. Dieses ist ein lebendiger/vnaußspechlicher Trost/den wir wol sollen behalten/vnd mit gülden Buchstaben/wo es müglich were/in vnser Hertz hinein schreyben. Denn wer ist der/der vns seine Brüder nennet? Jst es nicht der ewige/eingeborne Son GOttes/warer GOtt mit GOtt seinem Vater/vnd mit GOtt dem heyligen Geyst/von ewigkeyt zu ewigkeyt/ Jhesus CHXIstus vnser Heyland/der on Sünden war geboren/der den Tod vberwand/die Helle bezwang/vnd den leydigen Teufel darinnen band/ Der alles in seinen Henden hat/alle ding erschaffen hat/alle ding erhelt/Der da kan erretten/alle die zu jhm tretten/Der alle Recht vnd gewalt der Sünden/dem Teufel/vnd dem Tode genommen hat/Der vns hat versönet/das vns GOtt sein Hulde gönnet/wie wir inn vnserem Osterliede singen/Der da sitzet zu der Rechten GOttes seines Vaters/vnd wirt kommen/zu richten die Lebendigen vnd die Todten. Eben der HERR/Heyland/GOtt/vnd GOttes Son/nennet vns seine Brüder/Fleysch von seinem Fleysche/vnd Bein von seinen Beinen/eines Geblüts/einer Erbschafft/Wie Er auch selbest saget nach seiner Aufferstehung zu Maria: Gehe hin zu meinen Brüdern/vnd sage jhnen/Jch fare auff zu meinem Vater/vnd zu ewrem Vater/ zu meinem GOtt/vnd zu ewrem GOtt. Wer nun das Wort CHXIsti/sein heyliges Euangelium/mit ehr/fleyß/vnd ernst annimpt/höret/vnd gleubet/ der hat diesen vesten/gewissen trost/das er ist ein Bruder Jhesu Christi/des Sons GOttes/vnd ist mit GOtt eins worden/ist GOttes Geschlecht/Wie wir inn dem Christlicbe singen: Jhr solt nun alle frölich sein/das GOtt mit euch ist worden ein/Er ist geborn ewer Fleysch vnd Blut/ewer Bruder ist das ewig Gut.

Vnd das heyst auch das schöne wort Emanuel/GOtt mit vns/Das wir nun gantz gewiß sind/wir sind frey vom Teufel/vnschuldig von Sünden/ frey vom ewigen Tod/dieweyl Christus vnser Bruder/Fleysch vnd Bein von vnserm fleysch vnd beinen ist/Vnd alles was sein ist/das ist auch vnser/ das vns nichts mehr sol schaden/weder die Sünde/noch Tod/Teufel/Hell/ noch die Welt/sintemal CHXIstus/vnser Bruder/diese vnsere Feinde alle vberwunden hat/vnd wir in Jhm/vnd durch Jhn/vberwinden stettigs in vnserm gantzen leben/eben dieselbigen Feinde/Wie Johannes saget/1. Johannis am 4. Jhr seyt von GOtt/vnd habt jhene vberwunden. Item/1. Johannis am 5. Alles was von GOtt geboren ist/vberwindet die Welt/vnd vnser GLAVB ist der Sieg/der die Welt vberwunden hat. Wer ist aber/ der die Welt vberwindet/on der da gleubet/das Jhesus GOttes Son ist/ Das ist das vnser Seligmacher vnd Heyland/vnser Fleysch vnd Blut/warer/ewiger/Allmechtiger Gott/vnd vnser Emanuel ist/der vns hilfft vnd errettet von allem argen/vnd gibt vns vergebung der Sünden/Gerechtigkeyt/ ewiges Leben/vnd Seligkeyt/vnd alle ewige Güter/die Er hat/vnd besitzet.

A a iiij Diser

Kurtze außlegung des

Diser Trost solte vnsere kalte Hertzen billich erwecken/ das wir lust vnd frewd hetten zu hören das Euangelium/ oder die Lehre Christi/ dieweyl wir seine Bilder sindt/ wenn wir sein Wort hören/ vnd Jhm glauben/ nicht vns selbs/ oder vnseren Gedancken volgen/ sondern fassen allein auff sein Wort/ vnd verkündigen den Namen GOttes/ nicht vnsern/ oder der Menschen namen/ wie sonst der meyste theyl wil die hende auch mit im sode haben/ vnd GOtt nicht allein loben lassen/ vnd disputieren vnd meystern jetzt in diesem/ bald in einem andern Artickel des Glaubens/ vnd wissen nicht woran sie seyen/ Wie das Sprichwort beweyset/ das von wegen solcher vngelehrten Gelehrten in brauch ist kommen: Omnis Disputator incertus, Ein jeder/ der disputiert/ vnd klügeln wil in dem Wort GOttes/ der ist vngewiß/ weiß selbst nicht woran er ist/ denn er hat sich gewehnet in vtramq; partem, das ist/ zu reden wie mans haben will/ vnd wie es jhn gedeucht. Aber wer GOTTES Wort anhanget/ vnnd begeret den Namen des HERREN zu predigen/ der ist gewiß/ vnd bestendig/ vnd ist getrost wider alle Teufel/ Tyrannen/ vnd Weltweysen/ ja wider alle gelehrte vnd heylige leute für der Welt.

Jch muß hie eine Distorien erzelen/ welche in den KirchenGeschichten geschrieben stehet: Da zur zeyt des frommen Keysers Constantini vil Gelehrter Leute auß allen Landen zu Nicea zusammen kamen/ das man alberley von Religions sachen/ sonderlich aber von der ewigen GOttheyt Christi Jesu wider den vermaledeyten Ketzer/ den Arium/ handeln solte/ ist ein gelehrter Philosophus mitten vnter den andern Gelehrten auffgestanden/ vnd hat allen andern mit seinem reden vnd disputiren so vil zu schicken gemacht/ das jm keiner hat antworten nach notturfft/ vnd jn widerlegen können/ er hat alle zeyt den platz behalten/ biß so lang ein einfeltiger/ frommer Mann/ auß sonderlicher schickung GOttes/ auß dem Dauffen der versamleten Bischoffen ist auffgetretten/ vnd hat gebeten/ man wölle jhn mit dem gelehrten Philosopho reden lassen. Solches ist jhme nach langem bedencken/ dieweyl er nicht vil redens vnd disputierens kondte/ sondern war frisch/ vnd einfeltig/ das ist/ er prediget den Namen GOttes/ zugelassen worden. Dat er derwegen also angefangen zu reden: Jn dem Namen Jesu Christi höre du Philosophe/ was die Warheyt ist: Da ist ein GOtt/ der Himel vnd Erden hat gemacht/ vnd hat dem Menschen/ welchen Er auß der Erden formirt hat/ seinen Geyst gegeben/ vnd hat alle sichtbare vnd vnsichtbarliche ding durch die Krafft seines Wortes erschaffen/ vnd durch seinen Geyst gehey liget/ vnd rest gemacht: Vnd eben dasselbige Wort/ vnd Weyßheyt Gottes/ das ist/ der Son Gottes/ hat sich vnsers elends erbarmiet/ ist von einer Junckfraw geboren/ vnd hat vns durch sein Leyden vnd Todt von dem ewigen Tod erlöset/ vnd mit seiner Aufferstehung das ewige Leben erworben/ vnd wir hoffen vnd warten sein/ das Er werde kommen/ zu richten die Lebendigen vnd die Todten. Glaubstu nun das/ O Philosophe? Darauff er/ der gelehrte Philosophus also erschrocken ist/ als ob er sein tag nicht reden/ noch disputieren het können/ vnd allein geantwortet: Er gleube solches/ das war ein recht sey. Bald hat der fromme Mann zu jhm gesaget: Wenn du es denn gleubest/ so komme mit vns in die Kirche/ vnd nimme deines Glaubens Zeychen vnd Zeugknuß/ das ist/ die heylige Tauffe. Auff dise wort hat sich der Philosophus zu sein Discipeln vnd Geferten gewandt/ vnd gesprochen: Lieben Werner/ da man mit worten mit mir gehandelt hat/ hab ich wort vmb wort gegeben/ vnd das reden habe ich mit reden vmbgestossen/ Nun aber/ dieweyl an stat der wort/ die Krafft/ auß dem Munde des/ der mit mir redet/ kommen ist/ können mei-

Zwey vnd zwentzigsten Psalm Dauids. CXLIII

ne wort solcher krafft nicht widerstehen/denn der Mensch kan sich Gott nicht widersetzen. Darumb wer vnter euch also gehalten hat/wie ich/der gleube jetzund Christo/vnd volge disem alten frommen Mann/durch welchen Gott geredet hat. Also ist diser Philosophus ein rechter Christ worden/vnd hat sich gefrewet/das er vberwunden worden ist.

Welcher aber hat recht gehabt vnter disen Lehrern? Ists nicht war/der aller einfeltigest/der allein sich auff das Wort Gottes verlassen hat/vnd den Namen Gottes/nicht seinen namen/nicht sein rhum vnd ehr gesuchet? Vnd wenn heutigs tags wir auch also allein auff die Ehr Gottes achtung hetten/ vnd suchten nicht vnsern vermaledeyten/stinckenden namen/ so wurden wir vil Gezencks vnd vneinigkeyt vberhaben/ vnd rechte Brüder Christi sein vnd bleyben/ da wir jetzo je lenger je mehr von Christo vnd von seinem Wort abgewendet werden/ biß so lang wir/ als ein vntüchtig faules Glied seines Leybes/gantz abgehawen/vnd hinweg geworffen werden.

Ferner sollen wir auch dises mercken/ das das Reich Christi sey nicht ein Weltreich/wie die Juden meinen/ sondern ein Geistlich Reich / oder ein Brüderschafft/da alles gleich sein sol/ein Vater/ein Bruder/ein Haupt/ein Glaub/ ein Geist/ein Erbschafft/ein Predig/ein Tauff/ein Leben vnd Seligkeit/gleich allen/so den Namen des HERRN predigen. Das heyst ein Himelreich/ welchs stehet in dem wort: Ich wil predigen/Oder wie der Son Gottes im Andern Psalm erkleret/ vnd selbs spricht: Ich will von einer solchen weyse predigen/das der HERR zu mir gesagt hat: Du bist mein Son/heut habe ich dich gezeuget. Das ist die newe Lehre des Euangelij von Christo Gottes Son/ welcher zu vns ist kommen sanfftmütig/ als ein König/ der vns im Blut seines Testaments hat auß der Gruben/darinn kein Wasser ist/herauß gezogen / vnd erquicket vns/die wir mühselig vnd beladen sind/mit seinem Blut/vnd reyniget vns damit von allen vnsern Sünden/ das wir seine Brüder sein/vnd vnter vns allen friedlich vnd einig/ als rechte Brüder/wonen/ vnd leben sollen.

Stehet also in disem wort (meine Brüder) ein hohe/grosse/tröstliche lere/ die wir nach notturfft allhie nit handeln können. Die Epistel an die Ebreer am 2. Cap. redet auch von disen worten/vnd spricht: Es zimet dem/vmb des willen alle ding sind/vnd durch den alle ding sind/der da vil Kinder hat zur Herrligkeyt gefüret/das er den Hertzogen jrer seligkeyt durch leyden volkomen machet/sintemal sie alle von einem kommen/beyde der da heyliget/vnd die da geheyligt werden. Darumb schemet er sich auch nit/sie Brüder zu heyssen/vnd spricht: Ich wil verkündigen deinen Namen meinen Brüdern/ vnd mitten in der Gemeine dir lobsingen. Vnd abermal: Sihe da/Ich vnd die Kinder/welche mir Gott gegeben hat.

Es wil aber Christus nicht allein schlechter Dauß prediger sein/ sondern (spricht Er) Ich wil dich in der Gemeine rhümen/ Das ist öffentlich für aller Welt wil ich dich bekennen/ mitten in deinen Kirchen/one schew/tröstlich vnd freydig/Vnd wil ein stetige Kirchen derer/die dich allzeyt loben/vnd preysen/ samlen vnd erhalten: Ich wil geben vnd senden Apostel/ Propheten/ Euangelisten/ Hirten/ vnd Lehrer / zun Ephesern am 4. welche nicht Winckelprediger vnd Schleycher sollen sein / noch sich schemen des Euangelij von mir/ sintemal es ist eine Krafft Gottes/die da selig machet/alle/die daran gleuben/ sondern die Dich vnd Mich bekennen/predigen/rhümen/vnd preysen/für den menschen / frey vnd öffentlich / welche Ich auch widerumb wil bekennen für dir HERR Gott/mein Himlischer Vater.

Jnn

Kurtze außlegung des

IN disen kurtzen worten (Ich wil dich in der Gemeine rhůmen/) stehet/was die Christliche Kirche sey/was das Predigampt sey/wer solches erhelt/ vnd wer die rechtschaffenen Prediger vnd Lerer sind. Denn die Kirch nichts anders ist/denn ein Heuflein rechter Christen/ Lerer vnd Zuhörer des Worts Christi/in welcher Kirchen Christus GOttes Son mitten innen ist/ vnd bestellet den Predigstůl/ vnd den gebrauch der Hochwirdigen Sacrament/das alles wol vnd recht versorget/vnd Gott recht erkennet/vnd geehrt werde/ Wie Er selbs sagt: Wo zween oder drey in meinem Namen versamlet sind/ da bin ich mitten vnter jhnen. Vnd hie spricht er: Mitten in der Kirchen wil ich dich rhůmen. Das Predigampt aber ist warhafftig das Reich Christi in disem leben. Denn Christus durch sein eusserlich Wort/ wenn es in seiner Kirchen geprediget wirdt/ wircket in den hertzen frommer Zuhörer ein Glauben vnd rechten Trost,vnd gibt seinen heyligen Geyst/welcher eine Wonung vnd Tempel GOttes machet auß den gleubigen Menschen. Vnd Christus erhelt selbs dieses Predigampt/vnd wils erhalten/ wie Er zugesagt/ vnd gesprochen hat: Ich wil bey euch sein/ biß zu ende der Welt. So sind die rechtschaffenen Lerer die / so sich schlecht vnd gerad an das Wort Christi halten/vnd bekennen Christum frey öffentlich/one schew/one forcht/ wagen darob Leyb/ Ehr/ Gut/ Hab/ vnd das Leben. Vnd soviel sey gesagt auff das kurtzest von disem Vers (ICH wil dich in der Gemeine rhůmen/) darinnen vil nötiger Lehre begriffen ist / welche allein jetzt ist erzelet / nicht aber gnugsam erkleret worden. Vnd wir bitten alle fromme Christen/wöllen disem kerlichem Trost weyter nachdencken/vnd jnen nütze machen.

Rhůmet den HERRN die jr jn fůrchtet. Es ehre jhn aller Samen Jacob/ vnd fůr jm schewe sich aller Samen Israel.

IN diesen worten wirt das Reich Christi in disem leben eygentlich beschrieben/das es nichts anders sey/denn allein die Predig des Euangelij/dadurch der heylige Geist wircket in den hertzen der Gleubigen/waren trost vnd bestendigkeyt/vnd schaffet teglich newe Kinder Gottes/ vnd Brüder Christi/ welche den HERRN fůrchten vnd rhůmen / das ist/die das Wort GOttes fleyssig hören/vnd lesen/sich tag vnd nacht darinnen uben/lust vnd frewd dazu haben/vnd dancken Gott fůr seine Gnad/ das er seinen Son gesendet/ vnd vns geschenckt hat/der vnser Bruder worden ist/durch welchen alle/die an jn gleuben/das ewige leben vnd seligkeyt haben.

Die also Gott fůrchten/(das ist/an jren eygen wercken vnd verdienst verzagen/dieweyl sie jre Sünde/vnd den Zorn GOttes wider die Sünde erkennen / vnd zerschlagens hertzens / vnd betrübtes / geengstigets Geysts sind/) vnd doch Gott rhůmen/(das ist/ gleuben an den Son GOttes/ der jnen auß lauter Gnad/ Lieb/ vnd Barmhertzigkeyt geholffen hat/ vnd dancken dafůr GOtt dem HERRN/ preysen vnd loben jn/ vnd singen Alleluia/) von solchen redet Christus in disem Vers/ wie auch im Andern Psalm: Dienet dem HERRN mit forcht/ vnd frewet euch mit zittern/ Kůsset den Son. Denn die forcht muß sein/auff das wir erkennen vnsere Sünde/den Zorn GOttes/den ewigen Tod/ vermaledeyung des Gesetzes/ ewige verdamnuß. Die frewd aber vnd das rhůmen muß bald der forcht entgegen kommen/auff das wir sehen/ das an stat der Sünden sey nun Gerechtigkeyt/ an stat des Zorns

Huld

Zwey vnd zwentzigsten Psalm Dauids. CXLIIII

Halß vnd Gnad/ an stat des Todts ewiges Leben/ an stat der vermaledeyung lauter Segen GOttes/vnd der heylige Geyst/ an stat der verdamnuß ewige Seligkeyt. Vnd muß doch solchs alles mit zittern geschehen/ das ist/ mit demut/ vnd kindlicher forcht GOttes/ Nicht in sicherheyt des lebens/ oder in fleyschlicher freyheyt/ sondern/ wie die stehet/ in scherwen/ das ist/ mit demut vnd danckbarkeyt/ das du erkennest/ du habst es von GOtt/nicht von dir selbs/nicht von deiner kunst/geschicklligkeyt/tugenden vnd wercken/sondern was du hast/das gut ist/ das es Gottes sey/ vnd von GOtt dir auß Gnaden gegeben sey. Denn das wort (schwern) heyst eygentlich demütig vnnd danckbar sein/ Gottes Wort hören vnd annemen mit demütigem hertzen/ vnd alles vertrawen auff eygne menschliche weyßheyt vnd gerechtigkeyt hinweg werffen/ vnd nicht eygne ehr/ rhum/vnd namen suchen/ wie sonst leyder im brauch bey den Schwermern vnd ehrgeytzigen Lerern ist.

Es wirdt aber des Samens Jacob sonderlich gedacht/ das angezeygt würde/ das die Verheyssunge fürnemlich dem Samen Abrahe zugehöre/ dieweyl das Euangelium bey jnen hat sollen auffkommen/ Wie geschrieben steht: Auß Zion wirt das Gesetz außgehen/ vnd des HERREN Wort von Jerusalem. Vnd im Andern Psalm stebt: Jch hab meinen König eingesetzt/ auff meinen heyligen Berg Zion. Vnd Christus nach seiner Aufferstehung spricht selbs zu seinen Jüngern: Also ist es beschrieben/ vnd also muste Christus leyden/ vnd aufferstehen von den Todten am dritten tage/ vnd predigen lassen in seinem Namen Busse/ vnd vergebung der Sünden vnter allen Völckern/ vnd anheben zu Jerusalem.

Etliche haben an disem ort sonderliche feine Gedancken gehabt/mit dem Samen Jacob vnd Jsrael. Denn wiewol wenn man sagt (Das Hauß/oder der Samen Jacob) allzeyt die gantze Posteritas,vnd Stam̃/ oder alle Nachkommen von Jacob verstanden werden/ so ist doch diese deutung vnd außlegung auch war/vnd tröstlich/ das Jacob souil ist/ als ein vntertretter/oder der mit füssen tritt/ dieweyl Jacob mit seiner hand die fersen seines Bruders Esau gehalten/ vnd eben denselbigen seinen Bruder/ welcher GOttes Verheyssung nicht achtet/vntertretten/vnd jne den Segen genommen hat/ wie im Ersten Buch Mosi am 27. Capitel geschrieben ist. Also sindt nun alle Gleubigen der ware Samen Jacob/ Das ist/ Sie halten sich an die ersten Verheyssung/das des Weybes Samen werde der Schlangen den kopff zutretten. Denn Ekeb heyst ein Fußsole. Daher ist Jakob,welcher sich verlesst auff die erste Verheyssung von des Weybes Samen/ welches Fersen oder Fußsolen von der Schlangen gestochen wirdt/ vnnd durch welchen Samen alle Gleubigen/ die Welt/ das Fleysch/ vnd den Teufel mit Sünde vnd Todt/ vnter sich tretten/ vnd werden als benn rechte Jsrael/ das ist/ Fürsten/ vnd Vberwinder des Zorn GOttes/ welche sich allein an die Verheyssung/vnd an die Fußsolen halten/ vnd vberwinden den Zorn GOttes/ vnd. haben GOtt zu einem ewigen Vater vnd Freund. Vnd kommen also beyde namen/ Jacob vnd Jsrael zusammen in eine Person/vnd in alle Gleubige/ wie beyde nam̃ einem Manne zugehöret haben. Denn wer sich an den verheyssenen Samen helt/ oder welchem das gelenck seiner Düfft wirdt ang'rüret/ vnd verrencket/ das ist/der ein newer Mensch wirt/ durch das Bad der Widergeburt/vnd gleubet an den Son GOttes/der ist ein rechter Jacob/welcher darnach auch ein Jsrael wirt/ der so vest an GOttes Wort helt/ biß er GOttes Zorn vberwindet/ vnd GOtt zu eygen erlanget zum gnedigen Vater/ den er erkennet/ lobet/ ehret/ vnd preyset/ Vnd machet jm ein sonderliche stet/ die er

nennet

Kurtze außlegung des

nennet Pauel/das ist/Gottes Angesicht oder erkendtnuß/dieweyl er mit Gott wol daran ist/wie im 32.Capitel des ersten Buchs Mosi stehet.
Das sind nun die rechten Christen/die also GOtt rhůmen/erkennen/bekennen/ehren/vnd fürchten. Denn die andern/sichere/rauhlose leut sind nicht die rechten Jacob vnd Jsrael actiue, sondern passiue, das ist/sie werden vntertretten/vnd von GOtt vberwunden/vnd verstossen/weyl sie GOttes nicht achten/vnd nach jrem dŭncken sein nicht bedürffen. Solche lassen wir nun faren/als die zu disen tröstlichen worten nit gehören/noch derselbigen werdt sind. Wöllen derwegen fortfaren in dem Psalm/vnd zum ende eylen.

> Denn Er hat nicht veracht/ noch verschmecht das ellend des Armen/vnd sein Antlitz für jm nicht verborgen/Vnd da er zu jm schrey/höret ers.

DJe stehet die vrsach/warumb man so hoch GOtt rhůmen vnd loben solle. Denn Er hat ein new Reich/welchs ist ein Gnadenreich/darinnen heyl vnd errettung widerferet allen armen/elenden menschen.
Es ist das Reich Christi wol ein Reich des Creutzes in disem leben/darinnen arme/betrübte/angefochtene/demütige leut herrschen/vnd/wie Christus auß dem Esaia zu den Jüngern Johannis sagt/die Blinden sehen/die Lamen gehen/die Außsetzigen werden rein/die Tauben hören/die Todten stehen auff/vnd den Armen wirt das Euangelium geprediget. Denn nicht vil Weyse nach dem fleysch/nicht vil Gewaltige/nicht vil Edle sind beruffen/sondern was thöricht ist für der Welt/das hat GOtt erwelet/das er die Weysen zu schanden machtt. Vnd was schwach ist für der Welt/das hat Gott erwelet/das Er zu schanden machet/was starck ist. Vnd das Vnedle für der Welt/vnd das verachte hat GOtt erwelet/vnd das da nichts ist/das Er zu nichte machet was etwas ist/1.Corinth:1. Solches Creutzes aber vnd elend der Kirchen Christi solle vns/die wir in dem Reich GOttes wöllen bleyben/nicht ergern/wie Christus sagt: Selig ist der/der sich an mir nicht ergert.Vnd Paulus spricht/ das das Wort vom Creutz sey ein thorheyt/denen/die verloren werden. Vns aber/die wir selig werden/ists ein GOttes Krafft. Wie geschrieben stehet/Esaie am 29. Jch wil vmbbringen die Weyßheyt der Weysen/rc. Wir aber predigen den gecreutzigten Christum/den Jüden ein ergernuß/vnd den Griechen ein thorheyt. Denen aber/die beruffen sind/beyde Juden vnd Griechen/predigen wir Christum/ Göttliche Krafft/vnd Göttliche Weyßheyt.
Vnd also sehen wir/zu welchen menschen die Predigt des Euangelij fürnemlich gehöret/vnd in welchen durch solche Predigt der heylige Geyst krefftig sein wölle/nemlich/zu den demütigen Hertzen/vnd betrübten Gewissen. Denn also spricht der Hohe vnd Erhabene/der ewiglich wonet/des Namen heylig ist: Jch wone in der Höhe/vnd im Heyligthumb/vnd bey denen/so zu schlagens vnd demütigen Geysts sind/auff das Jch erquicke den geyst der gedemütigten/vnd das hertz der zurschlagenen/Esaie am 57.Capitel. So spricht der DERR: Der Himel ist mein Stul/vnd die Erde meine Fußbanck. Meine Hand hat alles gemacht/was da ist/spricht der DERR. Jch sehe aber an den Elenden/vnd der zerbrochens Geysts ist/vnd der sich fürchtet für meinem Wort/Esaie am 66.Capitel. Item Psalm:34.Der DERR ist nahe bey denen/die zubrochens hertzens sind/vnd hilfft denen/die zurschlagens Gemüt haben. Die Reychen müssen darben vnnd hungern/ Aber die den

DERR

Zwey vnd zwentzigsten Psalm Dauids. CXLV

DERRN suchen/haben keinen mangel an irgent einem Gut. Vnd Dauid in seinem lieben Miserere sagt auch gar tröstlich: Die Opffer die GOtt gefallen/sind ein geengster Geyst/ein geengstes vnd zerschlagens Hertz wirstu GOtt nicht verachten. Daher auch Gott allzeyt befilhet/das man gutes thun solle den armen/elenden/vnd verachten leuten/vnd gedencket nicht des Gewaltigen/Reychen/vnd Stoltzen/sondern spricht: Speyse den Hungerigen/trencke den Durstigen/kleyde den Nackenden/nim dich an der not der Armen/rc. Dieses alles gehet allein dahin/das wir mit demütigem hertzen das Wort Gottes hören/vnd GOtt dafür dancken/Wie im 74. Psalm stehet: Die Armen vnd Elenden rhümen deinen Namen. Denn die andern dürffen dein nit. Vnd wo ein Creutz fürfället/das wir vns nicht ergern/sondern wissen erstlich/das das Reych GOttes/oder das Reych Christ/hie in diser Welt vnter so vil Teufeln/Tyrannen/vnd bösen Buben/sey ein Reych des Creutzes/Vnd das das Creutz an jm selbst/wenn es kompt/sey ein Schul aller frommen Christen/darinnen sie lernen singen: Quam admirabilis est Deus in operibus suis. Wie wunderbarlich ist GOtt in seinen Wercken/Er machets wunderbarlich mit seinem heyligen Volck: Er leget in den Tod/vnd reysset wider auß dem Tod ins Leben/alle die auff Jhn trawen: Er errettet den Armen der da schreyet/vnd den Elenden der keinen Delffer hat: Er ist gnedig den geringen/vnd den Seelen der Armen wirt Er helffen: Er erlöset jre Seelen auß dem trug vnd freuel/vnd achtet jr Blut thewer/ Psalm: 72. Darnach/das wir auch ein rechten Trost im Creutz fassen/vnd gedencken an das Exempel Christi GOttes Sons/welcher in angst vnd tod vnsert halben gesteckt ist/vnd wir nun vns auch des Creutzes nit wegern sollen/sintemals beschlossen ist/das alle die/so mit Christo wöllen leben/müssen verfolgung leyden/vnd an manchem ort/da es sehr wehe thut/geplaget/vnd mürbe gemacht werden/also/das man darauß lernen solle GOtt erkennen/fürchten vnd anruffen/ Vnd wissen/je mehr Creutz/je grösser Gnad: je weniger Creutz/je grösser Zorn vnd Vngnad. Vnd solchs wil vns der HErr Christus hie lehren/vnd mit seinem Exempel für die augen stellen: Sehet (spricht er)wie mir Gott mein Vater gethan hat/Er hat mich in des Todes staub geleget/vnd vmb ewiren willen zuschlagen/auff das jr friede hettet: Vnd hat mich doch nicht veracht/noch im Tod lassen stecken/sondern mit gewaltiger Sieghand herauß auß aller not gerissen. Also schicket euch auch in seine weiß/die jr durch mich auß allem jamer erlöset seyt/vnd lernet von mir demut vnd trost/verzweyfelt nicht/seyt nicht vngedultig/murret nicht/sondern schreyet in ewrem elend zu Gott in meinem Namen/so werdet jr erhöret/vnd erlöset werden/wie ich erlöset bin. Denn Gott mein Vater verachtet nicht das elend des Armen/vnd verschmehet jn nit/wie die Welt thut/wendet sein Antlitz nicht von jm ab/sondern die augen des HERRN sehen auff die Gerechten/vnd seine ohren auff jr schreyen/vnd er höret sie/vnd errettet sie auß aller jrer not. Der Gerechte muß wol vil leyden/aber der HERR hilfft jm auß dem allem. Er bewaret jm alle seine gebeine/das der nit eins zerbrochen wirt/ Psalm: 34.

Es sind sonderlich zubetrachten diese wort (Er hat sein Antlitz für jhm nicht verborgen/) Denn damit ist der grosse Kampff des Geystes mit dem Fleysches angezeygt. Wenn ein vnglück kommet/das ein wenig etwas scheinet sein/so wolt der Teufel gern machen/das wir nicht beteten/vnd bliesset vns gesehliche vnd Gottlose gedancken ein/das wir dencken: GOtt hilfft doch nicht/er sihet villeicht mich vnd mein elend nicht/ Vnd zumal/wenn wir nicht von stundan eine linderung vnd hülff spüren/vnd Gott nach seinem wolge-

B b   fallen

Kurtze außlegung des

fallen verstehet/ so dencken wir erst: Ich/es ist nichts/was sol ich vil beten? Darwider stehen nun dise wort: GOtt verbirget sein Antlitz nit für den Elenden/Er höret jrem Gebett mit allem fleyß zu/vnd hat einen grossen wolgefallen daran/ ja/die schönste Musica/das lieblichste Gesang in den Ohren Gottes/ist das schreyen der Elenden/welchs durch die Wolcken hindurch zu dem Thron der Göttlichen Maiestet dringet/ vnd höret nicht auff/biß es erhöret werde. Wie im 34. Psalm gar tröstlich auch stehet: Da ich den HERREN suchet/antwortet Er mir/vnd errettet mich auß aller meiner forcht. Welche jn anseheb/vnd anlauffen/(das ist/die sich zu jm dringen/vnd gleich vberfallen/ wie die geylende Fraw den Richter/Luce am 18. oder/wie wasser daher fliessen mit hauffen vnd stürmen/) der angesicht wirt nicht zu schanden. Da dtser Elende rieff/höret der HERR vnd halff jhm auß allen seinen nöten. Item/ Psalm:9. Der HERR ist des Armen Schutz/ein Schutz in der not/Er verleist nicht/die Jn suchen: Er gedenckt/vnd fraget nach jrem blut/Er vergisset nicht des schreyens der Armen. Vnd sind der Sprüche sehr vil hin vnd wider in Göttlicher Schrifft/vns allen zu trost geschrieben. Vnd er irt darmit vns angezeyget/das bey den Christen allezeyt dise drey ding bey einander sein: Genad/Creutz/Gebett. Die Genad stehet im Wort des Euangelii/ welchs vns GOtt fürhelt/als ein gnedigen Vater. Wer nun gleubet dem Wort/vnd sich daran helt/ der hat innerlich vnd eusserlich Creutz vollauff. Da gehöret das Gebett zu/welches sich helt an die Genad/vnd Verheyssung/das es sol war werden. Vnd das ist der Gnaden/vnd des Gebets/dauon der Prophet Zacharias prediget. Denn die Gnade machet/das einer beten kan. Ehe die Gnade kompt/können wir nicht recht beten. Wie derhalben die Feinde des Euangelij nicht beten können/Es ist jr Gebett für GOtt ein lauter heulen vnd brüllen/ denn sie haben die Gnade nicht/Das ist/sie haben kein vergebung jrer Sünden/ sintemal sie nicht an den Glauben an den Son GOttes/ die one ware forcht GOttes leben. Darumb spricht GOtt von jnen/Esaie am Ersten: Wenn jr schon ewere hende außbreyttet/verberge Jch doch meine Augen von euch: Vnd ob jhr schon vil betet/hör Jch euch doch nicht/ denn ewer hende sindt voll Bluts. Vnd im Neun vnd fünffzigsten Capitel Esaie stehet also: Sihe/des HERREN Handt ist nicht zu kurtz/das Er nicht helffen könne: Vnd seine Ohren sind nicht dicke worden/das Er nicht hör. Sondern ewere Vntugendt scheyden euch/vnd ewren GOtt von einander/vnd ewre Sünde verbergen das Angesicht von euch/das jhr nicht gehöret werdet. Ewre hende sind mit blut beflecht/ewre lippen reden falsches/Es ist niemand/der von Gerechtigkeyt predige/&c.

Dich wil ich preysen in der grossen Gemeine/ Jch wil meine Gelübde bezalen für denen/ die jn fürchten.

Hiemit zeyget CHRJstus an/wie groß sein Reych sein werde/darinne man GOtt rhümen vnd preysen solle. Jnn der grossen Gemeine wil Jch dich preysen/das ist/vberal/an allen orten in der gantzen Welt. Denn die Lehr des Euangelij sol außgebreyttet werden/vnd in der weyten Welt erschallen/Wie Christus zu seinen Aposteln saget: Gehet hin in die gantze Welt/ vnd prediget buß vnd vergebung der sünden. Wo man nun die lehr des Euangelij annimpt/ prediget/vnd an Christum gleubet/da ist die grosse Gemein GOttes/darinn man GOtt preyset für seine Erlösung/die durch CHRJstum seinen Son geschehen

Zwey vnd zwentzigsten Psalm Dauids. CXLVI.

schehen ist. Wie im 118. Psalm auch stehet: Man singet mit frewden vom sieg/ in den Hütten der Gerechten/ Die Rechte des HERRN behelt den sieg.

Dierauß sihet man/ das man die Gemein vnd Kirchen Gottes nicht darff suchen an eim gewissen ort/zu Rom/zu Jerusalem/oder anderstwo/ Auch nit bey gewissen personen/ bey München/ Bischoffen/ Bapst/ Cardinelen/oder andern Geystlosen leuten/ Auch nicht zu gewisser zeyt/ heut oder morgen/sondern die Gemein Gottes sind alle Glewbige/wenn sie gleich im Kercker ligen/ sie sind wo sie wöllen in der Welt/vnd zu was zeyt sie leben.

Die Gelübde/ derer hie gedacht wirt/ sind ware Danckfagung für die Wolthatten GOttes/ der seine Gemein vnd Kirche so gnediglich durch das thewre Blut seines Sons erkaufft/erlöset/vnd gereynigt hat. Denn Gelübde sind/damit ein jeder Christ Gott gelobet/das Er sein Gott sol sein/von dem er alle habe/ vnd lobet also vnd rhümet Gott in seinem leben/ mit lehre/ vnd mit wercken. Das sind eygentlich die Gelübde/ dauon geschrieben stehet im 76. Psalm: Gelobet vnd haltet dem HERRN ewrem Gott/alle/die jr vmb jn her seyt/Das ist/ Gelobet/das er sol ewer Gott sein/wie das erste Gebot wil/vnd gelobet nicht den Heyligen/noch andere Gelübde/die mit Gottes Wort nicht vberein stimmen. Item/ Psalm:116. Wie sol ich dem HERRN vergelten/alle seine wolthat/die er mir thut? Ich wil den beylsamen Kelch nemen/ vnd des HERRN namen predigen/ Ich wil meine Gelübde bezalen für alle seinem Volck. O HERR/ich bin dein Knecht/Dir wil ich Danckopffern/vnd des HERRN namen predigen/in den Höfen am Hause des HERRN/ in der Jerusalem/ Alleluia.

Die Elenden sollen essen/ daß sie sat werden: Vnd die nach dem HERREN fragen/werden/jn preysen: Ewer hertz sol ewiglich leben.

DJeweyl in den vorigen Versen von dem Reych Christi geprediget ist/ was es für ein Reich sey/ So volget nu der effectus,was man in solchem Reich suchen vnd finden solle/nemlich/waren trost oder erquickung/vnd ewiges leben. Der Trost steht in den worten/das die Elenden sollen essen/ vnd satt werden/ Das ist/ Sie sollen reychlich durchs Euangelium getröstet werden/ also/ das sie sich jres Geystlichen Hungers vnd Dursts/ im Euangelio/ vnd in den Sacramenten reychlich erholen.

Die Elenden sind alle blöde/ geengstigte Gewissen/ so vnter dem Gesetz sind/ vnd jre Sünde/ vnd den Zorn GOttes wider die Sünde ein wenig fülen vnd sehen/ vnd derhalben keinen trost wissen/ sondern sind mühselig vnd beladen/ wie Christus sagt/ es hungert vnd dürstet sie/ das ist/ sie haben kein sterck vnd krafft/ keine labsam/ sie verschmachten schier in jrem elend/ wie Menschen vnd Vihe/ wenn sie nichts zu essen vnd zu trincken haben.

Zu solchem Hunger vnd Durst/das ist/zu einem bösen/engstigen Gewissen/ das seine Sünde sihet/ vnd Gottes Zorn fület/ gehöret nicht leiblichs essen oder trincken/ es gehöret GOttes Wort/ vnd rechte Christliche Lehre darzu. Gleich wie nun ein hungeriger Magen sich sehnet nach speyß/vnd ein in durstiges Hertz begeret erquickt vnd erfrischt zu werden/ Also ein engstiges Hertz sehnet sich nach Göttlichem Trost/ wie im 42. Psalm geschrieben stehet: Wie der Hirsch schreyet nach frischem Wasser/so schreyet meine Seele Gott zu dir: Meine Seele dürstet nach Gott/ nach dem lebendigen Gott: Wenn werde ich dahin kommen/ das ich GOttes Angesicht schawe? Meine Thrëne sind

B b ij   meine

Kurtze außlegung des

meine Speyse tag vnd nacht. Ein solches engstiges Hertz wirdt allein durch Gottes Wort getröstet/vnd erhalten/ Es hat keiner Creaturen hülff/sondern allein die hülff durch den Son GOttes/vnsern HERren Christum Jesum/ Welcher sagt: Kompt zu mir/ALLE/die ir mühseelig vnd beladen seyt/Ich wil euch erquicken. Item/Johannis am 4. Wer diß Wassers trincket/ das Ich im gebe/den wirt ewiglich nicht dürsten/ sondern das Wasser/ das Ich im geben werde/das wirt in ihm ein Brunn des Wassers werden/das in das ewige Leben quillet. Item/Johannis am 6. Ich bin das Brodt des Lebens/ wer zu Mir kompt/den wirt nicht hungern/ Vnd wer an Mich gleubet/ den wirt nimmermehr dürsten/ Das ist/ Es ist nichts im Himel noch auff Erden/ das des Gewissens Hunger vnd Durst könne oder möge stillen/ ausserhalb des Glaubens an Christum/ der ist GOttes Brodt/ das vom Himel kommen ist/vnd gibt der Welt das Leben. Wir müssen in aber essen/das ist/ an in gleuben/Wie Er selbst saget: Warlich/warlich sage ich euch/ Werdet ir nicht essen das Fleysch des Menschen Sons/vnd trincken sein Blut/so habt ir kein leben in euch / das ist/ir müsset ewig im Tod bleyben/vnd sol euch weder Moses / noch einige Creatur weder im Himel noch auff Erden helffen können. Denn beschlossen ist es/wie der HERr weyter spricht: Wer mein Fleysch isset/vnd trincket mein Blut/der hat das ewige Leben/vnd Ich werde in aufferwecken am Jüngsten Tage/ Er bleybet in Mir/ vnd Ich in ihm. Wen nun dürstet/ der komme zu Mir/ vnd trincke. Wer an Mich gleubet/ wie die Schrifft saget/ von des Leybs werden Ströme des lebendigen Wassers fliessen.

Also sehen wir/wie die hungerigen durstigen Gewissen/ iren Hunger vnd Durst stillen können/vnd satt werden/ Nicht durch Mosen/oder das Gesetz vnd eygne werck/ sondern allein durch den HERren Jesum Christum/ welchen vns das Wort GOttes fürhelt/ vnd in GOtt dar zu geordnet hat/das er vns mit seinem Blut erquicken vnd trencken/vnd mit seinem Leyb speysen/ernehren/vnd in ewigkeyt erhalten solle/ Wie GOTT spricht/ Apocalipsis am Ein vnd zwenzigsten: Ich will den Durstigen geben von dem Brunn des lebendigen Wassers vmb sonst. Wer vberwindet/ der wirts alles ererben/ vnd Ich werde sein GOtt sein/vnd er wirt mein Son sein. Item/Esaie am Fünff vnd fünfftzigsten Capitel: Wolan/ alle die ihr durstig seyt/ kommet her zum Wasser/ Vnd die ihr nicht gelt habt/ kompt her/ kauffet vnd esset. Kompt her/ kauffet one geldt/ vmb sonst/ beyde Wein vnd Milch. Warumb zelet ir Geldt dar/da kein Brodt ist? Vnd ewer arbeyt/da ihr nicht satt von werden könnet? Höret Mir doch zu/vnd esset das gute / so wirt ewer Seel in wollust fett werden.

Das ist nun das erste / das man suchen vnd finden solle inn dem Reych Christi/nemlich/Speyse der Seelen/oder waren Trost vnd erquickung/ darumb man Gott zu dancken/vnd in zu loben hat/Wie Er sagt: Die nach dem HERREN fragen/werden In preysen/ das Er sein Wort gegeben hat vnd speyset vns damit gnediglich.

Das ander ist das ewige Leben/ Ewer Hertz sol ewig leben/wenn gleich der Leyb stirbet/vnd verweset/so sol doch dasselbige Essen ewerem Hertzen ein ewig Leben geben/ Wie auch die gar alten Lehrer sehr fein von dem Sacrament des Altars gesagt haben: Vnser Fleisch oder Leyb sey der Sünden halben sterblich/ Aber das Fleysch Christi Jesu sey one Sünde/vnsterblich/vnd ewig: So wir nun sein Fleysch essen/ vnd sein Blut trincken/ komme das vnsterbliche Fleysch zu dem sterblichen/ vnd machet es auch vnsterblich. Von dem

Zwey vnd zwentzigsten Psalm Dauids.

dem Glauben aber an den HErrn Christum/wie wir dadurch ewig leben/ist auß den vorgehenden Sprüchen auß Johanne zusehen.

Es werde gedacht aller Welt ende / daß sie sich zum HERRN bekeren/ Vnd für jm anbeten alle Geschlechte der Heyden.

BIsher ist von dem Jüdischen Volcke geredt. Nun kompt Christus auch auff den Beruff der Heyden/ das man wisse/ die Kirch Christi sey nicht allein auß dem Jüdischen Volcke / sondern werde auch auß den Heyden gesamlet/ Wie im Andern Psalm Gott der Vater zu seinem Son spricht: Heysche von mir / so wil Jch dir die Heyden zum Erbe geben / vnd der Welt ende zum Eygenthumb. Vnd Christus wirt offt ein Eckstein genennet / nicht allein/das Menschliche vernunfft sich an jme ergert vnd anstösset/ sondern das er zwo Mawren/das ist/ Juden vnd Heyden/zusamen fügt/ eine Kirche / vnd ein Volck GOttes darauß machet/ vnd jr beyder Fundament vnd Grund ist. Vnd hie steht: Es werde gedacht/Das ist Gott wirt der Heyden auch gedencken/ er wirt sie auch in das Register schreyben/darinnen der anfang ist die Verheissung/ Abrahe/ vnd andern Ertzuetern gegeben: Jn deinem samen werden gesegnet sein alle Heyden/ oder/alle Völcker auff Erden. Denn GOtt wil der Heyden nicht vergessen/ wie Er saget/ Esaie am 55. Capitel: Neyget e were Ohren her / vnd kommet her zu mir / Höret/ so wirt ewer Seele leben. Denn Jch wil mit euch einen ewigen Bund machen / nemlich / die gewissen Gnaden Dauids. Sihe/ Jch habe jn den Leuten zum Zeugen gestellet/ zum Fürsten vnd Gebieter den Völckern. Sihe/ Du wirst Heyden rüffen/die du nicht kennest/ vnd Heyden/ die dich nicht kennen/ werden zu dir lauffen/ vmb des HERREN willen deines GOttes/ vnd des Heyligen in Jsrael/ der dich preyse.

Es sollen aber die Heyden sich bekeren/vnd GOtt anbeten/ Das ist/ jre falsche Götter/ vnd falsche Gottesdienst werden sie verlassen/vnd allein erkennen vnd bekennen/anbeten vnd ehren den waren GOtt/ Vater vnsers HErrn Jesu Christi / vnd jm dancken vnd dienen/ jn anrüffen/ fürchten/ lieben/ vnd preysen.

Denn der HERR hat ein Reich / vnd Er herschet vnter den Heyden.

DEr HERR wil selbs König werden/ Er wil selbs regieren/vnd vberal mit seinem Euangelio hinkommen/ vnd dem Teufel sein Reich stürmen / vnd schwechen/ Er wirdt herrschen vnter seinen Feinden/ vnd richten vnter den Heyden/Psalm: 110. Darauff sihet der Apostel Paulus/ zun Römern am 3. Jst GOtt allein der Juden GOtt? Jst er nicht auch der Heyden GOtt? Ja freylich auch der Heyden GOtt/ sintemal es ist ein einiger GOtt. Vnd ist sie kein vnterscheyd vnter Juden vnd Griechen / Es ist aller zumal ein HERR/ reich vber alle/ die jn anrüffen. Denn wer den Namen des HERREN wirt anrüffen/ sol selig werden.

Alle Fetten auff Erden werden essen/ vnd anbeten. Für jm werden kniebeugen / alle die im staub ligen / vnd die / so kümmerlich leben.

Kurtze außlegung des

DJe Fetten sind die Reichen vnd Grossen/Gewaltige/Eble/Starcke/ vnd ansehenliche leut. Die im staub ligen/sind die armen/geringen/vnansehenliche/betrübte leut. Die/so kümmerlich leben/sind die dises lebens nimmer recht fro werden/vnd zum tod bereyt sind.

Sind also drey fürnemer Stück in disen worten/Erstlich: Das Christus ein herrliche Walzeyt vnd Gastung zubereytet durch die Lehre des Euangelij/ da man voll auffträgt alles/was man haben wil/Alle nötige leer/wie man sol leben/gerecht/vnd selig werden/Wie man Sonne/Mond/vnd Lufft sol brauchen/vnd recht vnd wol entschlaffen/das man doch in ewigkeyt leben möge. Das ist ein köstlich Assuerisch Mal. Darnach/das in dieser Walzeyt werde sein rechte/angeneme Ehrerbietung/vnd GOttesdienst/mit anbeten vnd knieengen/das ist/mit rechter erkandtnuß GOttes/der sich in seinem Son/ vnserm HERren Christo Jesu/geoffenbaret hat. Zum dritten/das dise Gastung auß Reychen vnd Armen/auß Gewaltigen vnd Nidrigen zusamm gefordert/vnd beruffen sey.

Vnd ist in diesen worten ein nötige lehre/das man wisse/GOttes Volck sey nicht allein/die GOtt leyblich segenet/vnd begabet/wie die Juden meinen/Item/die Türcken/Papisten/vnd vil vnter den Christen/welche sagen/ wie im Hundert vnd vier vnd vierzigsten Psalm stehet: Vnsere Kammer sind voll/vnd können herauß geben einen Vorrhat nach dem andern: Vnsere Schafe tragen tausent/vnd hunderttausent auff vnseren Dörffern: Vnsere Ochsen arbeyten vil/es ist kein schade/kein verlust noch klagen auff vnsern Gassen: Wir haben alles genug: Wir leben sicher vnd frölich inn aller fülle. Sondern GOttes Volck liget im Staube/vnd lebet kümmerlich/des man nicht acht für der Welt/ist ein armer Ascherbrödel/zerstrewet vnter den Heyden/vnd wirt auffgefressen wie Schafe/vnd teglich erwürget/vnd geachtet wie Schlachtschafe/vmb des Namens GOttes willen/wie im Vier vnd vierzigsten Psalm stehet. Das sind man vnsers HERRN GOttes Rostente/arme/elende/geplagte leut. Vnd CHXIstus ist der Fürst vnd Bischoff solcher armer leut/vnd gibet jnen die Hoffarbe seines Bluts/vnd seines Creutzes.

Er wirt einen Samen haben/der jm dienet. Vom HER-REN wirt man verkündigen zu Kindes kind.

DAs ist/Die Kirch Christi sol vnd wirt bleyben wider alle Helle pforten/biß zu ende der Welt/so lang Sonn vnd Mond weret/von Kind zu Kindes kinden/Wie im 72. Psalm auch stehet/so lange wirdt dieser Same weren/als generatio auff Erden stehet/für vnd für/man wüte darwider wie man wölle.

Sie werden kommen/vnd seine Gerechtigkeyt predigen/dem Volck/das geboren wirt/daß ers thut.

KOmmen/vnd die Gerechtigkeyt GOttes verkündigen/heysset vnd bedeutet/das Predigampt inn der Kirchen recht versorgen. Vnd ist das die meinung/das der Samen CHXIsti/das ist seine Kirch vnd Gemeine/werden lauffen vnd rennen/zu predigen den Namen GOttes/vnd seine Gerechtigkeyt/die für Jhm gilt/Werden nicht Mosen/das Gesetz/oder jr eygene
Gerech-

Zwey vnd zwentzigsten Psalm Dauids. CXLVIII

Gerechtigkeyt rhůmen / sondern die Gerechtigkeyt des Glaubens an den HERRn Jesum Christum. Vnd solche Predigt wirt geschehen dem Volck / das geboren wirdt / Nicht von dem geblůt / noch von dem willen des fleysches / noch von dem willen eines Mannes / sondern von GOtt / durch das Bad der Widergeburt / vnd durch den Glauben. Denn da heysts eygentlich / wie Christus zu Nicodemo sagt / Johannis am Dritten: Warlich / warlich / ich sage dir / Es sey denn / das jemand geboren werde auß dem Wasser vnd Geyste / so kan er nicht in das Reych GOttes kommen. Was vom Fleysch geboren wirt / das ist fleysch. Vnd was vom Geyst geboren wirt / das ist Geyst. Dieses solle man wol mercken / vnd behalten / Denn wer ein Kind GOttes werden / seyn / vnd bleyben wil / der muß new geboren vnd formiret werden / so kan er als denn die Gerechtigkeyt GOttes predigen. Vnd solches alles wirt geschehen / wenn vnser HERR GOtt wirt selbst darein greyffen / vnd wirt erfüllen / das Er hat in seinem alten Testament verheyssen. Denn Er muß es thůn / mit vns ists nichts / es ist verloren / Es ist GOttes werck / sollen wir new geboren werden / vnd selig sein.

Dieses ist gar ein schöner / lieblicher Vers / das dergleichen in der schrifft nicht wol zu finden ist / von der Kirchen vnd dem Volck GOttes / vnd seines Sons Jesu Christi / Item / von rechter warer Gerechtigkeyt der Gleubigen / von der newen Geburt durch den heyligen Geyst / Item / von GOttes Trew vnd Warheyt / Güte vnd würckung des heyligen Geystes in den Gleubigen. Von diesen Stücken wirt sonst ordenlich anderswo gehandelt. Wöllens nun bey dieser Außlegunge des Zwey vnd zwentzigsten Psalms wenden lassen / vnd GOtt den HERREN bitten / Er wölle genedigklich vns mit seinem heyligen Geyst regieren vnd füren / das wir diese hohe Leer / so vns in diesem Psalm ist fürgehalten worden / betrachten / vnd Jhme zu Ehr / Lob / vnd Preyß / vnd zu vnsers lebens besserung / vnd Seelen seligkeyt stettigs behalten / vnd üben. Darzu helffe vns GOtt der Vater / Son / vnd heyliger Geyst
Amen.

Bb iiij   Ein

Ein Gebett auß dem

Ein Gebett inn dem Leyden vnnd Sterben vnsers HERren Jesu Christi.

Allmechtiger/ ewiger Gott/ himlischer Vater/ Ich armer Sünder komme allhie zu deiner grossen Maiestat/vnd bekenne alle meine sünde/ wissentliche vnd vnwissentliche/ darinn ich geboren bin/ darinn ich lebe/ vnd mein armes leben zůbringe/ vnd vber mich deinen gerechten Zorn heuffe. Sonderlich bekenne ich/ das ich leyder das grosse bitter Leyden deines Sons/ meines Heylands Jesu Christi/ noch nie mit ernst von hertzen betrachtet/ vil weniger dir darfür recht/ wie ich stettigs thun solte/ gedancket/ Vnd hab so lange zeyt mir das Liecht deines heyligen Euangelij so reichlich vnnd herrlich lassen scheinen/ vnd so vil feiner/ trewer lehre vnd Predigten lassen fürüber gehen/ vnd dannoch mein leben nie mit ernst gebessert/ noch rechte Busse gethan. Solches ist mir nun hertzlich leyd/ vnd ich klage mich selbst an/ der ich ein kalt/ hart/ vnd sicher hertz hab/ vnd bitte dich/ HERR GOtt himlischer Vater/ du lieber trewer GOtt/ durch Jhesum Christum deinen lieben Son/ du wöllest mir armen Sünder solche vnd alle meine Sünde gnediglich vmb deines Sons Jhesu Christi willen verzeyhen/ Vnd mir gnad durch deinen heyligen Geyst verleyhen/ das ich recht könne erkennen diese vnauffsprechliche Barmhertzigkeyt vnnd Wolthat/ vnd darfür danckbar sein/ daß du auß lauter veterlicher Liebe gegen vns armen vnd verdampten leuten/ deinen eingebornen lieben Son CHRIstum/ dein wesentlich EBENBILDE/ vnd GLANTZ deiner Göttlichen/ ewigen Herrligkeyt/ hast für mich vnd meine Sünde/ vnd für die gantze Welt/ dahin gegeben/ auff daß Er mich/ vnd alle Menschen/ so Jhn annemen/ von Sünden/ Tod/ Helle/ vnd Teufel erlösete/ vnd mich sampt allen Gleubigen Jhm nachzüge in das ewige Leben/ vnd inn ewige Herrligkeyt/ vnd mich also zu seinem Miterben vnd Bruder inn ewigkeyt machete/ Wie Er denn derhalben seiner Gottheyt sich geeussert hat/ vnd ist Mensch worden mir zu gut/ vnd hat sein thewres/ werdes/ rosenfarbes Blut für meine Sünde vergossen/

Zwey vnd zwentzigsten Psalm Dauids. CXLIX

gossen / hat jemmerlich gelitten/ vnd deinen Zorn getragen/ vnd dich versönet/ Vnd alles/ was meiner vnd aller Christen seligkeyt zu wider war/ als Sünd/ Tod/ Teufel/ Vermaledeyung/ vnd Fluch des Gesetzes/ vberwunden. Hilff lieber HERRE GOtt / das ich solches Leyden meines lieben Heylandes Jesu Christi also jmmerdar betrachten möge/ vnd mein gantzes leben darnach bessere.

Auff solche meine Bitte / so dancke ich nun dir/ du trewer GOtt vnd Vater / das du mir deinen höchsten Schatz/ im Himel vnd auff Erden / deinen eynigen lieben Son Jhesum Christum / geschencket hast/ also/ das Er mein fleysch vnd Blut an sich genommen/ vnd hat sich vmb meinet willen in den Todt/ ja in den Tod des Creutzes williglich gegeben/ auff das Er mich/ mit sampt allen/ so an Jhn gleuben / dem Teufel auß dem Rachen risse / vnd für meine vnd der gantzen Welt Sünde gnug thete. Darumb hat Er sich nicht gewegert/ ein Sünder / ja ein Wurm vnd Fluch/ für dir Himlischer Vater/ zu werden. Ach mein GOtt vnd HERR/ wie gar vnergründlich ist diese deine Veterliche Liebe gegen vns armen/ elenden Sündern / damit du dich vnser so hertzlich vnd Veterlich annimmest/ das du deinen allerliebsten Son/ sein heyliges / thewres Blut für vns lessest vergiessen. Dir sey lob/ ehr/ vnd danck in ewigkeyt/ Amen.

Aufsle.

Kurtze außlegung des
Außlegung des Drey vnd zwentzigsten Psalm Dauids.

Jeser Psalm ist ein sehr schöner / lieblicher Psalm / ein rechte Dancksagung zu GOtt / der die seinen selbst lehret/erhelt/beschützet/tröstet/vnd stercket durch sein heyliges Wort. Dauid vergleychet sich einem Schaff/ das ein trewer Hirt wol weydet in frischem Grase/ vnd an külem Wasser. Item / er vergleychet sich einem frembden Gast/der reychlich gespeyset vnd bewirtet wirt / vnd zeucht den Tisch / Kelch/ vnd Oele auch zur Gleychnuß auß dem Alten Testament. Das Wort GOttes aber/welchs der armen Scheflein Weyde ist/nennet er ein lustigs grünes Graß/frisch Wasser/ein richtige Ban/oder geraden Weg/ ein Stecken vnd Stab/oder Scepter/ein Tisch/Balsam/oder Frewdenöle/ ein vollen Becher/ vnd Labetrunck. Denn er wil vns das Wort GOttes lustig/lieblich/schön/vnd herrlich machen/ das wirs hoch halten/vnd lust vnd lieb darzu haben sollen. Darumb brauchet er so feine/lustige wort vnd Gleichnuß / vnd singet diesen Psalm/ wie ein schönes Weyenlied / wenns alles fein grunet / vnd der Blümlein vil sind / die frischen Wasserbeche rauschen / die Vögelein singen / vnd alle Creaturen frölich sindt / Wie wir auch derhalben diesen Psalm / als ein Weyenreyen / den Kindern zu gut gemacht haben / wie volget:

Der Meye/ der Meye/ bringt vns der Blümlein vil/ Ich trag ein frey Gemüte/mein Hertz ist frisch vnd still/mein Hertz ist frisch vnd still.

Christus der ware GOttes Son/ist jetzt mein trewer Hirt/ Ich war ein armes Schefelein/in Sünden gar verirrt/in Sünden gar verirrt.

Er weydet mich auff grüner Aw/ kein mangel leidt Er mir/ Zum frischen Wasser fürt Er mich/vnd thut all mein begir/vnd thut all mein begir.

Mein Seel wil Er erquicken / mit seinem Wort vnd Lehr/ Er füret mich auff rechter straß/vmb seines Namens Ehr/vmb seines Namens Ehr.

Vnd ob ich schon im finstern Thal / wandert / vnd het kein Weg/ So fürcht ich doch kein vngefal / denn Er ist selbst mein Steg / denn Er ist selbst mein Steg.

Du bist bey mir O Jesu Christ/du thust mich trösten wol/ Dein Steck vñ Stab die leyten mich/für nichts mir grawen sol/für nichts mir grawen sol.

Ein Tisch du mir bereytest / gegen mein Feinden groß/ Mein Haupt mit öl du salbest/schenckst mir ein volle maß/schenckst mir ein volle maß.

Dein Güte vnd Barmhertzigkeyt/werden stets bey mir sein/Mein leben lang on ende/in deinem Hause fein/on alle klag vnd pein.

Sey lob Christo dem HERren/dem Vater/vnd dem Geyst/Der vns erhebt zu ehren/vnd vns sein Gnade leyst/vnd vns sein Gnade leyst. Amen.

Der HERR ist mein Hirt/ mir wirdt nichts mangeln.

1.Wir

Drey vnd zwenzigsten Psalm Dauids.

1. Wir sind alle arme Schefflein von natur/ Vnser Freyer will gilt nichts/ Vnsere werck vermögen nichts/ Vnser vernunfft weiß nichts/ Wir können vns selber nit helffen/ Wie Esaias sagt/ Cap: 53. Wir giengen alle in der jrr/ wie die Schaf. Item/ Psalm: 119. Jch bin ein verirret vnd verloren Schaf.

2. Christus aber/ der Son Gottes/ ist vnser trewer Hirt/ vnd rüffet vns mit seiner stim/ suchet die verirrten/ versorget/ vnd beschützet vns/ vnd lesst das leben für seine Schaf. Wie geschrieben steht/ Esaie am 40. Er wirt seine Herde weyden/ wie ein Hirt/ Er wirt die Lemmer in seine arme samlen/ vnd in seinem bosem tragen/ vnd die Schafmüter füren. Item/ Ezechiel: am 34. Er wirt sie weyden/ vnd jr Hirt sein/ Vnd Jch der HERR wil jr Gott sein/ vnd ein Bund des Friedens mit ihnen machen. Vnd also predigt der HErr Christus selbst von sich/ als von einem guten Hirten/ Luce am 15. Er nimpt das verloren Schaf auff sein achsel mit frewden/ das ist/ wie Taulerus sagt/ zwischen das Haupt/ vnd zwischen den andern Leyb/ oder zwischen die schultern/ nemlich/ zwischen die Gottheyt vnd Menschheyt/ sintemal Er ist warer GOtt/ vnd Mensch. Vnd Johannis am 10. erkleret Er selbst/ was Er für ein Hirt sey: 1. Er geht zur rechten Thür hinein/ vnd füret seine Schefflein mit sich zum Leben/ in das rechte/ ewige Vaterland. 2. Er weydet vnd speyset die Schaf mit lebendiger Weyde/ mit seinem Wort vnd Euangelio/ welches ist eine Krafft GOttes allen/ die daran gleuben. 3. Er schaffet/ das die Weyde krefftig vnd vnd nahrhafftig ist/ das ist/ er gibt seinen heyligen Geyst/ der durch das Wort wircket in den Hertzen der Gleubigen. 4. Er rüffet vnd kennet seine Schefflein mit vnd bey dem namen/ keines außgeschlossen. Wer an Christum gleubet/ den kennet vnd rüffet Christus/ vnd hat das ewige Leben. 5. Er gehet her für seinen Schefflein/ wenn er sie hat außgelassen/ Das ist/ Er beschützet sie wider die Wölffe/ ja/ er lesst das leben für sie/ leydet/ vnd stirbet für seine Schaf. Niemand solle sie auß seinen Henden reyssen.

3. Wir sollen nun hergegen den HERren Christum als vnsern Hirten annemen/ der vns allein helffen kan. Seine stimme sollen wir erkennen/ vnd derselbigen volgen/ vnd darbey bleyben. Nach den Ohren sollen wir vns richten/ vnd nicht nach vnserm Augen. Frembde stimm sollen wir fliehen/ ja dieselben nicht kennen/ noch hören wöllen/ wie Policarpus die Ohren hat zugestopffet/ wenn er etwas ergerlichs vnd vnchristlichs/ oder frembdes gehört hat. Kein Ketzerey/ Sacramentirerey/ oder dergleichen Seckt/ solle vnsere Ohren einemen. Allein bey dir HErr Jhesu Christ. Er ist doch allein vnser Seelen Hirt/ vnd Bischoff/ 1. Petri 2.

4. So wir das thun/ so sol vns nichts mangeln/ weder an Geystlichen noch leyblichen Gütern/ wie die Verheyssung lautet: Suchet von ersten das Reych Gottes/ vnd seine Gerechtigkeyt/ so wirt euch das ander alles zufallen. Vnd ob sichs gleich bißweylen lesst ansehen/ als wöll Trübsal/ Mangel/ vnd Creutz vns zu schwer werden/ so sollen wir doch stets vns des lieblichen namens (Hirt) erinnern/ vnd vns an das Wort halten/ so sols vns nimmermehr feblen/ Wie der 119. Psalm saget: Wenn dein Wort nicht mein Trost geweset were/ so were ich in meinem elend vergangen. Jch wil es nimmermehr vergessen/ denn du erquickest mich damit. Wir dürffen vns für keinem Wolff mehr fürchten/ er sey wer er wölle/ Freund oder Feind.

Er weydet mich auff einer grünen Awen/ vnd füret mich zum frischen Wasser/ ec.

Kurtze außlegung des

Das ist alles vom Euangelio geredt/ dardurch die Christen vnterricht werden/ das sie lustig im Glauben vnd Hoffnung zunemen/ vnd all jhr thun vnd wesen Gott lernen vertrawen/ vnd alles/ was inen von nöten ist/ an Seel vnd leyb/ von jm gewarten. Darnach/ das sie auch im Creutz dadurch erquicket vnd getröstet werden / wenn sonst kein hülff noch trost fürhanden ist. Denn das ist das frische Wasser / davon auch der 121. Psalm prediget: Der HERR ist dein schatten/ das dich des tages die Sonne nicht stechen/c. Zum dritten/ Das sie auff rechter Strassen bleyben/ nichts beyseyts abgehen/ in die jrr geraten/ vnd vmbkommen/ sondern bey der reynen Lehr bleyben/ vnd sich nicht lassen verfüren/ weder von der Welt/ noch von den verkerten Gelehrten. Vnd solchs thut Gottes Son vmb seines Namens willen / das man jn/ als den gütigen/ barmhertzigen/ gnedigen Gott vnd Heyland/ preysen vnd loben solle/ der vns alle Seligkeyt schencket vmb sonst/ auß gnaden/ on vnser werck vnd verdienst.

Vnd ob ich schon wandert im finstern Thal/ fürchte ich kein Vnglück / denn Du bist bey mir. Dein Stecken vnnd Stab trösten mich.

Das ist das ander Stück in disem Psalm. Wir haben gehöret/ wer die Scheflein/ vnd wer der Hirt sey. Nun zeyget er an/ wie es den Scheflein in disem leben geht. Creutz vnd anfechtung haben sie vollauff inn der Welt / auff allen seytten/ in der Kirchen/ im Hauß/ im hertzen/ bey Freunden vnd Feinden/ Vnd scheinet/ es sey kein armseliger Creatur/ denn ein rechter Christ. Vnd das ist das rechte finstere Thal/ Trübsal/ Trawigkeyt/ Angst/ Tot/ Verachtung/ Spot. Aber da beysseits: Richte dich nicht nach den augen/ sondern nach den ohren/ vnd höre/ was Dauid sagt: Der HERR ist bey mir. Item/ Psal: 73. Wenn ich HERR nur dich habe/ so frag ich nichts nach Himel vnd Erden. Wenn mir gleich mein leyb vnd seel verschmachtet/ so bistu doch allezeyt meines hertzen Trost/ vnd niem Theyl. Dein Steck tröstet mich/ das ist/ dein Wort/ daran halte ich mich/ vnd richte mich auff/ vnd erfare/ das ich dardurch erhalten vnd gestercket werde / vnd wider alle meine Feinde beschützet. Ich darff kein ander Schwerdt füren/ dein Wort ist mir scharpff vnd gewiß genug. Vnd ist allhie die Regel wol zu mercken / das kein ander mittel oder rath auff erden sey/ allerley anfechtung loß zu werden/ denn ein mensch werffe all sein anligen auff Gott / vnd ergreyffe in bey dem Wort der Gnaden/ halte vest daran/ vnd lasse jms in keinem weg nemen.

Man darff keine andere Waffen/ den Teufel zu verjagen/ denn allein das Wort Gottes. Damisch vnd Büchsen thuns nicht. Der Tisch muß es außrichten/ das nemlich Gott dich lesst laden zu seinem Wort/ vnd zu rechtem gebrauch der Sacrament. Damit solstu alle Welt vberwinden/ vnd frölich vnd guter ding sein bey disem Troststecken/ Stab vnd Tisch Gottes/ Wie D. Lutherus in disem Psalm schreybet / vnd spricht: Ich habe meine Feinde jmmer lassen hin zürnen/ drowen/ mich lestern/ vnd verdammen/ one auffhören wider mich rathschlagen / vil böser Practicken erdencken/ mancherley Bubenstück üben. Ich habe sie engstiglich lassen sorgen / wie sie mich möchten vmbbringen/ meine/ ja Gottes Lehre außtilgen: Darzu bin ich frölich vnd guter ding gewesen/ rc. (doch ein mal besser/ denn ander/) mich jres tobens vnd wütens nicht sehr angenommen/ Sondern ich hab mich an den Troststecken gehalten/ vnd zu des HERRN Tisch gefunden / Das ist/ Ich habe vnserm HERRN

Vier vnd zwentzigsten Psalm Dauids.

DERR Gott die sach befolhen/darein er mich on all meinen willen vnd rath gefüret hat/vnd jm dieweyl ein Vater/oder ein Psalmichen gesprochen.

Das Dele/oder der köstliche Balsam/damit man König vnd Priester gesalbet hat/ist das Wort GOttes/dardurch der heylige Geyst vns salbet/ heyliget/reyniget/stercket/erlustiget/vnd frisch vnd frölich machet. Also auch der Reich/den sie brauchen zum Danckopffer/ist nichts anders/denn das Wort GOttes/dardurch wir frölich vnd truncken werden in dem heyligen Geyst.

Da nun die Welt wider jre Feinde brauchet Harnisch/Spieß/Büchsen/ Mawren/vnd Schwerdt/sihe/da brauchet ein gleubiger/frommer Christ den Tisch GOttes/Balsam/oder ein schönes Rosenkrentzlein/vnd ein guten frischen tranck/Das ist/Er befilhet GOtt seine sach/vnd verlest sich auff sein Wort/wie man an den frommen Werterern/Agnes/Agatha/vnd andern vnzelich vilen erfaren hat.

Am ende betet Dauid/das GOtt jhn bey seinem Wort erhalten wölle/ das er möge bleyben in dem Hauß des DERREN jmmerdar/Wie wir hernach im 27. Psalm auch ein solches Gebett haben werden: Eins bitte ich von dem DERRN/das hette ich gern/Das ich im Hause des DERREN bleyben möge mein lebenlang.

Erhalte vns DERR bey deinem Wort.
Mane nobiscum Domine, quoniam
aduesperascit, Amen.
Amen.

Außlegung des Vier vnd zwentzigsten Psalm Dauids.

ST ein Weissagung vom Reich Christi in aller Welt zukünfftig/vnd vom Beruff der Heyden zu der Lehre des Euangelij. Vnd allhie solle man im anfang widerholen die hie von dem Reich Christi/die wir oben etlich mal gesetzt haben/das es sey ein Reych der Allmacht/der Gnaden/vnd der ewigen Herrligkeyt. Darnach auch die lehre vom Beruff der Heyden/was man stetigs dabey zubedencken hat/wie oben im ende des 18. Psalms ist ercleret. Zum dritten auch die lehre vom Gesetz Mosi/wie dasselbige solte auffgehaben werden/wenn nun das Euangelium den Heyden verkündigt würde/das man nicht mehr an die Mosaischen Ceremonien/Regiment/Gericht vnd Recht/noch an jrgent ein gewiß ort/Volck/oder Tempel gebunden sein solt/sonderlich dieweyl GOtt der DERR das Jüdische Volck/mit sampt jrem Regiment nur der vrsach halben hette eingesetzt/das ein gewisses Volck vnd Land were/darinn der Messias erscheynen würde/vnd alda predigen/ vnd Zeychen thun/leyden vnd aufferstehen/vnd das ein gewisse Schul sein solte/darinnen GOtt sich offenbaren/vnd seine Verheyssung geben/erkleren/ vnd erhalten wolte.

Kurtze außlegung des

Die Juden meinten/Dauid habe disen Psalm gemacht/da jme Gott den ort hette gezeyget/ auff dem Berg Moria ein Tempel zubawen dem Namen Gottes/1. Paralip: 22. Aber er redet eygentlich vom Reich Christi/ oder von der Christlichen Kirchen/wie sie in der gantzen Welt solle gesamlet werden. Vnd ist ein außlegung der verheyssung/so Abraham/Isaac/vnd Jacob geben war/das in jrem Samen solten gesegnet werden alle Heyden/vnd das wie man die Stern am Himel nit zelen/noch den Sand am Meer rechnen kan/al so solle man auch die menge jres Samens nit zelen können.

Der erste Theyl dises Psalms stehet in den ersten zweyen Versen/ vnd prediget vom HErren Christo/ wie er sey das Haupt seiner Kirchen/ welche hin vnd wider in der gantzen Welt gesamlet vnd auffgebreytet wirt. Die Erde ist des HERRN vnd alles was darinnen ist/König/Fürsten/Sted/ecker/vo̊gel/vihe/volck/Juden vnd Heyden. Er ist nit allein der Juden/ sondern auch der Heyden Gott/spricht Paulus.Das es aber alles sein sey/Himel vnd Erde/ vnd was drinnen ist/ist gut zurechnen/es ist keines andern Königs/denn er allein hat den gantzen Erdboden gegründet/vnd sonst niemand.

Paulus 1.Corinth:10.zeucht dise wort anvon Christlicher Freyheyt/ das nemlich die Kirche Christi nit gebunden sey an eusserliche Ceremonien/ oder Mosaisch regiment. Alles was feil ist/spricht er/auff dem Fleyschmarck/das esset/vnd forschet nichts/auff das jr der Gewissen verschonet. Denn die Erde ist des HERRN/vnd was drinnen ist. Ich sage aber vom Gewissen/nicht dein selbs/ sondern des andern.

Allhie kan man kürtzlich die lehr widerholen/ von den vier graden der Christlichen Freyheyt : Erstlich ist Freyheyt von errettung durch den Sohn Gottes/von vnsern sünden/vnd vom Joch vnd Fluch des Gesetzes.Darnach ist Freyheyt von bösem Gewissen/vnd Trawrigkeyt/das vns der heylige Geist in vnsere hertzen geschenckt wirt/ welcher rechten Glauben vnd Trost/frewd vnd fried in vns anrichtet/Wie geschrieben stehet: So wir gerecht sind durch den Glauben/so haben wir fride mit Gott/Wie man am Stephano/Laurentio/Agne sihet/ vnd trost vnd frewd im tode fület/ vnd mit fried vnd frewd dahin feret. Zum dritten/ ist Freyheyt von Ceremonien/ vnd von den Burgerlichen Gesetzen Mosi/welche alle auff ein bestimpte zeyt zum Regiment Jsrael sind geordnet gewesen/ vnd auch mit demselben Regiment jr end haben/nach der Propheten verkündigung/ wie man auch in Geschichten der Aposteln am 15.klerlich liset. Es gehörn aber die zehen Gebot nit zu diser Freyheit/wie Christus spricht: Ich bin nit kommen das Gesetz außzutilgen/sondern zuerfüllen/ nemlich/mit meinem Gehorsam/Leyden wirckung/ vnd lehr oder erklerung. Zum vierdten/ist Freyheyt von Menschensatzungen in der Kirchenordnung/ wie Paulus sagt:/Niemand sol euch richten von vnterscheyd der Speyß/oder getranck. Das ist nun von dem Spruch Pauli geredt

Christus sihet auch on allen zweyffel auff disen Psalm/da er spricht:Mir ist gegeben aller gewalt im Himel vnd in Erden. Item/da er saget: Warlich ich sage euch / es werden jr vil vom Auffgang vnd Nidergang kommen/vnd mit Abraham/Jsaac/vnd Jacob im Himelreich sitzen. Denn das ist gewißlich die meinung diser wort: Die Erde ist des HERRN/vnd was drinnen ist/Der Erdboden/vnd was darauff wonet. Das ist/1. CHRJstus ist das Haupt/vnd der rechte König vnd Herrscher. 2.Auß allen Landen/vnd in allem Volck samlet er jme ein Kirch/Wie Petrus auch prediget/Acto:10. Nun erfare ich mit der warheyt/ das GOtt die personen nicht ansihet/sondern inn allerley Volck/wer jn fürchtet/vnd recht thut/der ist jhm angeneme. 3. Die

selbige

Vier vnd zwentzigsten Psalm Dauids. CLII

selbige Kirch ist frey/vnd nicht an eusserliche satzung/stell/ort/vnd Volck gebunden. Es haben auch die Christen zur zeyt der verfolgung/ wenn sie hin vnnd wider vertrieben sind worden/diese wort/als ein sonderlichen trost gebraucht vnd gesungen: Es gehe wie es wölle/Wir werden veriagt/haben keinen ort/ da wir gewiß wachen oder schlaffen können/Wolan/GOtt wirt vns wol beherbergen/vnd beschützen/ Es ist ja der gantze Erdboden sein/vnd alles was drinnen ist. Wir haben ein reychen/mechtigen HERRN. Lasst vns nur nicht kleinmütig noch zaghafft sein/ec. Solcher Trost ist krefftig gewesen/vnd wirt vns eins mals auch sehr von nöten sein. GOtt helffe vns.

Er hat den Erdboden an die Meer gegründet/ vnd an den Wassern bereitet.

Man hat von diesen worten in Schulen vil disputirt/ vnd man disputirt noch dauon/warauff die Erde stehe. Aber solchs geht vns hie nichts an. Erde vnd Wasser ist bey vnd aneinander/also/das sie auch einen globum machen. So kan man des Wassers gar nicht geraten/ Wie derwegen der weyse Heyd Pindarus sagt: Aqua omnium optima. Das Wasser sey das beste element. Aber dauon an seinem ort. Es redet diser Psalm nicht von Philosophischen gedancken vnd disputiren/sondern/wie gehöret/von dem Reich des HERren Christi/von seiner Kirch/vnd Euangelio. Das Euangelium aber ist wie ein Meer/ vnd immer fliessend Wasser/ wie wir im vorigen Psalm gehöret haben/da er sagt: Er füret mich zum frischen Wasser. Item/im Ersten: Ein Gottseliger Mensch ist wie ein Baum/gepflantzt am Wasser. Also ist nun der Erdboden/ das ist/die Kirche oder das Volck Christi gegründet an die Meer vnd Wasser/nemlich/an die Lehr des Euangelii/oder an das Wort des HERrn Christi/Wie Paulus sagt: Es kan kein ander Grundt gelegt werden/denn der gelegt ist/Christus Jesus. Souil sey vom ersten Theyl geredt.

Ich muß auch allhie/den Bepstischen Bischoffen zu ehren/ diese Historiam/von den worten (Deus super maria orbem terrarum fundauit,) erzelen. Denn da hie stehet: GOtt hat den Erdboden an die Meer (welchs zu latein heyst/ mari,) gegründet / habens etliche vngelehrte Bachanten gedeutet / als habe GOtt den Erdboden gegründet auff Maria/ dieweyl das wörtlein maria im latein stehet/ vnd haben damit die anrüffung der Marie bestettigen wöllen/ja/ auch also diesen Psalm gebetet/das/ wenn sie zu disen worten kommen sind/ sie mit sonderlicher reuerentz gleichsam still gehalten / vnd mit seufftzen vnd grosser andacht das wort (maria) lang gedehnet/ vnd auß gesprochen. Wie denn derwegen ein grosser Bischoff zur zeyt Hertzog Friderichs des weysen Churfürsten zu Sachsen/ da er fru morgens in der Stuben auff vnd nider gegangen/vnd disen Psalm auff solche weiß/wie jetzt ist angezeygt/erzelet/ vnd auch zu dem wort (maria) kommet /seufftzet/ vnd hebet seine augen auff gen Himel/schleget an seine brust / vnd widerholet etlichsmal das wort (maria, o maria,) von dem Claus Narren welcher one geferd hinter dem Ofen gesessen/ vnd sein lebenlang kein lateinisch wort verstanden/gestrafft ist worden mit disen worten: Pfaff/wasser/Pfaff/wasser. Solche Historien solle man den jungen Knaben erzelen/das sie sehen/was für ein Grammatica vor diser zeyt gewesen/vnd wie GOtt vns so reychlich nun begabet hat. Aber wir achtens auch leyder wenig. Volget nun der ander Theyl dises Psalms:

C c ij   Wer

Vier vnd zwenzigsten Psalm Dauids.

falscher/loser lehre/vnd sich selbs in seinem Gewissen tröstenn/das er weiß/das er bleybet bey der stimm seines Hirten Jesu Christi/als ein frommes/einfeltiges Scheflein/Wie Doctor Förster seliger vor seinem ende gesprochen hett: Wolan/ich tröste mich neben meinem höchsten trost/das ich gleube an Christum Jesum/auch des/das ich mein lebenlang keiner Sect/Widerteuffern/Sacramentirern/oder andern/wie sie heyssen mögen/bin anhengig gewesen/sondern bin stetigs bey dem Wort GOttes mit einfeltigem Hertzen geblieben/dafür dancke ich GOtt/das Er mich biß an mein ende dabey erhalten hat.

Lose lehre aber ist alles/was vom Wort GOttes vns abfüret/gesthiliche gedancken/falsches hertz/Schwermerey/Ketzerey/falsche deutung der Schrifft/lose freche reden/vnd schwetzerey/vnd alles/was wider das Wort GOttes ist/oder one dasselbig wirt fürgenommen vnd gehandelt. Oder/das ichs deutlicher sage/was keine gewisse lehre ist/noch einigen trost in sich helt/als heutigs tags ist der Sacramentirer schwermerey/von der localitet vnd finitet des Menschen Sons/Christi/vnd von dem abwesenden Leyb Christi. Solches gibt keine lehre/vnd keinen trost. Darumb ists ein heyllose/verdampte lere/vnd nit wol werdt/das man jr gedencken solle.

Ferner/hat man dise wort (der nicht lust hat zu loser lehre) nach etlicher Gelehrten meinung/auch also verdolmetschet: Qui non in vanum assumpsit animam suam, vel, Qui non in vano accepit animam eius, vel, vt Rabbini quidam volunt, Qui non sine causa iurat per animam meam, vel per animam Dei. Der nicht vergebens seine Seel brauchet/oder/bey seiner Seel schweret/oder bey GOtt schweret. Aber dise dolmetschung lassen wir jetzt faren/denn dise meinung kompt doch hernach in nachfolgenden worten: Der nicht felschlich schweret. Es wissen aber die Gelehrten/das es eygentlich also heysset: Qui animam suam non leuat ad vanitatem. Als/welchs wort auch im nachfolgenden Psalm steht: Ad te Domine animam meam leuo, Nach dir DEXX verlanget mich. Denn animam leuare, die Seel erheben/ist nicht allein stoltz vnd frech sein/wie falsche Lehrer gemeinlich sein/sondern auch lust vnd lieb zu etwas haben/vnd sich verlangen lassen/Wie im Jeremia steht: Terram, ad quam leuant animas suas, non inuenient, Sie werden das Land/dar zu sie sich lassen verlangen/nicht finden/noch besitzen. Darumb ist eygentlich die meinung diser wort/das der ein rechtes Gliedmaß ist der Kirchen Christi/wer sich nicht lefst verlangen/noch lust vnd lieb hat zu eytelkeyt/oder zu loser lehre. Denn es sind vil leut der vnart/das sie nicht allein in zeytlichen dingen/sondern in Geystlichen vnd Glaubenssachen/gern newe ding hören vnd annemen/vnd es kan nichts so vngerеimts sein/sie fallen jm bey/wie alle Ketzereyen anzeygen. Wer nur etwas newes herfür bringet/da erhebt das pöfel jre Seel/vnd sperren mund nasen/vnd ohren auff/haben lust darzu/vnd fallen jm plötzlich bey. Solche leychtfertigkeyt strafft der heylige Geyst/vnd saget klar/das der nicht ist ein wares Glied der Kirchen Christi/der mit solcher leychtfertigkeyt/vnd losem geschwetz vmbgehet/denn er ist jrr vnd vnbestendig/zweyffelhafftig/vnd loses gemüts/wie wir zu vnser zeyt an vilen erfaren.

Es wirt auch vnter dem wörtlein (vanitas) alles/was eytel/nichtig/vergeblich vnd vergenglich ist/begriffen/als lose lehr/loß geschwetz/vergebliche reden/ergerlichs leben/geytz/vnd wucher. Solchs jst allhie von der dolmetschung/den jungen Studenten zu gut/gnugsam gesagt

4. Nicht felschlich schweren ist/den Namen Gottes vergeblich nit füren/noch mißbrauchen/wie im andern Gebot erkleret wirt. Die rede sol sein/ja/ja/

Kurtze außlegung des

nein/nein. In geringen dingen solle man Gottes Namen nicht füren/wie wir Teutschen pflegen zuthun/mit Wunden/Marter/vnd Leyden GOttes/das ist ein wunder ist/das wir noch leben/vnd nicht langst in abgrund der Hellen mit Leib vnd Seel verschlungen sind worden. Keine Gottslesterung ist vns zu wenig. Kein leychtfertigkeyt von GOtt vnd seinem Wort zureden/ist vns zu gering. Wolan/wehe dir Chorazin/x̄. Matth: 11. Wir bessern vns doch nicht/biß in die Hell hinein/wie Syrach von den Gotlosen redet.

Der wirt den Segen von dem HERRN empfahen / vnd Gerechtigkeyt von dem Gott seines Heyls.

DEr dritte Theyl dieses Psalms redet von den Gütern/welche Christus seiner Kirchen gibt/nemlich/Segen vnd Gerechtigkeyt. Christus ist der Gott vnsers Heyls/wie Er darumb heyst Jesus/ein Heyland vnd Seligmacher/ Iehoua. Inn im werden gesegnet alle Völcker vnd Heyden auff Erden/wie die Verheyssung lautet. Der Segen aber ist nichts anders/denn ware versönung mit GOtt/vnd erlösung vom Fluch vnd vermaledeyung des Gesetzes/ oder vom ewigen Tod/vnd ewiger Verdamnuß. Gerechtigkeyt ist/das wir der Sünden durch den Gehorsam Christi entlediget/vnd abgestorben sindt/vnd haben vergebung der Sünden vnnd sonst/auß Gnaden/one die werck des Gesetzs/allein von wegen des verdiensts Christi.

Vnd ist zumal schön/das hie stehet: Wir nemen den Segen vnd Gerechtigkeyt von Gott. Darumb können vnsere werck nit thun/vnd gilt nichts vnser freyer will. Wenn wir von der Gerechtigkeyt/wie wir für Gott bestehn sollen/vnd von Göttlichen sachen/ die zu vnserm Glauben an Christum/ vnd zu vnser Seelen seligkeyt gehört/reden oder gedencken wöllen/ so muß man vnsere werck gantz vnd gar auß dem weg reumen/vnd nichts daran gedencken/ sondern schlecht den HERrn Christum ansehen/sonst ist es mit vns verloren. Wenn wir solchs nicht thun/sondern schreyben vnsern wercken etwas zu/das zur seligkeyt gehört/so sind wir Dieb/vnd stelen dem HErrn Christo sein ehr/ vnd sind feinde des Creutzs Christi/vnd müssen entlich vergebn. So wir aber glewben an den HErrn Christum/das er allein/vnd sonst nichts weder im Himel noch auff erden/vns gerecht vnd selig macht/vnd wir allen vnsern Segen vnd Gerechtigkeit von im/als vom Gott vnsers Heyls/nemen/vnd empfahen/ vnd lassen im seine Ehr/die allein ime gebürt/als denn so sind wir seine Braut/ vnd ware Kirch/ vnd/wie hie steht/das Geschlecht/das nach im fraget/das ist/sein Volck/ welchs stetigs bleyben vnd leben solle/das da suchet dein antlitz Jacob/vnd ist immerdar die rechte ware Kirch Christi.

Das antlitz Jacob bedeutet die gegenwertigkeyt Gottes bey seiner Kirchen/vnd die offenbarung/wie sich Gott gegen vns offenbaret/ als/in seinem Wort/ in der Tauff/ vnd im rechten gebrauch des Sacraments des Altars/ gleich wie er sich bey seinem Volck sehen ließ im fewer/vnd in der Seulen. Jacob ist der Vater des Volcks Israels/welchs derwegen das Hauß Jacob genennet wirt/das ist/sein Hauß sind/geschlecht/vnd nachkommen/oder sein Same/der an Christum glewbet/vnd sich helt an die Verheyssung des Weybs samen/den rechten Silo,daran sich Jacob gehalten hat.

Machet die Thore weyt / vnd die Thüre in der Welt hoch/ daß der König der Ehren einziehe.

Wer

Fünff vnd zwentzigsten Psalm Dauids. CLIII

Wer ist derselbige König der Ehren? Es ist der HERR starck vnd mechtig/ der HERR mechtig im streyt.

Quidam hæc uerba de descensu Christi ad inferos enarrarunt, quasi Christus ita Diabolos sit allocutus: Aperite portas, &c. Et diaboli rursus quæsierint: Quis est iste Rex gloriæ? Sed hæc aliena sunt à sententia Psalmi.

In diesem vierdten vnd letzten Theyl vermanet Dauid die Pforten der Welt/das ist Könige/Fürsten/ Herrn/ vnd alle Oberkeyt/ das sie sollen dem Reich vnd der Kirchen Christi raum geben/Fenster/Thür vnd Thor auffthun/ vnd dem König der Ehrn/dem starcken vnd mechtigen HERRN/ ja dem Gott Zebaoth/ der Schöpffer ist Himels vnd der Erden/ welchen/ wie er auch im Andern Psalm sagt: Lasst euch weysen jr Könige/vnd lasst euch züchtigen jr Richter auff Erden/ Dienet dem HERRN mit forcht/ vnd frewet euch mit zittern/ Küsset den Son.

Denn eben sie/ die grossen gewaltigen Thor vnd Haupter inn der Welt/ Keyser/ König/Fürsten vnd Herrn sinds/die am meysten wider Christum vnd sein Wort toben/ vnd klügeln/ lehnen sich auff/ vnd rathschlagen mit einander wider den HERRN vnd seinen gesalbten Christum/ vnd sprechen: Wer ist diser König der Ehren? Als solten sie sagen: Der Betler/ ja der Ketzer/ der Schecher/ der Durnson/ Auffrhürer/ solt der ein König sein? solt er vns reformirn/ vnd wir solten jhm weichen vnd gehorchen? Wir wöllens nicht thun/ Lasst vns zureissen jre band/ vnd von vns werffen jre seyle. Weg/ weg mit diesem/ crucifige, tolle, &c. Also verkündigt er/ das Gottes Wort müsse verdampt vnd verfolgt sein.

Aber sie toben vnd wüten wie sie können/ so widerholet er die vorigen wort/ nur zum trotz. Je weyter sie sich sperren/ je mehr helt er an: Noch dennoch ist Christus der König der Ehren/ vnd der HERR Zebaoth. Wol allen/ die auff Jhn trawen. Jhm sey lob vnd ehr von nun an biss in ewigkeyt/
AMEN.

Auszlegung des Fünff vnd zwentzigsten Psalm Dauids.

Idem Psalmus infra Psalmo CIII. repetitur, & copiosius explicatur.

Es ein hertzlicher schöner Betpsalm/ darinn ein engstiges Gewissen/ welches seiner Sünden halben bekümmert ist/ bittet/ das jm Gott wöll gnedig sein/ Sünde vergeben/ vnd jn fromm machen/ leyten vnd füren/ vnd für Sünden vnd Schanden behüten/ vnd darneben auch von allen Feinden vnd vbel entlich erlösen.

C c iij

Kurtze außlegung des
Nach dir HERR verlanget mich.

JCh kan sonst nirgendt hin. Es deucht mich/ es sey mir alles feindt im Himel vnd Erden. Das ist mein bester rath/ das ich zu dir lauffe/ vnd seufftze. Meine Sünde quelen mich stetigs. Aber ich suche rath/ trost/ vnd hülff bey dir mein Gott.

Die sihet man/ was das vertrawen auff GOtt ist/ vnd was der rechten Christen kunst ist/ Wenns jnen gleich vbel geht/ vnd im Gewissen vnd sonst angefochten werden/ wenn sie nur singen können: Ad te DOMINE, zu dir HERR/ so hat es nit not.

Man sihet auch allhie/ was ein rechtes Gebett zu GOtt ist/ ein ernstlich verlangen vnd seufftzen nach GOtt/ nit vil redens vnd schwetzens one rechte anbacht/ sondern das sich die seel erhebt zu GOtt vnd sich gantz vnd gar auff Gott verlesst/ vnd begert etwas von Gottes sey ewig oder zeytlich/ nach dem befelh vnd verheyssung/ vmb Jesu Christi willen/ vnd in nöten Gott anrüffen/ vnd an Gottes hülff vnd Gnade nit verzweyffeln.

Es begert aber Dauid zwey ding: 1. Das er nit zuschanden werde/ noch vmb seiner sünde willen für Gott vnd allen Engeln vbel bestehe/ vnd verloren sein müsse/ sondern habe vergebung seiner Sünde. 2. Das sich seine frinde/ die Teufel vnd böse neydische leut/ falsche Lehrer vnd Brüder/ nit frewen vber jn. Denn es thut wehe/ wenn vnsere Feinde wöllen triumphiren wider vns/ die wir ein rechte sach haben/ vnd GOttes Ehr suchen.

Auff solche bitte volget der Trost. Wer auff Gott harret/ vnd hoffet/ der wirt nicht zu schanden. Spes non confundit. Die Hoffnung macht niemand zu schanden. Es muß gebarret sein. GOtt verlesst nit. Wen? Der sein harret. Er schlegt nit flugs mit der keulen drein. Er sihet lang zu/ vnd ist von natur barmhertzig/ gedultig/ vnd langmütig vnd gibt lange frist zur busse. Darumb müssen wir harren/ ob gleich ein zeytlang das creutz vns drücket/ vnd wehe thut/ noch kompt endlich die gnedige hülffe. Es ist noch nie keiner auff Erden gewest/ dem es gefehlet hette. Es wirt noch keinem fehlen.

Also ergreyfft Dauid bald GOtt den HERRN bey seiner Verheyssung. GOtt hat zugesagt Gnad vnd Hülffe/ allen/ so auff Jhn hoffen/ Daran muß sich ein jeder halten/ vnd nicht zweyffeln. HERR GOtt/ du hasts gesagt/ Dein ist die Ehr/ Du bist warhafftig. Sihe darein/ vnd hülff. Es sey nun ein not so groß sie sein kan/ wöllen wir vns herauß bringen/ das es ein gut ende nemen solle/ so müssen wir vns an die Verheyssung GOttes halten/ vnd die selbige GOtt dem HERRN/ als seine stimm vnd Wort/ fürwerffen/ es sey in Creutz vnd Anfechtungen/ oder in Todesnöten/ vnd was es mehr für widerwertigkeyt sein kan.

Keiner wirt zu schanden/ der dein harret.

HERR GOtt/ ich harre dein/ vnd hoffe auff dich/ das weyssestu. Darumb bin ich gewiß/ ich werde nicht zu schanden.

Item:

Wer gleubet an den Son GOttes/ der wirt nicht zu schanden/ Rom: 10 sondern hat das ewige leben.

Ich gleube an Christum Jesum meinen HERRn vnd Heyland.
Derhalben

Fünff vnd zweintzigsten Psalm Dauids.

Derhalben werde ich nicht zu schanden/sondern hab das ewige Leben/ vnd bin ein Kind der ewigen Seligkeyt ıc.

Aber die sichern/rohen leut/so sich auff Gewalt/kunst/weißheyt/reychthumb/vnd dergleichen/vnd nit auff Gott vnd sein Wort verlassen/die müssen entlich zu schanden werden/für Gott vnd für der Welt. Sie verachten Gottes Wort one vrsach/sie wenden wol grosse/vnd doch nichtige vrsachen für/als gewalt/kunst/gunst/ehr/wie die Papisten/vnd die Sacramentirer thun/haben grosse vrsachen/welche/wenn mans beim liecht besihet/so ists eytel nichts. denn die ware rechte vrsach ist nit dabey/nemlich/Gott/sein Wort vnd werck. Wenn das nit da ist/so sey die sach so groß als sie wil/so ists dennoch nichts. Denn was ist alle Welt gegen Gott? Was ist alle kunst gegen seinem Wort? Was ist aller Gewalt gengen Gottes Werck? Nichts. Darumb wirts alles zu schanden/was nicht hat/Gott/sein Wort vnd Werck.

Vsingius hat geschrieben: Habemus Cæsarem totum nostrum, vincimus potentia & multitudine: Wir haben den Keyser gantz vnd gar auff vnser seitten/wir vberwinden mit gewalt vnd menge die Lutherischen/ıc. Wo ist aber GOtt vnd sein Wort? Was ist Keyser/König vnd alle Welt gegen Gott?

Die Sacramentirer rhümen sich auch/sie haben grossen beyfall vnd anhang/in Polen/Franckreich/Engelland/Teutschland/vnd anderswo. Aber frag/haben sie auch Gott vnd sein Wort? Nein. Was ists denn? Nichts/es muß alles zu schanden werden/wir werdens erfaren. Lasst vns nur auff Gott harren. Sie wenden grosse kunst vnd vrsach für/warumb sie bey den worten Christi nicht bleyben können. Aber/ contemnunt verbum sine causa, es ist doch alles Lügen vnd Narrheyt/wider des HERren Christi Wort/Warheyt/ Maiestet vnd Allmacht. Ihr vernunfft vnd gedancke steht jnen im weg/vnd sonst nichts. Das sol die grosse kunst sein/darinnen der Esel wil einreitten auff dem HERrn Christo.

Nach disem trost wendet er sich zu Gott/vnd befilhet sich in seinen schutz/ wider alle seine Freinde: HERR/regier mich mit deinem Wort vnd heyligem Geist/so fürchte ich mich nit für meinen feinden. Laß mich nur in deinem Wege bleyben/vnd in keinen andern weg geraten. Behüte mich für Heucheley/je für grosser Kunst/vnd erhalte mich schlecht mit deinem Wort/vnd bey deiner Warheyt. Dein Wort ist die Warheit. Lehre mich inwendig im hertzen/vnd hilffe mir. Ich weiß sonst keinen Helffer. Ich rüffe dich an/vnd harre/ob du gleich verzeuhest/vnd lesst mich inn Leymen vnd Kot stecken. Dein Barmhertzigkeyt ist ewig/von der Welt hero. Wie auch Paulus sagt: Gelobet sey der Vater vnsers HERrn Jesu Christi/der vns gesegnet hat mit allerley Geystlichem Segen in Himlischen dingen/durch Christum/wie er vns auch in jm erwelet hat/ehe der Welt grunde geleget waren.

Es ligt alles an der Güte vnd Barmhertzigkeit Gottes/die von der Welt her gewesen ist. Darauff verlesst sich Dauid mit allen Glewbigen vnd Seligen. Vnsere werck/freyer will vnd verdienst gehört hieher nichts/auch nicht in dem geringsten.

Gedenck nicht der Sünde meiner Jugent/vnd meiner vbertrettung. Gedenck aber mein nach deiner Barmhertzigkeyt/vmb deiner Güte willen.

DAuid betet vmb vergebung der Sünde/vnd vergisset nicht der vorgethanen Sünde. Was einer böses gethan hat/soll er nicht vergessen. Denn

Kurtze außlegung des

wo mans vergisset/da wirt die Gnade nicht erkant. Darumb spricht Salomon: De propiciato peccato noli esse sine metu, Sey nicht sicher/ob gleich die sünde versönet vnd gestillet ist/sondern gedencke/spricht Moses/das du den HERREN erzürnet hast/Wie Dauid im 51. Psalm sagt: Meine Sünde ist stets für mir. Vnd wer an seine Sünde gedencket/der solle wissen/das Gott auch an seine Güte vnd Barmhertzigkeyt gedenckt/vnd wil gnedig sein. Denn das bekentnuß der Sünden gefellt Gott auß der massen wol/wenn ein frommer mensch gedencket/vnd sagt: Wolan/in sünden bin ich empfangen vnd geboren/so vnd so hab ich gelebt/das vnd das hab ich gethan/Jnn meiner jugent bin ich arg gewesen/frech/mutwillig/vnkeusch/ein sauffer/wild vnd Gottloß. GOtt kan auch alte schuld wol rechnen/vnd das Register herfür ziehen/vnd sagen: Sihe da/ich weiß was du gethan hast. Aber ich fliehe zur Güte GOttes. Ich vertrawe auff sein zusagung/nit auff meine/oder anderer leut werck. Er wirt vnd wil mir meine Sünde verzeyhen. Denn Er ist gut vnd fromm/ freundlich vnd barmhertzig/allen/so zu jhm fliehen. Er nimpt die Sünder zu gnaden an/vnd lehret sie/wie sie sollen gerecht vnd selig werden. 1 Er weyst jnen den rechten Weg durch seinen Son. 2. Er leytet die Elenden recht/in der lehr/vnd im leben/im Creut/vnd im Tod/alles nach seiner Güte/vnd nicht nach seinem Zorn. 3. Er lehret sie auch durch das Creutz/das sie erkennen die Veterliche Barmhertzigkeyt Gottes. 4. Alle seine Wege sind lauter wolthat vnd trew/allen/die sich an seine Gnad/so er vns in seinem Son bewiesen hat/ vestiglich halten. Darauff wil ich mich verlassen/vnd gewiß sein/Er werde mir alle meine angeborne vnd vollbrachte Sünde vergeben. So fern geht der erste Theyl dises Psalmis.

Vmb deines Namens willen/HERR/sey gnedig meiner missethat/die groß ist.

Dieser ander Theyl redet von allen andern Sünden. Denn Dauid wil noch ein Sünder bleyben/auch in seinem alter. Denn wer kan mercken/wie offt er sündiget? Ich bin ein alter Narr/vnd bin gelehrt worden/spricht er/ noch thue ich nicht/wie ich solle. Die Sünde steckt stetigs inn mir/vnd wenn ich gleich schlaffe/so wachet sie in mir.

Das ist die klag aller Heyligen/Halb heylig/gantz Sünder. Es klebet die sünde an vns/wie dreck am rade. Da ist nun kein rath/denn erkennen vnd bekennen die sünde/vnd bitten vmb vergebung derselbigen/wie die Dauid thut. Wir sind vnd leben vnter der Gnad. Gratia autem tollit & tolerat peccatum, Die Gnad nimpt vnsere Sünde hinweg/vnd kan dieselbigen auch tragen.

Der Name GOttes ist Iehoua, vnd Iesus, Seligmacher. Darumb spricht Augustinus: Was ist Jesus/denn ein Heyland? So sey nun mein Heyland vmb deines Namens willen. Denn wo du nicht auch mein Heyland werest/ so verlüresta deinen Namen/vnd köntest nicht mehr Jesus beyssen.

Solche Lehr wissen noch gleuben die Werckheyligen/noch sichere leute nicht/sondern die den HERREN fürchten/vnd wissen die Warheyt/die im verborgen ligt/vnd die heimliche Weißheyt von der Erlösung des Menschlichen Geschlechts. Denn das ist der beste weg/darauff die Gleubigen gehen/ vnd sicher sein in ewigkeyt/Wie hie stehet: Ire Seele wirt im guten wonen/ Das ist/sie sollen in ewigkeyt gnug haben/vnd mit jrem Samen ewig leben. Warumb? Denn sie wissen das Gheimnuß/oder heimliche Gespräch des HERREN/nemlich/alle heimligkeyt in der Schrifft/die lehre des Euangelij/

Nicht

Sechs vnd zwentzigsten Psalm Dauids. CLVI

Nicht die Historien allein/sondern haben die frucht vnd nutz/trost vnd frewd/ vnd sind Tempel des heyligen Geysts. Das wissen vnd gleuben die Gottlosen nicht/sie erkennen jre sünde nicht/vnd wöllen nicht Sünder sein/ob sie gleich an alle wende die Historien gemalet haben. Sie haben die schalen/vnd nicht den kern/literam, non spiritum.

Meine augen sehen stets zu dem HERREN.

Jetzt rüffet er Gott an/das Er jhm wölle helffen in anfechtungen vnd trübsalen/ derer diß leben voll ist. Aber was wöllen wir machen? Vnser HERR Gott wirt vns ein mal herauß ziehen. Mit vns ists doch nichts. Wir sind elend vnd einsam/erschrocken vnd blöd/zaghafft vnd vnmutig. Darumb betet er/ vnd spricht: Ach HERR beschütze vns/vergib vns vnsere Sünde/ vnd hilffe vns / gibe vns auch gedult im creutz vnd elend / vnd lasse vns nicht zu schanden werden/dieweyl der Feinde so vil sind. Bewar vns/das wir bey deinem Wort schlecht vnd recht bleyben/vnd ein reines richtiges leben füren/ vnd deiner güte warten. Es gilt doch hartes/obs gleich lang wirt. Vnd also erlöse dein gantze Kirch auß aller jrer not. Du wirst solches thun. Es ist gewißlich war / Amen / Amen. Schlecht vnd recht behüte mich. Lutherus in confessione de Cœna Christi, contra Sacramentarios.

Außlegung des Sechs vnd zwentzigsten Psalm Dauids.

Diesen Psalm haben die Alten außgeleget/ als ein Gebett des Herren Christi/ da Er am Creutz gehangen. Augustinus disputirt/er rede vom Dauid/vnd nicht von Christo. Aber es ist ein gemeiner Beipsalm/der zu allen Heyligen/ vnd zu dem Herrn Christo selbs gehöret/darinnen die Frommen klagen vber die falschen Heiligen/vnd vber jre Verleumber/vnd bitten/Gott wölle darein sehen/vnd die Frommen beschützen wider jre Feinde vnd Verfolger. Vnd ist fürwar ein recht schöner Psalm/ wider die calumnias, & calumniatores, wider die neydischen/argen Verleumbder vnd Lügner/ so den Frommen begeren jhre ehr/ beyde an der Lehr vnd am leben/abzuschneyden/vnd zu stelen/mit sonderlichen rencken vnd griffen / heimlich vnd öffentlich. Darwider ist nun kein besser rath noch hülffe/denn allein/ Klags dem HERRN deinem Gott/vnd sihe/das du vnschuldig seyest/vnd ein gut Gewissen behaltest.

Calumnia thut wehe/ vnd schneydet scharpff/ vnd wirfft manchen frommen Man zuboden/sonderlich wenn es die lehr vnd das leben angehet. Aber wenn

Kurtze außlegung des

wenn das Gewiſſen gut vnd recht iſt/ ſo heyſts: Selig ſeyt jr/wenn euch die menſchen ſchmehen/ vnd allerley vbels wider euch reden/wenn ſie daran liegen. Vnd die Teutſchen ſagen: Man hüte ſich für der that/ der Lügen wirt wol rath. Conſcia mens recti tamæ mendacia ridet, Ein gut Gewiſſen lachet zu den Lügen/ ob ſie gleich ſehr beyſſen. Es heyſt allein: Klags Gott/ er wirt dirs wol rechtſchaffen/ Vnd hoffe auff den HERRN/die Lügenmeuler werden dich wol müſſen zu frieden laſſen/ vnd ob jren lügen zu ſchanden werden. Wie die Dauid ſich tröſtet/ vnd ſpricht: HERR/du ſiheſt mein not/wie mich die falſchen Heyligen plagen/außtragen/ vnd verleumbden/ vnd es thut mir wehe. Aber du weyſt/ ich bin vnſchuldig/ & in mea ſimplicitate & integritate ingredior, Ich bleyb bey meiner einfalt ich ſchlecht vnd recht/ vnd hoffe auff dich/ HERR/ laß mich nicht fallen/ noch vnterligen/ das ſich meine Feinde nicht vber mir frewen. Du erkenneſt ja mein hertz vnd heimligkeyt/ ꝛc.

Prüfe mich.) Das iſt die erſte vrſach/ warumb GOtt helffen ſol. Ich bin vnſchuldig/ vnd hab ein gut Gewiſſen/ das weyſtu. Die leut vrtheylen einen nach eußerlichem ſchein/wandel/ vnd anſehen. Aber Gott iſt ein Hertzenkündiger. Darumb ſpricht er: Du leuterſt Nieren vnd Hertz/ Das iſt/ Du erkenneſt mich recht/ inwendig vnd außwendig/ inn meinen gedancken/ bewegungen/ Gewiſſen/ vnd Hertzen. Wie ferrn man ſich aber auff das Gewiſſen verlaſſen ſolle/ haben wir oben im 18. Pſalm gehandelt.

Die ander vrſach iſt: Ich verlaß mich auff deine Güte vnnd Barmhertzigkeyt. Jhene verlaſſen ſich auff jhre werck/ ja auff gunſt/ beſehl/ gewalt/ kunſt/ autoritet/ reychthumb/ vnd dergleichen/ wie die Heuchler vnd Werckheyligen/ vnd bey vns die tollen/ ſichern leut pflegen.

Die dritte vrſach: Ich habe dein Wort vnd Warheyt rein vnd lauter/ vnd bleybe darbey fein einfeltig. Jhene/ ob ſie gleich dein Wort hören/ ſo bleyben ſie doch nicht darbey/ vnd ſuchen renck/ deuten/ lencken/ grübeln/ verfelſchen deine Warheyt. Es kompt weder jr lehr noch leben mit deinem Wort vberein.

Die vierdte vrſach: Ich bin feyndt allen/ ſo dein Wort verfelſchen/ vnd nicht rechte lehre/ noch geſundes leben füren. Ich gehe nicht in jhren Rath. Ich wandel nicht in jrem wege/ vnd ſitze nicht in jren ſtul. Wol dem/ der das thut/ Pſalm: 1.

Nazianzenus in ſeinen ſchönen Verſen rhümet ſich auch alſo/ vnd ſpricht: Ich bezeuge GOtt/ das ich nicht ein geſell bin jres ſtuls vnd ſitzes/ noch jrer werck vnd fürhabens/ Ich rathe nichts zu jren anſchlegen/ Ich ſchiffe nicht mit jhnen/ ſo bin ich jr gefert nicht auff keinem weg. Ich laß ſie machen vnd ſchaffen/ vnd jren weg gehen: Ich aber ſuche das Schifflein Noe/ (das iſt/ das ich in der kleinen Arcken/ vnd bey dem heuflein der rechten Chriſten bleybe/) auff das ich dem ſchröcklichem tod empflühe.

Vnd ſolches iſt fürwar nicht ein ſchlechter rhum eines rechtſchaffenen Chriſtens. Wolte Gott wir bedechten ſolches/ vnd hüteten vns beſſer für falſcher lehr/ vnd für ergerlichem leben. Wir zu vnſer zeyt können vns diſer wort wenig/ oder ſchier nichts rhümen. Wir laſſen falſche lehre einreyſſen/ Wir geben mit falſchen Lehrern vmb/ Wir leben mit jm ſauß/füllerey/ vnd freſſerey/ vnd andern Sünden. Es iſt vns nicht zu vil/ GOtt ſage darzu was er wölle. Wolan/ es wirt was kommen/ das vns wirt auffreumen/ vnd mit ſtumpff vnd ſtiel außhawen/ es ſey was es wölle. GOtt verſchone ſeiner armen Kirchen.

Die fünffte vrſach: Ich wil dich loben vnd preyſen/ dir dancken/ vnd deis
nen

Sechs vnd zwentzigsten Psalm Dauids. CLVII

nen Namen verkündigen in deiner Gemein / bey deinem Altar / vnd in deinem
Hauß / da du wonest / nemlich / da dein Wort gehet / vnd recht geprediget wirt /
Wie im 122. Psalm stehet: Wir werden ins Hauß des HERRN gehn. Denn
wo Gott hilfft / da solle man jm dancken. Solche danckfagung aber muß geschehen von den leuten / so Gottes Wort haben / vnd frewen sich / so offt sie damit sollen vmbgehen / Wie im 43. Psalm stehet: Ich gehe hinein zum Altar
Gottes / zu dem Gott / der meine frewd vnd wonne ist / vnd dancke dir GOtt
auff der Darpffen / mein Gott.

Raff meine Seele nicht hin mit den Sündern / noch mein leben mit den Blutdürstigen.

DAs ist das ander Theyl dises Psalms / darinn er sein Gebett wiederholet / das er möge erlöset vnd beschützet werden. Erstlich / ob er wol ein gut Gewissen hat / noch verlesset er sich nicht darauff / das er damit wolt für GOtt bestehen / sintemal: ein lebendiger gerecht ist für GOtt. Zum andern bittet er /
GOtt wölle jn nicht in gleiche straffe mit den Gottlosen kommen oder fallen
lassen. Zum dritten / beschreybet er die leh: vnd das leben der Gotlosen: 1. Sie
sind Gotloß in jhrem hertzen / fragen nichts nach der Eh: GOttes. 2. Sie
sind blutdürstig / können vnd wöllen rechte Lehrer vnd fromme Christen nicht
dulden / Wenn sie können / so sagen sies hinweg / oder tödten sie gar. 3. Sie
gehen mit bösen tücken vmb / sind voll neyd / haß / practicken / list vnd betrug /
vnd thuns alles auff jren nutz vnd ansehen / auch wenn sie gleich was gutes
thun. 4. Nemen gern geschenck / es ist jn alles gelegen an eh: / reychthumb /
stoltz / pracht / vnd geytz. Der Bauch ist jr Gott / wie Sanct Paulus sagt. Zielen zu sich / was sie können / es sey recht oder vnrecht. Zum letzten / widerholet Dauid sein vnschuld / vnd sein Gebett: Erlöse mich / schaffe mir recht /
doch nicht nach meiner vnschuld / denn für Dir bin ich nicht vnschuldig / ob
ich gleich für meinen Feinden vnschuldig bin / sondern nach deiner Barmhertzigkeyt sey mir gnedig. Mein Fuß gehet richtig / das ist / ich bleybe bey deinem Wort / vnd laß mich nicht füren in abweg oder Irrthumb. Darumb wil
ich dich auch loben / vnd wil nicht still schweygen / weder bey mir selbs /
noch öffentlich bey den leuten. Dein Eh: vnd Preyß wil ich verkündigen / ob sie mirs gleich wöllen verbieten. Das Bekentnuß muß fortgehen / wie wir im nachfolgenden
Psalm hören. GOtt gebe / das wir vns auch
nach diesem Psalm richten / vnd auff
Gott trawen / zu jm schreyen / vnd
vns hüten für falscher lehre / vnd ergerlichem
leben /

A M E N.

D d   Auslegung

Kurtze außlegung des

Außlegung des Sieben vnd
zwentzigsten Psalm Dauids.

ESt ein schöner Danck vnnd Trostpsalm/darinne
Dauid/ja Christus selbs/mit allen seinen Gleubigen/GOtt dem
Vater dancket/ für den rechten waren Trost / damit er in seinem
creutz vnd elend gestercket wirdt / vnd wider seine Feinde vnd falsche Lehrer erhalten/vnd beschützet. Darnach betet vnd begeret
er/das GOtt wölle erhalten in rechtem Glauben/ bey der waren
Kirchen/ darinn das Wort Gottes rein vnd lauter geleeret vnd gelernet wirt.
Zum dritten/betet er wider alle falsche Lehrer/ welche er nennet falsche Zeu-
gen/ die on alle schew freueln. Denn es sind gar tolle/ kühne Heyligen/ zeugen
gar sicher vnd frech von GOtt/des sie doch keinen befelh haben. Wie wir teglich sehen / das / je töller vnd vngelehrter die leute sind/ je kühner vnd frecher sie
sind zu predigen/ vnd lehren alle Welt/ niemand kan etwas/ sie allein wissen
alles/ Richten auch wol Krieg vnd Auffruhr an/ wider die rechten Heyligen
vnd Gottsfürchtigen.

    Der erste Theyl dieses Psalms stehet in den ersten dreyen Versen/ darin-
nen von stundan angezeygt wirdt/ das Dauid in grosser angst vnd gefahr ge-
west/ da er diesen Psalm gemacht hat/ Wie denn der Griechische Titel auch
beweyset/ welcher lautet/ als hab Dauid diesen Psalm gemacht/ ehe er gantz
vnd gar zum König bestettigt worden sey/ da jn Saul an allen örtern vmbge-
ben/ vnd verfolget hatt/ oder die Amalekiter die Stadt Zicklag/ dahin Dauid mit den seinen kam/ verheret/ vnd dem Dauid seine Weyber gefangen/ vnd
weggeführet hetten/ vnd das Volck jn darzu steynigen wolt /1. Samuelis am
30. Denn der Titel heyst: Priusquam vngeretur, Ehe er gesalbet war,/2.Samue-
lis am 2.

    **Der HERR ist mein Liecht/ vnd mein Heyl / für wem solt
ich mich fürchten? Der HERR ist meines lebens krafft/
für wem solt mir grawen?**

  1. Liecht ist das leben/ frewd vnd trost. Wir sind von natur alle in finster-
nuß/ darinn man nichts sehen kan/ noch ein gewissen weg haben/ noch frölich
ein tritt fort gehn kan. Es ist alles finster/ vngewiß/ vnd forchtsam. Aber GOtt
erleuchtet vnsere Leuchte/ vnd machet vnser finsternuß liecht/ Psalm:18. Er gibet vns das leben/ schaffet vns zu seinem Ebenbilde/ bringt vns an das liecht/
gibt vns sein liebe Sonn/ Solem vitæ, & Solem iustitiæ, Die Son des Lebens/ vnd
der Gerechtigkeyt/ Die Sonn/ die allein beim tag scheinet/ vnd das tegliche
liecht zu vnsern zeytlichen wercken mittheylet/ Vnd die rechte Sonn/ welche
bey tag vnd nacht leuchtet/ vnd mut/ sin/ vernunfft vnd hertz/ vnd den gantzen
menschen/ inwendig vnd außwendig/ erleuchtet.

  2. Heyl ist vnser Erlösung/ Gerechtigkeyt/ Glaub vnd Seligkeyt/ durch
Christum den Son Gottes vns erworben.

  3. Lebens krafft ist ware heyligung/ newgeburt/ wirckung des heyligen
Geystes in vns/ sterck/ gedult/ hoffnung/ bestendigkeyt.

    So wil nun Dauid soviel sagen: Ich dancke dir HERR GOtt/ das du
mich

Sieben vnd zwentzigsten Psalm Dauids. CLVIII

mich erschaffen/erlöset/vnd geheyliget hast/ Darumb darff vnd wil ich mich nicht fürchten/sintemal du bey mir/vnd in mir bist.
Die nachgehenden wort zeygen ein grossen mannlichen Glauben an/der nicht zaghafft/sondern starck vnd vest ist/ vnd darff sich dem Teufel vnd der gantzen Welt entgegen setzen. Es ist nit ein Milchglaube/wie der ersten anfahenden Christen ist/so noch nit geübet/vnd mit anfechtungen nit durchleutert sind/sonder ist ein Kampffglaube/der sich beisset mit dem Teufel/Tod/Sünde/bösem Gewissen/vnd mit der gantzen welt/vnd allen Feinden/geystlichen vnd leiblichen/innerlichen vnd eusserlichen/wie auch Jacob gehabt/da er gekempfft hat mit dem Engel Gottes. Aber ein solcher starcker Glaub ist nit allzeit in den Heiligen. Biswilen ist er starck vnd krefftig/als in Mose/da er das Volck durch das rote meer füret: Jm Samson/da er den Löwen tödtet/vnd tausent Menner mit dem Esels kinbacken erwürget: Item/im Dauide/da er den Risen Goliath erschlug/vnd andere vil thaten beweise: Item im Petro/da er auff dem meer gieng. Biswilen aber ist der Glaub schwach vnd blöd/vnd wirt wol gar verloren/wie eben im Mose/da er den Felsen mit der ruten zweymal schluge/vnd nur ein mal schlagen solte/Num:20. Jm Samson/da er sich verfüren leisst/vnd seine sterck eröffnet. Jm Dauide/da er dahin fellet in Todschlag vnd Ehbruch. Jm Petro/da er den HErrn Christum verleugnet. Jnn Maria/da sie jhren Son CHristum im Tempel gelassen hatt. Vnd sind der Exempel vnzelich vil. Denn GOtt lesst zu zeyten die seinen schwach sein vnd fallen/das sie nicht stoltz noch vermessen werden/sondern erkennen/ das der Glaub sey ein geschenck/werck/vnd gab Gottes/vnd das sie andere neben sich nit verachten/sondern stetigs sich erinnern des Spruchs:Wer da stehet/der sehe/das er nit falle. Item: HErr Gott/füre vns nit in versuchung. Vnd verlieren die Gleubigen offt den rechten Glauben/ vnd müsten bleyben in dem Tod/wo sie sich mit widerumb bekerten/wie in den jetztangezognen Exempeln zusehen.

Eins bitte ich vom HERRN/das hette ich gern: Daß ich im Hause des HERREN bleyben möge mein lebenlang / zu schawen die schönen Gottesdienst des HERRN/ vnd seinen Tempel zubesuchen.

Secunda pars Psalmi. DJe bittet Dauid alles mit einander auff einen hauffen/das in GOtt wölle lassen ein rechtes Glied sein der waren Kirchen/vnd in regiren in seinem Beruff/vnd erhalten in rechtem Glauben/auff das er lebe oder sterbe/er allzeit ein gnedigen Gott habe vnd behalte.
1. Die lernen wir/das niemand GOtt kan erkennen noch recht ehren/er habe denn die rechte leer des Gesetzes vnd Euangelij/vnd rechten gebrauch der Sacrament. Andere/Juden/Türcken vnd Heyden müssen erbermlich sterben vnd vergehn/denn sie haben das Wort nicht rein/vnd können sich keines gnedigen Gottes rhümen noch trösten. Wer aber keinen gnedigen Gott hat/ der hat auch keine Himlische Güter.
2. Vnser höchstes Gebett sol sein/ das wir Gliedmaß der rechten/waren Kirchen sein/vnd bleyben/Wie oben auch im 23.Psalm/Jtem/im vorgehenden 26.vnd hernach im 43.122.vnd anderstwo angezeygt wirt.
3. Die vrsach/warumb wir in der Christlichen Gemein zusamen kommen/ ist/das wir das Wort Gottes hören/vnd darauß den willen Gottes gegen vns lernen/vnd also geleret/getröstet/ vnd gestercket werden. Vnd dises solle man

D d ij   wider

Kurtze außlegung des

wider die Widerteuffer vnd Enthusiasten wol mercken/welche dem eusserlichen Wort Gottes alle krafft vnd wirckung entziehen/vnd warten auff eygne offenbarung vnd sonderliche eingebung/wie Carlstads Peter Rültz gerhümet vnd gesagt hette: Er hette für sich satt am innerlichen zeugnuß/das eusserliche Wort nenne er an für die andern/sie zu lehren vnd zu straffen. Deß wiewol vermittelst innwendiger erleuchtung/das Predigampt wenig krefftig ist/so wirckt doch der heylige Geyst in vnserm hertzen nit anderst/denn allein durch vnd mit dem mündtlichen Wort. Wenn das Wort in die ohren klinget/so gehet mit dem Wort der heylige Geyst in die hertzen/wo er wil. Jtem man solle auch diser behalten wider die sichern rohen leut/so allein auß gewonheyt inn die Kirchen gehen/Oder/wenn sie darinnen sind/frembde gedancken haben/ vnd nicht achtung geben auff das Wort.

4. Es ist aber nicht genug/das wir Glidmaß der rechten waren Kirchen worden sind/vnd haben vns ein mal abgesondert von dem falschen hauffen/ der Heyden/Türcken/Papisten/Ketzer/vnd Gottlosen/sondern wir müssen auch GOtt ernstlich bitten/das er vns dabey vnser lebenlang erhalten wölle. Denn jr vil sind gewesen/welche wider herauß gefallen/ Wie Johannes sagt: Sie sind von vns außgangen/als Cerinthus/Arius/Marcion/Pelagius/ Carlstad/Staphylus/vnd andere abtrünnige Apostate. So fallen auch teglich jr vil/vmb ehr vnd herrligkeyt willen/von warer erkandter vnd bekandter Lehr vnd Warheyt GOttes. Darumb sollen wir mit beten stetigs anhalten/ sonderlich/dieweil one die hülff vnd gnad GOttes/vnser fleysch vnd blut zu rechter warer bestendigkeyt vntüglich ist.

5. Wie wir aber bey rechter Lehr vnd Kirchen GOttes bleyben können/ zeyget Dauid mit disen worten an: So wir des HERREN Tempel besuchen/das ist/lust vnd lieb zum Wort GOttes haben/vnd vnser leben darnach richten/souil als jmmer müglich ist/vnd zunemen vnd wachsen im Glauben/ im Trost/Gedult/in Hoffnung/vnd in andern Tugenden/oder guten Wercken/die auß dem Glauben entspringen. Vnd das heyst den Sabbath recht heyligen/vnd des HERRN Tempel besuchen.

> Denn Er decket mich in seiner Hütten zur bösen zeyt/Er verbirget mich heimlich in seinem Gezelte/vnd erhöhet mich auff eim Felsen.

Das ist die erste vrsach/warumb Dauid in der zal der rechten waren Kirchen GOttes begert zu bleyben/nemlich/auff das er stetigs könne sicher vnd one gefahr sein/auch mitten in vngestüm vnd Tod.

Die Kirch Christi nennet er eine Hütten/villeicht von der Historien her/da das volck Jsrael viertzig Jar in der Wüsten gereyset/vnd vil gefahr außgestanden hat/Oder/wie etliche meynen/dieweil Dauid zu Nob in der Hütten des HERRN bey dem Priester Abimelech/da er die heyligen Schawbrod geessen verhalten ist worden/1. Samuel: 21. vnd derwegen hernach/da er von seinem Son Absolon vertrieben ward/die Lade oder Hütten GOttes fleyssig bewaren ließ/2. Samuel: 15. Aber solche außlegung ist etwas zu eng. Darumb verstehen wir die Hütten die ware Kirch vnd das Volck Gottes/darinn das Wort GOttes rein vnd lauter gehandelt wirt/wie oben auch im 15. Psalm: HERR/wer wirdt wohnen in deiner Hütten? Denn also heysset die ware Christliche Kirch/von wegen/1. Jres streyts/den sie stetigs muß haben mit dem Teufel/mit dem Tod/der Sünden/vnd mit Fleysch vnd Blut. 2. Von

wegen

Sieben vnd zwentzigsten Psalm Dauids.

wegen das sie an keinen gewissen ort gebunden ist. 3. Das sie in diesem leben kein bleybende stat hat/sondern ist gewertig eines ewigen Vaterlandes.

Das Gezelt ist das Wort Gottes/damit Gott wunderlich seine Heyligen regiert vnd füret/ vnd wider alles vnglück beschützet/ das sich weder Teufel noch Welt darein richten noch schicken können.

Der Fels ist rechte stercke vnd krafft/damit Gott die seinen in dem Wort tröstet/vnd mutig machet/das sie auch kein elend noch marter scherwen/sondern sind frölich vnd starck in jrem HERrn Christo/welcher jr rechter Fels/ Fundament/vnd Eckstein ist/ darauff sie sich verlassen/vnd erhöhet werden/ vnd bleyben biß an jr ende in dem waren bekentnuß/ das Christus sey der Son des lebendigen GOttes/dauon geschriben steht: Auff diesen Fels wil Ich bawen meine Kirch.

Etliche haben allhie das wort (Fels) gezogen zu der Historien 1. Samu: am 23. da Dauid von der hand Sauls erlöset ward/ vnd der ort/da Saul dauon zoge/genennet wurde/Sela Mahelkoth, das ist/ Scheydefels. Aber das ist auch zu eng.

So wil nun Dauid souil sagen: HERR GOtt/ laß mich deiner waren Kirchen Gliedmaß vnd Diener sein/vnd laß dein Wort ein Leuchten sein meinen füssen/vnd sey du mein Hort vnd Fels/ so wil ich wol bleyben/ob gleich die Welt voll Teufel were/vnd wolt mich gar verschlingen. Vnd ob es gleich geschehe/das sie mich marterten/vnd mir alles vnglück antheten/ noch weyl ich nur dich habe/ so bin ich sicher vnd frölich / auch mitten in der angst/ja mitten im Tode.

Die ander vrsach/ warumb Dauid wil in der rechten Kirchen GOttes sein/ist/ das er GOtt loben vnd preysen könne/Wie er saget: Ich wil singen vnd lobsagen dem HERRN. Denn sonst ausserhalb der Kirchen GOttes/ kan man GOtt nicht recht ehren/noch jm für seine woltathen dancken. Es ist dem lieben Dauid alles zuthun vmb die Ehr Gottes/ darumb begert er zu leben/ darumb wil er in der zal der Gottsfürtigen sein/darumb bittet er/von seinen Feinden errettet zuwerden/alles derhalben/das er GOtt dafür dancken/ vnd jn ewiglich loben könne.

Solchem schönem Exempel solten wir auch ein wenig volgen/ vnd vnser vndanckbarkeyt meyden/ vnd hinweg reumen. Aber was hilffts? Wenn vns Gott gleich hat auß grosser vnd mancher gefahr/armut/franckheyt/sorg/ vnd andern trübsalen errettet/ wo dancken wir jm? Nouem vbi sunt? Es ist alles bald vergessen. Nur ein newes her/ biß wir zu letzt gar zu boden gehen an Leyb vnd Seel/nach dem Spruch/ 1. Samu: 3. Wer mich ehret/den wil ich auch ehren: Vnd wer mich veracht/der sol wider veracht werden. Item: Das vnglück sol von des vndanckbarn Hauß nit weichen.

Wie aber Dauid zum HERRN beten/singen/vnd jm lobsagen wölle/ das zeygt er in nachfolgenden worten an / darinn er von hertzen vnd mit ernst bettet/ das erstlich Gott jn wölle erhören/ so offt er seine stim erhebet/ rüffet vnd schreyet. Darnach/ das jm Gott wölle gnedig vnd barmhertzig sein/ jme seine Sünde vergeben/ gerecht vnd selig machen/ auß Gnaden. Denn das ist aller Heyligen Gebett/ wie wir hernach im 32. Psalm hören werden. Zum dritten/ Das jn Gott auch von seinen Feinden erretten wölle.

Es wirt auch hie ein schöne form vnd weiß eines rechten Gebets zu Gott vns fürgeschrieben/ das nemlich ein Christ GOtt dem HERRN sein eygne verheyssung fürhelt/ vnd höret nit auff zu beten/ wie das Cananeische Weiblein mit dem gebett anhielt/ biß sie erhöret ward/vnd die geylende Fraw nicht

D d iij abliesse

Kurtze außlegung des

abließe von dem Richter/ Luce am 18. Denn so hats Gott gern/das men su͡ch/klopffe/vnd poltere mit beten on ablaſſen/wie im 34. Pſalm ſteht: Die jn anlauffen/der angeſicht wirt nicht zu ſchanden.

Die form aber iſt diſe: HERR du haſt geſagt/wer dein Antlitz ſuchen wirt/das iſt/wer ſich an dein Wort vnd Verheyſſung helt/vnd darauff zu dir vmb hülffe ſchreyet/den wölleſtu gewißlich erhören/ Wie auch dein Son geſagt: Was jr den Vater in meinem Namen werdet bitten/das wirt Er euch geben. Wolan HERR/ ich ſuche dein Antlitz/ vnd vertraw auff dein Wort vnd Verheyſſung/ vnd zweyffel nichts daran. Darumb ſo erhöre mich/ vnd ſey mir gnedig.

Item/ HERR du haſt geſagt: So war ich lebe/ich wil nicht des Sünders tod/ſondern das er ſich bekere/vnd lebe. HERR Gott/ich bin ein Sünder/vnd wil mich nach deiner Gnad bekeren. Darumb werde ich nit ſterben/ ſondern nach deinem Wort vnd nach deiner Verheyſſung ein Kind des ewigen Lebens ſein.

Item/ HERR Chriſte/ du haſt geſagt: Kompt zu mir alle/die jr müheſelig vnd beladen ſeyt/ich wil euch erquicken. Wolan HERR/ich bin müheſelig vnd beladen/voll Sünde vnd Plag/ vnd komme zu dir. Erquicke mich nun HERR/ vnd laß dein Wort krefftig in mir ſein. Ich trawe auff dich. Ich hab dein Wort.

Das heyſt nun recht das Antlitz vnd die gegenwertigkeyt/oder gewiſſe hülff GOttes ſuchen/vnd finden/wenn wir vns veſt halten an ſein Wort vnd Verheyſſung/ one mißtrawen vnd verzweyflung/ vnd halten Gott ſein Wort für/ vnd erlangen alſo rechten troſt/ vnd werden von vnſerm vbel endtlich erlöſet.

Verbirge dein Antlitz nicht für mir / vnd verſtoſſe nicht im Zorn deinen Knecht / denn Du biſt meine Hülffe / Laß mich nicht / vnd thu nicht von mir die Hand ab / GOtt mein Heyl.

Ein ernſtes Gebett iſt das/ 1. Kere dein Angeſicht zu mir/das iſt/ ſey mit gnedig/rath vnd hülffe mir/ſterck vnd tröſte mich. 2. Verſtoſſe mich nicht/ wie den Saul/ laß mich nit fallen in Irrthumb/noch in Laſter. Mit mir iſts bald geſchehen/wo du mich nicht erheltſt. 3. Hilff mir auch in meinen trübſalen/ gib mir gedult vnd beſtendigkeyt/vnd errette mich. 4. Thu deine Hand nicht von mir/regier mich in meinem Beruff vnd leben.

Jnn ſumma/ Dauid ſchreybets alles GOtt zu/ vnd nimpt jm ſelbs alle krafft. Denn er ſihet/das nichts im menſchen iſt/one GOttes Gnad vnd gab. One mich kӧnnet jr nichts thun/ ſpricht Chriſtus. Da gilt kein Freyer will/ noch menſchen krafft/noch werck. Es leſſt ſich für GOttes Gericht damit nit handeln. Es iſt alles zu ſchwach vnd eytel/ vnrein vnd vntüchtig. Darumb ſpricht Dauid: Mein Vater vnd Muter verlaſſen mich/das iſt/ aller Menſchen rath/hülff/gunſt/kunſt vnd arbeyt iſt nichts/wo Gott nicht vns beſchirmet vnd regiert. Darumb frewe ich mich/ das mich der HERR hat auffgenommen zu gnaden/durch ſeinen Son. Denn er verleſſt mich doch nicht/ ob gleich ſonſt Vater vnd Muter mich verlaſſen/ vnd mein vergeſſen/ Wie im Eſaia ſteht: Vnd ob ſchon dein Muter dein vergeſſe/ ſo wil Jch doch dein nit vergeſſen/ ſpricht der HERR Zebaoth. Dieſes iſt ein hoher/groſſer Troſt in aller widerwertigkeyt. O du ſchwacher Glaub.

Da

Sieben vnd zwentzigsten Psalm Dauids.

Der grosse Prophet D. Lutherus seliger/da jederman in allen gassen gewesen/vnd ein Fewer nach dem andern auffgangen/ Freund vnd Feind von jhm abgesetzt/ vnd jm nimmer vnterschleiff vnd schutz zugeben gewust/ hat er zu Witenberg zu seinen Bruedern/ mit denen er sich letzte/ auch dise wort gesagt: Vater vnd Muter verlassen mich/ aber der HERR nimpt mich auff.

HERR/ weise mir deinen Weg/ vnd leyte mich auff richtiger Ban/ vmb meiner Feinde willen.

Dauid ist starck im Glauben/ noch dennoch muß er bitten/ Gott wölle jn weisen seine Wege. 1. Auff das er nicht widerumb falle von dem Glauben/ vnd auß der Gnade. 2. Auff das er anzeyge/das der mensch nichts könne noch vermöge in Göttlichen sachen/one Gottes gnad. 3. Auff das er von tag zu tag gelehrter werde/vnd zuneme im Wort Gottes 4. Auff das er sich gantz vnd gar in Gottes Wort vnd werck wickele vnd flechte/ vnd nichts anderst sehe/ höre/ noch gedencke/ denn allein das Wort Gottes. 5. Auff das er vns lehre/ woran man sich in allen trübsalen halten solle/ nemlich/ allein an das Wort Gottes/ das ein mensch seine höchste lust vnd frewde an Gott habe/ vnd Jme seine Wege befelhe. 6. Auff das er biß an sein ende erhalten werde inn rechter Warheyt/ durch Gottes krafft/ Wie Petrus sagt: Jhr werdet auß GOttes Macht durch den Glauben bewaret zur seligkeyt.

Diese sechs vrsachen sol man fleyssig mercken/ vnd jhnen nachdencken/ auff das wir auch mit dem lieben Dauid vmb gnade vnd sterckung vnsers Glaubens/ vnd vmb warte bestendigkeyt bitten/ das wir nicht auß freuel/oder vngedult/ oder vbermut vnd ehrgeytz/ oder auß andern vrsachen/fallen/ vnd verfüret werden/ wie es sonst mit vns leychtlich geschehen kan/ wie man im wenig Jaren schröckliche felle grosser gelehrter Menner/ darauff sich die Gemeine Gottes verlassen wolte/erfaren hat/ in hohen/wichtigen Artickeln/der Rechtfertigung/des Sacraments des Altars/rc.

Warumb aber Dauid so ernstlich betet/ zeyget er auch diese vrsach an: Auff das ich (spricht er) meinen Feinden nicht zu theyl werde/ welche gern jr müetlein an mir külen wolten/ vnd trachten mir nach wie sie können/ das sie mich zu boden stossen/mich verleumbden/ vnterdrücken/ vnd hinweg raffen. Denn das ist die art vnd boßheyt der neydischen bösen Buben / Sie können vnd wöllen die Fromen nicht leyden / es ist jnen vnmüglich. Darumb suchen sie rath vnd that/wie sie jnen mögen beykommen. Aber es heyst: Patere & ora, Sey gedultig/vnd bete: HERR gib mich nicht in den willen meiner Feinde. Wir müssen zu vnser zeyt heutigs tags solches Gebett auch füren/sonst hetten wir keine hülff.

Es stehen falsche Zeugen wider mich/ vnd thun mir vnrecht on schew.) Dise wort haben die Alten angezogen von dem HERRN Christo/ da die falschen Zeugen wider jn sind auffgestanden. Sie gehen aber auff alle Heyligen/ die von den falschen Lügenmeulern/ ketzern/ vnd losen leuten/gehasset/ gebindert/ vnd verleumbdet werden/ one schew / mit recht vnuerschämpt vnd keck/ türstig vnd boßhafftig. Wer nit weiß/was ist/ der sehe vnsere zeit an in der Kirchen. GOtt erbarms.

Ich gleube aber doch/ daß ich sehen werde das gut des HERREN/ im Lande der Lebendigen.

D d iij   VEL

Kurtze außlegung des
VEL SIC:
Defecissem, si non credidissem, me uisurum bona Domini, &c.

DAs ist nun die Verheissung vnd der Trost. Laß gehen/sey gedultig. Ver/ trawe Gott/vnd rüffe in an. Es wirt nicht not haben. Gott wirt erhören/vnd helffen. Harre nur des HERRN/sey getrost vnd vnuerzagt. Psal. 31.
Das Land der Lebendigen ist/da es den Frommen wolgehet/beyde in disem vnd im ewigen leben. Vnd wil nun Dauid souil sagen: Es ist mir vbel gangen/vnd were langst darob zu grund vergangen/wo mir Gott nicht ge= holffen hette/ Aber ich habe mich allzeyt an Gottes verheyssung gehalten/ vnd seiner gnedigen hülffe erwartet/vnd bin darob nie nicht zu schanden wor= den.

Der letzte Vers zeyget vns an/wie wir disen Psalm recht brauchen/ vnd vns nütz sollen machen inn allem Creutz. Darre des HERRN. Es muß doch geharret sein. Gott probiert vns. Wol dem der harret.
Es fehlet ihm nicht. Es hat noch keinem ge= fehlet.

Außlegung des Acht vnd zwen-
tzigsten Psalm Dauids.

IST ein ernstlicher/starcker Betpsalm/welchen Dauid zu seiner zeyt mag wider Saul vnd dergleichen gebetet haben/sonderlich wider die Höfische vntugendt/da sie im gute wort gaben/vnd sich sehr freundlich stelleten/vnd im doch nach leyb vnd leben stunden/ Wie hernach Absolon auch thet/ vnd Joab gegen Amasa vnd Abner/ Das sich Dauid muste befah= ren/Gott möchte es im zurechnen/ vnd darumb bittet/das in Gott mit den Gottlosen nicht mit hinraffe.

Etliche meinen/ Dauid hab disen Psalm gebetet/ da er für seinen Son Absolon geflohen / als/ da er den HERRN hat rathfragen wöllen durch Zadok den Priester/ vnd keine antwort erlanget/ habe er als denn dise wort gebetet: Wenn ich rüffe zu dir HERR mein Hort/so schweyge mir nicht/rc. Vnd hernach/ da er den Oelberg hinan gangen/geweinet/sein haupt verhül= let/gebetet/vnd gesagt : Höre die stimm meines flehens/wenn ich meine hen= de auffhebe zu deinem heyligen Chor/2. Samuel:15. Aber dise meinung bleib an seinem ort.

Wir mögen disen Psalm betten wider die Tyrannen/Rottengeyster/vnd falsche Brüder. Denn die Tyrannen stellen sich auch freundlich/ vnd practi= cirn doch teglich/wie sie morden vnd schaden wöllen/Wie Absolon thet/von welchem geschrieben steht/ das er mit seinen guten worten habe das hertz der
Menner

Acht vnd zwentzigsten Psalm Dauids.

Wenner Israel gestolen/ Vnd heutigs tags die Weltlichen vnd Geystlichen Papisten geben laluum conductum, frey geleyt/ vnd machens sehr freundtlich/ biß sie die frommen einfeltigen Lehrer vnd Christen vberreden/ vnd in jr garn gebracht haben. Die Rottengeyster rhümen GOttes Ehre/Wort vnd Dienst auß der massen hoch/ wöllen aller Welt helffen/ vnd sind trefflich demütig/ Aber suchen gleichwol verderbung der Seelen/ vnd sind reyssende Wölffe vnter den Schafskleydern.

Veste lupum tenera celans ouis impia nigrum,
Dilacerat veri verba verenda Dei.

Die falschen Brüder geben auch gar gute wort/vnd Judaskuß/ lose/ falsche leut/ vnd Heuchler/ Aber sie richten nur verderben an/. Wie Salomon sagt: Das küssen des Hassers ist betrieglich/ vnd durch den mund der Heuchler wirt sein Nechster verderbet. Darumb solle man sich mit fleyß hüten für denselben Fuchsschwentzern/ vnd adiulatoribus, derer sehr vil sind/ Vnd solle Gott bitten/ 1. Das er vns für jnen behüte/ vnd wider sie verteydige. 2. Das er vns nicht zu gleich mit jnen/ dieweyl jr so gar vil sind/ hinraffe/ weder zeytlich/ als durch Krieg/Pestilentz/ vnd andern straffen/ noch ewig.

Es hat aber diser Psalm drey Theyl: Der erst ist ein Gebett/ das in GOtt wölle erhören/ vnd von seinen Feinden erretten. Der ander ist ein Dancksagung/ das er erhöret vnd errettet sey. Der dritte ist widerumb ein Gebett für die gantze Kirche/ das GOtt sie wölle beschützen vnd erhalten/ Wie Christus/ Johan: 17. selbs betet/ vnd spricht: Heyliger Vater/ erhalt sie in deinem Namen/ die du mir gegeben hast.

Im ersten Theyl ist David sehr hefftig/ vnd andechtig: Erhör mich HERR/ sonst ist es auß mit mir. Er nennet Gott sein Hort/ oder Fels/ vnd thut grosse wort darzu: Schweige mir nicht/ ich fare sonst in die Hell/ Wo du mich leissest/ so muß ich vergehen/ nicht allein zeytlich/ sondern muß mit allen Gottlosen verdampt vnd verloren sein.

Das ist ein hefftige tentatio vnd anfechtung gewesen/ die nicht jederman verstehn kan. Denn die Hell heyst nicht allein das Grab/ darein man die Todten leget/ sondern/ wie oben im 16. Psalm ist angezeygt/ heyst eygentlich die ewige verdamnuß/ vnd den schröcklichen Zorn GOttes. Vnd geschicht offt/ das die grösten Heyligen meinen/ sie sind verloren/ Gott kenne sie nit/ er wölle jrer nit/ sie sind verdampt. Denn das sind die rechten anfechtunge/ damit der Teufel den waren Heyligen beyt kommen wil. Aber da heyst: Schrey/ vnd bete/ HERR schweyge mir nicht/ Es ist jetzt zeyt/ das du mir hilffst/ HERR laß mich nit sincken/ iuua nos, perimus,

Er macht ein feine Antithesin: Jch trawe auff dich/ vnd hebe meine hend auff zu deinem heyligen Chor/ Darumb gehöre ich nit in die Hell. Aber meine feind/ die sich auff dich nit verlassen/ vnd rüffen dich nit an/ sondern suchen allein jren namen/ jre ehr/ vnd betriegen vnter einem guten schein/ vnd vnter dem weichen Schafsbeltz vil leut/ geben gute wort mit falschem hertzen/ sind falsche Lerer/ füren ein falsches leben/ vnd decken jre list vnd rencke mit mancherley farben/ das mans nit mercken solle/ die gehören in die Hell. Warumb? Sie geben nit achtung auff das thun des HERRN/ noch auff die werck seiner Hende/ Das ist/ Es machs Gott wie er wil/ er thue Wunderzeychen/ vnd lasse sich sehen am Himel vnd auff erden/ er straffe/ lehre/ vermane/ vnd gebe gemach oder ernstlich mit jnen vmb/ so fragen sie nichts darnach. Jr hertz ist verstockt/ wie der Phariseer/ zu welchen Christus saget: Gleubet jr mir nicht/ so gleubet doch meinen Wercken. Aber es halff alles nicht.

Jetzt

Kurtze außlegung des

Jetzt zu vnser letzten/ elenden zeyt gehet es leyder auch also/ GOtt gibt sein Wort/ seine Sacrament/ lehret vns/ vnd verleyhet vns trewe Seelsorger/ gibt Friede vnd Rhue. Item/ Er vermanet vns mit mancherley Zeychen zur Buß. Er strafft bißweylen/ vnd lesst sich sehen/ als das Er zornig sey. Er beweyset seine Macht an Tyrannen vnd Ketzern/ reumet sie hinweg/ vnd gibet jnen ein schrecklichen ende/ wie dem Carlstad/ Zwingel/ vnd villen andern. Er kompt mit Thewrung/ Krieg/ vnd Sterben. Was hilffts aber alles? Je mehr er vermanet/ vnd strafft/ je sicherer vnd verstockter der gröste theyl wirdt. So mögen wir zusehen. Wir rennen ja/ vnd traben redlich mit vollen sprüngen in die Hell/ vnd fragen schier/ weder Lehrer noch Zuhörer/ nach den Wercken Gottes. Es wirt was kommen/ es sey auch was es wölle. GOtt wirt vns zubrechen/ vnd nicht bawen. Wir werden den rechten Ackerman vnd Bawherren verlieren. Vnser HERR GOtt raffe ja nur die seinen nicht auff mit den Gottlosen/ Amen/ Amen.

Im andern Theyl/ da im Text stehet: Et gaudebit cor meum, Mein Hertz wirt frölich/ haben die Alten in Griechischer vnd Lateinischer Sprach gesetzt: Refloruit caro mea, Mein Fleisch ist wider grün/ vnd hübsch oder lebendig worden. Dise wort haben sie von der Aufferstehung des HERrn Christi außgeleget/ zumal dieweil hernach stehet: GOtt ist die Stercke/ die seinem Gesalbten hilfft. Aber es gehen die wort auff alle/ so in Christo sind/ vnd an Jn gleuben. Darumb setzt er im dritten Theyl den Beschluß von der Kirchen/ welche er ein Erbe GOttes nennet/ wie oben im Andern Psalm auch stehet/ vnd eine Herde/ so ein rechten Hirten hat/ den Son Gottes/ wie im 23. Psalm ist angezeygt/ der sie beschützet wider die Wölffe/ vnd wil sie erhöhen/ vnd auß allem vnglück vnd creutz erretten. Deñ das wort (erhöhen) zeygt an/ das vor nidrigkeyt/ creutz/ vnd elend da sey/ vnd das in disem leben die frommen Christen stetigs vntergedruckt werden von den falschen leuten/ Gottlosen/ Tyrannen/ vnd andern mehr. Aber

GOTT hilfft auß aller not. Dem
sey auch lob/ ehr/ vnd danck
in ewigkeyt/
Amen.

Außlegung des Neun vnd zwentzigsten Psalm Dauids.

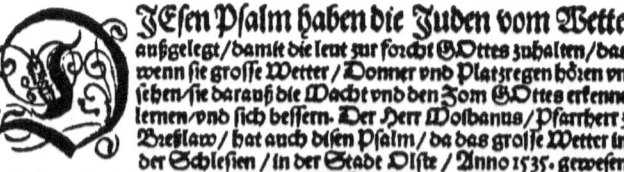

DJEsen Psalm haben die Juden vom Wetter außgelegt/ damit die leut zur forcht GOttes zuhalten/ das/ wenn sie grosse Wetter/ Donner vnd Platzregen hören vnd sehen/ sie darauß die Macht vnd den Zorn GOttes erkennen lernen/ vnd sich bessern. Der Herr Wolbanus/ Pfarrherr zu Breßlaw/ hat auch disen Psalm/ da das grosse Wetter inn der Schlesien/ in der Stadt Olßz/ Anno 1535. gewesen/ außgeleget/ vnd damit das Volck zur Busse vermanet. Was aber von Wettern zu sagen/ haben wir oben im 18. Psalm kürtzlich angezeyget. Dieser Psalm

Neun vnd zwenzigsten Psalm Dauids. CLXII

Psalm aber ist eine Weyssagung von dem Euangelio/wie jhn die Heyligen/ Basilius/Augustinus/vnd andere haben verstanden/ wie nemlich das Euangelium solt in aller Welt erschallen/vnd aller Könige/Fürsten/Herrn/ vnd Völcker weißheyt/vernunfft/heyligkeyt/vnd rhum zu schanden machen/ vnd der HErr Christus allein solt der ware einige König sein/den man mit rechter Weißheyt vnd Heyligkeyt dienen vnd ehren müste / Darzu er auch die Sündflut der Tauffe anrichtet/darinne der alte Adam erseufft/vnd der newe mensch erstehet. Es ist gar ein rechter Prophetischer Psalm/ der alle Philosophische vnd menschliche kunst vnd werck vernichtet/vnd allein die Gerechtigkeyt des Glaubens rhümet.

Bringet her dem HERREN jr Gewaltigen/Bringet her dem HERRN Ehre vnd Sterck.

EXstlich prouocirt vnd betrufft er allen Gewalt/vnd alle Reych auff erden/ das sie sich dem Wort GOttes vnterwerffen/vnd GOtt die Ehr geben. Jhr Keyser/Könige/Fürsten vnd Herrn seyt gehorsam/lasset euch weisen. Es ist doch nichts mit euch/so jr dem HErrn Christo nicht volget. Habt jr Christum/so stehets wol mit euch. Habt jr jn nicht/wehe euch/jr solt lieber Sewhirten/denn Herrn sein.

Die Gewaltigen/filij Procerum, Fortium, vel arietum, vel filij Dei, sind alle hohe Potentaten/die von Gott dazu verordnet sind/das sie sollen Gerechtigkeyt schützen/außteylen vnd erhalten. Vnd ist hie nicht von nöten/vber den worten lang zu zancken/die weyl die meinung recht vnd gewiß ist.

Ehr vnd Sterck ist das man GOtt alles heim gebe / vnd jn erkenne/als von dem alle ehr kommet/one den wir nichts sind. Er allein ist vnser Ehr vnd Sterck. Wir sollen vns allein seiner Ehr frewen vnd rhümen/wie auch die lieben Engel thun/dauon der Chaldeische Außleger allhie setzet: Chori & cœtus angelorum, Die Engelischen Chor bringen dem HERRN Ehr vnd schmuck/ vnd beten jn an.

Die stimm des HERRN gehet auff den Wassern/ Der Gott der Ehren donnert/der HERR auff grossen Wassern.

WArumb solle man Gott allein die ehr geben? Antwort: Darumb/denn er ist Allmechtig/nur mit seinem Wort/ wil geschweygen mit der Macht vnd that. Sein stimm gehet auff den Wassern. Kein Creatur kan sich für Jm verbergen. Die Exempel zeygen solches deutlich an. Auff dem Wasser hat der Geyst Gottes geschwebet in der Schöpffung. Auff dem Wasser in Egypten hat GOtt sein Macht erzeyget/das es ist in Blut verwandelt worden. Durch das Wasser vnd rote Meer hat Gott sein Volck trucken vnd gesundt durchgefüret. Jm Jordan auff dem Wasser hat sich die gantze heylige Tryferltigkeyt hören vnd sehen lassen. Auß Wasser hat Christus Wein gemacht. Vnd geschehen jmmerdar vil grosser Exempel der Macht GOttes auff den Wassern. Ja auch vnsere liebe/heylige Tauff was ists anderst/denn Gottes stiff vnd krafft im Wasser? GOtt donnert/vnd rüfft vns zur Busse durch mancherley Zeychen hin vnd wider. Darumb sol man jn fürchten/ehrn/vnd anbeten.

Durch die Wasser verstehen die Gelehrten/die Völcker/ vnd Reych der Welt. Wie die Wasser rauschen/also ist es auch mit dem Volck/schnell/wild/ vnd grausam. Wol dem/ der da rauschet/ nicht als Maim, das ist/ als ein

schlecht

Kurtze außlegung des

schlecht wasser/sondern nimpt das S. darzu/das er heysset/Schamaim, Dimel/
vnd GOttes Sitz.

Die stimm des HERRN gehet mit macht/Die stimm des HERRN gehet herrlich.

JSt alles ein beschreybung des Euangelij. Man leget sich darwider/
aber es gehet durch/ vnd sieget vnd triumphirt stetigs. Vnd hieher hat Pau∙
lus gesehen/da er sagt: Das Euangelium ist ein Krafft GOttes/ zur Selig∙
keyt allen/so daran gleuben. Vnd Petrus sagt: Christus empfieng von Gott
dem Vater Ehr vnd Preyß/durch ein stimm/die zu jm geschach von der gros∙
sen Herrligkeyt/der massen: Das ist mein lieber Son.

Es haben vil frommer Menner dise wort wider die Sacramentirer gefü∙
ret/vnd damit gewonnen: Vox Domini in virtute & magnificentia. Es ist mechtig
vñ herrlich. Sie müssen das Wort wol lassen stehn/vnd keinen danck dazu ha∙
ben. Sie habens noch nicht außgelescht/vnd müssens wol vnaußgelescht blei∙
ben lassen/zu jrer schand/spot/vnd verderbnuß.

Die stimm des HERRN zerbricht die Cedern. Der HER∙ RE zubricht die Cedern im Libanon.

ER zubricht den Teufel gar in Judea. Die Cedern im Libanon sind alle
grosse Hansen/Pfaffen/vnd Schrifftgelehrten/ davon Esaias am 2. auch sa∙
get: GOtt wirdt sich erheben wider alle Stoltze vnd Hohe/ vnd wider alle
Cedern im Libano. Denn die Cedern sind die höchsten/ sterckisten vnd schön∙
sten Beume gewesen. Davon nennet die Schrifft die gewaltigen vnd stoltzen
Hansen/Weltliche vnd Geystliche/die Cedern im Libano.

Machet sie lecken wie ein Kalb/das ist/springen/hupffen. Das Euange∙
lium machet ein frölich hertz/es hilfft den demütigen/vnd stürtzt die stoltzen.
Psalm: 114. Die Berge hupffen wie die Lemmer/ vnd die Hügel wie die jun∙
gen Schafe.

Sirion ist ein Berg Hermon/ der sonst Segor, Sanir, vnd Hippus genennet
wirt. Davon wirt nun diß Gleychnuß genommen/das sich alles werde frew∙
en in dem HERren Christo / wie ein junges Einhorn/das sich sonst nicht ze∙
men oder behendigen lesst/vnd ist doch ein armes Thierlein/ Vnd so es ein
mal gefangen wirt/so ists auß mit jme/vnd muß bleyben/wiewol die Natur∙
kündiger schreyben/man könne es lebendig nicht fahen. Jnn summa/der hey∙
lige Geyst will souil sagen/das Gottes Wort krefftig sey vberal/bey allen Völ∙
ckern/in Stedten/Dörffern/Welden/Jnsalen/bey Juden vnd Heyden/das
man davon frölich wirt/vnd ein Horn hat vnd behelt / nemlich/den HERrn
Jesum Christum/der das einige Horn vnsers Heyls ist.

Die stimm des HERRN hewet wie Fewerflammen.

DAs Fewer schertzt nicht. Also das Wort GOttes ist wie ein fewrig
Schwerdt/Prouerb. 30. Vnd Jeremie 23. Sind nit meine Wort wie Fewer?
Hebre: 4. Das Wort GOttes ist lebendig vnd krefftig/vnd scherffet mehr als
kein zweyschneydig Schwerdt/vnd durchdringet rc. Es hat auch GOtt offt
die Gotlosen mit Fewer verzeret/Num: 21. 16. Denn Gottes Wort vnd Zorn
zerhewet die Gotlosen.

Neun vnd zwentzigsten Psalm Dauids.

Die stimm des HERREN erreget die Wüsten / Die stimm des HERREN erreget die Wüsten Kades.

ES richtet grossen lermen an / wie Christus sagt: Jch bin nicht kom̃en Friede zu schicken / sondern Fewer. Denn der heylige Geyst straffet die Welt vmb die Sünde / vnd erschreckt sie / das sie nicht wissen / wo auß oder ein / vnd ist ein eytel finstere Wüste mit jnen.

Die Wüsten Kades setzet er / dieweyl sie groß ist / vnd hat bey den Juden diese namen: Die Wüste Sinai / Sin / Cades / Cadur / vnnd Cadis. Die Griechen nennens die Wüsten vnd eremum Arabiæ, die sich strecket biß an Jdumea.

Die stimm des HERREN entblösset die Welde / das ist / sie nimpt hinweg alle Menschen weißheyt vnd gerechtigkeyt / vnd bewet sie vmb / vnd thut die Dinden weg / das es sicher sey im Walde für den Thieren / vnd das man GOttes Wort frei rein vnd lauter verstehen / hören / vnd predigen könne.

Die Dinde sind alle Bestien vnd Verfolger der waren Lehr / die doch verzagt sind / wenn GOtt ein mal mit seiner stimm vnd mit seinem Gericht kommet. Diese müssen hinweg / vnd müssen andere hinden an die stat kom̃en / nemlich / die gleubige vnd fromme / einfeltige Christen / denen die Welde werden entblösset / 1. Das sie erlöset werden von dem Joch des Gesetzes. 2. Das sie verstehen die grosse Gnade GOttes. 3. Das sie allein auff GOtt trawen / vnd jre bletter vnd röcke außziehen / vnd nichts von jren wercken halten. 4. Das sie sicher vnd frey können vnter dem schutz vnd schirm Gottes leben / vnd Gott allzeyt loben vnd ehren.

Die Sündflut ist die heylige Tauffe / wie Petrus bezeuget / 1. Petri am 3. Die Tauffe ist durch die Sündflut bedeutet. Damit herrschet Christus / der König der Ehren / vnd gibt seinem Volck krafft / regiret / beschützet / vnd erhelt es / vnd segnets mit Frieden / das jhm wol gehen solle / obs gleich für der Welt anderst scheinet. Das Volck oder die Kirch Christi soll bleyben / vnd den Sieg behalten / obs gleich geschwecht vnd offt verfolget wirt.

GOtt sey danck / ehr / vnd preyß
inn ewig-
keyt /

A M E N.

E e   Auf-

Kurtze außlegung des

Außlegung des Dreyssig-
sten Psalm Dauids.

Von der einweyhung des Hauses Dauids.

VOn dem Titel dieses Psalms wöllen wir nicht
vil disputiren. Etliche haltens dafür/das Dauid/da er sein Kö-
niglich Hauß bawen hat lassen/dasselbig mit disem Psalm habe eingeweyhet/vnd angefangen zubewohnen/2 Samuel: 5.
Denn das sind vor zeyten die rechten alten Ceremonien gewe-
sen/ das man grosse Werck mit sonderlichen Göttlichen Ge-
sengen/vnd anrüffung Gottes hat gezieret/vnd angefangen/auff das der Segen GOttes von den Einwonern nicht genommen würde/ Wie auch das
Hauß des HERRN/ das Salomon bawet/zum dienst GOttes geordnet
ward. Solchem gebrauch solten grosse Herrn vnd andere/ so da bawen/zu
hertzen fassen/das sie nicht mit Fressen Sauffen/vnmeissigen Schatzungen
vnd andern sünden/jre Heuser auffbaweten/ nicht zur Ehr GOttes/noch zu
Gemeinem nutz/sondern allein zu jrem wollust vnd pracht. Da geht es end-
lich/ das solche Heuser widerumb in hauffen fallen/zerrissen werden/ob sie
sonst gleich vest sind/ vnd auch dem Türcken entsitzen wöllen/ Wie man im
der Bawren auffrhur erfaren hat/vnd noch teglich erferet. Wie vil besser vnd
sicherer ist das/das man mit dem lieben Dauid sage/ 1. Chron: 18. HERR
GOtt/ hebe an zu segnen das Hauß deines Knechts/ das er ewiglich sey für
dir/Denn was du HERR segnest/ das ist gesegnet ewiglich. Aber dauon zu
seiner zeyt mehr.

Geystlich aber vnd tröstlich diesen Titel zu handeln / ist die einweyhung
nichts anderst / denn eines rechten frommen Christen hertzlichs Dancklied/
für die grossen Wolthaten GOttes. Wir sind der Tempel/das Hauß/vnd
die Wonung Gottes/ wenn Gott in vns durch den Glauben vnd durch rechten trost wonet/vns auffnimpt/vnd erlöset/ vnd wir jm dargegen ein Deo gratias sagen/vnd singen/ vnd vns GOtt dem HERRN gantz vnd gar ergeben
vnd befelhen. Von diser einweyhung stehet geschrieben: Selig sind die/ welche
in deinem Hauß wonen/HERR sie werden dich loben ewiglich.

Die Papistische weyhung lassen wir allhie faren / als ein thöricht vnnd
Abgöttisch gedicht / welchs keinen grundt in der Schrifft hat/vnd GOtt nit
gefallen kan/ vnd was das beschweren vnd bannen des Saltzs/ Wassers/
vnd anderer stummen todten Creatur belangt/mehr Zauberisch/ Heydnisch/
vnd Aberglaubische Thorheyt ist/denn das es köndte ein einigen schein der
Warheyt haben.

Es ist aber diser Psalm ein Dancksagung für die wolthat vnd gnad Got-
tes/ das GOtt dem Dauid von der hohen Geystlichen anfechtung des Teufels erlöset / welche ist trawrigkeyt/schwermut/erschrecken/verzagen/zweyf-
feln/Todes not/ vnd dergleichen vergiffte fewrige Pfeyl des Teufels/ wie es
Paulus nennet. Er tröstet aber darneben zumal fein/ wie das Gott ein augenblick zürne/vnd nit lust noch willen hat an vnserm tod noch trübsal/ sondern
lieber vns lebendig vnd frölich sihet.

Oben im sechsten vnd dreyzehenden Psalmen ist gleich ein solche Dancksagung

Dreyssigsten Psalm Dauids.

sagung gewesen. Darumb was darinnen von der trawrigkeyt/vnd andern geistlichen/innerlichen anfechtungen ist angezeygt worden/solle allhie widerholet werden. Wir wöllen nun den Psalm theylen: Der erste Theyl stehet in den ersten dreyen Versen/ darinn Dauid anzeyget/in was grosser gefahr vnd trübsal/ angst vnd not er gestecket sey/ 1. Er hat müssen gehasset vnd verfolgt werden/ als ein Auffrhürer vnd Gottslesterer/ wie beydes vnter dem Saul vnd Absolon solches geschehen. 2. Er hat manche böse/gifftige/vnd bittere schmehwort hören müssen/das jm das hertz dafür het mögen brechen/ welches denn weher thut/denn sonst das vnglück an jhm selbs. 3. Er ist darüber kranck worden/vnd hat seines leybs krafft verloren. 4. Er ist in grosse/schwere anfechtung gefallen/das er gedacht/Gott zürne mit jm/ er müsse nun zeytlich vnd ewiglich sterben/vnd verdampt sein.

Das sind die rechten puffe des Gewissens/vnd die grossen anfechtungen alle beyeinander vber einem hauffen. Aber er dancket GOtt/ der jn auß aller trübsal errettet hat. 1. Du hast mich (spricht er) erhöbet/vnd herauß gerissen/ extraxisti & subuexisti me, wie man einen/ der ertrincken solle/auß dem Wasser zeuhet/vnd errettet. 2. Du hast nicht zugelassen/ das meine Feind jren willen schafften. Es were wol jres hertzen frewd vnd wonne gewesen/das ich in meinem vnglück vergangen were/gestorben vnd vmbkommen. Aber du HERR hast mich wider jren willen erhalten. Sie sind darüber zuboden gangen/ als Saul/ Doeg/ Ahitophel/ Absolon. Ich bin blieben/ vnd wider zu meinem Reych/Ehr/vnd Herrligkeyt kommen/dazu wider frölich worden. 3. Du bist auch mein rechter Artzt vnd Nothelffer gewesen/ Hast mich wider gesund gemacht/ vnd mir die krefft des Gemüts vnd Leybs widerumb geben/ vnd gesterccket. 4. Du hast mir meine Seele mit deinem Wort vnd Trost widerumb erquickt/ vnd lebendig gemacht

Die lernen wir abermals/ wie wir vns in allem vnglück halten sollen/ wenn wir verfolget werden/arm/ kranck vnd elend sind/oder sonst Geystliche anfechtung haben/das wir zum HERRN schreyen/ vnd rath vnd hülff bey jm von ersten suchen.

Dieweyl auch Dauid stettigs in seinen trübsalen ein Figur vnd Bild des HERrn Christi gewesen/ so haben die Gelehrten disen Psalm auch von dem HErrn Christo/vnd von seinem Leyden/schreyen vnd ruffen zu GOtt seinem Vater/verstanden. Aber was in der person des HErrn Christi in solchen Psalmen gesagt wirt/das haben alle Gleubige auch von sich zuuerstehen. Volget das ander Theyl:

Jhr Heyligen lobsinget dem HERRN/ dancket vnd preyset seine Heyligkeyt.

DJe redet Dauid alle Gleubige an/oder die gantze Kirche des HErrn Christi/vnd wil/das sie mit jm GOtt loben sollen. Denn er wolt ja gern/vnd wünschet von hertzen/das alle Welt/ ja alle Creaturn/solt wissen/ wie grosse wolthat jm Gott erzeyget hat/ vnd wie ein frommer/freundlicher/vnd trewer Gott er sey/ allen/ die in fürchten/vnd jm vertrawen/ vnd das sie alle köndten mit jm Gott loben/preysen/vnd jm dancken. Denn das ist des rechten Glaubens art/ er kan nit ruhen/sondern muß GOtt preysen/vnd andere darzu vermanen. Bonum est communicatiuum sui.

Dierauß sehen wir auch/das es Christlich vnd fein ist/wo die leut/ so auß grosser gefahr/kranckheyt/geschwlichen reysen/vnd dergleichen kommen/vnd

L e ij   erlöset

Kurtze außlegung des

erlöset sind / Gott dem HERRN in öffentlicher Gemein vnd Kirchen dancken lassen / vnd sich erzeygen als die / so erkennen / das Gott geholffen habe. Es ist auch kein zweyffel / es gefellt Gott von hertzen vnd auß dermassen wol. Vndanckbare aber werden ir vnglück wol vberkommen.

Die Heyligkeyt des HERRN preysen ist nichts anders / denn predigen / das Gott nicht sey ein Gott der falschen Heuchler / wie sie sich doch rhümen / sondern Er ist heylig / vnd hat die rechten Heyligen lieb / wie im 18. Psalm stehet: Bey den Heyligen bistu heylig / vnd bey den Frommen bistu from / ꝛc. Celebrate memoriam Sanctitatis eius, Vergesset ja seiner Heyligkeyt vnd Wolthatten nimmermehr / vnd danckt jm stetigs darfür.

Sein Zorn weret ein augenblick / vnd Er hat lust zum leben. Den abendt lang weret das weinen / aber des morgens die frewde.

DEr dritte theyl ist ein hertzliche schöne lehr / 1. Das Gott nicht mit den Gleubigen zürne / wenn sie gleich im Creutz vnd elend stecken. Je je mehr creutz / je grösser gnad. Je weniger creutz / je hefftiger zorn. 2. Das Gott / ob er gleich zürnet / noch dennoch sein Veterlich hertz behelt / so man sich nur zu jm bekeret / Wie Er im Esaia auch sagt / Cap: 54. Ich habe mein angesicht im augenblick des Zorns ein wenig für dir verborgen / vnd hab dich ein klein augenblick verlassen. Aber mit grosser barmhertzigkeyt wil ich dich samlen / vnd mit ewiger Gnad will ich mich dein erbarmen / spricht der HERR dein Erlöser / Iehoua Iesus tuus. Ach Gott wer das könne recht glewben / der würde je trost in allem leyden volauff befinden / vnd sich des creutzes gar nichts beschweren. Es ist ja nur vmb einen kleinen augenblick zuthun / darnach sol grosse Barmhertzigkeyt vnd ewige gnad volgen. Wie auch Christus sagt: Uber ein kleines werdet ir mich sehen / vnd vber ein kleines werdet ir mich nit sehen. Item Petrus / 1. Pet: 5. Gott wirt euch / die jr ein kleine zeyt leydet / vollbereyten / stercken / kressftigen / gründen. Vnd Paulus / 2. Cor: 4. sagt / das vnser trübsal / so zeytlich vnd leycht ist / vnd nur ein augenblick weret / schaffet eine ewige vnd vber alle maß wichtige herrligkeyt. Aber es wil sich diser kleine vnd geringe augenblick nit glewben noch fassen lassen / sintemal wir noch fleischliche augen haben / vnd bedanckt vns dieser augenblick vnendlich / werden vngedultig / vnd wöllen verzagen. Sonst / wenn wir geistliche augen hetten / solte es kein not mit vns haben. Geistliche augen aber sind / die sich allein an das Wort halten / vnd demselben glewben / vn̅ nit an das leiblich oder eusserlich sich binden lassen. Was zeitlich ist / das heyst alles ein augenblick. Denn was ist das zeytlich gegen dem ewigen? Der arme mensch / so 39. jar bey dem Teich Siloah gelegen / dem ist sein creutz vnd kranckheyt nach dem fleyschlichen augen ein ewiges gewest / er hat sein kein ende sehen noch erwarten können. Also wenn die Tyrannen wölten / vnd vil Jar mit jrer verfolgung zubringen / ist Gott langmütig / vnd wir dencken / es sey gar lang. Aber / dieweil es zeytlich ist / muß mans nit rechnen nach dem fleysch vnd eusserlichem schein / sondern nach dem Wort / welches vns auff ewige gnad vnd barmhertzigkeit vertröstet / also / das alles anders leyden sol ein augenblick / vnd mehr nit / gewesen sein. Vnd was wöllen wir vil sagen / ist doch vnser gantzes leben nur ein schlechter augenblick für Gott / wenn es gleich lang weret. Ach HErr Jesu Christe / gibe das ich solchs nit allein lehre vnd schreybe / sondern / dieweyl ich stetigs armselig / schwach / kranck vnd zaghafft bin / mir recht einbilde / glewbe / vnd mich darauff gentzlich vnd hertzlich

verlasse.

Dreyssigsten Psalm Dauids.

verlasse. Erhöre mich O HErr Christe/lieber GOtt vnd Bruder/mein Gott/ vnd mein HErr.

Zum dritten/ ist hie ein treffliche lehre/das GOtt nicht will oder begert/ das jemand verloren werde. Er wil das alle Menschen selig werden/spricht Paulus. Er wil nicht das der Sünder sterbe/sondern das er sich bekere/vnd lebe. Es ist GOttes hertzen lust vnnd frewd/das Er das Menschliche Geschlecht/so durch Adams fall/vnd durch ir eygene Sünde/in Tod/vnd allen jamer vnd hertzleyd gefallen ist/sol wider darauß helffen/vnd es zu recht bringen. Er hat vns darumb erschaffen/erlöset/vnd heylig gemacht/das wir leben sollen. Denn Er hat lust zum leben. Die Erde ist vol der Güte des HERRN/ Psalm: 33.

Diesen trost sollen wir behalten wider alle anfechtung/sonderlich wider die geferliche speculation von der particularitet vnnd heimliche praedestination oder erwelung/dauon oben im 16. Psalm gehandelt ist worden. GOtt hat in summa lust zum leben/vnd verordnet keinen menschen zum tod/sondern wil/ das sich alle Menschen bekeren/vnd leben. Wer aber verloren wirt/vnd one Glauben lebet/stirbet/vnd vergehet/da ist die schuld nicht GOTtes/sondern des/der also durch sein eygen schuld vergehet/dieweil er dem heyligen Geist widerstrebet/vnd jm nicht wil raum geben. Die schuld ist des menschen. Die straff kompt von GOtt.

Zum vierdten/ist noch ein lehr allhie/das nemlich stetigs vil Creutz bey den Frommen ist/doch also/das jmmerdar ein wechsel gehalten wirdt/jetzt klagen vnd weinen/jetzt frewd vnd jubilirn. Denn Gott stehet stetigs bey jnen/tröstet vnd errettet sie. Den abendt ist weinen. Morgens ist frewd. Es scheynet im anfang alles Creutz schwer sein/aber den Gottseligen wirt es leycht. Wie geschrieben steht/Ebre: 12. Alle züchtigung/wenn sie da ist/dünckt sie vns mit frewd/sondern trawrigkeyt sein/Aber darnach wirdt sie geben eine friedsame frucht der Gerechtigkeyt/denen/die dadurch geübet sind.

Der abend oder die nacht bedeutet elend vnd creutz/trübsal vnd anfechtung/wenn der mensch zweyffelt/vnd zag ist/vnd gedenckt/GOtt zürne mit jm/wirt trawrig vnd vnmuts. Der Morgen aber bedeutet den Glauben vnd Trost/vnd rechtes vertrawen auff die Gnade GOTtes/so Er vns inn seinem Son bewiesen hat.

Ich aber sprach/da mirs wolgieng: Ich werde nimmermehr darnider ligen.

DEr vierdte Theyl dises Psalms zeyget an/wie die Heyligen/sonderlich die im Glauben noch schwach sind/pflegen gesinnet zu sein/wenn sie ein mal auß einer grossen gefahr vnd anfechtung errettet worden sind/das sie als denn meinen/sie habens nun alles erstritten/vnd ir Glaub sey so groß vnd krefftig/ das sie hinfort leychtlich alle anfechtung vberwinden wöllen/werden keck/ vnd rhümen/Gott hat vns erlöset/vnd wirt vns auch hinfort erlösen/Ist Gott für vns/wer mag wider vns sein? Wer wil vns scheyden von der liebe GOttes? Kein trübsal noch angst/kein verfolgung noch hunger/noch schligkeyt/ noch schwerdt/ꝛc. Aber wenn sich GOtt ein wenig entziehet/vnd verbirget sein Antlitz/vnd lesst sie allein mit dem Teufel/Sünd/Tod/oder schweren gedancken ringen vnd kempffen/da erfaren sie als denn/wie schwach sie sind in irem grossen Glauben/das sie nichts können noch vermögen one Gottes hülfe/wie Christus sagt: One mich könnet ir nichts thun. Da gehet es denn an

Kurtze außlegung des

ein klagen vnd schreyen: O HERR hilff/ sie sind mir zu mechtig/ es ist auß mit mir/wo du nicht bey mir stehest.

Durch dein wolgefallen hastu meinen Berg starck gemacht.) Das ist/ Es ist dein gnediger will gewesen/das ich keck wurde/ vnd gedrechte/ es hette nun kein not mehr mit mir/ich wolte mich wol wehren können wider alles vn glück/vnd ich wonete auff einem vesten Berg/ da mich der Teufel/Tod/vnd Sünd wol müsten zu friden lassen/ Aber solchs alles hastu darumb gethan/ das ich doch erfaren möchte/was mein thum were/wenn ich dich nicht hette. Derhalben/da du dich ein wenig stellest/ als werestu nicht bey mir gegenwertig/ erschrack ich/ vnd sihe/ es ware alles mit mir auß. Da rüffte vnd schrey ich: HERR hilff/O HERR laß mich von deinem Wort nit weichen/vnd nicht laß mich faul werden im Gebett/ laß mich nit sterben in verzweyflung/ wie Cain vnd Saul. Mein tod vnd verdammnuß ist doch nicht nütze/vnd dienet nit zu deiner Ehre. Ach HERR GOtt/ es ist auch nit vmb mich allein zu thun/ es betrifft deine Göttliche Ehre vnd Namen/ das derjelbige nicht von meinen Feinden geschmehet noch gelestert werde.

Auff solche weiß hat er im sechsten Psalm auch geschrien: Im Tode gedenckt man dein nit/vnd in der Helle danckt man dir nicht. Item/ Die todten werden dich/HERR mit loben. Item/ Christus selbs im 16. Psalm betet also: Du wirst meine Seel nit in der Helle lassen/rc.

Mit solchem Gebett bricht er GOtt das hertz/erweycht vnd gewinnet jn also/das er seinen Zorn gar fallen lesst/wie auch Mose geschah/Exodi am 32. Denn es gefellt doch Gott nichts bessers/ denn wenn man jme sein Wort vnd Verheyssung fürhelt/vnd vestiglich darauff trawet/vnd spricht/wie Dauid: 1. HERR erhöre mein Gebett. 2. Sey mein gnediger vnd freundlicher GOtt/ wie du hast zugesagt. 3. Hilffe mir/vnd errette mich.

Du hast mir meine klage verwandelt in ein Reyen. Du hast meinen Sack auffgezogen/ vnd mich mit frewden gegürtet.

DAs letzte Theyl dieses Psalms zeyget an/ wie vnd warumb GOtt geholffen habe/ nemlich / das er desto mehr GOtt ehren vnd preysen solle / Wie GOtt selber befilhet: Rüffe mich an in der not/so wil ich dich erretten/ vnd du solt mich preysen.

Reyen bedeutet frölligkeyt vnd gesundheyt. Sack ist ein trawrig/elend kleyd/ wie in der Historien Jone zusehen. Seine Ehre nennet er seinen Mund vnd Zunge/ seinen Psalter vnd Seytenspiel / damit man GOtt ehret/ vnd lobet/ Wie im 16. Psalm auch stehet: Mein hertz frewet sich/vnd meine Ehre ist frölich. Das wort (in ewigkeyt) zeyget an die vnsterbligkeyt/ vnd das ewige leben der Gleubigen/ dieweyl sie GOtt den HERRN in ewigkeyt loben sollen/vnd jm mit lust vnd frewd für
alle Wolthatten dancken. Jhm sey lob/
ehr/ vnd danck/ von nun an
biß in ewigkeyt/
Amen.

Außlegung

Ein vnd dreyssigsten Psalm Dauids. CLXVI
Auszlegung des Ein vnd dreyſ-
sigsten Psalm Dauids.

Aß diſer Psalm von dem HERren Christo sol
verstanden werden/ welcher inn seinem zagen vnd leyden also
gedancket/gebetet/vnd sich selbs getröstet hat/bezeuget Christus selbs Luce am 23.da Er die wort füret vor seinem sterben:
Inn deine Hende befelhe ich meinen Geyst. Es ist aber in gemein ein Danckpsalm/darinn mit dem HERrn Christo alle
Gleubige vnd Heylige dancken/das sie von GOtt auß aller not so gnediglich
erlöset werden/die sie stetigs jr lebenlang jnnwendig mit trawrigkeyt/schrecken/
zagen vnd zweyffel/vnd auswendig mit neydt/haß/verfolgung/lesterung vnd
verachtung vmb des Worts GOttes willen geplaget sind/das es ja also ist/
wie Paulus saget/das die rechten/waren Christen die armseligsten/elendesten
leut sind/so vnter der Sonnen leben/ꝛc.

HERR/ auff dich trawe ich/ laß mich nimmermehr zuschanden werden. Errette mich durch dein Gerechtigkeyt.

Das ist die Propositio: Ich hoffe auff GOtt/ vnd Er sol mein Schutz
sein. GOttes Güte vnd Gerechtigkeyt muß mir helffen/ sonst kan mir durch
kein menschlich mittel/gewalt/kunst/heyligkeyt/ noch gute werck geholffen
werden.
Dieher gehöret die lehre von rechtem vertrawen auff GOtt/ darvon
oben im 18.Psalm gehandelt ist. Item/ von guten wercken/das vns dieselbigen nicht gerecht noch selig machen/sondern das wir müssen allein durch die
Gnad GOttes/ vns in dem HERrn Christo erzeyget/gerecht vnd selig werden. Darumb stehet hie: Durch dein Gerechtigkeyt. Vnd dauon ist oben im
16.Psalm gesaget/ vnd sol hernach inn dem nachfolgenden Psalm widerholet werden.
Neyge deine Ohren zu mir.) Das ist/ Erhöre mich/ vnd sey mir gnedig.
Sey mir ein starcker Fels/ petra munitionis vel munita, darauff man sich wider
die feind vnd jren anlauff verlassen darff. Item/ Sey mir eine Burg/domus re-
fugij & venationum, das ich bin fliehen/ vnd sicher bleyben könne/ wenn sie mich
gleich hin vnd wider jagen/wie ein armes Wild. Vnd solchs thue du HERR
GOtt vmb deines Namens willen/ nicht vmb meinet willen allein/sondern
das du allein gelobet vnd gepreyset werdest/vnd die Ehre dein sey/vnd bleybe.
Leyte mich/ duc me molliter & suauiter, ich bin doch ein armes Scheflein/ vnd
one dein leyten vnd füren ist es auß mit mir. Du must ja sanfft mit mir vmbge-
hen/ ich bin doch nur fleysch vnd blut/vnd ein elender Madensack. Es mag
leycht ein Creutz sein/ so ists mit mir geschehen. Vnd wenn ich gleich geden-
cke/ ich sey sehr starck/ bald kompt ein einiger schlechter gedanck/ der wirfft
mich gar dahin/das ich nicht weiß wo ich daheim bin. Darumb muß ich allein von dir erhalten vnd geführet werden. Du must mich auch auß dem Netze/
das mir meine Feinde gestellet haben/ ziehen. Sie sind mir sonst zu groß vnd
mechtig.

L e iiij Inn

Kurtze außlegung des

Inn deine Hende befelhe ich meinen Geist/Du hast mich erlöset HERR/du trewer Gott.

Das ist nun das vertrawen auff Gott / vnd der rechte lebendige trost:
Es gehe mir wie es wölle/ vnd sind der Feinde souil/ als ihr immermehr sein
können/ so fürchte ich mich doch nicht/ ob ich gleich wandert im finstern thal/
Psalm: 23. vnd mir gleich Leyb vnd Seel verschmachtet. Denn ich befelhe
mich dir mit Leyb vnd mit Seel. Ich wil wol bleyben vnter deinem Schirm
vnd Schatten/ Psalm: 91.

Dise wort hat der HErr/ vnser Heyland vnd Seligmacher Christus Je-
sus/ geführet am stamm des Creutzes/ Luce 23. Vnd sind gewißlich diese wort
gantz sehnlich/ vnd voll schmertzens/ vnd auch voll frewde. Ich halte auch/
das dise wort (Mein Seel ist betrübt biß in den tod/ Item/ Mein Gott/ mein
Gott/ wie hastu mich verlassen/ Item/ Vater/ ists müglich/ nimme disen Kelch
von mir / Vnd/ Jnn deine Hende befelhe ich meinen Geyst/ rc.) sind die aller
hefftigsten/ kleglichsten/ sehnlichsten/ vnd schrecklichstem wort/ die der Son
GOttes vnsert halb jemals hat können außreden/ dardurch die Last vnserer
Sünden/ vnd sein schweres Leyden anzuzeygen. Wir bekennen auch/ das wir
allhie gantz vnd gar verstummen müssen/ vnd mit vnserm gedancken solche
wort nicht erreichen können/ will geschweygen/ nur ein wenig zuerkleren.
Denn es hat ja der Son GOttes nicht seinet halben / der er one Sünde/ vnd
dem Tod nicht vnterworffen gewesit/ solche wort außgeredet/ sondern meinet
halben/ dieweyl Er für mich gelitten hat/ vnd den Tod/ auff das ich das Leben behielte/ gefület/ vnd außgestanden. Da ist nun jammer vnd not/ trawren
vnd zagen gewesen/ das der ewige Son GOttes solle seinen Vater als seinen
Feind ansehen/ der allen seinen Zorn auff seinen Son hat außgeschüttet/ von
wegen der Sünden des gantzen Menschlichen Geschlechts/ welche der Son
GOttes auff sich genommen. Vnd dieses ist der rechte schreckliche Todt-
kampff des HERrn Christi gewesen/ darinn er gerungen hat mit dem Tod/
nicht anders/ als müste er von dem Zorn GOttes/ von der Sünde/ von dem
fluch des Gesetzes/ von den Teufeln/ von dem Tobe/ von der Welt/ vnd von
allen Pforten der Hellen vberwunden/ zu boden gestossen/ vnd gantz vnd gar
außgetilgt werden. Aber dieweil er warer Gott ist/ vnd darumb Mensch wor-
den/ das er durch seinen Gehorsam/ Leyden/ Tod/ vnd Aufferstehung die werck
des Teufels zerstöre/ vnnd der Schlangen den kopff zutrette / vnd also das
Menschliche Geschlecht vom Tod vnd ewiger verdamnuß erlösete/ so muß er
nicht vntergedruckt werden/ sondern den Sieg vnd Triumph wider den Tod/
Hell/ Welt vnd Teufel mechtig behalten. Zu disem Sieg aber ist allhie gleichsam der erste zutritt beschrieben/ das der Son GOttes an der Huld vnd Gnad
seines ewigen Himlischen Vaters nicht zweyffelt/ sondern setzt sein gantzes
vertrawen auff Jn/ Vnd da er am Creutz von wegen der Sünden/ so Er auff
sich geladen/ ja/ die der Vater/ wie Esaias sagt/ auff jn nu hauffen geworffen
hette/ solte seinen Geyst auffgeben/ befilhet Er seinen Geyst in die hende GOttes seines Vaters/ vnd verscheydet.

Dierauß haben wir vil schöner lehr zufassen: 1. Das vnser seele vnsterblich
sey. 2. Das die Seelen der Gleubigen sind in der Hand Gottes/ der vns erlöset
hat/ wie Christus selbs zum Schecher am Creutz saget: Heut wirstu mit mir
im Paradeyß sein. 3. Das ein jeder sterbender mensch sol gewiß sein/ das Christus jhn mit seinem Tod vom ewigen Tod erlöset habe. 4. Das aller zweyffel
sol nun hingeleget sein/ vnnd allein das vertrawen auff die gnugthuung des

HERrn

Ein vnd dreyssigsten Psalm Dauids. CLXVII

HErrn Christi gelten solle/der vns allein mit seinem Leyden erlöset hat. Dem sollen wir allein vertrawen/ an jn gleuben/ vnd vns seines Gehorsams trösten. Vnsere werck thuns nicht. Allein der Glaub an Christum bestehet/wie geschriben ist: Der Gerecht lebet seines Glaubens. 5. Das der Glaub sich gründet auff die blosse barmhertzigkeyt Gottes/die er vns durch seinen Son erzeyget/ vnd in seinem Wort verkündiget hat. Darumb stehet hie: Du trewer GOtt/ das ist/der du warhafftig bist/vnd heltest alle deine Verheyssung/ vnd willst/ das die Sünder sich zu dir bekeren/ rath/trost/vnd hülff bey dir allein suchen/ finden/vnd behalten/vnd in dir leben/vnd selig werden. 6. Das Christus waerer GOtt sey/ stehet allhie ausdrucklich. Denn Er hat vns erlöset/ vnd ist der rechte trewe GOtt/fidelis & verax.

Solche lehre ist ober die massen schön/ vnd trostreich / wie alle fromme Christen bezeugen müssen. Wir haben auch biß an vnser letztes stündlein an disen worten zu lernen: Inn deine hende befelhe ich meinen Geist.

Der Bapst Johannes/ Anno 1332. hat öffentlich zu Rom vnd Paris dise Ketzerey lassen schreyben/ vnd predigen/ das die Seelen der verstorbenen Gott den HERRN nicht sehen vor dem Jüngsten tag. Vnd hat solches auß den visionibus Tantali genommen/vnd bestettiget. Aber das solches eytel lügen sind/zeygen vns dise wort/mit welchen die Gottseligen jren Geyst vnd Seel in die Hende Gottes befelhen.Vnd lasse jm ja kein Gleubiger mensch disen Trost nemen/das er gewiß weiß/das so bald er seinen Geyst auffgibet/sein seel komme zur rechten ewigen Herrligkeyt vnd frewd bey GOtt / bey allen Engeln vnd Heyligen. Denn ob gleich der Leyb noch nicht aufferstanden ist/ sondern verfaulen vnd verwesen muß/ so lang am Jüngsten tag die seel wider mit dem leybe vereyniget wirt/jedoch so lebet die seel in Gott/ vnd ist schon in der rechten frewd/in der Schoß Abrahe/ oder in der Hand GOttes/ da nichts denn ewiges leben vnd seligkeyt ist/vnd am Jüngsten Gericht wirdt die Seel auch jren vorigen leyb/darinn sie zuuor gewohnet/bolen/ vnd zu solcher jrer frewd bringen. Darumb/ dieweyl solchs die Gleubigen wissen/ vnd verstehen (obs gleich die Welt wenig achtet/) so befelhen sie jren Geyst in die hende GOttes/ vnd faren also mit fried vnd frewd/wie Simeon singet/zu Gott/Wie Stephanus auch sagt: HErr Jesu/ich befelhe dir meinen Geist.

So lassen wir nun faren alle Schwermerey/ vnd Epicurische Weltliche gedancken / der Gelehrten / vnd der Vngelehrten. Denn es ist vns nicht zu thun an vergeblichem geschwetz/ disputiren/ vernunfft der menschen / vnd dergleichen Thorheyt/sondern wir haben das Wort der Göttlichen/ ewigen/ Allmechtigen Maiestet/ daran hangen wir / darbey bleyben wir / es sage menschliche kunst/witz/verstandt/vnd Philosophey/oder Epicurische phantasey was sie wölle. Himel vnd Erden vergehn. Das Wort GOttes aber bleybet ewiglich.

Lieber GOtt/ wie trostreych müssen diese wort sein am letzten stündlein: HERR Gott/meinen Geyst/mein armes Seelichen/befelhe ich in deine hende. Nimb es auff zu dir. Du hast mich erlöst / du trewer vnd warhafftiger Gott/mit deinem thewren/werden Blut/auff das ich dein eygen sey/ O HErr Jesu Christe.

Solche wort sind der rechte safft/vnd trost/ja ein starcke eyserne Mawer/ wider alle anfechtunge / wie alle Heyligen erfaren haben/Stephannus/Policarpus/Lutherus/Philippus/so dise wort an jrem Todsstündlein gefüret haben. Der Papisten gedicht von den Patronen/ guten wercken/ Messen/ist eytel affenspiel/ vnd weniger als nichts. Der Heyligen anrüffung / Sancte Petre

ora

Kurtze außlegung des

ora pro nobis, thuts nicht. Das allein gibt dem hertzen ein lebendige erquickung wenn wir sagen: Du hast mich erlöset du trewer Gott: Jn deine hende befelhe ich meinen Geist. GOtt verleyhe vns seine gnad, das wir bey disen worten vest bleyben, vnd damit vnser vergenglichs leben seliglich beschliessen. Jch HErr Jesu Christe, von allem vbel vns erlöß, es sind die zeit vnd tage böß, Erlöß vns vom ewigen Tod, vnd tröst vns in der letzten not, Brscher vns auch ein seligs end, nimb vnser Seel in deine Hend, Amen, Amen.

Jch hasse / die da halten auff lose lehre. Jch hoffe aber auff den HERRN.

DAs ist aber ein vrsach, warumb er saget, er wölle nimmermehr zuschanden werden: Denn ich trawe auff dich / vnd bleybe bey deinem Wort: Jch hasse lose lehre, vnd lasse sie nicht auff kommen.
Lose lehre ist alles, was in Glaubens sachen ausserhalb vnd one das Wort Gottes wirt fürgenommen / wie oben im 24. Psalm auch ist angezeygt, als / menschensatzungen, dauon Esaias vnd Christus melden: Sie ehren mich vergeblich durch menschen gebot. Vnd Paulus zun Galatern: Jr merckt die tage vnd Jare / vnd ich fürchte, ich habe vergebens bey euch gearbeytet. Jtem / Christus im Luca / da in die Phariseer fragten, wenn das Reich Gottes kommen würde, antwortet er: Das Reich GOttes kommet nicht mit menschen satzungen oder sonderlicher menschlicher obseruation, ꝛc.
Darumb ist hie eine nötige lehre, darauß alle Christen können lernen, das Gott ein angenemer dienst ist / so man falscher lehre feindt ist / vnd sich keinem Jrrthumb anhengig machet. Es solle auch keiner zu schanden werden / der sich von rechter Lehre nit lesst dringen, weder durch gunst, kunst, gewalt, noch durch den tod. Die andern aber sollen zuschanden werden, vnd vergehn / wie man an allen Ketzern, Sacramentirern, Widerteuffern, vnd andern erferet, vnd noch erfaren wirt zu seiner zeyt. Lasst vns nur auff den HERRN hoffen, vnd nit meineydig noch abtrünnig werden.
Die falschen Lehrer halten vil auff jre gedancken vnd tradition. Es muß alles köstlich ding sein. Bereden vnd tryben auch dahin, wie sie können. Aber wenn mans beim liecht besihet, so ists lose lehre, one nutz, trost vnd frucht / wie man im Bapsthumb gesehen, vnd heutigs tags mit den Sacramentirern erferet. Da lasst sich nur niemand verfüren, es sey der schein so gut, als er sein kan / sondern, wil er nit zuschanden werden, so hoffe er auff GOtt, vnd bleybe bey seinem Wort, schlecht vnd recht / vnd lasse die andern mit jrer kunst machen, vnd sich so hoch versteygen, biß sie fallen müssen.

Jch frewe mich / vnd bin frölich vber deiner Güte / daß du mein elend ansihest / vnd erkennest meine Seele inn der not.

DAs ist der ander Theyl. Zuuor haben wir gehabt ein Gebett / das jn Gott nicht wölle lassen zuschanden werden, dieweyl er auff Gott trawet, vnd bey seinem Wort bleybet. Nun volgt eine Dancksagung, das Gott jn erhöret vnd erlöset habe. Denn das sol stetigs nach einander volgen, das Gebett, Erhörung, vnd Dancksagung / wie Paulus zun Römern am 5. sagt: Trübsal, gedult, erfarung, gebett, vnd hoffnung, fried des Gewissens, frewd im heyligen Geyst, vnd dancksagung.

Die

Ein vnd dreyssigsten Psalm Dauids. CLXVIII

Die rechte Dancksagung aber ist für die Güte vnd Barmhertzigkeyt Gottes/ der vnser elend ansihet/ sich vnser erbarmet/ vnd vns zu gnaden annimet/ erhöret vnser Gebett/ nimmet vnser Seele in seine hende/ das vns der Tod vnd Teufel nichts mehr können anhaben/ Ja er kennet vnser Seel/ vnd hat vns in seine Hand geschrieben/ vnd stellet vnsere füsse auff weyten raum/ Das ist/ Er reysset vns auß dem Rachen des Teufels vnd der Hellen/ vnd gibet vns seinen Segen/ ja sein Reych/ sein Himel vnd Paradeys.

Auff solche Dancksagung volgt wider das Gebett: HERR erbarme dich mein/ denn mir ist angst. Jnn disem Gebet klaget Christus/ vnd alle Heyligen mit/ vber die innerlichen Geystlichen trawrigkeyt/ schrecken vnd schmertzen/ Erstlich/ des Gemüts/ oder des Gewissens/ die weyl es füllet die Last der Sünden/ vnd den Zorn Gottes/ vnd gedencket/ als müsse er verworffen vnd verdampt sein. Darnach klaget er vber das eusserliche/ leybliche leyden/ das er in seinem schrecken/ angst vnd not/ alle seine kreffte verlieret/ vnd schwach vnd elend ist. Denn Trawrigkeyt/ spricht Salomon/ verzeret das marck inn beinen/ vnd macht schwache leut/ verursacht mancherley schwere Kranckheyt/ Fieber/ die Darre/ eckel für allem essen/ vnbewung/ vnd andere grosse Kranckbeyten/ darinn man dem Tod schwerlich entfliehen kan/ Wie die trawrigen/ angefochten leut/ vnd engstige Gewissen wol erfaren/ vnd ich auch für mein person nicht wolte/ denn das ichs zum theyl auch ein wenig erfaren hette. GOtt sey lob.

Meine krafft ist verfallen für meiner missethat.) Allhie haben sich etliche Scribenten zermartert/ wie es doch komme/ die weyl Christus on Sünde ist/ das er die klagt/ seine Missethat habe jm alle seine Leibskreffte/ sterck vnd mut genommen? Darumb habens etliche also verdolmetschet: Meine Krafft ist verfallen für meinem Grimm vnd Zorn/ wider die Gotlosen. Der Griechische Text hat: Für meiner Armut/ in paupertate. Aber es ist nit von nöten/ das man vil darob zancke/ Denn Christus redet von vnser Sünde/ als were sie sein eygene Sünde/ Wie Esaias auch sagt: Der HERR hat auff jn geleget alle vnsere Sünd vnd Missethat. Jtem/ Er ist das Lamb GOttes/ das da treegt der Welt Sünde. Vnd Paulus spricht: GOtt hat den/ der von keiner Sünde wuste/ für vns zur Sünde gemacht. Bey disem einfeltigen vnd warhafftigen bericht lassen wirs bleyben.

Es geht mir so vbel/ das ich bin ein grosse Schmach worden meinen Nachbarn/ vnd eine schew meinen Verwanten. Die mich sehen auff der gassen/ fliehen für mir.

DAs ist auch ein jemerliche Klag/ das ein Frommer muß von seinen Feinden verhönet werden/ wie Christus von den Juden vnd Kriegsleuten/ die Jn schlugen/ vnd sprachen: Weissage/ wer hat dich geschlagen? Jtem/ zogen jm purpur an/ vnd setzten jm auff ein dorne Kron/ vnd sagten: Gegrüsset seystu der Juden König/ 2c. Es muß auch ein Frommer offtmals ein schmach werden seinen nachbarn vnd verwanten/ das sie sich an jm ergern/ jn verlassen/ vnd fliehen/ wie die jünger Christi für dem HERrn Christo flohen/ sich an jm ergerten/ vnd jn verliessen. Vnd zur zeyt der verfolgung die Kinder offtmals jre Eltern/ vnd Blutsfreunde aneinander verleugnen/ vnd fliehen. Denn es ist solche perfidia vnd ontrew hewer nicht new. Es ist dem HERren Christo widerfaren. Wir/ wenn es vns von Freunden vnd Feinden widerferet/ vnd wir auch verspottet/ angeklaget/ gehasset/ verfolget/ verlassen/ vnnd getödtet werden/
sollens

Kurtze außlegung des

sollens auch gedultig tragen/ vnd dem fußstapffen des HERren Christi volgen/ wie Petrus vns vermanet/ 1. Petri 2. Christus hat für vns gelitten/ vnd vns ein fürbilde gelassen/ das jhr solt nachfolgen seinen fußstapffen/ welcher keine Sünde gethan hat/ist auch kein betrug in seinem munde erfunden/Welcher nit wider schalt/da er gescholten ward/Nicht drowet/da er leyde/Er stellets aber dem heim/der da recht richtet.

Ober das klaget Christus ferner/das sein also vergessen sey im hertzen/als were Er gantz vnd gar todt/vnd köndte nicht mehr aufferstehen/noch leben. Denn eines todten menschens vergisset man bald / als were er nie gewesen. So waren die Jünger Christi nicht der hoffnung/das jr HERR Christus solte den dritten tag widerumb aufferstehen. Es vermeinten auch die tollen Juden/ sie hetten nun Christum hinunter gebracht/ das Er nicht mehr würde herfür kommen. Dises thut dem HErrn Christo wehe/darumb klaget er so sehnlich darwider. Vnd zwar wir jetzt zu vnser zeyt mögen vns wol fürschen/das vnser HErr vnd Heyland Jesus Christus dise wort nicht auch von vns klagen vnd sagen könne: Sie haben mein vergessen im hertzen/wie eines todten. Wir stellen vns/vnd sein leben leyder in Kirchen/Schulen/vnd sonst/als were GOtt tod/ vnd als were es vnnötig/ das wir an jn gedencken/vnd auff sein Ehr achtung hetten. GOtt erbarm sich des kleinen einfeltigen Heufleins/vnd bekere die hertzen derer/die zubekeren sind.

Ich bin worden wie ein zerbrochen Gefeß.) Oben im 22. Psalm hat Er auch also geredt: Meine Krefft sind vertrucknet wie ein Scherbe / vnd meine Zunge klebet an meinem Gaumen. Denn im Leyden/vnd grosser schwerer Trawrigkeyt vertrocken die krefft / vnd wirt alles matt vnd schwach. Es hat aber Christus one zweiffel mit disen worten/ein zerbrochen Gefeß/seine Wunden an Henden vnnd Füssen/ vnd seine Seytten/die mit dem Speer gröffnet vnd durchstochen warde/ vnd darauß/als auß einem zerbrochenen Gefeß/ Blut vnd Wasser geflossen ist/anzeygen wöllen.

Im Hebreischen lautets: Vas auferendum, Ein Gefeß/das man sol hinweg werffen/ vnd nichts mehr nütze ist. So hat auch die heylige Schrifft disem brauch/das sie offt den gantzen menschen nennet ein Gefeß/als Paulus ist ein außerwelt Gefeß vnd Werckzeug. Daher sagen wir/ vas misericordiæ, ein Gefeß der barmhertzigkeit Gottes/das ist/ein gleubiger/gerechter/ vñ seliger mensch. Item/ vas iræ, ein Gefeß des Zorns Gottes/ nemlich ein vngleubiger/ vnbußfertiger/ vngerechter/ vnd verdampter mensch. Ein solch Gefeß verstehet nun allhie Christus/ auff welchem die Last vnd Bürde der sünden vnd des Zorns GOttes mit hauffen ligt/der ein Fluch vnd Schuldopffer für vns worden ist. Ich bin worden/spricht er/wie ein Gefeß des Zorns/ das verworffen vnd verdampt muß sein/als sey alle Gnad vnd Veterliche huld hinweg rc.

Diese grosse Klag vnd wort sollen wir ja mit rechtem ernst betrachten/ vnd darauß erkennen den vnflat vnserer natur/ vnd vnsere Sünde/ vnd das bittere Leyden Christi für vnsere Sünde/ vnd jhm für seine lieb vnd wolthat von hertzen dancken.

Vil schelten mich vbel.) Als die Phariseer / Schrifftgelehrten / Juden vnd Heyden/ spotten mein/ vnd schlagen/martern/ vnd tödten mich. Aber ich hoffe auff dich. Das ist jetzt der Trost: Meine Feind gehen vbel mit mir vmb: Ich aber trawe auff GOtt. Meine Freund verlassen mich. Ich aber sage:Du bist mein GOtt. Sie rath schlagen miteinander/wie sie mich tödten: Ich aber bin des gewiß/das meine zeyt stehet in GOttes henden. Also redet nun Christus von seinem Leyden gar tröstlich/ Wie er auch sagt: Du hettest keinen gewalt

Ein vnd dreyssigsten Psalm Dauids.

walt oder macht vber mich/wo sie dir nicht von oben herab gegeben were/Er hat Gott seinen Vater zum schutz/darauff verlesst er sich.

Was aber in der person des HERren Christi gesagt wirt/das sollen alle Gleubige zu sich zihen. Im leyden vnd creutz ist vns allen angst vnd bange/das wir offt gedencken/wir werden auch von Gott verlassen/vnd sind Gesesse des Zorns. Feind vnd Freund sind wider vns. Es ist nirgendt kein hülff. Hoc opus, hic labor est. Da heyst denn: Sey getrost vnd vnuerzagt/vnd harre des HERRN. Hoffe auff Gott/vnd sprich: Du bist mein GOtt/Meine zeyt stehet in deinen henden. An disem Trost ists alles gelegen. Wol dem/der sich darauff verlesst.

Meine zeyt stehet in deinen henden.

Diese wort gehören zu den frommen/gleubigen Christen/von welchen Christus sagt/das jnen kein har vom kopff fallen solle/on den willen Gottes. Vnd gehören solche wort nit zu den sichern/roblosen leuten/so offt das gespött auß solchen trostreichen worten haben/oder/wenn jnen etwas widerwertigs zu Hauß vnd Hof komset/die schuld Gott dem HERRN turstiglich zuschreiben/vnd doch in jtem sündhafftigem leben verharren. Sondern dise wort sind ein rechter trost der frommen vnd engstigen Gewissen/welche wissen sollen/das sie sind vnter dem schutz Gottes/vnd so jnen ein creutz begegnet/gewiß sein sollen/das Gott sie nicht verlasse/noch jrer vergesse/ob sie gleich mitten im Tode sind/ja alle jre har hat er gezelet/vnd sie in seine hand geschrieben/wie im Psalm stehet. Darumb sollen sich die Gottseligen nit fürchten für den Tyrannen/so allein den leib/aber nicht die seel tödten können/sondern auff den HERRN sollen sie hoffen/vnd jnen den trost nit nemen lassen/das sie sagen können: Du bist mein GOtt. Mein HErr/vnd mein GOtt/du hast mich erlöset du trewer GOtt. Tyrannen vnd Ketzer/vnd alle vnsere Feind müssen vergehen. Nemen sie vns den leyb/Gut/ehr/kind/vnd weyb/laß faren dahin/sie habens kein gewin/das Reich muß vns doch bleyben.

Allhie disputirn etliche auß disen worten (Meine zeit stehet in deinen henden) ob der menschen leben/jar/tag vnd zeit/so lang/biß sie von hinnen scheyden/von Gott geordnet vnd also bestifft sey/das man darüber nit leben könne/noch ehe sterben/es sey denn die zeyt volendet. Daher sind die gemeine reden: Sein tod ist jm also verordnet gewesen: Sein stündlein ist kommen: Sein zeit ist nun fürhanden: Er hat also müssen sterben: Ein jeder hat seine zeit/rc. Solche meinung bestetigen sie auß disen worten: Meine zeit steht in deinen henden. Item/Job 14. Der mensch vom Weybe geborn lebet kurtze zeyt/vnd ist voll vnruhe/Gehet auff wie ein Blum/vnd fellet ab/fleugt wie ein schatten/vnd bleybet nicht. Er hat seine bestimpte zeyt/die zal seiner Monden stehet bey dir. Du hast jm ein zil gesetzt/das wirt er nicht vbergehen.

Auff dise frag/welche sehr gemein ist/vnd den meisten theil von sichern/vnbußfertigen leuten getrieben wirt/ist dise warhafftige vnd gerade antwort: Man sol nit nach Stoischer weiß von solchen dingen vrteylen vnd reden. Denn die Stoici sagen/es müsse alles geschehen auff einerley weiß/wie es geschicht/vnd könne nicht anders geschehen/es sey sünd oder straff/tugendt oder vntugendt. Solche rede ist nicht war/vnd ist Gotloß vnd lesterlich/wie zur andern zeyt an seinem ort darvon gehandelt wirt. Darnach/so sol man nach der Regel des klaren vnd außdrücklichen Worts GOttes reden/vnd darauß das vrtheyl nemen/was von solchen vnd dergleichen Fragen zu halten sey. Das

Kurtze außlegung des

Wort Gottes aber weyset vns zur fürsehung Gottes/welche gegründet ist auff die Göttlichen Verheyssung vnd Drowungs. Darumb sollen wir nicht nach vnsern gedancken auß freuelem mut etwas von dieser Frag schliessen/ sondern nach den Verheyssungen vnd Drowungen Gottes sollen wir vns richten/ vnd von dem Wort nicht weichen. Die Verheyssunge aber sind dise vnd dergleichen: So du deine Eltern ehrest/so solstu lang leben. Item Prouerb: 9. So du Gottes Wort vnd Weißheyt lieb hast/so sollen durch mich deiner tage vil werden/ vnd werden dir der Jar deines lebens mehr worden. Item/Gerechtigkeyt errettet vom Tode. Die forcht des HERREN mehret die tage/aber die Jar der Gotlosen werden verkürtzt. Solche Verheyssunge sol man behalten/vnd die Exempel darzu thun/ als da sind: Da Gott zornig war vber sein Volck/vnd vber Aaron vnd wolte es vertilgen/ Aber doch/die weil Moses für das Volck vnd für Aaron bate/schonet Gott nach seiner Verheyssung derer/so sich bekerten/Deutero: 9. Den Niniuitern ward bestimpt die zeyt/ das sie solten innerhalb vierzig tagen gestrafft vnd vertilgt werden/ Aber da sie sich zu Gott bekereten/ rewete in des vbels/das Er geredt hatte/ jnen zuthun/vnd thette es nicht. Dauid versönet Gott den HERRN mit rechter Buß/vnd richtet ein Altar auff/vnd opfferte Brandopffer vnd Danck opffer. Vnd Gott ward versönet/ das die plag der Pestilentz von dem Volck auffhöret/ 2. Samuel: 24. Also gieng es mit dem König Hißkia/ Esaie am 38. Er solte sterben/ Aber er bate Gott vmb erlengerung seines lebens. Vnd Gott erhöret jhn in Gebett/vnd leget jm zu noch fünfzehen Jar. Solche Exempel sol man wol betrachten/ vnd nicht eygene gesehrliche gedancken fassen/ die vns vnd andern schedlich/ vnd zur Ehre Gottes/ vnd zu vnserm Trost nichts nütz sind.

Die drowunge stehen auch hin vnd wider/ als/ da Gott drowet seinem Volck/ so es vngehorsam ist/ so sol es von dem Land außgespeyet werden/vnd vmb jrer Laster halben sterben/Leuit: 20. Vnd 1. Samuel: 2. spricht Gott zu dem Priester Eli: Jch wil entzwey brechen den arm deines Vaters Hauß/das kein alter sey inn deinem Hauß/noch inn deines Vaters Hause ewiglich/ Alle menge deines Hauses sollen sterben/wenn sie Menner worden sind/Das ist/ sie sollen nicht lang leben/ sondern zeytlich sterben/wenn sie noch wol alters halben lenger leben könten. Denn solchs ist Gottes straff vnd heimsuchung/ *morti immatura morte, adhuc vigente ætatis flore.* Item/ Prouerb: 30. Ein auge/das den Vater verspottet/vnd verachtet der Mutter zugehorchen/ das müssen die Raben am bach außhacken/vnd die jungen Adler fressen. Leui: 20. Wer seinem vater oder seiner muter flucht/der sol des todes sterben/2c. Psal: 55. Die blutgirigen vnd falschen werden jr leben nit zur helffte bringen. Auff dise drowunge gehörn die exempel/als mit Her/Gen: 38. den Gott getödtet hat/dieweil er bös war für dem HERRN. Item/ Onan/welcher sündigt wider Gott/vnd getödtet ward. Achan wirt gesteinigt auß befelh Gottes. Vnd also werden die Vbelthetter hingericht nach jrem verdienst/auß jrer eigen schuld/als Mörder/ Ehbrecher/dieb/rauber/wucherer. Mancher verkürtzt jm selbs das leben mit vbigem fressen vnd volsauffen. Mancher wirt in seiner füllerey/vnd in andern sünen sünden erstochen vnd vmbgebracht. Solchen vnd dergleichen ist jr tod nit also von Gott verordnet oder geschaffen / sonst müste Gott auch der Sünden vrsacher vnd helffer sein/vnd dieselbige also schicken/ Sondern sie sterben vnd vergehn durch/ jr eigen sünde/auß gerechter verhengnuß/oder auß rechtem zorn Gottes/ *iusto Dei iudicio, & malo pœnæ.* Vnd solle keines wegs in Christlicher Gemein diese rede gestattet werden/ das/ so einer vmb seiner Missethat willen/

Ein vnd dreyssigsten Psalm Dauids.

ten/vmb Ehbruch/Mord/Hurerey/oder anderer Laster wegen gestrafft/erwürget/vnd erstochen wirt/oder offt in seiner füllerey vom Schlag vnd schwerer Kranckheyt getroffen vnd nidergeworffen wirt/jm sein tod solte also auffgesetzt/von Gott verordnet/vnd zugeschickt sein. Es ist wol GOttes verhengnuß vnd straff. Aber der mensch bringt sich selbs in die straff/durch seine sünde vnd vnbußfertige leben.

Sovil sey kürtzlich von dieser gemeinen Frag gehandelt / Darauß die frommen Gottseligen Christen lernen/wie sie alle jre wege/vnd jren Geyst in die Hende Gottes stetigs befelhen sollen/ Vnd wissen/das GOtt sey jr leben/ vnd die lenge jrer tage/ Vnd auch beten/das Gott jre seel nicht mit den Gottlosen hinweg raffe/wie oben im 26. Psalm gehöret. Die Gotlosen aber sollen hierauß lernen/das sie jres lebens helffte nicht erreichen/sondern offt vnuersehens gestrafft werden/vnd in jren sünden schröcklich dahin in die Gruben faren müssen. Da behüte vns für Allmechtiger/barmhertziger GOtt/vnd gibe vns gnad/das wir vns zu dir bekeren/vnd in dir leben vnd sterben/vt sortes nostræ, vita, tempora, & fata sint in manu tua, Amen.

Errette mich/ von der hand meiner Feinde/ vnd von denen/ die mich verfolgen.

DAs ist aber ein Gebett/1. Das jn Gott wölle von den Gotlosen erlösen/ die jn verspotten vnd martern. 2. Das jn GOtt wölle ja erhalten/vnd sich sein erbarmen/bey jhm stehen/vnd jm helffen/ nicht auß recht/sondern auß gnad. Denn Gnad gehet für Recht. Darumb spricht er: Vmb deiner Güte willen tröste vnd erfrewe mich. 3. Das GOtt jn nicht wöll lassen zu schanden werden. Vnd thut die vrsach darzu : Denn (spricht er) ich rüffe dich an. Vnd ist das gar ein schön Enthymema, Ich rüffe den HERRN an. Darumb laß mich nicht zu schanden werden. Warumb? Denn es ist Gottes Verheyssung/das/ wer jn in der not anrüffet/der sol erhöret werden. Item: Werden Namen des HERREN anrüffet/der sol selig werden. Solche Verheyssung solle man Gott dem HERRN fürstellen/wie Dauid sagt/ Psalm: 27. Mein hertz helt dir für dein Wort: Jr solt mein Antlitz suchen/rc. Zum vierdten bittet er/das Gott die Gotlosen straffen wölle/ vt cur silescant in inferno, id est, descendant silentes in infernum, Das sie GOtt stürtzen vnd verderben wölle/ vnd jrer nimmer mehr gedacht werde/ Vnd/so sie sich nicht bekeren/ das Er sie bald inn abgrund der Hellen werffen wölle. Denn der Gottloß thut doch nichts guts biß in die Hell hinein. Sie reden wider den Gerechten steyff/stoltz/vnd hönisch. Loquuntur vetustatem, von jrem alten herkommen/von jrem patribus vnd iratribus, Ceremonien/Klöstern/Conciliis/Synagogen. Vnd bleyben stets auff jrer alten geygen/wie die Papisten/mit grossem stoltz vnd hon. Verachten GOTtes Wort vnd ware Lehr. Liegen vnd triegen mit hertzen vnd mit mund. Das heyst ja ein rechte deutliche beschreybung der Gottlosen/ zumal zu vnser zeyt/ wie sie sich gegen den Frommen erzeygen vnd halten/ steyff/stoltz/ vnd hönisch/duriter, superbe, & contumeliose.

Aber hierauff gehört nun der Trost/dauon Dauid predigt/vnd spricht : Wie groß ist deine Güte/ die du verborgen hast denen/ die dich fürchten. Das ist/ob gleich die Frommen vil creutz vnd elend leyden müssen/ vnd von den Gotlosen verspottet/geneydet/vnd verfolgt werden/ so ist doch solchs ein schlecht ding gegen der grossen güte vnd barmhertzigkeyt Gottes zurechnen. Also redet auch Paulus: Das leyden diser zeit ist nit wirdig der herrligkeyt/die gegen

F f ij vns

Kurtze außlegung des

vns sol offenbart werden. Es ist aber die gröste güte vnd lieb GOttes gegen vns/das er seinen ewigen eingebornen Son für vns hat gegeben. Vnd das ist die rechte güte/die Gott verborgen hat/die recht heimliche weißheyt/vnd das geheimnuß/ dauon der 25. Psalm redet/ secretum Domini, vnd dauon der Son Gottes selbs predigt/vnd spricht: Jch preyse dich Vater vnd HERR Himels vnd der erden/ das du solchs den weisen vnd verstendigen verborgen hast/vnd hast es den vnmündigen offenbart/Matth:11. Die Vnmündigen aber sind alle Gleubige/ welche als arme Scheflein jres Hirten stim hören/ vnd derselbigen volgen/ vnd fürchten Gott/ trawen auff jn/ bekennen seine Warheyt on schew für den leuten/ wie hie steht/ öffentlich vnd mänlich. Denn Glaub vnd bekentnuß hangen aneinander/ wie Paulus sagt: Mit dem Hertzen gleuben wir zur gerechtigkeit/ vn mit dem mund bekenen wir zur seligkeit. Vñ Christus spricht: wer mich bekent für den menschen/ den wil ich auch bekennen für meinem himlischen vater. Item/welchs kein aug gesehen/kein ohr gehört/noch in eines menschen hertz komen ist/das hat Got bereitet vnd vorbehalten denen/die jn lieben.

Solchs ist ein herrlicher trost allen Gottseligen menschen/ 1. GOtt gibt jnen zuerkennen seine heimliche Weißheyt/ dauon kein Creatur noch vernunfft etwas von natur wissen kan/ nemlich/ die Lehr des Euangelij/ von der Erlösung des Menschlichen geschlechts/ rc. 2. GOtt beschützet sie wider alle Tyrannen/ vnd sonst wider alles vnglück/ Wie Paulus Rom: 5. auch sagt: Wir werden durch Christum behalten für dem zorn. 3. Gott gibt jnen ewige Schetze vnd Güter/ ewiges leben/ vnd ewige seligkeit. Das ist alles verborgen ding für der Welt. Darumb spricht der 4. Psalm: Erkenne doch/ das der HERR seine Heyligen wunderlich füret.

Es ist auch vber die massen schön/ das allhie steht: Abscondes eos in absconsione vultus tui ab elationibus viri, siue tyranni, siue cuiuscunq;, Du verbirgest sie in der verborgenheyt deines Angesichts/ für jedermans trotz vnd hochmut. Denn allhie haben etliche fromme Lehrer den HERrn Christum verstanden/ welcher mit zweyen namen genennet wirt/ nemlich abiconsio vel secretum, die Verborgenheyt oder das Geheimnuß/ vnd tabernaculum vel propiciatorium, die Hütte oder der Gnadenstul. Als im 2. Buch Mosi am 33.steht also/ das Gott wil sein Angesicht vor Mose lassen hergehen/ damit Er jn wölle leiten vnd vergewissen/das er vnd das Volck für den augen Gottes habe gnad gefunden/ vnd werde von GOtt auch mit namen erkennet. Solches Angesicht oder Antlitz Gottes ist der ewige Son GOttes/ der Glantz/ das Ebenbild/ vnd das Wort seines Vaters/dabey vnd dadurch man Gott kennen muß/ vnd sonst nicht anderst kennen kan/ Wie GOtt selber sagt zu Mose: Mein Angesicht kanstu nit sehen. Denn kein mensch wirt leben/ der mich sihet. Das ist/ Ausserhalb Christo kan niemand Gott erkennen/ er muß sterben vnd vergehn im ewigen Tod. Christus ist die eröffnung des verborgnen Antlitz GOttes / lumen de lumine. Durch seinen Son leßt GOtt leuchten sein Antlitz ober vns. Sonst können wir zu Gott nit kommen. Darnach ist Christus die Hütte/ Lade/ vnd der Gnadenstul/ wie Paulus Rom: 3. spricht: GOtt hat Christum fürgestellet zu einem Gnadenstul/durch den Glauben/ in seinem Blut. Solchs haben andere weytleufftig erkleret. Aber wir lassens bey diser kurtzen allegoria jetzt bleyben/ Darauß wir den Trost fassen können/ das Christus ist vnser Hütten/ Gnadenstul/ Liecht vnd Leben/ vnd das Wort/ dadurch vns der wille Gottes eröffnet wirt/ der sonst allen Creaturen verborgen ist/ Wie derhalben Christum Epiphanius nennet/Interpretem consiliorum Dei Patris, ein Verdolmetscher des heimlichen raths Gottes Vaters.

Gelobet

Ein vnd dreyssigsten Psalm Dauids. CLXXI

Gelobet sey der HERR / daß Er hat ein wunderliche güte mit beweyset / in einer vesten Stadt.

VNnd dancket er Gott für die gnedige erhörung seines Gebets. Die wunderliche güte aber ist nichts anders / denn das er im 4 Psalm gesagt hat: Der HERR füret seine Heylige wunderlich / nemlich / durch das Creutz vnd wider herdurch / vnd erlöset sie mechtig / wenn alle menschen hülff auß ist / das kein menschliche vernunfft begreyffen kan / ja / das wider alle menschliche vernunfft vnd verstand ist / wie die Jünger Christi nicht verstanden / das Christus muste leyden / vnd also zu seiner Herrligkeyt eingehn. Darumb straffet sie der Herr / vnd nennet sie Narren vnd Vngleubige.

Veste Stadt heyst die Gemein vnd Kirch Gottes / das Hauß des HERREN / davon oben im 27. Psalm gesagt. Wer darinnen wonet / bleybet wol sicher vnd frey in Gott. Es ist das rechte Himlische vnd Geystliche Jerusalem / vnd hat schutz vnd schirm von GOtt / wie Esaias 26. singet: Wir haben eine veste Stadt / Mawren vnd Wehre sind Heyl. Verlasset euch auff den HERREN ewiglich. Denn Gott der HERR ist ein Fels ewiglich.

Ich sprach in meinem zagen: Ich bin von deinen augen verstossen. Dennoch hörestu meines flehens stimm / da ich zu dir schrey.

WEnn es den Frommen wol geht / so sprechen sie: Ich werde nimmermehr darnider ligen / Psalm: 30. Gebets vbel / so sprechen sie: Ich bin von deinen augen verstossen. Vnd das ist die letzte vnd schwereste klag / das die Heyligen in jrem zagen / wenn sie von GOtt werden im Creutz angegriffen / geben cken / sie sind von GOtt verlassen / oder gar verworffen / vnd sind des Teufels / GOtt wölle sie nicht annemen. Aber dennoch verzweyffeln sie nicht / sondern schreyen stetigs zu GOtt / vnd werden endtlich erhöret / wie die Exempel der Heyligen außweysen.

Darumb beschleusst Christus mit der vermanung / das man Gott lieben vnd loben solle. Diligite Dominum omnes beneficiati eius. Dancket dem HERREN / denn er ist ja freundtlich / vnd er behütet die an jn gleuben / vnd jm vertrawen. Er straffet auch die Stoltzen vnd Hochmütigen. Seyt getrost vnd vnverzagt / alle die jr des HERRN harret. Harret des HERRN / Psal: 27. er wirt euch nit lassen / jr solts sehen vnd erfaren. Harret nur des HERRN / obs gleich dem fleysch vnd blut zu lang scheynet. Si cui vis tuto fidere, fide Deo. GOtt dem HERRN sey lob vnd danck für disen schönen Psalm / vnd gebe / das sich die Christen sein annemen / vnd jn wol studiren vnd betrachten / zur Ehr GOttes / vnd zu jres lebens besserung / trost / vnd seligkeyt /
Amen.

Kurtze außlegung des

Außlegung des Zwey vnd dreyſſigſten Pſalm Dauids.

Dauid nennet diſen Pſalm Eruditionem, ein Vnterweyſung/ vnd die gröſte kunſt die ein Menſch wiſſen vnd haben kan. Denn er lehret mit ſeiner eygnen erfarung/ was die rechte Seligkeyt vnd Gerechtigkeyt ſey/ vnd wie dieſelbige Gerechtigkeyt/ fried des Gewiſſens gegen Gott/ frewd vnd troſt des hertzens in GOtt/ werde zuwegen gebracht/ Nicht durch vnſern freyen willen/ gute werck/ oder verdienſt/ ſondern allein auß Gnad vnd lauter Barmhertzigkeyt GOttes / das vns von wegen des Sons GOttes vnſere Sünde nicht werden zugerechnet/ ſondern auß Gnaden vmb des HERren Chriſti Jeſu willen vergeben/ vnd das wir allein durch das Blut Chriſti gereyniget vnd erlöſet werden von allem ewigem Jamer

Das iſt nun das erſte Theyl dieſes Pſalms / darinn wir lernen/ was vnſer Gerechtigkeyt ſey/ nemlich/ nichts anders/ denn vergebung vnſerer Sünden/ oder/ wie er hie ſagt/ Sünde nit zurechnen/ Sünde bedecken/ Sünde nit ſehen wöllen.

Das iſt auch die gröſte kunſt vnd eruditio der Chriſten / das ſie wiſſen/ wie ſie jrer Sünden ſollen ledig vnd loß werden. Die werck thuns nit. Weſentliche Gerechtigkeyt Gottes verdampt vns. Wir vermögens nit zu endern. Allein darauff ſtehts: Der Glaub ſiht Jeſum Chriſtum an/ der hat gnug für vns all gethan/ Er iſt der Mitler worden. Das iſt der rechten Chriſten kunſt/ die nit vergeht. Das ander iſt alles weniger als nichts dargegen zurechnen. Wol dem/ der diſe kunſt hat.

Der ander Theil des Pſalmis iſt ein Gebett zu Gott/ das er vns wölle tröſten/ auffrichten/ vnd wider den ſchrecken des Todes vnd der Hellen behüten/ damit wir Gott in warer vnd ewiger ſeligkeyt preyſen mögen.

Das dritte Theyl iſt ein ſtraff der Gottloſen / vnd ein vermanung/ das ſie jre ſünde erkennen lernen/ vnd ſich zu Gott bekeren. Am ende tröſtet er widerumb dfe Frommen/ vnd vermanet ſie/ das ſie Gott für die gnedige vergebung jrer Sünden dancken/ vnd in jm frölich vnd guter ding ſein ſollen.

Darumb iſt diſer ein außbündiger/ ſchöner Lehrpſalm/ darinn die höchſte lehre vnd kunſt der Chriſten ſtehet. Denn wenn man gleich ſonſt alles weyß/ was im Himel vnd Erden vergenglichs iſt/ ſo iſt es doch nicht der rede werdt/ wenn man das nicht weiß/ dieweyl wir alle Sünder ſind/ vnd vnter dem Zorn Gottes in ewiger verdamnuß ſtecken müſten/ wie wir von diſem jamer erlöſet werden/ vnd für Gott gerecht ſein mögen.

Geſetzlehr iſt wol fein/ vnd Gottes Wort. Aber darzu hilffts nit/ wie wir ſollen für GOtt gerecht werden. Alſo auch die Philoſophia vnd Weltkunſt iſt wol fein/ vnd luſtig/ Aber wenn es zum Sündenkampff kompt/ da iſts nicht werdt/ das mans mit namen nennen ſolle. Vernunfft weiß nit ar es ſünde iſt/ teil geſchweigen/ das ſie wiſſen ſolte/ wie man derſelbigen ſol loß werden. Daher kompts/ das mancher ſouil wege vnd weiß ſuchet/ durch ſeine eygne werck für die ſünde gnug zuthun/ das er ſelbs nit weiß/ welchen weg er behalten ſolle. Aer hie ſtehets/ das auch alle Heyligen Sünder ſind/ vnd nit anders heylig
noch

Zwey vnd dreyssigsten Psalm Dauids.

noch selig werden/ denn wenn sie sich für GOtt Sünder erkennen vnd bekennen/ vnd wissen/ das sie one jre vnd anderer leut verdienst vnd werck/ vnd one des Gesetzes werck/ allein auß Gnaden/ vmb des HERrn Christi willen/ gerecht vnd selig werden/ wenn nemlich Gott die sünde nit ansehen noch rechen wil/ sonder vergisset/ vergibet/ vnd bedeckt die sünde mit dem Rock vnd Mantel der Gerechtigkeit seines Sons/ Wie Esaias singt/ Cap: 61. Ich frewe mich im HERRN, vnd meine Seele ist frölich in meinem GOtt/ denn er hat mich angezogen mit Kleydern des Heyls/ vnd mit dem Rock der Gerechtigkeyt gekleydet. Soull sey vom Innhalt dises Psalms gesagt.

Vor zeyten hat man disen Psalm genant einen Bußpsalm/ Psalmum poenitentialem. Denn man hat siben Bußpsalmen gezelet/ als den sechsten/ HERR sey mir gnedig: Diesen zwey vnd dreyssigsten/ HERR straffe mich nit in deinem zorn: Den 51. GOtt sey mir gnedig nach deiner güte: Den 102. HERR höre mein gebett: Den 130. Auß der tieffen rüffe ich HERR zu dir: Vnd den 143. Psalm/ HERR erhöre mein gebett. Dise sieben Bußpsalmen hat auch der heylig Augustinus offtmals mit weynenden hertzen vnd augen gelesen/ vnd vor seinem ende jm an die wand/ die gegen seinem Siechbette vber gestanden/ lassen schreyben/ darinn er sich in seiner Kranckheyt geübet/ vnd getröstet hat. Im Bapstumb haben die jenigen/ so zu der Beycht/ vnd zu dem Sacrament gehn wöllen/ welchs im Jar nur einmal geschehen/ solche Psalm gelesen/ jr hertz damit zur Busse zuerwecken. Vnd welche man hat sollen/ als Vbeltheter/ richten/ denen sind dise Psalmen auch fürgelesen worden/ Wie auch zu vnser zeyt/ dises 62. jars/ zu Rom/ der Cardinal Caraffa/ ehe er sich darein geben/ das er auß befelh des Bapsts hat sollen plötzlich strangulirt vnd erwürget werden/ diese Bußpsalmen zuuor sol gelesen haben/ vnd darnach sich dem Henger ergeben. Dieweyl aber ein Christ alle stund vnd tag Busse thun solle/ sollen wir/ souil es möglich/ dise Psalmen teglich betrachten/ vnd vmb vergebung der Sünden bitten. Wolan/ wir wöllen den Psalm kürtzlich für vns nemen.

Wol dem/ dem die vbertrettung vergeben sind/ Dem die sünde bedeckt ist.

WIr sind alle Sünder/ vnd von natur Kinder des Zorns/ wie oben im 14. Psalm ist erkleret worden. Aber wol dem/ dem seine sünde vergeben sind/ auß gnaden/ vmb des HERrn Christi willen/ one die werck des Gesetzes. Deß das ist vnser Gerechtigkeyt: Gleuben an Christum/ welcher ist das Lamb GOttes/ der der Welt Sünde tregt/ vnd auff welchen der HERR alle vnsere sünde geworffen hat/ vnd hat jn zur Sünde vnd Schuldopffer gemacht/ das wir durch Jn/ in Jm/ vnd vmb seinet willen für GOtt gerecht/ vnd ewig selig werden. Denn Christus tregt vnsere Sünde/ wie hie im Text steht: Beatus, cuius transgressio portatur, Wol dem/ des Missethat getragen wirt/ das er dauon los vnd ledig geht/ vnd hat aller seiner Sünden vergebung vmb des HERrn Christi willen/ on zuthun der werck/ Rom: 4.

So ist nun das erste: WIr sind alle Sünder von natur. Vnd werden allhie von stunden die gefehrlichen gedancken vnd einrede widerleget/ die die Menschen gemeinlich pflegen fürzubringen/ Als da sind: 1. In excessu, Ich bin vil ein grösser Sünder/ denn die lieben Heyligen gewesen/ Adam/ Abraham/ Moses/ Maria/ Petrus/ Paulus/ vnd dergleichen. Were ich so fromb/ als sie gewesen sind/ so wolte ich mich auch aller gnaden zu GOtt versehen.

Kurtze außlegung des

2. In defectu, Jch bin ja nicht ein gar grober Sünder/ein Mörder/Ehebrecher/ oder Wucherer/vnd/wie der Phariseer saget/ich bin nicht wie jhener Zölner.

Solchen Einreden will der Prophet hie wehren. Denn was die erstern engstigen Gewissen belanget/sol man wissen/das allein die gerecht vnd selig sind/welchen die Sünde vergeben werden. Vnd haben alle Menschen Sünde/vnd sind für GOtt vngerecht. Es hat keiner kein vortheyl für dem andern/ weder Heylige/noch arme Sünder. GOtt kan sie vmb jrer sündhafften Natur willen alle verdammen/wenn Er seinem gerechten Zorn vnd gestrengem Gericht nachsetzen wil. Allein daran ligts/wer vergebung der Sünden hat auß Gnaden/one vnser eygen frömbkeyt vnd verdienst/oder/wie Paulus redet/on der werck zuthun/der ist gerecht/angenem/heylig/fromm/vnd selig/ vmb Jhesu Christi willen/der für vnser Sünde hat genug gethan. Darumb singen wir: Es ist das Heyl vns kommen her/auß Gnad vnd lauter Güten/ Die Werck die helffen nimmerhr/sie mögen nicht behüten/Der Glaub sihet Jesum Christum an/der hat gnug für vns all gethan/Er ist der Mitler worden/rc. Vnd also fellet nun hinweg alle Werckheyligkeyt/vnd Menschenverdienst. Denn wenn man von der waren Gerechtigkeyt des Glaubens/vnd von vnser Seligkeyt recht reden vnd handeln wil/so muß man auch die wort (gute werck)gantz vnd gar faren lassen/vnd auß den augen stellen. Denn vnser Gerechtigkeyt vnd Seligkeyt ruhet/stehet/vnd ist gegründet allein auff der vergebung vnserer Sünden/auß Gnaden/vmb des Verdiensts Jhesu Christi willen/one zuthun der werck. Wie Paulus solchs weitleufftig/rund vnd deutlich erkleret.

Was aber die andern/als Heuchler vnd Gleyßner/anbelangt/sol man wissen/ob gleich ein Christ kein grober Sünder ist/vnd sich/so er anders ein rechten Glauben hat/durch hülff des heyligen Geystes in einem Christlichen wandel stettigs halten vnd üben solle/so bleyben doch in jhm die heimlichen/ gar schröckliche vnd verborgene Sünde/dauon Dauid oben gesagt: Wer kan mercken/wie offt er feylet? Derzeyhe mir die verborgene feyle/als da sind: Zweyffel vnd mißtrawen an GOttes Güte/Gott vnd den Nechsten nit recht lieben/vngedult im creutz/Zorn/Neyd/rc. Dahin kans nun ein Christ in diesem leben/so lang er den alten Adam am hals tregt/nimmermehr bringen/ das er solcher vnd dergleichen gar loß würde. Darumb klagen die rechten Heyligen stettigs vber sich selbs/vnd vber jr eygen fleysch vnd blut/vnd haben ein stetigen/immerwerenden kampff mit sich/beweinen jre vnart/rhümen sich nichts/wie die Gleyßner thun/ja/können sich auch nit verlassen auff jrgendt ein werck/das sie thun/sondern leben vnd gemießen der einigen Gnad vnd Barmhertzigkeyt GOttes/die er vns in seinem Son beweyset/Vnd wissen nichts anders zu reden/noch sich zu trösten/denn allein des: Also hat GOtt die Welt geliebet/rc. Kommet zu Mir alle/die jr mühselig vnd beladen seyt: Das Blut Jhesu Christi reyniget vns von allen Sünden: Die Gnad ist vberschwencklich grösser/denn die Sünde: Souil jhr glewben/denen hat GOtt macht geben/Gottes Kinder zu sein/rc.

Die Gleyßner sehen jren jamer nit. Sichere/kohloße leut/ob sie gleich die Sünde nit leugnen können/noch geben sie dahin/sencken weder an Sünde/ noch an Gottes Gericht/vnd bessern sich nichts. Dise kommen nimmermehr zur vergebung der sünden/so lang sie also bleyben. Die rechten Heyligen aber haben auch Sünde/vnd können sich/jrer natur nach/anders nicht/denn wie Sünder rhümen/aber sie sehen vnd beweinen jren jamer/lassens jnen leyd sein/

begeren

Zwey vnd dreyssigsten Psalm Dauids.

begern gnad/vnd demütigen sich mit zerschlagenem hertzen/ Das ist/ sie begeren/das Gott ire sünde mit dem Rock vnd Mantel der Gerechtigkeyt seines Sons wölle zudecken/vnd das vbertretten auß gnaden vergeben.

So ist nu diser erste Vers/ja der gantze Psalm/zugleich tröstlich vnd auch schrecklich. Tröstlich ist er für die fromen/engstigen gewissen/so ire sünd fülen/vnd fürchten sich für dem Zorn Gottes/vnd sehnen sich nach vergebung der sünden/vnd/wie Christus sagt/sie hungert vnd dürstet nach der Gerechtigkeit/vnd werden auch gerecht vnd from auß gnaden Gottes/durch den Glauben an den Son Gottes. Schrecklich aber ist diser Psalm den sichern/falschen Christen/vnd Gleysnern/so entweder durch ir eygene werck wöllen gerecht vnd selig werden/oder aber gehn in aller sicherheyt dahin/one erkendtnuß irer Sünden/vnd leben in sünden one schew. Solche haben keine vergebung irer Sünde/sie bekeren sich denn/vnd thun rechte Buß.

Was aber die rechte Buß sey/müssen wir kürtzlich anzeygen. Es gehören drey stück zu Christlicher Busse: 1. Contritio. 2. Fides. 3. Fructus fidei. Rewe vnd leyd von wegen der Sünde. Der Glaub an Christum. Vnd ein Christlicher wandel/oder frücht des Glaubens/besserung des lebens/oder/wie mans nennet/newer Gehorsam. Vnd diese drey Stück haben die Teutschen in iren Spruchworten/damit die Kinder zu vnterweysen/Als da sind: Wol gebeicht/ ist halb gebüsset: Wer auff Gnad dienet/dem wirt mit Barmhertzigkeyt gelohnet: Nimmer thun/ist die beste Buß. Item:

    Ein Hertz von Rew vnd leyd gekrencket/
    Mit Christi Blut vnd Geyst besprengt/
    Voll Glauben/Lieb/gutem fürsatz/
    Ist Gott der angenembste Schatz.

Von disen stücken sol hernach in andern Psalmen weytleuffiger gehandelt werden. Volget ferner:

Wol dem Menschen/ dem der HERR die Missethat nicht zurechnet/Jnn des Geist kein falsch ist.

Dauid wil in summa vns lehren/Erstlich/wie wir alle Sünder sind/vnd derwegen einen vngnedigen Gott haben/ vnd können nit gerecht/from/noch selig werden/denn durch vergebung der sünden. Zum andern/ das solche vergebung der Sünden vns von dem HERRN widerfare/ auß Gnaden/durch Christum seinen Son/welchen wir wissen vnd bekennen/ das Er vmb vnser Sünden willen hingeben/ vnd vns zur Gerechtigkeyt wider sey aufferweckt worden. Denn ob wol der Prophet Christum mit außgedruckten worten nit meldet/ so zeyget er doch an/ das allein durch Christum vnser Gerechtigkeyt vnd seligkeyt vns geschenckt werde/da er sagt: Gott wölle gnedig sein/vnd die schuld nit zurechnen/sondern schencken. Solchs geschicht allein durch Christum. Wer den nit hat/der hat keine Gnad/ja keinen Gott/kein trost noch leben/sondern verdamnuß/verzweyflung/vnd ewigen Tod.

Vnd allhie muß man die ware stettige Regel mercken: Alles/ was die Schrifft vns von Gott tröstet/das ruhet allein auff der Verheyssung des Weybsamen/ das ist/ auff vnserm lieben HERRN Christo/ oder der Schlangen solte den kopff zuknirschen/ vnd die werck des Teufels zustören / vnd vns vom ewigen Tod erlösen.

Wir müssen allhie auch der rede gewonen. Es wirdt allhie dreyley Sünden gedacht: Vbertrettung/Sünde/ vnd Missethat. Die Vbertrettung werden

Kurtze außlegung des

den vergeben. Die Sünde werden bedeckt. Die Missethat nicht zugerechnet. Damit wirt angezeygt/das vil/mancherley/vnd grosse Sünde im Menschen sind/vnd die gantze natur durch vnd durch verderbet ist/Wie man im schönen Kleid finget: Durch Adams Fall ist gantz verderbt/Menschlich Natur vnd wesen/Dasselb gifft ist auff vns geerbt/das wir nicht können genesen/rc.

Vbertrettung heyssen allerley Sünde/innerliche vnd eusserliche/angeborne/erbsünde/wircklicheliche/tödtliche/bekandte vnd vnbekandte. Solche sünde werden den bußfertigen vergeben auß gnaden. Denn Christus nimpts auff sich/vnd bezalt dafür.

Sünde ist eygentlich die Erbsünde/dauon der 51. Psalm predigtet: Jnn Sünden bin ich empfangen/vnd geboren. Vnd diese Sünde verdampt vns gleich so wol/als andere Sünde. Denn wir sind in Adam alle mit gefallen/non solùm imitatione & consequentia, sed & carnis & naturæ participatione. Aber Gott wil sein Hand darüber decken/vnd solche vnsere Sünde mit dem Rock der Reynigkeyt seines Sons zudecken. Denn der Son Gottes ist die güldene Tafel/die auff der Laden des Bundes lage/vnd sie bedecket/Das ist/er bedeckte vnsere Sünde/die von dem Gesetz/welchs in der Laden gelegen/angeklaget werden/das Gott der HERR die Sünde nicht sehen wil. Sonst köndte kein Mensch für GOtt bestehen/wie der 130. Psalm sagt: So du wilt/HERR/ Sünde zurechnen/HERR wer wirt bestehen?

Missethat sind alle wircklich/tödtliche Sünde wider das Gewissen/ Gotteslesterung/Hurerey/Vngehorsam/Ebbruch/Mord/Füllerey/Diebstall Wucher/vnd dergleichen. Wer in solchen Sünden lebet/der ist von Gott ins verdamnuß gerichtet. Wer sich aber bekeret/vnd buß thut/dem werden seine Missethat nicht zugerechnet. Doch das solche bekerung one falsch sey/wie hernach wirt angezeygt.

Das wörtlein (zurechnen) ist ein sonderlich gleychnuß/welche Christus Matthei 18. vnd Paulus zun Coloss: am 2. auch braucht. Vnd ist nun das die meinung: Wir sind alle Sünder/nicht allein von Natur/sondern in vnserm gantzen leben mehren wir teglich vnsere Sünde/also/das sie gleich wie ein Schuld in GOttes Register eingezeygnet werden. Solcher Schuld halben müsten wir/wie der Knecht/der seinem Herrn zehentausent pfund/oder sich/ zig Thonnen Goldes schuldig war/in einen ewigen Schuldthurn geworffen werden/vnd darinn verderben/wo nicht GOtt auß lauter Gnaden/vmb seines Sons willen/ein strich durch solche Schuld gemacht hette/vnd vns dauon loß vnd ledig zelet.

Die sihet vnd verstehet abermals jederman/das wir mit vnsern wercken die Sünde nitfiermehr ablegen können/noch dadurch gerecht vnd selig werden/sondern so wir von Sünden wöllen ledig sein/so muß es geschehen/das die Handschrifft/welche vns vnserer Schuld vberzeuget/außgetilgt werde/ Coloss: 2. eben wie ein Kauffman den Schuldzetel zureyssett/vnd kein anforderung mehr thun wil.

Vor zeyten hat man der Jugendt solchen hohen Trost also fürgebildet/ vnd angezeygt: Es soll ein frommer/Gottsfürchtiger Einsidel gewesen sein/ welcher/da er auff ein zeyt in seiner Claussen gewesen/vnd gebetet/vnd ongefehr hinauß gesehen/sihet er fürüber gehen den bösen Feind/mit einem langen Buch vnd Register/das von der Erden vast biß an die Wolcken gereycht. Der Einsidel fraget in/wo er mit dem langen/grossen Register hin wölle? Er antwortet: Er wölle in Himel vnd wölle Gott dem HERRN solchs Buch für die füsse werffen/auff das Er doch sehe/was die leut auff Erden für grosse

Sünde

Zwey vnd dreyssigsten Psalm Dauids. CLXXIIII

Sünde auff jnen haben/ er gleube es doch sonst nit/das die Menschen so böse sind/man weise jms denn ausdrücklich: Es sey ein guter/frommer/einfeltiger Gott/ vnd gedencke/die leut sein vil frömmer/ vnd lasse sich vberreden von der Marien Son. Auff das er nun sehe/ das ist nichts mit den Menschen sey/ vnd das sie billich verdammet werden/ vnd des Teufels eygen vnd ewig sind/ so bringe er alda ein Register/ darinnen er der leut Sünde mit namen ordenlich hab auffgezeychnet/ von tag zu tag/ von stunden zu stunden. Sprichet weyter zu dem Einsidel: Auff das du auch sehest/ das jm also sey/ so wil ich dir deine Sünde auch weisen. Machet das Buch auff/ vnd weiset jm seinen namen/ vnd darunter gezeychnet grosser acht blat voll Sünden. Der Einsidel erschrickt/ vnd doch fasset er jm ein mut/ vnd spricht: Fare hin/ vnd so du eine antwort bekommen hast/ so gehe wider allhie hinüber/ vnd lasse mich hören/ wie es stehet. Ja/ saget der Teufel/ es sol daran nicht mangeln. Er gehet fort/ vnd eylet gen Himel. Innerhalb bedencket sich der fromme Einsidel/ fellet nider auff seine knie/ betet zu Christo/ vnd begeret/ er wölle dem Teufel nicht raum noch stat geben/ das er solte das Verdienst Christi so grewlich verkleinern/ vnd zu nicht machen. Erinnert Jhn seines Leydens vnd Sterbens/ seiner Zusagung vnd Barmhertzigkeyt/ vnd betet tag vnd nacht mit grosser andacht. Inn des kompt der Teufel bald herwider/ nacket vnd bloß/ vnd voll Beulen vnd Geschwüre/ vnd klopffet an der Claussen/ vnd spricht: Dort wie es mir gegangen hat: Jch bin nicht fürkommen/ sondern/ da ich in Himel mit dem Register gewölt habe/ kompt zu mir dein gecreutzigter Christus/ fragt mich/ was ich im Himel zuschicken hette/ ich sey ein verdampter Geyst/ inn Himel aber gehöreten nur die seligen/ es köndte auch niemandt zu Gott dem Vater kommen/ denn allein durch Jn/ ich solte mich trollen/ ich hette nichts im Himel verloren/ das ich suchen dörffte/ Limpt mich darzu/ vnd zutritt mir meinen kopff mit füssen/ vnd nimpt mir mein Register mit gewalt/ vnd sticht mir ein grosses loch durch das gantze Buch/ darnach so richtet er das Buch in die höhe/ vnd lesst es mit fewer verbrennen. So sangen auch seine Engel/ vnd preyseten jn/ das er solchs thet. Ich muste entlauffen/ sie hetten mich sonst auch in das fewer mit dem buch geworffen/ wiewol sie mir vast drowetten/ ich solte jrer endtlichen straff nicht entlauffen. Der Einsidel ist fro/ lachet/ vnd dancket Gott/ vnd lesst den armen Teufel faren. Solches beyspiel haben vor zeyten die München gegeben/ vnd die Hausueter jren Kindern angezeygt. Denn es sey jm wie es wölle/ so scheinet es doch/ das ein frommer Man/ der disen handel wol verstanden/ vnd villeicht vmb seiner Gesellen/ vnd gefahr willen/ nicht klerlich herauß gewölt/ dises Gleichnuß erdacht vnd fürgebracht hat/ damit dem jungen Gesinde/ welches solche zeytung gern höret/ den rechten Trost wider die Sünde/ vnd wider den Teufel einzubewen. Die meinung vnd lehr ist recht vnd war. Die wort lauten/ wie sie können.

Auff das wir aber widerumb zum handel kommen/ möcht einer fragen/ wie man zu solcher Genade vnnd seligen Erlösung kommen könne? Darauff antwortet der Prophet/ vnd spricht: Der HERR thuts. Iehoua rusticia nostra, Der HERR vnser Gerechtigkeyt ist/ Jerem: 33. Da fellt hinweg all vnser vermögen/ freyer will/ gute werck/ vnd menschenverdienst. Es ligt alles an dem/ das der HERR die Sünde nicht zelen/ noch zurechnen wil/ welches GOtt thut vmb seines Sons/ vnsers HERren vnd Heylandes Jhesu Christi willen. Denn so offt man sagt: GOtt machet vns gerecht vnd selig/ muß man stetigs das Verdienst des HERrn Christi ansehen. Denn GOtt ist vns genedig von wegen des Gehorsams vnd der fürbitte seines Sohns / an
welchen

Kurtze außlegung des

welchen wir gleuben/das wir durch jn haben vergebung aller vnserer Sünden. Darumb sprechen wir auch: Allein durch den Glauben werden wir gerecht vnd selig/Nicht durch den Glauben/als durch vnser werck/sondern die weil der Glaub anfihet den HERrn Christum/vnd auff jm berubet/vnd applicirt vnd zueygnet jm selbs das verdienst Christi/vnd tröstet sich/das durch Christum Gott die Sünde vergeben wil. Daher saget auch Petrus/das durch den Glauben die hertzen gereyniget werden/wie oben im 16. Psalm ist erkleret worden.

Vom Glauben redet allhie auch Dauid/da er spricht: Jnn des Geyst kein falsch ist. Denn damit lehret er/wer der sey/dem Gott alle Sünde wil vergeben/zudecken/vnd nicht zurechnen/nemlich/der sich für GOtt mit hertzen schuldig gibt/vnd für ein Sünder bekennet/vnd sich GOttes Barmhertzigkeyt tröstet/das Er die Sünde vmb Christus willen gern will vergeben vnnd erlassen/vnd gleubet also gentzlich/das er in gnaden/vnd ein Kind GOttes sey. Das heyst ein Geist one falsch/das ist/on heucheley vnd gleyßnerey. Denn Gott wil vnd kan den Heuchlern nit gnedig sein/wie Taulerus spricht: Christus hab mit allen Sündern können vberein kommen/allein mit den Phariseern vnd andern Heuchlern hab er allzeyt müssen im kampff ligen.

Geist heysset allhie ware erkendtnuß der Sünden/rew vnd leyd/rechter Glaube an den HERrn Christum/vnd ware bekerung zu GOtt. Vnd wirdt das wort (Geyst) dem fleysch entgegen gesetzt. Denn fleysch heyst alles/was wir von Vater vnd Mutter an vns haben. Das behelt nun sein art/das es mit Gottes willen nit vberein stimmet/vnd jmmerdar mit falsch vnd lügen vmb geht/es sey gleich Freyer will/gute werck/kunst/heyligkeyt/vnd wie mans nennen mag.

Falsch heyst alle Heucheley/sonderlich der stoltzen Geyster/die sich auff jr eygene verdienst vnd gute werck verlassen/wie der Phariseer/Luce am 18. Vnd meinen nicht/das sie so grosse Sünder sein/wie die Schrifft jnen anzeyget/gefallen jnen selbs wol/vnd dencken/sie sind vmb jrer guten werck willen GOtt vil angenemer/denn andere leut/kützeln sich mit jrer eygen frömbkeyt.

Es sind auch Heuchler vnd falsche leut/so jr Gotloß leben mit dem namen des Euangelij/vnd schein des Glaubens schmucken/vnd decken/als die Antinomier/Widerteuffer/vnd andere sichere/falsche Maulchristen/so sich wol rhümen des Glaubens/vnd lehren/das wir allein durch den Glauben gerecht werden/vnd leben doch in sünden wider das Gewissen/Gottelsterung/Ehbruch/Wucher/Füllerey/Verleumbdungen/vnd falschen zeugnussen wider jren Nechsten/bekeren sich nicht zu Gott mit rechtem hertzen. Dise haben warhafftig keine vergebung jrer sünden/denn in jrem geyst ist eytel falsch/biß sie sich ernstlich bekeren/vnd jr leben in rechter Buß füren.

> Da ichs wolt verschweygen/verschmachten meine Gebeine
> durch mein teglichs heulen.
> Denn deine Hand war tag vnd nacht schwer auff mir/daß
> mein safft vertrucknet/wie es im Sommer dürre wirt.

1. Wie die höchste kunst ist/erkennen die gnedige vergebung vnserer Sünden/also ist der gröste jamer/wo man solche Gnad nicht weiß/noch gleubet/vnd wil ander wege suchen zur seligkeyt.

2. Das

Zwey vnd dreyssigsten Psalm Dauids.

2. Daher kompt erstlich/das man die sünde wil verschweygen/entschuldigen/oder selbs zudecken/vnd schmücken/wie die ersten Eltern im Paradeys thetten/vnd noch die art der menschen ist/das sie stettigs jrer Sünden entschuldigung fürwenden/vnd wöllen weder für Gott noch für den menschen gesündiget haben. Darnach/das sie/wenn sie jre Sünde ein wenig sehen/vnd wolten derselbigen gern loß werden/eygene andacht/vnd gute werck fürnemen/dadurch von Sünden sich selbs zuerretten/vnd sehen nicht auff jre böse sündhafftige Natur/wöllen dieselben nicht recht erkennen/noch auff die blosse Gnad Gottes vertrawen/Denn wenn sie sich für Sünder hielten/so würden sie ja auch jre werck als sündhafftig vnd böse achten/sie scheinen gleich wie sie wöllen. Zum dritten/das/wenn sie es gleich lang treyben/nur ein böses/engstiges/vnrubigs Gewissen dauon haben/beyde von dem verschweygen/vnd von jrer mühe vnd arbeyt/wie man an dem Exempel Jone auff dem vngestümen Meer/vnd an allen Werckheiligen/Ordensleuten/vnd andern noch teglich erferet/im Bapstthumb/vnd anderstwo.

3. Darumb sollen wir lernen/vnsere Sünde nur frey vnd rund herauß zu bekennen/vnd GOtt dem HERRN zu beychten. Denn das verschweygen schadet der Seelen/vnd hat keinen trost. Nur frey bekennet one schew/das gefellt Gott. Wenn man etwas in sich frisset/so naget vnd beysst man sich heimlich damit/vnd schadet jm selbs. Wo man aber bekennet/vnd herauß saget/da wirt das Hertz einer grossen Bürde loß/vnd fület linderung vnd trost.

4. Darnach sollen wir auch nicht allein lernen/wie wir allein durch Genaden/vmb Christus willen/von Sünden erlöset werden/sondern das wir vns/als für der Hell/dafür hüten sollen/das wir nit mit eygnen wercken vnd frömbkeyt anheben/vnd der Sünden vns vnterstehen zu helffen/Denn wer das thut/der mecht jm der vnruhe vnd des jamers je lenger je mehr/vnd wirt in seinem Gewissen je lenger je irriger. Allein zu dir HErr Jhesu Christ/des muß es thun/vnd sonst nichts.

5. Die Hand GOttes heyst allhie Gottes zorn/vngnade/vnd straffe/ꝛc. Worauff nun dieselbige liget/da ist ein böß Gewissen/vnd muß der safft vertrocknen/ja das marck in beinen verzeret werden/eben wie es im beyssen Sommer geht/da alles verdorrt/verschmeltzt/vnd laub vnd graß verbrennet. Denn ein böses Gewissen/das seine Sünde/vnd den Zorn GOttes fület/ist ein schmertz vnd wehtag vber alle schmertzen/vnd verzeret fleysch/blut/marck vnd bein/Wie Jeremie am 20. zusehen ist/da er nicht mehr wolt predigen/vnd jm sein hertz vnd gebein waren wie ein brennend fewer.

6. Auß disem volget nun/das jhm niemand selbs von Sünden helffen kan/vnd wer sich des vntersteht/das derselb nur ein vnrubigs Gewissen dauon erlanget/Sondern das wir vns auff die Gnad Gottes verlassen müssen. Denn was ist ein Mensch/das er für GOtt mit eygnen wercken tretten/vnd jm selbs helffen wolt? Ist er doch von Mutter leyb an in GOttes Zorn/vnd des ewigen Tods schuldig/ich geschweyge der andern Sünden/die wir alle tag noch zu solcher ersten verdammnuß hinzu schütten/vnd heuffen. Derhalb weyt/weyt weg/mit allem das wir können vnd vermögen zuthun/vnd dem frommen Dauid gefolget/welcher vns lehret durch sein eygen Exempel/wie volget:

Darumb bekenne ich meine Sünde/vnd verhele meine Missethat nicht.

G g   Ich

Kurtze außlegung des

Jch sprach: Jch wil dem HERRN meine vbertrettung bekennen / da vergabestu mir die missethat meiner Sünden / Sela.

WEr von Sünden wil loß werden / der muß erstlich sich für ein Sünder bekennen / vnd sein missethat nicht verhelen / noch sich für gerecht vnd fromb halten / sondern für Gott schuldig geben / wie der Zölner im Tempel: HERR sey mir armen Sünder gnedig. Denn an dem ligt es alles / das wir vns vnd Gott recht lernen erkennen. Vns erkennen wir recht / wenn wir vns für Sünder anklagen / vnd dargeben / vnd für solche leut halten / die wir mit vnsern wercken nimmermehr für vnsere Sünde können bezalen.

GOtt erkennen wir recht / wenn wir jn durch Christum für ein gnedigen vnd barmhertzigen Gott halten / der vns alle Sünde vergeben wil vmb Christus willen. Denn alle hülff ist vns genommen / vnd allein auff die Barmhertzigkeyt Gottes in Christo Jesu gestellet.

Von solcher erkendtnuß vnd rechter bekentnuß der Sünden / ist oben im sechsten Psalm gehandelt. Das sollen wir aber allhie lernen: Erstlich / Das kein Mensch seiner Sünden halb verzweyffeln sol / sondern seine Missethat GOtt dem HERRN bekennen / vnd vmb vergebung bitten. Zum andern / das das bekentnuß der Sünden nicht falsch sey / noch heuchlisch / wie der sicheren rohen Christen / die offt sagen: Ach / ich bin ein armer Sünder / vnd sind doch mit jren hertzen wey̆t von rechter andacht / ja faren mit jren Sünden fort one schew / in Ehbruch / Füllerey / Wucher / vnd dergleichen / Ja / wenn sie offt starr voll vnd truncken sind / so beschönen sie jre Sünde mit solchen worten: Wir sind alle arme Sünder. Sonst aber / wenn sie jrer Sünden halben gestrafft werden / wöllen vnd können sie es nicht leyden / so wenig Herodes vom Johanne wolt gestrafft sein. Solche leut sind nicht wirdig / das sie Christen genennet werden / vnd ist all jr thun lauter falsch vnd heuchley. Darumb sol das bekendtnuß recht sein / in warer rew vnd leyd von wegen der Sünden / in rechtem Glauben an den Son Gottes / vnd in gutem fürsatz zu einem Christlichem wandel. Vnd wenn das bekentnuß recht ist / als denn so sollen wir den Spruch Johannis mercken: Wer seine Sünde bekennet / dem ist GOtt trew vnd gerecht / die Sünde zuuergeben.

Zum dritten / sol man das junge Volck lehren / das dreyerley bekendtnuß / oder Beycht ist: Klagbeycht / Brüderliche Beycht / vnd Kirchenbeycht. Die erste geschicht hir GOtt / nach den worten / so allhie stehen im Psalm / vnd im Vater vnser: Vergib vns vnsere schuld. Dise Beycht vns stetigs im Menschen geübet werden / vnd sol gebunden sein an die wort Ezechiel: 18: Jn welcher stunde der Sünder erseüfftzen wirt / wil ich seiner vbertrettung nicht mehr gedencken. Denn Gott hat ein hertzlich wolgefallen an denen / die jre Sünde nach der Predig des Gesetzes erkennen / vnd bekennen / vnd haben zuflucht zu der Gnad Gottes durch Christum / Wie Er sagt Esaie 1: Wenn ewre Sünde gleich blutrot ist / so soll sie doch schneeweiß werden. Vnd die Exempel der Niniuiter / Dauids / Manasse / des Zölners / Zachei / Acolasti / Marie Magdalene / des Schechers / Petri / Pauli / vnd anderer vnzelichen vil / sollen den Christen wol bekant sein.

Die Brüderliche Beycht gegen dem Nechsten / wirt von Christo / Matthei 5. geboten: Wenn du deine gabe auff den Altar opfferst / vnd wirst alda eindencken / das dein Bruder etwas wider dich hat / so gehe zuuor hin / vnd versöne dich mit deinem Bruder. Vnd Jacobus sagt: Einer bekenne dem

andern

Zwey vnd dreyssigsten Psalm Dauids. CLXXVI

andern seine Sünde. Man sol bekennen/ vnd vergeben. Das ist Gottes befelh/ vnd ernstlicher will.

Die dritte Beycht stehet in disen worten: Welchen jr die Sünde erlasset/ den sind sie erlassen/ Vnd welchen jr sie behaltet/ den sind sie behalten. Denn man muß rechte Absolution/ trost vnd lehre den Beychtenden geben vnd fürhalten. So gefellts GOtt auß der massen wol/ so ein Mensch bey dem andern in seinen nöten auß Gottes Wort rath/trost/vnd vnterricht suchet/vnd begeret. Vnd soull sey von der Beycht kürtzlich gehandelt.

Das aber der Prophet nicht schlecht saget: Du vergabst mir meine sünde/ Sondern/ Du vergabst mir die missethat meiner sünden/ zeyget er an/ das jm alle seine sünde/Erbsünde/vnd wirckliche sünde auß gnaden vmb Christus willen vergeben sind/schuld/vnd straff. Darumb ist es ein grober jrrthum der Papisten/ welche lehren/ Christus hab gnug gethan für die Erbsünde/oder für die schulde/ Wir aber müssen der straffen erlassung mit vnsern Wercken erlangen/ vnd für die wircklichen sünden gnug thun. Das ist ein wüste Gotteslesterung/ vnd ein Diebstal/ der Christo dem HERren sein verdienst vnd wolthat raubet vnd stilet. Dauid lehret vns allhie vil anders/ vnd spricht: Er vergibet mir alle meine Sünde/ keine außgeschlossen/ vnd erleßt mir die straff auß gnaden/ impietatem & pœnam mei peccati. Also nennet Esaias CHristum Alam, ein Schuldopffer/ das ist/ der für die wircklichen sünden bezalet/ vnd gnug thut. Vnd Paulus nennet jn also/ 2. Corinth: 5.

Es müssen auch allhie schamrot werden die newen Sacramentirer/ welche fürgeben/das in Christlicher Gemein vnd Kirchen kein Gottloser sey/ non esse impios in Ecclesia. Dauid/ der grösste Heylige/ bekennet hie sein Gotlosigkeyt mit dürren klaren worten. Vnd wie Gotloß wir alle sind von natur/auch wen wir schon das Wort GOttes hören/vnd haben/ vberzeuget vns vnser eygen Gewissen/ so wir dasselbig wir hören wöllen. So ist das gewiß war/ wenn Dauid vnd die gantze heylige Schrifft ein Gotlosen nennen, so versteh n sie nit allein die Heyden vnd Christen/ sondern die vnbußfertigen Christen/ welche in allen sünden leben/ ligen vnd verharren one bekerung zu Gott. Denn ob sie wol der Lehre halben nicht Gottloß sind/ sondern hören vnd können wissen/ was Gottes wesen vnd will ist/so sind sie doch jres lebens halben vil Gotloser denn die Heyden/ vnd müssen eines schwerern Gerichts gewertig sein/ als die Heyden/ wie Christus Mattheus 11.bezeuget: Wehe dir Chorazin/ rc. Aber es ist verdrießlich mit solchen newen fündlein vmbzugehn/ Sie verleschen doch von sich selbs mit sampt jren anfengern/vnd künstlern/ welche vns mit newer meinung/ auch ein newe Sprach vnd rede lehren vnd einführen wöllen/ darfür vns GOtt behüte. Aun Hala, heyst Missethat/ Sünde/ schuld vnd straff/ Gotlosigkeyt/vnrecht/ vnd alles/ was in vnser natur wider GOtt ist. Solche wort stehen allhie/ darinn Dauid frolocket vnd rhümet/ das jm Gott alle seine Sünden auß Gnaden vergeben habe. Volget ferner:

> Darfür werden dich alle Heyligen bitten zur rechten zeyt.
> Darumb wenn grosse Wasserflut kommen/ werden sie nicht an diselbigen gelangen.

1. Alle Menschen sind Sünder. Keiner ist von natur gerecht/ sie sind für der Welt so heylig vnd vnstreflich als sie sein können/ auch der vnschuldige ist für Gott schuldig/ Exodi 32. All vnser gerechtigkeit ist wie ein vnfletig kleyd/ Esaie 64. Petrus/ Paulus/ Maria/ vnd alle Heyligen sind für Gott jrer natur vnd werck halben Sünder.

G g ij 2. Dar

Kurtze außlegung des

2. Darumb bedürffen alle menschen vnd Heylige/das sie teglich schreyen vnd beten: DERR gehe nicht inn das Gericht mit deinem Knecht: Vergib vns vnser schuld.

3. Die rechte zeyt aber also zu bitten ist in zweyen dingen: Erstlich/inn rechter warer lehre: Zum andern/in rechter erkendtnuß der Sünden. Rechte Lehr zeyget allzeyt an die ware gnadenreiche zeyt/da Gott sein Wort der Genaden in der Welt leuchten lesst/das es rein vnd trewlich gepredigt wirt/vnd die hertzen damit im Glauben vnd trost gestercktt werden/ vnd die Jugendt zu rechten Gottesdiensten/rechter lehr vnd zucht gehalten wirt/vnd GOtt vnser Gebett annimmet vnd erhöret/ vnd lesst ihm gefallen vnser thun/leyden/leben vnd sterben. Ein solche gnadenreiche zeyt/tempus acceptum, siue tempus inueniendi gratiam, wie die stehet/haben wir jetzt / die wir das Wort Gottes vnd rechten gebrauch der hochwirdigen Sacramenten/ der Tauff vnd des Altars/ noch haben/vnd wissen/Das wesen vnd den willen Gottes/wie wir sollen gerecht/fromm/vnd selig werden. Darumb auch jetzund vns von nöten ist das wir bitten/ GOtt wölle vns bey seinem Wort erhalten/ vnd vns vnser Sünde vergeben/ auff das wir nicht/von wegen vnsers vndanckes/in die zeyt der Vngnaden vnd der Finsternuß geraten/darinn wir zuuor auch gewesen vnter dem Bapstumb/ in allerley Abgötterey vnd vnwissenheyt/ one ware erkendtnuß vnd forcht GOttes/ one anrüffung/oder ja one erhörung/Wie GOtt saget/ Esaie am I. Wenn jr schon ewre hende außbreytet/verberge Jch doch meine Augen für euch/ Vnd ob jr schon wil betet/hőre Jch euch doch nicht. Vrsach/ jr habt die zeyt ewer heimsuchung nicht erkennet / vnd den tag des Heyls verachtet. Item/Psalm: 18. Sie ruffen/aber da ist kein Helffer/vnd der HERR antwortet jnen nicht. Von dem Gebett aber/das nicht erhöret wirt/ ist oben im 18 Psalm gehandelt worden.

Gott behůte vns ja gnediglich/vmb seines Namens willen/für aller Abgötterey vnd für der zeyt der Vngnaden/vnd laß vns erkennen die rechte zeyt/ tempus visitationis nostræ, vnserer heimsuchung/das vns nicht gehe wie den Juden/Griechen/vnd vilen andern Völckern/ die jetzt müssen in allerley Abgötterey vnd Finsternuß jrr gehen / vnd an Leyb vnd Seel arme elende leut sind/ Wiewols fürwar zubesorgen ist/ GOtt werde vns sein Wort vber vnd wider vnsern danck nicht lassen / Denn wir stellen vns doch alle / als fragen wir nichts darnach. GOtt sey es geklagt/ vnd verschone der armen Kinderlein/ vnd Nachkommen/das sie vnserer Vndanckbarkeyt nicht entgelten/Amen. Souil sey von der rechten zeyt/was die Lehre anbelangt/kürtzlich vnd einfeltig gesagt.

Darnach was die erkendtnuß der Sünden betrifft / ist die rechte zeyt zu beten/wenn wir vns für arme Sünder erkennen/ Vnd heyst darumb ein rechte zeyt/ nicht allein/das wir als denn solches Gebets vmb gnedige vergebung vnserer Sünden/am meysten bedürffen/ sondern das vns auch Gott als denn am nieysten vnd ersten erhören/ vnd vns geweren wil. Denn GOttes liebste wonung ist/ da Er sich am ersten wil finden lassen/in ein zerbrochens vnd zerschlagens Hertz / so nach GOttes Gnaden vnd vergebunge der Sünden seufftzet/ wie hernach in dem ein vnd fünffsigsten Psalm wirt Dauid selbs erkleren.

4. Auß disem sihet man nun/ was die rechte Heyligkeyt sey/ Nemlich/ die nicht auff vnser eygne Werck/noch auff ander leut verdienst vnd Frömbkeyt gebawet wirt/ sintemal alle Heyligen noch fleysch vnd blut in disem leben/ biß in jre Gruben/ voll Sünden vnd vnreynigkeyt mit sich/vnd in sich fülen

Zwey vnd dreyssigsten Psalm Dauids.

len vnd tragen/Sondern das ist die rechte Heyligkeyt/die sich stracks auff die Gnad vnd Barmhertzigkeyt Gottes in Christo vns bewiesen/verlesst vnd bittet vmb vergebung der Sünden durch Christum Jesum/welches Blut vnd gnugthuung vns erlöset vnd reynigt von allen vnsern Sünden.

5. Darumb ist das ein grosser trost allen engstigen Gewissen/so jrer sünden halben bekümmert sind/vnd schwere gedancken haben/vnd vom bösen Geyst angefochten werden/das sie wissen/sie haben ein gnedigen Gott/es gehe jnen wie es wölle/vnd können sagen: Ich weiß weder von Sünden/noch von guten Wercken was in mir/Sondern das allein weiß ich/das mir meine Sünde vergeben sind/vnd das Christus hat für dieselbige bezalet/vnd mich zu einem Kinde Gottes gemacht/das ich nun Gottes Erbe/vnd des Herrn Christi Miterbe bin.

6. Auß solchem bekentnuß vnd Glauben volget nun weyter/das keine Wasserflut schaden solle/denen/so also für Gott tretten/jre Sünde bekennen/vnd vmb Gnad durch Christum bitten/Wie auch Paulus lehret zun Römern am 5. Capitel: Wenn wir durch den Glauben sind gerecht worden/so haben wir/durch vnsern HERRN Jesum Christ/fride mit GOtt / Das ist/Ein solcher Mensch fürchtet sich nicht mehr für GOtt/sondern spricht/Emanuel/GOtt ist mit/bey/vnd in vns. Ist nun GOtt für vns/wer mag wider vns sein/rc.

Wasserflut heyssen allerley anfechtung/vnd vnglück. Vnd wie die grossen Wasserflut verschwemmen vnd ersäuffen alles/was sie ergreyffen/also die schweren anfechtunge/vnd schrecken für dem Tod/Sünde/Gottes zorn/vnd Helle/verderben alle menschen/welche dise Glauben vnd Trost nicht haben/Wie man am Cain/Juda/vnd andern vnbußfertigen leuten sihet. Wer aber den Trost behelt/das GOtt vns gnedig sey vmb seines Sons willen/der kan wol bestehen/auch mitten im Creutz vnnd Tod / vnnd mit Paulo sagen: Wir rhümen vns nicht allein der Herrligkeyt/die wir von GOtt empfahen werden/sondern auch der Trübsalen. Volget weyter:

Du bist mein Schutz/du woltest mich für angst behüten/das ich errettet gantz frölich rhümen könne.

Auff die lehr von vergebung der Sünden/setzet Dauid ein feines kurtzes Gebetlein/darinn er anzeygt/wie man den grossen Wasserfluten der Sünden/des Teufels/vnd der Welt entfliehen könne/welchen sonst kein Mensch entrinnen mag. Der Teufel vnd die Welt sind zu starck. Er betet aber/Erstlich/das Gott wölle sein Schutz vnd Schirm sein/darhinder er sich/als hinder einer vesten Mawren in allen nöten/sonderlich wenn der Teufel vnd die Welt/ja vnser eygen fleisch/jre Carthaunen vnd vergiffte Pfeyl/derer teglich wider ein jeglichen gleubigen/frommen Christen vnzelich sind/lassen abgehen/verbergen/vnd wol verwaren könne. Denn Gott muß doch der Schutz sein. Wie vns ists verloren. Ist aber GOtt für vns/wer wil wider vns sein? Dat vns GOtt vnter seinen Gnadenflügeln/so kan es mit vns kein not haben/Wie in dem Ein vnd neunzigsten Psalm stehet: Wer vnter dem Schirm des Höchsten sitzt/vnd vnter dem Schatten des Allmechtigen bleybet/der spricht zu dem HERRN/mein Zuuersicht vnd mein Burg/rc. Es fehlet vns aber nur am Glauben/denselbigen wölle GOtt in vns mehren/stercken/vnd bekrefftigen.

Darnach betet Dauid/Gott wölle jn vnd alle Gleubige für angst behü-

Kurtze außlegung des

ten. Angſt aber nennet er die Geyſtliche Trawrigkeyt vnd Schwermut/ er
ſchrecken der Sünden halben/ zweyffeln/ verzagen/ Todesnot/ vnd dergleichen ſchwere anfechtungen/ dauon wir im Vater vnſer reden/ vnd bitten: Füre vns nicht in verſuchung/ Sondern erlöſe vns von allem vbel.

Zum dritten/ zeyget Dauid an/ was die Frommen/ wenn ſie GOtt erhöret vnd errettet hat/ anfahen: Meh können ſie nicht/ denn das ſie GOtt loben/ jm dancken/ vnd rhümen die groſſe Güte GOttes/ das Er ſo freundlich
vnd barmhertzig iſt/ der niemand/ ſo auff Jhn trawet/ leſſt zu ſchanden werden. Denn man muß Gott für ſeine Gnad nicht vndanckbar ſein/ ſondern ſeine hülff erkennen/ jm darumb dancken/ vnd von ſeiner Güte frölich ſingen/
Wie allhie ſtehet: Canticis redemptionis circumdabis me, Du wirſt mich mit den
Lobgeſengen der Erlöſung vmbgeben/ Das iſt/ Das ich dir dancken möge
für deine gnedige hülff/ der du mich von meinen Sünden vnd ewigem Tod erlöſet haſt. Wie im vorigen Pſalm auch ſtehet: Du haſt mich erlöſet HERR/
du trewer GOtt. Vnd das iſt der Spruch: Ruffe mich an in der not/ ſo will
ich dich erhören/ Du aber ſolſt mich preyſen. Nun volget die antwort GOttes auff das Gebett Dauids:

> Ich will dich vnterweyſen/ vnd dir den Weg zeygen/ den
> du wandeln ſolſt/ Ich will dich mit meinen Augen ley
> ten.

DAs iſt ja freundtlich vnd genedig geantwortet. Es ſol ja ſein/ was du
bitteſt/ ſpricht GOtt. Erſtlich/ wil ich dich ſelbs vnterweiſen/ vnd durch mein
Wort lehren/ tröſten/ ſtercken/ vnd erhalten/ Denn das Wort Gottes iſt das einige mittel/ dardurch Gott mit vns ſelbs redet/ vnd vns vnterweyſet. Eygene
gedancken vnd ſpeculiren one das Wort iſt nichts.

Zum andern/ wil Ich dir den weg zeygen/ den du wandeln ſolt/ das du
mehr nicht thun ſolt/ denn dich für ein Sünder erkennen/ vnd darnach ſehen
auff meinen lieben Son Chriſtum/ durch welchen alle/ ſo an Jn glewben/ zu
gnaden kommen/ Vnd das du alſo mir dieneſt/ fürchteſt mich/ vnd frucht bringeſt in deinem Beruff/ als in einem rechten lauff oder reyſe/ darinn man nicht
faul noch müſſig ſein ſolle/ ſondern thue was GOtt befolhen hat/ nach dem
Spruch Pauli: Vbe ein gute Ritterſchafft/ vnd behalt den Glauben/ vnd gutes Gewiſſen. Denn wer in ſeinem wandel vnd Beruff ſewmig vnd nachleſſig
iſt/ der wirdt endtlich vom Teufel vnd ſeinem eygen fleyſch vbereylet/ vnd ge
ſtürtzt/ Wie Bernhardus geſagt: Stare in via Domini eſt retrogredi. Wer ſtehet
vnd müſſig iſt im Weg des HERREN/ das iſt im Beruff/ den Gott einem
jeglichen hat aufferlegt/ der gehet zu rück/ wie ein fauler Bote/ der auff der
ſtraß wider vmbkeret/ vnd in Kercker geworffen wirt.

Zum dritten/ ſpricht GOtt: Ich wil dich mit meinen augen leyten/ dich
ſchützen vnd beſchirmen wider alles wüten des Teufels vnd der Welt. Denn
Gottes augen bedeuten das gnedig auffſehen GOttes auff ſeine Glewbige/
das jnen vom böſen Feind/ vnd ſonſt nichts böſes/ oder zu jrer ſchedlichs/ widerfare/ vnd ob jhn ſchon bißweylen ein vnglück zuhanden ſtöſſet/ daſs jhnen
doch zum beſten diene. Wie die Exempel bezeugen/ mit Abraham/ Iſaac/ Jacob/ Ioſeph/ Dauid/ Paulo/ vnd allen Heyligen vnd Glewbigen biß zu ende
der Welt. Denn denen/ die GOtt lieben/ dienen alle ding/ auch die trübſalen/
zum beſten/ Rom: 8.

Alſo

Zwey vnd dreyssigsten Psalm Dauids.

Also haben wir die gantze Lehr von vergebunge der Sünden/ zum trost aller engstigen Gewissen/ wider alle Teufel/ Zweyffel/ Werckheyligen/ vnd alles anders Gschmeyß/ Vnd ist nun nichts mehr von nöten/ denn das wir solche Lehr ins werck bringen/ vnd wol üben/ in rechter anrüffung vnd forcht Gottes. Aber wir sehen leyder/ das der wenigste theyl sich diser heylsamen lehr annimpt. Der grösste hauff geht dahin in sicherheyt vnd grosser blindheyt/ fragen weder nach GOtt/ noch nach jrer seligkeyt. Die andern wöllen jnen selbs durch jre eygne werck rathen vnd helffen. Solchen beyden theylen hebet Dauid ein newe Predig an/ vnd spricht:

> Seyt nicht wie Ross vnd Meuler/ die keinen verstandt haben/ welchen man Zaum vnd Gebiß muß ins maul legen/ wenn sie nicht zu dir wöllen.

1. Ross vnd Meuler thun nichts von jn selbs/ sondern man muß sie mit Zeumen/ Gebiß/ vnd treyben fort bringen. Also sind alle die/ so sich nicht für Sünder erkennen/ oder in Sünden verharren/ oder nicht bey dem Wort Gottes bleyben/ sondern an jren gedancken hangen. Denen muß GOtt mit ernst zusetzen/ Kranckheyt/ Armut/ vnd allerley plag auffseylen/ das sie nicht gar zu wild werden/ wie er mit Manasse vnd Nebucadnesar/ vnd noch teglich mit den Sündern handelt.

2. Darumb sollen allhie die betrübten Hertzen lernen/ das sie in jrem betrübnuß sich nicht richten nach jrem fülen vnd gedancken/ sondern nach Gottes Wort/ das wirt sie lehren/ wie sie einen gnedigen Gott haben. Enthusiasmus sine Verbo, plerunq; inspiratio Satanæ est, spricht D. Forster.

3. Die sichern leut sollen auch lernen/ das sie sich GOttes Wort lassen regieren/ Gott fürchten/ vnd ein Gottseliges leben füren. Wöllen sie volgen/ so sollen sie es gut haben. Wöllen sie aber nicht/ so sol es jnen ergehn/ erstlich/ wie Rossen vnd Meulern/ so sie sich anders an die straff keren/ das sie nemlich mit kranckheyten/ armut vnd allerley vnglück/ ja auch durch weltliche Oberkeyt/ mit gefengnuß/ oder mit dem Hencker/ zur bekerung getrieben werden/ Wie man an den Dieben vnd Ehbrechern sihet/ so sich nimmermehr bekerten/ wo nit die straffen sie dar zu zwingen. Item/ wie man auch an vns jetzund erstret/ die wir teglich das Wort GOttes hören/ vnd vnser leben darnach nicht in dem geringsten anstellen/ biß so lang Gott mit einer guten Pestilentz/ oder mit dem Bruder Veyt Landsknecht/ oder mit dem Türckischen pferden vnd Seybeln kommen wirt/ vnd vns ein Gebiß einlegen/ daran wir vnser lebenlang werden zukewen haben. So wir aber vns auch an die straff nicht keren werden/ so wirt vns Gott/ als vntüchtige Schelmen/ lassen auff den schindacker werffen/ in ewige finsternuß/ alda sein wirt heulen vnd zeenklappen. GOtt bekere vnsere hertzen/ vnd sey vns gnedig.

4. Es möchte aber jemand sagen: Was? sihet man doch wol/ das die sichern leut die besten tag haben/ sind inn grossen ehren/ haben Gelds vnd Guts vollauff/ Die frommen aber haben vil creutz vnd plag. Darauff antwortet Dauid selbs/ vnd spricht:

> Der Gottloß hat vil plag. Wer aber auff den HERRN hoffet/ den wirt die Güte vmbfahen.

Kurtze außlegung des

1. Der Plagen sind zweyerley / Leybliche / vnd Geystliche. Leybliche Plagen lessit GOtt offt mehr vber die Frommen geben / denn vber die Bösen. Denn GOtt wil die seinen in warer Demut / Glauben / vnd anrüffung behalten vnnd üben. Die Geystlichen Plagen aber sindt ein verstocktes Hertz / verdamliche sicherheyt / vnbußfertiges leben / vnnd allerley Kranckheyt. Solche Plagen haben die Gottlosen / Pharao / Julianus / Tyrannen / Ketzer / vnd andere Vnbußfertige. Wer wolt nun nicht tausentmal lieber kranck vnd arm am Leybe sein / denn solche innerliche Seelen plag tragen? Wer wolt doch für disen Trost vnd Rhum / das er ein Kind GOttes ist / vnd hat vergebung der Sünden / mit allen Reychthumben / Gewalt / vnd Ehr der gantzen Welt wechseln / ob er gleich sonst am Leybe kranck / vnd an Gütern arm ist?

2. Ob nun wol die Gottlosen am leybe frisch sind / vnd in hohen ehren schweben / sollen wir nicht achten / sondern mehr ein mitleyden mit jhnen haben / dieweyl sie behalten werden zu dem ernstlichen Gericht GOttes / vnd zur ewigen verdamnuß / vnd haben den Heyland Christum wider sich zu eim ewigen Feind.

3. Darumb ist es nun beschlossen / Der Gotloß hat vil plag / ists nicht am leyb / so ists an der Seelen / Ists nicht für der Welt / so ists für Gott / Ists nicht hie auff Erden / so ists doch dort in ewigkeyt.

4. Die Frommen aber haben auch wol creutz / vnd müssen verfolgung leyden / aber es ist ein seliges creutz / das zeytlich ist / vnd auffhören muß / vnd hat das ende der Seelen seligkeyt / vnd ewige frewde in Gott / darinn Gott die seinen wil vberschütten / gerings vmbher mit ewigen Gütern.

5. Es ligt aber nur an dem / das wir auff den HERRN hoffen / vnd den Trost behalten / den wir in Christo haben / Wie der Ander Psalm saget: Wol allen / die auff Jhn trawen. Nun beschleusst Dauid disen Psalm:

Frewet euch des HERREN / vnd seyt frölich jhr Frommen / Vnd rhümet alle / die auffrichtig sind von hertzen.

Die rechte frewd der Gottseligen ist der HERR selbs. Zeytliche Güter thuns nicht. Vnser frewd ist allein inn GOtt. Wie Jeremias auch saget: Wer sich rhümen wil / der rhüme sich des HERRN / der vns gnedig ist / vmb Christi seines Sons willen / vnd vns ewig selig machet. Darzu helffe vns auch allen GOtt der Vater / Son / vnd heyliger Geyst / Amen.

Drey vnd dreyssigsten Psalm Dauids. CLXXIX

Auszlegung des Drey vnd dreyf-
sigsten Psalm Dauids.

DER anfang dises Psalms ist gleich dem Beschluß des vorigen Psalms/Wir wöllen aber die Summa/
wie es Doctor Luther Gottseliger/gefasset hat/anzeygen/
das nemlich diser Psalm ist ein Danckpsalm/der in gemein
GOtt dancket für die Wolthat/das Er seinen Gleubigen
hilfft in allerley not/vnd sie nicht lesset stecken. Denn Er kan
helffen/sintemal Er alles geschaffen hat/vnnd noch alles
schaffet mit einem wort/als dem nichts vnmüglich ist. So ist Er auch gütig
vnd trew/das Er helffen wil/vnd gern hilfft/wie Er verheyssen hat im ersten
Gebot: Ich wil dein GOtt sein/Das ist/Ich wil dein Trost/Hülff/Heyl
Leben/vnd alles gutes sein/wider alles/das dir böse sein wil/denn das heyst
GOtt sein.

Jnn sonderheyt aber danckt vnd rhümet er die gewaltige Wolthat Got-
tes/das Er aller Welt/auch der Könige/Fürsten/rc. hertzen/gedancken/für-
nemen/zürnen/vnd toben lencket/nicht wie sie wöllen/sondern wie Er wil/
vnd machet auch alle jhre anschlege endtlich zu nichte/das sie nicht außführen
können/was sie gerne wolten/vnd was sie fürhaben/wider die Gerechten zu-
thun/das keret Er stracks vmb/vnd machet sie zuschanden. Welches ist eine
sonderliche frewde vnd trost seiner Heyligen/wider das hochmütige vnd vn-
messige drowen/trotzen/vnd bochen der zornigen Junckherrn/vnd wütigen
Tyrannen/die da meinen/sie wöllen wol allein mit drowen alle Heylige Gottes auffressen/vnd Gott selbs vom Himel stürtzen. Aber ehe sie es zur helffte
bringen/so ligen sie im kot. Sihe an die Sodomiter wider Loth/den König
Sanherib/vnd jetzt vnsere Tyrannen/wie gar vnzelich vil anschlege bißher sie
haben verloren.

> Frewet euch des HERREN jr Gerechten/Die Frommen
> sollen jn schon preysen.
> Dancket dem HERRN mit Harffen/vnd lobsinget jm auff
> dem Psalter mit zehen Seyten.
> Singet jm ein Newes Lied/Machets gut auff Seytenspie-
> len mit schalle.

DAuid vermanet alle Gottselige/das sie Gott loben/vnd Jm dancken/
nicht allein für dise Wolthat/das Er vns zu seinem Ebenbild erschaffen hat/
sondern auch das Er alles gibt/was zu erhaltung vnsers leybs vnd leben ge-
höret/Vnd sonderlich/das Er vns in rechtem Glauben an seinen Son Christum erhelt.

Die schöne Musica hat in diesem Psalm ein groß lob/das sie nemlich zu
Gottes Ehr dienen sol/vnd wie 2.Chron:5.stehet/das sie stets ein stim sein sol/
zu loben vnd zu dancken dem HERRN/das Er gütig ist/vnd seine Barmhertzigkeyt ewig weret.

Darumb sinds nicht allein Narren/sondern auch rohe/sichere leut/die
nicht

Kurtze außlegung des

nicht lust haben zu rechter Christlicher Musica/ sintemal GOtt seine letz am allermeysten durch schöne Geystliche Melodeyen hat fortgebracht. Vnd ist gewißlich war/ das ein Christliche Musica ist vnd heyst/ præguſtus vitæ æternæ, ein vorgeschmack des ewigen lebens.

Wir wöllen allhie nicht vnterlassen anzuzeygen/ wie die alten Scribenten in Griechischer Sprach haben den HErrn Christum allhie auff wunderliche weiß/ vnd durch ein sonderlich cabala, verstanden/ da David sagt: Man sol lobsingen auff dem Psalter von zehen Seyten. Denn der buchstab Iota bey den Griechen bedeutet souil als zehene. Das wörtlein aber Jesus hebet von einem Iota an. Darumb stehet vnser lobsingen allein auff dem Namen Jesu/ für welchem sich beugen müssen alle knie/ im Himel vnd auff Erden. Aber davon werden die Gelehrten wissen zu vrtheylen.

Ein Newes Lied bedeutet newe Menschen/ vnd newe Gottesdienste. Noui noua canite, Jhr seyt new geborn/ vnd GOttes Kinder worden/ darumb so dienet Gott mit newem Hertzen/ vnd newem Geyst/ Thut Buß/ vnd gleubet dem Euangelio. Feget den alten Sawerteyg auß/ vnd lebet in dem Süßteyg der lauterkeyt vnd der Warheyt/ 1. Corinth: 5.

Denn des HERRN Wort ist warhafftig/ vnd was Er zůsagt/ das helt Er gewiß.

Er liebet Gerechtigkeyt vnd Gericht/ Die Erde ist voll der Güte des HERRN.

DAs sind die vrsachen/ warumb man Gott loben sol: Denn sein Wort ist warhafftig/ im Gesetz vnd im Euangelio/ vnd was Er saget/ das helt Er. Sein sagen vnd sein halten ist ein ding.

Es haben aber etliche Lehrer dise wort: Omnia opera eius in fide ſiue in veritate, Alle Werck des HERRN geschehen in der Warheit/ ꝛc. mancherley außgelegt/ Als erstlich/ das man allein durch den Glauben die hohen Artickel/ von der Schöpffung/ vnd von andern grossen sachen verstehen könne/ Wie Paulus sagt: Durch den Glauben mercken wir/ das die Welt durch GOttes Wort gemacht ist/ das alles/ das man sihet/ auß nichte worden ist.

Zum andern/ Das wir alle werck/ die GOtt sollen angenem sein/ müssen auß dem Glauben leysten. Denn was nicht auß dem Glauben kompt/ das ist Sünd. Das ist aber GOttes Werck/ das wir gleuben an den/ den GOtt der Vater gesandt hat/ vnd auß dem Glauben gute werck thun/ die GOtt gefellig sind.

Zum dritten/ Das Gott warhafftig sey/ vnd halte alles was er zusaget/ wie Paulus Rom: 3. erkleret.

Gerechtigkeyt vnd Gericht ist nichts anders/ denn das er saget: GOtt helt was Er zusaget. Er straffet die vnbußfertigen/ vnd ist genedig denen/ die sich zu Jhm bekeren/ Wie Esaie am II. stehet: CHristus wirt nicht richten nach dem seine augen sehen/ noch straffen nach dem seine ohren hören/ Sondern wirt mit Gerechtigkeyt richten die Armen/ vnd mit Gericht straffen die Elenden im Lande. Das ist/ Er wirdt sie durch Gnade gerecht machen/ vnd doch durch das creutz den vbrigen alten Adam im fleysche straffen. Vnd das heyst im Gericht straffen/ das ist nicht im grimm noch zorn/ sondern mit vernunfft/ vnd zu jrem nutz.

Es haben ir etliche das wort (Gericht) vom Gesetz außgeleget/ vnd das wort

Drey vnd dreyssigsten Psalm Dauids.　CLXXX

wort Gerechtigkeyt vom Euangelio. Darwider wöllen wir nicht sein/sonderlich/dieweil die meinung gut ist/vnd alles gereichet zu loben die Gerechtigkeyt vnd Güte GOttes/ Auch wenn gleich GOtt vns vnserer Sünden halb straffet/denn auch sein zorn vnd straffe ist ein gewisse anzeygung seiner Güte/ dieweil er vns dadurch zur bekerung bewegen wil. Wie Clemens sagt: Etiam ira Dei est benignitatis & misericordiæ Dei erga homines.

　Inn summa/ was man ansihet in der gantzen weyten Welt/ das ist voll der Güte Gottes/es sey im Himel/im Meer/oder auff Erden. Wol dem der solche Barmhertzigkeyt Gottes betrachtet/vnd für die wolthat Gottes dancket. Wehe allen andern/ so in tieffer sicherheyt dahin gehen/ vnd/ wie im 28. Psalm steht/nicht achten wöllen auff das thun des HERRN/ noch auff das Werck seiner hende. Darumb wirt sie Gott zubrechen/vnd nicht bawen.

> Der Himel ist durchs Wort des HERRN gemacht/ Vnd all sein Heer durch den Geist seines mundes.
> Er helt das Wasser im Meer zusammen/ wie inn einem Schlauch/Vnd legt die tieffe ins verborgen.

　Alhie hebet der Prophet an zu erzelen die Wolthaten GOttes/ Nemlich/ das Er alle ding/ Engel/ Himel/ Element/ Thier/ vnd Menschen auß nichts erschaffen hab. Vnd wirt allhie der Articel von der Schöpffung/ wie er von Mose beschrieben ist/klerlich außgelegt/ vnd werden die drey Personen der Gottheyt vnterschiedlich genennet/ als nemlich/ der HERR/ GOtt der Vater/ das Wort/ Gott der Son/ vnd der heylige Geyst. Darumb haben die frommen alten Lehrer dise wort allzeyt gefüret/zubestetigen den grossen hohen Artickel von der ewigen/ Göttlichen/ vnd Allmechtigen Tryfeltigkeyt/ wider die Juden vnd Arrianer/ vnd andere dergleichen Gottslesterer/ als zu vnser zeyt sind die Türcken/ oder Mahometischen/ Seruetianer/vnd dergleichen.

　Es wirt aber der ewige Son Gottes das Wort genennet/nach den worten/Genesis am 1. Vnd GOtt sprach/rc. Denn solches sprechen GOttes ist der Son Gottes selbst/ Darumb nennet Dauid vnd Johannes den HERrn Christum das Wort/wie Johannes sagt: Im anfang war das Wort. Item: Wir haben das Wort des Lebens gehöret/ gesehen/ beschawet/ vnd betastet. Denn durch jn sind alle ding erschaffen/ vnd durch jn haben wir das Wort/ vnd die Lehr vnserer Erlösung/ welche Er selbs auß der Schoß seines Vaters hat herfür gebracht. Vnd ist gewißlich dise appellatio/das der Son GOttes das Wort genennet wirt/im alten Testament wol bekant gewest/ also/ das es auch zu den Heyden kommen ist/ wie man auß Platone verstehen kan/ welcher den Son GOttes außdrücklich nennet das Wort/ durch welchen alle ding erschaffen vnd gezieret sind.

　Es jetzt buch Suidas ein schöne Historia/das ein König in Egypten/mit namen Thule/ gewesen/ der sich seiner macht vbernommen hab/ vnd sey zu seinem Abgott/ ad oraculum Serapidis, gegangen/ vnd gefragt/ ob auch jrgendt einer inn der Welt were/ jhm gleich/ oder ob nach seinem tode jemandt so mechtig/ reych/ vnd gewaltig/ als er were/ kommen möchte? Darauff sol das Oraculum geantwortet haben: Est Deus, & Verbum, procedens status ab ipsis, Hæc tria sunt vnum, sunt vna essentia nunch. Ergo abeas mortalis homo, vitamq́; molestam Transige, nam nostris ubi non pars ceditur aris. Das ist: Von erstem ist GOtt/

das

Kurtze außlegung des

das Wort/vnd der heylige Geyst/ vnd die drey sind ein wesen. Darumb so gehe hinweg du sterblicher Mensch/ vnd verzere ein armes vnbekandtes leben. Auff solche antwort/da der König auß dem Tempel gegangen/sol er von seinen Trabanten erwürget sein worden.

Dauid nennet allhie das Heer des HERRN/ alle Engel/ Himel/vnd alles was Gott vnd seiner Ehr dienet. Daher offt in der Schrifft die Engel vnd Himmel werden genennet das Heer GOttes / vnd GOtt selbs bey ist der HERR der Heerscharen. Denn jme sollen dienen alle Engel/ Sonn/ Mond/ vnd Stern/vnd alle andere Creaturn/sonderlich die Kinder GOttes/das ist/ die an den Son GOttes gleuben.

Das er aber sagt (Er helt das Wasser im Meer zusammen/ wie in einem Schlauch) sihet er zu den worten/die im Buch der Schöpffung stehen/ das Gott hab befolhen/das sich das Wasser samlen solt vnter dem Himel/an sondere ort/ das man das trucken sehe. Darauß sollen wir nun die Allmacht GOttes erkennen/vnd loben / dauon oben im 24. Psalm ist geredt worden. Auff solche lehr setzet nun Dauid ein vermanung an alle Menschen/ das sie Gott preysen vnd fürchten sollen/vnd spricht:

Alle Welt fürchte den HERRN/vnd für jm schewe sich alles
was auff dem Erdboden wonet.
Denn so Er spricht/ so geschichts / So Er gebeut/ so stehets
da.

Das ist/Lobet ja den HERRN/vnd fürchtet jn/ denn Er ist Allmechtig/ gerecht/vnd gütig/ vnd regiert alles durch sein Wort. Alle Creatur ist geschaffen durchs Wort/ Vnd da Er rieff oder sprach/ stunden sie da/vnd sprachen: Hie sind wir.

Also sollen wir auch alle nimmermehr zweyffeln /was vns GOtt durch seinen lieben Son (der sein ewiges Wort selbs ist)saget/ das muß sein/da stehen vnd gehen/ wie ers spricht.

Aber der Teufel /so zum ersten abgefallen/hat vns durch die Erbsünde also geschwecht vnd verblendet/das wir nicht gleuben noch dencken können/ wie es müsse ja vnd da sein/was er spricht/ob ers gleich mit Wunderzeychen/ vnd aller Creaturen Schöpffung/ von anfang der Welt/für vnserm augen bezeuget/bestettiget / vnd gewaltiglich vberweyset/ das/ wie S. Paulus sagt/ Actorum 17. wir Jhn wol tappen vnd greyffen möchten/ so naheist Er vns/ noch hilffts nicht. Selig ist aber/ der das Ipse vnd Dixit mercket/ vnd lieb hat. Denn derselbig erferet in der warheyt/das Gott stettigs bey vnd vmb vns ist/ vnd beschützt vns wider alle Tyrannen/ vnd errettet seine Kirch/welche sich an sein Wort vnd Verheyssung helt/ Wie hie stehet: Er machet zu nicht der Heyden rath / aber sein Rath bleybet ewiglich. Wers nur mit frölichem hertzen gleuben köndte. Wehe dem schendlichen Vnglauben/ das wir so zag vnd forchtsam sind/ wenn ein kleines Vnglück vnd Wetter herein dringt. Aber selig sind alle/ die bey dem Wort GOttes bleyben/ dauon Christus selbs sagt: Himel vnd Erden werden vergehn/ aber meine Wort werden nimmermehr vergehn. Item: Der Rath des HERRN bleybt ewiglich /vnd seines Hertzen gedancken für vnd für.

Volget nun das ander Theyl dieses Psalms/ darinn Dauid rhümet die grosse Gnade Gottes/das er sein Volck von allem ewigem jamer erlöset:

Wol

Drey vnd dreyssigsten Psalm Dauids. CLXXXI

Wol dem Volck/ des der HERR ein Gott ist/ Das Volck/ das Er zum Erbe erwelet hat.

WAs von der erwelung GOttes zusagen ist/ ist oben im 16. Psalm gehandelt. Vnd wie GOtt vnser GOtt sey/ haben wir in dem vorigen Psalm gehöret/ Allein das wir hie den Trost behalten/ das GOtt seine Kirch wölle beschützen/ vnd alle Gleubige vertheydigen/ das jhn niemandt schaden sol. Denn Er schawet vom Himmel auff sie/ vnd leytet sie mit seinen Augen/ Psalm: 32. Vnd sihet auch aller anderer Menschen Kinder/ erkennet aller Menschen Hertz/ vnd lencket sie/ vnd mercket auff alle jre werck/ das on sein willen vnd willen nichts geschehen kan. Er hat sie erschaffen/ vnd jnen Seel/ Leyb/ vnd Leben gegeben. Er regieret sie auch stets/ so sie Jhm wöllen folgen/ Vnd ob sie gleich nicht wöllen/ noch müssen sie es machen wie Er will/ vnd nicht wie sie wöllen/ wie man an den Exempeln hin vnnd wider sihet. Denn es ist nit an Menschen gelegen/ sondern an GOt. Menschen gewalt/ gunst vnd sterck taug nichts/ Sondern das thuts allein/ das wir wissen vnd gleuben/ wir haben ein gnedigten GOtt/ der mit seinen gnedigen Augen auff vns sihet/ vnd errettet vnser Seel vom Tod/ das wir keinen mangel haben/ wie wir hernach im 34. vnd 37. Psalmen hören werden/ vnd eben auch im 23. gehöret haben.

Auff solchen Trost volget gleichsam ein antwort der gantzen Christlichen Kirchen vnd aller Gottseligen/ welche sagen: Wenn das war ist/ das Gott so gnedig hilfft/ allen/ so jn fürchten/ wolan/ so sol vnser Seel auff Jhn harren. Er ist doch vnser Hülff vnd Schild.

Also singet auch Moses Exodi am 15: Jch wil dem HERRN singen/ denn Er hat eine herrliche That gethan. Ross vnd Wagen hat Er inns Meer gestürtzet. Der HERR ist mein Stercke vnd Lobgesang/ vnd ist mein Heyl. Das ist mein GOtt/ ich wil Jn preysen. Er ist meines Vaters GOtt/ ich wil Jn erheben. Der HERR ist der rechte Kriegsman/ HERR ist sein Name/ Die Wagen Pharao vnd seine Macht warff Er ins Meer.

Der letzte Vers ist ein gebet/ damit Dauid beschleust vnd bittet/ das sich Gott erbarmen wölle vber die/ so an seinen Son gleuben.

Es haben aber diese wort (Deine Güte sey vber vns/ wie wir auff dich hoffen/) die heyligen Veter/ Ambrosius vnd Augustinus/ in jr schönes Lobgesang (Te Deum laudamus, HERR Gott dich loben wir/) gesetzt/ vnd damit beschlossen: Sey vns gnedig O HERRE GOtt/ Sey vns gnedig in aller not. Zeyg vns deine Barmhertzigkeit/ Wie vnser Hoffnung zu dir steht. Auff dich hoffen wir lieber HERR/ Jnn schanden
laß vns nimmermehr/
Amen.

Kurtze außlegung des

Außlegung des Vier vnd dreiß-
sigsten Psalm Dauids.

ES zeyget der Titel dises Psalmis an/wodurch Dauid sey beweget worden/disen Danckpsalm zumachen. Die Distoria stehet 1. Samuel: 21. Dauid kam gen Gath/ zum König Achis. Aber die Knechte Achis sprachen: Das ist Dauid/des Lands König/von dem sie singen am Reyen/ vnd sprechen: Saul schlug tausent/ Dauid aber zehen tausent. Vnd Dauid nam die rede zu hertzen/ vnd forcht sich/ vnd verstellet sein geberde/als wer er wonsinnig. Darumb treib jn Achis von sich.Vnd er gieng von dannen/vnd entran in die Höle Adullam.

Darauß sehen wir/wie gar verlassen Dauid gewest sey/da er disen Psalm gesungen hat/das er nirgendt vertrawet hat zubleyben vnter den Freunden/ sondern fleucht zu seinen grösten Feinden. Denn Goliath/den er het erschlagen/was von Gath gewesen. Als er aber erkandt wirdt/ verstellet er sein geberd/vnd wirt für einen Thoren gehalten/vnd hinweg getrieben/ Dauon der 56. Psalm klaget: GOtt sey mir gnedig/denn menschen wöllen mich verschencken/rc.

Also gebt es noch heutigs tags in der Welt mit allen Heyligen/ja ist mit dem HERrn Christo selbst also ergangen. Christus hat bey seinem Volck vnd Eygenthumb nicht sicher bleyben können/ sie haben Jhn verfolget vnd getödtet. Darumb ist Er von den Juden durch die Predigt des Euangelii zu den Heyden kommen. Aber da wirt Er verachtet als ein Narr. Denn Er verstellet sich/ vnd bringt ein thörichte Predigt/ die vber vnd wider allen menschen vernunfft ist/ Wie Paulus 1. Corinth:1. saget: Dieweil die Welt durch jhre weißheyt GOtt in seiner Weißheyt nicht erkändte/ gefiel es GOtt wol durch thörichte Predigt selig zu machen/die so dran glewben. Wir predigen den gecreutzigten Christum/den Juden ein ergernuß/vnd den Griechen eine thorheit. Aber die Göttliche thorheyt ist weyser/denn die menschen sind.

Das aber der König Achis wirt allhie genennet Abimelech/ geschicht ratione generalis appellationis omnium regum. Denn Abimelech heyst souil / als ein König/der seines Volck Vater ist. Vnd also haben sie jre König genennet/ gar mit einem schönen lieblichen namen/Abimelech, Pater m rex, Vater mein lieber König/Wie die Römer Augustum haben Patrem patriæ, ein Vater des Vaterlands genennet.Denn ein König/Fürst vnd Herr sol ein Veterlich hertz gegen seinen Vnterthanen tragen. Die Egyptier haben jre König genennet Pharaones/ das ist/Vindices, Recher/Beschützer. Wir nennen vnsere hohe Weltliche Oberkeyt Cæsares, Keyser/Augustos, Herrlich vnd schön.

Soniel sey vom Titel dieses Psalms gesagt/ wie Dauid sein geberde verstellet habe auß grossem plötzlichem schrecken/ vnd ohne zweyffel in schwere kranckheyt gefallen/das er sich an die thür am Thor gestossen/vnd sein geiffer jm in den bart geflossen/ wie es in solcher schröcklicher plag pflegt zugescheben/welchs villeicht dem Dauid von GOtt dazumal ist widerfaren sint zum besten. Es ist aber kein zweyffel/ das diser Psalm dem lieben Dauid muß sehr lieb gewesen sein/ dieweil er alle Vers nach der ordenung der Hebreischen Buchstaben gesetzt vnd angefangen hat/ welches er sonst selten gethan/ vnd solches

Vier vnd dreyssigsten Psalm Dauids.   CLXXXII

solches oben im 25. Psalm auch geschehen/welcher auch sehr schön/herrlich/ vnd tröstlich ist/ vnd wol wirdig/ das wir jn mit sampt disem 34. Psalm teg-lich betrachten/ vnd in vnser hertz/ wo es müglich/ mit gülden Buchstaben schreiben/vnd einschliessen.

Die Summa dises Psalms ist/ das Dauid erstlich mit seinem Exempel alle Gottselige lehret/wie sie auff GOtt trawen vnd Jn anrüffen sollen / vnd wie GOtt seiner Heyligen ruffen nicht verachtet/ die Jhn allein fürchten/vnd Jhm glauben. Darnach vermanet er vns/das wir vns hüten für falscher leh-re/vnd nicht Meyster suchen mehr denn Jesum Christ mit rechtem Glauben/ vnd Jhm allein vertrawen/ Das wir vns auch hüten für vngedult / fluchen/ murren/vnd lestern/das wir wider vnsere Feinde/ Neyder vnd Hesser/Verfol-ger vnd Gotlose nicht schelten/sondern sie mehr segnen vnd jn für das böse al-les guts wünschen vnd thun.

Zum dritten/vermanet er vns zum leyden vnd creutz/ Denn es muß doch gelitten sein in disem leben/ Aber der HERR hilfft errettlich auß allem creutz/ das auch nicht ein beinlein verloren/noch außbleyben muß/ vnd/ wie Christus redet/ auch die Har auff dem Haupt gezelet sind.

Zum letzten/setzt er ein schöne lehr vnd trost/von den lieben heyligen En-geln/ wie sie der Gerechten pflegen vnd warten/vnd wie ein Heer vnd gerüstete Krieger sich vmb die Gottsfürchtigen lagern / jr Gezellt auffschlagen/ wa-chen vnd streytten für sie/wider den Teuffel vnd seine Glieder.

Aleph. Jch wil den HERREN loben allezeyt/ sein Lob sol jmmerdar im meinem munde sein.

DAs ist die erste Propositio. Leyb vnd Seel/ Hertz vnd Mund sol GOtt den HERREN loben vnd sich des trösten/ frewen vnd rhümen / das GOtt mein ist/ vnd ich sein bin. Sonst weiß ich mich nichts zu rhümen/denn Welt-rhum ist doch nichts. Gelt/Gut/Ehr/Macht/Gunst/Gewalt/Kunst vnd al-les vergeht / allein das bleybt/ GOtt lieben vnd loben/ vnd sol bleyben in alle ewigkeyt. *Omnia praetereunt, praeter amare Deum.*

GOtt loben aber ist nichts anders/ denn Jm für seine Wolthaten dan-cken/ Das ist/ erkennen vnd bekennen/mit dem Hertzen vnd mit dem Munde/ das wir allerley guts/in Geistlichen vnd Weltlichen sachen/ allein von GOtt empfahen/ vnd Jn derwegen lieben/ vnd auß einem rechtschaffenen Glauben mit lust vnd gutem willen seine Gebot halten / vnd in aller not auff sein Gnad vnd Hülff sich verlassen/ vnd nicht verzagen. Solches Lob GOttes lesst sich von den Gottseligen besser mit der that vnd im hertzen erfaren vnd fülen/ denn mit worten beschreyben.

Es setzt aber der Prophet ein wörtlein darzu (Allezeyt/ omni tempore,) da-mit er vns anzeyget / das wir nicht allein/wenn es vns wolgehet/ GOtt lo-ben sollen/ wie die sichern leut pflegen / als der Reiche Man im Euangelio/ der alles genug hatte / sicher vnd frölich inn aller Fülle lebet/vnd spricht/ wie im Hundert vnd vier vnd vierzigsten Psalm stehet: Meine Söne vnd Töchter wachsen auff. Mein Kammer ist vol/ich habe Vorrats gnug/Meine Dörffer vnd Deuser sind wol bestellet/meine Ochsen vnd Schafe sind fett/ GOtt sey gelobet/es hat kein not / rc. sondern das wir auch mitten im leyden/ Armut/ Kranckheyten/ Verfolgungen/ja mitten im Tod GOtt loben sollen/ es gehe wol oder vbel. Denn das ist allein der rechten Christen kunst vnd art/ das sie GOtt loben/ vnd zu jm schreyen am meysten/ wenns vbel geht / Wie Dauid

D h ij   sagt:

Kurtze außlegung des

sagt: Ob mir gleich Leyb vnd Seel verschmacht/noch dennoch bistu GOtt mein GOtt/auff den ich trawe. Vnd Job spricht: Vnd wenn du mich gleich tödtest/noch hoffe ich auff dich. Sichere leut wissen dauon nichts/Dench=ler vnd Gleißner auch nichts. Es muß ein Mensch sein/in des Geist kein falsch ist/Psalm: 32. der GOtt loben kan in Glück vnd Vnglück/mit rechtem hertz=lichem vertrawen/nicht mit heuchlischem Hertzen/wie der Phariseer: Ich dancke dir GOTT/das ich nicht bin/wie jhener Zöllner/ auch nicht mit sicherem Hertzen/wie offt die vollen tollen Köpff sich stellen/als sey es jnen ein grosser ernst/vnd faren doch jnimer fort in jren Sünden/in Füllerey/Wu=cher/Ehebruch/vnd dergleichen Sünden/ja in jrer anbacht/die sie fürgeben/haben sie noch wol das gespött mit dem Lob GOttes/Wie jhener Stratioe vnd Rabengast sagt/da er voll Weins ware: Lieber lasst vns GOtt loben/vnd jm dancken/lasst vns mit einander singen: Dancket dem DEXXXVV/denn er ist gar ein guter Kerla/ich habe jhn lengst wol gekennet. Das ist der Epicurer vnd der Saduccer art. Sie gehören an jhr ort/ vnd nicht zu diesem Psalm. Darumb wer GOtt loben wil/der muß sich darzu gewehnen/das er inn guten vnd bösen tagen / zur zeyt/ vnd zur vnzeyt/ tag vnd vnd nacht/ frü vnd spat/ es sey wenn vnd wo es sey/ GOtt lobe/ vnd sich sein mit Hertzen vnd mit Munde rhüme/ vnd Jhm dancke für seine Wolthatten/ derer ein jeder Mensch vnzelich vom Jhm teglich empfehet/ das Er vnns erhelt bey gesundem Leybe/ nehret/vnnd beschützet vns/ errettet vnns auß allen nö=ten.

Beth. Solches Lob/ spricht Dauid/ sol nicht allein bey mir bleyben/son=dern weyt außgebreyttet werden/ das es alle betrübte/angefochtene Hertzen hören/ vnd durch mein Exempel getröstet vnd gestercket werden/ vnd darauß zu Gott zuuersicht gewinnen in allen nöten. O wie werden die Frommen/be=trübten Menschen so hertzlich fro werden/ wenn sie hören/wie mir GOtt so wunderbarlich vnd herrlich geholffen hat. Also spricht er auch anderswo/ Psal: 119. Die dich fürchten/sehen mich/ vnd frewen sich/ denn ich hoffe auff dein Wort. Denn die Exempel der Heyligen/ so sie recht betrachtet werden/ machen in den frommen Hertzen vil guts/vnd bekrefftigen jren Glauben/jre hoffnung/anrüffung vnd gedult. Solatium est miseris socios habere pœnarum. Ich bin nicht besser/ denn meine Veter gewesen sind/ spricht der Patriarch. Dar=umb ob ich gleich leyde/ so bin ich doch weder der erste/noch der letzte/ Vnd wie GOtt jnen geholffen hat/ also wirdt Er mir auch gnediglich zu seiner zeyt helffen. Er weiß wol wenns am besten ist/ vnd braucht an vns kein arge list. Dises ist sehr ein grosser Trost in allem Creutz der Frommen.

Gimel. **Preyset mit mir den HERRN/ vnd lasst vns mit ein= ander seinen Namen erhöhen.**

Apostrophe. Jhr Heyligen lobsinget mit mir dem DEXXXV/dancket vnd preyset seine Heyligkeyt/Psalm: 30. Denn/wie oben gesagt/ wolten die Frommen gern/das alle Creaturen GOtt stetigs lobeten/ja/das alle Bletter auff den Beumen/ vnd das Graß auff der Erden Zungen weren/ vnd preyse=ten GOtt vnd heyligten seinen Namen.
Es scheinet aber/die liebe Maria/ Luce 1. habe jr schönes Magnificat auß disem Psalm/nicht allein der meinung/ sondern auch nach den worten/gezo=gen: Mein Seel erhebt den HERRN/vnd mein Geist frewet sich GOttes meines Heylands/ꝛc. Nun volget das Daleth.

Daleth.

Vier vnd dreyssigsten Psalm Dauids. CLXXXIII

Daleth. Da ich den HERRN suchet/ antwortet er mir/ vnd errettet mich auß aller meiner forcht.

WArumb sol man Gott preysen? Denn er hilfft auß allen nöten/ sie beyssen wie sie wöllen. Den HERRN suchen heyst/ sich mit dem Wort Gottes trösten lassen/ vnd an den Verheissungen Gottes vestiglich hangen/ vnd jn an ruffen vnd erbieten/ oder wie die stehet/ jn ansehen vnd anlauffen/ vnd sich mit dem embsigen Gebett zu jm dringen/ vnd gleich vberfallen/ wie die geylende Witfraw den vnrechten Richter mit jrem anhalten vberwand/ Luce 18. vnd das Cananeisch Weiblin Christum vernocht/ das er jre Tochter vom Teufel erlösete. Darumb spricht auch die Dauid: Da aller Menschen rath vnd hülff mit mir auß war/ keret ich mein hertz vnd zungen zu Gott/ sahe auf gen Himel/ vnd nam die ohren Gottes ein mit meinem Gebett/ welchs hinauff stiege/ vnd drang durch die wolcken/ vn war ein süsser geruch für Gott. Wie im 141 Psalm Dauid auch spricht: HERR/ mein Gebet müsse für dir tügen/ wie ein Reuchopffer/ mein hende auffheben wie ein Abentopffer/ Das ist/ fru vnd spat ruffe ich dich an/ on vnterlaß/ vnd du erhörest mich. Denn welche also mit dem Gebett anhalten/ die werden von Gott erleuchtet. vnd stetigs im Glauben sterckert/ vnd werden entlich erhöret/ Wo nicht von stundan nach jrem willen/ doch zu rechter zeit/ nach jrer seelen trost vnd seligkeit/ das sie auß allen jren nöten errettet werden/ Wie hie im Zain stehet: Da dieser elende rieff/ das ist/ der nun gar kein hülff mehr hette. vnd den jederman dafür hielte/ es were auß mit jm. Wie Esaias von dem HErrn Christo auch redet: Da er sich an das Wort vnd Gebett hielte/ ward er erhöret/ vnd widerumb gentsen. Also spricht auch Josaphat/ 2. Chron: 20. HERR vnser Vater Gott/ du hast gesagt/ wenn ein vnglück/ schwerdt/ straffe/ Pestilentz/ oder Thewrung vber vns kompt/ so sollen wir stehen für dir in deinem Hause/ vnd schreien zu dir in vnser not/ so woltestu vns hören/ vnd helffen. Nun sihe HERR/ wir sind in grossen nöten. Jnn vns ist nicht krafft gegen disem grossen hauffen/ der wider vns kompt. Wir wissen nit/ was wir thun sollen/ sondern vnser augen sehen nach dir.

Auff solche schöne lehr von der gnedigen erhörung des Gebets/ volgt ein herrlicher Trost vom schatz der lieben heyligen Engel:

Der Engel des HERRN lagert sich vmb die her/ so Jhn fürchten/ vnd hilfft jnen auf.

GOtt hilfft auß allen nöten/ vnd beschützt vns mit seinen lieben heyligen Engeln/ welche tag vnd nacht vmb vnd bey vns sind/ vnd behüten vns wider allen griff der Teufel/ der Welt/ vnd wider alle andere gefahr. Denn sonst were es vnmüglich/ das wir einen augenblick für dem wüten des Teufels sicher bleyben/ vnd leben köndten/ wo nicht die lieben Engel vnsere Beschützer/ Verwarer/ Wechter/ vnd Hüter weren. Wir sitzen alle wie in einer grossen heffttigen Belagerung/ Da sich die Teufel mit jren Carthaunen tag vnd necht zu vns schiessen/ vnd gifftige fewrige pfeil haben/ damit sie vns das hertz treffen wöllen. Aber da sind die lieblichen vnd starcken Helden/ GOttes Heer/ vnsere Dauptmenner vnd Wechter/ die schönen dienstbaren Geyster/ die schlagen je lager vmb her/ vnd seyren nicht/ beschirmen vns/ vnd wachen/ wenn wir schlaffen/ ja offt/ wenn wir in sicherheyt dahin gehn/ vnd müsten in vnsern Sünden sterben/ vnd vergehen. vnd des Teufels eigen sein/ vnd bleiben/ so sind sie barmhertzig/ gütig trew/ fieunolich/ vnd sorgfeltig für vns/ das sie dennoch vnsern Leyb

Kurtze außlegung des

Leyb vnd vnser leben behüten/vnd erhalten/vnd warten stettigs der besserung vnd bekerung mit vns/vnd frewen sich/wie Christus selbs sagt/vber einem Sünder/der Busse thut.

Allhie kan man die gantze lehr von den Engeln kürtzlich handeln: Erstlich/das sie von GOTT alle gut erschaffen sind/wie der 103. Psalm saget: DERR/du machst deine Engel zu Winden/vnd deine Diener zu Fewerflammen. Vnd ist nicht von nöten/das man disputiren oder außforschen wölle/ wie vnd wenn sie erschaffen sind/Sondern ist genug/das man wisse/das sie von Gott/in der Schöpffung aller anderer Creaturn/geschaffen sind. Etliche haltens darfür/das sie/als Himlische Creaturen/zugleich/da GOtt den Himel erschaffen/von Gott gemacht sind. Etliche aber meinen/da Gott gesagt: Es werde liecht/das sie mit dem Liecht/als schöne liechte Geister/erschaffen worden. Aber solchs lassen wir bleyben. Denn das die Schrifft nichts daruon meldet/ist ein gewiß anzeigung/das wir auch bescheydenheyt brauchen/vnd daruon nicht vber die massen disputiren sollen/sintemal die heylige Schrifft vns alle ding/die wir wissen sollen/vnd die gehören zu vnserm Glauben vnd seligkeyt/geoffenbaret hat. Was nun nicht gehöret zu vnserm leben vnd trost/ das hat sie außgelassen. Vnd dieweil diese Lehr/von dem tag oder zeyt der Schöpffung der lieben Engel/vns zu wissen nicht nötig ist/sonder nur ein vnnütze sorgfeltigkeyt in disem leben anzeyget/so hat die Schrifft nichts daruon wöllen melden/sonder lats bey dem bleyben lassen/das wir wissen sollen/sie sind von Gott erschaffen.

Zum andern/So sind der Engel vil auß freyem willen/trotz/vnd hochmut von Gott abgefallen/vnd darumb von GOtt verstossen/vnd in ewigkeyt vermaledeyet vnd verdampt. Das ist nun der Sathan/vnser Widersacher/ der Teufel/die alte Schlang/mit allen seinen Engeln vnnd Hellenbrenden. Vnd haltens etliche Lehrer darfür/das der Teufel auß stoltz vnd vbermut gefallen sey/da er dem Menschen/den GOtt auß Erden vnd Leymen wolte erschaffen/nit zugleich mit den andern frommen Engeln dienen sollen. Denn er hat gedacht/es were seiner wirde vnd herrligkeyt vil zu vil/so er der jrdischen leymichten Creatur dienen solte. Hominem ceu luteam creaturam censuit indignam ministerio spiritum lucidorum Da er auch gesehen/das der ewige Son GOttes/ durch den er erschaffen/auß sonderlichem Gottes rath vnd veroidnung/würde die Menschliche natur an sich nemen/erhöhen/vnd mit Taulerus nach art der Griechischen Lehrer dauon redet/vergöttern/das ist seiner Göttlichen Natur also vereinigen/das hinfort in ewigkeyt solte Gott vnd Mensch ein person stettigs vnd vberal sein vnd bleyben/hat er auch/wie Bernhardus achtet/ den ewigen waren Son GOttes/seinen Schöpffer vnd HERRN/von wegen seins vnaußspiechlichen demut/angefangen zuverachten/vnd ist derwegen mit sampt allen seinen Gesellen/der er ein grosse vnzeliche meng gewesen/ vom Himel herunder in ewige Finsternuß geworffen worden/Wie Christus sagt Luce am 10. Capitel: Ich sahe den Satan vom Himel fallen/wie ein blitz. Vnd haben die frommen Engel mit sampt dem Son GOttes/dem grossen Michael/solche abtrünnige stoltze Geyster helffen vom Himel herunter werffen/vnd den hefftigen streyt mit jnen gehabt/dauon im zwölfften Capitel inn der Offenbarung Johannis geschrieben stehet/welcher streyt noch heutiges tages/biß zu ende der Welt/weret. Denn dieweil der Teufel nun GOtt dem HERRN nichts kan anhaben/vnd er doch ein stoltzer/rachgiriger Geyst ist worden/vnd auß neyd vnd mutwillen GOtt im Himel gern trotzen wolte/so machet er sich mit gewalt vnd list/als ein Lügner vnd Mörder/an die armen/

elenden

Vier vnd dreyssigsten Psalm Dauids. CLXXXIIII

elenden Menschen/ vnd verfüret vnd plaget dieselbigen/ wie er kan vnd mag. Darumb denn wir schutz vnd schirm bedürffen von den lieben heyligen Engeln/ die für vns streytten tag vnd nacht/ in der Kirchen/in Weltlicher Policey/im Hauß/vnd in vnserm gantzem leben.

Solche meinung etlicher Lehrer/ von dem fall der Teufel/lassen wir nun an seinem ort/ Denn sie hat nichts gefehrlichs/ so man sie recht betrachtet/ sonderlich dieweil es ja gewiß ist/das der teufel auß stoltz vnd ehrgeitz gefallen ist/vnd noch aller stoltz vnd vbermut von dem Teufel gewißlich entspringet.

Zum dritten / Es sind auch der guten/ bestendigen/ heyligen/ keuschen/ vnd trewen Engel eine grosse vnzeliche menge/ wie offt in der heyligen schrifft stehet/ vnd auß der Historia Eliseī 2. Reg: 6. zusehen ist/ da Eliseus zu seinem Knaben sagt: Fürchte dich nit/ den der ist mehr/ die bey vns sind/ den der/die bey jnen sind. Vnd der berg war vol fewriger Roß vnd wagen vmb Elisa her. Also stehet im 68. Psalm: Der Wagen des HERRN ist vil tausentmal tausent. Vnd dieweil allhie diser Vers (Der Engel des HERRN lagert sich vmb die Gottesfürchtigen) von einem Heth ansehet/ welches in Ebraischer Sprach der achte Buchstab ist/ vnd Ch bedeutet/ habens etliche Scribenten allhie verdolmetschet: Chiliades angelorum, vil tausent Engel. Aber das bleyb an seinem ort. Es ist gnug das wir wissen/ das Gottes Engel vnzelich vil sind/welche Gott stetigs loben/vnd den Menschen dienen.

Inn heyliger Schrifft haben wir diese namen der Ertzengel: Michael/ Gabriel/Raphael. Michael heyst souil/als/ Wer ist/wie GOTT? Quis sicut Deus? Vnd wirt der ewige Son Gottes durch disen namen/Michael/ge wißlich verstanden/ welcher ist der rechte Ertzengel/ vnd verkündiger der Gnaden Gottes/Dauon im 10. vnd 12. Capitel Danielis steht: Der grosse Fürst der für sein Volck stehet. Wie auch sonst der Son Gottes etlichs mal wirt ein Engel genennet/ als/ da Jacob sagt Genesis am 48. Der Engel/der mich erlöset hat von allem vbel/ der segne die Knaben. Item/Malachie 3. Es wirdt kommen der HERR/ den jr suchet/ vnd der Engel des Bundes/des jr begeret. Denn dieweil das wort (Engel) souil ist/ als ein Bote vnnd Verkündiger/ der gesandt wirt als ein Legat/etwas gewiß anzuzeygen/vnd der Son Gottes von Gott darzu gesandt wirt/das er verkündige/vnd auß der schoß seines Vaters herfür bringe/vnd offenbare/den wunderbarlichen Rath der gantzen heiligen Trifeltigkeyt/ von der erlösung des Menschlichen geschlechts/ so wirt Er vom heyligen Geist ein Engel/vnd der rechte Michael genant. Raphael aber heist/ souil/als Medicus Dei, Gottes Artzt/wie in der Historien Tobie zusehen ist. Gabriel heyst Gottes krafft/macht/vnd sterck. Vriel Gottes hitz/fewer/zorn/ oder auch inbrünstige lieb. Von disen namen wöllen wir allhie nit disputirn.

Es ist aber kein zweyffel/das die lieben Engel jre ordnung vnd gradus haben/ vnd doch in dem alle zusammen kommen/das sie GOtt preysen,vnd loben/vnd den Menschen dienen Wie Theodoretus sein spricht: die Engel haben zwey Ampt/ Vt Hymnis Deum celebrent, & vt ministrent, Das sie mit schönen Lobgesengen Gott preysen/vnd dienen. Wie auch im Psalm stehet/ da die Seraphin singen: Heylig/heylig/heylig ist der HERR Zebaoth/ all Land sind seiner Ehren voll. Vnd im Ezechiele cap: 3. Gelobet sey die Herrligkeyt des HERRN an jrem ort. Item: Ehre sey Gott in der Höhe/ friede auff Erden/ den Menschen ein wolgefallen/ trost/ vnd frewde/ seligkeyt vnd leben. Denn das heyst beneplacitum, *iudaeia*, wolgefallen.

Vor zeyten haben die München/ vnd auch andere/ neun grad der Engel gezelet/welchs sie auß Dionysio genomen haben/welcher von der Himlischen

D b iiij   vnd

Kurtze außlegung des

vnd Geistlichen Policey geschriben hat / de cœlesti Hierarchia. Vnd dieweil im menschlichem leben drey Stende sind / darinn man GOtt vnd dem Nechsten dienen sol / als nemlich / Kirchenstand / Weltlich Regiment / vnd Haußhalten / welche in disen worten begriffen werden: Lehre / Wehre / Nehre / so haben sie einem jeglichen Stande drey Engelsordnung zugeschriben / auff diese weiß / die wir nur kürtzlich erzelen wöllen:

Der Kirchen vnd Gemein Gottes haben sie zugeben / die Seraphin, Cherubin, vnd die Thronos. Seraphin aber heyssen die brennende / als die voll Ettzliger lieb sind gegen Gott / vnd gegen den Menschen. Cherubin heyssen die schönen / lieblichen / freundlichen / holdseligen Engel. Die Thronen sind GOttes Sitz / Gericht / vnd Außrichter. Diese drey in jhrer ordnung streytten mit den grausamen dreyen bösen Feinden / die sie haben genennet / Pleudotheos, Spiritus mendaciorum, & vasa iniquitatis, Gottslügner / Lügenhafftige geyster / vnd gefäß alles vnrechtens. Wider die ersten / vnter denen Beelzebub / der Hummelkönig / der fürnembste sein sol / streytten die Seraphin. Wider die andern / vnter welchen Python der grössesten sein sol / streytten die Cherubin. Vnd wider die dritten / derer Fürst Belial beyssen sol / das ist ein loser Bub / absq; iugo, der sich nicht zemen noch schrecken lesst / sollen die Throni streytten. Darnach dem Weltlichem Regiment / Königreichen / Fürstenthumben / vnd anderer Policey / haben sie zugeben / Dominationes, Principatus, & Potestates, Die Herrschafften / Fürstenthumb vnd Gewalt. Dise sollen stettigs streitten wider die bösen feind / so auch die Weltlichen ordnung zerrütten / als da sind, Vindicantes, Præstigiatores, & aëreæ potestates, Die Recher / Geuckler / vnd die gewalt / so in lüfften schweben. Der ersten Fürst vnter den bösen Feinden sol heyssen Almodeus. Der andern / Satanas, aller Zeuberey vnd Geuckelery anfänger / damit die Menschen betrogen / vnd sonderlich den grossen Potentaten zugesetzt wirdt. Der dritten Heerfürer sol sein Meririm, ein Plag vnd Pestilentz / vnd verderber alles Friedes / aller gesundtheyt / vnd aller sorg vnd ordnung.

Zum letzten / haben sie dem Haußregiment zugeben dise drey Engelsorden; Virtutes, Archangelos, & Angelos, Die Kreffte / Ertzengel / vnd Engel / als die neben andern jren diensten auch stettigs streytten wider die letzten drey Teufelsheer / welche heyssen: Furiæ, Diaboli, & Tentatores, Vnsinnigkeyt / Teufel / oder Verleumbder / vnd Versucher. Der ersten Teufel Fürst sol sein Apollion, & Abodon, Apocalypsis am 15. Der andern / Astaroth, der alle vnordnung im Hauß anrichtet / vnd erwürget das Diebe / Schaf / Küe / Kinder / vnd lesst der arbeyt keine gedeyen. Der dritten fürnembster soll Mammon sein / der Geytz / der gröste Versucher der Veter vnd Mütter im Haußhalten.

Vnd das sind nun die Ordnunge / wie es die Alten haben gesetzt / davon wir nicht wöllen vrtheylen / noch zancken / wer lust darzu hat / der habs. Wir können uns nicht alle darein schicken / es ist nicht von nöten. Wir wöllens auch dabey nun bleyben lassen / vnd von dem Ampt der lieben Engel etwas sagen.

Zum vierdten / Was von dem Ampt vnd Dienst der Engel zusagen ist / das stehet alles in disen sechs puncten:

Erstlich / sind sie die Beschützer der Warheyt / vnd ist jnen alles gelegen an der Ehr GOttes / vnd an der rechten waren lehr von Gott / vnd an der Seligkeyt der armen Menschen / Darumb fürdern vnd verteydigen sie das Wort Gottes / vnd helffen den trewen Lehrern in jrem Ampt / verhindern des Teufels list / vnd gewalt / vnd stürtzen die falschen Lehrer / wie sie Cerinthum, Arium / vnd andere vil mehr hinweg gericht haben.

Zum

Vier vnd dreyssigsten Psalm Davids.

Zum andern/sind sie Geyster/die sich von GOtt zu sonderlichen offenbarungen brauchen lassen/so mit dem Wort vnd Verheyssungen Gottes vberein stimmen/wie man sihet Daniel: am 9.10.11.12.vnd Luce am 1.vnd 2. Wiewol aber auch der Teufel seine offenbarung treybet/so ist es doch alles mord vnd lügen/damit er die armen leut von dem Wort Gottes abführet/wie im Bapstthumb in den Klöstern mit den Gespensten vnd Geystern geschehen/vnd noch alle Zeuberey in Crystallen/vnd sonst auff gleiche weiß geschicht/Wol dem/ der bey dem Wort GOttes bleybet/vnd stettigs den Spruch S. Pauli betrachtet: Ob ein Engel vom Himel ein ander Euangelium prediget/denn wie euch geprediget haben/so sey er verflucht.

Jnn den Vitis patrum stehet/das die bösen Geyster in Engels gestalt mit feurigen Wagen zu einem frommen Christen kommen sind/vnd einer vnter jnen/der ein Königliche/herrliche Kron auff dem Haupt gehabt/zu jm gesprochen habe: Lieber Mensch/du hast nun alles erfüllet/das du thun solst/ allein/das du mich noch anbetest/so will ich dich verwandeln/wie ich dem Elie gethan habe. Darauff soll der fromme Mann gedacht haben: Wes sol das sein? Jch bete ja teglich meinen König vnd Heyland an. So nun dieser mein König were/würde,er das von mir nicht also begern/das er weiß/ das ichs stettigs thue. Bald hat er geantwortet: Hebe dich von mir Sathan/ich habe meinen König/den ich on vnterlaß anbete/du bist nicht mein König. Auff solche antwort soll alles Gespenst widerumb verschwunden sein.

Deutiges tages sollen wir nicht offenbarung begeren/sondern bey dem Wort GOttes bleyben/vnd vns daran genügen lassen/sonderlich/dieweil vns allen die Offenbarunge nichts nötig sindt/vnd wir alles/was wir bedürffen/ihm dem Wort finden/Wir machens auch wie wir wöllen/so schickt sich vnser fleysch vnd blut inn diesem leben gar nicht zu den Geystern/sie sind gut oder böß/es muß sich entsetzen/erschrecken/vnd scheuwen/vnd ist vns vil heimlicher vnd tröstlicher/das GOtt durch Menschen mit vns redet/denn durch Engel. Jm alten Testament aber hats gar ein andere gelegenheyt gehabt/da die frommen von zukünfftigen dingen durch Gesichte vnd Treume sind vermanet/vnterwiesen/vnd gesterckt worden/vnd ist jr Natur an gemüt vnd leyb stercker vnd mannlicher gewesen/als vnser elends wesen.

Zum dritten/So sind die Engel beschützer der Kirchen GOttes/vnd dienstbare Geyster/außgesandt zum dienst/vmb der willen/die ererben sollen die Seligkeyt. Sie sind die Wechter auff dem Bauw/wie Daniel sagt/welche die Kirche DEr Jsti beschirmen/wider alle Tyrannen/wie die Historie des Zugs auß Egypten bezeuget/Jtem/die Historia vom Eliseo/2.Regum am 6. vom Ezechia/Esaie am 37. da der Engel des DERREN schlug im Assyrischen Leger/hundert vnd fünff vnd achtzig tausent Man. Jtem/Daniel: am 10. streyttet der Engel wider den Königlichen Hofteufel. Vnd also haben die lieben Engel jmmerdar die mechtigen Tyrannen hinweg gericht/ Herodem/Julianum/Neronem/vnd andere/vnd thuns noch stettigs/GOtt sey lob vnd danck.

Zum vierdten/so beten sie auch one allen zweyffel für die wolfart der Kirchen GOttes/wie Christus mit disen worten anzeyget: Jhre Engel sehen das Antlitz meines Vaters im Himel.

Zum fünfften/So beschützen sie in sonderheyt eines jeglichen Gotseligen Menschens leyb/leben/Stand/vnd Beruff/Wie der 91. Psalm bezeuget: Er hat seinen Engeln befolhen vber dir/das sie dich behüten auff allen deinen wegen.

Kurtze außlegung des

gen. Vnd allhie spricht Dauid: Der Engel des HERRN lagert sich vmb die hey/so Gott fürchten. Vnd ist zumal fein/das er sagt/Er lagert sich/Da mit wil er vnser grosse gefahr/des Teufels gewalt vnd wüten/vnd der lieben Engel trew/sorge/mühe vnd arbeyt beschreyben. Vnd ist kein zweyffel/Dauid habe diesen Vers genommen auß dem 32. Capitel Genesis/da die Engel dem Ertzvater Jacob begegneten/Dauon er die stete nennet Mahænaim, zwey Heer oder Leger/sein/vnd der Engel/Denn sie waren seine Geleytsleut/vnd lagerten sich vmb jn der zum schutz. Solcher Historien ist die heylige Schrifft voll/als mit dem Tobia/mit Petro/Acto: 12. Item/Dieher gehören auch die Exempel/so sich hin vnd wider/auch zu vnser zeyt/zugetragen. Jnn Kirchen Distorien sind jr auch vil/als mit Constantino/zu welchem der Engel schreyet: Constantine, in hoc signo vinces, Du wirst bey diesem Panier vnd Zeychen den Sieg behalten. Das Zeychen aber war das Crucifix/welchs er am Himel stehen sahe.

Julianus der Keyser/het ein frommen Knaben Theodorum von wegen des Christlichen Glaubens teglich hart martern lassen/vnd nicht ehe auffgehöret/es were denn kein hoffnung mehr/das er lenger leben möchte/jn also vom rechten Glauben zur Abgötterey mit gewalt abzutreyben. Aber als der Knab hernach vom Ruffino ist gefragt worden/ob jhm denn solche Marter nicht schadet/hat er geantwortet: Es thet jm nicht sonderlich wehe/denn in der Marter keme allzeyt ein Man zu jhm/der labet vnd sterchet jn/vnd heylet jm seine schmertzen. Also errettet der Engel Gottes auch den Arbaburium/des frommen Keysers Theodosii Hauptman/auß der handt des Tyrannen Johannis/welcher hernach erwürget ward/Socra: lib: 7. cap: 22. Es sind auch zu vnser zeyt die Distorien wol bekandt/Als mit dem gelehrten Mann Simone Grineo/so sich zu Speyer/Anno 1529. zugetragen. Item/mit dem Knaben zu Zwickaw/welcher drey tag auff einem hohen Berg/in der grössten Kelt vnd schnee/vnd er doch one frost vnd schnee gesessen/vnd von einem Mann/der zu jhm kommen/essen vnd trincken empfangen hette. Item/mit dem Hessischen Edelmann/der im Walde bey der nacht mit seinen Knechten von den Gespensten vmbgeben/zuletzt durch fewrige schwerdter/so in die Gespenst schlugen/errettet ward. Vnd wer kan alle Exempel wissen vnd erzelen? Wir haben derselbigen teglich vberal in vnsern Heusern vollauff/mit vns/vnd mit vnsern kleinen Kindern/welche die lieben Engel behüten/vnd bewaren wider alle gefahr vnd toben des Teufels. Denn gewißlich ist der Teufel/wie ein grosser geharnischter Man/der etwa auff den gassen herumb gehen wolt/vnd also die kleinen kinder für den Hausthüren/auß lauter boßheyt vnd mutwillen/mit seinen vngeheewern füssen zu tod vnd zu boden tretten. Also gehet der Teufel mit vns vmb. Aber hie sind die lieben Engel/die beschützen vnd halten vns/wie ein trewe fromme Kinderfraw/die die Kettenhund abscheucht/das sie das kind nicht erschrecken noch beissen. Diese Wolthat sollen wir auch erkennen/vnd Gott dafür von hertzen dancken/vnd die lieben Engel mit vnserm sichern/stollen/vollen/vnd wüsten/mit vnsern vnzüchtigen worten/wercken vnd geberden nit von vns treyben/noch ergern.

Zum sechsten/Wenn vnser seligs stündlein kompt/das wir von hinnen auß disem Jamerthal abscheyden sollen/so nemen vnd tragen die Engel vnser Seel in die schoß Abrahe/wie in der Historia von dem frommen Lazaro stehet. Es bezeuget auch der heilig Athanasius/das Antonius gesehen/das die seel Ammi von den Engeln sey auffgenommen worden. Wie sich denn solcher Exempel vil in der ersten Kirchen/vnd hernach/haben zugetragen. So wissen wir/wie

Vier vnd dreyssigsten Psalm Dauids. CLXXXVI

dem Gottseligen König zu Dennmarck Christiano / ist etwa acht tag vor seinem abschied ein Man sichtiglich erschienen / der jn hat geheyssen / er sol gutes muts sein / es werde bald mit jm besser werden / vnd er sol mit dem volgenden Newen Jar ein newes leben anfahen. Solchs ist auch also geschehen / vnd ist der König den Newen Jarstag 1559. in Gott sanfft vnd still entschlaffen.

Wir wöllen nun auffhören mehr Exempel zuerzelen / vnd dieweyl wir von den Engeln die fürnembste lehr gehandelt / widerumb zu vnserm Psalm kommen.

Theth. **Schmecket vnd sehet / wie freundtlich der HERR ist / Wol dem / der auff jn trawet.**

SChmecken / gebüret zu vns in sonderheyt. Sehen / zeucht sich auff ander leut. An vns sollen wir schmecken / vnd an andern leuten sehen. Vnd wil der Prophet sovil sagen: Jr Frommen habt nicht allein an mir vnd meines gleichen vil schöner Exempel der güte Gottes / sonder auch an euch selbs. Jr erfaret teglich wie euch Gott näret / ernehret / erheelt / beschützt / vnd auß mancher grosser gefahr euch reisset. Jr sehet auch / wie Gott andere ewre mitgenossen vnd Brüder / ja die gantze Christliche Kirche / mit seinen lieben Engeln behütet für allem vbel wider die Tyrannen / vber alle vernunfft. Wol nun dem / der auff Gott hoffet. Solche Hoffnung machet nicht zuschanden / Rom: 5. obs gleich durch vil creutz vnd elend geführet / durchleutert / vnd beweret wirt.

Es ist ja keiner nicht / wenn er zu rück an sein leben gedencket / der nicht sagen vnd bekennen müsse / das er / one mittel / von Gott in mancher grosser gefahr sey erhalten / vnd herauß errettet worden. Wer nun solchs behertziget / der selbige kan recht schmecken die Güte Gottes / vnd sagen: O wie ist Gott so ein freundlicher HERR / vnd kan jm dafür dancken / vnd auff jn in seinem gantzen leben trawen. Aber darvon wissen die sichern / Gottlosen / vnd vndanckbaren leut nichts.

Iod. **Fürchtet den HERRN jr seine Heyligen / Denn die Jn fürchten / haben keinen mangel.**

DAs ist ein schöne Verheyssung. Wer Gott fürchtet / der sol gering haben. Gott fürchten aber ist / nach seinem Wort das leben anstellen / vnd sich für Sünden hüten / für seinem Zorn erschrecken / vnd sich des Verdienste Christi trösten / Gott lieben / vnd anrüffen. Die Heyligen sind alle Gottesförchtige vnnd Gleubige. Diesen solle nichts mangeln / denn sie haben den Hirten Christum / der sie weydet auff grüner Awe / Psalm: 23. vnd errettet jre Seelen vom Tode / vnd ernehret sie in der Thewrunge / Psalm: 33. wie Er Eliam / das Frewlein zu Zarpta / 1. Reg: 17. vnd andere vnzeliche ernehret hat / vnd thut solchs sichtiglich noch heutigs tags. Denn wer Gott ehret vnd fürchtet / den wil Gott wider ehren vnd ernehren / das auch sein Same nicht sol nach Brod gehen / Psalm: 37. sondern sol gnug vnd satt haben / ob es gleich nur Brodt vnd Wasser were / Esaie 33. so sol es doch gegeben werden / vnd gewiß sein / Ja der HERR selbs wil auch in trübsal Brodt / vnd in engsten Wasser geben / Esaie 30. vnd wil verschaffen / das auch die Könige sollen der Frommen pflegen / vnd die Königinnen vnd Fürstinne jre Seugammen sein / Esaie 49. Vnd ob gleich etwa mangel fürfiele / das auch inn der frümbsten Propheten Deutern / Armut / Hunger / vnd Kummer were / vnd jhre Weyber vnd Kinder arme verlassene

Kurtze außlegung des

lassene Weysen werren / wie es denn zu vnser zeyt an manchem ort offt geschicht / noch sol der Segen GOttes wunderbarlich denen / so GOtt in nöten anrüffen / widerfaren / vnd sollen die Oelkrüge alle gefüllt werden / 2. Reg: 4. das man wirt essen / vnd wirt noch vberbleyben / Matth: 8. 2. Reg: 4. Vnd ob schon an Essen vnd Trincken / kleydern / vnd anderer notturfft der mangel gar zu groß scheynete / noch sol den frommen gewißlich geraten / vnd geholffen werden / ob sie gleich nicht alle fülle haben. Ja die frommen sagen selbs: Ob mir gleich Leyb vnd Seel verschmacht / vnd ich in hunger vnd kummer lebe / noch kan es alles vertragen werden / wenn ich nur GOtt habe. Mein hunger ist kein hunger / denn GOtt ist mein Wirt vnd Wirt / Er wirts wol machen / ich lasse mich genügen an seiner Gnade.

Also schicken sich die Gottsfürchtigen in jr Elend vnd Creutz / vnd sprechen / wenn sie gleich schwach sind: Ich bin starck in Gott / vnd wenn sie arm sind: Ich bin reich in Gott / denn wir haben vergebung vnserer Sünden. Esa 33. Der HERR ist vnser König / der hilfft vns.

Die andern aber / welche für der Welt reich sind / groß mechtig / Leones & Diuites, die gewaltigen Hansen vnd Junckhern / die wüsten fetten Ochsen vnd Farren / vnd feyste Hemmel / die müssen darben vnd hungern / ob sie schon alle Heuser voll Korn vnd Wein haben / vnd trachten nur darnach / wie sie allein gnug haben. Brauchen darzu mancherley renck / kauffen das Korn auff / das sie es zur theowren zeyt nach jrem gefallen verkauffen / vnd vil daran erwucheren mögen / Obersetzen jren Nechsten / betriegen Herrn vnd Knecht / reyssens alles zu sich / gönnen keinem andern nichts / sie wöllens alles haben vnd scharren in jren Sack / bilhsten sich auff / als weren sie es allein / Nos poma natamus, Dieselbigen sollen darben / secundum corpus, & secundum animam, an Leyb vnd an Seel. Jr Gut sol nicht gesegnet werden vom HERRN / noch jren Erben gedeyen / wie man diser Exempel teglich vil erferet. Es sind leut diser Welt / welche jr theyl haben in jrem leben / Psalm: 17. vnd vergehn als Weltkinder / einer nach dem andern / mit aller jrer sorge / mühe / gewalt / gut / geytz / wollust / vnd bauchfülle. Dargegen die Gottsfürchtigen essen / was jnen Gott in jrem elend bescheret / vnd werden satt / Psalm: 22. Licht allein in disem leben / sondern aller erst recht vnd volkommlich / wenn sie werden erwachen nach dem Bilde GOttes / Psalm: 17. Auff solche Verheyssung volgen nun die Gebot / von der Forcht Gottes.

So aber jemand wil die wort / von den Heyligen vnd Reichen / Geystlicher weyse verstehn / als / das die Heyligen sind alle Gleubige / die den HERRn Jesum suchen / vnd an Jhn gleuben / vnd sich allein auff sein Verdienst / vnd nicht auff jre / oder anderer leut werck verlassen. Die Reichen aber sind alle Werckheylige / welche Werck vollauff haben / damit sie gedencken reich vnd selig zu werden / vnd können mehr werck thun / denn GOtt erfordert / Wie die Mönche nennen, opera supererogationis, &c. Diese haben auch eine feine lehr. Aber dauon sey gnugsam geredt.

Lamed. Kompt her / Kinder / höret mir zu / ich will euch die forcht des HERRN lehren.
Mem. Wer ist / der gut leben begeret? Vnd gern gute tage hette?

Das ist auff das aller freundtlichst vnd holdseligst geredt / zu allen Gottseligen

Vier vnd dreyssigsten Psalm Dauids.

seligen Kindern/vnd Christen/so GOtt fürchten vnd lieben. Es solle jnen wol gehen/kurtz vnd kein anders. Es werden aber vier Gebett erzelet:

1. Behüte deine Zunge für bösem/Das ist/fleuch falsche lehre vnd lügen/ Sect vnd Ketzerey/vnd alles/was wider Gott vnd sein Wort ist/vnd laß dir die rechte ware Lehre lieb/vnd dein grösten Schatz sein.

2. Behüte deine lippen/das sie nicht falsch reden/ Das ist/Hüte dich für aller Gottslesterung/hasse lose lehre/ Psal:15. vertheydige nicht/was vnrecht ist/gib der Warheyt die ehr vnd den preyß/vnd sihe niemand an.

3. Laß vom bösen/vnd thu guts. Beweise deine lehre vnd deinen Glauben/ mit der that vnd guten wercken/oder früchten des Glaubens in deinem leben/ vnd wandle nicht in Sünden wider dein Gewissen.

4. Suche fride/vnd jage jhm nach/Das ist/Sihe/das du fride inn deinem Gewissen mit GOtt habest/ vnd erkennest GOtt durch CHRJstum/ als einen gnedigen GOtt vnd Vater. Denn CHRJstus gibt solchen Fride/ wie Er sagt: Meinen Fride gebe Jch euch/meinen Fride lasse Jch euch. Jnn mir werdet jhr Fride haben/aber in der Welt werdet jr angst vnd not leyden. Jtem/ Paulus saget: Wenn wir gerecht sind durch den Glauben / so haben wir fride mit Gott. Von solchem Fride redet hie eygentlich der heylige Geist. Denn diser Friede wircket hernach auch den rechten friede gegen dem Nechsten/das wir niemand beleydigen/noch verleumbden. Er wircket auch rechte Demut/ vnd gedult im leyden / wie Petrus/1. Petri 3. diese wort auß dem Psalm anzeucht/ das wir nicht murren / sondern gern leyden/was GOttes will ist/ wie man an den frommen Merterern/ vnd an allen Gottseligen Christen sihet.

Die Augen des HERREN sehen auff die Gerechten/ vnd seine Ohren auff jr schreyen.

SIhe/des HERREN Auge sihet auff die/ so Jhn fürchten/ vnd auff seine Güte hoffen / Psalm: 33. Die Augen bedeuten Gnade vnd Gunst. Wer nun fride suchet / der hat einen gnedigen GOtt. Das ist ja ein grosser Trost/ damit sich ein jeglicher Christ in allen seinen Trübsalen hertzlich trösten kan/ vnd sprechen: Jch weiß gewiß/das mich dennoch vnser HERR Gott hertzlich lieb hat / ob ich jetzt gleich in dieser grossen not stecke/ vnd sehe nicht/wie mir geholffen köndte werden.

Jch befelhe es aber meinem lieben GOtt/ der jetzt in diesem jammer auff mich sihet/ wie eine Mutter auff jr Kindlein/ das sie vnter jrem hertzen getragen hat/der wirt es wol machen/ Vnd ich will jn darumb bitten/vnd gewißlich gleuben/ das Er mich hören vnd erretten wirt / Wie hie stehet: Wenn sie schreyen/ so erhöret der HERR/vnd errettet sie auß aller jrer not.

Das ist ja ein grosse frewde/ So wir ruffen/wil der HERR hören/ vnd wil lieber/ vnd vil mehr hören/denn wir jmmer ruffen können. Sind wir denn nicht alle scheltens werdt /das wir so faul sind zum beten vnd ruffen/ die wir doch so hertzliche vnnd tröstliche/vnd der so vil/Verheyssunge haben? O ruff vnd schrey wer da kan/es fehlet am hören nicht. Vnd sonderlich wil inn dieser grewlichen zeyt/ kurtz vor dem ende der Welt / inn Kirchen/vnd sonst vberal/ ruffens zu G.Ott dem Vater vnsers Heylands JHEsu CHRJSTJ/ tag vnd nacht hoch von nöten sein/ Darumb lasst vns ja wachen/vnd on vnterlaß ruffen/vnd beten/ das wir nicht inn anfechtung fallen.

J i Aber

Kurtze außlegung des

Aber also gebets nicht mit den Gottlosen vnd sichern leuten. Sie thun nichts guts/ vnd ruffen nicht. Darumb stehet das zornige Antlitz Gottes wider sie/ das sie/ wie die Sprew/ verstrewet werden/ vnd jr nam vnd wesen außgerottet/ vnd vertilget werde/ Psalm: I. zeytlich vnd ewig.

Cof. Der HERR ist nahe bey denen / die zubrochens Hertzens sind/ vnd hilfft denen/ die zurschlagen Gemüt haben.

DJese wort sind alle voll trostes / für die Frommen/ so in diser Welt vil angst vnd kümmernuß leyden. Ein demütiger/ geengstigter/ gedultiger/ vnd zerbrochener Geyst gesellt GOtt/ wie wir im 51. Psalm hören werden. Das Creutz/ vnd gedult im Creutz/ zeygt die gegenwertigkeyt Gottes an. Vnd allhie erkleret sich Dauid / was er oben gemeint habe/ da er gesagt: Die Heyligen werden keinen mangel haben. Das ist/ Ob sie gleich vil leyden müssen/ noch hilfft jnen der HERR auß allem jamer/ vnd bewaret jnen alle jre gebeine/ das der nicht eines zerbrochen wirt/ ja das jnen kein har vom kopff fellet/ one den willen GOttes. Denn ob wol der Heyligen Gebeine vil in der marter zubrochen werden/ etliche zu aschen verbrant/ vnd rerstreubet/ vil auch in den Grebern verwesen / doch müssen sie mit frewden wider komen/ vnd nicht ewiglich zubrochen sein / sondern herrlicher vnd schöner werden/ denn sie jemals gewest sind / Denn GOtt samlet die Steublein vnd das Gekretz/ vnd bewarets in seiner Allmechtigen Hand/ vnd hebt vnser Pülverlein vnd Sendlein auff/ zu trotz allen Teufeln vnnd Tyrannen / welche das vnglück redlich treffen sol/ das sie, dieweil sie den Gerechten gehasset/ verfolget/ vnd getödtet haben/ in ewiger schuld sein sollen/ als verfluchte Catharmata/ so von GOtt verworffen sind. Denn wer die Frommen beleydiget/ der beleydiget GOtt selbs/ Esaie am 46. Zacharie am 4. Wer euch anrüret/ der rüret meines Augapffel an.

Der HERR erlöset die Seele seiner Knechte/ vnd alle/ die auff jn trawen/ werden keine schuld haben.

DAs ist der Beschluß/ damit er alle Wolthat GOttes begreyfft/ sonderlich/ wie vns GOtt/ durch seinen Son CHRJstum/ von allem vbel erlöset habe / das wir nun keine Schuld mehr haben / sondern inn ewigkeyt vnschuldig/ rein/ gerecht/ vnd selig sein vnnd bleyben sollen/ wie wir im Zwey vnd dreyssigsten Psalm gehöret. Dafür sey Gott dem HERRN von nun an biß inn ewigkeyt lob/ preyß/ ehr vnd danck/
Amen.

Außle.

Fünff vnd dreyssigsten Psalm Dauids.

Außlegung des Fünff vnd dreissigsten Psalm Dauids.

JSt ein Betpsalm/ darinnen Christus selbs betet/wider die Juden/vnd Verfolger der rechten Kirchen. Er hat aber drey Theyl:

Der erste/ ist ein Gebett/ darinn er GOtt seine sach befilhet/ Vnd bittet/ er wölle die Lehre des reinen/ heyligen Euangelij/ wider alle Tyranney des Teufels vnd der Welt/ sonderlich wider die Lügengeyster/ vnd Höfische Ohrenblesser/ vertheydigen vnnd beschützen. Denn es ist nicht Menschen werck noch kunst/ das die reine Lehre bleybe/ es muß GOtt thun/ vnd erhalten/ sonderlich weil alle Welt der Lehre feindt vnd gram ist/ vnd jederman das Euangelium bey Fürsten vnd Herrn mit vngeschwungenen Lügen/ in Büchern vnd Predigten/ vnd sonst verunglimpffet/ wie zu vnser zeyt Staphylus thut/ verhetzen die Herren/ vnd verbittern sie auffs hefftigste/ verdrucken die Warheyt/ allein vmb jres geniess vnd nutzes willen/ auff das sie zu ehren/vnd hoch kommen/ die Gerechten aber vnterligen/vnd zu boden gehen/Wie man noch an aller grosser Herrn Höfen sihet/ da des vnglimpffens/ heuchelns vnd liegens kein maß noch ende ist/ Jederman wil reden vnd thun/ was die Herren gerne hören/ es sey wider oder mit GOtt/ es gehe wider die Schuldigen oder Vnschuldigen/ wenn es nur dem leydigen Bauch dienet. Darumb ist betens sehr not: HERR sihe du darein/ hilff vnd rette vns/ beschütze du deine Lehre/vnd hader mit den Feinden deiner Lehre.

Wie man aber wider die Feinde berrn solle/ ist anderstwo angezeyget/ nemlich/ das/wo es müglich/sie zur bekerung kommen/ Wo sie aber in jrer verstockung verharren/ das sie von GOTT zum Exempel vnd abschew anderer Tyrannen/gestraffet werden/ wie hie Dauid/oder CHRJstus selbs/ betet.

Der ander Theyl/ ist ein klag wider die vndanckbarn vnd Tyrannischen Juden. Der Son GOttes ist zu jnen/als in sein Eygenthumb/ kommen/ hat sich seiner Gottheyt geeussert/ für sie gebetet/ trewret/ vnd gelitten. Aber da ist kein danck/ sondern es gehet/ wie Christus sagt: Der mein Brodt isset/ tritt mich mit füssen/vnd thute darzu vmb dreyssig Silberling. Solcher Welt art müssen wir alle gewonen in disem leben/ Die Welt dancket nit/ sondern vergilt gemeiniglich zu letzt gutes mit bösem/ Wie auch Dauid geschach bey seinem König Saul/durch die/denen er alles guts gethan hatte/vnd vmb jr vbel sich offt hoch bekümmert Es geschicht noch teglich. Man gebe sich nur darein/vnd fürchte Gott/ Der Jünger sol nicht besser sein/als sein Meyster gewesen Wir begerens auch nit besser noch anders von der Welt/ sie bleybt in jrem wesen.

Der dritte Theyl ist abermal ein Gebett/ das jn Gott wölle erretten/ vnd jn nicht lassen zu schanden werden für seinen Frinden/ welche jubilirn vnd fro sind/wenn es den Gerechten vbel geht. Er erzelet aber die vrsachen/ warumb er begert erlöset zu werden.

1. Das er Gott stettigs loben/preysen/ vnd jm dancken möge in der Gemein

Kurtze außlegung des

mein vnd Kirchen Gottes. Denn wo kein errettung vnd hülff ist/da kan man auch nicht dancken.

2. Das sich seine Feinde nicht frewen/vnd noch mehr lügen stifften/vnd vil vnglücks anrichten wider die stillen/die gern fride vnd ruhe hetten.

3. Das man sehe/das auch Gott vber dem/was recht ist/halte/vnd die Boßheyt straffe/ Darumb spricht er: HERR/richte mich nach deiner Gerechtigkeyt.

4. Das seine Feind erfaren/ das GOtt jre rencke vnd tücke nicht dulden wölle/ sondern ernstlich straffe/ vnd seine Gerechte erlöse.

Der Psalm ist an jm zuuerstehen selbst leycht/ vnd hat nit schwere wort/ noch meinung. Wir mögen/ vnd sollen jn beten/ wenn wir one vrsach geneyget/ gehasset/ verfolget/ außgetragen/ verhindert/ vnd betrübet werden/ es sey zu Hof/ oder an andern orten/ sonderlich wider die öffentlichen Feinde/ vnd Epicurer/ die nichts nach der Ehre GOttes fragen/ sind Lügner/ vndanckbare/ vnbestendige/ heuchlische/ geytzige/ neydische leut/ (denn also werden sie in disem Psalm abgemalet/) auffrhürische/ blutdürstige/ die sich freuen des vnglücks. Item/ Die da hincken/ vnd den Baum auff beyden achseln tragen/ Wöllen GOtt dienen/ vnd dienen doch am meysten jhrem Bauch/ vnd Mammon/ ja dem Teufel. 1. Regum 18. Wie lang hincket jr auff beyden seytten? Das sind auch alle Heuchler/ vnd falsche Heylige/ die nichts gewiß/ noch bestendigs haben/ weder an der Lehre/ noch am Gebett/ vnd thun doch den Frommen grossen schaden/ vnd bringen sie in hertzleyd/ in sterilitatem animz, als müste jhr Lehr vnd Seele nichts sein/ veracht vnd verlassen/ wie eine Witwe/ oder vnfruchtbare/ das man nichts nach jnen fragt/ sondern allein sihet auff die Hinckenden/ die den Mantel keren nach dem Winde/ vnd geben doch grosse heyligkeyt für. O wie vil sind jetzo derselbigen an allen orten. Aber GOtt wirdt sie alle wol finden zu seiner zeyt/ so sie sich nicht von hertzen bekeren/ sie mögen dieweil mit der Lehre/ leben/ Gebett/ ja auch mit jren geberden/ köpfften/ vnd falscher/ heuchlischer andacht hincken/ vnd wie ein Gans zu beyden seytten hin vnnd her wackeln/ vnd vnbestendig/ vnnd wetterwendisch sein/ so lang sie können. Lasse vns nur nicht laß vnd faul werden im Gebett/ sondern den Namen GOttes preysen/ vnd von seiner Gerechtigkeyt reden/ wie am ende dises Psalms stehet/ so sols kein not mit vnns haben/ wenn gleich der
Spötter/ Lügner/ Heuchler/ Verleumbder/
Leebolisten vnd
Ohrnbleser/
Bauchdiener/ vnd Neyder noch tausent mal
mehr weren/ ja/ wenn die
Welt voll Teufel were/ so fürchten
wir vns nicht so sehr/ es
muß vns doch
gelingen/

/ A. W. C. N.

Außlegung

Sechs vnd dreyssigsten Psalm Dauids. CLXXXIX

Außlegung des Sechs vnd dreissigsten Psalm Dauids.

Es ein herrlicher schöner Lehrpsalm/ darinn Dauid preyset die verborgene wunderbarliche Gerechtigkeyt Gottes/ welche von der Menschen vernunfft nicht kan begriffen werden / wie nemlich Gott so gnedig vnd barmhertzig sey/ gegen allen Menschen/ vnd langmütig gegen den bösen Gotlosen leuten/ also/ das schier kein vnterschied zwischen den Frommen vnd Bösen in disem leben kan gemacht werden / ja/ dass offt die Gottlosen vil besser haben/ denn die Frommen/ Welchs denn auch den Heyligen wehe thut/ wie wir am Job/Jona/Elia/Eliseo/Jeremia/vnd an den Aposteln sehen/welche wünschen vnd begeren / das fewer vom Himel fallen wölle/ vnd die Gotlosen verzeren. Darumb lehret allhie Dauid/ wie man sich darein schicken sol/ das man sich an dem glück der Gotlosen nicht ergere/ noch zugleich mit jnen renne vnd lauffe/ Nemlich/ das man erstlich gedencke/ob schon die bösen Buben vil glücks vnd wolfart haben/ das doch jr seel vnd hertz nichts tüge/ sondern voll vnflats vnd laster sey.

Darnach/ Das Gottes Barmhertzigkeyt sich weyt/weyt erstrecke/ der seine Sonne vber die Bösen gleich so wol/ als vber die frommen lesst auffgehen/ vnd hat gedult/ vnd wartet/wenn man sich bekere.

Zum dritten/ Das doch die Gottlosen endtlich werden fallen / vnd verstossen werden/ denn sie bekeren sich doch nicht/ biß in die Helle hinein/ spricht Syrach.

Wir sollen aber disen Psalm brauchen/ wider das gemeine ergernuß/ vns zu hüten für den falschen Lehrern/Ketzern/Rottengeystern/vnd andern Gotlosen/ vnd vns zu trösten/ das dennoch GOttes Wort vnd Reich durch jre Rotterey nicht sol vmbgestossen / sondern in aller Welt vest stehen bleyben/ wie die Berge/ so GOtt selbs setzet / vnd wie die tieffen Abgründe/ so vnaußschöpflich sind.

Es ist von grund meines Hertzen von der Gottlosen wesen gesprochen/ daß keine Gottes forcht sey jnen ist.

LOquitur iniquitas impij in medio cordis mei. Das ist/ Wenn ich ansehe/wie es die Gottlosen treyben in jrem stand vnd leben/ wol gründlich die warheyt sagen/ so muß ich frey one schew herauß reden/ das sie weder nach Gott/ noch nach andern fragen. Sie scheinen wol/ als seyen sie fromm/ vnd heylig/ vnd meines gut/ aber es ist doch im grunde falsch.

Erstlich/ sind sie one forcht Gottes/ böse/giffftige leut/die GOttes Wort gantz verechtlich halten/ vnd keinen schew für Gott haben/ sind stoltz/frech/ vnd sicher zu reden/ vnd zuthun/ was sie gut düncket/ vnd könnens alles meysterlich beschönen/ lencken vnd drehen auff gut Höfisch.

Zum andern/ schmücken sie sich vntereinander selbs/ vnd fürbern jre böse sach/ vnd verunglimpffen andere / Loben vnd rhümen nichts / denn sich selbs/ vnd jren anhang/ Sie können vnd thun nichts allein/ andere wehen jnen sind nichts/ Wer jhnen beyfall gibt/ vnd sie zu allem jrem fürhaben gnedige

Kurtze außlegung des

Herrn heyst/vnd anbetet/der lang nichts/der muß herhalten/vnd sich lassen verleumbden auff das ergste.

Zum dritten/Alle jr lehr ist schedlich/vnd erlogen/was sie reden/tichten vnd trachten/ist jr eygen gutduncket/gibt keinen trost/vnd ist alles lose lehre/ lose vergebliche reden/wenn es am besten ist. Es kompt mit dem Wort Gottes nicht vberein. Die mögen sich die Papisten/Sacramentirer/vnd andere Rottengeyster wol spiegeln.

Zum vierdten/Lassen sie sich nicht weysen/das sie guts thetten/sind steyff vnd halsstarrig/herter denn kein Amboß ist jhr kopff. Ja wenn sie fülen/das man sie vnterweysen/vermanen/straffen/vnd nicht loben will/so faren sie auß der haut/entbrennen/vnd werden wütig/wie der Teuffel/schelten vnd schmehen/wie die Exempel mit allen Ketzern vnd andern Gottlosen leuten außweysen. Man sage nur die Warheyt/so bleybet vnns niemandt hold.

Zum fünfften/Trachten sie nach schaden auff jrem lager on auffhören/ ruhen nicht/faren immer fort/nemen zu breytten jr ding auß/vnd wachsen wie der Krebs/sie wolten gern alles inn einem tag vmbkeren/was sie nicht billichen/wie es heutigs tags mit den Sacramentirern geschicht/sie feyren nicht/ wolten gern das Lutherus vnd Brentius mit allen jren Schrifften/vnd alle andere trewe Lehrer/so noch die Warheyt füren/inn einem augenblick vntergiengen/stürben/vnd jr vergessen würde. Denn sie gedencken: Serpens non fit Draco, nisi serpentem deuoret.

Zum letzten/Stehen sie vest auff dem bösen Wege/vnd schewen kein arges/verfolgen vnd plagen/wo sie nur können/alle/die es nicht mit jnen wollen halten/vnd thun solchs one schew/mit aller turst vnd sicherheyt/als thetten sie Gott einen dienst daran. So weyt gehet die beschreybung der Gotlosen Lehrer/Ketzer/vnd anderer/die GOtt nicht fürchten. Volget nun das Gebett/vnd der rechte Trost:

HERR/deine Güte reycht so weyt der Himel ist/vnd deine Warheyt so weyt die Wolcken gehen.

DJe preyset Dauid die Barmhertzigkeyt GOttes/das Er so langmütig ist gegen den Gottlosen/lesst regnen vber die Frommen vnd Bösen. Man sehe an was man wölle/Himel/Wolcken/Son/Mond/Stern/Wasser/Erd/Thier/Fewer/vnd alles anders/so sihet man vberal die Güte GOttes/wie oben im 19. Psalm weytleufftiger ist gesagt worden. So wirdt auch die Warheyt GOttes/nemlich/sein Wort/vberal geprediget/das sich niemand zu entschuldigen hat. Es ist durch die gantze weyte Welt geloffen/vnd an allen orten gewesen. So steht auch Gottes Gerechtigkeyt/wie die Berge/ vest vnd vnuersterlich/vnd sein Recht wie grosse tieffe/das wir alle mit dem lieben Paulo sagen müssen: O welch ein tieffe des Reychthumbs/beyde der Weyßheyt vnd erkentnuß GOttes/wie gar vnbegreyflich sind seine Gericht/ vnd vnerforschlich seine Wege. Item Esaie 40. GOttes Macht vnd Herrligkeyt/Krafft/Sterck/vnd Vermögen/ist vnendtlich. Er hilfft beyde Menschen vnd Vihe/vnd ist Barmhertzig gegen allen Menschen/Frommen vnd Bösen.

Nun volgen sonderliche Verheyssunge/die allein zu dem rechten Volck Gottes/das ist/zu den Gottsfürchtigen vnd Gleubigen/gehören.

I. Sie

Sechs vnd dreyssigsten Psalm Dauids. CXC

1. Sie wonen vnter dem Schatten der Flügel GOTtes/ vnd trawen auff GOtt/ wenn sie gleich nicht Reich vnd Mechtig sind/ wie vil Gottlosen sind/ noch wissen sie/ das sie Gott beschützet/ vnd/ wie eine Henne jre jungen vnter jre flügel samlet/ also sie auch von Gott angenommen/ vnd vertheydigt werden.

2. Sie werden truncken von den reichen Gütern des Hauses Gottes/ Das ist/ Sie speysen vnd erquicken sich mit dem Wort GOttes/ oder mit der reinen Lehre des heyligen Euangelij/ wenn sie gleich sonst nicht die Bauchfülle haben/ vnd trencken sich mit dem Wort/ ja mit dem Blut des Sons GOTtes/ das Er für vns vergossen hat/ vnd erquicken jr Seel vnd Leyb mit rechtem trost vnd leben. Denn bey Gott ist die lebendige Quell/ Fons vitæ, der Brunn des Lebens. One Gott/ ists eytel Todt.

3. Jnn dem Liecht GOTtes/ das ist/ in seinem Wort oder Euangelio/ das der Sohn GOTtes auß der Schoß seines Vaters hat herfür gebracht/ sehen sie das Liecht/ Gnade/ vnd Warheyt/ Trost vnd Frewde / vnd werden Tempel vnnd Wohnunge des heyligen Geystes. Lumen humanæ rationis nihil est, Was die Vernunfft saget/ gehöret hieher nicht. Es ist kein Liecht im Menschen/ das für GOtt bestehen vnd scheinen kan/ wo nicht GOTT selbs vns durch seinen Sohn erleuchtet. Wol dem/ der bey GOTTES Wort bleybet/ vnd sich erleuchten lesst. Darumb betet Dauid gar ernstlich/ vnd spricht:

Breytte deine Güte vber die/ die dich kennen / vnd deine Gerechtigkeyt vber die Frommen.

DAs ist/ Gib/ das wir bestendiglich verharren bey deinem Wort/ vnd nicht verfüret werden/ noch durch ergernuß von deiner Warheyt kommen. Laß vnns nicht stoltz werden/ noch von den Stoltzen vnertretten/ Psalm: 19. Sondern sey vns genedig/ hilff/ vnd heylige vns inn deiner Warheyt. Dein Wort ist die Warheyt. Stewer vnd wehre allen stoltzen Lügengeystern/ die nicht dein Ehr noch Warheyt suchen/ vnd stürtz sie in die gruben nein/ die sie machen den Christen dein/

A M E N.

J iiij Aus Je-

Kurtze außlegung des
Außlegung des Lieben vnd
dreissigsten Psalm Dauids.

St ein Trostpsalm / eines schlags mit dem vorigen. Denn er lehret/gedult zu haben in der Welt / wenn wir sehen/das es den vnbußfertigen vnd Gottlosen so wol gehet/ vnd
den Gottsfürchtigen alles widersinnisch. Auff das sich nun die
Frommen nicht ergern/ noch neydisch sind / noch fluchen dem
grossen mutwillen/ murren/ vnd scheel sehen / vermanet dieser
Psalm/ das man gedult hab/vnd das hertz zu GOtt halte/ vnd
jm alle sach be felhe/ er wirts wol machen.

Die Heyden haltens für ein grosse Tugendt/wenn man eyfert/vnd neydt
tregt wider die Gotlosen/ vnd jhnen jren mutwillen/ Glück vnd Reychthumb
nicht vergönnet. Aber diser Psalm spricht kurtzumb: Sey gedultig/Harre des
HERRN/ Sey nicht neydisch/ Warte deines Beruffs/ Leyde vnd bete/ Laß
vber vnd wider dich gehen / es sey was es wölle/ recht vnd vnrecht / vnd hoffe
auff GOtt/ er wirts wol machen. Das heyst eine Geystliche Tugendt/die allein die rechten waren Christen beweysen/ vnd kompt nicht in aller Menschen
hertzen.

Es ist ja ergerlich/vnd thut den schwachgleubigen wehe/wenn sie sehen/
das die Gottlosen erstlich nichts nach GOtt/ noch seinem Wort fragen/ sondern spotten/ vnd lestern Gott/vnd sprechen in jrem hertzen/Gott frage nichts
darnach / es sey nichts mit dem Wort GOttes / Wie Calobius gesagt : Es
were nichts mit Sanct Paulichen / er hette seine Episteln lassen abschreyben/
für etliche groschen/ vnd darnach für die seinen außgebreittet/ so were es auch
sonst alles vngewiß. Da er nun darumb gestrafft/ er solte nicht so spöttlich
vom Wort GOttes reden/ Hat er geantwortet : Er gebe ein par groschen etwa einem Dorffpfaffen/ dem beychtet er/ vnd redet/ das weder er/ noch der
Pfaff verstünde / vnd würde also von seinen Sünden absoluirt. Das sind die
Epicurer/ vnd vnflettigen wüsten Sew/ vnd Teufels geschmeyß / die GOtt
wirdt finden/ vnd vber sie regenen lassen/ Blitz/ Schwefel/ vnd Hellisch
Fewer.

Zum andern/thuts wehe/das den Gotlosen jre sach so glücklich für voll/
vnd wol hinauß gehet. Sie treyben allen mutwillen/ vnd rhümen sich jrer Laster/wöllen dar zu vngetadelt sein/faren fort in jren sünden/wuchern/füllerey/
vnzucht/betrug/vnd andern vnzelichen lastern/ Ja/ sie haltens dafür/es seyen
nicht laster.

Zum dritten/Sie bleyben den meysten theyl vngestrafft/ja/sie werden gelobet/ geehret/ vnd hochgehalten / vnd haben jmmerdar jre vertheydiger/ die
sie/wenn sie es gleich auff das ergste machen/vnd Rab/ Galgen/vnd schwerdt
verschulden/ böslich entschuldigen/vnd schön vnd fromm machen / wie man sie
het vnd teglich erferet in öffentlichen Bubenstücken/da die losen leut von losen
leuten entschuldiget/ vnd wider alle Recht/ vernunfft/ vnd Erbarkeyt verteydiget werden. Es kan schier kein Laster so groß sein/ man findet leut/die es beschönen/ ja/ die gelt nemen/ vnd vnterstünden sich/ wo es müglich/ auch den
schwartzen verdampten Teufel/ weiß vnd selig zumachen / Vnd bereden die
armen vnachtsamen Herren vnd Oberkeyt/ es sey also/ vnd müsse also sein/
hengen

Sieben vnd dreyssigsten Psalm Dauids. CXCI

hengen sich aneinander/ vnd erdencken böse tücke/ Psal: 9. leben mit einander in wollust/ essen vnd trincken/ spielen/ lachen/ vnd sind in jrem grossen mutwillen guter ding. Das erferet man teglich bey denen vom Adel/ bey den Gewaltigen/ Bürgern/ vnd sonderlich an den Zungendreschern/ rabulis forensibus, so nicht werdt sind/ das sie der Erdboden tragen sol.

Zum vierdten/ So haben sie gemeiniglich alles rollauff/ sind reich/ vnd grosse Hansen/ man muß sie ebin/ gnaden/ gestreng/ edel/ achtbar/ hochgelert/ ehrnuest/ vnd erbar nennen/ sich für jnen fürchten/ schmiegen/ neygen/ jnen alles zufüren/ vnd geben/ Wein/ Korn/ alle notturfft vnnd vberfluß/ sie haben Stedt/ Schlösser/ Sitz/ vnd Dörffer/ vnd niesten sich vnd die jren auff das herrlichste/ vnd haben in summa jr Himelreich in disem leben.

Zum fünfften/ Verachten sie andere leut neben sich/ vnd brüsten sich/ wie ein fetter wanst/ halten andere leut für Hunde/ vernichten alles/ vnd reden vbel dauon/ lestern hoch her/ vnd was sie reden/ das muß vom Himel herab geredt vnd befolhen sein. Sit pro ratione voluntas. Plagen vnd martern andere leut/ schinden vnd schaben nach jrem gefallen/ vnd lassen jnen nit einreden/ sondern dencken/ wir sind doch allein.

Zum sechsten/ So frewen sie sich/ wenn es den Frommen vbel geht/ rhümen vnd jauchzen vber die Gotsfürchtigen/ prallen/ vnd reden trotziglich/ Psal: 94. schreyen/ da/ da/ Nun ligt er/ es ist nun auß mit jm/ O recht/ er ist hinweg/ verjagt/ gestorben/ hinunter/ er hat sein lohn empfangen. Kützeln sich also öffentlich vnd heimlich mit der vnglück der Gerechten/ die jren mutwillen vnd vnrechtes wesen nicht haben wöllen billichen. Aber wer kan der Gotlosen tücke vnd leben alles beschreiben? Man erferts leyder teglich in Kirchen, Schulen/ Regimenten/ Haußhalten/ gemeinem leben/ vnd in summa vberal in allen Stenden. Wie Hell vnergründtlich ist/ also ist auch der Gotlosen boßheyt. Noch gehets jnen wol. Die Frommen aber bleyben dahinden/ werden verachtet/ gehasset/ geneydet/ gehindert/ geplagt/ vnd verfolgt.

Die Heyden haben bißweylen auch solche vngleicheyt gemerckt/ vnd da sie sich nicht darein zuschicken gewust/ haben jr vil gedacht/ Gott frage nichts nach der menschen leben/ Wie der Poet sagt:

> Cùm rapiant mala fata bonos, ignoscite tasso,
> Sollicitor nullos esse putare Deos.

Item:
> Sed cùm res hominum tanta caligine volui
> Aspicerem, lætosq; diu florere nocentes,
> Vexariq; pios, rursus labefacta cadebat relligio.

Aber hie lehret vns der Psalm vil anders/ vnd vermanet vns zur gedult/ vnd tröstet mit allerley weiß/ verheyssungen/ exempeln/ vnd drowen. Denn es ist ja ein grosse schwere kunst/ solche gedult zuertzeygen/ wie alle fromme hertzen zu vnser zeyt bey sich erfaren/ da sie lieber wolten/ wo es müglich/ mit donner vnd plitz in der Gotlosen hauffen schlagen/ denn das sie jnen jren mutwillen vergönnen. Aber hie heysts also:

Aleph. **Erzürne dich nicht vber die bösen/ Sey nicht neydisch vber die Vbeltheter.**

1. Die Gottlosen machens so arg/ das jr vrsach genug ist/ jmmerdar zu zürnen.
2. Aber die Gotlosen sollens nicht lang treyben/ sondern endtlich grewlich gestrafft werden.

3 Darumb

Kurtze außlegung des

3. Darumb sollen die Frommen desto gedultiger sein/vnd den zorn faren lassen/vnd auff Gott warten/vnd harren.

Einrede.

Es weret aber lang / Wenn wils denn auffhören? Wer kan so lang halten/ hoffen/ vnd harren?

Antwort.

Wie das Graß werden sie bald abgehawen / vnd wie das grüne Kraut werden sie verwelcken.

Aß dir die weil nicht lang sein. Die Gewaltigen/ Reichen/ Gottlosen leut sind wie Graß vnd Hew/ Je höher es wechst/ je neher jm die Sensen sind. Vnd werden die Gotlosen dem Graß verglichen/ vmb dreyer vrsachen willen: Propter amœnitatem, fragilitatem, & lecuturas prænas. Das sie schön vnd lustig scheinen/ vnd doch bald vergehen/ vnd endtlich in Offen geworffen werden / Wie man sihet in der Welt/ mit allen grossen Königreichen vnd Fürstenthumben/ wie sie/ wenns am schönsten vnnd herrlichsten sind/ plötzlich fallen / vnd vil grosser Potentaten vergehen erbermlich / auch andere Reiche, Gewaltige/ gesunde/ vnd fürneme leut jemerlich sterben/ vnd vmbkommen/ vnd ist all jr Gewalt/ Pracht/ Kunst/ vnd Herrligkeyt/ ein armes/ elendes/ vnd kurtzes wesen. Alles Fleysch ist wie Graß / vnd alle Herrligkeyt der Menschen/ wie des Grases Blume. Das Graß ist verdorret/ vnd die Blume abgefallen. Esaie am 40. Deut grünets/ morgen wirts abgehawen/ vnd in Offen geworffen. Also gehets auch mit allen Gelehrten Ketzern/ vnd Heuchlern in der Kirchen. Was wolten wir denn vil zürnen? Vil mehr sollen wir gedult vnnd ein hertzliche mitleyden mit der bösen Welt haben / vnd bitten/ GOtt wolte jr vil bekeren/ das sie jr elend erkennen/ vnd Buß thun. Aber solchs ist ja schwer.

Frag. Wie sol ich mich aber dieweil halten/ biß daß der Gottlosen Bosheyt auffhöre?

Antwort. Hoffe auff den HERRN/ vnd thue gutes/ Bleybe im Lande/ vnd nehre dich redlich/ ꝛc.

Geh deinen Weg/
Auff rechtem steg/
Far fort/ vnd leyd/
Trag keinen neyd/
Ver/ loff auff GOtt/
In aller not/
Sey still/ vnd traw/
Dabacht/ vnd schaw/
Groß wunder wirstu sehen.

1. Hoff auff Gott. Denck nicht/ wie du dich wilt rechen/ vnd böses mit bösem vergelten. Mein ist die Rach/ spricht GOtt. Laß vmb niemands willen gutes zuthun. Gib Gott alles heim/ vnd vertraw jm.

2. Thu

Sieben vnd dreyssigsten Psalm Dauids.

2. Thu guts / auch vmb böses / vnd fare fort in deinem Beruff vnd Ampt/ werde nicht faul noch nachlessig / wenn du gleich bey der Welt keinen danck verdienest.

3. Bleybe im Lande / fliehe nicht auß der Welt / vnd zihe nicht an ein ander ort / wenn es dir vbel geht / Wone wo du bist / vnd wo dich Gott hin verordnet hat / du werdest denn mit gewalt verjagt / oder müssest vmb grosser / wichtiger vrsachen halben den ort wechseln. Du kommest hin wo du wilt / so findest du vberal die vndanckbare sichere Welt.

4. Nehre dich redlich / treyb dein arbeyt vnd handel wie vorhin / bleyb im Glauben / vnd zweyffel nicht / Gott werde dich nicht lassen / thu nur das dein / arbeyt / vnd laß jhn walten. Nehre dich mit GOtt vnd nit ehren / vnd thu niemand vnrecht.

5. Habe deinen lust am HERREN. Marter dich nicht selb mit vngedult vnd zorn / sondern laß dir den willen GOttes / vnd sein langmütigkeyt gefallen / vnd halte dich zu seinem Wort / vnd Verheyssungen / so wirstu erlangen / was dein Hertz wünschet / vnd wirt dir alles zugeworffen werden. Was wiltu mehr?

6. Befelhe dem HERRN deine weg / vnd hoffe auff in / Ruff in an / klag jm deine not / bete fleissig / vnd schütte dein hertz für jm auß / bitte jn / das er Segen vnd gedeyen wölle deiner arbeyt / vnd deinem Beruff verleyhen / das dein Ampt vnd leben zu Gottes Ehren gereiche / vnd thu solches teglich / wenn du frü auffstehest / vnd zu ruhe gehest. Er wirts wol machen. Laß in sorgen / wie er dich wölle erhalten / regieren / schützen / vnd wider deine Feinde vnd alles vnglück beschirmen. One jn können wir doch nichts.

So du das thust / so wil GOtt deine Gerechtigkeyt herfür bringen / wie das liecht / vnd dein Recht / wie den Mittag / Dein gute sach wirt nicht im finstern bleyben / sie muß herfür / vnd jederman bekant werden / das alle zu schanden werden / die dir sind zuwider gewesen / vnd deine sach haben wöllen vnterdrucken. Laß dir nur die weil nicht zu lang sein / vnd werde nicht vngedultig. Sihe wie es mit Joseph / Dauid / vnd mit dem HERrn Christo selbs ergangen / vnd noch heutigs tags in der Kirchen / vnd sonst mit den frommen Lehrern / vnd andern Christen. ergehet.

7. Sey stille dem HERRN. Darre doch. Tobe vnd murre nicht. GOtt weiß wol / wenn er dir helffen / vnd deine sach hinauß führen sol. Laß dieweil der Gotlosen glück jmmer gehen / wie es geht. Sey du still / fare nit mit dem kopff hindurch / wie die tollen leut. In silencio & spe fortitudo nostra.

8. Warte auff GOtt. Laß dir seinen willen gefallen / auff das du sein werck in dir / vnd in deinem Feinde nicht hinderst. Vnd wie ein frucht in Matter leyb sich leist von GOtt formiren vnd machen / also mustu dich auch schicken / vnd still halten / das dich GOtt formiere / vnd recht mache nach seinem wolgefallen.

9. Erzürn dich nicht. Wenn gleich die bösen vil glücks haben / vnd je grösser schalck / je besser balck. Sey zu frieden / trag nicht neyd noch haß / welches dich denn hindert ain Gebett / vnd am Glauben vnd Lieb / vergelte nicht arges mit argem / du wirst sonst den Vbelthetern gleich / vnd fellest in gleiche straffe / ob du schon nicht angefangen / sondern / wie die natur pflegt sich zu entschuldigen / darzu gereitzt vnd gedrungen bist worden.

Wie gehet es denn zu letzt den Gottlosen?

1. Die

Kurtze außlegung des

1. Die bösen werden außgerottet.
2. Es ist noch vnd ein kleines/ so ist der Gotloß nimmer/ vnd wenn du nach seiner stet sehen wirst/ wirt er weg sein.
3. Der Gotloß wirt von Gott verlacht/ Psalm: 2.
4. Der Gottlosen schwerdt gehet in ir hertz/ vnd ir bogen vnd arm zubricht/ Sie fallen in die gruben/ die sie andern machen.
5. Die Gottlosen kommen vmb/ vnd die Feinde des HERRN/ wenn sie gleich sind/ wie ein köstliche Awe/ vergehn sie doch wie der Rauch.
6. Sie sind von Gott verflucht/ vnd werden außgerottet.
7. Auch ir samen wirt außgerottet/ mit allem was sie haben.
8. Die Vbertretter werden mit einander vertilget auff eunen hauffen/ das man nichts von jnen mehr wissen sol.

Warumb fallen die Gottlosen in solche straff vnd Zorn Gottes?

1. Sie verachten vnd drowen den Frommen/ vnd beyssen ire zene zusammen ober die Gerechten. Verachten GOtt/ vnd sein Wort/ vnd wöllens alles allein sein/ Trotzen vnd pochen.
2. Sie üben gewalt/ zihen ir schwerdt auß/ vnd spannen jren bogen/ die elenden/ armen/ vnd frommen zufellen vnd zuschlachten.
3. Sie borgen/ vnd bezalen nicht/ Das ist/ Ire Gûte sind böse vnd verdamlich/ Sie samlen sie nur/ vnd reissens zu sich/ vnd theylens doch den dürfftigen nicht mit.
4. Sie lawren heimlich vnd tückisch auff die Gerechten/ vnd gedencken sie zu tödten/ *auch ij xoi.* Es ist nichts redlichs.
5. Sie sind trotzig/ stoltz/ vnd breytten sich auß wie ein Lorberbaum/ Nos poma natamus. Inn Summa/ sie fragen nichts nach Gott/ noch nach seiner Ehre/ noch nach jrem Nechsten.

Das ist die beschreibung der Gotlosen/ das ist/ aller derer/ die Gott nicht trawen/ noch seinem Wort gleuben/ sondern leben allein nach jrer vernunfft vnd freyem willen/ als da sind/ alle Gleyßner/ Hypocritz, scheinende Heyligen/ die gelehrten Philosophi/ die auß jnen selbs noch in der Natur leben/ one das Wort GOttes/ sichere/ vnbußfertige leut/ falsche Maulchristen/ Gelehrte/ vnd Vngelehrte/ Tyrannen/ Epicurer/ sie sind gleich in der zal der Christen/ oder ausserhalb. Die ist kein vnterscheyd. Sie sind alle ἀθεοι, Gottloß/ Impij, die one GOtt/ oder wider GOtt leben / Das ist/ Die GOttes Wort nicht gleuben/ noch trawen/ vnd ein Epicurisch / sicher/ vnbußfertige leben füren. Die heylige Schrifft/ wie wir auch in allen Psalmen sehen/ redet nicht anders dauon.

Wie solle es aber den Frommen vnd Gottseligen endtlich ergehen?

1. GOtt wil jnen geben jres hertzen wunsch.
2. Er wil jr gerechtigkeyt an tag bringen.
3. Sie sollen das Land erben/ Das ist/ Sie sollen haben/ was sie bedürfften/ nicht zu vil vnd nicht zu wenig/ sondern jren bescheydenen theyl mit gutem Gewissen.
4. Sie werden lust haben in grossem fride. Ire sach sol zum ende/ vnd fride mit ehren kommen/ auch auff erden.

5. Jhr

Sieben vnd dreyssigsten Psalm Dauids.

5. Jhr weniges/das sie mit Gott vnd ehren haben/sol besser sein/denn alles Gut der Gottlosen/ja jr Gut soll ewiglich bleiben/in diser vnd in jhener Welt/ob sie wol nicht vberflüssig vorrat haben/wie die Gotlosen Denn Gott ist jr Vorrat/Kornboden/Weinkeller/vnd all jr Gut.

6. Der HERR kennet jre tage/zeyt/gelegenheyt/notturfft/ vnd hilfft jnen zu rechter zeyt.

7. Sie werden nicht zu schanden in der bösen zeit/vnd in der Thewrung haben sie gnug. Gott ist jr Haußhalter.

8. Sie sind die Gesegneten Gottes. Gott hat lust an jrem wege/das jr gang/leben vnd Beruff fein glücklich fort geht.

9. Wenn sie gleich fallen/so werden sie doch nicht weg geworffen/Deñ der HERR erhelt sie bey der hand.Ob sie schon ein weil gedrückt werden/vnd vnterligen/schadet nicht. Gott hilfft jnen wider auff.

10. Jr Samen geht nicht nach brod/leydet nicht hunger/stirbt auch nicht hungers/ob er wol arm ist/vnd nichts vbrigs hat/er muß ernehret werden. Gibet jm einer nicht/so gibt jm der ander. Armut nimpt Gott nicht von seinen Heyligen. Aber darinn lesst ers nit verderben noch vntergehn/Psal: 34.

So aber jemand sagen wolt/ er hette vil frommer leut sehen betteln/vnd jre Kinder nach Brod gehen/wie es offt geschicht/ denen ist neben dem/das wir oben im 34. Psalm gesagt haben/ zu antworten/ wie Clemens Alexandrinus sagt: Iusto panem deesse, rarum est, & id fit vbi non est alius iustus. Es ist seltzam/das ein Gerechter nicht sol Brod haben/ vnd solchs geschicht auch nirgend/denn allein/wo sonst kein Gerechter ist. Doch sol ein jeder wissen/das der Gerechte nicht allein im Brodt lebe/sondern in einem jeden Wort Gottes. Vnd ob sie gleich bißweilen betteln müssen/so sol doch keiner hunger sterben.

11. Gott verlesst sie nicht/ sondern segnet vnd bewaret sie vnd jren Samen ewiglich/das sie ewiglich bleyben/vnd leben sollen/vnd das rechte Land ererben/welchs ist ewige frewd/wonne/vnd vollauff in Gott.

12. Sie werden erlöset auß den henden der Gotlosen.

13. Sie werden nicht verdampt/wenn sie gleich verurtheylet werden/Ob sie schon von der gantzen Welt verfolget/vnd als Ketzer vnd verdampte auß geschrien werden/noch sind sie für Gott gerecht vnd selig.

14. Sie werden von Gott erhöbet/zeitlich/leiblich/geistlich/vnd ewiglich. Wie auch Petrus sagt : Demütiget euch vnter die gewaltige Hand Gottes/ das Er euch erhöhe zu seiner zeyt.

15. Es geht jnen zu letzt wol/vnd werden errettet auß aller not. Gott hilfft jnen ja gnediglich.

Wie kompts/daß den Gottsfürchtigen so wol ergehen sol?

ES thuts allein Gottes Gnad vnd Barmhertzigkeyt/ auff welche sich die Gleubigen gentzlich verlassen/ vnd beweisen die früchte des Glaubens inn jrem leben vnd Beruff/nemlich also:

1 Sie hoffen auff Gott/sind gedultig/trawen vnd gleuben dem Wort vnd Verheyssungen Gottes/vnd befelhen allen jren weg Gott dem HERRN.

2. Sie warten jres Ampts/arbeyten/ vnd nehren sich redlich mit Gott vnd mit ehren/lassens jn sawer werden/sind nit müssig/faul noch nachlessig. In sudore vultus.

3. Sie lassen andere zu friden/thun jren Nechsten alles guts/verleumbden nicht/sind nit neydisch/gönnen jederman gern das jre.

Kurtze außlegung des

4. Sie volgen nicht bösen Exempeln / lauffen vnnd rennen nicht mit den Gotlosen/ sondern faren fort im woltthun/ werden nicht geergert/ vnd ergern auch andere nicht.

5. Lassen jnen genügen an dem/ was jnen GOtt gibt / Non sunt petaces, nec rapaces. Trachten nicht nach höhern dingen/ dancken Gott für seinen Segen/ vnd wöllen auch nicht mehr haben / denn souil jnen Gott auß gnaden beschert/ vnd bleyben stetigs in warer demut für Gott.

6. Sie sind barmhertzig/ vnd milde / theylen gern mit jrm Nechsten / die jres raths vnd jrer hülff bedürffen/ geben den armen almosen/ helffen der Kirchen/ vnd den Schulen/ wo sie können/ vnd andern armen leuten. Was sie von Gott empfahen/ das geben sie Gott wider/ vnd wendens zu seiner Ehr.

7. Sie murren nicht wider Gott in jrem creutz / sondern halten sich an die Hand Gottes/ vnd ob sie gleich fallen/ richten sie sich daran widerumb auff/ wie ein Kind an seiner Eltern hand.

8. Sie reden weißheyt/ vnd lehren / was recht ist/ vnd sehen niemand an. Gottes Wort vnd Gebot ist stetigs in jrem hertzen vnd mund. Sie nemen kein andere lehre an/ denn die da heyßt GOttes Wort. Was mit demselben nicht stimmet/ das ist nichts bey jnen.

9. Jre tritt gleitten nicht. Sie sind jrer lehr gewiß/ nicht allein im mund/ vnd halsgeschrey/ wie die sichern meinen/ sondern in jrem Hirn/ Gemüt/ Hertzen vnd Gewissen. Dabey bleyben sie. Sind nit wetterwendisch/ vnbestendig/ schlüpfferig. Bleyben auff einem wege/ vnd mögen durch keine menschen lehre noch Philosophische gauckeley verfüret werden.

Vnd allhie mercke ein jeder/ das GOttes Wort muß im hertzen/ vnd mit ernst gemeint sein/ on allen zusatz rein/ so machts den gang gewiß vnd sicher. So bald aber ein zusatz vnd heucheley/ oder menschenlehr darzu kompt/ so ists auß/ vnd man muß gleitten vnd straucheln/ biß man hals vnd bein bricht

10. Sie fürchten sich nicht für den Tyrannen vnd Ketzern / sondern sind keck vnd mutig inn GOtt / auff den sie trawen vnd harren / vnd halten seinen weg/ vnd lehre/ vnd im leben/ man machs mit jnen wie man wölle.

Das ist nu auch der Gottsfürchtigen beschreybung/ sehr schön vnd reich. Die erfarung gibt auch die beste außlegung. Denn man erferets doch teglich/ das also in der warheyt geht/ wer nur achtung darauff gebe/ vnd harren könte. Die Gottlosen müssen fallen/ vnd grewlich gestrafft werden/ es geschech gleich bald/ oder vber lang/ ob sie schon grunen/ wie ein schöne fette Aw/ oder wie das fette vnd aller beste an einem guten Lamb oder Schöps (quod est optimum in agnis,) oder wie ein Lorberbaum/ oder Ceder/ vnd Buxbaum / der jmmer grün vnd voll saffts ist/ semper viridis & succulenta. Die Gottsfürchtigen aber sollen bleyben in GOttes Gnaden/ vnter GOttes schutz vnd schirm/ in ewigkeyt/ anders sol es nicht ergehn.

Wir wöllens nun bey dieser kurtzen außlegung bleyben lassen. Denn der Psalm/ wie auch die andern/ ist vns zu reich/ Wir durffen vns ferner nicht wol daran machen. Es hat jn aber D. Lutherus/ Anno 1521. wider die meuterey der bösen freueln Gleyßner/ kerlich außgelegt/ vnd an seine da samal gute Freunde vnd Brüder/ an das arme Heuflein Christi zu Witeberg geschrieben.

Dabey lassen wirs bleyben/ vnd bitten GOtt/ er wölle vns auch in der zal seiner Gottsfürchtigen lassen sein/ leben/
vnd bleyben. Das gibe du vns O
HErr Jesu Christe/
Amen.

Außle-

Acht vnd dreyssigsten Psalm Dauids.

Außlegung des Acht vnd dreiffigsten Psalm Dauids.

Die Rabbinen verstehen disen Psalm von einer geferlichen/tödtlichen Kranckheyt/ daran Dauid sol Bethrissi gelegen sein/ vnd diesen Psalm gemacht haben. Aber es ist ein vngewiß ding/ vnd bleybt an seinem ort. B. Hieronymus will jn von dem Leyden vnd Marter Christi Jhesu verstanden haben/ vnd spricht/ das er eygentlich höre vnnd sehe seinen HERrn Christum Jhesum vmbgeben/ vnd ans Creutz gehangen werden/ so offt er diese wort lese: Meine lieben vnd Freunde stehen gegen mir/ siechen mir nach der Seele/ stellen mir/ rc. biß zu ende dises Psalms. Dieweil aber der Tod Christi ein gewisse bedeutung ist/ ja ein anfang vnd volkommenheyt aller marter/ so die Heyligen haben/ sonderlich/ wenn sie jre Sünde erkennen/ sülen/ vnd tödten wöllen/ Demnach gehöt dieser Psalm zu allen Gleubigen vnd Heyligen/ welche klagen vber jre Sünde/ die jnen jr Gewissen verzagt/ vnd betrübt machen/ vnd nichts denn GOttes pfeyl/ das ist/ drowen/ zorn/ angst/ Tod/ vnd Hell sehen lassen.

Ist derwegen diser Psalm ein ernstlichs/ andechtiges Gebett/ darinn die Frommen bitten/ GOtt wölle jnen jre Sünde auß Gnaden vergeben/ vnd die straffe/ creutz/ anfechtung/ vnd grosse betrübnuß hinweg nemen/ oder zum wenigsten lindern/ vnd gedult verleyhen/ das sie von Gott nicht verstossen/ noch von jren Feinden vnd Verfolgern vberwunden/ vnd vntergedruckt/ noch mit den Gotlosen zugleich hinweg gerafft/ vnd gestrafft werden/ wie Cain/ Pharao/ Saul/ vnd dergleichen sind gestrafft worden.

Der Titel dieses Psalms/ Ad recordandum, Zum gedechtnuß/ zeyget an/ das die Frommen stetigs an sich/ vnd an GOtt gedencken. Das ist/ Beschuldigen sich/ vnd loben GOtt. Sie wissen/ das es nichts mit jhnen ist. Vnd erkennen die grosse Gnad Gottes/ der vns so trewlich hilfft/ vnd errettet von allem vbel/ vnd dancken jm dafür von hertzen/ nicht ein mal oder zweyer/ sondern stetigs/ Wie im 34. Psalm stehet: Sein lob sol allzeyt in meinem munde sein. Sie haben Gottes Wolthat vnd Barmhertzigkeyt/ vnd auch jr vnuermögen/ Sünde/ vnd gebrechligkeyt/ stetigs inn frischer gedechtnuß. Vnd solches wil auch Christus selbs/ da Er sagt: Thuts zu meinem gedechtnuß/ Das ist/ Erkennet ewre Sünde vnd jammer/ vnd dancket mir/ das ich euch dauon durch mein Leyden vnd Sterben/ ja durch meinen Leyb/ den ich für euch gegeben hab/ vnd den jr allhie nach meiner einsetzung in ewren mund nemet/ vnd esset/ vnd durch mein Blut/ das ich für euch vergossen hab/ vnd das jr allhie in meinem Abentmal warhafftig trincket/ erlöset habe.

Die Griechen haben disen Titel also gegeben: Ad recordandum ante Sabbatum, Zum gedechtnuß vor dem Sabbath/ Das ist/ das man sich stetigs mit erkentnuß der Sünden/ vnd der Gnad Gottes zum Sabbath/ nemlich/ zum Wort Gottes zuhören/ ja zum rechten/ ewigen Sabbath des ewigen Lebens/ bereiten vnd schicken solle. Denn wer an seine Sünde gedenckt/ vnd erkennet die grosse Gnade Gottes/ der kan den Sabbath recht heyligen/ vnd GOttes Wort mit rechtem demütigem hertzen hören/ vnd annemen/ vnd ein Erbe sein des ewigen Lebens.

Kurtze außlegung des

HERR straffe mich nicht inn deinem Zorn / vnd züchtige mich nicht in deinem Grimm.

DEr anfang/ja auch der gantze Psalm/ist eines schlags mit dem sechsten Psalm. Denn beyde Psalm zeygen an/vnd beschreyben auffs allerklerest/die weise/wort/werck/gedancken/vnd geberden/eines waren rewigen hertzens. Die straffe wirt verstanden von den worten vnd schelten. Der Grmß aber von der that vnd werck. Die Pfeyl GOttes sind/alles schrecken vnd trawren/ forcht vnd schwermut / von wegen der Sünde vnd des Zorn GOttes/ der auff die Sünde gehöret. Vnd werden solche Pfeyl inn die Hertzen von Gott geschossen/das sie die Menschen zur erkentnuß der Sünden füren sollen. Wiewol jr vil sehr offt durch grewliche/mutwillige Sünde wider das Gewissen verursachen/das sie billich solcher Pfeylen nimmer loß werden/ vnd machen jnen das Gewissen selbs vnruhig vnd wüste/vnd bringen sich zu endtlicher gewisser straff/welche volgen muß/es sey vber kurtz/oder vber lang. Wie heutigs tags vil grosser Herrn thun/durch jr vnachtsamkeit/verseumung jres Ampts/ jeden zorns / darinn sie wider den Nechsten vil vnglücks/mord/vnd vnruhe stifften/ Item/durch vbrige/vnnötige schatzungen/vnd auffsaugunge des bluts vnd der arbeyt jrer armen Vnterthanen/Füllerey/Ehbruch/vnd dergleichen mehr lastern. Solchen Exempeln volgen hernach andere leut gar redlich/vnd one scheu/ vnd machen/ das nit allein des Gewissens vnruh vnd schwermut darauß volget / sondern das auch gemeine/öffentliche pfeyl GOttes/Krieg/ Pestilentz/Thewrung/vnd grewlicher Tod/ in sie vnd andere leut geschossen werden/ wie wir denn vns solchs auch zubefahren haben. GOtt sey vns gnedig. Wol dem / der an solche Pfeyl gedencket / vnd bittet GOtt vmb gnade. Wehe aber allen/ so in sicherheyt vnd vnbußfertigem leben / oder verachtung der drowungen Gottes/dahin gehen.

Die Hand GOttes bedeutet bißweylen frewd vnd glück/trost/hülff/ vnd stercke / Als Psalm: 20. Die rechte Hand GOttes hilfft gewaltiglich/ Psalm: 118. vnd ist erböhet/vnd behelt den sieg. Bißweylen bedeuts die rache vnd straff wider die Gottlosen / Als Psalm: 17. Errette mich von den leuten deiner Hand / Das ist/die dir in deine Hand kommen zustraffen. Bißweylen bedeuts schrecken vnd angst des Gewissen/auch in den Heyligen: Psalm:32. Deine Hand war tag vnd nacht schwer auff mir. Vnd allhie: Deine Hand drücket mich. Item/ im nachuolgen Psalm: Ich bin verschmacht für der straffe deiner Hand.

Es ist nichts gesundes an meinem Leybe.) Psalm: 6. Ich bin schwach. Fleisch vnd blut ist matt/schwach/vnd vntüchtig zum leyden. Wie bin erzittern für der Hand GOttes/wenn GOtt in seinem Wort vns seinen Zorn auff vnsere Sünde lesst fürhalten. Die Sünde wöllen vns stettigs vnterdrücken/ vnd vber vnser Haupt gehen/vnd sind vns zu starck vnd schwer/ das wir gedencken: Nun ists auß/ nun muß ich sterben/ vnd ewig verloren sein. Foris pugnæ,intus pauores, sagt S. Paulus. Dieser engstigen Gewissen sind vil zu vnser zeyt/wiewol die Welt jrer spottet. Aber es hat mit jhnen nicht not. Die Welt muß in jrer sicherheyt vergehen / Die aber werden gnade finden/vnd von jren wunden erlöset/vnd durch den Son Gottes geheylet werden/Welcher Wein vnd Oele in vnsere Wunden geusset/vnd tregt vnser Wissethat/das wir durch seine Wunden heyl vnd gesund werden / Esaie am 53. Wie in den schönen Versen des alten Herrn Doctoris Viti Winßheims wirt angezeygt/da Christus am Creutz solche wort füret:

Hæc

Acht vnd dreyssigsten Psalm Dauids. CXCV

Hæc est peccatiq; tui, tristisq; ruinæ,
Atque eadem vitæ testis imago tuæ.
Sic ego te propter, sic sum laceratus, vt isto
Vlcera vestra meo sana cruore forent,
Morte mea viuis, sanatus sanguine nostro,
Hei mihi, quàm paucos munera tanta mouent.

Das ist: Deiner Sünden/vnd schweres falls/ auch deines lebens bild vnd zeugnuß ist allhie am Creutz. Also bin Jch vmb deinet willen zerrissen vnd gemartert/das deine wunden durch mein Blut vnd Eyter geheylet würden. Du lebest durch meinen Tod/vnd bist gesundt worden in meinem Blut. Ah/ wie wenig menschen betrachten solche Gnad vnd Wolthat.

Die Thorheyt/ derer hie gedacht wirt/ ist alles verhelen der Sünden/ wenn man sichs selbs nicht erkennet/ vnd helt die Sünde nicht so groß vnd geschilich/ wie sie an ir selbs ist. Da heben denn die alten Wunden wider an zu stincken/ das ist/ die Sünden werden teglich geheuffet/ vnnd grösser/ biß so lang GOttes Pfeyle die Thorheyt offenbaren/ das der Mensch erkennet/ wie arm/elend/ vnd blind er gewesen sey/ vnd wirdt allererst recht trawrig/ schlegt den kopff nider/ hat erbermliche geberde / darff sein augen nicht gen Himel auff heben/ wie der Zöllner/ist innwendig im hertzen voll angst/das er möchte durst sterben/verschmachtet/ schreyet vnd heulet/ vnd klaget seine not immerbar/ vnd ist doch sein leyd vnd trawren grösser/denn er klagen/oder außsagen kan. Er kan auch sein begirde nicht außspröchen. Gott weiß es/dem ers klaget. Sein hertz lebet/pochet/vnd zittert für grossem Zorn GOttes/ist matt vnd verzagt/müde/vnd krafftlos/sein angesicht ist betrübt/sawer vnd finster/ one liecht vnd fröligkeyt.

Meine lieben vnd Freunde stehen gegen mir/ vnd schewen meine plage/ Vnd meine Nechsten tretten ferne.

DJe klaget er vber sein eusserlich leyden/verfolgung/neyd/haß/vnd verleumbdunge. Es ist alles wider mich/spricht er/Freund vnd Feind. Jch habe niemands auff meiner seyten. Jch bin ein grosse Schmach worden meinen Nachbarn/ vnd eine schew meinen Verwandten. Die mich sehen auff der gassen/fliehen für mir/Psal: 31. wie es dem lieben Job auch ergienge. Niemand nimpt sich mein an. Jederman wil sehen/wie es hinauß wirt gehn. Jch bin allein/ denn es geht mir vbel. Es ist kein traw noch glaub bey den leuten.

Das ist eygentlich eine klag des Sons GOttes wider die Juden / vnd auch wider falsche vnbestendige Christen/ die zur not nicht halten / fürchten sich/ vnd werden trewlos vnd meineydig an dem Son GOttes/ ja jetzten offt nicht den geringsten Gülden in die schantz vmb des Worts GOttes willen/ wil geschweygen leyb vnd leben/ ehr vnd gut/ mut vnd blut. Wenn gute tag sein/ so sinds die besten Christen/ vnd können vil plaudern vom Christlichem Glauben. Solte aber eine verfolgung kommen / so würde jederman schweygen/ vnd gehen lassen/ wie es gienge. Wir werdens villeicht noch an vilen erfaren. Es hebet sich bereyt an/ wer acht darauff hat.

Vber das (spricht Christus/ vnd alle Heyligen mit jme/) so plagen mich meine freinde vnd Tyrannen/ Nulla calamitas sola, Jch muß vil leyden/ vmb Gottes Wort vnd Recht willen. Sie stehen nach meiner Seelen/ sie greiffen mich mit lügen vnd falscher klag an/ vnd richten arges auff mich/ Jch muß sie lassen recht haben/ vnd still schweigen/ wie ein stock/ Sie hören mich doch nicht/

K k iij   Mein

Kurtze außlegung des

Mein red vnd antwort gilt vnd hilfft nichts bey jnen/Sie lassen jnen nit sagen/ ich muß sie vngestrafft lassen/ vnd das maul zuhalten/ vnd gantz vnd gar vnrecht haben/rc. Also gehn die Tyrannen/Ketzer, vnd Heuchler mit den Fromen vmb zu jeder zeit.

Aber ich harre HERR auff dich/Du HERR/mein Gott/ wirst mich erhören.

DAs ist der ander Theyl dises Psalms/ein rechter Hertzentrost/vnd ein bester Glaub, der sich helt an GOttes Wort vnd Gnad/vnd zweyffelt nicht/ Gott werde in erhören/vnd helffen/wenn gleich das leyden noch eins so groß vnd hefftig were. Er zeygt aber zwo vrsachen an/warumb jm werde geholffen werden. Die erste ist: Jch hoffe auff GOtt. Wer nun auff GOtt trawet/wirt nicht zu schanden. Die ander: Auff das meine Feinde nit triumphiren wider GOtt/vnd wider mich/ vnd rhümen sich nicht/wie Gott bey jnen stehe wider mich/vnd wie sie ein rechte gute sach haben/vnd müste also das Wort Gottes zu spot werden. Solchs wirt Gott nicht leyden/sondern wirt mir helffen vmb seines Namens willen/das mein fuß nit wancke/vnd ich nit vnterlige.

Jch bin zu leyden gemacht) Das ist der Frommen gedanck in der not/das sie meinen/es sey kein auffhören noch ende. Item/sie trösten sich auch darmit/ das sie wissen/die ware Kirch Gottes vnd all jre gliedmaß/sind in disem leben dem creutz vnterworffen. Darumb so geben sie sich gedultig in das leyden/vnd sprechen: Ad flagella factus & paratus sum, Jch bin zu leyden gemacht/willig vnd gedultig. Jch wils nicht besser haben/ als andere heylige frome leut/oder als mein Heyland vnd Erlöser Christus gehabt hat. Psalm: 34. Der Gerecht muß vil leyden/aber der HERR hilfft jm auß dem allen.

Denn ich zeyge mein Missethat an.) Das ist/ Jch bin wol zu friden mit meinem creutz/denn mein sündhaffte natur bedarffs wol. Psalm: 32. Jch bekenne dir meine Sünde/vnd verhele dir alle meine missethat nicht/rc. Psal: 51. Jch erkenne meine missethat/vnd meine Sünde ist jmmer für mir. Denn das wil der Titel/Zum gedechtnuß. Solches thun die sichern/mechtigen/hofftigen leut nicht/die stets in wollüsten leben/vnd groß sind. Es geht jnen wol/ sie sind one schmertzen/haben kein rechtes creutz / vnd hassen mich/wenn ich von rechtem creutz rede/vnd die warheyt sage. Aber du mein GOtt/ verlaß mich nicht/ Jch bin einsam/ vnd von allen veracht / darumb nime du mich auff/vnd mache etwas auß mir/der ich one dich nichts bin/Mache mich gesund/der ich kranck bin/Lebendig/der ich tod bin/Sehend/der ich blind bin/ From/der ich ein Sünder bin. Weiß/der ich ein Thor bin/Gerecht/der ich vngerecht bin/Selig/ der ich verdampt bin / vnd erbarme dich mein gantz vnd gar. Es ligt doch alles an deiner Gnade. Bey Dir suche ich allein allen rath vnd hülffe/ Du bist der HErr/mein hülffe/ Adonai Iesus meus. Wehe allen andern/so anderswo hülffe suchen.

Disen Psalm sollen wir nun beten in vnsern nöten/vnd in keiner angst verzweyffeln / ob wir gleich arme Sünder sind / vnd der Sünden last vnd sturm hefftiglich fülen. So wir auch angefochten vnd verfolget werden von wegen der Warheyt/vnd haben eine gute sach/sollen wir vns zu disem Psalm halten/ vnd vns mit beten wehren wider vnsere Feinde / vnd die sache bey dem rechten hefftte ergreiffen/nemlich/das sie Göttlich/vnd recht sey für GOtt.

Außlegung

Neun vnd dreyssigsten Psalm Dauids. CXCVI
Auszlegung des Neun vnd
dreissigsten Psalm Dauids.

DIser Psalm ist gleichsam ein antwort auff den Sieben vnd dreissigsten Psalm/ darin wir gelehret worden/ wie man sich halten sol wenn es den Gotlosen wol/vnd den Fromen vbel gehet/ das wir nit murren vnd vngedultig werden vber die Gotlosen/die/wie hie stehet/so sicher leben/ vnd Güter vollauff haben/als würden sie nimmermehr sterben/ sondern das wir alles Gott befelhen/ vnd im vertrawen/ er wirts zu seiner zeyt wol machen. Auff solche lehre antworttet nun dieser Psalm/vnd spricht: Er habe im fürgesetzt/er wölle volgen/vnd gedultig sein/ vnd nit mehr zürnen wider die Gottlosen/ sondern sich an das Wort vnd Verheyssung GOttes halten/ vnd beten/ das GOtt jm verleyhe zu dencken/ wie kurtz/elend/vnd vnsicher aller menschen leben sey/vnd wie es alles den Frommen nur an dem lige/ das sie vergebung der Sünden/vnd ein gnedigen GOtt haben/ vnd zu seiner zeyt ein seligs/rubigs stündlein/ auß disem Jamerthal zu scheyden vberkommen/ Wie in Versen auch stehet:

Nil præter lacrimas hæc, & suspiria, vita est,
Quæ si fine bono clauditur acta, sat est.

Dieses leben ist nichts anders/ denn voll seuffzens vnd weinens/elends vnd jamer/ Vnd wenn es ein gutes ende vnd seligs stündlein vberkompt/ so hats genug/vnd das aller beste. Inn solcher betrachtung/ spricht Dauid/ wölle er lieber leben/ denn das er sich mit zürnen vnd vngedult abmergeln vnd plagen solt/ oder das er mit den Gottlosen sicher vnd one sorg des Todes geytzen vnd prangen solt.

DEr Titel des Psalms füret einen namen eines Singers/der bey Dauid gewesen/1.Chron:25. welchem diser Psalm vom Dauide ist gegeben worden/ das er jn mit den seinen singen/vnd auff der Harpffen spielen solt. Denn darzu hat Dauid/ als ein grosser Herr/ vnd liebhaber der Ehren GOttes/ lust vnd lieb gehabt/ feine schöne Psalmen zumachen/ vnd dieselbigen seinen Singern oder Musicis zugeben/ das sie es singen/vnd spielen solten/ GOtt zu ehren/ vnd jnen selbs vnd andern zur lehre vnd trost.

Ich habe mir fürgesetzt/ ich wil mich hüten/ daß ich nicht sündige mit meiner Zungen.

Dixi, Ich hab gentzlich bey mir beschlossen/ ich wil mich nicht mehr ergern noch martern wenn es gleich den bösen wol geht/ vnd die Kirche Gottes allerley not leyden muß. Ich wil nicht mehr darwider murren. Solchs aber ist ja schwer zuthun.

Socrates in der Kirchenhistorien zeyget an/ das ein frommer/ heyliger Man/Pambo genant/ hab ein gelerten Man gebeten/ er wölle jm disen Psalm außlegen/vnd erkleren. Da nun der erste Vers ist verlesen worden/ hat er gnug daran gehabt/ vnd gesprochen: Er wölle es jetzt ein weil bruhen lassen/ vnd sich fleyssigen/das er nit allein die wort verstehe/ sondern auch mit der that die selbigen beweise. Geht derwegen dauon/vnd bleibt sechs monat lang auß. Da er aber gefraget wirt/wie das er nicht wider komme/vnd nicht höre? Antwortet er: Er könne dise wort noch nit gnugsam betrachten/ noch mit dem werck vnd leben erzeygen/er müsse lenger zeyt darzu haben. Bleybet derhalben hinfort gantz vnd gar aussen / biß extra in ein ander nach langer zeyt fraget/ ob er denn dise wort noch nicht gnugsam außstudirt habe? Gibet er die antwort/ vnd spricht: Meinstu es sey so ein leycht ding/solche wort des heyligen Geysts mit der that zuerkleren/ Ich habe nun neunzehen Jar daran gelernet/vnd habe sie noch nicht erreicht. Also schwer ist menschlicher natur/ware gedult vber der Gottlosen glück vnd mutwillen zu haben. Der Mensch kans auch nicht volkömlich leysten in disem leben. Doch muß ein anfang vnd fleyß sein/ sovil als jmmermehr möglich ist/vnd muß der Glaub vnd die Hoffnung alles murren vberwinden.

> Ich bin verstummet vnd still / vnnd schweyge der frewden/
> vnd muß mein leyd in mich fressen.

ES ist mir nicht lecherlich. Ich verliere darob vast alle meine gesundtheyt/treffie des Gemüts vnd des Leybes. Dolor meus exasperatus, irritatus vel innouatus est, Mein leyd nimpt nicht ab/sondern stets zu wechset/vnd frisset mich. Ich muß mein leyd in mich fressen/ so frißt es mich wider/ naget/beysset/vnd verseret mich/vnd wirt in mir vernewert/vnd zornig wütet vnd entzündet sich/ das ich mich ferner nit kan enthalten/ vnd muß allein zu dir schreyen/ HERR mein Gott.

> Lehre doch mich/ daß ein ende mit mir haben muß/vnd mein
> leben ein zil hat/ vnd ich dauon muß.

DAs ist ein ernstes Gebet/vnd ein schöner trost für die Frommen: HERR Gott laß mich nit fallen in vngedult wider die Gottlosen. Laß mich auch nicht geergert noch verfüret werden/des ich nit so sicher lebe/wie die Gottlosen/so kein ander leben hoffen/sondern lehre mich/das mein leben kurtz sey/auff das ich zwey ding darauß lerne: Erstlich/Das ich mein leyden vnd creutz desto geringer halte/vnd gedultig darinne sey/ dieweil es nicht lang weren kan / sintemal das leben an jm selbs nicht lang weret/vnd das als denn ein ewige leben/ ewige ehr vnd frewd volgen sol/gegen welchem zurechnen vnser leyden in disem leben nichts ist: Darnach/ das ich nach dem Wolleben/Glück/Reichthumb/Macht/Gewalt/vnd mutwillen der Gottlosen auch nichts frage/ vnd dadurch nit zu murren vnd vngedult bewegt/ noch geergert vnd verfüret werde/ sintemal es alles muß bald auffhören. Es ist doch alles im grund vanitas vanitatum, weniger als nichts/eytel vber eytel. Man laß nur gehen wie es geht. Lasse dichs nicht irren/ob einer Reich wirt/vnd die Herrligkeyt seines Hauses groß wirt/ denn er wirt nichts in seinem sterben mit nemen/vnd seine Herrligkeyt wirt jm nicht nach faren. Sie müssen daruon/wie ein Vihe/ Ihr thun ist eytel Thorheyt / sie müssen auch sterben/wie die Thoren vnd Narren vmbkommen/ Psalm: 49. Menschen sindt doch ja nichts/ Psalm: 62. Ihre gedancken sind eytel/das weiß GOtt/ Psalm: 94. Wir sind Staub vnd Graß/ wie ein Blume auff dem Felde/wenn der Wind darüber gehet/so ist sie nimmer da/ Psalm: 103. Menschen hülffe ist auch kein nütz/ Psalm: 108. Vnsere Tag gehen dahin wie ein Schatten/ Psalm: 102. somnium vmbræ, spricht Pindarus, ein Traum des Schattens. Wir bringen vnsere Jar zu/ wie ein Geschwetz

Neun vnd dreyssigsten Psalm Dauids.

schwertz/vnd ist alles müde vnd arbeyt/wenn es am besten gewesen ist/Es feret schnell dahin/als flögen wir darvon/Psalm: 90. Der Mensch ist gleich wie nichts/Seine zeyt feret dahin/wie ein Schatte/Psalm: 144. Sein Geyst muß darvon/vnnd er muß wider zur Erden werden/als denn sindt alle seine anschlege verloren/Psalm: 146. Darumb spricht Job/am Vierzehenden Capitel: Der Mensch vom Weybe geboren/lebet kurtze zeyt/ vnd ist voll vnruhe/Gehet auff wie ein Blume/vnd fellet ab/fleugt wie ein Schatten/vnd bleybet nicht. Vnd so er gestorben ist/so ists auß mit im/Er wirt nicht auffwachen/so lang diser Himel bleybt/noch von seinem Schlaff erweckt werden.

Darauß sollen wir nun dise sieben punct vnd stücke lernen: 1. Das ende vnsers lebens/Wie die Alten gesagt haben: Gedenck/das du sterben must/ so sündigest du nimmermehr. Sichere leut wissen davon nichts zu sagen/sie leben hin in tag/vnd dencken/es müsse allzeyt so gehn/ob sie es gleich teglich anderst sehen vnd erfaren   2. Das das leben ein zil hat/vnd nicht ewig weren sol/sondern das ein numerus dierum sey/wie oben im 31. Psalm ist gesagt/wie lang ich leben sol/welches zil ich/vnd keiner nicht vberschreytten kan. Es hat sein bestimpte zeyt/nach deinem Wort. Wir wissen nicht/obs heut oder morgen sein sol. Die stund ist gar vngewiß/vnd doch für GOtt gewiß.   3. Das wir alle darvon müssen/vnd sich keiner des Todes erwehren kan/er machs wie er wölle.   4. Das vnsere Tage einer handt breyt sind für GOtt. Tausent Jar sind für GOtt/wie ein Tag. Nun lebet vnser keiner nicht den zwölfften theyl zu vnser zeyt von tausendt Jaren/So es aber geschicht/ so ist es ja gar vngewönlich/ Anomalum & Irregulare, ein groß seltzam Wunder. Was solte denn vnser leben sein für den augen GOttes?   5. Das vnser leben nichts ist für GOtt. Nostra hypostasis nihil coram Deo, spricht der Griechische Text. Seel vnd Leyb/Gewalt/Kunst/Werck/Vermögen/ist für GOtt nicht der rede werdt. Es ist alles nichts/sonderlich vmb die sicheren leut/ welche entweder jr leben hoch vnd groß halten/oder leben Epicurischer weiß/ vnd fragen nichts darnach/sie sterben wie vnd wenn sie wöllen/Wie offt die hohen Stratioten sagen: Es ist vmb ein Kappen voll fleysches vnd bluts zu thun: Geschichts/so geschichts/Von denen redet hie der Prophet: Quam nihil nisi vanitas, omnis homo securus, Wie ist es vmb einen sichern Menschen nichts anders/denn lauter nichts/mühe vnd arbeyt? Sie leben/one forcht/ vnd sind doch voll gefahr vnnd elend/sonderlich/wenn sie es am wenigsten achten/vnd nichts darnach fragen. Wenn sie dencken/es stehe am besten mit jnen/vnd habe kein not/so vergehen sie erbermlich/Wie der Reiche Man/der da meinet/er hette nun alles genug/vnnd muste dieselbige nacht sterben. 6. Das wir in rechter Demut vnd forcht GOttes leben/nicht stoltz noch Ehrgeytzig vnnd vbermütig werden/Sondern wissen/wir gehen daher wie ein Schemen oder Schart/vnd vergehen auch also. Item/das wir vns nicht mit vnnötiger Bauchsorge beladen/vnd vns vil vergeblicher vnruhe machen/sondern suchen das Reich GOttes/vnd seine Gerechtigkeyt. Item/ das wir nicht geytzig/vnd zu karg werden/samlen/vnd wissen nicht wer es kriegen wirdt/Sondern wenden vnsern Segen vnd Güter zu GOttes Ehr/ vnd zu nutz vnd dienst des Nechsten/der vnser hülffe bedarff.   7. Das wir allein auff GOTT hoffen vnd trawen/vnd vns Schätze samlen in dem Himel/die vns nicht gestolen werden/Wie allhie Dauid spricht/lehret vnd tröstet:

Nun

Kurtze außlegung des

Nun HERR/ wes soll ich mich trösten? Ich hoffe auff dich.

Das ist der ander Trost. Ich weiß nit allein/das mein leyden vnd creutz nicht lang weren/vnd das der Gotlosen wolfart bald auffhören sol/sondern/ das ich Gott habe zu meinem schutz vnd schirm/welchs besser ist/denn so ich gleich Himel vnd Erden/vnd alles was darinnen vergenglichs ist/hette. Die andern haben gewalt/glück/ehr/kunst/reichthumb/wollust/gunst/vnd alles gnug. Ich aber habe Gott auff meiner seytten. Ich beger nit zu wechseln.

Errette mich von aller meiner Sünde/ vnnd laß mich nicht den Narren ein spot werden.

Alhie zeyget er an/was das aller beste sey/nemlich/vergebung der sünden/vnd ein gnedigen Gott haben. Ich wil spricht er/den andern gern jr Gewalt vnd wolfart gönnen/vnd wil dar zu schweygen/vnd nicht murren/ Allein HERR GOtt laß mich dein sein/vergib mir meine sünde/beschütze vnd verteydige mich/laß mich nicht zuschanden werden/vnd laß sich meine Feinde nicht frewen vber mich/welche fürwar eytel Narren sind/die nichts fragen nach deinem Wort noch Ehr.

Wende deine Plage von mir/ denn ich bin verschmachtet für der straff deiner Hand.

Das ist ein new Gebett/wie im vorigen 38. Psalm gewesen ist: HERR straff mich nich in deinem Zorn. Denn er redet er gentlich von rechtem leyd/ vnd warer rew vnd trawrigkeyt der Sünden halben / Vnd kommet dahin/ das er sihet/erkennet/vnd bekennet/das ja gar nichts ist mit allen menschen/ sonderlich für Gott. O wol denen/die solchs sehen vnd erkennen. Homo ipsa in- anitate inanior. HERR gehe nicht in das Gericht mit deinem Knecht. So du wilt Sünde zurechnen/wer wil für dir bestehen? Du HERR bist gerecht/ Wir aber müssen vns schemen.

Ich bin dein Pilgram / vnd dein Burger / wie alle meine Veter.

Ebreern am 11. Vnsere Veter sind alle im elend gegangen/mit mangel/ trübsal/vngemach. Die Welt war jnen nicht werdt. Also redet auch Jacob der Patriarch: Meiner tage sind wenig/vnd böse/darinn ich gewalfart hab/Vnd ich bin vil zu gering gegen den wolthaten/die du mir HERR Gott bewisen hast. Item Dauid/1. Chron: 29. Wir sind alle Burger vnd Pilgram/wie alle vnsere Veter. Darumb sollen nun vns allen die weil nit lang sein. Wir haben hie kein bleibende stat. Vnser Vaterland heyßt das ewige Leben. Nostra conuersatio est in cœlis, Vnser wandel ist im Himel/spricht Paulus. Wir müssen hie in disem leben das elend bawen/vnd des HERRN strasse gehen/in rechtem Glauben vnd gedult/vnd die Welt verlassen. Die strasse heißt elend vnd trübsal Lust vnd frewd schwimbt gar dahin/vnd bleybt nur jamer vnd schmertzen.

Ewiger GOtt wir preysen dich/ der du vns hast so gnediglich/ gezeygt dein heyligen Namen. Nimb vns O HERR inn
deinem Fried/durch Jhesum Christum/Amen.

Außlegung

Vierzigsten Psalm Dauids. CXCVIII

Außlegung des Vierzigsten Psalm Dauids.

Je Epistel zun Hebreern am zehenden zeuget/ das diser Psalm vom HERren Christo durchauß zuuersthen sey/ vnd rede von dem Leyden CHRisti/ vnd von allen seinen Wolthaten/ wie er vns erlöset hat/ vnd vom Fluch des Gesetzes ledig machet/ vnd lesst sein heyliges Euangelium predigen in der gantzen Welt/ allen Creaturen.
Es redet aber Christus alhie selbs in eygner person/ klagt vber sein Leyden/ vnd rufft vmb hülffe vom Tod/ dancket von ersten/ vnd spricht:

Ich harret des HERREN/ vnd er neyget sich zu mir/ vnd höret mein schreyen.

IN meinem Leyden war mir angst/ vnd ich hett kein hülffe. Darumb rüffet ich den HERRN an/ vnd harret sein lang/ mit sehnlicher/ hertzlicher begirde/ *expectans expectabam*/ vnd sihe/ es hat mir nicht gefehlet/ Er hat mich erhöret.
Die grausame Gruben vnd Schlam ist nichts anders/ denn vnsere sünde/ vbertrettung/ vnd misset hat/ tyranney des Teufels vnd des Todes/ vnd alles vnglück der menschen/ Dauon auch im Zacharia stehet: Du hast im Blut deines Testaments die Gefangenen auß der Gruben gefüret/ darinn kein Wasser war. Das ist/ Der Son GOttes hat sich seiner Gottheyt geeussert/ vnd Knechts gestalt an sich genommen/ ist Mensch worden/ vnd hat vns durch sein Leyden vnd Sterben auß der Hell gefüret/ vnd vom Tod erlöset/ vnd von allem Schlam der Sünde errettet.
Fels bedeutet gewissen Trost/ Glaub/ Hoffnung/ schutz vnd Göttliche hülffe. Vnd wirt der Gruben vnd dem schlam entgegen gesetzt/ darinnen man nicht stehn noch fussen kan. Aber auff dem Fels kan man gewiß bleiben. Solcher Fels Christi des Sons GOttes ist GOtt der Vater selbs. Vnser Fels ist Christus/ warer Gott/ vnd warer Mensch/ der Son des lebendigen GOttes. Der füret vns mit seinem heyligen Geist/ so wir an jn gleuben/ das wir gewiß tretten können. Wie oben im 32. Psalm Gott selber sagt: Ich wil dich vnterweisen/ vnd dir den weg zeygen/ den du wandeln solst/ Ich wil dich mit meinen augen leyten.
Das newe Lied ist rechte Dancksagung für solche wolthat Gottes/ deß so gnediglich durch seinen Son das menschlich geschlecht erlöset/ Item/ wares bekentnuß/ rechte lehre/ vnd newes leben/ wie oben im 33. Psalm ist angezeygt. Denn so wir new geborn sind/ so sollen wir auch im newen leben wandeln/ vnd Gott fürchten/ vnd auff jn hoffen/ das ist/ das Euangelium lieb vnd werdt haben/ an den Son Gottes gleuben/ vnd des Glaubens rechte früchte beweysen/ auff das durch vnsere gute exempel auch vil andere bekeret werden/ Wie hie stehet: Vil werdens sehen/ vnd GOtt fürchten. Wol dem/ der solches thut/ vnd hoffet auff den HERRN/ gleubet an Christum/ der wirt durch den Glauben auß Gnaden gerecht vnd selig/ vnd bleybet bey der rechten erkandten vnd bekandten Warheit/ lesst sich dauon durch keinen trotz/ stoltz/ lügen/ noch

Kurtze außlegung des

noch gewalt abschrecken/wenden/vnd verfüren/sondern bleybet im Glauben beständig biß ans ende/wie oben der 32. Psalm von solcher seligkeyt gepredigt hat/vnd wirt allhie/vnd sonst offt widerholet.

Die Stoltzen sind alle Heuchler vnd Werckheyligen/so nicht auff die blosse Gnad GOttes trawen/sondern haben andere weg gerecht vnd selig zu werden. Jhre lehre ist auch eytel lügen/wider das Wort/Verdienst vnd Ehr CHRJsti.

HERR/ mein GOtt/ groß sind deine Wunder / vnd deine gedancken/ die du an vns beweysest. Dir ist nichts gleich. Jch wil sie verkündigen / vnd dauon sagen / wiewol sie nicht zu zelen sind.

O Wie vnerforschlich ist die Weißheyt GOttes. Er hat alle vnter die Sünde beschlossen/auff das er sich aller erbarme in seinem Son. Es ligt alles nur an seiner Gnad/vnd sonst an nichts. Wer gleubet an den Son GOttes/der hat das ewige Leben. Solche Gnad vnd Wunder kan niemands gnugsam bedencken noch außreden / noch dafür gnugsam dancken. Wir können es nicht erzelen. Vnd wenn wir gedencken/wir sind weyt kommen im lehren/vnd lernen/vnd verstehn solche Gnad ein guten theyl/so ist es nicht recht angefangen/vnd ist lauter stückwerck. Doch müssen wir anfahen/vnd anhalten/das wir ein wenig deruon in dsem leben begreyffen/biß wirs zu seiner zeit im ewigen Leben volkömlich verstehen vnd loben werden. GOtt gebe/das ja bald geschehe.

GOttes Gedancken sind sein gnediger Rath vnd Wille/die Gleubigen an seinen Son gerecht/vnd in ewigkeyt selig zumachen/ vnd sie zubeschützen für allem vbel. Psalm: 4. Erkennet das der HERR seine Heyligen wunderlich füret. Jtem/alle Vngleubige zuuerstossen/Wie geschrieben steht: Wer nicht gleubet/auff demselben bleybet der Zorn GOttes/vnd er ist schon gerichtet.

Opffer vnd Speyßopffer gefallen dir nicht / aber die ohren hastu mir auffgethan.

Alhie hebet er auff das alte Gesetz mit seinen Opffern vnd Heyligkeyt/ als damit GOttes gedancken oder wille nit erfüllet sey/vnd nicht vnser werck vnd opffer/sondern Er/Christus selbs/vnd allein/müsse es für vns alle thun/ vnd das Gesetz erfüllen. Verheysset also vnd stifftet das newe Testament / da die Gerechtigkeyt des Glaubens in grosser Gemein/ das ist/ in aller Welt soll gepredigt werden/vnd nicht die Gerechtigkeyt der Opffer/oder vnsere werck/ welche/wie er zuuor gesagt/ nur hoffertige vnd falsche Heyligen machen / als die jre hoffnung nicht auff GOtt/ noch auff seine Gnade setzen / sondern auff jre lügen vnd falsche heyligkeyt.

Ebreern am 10. Es ist vnmüglich/durch Ochsen oder Bocksblut Sünde wegnemen. Darumb/da Christus in die Welt kompt/ spricht er : Opffer vnd gaben hastu nicht gewölt/den Leyb aber hastu mir zubereytet/(Das ist/Du wilst nicht mehr den Schatten/ Figur/ vnd Bedeutunge/ sondern die warheyt vnd erfüllung/ Corpus, non vmbram. Denn also hats der Griechische Text geben.) Brandopffer vnd Sündopffer gefallen dir nit. Da sprach ich : Sihe ich

Vierzigsten Pfalm Davids.

Ich komme/Im Buch stehet fürnemlich von mir geschrieben/das ich thun solle Gott deinen willen/ꝛc. Da hebet er das erste auff/das er das ander einsetze/
in welchem willen wir sind geheyliget/ein mal geschehen/durch das Opffer
des Leybs Jesu Christi
   Wie aber der Son GOttes kommet/vnd gibt seine Seele zum Schuld
vnd Sündopffer/vnd erfüllet das Gesetz/actiue & passiue, ist im 16. Psalm erklert worden. Allein das wir allhie an die zeyt gedencken/dauon Christus re-
det/wenn nemlich die Opffer werden auffhören/vnd das Scepter von Juda
genommen wirt/vnd aller Leuitischer dienst sein ende hat/so kommet er/vnd
thut den willen Gottes seines Vaters/ist der verheyssene Messias/Weybesa-
men/Silo,vnd Held/der die werck des Teufels zustöret.
   Es nennet aber Christus erstlich ein Buch/darinn von jm geschrieben ist/
vnd redet/gleich als wißte er von keinem andern Buch/(so doch derselben die
gantze Welt voll ist/vnd das Bücher schreyben kein ende noch maß ist/wie
Salomon sagt) oů allein von disem einigen Buch der heyligen Schrifft/wel-
ches doch gar wenig inn der Welt gelesen vnd geachtet wirt. Christus mags
selbs lesen den seinen/wil Er anderst verstanden sein. Denn es schreybt nichts
von menschenkunst vnd klugheyt/noch vom Bauch/(wie die andern Bücher
alle/sie heyssen wie sie wöllen/)sondern dauon/das Gottes Son für vns dem
Vater gehorsam geweßt/vnd seinen willen vollbracht habe/vnd also vns gerecht vnd selig gemacht/Rom: 5. Wer nun diser Weißheyt nit bedarff/der lasse
diß Buch ligen/es ist jm doch nit nütze. Es lehret ein anders vnd ewigs leben/
dauon Vernunfft nichts weiß/auch nichts dauon begreyffen kan. Wer aber
Christum suchen/vnd finden will/der lese diß Buch mit fleyß/so findet er/was
er bedarff/nit allein durch die Verheyssunge/sondern auch durch das Gesetze.
Denn auch das Gesetz ausser Christo nicht kan verstanden werden/weil niemand weiß/was es wil/vnd wie es zuerfüllen ist/Wie er hie spricht: Deinen
willen thu ich gern/vnd dein Gesetz ist in meinem hertzen. Ja dasselbe hertz ist
die rechte/lebendige Tafel/darinn wir das Gesetz lesen/vnd mit freuden lernen
können. Summa/ausser disem Buch findet man Christum nicht/es sey so gut
als jmmer sein kan.

    (Clemens: Sacræ scripturæ,id est,testamenti veteris & noui, Deus principali-
    ter autor est, reliquorum autem librorum, qui pij & recti sunt, autor
    est Deus per consequentiam, id est, vt ex sacra scriptura emanent, &
    cum ea per omnia congruant.)

   Darnach zeyget Christus an/wozu er komme/nemlich/den willen Gottes zuthun/vnd williglich vnd gehorsamlich ein Brandopffer zu werden/zu
versönen GOttes Zorn/in Himel vnd Erden/vnd allen Creaturen. Denn alle
Creatur/auch die Engel/(wiewol nicht willig/Rom: 8.)sind der eytelkeyt zu
dienst vnterworffen/biß durch Christum entlich der Zorn auffgehaben/al-
les wider zu recht/vnd zu seiner ersten freyheyt gebracht werde.

Ich wil predigen die Gerechtigkeyt in der grossen Gemeine/
Sihe/ ich will mir meinen Mund nicht stopffen lassen/
HERR/das weistu.

   DAs ist geredt von der frucht des Leydens/vnd des gantzen Gehorsams
Christi/das man nemlich tröst predigen vol al die Gerechtigkeyt des Glau-
bens/durch Christum erworben/vnd nicht die Gerechtigkeyt des Gesetzes/
                        K i   oder

Kurtze außlegung des

oder der Werck. Psalm: 22. Jch will dich preysen in der grossen Gemeine/rc. Es sol nicht geschwiegen werden / Das predigen vnnd bekennen sol stracks vnd gerad fortgehen/vnd solt die Welt zubrechen.

Du aber HERR woltest deine Barmhertzigkeyt von mir nicht wenden. Laß deine Güte vnnd Trewe allewegen mich Behüten.

DJe betet Christus für seine Kirch/vnd für sich selbs in seinem Leyden. Darumb sollen wir jm zum höchsten dafür dancken/das Er sich so trewlich vnser annimmet/ Vnd sollen auch mit jm bitten/das vns Gott bey solcher seiner Güte/Warheyt/vnd Trew erhalten / vnd Werckzeug oder Gefeiße der Gnaden vnd Barmhertzigkeyt sein lassen wölle.
Was hernach volgt im Psalm/ist ein hertzliche Klage vber sein Leyden/ darinne Er fület die last der Sünden/vnd des Zorns GOttes. Darauß wir denn die menge vnd grewel vnserer sünden erkennen sollen. Darnach so scilt vnd strafft er seine Juden/vnd Synagog/die sich freweten des Marter Christi. Was jnen auch allhie gefluchet wirt/ist jnen ja redlich widerfaren/das sie zu rück vnd boden sind gefallen/vnd zu schanden worden. Hierauß lernen wir auch / das wo Glaub vnd bekentnuß ist/alda alle zeyt das Creutz volget/beyde/innerlich der Sünden vnnd Gewissens halben / vnd eusserlich / von bösen leuten/Feinden vnd Freunden/Gelehrten vnd Vngelehrten in der Welt. Denn also ist es auch Christo selbs ergangen/ Wir sollens auch nicht besser begeren. Zum dritten/so betet Christus für seine Gleubige/wie er im Johanne Cap:17. thut: Jch bitte für sie/vnd bitte nicht für die Welt/(Jch bitte nicht/das da der Welt vnd Vngleubigen thun vnd fürnemen dir lassest gefallen/) sondern für die/die du mir gegeben hast/denn sie sind dein. Heyliger Vater/erhalte sie inn deinem Namen/das sie eines sind/gleich wie wir. Heylige sie inn deiner Warheyt/ Dein Wort ist die Warheyt/rc. Der Beschluß oder letzte Vers helt das Exempel Christi für/vnd bezeuget/das Gott seiner armen/betrübten Kirchen helffen will. Vnd ist diser Vers ein eingang des nachuolgenden Psalms / darinn angezeigt wirt/wer der arme vnd elende sey/
vnd wie der HERR für jn sorge/
vnd jm helffe/vnd jn erette on ver-
zug.

Außlegung des Ein vnd vierzig-
sten Psalm Dauids.

Diesen

Ein vnd vierzigsten Psalm Dauids. CC

DJesen Psalm haben etliche von guten Wercken außgeleget/ dauon wir oben im 15. Psalm gehandelt haben. Von wem aber der Psalm gründtlich zuuerstehen sey/ zeyget Christus an/ Johannis am 13. da Er von seinem Verrheter Juda zu seinen Jüngeren spricht: Die Schufft muß erfüllet werden/ Der mein brodt isset/ der tritt mich mit füssen/ welche wort in disem Psalm stehen. So zeyget auch das ende des vorigen Psalms an/ das Christus selbs allhie redet/ vnd klaget vber seinen Verrheter Judam/ sampt seinen gesellen/ von denen Er solte gecreutziget werden/ Vnd bittet/ Gott wölle jn vom Tod aufferwecken/ vnd zu seiner rechten Hand erhöhen.

Wol dem/ der sich des Dürfftigen annimpt/ den wirdt der HERR erretten zur bösen zeit.

WJe gesagt/ so haben etliche dise wort von guten wercken/ als von rechtem Almosen/ vnd schutz der Frommen verstanden/ das man den vnschuldigen helffen/ die dürfftigen versorgen sol. Aber eygentlich ist das die meinung: Selig ist der/ der den armen Christum erkennet/ sich an seiner armseligkeyt nit ergert/ sondern nimpt sich sein an/ gleubet an jn/ vnd bleybet vest an jm. Hilfft auch mit rath vnd that zu des HErrn Christi Reich/ Schulen/ vnd Kirchen/ damit sein Ehr vnd Lehr werde außgebreyttet. Denn es sonst ja sehr ergerlich ist zu gleuben/ das solcher armer/ dürfftiger/ ja gecreutzigter end verdampter Christus solt Gottes Son/ warer Gott/ vnd vnser Heyland vnd Seligmacher sein/ vnd so hoch komen/ das er auch nach seinem tod/ zur Rechten GOttes sitzen müste. Aber selig ist/ spricht Christus/ der sich an mir nicht ergert. Wer sich ergert/ der fellt zu boden/ vnd vergeht/ wie die Welt/ Juden vnd Heyden/ so an Christum nicht gleuben. Die Gleubigen aber bleyben vest/ vnd werden in rechtem Glauben erhalten/ vnd errettet zur bösen zeit/ wenns vbel zugehet/ es sey Krieg/ Theurung/ Sterben/ ja auch das letzte jüngste Gericht. Jnen sol zu jrem rechten leben vnd seligkeyt nichts schaden/ weder trübsal/ noch angst/ noch franckheyt/ noch verfolgung/ noch hunger/ noch sehligkeyt/ noch schwerdt/ Roman:8. Ein schöne/ gewaltige Verheyssung ist das. Wehe vnserm verzweyffeltem Vnglauben.

Ich sprach: HERR sey mir gnedig/ heyle mein Seele/ denn ich habe an dir gesündiget.

DJe steht vnd redet Christus in vnser person/ vnd treget/ als das reine Lemblein GOttes/ vnsere Sünde/ als weren sie sein/ vnd als hette Er sie selbs gethan/ so Er doch on alle Sünde war/ vnd in seinem Munde kein betrug/ Esaie am 53. 1. Petri 2. Darumb ists auß der massen tröstlich/ das Er sich zum Sünder machet/ wie Er oben im 31. Psalm auch gethan/ da Er saget: Meine krafft ist verfallen für meiner missethat/ Item im vorigen Psalm: Meiner sünde ist mehr/ denn har auff meinem Haupt/ rc.

Er klaget aber hefftig wider die vntrew seiner Freunde/ der Juden/ des Jüngers Jude/ der Schufftgelehrten vnd Phariseer/ welche/ wie im Euangelio stehet/ mit jm essen/ francken/ vmbgiengen/ vnd redeten/ nur das sie jn fiengen in seiner rede/ vnd ein vsach erfünden/ jn vmbzubringen/ vnd sein Lehre

K I ij   außzutil-

Kurtze außlegung des

auß zutilgen. Geben gute geschmierte wort/vnd sind arge vnd gifftige Schlan=
gen im hertzen. Sonderlich sihet man am Juda/der ein Jünger Christi gewe=
sen/ein hoher/grosser Apostel vnd Lehrer/ vnd mit Christo dem HERrn vber
tisch gesessen/ vnd in die schüssel mit jme getuncket/ wie Christus selbs redet/
wie er solches Bubenstück an seinem lieben HERren Christo beweyset/ dar=
umb jn auch Christus hieher zu diesem Psalm weyset/da Er jhn anredet/vnd
spricht: Mein Freund/warumb bistu kommen? Als wolt Er sagen: Sihe da/
Juda/bistu der/von dem Dauid geweyssaget hat/das mein Freund mich mit
füssen werde tretten? Du küssest mich jetzt/ vnd opfferst mich doch auff die
Fleyschbanck. Sihe zu/was du thust. Es ist dein schad/ du solst redlich beza=
let werden/ꝛc. Solche boßheyt Jude vnd seiner gesellen/heysset eygentlich/
wie allhie stehet / verbum Belial, ein Bubenstück. Wolan/ wir müssen solches
auch gewohnen zu vnser zeyt/von falschen leuten/vnd heuchlischen Brüdern.
Judas hat vil kinder vnd nachkommen. Sein kuß wirdt teglich vernewert.
Christus muß immerzu mit den seinen herhalten/guts thun/vnd böses empfa=
hen/von freunden vnd feinden. Iudas semper violat & præterit panem & salem. Aber
es hat nicht not. Harre des HERRN/ vnd sprich mit Christo:

HERR sey mir gnedig/vnd hilff mir auff/so wil ich sie Be=
zalen.

Aß jre anschlege vnd bubenstück / oder Teuffels gedancken vnd reden/
(verbum Belial) nicht fortgehen / laß sie sich nicht frewen wider mich/sondern
stehe mir bey/ ich wil sie redlich bezalen. Sie meinen/ sie wöllten mich vnd die
meinen vnterdrücken/vnd mit allem keyl zu boden stossen. Sie rhümen sich/
ich werde müssen im Grab vnd in der Hell bleyben. Aber solches sol jnen wi=
derfaren/Wie man sihet am gantzen Judenthumb/welchs also zerstossen ist/
das sie noch da ligen zurissen vnd zerstrewet. Vnd eben das sol noch allen fein=
den/ Tyrannen/ Henchlern/ vnd falschen Brüdern gewißlich widerfaren. Zu
schanden müssen sie werden. Vns aber sol geholffen werden/ vnd wir sollen
aufferweckt werden/vnd die Gotlosen richten vnd verurteilen Darumb spricht
er: Resuscita me, Wecke mich auff von den Todten/ vnd hilff mir/ der ich für
mein person from vnd vnschuldig bin/ vnd laß mich für dein Angesicht ewig=
lich gestellt werden/ Das ist/ Vater/verklere mich bey dir selbs/mit der Klar=
heyt/die ich bey dir hatte/ ehe die Welt ware. Ich wil auch das/daß/wo ich
bin/die bey mir auch seyen/die du mir gegeben hast/das sie meine Herrligkeyt
sehen/die du mir gegeben hast/Johannis am 17. Von dieser Klarheyt Christi
ist oben im 21. Psalm gesagt worden.

Wir wöllen nun diesen Psalm/ vnd das erste Buch des Psalters (wie es
die Alten geteylet haben) beschliessen/ vnd mit dem lieben HERrn Christo/
der in disem Psalm/wie wir gehöret/selbs redet/frölich singen/vnd Gott dem
Vater für seine Gnad von hertzen dancken/der vns durch seinen Son/vnsern
HERren vnd Heyland Jhesum Christum/vom Tod vnd Teuffel erlöset/vnd
ewiges leben geschencket hat/vnd mit einander sprechen: Gelobet sey der
HERR/der Gott Jsrael/von nun an biß in ewigkeyt. Dancket dem
HERRN/denn er ist freundtlich/vnd seine Güte weret ewig=
lich. Jm sey/Gott dem Vater/Gott dem Son/ vnd
Gott dem heyligen Geyst/lob/ehr/preyß/danck/
für alle Wolthat vnd Gnad/
Amen/Amen.

Ein vnd vierzigsten Psalm Dauids. CCI

Kurtze Fragen auß dem Ein vnd vierzigsten Psalm.

Was ist des HERren Christi Reich bey vns für ein Reich?

Antwort:
ES ist nicht ein WeltReich/ sondern ein Geistlich Reich/ oder ein Tempel Reich/ da man prediget/ vnd Sünde vergibt/ vnd zu Gnaden GOttes kompt/ durch den HERrn Christum.

Fraget auch die Welt vil darnach?
Leyder nein. Denn es für der Welt keinen pracht noch ansehen hat/ dieweil es gar mit einander im Wort stehet. Darumb nennet auch Dauid den HERrn Christum ein armen/ elenden/ vnd dürfftigen HERrn.

Wie/ oder warumb ist Er denn so dürfftig/ dieweil Er doch Gott/ vnd der Höchste ist/ der alles regiert vnd erhelt?
Er ist dürfftig/ Erstlich/ seiner Geburt halben/ da er ist ein elendes Kind von der Junckfraw Maria im Stall geboren worden: Darnach/ seines gantzen wandels vnd lebens halben auff dieser Welt: Zum dritten/ seines Leydens vnd Sterbens halben: Zum vierdten/ seiner Lehr halben für der Welt. Zum fünfften/ ist er auch dürfftig vnd arm in seinen Gliedern oder Gleubigen in disem leben.

Wer nimpt sich denn sein an?
Der Arme vnd Dürfftige. Arme vnd arme zusamen. Die Reichen dürffen sein nicht. Darumb spricht Dauid: Auß dem munde der Seuglingen vnd Vnmündigen hastu dir ein lob zubereytet. Item/ Der Elende vnd Arme loben den Namen des HERRN. Vnd dauon prediget Paulus/ 1. Cor: 1.

Wie nimpt man sich denn des HERren Christi recht an?
Auff viererley weiß: Fide, pietate, opera, & ope. Mit dem Glauben an jn/ das man sich an jm nicht ergere/ Wie Christus selbs sagt: Selig/ wer sich an mir nicht ergert. Darnach mit Gottseligkeyt/ oder Gottsfürchtigem leben/ das man lust habe zu seinem Wort/ vnd offt brauche das Sacrament des Altars/ nach der Einsatzung des HERren Christi. Denn wer sich nahend zum HERrn Christo helt/ zu dem helt sich Christus wider nahend. Zum dritten/ Mit arbeyt des Beruffs/ predigen/ lesen/ hören/ dienen/ vnd des Beruffs mit

C I ij gutem

Kurtze Fragen auß dem

gutem Gewissen warten. Zum vierdten/ mit hülffe vnnd befürderung des Worts GOttes/wo man kan/mit rath vnd that/Almosen/Stipendijs/vnd dergleichen.

Was verheyssetGott denen/die sich also des HERren Christi annemen?

1. Er woll sie erretten zur bösen zeit/ leyblich vnd Geistlich. Psalm:34. Der Gerecht muß wol vil leyden/aber der HERR hilfft jm auß dem allem.
2. Er wil sie bewaren hinfort für allem vbel/ja wie seinen augapffel Er wil all jr gebein bewaren/das der nicht eins verloren werde/Psalm:34.
3. Er wil sie beim leben erhalten/das sie in Gott ewig leben sollen/vnd auch zeytlich ein fein rubigs leben in Gott vnd in jrem Gewissen füren mögen.
4. Es sol jnen auff Erden wolgehn/ nach wunsch jres Hertzens/ das sie endtlich sehen/ Gott helt vber den seinen/vnd straffet die Gotlosen.
5. Sie sollen inn jhrer Feinde willen nicht kommen/ die sonst von hertzen wünschen vnd begeren/das die Frommen alle todt weren. Aber GOtt erhelt die seinen/ vnd machet jre Feinde zuschanden.
6. GOtt will sie erquicken mit seinem Wort/ mit rechtem Trost/ vnd mit ewiger Gesundtheyt.
7. Christus wil am Jüngsten Gericht rhümen die wolthat/so man seinen dürfftigen Christen/Schulen vnd Kirchen/Spitalen vnd Armen beweyset/ Matthei am 11.vnd 25.

Findet man denn der leut sehr vil/ die sich des HERren Christi gar nicht annemen?

Freylich nur zu vil. Türcken/ Juden/ Heyden wöllen wir faren lassen. Wie vil sind vnter vns/heuchler/sichere/vnd andere Gotlose leut/die den frommen gram vnd feind sind? Wolan/der Jünger ist nit vber seinen Meyster.

Ist es denn dem HERrn Christo auch also ergangen?

Das kanstu ja wissen auß der schrifft. Er hat zu feind gehabt/1 Die Welt/ vnd Weltliche Oberkeyt. 2. Die Hohenpriester/Pharisäer vnd Schrifftgelehrten. 3. Das gemeine Pöbel der Juden/die doch hetten sein Eygenthumb sein sollen. 4. Judam seinen Jünger vnd Tischgenossen.
Vber das so hat er ünerliche Feinde vnd Henger gehabt: Die Sünde/ die Er von vns auff sich genommen hat/den Tod/die Helle/vnd alles ewiges vnglück/welchs er doch alles vberwunden/vnd zustöret hat.

Warumb spricht Christus allhie/er hab gesündiget/so doch kein betrug in seinem munde gewesen ist?

Solchs redet er vns zum trost/dieweil er ist das Lamb Gottes worden/ welchs der Welt Sünde tregt/vnd hinweg nimpt/ vnd ist das Asam,das rechte Opffer/ welches Blut vns reyniget von allen wircklichen vnnd erblichen Sünden/Er ist der Selbschuldner/ der er doch keine Schuld gemacht hat/ Vnd muß bezalen/ das er nicht geraubt hat. Darauß wir denn vnsere Sünde erkennen vnd beweinen sollen/ vnd jhme von hertzen dancken für die gnedige Erlösung/vnd vns seines Gehorsams frewen vnd trösten.

Sind

Ein vnd vierzigsten Psalm Dauids.

Sind auch der Feinde/die Christus gehabt/ noch fürhanden in der Welt?

Stettigs/ vnd vberal. Wir schleppen mit vns die Sünde/den Tod. Die Welt ist vns entgegen. Die Gelehrten sind wider die einfeltigen. Das gemeine Volck hasset die Frommen. Judas hat auch vil Brüder gelassen: Heuchler/ Verleumbder/vnd Neyder/ Assentatores, Sycophantas, & Inuidos.

Was sol man denn thun?

Nichts anders/denn sich verlassen auff des HERRN Christi Gnugthu-
ung/vnd warten der letzten Zukunfft/ vnd dieweil beten/wie Christus allhie
selbs thut/ vnd gedultig sein/ so solle es alles wol gehen/ Das werden
wir in der warheyt erfaren. Gelobet sey der HERR
der Gott Israel/von nun an biß in
ewigkeyt/ Amen.

Ein Gebett.

ALmechtiger / Ewiger /
Barmhertziger GOtt / der du deinen lieben / eingebornen Son/ vmb meiner Sünden willen hast lassen leyden/ sterben/ geplagt/geschlagen/ vnd dürfftig werden / vnd hast alle meine Sünde / vbertret-
tung/ vnd missethat/ ja alle meine schmertzen vnd kranckheyt auff jn
mit hauffen geworffen / vnd jn dafür gnugthun/ vnd bezalen lassen/
als ob Er der rechte Selbstschuldener were / Ich armer / elender
Mensch bitte deine Barmhertzigkeyt / du wöllest mich / vnnd alle
Gleubige/ mit deinem heyligen Geyst also regieren vnd leyten / daß
ich mich an der armen/dürfftigen gestalt deines hochgelobten Sons/
meines Erlösers/nicht ergere/ sondern mich sein/ vnd seines heyligen
Worts mit ernst anneme/ vnd an jn von hertzen gleube/ jm vnd seiner Ehre diene/ lust vnd lieb zu seinem Wort habe / vnd mit dem leben auch rechte früchte meines Glaubens erzeyge/ auff das ich also al-
lezeyt/ vmb deines lieben Sons willen/ dein Kind/ Erbe/ Tempel/
vnd Wohnung sey/ vnd bleybe/ vnd ich stettigs mein einige zuuersicht

Ein Gebett auß dem
sicht vnd zuflucht zu deiner Gnade vnd Barmhertzigkeyt habe / der
du mir rath/hülffe/vnd errettung inn allen meinen nöten/ vmb deines Sons willen/ haſt genediglich zugeſagt/ daß du mich nicht wölleſt laſſen zuſchanden werden/ noch ſich meine Feinde vber mich frew-
en / ſondern wölleſt mir gnediglich beyſtehen/ mich erhören/ bewa-
ren/ erhalten/ erquicken / vnd mein GOtt/ Hort/ Troſt/ vnd Artzt
ſein. Auff ſolche deine Veterliche/ genedige verheyſſung/ ruffe ich dich
an/ vnd ſprich: HERR/ ſey mir gnedig / heyle mich an Seel/ vnd
an Leyb : Ich habe an dir geſündiget/ vnd vbel für dir gethan. Du
haſt mich erlöſet HERR/ du trewer Gott. Erbarm dich mein vmb
Jheſu Chriſti deines Sones willen / vnd erhalte mich inn ſtarckem
Glauben an jn/ biß an meinen letzten Seufftzer. Ich bitte auch/ lieber HERRE Gott / du wölleſt dein arme Kirche/ vnd elendes
Heuflein/ ſo dich noch in diſer Welt erkennet/ vnd ehret/ beſchützen für
allem vbel/ wider alle jre Feinde/ die inn der Welt ſind / als Tyran-
nen/ Ketzer/ vnd Rottengeyſter/ falſche Zungen/ vnd newe Judas/
die mit böſen Bubenſtücken öffentlich vnnd hinderliſtig vmbgehen/
vnd ſuchen nicht dein Ehr / ſondern jren namen/ ehr/ vnd wolfart.
Solchen wehre du / vnd laß ſie vber vnns arme / die wir dein
Wort treyben/ vnd lehren / nicht jauchzen. Erhalte vns
bey deinem Wort/ ſo wöllen wir dir dancken/ vnd
dich/ mit ſampt deinem Son/ vnſerm HErren Chriſto Jeſu/ vnd dem heyligen
Geiſt/ loben vnd preyſen/ von
nun an biß inn ewig-
keyt / Amen/
Amen.

Das

Zwey vnd vierzigsten Psalm Dauids. CCIII

Das ander Buch des Psalter Da-
uids/ nach der Alten theylung.

Auszlegung des Zwey vnd vier-
zigsten Psalm Dauids.

Ein vnterweisung der Kinder Korah/ vor zu
singen. *Choritarum Psalmi.*

OTT gebe sein Genade vnd seinen Segen.
Wir heben nun am Newen Jarstag/ des 1563. Jars/ diß
Ander Buch des Psalters an zuerkleren/ Vnser HERR
GOtt helffe vns in diesem Climacterico gnediglich/ Amen.

Er Titel dises Psalms zeyget an/ das Dauid disen Psalm habe den Kindern Korah/ welche Ianitores oder Thorhüter des Tempels gewesen/ vor
zu singen gegeben vnd befolhen. So nun dieser heyligen leut Vater vnd
erster anfaher der Korah gewest ist/ wie wir dafür halten/ der mit seiner Rotte
von der Erden verschlungen ist worden/ vnd lebendig inn die Helle gefaren/
1 Numeri am 16. so haben wir ein trefflich zeugnuß vnd exempel/ das Gott die
Kinder vnd Nachkommen/ die sich frömblich vnd Gottfürchtig halten/ jrer
Voreltern sünde nicht lesse entgelten. Es ist aber ein hertzlicher/ schöner Bet-
psalm/ darinn beschrieben wirt der rechte Kampff vnd streyt in einem engstigen Gewissen/ wie der Glaube vnd Hoffnung ringet mit der innerlichen ver-
zweyfelung und trawrigkeyt/ wenn die Sünde/ Straff/ vnd der Zorn GOttes vns vnder die augen schlagen/ vnd wir aller Menschen hülffe beraubet
werden/ Dencken nicht anderst/ denn als zürne Gott mit vns/ vnd plage vns/
Wie oben auch im 6. 13. 18. 22. 25. 31. 32. 38. 39. 40. vnd in andern Psalmen ist
angezeygt worden/ vnd wirt hernach offtmals widerholet in vilen Psalmen/
darinn die angst der Sünden halben inn den Gleubigen/ vnd rechte Busse beschrieben wirt. Vber das aber/ das solche schwermut vnd Todesangst in den
Heyligen entstehet/ thuts sehr wehe/ das die Gottlosen noch jrer darzu spot-
ten/ pfeyffen/ vnd lachen/ wenn es den Frommen vbel gehet/ ja rhümen sich
noch/ sie allein sind GOttes Volck/ vnd haben den Segen Gottes/ Fried-ru-
he/ einigkeyt/ vnd wolfart/ Die andern aber/ so geplagt werden/ sind GOttes
feinde/ die also nach jrem verdienst von GOTT gestraffet werden/ es sey mit
tranckheyten/ armut/ vnfal/ vnd was nicht widerwertigkeyt heyßt. Wenn aber
sie selbs geplaget werden/ da gedencken sie nicht/ daß ein vermanung oder
straff GOttes sey/ ja es muß alles heyssen/ vmb GOttes willen leyden/ vnd
heylige Merterer sein.

Dieses

Kurtze außlegung des

Dises sihet allhie Dauid wol/vnd gibet den Frommen disen rath/das sie sich nichts bekümmern/ sondern sich zum Hauß Gottes halten/ Das ist/bey seinem Wort bleyben/vnd sich damit weisen vnd trösten lassen/ Wie oben im 27. Psalm auch stehet: Eins bitte ich vom HERREN/das bette ich gern/ Das ich im Hause des HERRN bleyben möge mein lebenlang/ so werden mir auch mein lebenlang volgen gutes vnd Barmhertzigkeyt/Psalm:23.

Wie der Hirsch schreyet nach frischem Wasser/so schreyet meine Seele Gott zu dir.

1. Der gröste Schatz ist/Gottes Wort rein vnd lauter haben/vnd im das selbig lassen lieb vnd werdt sein.

2. Solchs erferet man in grossen anfechtungen/wenn alle menschen hülffe auß vnd hinweg ist/vnd ein fromnies/geplagtes hertz zu friden ist/ wenn es nur Gott vnd sein Wort hat/es gehe sonst wie der liebe Gott wölle.

3. Ein Hirsch ist sehr vnlydlich in der hitze/ sonderlich so er von Hunden vnd Jegern ist gejagt worden/ vnd begeret zum Wasser/damit sich zuerquicken/vnd zu laben. Item/ so er geschossen wirdt/ vnd mit dem leben darvon kommet/suchet er frisch Wasser. Oder/so er ein Schlangen verschlungen hat/ (wie wir oben im 22. Psalm gesagt/) suchet er auch inn den frischen Wassern sein labung. Wie der Poet von den Hirschen schreybet:

Fluuio cùm forte secundo
Deflueret,ripaq; æstus viridante leuaret.

Also ein zeriagtes/geplagtes/vnd angefochten hertz/sehnet sich/vnd seufftzet/ nach dem Brunnen des Lebens/ das ist/nach dem Wort GOttes. Wer das hat/der ist zu friden auch mitren im Tod/ ob gleich das hertz sonst matt/vnd an im selbs zaghafft ist/ vnd vns alles zuwider ist/ was man nur nennen kan. Darumb stehet so offt in den Psalmen/das das Wort GOttes allein sey der frommen/engstigen Hertzen leben vnd trost. Es erquicket die Seele/ vnd erfrewet das Hertze/erleuchtet die augen/Psalm:19. Es ist die grüne Awe/ vnd das frische Wasser/vnd rechte Strasse/darzu vns Gott selbs füret/Psalm:23. Wenn ich schawe allein auff dein Gebot/ so werde ich nicht zu schanden/ Psalm:119. Wo dein Wort nicht mein Trost gewesen were/ so were ich vergangen in meinem elende.

Solchs wissen die Henchler/Werckheyligen/vnd sichere Weltleut gar nicht/es ist inen alles ein spot vnd gelechter. Sie sinds auch nicht werdt/ das sie etwas darvon wissen oder erfaren sollen. Arme,fromme,geplagte Hertzen/ die sonst in diser Welt wenig frewd vnd frid haben/ oder gantz vnd gar im elend leben/kranck/verlassen/ vnd arm sind/ verjaget/ verfolget/ vnd betrübet werden/ vnd wol vnter den Türcken vnd Heyden leben/das sie allen jamer haben/vnd teglich leyden müssen/Solche wissen in irem hertzen/was diß geredt sey: Meine Seele schreyet GOtt zu dir: Meine Seele dürstet nach GOtt/ nach dem lebendigen GOtt/(der Son ist Christus Jesus/wie Petrus in seinem Bekentnuß sagt:Du bist der Son des lebendigen GOttes.) Wenn werde ich dahin kommen/das ich Gottes Angesicht schawe? Das ist/da GOtt wonet/als im Tempel/ oder wo sein Wort ist/dardurch sich Gott selbs zuerkennen gibt/vnd seine Gnade offenbaret/vnd tröstet die Elenden.

Dises ist ja ein hertzlichs sehnen vnd seufftzen nach dem Trost vnd Wort GOttes. Quando veniam, vt appaream conspectui Dei? Wenn wirts zeit sein/ das ich mit Gottes Wort recht getröstet vnd erquicket werde? Oder, wie heutigs tags

Zwey vnd vierzigsten Psalm Dauids. CCIIII

tages die frommen sagen/ so sich nach der letzten Erlösung/ oder nach dem Jüngsten tag vnd ewigem Leben sehnen: Wenn wirts werden/ HErr Christe? Wenn wiltu kommen/vnd vns auß diser argen Welt erretten? Wenn sollen wir dich von angesicht zu angesicht sehen/vnd mit dir in ewiger frewd vnd wonne leben? Wenn wiltu vns erlösen/ das wir bey vnd in dir sein?

Das ist ein rechter durst nach dem lebendigen/starcken Gott/ oder nach dem Brunnen des Lebens/ wie etliche allhie geredt haben: Sicut anima mea ad Deum, fontem viuum, Meine Seele dürstet nach GOtt/ dem lebendigen Brunnen (Quamuis versio hæc non sit vera, cùm pro fortem, legerint fontem.) Von diesem Durst vnd Brusten redet der Son Gottes mit dem Samaritischen Weiblein/ Johannis am 3. Wer des Wassers trincken wirdt/das ich jm gebe/ den wirdt ewiglich nit mehr dürsten / sondern das Wasser/das ich jm geben werde/das wirdt in jm ein Brunn des Wassers werden/ das in das ewige Leben quillet. Wer an mich gleubet/den wirt nimmermehr dürsten. Johannis am 6. Wen da dürstet/ der komme zu mir/ vnd trincke. Wer an mich gleubet/wie die schrifft saget/von des leybe werden Ströme des lebendigen Wassers fliessen. Johannis am 7. Jhr werdet mit frewden Wasser schöpffen auß dem Heylbrunnen. Esaie am 12. Denn also spricht der HERR: Jch wil Wasser giessen auff die dürstige/ vnd ströme auff die dürre. Jch wil meinen Geist auff deinen Samen giessen/ vnd meinen Segen auff deine Nachkommen/ das sie wachsen sollen wie Graß/vnd wie Weyden an den Wasserbechen/ Esaie am 44. Wolan/alle die jr durstig seyt/kommet her zum Wasser/vnd kaufft on gelt/ vnd vmb sonst/ beyde Wein vnd Milch/ Esaie am 55.

Meine Threne sind meine speiß tag vnd nacht/ weil man täglich zu mir saget: Wo ist dein Gott?

Der Durst jaget auß den augen manchen zeher vnd tropffen. Wenn ein Christ in angst ist/ so dürstet jn nach der erquickung/vnd begeret sich zu laben. So er aber jo bald nicht erfrischet wirt/ muß er darob manchen tropffen von seinem angesicht lauffen lassen/ vnd muß die Thränen seine speyß lassen sein tag vnd nacht/ dieweil er sonst für grosser angst vnd ohnmacht nichts essen noch geniessen kan. Er hat auch sonst nichts anders/ damit er sich wehren vnd erhalten kan/denn seine klag/ oder sein Gebett zu GOtt/ Wie man saget: Preces & lachrimæ sunt arma Ecclesiæ, Gebett vnd Weinen sind der Kirchen Wehr vnd Waffen. Wem das hertz für Gott weinet/vnd der mund schreyet vnd betet zu Gott/ dem wirt geholffen.

Es redet aber Dauid von einer grossen anfechtung/ das er/ zu seinem jammer vnd schaden/ noch dar zu das gespött von den trotz seiner Feinde hören muß. Wo ist nun dein GOtt? Gleich wie jetzt die stoltzen Geyster vnd Weltbauchs sagen: Was/ meinstu es sey an dir gelegen? Oder/ du seyst der beste/ vnd frömbste? Mich wundert/was da dich vnterstehen darffest? Wir haben das Wort/ so wol/ als du. Es ist vergebens mit dir. Wir solten vnd köndtens sturm. Weg/ weg wils dir zu?

Solcher trotz thun den Frommen wehe/ welche es trewlich vnd gut meinen/ vnd sie dahin/ das jnen alles/was sie Gott zu ehren anfangen/zum ergsten von der losen Welt außgelegt wirt. Was solt vns diser helffen/sprechen die sichern/ stoltzen leut/ was solte Gott durch disen armen menschen außrichten? Er hat keine hülffe bey GOtt/ Psal. 3. Vnd wenn es ein wenig vbel geht/ so bald sprechen sie: Wolan/ die sihet mans recht/ Gott hat jn gestrafft/ Wo ist sein Gott/ des Ehr vnd Wort er hat gerhümet?

Wenn

Kurtze außlegung des

Wenn ich denn das inne werde/ so schütte ich mein hertz her=
auß bey mir selbs/ Denn ich wolte gern hingehn mit dem
Hauffen / vnd mit jnen wallen zum Hause Gottes/ mit
frolocken vnd dancken / vnter dem Hauffen / die da fey=
ren.

Angst vnd not leret beten/ gedultig sein/ vnd schreyen. Wo nicht creutz
ist / da wirdt man gemeinlich sicher vnd faul/ oder nachlessig im Gebett/ Ja/
wo nicht creutz ist/ da ist der Zorn Gottes nicht ferrn/ Wie Augustinus recht
sagt: Successus humanæ fœlicitatis, est indicium æternæ damnationis. Daher liset man
auch im Augustino/ das er auff ein zeyt mit seinen Jüngern vnd Geferten in ei=
nes sehr Reichen Mannes Hauß kommen/ vnd alda zu gast gebeten worden
sey. Da sie nun vber tisch gesessen / wol vnd herrlich gelebet / vnd mancherley
reden von wollüsten/ vnd Weltlichen dingen getrieben/ hat Augustinus ange=
fangen/ von Gott/ von der Sünde/ vnd dem Zorn Gottes zureden / vnd ist der
wegen von dem Reichen Manne/ vnd seinem Hausgesinde/ als ein sonderli=
cher Pfaff/ vnd heyliger Harnion/ (wie jetzt vnsere Stratioten von den Pro=
pheten vnd Aposteln reden vnd lester n/) verlacht worden. Endtlich hat gleich
wol Augustinus den Reichen Man gefragt/ ob er auch jemals ein creutz an=
fechtung/ oder widerwertigkeyt erlitten hette? Vnd da er gehöret/ er wiste.
von keinem leyden / ist er bald mit den seinen auffgestanden/ sie zur Busse ver=
manet/ vnd für dem zukünfftigem vbel gewarnet/ vnd also davon gangen.
Bald hernach hat der Donner in das Hauß mit grossem gewalt geschlagen/
vnd alles/ was darinnen gewesen/ verbrandt/ vnd vmbgebracht.

Die Heyden haben solches auch gesehen/ wie man an dem Exempel mit
dem glückseligen König Policrate sihet/ der nie in seinem leben einige wider=
wertigkeyt erfaren hette / vnd muste doch zu letzt jemerlich vom Orant auff=
gehangen/ vnd erwürget werden.

Inn vitis Patrum liset man ein fein Exempel/ das ein alter Man gewesen/
welcher inn seinem leben vast alle Jar mit Kranckheyt beladen worden/ vnd
Bethriß gelegen. Da er aber ein mal ein gantzes Jar nicht kranck worden/
hat er geheület vnd geweinet / vnd/ solches allen Menschen geklaget/ vnd zu
Gott gesagt: Reliquisti me Domine, & noluisti me præsenti hoc anno visitare, HERR
du hast mich verlassen/ vnd hast mich disses Jar nicht visitiren noch heimsu=
chen wöllen.

Ich dancke Gott meinem HERRN/ dem Vatter vnsers HERRN Jesu
Christi/ das Er mich auch jetzt im anfang disses 1563. Jars/ da ich disen Psalm
solte erkleren/ als ein gnediger Vater/ mit seiner Veterlichen Rutten/ vnd leybs
schwacheyt visitirt vnd heimsuchet / vnd schickt mir nun zum fünfftenmal ein
newes Fiber zu/ das mich zur erkentnuß meiner vilfeltigen Sünden füren sol/
vnd mir anzeygen Gottes grossen Zorn. Vnd bitte jn/er wölle vmb seines
Sons willen meine Sünde verzeyhen/ vnd mir stercke vnd krafft verleyhen/
den Psalter inn meinem Ampt zu vollenden/ nach seiner Göttlichen Verhey=
sung/ Psalm: 107. Die Narten/ so geplagt werden vmb jrer vbertretung vnd
sünde willen/ das jnen eckelt für aller speyse/ vnd werden todt kranck/ So sie zum
HERRN ruffen in jrer not/ so hilfft er jnen auß jren engsten/ vnd sendet sein
Wort/ vnd machet sie gesund/ vnd errettet sie/ das sie nicht sterben.

Inn summa / Das liebe heylige Creutz ist die Kinderschul der Christen/
da Gott die seinen leßt hinein füren/ vnd vnterweyset/ vnd züchtiget sie/ vnd gi=

der

Zwey vnd vierzigsten Psalm Dauids. CCV

bet einem jeden sein sonderliche lection für/nach eines jeglichen maß vnd alter/ die er am besten weiß/Vnd behelt sie in ernstlicher anrüffung/im Gebett,Glauben/Lieb/Hoffnung/da sie sonst kalt/faul vnd sicher würden.

Solchs sage ich derhalben/dieweil allhie Dauid sagt/da er groß creutz vnd widerwertigkeyt/innerlich vnd eusserlich leyden gehabt/habe er sein hertz vnd seel außgeschüttet/das ist/er hab allererst recht vnd mit ernst angefangen zu beten/vnd sich zu sehnen nach der hülffe GOttes. Denn wenn die Feinde gleich vil wesens mit den Frommen machen/neyden,verfolgen,beliegen,vnd lestern sie/ so bringen sie es doch nicht ferner/denn das die Frommen zu GOtt nur desto hertzlicher schreyen vnd beten/vnd endtlich errettet werden. Die seine de aber müssen zu boden fallen.

Das Hertz bey sich selbs außschütten/ist eygentlich/sich hertzlich sehnen zu Gott/vnd demselben von hertzen alle not klagen/sintemal man/sonst dieselbe niemand klagen kan. Gleich wie wir Teutschen sprechen: Ich kans niemand klagen/ denn mir selbs/ vnd Gott meinem HERREN. Item: Das hertz bricht herauß/es geht mir durchs hertz. Ich wils Gott klagen. Vnd hie hebet sich nun der rechte Trost an/ Denn so man zuflucht zu Gott hat/sobald sihet das hertz an trost zu fülen/vnd sich außzubreyten/da es zuuor in schwermut vnd trawrigkeyt ist klein/vnd zusammen krochen gewesen/Wie offt inn Psalmen stehet: Wes sol ich mich trösten? Ich hoffe auff GOtt/Psalm: 39. Ich wil zu Gott rüffen/vnd der HERR wirt mir helffen/Psalm: 55. Du bist mein Zuuersicht/ ein starcker Thurn für meinen Feinden/Psalm: 61. Wenn ich nur Dich habe/ so frage ich nichts nach Himmel vnd Erden. Wenn mir gleich Leyb vnd Seel verschmacht/so bistu doch allzeit meines hertzen Trost/ vnd mein Theyl/Psalm: 73.

Nun setzet Dauid die vrsach/ warumb er sich so hertzlich sehnet/Nemlich: Er wolte gern bey dem Hauffen sein/ da man GOttes Wort prediget/ vnd den Sabbath recht feyret/mit rechten Gottesdiensten/ da man nichts rhümet/denn Gottes Gnade vnd Barmhertzigkeit/vnd singet stetigs: Dancket dem HERREN/denn Er ist freundlich/ vnd seine Güte vnd Warheyt weret ewiglich/2.Chron: 20. Von solchem sehnlichen verlangen vnd wunsch der Gottseligen/ haben wir oben auch gehöret im 27. Psalm: Eins bitte ich vom HERRN/das hette ich gern/rc.

Wir sollen dise wort/vnd den gantzen Psalm brauchen/wider die grewliche anfechtung von der Prædestination,erwelung/oder fürsehung/da offt die armen Gewissen gedencken/sie sind nicht in der zal der Außerwelten. Wider solches leyden dienet diser Psalm auff das aller trefflichest/ vnd gibet den Hertzen wider rechten Trost vnd Glauben/das sie mit Dauid sagen:

Was betrübestu dich meine Seele/ vnd bist so vnruhig inn mir? Harre auff Gott/denn ich werde jm noch dancken/ daß er mir hülfft mit seinem Angesicht.

DAs ist der Trost wider alle Geystliche Trawrigkeyt vnd Anfechtung. Nur auff Gott harren/vnd jm vertrawen. Wer Gott vertrawet/derselb bestehet/ Sonst fellets alles/dort vnd vergehet. Harre des HERRN sey getrost vnd vnuerzagt/vnd harre des HERRN/Psalm: 27.31.

Das Angesicht oder Antlitz GOttes/ ist GOttes erkentnuß vnd gegenwertigkeyt im Wort vnd Glauben/da sich GOtt selbs zuerkennen gibt/ vnd durch sein Wort vnd seine Gnade offenbaret. Solchs heyst anderstwo in der

D m   Schrifft

Kurtze außlegung des

Schrifft/nicht den rücken/sondern das angesicht zu vns keren/vnd das liecht des Antlitzs erheben/das ist freundlich vnd gnedig ansehen/Psalm: 4. Solches Angesicht Gottes wirt gespüret vnd gesehen in dem Son Gottes/welcher das ewige/wesentliche Ebenbild/Character/Glantz/vnd Chasmal seines Vaters ist. Wer Jhn sihet/der sihet Gott. Durch Jhn allein haben wir Trost vnd Glauben/Leben vnd Seligkeyt/Wie in den Teuschen Reimen stehet/so sich hiehero wol schicken:

> Ich acht der frewd auff Erden klein/
> O GOtt/du bist mein Trost allein.
> Hab nichts/das mich erfrewen thut/
> Allein dein Wort machet mir mut.
> Nichts weiß ich/das mich trösten kan/
> Nur GOttes Gnad in seinem Son.
> Es hat mich Christus ja erlost/
> Solchs ist meines Hertzen höchster Trost.

> Nun bitt ich dich/mein trewer GOtt/
> Erhalt mich vest in aller not.
> Vnd gib mir/durch die güte dein/
> Ein seligs end im Glauben rein.

> Das wünsch ich allen Menschen gleich/
> O Christe hilff vns in dein Reich.
> Clerlich wirt/HERR dein Göttlich Wort
> Teglich gelehret vnd gehort.
> O HERR zu deinem Wort verleyh
> Rechten Glauben/vnd frucht darbey.

Volget weyter:

Mein GOtt/betrübet ist meine Seele inn mir/Darumb gedencke ich an dich im Lande am Jordan vnd Hermonim auff dem kleinen Berge/ꝛc.

AUff den Trost volget das Gebett: HERR Gott/es gehet mir ja vbel. Es kompt eine Flut vnd Vnglück vber das ander. Nulla calamitas sola. Wenn eine hat auffgehöret/bald ist ein andere fürhanden. Es gehet mir schier/wie dem Pharao im roten Meer. Es gehet alles vber mich. Die grossen Wasserflut kommen daher mit gewalt/Psalm: 32. Die Fenster in der Höhe sind auffgethan/vnd die Grundveste der Erden beben/Esaie am 24. Alle Wogen vnd Wellen gehen vber mich. Wasser vmbgeben mich biß an mein leben/Die tieffe vmbringet mich/Schilff bedecket mein haupt/Jone am 2. Aber ich gedencke an dich/vnd an deine grosse Gnade/vnd mein Gebett kompt zu dir/in deinen heyligen Tempel. Meines hertzen lust stehet zu deinem Namen/vnd bei nem Gedechtnuß oder Wort/Esaie am 26. Ich betrachte deine Wunder/vnd gnedige hülffe/die du allzeit allen/so dich anrüffen vnd fürchten/beweisest. Im Jüdischen Lande darinnen der Jordan/als das Landwasser/fleusset/vnd Hermonim die grossen Berge berumb sind/gegen welchem der Berg Zion klein ist/sihe ich deine Gnad vnd Hülffe. Darumb begere ich dein des nachts von hertzen/vnd mit meinem Geist wache ich früe zu dir/Esaie am 26. Denn du hast

Zwey vnd vierzigsten Psalm Dauids.

verheyssen deine Güte / vnd wilt haben / das man dein Barmhertzigkeyt loben vnd preysen solle / vnd dich dafür halten/ als der du gnedig bist / vnd wilst helffen / allen / so dich inn nöten anruffen. Des tags leist du verkündigen vnd verheyssen deine Güte / Das ist / zur Gnaden zeyt leist du deine Barmhertzigkeyt offenbaren / Denselbigen sol ich mich vnd andere trösten / vnd darauff verlassen / wenns nacht ist / das ist / wenn anfechtung / creutz / vnnd wasserstut kommen. Denn das ist ein köstlich ding / dem HERRN dancken / vnd lobsingen deinem Namen du Höhester / des morgens deine Genade / vnd des nachtes deine Warheyt verkündigen / Psalm: 92. Jnn Summa / der Tag oder Morgen heyst Trost vnd Gnad / Leben vnd Seligkeyt : Die Nacht aber heyst creutz vnd leyden / darinn man sich erinnern sol der Verheyssungen Gottes / vnd zu vnsers lebens Gott schreyen / vnd mit Dauid beten : HERR Gott / mein Fels / warumb hastu mein vergessen? Sey mir gnedig / las mich nicht zu schanden werden / noch inn meiner not vergehen. Las auch meine Feinde / Verfolger / Wißgönner / Neyder / Ketzer / falsche Brüder / Tyrannen / vnd sichert / arge leut sich nicht frewen ober mich / noch mein mechtig vnd gewaltig werden / das sie mich von rechtem Wegt abschrecketen / oder irr machteten. Ob es mir gleich sehr wehe thut / wenn so grausam meine Feinde wüten / mich drengen / vnd plagen / vnd ist in meinen beinen wie ein scharpffes Schwerdt / das mich schneydet / vnd zermartert / Wenn sie mich verleumbden vnd schmehen / vnd zu mir sagten : Wo ist nun dein Gott? Gleich wie sie zu Christo gesagt : Er hat Gott vertrawet / Er helffe jhm nun : Bistu Gottes Son / so steyge herab vom Creutz ꝛc. noch dennoch stehe du / HERR Gott / bey mir / vnd erhalte mich / das ich dir in ewigkeyt für deine hülffe dancken könne / der du mich erhörest / vnnd mein angesicht nicht lessest zu schanden werden / Psalm: 34.

Diß Gebett sollen wir auch wol zu vnser zeyt betrachten / darinn die Frommen auff mancherley weiß gehasset / verfolget / vnd verachtet werden / vnd müssen vil creutz vnd elend / hunger / armut / franckheyt / hass / vnd jammer leyden. Wol dem / der sich nicht ergert / sondern verharret biß ans ende. Darzu helffe vns auch GOTT / vnd
      regier vnd erhalte vns in erkandter vnd
        bekandter Warheyt / biß an vn
          sern letzten Seuff
           tzer / Amen.

Kurtze außlegung des
Außlegung des Drey vnd
vierzigsten Psalm Dauids.

DEr Psalm hanget mit worten vnd meinunge
an dem vorigen Psalm/ vnd erkleret dise wort :(Des nach=
tes singe ich/ vnd bete zu Gott meines lebens.) Was er aber/
vnd wie er betet/ das stehet allhie/ nemlich/ das GOtt selbs
wöll Richter sein/ vnd die rechte sache oder Lehre wider die
Gotlosen erhalten/auff das also das rechte Liecht vnd War=
heyt im Hause Gottes stetigs leuchte/ vnd bleybe. Das ist/
das Gottes Wort immer recht vnd rein gelehrt werde/ dardurch sich die elen=
den trösten/ vnd erquicken/ loben vnd dancken Gott/ vnd sind frölich vnd gu=
tes muts in Gott/ vnd halten sich auff wider alles vnglück/ so jnen zuhanden
kommet.

 Sey du Richter/ O HERRE GOtt/
Für du mein sach in aller not.
Dem rechten theyl steh allzeyt bey/
Mein GOtt/ vnd mein Erretter sey.
Von bösen leuten leyte mich/
Mit falscher zung sie schmehen dich.
Du bist allein mein Sterck vnd Trost/
Der du mich allzeyt hast erlost.
Warumb wilt jetzt verstossen mich/
Der ich doch warlich traw auff dich?
Warumb leist mich so trawrig sein/
Von meinen Feinden leyden pein?

 Ach HERR/ send mir dein Liecht vnd Wort/
Welchs ist meins Hertzen Trost vnd Hort.
Laß mich in deiner Warheyt gehn/
So wil ich allzeyt wol bestehn.
Auff deinem Berg/ bey deinem Thron/
Bey deim Altar/ in frewd vnd won/
Der du meins Hertzen leben bist/
Wil wohnen ich/ on allen list.
Ich wil dir dancken/ HERR mein GOtt/
Der du mich fürst auß aller not.

 Mein Seel/ was bistu zaghafft sehr?
Ich bringe dir ja gute mehr.
Sey guter ding/ vnd harr auff GOt/
Sey vnuerzagt/ es ist kein spot/
Du wirst sehen sein hülffe groß/
Wirst jm dancken on alle moß.
Amen/ solchs gscheh den Frommen all/
So GOTT preysen mit grossem schall.

           Außlegung

Vier vnd vierzigsten Psalm Dauids.

Außlegung des Vier vnd vier-
zigsten Psalm Dauids.

Je Juden legen disen Psalm auß von jhrer armseligkeyt vnd Gefengnuß/ darinn sie jetzund sind/ vnd haben kein gewissen ort oder wonung in der gantzen Welt. Aber solche außlegung ist falsch/ sintemal sie nicht mit warheyt dise wort sagen können: Diß alles ist vber vns komen/ vnd wir haben doch dein nit vergessen/ noch vntrewlich in deinem Bund oder Testament gehandelt. Ja/ dise wort sind gantz wider die Juden / so vntrewlich mit dem Testament Christi Jesu des Sons GOttes gehandelt haben/ vnd noch dasselbig lestern/ vnd auff das höbest schmehen.

Der Apostel Paulus zun Römern am 8. erkleret disen Psalm/ das er rede von der waren/ rechten Jsraeliten/ das ist von den Christen/ welche im anfang der Christlichen Kirchen alles vnglück/ verfolgung/ vnd elend erlitten haben/ vnd doch inn GOtt getrost vnd vnuerzagt gewesen sind/ vnd haben den sieg behalten/ vnd gewißt/ das Gott für sie ist/ Vnd sind gewiß gewest/ das weder Tod noch Leben/ weder Engel noch Fürstenthumb/ noch Gewalt/ weder gegenwertigs noch zukünfftigs/ weder hohes noch tieffs/ noch kein andere creatur/ sie scheyden möge von der Liebe Gottes/ die in Christo Jesu ist.

So ist nun diser Psalm ein Bet/ Klag/ vnd Trostpsalm/ darinn die Heyligen klagen wider jre Feinde vnd Verfolger/ Tyrannen vnd Heyden/ von welchen sie gemartert vnd erwürgt werden/ als Vbelthäter/ Auffrhürer/ Gottslesterer/ vnd Ketzer/ Vnd beten zu Gott vmb hülffe/ vnd trösten sich/ Gott werde sie nicht verlassen. Ist zumal ein ernstlicher/ andechtiger Psalm/ vnd schöne vnterweisung oder lehre/ auff die wir wol achtung geben sollen.

GOTT/ wir haben mit vnsern ohren gehöret/ vnsere Veter habens vns erzelet / was du gethan hast zu jhren zeyten vor alters.

1. *Narratio.* GOtt hat jn durch sein Wort im Menschlichen Geschlecht allzeit ein gewisse Kirchen gesamlet/ vnd erhalten.

2. Darzu hat er eingesetzt Prediger/ Haußueter/ Schulmeister/ vnd Oberkeit/ welche dem Volck/ jren Kindern/ Gesinde/ Schulern/ vnd Vnterthanen/ das Wort sollen rein vnd lauter fürtragen/ vnd fleissig sein in jrem Ampt/ vt nati patrum & qui nascuntur ab illis, Et casti maneant in vera luce nepotes. Deut: 6. Meine wort/ spricht Gott/ soltu zu hertzen nemen/ vnd solt sie deinen Kindern scherpffen/ jmmer treyben vnd üben/ das sie nit verrosten noch verdunckeln/ sondern stets jn gedechtnuß bleiben. Denn je mehr man Gottes Wort handelt/ je heller vnd newer es wirt/ vnd beyst billich/ Je lenger je lieber. Ein jeder Haußuater sol in seinem Hauß ein Lehrer vnd Bischoff sein. Quod nos sumus docentes in Ecclesia, hoc vos singuli estis in domibus vestris, spricht Augustinus. Wers nicht thut/ der ist seiner Kinder vnd seines Gesinds Seelmörder/ vnd nicht ein Haußuater/ sondern ein lebendiger Haußteufel.

3. Was aber fromme Prediger vnd Haußueter lehren/ vnd fürnemlich treyben sollen/ steht allhie klerlich/ nemlich/ das sie alle Gerechtigkeyt/ leben/ seligkeyt/

Kurtze außlegung des

keyt/sterck/sieg/ehr/vnd in summa/alles was gut ist/Gott dem HERRN/ vnd nicht vnsern wercken zuschreiben/vnd jnimer den Glauben an Christum/ vertrawen auff Gottes Gnad/vnd ware Hoffnung treyben/vnd Gott loben/ jm dancken/vnd beten: Geheyliget werde dein Name.

4. Denn GOtt der HERR hilfft allein/vnd sonst niemand. Er machet vns auß Gnaden in seinem Son gerecht vnd selig. Von jm haben wir alles gutes/des Leybes vnd der Seelen. Ein weiser thůme sich nicht seiner weißheyt/ ein starcker nicht seiner stercke/noch ein reicher seines reichthumbs/sondern wer sich rhůmen wil/der rhůme sich des HERREN/Jeremie am 9. Einem König hilfft nicht sein grosse macht/Ein Rise wirt nit errettet durch sein grosse krafft/Roß helffen auch nicht/vnd jre grosse sterckte errettet nicht/sondern GOtt ist vnser hůlffe vnd schild/Psalm: 33. Vnser zuuersicht vnd stercke/eine hůlffe inn den grossen nöten/Psalm: 46. Menschen hůlffe ist kein nütze. Die GOtt wöllen wir Thatten thun/er wirt vnsere Feinde vntertretten/Psal: 60. 108. Vnser hůlffe steht im Namen des HERRN/der Himel vnd Erden gemacht hat/Psalm: 124.

5. Wer nun inn seinem Beruff trew vnd fleyssig ist/fůrchtet vnd trawet Gott/der empfehet auch den Segen von Gott/agit quod Deus dedit,& expectat, quod Deus vult,sprach D. Pomer/er thut/was jm Gott befolhen hat/vnd wartet/was Gottes will ist. Er sehet nichts wider Gottes Wort an. Er brauchet die mittel wol/so recht/vnd von Gott geordnet sind/vnd versucht Gott nicht/ Aber das vertrawen stehet allein in GOtt/der helffen kan/vnd helffen wil/allen/so jm vertrawen/vnd wil sein Volck vnd Kirche beschützen vnd erhalten wider alle pforten der Hellen/vel mediate, vel etiam immediate. Volget der ander Theyl des Psalms.

Gott/du Bist derselbe mein König/der du Jacob hůlffe verheyssest.

1. GOtt will selbs seine Kirche beschützen vnd erhalten/wider die Blutdůrstigen Tyrannen vnd Ketzer. Psalm: 46. Die Stadt GOttes solle kein lustig bleyben. GOtt ist bey jr drinnen/vnd hůlfft jr/darumb wirdt sie wol sicher bleyben. Gott ist vnser König von alters her/der alle hůlffe thut/so auff erden geschicht/Psalm: 74.

2. Es will aber GOtt seine Kirche erhalten vmb zweyer vrsach willen: Erstlich/Denn er hat sie außerwelet zu seinem Volck/ja zu seinen Kindern vnd Erben in seinem Son Christo Jesu/vnd ist jr Vater vnd König. Darnach/so hat er jr hůlffe verheyssen in seinem Wort. Sein Wort aber ist warhafftig/vnd was er zusaget/das helt er gewiß/Psalm: 33. Er gedenckt ewiglich an seinen Bund seines Wortes/das er verheyssen hat auff vil tausent fůr vnd/Psal: 105. Die Werck seiner Hende sind Warheyt vnd Recht/Psalm: 111. Amen/ Amen. Das heyst das Wort Gottes.

3. Fůr solche Gnade Gottes sollen wir alle/die wir Gliedmaß der rechten Kirchen sind/Gott von hertzen dancken/vnd mit Dauid sagen: Wir wöllen teglich rhůmen von Gott/vnd deinem Namen dancken ewiglich. Denn er ist bey vnd vnter vns inn so manchen grossen gefahren vnd verenderungen/seine Kirchen vnd Schulen wunderbarlich erhelt/vnd wider vnd vber aller Menschen vernunfft beschützet vnd erweytert/vnd thut solchs noch alle stund. Wir dancken dir Gott/wir dancken dir/vnd verkůndigen deine Wunder/das dein Name so nahe ist/Psalm: 75.

Vier vnd vierzigsten Psalm Davids.

4. So auch etwa ein gefahr kommet/vnd sich lesst ansehen/als werde es vns vbel gehen/sollen wir nicht verzagen/noch auff Menschenhülffe trawen/ sondern zu GOtt vmb hülffe schreyen/das Er vns errette von vnserm Feinden/ vnd mit Dauid sprechen: DEXX, durch dich wöllen wir vnsere Feinde zerstossen/ Mit vnser macht ist nichts gethan. Jnn deinem Namen wöllen wir vnsere Feind vberwinden. Dein Name werde geheyliget. Nostrum nomen nomine indignum est. Wir können nichts/spricht Josaphat/vnser augen sehen zu dir/ DEXX.

Warumb verstössest du vns denn nun / vnnd lessest vns zu schanden werden / vnd zeuchst nicht auß vnter vnserem Herr?

Anthithesis. Biß bieher hat Dauid im Geist nach dem Wort Gottes von der Gnade vnd hülffe Gottes geredet. Nun sehet er an/auch sein vnd aller Heyligen fleisch vnd sinne zu examinirn/vnd redet/wie sein fleisch vnd blut geartet vnd gesinnet ist. Denn das fleisch murret stets wider GOtt/ als vrtheyle er/vnd regiere vbel/nach der Vernunfft/ lesst die Frommen leyden/den er helffen solt/vnd erhöbet die bösen/die er straffen solt.

GOtt verheysset in seinem Wort Gnad vnd hülfft allen/ so auff jn trawen/vnd jn anrüffen vnd fürchten/ vnd hats auch allzeyt bewiesen/vnd war gemacht. Aber das fleisch/wenn die not fürhanden ist/wirdt allzeyt kleinmütig vnd vngedultig/ Vnd ob es gleich Gottes Verheyssung hat/noch denckets/ GOtt wölle nicht helffen/ er bleybe zu lang auß/ er sey hinweg von vns gezogen / hab seine Hand von vns abgewendet/ er laß vnns zu lang vnder dem Creutz stecken/ vnd laß die Bösen zu vil mutwillens wider vns üben/er wölle sie nicht straffen/er vrtheyle vnrecht/vnd frage nichts nach vns/ die wir doch an Jhn glauben/ Jhn ehren/ vnd auff Jhn trawen. Jnn Summa/ es ist dem fleysch nichtes schwerers zu lernen/ denn auff GOttes Hülffe harren/ vnnd derselbigen erwarten/ So es doch vmb ein kleynes zuthun ist/ wie CDX Jsus saget. Das fleysch wil jmmer die erfarung so bald in einem augenblick haben/ vnd wil vngeplagt / vnd / wie die Kinder reden/ vngewexirt sein.

Auff solche weiß nun / nach art des fleysches/ redet allhie Dauid / vnd klaget sehr vber das Creutz der Kirchen GOttes / darinn sichs nach der Vernunfft lesst ansehen / als hab sie GOtt verstossen / quasi Deus longe absit, frage nichts nach den Frommen / wenn sie von der Welt verfolget / geneydet/ vertrieben/ gemartert/ vnd getödtet werden/ wie die Apostel nach einander sind geschlachtet worden/ Item/ die Propheten: Esaias ist mit der Segen von einander geseget worden/auß befelh des Königs Manasse. Jeremias ist in Egypten von den Juden gesteyniget/ auß befelh des Königs Apiye/ welchen Jeremias nennet Pharao Daphra/ Cap: 44. Andere haben auch müssen leyden/vnd geplaget werden. Die Apostel haben alle/außgenommen den Johannem nach einander müssen herhalten: Petrus ist mit den füssen auffgehangen/ vnd ans Creutz geschlagen. Paulus ist geköpfft worden. Jacobus der grösser/ Johannis Bruder/ist auch geköpfft. Andreas/ Petri bruder/ist ans Creutz geschlagen/daran er zwen tag gelebet / vnd noch vil leut bekeret hat. Philippus/ Adree Landsman/ ein Galileer/ ist gecreutzigt/ vnd mit steinen zu tod geworffen worden. Thomas der Zwilling/ ist von einem Heydnischen Pfaffen im tempel mit einm spieß durchstochen/vñ erwürget. Bartholomeus ist von ersten

Kurtze außlegung des

ans Creutz geschlagen/darnach ist im sein haut vber den leyb abgestreifft/vnd zum dritten allererst enthaupt worden/in India. Mattheus ist auch im Tempel/auß befelh Dirtaci/auff dem Altar enthaupt. Jacobus der kleiner/Simonis vnd Jude Bruder/frater Domini, Iustus, ist vom Tempel herab gestürtzt worden/vnd mit steinen/vnd mit einem Weberseltzen zu tod geworffen. Simon ist mit seinem Bruder Juda von abgöttlichen Pfaffen erwürget. Matthias ist mit einem Beyhel oder Art enthaupt worden von den Juden. Dernach sind grausame verfolgunge in der ersten Kirchen entstanden/darinn der Christen/Lehrer vnd Zuhörer/blut mit hauffen ist vergossen worden.

Ob aber gleich die öffentliche verfolgunge nicht allzeit jren stettigen lauff haben/sondern werden von Gott verhindert/vnd auffgezogen biß zu seiner zeit/ vnd wirt der schwachen geschonet/noch dennoch ist des leydens/so die rechten Christen teglich in jrem Beruff vnd leben tragen müssen/so vil/das sie ja die aller armseligsten leut vnter der Sonnen billich genennet werden. Sie werden veracht/wie jhener saget: Je besser Christ/je grösser schand. Sie leyden vnd müssen vil jnn sich fressen/ multa deuorant, quæ non semper concoquere possunt, vnd müssen doch stillschweygen/vnd gedencken: Durch still sein vnd hoffen sind wir starck. Sie werden geplagt mit Armut/Hunger/Kommer/Kranckheyten/vnd onzeilichem vil jamer vnd not. Sie werden verleumbdet/belogen/ außgetragen/verruchtet/vnd außgerichtet/wie die Holhäpler. Sie thun was sie wöllen/so verdienen sie keinen danck. Sie sindt vnnd bleyben arme leut/ fromme/einfeltige/oder/wie die Welt redet/vntüchtige Menschen/da nicht vil vernunfft bey ist/ qui carent iudicio, wissen sich nicht in die Welt zu schicken/ sindt nicht Hofleut/können nichts/denn fromm sein/verstehen nicht casus mundi.

Wer nun die ein rechter Christ ist/der findet gewißlich bey seiner vernunfft/ in seinem fleisch vnd blut/dises vrtheyl/das er gedencken vnd sagen muß: Gott fraget nichts nach vns/er lest vns zuschanden werden/Oder/wie hie stehet/ Attheit nos ignominis, Er thut vns vnrecht/wil vns nicht beystehen/noch helffen. Er lesst vns geplagt sein von vnsern Feinden/Neydern/Hassern/vnd sichern Weltleuten/das wir für jnen müssen fliehen/vns entsetzen vnd fürchten/für jnen vns schmiegen vnd beugen/vnd sie noch zu jrem stoltz vnd hochmut/vnd zu jren bösen stucken/thien vnd groß halten/ob sie vns gleich nichts guts gönnen/ja berauben vns/diripiunt sibi nostra, nemen vns/was vnser schweiß vnd blut ist/reissen zu sich/was vnser sawer arbeyt ist/saugen vns auß/vnd schinden vns die haut ab/vnd das fleysch von vnsern beinen/vnd fressen vnser fleysch. Vnd wenn sie vns die haut abgezogen haben/so zubrechen sie vns auch die beine/ vnd zurlegens/wie in ein topff/vnd wie fleisch in ein Kessel. Sie können nimmermehr ersettiget werden/Miche: am 3. Sie nemen vnd stelen den Kirchen vnd Schulen jre Güter vnd Einkommen/ja wolten/das weder Kirch noch Schule were/damit sie nur grosse Hansen blieben/vnd den Schweyß der armen leut auff jren Schlössern vnd Dreyern/mit Wolleben/Wadonirn/vnd schönen Hengsten/verzeren köndten/Gott gebe/das Wort vnd Ehre Gottes/ ober/wie sie reden/die Pfafferey bliebe wo sie wolte. Das heyst allhie (Sie berauben vns/die vns hassen.) Sie gönnen vns armen Baccalaurien nicht ein stück brodts. Ja/köndten sie vns vnd andern den bissen auß dem maul reissen/ sie thetens.

Vber das/so sind auch die öffentlichen Verfolger Tyrannen vnd Ketzer/ die vns gern des Worts GOTtes/vnd rechten gebrauch der Hochwirdigen Sacrament/gantz vnd gar beraubten/vnd jr Abgötterey/falsche lehre/vnd

arge

Vier vnd vierzigsten Psalm Dauids.

arge gedancken an die stat stellten. Solches erferet man teglich/ sonderlich zu vnser zeyt. Vnd müssen also die Frommen an der Lehr/ an jrem leben/ vnd Gütern/ schad/ schand/ vnd spot leyden.

Die Welt frisset die Frommen auff/ wie Wölffe die Schafe/ öffentlich vnd heimlich/ Wo nicht mit gewalt/ doch mit listen vnd sonderlichen rencken/ ja mit bösem wandel vnd vnrechten wercken/ welche die Gottseligen sehen vnd hören müssen/ vnd wirt doch jre Seele dadurch gequelet von tag zu tage/ vnd auffgefressen/ wie Petrus vom Loth redet/ 2. Petri 2.

Die Frommen werden zurstrewet vnter die Heyden/ so Gottloß sind/ vnd nichts nach Gott fragen. Wölff vnd Schafe/ Sew vnd Menschen/ Teufelszucht vnd Engelsfrucht wonet in der Welt/ alles bey einander in einem stall/ das man schier kein vnterscheyd wissen noch kennen kan. Die Gottlosen herrschen vber die Frommen/ vnd habens vnter jrem gewalt/ als verkauffte/ leybeygene leut/ wie im Bapsthumb vnd anderstwo geschicht/ vnd wie im anfang der Christenheyt geschehen/ vnd mit der zeyt mit vns auch wol geschehen kan. Man helt die Frommen für nichts/ ja man schemet sich jrer/ das man mit jnen reden/ vmbgehn/ oder handeln solte. Wenn man an sie gedencket/ oder jrer zu rede wirt/ so volget gemeinlich/ entweder ein gelechter/ das man jrer spottet/ als der Narren/ vnd helt sie für arme/ wohnwitzige/ vnuerstendige leut/ oder das man zornig wirdt/ vnd das haupt vber sie schüttelt/ schilt/ vnd poltert/ Was wil der Pfaff anheben? Er laß vns zu friden/ wir wöllen in mores lehren. Was solte vns diser reformiren? Zum Lande mit jm hinauß. Wil er nicht/ wir wöllen jm den weg weisen/ rc.

Das sihet vnd erferet man offt vnd vil. Darumb kan fleisch vnd blut/ auch in den Heyligen/ nichts anders/ denn das ein Mensch gedencket: Ach lieber Gott/ ists nicht ja ein wunder/ das vnser HERR Gott solchs so lang leydet/ oder wil er vnser gar vergessen/ die wir doch sein nicht vergessen/ sondern haben sein Wort vnd Verheyssung/ gleuben vnd trawen jm/ warten vnsers Beruffs/ leben nicht in sünden wider das Gewissen/ fliehen alle falsche lehre vnd Ketzerey/ wolten nichts liebers/ denn das sein Ehr vnd Warheyt vberal außgebreitet würde/ rüffen jn an von hertzen/ bekennen jn/ vnd bleyben in der erkandten vnd bekandten Warheit bestendig. Warumb lesst er vns denn so armselig sein/ vnd vnter den Drachen/ das ist/ den gifftigen Tyrannen/ geplagt/ zurschlagen/ vnd mit allerley finsternuß oder vnglück bedecket werden? Wir werden ja nit vmb vnsernt willen/ sondern vmb seines Worts willen verfolget/ gehasset/ vnd erwürget/ vnd werden geachtet/ wie Schlachtschafe/ die man zur schlachtbanck füren/ vnd zermetzeln solle. Wie kompts denn/ das Gott also still dazu schweyget/ als schlaffe er/ als sehe vnd höre er nit/ vnd lasse es gehen/ wie es gehet/ habe vnsers elends vnd drangs vergessen/ vnd sein Antlitz verborgen/ ja vns gantz vnd gar verstossen.

Wolan/ es ist ein schweere anfechtung/ darwider man sich/ als wider ein rechtes grosses creutz vnd ergernuß/ mit andechtigem Gebett zu Gott/ vnd mit dem außdrücklichem Wort vnd Verheyssung Gottes/ auffhalten vnd trösten muß/ wie die Dauid thut/ vnd spricht: Erwecke dich HERR/ hilff vns/ wir verderben/ Matthei am 8. Wache auff/ sihe/ wie es vns gehet/ wir müssen vnterligen/ vnd vast an Seel vnd Leyb mit füssen getretten werden. Wache dich auff/ erlöse vns/ vmb deiner güte willen/ die du vns in deinem Sohn erzeygest/ tröste vns wider/ Psalm: 60.

Solches Gebett gefellet GOtt wol/ vnd wirdt endtlich erhöret/ allein es gilt hartens. Denn Gott pflegt sich zu zeyten in der not zu verbergen/ vnd prüfet

Kurtze außlegung des

setzt vns vnd vnsern Glauben in disem leben mit mancherley Creutz. Wenn Er aber kompt/so kommet er wol/beyde mit der straff vnd mit der Gnade. Wenn wir auch gedencken/ er sey am ferrensten von vns/so ist Er am nechsten/ vnd hilfft vns auff verborgene weiß/ober vnd wider aller Menschen verstand vnd willen.

Dise weiß GOttes sollen wir mercken/vnd vns darein schicken/vnd mit Paulo sprechen: Wir haben allenthalben trübsal, aber wir engsten vns nicht/ Vns ist bange, aber wir verzagen nicht. Wir leyden verfolgung, aber wir werden nicht verlassen/ Wir werden vntergedruckt, aber wir kommen nicht vmb. Wir tragen allezeyt das sterben des HERren Jesu an vnserm leybe, auff das auch das leben des HERren Jesu an vnserm leybe offenbar werde, 2. Corint: am 4. GOtt ist für vns, wer mag wider vns sein? Wer will vns scheyden von der liebe GOttes? Trübsal oder angst, oder verfolgung, oder hunger, oder blösse oder schidligkeyt/ oder schwerdt? Wie geschriben stehet: Vmb deinen willen werden wir getödtet den gantzen tag, Wir sind geachtet für Schlachtschaff. Aber in dem allem vberwinden wir weyt/ vmb des willen, der vns geliebet hat. Denn ich bin gewiß / das weder Todt noch Leben/ weder Engel noch Fürstenthumb/ noch Gewalt/ weder gegenwertiges, noch zukünfftiges / weder hohes noch tieffes / noch kein andere Creatur, mag vns scheyden von der Liebe GOttes / die in Christo Jhesu ist vnserm HERren/ Roman: 8. Der HERR ist mein Hirt, mir wirt nichts mangeln/, Psalm:
23.ps.

Außlegung des Fünff vnd
vierzigsten Psalm Dauids.

In expositione Psalmorum (Super lilia) sic dicunt Iudæi: Dixit Deus sanctus & benedictus, totum pendet ex uobis, id est, ut lilium germinat, & cor eius sursum est, ita uos TESSVBA, id est, pœnitentiam agite, & cor uestrum sit fide erectum sursum, ut cor lilij, & eritis hæredes uitæ cœlestis, quæ promissa est credituris in Messiam. Hæc Iudæi.

Er Titel zeyget an ein frölichs / lieblichs Lied/ ein Brautlied/ Epithalamium, das man singet Braut vnd Breutigam zu ehren/vnd wünschet jnen von GOtt glück vnd heyl/ vnd ist frölich vnd guter ding mit Gott vnd mit ehren/ in fried vnd frewd. Denn es wirt allhie von der Geystlichen vnd ewigen Hochzeit geprediget vnd gesungen, dauon Matthei am 22. stehet/

Fünff vnd vierzigsten Psalm Dauids.

stehet / wie GOtt der Vater seinem Son hab ein Hochzeyt angestellt / vnd gemacht / da der Son Gottes selbs Breutigam ist / vnd wirt jm in dem Menschlichem geschlecht / als ein reine Braut / seine Kirche verlobet / Wie auch im 19. Psalm ist vermeldet worden / da der Son Gottes herauß gebet / wie ein Breutigam auß seiner Kammer. Vnd Paulus Ephes. 5. prediget auch von solcher Hochzeyt. Vnd gehöret hieher das gantze Hohe Lied Salomonis / darinne nichts anders gehandelt wirt / denn von der fröligkeit vnd lieblicheyt des Breutigams vnd der Braut / von jrer trew vnd hertzlichen lieb gegen einander / das von im Osea Gott selbs spricht / Cap. 2. Ich wil mich mit dir verloben in ewigkeyt / Ich wil mich mit dir vertrawen in Gerechtigkeyt vnd Gericht / in Gnad vnd Barmhertzigkeyt / ja / im Glauben wil ich mich mit dir verloben / vnd du wirst den HERRN erkennen.

Die schönen Rosen oder Lilien sind der schmuck / damit Braut vnd Breutigam / Christus vnd seine Gleubige / angezogen vnd gezieret sind / vnd dauon in disem gantzen Psalm gesungen wirdt. Christus ist ewiger GOTT / vnd ist Mensch worden one sünde. Seine Kirche wirt mit dem Rock seiner Gerechtigkeit bekleydet vnd gezieret / ist schön / gerecht / froll / heylich / fruchtbar / vnd selig / frölich in Gott / gedultig vnd trew / rein vnd lieblich.

Susan heyst ein Rosen / Daher haben wir den namen Susanna. Es stehet aber allhie das plurale, Von den Rosen. Damit angezeygt ist / das vberal / vnter vnd auß allem Volck / auß Juden vnd Heyden / dem HErrn Christo eine Kirche vnd Braut gesamlet vnd vermehelet werden sol.

Von dem wörtlein / Vnterweisung / Maskil, ist oben im 32. Psalm gesagt. Denn es wirt damit angezeygt / das ein sonderliche / heimliche / verborgene lehre allhie fürgehalten vnd offenbaret wirt / dauon Menschliche Vernunfft / vnd Philosophia nichts verstehet / sondern ist vber aller Menschen / Gelehrten / Heiligen vnd Gewaltigen verstand. Was auch das wort (Lamnazeach, Vor zu singen) bedeutet / ist oben im 4. Psalm erklert worden.

So ist nun diser Psalm ein klare Weissagung von dem verheyssenen Messia / Christo Jhesu / wer er sey / was sein Reich sey / was seine Wolthaten sind / Wie denn die Juden vnd die Christen disen Psalm vom Messia außlegen / Wiewol etliche Rabini nach jrer art vom Salomone disen Psalm verstehen. Darnach ist allhie eine lehr vnd vermanung an die Kirche Christi / das sie disen König höre / anneme / vnd ehre / vnd also durch Jhn wider alle Feinde den sieg / triumph / Gerechtigkeyt / leben / vnd seligkeyt erwerbe vnd behalte.

> Mein hertz tichtet ein feines Lied. Ich will singen von einem Könige. Meine zunge ist ein griffel eines guten schreibers.

Propositio. Höret mir zu alle Menschen. Ich bin frölich / vnd habe mich des guten Weins / nemlich / des heyligen Geystes / voll getruncken. Ideo eructat cor meum verbum bonum. Meine fröligkeyt wil ich andern auch mittheylen. Es sol bey mir allein nit bleyben. Ich muß außreden / was im hertzen ist. Ich bin auff einer herrlichen Hochzeit / da man alles vollauff hat. Ich wil singen von einem newen / ewigen / geistlichem König / nicht von einem weltlichen König / der für der Welt prechtig vnd herrlich ist. Meine Zung ist ein griffel des heyligen Geistes / welcher one langes bedencken bald schreibet vnd malet / nicht mit Dinten auff das pappyr / sondern mit dem Wort in die hertzen / was recht vnd tröstlich ist / Nicht wie Moses langsam geschrieben / vnd mit einer schweren Sprache vnd Zungen je vnnd je vbel geredt hat / Exodi am 4. Sondern fein schnell / rund /

Kurtze außlegung des

rund/vnd tröstlich/frölich vnd artig. Darumb höre mir zu/wer ohren hat/alle Welt/vnd singe mitt mir von dem newen König. Allhie sol nun hinweg fallen alle schwermut/trawrigkeyt/melancholey/zweiffel/vnd irrthumb/vnd nichts denn lauter trost vnd frewd/leben vnd seligkeyt in dem HERRn Jesu Christo sein. Denn wo man von diesem König/von seinem Namen vnd Ampt redet/ ja/so offt man nennet/oder brauchet den Namen Jhesu/so bald sol frewd vnd wonne des Hertzens/der Seelen/vnd des Leybs volgen. Mel in in corde, iubilus in ore, pax in vtroq;. Nun kompt das Lied:

Du bist der schönest vnter den Menschen kindern / holdselig sind deine Lippen/Darumb segenet dich GOTT ewig-lich.

1. DJeser König/Jesus Christus/ist der schönest vnter den menschen/ das ist/Er ist von ersten warer Gott/nicht ein schlechter mensch/sondern/wie die Kirche vmb Weyhnachten singet/ rex cæli, angelorum Dominus, forma specio-sus,ein Himlischer König / aller Engel Gott vnd HERR. Darnach ist Er auch warer Mensch/one allen mackel vnd sünde. Andere menschen werden in sün-den empfangen/geborn/vnd leben vnd sterben in sünden. Christus aber ist wa-rer Mensch/one falsch vnd sünde/ Esaie 53. wie oben im 16. vnd 22. Psalmen ist weytleufftiger erkleret worden.

Allhie werden beyde Naturen fein angezeyget / das Christus sey warer GOtt vnd Mensch in einer person / aliud & aliud, non alius & alius. wie vor zeyten die Kirche im Griechenlande geredt hat/ vnd solches im Verse auch deutlich fürgehalten wirt:

Sum q~ od eram,nec eram quod sum, nunc dicor vtrunq;.
Der ich war/der bin ich/Der ich bin/der war ich nicht/ Nun bin ich beydes/ warer Gott/vnd warer Mensch.

Es ist aber wol zubetrachten/ das Christus der schönest genennet wirdt/ von wegen diser vrsachen: 1. Das er ist warer/ewiger Gott. 2. Das er ist wa-rer Mensch/one Sünde / da sonst alle Menschen Sünder sind. 3. Das/wer in ansihet/höret/an jn gleubet /lust vnd lieb / frewd vnd wonne/zu jm/ vnd in jm hat. Er ist nicht grausam oder schröcklich/wie Moses / sondern ein Frid-fürst/ewiger Vater/vnser Fleysch vnd Blut/ein schönes Jesulein/Emanuel/ den wir in vhsere arme nemen/vnd küssen können. Da es alles frölich ist/hertz/ mut/sinn/Leyb vnd Seel/ vnd lebet vnd schwebet in jm. 4. Das sein gantzer Gehorsam/ Menschwerdung/ Lehre / Leyden / Sterben / Aufferstehung vnd Himelfart/ ein schöne/vollkommene Gnugthuung ist für aller Menschen sün-de / Wie Johannes sehr tröstlich spricht: Das Blut Jhesu Christi reynigct vns von allen vnsern Sünden/ sie sind Erbsünde/ oder wirckliche Todtsünde. Daher Lutherus vber diesen Psalm sehr ein schönem Spruch gesetzt hat: Vnus pilus, & vna guttula Christi, purior est, quam Sol. Ein einiges heerlein/vnd ein tröpff-lein des HERRn Christi/ist reiner vnd schöner/denn die helle Sonne.

So jemand auch von der schöne des Leybes vnd der Gestalt reden wil/ der mags thun/wie Nicephorus des HERRn Christi schöne gestalt beschrie-ben hat. Denn er ja schön vnd lieblich muß gewesen sein/daran ist kein zweyf-fel/ Wie wir auch am Jüngsten tag/vnd hernach inn alle ewigkeyt/sehen vnd erfaren werden.

2. Seine Lippen sind holdselig. Er ist nicht allein schön vnd lieblich/ sondern auch klug vnd wolberedt/voller Gnade vnd Warheyt. Moses ist vol

Gallen

Fünff vnd vierzigsten Psalm Dauids.

Gallen vnd Zorn. Christus ist voll Hönig vnd Gnade. Sein Euangelium ist ein holdselige/gnadenreiche Predigt/ & diffunditur cum vbertate, wird weyt hin vnd wider durch die gantze Welt in die Hertzen außgebreyttet/ vnd gegossen vber alles Fleysch.

3. Er ist von Gott seinem Vater gesegnet ewiglich/ das hinfort keine verdamnuß mehr sol gelten/sondern lauter Gnade/ nach der Verheyssung: Jnn deinem Samen sollen gesegnet werden alle Völcker oder Heyden auff Erden. Gelobet sey GOtt vnd der Vater vnsers HERren Jhesu Christi/ der vns gesegnet hat mit allerley Geystlichem Segen/inn Himlischen Gütern/ durch Christum/ꝛc. Ephe: 1.

Gürte dein Schwerdt an deine seytten/du Held/vnd schmücke dich schön.

CHRJstus sol nicht allein schön/ glückselig/ weiß/wol beredt/vnd wol geschmückt sein / sondern er sol auch mechtig/gewaltig vnd wol gerüst sein/ wider alle seine Feinde/ als da sind/der Teufel selbs mit seinem gantzen Reich vnd Hellen pforten/Tyrannen/Ketzer vnd Gotlose leut. Denn er ist darumb ein Held komnien in die Welt/das Er die werck des Teufels zerstöre/wie wir oben im 19. Psalm von dem wort (Held) geredt haben: Er frewet sich/wie ein Held/zu lauffen seinen weg.

Der Teufel ruhet nicht/des Weibes Samen in die fersen zustechen. Darumb feyret Christus auch nicht/sondern ist stettigs gegürtet mit dem schwerdt an seine seytten/ vnd stehet allezeyt in seiner wehr/voine an der spitzen/dem teufel/seinem gewalt vnd listen/zubegegnen/vnd den sieg zubehalten.

Quidam hoc loco allegorice hæc verba acceperunt: Accingere gladio tuo super femur tuum, quasi Propheta de semine loquatur, cùm femur nominet, & intelligat hoc, in femine mulieris positam esse omnem victoriam, sicut Iacob luctans cum angelo, & tangens femur, obtinet victoriam, ideoq; Israël appellatur, Genesis 32. At hæc, si quibus placent, sobriè & reuerenter tractanda sunt.

Die Wehr vnd Waffen des HERrn Christi/vnsers trewen Heldes/sind nicht schröcklich/grausam/oder tödtlich/sondern sind ein schöner Schmuck/ laus & decor. Dem Teufel vnnd seinem Heer sind sie wol erschröcklich genug. Aber vns sind sie lieblich/Sie tödten nicht/sondern machen vns an Leyb vnd Seel frölich vnd lebendig. Ja/ wenn sie gleich daher gehen/ vnd von ersten lauten/als schröcklich donnern/vnd machen auch wol wunden/noch sind sie voller Gnade vnd Trost/Wie Paulus sagt: Das Euangelium ist eine Krafft GOttes/zur seligkeyt allen/so da gleuben Vnd das heyst virtus Verbi, die krafft des Göttlichen Worts/ welches von ersten den Gewissen die Sünde/ not vnd jamer eröffnet/vnd bald wider tröstet/stercket/vnd mit Gerechtigkeyt/leben/ vnd seligkeyt in alle ewigkeyt schmücket vnd zieret.

Der Teufel mit den seinen hat vil andere wehr vnd waffen. Er machets von ersten alles süß vnd leycht/ verheysset grosse außbeute/macht die leut sicher vnd vermessen/das sie dahin geben in allen Sünden/Fluchen/Schwelgen/vnd Trots/biß er sie hinan bringet / als denn so bestet er nicht/ ist ein verzagter/ flüchtiger/ verdampter Hurnweybel. Da gilt es denn leyb vnd leben/ vnd die seligkeyt darzu.

Dieweil wir aber Christo sollen nachfolgen / so ists gewiß/ das wir alle auch den Teufel zu vnserem abgesagtem Feinde haben/erkennen warten/vnd vns wider jn alle stund rüsten müssen. Non enim possumus retinere Deum vitæ, nisi iritemus

Kurtze außlegung des

ititemus contra nos autorem mortis. Er gehet herumb wie ein brüllender Lów. Darumb sollen wir immerdar vnser Wehr vnd Waffen bey vns haben, vnd behalten, starck sein in dem HERRN, vnd in der Macht seiner Stercke, Wie Paulus lehret, Ephesern am 6. Zihet an den Darnisch Gottes, das jr bestehn könnet gegen gem listigen anlauff des Teufels. Denn wir haben nicht mit fleysch vnd blut zu kempffen, sondern mit Fürsten vnd Gewaltigen, nemlich, mit den Herrn der Welt, die in der finsternuß diser Welt herrschen, mit den bösen Geystern vnter dem Himel. Vmb des willen, so ergreyffet den Darnisch Gottes, auff das jr widersteh en könnet an dem bösen tage, vnd in allem ewrem thun bestehen möget. So stehet nun, vmbgürtet ewre Lenden mit Warheyt, vnd angezogen mit dem Krebs der Gerechtigkeyt, vnd gestiffelt an Füssen mit dem Euangelio des Friedens. Ergreyffet den Schild des Glaubens, mit welchem jr außleschen könnet alle fewrige Pfeyle des Böswichts, vnd nemet den Helm des Heyls, vnd das Schwerdt des Geystes, welchs ist das Wort GOttes. Von disem Streyt werden wir hernach offt, sonderlich im 91. Psalm, wils Gott, mehr hören.

GOtt der HERR wil mechtig vnd krefftig sein, durch, vnd inn seinen Gleubigen, vnd ist jr Schutz vnd Schirm, vnd machet sie zur vesten Stadt, zur eysern Seule, zur ehernen Mawren, wie er zu Jeremia redet, das all jr arbeyt, beruff, predigen, schreyben, vnd streyt, ein schöner Schmuck sein sol, vnd sie wider den Teufel vnd die Welt allzeyt den sieg behalten, vnd vilen leuten seliglich dienen. Wie Christus saget: Ewer arbeyt im HERREN wirdt nicht vergebens sein.

Es müsse dir gelingen in deinem Schmuck, zeuch einher der Warheyt zu gut, vnd die Elenden bey Recht zubehalten, so wirt deine rechte Hand wunder beweisen.

IN ornatu tuo prosperare. Diese wort haben die München von der Junckfraw Maria verstanden. Aber sie reden, wie jederman sihet, von dem Breutigam, der nun der rechte Fortunatus sein sol, vnd das ware Wünschhütlein im Himel vnd auff Erden, vnd den vollen Seckel voller Gnad vnd Seligkeyt, haben, vnd andern auch schencken wirdt. Denn dieser gantze Vers redet von dem glück vnd sieg Christi Jesu.

1. Sein Wort vnd Euangelium sol gelingen, vnd nicht vergebens geprediget werden. Esaie 55. Wie der Regen vnd Schnee vom Himel fellet, vnd nicht wider dahin kompt, sondern feuchtet die Erden, vnd machet sie fruchtbar vnd wachsend, also sol das Wort, so auß meinem Munde gehet, auch sein. Es sol nicht wider zu mir leer kommen, sondern thun was mir gefellet, vnd sol jm gelingen, dar zu ichs sende. Esaie am 61. Jch wil schaffen, das jr arbeyt sol gewiß sein. Labor vester non erit inanis in Domino.

2. Christus sol mit seinem Zeug vnd Schmuck, mit seinen Propheten, Euangelisten, Aposteln, Predigern, vnd allen Gleubigen, der Warheyt zu gut einher ziehen, oder reitten, nicht wie Weltliche König vnd Fürsten mit grosser macht, sondern mit seinem Wort. Zacharie am 9. Dein König kompt zu dir, ein Gerechter, vnd ein Helffer, arm, elend, vnd reittet auff einem Eselin. Denn ich wil die Wagen abthun von Ephraim, vnd die Rosse von Jerusalem, vnd der Streytbogen sol zubrochen werden. Denn er wirdt Fride lehren vnter den Heyden, vnd seine Herrschafft wirt sein von einem Meer biß ans ander. Genesis am 49. Er wirdt sein Füllen an den Weinstock binden, vnd seiner Eselin

son

Fünff vnd vierzigsten Psalm Dauids. CCXII

son an den edlen Reben/Das ist/sein Herrligkeyt vnd Macht steht in seinem Wort. Er selbs ist das ewige/wesentliche Wort seines Vaters/vnd bringet das Wort der Erlösung auß der Schoß seines Himlischen Vaters/vnd ist der rechte/lebendige Weinstock/Wie Er saget: Jch bin der Weinstock/jr seyt die Reben. Daran bindet er seinen Rüstzeug/vnd sein gantzes reysige Heer. Es muß alles an seinem Wort hangen/welches allein ist die rechte Warheyt/welche der Son GOttes offenbaret/lehret erhelt/außbreittet/beschützet/vnd wider alle lügen des Teufels vnd der Welt verteydiget.

3. Solches Wort ist für der Welt ein elende/arme/ja ein nerrische Predigt/ 1. Corinth: 1. vnd wirt durchs creutz bezeeret/Psalm: 12. So sind die Lerer/ja alle rechte Christen/vast alle/wenig außgenommen/arme verachte leut/ elend vnd trawrig/vnd gegen jren Feinden zumal schwach/ja vast nichts/gegen jnen zurechnen. So ist das Wort für der vernunfft ein schlecht gering ding/ vnd wirt vberal angefochten/Außwendig mit öffentlichen verfolgung/Jnnwendig bey vns mit vndanck/neyd/vnd verachtung/vnd in vns mit zweyffel vnd mißtrawen. So sind der Ketzer vnd Rottengeyster so vil/das man schier nicht weiß/wo man fromme/trewe/bestendige Lehrer mehr suchen/fordern/ vnd finden sol.

4. Christus aber/der fromme/holdselige Breutigam/wil seine Braut/ das ist/alle/so auff sein Wort sehen/nicht lassen/sondern bey recht behalten/ vnd mit seiner Rechten Hand wunder beweysen. Wenn die not am grösten ist/ so sols allererst gut werden. Es heyst nur: Harre halt vest/man wirdt noch wunder sehen/was darauß werden wirdt. GOtt wirdts wol machen/ob es gleich vns dünckt/es wölle nur erger werden/vnd wir müssen im elend bleyben.

Da Paulus prediget wider die gantze Welt/was kondte er/oder andere mit im anders gedencken/denn das er müste mit seiner Lehre vergeben? Aber es hat sich hernach wol anders befunden/das man wunder erfaren hat/vnd jederman müssen sagen: Das ist vom DERRN geschehen/vnd ist ein wunder für vnsern augen. Psalm: 118.

Da Hilarius etwa mit zweien andern rechtschaffenen Bischoffen gar allein war/vnd die Arianer vberal in autoritate waren/hette es für der Welt kein anders ansehen/denn Hilarius müste zu schanden werden/sonderlich/die zeit il es die Arianer so hoch hetten angefangen/vnd ein groß geplerr gemachet/wie aller Ketzer art ist. Aber dieweil Hilarius bey dem Wort Christi blieb/ob er gleich vom Keyser Constantino verjaget/vnd in Phrygiam vertrieben ward/ kondte es ja kein not mit jm haben/denn er wuste/wie 1. Johannis am 4. geschrieben steht/der in vns ist/ist grösser/denn der in der Welt ist. Darumb waret Hilarius seines Beruffs/vnd schrieb zwölff guter Bücher wider die Arianer/biß Gott wunder erzeyget/vnd seine Warheyt erhielt.

D. Lutherus war auch gar allein wider alle Welt/vnd gedacht selbs nit/ das jm also gelingen solte/wie er vber diesen Psalm anzeyget/vnd bekennet: Er hette nimmermehr glauben können/das die privat Messen solten im Teutschland auffhören/Jtem/das der Mönchen leben vnnd Gelübde solten abgethan/vnd der Priester Ehe öffentlich zugelassen werden. Aber da heysts: DErr Christe/dein Rechte Hand beweiset wunder. Für vnser vernunfft/ehe es geschicht/heyst es incredibile, vngleublich. Wenn es geschehen ist/so heysts mirabile, wunderbarlich. So wir frolß sind/vnd volgen dem Wort/so heysts auch stabile, es sol wol bleyben.

Deutigs tags gehets mit vns gegen den mechtigen Papisten/vnd gegen

den

Kurtze außlegung des

den gescheyden vnd künstreichen Sacramentirern gleich also. Die Heyligen haben abgenommen/vnd der Gleubigen ist wenig/Psalm: 12. Der Hinckenden sind sehr vil/Psal:35.Aber es hat/ob Gott wil/nit not.Wenn wir gleuben/lehren/vnd beten/ so sol wunder ding volgen. Falle wer da wil. Bleyb du bey der elenden Warheyt/so wirstu wunder ding/wol in kurtzer zeit/erfaren.

Inn summa/die rechte Hand/das ist/die Allmacht des HErrn Christi/ sein gewalt/schutz vnd schirm / damit Er sein Wort/oder (wie die stehet) sein elende Warheyt erhelt/thuts alles / hilfft vnd errettet die Frommen/straffet vnd stürtzt die Gotlosen.Sein rechte Hand hilfft gewaltiglich/Psalm:20.vnd beweiset wunderliche güte/als ein Heyland deren/die jm vertrawen/wider die/ so sich wider seine Rechte Hand setzen/Psalm: 17. Seine Rechte behelt doch den sieg/Psalm: 118. Das ist fürwar allzeit in Christlicher Gemein/allen Lehrern vnd Christen/ein recht grosser trost. At sinistra nostra, id est, ratio humana, non semper hæc mirabilia agnoscit. Die Kinderlein pflegen sich besser zu trösten/ denn wir thun/wenn sie sprechen:

Der König vber alle König groß/
Reyt jetzt herein gar arm vnd bloß.
O wie in grosser Herrligkeyt
Wirdt Er kommen zur letzten zeyt.

Scharpff sind deine Pfeyle / das die Völcker für dir niderfallen/mitten vnter den Feinden des Königs.

DAs ist auch von der Krafft des Wort GOttes geredt. Die Pfeyle sind das Wort GOttes selbs/vnd alle trewe Lehrer/Wie Esaias/Cap: 49.saget: Der HERR hat meinen mund gemacht wie ein scharpff Schwerdt/vnd hat mich zum reinen Pfeyl gemacht/ der fein glat/glw/vnd wol bereit ist zu schiessen/vnd hat mich in seinen Köcher gesteckt. Denn ein rechter hertzlicher Prediger/so der Wort füret/durchschiesset er/vnd trifft die hertzen/vnd verwundet dieselbigen mit der Lehre des Gesetzes/vnd heylet sie wider mit dem Euangelio/geusst Oele vnd Wein in die Wunden. Seine pfeyle sind scharff/ das ist/ er füret Gottes Wort/vnd werden vom Himel herab gefüret/vnd dahin geleitet/da sie antreffen sollen. Denn der heylige Geist wircket durch das Wort in den hertzen/entweder schrecken vnd erkentnuß der Sünden /oder aber Trost/ Frewd/Glauben/vnd Leben.

Die Völcker müssen niderfallen / wenn dise pfeyl geschossen werden. Es muß sich alles schmiegen vnd bucken für dem Wort des Sons GOttes. Die hilfft kein menschlich weißheyt/ kein werck/noch menschen verdienst. Es muß alles an seiner macht/kunst vnd heiligkeit verzagen/vnd sich dem HErrn Christo vnterwerffen/vnd auff sein Gerechtigkeit vnd verdienst sich allein verlassen/ welcher darzu kommen ist/ das er auff Erden das Recht anrichte/vnd sey ein Bund der Völcker/vnd das Liecht der Heyden/das Er öffene die augen der Blinden/vnd die Gefangene auß dem Gefengnuß füre/vnd die da sitzen im finsternuß/ auß dem Kercker/Esaie 42. Er gibt seinem Donner / das ist/ seinem Wort/badurch er alles darnider schlegt/krafft vnd sieg/Psal: 68.Er tödtet dadurch/ vnd machet widerumb lebendig/ stupescentibus hominibus, das sich alles Volck für seiner Lehre muß entsetzen. Denn er predigt gewaltig/vnd nit wie die rohen/sichern/künstreiche geyster vnd schrifftgelerten/Matth: 7.welche in tag hinein / one andacht vnd anrüffung GOttes / mit grossem stoltz vnd ehrgeitz daher prallen/vnd die zeit mit vnnützem gewesch zubringen.

Von

Fünff vnd vierzigsten Psalm Dauids.

Von solcher Krafft vnd nutz des Göttlichen Worts haben wir bißhero offt vil schöner lehre gehöret/Als oben im 9. Psalm: Der Gottlose ist verstrickt in dem werck seiner hende/durchs Wort/one Schwerdt/oder gewalt. Item/ Psalm: 46. Die Heyden müssen verzagen/ vnd die Königreich fallen/ Das Erdrich muß vergehn/wenn Er sich hören lasset. Item/ Psalm: 29. Die stimme des HERRN hawet wie Fewerflammen/gehet mit macht/vnd ist herrlich. Jnn summa/das Wort GOttes stürtzt die Feinde/verwundet die Hertzen/vnd machet sie wider lebendig/so sie sich bekeren. Psal: 107. Der HERR sandte sein Wort/vnd machet sie gesundt/vnd errettet sie/das sie nicht stürben. Wenn ich schawe allein auff dein Gebot/so werde ich nit zuschanden. Wenn dein Wort offenbar wirdt/so erfrewet es/vnd machet klug die einfeltigen/ Psalm: 119.

Solche grosse wunderliche krafft Göttlichs Worts/muß auch geschehen eben vnter den Feinden des HErrn Christi/Nicht allein an den orten/da man sonst recht lehret vnd prediget/sondern auch mitten vnter den Feinden/da alle Teufel bey einander sind. Vnter dem Pilato/ Herode/ Caipha/ vnd andern/ müssen gleichwol. auch fromme Christen gefunden werden / als Joseph vnd Nicodemus vnd vil andere mehr. Vnter dem Gotlosen König Ahab vnd der Gotlosen Jesabel/ muß ein frommer Hofmeyster/Obadias/gefunden werden/ der den armen Propheten zu hülff kommet. Vnter den Papisten/auch wol zu Rom/ Item/sonst an grosser Herren/Keyser/König/vnd Fürsten Höfen/vnd wol vnter dem Türcken/werden vil frommer/trewhertziger Menner gefunden / welche die Ehre GOttes lieb haben/ vnd seufftzen zu GOtt vmb die rechte Warheyt.

Zu Regenspurg im anfang der rechten Euangelischen Lehre/ist ein Edelman gewesen/ der den Lutherischen/wie man vns nennet/sehr feind gewesen ist/vnd doch in jre Predig gegangen/sie zuhören/ vnd villeicht in jren reden zu fahen. Da er nun eins mals in der Predig ist/vnd höret die vnterscheyd des Gesetzes vnd des Euangelij/ was einer jeglichen Lehre wirckung vnd ampt ist/ kompt in ein solcher schawer/schrecken/forcht vnd zittern an/das er von frommen leuten auß seinem stul heimgefüret wirt / alda er sich so bald zu Bette leget/vnd begeret/man solle jm den Lutherischen Predicanten fordern. Welchs auch geschicht. Da hebet er an seine Sünde zuerkennen/vnd mit demütigem/ engstigem hertzen / vnd weinenden augen zu bekennen/ beyde der seel vnd seines lebens halben/vnd begeret die Absolution vmb Christi Jesu willen. Nach gnugsamen vnterricht vnd trost/vnd da jme die Absolution nach Gottes befelh gesprochen / gibt er sich gar zur ruhe/ vnd ist in seinem Gewissen fein still/ Spricht auch/er sey auß dem Rachen des Teufels nun gerissen/vnd ein Kind Gottes/ Item/sein letztes stündlein sey nit ferrn/ er werde bald auß disem Jamerthal in das ewige Leben verscheyden. Zum letzten / So vermanet er alle/ die bey jhm waren/ das sie sich nicht ergern solten nach seinem tode / so etwa der böse Feind seinem leybe/an dem er nu keine macht mehr haben köndte/ein schand anthun würde. Desser müst sich solchs befahren/ob er gleich gewiß were/das sein Seel vnd Leyb in GOttes Henden weren. Ist also seliglich den andern tag in GOtt entschlaffen. Vnd wiewol der Sathan seinem Leyb auff dem Sarck diesen letzten Schandfleck angehangen / das er jhme den Kopff herumb gedrehet/ noch ist kein zweyffel/das er auß des Teufels Gewalt/Rachen/vnd Hand/ durch die Krafft des Göttlichen Wortes / gerissen sey worden. Vnd das sind eygentlich die scharpffen pfeyle mitten vnter den Feinden des Königs.

Kurtze außlegung des

Es stehet auch allhie ein sonderlich wort: In corde inimicorum Regis, Jn hertzen der Feinde des Königs/Welchs/ob es gleich nach art der Hebreischen Sprach soull ist/als mitten vnter den Feinden/so findet man doch ein rechten Emphalin in dem wort (Hertz) das nemlich Christus der Welt das beste nimmet/ vnd regiert an dem ort/da sie in nicht wöllen leyden/vnd in doch leyden müssen/ob jnen gleich das hertz zuspringe/ja Er nimpt jnen das hertz/ mut/ vnd verstand.

Dierauß haben wir jetzt den Trost/das/ob wir gleich alle Teufel müssen zu feind haben/verfolgt vnd verjagt werden/ vnd kein Mawren/ Wehr/oder auffenthaltung wissen/denn allein das blosse Wort Gottes/das wir doch der wegen mit kleinmütig werden/sondern wissen/das vnsere feinde nicht schlecht sind vnsere feinde/sondern sie sind feinde des ewigen Königs Jesu Christi. Zu disem König sollen wir sehen in vnserm nöten/er kan vnd wil vns rathen/ retten/vnd helffen/ Wie er sagt Zacharie am 2. Ich wil ein fewrige Maur vmbher sein/vnd wil drinnen sein/vnd wil mich herrlich drinnen erzeygen. Er ist die rechte fewrige Seule/die das Volck gefüret hat.

Bißher hat der Prophet die Waffen/ Schwerdt/ vnd Pfeyl/ Sieg vnd Glück des HERren Christi beschrieben. Dieweil es aber nicht genug ist/das ein König allein im Krieg erfaren vnd glückselig sey/ sondern auch/was zum Fride vnd ruhiger Regierung gehöret/wisse vnd verstehe/ Wie die Juristen sagen: Imperatoriam maiestatem non solum armis decoratam, sed & legibus oportet esse armatam. &c. So volget jetzt der ander Theyl des Psalms / darinn des Königs Regierung vnd Scepter mit herrlichen/ prechtigen/ vnd gewaltigen worten abgemalet wirt:

GOtt/ dein Stul bleybet jmmer vnd ewig. Das Scepter deines Reichs ist ein gerade Scepter.

DAs Reich des HERrn Christi ist ewig/ nicht weltlich/noch zeytlich/ wie die Epistel zun Ebreern diese wort außleget/ vnd davon auch oben im 21. Psalm ist gehandelt worden. Darumb ist der König auch ein ewiger König. Sein Stul/ Macht/ vnd Herrligkeyt bleybet jmmer vnd ewig/ Das ist/ Er ist warer/ewiger Gott/ Denn ewiger König muß Gott selbs sein.

Dieweil er aber auch warer Mensch ist/sintemal er gestorben ist/ so volget/ das/ wer von disem König wirt angenommen/vnd jme durch den Glauben eingeleybet/derselbige auch nit könne noch sol im Tode bleiben/ sondern muß leben/ vnd zur seligkeyt mit leyb vnd seel gefüret werden/ Wie Christus spricht: Ich lebe/ ir solt auch leben : Vater/ ich wil/ wo ich bin/ auch die seyen/ so an mich gleuben. Vnd das ist der Christen rechter Trost/ Qui didicit Christo fidere, non moritur. Davon auch vnsere Kinderlein rhümen/vnd sagen:

Qui Iesum Christum noui wol/
Vitam semper seruare sol.
Omnis doctrina puluis ist/
Fides manet, & fine list.
Fide saluamur, gleubstu das/
Habebis bona one maß.
Committe cuncta deinem Gott/
Qui te iuuat in aller not.
Wart deins Beruffs/tunc Spiritus
Wirt dich erhalten cœlitus.

Fünff vnd vierzigsten Psalm Dauids. CCXIIII

Es sind aber dise wort auch ein rechter Trost wider die Feinde des Herren Christi/ welche meinen/ sie wöllen die rechte lehr vom Herrn Christo bald außrotten/ mit sampt jren anhengern/ wie sie es nennen. Aber es heyst: Lieben Herzen/ jr müssets auch wol lassen. Trotz sey euch geboten. Der Stul vnsers Gottes/ Herrn vnd Königs Jesu Christi bleybt jmmer vnd ewig. Ewer gewalt aber/ trotz vnd geplerr/ ist nicht einer Nußschalen werdt.

Es sol auch dieser ewige/ Allmechtige König/ nicht allein ein ewigen Stul/ das ist/ ein ewigs Reich haben/ sondern es sol sein Scepter darzu gerade/ nicht krumm/ schlimm/ noch vneben sein/ Das ist/ sein Wort/ Gericht vnd Recht/ Gesetz vnd Weißheyt ist rein/ vnd gehet vnd bleybet ein mal wie das andermal/ hat keine exceptiones, ist ein gerade Regel/ welche zutrifft in puncto mathematico, simpliciter, vnd rürt den Zweck/ vnd das Centrum gerade. Das Wort Christi darff keiner exception/ noch Weltlicher Gloß/ sondern bleybet recht vnd schlecht/ wie es lautet/ Als: Wer da glaubet an den Son GOttes/ der hat das ewige leben. Item: Nemet hin/ esset/ das ist mein Leyb/ der für euch gegeben wirt/ zc.

Andere Reich vnd Gesetz treffen nicht den zweck/ vnd ist genug/ wenn sie bey der circumferentz bleyben. Es ist auch nirgendt kein Policey oder Regierung/ one grosse Vngerechtigkeyt vnd Laster. Aber des Herren Christi Reich vnd Scepter trifft den zweck/ das Hertz/ ja die Seel/ vnd ist one falsch/ one exception/ beyde wider die Gottlosen vnd Vngleubigen/ vnd gegen den Frommen. Die Gotlosen zerschmeisset er mit einem eysern Scepter/ Psalm: 2. Vnd mit dem Stabe seines Mundes schlegt er die Erden/ Vnd mit dem Athem seiner Lippen tödtet er den Gottlosen/ Esaie am 11. Die Frommen aber tröstet er mit seinem Stecken vnd Stabe/ Psalm: 23/ regiert vnd behütet sie/ machet sie gerecht vnd selig. Alle seine Verheyssunge vnd Gesetz sind vniuersales, gehören alle an/ niemand außgenommen. Bey jhm ist kein anseben der person. Herr/ Knecht/ jung/ alt/ Man/ Weib/ Edel/ Burger/ Bawer/ Reich/ Arm/ sind alle gleich. Wer den Namen des HERRN anrüffet/ der wirt selig. Das ist nun/ vnd heyst ein gerade Scepter.

Du liebest Gerechtigkeyt/ vnd hassest Gottloß wesen. Darumb hat dich Gott/ dein Gott gesalbet mit Frewdenöle/ mehr denn deine Gesellen.

DAs gehöret auch fürnemlich zum geraden Scepter/ oder zur rechten Regierung: Gerechtigkeyt lieben/ vnd das Vnrecht hassen/ one ansehen der person. Wo auch das nit ist/ da kan ein Regiment nicht lang bestehen/ es muß endtlich in hauffen fallen/ Wie die Heyden auch auß erfarung sagen: Vbi non est iusticia, nec pudor, nec cura iuris, fides & timor, instabile regnum est.

Christus aber liebet Gerechtigkeyt/ schützt vnd handhabet sie/ beyde der Lehr vnd des lebens halben. Die Gerechtigkeyt aber ist allhie nichts anders/ denn das wir in Christlicher Gemein nennen/ Gerechtigkeyt des Glaubens/ das wir wissen vnd gleuben/ wir haben vergebung aller vnser Sünden/ vnd sind in Gnaden GOttes/ ja Kinder GOttes/ von wegen des Verdienstes vnd Gehorsams Christi Jesu/ der für vns hat genug gethan/ vnd sein Blut/ zur bezalung vnserer schuld/ vergossen/ wie oben im 16. vnd 32. Psalmen ist weytleuffiger erkleret worden.

Solche Gerechtigkeit liebet der Son Gottes/ vnd wil kein andere Gerechtigkeit haben noch dulden. Er macht vns allein gerecht vñ selig/ mit seinem lei-

N n iij   den

Kurtze außlegung des

den vnd sterben. Vnd muß allhie hinweg fallen alle Werckheyligkeyt/ oder vertrawen auff vnser eygen verdienst/ wie oben an gemelten orten ist angezeyget.

Er hasset auch das Gottloß wesen/ das ist/ alles/ was nit auß dem Glauben kompt/ Heucheley/ werckheyligkeyt/ sicherheyt/ vnd laster/ ja kunst vnd gunst/ das nicht ehnlich ist dem waren Christlichen Glauben. Vnd strafft alle gleyßnerey vnd sünde reichlich/ sine circuitione, in seinem Wort/ vnd durch trewe Prediger/ oder/ so man nicht volgen wil/ durch grewliche straff an seel vnd leib. Denner helt stets disen proceß: Verbum, minæ, virga, ignis. Er kompt von ersten mit seinem Wort. Wil man dasselbig nit achten/ so drowet Er/ vnd lesst seinen Zorn anzeygen/ vnd verkündigen. Wil man sich daran auch nicht keren/ so kompt er mit seiner Ruten/ vnd züchtiget vns mit armut/ kranckheyt/ vnfall/ vnd doch auff Veterliche weiß. So man aber ja sich daran auch nicht keret/ noch sich bessert/ so strafft er endtlich mit dem Hellischen fewer/ vnd mit ewigem Wurm vnd Tod. Vnd also liebet Er Gerechtigkeyt/ vnd hasset Gottloß wesen/ mit grosser langmütigkeyt vnd gnad/ das ja keiner sich entschuldigen/ noch vber dises gerade Scepter klagen kan.

Solche weiß gefellet GOtt dem Vater von hertzen wol. Denn was der Son thut/ das ist der wille des Vaters. Sie sind eines/ vnd einig. Er hat wolgefallen an seinem Son/ vnd an allem seinem thun. Darumb hat Er jn gesalbet/ nicht mit vergenglichem Balsam/ wie andere König vnd Hohepriester/ denn sein Reich ist nicht von diser Welt/ sondern mit innerlichem vnd ewigem Frewdenöle/ oder mit rechter hertzlicher salbung/ welche ist der heylige Geist. Denn eygentlich werden allhie die drey Person der Gottheyt vnterschiedlich genennet: Gott der Vater salbet/ Gott der Son wirt gesalbet/ Gott der heylige Geist ist das Frewdenöle/ vnd die Salbe selbs/ Wie Christus auß dem Esaia solches außlegt/ Lucæ am 4. Der Geist des HERRN ist ober mir/ derhalben hat Er mich gesalbet/ vnd gesandt/ zu verkündigen das Euangelium den Armen/ ꝛc.

Mit Christo werden gesalbet zu Königen vnd Priestern/ alle seine Gleubige/ im alten vnd newen Testament/ biß zu der Welt ende/ alle Patriarchen/ Propheten/ Euangelisten/ Apostel, Prediger/ vnd andere fromme Christen/ das sie Tempel vnd Wonung des heyligen Geysts sind/ vnd darumb Christiani, das ist Gesalbte/ heyssen/ vnd haben jren namen von dem erstgesalbten König vnd Hohenpriester Christo/ dem Son Gottes. Denn diser hat allzeyt den fürzug. Von seiner fülle haben wir alle genommen/ vnd sind geliebet in dem Geliebten/ Johannis 1. Ephes: 1. Die salbung haben wir von jm empfangen/ 1. Johannis 2. Er ist das Haupt/ davon der köstliche Balsam herab fleußt/ Psalm:133. Darumb stehet hie/ das Er mehr gesalbet sey/ denn seine Gesellen/ oder/ das Er seinen Gesellen vnd Brüdern zu gut gesalbet sey. Vel, præ consortibus, vel, propter consortes suos. Es ist beydes tröstlich/ recht vnd schön/ dieweil alle/ so an jn gleuben/ seine Gesellen vnd Brüder genennet werden/ denen er alle seine Güter/ Leben vnd Herrligkeyt/ als seinen Miterben/ schenckt vnd mittheilet/ Vnd fehlet nur daran/ das sie jn/ als jren König/ jr Haupt/ vnd erstgesalbten/ erkennen/ ehren/ vnd anruffen.

Etliche haben dise wort (Mehr denn deine Gesellen) von den Juden verstanden/ auß welcher blut vnd gesellschafft Christus kommen/ vnd geborn ist/ das nemlich die Juden bleyben in der dienstbarkeyt/ vnd vnter dem schweren Joch des Gesetzes. Christus aber mit den seinen hat ein Frewdenöle/ vnd lesst das Gesetz faren/ abrogat seruitutem & iugum legis.

Deine

Fünff vnd vierzigsten Psalm Dauids.

Deine Kleyder sind eytel Myrrhen/Aloes/vnd Kezia. Wenn du auß den Helffenbeinen Pallasten daher trittest/ in deiner schönen Pracht.
Inn deinem Schmuck gehen der Könige Töchter/ die Braut stehet zu deiner Rechten/in eitel köstlichem Golde.

BJsher hat der Prophet von der Kriegsrüstung/darnach von der Policey vnd Regierung dieses Königs geprediget. Jetzt hebet er an/auch von seiner Haußhaltung vnd Oeconomia, oder Hofgesinde zu reden. Vnd nimpt erstlich für sich die Kleyder/ Tugent/ Schmuck/ vnd Gaben des Königs. Es ist alles voll köstlichs Geruchs / voll erquickung vnd lebens /was bey vnd vmb disen König ist.
Was Myrrhen vnd Kezia sey/disputiren die Gelehrten. Von der Aloe disputirt man nit sonderlich. Myrrhen ist in Arabia ein lieblicher safft / der vom Baum fleusst/lacrima arboris, vnd dienet wider alle putrefaction vnd verfaulung/ nit allein der lebendigen/sondern auch der todten Cörper/machet klare schöne augen/reucht wol/vnd lieblich. Die beste Myrrhen nennet man Trogloditicam, so von den Sabzis herkompt/welche sie mit grossem hauffen haben/vnd verkauffen / vnd allezeyt von dem/das sie verkaufft haben / geben sie den dritten theyl iren Priestern/wie Theophrastus danon schreybt. Bey vns sol man nirgend kein rechte ware Myrrhen haben.
Kezia ist one zweyffel Casia / dauon auch im Virgilio stehet/als von ein wolriechenden aromate: Nec Casia liquidi corrumpitur vsus oliui. Etliche meinen/ es sey Cinamomum. Zimmet/oder ja nicht vngleich.
Der trewen Lehrer arbeyt / predigen/vnd beten/ ist auch ein süsser geruch für Gott/ob es gleich für der Welt nichts geachtet wirt. Ja alles/was da hat den heyligen Geist/das ist voll Myrrhen/ Aloe/vnd Kezia. Es sind mancherley Gaben/ aber es ist ein Geist/1. Corinth: 12. Wer aber seiner Gabe im Glauben vnd mit gutem Gewissen brauchet/ der hat das wolriechende Hochzeytlich Kleyd angezogen/daran Gott ein gefallen hat.
Der Delffenbeinen Pallast ist die herrliche versamlung vnd Gemein der Christen/da sie zusammen kommen/hören GOttes Wort/vnd heyligen den Sabbath. Da ist vnd wonet Christus/vnd hat sein frewd/ vnd wircket durch das Wort/vnd erhelt solche Versamlung wider aller Dellen pforten/wider die Teufel/Türcken/vnd andere Feinde. Sein Wort muß bleyben/vnd gepredigt werden. Vnd wo es rein vnd lauter getriben wirt/ es sey in Schlössern/ Stedten/ Dörffern/ oder Deusern / da sind seine Delffenbeine/ das ist/ herrliche schöne/ vnd starcke/veste Pallast/ die kein Menschen noch/ Teufels gewalt vmbreissen kan. Sie müssen vest bleyben/ weñ sich gleich die gantze Welt darwider setzt/ wie wir oben im Andern Psalm gehöret. Denn GOttes Son hat lust vnd lieb darzu / ja kleydet sich selbs damit / als mit seinem köstlichsten Pracht vnd Schmuck. Seine Kirch ist sein Zier vnd Schmuck/darinn Christus pranget/vnd sich frewet.
Das Hofgesinde des Königs/vnd das Frawenzimmer/sind alle Gleubige vnter den Juden vnd Heyden. Denn der Könige Töchter sind eygentlich die beruffenen Heyden/ so in dem schmuck/das ist/in dem kleyd des Heyls vnd der Gerechtigkeyt Christi/ wie Esai: 61. singet/daher gehn/vnd prangen/nicht wie die welt in irem schmuck mit auffgerichtem halse/mit geschminckten angesichten stoltz ist/vnd sich wentzet/vnd nach der tabulatur einher tritt/ dawider Gott

Kurtze außlegung des

im Esaia/Cap: 3. hefftig predigt/ sondern im Geyst vnd Glauben/in Demut vnd Hoffnung/im Gebett vnd bestendigkeyt.

Es werden auch hiemit eingeschlossen alle grosse/gewaltige Herrn/ Könige/Fürsten vnd Fürstinnen/dauon Esai: 49. predigt: So spricht der HERR/ Ich will meine Hand zu den Heyden auffheben/vnd zu den Völckern mein panier auffwerffen/so werden sie deine söne in den armen herzu bringen/vnd deine töchter auff den achseln hertragen/ Vnd die Könige sollen deine Pfleger/vnd jre Fürstin deine Seugammen sein. Item/Cap: 60. Ich will dich zur pracht ewiglich machen/vnd zur frewde für vnd für/das du solt milch von den Heyden saugen/vnd der Könige brüste sollen dich seugen. Darumb wirdt hie die Oberkeyt auch jres Ampts erinnert/das sie den Schmuck anziehe/ gleube an den Son GOttes/ helffe Kirchen vnd Schulen erhalten/ laß an jrem fleyß nichts mangeln/so sols ein liebe Tochter Gottes heyssen.

Die Braut ist die Kirche vnnd das Volck Christi/wie im anfang dieses Psalms gesagt ist. Denn diser König will kein vnfruchtbar Hauß haben/sondern samlet jm eine Kirch/zu welcher er spricht: Fürchte dich nit. Der dich gemacht hat/ist dein Man/ HERR Zebaoth ist sein name/vnd dein Erlöser/der Heylige in Jsrael/der aller Welt Gott genennet wirt/Esaie 54. Dise Braut ist die nechste bey Christo/zu seiner Rechten/hat vnd besitzet alles mit Christo/alle Himlische Güter/Leben/frewd/vnd seligkeyt/ vnd ist in eytel köstlich Gold gekleydet/voller Gerechtigkeyt vnd Glantz für Gott dem HERRN.

Leybliche augen sehen vnd erkennen solchen Schmuck nicht. Die Welt achtets gering/vnd spottet wol dazu. Aber die Christen in jrem hertzen erfaren vnd fülen/ was für ein herrlicher trost in disem schmuck/was für frewd vnd leben darinn stehet. Es lesst sich auch nicht predigen/reden/noch schreyben. Fülen vnd erfaren muß mans mit der that im hertzen.

So ferrn ist nun von dem König gepredigt/vnd ist alles/was zu einem rechten König gehöret/erzelet.

1. Ein König sol von person herrlich/schön/vnd ansehenlich sein/von rex pigmæorum, non sordidus. Also rhümet er Christum: Du bist der schöneste vnter den Menschen kindern.

2. Ein König sol guten verstand haben/weiß vnd fürsichtig sein/vnd seines verstands wissen recht zugebrauchen. Also spricht er/sey Christus/ holdselig/verstendig/beredt/vnd kreffig.

3. Er sol auch Wehr vnd Waffen/vnd was zu Kriegen gehöret/haben/vnd die seinen beschützen. Darumb redet er auch also von dem Herrn Christo/ er sey ein Held/hab sein Schwerdt an seine seytten gegürtet/vnd reyttet herein/der Warheyt zu gut.

4. Er sol nit vnerfaren/oder verzagt sein/sondern artes belli verstehn/wie/ vnd wenn man Kriegen sol. Also sagt er/Es müsse dir gelingen/Prospere & caute procede, Zeuch weißlich vnd glückselig herein.

5. Zum Streyt gehöret der Sieg vnd Triumph/glück vnd heil. Darumb saget er von Christo: Die Völcker fallen für dir nider.

6. Ein König aber sol nit allein ein guter Kriegsherr sein/sondern auch artes pacis verstehen/vnd wissen was sein Ampt erfordert/ wie er regieren/vnd weißlich den seinen fürstehn sol. Also hat seinen Stul Christus bereitet/darauff er selbs Recht spricht/vnd sein Ampt füret.

7. Er sol in seiner Regierung glück/fried/vnd heyl haben/vnd das Recht vollfüren oder exequiren/one ansehen der person. Also hat Christus ein gerade Scepter/vnd liebet Gerechtigkeyt/vnd hasset Gottloß wesen.

g. Ein

Fünff vnd vierzigsten Psalm Dauids.

8. Ein König sol auch ein fein ehrlichen/tapffern Hof halten/ein gute reine Ehe / ein fein Hofgesind/ein ehrlich/keusches Frawenzimmer/vnd trewe/ vernünfftige Diener haben. Also hat Christus seine Braut/ vnd der Könige Töchter zu seinem Hofgesinde.

9. Ihr Geschmuck vnd kleyder sol auch fein ehrlich vnd reinlich sein. Ire Heuser vnd Wonung sollen nicht Hundsstell sein/ noch vnrein gehalten werden. Also zieret vnd bekleydet Christus die seinen gar schön/ herrlich/vnd ehrlich / ja/gibet sich selbs zum Kleyd/ das sie in anziehen / Wie Paulus dauon redet.

Was ferner im Psalm volget/ ist ein vermanunge an alle Gleubige/ja an alle menschen/ das sie diesen König recht erkennen/in annemen/im gleuben/ auff in trawen/vnd durch in ewig leben. Er heyst aber vergessen des alten herkommens/vnd der Veter Haus/ damit verkündiger er klerlich/wie das alte Testament solt auffhören/mit den alten Gottesdiensten vnd Ceremonien oder mit der Synagog/ vnd sol nun ein new Testament anfahen/ darinn jedermen disen König/Christum Jesum/als den rechten waren Gott/sol ehren vnd anbeten / ausser welchem kein ander Gott ist/ vnd also gerecht vnd selig werden in ewigkeyt.

Er prediget auch vom Beruff der Heyden/dauon oben etlichs mal ist gehandelt worden. Die Tochter Zor/ ist die reiche/mechtige Stadt Tyrus inn Phœnicia/dauon Esaias am 23. vnd Ezechiel am 18 vnd 27. vnd andere mehr predigen/ wie jetzt ist Venedig/oder Anttorff. Sellius schreybt/das sie vorzeiten sey Sarta oder Zorta genennet gewesen/welches dem wort (Zor)ehnlich ist/vnd noch dauon Sarranum ostium den namen hat. Er wil aber nichts anders sagen/denn das auch die Reichsten in der Welt Christum erkennen/annemen/ vnd ehren werden.

Der Schmuck aber/damit Christus die seinen anziehen wirt / spricht er/ sollen nicht eusserliche Ceremonien sein/ sondern innwendig sols alles gezieret werden/im Hertzen vnd Gewissen/ in abscondito, nicht für der Welt/ sondern im Geist/im Glauben/Lieb/ Hoffnung/ vnd andern Tugenden / die alibi genennet werden/ fried/ frewd/ vnd wonne in GOtt. Es soll alles hupffen vnd springen bey disem König/vberal/wo man Gottes Wort prediget.

Am ende nennet er die Patriarchen vnd Propheten des alten Testaments/ vnd spricht / das im newen Testament / an stat der zwölff Patriarchen / vnd der zwölff Stemme/ sind zwölff Apostel des HERrn Christi verordnet/ vnd an stat der Propheten/ andere trewe Lehrer erwecket worden / als rechte Fürsten in aller Welt/ wie er hernach im 68. Psalm auff gleiche weiß reden wirdt. Er verkündiget auch/das die Lehr des Euangeli sol in der gantzen Welt außgebreyttet werden/ vnd bleyben biß zu ende der Welt/ vnd sollen jmmer fromme Lehrer vnd Christen gefunden werden/ die GOtt dem HERRN dancken für seine Gnade/vnd seinen Namen preysen. Das wir nun auch in derselbigen zal vnd gemeinschafft sind/ vnnd bleyben / das helffe
vns GOtt der Vater/Son/vnd
heyliger Geyst/
Amen.

Infra

Kurtze außlegung des
Infra Psalmo 110. idem hic Psalmus repetitur, & explicatur.

Außlegung des Sechs vnd
vierzigsten Psalm Dauids.

JN dem Titel ist oben im Neundten Psalm ge=
sagt. Er ist aber ein Dancksagung für den schutz der Kirchen/
vnd hat vil schöner Verheyssunge/ das sie auch hinfort allezeyt
sol beschützet vnd beschirmet werden. Vnd ist kein zweyffel/
das die Frommen vor zeyten disen Psalm gesungen haben/
auff das sie Gott danckten für den schirm vnd schutz der Stad
Jerusalem/wider so manche gefahr vnd tyranney der Heyden/Könige/vnd
anderer.
Wir mögen jn auch wol singen/vnd GOtt dancken/das Er seine Kirche
vnd Schul noch erhelt/da vnd dort/in diesen Landen/in jhenen Stedten/in
Dörffern bin vnd wider/vnd thut solches wunderlich/wider die Hellischen
pforten/wider das wüten aller Teufel/Rottengeyster/Tyrannen/der Welt/
des Fleysches/der Sünden/vnd des Todes.
Augustinus legt disen Psalmen auß von der bekerung der Heyden. Das
Meer/spricht er/sind die Heyden/oder die Welt. Die Berge sind die Aposteln/
so die Lehre des Euangelij vnter die Heyden haben außgebreyttet/darauß groß
thumor vnd zwytracht/Krieg vnd blutvergiessen entstanden/wie es noch ge=
schicht/nach dem Wort Christi/da er saget: Jch bin nicht kommen/fried zu
geben/sondern das schwerdt/etc.

GOtt ist vnser Zuuersicht vnd Stercke/, eine Hülffe inn den
grossen nöten/die vns troffen haben.
WEr GOtt hat zum Schutz/der bleybet wol/es falle gleich Himel/
vnd Erden. Wer jm vertrawet/der wirt nicht zu schanden. Er hilfft allen/vnd
errettet die seinen auß allen nöten.
Wir haben Gott zum Schutz/vnd vertrawen jm. Darumb fürchten wir
vns nicht für jrgent einem vnglück/wenn gleich die Welt voll Teufel vnd wü=
terey were. Hic est integer Syllogismus, quem illustrat ponderibus verborum valde in-
signibus.
Es ist aber allhie ein Exempel eines starcken Kampffglaubens/der nicht
bey allen Heyligen allzeyt ist/wie oben im 27. Psalm ist weyter erkleret wor=
den. Wer nicht in grossen gefahren Leybs vnd der Seelen gewest ist/der weiß
nichts dauon zureden.
Die Berge sind mitten inns Meer gesuncken inn der Sündflut. Vnd hat
GOtt gleichwol seine Archen vnd Kirche erhalten. Des sollen wir vns noch
jmmerdar zu jm versehen/vnd mit Nazianzeno sprechen:
Quæro Noé ratem, maris vt fera fulmina vitem.
Jch begere in der Archen Noe zu wonen/auff das ich des Meeres Wellen/
oder dem schröcklichen Tode empfliehe.
Das Wort Gottes sol vnd muß bleyben. Die Verfolger aber/Nero/De=
cius/Diocletianus/Julianus/vnd dergleichen/müssen darob zuboden gehn.
Es hat nie gefehlet. Die

Sechs vnd vierzigsten Psalm Dauids.

Die schönen/ lieblichen/ frischen Brünlein sind/ das Wort Gottes rein vnd lauter/ trewe Lehrer vnd Zuhörer. Diese kleine Weisserlein vnd Bechlein/ wodurch sie fliessen/ durch Jerusalem/ durch andere Lender/ Stedt vnnd Dörffer/ sollen frisch/ in vollem lauff bleyben/ vnd nicht versiegen/ ob gleich die grossen vngehewren Wasser/ Seen vnnd Meere der Heyden/ das ist/ die mechtigsten Königreich/ Fürstenthumb/ vnd Menschafften/ darwider sind. Alle grosse Wasser müssen versiegen vnnd vergehen. Das kleine Wasser vnd Bechlein Gihon oder Siloe muß bleyben. Trotz/ der sich daran machen dürffe.

Lust/ frewd/ vnd alles vollauff sol man bey disem Brünlein finden. Nicht Weltfrewd/ sondern Hertzenfrewd/ inwendig/ wie wir im vorigen Psalm gehöret haben. GOtt ist vnd wonet alda/ vnd hilfft frue/ zu rechter zeyt. Er weiß wol wenns am besten ist. Er ist vnser Schutz vnd vnser Emanuel/ GOtt mit vns/ Jesus Christus/ warer GOtt/ vnd warer Mensch. Wer jn hat/ der hats alles.

Kompt her/ vnd schawet die Werck des HERREN/ der auff Erden solch zerstören anrichtet.

DEr ander Theyl vermanet/ das wir die wunderbarlichen errettung der Kirchen Gottes erkennen/ vnd wol betrachen sollen/ wie Gott so wunderlich sein Wort/ vber vnd wider aller Menschen Vernunfft/ erhelt vnd beschützet. Wenn sich GOtt nur hören lesst/ mit einem Wort/ etwa mit einem Donner/ oder sonst/ so muß alles sich verkriechen/ vnd sich seinem Gewalt vnterwerffen/ Als Acto: am 3 waren 3000. Menschen durch eine Predig Petri bekeret. Paulus must niderfallen/ da Christus zu jm redet: Saul/ Saul was verfolgstu mich? Dauid wuste nicht/ wo aus oder ein/ da Nathan sagt: Sihe/ du bist der Man. Julianus muß/ vom Donner geschlagen/ vnd darzu verwundet/ bekennen vnd sagen: Du hast vberwunden. Darumb sol man wol darauff achtung haben/ wie GOtt vnter den Königen vnd Fürsten/ Ketzern/ vnd auch wol vnter seinen Heyligen/ biß Er sie recht lencket vnd bekeret/ rhumort/ vnd wie Christus alle seine Feinde zerstöret/ vnd inn hauffen wirfft. Es geschicht noch. Die Exempel sind für augen/ wer nur wil achtung darauff geben.

Er stewret den Kriegen in aller Welt/ wie er die Wagen Pharaonis vnd all sein Heer zubrochen/ nidergeworffen/ vnd erseufft hat. Wenn wir meinen/ die Macht wider vns sey zu gros/ so machet ers anderst. Psalm: 33. Er lencket jhnen allen das Hertz/ vnd machets nach seinem willen. Rosse helffen nicht/ Stercke hilfft nicht. Die Augen des HERRN sehen auff die/ so in fürchten. Er verendert vil anschleg/ das man nicht gedacht hette/ Wie auch die Heyden gemerckt vnd gesagt haben:

> Multis modis agit DEVS,
> Et quæ videntur, non facit,
> Quæ non videntur, efficit.

Wunderbarlich ist GOttes Gricht/
Er thut nicht/ wie man sichs versicht.
Er machets wie es Jhm gefellt/
Sein vrtheyl ist nicht auff d' Welt gstellt.
Es geht nicht/ wie wirs dencken thun/

Kurtze außlegung des

Die hoffnung vns betreuget nung.
Was man nicht meint/gemeinlich gschicht/
All Menschen rath gar bald verblicht.
Was vns gut dunckt/vernichtet Gott/
Vnd helts stetigs für tandt vnd spot.
Was vns als nichts ansehen thut/
Dasselb geschicht. Solchs halt in hut/
Vnd richte deine meinung drauff/
Vnd also Gottes Zorn entlauff.
Dem HERREN du allein vertraw/
Auff keine Menschen hülffe baw.
Wer Gott vertrawt/der selb besteht/
Sonst fellts alles/dorrt/vnd vergeht.
Das sey dir gsagt zu diser zeyt/
Da Gottes Zorn auff Erden leyt.

Seyt stille/vnd erkennet/daß Ich Gott bin. Ich wil ehre einlegen vnter den Heyden. Ich wil ehre einlegen auff Erden.

1. IST ein Trost/ das die Frommen allein der hülffe Gottes erwarten sollen. Seyt stille/das ist/lasst ewer sorgen/mühe vnd arbeyt/es ist doch vergebens / wie oben im 37. Psalm auch gesaget ist. Sehet vnd erkennet mich/ was vnd wer ich bin / vnd was ich kan vnd vermag. Wer misset die Wasser mit der faust/vnd fasset den Himel mit der spannen? Hebet ewere augen in die höhe/ɾc. Esaie am 40. Ego creaui,ego recreo: Ego formaui,ego reformo: Ego feci, ego reficio, spricht Augustinus. Alles was ir habet/vnd seyt / das habet ir von mir.

2. Es ist auch ein drowung wider die Tyrannen/ vnd Feinde Gottes/ das sie nichts außrichten sollen / sondern zum spot vnd hon werden für aller Welt. Gottes Name vnd sein Wort sol in die gantze weyte Welt erschallen/ geprediget vnd gehört werden / wie oben im Neunzehenden Psalm ist erkleret. Das sol kein Keyser/König/Fürst in der Welt/ wie groß vnd mechtig sie sind/ noch alle Teufel dar zu / wehren. Laß die Tyrannen wüten vnnd toben/ Laß den Teufel zürnen vnd prausen/Laß die Helle iren Rachen auff sperren/so weit sie kan/den Tod die zeen blecken/die Sünde vns schrecken/ dennoch wöllen vnd sollen wir getrost vnd vnuerzagt sein. Denn der HERR Zebaoth ist mit vns. Gott sey lob/danck/ ehr vnd preyß/
Amen.

Sieben vnd vierzigsten Psalm Dauids. CCXVIII

Auszlegung des Sieben vnd
vierzigsten Psalm Dauids.

ESt eine Dancksagung für das Reich Christi/ vnd seine geystliche/ ewige Wolthatten. Denn er weissaget von dem HERrn Christo/ vnd triumphirt/ das Gott durch den verheysse nen Messiam/ seinen Son/ jme eine Kirche vnd ewigen Samen samlet/ vnd erlöset vns vom Tode/ Sünd/ vnd Zorn/ Teufel vnd Helle. Redet auch von der Auffart Christi gen Himel/ vnd von seiner Herrligkeyt/ wie er ein König vnd Herr sey vber alle Creaturen/ vnd regiere durch sein Wort/ on alle schwerdtschleg/ allein durch jauchzen/ singen/ vnd posaunen/ das ist/ durch die fröliche Predigt des Euangelij.

Frolocket mit henden alle Völcker / vnd jauchzet GOtt mit frölichem schall.

JM vorigen Psalm hat Dauid beschrieben das grosse wesen/ perlament/ tumult/ vnd Krieg empörung vnd wüten wider des HERrn Christi Volck vnd Kirche. Nun beschreybet er den Sieg vnd Triumph der Kirchen Christi/ die da frölich ist/ jauchzet/ singet vnd springet/ das Christus jr GOtt/ HErr/ vnd Erlöser/ ist von den Todten aufferstanden/ vnd auffgefaren gen Himel/ sitzet zur Rechten Gottes Vaters/ herrschet warer Gott vnd Mensch/ in gleicher Allmacht vnd Maiestet mit GOtt dem Vater vnd heyligem Geist/ vnd hat alle seine Feinde vnter seinen füssen/ beschützet vnd erhelt seine Kirche biß ans ende der Welt/ vnter allen Völckern vnd Heyden.

Der erste Vers ist ein vermanung/ das alle Christen sich frewen/ jauchzen vnd singen/ Christum loben vnd ehren sollen. Festum nunc celebre, magnaque gaudia compellunt animos carmina promere. Wer wolt da nicht so/ so singen / vnd Gott preysen/ das Christus vnser HErr vnd Bruder/ Gott vnser Vater/ vnd wir seine Kinder vnd Erben sind? Wer wolt da nicht trotzen alle Teufel Sünde/ Tod/ vnd Welt / vnd vmb sie oder jr wüten nicht so vil geben? Warumb denn? Woher kommet die frewde/ das jauchzen/ singen vnd springen aller Gleubigen/ die doch für der Welt arme leut sind? Sind sie toll vnd wahnsinnig/ das sie so singen/ frölich sind/ lachen/ trotzen/ vnd alle Welt pochen? Da höre weyter:

Der HERR Jehoua/ der aller Höhest/ ist erschröcklich. Ein grosser König auff dem gantzen Erdboden.

SOlten wir nicht singen vnd frölich sein? Jst doch Christus vnser HErr auffgefaren zu seinem Vater/ vnd zu vnserm Vater/ zu seinem Gott/ vnd zu vnserm Gott/ vnd ist nun der aller Höhest/ HERR Himels vnd Erden/ Wie Er selbs sagt: Mir ist gegeben aller Gewalt/ in Himel vnd auff Erden.

Dauid gibt allhie vnserm HERrn Christo vier namen: Erstlich ist er der HERR/ Jehoua/ das ist/ warer ewiger/ Allmechtiger/ vnd barmhertziger Gott/ der zum Mose gesagt hat: Jch werde sein/ der Jch sein werde. Vnd also soltu zu den Kindern Jsrael sagen: Sum & ero misit me ad vos, Jch werde sein/

D o ij der

Kurtze außlegung des

der hat mich zu euch gesandt/Das ist/Ich der Son Gottes/warer Gott/der ich auch ein Mensch will werden/der sendet mich zu euch. Das ist aber der Name/den der Son GOttes selbs füret/wenn er sagt: Ehe Abraham war/ bin Ich/Johannis am 8. Ich bin der/der Ich erstlich oder von anfang mit euch rede/durch Mosen/durch die Propheten/vnd jetzt durch Mich vnd mei= ne Apostel vnd Lehrer. Ich bin/der Ich von mir selbs zeuge/vnd der Vater/ der mich gesandt hat/zeuget auch von mir.

Der ander Name heyst Allerhöhest. Das ist ein Titel/den kein Engel noch mensch haben kan von sich selbs/vnd redet nicht von dem hohen ort oder Himel/ de cœlo empyreo, wie die Sacramentirer tichten/vnd sagen/ Christus sey mit seinem Leyb so weyt von vns/so hoch der Himel von der Erden sey/ sondern er redet von der Allmacht/Gewalt/Ehr vnd Maiestet Christi/davon Paulus prediget/vnd spricht: Gott hat Christum erhöhet/vnd jm ein Namen geben vber alle namen/das sich im Namen Jesu beugen sollen alle knie/im Himel/auff Erden/vnd vnter der Erden. Es ist aber sein zubetrachten/das das wort Oloh heyst eygentlich auffaren/auffsteygen/vnd hoch empor schwe= ben vber alles/ob es gleich von den menschen nicht gesehen/noch irgend mit den fünff sinnen gefasset wirt/Als/da geschrieben stehet Genesis am 17. Gott fure auff von Abraham. Vnd Cap: 35. GOtt fure auff von Jacob/von dem ort/da Er mit jm geredt hatte/das Jhn nemlich Abraham vnd Jacob nicht mehr höreten noch sahen/ob Er gleich gegenwertig vnd wesentlich bey jhnen vnd vberal war. Daher hat der Enangelist Lucas diese weiß zu reden gefüret/ Cap: 24. Inconspicuus factus est ab illis, Er verschwand für jnen/das sie Jn nicht mehr sahen/wo Er were/oder wo Er hin gienge. Darauß erkennen vnd sehen wir auch/das der HErr Christus/ob Er gleich ist auffgefaren/vnd bey vns sichtiglich nicht ist/noch vmbgehet/dennoch warhafftig vnd gegenwertig bey vns ist/vnd/wie Er selbs sagt/bleybet bey vns biß zu ende der Welt/warer Gott vnd Mensch. Vnd ist demnach der Allerhöhest/das ist/vber alle Engel vnd Menschen/in Göttlicher Maiestet vnd Herrligkeyt/warer Gott vnd wa= rer Mensch/Allmechtig/vnd aller HERR vnd Regierer/vnser Trost/Leben/ Schutz vnd Schirm. Darumb spricht David im 57. Psalm: Ich ruffe zu Gott dem Allerhöhesten/zu Gott/der meines jamers ein ende machet/wel= cher ist auffgefaren/vnd hat sich erhebet vber den Himel/vnd seine Ehre vber alle Welt.

Ich dencke jetzt an die armen Sacramentirer/die so leppisch/vnd doch trotzig herauß faren/vnd sagen:Wir wissen/Gott lob/vnd bekennen/das Chri= stus nit zweyerley Leib hat/wie jn die jenigen oder Lutherischen antichten/die jn zu gleich sichtbar/vnd vnsichtbar/begreifflich/vnd vnbegreifflich machen/ sondern hat nur ein einigen waren menschlichen Leib/den er für vns in tod hat geben/2c. Ah der grossen kunst/das euch S Gott vergebe mit ewrem vnnützen geweschs vnd plaudern. Wolt jhr denn alle zu Heyden werden? Wer machet zweyerley leib Christi? Jr allein/vnd sonst niemand/ein geistlichen vnd ein leib= lichen/imaginatiuum & verum. Wir aber wissen/ Gott lob/(nicht wie jr wisset/ für ewrem wissen behüte vns Gott/ vestra scientia inflat, & in insaniam degenerat,) vnd bekennen/ das Christus warer GOtt vnd Mensch ist in einer person/ All= mechtig/vnd warhafftig/vnd kan sein/wo vnd wenn er will/one verenderung seiner natur/vnd ist allweg bey vns warer Gott vnd warer Mensch. Fragstu/ wie es müglich sey? Sage mir/wie ist Er Allmechtig/wie ist er der Allerhö= hest? Ich sehe auff sein Allmechtigkeit/Ehr/vnd Maiestet/Warheyt vnd Ge= walt. Jr aber sehet auff die blosse Menschheyt/gleich als wer er nur ein mensch/

wie

Sieben vnd vierzigsten Psalm Dauids.

wie Elias/Paulus/Petrus/ oder andere Heylige sind / vnd straffet derwegen sein Wort/vnd wolt in zum Lügner machen/ dieweil jr mit ewer vernunfft seine Wacht nicht begreiffen könnet. Wolan/Gott wirt euch bezalen/jr werdets erfaren. Dürfft jr solche vnruhe/ ergernuß/ vnd Gotteslesterung anrichten one not/ vnd nur auß eytel Ehrgeytz vnd mutwillen/ so dürfft jhr noch wol mehr thun. Gott wirts rechen/es sol vber jrem kopffe/ob Gott wil/außgehen. Mich verdrieussts im hertzen/mehr daran zugedencken.

Der dritte Name heyst Erschrocklich/das ist/für dem man sich entsetzen/ verwundern/vnd fürchten muß: Die Frommen/das sie jn nicht erzürnen/noch seine Gnade verlieren: Die Bösen aber/das sie von jm vertilgt vnd verworffen werden. Terribilis, id est, verendus, lobens werdt/ oder/wie wir sagen/Ehrwirdig/für dem man sich auch schewen vnd fürchten muß.

Der vierdte Name heyst/ ein grosser König/Nicht der Türckische oder Römische Keyser/nicht der Großfürst in Reussen/ noch alle andere Potentaten/sondern der Grosse Michael, Quis sicut Deus? der einige rechte Melchisedech/ oder Melchisalem / der gerechte König / der Friedefürst / Rex regum, & Dominus dominantium, der HERR Zebaoth/der König der Ehren/starck vnd mechtig/Psalm: 24. Schöpffer Himels vnd der Erden/vnser Erlöser vnd einiger Heyland / warer GOtt/vnd warer Mensch / inn gleicher Maiestet vnd Allmacht mit Gott dem Vater vnd heyligem Geist.

Er wirt die Völcker vnter vns zwingen/vnd die leute vnter vnsere füsse.

DAs ist/ Christus bekeret die Heyden durch sein liebes Euangelion/vnd gibt seinem Donner krafft/Psalm/68. Er verwirfft alle Abgötterey vnd menschen lere/eigen verdienst vnd werck/vnd lesst teuffen/vnd predigen das Euangelium in allen Landen/das jrer vil sich bekeren/vnd selig werden.

Selig sind aber alle/ die sich also zwingen/vnd dem Wort Gottes vnterwerffen lassen/vnd suchen nit mehr Meyster/ denn allein Jesum Christum den Son GOttes vnd Marie. Vnselig vnd verflucht sind/die jre vernunfft/kunst/ macht/ weißheyt/ vnd frömbkeyt dem Euangelio nicht gantz vnd gar vnterwerffen/vnd wollen nicht gehorsame Schuler/sondern selbs Meister sein/wie sie jetzt auff dem Concilio thun/vnd vnsere Sacramentirer den Esel auch auff den HERRN Christum setzen wollen.

Er erwelet vns zum Erbtheyl/ die Herrligkeyt Jacob/ den Er liebet.

DAuid dancket Gott/vnd/wie gehöret/vermanet alle Gleubige zur dancksagung/ vnd setzt drey vrsachen/warumb man Gott von hertzen dancken/vnd frölich sein sol: Erstlich hat er gesagt: Er ist der Allerhöbest/das ist/Allmechtig/vnd ist vnser König/der vns samlet/nehret/beschützt/erlöset/erhelt/gerecht vnd selig macht. Zum andern/Er vnterwirfft auch andere Völcker vnd Heyden vnter vns/das wir Herrn sind in Gott/vnd dringen mit dem Wort Gottes durch die Welt/vnd nemen alles ein/one schwerdtschlag/allein durch das Euangelium/welchs ist ein krafft Gottes/die da selig machet alle/die dran gleuben. Zum dritten/ so machet vns der HErr Christus zu seinen Brüdern/vnd Miterben seines Reichs/auß Gnaden/one vnser verdienst/wie Er hat Jacob/ vnd das gantze Volck Jsrael zu seinem Volck erwelet vnd auß Gnaden gesegnet.

Kurtze außlegung des

GOtt feret auff mit jauchzen/ vnd der HERR mit heller Posaunen.

DAs ist geredt von der herrlichen Himelfart vnsers HERrn Jesu Christi. Durch sein Leyden vnd bittern Tod/Aufferstehung vnd Auffart, hat er die Sünd vnd Hellische qual/Teufel vnd Tod vberwunden/gefangen gebunden/ vnd zum Schawspiel herumb geführet in Göttlichem Triumph/ vnd hat das rechte Jubel Jar auffgerichtet/ das wir vns nun alle frewen in jhm/vnd leben durch jn/vnd haben/erkennen/vnd ehren jn/als vnserm HERRN GOtt/ der da sitzt zur Rechten GOttes Vaters/in gleicher Krafft vnd Allmacht/warer GOtt vnd warer Mensch/der alles erfüllet/ vnd ein HERR ist alles/das da wesen vnd namen hat. Wer nun dises gleubet/vnd bekennet/ der lobsinge mit Dauid/wie er vns denn ernstlich vnd hertzlich vermanet:

Lobsinget/lobsinget Gott/ lobsinget/lobsinget vnserm Könige.
Denn Gott ist König vber den gantzen Erdboden. Lobsinget jm klüglich.

DAs ist der ander Theyl dises Psalms/ darinn vns Dauid vnterweyset/ vermanet vnd lehret/wie wir vnserm König/Christum/waren Gott vnd Menschen/ehren sollen/sintemal er sich so gewaltig vnd gnedig gegen vns erzeyget/ vnd hat vns zu gut Teufel/Welt/Sünd vnd Tod vberwunden/ vnd das Gefengnuß gefangen genommen/gebunden/vnd nidergeschlagen/ nemlich/wir sollen jn ehren mit loben/lehren/vnd predigen/ sein Wort leinen/vnd ausbreitten/seinen Namen verkündigen/ seine Macht vnd Herrligkeyt rhümen/ vns auff jn verlassen/vnd trewlich bey jm bestehen/ vnd mit seinem Wort klüglich vmbgehen/ das ist/ dasselbige mit fleyß/ ernst/ vnd bedachtem mut handeln/ nicht allein mit dem munde/sondern von hertzen/ nicht in heucheley/ sondern im Geyst vnd in der Warheyt/ nicht mit vermessenheyt/sondern in warer des mut/ nicht mit schreyen vnd plaudern/wie die frechen Clamanten thun/ die one vnterscheydt vnd bescheydenheyt reden/ was jhnen einfellet/ sondern mit Christlicher vernunfft/ Wie auch Paulus beschet das Wort GOttes sein zu vnterscheyden vnd zutheylen in seine ordnung vnd bequemligkeyt. Inn summa/ ein jeder sol gedencken/was er für ein Wort habe/vnd wes Wort er füre/ nemlich/GOttes des Allerhöhesten Wort/ Christi Jesu Euangelium/ Wie sich Paulus ein Apostel vnd Diener CHristi nennet/der auffgefaren ist mit jauchzen/das ist/mit herrlichem Sieg vnd Triumph/vnd mit frewd aller Engel vnd Heyligen im Himel vndauff Erden. Wer das bedenckt/der wirt sein stoltz/ Ehrgeytz vnnd Schwermerey wol fallen lassen/ wil er anders seinem HERren CHRJsto klüglich lobsingen/ vnd nicht die nerrische Vernunfft das rechte liebliche Register/vnd holdselige Stimmwerck verfelschen lassen/ dafür man die Ohren muß zustopffen/Wie vnsere Schwermer auß der schönen Musica/das ist/auß dem lobsingen vnd Wort CHRJsti/ein gebeul machen/vnd verfelschen alle Register/das kein Stimme wol klingen wil. Kommet aber der rechte Capellnmeyster/ so wirdt Er redlich inn hauffen schmeyssen/vnd sie lehren/wie sie singen sollen/ vnd wirdt sie zu seiner Capell hinauß treyben.

Gott

Sieben vnd vierzigsten Psalm Dauids.

Gott ist König vber die Heyden/ Gott sitzt auff seinem heyligen Stul.

Die predigt Dauid vom Beruff der Heyden/ die auch zu disem König sollen gebracht werden. Denn man sol inn der gantzen Welt sein Königreich hoch preysen/ das Er allein sey fürgestellt/ das wir durch Jhn sollen ewiglich von allem Vnglück entlediget werden/ vnd des ewigen Lebens Kinder sein. Darumb lesst Er predigen sein Euangelion/ das durch seinen Namen alle/ die an Jhn glauben/ vergebung der Sünden erlangen/ vnd das auß Juden vnd Heyden ein Schafstal werde. Er aber sey vnd bleybe der einige ware Hirt/ König/ vnd Hoherpriester/ wie der Dundert vnd zehende Psalm dauon herrlich prediget.

Der heylige Stul des HERren Christi ist die Rechte Hand GOTtes/ das Er/ als warer GOtt vnd Mensch/ ist ein HERR Himels vnd der Erden/ vnd hat allen Gewalt/ vber alle Fürstenthumb/ Macht/ Herrschafft/ vnd alles/ was genennt mag werden/ vnd erfüllet alles/ herrschet vnd regiert warer GOtt vnd Mensch/ in gleicher Allmacht vnd Maiestet mit GOtt dem Vater vnd heyligem Geist.

Das wörtlein/ Stul/ heyst das Ampt/ Regierung/ oder Herrschung. Sitzen/ heyst Regieren vnd Herrschen/ vnd des Ampts pflegen vnd warten/ Daher wir nennen/ den sitzenden Rath/ der gleich im Ampt ist/ vnnd thut/ was jhm befolhen ist. Darumb spricht Cyrillus: Wenn man von GOTT saget/ Er sitze/ oder nennet seinen Stuel vnd Thron/ so verstehet man nichts anders/ denn regiam potestatem super omnes creaturas, ein Königlichen Gewalt vber alle Creaturen. Denn es ist ein grosse Thorheyt/ das man GOTT ein gewissen ort wolte zuschreyben. Vnd wenn wir sagen: Der Sohn GOTtes sitze zur Krafft GOTTES/ so ists nichts anders/ denn/ Der Son ist dem Vater gleich/ an Ehr vnd Maiestet. Dieses sitzen aber gehöret zu der gantzen Person Christi. Denn als GOTTES Son ist Er von ewigkeyt dem Vater gleich/ an Ehr vnnd Herrligkeyt. Aber jetzt/ als des Menschen Son/ ist Er auffgefaren gen Himmel/ vnd sitzet zur Rechten GOTTES Vaters/ inn gleicher Allmacht vnnd Maiestet/ sein Gewalt ist vnendtlich/ ob gleich sein Leyb nicht vnendtlich ist.

Die Fürsten vnter den Völckern sind versamlet zu eim Volck dem Gott Abraham. Denn Gott ist sehr erhöhet bey den Schilden auff Erden.

AM ende lehret Dauid/ was das Ampt der Weltlichen Oberkeyt sey/ nemlich/ das sie mit jren Vnterthanen sich samlen vnd finden zu dem rechten waren GOTT/ Vater vnsers HERren Jhesu CHRJsti/ den Abraham hat angebetet/ vnd sich gefrewet/ das er des HERren Tage sehen solte. Wo nun Könige/ Fürsten/ Herrn/ Ratsmenner/ vnd Oberkeyt sind/ die sollen alle Christum jren HERren annemen/ erkennen/ ehren/ vnd vber Jm vnd seinem Wort halten/ oder sollen zum Teufel faren.

Vnd hie sehen wir/ das grosse Herrn/ Könige/ vnd Fürsten auch Christen sein müssen/ wie sie denn Esaias Erneherer der Kirchen GOTtes nennet/ vnd Oseas nennet sie Clypeos, Schwerdter/ vnd Dauid als thie/ scuta terra, Schild auff Erden/ die rechte reine Lehre vertheydigen/ vnd handthaben/ vnd jhre

Do iij Vnter-

Kurtze außlegung des
Vnterthanen beschützen sollen/ Wie sie Daniel auch nennet Bewme/vnter welcher schatten die leute leben/vnd sicher bleyben können.
Das ist zumal ein schöner Titel/ den der heylige Geyst der Weltlichen Oberkeyt gibt. GOtt gebe jr seine gnad/vnd Geist/ glück vnd Segen/das sie sich dieses Titels annemen/vnd ins werck solchen namen kommen las-
se/ vnd bleybe bey jhrem HERren Christo dem Allerhöhesten/ vnd volge nicht jren Heuchlern/ die alle zerrüttung in der
Kirchen/vnd sonst anrichten. Lob/ehr/preyß/
vnd danck sey vnserm HErrn Christo Je-
su/ der zur Rechten Gottes sitzet warer Gott/vnd warer Mensch/in
gleicher Allmacht/ Ehr/
Maiestet/vnd Herr-
ligkeyt/

A M E N.

Außlegung des Acht vnnd
vierzigsten Psalm Dauids.

St eine Dancksagung für die grossen Wolthaten/ das sich GOTT durch gewisse zeugnuß geoffenbaret hat/vnd vil bey seiner gemeine gegeben/ vnd eygene Gottesdienst an gewissem ort vnd Volck eingesetzt / auff das man wiste/wer/vnd was GOtt sey/wie man Jhn suchen vnd finden sol/wo seine Kirche sey/nem-
lich/wo das Wort auß Zion rein vnd lauter schallet.
Erstlich dancket der Prophet/vnd mit jm das gantze Volck Gottes/das jm Gott eine Kirch samlet vnd erhelt im Menschlichem Geschlecht / vnd thut solches mit grosser macht/wider alles vngestüme vnd prausen der Welt/ auch mit grossem lob/sieg/rhum/vnd ehr.
Die Stadt GOttes ist fürnemlich Jerusalem/ so gegen Mitternacht am Berg Sion gebawet war/ vnd in tertio climate, wie Ptolemeus dasselbige setzt vnd theylet / ja auff dem gantzen Erdboden die schönste vnd herrlichste war/ sonderlich dieweil sie ist Metropolis, oder die Hauptstadt gewesen des Landes/ darinn man den waren Gott geehret/gehöret/vnd erkennet hat. Vnter jrem namen wirdt die gantze Christliche Kirche auff Erden/ sie sey wo sie wölle/ begriffen. Denn von Jerusalem ist die Kirche Gottes in die Welt außgezogen/ vnd außgebreittet worden/ Daher auch Paulus schreybet/er habe alle ort von Jerusalem an/biß in Jllyriam/mit der Lehre des Euangelij erfüllet/Vnd Christus sihet selbs darauff/ da er saget/ Matthei am 8. Vil werden kommen vom Morgen vnd Abent/ vnd mit Abraham/Jsaac/vnd Jacob im Himelreich si-
tzen/ Die Kinder aber des Reichs werden außgestossen/ in die Finsternuß hin-
auß ꝛc.

Zum

Acht vnd vierzigsten Psalm Dauids.

Zum andern lobet er/ vnd tröstet die Kirche vnd das Volck Gottes/ vnd nennets ein schön Zweyglein/ das jmmer grünet/vnd frisch vnd lebendig ist/ frucht bringet/ vnd guten geruch vnd safft hat. Der Baum oder der Ast ist Christus Jhesus mit seiner Gerechtigkeyt. Wer nun mit seiner lehr vnd leben/ oder mit Seel vnd Leyb bey dem HErrn Christo bleybet/ vnd sich seines Verdiensts vnd Gehorsams in rechtem Glauben hertzlich annimmet/ der ist ein schönes Zweyglein/ Wie Christus sagt: Jr seyt die Reben/ Jch bin der Weinstock. Safft/leben/freud/ vnd alle seligkeyt findet man allein in Christo.

Das allhie steht (An der seitten gegen Mitternacht ligt die Stad des grossen Königs) verstehet er Jerusalem/welche auff einem Berge gelegen Mitten darinn ist der Berg Moria gewesen/darauff Salomon den Tempel gebawet. Am höchsten/gegen Mittag/ist die Burg Zion/ oder das Schloß Dauids gelegen gewest. An der seitten des Bergs Zion/gegen Mitternacht/ist die Stad gelegen. Da aber zu letzt Jerusalem von Tito ist zerstöret/ vnd hernach vom Elio Adriano wider erbawt/vnd erweittert worden/ sind die ort/ als da Christus gelitten/vnd aufferstanden/so zuuor ausserhalb der Stad gestanden/in die Ringmawer gegen Mitternacht verfasst worden/one zweiffel damit zubedeuten/das die Lehre vom HErrn Christo/seinem Leyden vnd Aufferstehen/weit vnd ferrn gegen mitternacht außgebreittet vn bekant werden solte/ Wie es den (GOtt lob) bey vns/ vnd ferner binein/biß zu den wilden Lappen/ wie man sie nennet/ist erschollen/ vnd also Christo dem HErrn ein newer Friedstab vnd einige lehre/ oder ein newes Jerusalem/ein rechte einige Kirch/sein in eine Ringmawer gegen mitternacht gebawet vnd verfasset werden/nach den wolten/ so hie stehn: An der seitten gegen mitternacht leit die Stad des grossen Königs.

Zum dritten lehret Dauid/ das GOtt allein seiner Kirchen Schutzherr sey/vnd werde in seinen Pallasten/das ist/bey seinen Gleubigen/Psalm: 45. erkandt/als der einige Hirt/ Schutz vnd Schirm/ der vns verteydiget/ das vns auch kein har sol gekrümmet werden/oder abfallen/ on sein willen vnd wollen. Er wonet bey/vmb/vnd in vns.

Zum vierdten/müssen alle Feinde vnd Verfolger der Christen zuschanden werden/Psalm: 2. vnd mit schanden von der Stad Jerusalem/ oder von dem Volck Gottes abziehen/ wenn sie sich gleich mit grosser macht versamlet/gerottet/vnd gerüstet haben. Sie stossen sich an den Eckstein. Darob müssen sie zu boden/zu drümmern vnd scheyttern gehn/das sie sich selbs darob verwundern vnd entsetzen/vnd nach der narren weiß sprechen: Non putaram, Wer hets gedacht? Vnd vergehn endtlich in jrer angst/zittern vnd zagen/darinn sie zappeln/vnd weche haben/ wie ein Geberrin/ als Julianus/Nero/Theodorus Veronensis/vnd andere/ so in jrem Gewissen kein ruhe mehr haben/verzweyfeln/ vnd sterben in jren sünden.

Naues Tharsis sind Schiffe im Meer/ species pro genere. Denn er wil souil sagen: Man greiff vns zu Land oder zu Wasser an/so wöllen wir wol bleiben. Denn wir haben Gott zum Schutz. Gott kan mit einem Wind allen gewalt/ alle Schiff/ vnd was darinnen ist/vmbstürtzen/vnd erstuffen. Ein recht grosser Trost.

Zum fünfften/ lehret der Prophet mit der erfarung/ das man sich zu aller zeit in starckem Glauben auff die Verheyssunge Gottes kecklich verlassen sol. Denn wie seine Zusagung lauten/ also beweyset ers stettigs mit der that/ vnd im werck/das mans höret/sihet/vnd erferet. GOtt erhelt seine Kirche immerdar. Sein Wort ist warhafftig/Vnd was er zusagt/das helt er gewiß/ Psalm: 33. Alle seine Weissagung/Wort vnd lehre werden erfüllet.

Zum

Kurtze außlegung des

Zum sechsten/ist ein Gebett/das Gott auß gnaden/vmb seiner barmhertzigkeyt willen/die er vns in seinem Son beweisen hat/all vnsere Sünde wöll vergeben/vnd vns zu kindern annemen/vnd sein Wort bey vns/als bey seinem Volck vnd Tempel/erhalten/auff das wir seinen Namen allzeit heiligen/rhümen/loben vnd preysen/an allen enden vnd orten der Welt/vnd vns jnimerdar auff seine gnade verlassen. Der Name Gottes aber heyst/Abba/lieber Vater/ der ewige Vater Jesu Christi. Denn es ist kein ander name den menschen vnter der Sonnen gegeben/denn der Name Jesus Christus/dadurch alle menschen/ so an jn glewben selig werden. Des solle sich rhümen alle welt/vnd die Gerechtigkeyt/die für GOtt gilt/oder/wie hie stehet/die die Rechte GOttes selbs wircket/nemlich/die Gerechtigkeyt des Glawbens/Psalm: 32. hoch halten/ mit bertzlicher gir annemen/sich frewen/vnd dadurch ewig leben.

Zum siebenden/ist ein vermanung zur danck sagung. Dancket dem HERREN/denn sein Barmhertzigkeyt weret ewiglich. Es frew sich alle Christenheyt/vnd lob jn des in ewigkeyt. Es frewe sich der Berg Zion/vnd die Töchter Juda/das ist/alles Volck/welches begeret selig zu werden/dieweil vns GOtt auß Gnaden/one vnser verdienst vnd werck/allein vmb seines Sons willen/gerecht vnd selig machet.

Zum letzten befilhet er/das jederman mit allem fleyß helffe GOttes Wort fürdern/außbreytten/zieren/vnd mit rath vnd that/nach seinem vermögen/ Schul vnd Kirchen erhalten. Disen Befelh solten zu vnser zeit die Fürsten/die vom Adel/Kauffleut/Burger vnd Bawren wol betrachten/dieweil vast gar kein handreichung noch hülffe mehr zun Kirchen vñ Schulen geschicht/vnd jederman nur auff das zeitliche sihet. O wee wee/werden wir zu seiner zeit wider vns selbs schreyen.

Wir haben GOttes Wort rein vnd lauter/feine herrliche Schulen/gute Sprachen vnd Künste/vnd noch vil feiner leut. So füret vns Gott wie die jugent/gnediglich vnd sanfft/durchs Wort der Gnaden/wie vater vnd muter ein kind anffzihen/vnd geht mit vns vmb/wie mit einm rohen Ey/ja wie mit seinem augapffel/verschont vnser/vnd gibt vns zimliche narung/beschützt vns vnter dem schatten seiner flügel/vnd beweiset vns teglich vil vnzeliche/geistliche vnd leibliche wolthaten. Aber wo ist vnser danck? wie stellen vñ erzeigen wir vns gegen solchen hohen gaben? wir fragen wenig nach Kirchen vnd Schulen/Predigern vnd Lerern. Wir reissen die gemeinen güter der kirchen vnd schulen zu vns. Wir sind karg vnd arg/weñ wir etwas zu beförderung vnd erhaltung der Kirchen vnd schulen geben sollen. Wir fragen wenig darnach/wie die jugent in rechter lehr/zucht vnd frömkeit vnterwiesen vnd aufferzogen werde. Ein stalbube/der der pferd oder hunde wartet/ist beiser vnd werder gehalten/deñ vnser kinder paedagogus, oder Zuchtmeister. Wo man vor zeiten in der grossen finsterniß vnd abgötterey hat zu erbawung grosser Gebew/Stiffte vnd Klöster/Kirchen vnd Schulen/leichtlich vnd bald gelt vber gelt bekomen können/da kan man jetzt mit not/vnd nit allweg souil haben/das man die Kirchen vñ andere Kirchengebew in jrer Dachung erhielte. Zetter vnd mordio werden noch die Herrn/der Adel vnd andere/so jetzt dise ding nit bedencken/wo das gespött darauß treyben/oder verlasten/vber sich selbs schreyen. GOtt sey vns gnedig/vnd erhalte vns bey seinem Wort/das wir mit vnsern kinderlein vnd nachkomen auch die Thürn Zion zelen/vnd an jre Mawren fleiß legen/jre Pallast erhöhen/vnd das von verkündigen/predigen/vnd rhümen können/Das ist/das wir allzeit Gottes Wort rein vnd lauter lehren/außbreitten/fürdern/hoch halten/füren vnd treyben mögen/Amen/Amen. Hulff vns HErr Jesu Christe.

Außle-

Außlegung des Neun vnd vierzigsten Psalm Dauids.

ST ein Trostpsalm/ für die Kirche/vnd für alle Gleubige/das sie sich nicht ergern/wenn es den Gottlosen wol gehet/vnd sie reich vnd mechtig sind/vnd alle Bauchfülle haben/vnd verlassen sich/vnd trotzen darauff/ vnd müssen doch sterben/ vnd von all jrer Hab vnd Gütern/nicht mehr mit sich nemen/ denn etwa ein Leinwat oder Tuch/ darein man sie vernehet/ vnd zu scharret/ Item/ von allen jhren Freunden nicht mehr zuwegen bringen/ denn das sie etwa ein Feld wegs das geleyt geben/ vnd lassen sie darnach hinschleppen/ vnd den Würmern zur speyß werden. Er lehret aber/das man sich auff das ewige verlassen sol/vnd auff ewige seligkeyt sehen/das man am Jüngsten Gericht bestehen könne/vnd ewige Herligkeyt vnd Frewd ererbe.

Dieher gehören der 4. 36. vnd 37. Psalmen/ welche auch die frommen trösten wider solch ergernuß/Vnd anzeygen/das aller Welt Güter vnd Reichthumb nichts sind/ gegen dem rechten Schatz/ den die Gleubigen haben/ da sie wissen/ sie haben ein gnedigen Gott/sie sind gerecht vnd selig in dem Herren Christo. Da sonst die andern/ so solchen Schatz vnd Glauben nicht haben/müssen vergehen/vnd wie das Vihe sterben / vnd alles hinder sich lassen/ vnd in die Hell darzu verstossen werden.

Dieweil aber jederman auff das eusserlich vnd leyblihe Glück der menschen achtung gibet/vnd doch solches vnrecht/vnd wider Gott/vnd ein grosse thorheyt ist/derwegen so hebet der Prophet an mit einem geschrey/als wolt er sagen: Ir Narren/die jr in der Welt lebet/höret mir zu: Ich wils euch vil anders sagen/denn jr gedencket: Ewere gedancken/rede/vnd verwunderung sind nerrisch. Wenn jhr einen reichen/ mechtigen Mansen sehet/ so fürchtet jr euch für jhm/schmieget euch/vnd ehret jhn/ da jr sonst ein armen/ frommen Man wenig achtet. Wenn euch ein grosser/wüster Hamel feindt wirt/so meinet jr/ es sey alles auß/jr habt kein platz mehr in der Welt. Aber höret mir zu/ ich wils euch vil anders lehren/ vnd euch ein Aenigma oder Retzlein fürgeben. Erratet jr dasselbige/ so solt jr grosse Lehr vnd Trost darauß empfahen. Das Retzlein ist das:

Ich fürchte mich nicht inn bösen Tagen/ wenn mich die Missethat meiner Vntertretter vmbgibet. Das ist/ Ich sey Arm/ Kranck/Elend/vnd verlassen/wie es immer sein kan in disem leben/wenn ich nur ein gnedigen GOtt habe/so fürchte ich mich nicht / es falle gleich Himel vnd Erden/vnd sey wider mich/wer sich nicht lassen kan/Teufel/Welt/Tyrannen/Ketzer/falsche Brüder / vntrewe leut / vnd tretten mich mit füssen / oder beyssen mich an die Fersen/ wie sie meinem HERren Christo gethan haben. Alle jre anschlege/gedancken/reden/ vnd geberde sindt Sünde/vnd Missethat. Ich aber bin gerecht für GOtt/ durch das bitter Leyden vnd Sterben Christi Jesu meines Heylands. Warumb solt ich mich denn fürchten?

Sie

Kurtze außlegung des
Sie verlassen sich auff ir Gut/ vnd trotzen auff iren grossen Reichthumb.

DJe beschreybet er nach einander die Thorheyt der Gottlosen/Reichen/ vnd Mechtigen Stratioten/ von denen Christus saget: Es sey leychter/ das ein Camel/oder Schiffseyl durch ein Nadelör gehe/ denn ein Reicher ins Himelreich.

1. Sie fragen nichts nach GOtt. Es ist jnen kein rechter ernst vmb das Wort vnd die Ehr GOttes. Sie haben jr vertrawen nicht auff GOtt/ob sie sich gleich heylig stellen/ vnd halten Gott nicht für jren Trost/sondern verlassen sich auff jren grossen Reychthumb/Psalm:52. vnd sind mechtig/schaden zuthun.

2. Jhr wunsch ist nichts anders/ denn das jre Heuser weren jmmerdar/ jr Geschlecht/Kinder vnd Gesinde gemehrt werde/ jhre Wonung bleyben für vnd für/vnd haben groß ehre auff Erden. Item/ wie im 144. Psalm steht/ das jhre Kammer voll sind/die herauß geben können/einen Vorrath nach dem andern/vnd jhre Schafe tragen/tausent vnd hunderttausent auff jren Dörffern/ vnd jhre Ochsen vil arbeyten/ das kein schad/verlust/noch klag auff jren gassen sey. Es gehe sonst wie es wölle.

3. Wenn jnen jhr wunsch gereth/vnd war wirt/so sind sie wol zu frieden/ vnd heben an/ sich zu segenen. Psalm:10. Der Geytzige segnet sich/vnd lestert den DEXXII/ Das ist/ wenn er vollauff hat/ so rhümet er sich: Ey/GOtt hats gegeben: Wir gehets gar wol: Jch stehe wol. Wenn aber ein wenig ein vnglück kompt/ Kranckheyt/ Vngunst/ abnemung der Güter/ da murret er wider GOtt/ wirt vngedultig/ vnd weiß sich gar nichts in GOttes weiß vnd willen zuschicken. Wenns wol geht/ so ist er der nechste bey Gott. Gehts vbel/ so flucht er. Das creutz ist sein gifft vnd tod.

4. Sie sind nicht zu frieden mit den Gaben GOttes/vnd lassen jnen nimmermehr genügen/sondern haben vil vergeblicher/ vnnötiger sorge vnd vnruhe/ Psalm: 39. das sie darfür nit schlaffen können. Sie samlen/vnd wissen nit/ wer es kriegen wirt.

5. Sie brauchen sich auch nicht allein in jrem Beruff/Güter/ Hendel/ damit etwas zugewinnen/ sondern leyhen vnd borgen auff Wucher/ Psalm: 15. geben mit bösen tücken vmb/ vnd nemen gern Geschencke/Psalm:26. Sie heuchlen vnd spotten vmb des Bauchs willen/ Psalm: 35. Schweren/ligen/ triegen/aiunt, aio, negant, nego, wo sie nur etwas wissen zu sich zureissen.

6. Sie sind stoltz/vnd trotzen auff jren grossen Reychthumb/ Psalm:52. vnd zertretten vmb Geldes willen/ Psalm: 68. verlassen sich auff vnrecht vnd freuel/ Psalm: 62. Trotz/ wer wils vns wehren? Was fragen wir nach andern?

Das sind nun die Gottlosen/ die sind glückselig in der Welt/ vnd werden Reich/Psalm: 73.

Auff das sich aber fromme/einfeltige leut nicht ergern/ gibt der heylige Geist durch Dauid hin vnd wider in dem Psalter disen rath/vnd spricht: Erstlich habt acht auff das ewige/ zukünfftige Leben/ vnd auff das Jüngste Gericht. Zum andern/ Haltet euch nicht zu solchem/ das nichts ist/ Vnd ob euch gleich Reichthumb zu fellet/ so henget doch das hertz nicht daran/ Psalm: 62. Zum dritten/ Bittet GOtt/ das Er ewer Hertz für Geytz behüte/vnd euch regiere nach seinem willen/ Wie Dauid thut/ Psalm: 119. Neyge mein Hertz zu deinen Zeugnussen/vnd nicht zum Geytz. Jch frewe mich des Weges deines

Zeugnuß/

Neun vnd vierzigsten Psalm Dauids. CCXXIII

Zeugnuß/ vber alle die Reichthumb. Item/ Psalm: 4. Du erfrewest mein Hertz/ ob jhene gleich vil Wein vnd Korn haben. Zum vierdten: Laß ein ich gnügen an dem/ das euch GOTT zur notturfft bescheret. Denn das wenige/ das ein Gerechter hat/ ist besser/ denn das grosse Gut viler Gottlosen/ Psalm: 37. Die Reychen müssen darben/ vnnd hungern/ Aber die den HERREN suchen/ haben keinen mangel/ Psalm: 34. Zum fünfften/ So habt sonderlich darauff achtung/ wie ein elend/arm ding es sey vmb der menschen leben/wesen/vnd herrligkeyt/ davon denn oben im 39. Psalm ist genugsam gepredigt worden/ vnd wir teglich solches sehen/ hören/ fülen/vnd erfaren.

Der vrsprung vnd anfang des Menschen ist ja armselig vnd kleglich/ vnd geschicht mit leybs vnd lebens gefahr der Mutter vnd des Kindes/ welches bloß vnd nackend/weinend vnd schwach auff disen Jamerthal gebracht/vnd in sünden empfangen vnd geborn wirt/ vnd ist vnuermöglich/ kan weder sich/ noch andern nutzen oder dienen/ müste vergehn vnd sterben/ so man sein nicht pfleget.

Das gantze leben ist voll Sünde/ vnd wirdt mit vnd inn Sünden zugebracht/ wie ein jeder sihet/ so er die Zehen Gebot für sich nimpt. So ist der Vnglaub/auch in den Heyligen/so groß vnd mechtig. So sindt vil schröcklicher Kranckheyten/ vnfal/ sorge/ mühe/ arbeyt/ böß Gewissen/ rachgirigkeyt/ verleumbdung/ vnd gefahr des Todes.

Wir haben auch keine bleybende stat in disem leben/sondern sind nur Geste auff Erden/ Psalm: 119 vnd arme Pilgram/ vnd müssen sterben/vnd wissen doch nicht wie oder wenn/vnd alles dahinden lassen/was wir haben vnd können. Von vnsern Gütern/wenns köstlich ist/wirt vns ein stuck Tuch zutheyl/ darein man die todten Cörper verhüllet. Von vnseren Freunden geben etliche mit vns/ vnd geben vns das geleyt. Mehr nicht. Wo nicht Christus Jhesus were/ der trewe Heyland/so könde nichts vnflettigers vnd grewlichers genennet werden/denn eben ein Mensch.

Inn den Gestis Romanorum liset man/das ein König in India habe seinen Philosophum gefraget/ er solte jm auff vier stück antworten: Zum ersten/ Was der Mensch sey: Zum andern/ Wem er vergleichet werde: Zum dritten/ Was er hie thet: Zum vierdten/ Was er für gesellschafft hett auff diser Erden. Darzu sol er jne vier wochen zubedencken gelassen haben. Darauff habe der Philosophus nach gutem bedencken geantwortet: 1. Der Mensch sey ein wandrender Gast in diser Welt/ vnd ein Pilgram/der heut in einer Herberg liget/morgen muß er darvon/der Tod schleicht jm nach nacht vnd tag/vnd gehet immer für vnd für fürsich eylend zu dem Grab. 2. Der Mensch sey einem gefrorenem Eyß vnd dem Wasser gleich/ welches/wenn die hitze vnd wermie kompt/zerschmiltzt/ vnd wirt zu Wasser. Daher man auch vmb derer vnd anderer vrsachen willen spricht: Homo bulla. Item/ Er sey gleich des Himmels Taw auff grünem Graß/ welcher/wenn die Sonne kompt/zergehet vnd verschwindet. Item/ Er sey gleich eines Baumes blüe/ wenn der Reyff darauff kompt/ fellet sie ab one frucht/ vnd verdirbet. 3. Der Mensch streyttet hie in seinem gantzen leben mit dem Teufel/mit der Sünde/mit der Welt/mit seinem eygen Fleysch vnnd Gewissen/ ?c. 4. Sein gesellschafft sindt: Hunger vnnd Durst/ Frost vnd Hitze/Trawrigkeyt/ Sorg/Kranckheyt/ vnd zu letzt der gewisse Tod. Ist nicht das ein köstlich leben? Aber davon sey jetzt gnug gesagt. Nemo sanus hæc sine lachrimis cogitare, scribere aut legere potest, præsertim in tanta securitate non agnoscente miserias nostras.

p Kan

Kurtze außlegung des
Kan doch ein Bruder niemand erlösen/ noch GOtt jemandt versönen.

Niemand kan sich vom Tod erretten/ er sey so mechtig vnd reich/ schön vnd starck/ als er jmmer sein kan. Metam properamus ad vnam, vnus post alium. Wir müssen alle daran/ es sey kurtz oder lang. Niemand kan sich noch andere vom Tod frey machen. Es kostet zu vil. Es hat gekostet das seine/ thewre Blut Jesu Christi/ damit wir vom ewigen Tod los vnd ledig würden. Menschen werck/heyligkeyt/macht/gewalt/reychthumb/thut alles nichts zur sache. Vnd ob schon einer gleich lang lebet/ hat guten mut/ denckt nimmer an Tod/ ist one sorg/ noch muß er an Reyen. Der Todt zuckt das Stülein/ wenn der Zeyger oder die Uhr ist außgeloffen. Stat sua cuique dies, breue & irreparabile tempus. Die Weisen/Sinnreichen/Klugen/Verstendigen/Gelehrte/berhümte leut/müssen so wol daran/ als die Thoren vnd Narren: Philosophi, Sophistæ, Theologi, Iuristæ, Medici & Diuites, Aegroti & Pauperes, domini & subditi, infimi, supremi, senes & patres, infantes & matres, excluso prorsus nemine, coguntur illuc ire, sprechen die Kinder in Schulen. Sie müssen darvon/ wie ein ander sterblich Vihe/ ob sie gleich als Weise/Mannhafftige/gelehrte leut von andern gerhümet werden. Vnd wenn sie one GOttes forcht in sicherheyt vnd vnbußfertigem leben gewandelt haben/ so müssen sie nach jrem tode ad generum Cereris, & nigros rogos, das ist in der Helle ligen wie die Schafe/ das sie vom ewigen Tod geschlachtet vnnd getödtet werden. Der Todt vnd grewliche Wolff frisset sie/ wie Esaias am 14. Capitel von dem mechtigen Königreich Babylon prediget: Deine Pracht ist inn die Helle gefaren/ Motten sindt deine Bettihe/ vnd Wärme deine Decke.

Aber den Frommen gehets vil anders: Sie werden erlöset/ vnd ererben das ewige Leben. Darumb so vermanet Dauid/ das man sich nicht jrren lasse/ ob gleich die Gottlosen Reych werden/ wie der Reiche Wucherer vnnd Schlemmer/ Luce am 16. Dabe acht auffs ende. Respice finem. Sie faren dahin erbermlich/ zu jren alten Vetern/die auch Gottloß gewesen sind/ sine cruce, & sine lux, wie ein Dibe. Du aber sihe auff dich/ traw auff GOtt/ warte deines Beruffs/ gleube an Christum/ bete vnd befilhe in die Hende GOttes tag vnd nacht vnd alle augenblick deinen Geist. So hats nicht not/ weder mit deinem Leybe/ noch mit der Seel. Das wir aber solches mit ernst vnd von hertzen thun/darzu hilffe mir/vnd andern/ O HErr Jhesu Christe/ Amen.

Außle.

Fünfftzigsten Psalm Dauids. CCXXIIII

Auszlegung des Fünffzigsten Psalm Dauids.

Ein Psalm Asaph.

Saph ist einer auß den fürnembsten Sengern vnd Musicis bey Dauid gewesen/ gleich wie jetzt an grosser Herrn Höfen ist ein Capellnmeyster/ 1. Chron: am 16. vnd 17. Diesem vnd seinen Gesellen hat Dauid etliche Psalmen gegeben/ damit GOtt zu preysen/ jm zu dancken/ vnd seinen Namen zu loben. Daher nennet man die Psalm Asaph/ als disen 50. Item/ den 73. 74. 75. 76. 77. 78. 79. 80. 81. vnd den 82.

Es ist aber dieser Psalm gar ein herrlicher schöner Lehrpsalm/ darinn die rechte vnterscheyd zwischen den Mosaischen Ceremonien/ vnnd den waren/ angenemen Gottesdiensten gesetzt wirdt. Wir wöllen jhn aber einfeltig vnd schlecht theylen in drey stücke:

Der erste Theyl ist eine Weissagung vom Euangelio vnnd Königreich Christi inn aller Welt zukünfftig/ wie es sol auß Sion außgehen/ vnd außgebreyttet werden an alle ort/ wie oben im Andern Psalm/ vnd Esaie am 2. Miche: am 4. vnd anderstwo dauon geprediget wirt.

Der anfang ist sehr prechtig vnd herrlich. GOtt der HERR der Mechtige/ der HERR aller Herren/ Schöpffer vnd Erhalter Himels vnd der Erden/ vnser GOtt Vatter vnd Richter/ redet/ vnd rüffet der Welt mit seiner stim/ ja mit seinem ewigen Wort/ durch seinen Son: Auß Sion bricht an der schöne Glantz Gottes/ Nicht von dem Gesetzberge Sinai/ der voll Felsen/ stein/ vnd Wüsten ist/ vnd da das Gesetz mit Donner vnd Blitz gegeben ist/ vnd das wort (Sinai) an jm selbe schröcklich vnd stachlet ist/ sintemal es so vil bedeutet/ als ein Dornstrauch vnd Hecke/ Spinetum, damit des Gesetzes art vnd fluch/ schrecken vnd zorn anzuzeygen/ Sondern auß Sion/ der in der schönen Stadt Jerusalem ein heller Berg vnd hoher Lug ins Land gewesen/ darauff man sich an alle ort ferr vmbsehen kan/ vnd nicht darff im finstern Thal wonen vnd bleyben/ Esaie am 9. Damit wirdt angezeyget die art des heyligen Euangelij/ dadurch wir erleuchtet werden/ vnd sind auff dem Berge Gottes/ des in den Psalmen hin vnd her gedacht wirt/ als Psalm: 2. 3. 15. 20. 24. 36. 43. 48. 61. 68. 72. 74. 78. 87. 99. 121. 125. 133. denn Zion ist der rechte Berg Gottes. Sion aber bedeutet ein jeden ort/ da die Lehre des Euangelij/ welche auß Zion ist von ersten angebrochen/ vnd durch den Son GOttes gepredigt worden/ rein vnd lauter gelehret vnd gefasst wirt. Da ist vnd wonet Gott/ der schöne Glantz Gottes ist alda / nemlich/ der ewige Son Gottes Christus Jesus/ der Glantz seines Vaters/ lumen de lumine, das ware Chasmal, mit seinem Wort vnd Euangelio.

Vnser GOtt/ nemlich/ Christus Jesus/ vnser HErr vnd Heyland/ der kompt nun/ wirdt warer Mensch/ vnd schweyget nicht/ sondern erfüllet den willen Gottes seines Vaters/ verkündigt denselben/ predigt/ straffet die Welt/ tröstet die arme Gewissen. Fressend Fewer gehet für jm her/ das ist/ Er verze-

Pp ij ret

Kurtze außlegung des

ret vnd verbrennet alles/ was jm nicht will gehorchen/ oder an jn gleuben/ alle wereckheiligkeit/ Abgötterey/ vnd vffertigkeit vnd halsstarrige werende sicher= heyt/ Tyrannen/ Ketzer/ vnd was mehr Jhm oder seinem Euangelio zuwider ist. Vmb Jhn her ist ein groß Wetter/ Donner/ vnd Blitzen/ wider alle seine Feinde. Er donnert mit seinem Wort/ fulminirt/ vnd schlegt alles zu boden/ wie er in der bekerung Pauli gethan hat. Er behelt doch den Sieg inn seinem Wort. Er ruffet Himel vnd Erden/ den Engeln vnd Menschen/ das sie seine die= nen vnd volgen. Denn Er will sein Volck richten/ regieren/ helffen/ retten vom Teufel/ Tod/ Sünde/ vnd von der Helle. Da gehöret nun groß mühe vnd ar= beyt zu. Solch Werck der Erlösung ist ja groß/ vnd kostet vil/ Nicht Ochsen oder Kelber blut/ sondern das thewre/ werde Blut vnsers GOttes vnd Bru= ders Jesu Christi.

Dieweil aber das heylige Ministerium vnd Predigampt von Christo darzu ist verordnet/ vnd wirdt derwegen erhalten/ auff das viler Menschen hertzen durch das mündliche Wort beweget/ vnd gewonnen werden/ sintemal das Euangelium ist ein Krafft GOttes/ zur seligkeyt allen/ so daran gleuben/ vnd also jr vil zu dem Herrn Christo gefüret/ jme eingeleybt/ vnd durch jn gerecht vnd selig werden/ Derhalben befilhet allhie der Herr Christus allen seinen Aposteln/ Jüngern/ vnd Lehrern/ biß zu ende der Welt/ vom auffgang der Sonnen biß zum nidergang/ vnd spricht: Versamlet mir meine Heyligen/ das ist/ Gehet in die gantze Welt/ vnd prediget das Euangelium allen Creaturen/ Wer da gleubt vnd getaufft wirt/ der sol selig werden.

Die Heyligen Christi sind alle menschen/ so sich lassen samlen vnd gewin= nen durch das Wort des Euangelij/ vnd gleuben an Christum/ als jren Erlö= ser/ Gerechtmacher/ Fürspecher/ vnd Seligmacher. Solche achten den Bund mehr/ denn Opffer/ das ist/ sie leben des Glaubens an den Herrn Christum/ vnd auß dem Glauben opffern sie Gott geistliche Opffer/ die jm angenem sind vmb Christi willen. All jr gehorsam kompt auß dem Glauben/ welch er der gu= te Baum ist/ der nicht böse früchte bringen kan. Sie sind die warhafftigen An= beter/ die Gott im Geist vnd in der Warheit anbeten/ Johan: am 4. denn sie ha= ben achtung auff den Bund/ davon geschrieben steht/ Esaie 59. Denen die zu Sion wirt ein Erlöser komen/ vnd denen/ die sich bekeren von den Sünden in Jacob/ spricht der HERR/ Jch mache solchen Bund mit jnen: Mein Geist/ der bey dir ist/ vnd meine Wort/ die ich in deinen mund gelegt habe/ sollen von deinem munde nit weichen/ noch von dem munde deines Samens vnd Kin= deskind/ spricht der HERR/ von nun an biß in ewigkeyt.

Von den Himeln/ so die Gerechtigkeyt vnd Ehre Christi verkündigen/ ist oben im 19. Psalm gesagt. Das wöllen wir allein zum ende des ersten Theyls dises Psalms anzeygen/ das die Rabbini diß erste Stück verstehen vnd auße= gen von dem Jüngsten Gericht/ Daher sie die ersten wort (El Elohim) interpre= tirn/ Iudex iudicium der Richter aller Richter/ Wie solchs auch D. Pomeranus seliger in seinem Psalterio gethan/ vnd diß wort vom Jüngsten Gericht auß= geleget hat/ sonderlich dieweil sie fein vberein stimmen mit den Sprüchen: Es wirt die stunde kommen/ das alle/ so in Grebern sind/ werden hören die stimm des Sons Gottes/ Johannis am 5. Jtem: Sie werden sehen des Menschen Son komen in den Wolcken des Himels/ mit grosser Krafft vnd Maiestet: Vnd Er wirdt seine Engel außsenden/ das sie die Außerwelten versamlen von den vier Winden/ 2c. Matthei am 24. vnd 1. Thessalon: am 4. 2. Petri am 3. Der Himel wirdt vom Fewer zergehen. Aber davon sey genug angezeyget. Volget der ander Theyl:

Dö re

Fünffzigsten Psalm Davids.

Höre mein Volck/ laß mich reden/ Israel laß mich vnter die zeugen/ Ich Gott bin dein Gott.

DJe lehret Dauid/ welches der rechte Gottesdienst vnd Opffer sey/ nicht opus operatum, das werck oder Ceremonia an jm selbs/ wie auch im Esaia Gott redet/vnd spricht: Höret des HERRN Wort jr Fürsten/ was sol mir die menge ewerer Opffer? Jch bin satt der Brandopffer von den Widern/ vnd des fetten von den gemesten/ vnd hab keine lust zum blut der Farren/ zc. Jtem/Jeremie am 6. Was frag ich nach dem Weyrauch/ Ewer Brandopffer sind mir nicht angeneme/ vnd gefallen mir nichts. Amos am 5. Jch bin ewren Feyertagen gram/ vnd verachte sie. Vnd ob jr mir gleich Brandopffer vnd Speyßopffer opffert/ so hab ich keinen gefallen daran. Jtem/Psalm: 40. Opffer vnd Brandopffer gefallen dir nit. Vnd Psal: 16. Ich wil jres Tranckopffers mit dem blut nicht opffern.

Da möcht nun ein Jud/ oder gleich ein ander fragen/ vnd sagen: Hat doch Gott die Opffer im alten Testament selbs eingesetzt/ vnnd befolhen/ warumb spricht er denn/sie gefallen jme nicht? Darauff ist die klare/richtige Antwort: Das alle Opffer im alten Testament nichts anders gewesen sind/ denn ein schatten/ vnnd vorbedeutung oder figur auff das newe Testament vnd auff Christum/ der vns mit seinem rechten Opffer am Creutz erlöset/ vnd die Sünde gebüsset hat. Wer nun inn solchem Glauben die Opffer/ so von Gott geordnet gewesen/ gethan hat/ der ist vnstrefflich geblieben. Aber die Juden vermeineten/ allein durch das schlechte Opffer/ vnd eusserlich werck zu bestehen/ vnd für Gott zu gnaden zukommen/ vnd thetten vil Aberglaubens vnd superstition darzu/ tichteten auch mehr Opffer/denn jnen befolhen ward/ vnd solchs thetten sie alles one Glauben an das zukünfftige ware Opffer/ den Son Gottes/ gleich wie jetzt im Bapsthumb der Geuckeley auch mancherley ist/ da die Pfaffen v nd Mönchen sehr bringen anff das opus operatum, quod fit etiam sine bono motu vtentis, wie sie reden/ Das ist/ wenn man nur etwas thut/ so es gleich geschicht one Glauben/vnd one guten fürsatz/oder andacht/ so sey es gleich gnug. Diß ist grewliche vnd schreckliche Abgötterey vnd lesterung/ Heydnische vnd Epicurische phantasey/ tandt vnd lügen/ die jhnen die nerrische Menschen selber tichten/ vnd achten jr Opffer/verdienst/werck vnd fürnemen so hoch/ als müste Gott jnen dafür dancken/ vnd schuldig sein.

Diesen argen wohn verwirfft vnd straffet Gott allhie/ vnd kerets alles vmb/ vnd wil seine Wolthat vnd Hülffe so köstlich geachtet haben/ das man jhm dancken/ vnd schuldig sein solle/ vnd spricht: Wolan/ höre mich/ mein Volck/ das du rhümest/ als dienest du mir/ hab achtung auff mein Gesetz/ das du mich fürchtest/vnd auff die Lehre meines Euangelij/ das du inn rechtem vertrawen vnd Glauben an meinen Son zu mir kommest/ vnd mich erkennen lernest/ vnd also im Glauben leystest die werck vnd Ceremonien/ so ich dir geboten hab/dich dadurch zuerinnern meiner Wolthaten/ nicht aber dardurch ex opere operato vergebung der Sünden zu erlangen.

Diese lehr sollen wir heutigs tags wider die Papisten wol mercken/ sonderlich/ dieweil sie mit der Tauff vnd dem Abentmal auch geuckeln/ als ob ein jeder/ der nur das werck an jm selbs thet vnd braucht/ er were sonst wie er wolt/ vnd lebete gleich on alle Gottesforcht vnd Glauben/ dennoch vergebung der Sünden erlangete/ so doch Gott kurtzumb allzeyt auff die person/ vnd auff das Hertz sihet/ vnd jhnie das werck gefellet/ wenn die person angenem ist durch den Glauben. Daher wir auch in vnserm KinderCatechismo sagen/

Kurtze außlegung des

gen/das die Tauffe wircke vergebung der Sünden/erlöse vom Tod vnd Teuffel/ vnd gebe die ewige seligkeyt/ non ex opere operato, sondern allen die es gleuben/ wie die Wort vnd Verheyssung GOttes lauten. Item/ das im Sacrament des Altars essen vnd trincken nicht vergebung der Sünden/ Leben vnd Seligkeyt wircke/ sondern das solche grosse ding geben werden den Gleubigen/ so sich neben dem leyblichen essen vnd trincken an das Wort halten/ vnd empfahen alles das/was die Wort sagen/ Nicht allein das/das sie essen vnd trincken/ den Leyb vnd Blut Christi/ sondern auch damit vergebung der sünden/leben vnd seligkeyt/ Wie die wort lauten: Für euch gegeben vnd vergossen/ zur vergebung der Sünden.

Solchs sage ich darumb/ nicht das wir das Abendmal für ein Opffer halten/ea ratione.wie die Papisten thun/ sondern das wir in dem/vnd in andern/ alles vertrawen/ so one den Glauben auff das blosse vnd schlechte werck/ das man nennet/opus operatum,gesetzt wirt/straffen/ vnd als ein grobe superstition/ abgötterey/vnd zauberey verwerffen/ wie allhie Gott selbs thut/mit sehr hefftigen worten.

Die fraget nun ein frommes Hertz/ vnd spricht: Was sindt denn die rechten Opffer/ die GOtt gefallen/ vnd im Newen Testament allzeyt angenem sind? Darauff antwortet Gott/ vnd lehret mit hellen worten/das Gott in nöten anruffen/vnd dancken/ sey der rechte GOttesdienst/ vnd das liebste Opffer/ vnd der richtige Weg zur Seligkeyt/ Gleich wie er oben auch offt auff gleiche weiß geredt hat/als/Psalm: 4. Opffert Gerechtigkeyt vnd hoffet auff den HERREN. Psalm: 27. Ich wil Lobopffern/singen vnd lobsagen dem HERRN. So haben wir im 16. Psalm etwas weytleufftigers darvon gehandelt/vnd wirt hernach im 51. 54. 66. 69.107.110.116.119.141.Psalmen widerholet werden.

Ruffe mich an in der not/so wil ich dich erretten/so soltu mich preysen.

DAs heyst das rechte/angeneme Opffer/ vnd das Gelübde/ non votum monasticum,aut phantasticum, die tollen selb erwelte gelübde/ sondern die Gott geboten hat/ da wir Gott geloben/das wir an jn gleuben/jn anruffen/loben vnd dancken wöllen/ als vnsern einigen GOtt. Darvon denn die tollen Heyligen vnd falschen Gleyßner nichts wissen.

Wie schön aber vnd tröstlich ist eben diser Spruch. GOtt heyst vns ruffen vnd beten/ vnd sagt vns sein hülffe zu/ vnd begeret von vns ein armes/demütiges Deo gratias. O Vnglaub/ O Zweiffel/ O schwermut vnd nachleissigkeyt. Wir sind diser herrlichen Verheissung nicht wirdig. Rüffe wer ruffen kan. Gott wil erhören/vnd das benedicite sprechen. Wir sollen jm dancken. Kein not sol zu schwer sein/ GOtt wil helffen. Wem hats jemal gefehlet? Jhm sey lob vnd danck/ Amen. Volget ferner:

Aber zu den Gottlosen spricht GOTT: Was verkündigest du meine Rechte/ vnd nimmest meinen Bund inn deinen mund?

DAs dritte Stück des Psalms strafft vnd schilt die Heuchler/oder Phariseer/ das ist/solche leut/ wie jetzt sind die Mönchen/Meßpfaffen/Thumbherren/

Fünffzigsten Psalm Dauids. CCXXVI

herren/vnd Canonici/ so nach dem Wort GOttes/vnd rechter Lehre nichts fragen/ ja achten weder Zucht noch Erbarkeyt/ sondern leben in allen Sünden/Freissen/Sauffen/Hurerey/Ehbruch/Wucher/vnd verleumbden alle andert/ so ir wüstes/wildes leben nicht billichen/ als bey vns sind vnsere Junckerlein/die fetten Thumbherrn/ so der Kirchen Güter zu sich geriffen haben/ vnd reitten nun auff grossen Caballen/ gespickt mit vilen Federbüschen/vnd suchen wo gut Herrberg sey/ fragen nichts nach dem Wort GOttes/noch sonst nach Zucht. Es ist jhnen alles darumb zuthun/das sie vollauff haben/inn allen Wollüsten leben/ vnd vil böse tücke brauchen/ GOtt bleybe wo Er wölle. Noch dennoch sind vnd beyssen sie solche leut/ die der Kirchen sollen fürstehen. Ach des armen fürstehens. Wehe den armen Kirchen vnd Schulen/so von disen losen leuten sollen versorget werden.

Wider solche wilde/sichere Narren/ vnd sonst wider alle Heuchler vnd Phariseer/prediget allhie der heylige Geyst vnd verwirfft sie gar mit einander. Sie rhümen sich des Glaubens/ vnd fragen doch nichts nach der Ehr GOttes. Was sie thun/ das entspringet auß Ehrgeytz/ oder sonst auß Geytz/ damit sie genug zu jhrem Wanst vnnd wüstem leben vnd verschwenden haben mögen. Darumb spricht GOtt: Döre doch/ du sagest/ du wöllest mir dienen/ vnd dienest mir/ vnd rhümest dich des Glaubens vnd meines Worts/ als ein rechter Christ/ Lehrer oder Prediger. Aber frage dein Gewissen selbs/ wie es war sey: 1. Du hassest ware Zucht vnd Frömkeyt/ es ist dir kein ernst/ meine Ehr zu fürdern. 2. Mein Wort wirffstu hinder dich. Dein leben kommet mit deiner lehre/die du nennest mein Wort/ nicht das geringste vber ein. Du hast auch sonst nicht acht auff mein Wort/ es werde gelehret wie es wölle. Man dreht vnd lencke es wie vnd wenn man kan/ so fragestu nicht vil darnach. 3. Du bist ein mitgesell mit andern/ so in allen Sünden wider das Gewissen leben. Sauft man/ so seuffestu. Fluchet man/ so fluchestu. Es ist dir nichts zu vil. Stilet vnd raubet man/ so hilffstu darzu/ vnd laufft mit dem gemeinen grossen hauffen. 4. Was dir nicht gefellet/ das doch mein Wort ist/ vnd rechte Zucht heyst/das verwirffstu/ vnd redest wider deinem Bruder/ leugest/ vnd betriegest vil andere leut. Das verleumbden vnd vbel nachreden ist bey dir sehr gemein. Du wilt jederman richten vnd vrtheylen/ vnd weyst nicht/ wie weyt es dir fehlet. 5. Mein gedult vnnd langmütigkeyt/ das ich mit der straffe nicht von stundan komme/ mißbrauchstu zu deiner sicherheyt/ gleyßnerey vnd büberey. Dieses vnd anders nicht wil ich straffen/ spricht GOtt/ vnd dirs vnter augen stellen.

Dieses ist ein harte/ schröckliche Predigt/ die ja billich allen Lehrern inn Schulen vnd Kirchen sol zu hertzen gehen/ welche recht/ mit ernst/ vnd von hertzen das Wort des Göttlichen/ Allmechtigen Maiestet füren/ vnstrefflich leben/ vnd die Laster one schew straffen sollen/ wie oben im zwölfften Psalm ist weyter gemeldet worden: DIFF DEXX die Heyligen haben abgenommen. Ein jeder spiegel sich selbs/ so wirdt er vast nit wissen/ was er machen sol. GOtt aber voller gnaden vnd barmhertzigkeyt/der regiere vnd füre vns/ Lehrer vnd Zuhörer/ mit seinem heyligen Geyst/ vnd sey vns genedig vmb seines Namens willen/ vnd behüte vns für falscher lehre/ sicherheyt/ stoltz/ geytz/ vnd ergerlichem leben.

Epiphanius schreybet/ das Origenes/ der 189. Jar vngefehrlich nach Christi Geburt gelebet/ vnd in alle Bücher der Bibel geschriben/ vnd sie außgelegt hat/ da er eins mals in der Schul zu Alexandria hat lesen sollen/ vnd das Buch auffgemachet/ sey er auff diese wort kommen: Zum Gottlosen spricht

Pp iiij   Gott/

Kurtze außlegung des

Gott / Was verkündigestu meine Rechte/2c. vnd hab so bald bitterlich ange=
fangen zu weinen/das er auch nichts mehr hab zu lesen vermocht. Denn er ge=
dacht/ wie ein groß ding es sey/GOttes Wort/Rechte/vnd Bund zu verkün=
digen/vnd doch selbs ein armer/elender Mensch vnd Sünder sein. Wenn biß=
weilen vnsere tolle/freche Schreyer / so eine Predigt auß dem Ermel können
schütten/ vnd sich beim Wein/vnd bey der geselschafft lassen zu predigen/ offt
noch in der Füllerey/bereden/ vnd leben sonst in mancherley grossen Sünden
wider das Gewissen/wenn sie (sage ich) daran gedechten/was eben dise wort
in sich halten/vnd wie sie dem alten Origeni sind zu hertzen gangen/vnd noch
allen frommen/trewen Lehrern zu hertzen gehen/ so würden jnen zu mehrma=
len die har gen berg stehen / vnd all jre frechheyt/stoltz vnd kůnheyt leychtlich
fallen. Aber dauon genug. Non nobis Domine, non nobis, sed nomini tuo da gloriam.

  Der Beschluß oder letzte Vers / helt inn sich die Summa des gantzen
Psalms/dauon Petrus predigt/1.Petri am 2. Bawet euch zum heyligen Prie=
sterthumb/zu opffern Geystliche Opffer/die Gott angenem sind/ durch Jhe=
sum Christum. Denn da ist der gerichte/gebanete Weg/ via ordinata & composi-
ta,zum Heyl Gottes/ wenn man alles wendet zur Ehr GOttes/vnd seine Ge=
nad erkennet / annimpt/vnd behelt. Darzu helffe vns auch der barmhertzige
Gott vnd Vater vnsers HERrn Jesu Christi/Amen.

  Hiemit sey nun geendet das erste Theyl des gantzen Psalters /welchen
wir inn drey Theyl diuidiren wöllen / also / das ein jeder Theyl fünffzig Psal=
men inn sich halte/ dieweil der Psalmen vberal Hundert vnd Fünffzig gezelet
werden. Denn das deuchte mich am bequemsten sein/das man nicht vil Bů=
cher auß dem Psalter mache/ob wol die Alten/ wie auch auß Epiphanio vnd
Hieronymo zusehen/fünff Bücher darauß gemacht haben/Vnd wo am ende
eines Psalms Amen/oder Alleluia stehet / daselbs ein Buch beschlossen/vnd
ein newes darauff angefangen/ Das also das erste Buch des Psalters 41.
Psalmen gehabt hat/ Das Ander 31. Das Dritte 17. Das Vierdte
auch souil / Das Fünffte 44. Solche theylung wöllen wir hie
anstehen lassen / vnd den Rabbinen befelhen. GOtt der
HERR gebe sein genade / das vnser arbeyt seiner
Kirchen nicht schedlich/sondern nützlich
vnd dienstlich sey/Amen. Die=
sen / am Heyligen
Ostertage/
1563.

FINIS.

SOLI DEO GLO-
RIA.

Allein Gott die Ehr.

Gedruckt zu Nürnberg/ durch Christophorum Heußler.

www.ingramcontent.com/pod-product-compliance
Lightning Source LLC
Chambersburg PA
CBHW021632020526
44117CB00048B/743